AF136482

Ignaz Aurelius Fessler

Geschichte von Ungarn

Ignaz Aurelius Fessler

Geschichte von Ungarn

ISBN/EAN: 9783743330566

Hergestellt in Europa, USA, Kanada, Australien, Japan

Cover: Foto ©ninafisch / pixelio.de

Manufactured and distributed by brebook publishing software
(www.brebook.com)

Ignaz Aurelius Fessler

Geschichte von Ungarn

Prospect.

—◆◆◆—

Im Verlage von **F. A. Brockhaus** in Leipzig erscheint:

Geschichte von Ungarn.

Von

Ignaz Aurelius Fessler.

———

Zweite vermehrte und verbesserte Auflage,

bearbeitet von

Ernst Klein.

~~~~~~

Mit einem Vorwort von Michael Horváth.

~~~~~~

Gr. 8. In 16—20 Lieferungen. Preis jeder Lieferung 20 Ngr.

———

Das von IGNAZ AURELIUS FESSLER in den Jahren 1812—25
erschienene Werk «Geschichten der Ungern und ihrer Landsassen» zeichnete sich durch gründliche Forschung, geistvolle Auffassung der Thatsachen, treues und lebendiges Colorit der historischen
Zustände aus und ward allgemein als die beste in deutscher Sprache
geschriebene Geschichte Ungarns anerkannt. Dasselbe fand infolge
dieser unbestrittenen Vorzüge so große Verbreitung, daß es schon
seit längerer Zeit gänzlich vergriffen ist: für ein so umfangreiches
Werk gewiß ein sprechender Beweis seines hohen wissenschaftlichen
und praktischen Werthes. Um nun dem andauernden Begehr nach
Fessler's Geschichtswerk wieder genügen zu können, entschloß sich
die Verlagshandlung, eine neue Auflage desselben zu veranstalten.
Ein unveränderter Abdruck des Werks wäre jedoch aus vielfachen Gründen nicht rathsam gewesen. Seit Feßler dasselbe geschrieben, hat die vaterländische Geschichtschreibung Ungarns einen
außerordentlichen Aufschwung genommen. Dank dem Fleiß und der
Sorgfalt im Sammeln von Urkunden sowie den fortgesetzten mühsamen Studien, aus denen besonders die verdienstlichen, in ungarischer

Sprache verfaßten Werke Michael Horváth's und Ladislaus Szalay's hervorgegangen sind, ist nicht nur über einzelne Partien der ungarischen Geschichte neues Licht verbreitet, sondern auch die Gesammtanschauung der Dinge wesentlich geläutert und berichtigt worden. Alle diese aus den neu entdeckten Quellen zu Tage geförderten Resultate mussten in das Feßler'sche Werk verarbeitet, es mußte seinem stofflichen Inhalt nach auf den gegenwärtigen Standpunkt der ungarischen Geschichtsforschung erhoben werden. Namentlich erschien es nöthig, die Entwickelung der Landesverfassung sowie die eigenthümliche Gestaltung des ungarischen Feudalismus eingehender zu schildern, und der Geschichte der protestantischen Kirche, welche mit den Kämpfen für Ungarns Freiheit und Selbständigkeit so innig verflochten ist, mehr Aufmerksamkeit zu widmen, als ihr Feßler seiner persönlichen Beziehungen wegen zutheil werden liess.

Noch mehr erforderte die Form durchgreifende Veränderungen. Feßler's Darstellung leidet stellenweise an unnöthiger Breite; mit Vorliebe verweilt er bei episodischen Begebenheiten, während wichtigere, für den Gang der Geschichte folgenreichere Momente nicht immer in gehöriger Beleuchtung hervortreten. Hier galt es also, einen straffern historischen Stil anzuwenden, der Erzählung mehr Gleichförmigkeit zu geben die Thatsachen nach dem Verhältniß ihres größern oder geringern Einflusses zu gruppiren.

Ernst Klein, evangelischer Pfarrer zu Bartfeld in Oberungarn, ein Gelehrter, der sich seit lange eingehend mit der Geschichte seines Heimatlandes beschäftigt hat, unternahm die Umarbeitung des Feßler'schen Werks im angedeuteten Sinne. Ergänzung der Lücken und Berichtigung der Irrthümer auf Grund kritisch beglaubigter Documente, Ausscheidung des Ueberflüssigen oder Veralteten, Zusammenfassung der Schreibart und Durchdringung des Ganzen mit dem Geiste einer vorgeschrittenen, freiern Weltanschauung — das sind die Ziele, denen er bei Bearbeitung der neuen Auflage nachgestrebt. Andererseits ward stets darauf Bedacht genommen, daß, aller nothwendigen Veränderungen ungeachtet, die Originalität des Autors unangetastet bleibe, das Werk also in derjenigen Gestalt erscheine, die ihm Feßler selbst gegeben haben würde, wenn er heute, ausgerüstet mit den modernen Hülfsmitteln und Ergebnissen der Wissenschaft, die Geschichte Ungarns geschrieben hätte.

In welchem Grade dem Herausgeber die Lösung seiner Aufgabe gelungen, dafür möge das competente Urtheil des ungarischen Geschichtschreibers Michael Horváth sprechen, welcher sich eben deshalb hat bereitfinden lassen, die neue Gestaltung des Feßler'schen Werks beim Publikum einzuführen. Er sagt in seinem Vorwort: „Es gereicht mir zu großer Freude, dem Herrn Umarbeiter das Zeugniß zu ertheilen, daß er die seit Feßler's Zeiten bekannt gewordenen Quellensammlungen mit Sorgfalt und Umsicht benutzt, die Resultate der von seinen nächsten Vorgängern angestellten Geschichtsforschungen zur Berichtigung dessen, was falsch, und zur Ergänzung dessen, was mangel- und lückenhaft war, in reichlichem Maße verwendet habe.

Und so bekommt das deutsche Lesepublikum das Feßler'sche Geschichts-
werk durch die Umarbeitung des Herrn Ernst Klein vielfältig ver-
vollkommnet in die Hände; alle Vorzüge der ersten Auflage finden sich
darin nicht nur vollständig wieder, sondern sie werden durch gedrängtere
Darstellung, durch den modernen, echt freisinnigen Geist der Bear-
beitung und durch unzählige Berichtigungen sehr wesentlich erhöht."
Das Feßler'sche Werk wird in dieser neuen, zeitgemäßen Umarbeitung dem ungarischen wie dem deutschen Publikum gleich
willkommen sein. Die Geschichte Ungarns ist darin auf Grund der
neuesten Forschungen mit einer Vollständigkeit dargestellt, wie sie
noch von keinem andern Werke erreicht wurde, und bei dem erhöhten Interesse, welches seit den letzten Jahren die ungarischen
Verhältnisse in Anspruch nehmen, während dieselben im Auslande,
namentlich auch in Deutschland, zum Theil noch so wenig gekannt
sind, dürfte das Erscheinen der neuen Bearbeitung gerade im gegenwärtigen Augenblicke mit um so lebhafterer Theilnahme begrüßt werden.

Feßler's „Geschichte von Ungarn" wird in der zweiten Auflage 4—5 Bände in Großoctav-Format umfassen und, um die
Anschaffung zu erleichtern, in 16—20 Lieferungen zu 20 Ngr.
ausgegeben, deren 4 einen Band bilden. Durch die gedrängtere
Darstellung einerseits und durch zweckmäßigere Druckeinrichtung
andererseits ist es möglich geworden, auf diesem viel geringern
Raume mehr historischen Stoff zu bieten, als die erste Auflage
bei ihrem Umfang von 10 Bänden enthielt; ebenso wird infolge
dessen der Preis wesentlich billiger sein als früher und die allgemeine Verbreitung des Werks ermöglichen.

Die erste Lieferung ist soeben ˙erschienen und in allen
Buchhandlungen vorräthig, woselbst Unterzeichnungen auf das
Ganze angenommen werden.

Leipzig, im November 1866.

F. A. Brockhaus.

Geschichtswerke

aus dem Verlage von F. A. Brockhaus in Leipzig.

Horváth, Michael. Fünfundzwanzig Jahre aus der Geschichte Ungarns von 1823—1848. Aus dem Ungarischen übersetzt von Joseph Novelli. Zwei Bände. 8. Geh. 5 Thlr.

Görgei, Arthur. Mein Leben und Wirken in Ungarn in den Jahren 1848 und 1849. Zwei Bände. 8. Geh. 6 Thlr.

Drei Jahre Verfassungsstreit. Beitrag zur jüngsten Geschichte Oesterreichs. Von einem Ungar. 8. Geh. 1 Thlr. 5 Ngr.

Siebenbürgen und die österreichische Regierung in den letzten vier Jahren. 8. Geh. 1 Thlr.

Zur Krisis in Ungarn. Einziges Mittel zur Lösung auf verfassungsmässigem Wege. Von einem Unbefangenen. 8. Geh. 8 Ngr.

Paton, A. A. Researches on the Danube and the Adriatic; or, Contributions to the modern history of Hungary and Transylvania, Dalmatia and Croatia, Servia and Bulgaria. 2 vols. 8. Geh. 1 Thlr.

Carlyle, Thomas. Die Französische Revolution. Eine Geschichte. Aus dem Englischen von P. Feddersen. Drei Bände. 12. Geh. 3 Thlr.

Diplomatische Geschichte der Jahre 1813, 1814, 1815. Zwei Theile. 8. Geh. 4 Thlr. 10 Ngr.

Gregorovius, Ferdinand. Die Grabmäler der römischen Päpste. Historische Studie. 8. Geh. 1 Thlr. 6 Ngr. Geb. 1 Thlr. 15 Ngr.

Hormayr, Joseph Freiherr von. Das Land Tirol und der Tirolerkrieg von 1809. Zweite Auflage. Zwei Theile. 8. 4 Thlr. 12 Ngr.

—— Das Heer von Inneröstreich unter den Befehlen des Erzherzogs Johann im Kriege von 1809, in Italien, Tirol und Ungarn. Zweite Auflage. 8. 3 Thlr.

Karamsin, Nikolai Michailow. Geschichte des russischen Reichs. Nach der zweiten Originalausgabe übersetzt. Elf Bände. 8. 21 Thlr. 25 Ngr.

Kaeuffer, Johann Ernst Rudolf. Geschichte von Ost-Asien. Für Freunde der Geschichte der Menschheit dargestellt. Drei Theile. 8. 11 Thlr.

Neumann, Karl Friedrich. Geschichte des Englischen Reiches in Asien. Zwei Bände. 8. 7 Thlr.

Raumer, Friedrich von. Geschichte der Hohenstaufen und ihrer Zeit. Dritte Auflage. Sechs Bände. 8. Geh. 6 Thlr. Geb. 7 Thlr.
(Ein dazu gehöriger Atlas von Kupfern und Karten 2 Thlr.)

—— Geschichte Europas seit dem Ende des 15. Jahrhunderts. Acht Bände. 8. 24 Thlr. 13 Ngr.

Recueil des traités et conventions conclus par l'Autriche avec les puissances étrangères, depuis 1763 jusqu'à nos jours. Par Leopold Neumann. 6 vols. 8. 19 Thlr.

Soldan, Wilhelm Gottlieb. Geschichte des Protestantismus in Frankreich bis zum Tode Karl's IX. Zwei Bände. 8. 6 Thlr.

Historisches · Taschenbuch. Herausgegeben von Friedrich von Raumer. Vierte Folge. 8. Jeder Jahrgang 2 Thlr. 15 Ngr.
Die Erste bis Dritte Folge (Jahrg. 1830—59) kosten im ermässigten Preise jede 10 Thlr., zusammen genommen (30 Jahrgänge) 25 Thlr.; ein einzelner Jahrgang 1 Thlr. 10 Ngr.

Geschichte von Ungarn.

Erster Band.

Geschichte von Ungarn.

Von

Ignaz Aurelius Fessler.

Zweite vermehrte und verbesserte Auflage,

bearbeitet

von

Ernst Klein.

Mit einem Vorwort von Michael Horváth.

Erster Band.

Die Urgeschichte und die Zeit der Herzoge und Könige
aus Árpad's Stamme bis 1301.

Leipzig:

F. A. Brockhaus.

1867.

Vorwort

von

Michael Horváth.

Die ungarische Nation hat seit der Eroberung des Landes, welches sie bewohnt, sowol durch ihren Verkehr mit den Nachbarstämmen als vermöge ihrer eigenen Staatseinrichtungen eine so wichtige Rolle unter den Völkern Europas gespielt, daß eine eingehendere Kenntniß ihrer Geschichte allen Freunden der historischen Literatur, insbesondere aber deutschen Lesern interessant und belehrend sein dürfte.

Schon die Niederlassung der Ungarn in dem von den Karpaten begrenzten, von der Donau und der Theiß bewässerten Lande ist von entscheidendem Einfluß auf die Schicksale Deutschlands gewesen. Sie haben, indem sie sich in die Mitte des eben in der Bildung begriffenen großen Slawenreichs eingekeilt, die Vereinigung der verschiedenen slawischen Stämme für immer verhindert und dadurch die Begründung des Deutschen Reichs erleichtert. Und hatte ihr Bündniß mit Arnulf gegen den mächtigen Swatopluk wichtige Folgen für Deutschland, so waren selbst ihre spätern, ein halbes Jahrhundert fortgesetzten verheerenden Einfälle in das Deutsche Reich für dessen staatliche Einigung und Befestigung von kaum geringerer Bedeutung.

Durch die Annahme des Christenthums in den Kreis der europäischen Völkerfamilie eingereiht, bildete sich Ungarn rasch zu einem angesehenen Staate im Osten Mitteleuropas aus. Es unterwarf sich Kroatien, Dalmatien wie die übrigen nördlichen Provinzen des untergehenden Oströmischen Reichs und ward, indem es diese Länder wider die aus dem fernen Osten heranstürmenden barbarischen Schwärme beschützte, ein mächtiger Damm der christlichen Civilisation gegen die Fluten der heidnischen Barbarei. Sodann wurde es in den großen Kampf mit verflochten, welchen zur Zeit der sächsischen und hohenstaufischen Kaiser das Deutsche Reich und die Kirche miteinander führten, und nachdem dieser lange Streit endlich ausgefochten war, sicherte Ungarn dadurch, daß es Rudolf von Habsburg gegen Ottokar auf den Thron verhalf, Deutschland wieder eine ruhigere Zeit. Nicht lange hernach waren es Ungarns Könige Karl Robert und Ludwig der Große, welche die langwierigen Streitigkeiten zwischen dem Reich, Polen und dem mächtig emporstrebenden Deutschen Orden schiedsrichterlich schlichteten und in Ludwig's Erben, König Sigismund, dem Deutschen Reiche einen Kaiser gaben.

Seit dieser Zeit wurden die Kräfte Ungarns von der anstürmenden Macht des Halbmonds in Anspruch genommen; über zwei Jahrhunderte diente es als Bollwerk der Christenheit gegen den Islam, als Vormauer der aus mittelalterlicher Roheit und Unwissenheit zur höhern Cultur emporstrebenden europäischen Civilisation; es beschützte vornehmlich Deutschland gegen die alles verheerenden Fluten der osmanischen Barbarei. Mag Ungarn während dieser kriegerfüllten dritthalb Jahrhunderte zum Ausbau der geistigen und moralischen Güter der Menschheit auch nicht viel Positives beigetragen haben, ja selbst in den meisten Beziehungen seines national-gesellschaftlichen Lebens in Verkommenheit gerathen sein, so hat es doch jedenfalls der Civilisation einen wesentlichen Vorschub geleistet, indem es dieselbe mit seinem eigenen Leibe vor Verwüstung beschützte, ihren friedlichen Fortschritt und ihr Gedeihen sicherte.

Aber nicht minder wichtig und lehrreich ist die Geschichte Ungarns, insofern sie die innern Verhältnisse des Landes, die Entwickelung des nationalen, staatlichen und gesellschaftlichen Lebens seiner Bewohner und deren Wirken auf diesen Gebieten schildert.

Das höchste Streben des ungarischen Volks während seines tausendjährigen Lebens in der Mitte Europas war unausgesetzt auf die Ausbildung und Bewahrung der Freiheit gerichtet. Selbst freiheitliebend, zwang es auch den fremdzüngigen Stämmen, die es sich in seinem neueroberten Vaterlande unterworfen hatte, nicht das Joch der Knechtschaft auf, sondern nahm dieselben zu Waffengefährten und Brüdern an. Nationale Unduldsamkeit war nie die Untugend des Ungars, eben weil er nicht die Beherrschung anderer, sondern nur die gemeinschaftliche Freiheit erstrebte. Daher kam es, daß die übrigen im Lande mit ihm zusammenwohnenden Stämme, obwol an Zahl überwiegend,

sich nie, auch nicht in den kritischsten Momenten des Staats
gegen ihn erhoben.   In dieser nationalen Duldsamkeit liegt
auch der Grund davon, daß sich das Magyarenthum mit den
übrigen Stämmen sehr wenig vermischte, und daß letztere
ebenfalls ihre Sprache wie ihre sonstigen nationalen Eigenheiten
bis auf den heutigen Tag ungehindert erhalten und entwickeln
konnten.

Und wie im nationalen, so war die Freiheit auch im religiösen und staatlich-politischen Leben fortwährend das höchste
Ziel des Ungars.   In seiner geistigen Thätigkeit besonders
praktisch, ließ er sich nach keiner Richtung hin so eng in die
Fesseln des Systems einzwängen, und verirrte er sich nie so
weit im unwegsamen Labyrinth der Schwärmereien, daß er
darüber die Interessen der Freiheit vernachlässigt hätte.

Im allgemeinen religiös, hielt er sich gleich weit von den
Gegensätzen der Unkirchlichkeit und Ueberkirchlichkeit fern,
verlor er sich weder in das Leere eines gemüthlosen In-
differentismus noch in das Wirrsal dogmatischer Grübe-
leien.   Religiöse Zerwürfnisse finden sich in seiner Geschichte
nicht häufig, wenigstens nicht anhaltend vor, und hierarchischer
Unduldsamkeit war seine freiheitliebende Natur stets abhold.
Konnte er sich selbständig, frei von fremden Einflüssen bestimmen, so verfiel er nie auf Verfolgung Andersglaubender.
In Siebenbürgen z. B. haben unter den einheimischen Fürsten,
bald nach der Reformation, alle christliche Confessionen Aufnahme gefunden, und die Gleichheit und Freiheit derselben
wurde schon 1557 und 1563 durch Landesgesetze gesichert.
Und wenn im Laufe des 17. Jahrhunderts die beiden protestantischen Confessionen im eigentlichen Ungarn schwere Verfolgungen zu erleiden hatten, so waren diese immer, von
außen her aus politischen Gründen aufgedrungen, nie aber dem
Volksgeiste entsprossen.   Sobald Franz Rákóczy II. das Land
von diesen aus der Fremde stammenden Einflüssen befreit
hatte, vereinigten sich die verschiedenen Confessionen gleich
wieder brüderlich im Gefühl des Patriotismus und der nationalen Freiheit.   Eine Denkmünze, die auf einem gemeinschaftlichen Altar opfernden Diener der drei Confessionen darstellend,
mit der Inschrift: „Concurrunt ut alant“ und „Concordia
religionum animata libertate“, bewahrt das Andenken dieser
schönen Gesinnung.

Wenn man dem Grunde dieser Thatsache nachforschte,
so möchten die Meinungen wol verschieden lauten. Die einen
würden sagen: die religiöse Duldsamkeit, welche die Ungarn
schon in solchen Zeiten bethätigten, als viele andere Völker
noch um religiöser Meinungen willen in lange Zerwürfnisse und
heiße Kämpfe verwickelt waren, beruhe bei ihnen auf dem
Mangel an Sinn für das Uebersinnliche und Absolute; und
sie würden zum Belege dessen anführen, daß der Geist des
Ungars auch für die abstracten Wissenschaften, für tiefere
Forschungen der Philosophie nie glänzende Anlagen bekundet
habe. Andere würden den Grund vielleicht in der Gleichgültigkeit des ungarischen Geistes gegen alles Ideale erblicken.
Ich meinerseits, ohne für oder gegen die angeführten Meinungen auftreten zu wollen, behaupte mit der Zuversicht,
zu welcher mich eine genaue und parteilose Beobachtung des
ungarischen Volksgeistes und meine vieljährigen Studien der
ungarischen Geschichte berechtigen dürften, daß die nationale
sowol wie die kirchliche Duldsamkeit des Ungars vorzüglich
seiner glühenden Liebe zur Freiheit zuzuschreiben ist. Diese
Leidenschaft, die den Grundzug des ungarischen Charakters
bildet, konnte sich mit keinem Zwange, weder im staatlichen
noch im gesellschaftlichen Leben, vertragen. Begeistert für
die Freiheit in seinen politischen Einrichtungen, könnte und
wollte das ungarische Volk auch den Zwang des Gewissens
weder selbst erdulden, noch andern gegenüber ausüben. Seine
nie erloschene Freiheitsliebe verlieh ihm auch, noch bevor
es zu einer höhern Geistesbildung gelangt war, einen gewissen
politischen Takt, eine staatsmännische Einsicht, welche es vor
Engherzigkeit, Unduldsamkeit und Unterdrückung anderer
Stämme bewahrt haben.

Was auch die Rivalität, der Uebermuth, der Haß unserer
Feinde uns nachsagen, wie sehr sie uns geringschätzen mögen,
eins können sie uns nicht streitig machen: daß der Ungar
zur praktischen Politik, zur Staatskunst vorzugsweise Anlage
und Befähigung besitzt. Beweis dessen ist seine tausendjährige
Geschichte. Klein an Zahl, konnten die Ungarn die ihnen
unterworfenen Völkerschaften nicht durch rohe Gewalt, sondern nur durch eine weise Organisation, durch freiheitliche
Einrichtungen in Ruhe halten und zufrieden stellen. Umgeben
von weit zahlreichern Stämmen, vermochten sie ihren Staat und

ihre constitutionelle Freiheit in den Stürmen so vieler Jahrhunderte nur dadurch zu erhalten, daß sie mit kriegerischem
Muth auch praktisch politischen Sinn und kluge Staatskunst
verbanden.

Die Grundsätze eines freien constitutionellen Lebens, einer
festbegründeten Selbstregierung, deren erste Züge wir schon
im Leben und Wirken der rohen Schwärme, die sich an der
Donau niederließen, wahrnehmen, haben im ungarischen
Staatsleben unausgesetzt fortgewirkt. Selbst als der Einfluß
des feudalen Westens den Ungar zur Annahme mancher Einrichtungen des Lehnswesens bestimmt hatte, ist letzteres niemals
in seiner ganzen Schroffheit in Ungarn eingeführt worden. Die
freie Selbstregierung, den freien Güterbesitz hat sich das Volk
nie entziehen lassen. Es entstanden wol manche Standesunter-
schiede; aber der Adel, in seinen zahlreichen Abstufungen, bewahrte sich gegenüber den Fürsten sowol das freie Eigenthum
als auch seinen gesetzlichen, in den nationalen Versammlungen
sehr oft mit großer Energie ausgeübten Einfluß auf die öffentlichen Angelegenheiten; er bewahrte ferner seine legislative Gewalt vor der Willkür der Könige und nahm durch die municipale
Organisation der Comitate auch an der Executive immer
einen großen und 'thätigen Antheil. Andererseits wurde der
Adel gegenüber dem Bauernstande nie zum unumschränkten
Herrn über die Person und das Los seiner Unterthanen, der
Bauer selbst nie an die Scholle des Bodens gefesselt. In seinem Verhältniß zu den untern Klassen war der Adel keineswegs eine 'streng abgeschlossene Kaste; stets konnten Personen aus allen Ständen, infolge ausgezeichneter Thaten im
Kriege und Frieden oder wissenschaftlicher und kirchlicher
Verdienste, zu den höchsten Würden gelangen. Um einige
Beispiele anzuführen, so ist unter andern die berühmte Magnaten-
familie der Ország aus einem sehr niedern Stande hervorgegangen, der mächtige Kinizsy vom Müllerburschen zum Feldherrn und zur Würde eines obersten Reichsrichters emporgestiegen, und selbst der Vater König Matthias' des Großen
aus dem Schose einer sehr armen Familie zum Reichs-Guber-
nator erhoben worden.

Selbst in neuern Zeiten, als in den meisten Ländern das
absolute Königthum die Staatsgewalt völlig absorbirte, die
Freiheit aller Stände in Fesseln schlug und die Grundsätze

constitutioneller Regierung gänzlich unterdrückte, erhielt sich
die ungarische Nation ihre geschichtlich entwickelte ständische
Verfassung und das Recht der Selbstregierung stets in voller
Wirksamkeit. Wol mußte sie für die Wahrung ihrer Freiheit so manchmal das Schwert ziehen und das Elend langer
innerer Kämpfe erdulden; aber nie ließ sie sich auf die Länge
ihrer Constitution berauben; ob auch von Blute triefend, hielt
sie stets das Recht legislativer Gewalt auf ihren Reichstagen
und das der municipalen Selbstregierung in ihren Comitaten
aufrecht.

Nach einem vollen Jahrhundert innerer Erhebungen und
blutiger Kämpfe wider das nach Willkürherrschaft strebende
Königthum schien letzteres von der Bekämpfung der nationalen
und constitutionellen Freiheit des Volks endlich abstehen zu wollen.
Der Szatmárer Friede im Jahre 1711 gab dem Lande die Ruhe
zurück. Aber das Königthum von Gottes Gnaden änderte nur
die Mittel, nicht das System. Unvermögend, durch rohe Gewalt zum Zweck zu gelangen, versuchte es durch Errichtung mehrerer Dicasterien die Nation in die Fesseln einer engherzigen, jeder Freiheit feindlichen Bureaukratie zu schlagen.
Hundert Jahre dauerte dieser neue Versuch; er scheiterte aber
schließlich ebenso vollständig wie die frühern Gewaltmaßregeln
an der unbezwinglichen Beharrlichkeit, womit die Nation festhielt
an ihrer Verfassung und an den freien Comitatseinrichtungen,
welche ihr eine ausgedehnte Selbstregierung sicherten. Der
passive Widerstand des Volks siegte über die Bureaukratie,
wie früher die immer sich wiederholenden Volkserhebungen
über die gewaltsam angestrebte Willkürherrschaft den Sieg
davongetragen hatten.

Die umfassende, in die Tiefen des Volkslebens dringende
Geschichte einer Nation, welche so zäh an ihrer Freiheit fest-
hält und diese ebenso tapfer aus blutigen Kämpfen siegreich
rettete, wie klug den Chicanen und schlauen Künsten einer
macchiavellistischen Cabinetspolitik unverkürzt zu entwinden
wußte; einer Nation, die weder sich durch andere größere
Stämme absorbiren ließ, noch ihrerseits die kleinern Stämme
absorbirte; einer Nation, welche Kraft und Ausdauer in Wahrung ihrer Rechte mit Achtung der Rechte anderer Nationalitäten, mit Duldung und Gewissensfreiheit so geschickt ver-
bindet und die dabei stets so feinen politischen Takt, so

verständige staatsmännische Einsicht an den Tag legte, — die
Geschichte dieser Nation muß jedermann sehr viel Lehr-
reiches darbieten, vorausgesetzt daß sie den Volksgeist richtig
auffaßt und unverzerrt widerspiegelt, die Einrichtungen des
öffentlichen und gesellschaftlichen Lebens klar und getreu darstellt, die Thatsachen parteilos und wahrhaftig schildert.
War nun das Feßler'sche Werk, das jetzt in neuer Bearbeitung erscheinen soll, eine solche Geschichte? Ich werde
versuchen, dessen Vorzüge und Mängel mit wenigen Strichen
zu zeichnen.

Feßler's „Geschichten der Ungern und ihrer Landsassen"
sind ohne Zweifel das Erzeugniß eines talentvollen, genialen
Mannes, dessen Auffassung lichtvoll, dessen Erzählungsweise
kunstgerecht und angenehm, dessen Urtheil geistreich, scharfsinnig und meistens richtig, dessen Wahrheitsliebe endlich über
allen Zweifel erhaben ist. Hätte Feßler eine umfassendere
politische Erziehung genossen und eine praktische Laufbahn
im nationalen Leben durchgemacht, welche ihm Gelegenheit
geboten, tiefer in den Geist unserer Staatsverfassung einzu-
dringen; wäre zu seiner Zeit die Geschichtsforschung in Ungarn
auf der Stufe gewesen, auf welcher sie sich heutigentags befindet: an Befähigung würde es ihm nicht gefehlt haben, seinem Werke einen hohen Grad der Vollkommenheit zu verleihen.
Die Mängel desselben sind größtentheils seiner Lebens-
stellung entsprungen, deren engbegrenzter Kreis ihn die Thatsachen und Begebenheiten nicht immer aus einem genugsam
hohen Standpunkte, nicht in ganz vorurtheilsfreiem Lichte auf-
fassen und beurtheilen ließ. Seine Weltansicht ist bisweilen
beschränkt, mystisch, an die Klosterluft erinnernd. Es fehlt
ihm an der praktisch-politischen Schule, weshalb seine Ansichten dem unbefangenen, staatsmännisch gebildeten Leser,
dem Liberalen modernen Geistes nicht überall stichhaltig erscheinen. Auch war, wie schon bemerkt, in seiner Zeit die
Geschichtsforschung noch zu lückenhaft, es lagen noch zu wenig
Urkundensammlungen, Staatsschriften und Memoiren zur Benutzung vor, als daß es möglich gewesen wäre, den Geist der
verschiedenen Epochen, die Offenbarungen des Volksgenius, die
Tragweite der Thatsachen immer richtig zu erfassen, die Begebenheiten in ihrer eigenthümlichen Färbung zu schildern.
Daher sind die Aeußerungen des Volkslebens, die auftretenden

Persönlichkeiten und die Triebfedern der Begebenheiten, wie
solche von Feßler vorgeführt werden, zum Theil imaginäre Ge-
staltungen seiner noch nicht durch die seitdem aufgefundenen
Quellen geläuterten und berichtigten Anschauung; so anziehend
die Welt dargestellt ist, in welcher seine Helden sich bewegen
und die Begebenheiten sich vor uns abrollen, es ist doch nicht
immer die national-ungarische Welt, die er uns schildert.

In Anbetracht seiner vorstehend angedeuteten Mängel hätte
ich nie dazu rathen können, das sonst vielfach so ausgezeichnete
Feßler'sche Werk unverändert neu abzudrucken, besonders
da in den letzten Jahren schon vollkommenere Bearbeitungen
der ungarischen Geschichte in der Nationalsprache erschienen
sind, welche übersetzt und dem deutschen Lesepublikum dar-
geboten zu werden verdienen.

Für um so berechtigter halte ich die Wiederherausgabe
des Werks in der Gestalt, die es unter der Hand seines neuen
Bearbeiters gewinnen wird: nur das Gerippe soll beibehalten,
Fleisch und Blut sollen verjüngt, der Geist in den früher mangelhaften Stellen gänzlich umgeformt werden. Liegt mir auch
noch zu wenig von der neuen Bearbeitung vor, um ein bestimmtes Urtheil über das Ganze aussprechen zu können, so
vermag ich doch schon aus dem Wenigen mit ziemlicher Sicherheit auf die weitere Ausführung zu schließen, und es gereicht
mir zu großer Freude, dem Herrn Umarbeiter das Zeugniß
zu ertheilen, daß er die seit Feßler's Zeiten bekannt gewordenen Quellensammlungen mit Sorgfalt und Umsicht benutzt,
die Resultate der von seinen nächsten Vorgängern angestellten
Geschichtsforschungen zur Berichtigung dessen, was falsch, und
zur Ergänzung dessen, was mangel- und lückenhaft war, in reichlichem Maße verwendet habe. Und so bekommt das deutsche
Lesepublikum das Feßler'sche Geschichtswerk durch die Umarbeitung des Herrn Ernst Klein vielfältig vervollkommnet in
die Hände; alle Vorzüge der ersten Auflage finden sich darin
nicht nur vollständig wieder, sondern sie werden durch gedrängtere Darstellung, durch den modernen, echt freisinnigen Geist
der Bearbeitung und durch unzählige Berichtigungen sehr wesentlich erhöht. Dies ist meine aufrichtige und feste Ueberzeugung. Denn wiewol mir, wie gesagt, als Anhalt zu dieser Ueberzeugung nur erst der Beginn der neuen Ausgabe
zur Einsicht vorliegt: so glaube ich mich doch berechtigt,

dasselbe, was ich in dem Anfange des Werks erkannt, auch von den übrigen Theilen zu erwarten. Es berechtigt mich dazu die Kenntniß des Plans, den Herr Klein seiner Arbeit zu Grunde gelegt hat und über welchen er mir unter anderm Folgendes mittheilt:

„Seit Feßler seine Geschichte geschrieben, haben die Forschungen und Arbeiten so vieler Historiker ein neues und helles Licht über die Geschichte Ungarns verbreitet; nicht nur einzelne Thatsachen sind aufgeklärt worden, sondern die ganze Anschauungsweise hat sich geändert, sodaß vieles, was Feßler erzählt, als unrichtig oder doch in der Darstellung verfehlt erscheint. Dazu wird unsere Zeit von andern politischen Ansichten beherrscht; Grundsätze, wie sie Feßler zuweilen, im Widerspruch mit seinen sonstigen freien Meinungen, äußert, bekennt heutzutage kaum noch der starre Absolutist. Ferner berichtet er Geringfügiges mit großer Ausführlichkeit und zieht Dinge herbei, die streng genommen gar nicht zur Sache gehören. . . . . Die Irrthümer müssen berichtigt, die Ansichten untereinander und mit der Jetztzeit in Uebereinstimmung gebracht, die wichtigern Partien mehr hervorgehoben, unnütze Episoden weggelassen, auch die Schreibart muß gedrängter werden. Das erkannte ich als die unerlaßlichsten Erfordernisse einer Umarbeitung für die neue Ausgabe. In dieser Weise gedenke ich auch die übergroße Ausdehnung des Feßler'schen Werks einzuschränken und bei geringerm Umfang dennoch mehr historischen Stoff zu bieten. Aber während der Arbeit — mochte ich mir auch noch so große Mühe geben, vom Original möglichst viel beizubehalten — entstand unvermerkt ein Werk, das von jenem ziemlich verschieden ist. Wird dasselbe noch berechtigt sein, Feßler's Namen zu tragen?

„Ich habe mir sodann erstens die Aufgabe gestellt, im ganzen Verlauf der Geschichte augenscheinlich darzuthun, wie wenig die Magyaren die unter und neben ihnen im Lande lebenden Nationen unterdrückten, wie sie ihnen nicht nur gleiche bürgerliche Stellung, sondern sogar gerade ihnen wichtige Vorrechte gewährten. . . . .

„Zweitens bemühe ich mich, die Entwickelung der Landesverfassung und die eigenthümliche Gestaltung, welche der Feudalismus in Ungarn annahm, sowie beider Wesen und Form in jedem Zeitalter zu schildern. Gerade dieser wichtige Theil des

Volkslebens wurde bisher, wegen Mangel an bestimmten Nach-
richten, am lückenhaftesten dargestellt; ich muß mir hier durch
Combinationen aus den Gesetzen und Urkunden und durch
Folgerungen aus einzelnen Thatsachen zu helfen suchen.

„Drittens halte ich es für nothwendig, die Geschichte des
Protestantismus in Ungarn und dessen kirchliche Verfassung
mehr zu berücksichtigen, als es bisher geschehen ist und geschehen durfte, nicht nur weil der Protestantismus die Con-
fession eines großen Theils der Bevölkerung ist, sondern auch
weil er vermöge der demokratischen Richtung, die er hier
nahm, und des fortwährenden Kampfes, den er gegen seine
Unterdrücker führte, auf die Gestaltung der Dinge und auf die
Bewahrung der Freiheit und Selbständigkeit des Vaterlands einen
mächtigen, oft entscheidenden Einfluß übte.

„Viertens strebe ich danach, da dieses deutsch geschriebene
Werk für Nichtmagyaren und für das Ausland bestimmt ist,
solche Zustände und Einrichtungen Ungarns, die dem Fremden
schwer verständlich sind, in erklärender Weise darzustellen.

„Aus derselben Ursache will ich, fünftens, den Geist unsers
Volks, seine Sprache, Gesittung, Lebensweise und bürgerlichen
Verhältnisse in der Vergangenheit und Gegenwart so eingehend
zu schildern suchen, daß die vielen aus Unkenntniß und durch
böswillige Verleumdung entstandenen Vorurtheile gründlich zerstört werden....."

Ich habe dem Vorstehenden kaum noch etwas anderes
beizufügen als den aufrichtigen Wunsch, es möge Herrn Klein
sein schönes Vorhaben vollkommen gelingen. Dann wird das
von ihm umgearbeitete Feßler'sche Werk, indem es die Geschichte eines Volks, das gewiß kein unthätiges Mitglied der europäischen Völkerfamilie bildet, zu allgemeinerer Kenntniß bringt,
sicher viel dazu beitragen, daß richtige und wahrhaft liberale
Ideen über Volksfreiheit, daß Brüderlichkeit und Solidarität der
Völker sich fest und dauernd begründen, daß die schamlosen
Ränke derer zu Schanden werden, welche durch eine feile und
lügenhafte Tagespresse die Nationen zu entzweien und durch
Aufreizungen zum gegenseitigen Haß sie zu beherrschen trachten.

Genf, im August 1866.

Michael Horváth.

Vorrede.

Dem ungarischen Volke fehlt es weder an interessanten Erscheinungen in seinem bald tausendjährigen Staatsleben noch an welthistorischer Wichtigkeit. Die Magyaren, ein Zweig des altaischen Stammes, eroberten gegen das Ende der großen Völkerwanderung ihr heutiges Vaterland, vereinigten sich mit den verschiedenen Nationen, die sie hier vorfanden, und mit später Eingewanderten zu einem politischen Volke und nahmen die Religion, Gesittung und bürgerliche Verfassung des Abendlandes an, bewahrten jedoch trotz aller fremden Einflüsse ihre Sprache und Eigenthümlichkeit. Energie, Freiheitsliebe und Sinn für gesetzmäßige Ordnung zeichneten von jeher dieses Volk aus. Es war jahrhundertelang eine Schutzwehr Europas gegen die furchtbare Macht der Türken, gleichsam vom Schicksal bestimmt, zu kämpfen und sein Blut zu vergießen, damit die weiter westlich wohnenden Völker ungestört sich allseitig entwickeln, in Wissenschaft und Kunst fortschreiten konnten. Während im Laufe der letzten Jahrhunderte die meisten Länder Europas ihre ständischen Verfassungen verlieren und der Absolutismus überall die Oberhand gewinnt, sehen wir das von den Osmanen halb eroberte, in kirchliche, politische und nationale Parteien zerrissene, von einem König, der zugleich unumschränkter Monarch anderer Länder ist, regierte Ungarn für seine verfassungsmäßigen Rechte muthvoll und unablässig kämpfen, dieselben immer wieder erringen, so oft sie ihm gewaltsam entrissen werden; wir sehen es fortwährend bemüht, seine Constitution nach den eigenen Bedürfnissen sowol wie nach den Forderungen der Zeit auszubilden. Zwar läßt sich nicht leugnen, daß Ungarn in mancher Hinsicht hinter den westlichen Nationen zurückblieb; aber die Schuld davon trägt nicht die Nation selbst: die langen verwüstenden Kriege mit barbarischen Völkern, die Kämpfe für ihre Selbständigkeit und Freiheit, die gewaltigen Hindernisse, die ihrer Entwickelung entgegengestellt

wurden, haben ihre Fortschritte gehemmt; sie hat sich jedoch auf-
gerafft, strebt unermüdet vorwärts, leistet in Wissenschaft, Kunst
und Industrie bereits mehr, als man noch vor wenig Jahren und unter
den obwaltenden Umständen auch nur für möglich halten durfte; die
Worte eines großen Ungars, Stephan Széchenyi's: „Ungarn war nicht,
aber es wird sein", fangen an in Erfüllung zu gehen.

Ungeachtet all dieser Eigenthümlichkeiten, Schicksale und Thaten
ist Ungarn, sein Volk und seine Geschichte, selbst den benachbarten
Nationen nicht so bekannt, als es zu sein verdiente. Oft ergriff
mich bittere Wehmuth, wenn ich mein Vaterland und mein Volk ver-
kannt und von unwissenden oder parteiischen oder bezahlten Menschen
hart verleumdet sah; dann regte sich in mir der Vorsatz, eine Geschichte Ungarns in deutscher Sprache zu schreiben, den Geist, das
Leben und die Schicksale des ungarischen Volks unparteiisch zu
schildern.

Es sind zwar ausser den ältern auch vorzügliche neuere Werke
über die Geschichte Ungarns vorhanden. Als die Begeisterung für das
Vaterland und für die Muttersprache zu Ende des vorigen und zu Anfang des jetzigen Jahrhunderts mächtig erwachte, nahm auch die
heimische Geschichtschreibung einen außerordentlichen Aufschwung.
Nur einige von den vielen Männern, die sich um dieselbe hervorragende
Verdienste erwarben, seien hier genannt: Fejér sammelte jahrelang
Urkunden für seinen bändereichen „Codex diplomaticus"; Graf Joseph
Teleky beschrieb in acht Bänden das Zeitalter der Hunyady, eine der
merkwürdigsten und wechselvollsten Perioden im Leben des ungarischen Volks; Franz Toldy verfaßte eine Geschichte der ungarischen
Literatur, von den ältesten Zeiten beginnend; Paul Hunfalvy vertiefte
sich in mühsame Forschungen über die Sprache und Herkunft der
Magyaren; selbst Dichter und Belletristen, wie Michaël Vörösmarty,
Johann Arany, die Barone Józsika und Eötvös, Moritz Jókay,
weckten durch anziehende Behandlung vaterländischer Begebenheiten
und Zustände den Sinn für ungarische Geschichte. Aber das Be-
deutendste in diesem Fache haben Ladislaus Szalay und Dr. Michael
Horváth geleistet. Des erstern vortreffliche, bei aller Tiefe der Gedanken und Kürze des Ausdrucks doch verständlich und anmuthig geschriebene „Geschichte Ungarns" (2. Ausg., Pesth 1861—66) reicht
nur bis 1711, da der Verfasser leider 1865 starb, ehe er sie vollenden konnte. Horváth's grosses Werk umfaßt in vier und in zweiter
Auflage in sechs Bänden die gesammte Geschichte Ungarns; derselbe
veröffentlichte außerdem „Fünfundzwanzig Jahre, 1823 — 1848,
aus der Geschichte Ungarns" (2 Bde., Genf 1864; deutsch in
zwei Bänden, Leipzig 1867), und „Der Unabhängigkeitskampf

Ungarns von 1848 und 1849" (3 Bde., Genf 1865), überall sorgfältig in Erforschung der Quellen, unparteiisch und freisinnig in der
Auffassung, ausführlich und anziehend in der Darstellung; ferner zwei
kürzere Handbücher der ungarischen Geschichte, von denen die „Kurz-
gefaßte Geschichte Ungarns" in deutscher Uebersetzung erschien (2 Bde.,
Pesth 1863). Aber alle die umfassenden neuern Werke sind in ungarischer Sprache geschrieben, daher den des Ungarischen unkundigen
Lesern nicht zugänglich. Von Szalay's „Geschichte Ungarns" erscheint
zwar jetzt in Pesth eine deutsche Uebersetzung, allein dieses Werk ist,
abgesehen davon daß es sich nicht bis auf die neuern Zeiten erstreckt,
doch hauptsächlich für Ungarn berechnet, die mit den heimischen Zuständen vertraut sind, denn es gibt über letztere nicht die Aufklärungen,
welche der Ausländer zum rechten Verständniß oft nicht entbehren
kann. Die deutsch geschriebene „Geschichte der Magyaren" des
Grafen Johann Majláth (Wien 1828—31; 2. Aufl., Regensburg
1852—53) endlich ist ein oberflächliches, ohne Beruf und Vaterlandsliebe im Sinne einer gewissen Partei verfaßtes, die Dinge oft
absichtlich zum Nachtheil Ungarns entstellendes Buch, das viele falsche
Vorstellungen und Ansichten in Umlauf gesetzt hat und nur in Ermangelung eines andern Verbreitung finden konnte.

Um so mehr hatte ich also Ursache, eine deutsch verfaßte Geschichte Ungarns für ein fortdauerndes Bedürfniß zu halten, und immer
lebhafter ward mein Wunsch, diesem Bedürfniß abzuhelfen. Aber die
Verhältnisse, in denen ich lebte, gestatteten mir nicht die nöthige
Muße, und die öffentlichen Zustände machten es beinahe unmöglich, ein
Werk, wie ich es im Sinne hatte, erscheinen zu lassen. Endlich, am
Abend meines bewegten Lebens, kam die Zeit, wo ich an die Ausführung des lang gehegten Vorsatzes ernstlich denken konnte, und
gleichzeitig auch eine willkommene Gelegenheit zu dessen Verwirklichung.
Die Verlagshandlung F. A. Brockhaus in Leipzig forderte mich nämlich
auf, das Werk Jgnaz Aurelius Feßler's: „Geschichten der
Ungern und ihrer Landsassen", das seit längerer Zeit vergriffen war, behufs einer neuen Auflage derart zu ergänzen und umzu-
arbeiten, daß es in Bezug auf den jetzigen Standpunkt der ungarischen
Geschichtschreibung den Anforderungen der Gegenwart entspreche, zugleich aber durch zweckmässige Kürzungen und Ausscheidung alles Ueberflüssigen oder Veralteten mehr als bisher dem größern Publikum zugänglich werde. Das Feßler'sche Werk besitzt neben manchen Mängeln
doch so überwiegend große Vorzüge, ich hielt es für so ehrenvoll, in
des Autors Fußstapfen zu treten, die Erfüllung meines heißen Wunsches wurde mir durch den erhaltenen Auftrag so nahe gerückt, daß
ich mich sofort entschloß, denselben anzunehmen, obgleich ich recht

**

gut fühlte, wie schwierig und gewagt es sei, das Werk eines Mannes
von so ausgebreiteter historischer Kenntniß und so eigenthümlichem
Geiste wie Feßler umarbeiten und verbessern zu wollen.

Als ich zur Arbeit schritt und immer tiefer in die Geschichten
Feßler's eindrang, kam ich bald zu der Ueberzeugung, daß weit mehr
nothwendig sei, als der ursprüngliche Plan voraussetzte, damit nicht
ein unleidliches Flickwerk voll innerer Widersprüche, sondern ein har-
monisches Ganzes entstehe; ich sah ein, daß ich mich von allen Fesseln
der Scheu losmachen und dem Werke die Gestalt geben müsse,
die es etwa erhalten würde, wenn Feßler jetzt, ausgerüstet mit den heute zu Gebote stehenden Hülfsmitteln,
und unter dem Einflusse der politischen und socialen
Ideen der Gegenwart schriebe.

Da hiernach die neue Ausgabe von dem Original nicht unwesent-
lich abweichen, mit demselben bisweilen in Widerspruch stehen und sozusagen ein neues Werk bilden wird, halte ich mich für verpflichtet,
Rechenschaft von meinem Verfahren zu geben. Feßler schildert den
Geist des ungarischen Volks treu, gibt die Thatsachen und deren
Reihenfolge meist richtig, beschreibt die jedesmaligen Zustände treffend,
stellt die Katastrophen, welche Ungarn mehr als einmal auf den Gipfel
der Macht und an den Rand des Abgrunds führten, lebendig und er-
greifend dar: hier tritt also in der Umarbeitung nur eine leichte Aende-
rung in den Worten oder in der Schreibart ein, während die Sache selbst
bleibt und nur Irriges berichtigt oder Fehlendes hinzugefügt wird, wie
es die neuen Forschungen an die Hand geben. Anders verhält es sich mit
der Auffassung und Beurtheilung der Dinge: Feßler stellt nicht selten
Behauptungen auf, die den Grundsätzen der ungarischen Verfassung und
den geschichtlichen Thatsachen widersprechen, und äußert Ansichten,
welche die Zeit, diese Lehrerin der Menschen, seitdem gerichtet hat;
ich erlaube mir daher in diesen Stücken mannichfache Abweichungen,
beruhend auf einer Anschauung der Dinge, wie sie aus dem Zusammenhang der Begebenheiten, aus dem Geiste der alten ungarischen Constitution und aus den jetzigen Begriffen über Menschenrechte, Staat
und Kirche hervorgeht. Bisweilen geschieht es, daß Feßler einzelnen,
weniger bedeutenden Gegenständen zu viel Aufmerksamkeit und Raum
widmet, wodurch andere und zwar wichtigere gewissermaßen in den
Hintergrund gedrängt werden; ich strebe nun, der Erzählung mehr
Gleichförmigkeit zu geben und das, was mir wichtiger scheint, auch
in der Behandlung hervortreten zu lassen. Von den häufigen Episoden und ausführlichen Erzählungen fremdartiger Begebenheiten, die
das Feßler'sche Werk so sehr ausdehnen, habe ich diejenigen ganz
weggelassen, die in keiner engern Beziehung zu der Geschichte Ungarns

stehen, diejenigen aber, die zum Verständniß derselben erforderlich sind,
nach Möglichkeit abgekürzt. Da Feßler in seinen jüngern Jahren selbst
Kapuzinermönch war und sehr ausgebreitete Kenntnisse in Sachen der
katholischen Kirche Ungarns besaß, behandelt er diese mit besonderer
Vorliebe, indem er z. B. die Geschichte der Bisthümer und Klöster mit
großer Ausführlichkeit erzählt. Auch hiervon behalte ich nur dasjenige
bei, was in ein Werk, das nicht Kirchen-, sondern Staatsgeschichte
sein soll, gehört und Wichtigkeit für das Ganze hat. Dagegen hat
er und haben bisher auch die andern Geschichtschreiber die protestan-
tische Kirche Ungarns viel zu wenig berücksichtigt, theils aus Unkenntniß, theils weil sie die Wahrheit nicht sagen durften; in der vorliegenden Geschichte wird ihr der gebührende Platz eingeräumt, ihr
Schicksal in Ungarn, die allmähliche Gestaltung ihrer Verfassung und ihr
Einfluß auf das Volk dargestellt werden. Auch die Staatsform, welche
im westlichen Europa jahrhundertelang die herrschende war und zum
Theil noch heute fortbesteht, deren mächtige Einwirkung wenigstens noch
in allen Verhältnissen sichtbar ist, der Feudalismus, fordert eine eingehendere Behandlung, als ihm Feßler zutheil werden ließ; der Nach-
weis, wie das Lehnswesen nach dem Muster und durch den Einfluß
der benachbarten Länder eingeführt wurde, wie es die ursprüngliche
Stammverfassung der Magyaren umgestaltete, sich mit derselben vermischte und eine eigenthümliche Ausbildung erhielt, gehört also mit zu
der Aufgabe, die ich mir stellte.

Dies sind die Veränderungen, welche ich mit der Feßler'schen Geschichte vornehmen zu müssen glaube, damit die neue Ausgabe dem Inhalt und der Darstellungsweise nach den Anforderungen der Gegenwart
entspreche. Durch sie und in Verbindung mit einer zweckmäßigern
Druckeinrichtung wird es mir zugleich möglich sein, in vier, höchstens
fünf mäßigen Bänden weit mehr historischen Stoff zu liefern, als die
zehn Bände der ersten Auflage darbieten. Daß diese Veränderungen
sehr bedeutend sind, daß durch sie das ganze Werk eine von seiner
ersten wesentlich verschiedene Gestalt erhält und, wie schon gesagt,
eigentlich ein neues wird, läßt sich nicht leugnen. Aber ich hoffe, deshalb nicht Tadel zu verdienen, daß ich Irriges berichtige, Unhaltbares
aufgebe, Ueberflüssiges wegschaffe und so das Werk auf den gegenwärtigen Standpunkt der ungarischen Geschichtsforschung und Geschichtschreibung zu stellen strebe. Und wird dieses zugestanden, so
kann auch nicht verargt werden, daß ich nur selten die Worte Feßler's
beibehalte. Ich versuchte es anfangs, nahm Kürzungen des Stils vor,
schied hier etwas aus, versetzte dort etwas an eine andere Stelle und
fügte Neues hinzu; aber das machte mir so unsägliche Arbeit, legte den
Gedanken so unerträgliche Fesseln an und gab der Schreibart ein so

buntscheckiges Ansehen, daß ich darauf verzichten und mich entschließen mußte, nur den Sinn und die Sache wiederzugeben. Demungeachtet
halte ich dafür, daß das vorliegende Werk bei aller Verschiedenheit
der ursprünglichen Fassung den Namen Feßler's zu führen berechtigt
ist; denn es fußt auf seiner Geschichte, hält der Hauptsache nach die
allgemeine Anlage derselben fest und wird, soweit es möglich ist, sich
immer eng an seine Darstellung anschließen.

Feßler führte die „Geschichten der Ungern" bis dahin, wo der
Druck seines Werks begann, bis 1812. Da dieses Jahr aber in der Geschichte Ungarns keine bedeutende, die Zeit von 1791—1812 hingegen eine sehr wichtige und entscheidende Epoche bildet, und da
gerade der Zeitraum zwischen den genannten Jahren aus leicht erklärlichen Ursachen von Feßler oberflächlich und mit großer Zurückhaltung behandelt ist: so schien es zweckmässig, die neue Ausgabe
mit dem Jahre 1791 abzuschließen.

Die von da an beginnende Erstarkung des Nationalgeistes, die
Fortschritte der ungarischen Sprache und Literatur, das Entstehen
und die Ausbreitung neuer politischer Ideen, die Bewegungen und
Kämpfe zur Aufrechthaltung und zugleich zeitgemäßen Umbildung der
alten Constitution, die Plane und Unternehmungen zur Förderung der
Landeswohlfahrt, die traurigen und doch so merkwürdigen Auftritte der
Jahre 1848 und 1849, was hierauf folgte und was in nächster Zukunft
noch geschehen mag, das alles soll der Gegenstand eines besondern
Werks sein, das als Fortsetzung zu dem gegenwärtigen erscheinen wird.

Wenn es mir gelungen ist, die Idee, welche mir vorschwebte, einigermaßen genügend zu verwirklichen, wenn das Werk in seiner neuen
Gestalt dazu beiträgt, die Kenntniß der ungarischen Geschichte zu
fördern: so werde ich mich glücklich fühlen, eine Schuld an mein Vaterland abgetragen und nicht umsonst gelebt zu haben.

Bartfeld in Oberungarn, im August 1866.

Ernst Klein.

Anleitung zur richtigen Aussprache der ungarischen Wörter und Namen.

á é í ó ú ő ű sind lang,

a e i o u ö ü sind kurz,

ai oi ei = aī oī eī sind gesondert,

aj oj ej = ai oi ei sind als Diphthonge jedoch ej nicht nach deutscher Art wie ai, sondern wie ei auszusprechen;

y ist nur am Ende der Familiennamen Vocal und = i, sonst dient es als Zeichen daß der voranstehende Mitlauter geschliffen werden soll, also:

gy = etwa dem deutschen dj, nicht dsch (magyar ist zu sprechen Madjar, nicht Madschar);

ly = etwa dem französischen l nach i, wie in bataillon;

ny = etwa dem französischen gn oder n nach einem Vocal am Ende der Silbe, wie in campagne;

ty = etwa dem deutschen tj;

c oder cz = dem deutschen z, tz;

s = dem deutschen sch oder dem französischen ch;

sz = dem deutschen ss oder sz in lassen, gießen;

z = dem deutschen weichen s in sagen, Segel;

cs = dem deutschen tsch oder sch nach n in Mensch;

zs = dem französischen j oder ge, gi in jeu, gens.

ch = cs ⎰ nur in einigen Familiennamen, bei welchen die längst
ew = " ⎱ veraltete Orthographie beibehalten wird, gebräuchlich.
⎱ wie in Széchenyi = Szécsenyi, Tewrewk = Török.

Inhalt des ersten Bandes.

Erstes Buch.

Das Land Ungarn; die Völker, die es vormals bewohnten. Der Ungarn Herkunft und Wanderungen. Die Zeit der Herzoge aus Árpád's Stamme bis 997.

Erster Abschnitt.

I. Das Land Ungarn.

Das jetzige Königreich Ungarn liegt im Südosten Europas und breitet sich von 44° 9′ bis 49° 38′ nördl. Br., und von 32° 4′ bis 44° 16′ östl. L. von Ferro aus; doch so, daß es im Süden an Breite zunimmt und sein äußerster Südwesten als schmaler Küstenstrich sich noch um 2° tiefer erstreckt. Es besteht aus Ungarn im engern Sinn und aus dessen Nebenländern.

Nach den neuesten Messungen beträgt der Flächenraum, den es einnimmt: Ungarn in engerm Sinn 3896,3313, seine Militärgrenze 255,0400, zusammen 4152,3713; Siebenbürgen 997,5094; Kroatien und Slawonien 350,1573, ihre Militärgrenze 354,3383, zusammen 704,4956; mithin das ganze ungarische Gebiet 5853,3763; und rechnet man noch Dalmatien mit 232,3571 hinzu, 6085,7334 geogr. Q.-M., also über die Hälfte des 11762,0308 Q.-M. messenden österreichischen Gesammtstaats.

Dieses ausgedehnte Gebiet bildet ein von natürlichen Grenzen eingeschlossenes, nicht nur vermöge politischer Einrichtungen, sondern durch die Natur selbst zusammengefügtes Ganzes. Im Norden und Osten wird es in weitem Bogen von den Felsthürmen der Karpaten umgürtet, die auch noch seinen östlichen Süden umspannen; worauf die gewaltige Donau und weiter westlich die Save die Grenze bilden, die nun zwischen den sich hier ineinander verlierenden Ausläufern des Balkan und der Alpen bis an das Adriatische Meer hinläuft, hierauf im Westen an und zwischen den illyrischen und steirischen Alpen hinaufrückt und endlich durch die Leitha und March bezeichnet wird.

Das ungarische Gebiet ist ein Becken, welches im Norden und Osten durch die Karpaten von der ungeheuern Fläche geschieden wird, die den Osten Europas einnimmt und weithin nach Asien reicht; im Süden aber und Westen umschließen es die Vorgebirge des Balkan und der Alpen. Dieses Becken wird im eigentlichen Ungarn durch hineinragende Gebirge in zwei ungleiche Hälften getheilt, in die kleinere nordwestliche und in die größere östliche. Die erstere erstreckt sich auf

1*

beiden Seiten der hier gegen Osten fließenden Donau bis nach Oesterreich hinein; die zweite aber von den östlichen Karpaten über die nun mit der Theiß fast parallel südwärts strömende Donau hinüber, bis an die serbischen Gebirge und an die westlichen Ausläufer der Alpen. Weil sie von der Theiß durchschnitten wird, führt sie gewöhnlich den Namen · der Theißebene.

Ungarns größtes Gebirge sind die Karpaten. Ihre Hauptkette, an dem Ufer der Donau bei Presburg beginnend und, wie schon gesagt, des Landes nördliche Grenze bildend, zieht sich in wechselnder Höhe von Westen nach Osten und wendet sich sodann nach Süden; die größte Höhe erreicht sie in den Gespanschaften Liptau und Zipsen, wo sie unter dem Namen der Tátra ihre kahlen, über 8000 Fuss hohen, furchtbar zerrissenen Felsengipfel bis an die Schneelinie emporstreckt; die größte Ausdehnung aber gewinnt sie in Siebenbürgen.

Im engern Ungarn, von diesem Hauptstocke ausgehend, ihm bald parallele und bald Seitenketten bildend, jedoch gegen Süden an Höhe und Schroffheit abnehmend, rücken die Zweige der Karpaten hinab in die Ebene bis Waitzen an die Donau und bis Tokay an die Theiß. Vorzüglich diese Neben- und Vorgebirge sind reich an Metallen und Steinkohlen, an Salz besonders in der Gespanschaft Marmaros; auf den südlichen Ausläufern aber wächst der köstlichste Wein. Zwischen den Gebirgsketten und selbst knapp am Fuße der höchsten finden sich fast überall ebene Flächen und fruchtbares Hügelland, von Bächen und Flüssen durchströmt. Das Gebirge selbst aber steigt um so schroffer empor und nimmt sich um so höher aus, je plötzlicher es sich aus der Fläche emporhebt und je niedriger das Tiefland und die Thäler sind. Ist doch die gewöhnliche Wasserhöhe der Donau bei Presburg nur 416′, Pesth 304′, Orsova 136′; die der Theiß bei Tisza-Ujlak 360′, Szegedin 233′, Titel, wo sie in die Donau mündet, 219, und die der Ebene unter der Lomnitzer Spitze (8300′ hoch) 2057 Fuß über der Meeresfläche; die höchsten Wohnungen der Menschen liegen kaum etwas mehr als 3000 Fuß über derselben.

Daher kommt es auch, daß die Flüsse, sobald sie die Bergregion verlassen, sich nur mühsam und in zahllosen Krümmungen durch die Ebene winden, und zwar fortwährend eine tiefe Humusschicht auf dieser ablagern, aber sie auch im Frühling, wenn im Gebirge der Schnee schmilzt, weit und breit überschwemmen und Sümpfe und Moräste verursachen. Doch dieselben Gebirge, die im Frühling ihre Wassermassen im Ueberfluß dem Tieflande zuwälzen, ziehen im Sommer die Wolken mit ihren befruchtenden Regen an sich und machen dieses zu einer der trockensten Gegenden Europas, sodaß es mit Ausnahme der wenigen Flußufer von jeher fast baumlos ist, und seine fruchtbaren Weizen- und Grasfluren in manchem Jahre gänzlich ausgebrannt und in öde Wüsten verwandelt werden.

Siebenbürgen ist ein Hochland, das von dem ausgedehntesten Theile der Karpaten überdeckt wird. Rings um dasselbe lagern sich hohe Gebirgsketten, die ihre Glieder nach allen Richtungen in das Innere, nach Ungarn, nach der Bukowina, Moldau und Walachei ausstrecken und nur an wenigen Stellen durchbrochen sind. Die nördliche Grenzkette hängt mit den ungarischen Karpaten zusammen; ihre Durchschnitte und engen Thäler münden in die obere Theißebene. Die östliche ist zwar bedeutend niedriger, hat aber nur einige schwer zu übersteigende Pässe in die Bukowina und Moldau. Die südliche ist die größte und höchste Siebenbürgens und eine der bedeutendsten der gesammten Karpaten; ihre Spitzen erheben sich auf 8000 Fuß; sie senkt sich jäh in die Tiefebene der Moldau und dehnt ihre Arme über das südöstlichste Ungarn bis an die Donau aus, sodaß sie, nur von dieser durchbrochen, mit den serbischen und Balkangebirgen zusammenhängt. Die westliche endlich erstreckt sich ebenfalls nach Ungarn hinein und bildet dort verschiedene Berggruppen. Die Maros durchbricht diese Kette, um sich mit der Theiß zu vereinigen, und ausserdem verbinden hier mehrere Thäler und Einschnitte das Innere Siebenbürgens mit dem Tieflande Ungarns. Die innern Gebirge, welche den Boden Siebenbürgens nach allen Richtungen einnehmen, sind weniger hoch und bilden meistens abgerundete Kuppen, die oft eine ziemliche Ausdehnung besitzen. Wald oder saftiges Gras bedeckt, und enge tiefe Thäler durchfurchen die Berge, deren Reichthum an Steinkohlen, Metallen und besonders Gold groß, an Salz aber unermeßlich ist. Ausgedehnte Ebenen, wie wir sie so häufig in der ungarischen Karpatenregion finden, gibt es hier nirgends und noch viel weniger ein eigentliches Tiefland. Die niedrigste Lage hat das Thal der Maros, welches sich in seinem untern Verlaufe bis zu 500 Fuss über dem Meere senkt. Der größte Theil Siebenbürgens hängt nach Norden, Westen und Südwesten, also gegen Ungarn ab und wird mit ihm schon vermöge dieser Lage unzertrennlich verknüpft; es ist die Felsenburg, welche das Tiefland der Theiß schirmt, aber auch beherrscht.

Die Gebirge, welche sich über den südwestlichen Theil des engern Ungarns und über Kroatien und Slawonien ausbreiten, gehören alle zu dem Alpensystem. Sie sind eigentlich Ausläufer einiger Hauptstöcke der Alpen; weniger hoch als diese, übersteigen ihre Gipfel nur hin und wieder die Waldregion. Sie zerfallen in mehrere Gruppen, die durch Hügelreihen kaum bemerkbar oder fast gar nicht miteinander zusammenhängen, und zwischen welchen sich das südliche Tiefland bis weit gegen Westen hinein erstreckt. Eine solche Verlängerung des Tieflandes ist besonders das Becken, in welchem sich der 20 Q.-M. große Plattensee (ungarisch Balaton) befindet, dessen Wasserspiegel 333 Fuß über dem Meere liegt.

Dalmatien, wie überhaupt die ganze Küstenstrecke der Adria, ist voll großentheils kahler Felsengebirge, die, bis an das Meer rückend, hohe und steile Ufer und nur wenige zu sichern Häfen geeignete Buchten bilden; dem Mangel derselben helfen jedoch die vielen Kanäle zwischen dem festen Lande und den zahlreichen benachbarten Inseln ab. Auch lagern hier und in Kroatien mehrere Bergketten fast parallel mit dem Meere, ohne von tiefern Einschnitten und Thälern durchbrochen zu sein; das Land senkt sich gegen Osten, und in dieser Richtung strömen auch seine Gewässer, wodurch der Verkehr mit dem Meere außerordentlich erschwert wird.

Durch das von diesen Gebirgen umschlossene Becken strömt, gleich einer großen, Leben schaffenden und ernährenden Ader, Europas größter Fluß, die Donau; von der Natur zur höchsten Wichtigkeit, zur Völker verbindenden Straße bestimmt, aber von den Menschen leider vernachlässigt. Bis Waitzen setzt sie ihren südöstlichen Lauf fort, wendet sich da in scharfer Krümmung nach Süden und an der Grenze Slawoniens oberhalb Vukovár abermals nach Osten. Mit Ausnahme einiger, in den Gebirgsgegenden entspringender, wenig bedeutender Flüsse ergiessen sich in sie alle Gewässer des Landes entweder unmittelbar, oder werden ihr von der Theiß zugeführt, die, aus den nordöstlichen Karpaten kommend, sich in südwestlicher Richtung langsam durch das östliche Tiefland windet und den reichen Boden desselben durch ihre und ihrer Nebenflüsse Ablagerungen eigentlich geschaffen hat. [1]

So hat die Natur, nicht blos das erobernde Schwert der Magyaren, dieses in bestimmte Grenzen eingeschlossene, aus einem Flußgebiet bestehende Land zu einem Ganzen gebildet. Möge es immerhin von verschiedenen Nationen bewohnt werden, sie alle haben ein gemeinsames, durch keine natürliche Scheidewand getrenntes Vaterland und können nur miteinander vereinigt bestehen und gedeihen. Das beweist die Geschichte eines Jahrtausend. Denn so oft auch das Unglück oder die Zwietracht für eine Zeit das eine oder das andere Glied von dem großen Körper trennte, es kam wieder hinzu und verschmolz mit ihm von neuem. Dagegen fiel alles oft schnell wieder ab, was das Schwert jenseit dieser Grenzen erobert und zur unnatürlichen Vereinigung gezwungen hatte.

Nothwendig äußerte aber diese so mannichfaltige Bodenbeschaffenheit des ungarischen Gebiets den mächtigsten Einfluß auf die Lebensweise, Sitten und Schicksale aller der Völkerschaften, die es im Laufe der Zeit bewohnten. Sobald sie sich der ersten Roheit entrissen hatten, wies ihnen die Natur selbst die Beschäftigungen an, denen sie sich widmeten. Die Gebirge luden ein, nach den Schätzen zu graben, die sie in ihrem Schose bergen, das Hügelland mit seiner mäßigen Fruchtbarkeit nöthigte, durch Gewerbe zu ersetzen, was es weniger gab; die der Ueberschwemmung ausgesetzten Niederungen und sandigen Steppen empfahlen sich zur Viehzucht; der reiche Boden des trockenen Tieflandes lohnte die Mühe des Landwirths zu sehr, als daß dieser sich andern Beschäftigungen hätte hingeben sollen. Darum finden wir, abgesehen von andern Ursachen, die hier zu erörtern zu weit führen würde, in dem Berg- und Hügelland mehr Gewerb- und Kunstfleiß, in den Ebenen aber fast ausschließlich Ackerbau und Viehzucht. In den Thälern, an rieselnden Bächen sammeln sich hier und da einige Familien und gründen Dörfchen, um das kleine Feld zwischen und an den Bergen zu bauen. Diese Berge trennen die Menschen, sodaß sich oft schon in geringer Entfernung bedeutende Abweichungen in Sprache und Sitten zeigen. In den Flächen des Tieflandes hingegen, wo das Auge in weite

---

[1] Hunfalvy, Beschreibung der natürlichen Bodenverhältnisse des ungarischen Gebiets (in ungarischer Sprache, Pesth 1863), Bd. 1.

Fernen schweift und keine Scheidewand die Annäherung hindert, herrschen in weiten Umkreisen dieselben Dialekte, Sitten und Gebräuche; alles ist gleichförmig, wie die Natur selbst. Wenn endlich Kriege ausbrachen und der Feind das Land überzog, bot das Gebirge mit seinen Höhen, Schluchten und Wäldern der Bevölkerung natürliche Burgen, wo sie sich vertheidigen, und Zufluchtsstätten, wo sie Sicherheit suchen konnte, bis der Sturm vorüberbrauste. Ganz anders in dem offenen Tieflande; da hing alles von dem Ausgange der Schlacht ab; war diese verloren, so war auch das Land der Verwüstung, das Volk dem Untergange verfallen, und gerettet ward nur, wer die Berge erreichte oder in unzugängliche Sümpfe floh. Daher kommt es, daß wir in den Gebirgsgegenden auf die Ueberreste der Nationen stoßen, die nacheinander im Lande hausten, und ungeachtet der oft geringen Fruchtbarkeit des Bodens eine dichte Bevölkerung antreffen. In dem reichen Tieflande aber, das so leicht gewonnen und von seinen Einwohnern entblößt werden konnte, ließ sich jedesmal das erobernde Volk nieder, bis es wieder verdrängt wurde durch ein anderes, das herbeiströmte. Auf solche Weise ward das Tiefland mehr als einmal zur menschenleeren Wüste und blieb dünn bevölkert.

II. Summarischer Ueberblick der Völker, die das Land vor dem Einzuge der Magyaren bewohnten.

1. Alte Völker.

Von den Nationen, welche das heutige Ungarn in der grauen Vorzeit bewohnten, gibt uns die Geschichte nur wenig Nachrichten, und auch kein Denkmal, das sie gestiftet, überlieferte das Gedächtniß ihres Daseins und Wirkens den kommenden Geschlechtern. Denn sie verloren durch der Römer Schwert ihre Freiheit und Nationalität, als sie eben die ersten Schritte auf der Bahn zu höherer Civilisation thaten.

Das Land östlich vom Adriatischen Meere führte seit den ältesten Zeiten den Namen Illyrien. Der südliche Theil der Küste (Illyriacum graecum, das heutige Albanien) war von Thraziern bewohnt und gerieth zu gleicher Zeit mit Macedonien, dem es schon früher einverleibt war, unter römische Herrschaft. Der nördliche Theil (Illyricum barbarum) erstreckte sich von dem Flusse Arsa bis an die Drina, hatte eine aus Thraziern und Celten gemischte Bevölkerung, die Japyden, Liburner und Dalmater, behauptete zwar seine Unabhängigkeit gegen Macedonien, wurde aber in demselben Jahre, wie dieses, 167 v. Chr., von den Römern bezwungen. [1] Das innere, von Thraziern bewohnte Illyrien eroberte Augustus 35 v. Chr. [2]

Das Land, welches die Donau im Norden und Osten, die Save im

[1] Livius, Dec. V, Lib. 5. Plutarch in Aemilius Paullus, II. — [2] Appianus, II, 28.

Süden und die norischen Alpen im Westen begrenzen, hieß bei Griechen und Römern Pannonien. Auch hier wohnten thrazische Völkerschaften, mit Celten, besonders im Norden und Westen, vermischt. Als Augustus die Illyrier bekriegte, machte er auch nach Pannonien Einfälle, doch erst Tiberius, der nachmalige Kaiser, vollbrachte von 6—4 v. Chr. die Eroberung desselben. [1] Was die Römer überall thaten, um die überwundenen Völker im Zaume zu halten und mit dem Reiche zu verschmelzen, das brachten sie auch hier in Anwendung; befestigte Lagerplätze wurden errichtet, Colonien angelegt, römische Sitte und Sprache verbreitet. Bald schmückten blühende Städte das Land, wie Singidunum (Belgrad), Taurunum (Semlin), Mursa (Eszek), Sirmium (bei Mitrowitz), Carnuntum (Petronell), Sabaria (Steinamanger), Sigambria und Aquintum (Altofen) u. s. w. Doch die Kraft des Volks war mit dem Untergang seiner Selbständigkeit und Eigenthümlichkeit gebrochen.

Im Nordwesten der Donau saßen, seit einiges Licht auf diese Gegenden fällt, die celtischen Bojer [2] — von ihnen erhielt Böhmen seinen Namen —, bis sie von den Markomannen, unter Marobud 35 n. Chr. verdrängt wurden. [3] Nun nahmen Deutsche ihren Platz ein, von denen sich die Quaden am weitesten gegen Osten niederließen. [4] Als aber später die deutschen Völker immer mehr nach Süden vorrückten, und besonders nach den gewaltigen Erschütterungen, welche die Hunnen bewirkten, drangen in die verlassenen Sitze Slawen ein. [5]

Im Osten und Norden der Donau bis an den Dniestr hin waren die Dacier, ein thrazischer Volksstamm, ausgebreitet. Ihr Reich erhob sich im ersten christlichen Jahrhundert zu großer Macht; Decebalus, dessen letzter König, herrschte von der Donau bis an den Dniestr über einen Theil Ungarns, über Siebenbürgen, die Moldau, Walachei und Bessarabien. Nachdem er die Römer in mehrern Kriegen geschlagen und zu jährlichem Tribut gezwungen hatte, wurde er endlich von Trajan nach hartem Kampfe von 101—103 und 104—106 n. Chr. gänzlich besiegt, seine Hauptstadt Zarmizegethusa im heutigen Siebenbürgen zerstört und das Land zur römischen Provinz gemacht. [6] Nun wurden Standlager für die Legionen errichtet, die Ausbeutung der reichen Erz- und Salzlager eifrig betrieben, und eine große Zahl italienischer Colonisten strömte herbei. Die dacischen, ohnehin stammverwandten Einwohner vermischten sich bald mit diesen, nahmen deren Sitten, Sprache und selbst Namen an. So entstand die rumänische oder walachische Nation [7], deren Heimat diese Länder noch immer sind.

Zwischen der Donau endlich, dem Schwarzen Meere, dem Hämus und Orbelus, dem Skardus und dem Drina lag Mösien, von den Griechen auch Mysien genannt; es wurde in zwei Hälften getheilt, von denen die östliche, Niedermösien, dem heutigen Bulgarien, die westliche, Ober-

---

[1] Dio Cassius, XLIX, 37. — [2] Caesar, De bello Gallico, I, 5. — [3] Tacitus Germania, c. 28. — [4] Vellejus Paterculus, II. — [5] Palacky, Geschichte der Böhmen (Prag 1864), I, 63 fg. — [6] Dio Cassius, LXVII, 6 fg. Xiphilinus, LXVIII, 6. Plinius, Epp., VIII, 4. Eutropius, VIII, 2. — [7] Benkö, Transilvania illustrata, Pars 1, Tom. 1, 2. Beide Namen bedeuten dasselbe; Rumänen kommt von Romanen, Walachen von Wälschen, was eins ist mit Italienern.

mösien, dem heutigen Serbien entspricht. Die Bevölkerung war thra-
zisch. Den Römern völlig unterworfen wurde Mösien 29 v. Chr. durch
M. Licinius Crassus.

2. Erste Strömungen der Völkerwanderung.[1]

Pannoniens und Daciens Eroberung brachte die Römer auch von
der östlichen Seite mit germanischen und sarmatischen Völkerschaften in
unmittelbare Berührung, und schon begann die große Bewegung, welche
die barbarischen Bewohner des Nordostens gegen den civilisirten Südwesten führte. Ein mächtiger Bund deutscher und slawischer, vielleicht
auch altaischer Völker, dem die Markomannen, als die mächtigsten,
oder den Römern am meisten bekannten, den Namen gaben, hatte sich
vereinigt, und drang Schrecken verbreitend aus den obern Donauländern
gegen Italien vor. Marc Aurel schloß zwar nach schwerem achtjäh-
rigen Kriege 166—174 n. Chr. rühmlichen und Commodus erkaufte
180 schimpflichen Frieden [2], aber die Einfälle der Barbaren, wie sie
von den Römern genannt wurden, hörten von dieser Zeit nie mehr auf;
mühsam und mit sichtbar ermattender Kraft kämpfte das Weltreich gegen sie. Der tapfere Kaiser Aurelianus verlor endlich die Hoffnung,
das Gebiet jenseit der Donau noch länger vertheidigen zu können,
270—275, gab es auf und rief die Bevölkerung nach Mösien.[3] Der eine.
vielleicht bessere Theil derselben folgte dem Rufe, der andere blieb und
verwilderte gänzlich unter dem Joche der Horden, die in das von den
römischen Besatzungen verlassene Land ungehindert eindrangen. Gegen
diese Horden, die fortwährend drohten, so oft sich eine günstige Gelegenheit darbot, über die Donau setzten und greuliche Verwüstungen anrichteten, ließ, wie man glaubt, Diocletian in dem Winkel, den die Theiß
und die Donau bei ihrem Zusammenflusse bilden, einen starken Wall
aufführen, dessen Ruinen unter dem Namen der Römerschanzen noch
vorhanden sind. Aber Wälle und Mauern helfen nichts, wenn der Muth,
die Vaterlandsliebe, der edle Sinn für Freiheit in der Brust erstorben
sind. Die feigen Sklaven, welche das römische Gebiet bewohnten, scheu-
ten sich zu ihrer Vertheidigung die Waffen selbst zu ergreifen; mit ge-
mietheten Barbaren wollten sie Barbaren bekämpfen, und mußten also
trotz ihrer überlegenen Bildung, ihrer Bollwerke und Reichthümer der
Kühnen Beute werden und untergehen. Bisher hatten die Wogen der
großen Völkerströmung nur an die Grenzen des römischen Reichs geschlagen; jetzt kam die unermeßliche Flut, die alle Dämme brach und
sich unaufhaltsam, alles niederwerfend und Verderben bringend, in das
Innere ergoß. Ueber das heutige Ungarn und die zunächst angrenzenden Länder nahm sie vorzüglich ihren verheerenden Weg.

---

[1] In Gibbon, History of the decline and fall of the Roman empire (London 1782), findet man eine erschöpfende und höchst geistreiche Darstellung
der Völkerwanderung. Vgl. auch v. Wietersheim, Geschichte der Völkerwanderung (Leipzig 1858—64). — [2] Capit. Aurel., 17. Xiphilinus, LXXI, 3 fg.
— [3] Zozimus, I, 48 fg.

3. Gothen und Hunnen.

Von den baltischen Gestaden herabziehend, hatte das deutsche gedoppelte Volk der Ost- und Westgothen, der Greuthungen und Therwingen sich schon um 213 in den Ländern des ehemaligen Dacien festgesetzt und die Römer entweder im Kriege geplündert, oder ihnen für hohe Jahrgelder kurze Waffenstillstände verkauft. Im Laufe des 4. Jahrhunderts unterwarf der große König der Ostgothen, Hermanrich, in einer langen und glücklichen Regierung viele germanische, slawische und sarmatische Nationen seiner Herrschaft, sodaß er vom Don bis an die untere Donau und vom Schwarzen bis zum Baltischen Meere gebot. Vom Dniepr bis an die obere Donau herrschte, abhängig von ihm, der Westgothe Athanarich. Auch hatten die Gotben schon Fortschritte in der Cultur gemacht, sich zum Christenthume nach der Lehre des Arius bekehrt und durch ihren Bischof Ulfilas eine eigene Schrift und eine Bibelübersetzung, um 348, erhalten, deren Bruchstücke in Handschriften aus dem 5. und 6. Jahrhundert noch vorhanden sind. [1] Da erging aus dem Norden Asiens der gewaltige Stoß auf die ohnehin schon wogenden barbarischen Völkerschaften, der sie alle in eine unaufhaltsame verworrene Bewegung brachte.

Die Hunnen waren weit vom östlichen Altai her in jahrhundertelanger Wanderung an die Wolga um 360 gekommen, die Nationen, die sie auf ihren Wegen trafen, vor sich hertreibend und aufeinander werfend, und ihre Trümmer mit sich vereinigend. Wer waren diese Hunnen? Sie selbst haben keine Nachricht von sich hinterlassen, kein bleibendes Werk gegründet, und selbst von ihrer Sprache sind nur einige, noch dazu von Fremden, nach der eigenen Zunge umgewandelte Namen auf uns gekommen; nichts ist vorhanden, woraus wir ihren Ursprung näher bestimmen könnten. Die gleichzeitigen Jornandes, Ammianus und Priscus ebenso, wie die byzantinischen Geschichtschreiber, geben wol die Länder an, aus denen sie zunächst gegen das Römerreich herangezogen waren, und beschreiben ihre Sitten und Kriegsthaten, schweigen aber über ihre Ursitze und Abstammung und mußten darüber schweigen oder Fabeln erzählen. Denn jene fernen Gegenden, wo wir mit Wahrscheinlichkeit der Hunnen frühere Heimat suchen dürfen, sind selbst uns noch wenig bekannt und waren damals in undurchdringliches Dunkel gehüllt; es gab höchstens fabelhafte Sagen über ihr Dasein und über die Wunder, die sie enthalten sollen. Als aber diese Länder und ihre Völker etwas bekannter wurden, waren Jahrhunderte verflossen und die Hunnen längst untergegangen und der geschichtlichen Forschung entrückt. Doch stellt de Guignes, auf die Berichte chinesischer Annalien

---

[1] Jornandes, De rebus geticis. Ammianus Marcellinus. Procopius, De bello Gothico, im Corpus historiae byzantinae (Paris 1848), und bei Stritter, Memoriae populorum olim ad Danubium, Pontum Euxinum, mare Caspium et inde magis ad septemtrionem incolentium e scriptoribus historiae byzantinae erutae et digestae (Petersburg 1771—79). Ein höchst gelehrtes, mit außerordentlichem Fleiße gesammeltes Werk.

gestützt, die Meinung auf, daß die Hunnen ein Zweig der einst im Norden Ostasiens so mächtigen Hiongnu sind, der, als diese von den Chinesen um 93 n. Chr. bezwungen wurden, freiheitsstolz gegen Westen wanderte und erst nach beinahe zweihundert Jahren jenseit des Imaus aus den Augen der Chinesen entschwand. [1] Auch Neumann erklärt die Hiongnu geradezu für die Hunnen des Westens und gibt den Weg an, den sie aus Mittelasien an die Wolga zurücklegten. [2] Sollte diese Ansicht die wahre sein, so hätten die Hunnen zu den mongolischen Völkern gehört, die den Nordosten Asiens einnahmen. Allein der Zusammenhang der Hunnen mit diesen Hiongnu lässt sich geschichtlich nicht erweisen. Amadeus Thierry lässt die Hunnen auch aus dem nördlichen Ostasien gegen Südwesten vordringen und bestimmt ihre Nationalität, indem er nicht hinauf zu den Vorfahren, sondern hinab zu den Nachkommen steigt. Er nimmt nämlich an, daß die Ungarn von den Hunnen abstammen. [3] Für diese Ansicht spricht die Ueberlieferung der Ungarn selbst: sie hielten sich bis auf die neuern Zeiten mit fester ·Ueberzeugung für Nachkommen der Hunnen und wurden dafür auch von andern Völkern gehalten. Wäre dem wirklich so, dann müsste nothwendig auch die Frage über die Herkunft der Hunnen entschieden sein, sobald wir jene der Ungarn entdeckt haben. Vielleicht wird uns dieses weiter unten gelingen; vorläufig, um Wiederholungen zu vermeiden, begnügen wir uns damit, daß auch die Hunnen unleugbar eine der nomadischen Völkerschaften Hochasiens waren, welche von den Griechen und Römern Scythen genannt werden und mit diesen Lebensweise und Sitten gemein hatten. Ohne bleibende Wohnung, kannten sie den Ackerbau fast gar nicht, zogen mit ihren Heerden von einem Ort zum andern, und nährten sich hauptsächlich von Milch und Fleisch. Abgehärtet zu jeder Anstrengung, Entbehrung und Mühsal, auf ihren Rossen dahinjagend, mit Bogen, Lanze und Schwert bewaffnet, stürzten sie auf den Feind und überschwemmten mit wunderbarer Schnelligkeit weite Länder. Daß sie dabei wild und grausam waren, wer wollte es leugnen? Aber so viel ist auch gewiss, daß Schreck und Haß ihnen die Gestalt von teuflischen Unholden gegeben hat, in der sie die Zeitgenossen erblickten.

Diese Hunnen waren also an der Wolga angekommen und setzten 375 unter Balamir's Anführung hinüber. Hier stießen sie zuerst auf die Alanen, ein weitgebietendes altaisches Nomadenvolk, das aber wahrscheinlich mit deutschen und slawischen Stämmen sich vermischt hatte, schlugen und zwangen sie zur Vereinigung. [4] So verstärkt, stürzen sie auf die Ostgothen. Hermanrich, über hundert Jahre alt, dazu schwer verwundet, verzweifelt an der Möglichkeit, dem hereinbrechenden Verderben zu widerstehen, und gibt sich den Tod. Sein Nachfolger, Vithi-

[1] Guignes, Histoire génér. des Huns, des Turcs, des Mogols et des autres Tatars occidentaux (Paris 1756—58), 4 Bde. — [2] Neumann, Die Völker des südlichen Rußland in ihrer geschichtlichen Entwickelung (Leipzig 1847). — [3] Thierry, Histoire d'Attila et de ses successeurs jusqu'à l'établissement des Hongrois en Europe (Paris 1856; 2. Aufl. Paris 1864). — [4] Ammianus Marcellinus.

mer, fällt in der Entscheidungsschlacht. Die Ostgothen, durch den Abfall vieler unterworfener Nationen geschwächt, ergeben sich den Siegern, nur ein kleiner Theil flieht dem Dniestr zu. Jenseit dieses Flusses stehen die Westgothen unter ihrem König Athanarich, um den Hunnen den Uebergang zu wehren; aber Balamir geht an einer unvertheidigten Stelle hinüber, fällt ihnen in den Rücken und überwindet sie. Athanarich flüchtet mit seinen Getreuen in die Schluchten der Karpaten, der größte Theil der Nation aber eilt an die Donau. Auf ihre Bitten werden sie 376 von Kaiser Valens mit Eifer über den Strom geführt, und bald erzwingen auch die der Hunnenschlacht entronnenen Ostgothen den Uebergang.

So befanden sich also, nach den Berichten der Geschichtschreiber, über zweimalhunderttausend Bewaffnete und über eine Million Menschen jenseit der grossen Schutzwehr im Herzen des Landes, und zwar Menschen, die nach Abstammung und Gesinnung dessen Feinde waren. [1] Und doch waren die verworfenen römischen Befehlshaber unsinnig genug, zuerst diesem furchtbaren Heere gegen Bestechung die Waffen zu lassen, sodann es durch schnöde Behandlung zu kränken und endlich durch den schändlichsten Verrath zur Wuth zu entflammen. und zur Nothwehr zu zwingen. Die beleidigten Barbaren griffen plötzlich zu den Waffen, ihr Heerführer Fritigern rief noch Hunnen und Alanen zu Hülfe und zog gegen Konstantinopel. Valens wagte 378 am 9. August bei Hadrianopel die Schlacht und verlor sie sammt dem Leben. Unerfahren in der Belagerungskunst, konnten zwar die Gothen und ihre Verbündeten keine feste Stadt nehmen, verheerten aber desto gräßlicher, von Rachsucht, Habgierde und Noth getrieben, das offene Land. Erst dem Kaiser Theodosius gelang es nach einigen Vortheilen, die er über sie errungen hatte, 382 Frieden zu schließen. Die Gothen erhielten Wohnsitze in Mösien und Uferdacien (der Landstrich am südlichen Donauufer), behielten ihre eigenen Sitten, Gesetze und Stammfürsten, und wurden blos zu Gehorsam und Kriegsdiensten verpflichtet.

Die Hunnen ließen sich im östlichen und obern Dacien auf der linken Seite der Donau nieder, besetzten noch einige benachbarte Gegenden Pannoniens und bezogen von den Römern einen jährlichen Tribut von funfzehn Pfund Gold, unter dem Namen eines Geschenks, der die Schmach derer, die sich die Herren der Welt nannten, verdecken sollte. Auch sie wurden von den Römern haufenweise in Sold genommen. So saßen sie fast ein Menschenalter hindurch und vergeudeten ihre Kraft in unrühmlichen Raubzügen oder im Dienste der Römer und selbst ihrer besiegten Feinde, der Gothen.

Doch kaum war Theodosius der Große 395 gestorben, so brachen zwischen den Römern und Gothen Feindseligkeiten und bald offener Krieg von neuem aus. Die Gothen wählten 398 den Balthen Alarich zu ihrem König, verließen das verwüstete Mösien und Thrazien, und zogen durch Macedonien, Griechenland und Illyrien unter furchtbaren Verheerungen

---

[1] Ammianus Marcellinus: „Ita turbido instantium studio orbis Romani pernicies ducebatur."

nach Italien, wo sie zwar 403 besiegt wurden, aber dennoch hohe Jahrgelder erpreßten. Sechs Jahre darauf, 409, eroberte und plünderte Alarich Rom.

Zu derselben Zeit erwachten auch die Hunnen zu neuer Thätigkeit und erhoben sich in wenigen Jahren zu einer furchtbaren Macht, welche die Welt erschütterte. Ihre Häupter, die von den römischen Schriftstellern genannt werden, scheinen bisher blos Anführer einzelner Abtheilungen oder Stämme gewesen zu sein; jetzt vereinigte Rua oder Rugilas die ganze Nation unter seiner Herrschaft. Doch beschränkten sich seine Thaten auf die Erwerbung Pannoniens, auf die Plünderung römischer Provinzen und auf die Erpressung eines Jahrgeldes von 350 Pfund Goldes, das ihm die römischen Reiche zahlen mussten. Nach seinem Tode 433 kam die Herrschaft an Attila und Bléda, seine Neffen, Mundzuk's (andere nennen ihn Bendegúz) Söhne.

In den Donauländern und weit nach Norden und Osten, in Europa und Asien, wogte ein wunderbares verworrenes Gemisch von deutschen, slawischen und altaischen Völkerschaften, die einander hin und her drängten, sich bald vereinigten und bald bekriegten, ohne bleibende Sitze und feste Staatseinrichtungen erringen zu können; alle gleichsam harrend eines überlegenen Geistes, der sie sammeln, bändigen und ihre Kräfte vereinigen sollte. Dieser Gewaltige war Attila — Etel und Etzel klang sein Name in barbarischen Mundarten —, der mit seinem Bruder Bléda — nach ungarischer Ueberlieferung Buda — die Herrschaft über die Hunnen angetreten hatte. Scharfsinnig und kühn, Menschen und Umstände schnell durchschauend, streng und freigebig gegen die Seinen, grausam, oft großmüthig gegen Feinde, die kleinlichen Maßregeln schlauer und feiger Diplomatie mit durchgreifender Kraft vernichtend, Held, Heerführer und Despot, war er dazu geboren, der entarteten civilisirten Welt Bewunderung und Schrecken einzuflössen und die verworrene barbarische mit eiserner Hand zu lenken. Ihm mochte es Ruhm und Freude sein, daß in ihm die Christen die Geisel Gottes und die Heiden den mächtigen Zauberer mit Entsetzen erblickten. Doch war sein Geist zu gewaltthätig und roh, sich auf ein edles, großes Ziel zu richten; er konnte, wie alle blutbefleckten Eroberer, nur zerstören, aber nichts Bleibendes bauen. Ein aufgefundenes Schwert gab ihm den Anspruch auf Weltherrschaft, und der Brudermord verschaffte ihm die ungetheilte Macht, sie zu erkämpfen. Bald waren die vielnamigen altaischen Nationen Asiens, die deutschen und slawischen Europas besiegt oder als Bundesgenossen unterworfen: und nun führte er seine zahllosen, aus diesen gesammelten Horden bald gegen das westliche und bald gegen das östliche Römerreich, die entgegengesandten Heere zermalmend, Städte zerstörend und Länder verwüstend, bis vor Roms und Konstantinopels Mauern. Nur durch Erlegung ungeheuerer Brandschatzungen, durch das Versprechen eines jährlichen unerschwinglichen Tributs und durch große Länderabtretungen, unter Bedingungen, die blos der Trotz des mächtigen Siegers vorschreiben, und die feige Ohnmacht annehmen kann, ließ er sich zum Rückzug bewegen.

Zwischen der Donau und Theiß stand sein hölzerner Palast, in

roher Pracht mit dem Raube der Nationen geschmückt, umgeben von
den Häusern seiner Großen und von den Zelten und Hütten seiner Krieger. [1] Dahin kamen die Abgesandten beider Kaiser über die Schutthaufen und Trümmer ihrer Städte, durch die in menschenleere Einöden
verwandelten Länder, um durch Schmeicheleien, überreiche Geschenke
und Demüthigungen seinen Zorn zu besänftigen und trügerische Waffenstillstände zu erbetteln. Selbst der Verlust der schrecklichen Völker-
schlacht in den catalaunischen Feldern 451 konnte seinen Muth und
seine Macht nicht brechen. Die römischen Reiche, besonders das westliche, standen am Untergange; die Weltherrschaft mußte bald errungen
sein: da starb er 454 im Brautgemach der schönen Ildiko, und nach seinem Tode ging das ungeheuere Reich in Trümmer; denn durch die
furchtbare Kraft eines einzigen, auf die Gewalt der Waffen, nicht auf
Weisheit und Recht gebaut, mußte es auseinanderfallen, sobald es die
Hand des Gewaltigen nicht mehr zusammenzwang. [2]
    Die vielen Söhne Attila's entzweiten sich, indem jeder nach der
Herrschaft strebte; die hunnischen Stämme zerfielen in Parteien und die
Auskunft, welche ihnen endlich beliebte, das Reich durch das Los zu
theilen, misfiel, als entehrend, den übrigen Völkern. Da ersahen die
Unterjochten den Augenblick der Freiheit und Rache. Arderich, der
Gepiden König, mit ihm die ostgothischen Brüder, Walamir, Theodomir
und Widemir, und andere Häupter griffen zu den Waffen. Ellak, Attila's Erstgeborener, fiel mit 30000 Hunnen in der Schlacht [3]; seine Brüder Dengesik und Irnak flüchteten sich mit den Trümmern des Volks an
die Küsten des Schwarzen Meers. Der erstere wagte 455 vergebens
noch einen Feldzug gegen die Gothen; er wurde abermals geschlagen. [4]
Später 469 verlor er im Kampfe gegen die Römer das Leben und sein
Haupt wurde in Konstantinopel zur Schau umhergetragen. [5] Irnak
gründete mit den Ueberresten der Nation am Euxinischen Pontus und
an dem Mäotischen See ein Reich, das aber nie zu grösserer Macht
emporstieg. Später erscheinen die Hunnen unter dem Namen der Ku-
turguren oder Kutriguren westlich und der Uturguren oder Utriguren
östlich vom Don, die häufig Einfälle in das römische Gebiet thaten,
aber auch gegeneinander kriegten, bis sie von den Avaren unterjocht
wurden, worauf sie sich unter andere Völkerschaften spurlos verloren. [6]

[1] Das Nibelungenlied und ungarische Ueberlieferungen lassen Attila in
der Etzelsburg, Budavár, dem heutigen Ofen, dessen Erbauung sie Buda zuschreiben, wohnen. Vgl. Arany János, Buda halála, hunrege (Der Tod
Buda's, eine Hunnensage, Pesth 1864). Ein romantisches Heldengedicht voll
einfacher Schönheit. — [2] Priscus, Excerpta legationum; im Corp. historiae
Byzant. (Paris 1648), I. Zeitgenosse Attila's und Augenzeuge seiner Lebensweise. Jornandes, De rebus geticis. Juvencus Coelius Calanus bei Bél im
Adparatus ad historiam Hungariae (Presburg 1753). Kallimachus, De gestis
Attilae (Hagenau 1581). Olahus Hungaria et Attila; edidit Kollar (Wien 1763).
Pray Annales Hunnorum etc. (Wien 1761), I, 100—176. Feßler, Attila,
König der Hunnen (2. Aufl., Breslau 1808). Thierry, Histoire d'Attila
et de ses successeurs. — [3] Jornandes, De rebus geticis, c. 50. — [4] Jornandes, c. 52. — [5] Priscus und Chronicon paschale bei Stritter, Memoriae po-
pulorum etc., I, 535—537. — [6] Stritter, Memoriae populorum, a. a. O., S. 646

Unterdessen theilten die Sieger das Land, aus welchem sie die Hunnen vertrieben hatten, unter sich. Das alte Dacien am linken Donauufer, hinauf zu beiden Seiten der Theiß, behielten die Gepiden, die ihr Gebiet auch jenseit der untern Donau nach Obermösien erweiterten. Das eigentliche Pannonien nahmen die drei Fürsten der Ostgothen in Besitz. Auf der Nordseite der obern Donau, wo früher Markomannen und Quaden gewohnt hatten, setzten sich Rugier und neben ihnen Heruler und Scyrrer fest. Noch weiter westlich standen die Longobarden, die erst jetzt der Donau näher kamen.[1] Zwischen diesen Völkern wohnten noch immer eingeborene Pannonier, Illyrier, Dacier und Ueberbleibsel der römischen Colonien im offenen Lande und in den wenigen Städten, die der Zerstörung entgangen waren, bedrückt von ihren neuen Gebietern und von ihren ältern hülflos verlassen.

Das Reich der Rugier, welches das heutige Oesterreich und Pannonien auf der linken Seite der obern Donau umfaßte, nahm nach seines ersten Königs Flacitheus Tode ein schnelles Ende. Auf seinem Sohn und Nachfolger Felethcus haftete der Verdacht des Brudermordes. Odoaker, vormals Anführer der barbarischen Hülfstruppen, der aber schon 476 dem weströmischen Reiche den Untergang bereitet und sich zum Beherrscher Italiens und einiger von demselben noch nicht losgerissener Gebiete aufgeworfen hatte, zog herbei, das Verbrechen zu bestrafen, 487, besiegte in der Schlacht den Feletheus und führte ihn nach Italien. Dessen Sohn Friedrich ward nun König; da er aber, den Eingebungen der Rachsucht mehr als der Klugheit gehorchend, Noricum feindlich verheerte, vertrieb Odoaker auch ihn. Hierauf wurden die Rugier zerstreut, Rugiland entvölkert, und auch die Bewohner römischer Abkunft, die sich aus Noricum und Pannonien nach Lorch geflüchtet hatten, ihrem Wunsche gemäß nach Italien versetzt.[2]

Dagegen erhob sich das Reich der Ostgothen in Pannonien zu großer Macht. Theodorich, Theodomir's unehelicher Sohn, als Geisel des Friedens nach Konstantinopel geschickt, erhielt dort jene Ausbildung seiner großen natürlichen Anlagen, durch die er später seinen Lehrern furchtbar wurde. Schon war auf seinen Vater die Alleinherrschaft über das ganze Volk gekommen, als er heimkehrte, und durch glänzende Kriegsthaten seinen Namen groß machte. Nach dem Tode Theodomir's, 475, bestieg er den Thron der Amaler und schritt sogleich zur Ausführung seiner hochfliegenden Entwürfe. Zuerst wandte er sich nach Osten. Die byzantinischen Heere überall besiegend, zwang er den Kaiser Zeno zu großen Länderabtretungen und erhöhten Subsidien, ja sogar, ihn zum Consul und Patricius zu ernennen und als Sohn zu adoptiren. Doch Theodorich's Sinn ging höher hinaus: er richtete seinen Blick auf Italien und Odoaker's schlecht befestigte Macht, erbot sich und erhielt vom Kaiser den Auftrag, gegen den Thronräuber zu ziehen und im Namen des Reichs den befreiten Westen zu beherrschen. Die ganze Nation folgte ihm muthig und vertrauend, um ein neues Vaterland zu

[1] Jornandes, De rebus geticis, c. 50, 51. — [2] Vita S. Severini, c. 45, bei Pertz, Scriptores rerum Austriae, I. Paullus Diacon. Lombard., I, 19.

suchen. Sie trotzten dem Hunger, 489, schlugen nieder, was sich ihnen entgegenstellte, überwanden in langwierigem Kriege Odoakern und gründeten das große ostgothische Reich, das sich auch über einen Theil Pannoniens erstreckte. [1]

4. Gepiden und Longobarden.

Das Reich der Gepiden breitete sich nach Abzug der Ostgothen bald auch über größere Theile Pannoniens aus und blühte 110 Jahre. Sie lebten in Frieden mit dem östlichen Kaiserreiche und bezogen Jahrgelder unter der Verpflichtung die Grenzen zu schützen. Doch bekamen sie bald gefährliche Nachbaren. Die Longobarden waren nämlich in das entvölkerte Rugiland eingerückt, zogen sich immer mehr ostwärts in die weiten Ebenen zwischen der Donau und der Theiß, und endlich räumte ihnen Kaiser Justinian, 548, auch noch einen beträchtlichen Theil des ehemals gothischen Pannoniens ein. [2] Die Eifersucht der beiden Völker wurde immer heftiger, bis sie endlich einander feindlich gegenüberstanden. Allein beide hielten sich für zu schwach und gingen 549 einen Waffenstillstand auf zwei Jahre ein, um Bundesgenossen zu werben. Nach Ablauf der Frist begannen sie den Krieg wieder, der nochmals durch Justinian's Vermittelung beigelegt wurde. [3] Endlich kam es zum Entscheidungskampf. Alboin, der Longobarden König, um sich gegen Kunimund, König der Gepiden, dessen Tochter, Rosamunde, er entführt hatte, zu verstärken, rief Bajan, den Avarenkhan, zu Hülfe, versprach ihm dafür den zehnten Theil alles Viehes, das die Longobarden besaßen, die Hälfte der zu gewinnenden Beute und das ganze Land der Gepiden. Das Bündniß wurde geschlossen, der Krieg begann. In der Schlacht siegten die Verbündeten vollständig. Alboin erschlug mit eigener Hand den Kunimund, dessen Schädel er sodann bei Festgelagen als Becher gebrauchte; der größte Theil des Volks unterwarf sich 567 Bajan's barbarischer Herrschaft. [4]

Doch schon das Jahr darauf wurden die Longobarden von dem Feldherrn Narses, der sich von Kaiser Justinus II. schwer beleidigt fühlte, zum Raube Italiens aufgefordert. Sie waren bereit, dieser Einladung zu folgen; um sich aber für alle Fälle sicher zu stellen, räumten sie ihr Land ihren alten Bundesgenossen, den Avaren, mit dem Vorbehalt ein, es friedlich wieder zurückzuerhalten, wenn ihnen die Eroberung Italiens mislingen, oder das neue Land nicht gefallen sollte. Hierauf steckten sie ihre Wohnungen in Brand, 568, zogen ab, eroberten die herrliche Gegend Italiens, die noch heute von ihnen Lombardei heißt, und ließen sich dort bleibend nieder. Pannonien behielten die Avaren. [5]

Auf diese Avaren und andere altaische Stämme, welche bei den allgemeinen Hin- und Herwogen der Völker in die dacischen und panno-

---

[1] Jornandes, De rebus Geticis, c. 57. 59. Cassiodorus Variarum, LXII, und Chronicon breve. — [2] Procopius, De bello Goth., III, 33. — [3] Paullus Diacon. Longobard., II, c. 25. — [4] Paullus Diacon. Longobard., II, c. 27. Menander bei Stritter, I, 381 u. 653. — [5] Paullus Diacon. Longobard., II, c. 7 u. 26.

nischen Länder einrückten, wollen wir später unsere Blicke richten, um den Zusammenhang dessen, was von ihnen zu sagen ist, nicht zu unterbrechen. Jetzt wenden wir uns zuvor zu den slawischen Nationen, die gleichfalls in diese Länder vordrangen und sich zum Theil bleibend in denselben niederließen.

5. Slawische Völkerschaften. [1]

Die alten Griechen und Römer hatten von dem großen Völkerstamme der Slawen fast keine Kunde, oder wußten sie wenigstens nicht von den Scythen und Sarmaten genauer zu unterscheiden. So befanden sich unter den vielen Völkerschaften im Norden des Schwarzen Meers, des Kaukasus und am Kaspischen See, die Herodot [2] nennt und deren Sitten er beschreibt, unstreitig auch slawische; Schafarik führt geradezu den Beweis, daß die Neuren und Budinen [3] Slawen waren, wie unter jenen, durch welche die „zehntausend Griechen" zogen. [4] Auch mögen wir in den Veneteru des Tacitus [5] die Wenden und in andern Völkerschaften, von denen er zweifelt, ob sie zu den Germanen oder Sarmaten zu zählen seien, slawische vermuthen, da sie die Gegenden bewohnen, wo die Ursitze des Völkerstammes liegen. Aber nirgend finden wir über denselben deutliche und bestimmte Nachrichten. Denn diese alten Ursitze der Slawen, im Norden der Karpaten bis an das Eismeer, von der Weichsel bis zum Don hin nach Osten, lagen den Griechen und Römern zu ferne und waren durch andere, dazwischenstehende Nationen ihnen unzugänglich; die Slawen selbst aber blieben ruhig in ihren Wohnplätzen, ohne weite Wanderungen und Kriegszüge zu unternehmen. Erst als die allgemeine Völkerströmung begann, geriethen auch sie in Bewegung; getrieben und treibend rückten sie in die von den Deutschen verlassenen Länder ein; besonders der Zug der Gothen, zuvörderst an die Mündungen der Weichsel und dann bis zu jenen des Dniepers, nöthigte viele slawische Stämme auszuweichen oder mitzuziehen, eine neue Heimat zu suchen oder sich zu unterwerfen. So gehorchte ein großer Theil der Slawenwelt dem gewaltigen Ostgothenkönig Hermanrich, und als dessen weites Reich von den Hunnen zertrümmert wurde, mußten auch sie dem furchtbaren Attila dienen, bis sein Tod sie aus dem Joche befreite. [6]

Diese bisher wenig gekannten Slawen wurden zu Anfang des 6. Jahrhunderts den Byzantinern schrecklich. Einer ihrer Hauptstämme, die Anten, brachen in die römischen Donauländer 530 ein und dehnten ihre verheerenden Raubzüge über Mösien, Thrazien und selbst Griechenland aus. Wiewol sie mehrmals geschlagen wurden, und Justinian als Sieger den Ehrennamen „Anticus" in seinen Titel aufnahm, konnten sie doch nicht völlig besiegt und wieder vertrieben werden.

[1] Die ausführlichsten Untersuchungen über die Urgeschichte der Slawen finden sich in Schafarik's Werke: Slawische Alterthümer (in böhmischer Sprache, Prag 1837; deutsch, Leipzig 1843). — [2] Herodot, IV. — [3] Herodot, IV, 108. — [4] Xenophon, Anabasis. — [5] Tacitus, Germania, c. 46. — [6] Gebhardi, Geschichte aller Wendisch-Slawischen Staaten, Bd. 1.

Daher überließ ihnen Justinian 540 das östliche Dacien von Siebenbürgen bis zum Schwarzen Meere und bewilligte ihnen Jahrgelder unter
der Bedingung, daß sie andere Barbaren von Einfällen in das Reich
abhalten und seine Oberhoheit anerkennen sollten. [1] Hier wohnten sie
nun unter thrazischen und hunnischen Völkerschaften, die ihnen theils
unterthänig, theils ihre Bundesgenossen oder Feinde waren, und
mit denen sie gemeinschaftlich fortfuhren, das byzantinische Gebiet zu
plündern.

Schon früher, um 450, waren Slawen aus den nördlich von den
Karpaten gelegenen Gegenden, aus Großchrowatien und Groszserblien,
in das Land der Quaden und Markomannen, das heutige Mähren und
Böhmen, eingerückt und schlugen da ihre bleibenden Wohnsitze auf. [2]
Von hieraus besetzten sie nach dem Abzuge der Longobarden 568 auch
das nordwestliche Ungarn, das sie noch jetzt innehaben.

Andere slawische Horden setzten 549 über die Donau — die Gepiden, welche durch die hinterlistige Politik Justinian's sich beleidigt
fühlten, ließen sie ungehindert durch ihr Land ziehen —, warfen sich auf
Illyrien, zerstörten mehrere Seestädte Dalmatiens, verwüsteten Griechenland und Thrazien und drangen bis zur langen Mauer vor. Hier
wurden sie zwar geschlagen, erlitten aber geringen Verlust und zogen,
mit Beute beladen, zu ihren Stammesgenossen jenseit der Donau
zurück. [3]

Doch bald traf alle die slawischen Völker, die gegen Westen und
Süden vorgerückt waren, ein großes Misgeschick. Die Avaren stürzten mit ihren Reitergeschwadern auf sie, vertilgten 560 die Anten fast
gänzlich, durchschritten in raschem Siegeslauf Dacien und Pannonien,
drangen über Mähren und Böhmen bis nach Thüringen vor und zwangen die Nationen dieser Länder zu Kriegs- und Knechtsdiensten. Doch
wurde von ihnen keine schnöder behandelt und härter gedrückt als die
slawischen Bewohner Weiß- oder Großchrowatiens. Die Gemishandelten ermannten sich endlich, standen um 623 unter Samo's Anführung gegen ihre Tyrannen auf, erkämpften sich die Freiheit und
gründeten ein Reich, zu dessen König sie 627 den Helden Samo erhoben. Dieser beherrschte dasselbe durch 35 Jahre, machte Böhmen
zum Hauptsitze der Macht und brachte zuerst die westlichen, später
jedoch auch einen großen Theil der östlichen Slawenstämme unter seine
Botmäßigkeit. Mit seinem Tode zerfiel das große Reich. [4]

Als Samo auch die Slawen an der Oder und Weichsel seiner Herrschaft unterwerfen wollte, verliessen 640 einige chrowatische und serbische Stämme, um sich derselben zu entziehen, ihre bisherigen Wohnsitze und baten den Kaiser Heraklius, dass er sie in sein Gebiet aufnehme. Das mittelländische Dalmatien und das Land an beiden Seiten

---

[1] Procopius, Historia und Anecdota. — [2] Palacky, Geschichte von Böhmen (Prag 1864), I, 59 fg. — [3] Procopius, De bello Goth. — [4] Fredegarius, Chronicon, c. 48, bei Ruinart, S. 627. Nestor bei Schlözer, Vorgeschichte, c. 10. Pray, Annales Hunnorum, Avarorum et Hungarorum (Wien
1761), und Dissertationes in Annales Hunnorum (Wien 1765). Palacky, Geschichte von Böhmen, I, 75—81.

der Save bis gegen Viminacum (Widdin) waren bereits verödet und nur
schwach von den Avaren besetzt, daher wies ihnen Heraklius diese
Wohnsitze an. Sie zogen hin und verjagten nach mehrern glücklichen
Gefechten die Avaren, worauf sich die Chrowaten im westlichen, die
Serbier aber im östlichen Theile des Landes niederließen, diesen die
Namen Kroatiens und Serbiens gaben [1] und sich nach und nach immer
weiter ausbreiteten.

In solcher Weise erhielt das weite Gebiet im Norden des Hämus
vom Adriatischen bis zum Schwarzen Meere seine slawische Bevölkerung. Was von thrazischen Stämmen, römischen Colonisten und den
verschiedenen Nationen, die hier nacheinander gehaust hatten, noch
übrig war, verschmolz nach und nach mit den Slawen zu einem Volke
und nahm deren Sprache an.

6. Bulgaren und Avaren.

Kaum war der furchtbare Hunnensturm verbraust, so ergossen
sich aus dem völkererzeugenden Hochasien nach dem städtebauenden
Europa auf der großen Heerstraße wandernder Nationen, über die
Länder der untern Donau und des euxinischen Pontus, neue Horden.
An beiden Ufern der Wolga, in der Gegend, wo die Kama einmündet
und jetzt Kasan liegt, weideten die Bulgaren, von denen das Land selbst
Großbulgarien genannt wurde. Gegen Ende des 5. Jahrhunderts trennte
sich ein ansehnlicher Zweig vom Hauptstamme derselben und zog südwärts. Aber von den Chazaren getrieben [2], setzte er seine Wanderungen fort und ließ sich an den Mündungen der Donau unter scy-
thischen und sarmatischen Völkern nieder, 493. Bald gingen diese Bulgaren über die Donau, schlugen wiederholt die Feldherren des oströmischen Reichs, plünderten und verwüsteten das so oft heimgesuchte unglückliche Mösien und Thrazien jahrelang. Vergebens trug ihnen Kaiser
Anastasius Gold statt Eisen entgegen; sie ließen sich ihre Rückzüge
und Waffenstillstände mit reichen Geschenken und Tributen bezahlen
- und erneuerten gleich wieder ihre Angriffe. Um wenigstens die Hauptstadt zu sichern, baute er die lange Mauer vom Marmara- bis zum
Schwarzen Meere, und gestand dadurch die Schwäche und Ohnmacht
des Reichs. Diese kannten die Bulgaren nur zu gut; sie hielten nie
Frieden, dienten allen Aufrührern als Bundesgenossen, schreckten und
plünderten selbst unter Justinian's glänzender Regierung, waren bei
allen Streifzügen der Anten deren bereitwillige Gefährten, bis sie endlich den herbeigekommenen Avaren sich unterwarfen und mit ihnen
vereint noch weit größere Schrecken verbreiteten. [3]

Diese Avaren, die eine Zeit lang auf dem Schauplatze der Weltgeschichte eine so wichtige Rolle spielen, sind abermals ein Beispiel,

---

[1] Constantin. Porphyrogen. de administrando Imperio, c. 30—32. Theophanes und Nicephorus bei Stritter, Tom. II, Part. I, 74. — [2] Nestor bei
Schlözer, II, 113. Thunmann, Geschichte der östlichen Völker, S. 35. Vivien
St. Martin, Nouvelles annales de voyages, 1850, Aprilheft, S. 26. — [3] Theophanes. Cedrenus, Zonaras, bei Stritter, Memoriae, Tom. II, Part. II, 496 sq.

wie schnell unbedeutende nomadische Horden sich in mächtige Völker
verwandeln, wie sie dem Gießbuche gleich plötzlich anschwellen, immer
wachsen, je weiter sie strömen, was ihnen im Wege steht, mit sich fort-
reißen und weit und breit alles mit ihren Fluten bedecken. An den
Ufern des Iaik, erzählen die byzantinischen Schriftsteller [1], wohnten die
Oguren, die sie auch Avaren nennen, jedoch von dem asiatischen Volke
dieses Namens unterscheiden; ihnen war ein anderer altaischer Volks-
zweig, die Várchuniten, dienstbar geworden. Als nun diese Oguren
oder Avaren von den Türken um die Mitte des 6. Jahrhunderts besiegt
und unterjocht wurden, ergriffen die Várchuniten die Gelegenheit, sich
in Freiheit zu setzen; da ihnen jedoch das Waffenglück nicht günstig war, retteten sich einige Horden, 20000 Mann stark, durch
Flucht und ließen sich an der Wolga nieder. Allein auch dort gegen
die sich fort und fort ausbreitende Macht des türkischen Volksstamms
nicht gesichert, zogen sie weiter nordwärts, schlugen sich unter dem gefürchteten Namen der echten Avaren durch verschiedene Völker, verstärkten sich immer mehr durch freiwilligen und erzwungenen Beitritt
und fanden endlich bei den Alanen am Kaukasus freundliche Aufnahme.
    Von hieraus schickte ihr Khan Bajan 557 Botschaft an Kaiser Ju-
stinian und trug ihm die Kriegsdienste seines Volks an gegen angemessene Wohnsitze und Jahrgelder. Justinian schloß mit dem Unbekannten, der bald der Schrecken seines Reichs werden sollte, einen Vertrag,
kraft dessen sich dieser verpflichtete, die dem Reiche gefährlichen Nationen am Mäotis und Pontus sogleich zu bekriegen. Soeben waren
die Hunnenstämme der Katruguren und Utruguren, durch die arglistige Politik des Kaisers entzweit, in einem Vertilgungskrieg miteinander
begriffen; Bajan schlug beide und zwang sie zur Unterwerfung. Hierauf überwand er die Zaler und sabirischen Chazaren, brach die Macht
der Anten in zweimaligem Kriege für immer, nöthigte die Bulgaren zur
Vereinigung und gelangte siegend und siegend an die Donau. Jetzt,
562, erneuerte er die Ansprüche auf Land, Geschenke und Jahrgelder.
Der Kaiser konnte es nicht abwehren, daß die Avaren das Gebiet zwischen dem Dniestr und Pruth, das sie bereits erobert hatten, auch behielten und alle die überwundenen Völker beherrschten.   ·
    Hierauf wandte sich Bajan auf uns unbekannten Wegen 563 nach
Westen, zwang die slawischen Völkerschaften im Norden Ungarns und
die Czechen in Mähren und Böhmen unter seine Botmässigkeit und
rückte bis Thüringen vor, um das fränkische Reich anzugreifen, wurde
aber von Sigibert, dem Könige Austrasiens an der Elbe geschlagen
und zum Frieden genöthigt, der jedoch von kurzer Dauer war. Denn
schon 567 brach der Krieg von neuem aus; Sigibert erlitt eine völlige
Niederlage und wurde gefangen, mußte sich loskaufen und Bündniß mit
Bajan schließen. [2]
    Wie die gewaltig schwellende Macht der Avaren durch ihren
Kriegsbund mit den Longobarden neuen Zuwachs erhielt; wie sie mit

[1] Theophylaktus, Simocatta, Theophanes, Menander bei Stritter, I, 643 fg.
— [2] Paullus Diacon., II, 10. Gregorii Turon. Hist. Francorum, IV, 23, 29.
Menander bei Stritter, I, 660 fg.

diesen vereinigt 567 zuerst die Gepiden ihrer Herrschaft unterwarfen und beim Abzug der Longobarden nach Italien, 568, auch deren Land einnahmen, wurde oben berichtet. Auf diese Weise kamen sie mit leichter Mühe in den Besitz des heutigen Ungarns und machten es zu ihrer Hauptniederlassung. Hier im Sitze ihrer Macht, aber auch in den eroberten Ländern [1] errichteten sie große befestigte Lager, Ringe, die sie mit Wällen und tiefen Gräben umgaben. In diesen befanden sich die Wohnungen des Khans und seiner Unterkhane; sie dienten als Waffen- und Sicherheitsplätze; hierher wurde der Raub der Nationen geschleppt. Bajan unternahm Eroberungs- und Plünderungszüge nach allen Richtungen; schreckte und beraubte die Perser; verheerte furchtbar das Byzantinische Reich, höhnte die Kaiser mit launischem Uebermuth- und erpreßte unerschwingliche Geschenke und Jahrgelder [2]; führte mit den fränkischen Königen schwere und blutige Kriege und hielt ein freundschaftliches Verhältniß nur mit den Longobarden aufrecht. [3] Auch nach dem Tode Bajan's, um 600, dauerten die Kriegszüge und das Glück der Avaren noch eine Zeit lang fort, und ihr Reich erreichte eine ungeheuere Ausdehnung. Das eigentliche Avarien umfaßte das alte Dacien und alles Land, das zwischen den Karpaten, den Cetius und der Save liegt; ihre Oberherrlichkeit aber erstreckte sich von der dalmatischen Küste bis an den Don, nördlich an die Weichsel und westwärts an die Grenzen des fränkischen Reichs, meist über slawische Völker.

Aber schon 623 erhoben sich, wie wir gesehen haben, die gemishandelten Czechen unter Samo's Anführung und erkämpften siegreich ihre Freiheit. Demungeachtet wagte der Avarenkhan im Bündniß mit dem König der Perser Kosrhoes 626 vor Konstantinopel zu rücken und die Stadt zu stürmen; aber sein Heer wurde vernichtet und er mußte geschlagen zurückziehen. [4] Und als vollends die Kunde von Heraklius' Siegen über die Perser zu den unterdrückten Völkern drang, da faßten sie Muth, das schwere Joch abzuwerfen.

Hierzu kam noch, daß gerade in dieser gefährlichen Zeit innere Zwietracht das Avarenreich zerrüttete. Die Bulgaren, bisher mit den stammverwandten Avaren beinahe zu einem Volke verbunden und ihnen an Zahl und Ansehen fast gleich, wollten 630 bei der Wahl eines neuen Khans Einen aus ihrer Nation auf den Thron erheben, wogegen die Avaren sich sträubten, sodaß endlich zwei Khane gewählt wurden. Diese bekriegten sich bald gegenseitig. Der bulgarische wurde besiegt, wanderte mit 9000 Mann nebst Weibern und Kindern aus und begab sich unter die Schutzhoheit des fränkischen Königs Dagobert, der die

[1] Z. B. in Böhmen. Palacky, Geschichte von Böhmen, I, 75. — [2] So verlangte er vom Kaiser Mauritius einen Elefanten und schickte ihn wieder zurück, dann ein goldenes Ruhebett und erklärte, als er ein prächtiges erhielt, dieses sei zu schlecht; forderte ein Jahrgeld von 80000 Goldstücken und, als sie ihn bewilligt wurden, noch 20000. Stritter, I, 680—687. — [3] Paullus Diacon., IV, 29. — [4] Theophanes, Nicephori Chronicon paschale, bei Stritter, I, 745 fg.

Flüchtlinge einzeln in Baiern vertheilte und in einer Nacht ermorden ließ. Nur Altitz mit 700 Personen entging der fränkischen Vesper und rettete sich in die windische Mark. [1] Ungeachtet dieser Niederlage kehrten die Bulgaren nicht mehr zum Gehorsam zurück. Ihr Khan Kuvrat riß sich 635 völlig von den Avaren los und begab sich unter byzantinische Oberhoheit. [2] Von nun an blieben beide Völker nicht nur getrennt, sondern geriethen auch oft in Feindseligkeiten. Blos einer von Kuvrat's Söhnen verließ nach des Vaters Tod mit einem Theil der Bulgaren die Heimat an den Donaumündungen, zog zu den Avaren und erhielt unter ihrer Oberhoheit von ihnen ein Gebiet zwischen der Donau und Theiß. [3]

Ein anderer Sohn Kuvrat's, Asparuch, ließ sich zuerst am Ingul, zwischen dem Dniestr und Dniepr, in einer von Bergen und Sümpfen umschlossenen Gegend nieder. [4] Aber bedroht von den näher rückenden Chazaren zog er 678 mit seinem Volke an die nördliche Küste des Schwarzen Meers. Von hier machte er Streifzüge nach Thrazien, die ihm reiche Beute gewährten, setzte sich endlich 679 nördlich vom Hämus in Niedermösien fest [5] und gründete in dem Lande, das auch heute noch Bulgarien heißt, ein selbständiges Reich, welches unter mancherlei Wechsel von Macht und Schwäche bis auf die osmanische Zeit fortbestand. Die Bulgaren vermischten sich aber nach und nach mit den weit zahlreichern slawischen Bewohnern des Landes, nahmen deren Sprache an und verloren ihre Nationalität.

So geschwächt und eingeengt behaupteten sich die Avaren noch länger als ein Jahrhundert in Pannonien und ließen nicht ab, so oft sich Gelegenheit darbot, die benachbarten Länder zu plündern. Aber die Tage ihres Reichs waren gezählt, als Karl d. Gr. 771 den fränkischen Thron bestieg. Sie selbst brachen den Frieden, den sie durch Abgesandte 782 mit Karl feierlich geschlossen hatten [6]; denn sie ließen sich in ein Bündniß mit dem Herzog von Baiern Thassilo II. ein, der sich gegen die fränkische Oberherrlichkeit auflehnte, und leisteten ihm Hülfe. Auch als dieser bereits überwunden, auf dem Reichstage zu Ingelheim 788 seines Herzogthums entsetzt und, zum Tode verurtheilt, von Karl jedoch begnadigt und in ein Kloster gesperrt worden war, wagten sie es, in die fränkischen Länder mit zwei Heeren einzufallen, und erlitten eine schwere Niederlage. [7] Zu diesen Feindseligkeiten kamen noch Grenzstreitigkeiten, welche die Erbitterung steigerten. [8] Karl, der zu jedem Kriege bereit war, sobald es darauf ankam, das Christenthum und unter dessen Namen auch seine Herrschaft auszubreiten, beschloß nun den Vertilgungskrieg gegen die Avaren zu erheben. Große Rüstungen wurden in dem weiten Reiche gemacht, Bundesgenossen geworben, der Muth des gewaltigen Heeres, das sich

---

[1] Fredegarii Chronicon, c. 68 u. 71. Regino ad annum IX Dagoberti. — [2] Nicephorus bei Stritter, I, 755. — [3] Theophanes und Nicephorus bei Stritter, Tom. II, Part. II, 502 fg. — [4] Ebend. — [5] Ebend., S. 506 fg. — [6] Eginhardi Annales Franc. bei du Chesne, II, 5, 15, 32. — [7] Regino ad annum 791. — [8] Eginhardi Vita Caroli M. ad annum 790.

bei Regensburg gesammelt hatte, durch religiöse Feierlichkeiten erhöht [1] und der Feldzug 791 eröffnet. Die Franken, Schwaben und
Baiern führte Karl selbst am rechten Ufer der Donau; die Sachsen und
Friesen gingen über Böhmen auf das linke zu, und mit dem longobar-
dischen Heere rückte Karl's Sohn Pipin in das südliche Pannonien
ein. [2] So begann einer der schrecklichsten und blutigsten Kriege, der
in zehn großen Feldzügen geführt wurde und mit mancherlei Unter-
brechungen zwölf Jahre dauerte. Ungeachtet der ungeheuern Zurüstungen und der drei großen Heere, die zu gleicher Zeit den Angriff
machten, richtete Karl bei diesem ersten Feldzuge sehr wenig aus. Erst
796, als sich die Avaren in Parteien trennten, die sich gegenseitig bekriegten, und Tudun, ein mächtiges Parteihaupt, mit seinem Anhange zu
den Franken überging, gelang es diesen, einen ihrer stärksten und größten Ringe zu erobern und sie zur Unterwerfung zu nöthigen. [3] Aber
eben dieser Tudun griff 799 wieder zu den Waffen, als Karl mit den
Sachsen kriegte, und der blutige Kampf erneuerte sich, bis endlich
Tudun's Nachfolger Zodan 803 völlig besiegt und gezwungen wurde,
Karl zu huldigen, dessen Haupt damals bereits die abendländische
Kaiserkrone schmückte.

Die Ringe waren mit allen aufgehäuften Schätzen erobert und zerstört, die Blüte der Nation gefallen; die Gefangenen wurden großentheils nach Baiern geführt; viele, die dem Schwerte und der Gefangenschaft entrinnen konnten, flüchteten zu den Bulgaren zwischen der Donau
und Theiß; die übrigen unterwarfen sich sammt ihren Häuptlingen der
fränkischen Herrschaft. So endete das avarische Reich im zweihundert-
einundvierzigsten Jahre seiner Entstehung. [4]

III. Zustand des Landes nach der Vernichtung des Avarenreichs.

Der westliche Theil Avariens erhielt wieder seinen alten Namen
Pannonien, wurde eine Provinz des großen fränkischen Reichs und unter
Markgrafen gestellt, denen auch die Fürsten der Slawen, die schon in
Pannonien wohnten oder sich später niederließen, untergeordnet waren. [5] Ihnen gehorchten auch die Avarenkhane Zodan, Theodor u. A.,
denen zum Lohn dafür, daß sie sich unterworfen und die Taufe genommen hatten, die Scheinherrschaft über einige Ländereien überlassen
wurde.

---

[1] Regino ad annum, 791. Caroli M. epist. ad Fastradam bei du Chesne,
II, 287. — [2] Eginhardi Annales Franc. bei Pertz, I, 177. — [3] Annales Lau-
reshamenses bei Pertz, I, 182. — [4] Eginhardi Vita Caroli M. u. Annales
Franc., a. a. O. Annales Laureshamenses ad annos cit. — [5] Anonymi histo-
ria conversionis Carantanorum, bei Salagius, IV, 14; auch bei du Chesne,
II, 280.

Aber Zerstören ist leichter als Gründen. Das Land war durch
die langwierigen und blutigen Kriege zur völligen menchenleeren Einöde geworden. Eginhard ruft aus: „Wie viel Blut im Avarenkriege
geflossen sei, davon zeugt Pannonien, das keine Einwohner mehr hat,
und der Sitz der Avarenfürsten, der so wüste geworden ist, daß da
nicht einmal eine Spur menschlicher Wohnungen angetroffen wird.“ [1]
Aeußerst schwer hielt es Pflanzbürger herbeizuziehen, und ehe Karl nur
einigermaßen herstellen konnte, was er zertrümmert hatte, starb er 814,
auf seine Nachkommen wol seine Länder, aber nicht seinen Geist ver-
erbend. Neue Bewegungen, neue Kriege begannen auf dem schon seit
Jahrhunderten mit Blut getränkten Boden.

Noch während des Kriegs drangen die Südslawen aus Dalmatien
und Kroatien, die, zum Christenthum bekehrt, bereits ein geordnetes
Staatswesen bei sich errichtet und durch Seehandel einen gewissen
Wohlstand erworben hatten [2], bis an den Zusammenfluß der Donau und
Save vor und eroberten den Landstrich, der von ihnen den Namen
Slawonien erhielt. Da sie klug genug waren, die Oberhobeit Karl's
anzuerkennen, ließ er sie im ruhigen Besitze desselben und gestattete
ihnen, sich einen eigenen Zschupan, Fürsten, zu wählen.

Kaum war der avarische Krieg beendigt, so sah sich Karl schon
veranlaßt, einen zweiten gegen die Mährer zu führen. Der Avarenfürst
Theodor war nämlich von ihnen aus seinem an der March gelegenen
Gebiete 805 vertrieben worden; der Kaiser glaubte, die seinem Vasallen
widerfahrene Unbill rächen zu müssen; er zog mit großer Heeresmacht
nach Böhmen, schlug eine Schlacht, verwüstete das Land vierzig Tage
lang und kehrte dann wieder heim, ohne etwas Wichtiges ausgerichtet
zu haben. Theodor erhielt zur Schadloshaltung ein Gebiet um Steinamanger, und als er bald darauf starb, worde den Avaren gestattet, nach
ihren alten Gebräuchen einen Nachfolger zu wählen, der nachher in der
Taufe den Namen Abraham erhielt. [3]

Als das westliche Avarien bereits bezwungen war und in der angegebenen Art geordnet wurde, machten nördlich der Donau und östlich der Theiß noch einige avarische Parteihäupter einander die Herrschaft streitig. Die erstern wurden von den Marahnenslawen ihres
Gebiets beraubt und vertrieben, die andern von dem Bulgarenfürsten
Krumm oder Kremm überwältigt, der nun, von Karl ungehindert, sein
Gebiet diesseit und jenseit der Theiß ausbreitete und die Ueberreste
der Avaren durch schonende und freundliche Behandlung für sich gewann. [4] Ungeachtet dieses Bulgarengebiet unter der Oberhoheit der
Avaren gestanden hatte, war es doch fortwährend mit dem Hauptreiche
südlich der Donau im alten Mösien in Verbindung geblieben, und beide

---

[1] Eginhardi Vita Caroli M.: „Quot proelia in bello Avarico gesta, quantum sanguinis effusum sit, testatur vacua omni habitatore Pannonia, et locus,
in quo regia kagani erat, ita desertus, nt nec restigium quidem in eo humanae
habitationis appareat.“ — [2] Constantinus de administrando imperio bei Stritter, Tom. II, Part. I, 393 – 396. — [3] Eginhardi Annales ad annum 806 u.
Vita Caroli M. Annales Mettenses. Pray, Annales Hunnor., S. 288. — [4] Sui-
das, Eclog. histor. de rebus Byzantinis bei Stritter, Tom. II, Part. II, 562.

schlossen sich nun, da die Herrschaft der Avaren ein Ende genommen
hatte, noch fester aneinander. Daher geschah es, daß die mösischen
Bulgaren zu Anfang des 9. Jahrhunderts Krumm zu ihrem Beherrscher
wählten. Und er rechtfertigte die Wahl seines Volks als Regent und
Krieger; unter ihm erhob sich dasselbe zur höchsten Stufe der Macht;
keiner seiner Vorgänger und keiner seiner Nachfolger war den Byzantinern so furchtbar wie er. Das bulgarische Vasallenreich an der Theiß
bestand fort bis auf den Einzug der Magyaren.

Außer diesem begannen sich vermuthlich schon um diese Zeit östlich von der Theiß noch andere kleine Herrschaften zu bilden, die wir
später dort finden; sie waren von Bulgaren, Avaren, Walachen und
Slawen bewohnt, und scheinen ebenfalls unter der Oberhoheit des süd-
bulgarischen Khans gestanden zu haben.

Siebenbürgen hinter seinem Felsengürtel entzog sich den Augen
der Welt; wir haben keine genaue Kunde von dem, was damals in seinem Innern vorging. [1] Doch läßt sich mit Gewissheit annehmen, daß
es, zum Reiche der Avaren gehörend, auch durch den Fall desselben
erschüttert wurde. Auf seinen bewaldeten Bergen und in seinen Eng-
pässen behielt es mehr Ueberreste seiner alten Einwohner, als die Ebene
rings umher; und hier mochten auch jetzt viele von daher Flüchtige Sicherheit gefunden haben. Wahrscheinlich wurde daher bereits
um diese Zeit der Westen meistens von Walachen bewohnt, die nun,
zur Freiheit gelangt, sich eigene Fürsten vorsetzten. Den Osten
hatten großentheils entweder schon damals inne oder besetzten doch
bald darauf die Szekler (Siculi lateinisch, Székelyek ungarisch). Dieses
Volk hält sich nämlich nationalen Ueberlieferungen zufolge für Nachkommen jener Hunnen, die nach Attila's Tod sich dorthin geflüchtet
hatten [2]; doch fehlt dafür der historische Beweis und lassen sich auch
sonst Gründe dagegen beibringen. Ihre Sprache ist die ungarische mit
einigen unbedeutenden Eigenthümlichkeiten, daher ist wahrscheinlicher,
daß sie ein Zweig der Magyaren sind, der in die Gebirge zog, als diese
am Pruth in der Nähe derselben sich aufhielten. [3]

Grossmährisches Reich.

Von weit größerer welthistorischer Wichtigkeit waren die Dinge,
die sich im Nordwesten gestalteten. Nachdem es den mährischen Sla-

[1] Ueber die ältere Geschichte Siebenbürgens vgl. Benkö, Transilvania,
olim Dacia mediterranea dicta (Wien 1778), und Milkovia, Sive explanatio
antiqui episcopatus Milkoviensis (Wien 1781). Kemény, Magazin für Geschichte u. s. w. Siebenbürgens. — [2] Kéza (Kézai), Gesta Hungarorum, c. I, 4,
bei Endlicher, Rerum Hungaric. Monumenta Arpadiana (St.-Gallen 1849).
Nobilis gentis Siculae chronicon (Csiker Chronik), deren Glaubwürdigkeit
jedoch mit Recht bezweifelt werden kann. — [3] Szalay, Magyarország története (Geschichte des ungarischen Reichs, Pesth 1861), I, 9, Anm. 4. Kőváry,
Geschichte Siebenbürgens (ungarisch, Pesth 1859).

wen nördlich der Donau gelungen war, auch die letzten Ueberreste
avarischer Herrschaft aus ihrer Mitte zu verdrängen, bildeten sie mit
Mähren zusammen ein fränkisches Vasallengebiet, das unter mehrern
einheimischen Fürsten stand, und fielen, als Kaiser Ludwig der Fromme
817 das Reich vorläufig unter seine Söhne theilte [1], und im Vertrag
von Verdun 843 Ludwig dem Deutschen zu. Sie blieben im Gehorsam,
solange die Karolingische Monarchie noch keine Merkmale der Schwäche
und des Verfalls zeigte; weder die gefährliche Empörung des fränkischen
Dux von Slawonien, Liudewit, 818—823, der sich zum Beherrscher
der südlichen Slawen an der Adria aufwerfen wollte, noch der schwere
Krieg, in den Kaiser Ludwig mit dem Bulgarenkhan Mortag 827—
829 Grenzstreitigkeiten halber verwickelt wurde, verlockten sie zum
Aufstand.

Um diese Zeit wurde Mojmir (Moymar) Herzog von Mähren. Er
bekannte sich mit einem Theil seines Volks zum Christenthum und
wirkte für die Förderung desselben; während seiner Regierung wurde
außer den Kirchen zu Olmütz und Brünn auch die zu Neitra gebaut
und 836 von dem salzburger Erzbischof Adalram geweiht. [2] Die Religion schien also ein neues Band zwischen dem Monarchen und seinem
Vasallen zu weben; aber dieser strebte nach Unabhängigkeit, und die
Zwietracht, die im Karolingischen Hause 830 ausbrach, wo sich die
Söhne zuerst wider den Vater, bis zu dessen Tod 840, und dann wider
einander unaufhörlich empörten, begünstigte sein Vorhaben. Er stärkte
seine Macht besonders dadurch, daß er die kleinern Fürsten des Landes
sich unterwarf. Der noch heidnische Priwina, Herr des neitraer Gebiets, widersetzte sich, wurde vertrieben und floh 830 zu Kaiser Ludwig, der ihn zwar freundlich aufnahm, taufen ließ und mit großen Besitzungen am Plattensee beschenkte, aber zu ohnmächtig war, ihm sein
Gebiet wieder zu verschaffen. [3] Erst Ludwig, durch den Vertrag von
Verdun erster König der Deutschen, zog mit großer Heeresmacht nach
Mähren, entsetzte Mojmir und erhob dessen Neffen Rastislaw zum Herzog, erlitt aber auf der Heimkehr von den Böhmen eine große Niederlage und wurde bei einem neuen Feldzuge, den er gegen sie unternahm,
849, abermals empfindlich geschlagen. [4]

Rastislaw täuschte das Vertrauen des Königs; auch ihm war die
deutsche Oberherrlichkeit unerträglich, und die Gelegenheit, sie abzuwerfen, schien ihm günstig. Er traf also Vorkehrungen, legte Befestigungen an, schloß Freundschaft mit den Bulgaren und näherte sich
dem byzantinischen Hofe. Ludwig durchschaute seine Entwürfe, führte
ein Heer nach Mähren, scheute sich aber, den Feind in seinen starken
Verschanzungen anzugreifen, und kehrte, auf dem Rückzuge heftig ver-

---

[1] Charta divisionis imperii, c. 2, bei Pertz, III, 198. — [2] Anonymus, De
conversione Bojoarum et Carantorum, bei Salagius, De statu ecclesiae Pannoniae. — [3] Gebhardi, Geschichte aller wendischen und slawischen Staaten,
IV, 12. Dobrowsky, Cyrill u. Method. (Prag 1823), S. 87. — [4] Rudolfi Fuldens.
Annal. bei Pertz, I, 364 fg. Prudentii Trecensis Annal. bei Pertz, I, 442 fg.

folgt, unverrichteter Sache nach Hause.[1] Jetzt war Rastislaw der
That nach frei, regierte ganz unabhängig und vergrößerte seine Macht.
Neue Zerwürfnisse in der königlichen Familie kamen ihm trefflich zu
statten. Als sich Karlmann, Herzog in Kärnten, 861—863, und Ludwig der Jüngere 866 gegen ihren Vater, König Ludwig, empörten, fanden beide bei ihm Zuflucht und Unterstützung.[2]
Rastislaw war dabei aber auch auf die Bildung und auf das Wohl
seines Volks bedacht; er erbat sich vom griechischen Kaiser Michael
christlich-slawische Glaubensboten, die dasselbe nicht nur taufen sollten,
sondern auch unterrichten könnten. ·Michael sandte die großen Heiden-
apostel Cyrillus und Methodius, die schon unter den Chazaren und Bulgaren mit großem Erfolg das Evangelium verkündigt und besonders
durch die Erfindung einer slawischen Buchstabenschrift sich um die Nationen dieser Sprache ein unvergängliches Verdienst erworben hatten.[3]
Sie kamen 863 nach Mähren, übersetzten die Bibel und die nöthigsten
Kirchenbücher und lehrten und hielten Gottesdienst in der Sprache des
Volks. Hierüber geriethen die deutschen Priester in Zorn und klagten
beim Papst Nikolaus I., der Cyrill und Methodius nach Rom citirte.
Hier fanden diese schon Hadrian II. auf dem päpstlichen Stuhle, der sich
bald von ihrem reinen Eifer und von ihren großen Verdiensten über-
zeugte und sie zu Bischöfen ernannte. Cyrillus starb in Rom 868, Methodius aber kehrte als Erzbischof in Mähren und Pannonien zurück,
mit der päpstlichen Bewilligung des slawischen Gottesdienstes, der sich
von hier auch zu den pannonischen Südslawen verbreitete[4] und lange
neben dem lateinischen erhielt.
Im Jahre 868 entbrannte zwischen Ludwig und Rastislaw von
neuem der Krieg, an dem bald auch die Böhmen und Serben theilnahmen, und in dem Svatopluk, der Neffe Rastislaw's, der unter des
Onkels Hoheit das neitraer Gebiet beherrschte, uns zum ersten mal vor
die Augen tritt. Drei deutsche Heere kämpften 869 unter des Königs und seiner Söhne Anführung; sie verwüsteten zwar das Land weit
und breit, aber die Feste Welehrad wurde nicht genommen, Rastislaw's
Unterwerfung nicht erzwungen und Ludwig schloß am Ende Frieden[5],
da die Hoffnung zu siegen geschwunden war.
Rastislaw, den die feindlichen Waffen nicht überwältigen konnten,
wurde durch häuslichen Verrath ins Verderben gestürzt. Svatopluk
setzte sich in geheimes Einverständniß mit dem Sohne Ludwig's, Karlmann, der damals das Herzogthum Kärnten und Pannonien verwaltete,
bemächtigte sich hinterlistig seines Oheims und lieferte ihn an den König aus, der ihn blenden ließ und in ein Kloster steckte, 870.[6] Aus

---

[1] Rudolfi Fuldens. Annales bei Pertz, I, 369. — [2] Derselbe, ebend.,
S. 371, 379 fg. Hincmari Remens. Annales bei Pertz, I, 455, 459, 473. —
[3] Nestor bei Schlözer, III, 153—154, 237. Lucius de regno Dalmatiae et
Croatiae u. Acta S. S. Mens. Martii, Tom. II ad 9. Martii. — [4] Anonymus, De
conversione Bojoarum et Carantorum bei Salagius. Dobrowsky, Cyrill u. Method.
(Prag 1823). Sam. Timon Imago antiquae Hungariae, I, II, c. 16. — [5] Hincmar. Remens. bei Pertz, I, 482. Annal. Fuldens., ebend., S. 380. — [6] Hincmar. u. Annal. Fuldens., a. a. O. Annal. Xantenses bei Pertz, II, 234.

leidiger Herrschsucht, nicht aus Neigung zu den Deutschen, hatte er den
schändlichen Verrath geübt; sobald er sich im Besitze der Gewalt sah,
strebte auch er nach Unabhängigkeit und mit desto größerm Erfolg,
da er vor keinem Mittel zurückscheute. Bald verriethen sich die Entwürfe, an denen er arbeitete; der Untreue bei Karlmann angeklagt,
wurde er von diesem vorgeladen und in den Kerker geworfen. Die
Mährer griffen darüber zu den Waffen. Da wußte es Swatopluk, der
in Ränken Gewandte, dahin zu bringen, daß er von Karlmann nicht
nur seiner Haft entlassen, sondern auch an die Spitze des Heeres gestellt wurde, welches Mähren zum Gehorsam zwingen sollte. Er rückte
ohne Kampf bis vor die Veste Welehrad, ließ in deren Nähe das Heer
ein Lager beziehen und begab sich unter dem Vorwande, friedliche
Unterhandlungen anknüpfen zu wollen, in dieselbe, wo er sich mit seinen Landsleuten schnell verständigte, das Heer durch die Aussicht auf
nahen Friedensschluß in Sicherheit wiegte, dann unvermuthet überfiel
und so gänzlich schlug, daß nur wenige dem Tode oder der Gefangenschaft entrannen, 871. [1] Ein dreijähriger blutiger Krieg entspann sich
hieraus; die Böhmen und andere westslawische Nationen waren Svatopluk's Bundesgenossen, und er kämpfte so siegreich gegen Karlmann,
daß König Ludwig seinem Sohn zu Hülfe eilen mußte. Darauf kam es
873 zum Friedensschlusse, vermöge dessen Svatopluk dem Namen
nach wol Vasall des deutschen Reichs blieb, der That nach aber seine
Unabhängigkeit behauptete. [2]
  Von nun an stieg seine Macht immer höher; Böhmen ward von
ihm abhängig, und die Slawen an der Elbe bis gegen Magdeburg gehorchten ihm. [3] Auch mit Arnulf, Karlmann's Sohn und seit seines
Vaters Tod, 880, Herzog von Kärnten und Pannonien, stand er eine
Zeit lang in freundschaftlichen Verhältnissen, gerieth aber schon 882
mit ihm in Zerwürfniß, setzte 883 und 884 über die Donau, richtete
grausame Verwüstungen an und schlug ihn und dessen Bundesgenossen,
die Bulgaren, in einer mörderischen Schlacht an der Raab. Auf diese
Kunde kam Kaiser Karl der Dicke, Ludwig's I. von Deutschland jüngster
Sohn und jetzt, 884, der letzte Beherrscher des gesammten Karolingischen
Reichs, herbei, den Streit seiner Vasallen zu schlichten; argwöhnisch
gegen Arnulf, sprach er auf dem Tage zu Königsstätten in Oesterreich
Pannonien Svatopluk zu. [4] Als aber Arnulf den Plan faßte, den
schwachen Karl zu entthronen und sein Nachfolger zu werden, söhnte
er sich mit dem mächtigen Slawenfürsten aus, erhielt dessen Beistand [5]
und übertrug ihm, nachdem er die Absetzung Karl's zu Tribur 887 bewirkt und den Kaiserthron bestiegen hatte, zum Lohne dafür die Lehnsherrlichkeit über Böhmen. [6]

  [1] Annal. Fuldens., a. a. O. — [2] Hincmar. u. Annal. Fuldens., a. a. O.
— [3] Tietmari (Ditmari) Merseburg. Chronic. bei Pertz, V, 835: Boemi
(Moravi) regnante Zuentepulco duce, quondam fuere principes nostri. Huic a
nostris parentibus quotannis solvitur census. — [4] Annal. Fuldens. bei Pertz,
ad annum 884. Hayeci Annal. bei Dobner, III, 221. — [5] Annal. Fuldens.,
a. a. O. — [6] Regionis Chronicon bei Pertz, I, 112. Böhmen war wol schon
früher von Svatopluk abhängig und behielt auch jetzt seine eigenen Fürsten

Jetzt stand Svatopluk auf dem Gipfel der Macht; sein weites Gebiet erstreckte sich von der magdeburger bis in die krakauer Gegend, über lauter slawische Länder, und von da hinab gegen Süden bis an die Donau und hatte bereits in Pannonien auch diesen Strom überschritten. Gelang es ihm oder seinen Nachfolgern, hier den schon leichten Schritt weiter zu thun und die südlichen Slawen an der Adria und am Hämus mit diesem Gebiete zu vereinigen, so mußten die schwachen zersplitterten Nationen zwischen der Donau und den Karpaten bald unterjocht und die nördlichen Slawenstämme im heutigen Deutschland bis an die Ostsee mit dem großen Körper verknüpft sein. Gewaltig und drohend stand dann ein übermächtiges Slawenreich, im Rücken überall durch Stammgenossen gedeckt, an Deutschlands östlicher Grenze und umspannte und drängte es vom Adriatischen Meere bis zur Ostsee. Hätten dann wol die Ottone und Friedriche die Kaiserkrone getragen, Kant in Königsberg und Hegel in Berlin die Lehren deutscher Philosophie verkündigt und deutsche Sprache und Bildung überhaupt so weite Ausbreitung gewonnen? Daß Deutschland, welches sich eben zu dieser Zeit erst zu einem Staat consolidirte und von innern Unruhen zerrüttet wurde, dieser Gefahr glücklich entging und dem Slawenthum obsiegte, bewirkten die Magyaren. Darum sagt Palacky: „Die Invasion der Magyaren und ihre Festsetzung in Ungarn ist eins der folgenreichsten Ereignisse in der Geschichte Europas; sie ist das größte Unglück, das die Slawenwelt im Ablaufe der Jahrtausende betroffen hat. Die slawischen Völker breiteten sich im 9. Jahrhundert von Holsteins Grenzen bis an die Küsten des Peloponnesus aus, vielgliederig und unverbunden, mannichfach in Sitten und Verhältnissen, aber doch überall tüchtig, fleißig und bildsam. Im Mittelpunkte dieser ausgedehnten Linie hatte sich durch Rastislaw und Svatopluk eben ein Kern gebildet, der die fruchtbarsten Keime einer zugleich nationalen und christlichen Bildung in sich schloß; von Rom und von Byzanz gleich begünstigt und gepflegt, versprach er die großartigste Entwickelung. An diesen Kern hätten nach und nach alle slawischen Völker, durch innern Trieb, wie durch äußere Verhältnisse genöthigt, sich angereiht; von ihm hätten sie, wo nicht politische Institutionen, doch das Christenthum und mit ihm zugleich europäische und nationale Cultur, Kunst und Industrie, Einheit in Sprache und Schrift erhalten; wie im Westen unter römischem Einfluß die fränkische Monarchie großgezogen wurde, so hätte im Osten, unter vorherrschendem Einfluß Konstantinopels, ein ähnliches slawisches Reich sich herangebildet und Osteuropa hätte seit einem Jahrtausend überhaupt eine andere Bedeutung gewonnen, als die ihm geworden ist. Dadurch aber, daß die Magyaren gerade in das Herz des sich erst bildenden Organismus eindrangen und dieses zerstörten, wurden solche Aussichten für immer vernichtet. Die noch

---

aus Přemysl's Stamm; aber da die deutschen Könige Ansprüche auf Oberherrlichkeit über dasselbe machten, mußte ihm diese Uebertragung höchst willkommen sein.

kaum verbundenen Glieder des großen Stammes vereinzelten sich wieder und wurden einander entfremdet, da ein mächtiger fremder Stoff sie auch räumlich voneinander schied" u. s. w. [1]

[1] Palacky, Geschichte von Böhmen, I, 195, 196. Ein vortreffliches, mit Scharfsinn, Fleiß und genügender Unparteilichkeit geschriebenes Werk, das wir bei der obigen Erzählung benutzt haben und noch bei manch andern Gelegenheiten dankbar benutzen werden. Ueber das großmährische Reich sind noch zu vergleichen: Gebhardi, Geschichte aller wendisch-slawischen Staaten, IV, und Dudik, Mährens allgemeine Geschichte (Brünn 1860).

Zweiter Abschnitt.

Die Ungarn.

I. Abstammung und früherer Wohnsitz.

Das ungeheure Hoch- und Steppenland, welches sich zu beiden Seiten des Mustag und Altai, von den Gestaden des Kaspischen Sees bis an das Japanische Meer, und von der Wüste Gobi bis an das Nördliche Eismeer erstreckt, ist der Sitz eines Menschengeschlechts, das sich durch seine Sprache von dem semitischen und noch mehr von dem arischen oder indogermanischen gänzlich unterscheidet. [1] Die natürliche

[1] Als Beweis dieser Verschiedenheit seien hier die einfachen Zahlwörter einiger arischen und einiger altaischen Sprachen zusammengestellt.

Arische Sprachen.

	Sanskrit	griechisch	lateinisch	deutsch	slawisch
1	ēka	εἷς μία ἕν	unus	eins	jeden
2	dvi	δύο	duo	zwei	dwa
3	tri	τρεῖς, τρία	tres, tria	drei	tri
4	ćatur	τέσσαρες	quatuor	vier	čtiri (eschtiri)
5	panćan	πέντε	quinque	fünf	pčt (petj)
6	śaś	ἕξ	sex	sechs	šost (schest)
7	saptan	ἑπτά	septem	sieben	sedm (sedem)
8	aśtan	ὀκτώ	- octo	acht	osem
9	navan	ἐννέα	novem	neun	dewět (dewetj)
10	daçan	δέκα	decem	zehn	desět (desetj)
20	vinçati	εἴκοσι	viginti	zwanzig	dwacět (dwacetj)

Beschaffenheit dieses rauhen Berg- oder unfruchtbaren Steppenlandes scheint aber auch zugleich für dessen Bewohner gebieterisch Lebensweise, Verfassung und Charakter bestimmt zu haben: denn die ersten

Altaische Sprachen.

	magyarisch	vogulisch	finnisch	türkisch
1	egy	äk, äkve	yhte	bir
2	kettő, két	kiti, kit	kahte	iki
3	három	kórom	kolme	uč
4	négy	ñila	neljä	dört
5	öt	ät	viite	bes
6	hat	kat	kůůte	alti
7	hét	sát	seitse-män	jedi
8	nyól-cz	ñala-lu	kade-ksan	se-kiz
9	kilen-cz	antal-lu	yhde-ksan	do-kuz
10	tiz	lau	kymmenen	on
20	húsz	kús	kaksi kymentä	jigirmi
100	száz	sât	sata	jüz.

Die Verschiedenheit dieser beiden großen Sprachfamilien hinsichtlich ihrer Wurzelwörter ist eine so gänzliche und allgemein bekannte, daß ich mich auf die angeführten Zahlwörter beschränken darf. Dagegen will ich noch einiges über den grammatikalischen Bau der altaischen Sprachen hinzufügen, durch den sie alle, im Ganzen und Großen genommen, einander verwandt und von den arischen und semitischen verschieden sind, weil sich eben in diesem Bau der Sprache ihr eigenthümlicher Geist am deutlichsten enthüllt. Die ungarische soll bei Aufführung von Beispielen als Repräsentant der übrigen gelten. a) Die Vocale sind tiefe: a á, o ó, u ú, hohe: e é, ö ő, ü ű, und mittlere: ė, i í (das Zeichen ´ gibt die Länge, nicht den Accent an, der in der ungarischen Schrift nicht ausgedrückt wird). In einem Worte, mit Ausnahme zusammengesetzter, können nur entweder lauter tiefe oder hohe Vocale vorkommen, weshalb die angefügten Bildungs- und Abänderungssilben dieser Regel gemäß ihre Vocale ändern müssen, z. B. kéz, Hand, kez-em, meine Hand, láb, Fuß, láb-am, mein Fuß. Ist aber der Vocal des Stamms ein mittlerer, so kann je nach Wohllaut und Gewohnheit ein hoher oder tiefer mit ihm verbunden werden, z. B. híd, Brücke, Accusativ hidat; hit, der Glaube, Accusativ hitet, den Glauben. b) Geschlechtslosigkeit der Hauptwörter. c) Postpositionen statt der Präpositionen; denn alle Verhältnisse des einen Hauptworts zu dem andern werden durch beigefügte Buchstaben oder Silben bezeichnet, die somit die Casus und die Präpositionen der arischen Sprachen sind: z. B. asztal, Tisch, asztal-é, Tisches (diese Form kann wieder ganz so abgeändert werden wie der Stamm selbst), asztaltól, vom Tisch, asztalra, auf den Tisch, asztalt, den Tisch u. s. w., wodurch die Sprache ungemein an Kürze und Bestimmtheit des Ausdrucks gewinnt; d) Suffixe statt des Adjectiv-Pronomens mein, dein, sein, z. B. fej, Kopf, fejem, mein, fejed, dein, feje, sein, fejünk, unser, fejetek, euer, fejök, ihr Kopf. e) Vorzüglich unterscheiden sich die altaischen Sprachen durch Formenreichthum des Zeitwortes, indem sie aus demselben Stamme durch Hinzufügen verschiedener Bildungssilben und mannichfaltiger Conjugationsformen neue Wörter und erweiterte Bedeutungen schaffen. Zuerst ein immanentes und transitives Verbum; szabad, frei; daraus szabadul, er wird frei, und szabadit, er befreiet. Das transitive hat eine eigene Conjugation, wenn sein Gegenstand ein unbestimmter, und eine andere, wenn er ein bestimmter ist: 1) szabaditok, 2) szabaditasz, 3) szabadit sok embert — viele Menschen; 1) szabaditom, 2) szabaditod, 3) szabaditja azt a szolgát — diesen Knecht. Ferner gibt es außer dem Passivum noch

Strahlen des Lichts, das die Geschichte auf diese Gegenden wirft, sowie die Aufklärungen, welche die neuesten Forschungen über dieselben verbreiten, zeigen beinahe das gleiche, seit Jahrtausenden unverändert gebliebene Bild. Dem Ackerbau fremd, den Boden und Klima erschweren, zum Theil unmöglich machen, sind die da hausenden Menschen für Nahrung und Kleidung auf Jagd, Fischfang und Viehzucht beschränkt. Diese Beschäftigungen aber erfordern weite Räume, gestatten keine dichte Bevölkerung und gebieten ein unstetes Wanderleben. Da kann es kein Grundeigenthum und keine feste Wohnung geben, die Heerde ist der alleinige Besitz, das Zelt oder die fahrbare Hütte das einzige Haus des Hochasiaten. Keine Heimat kennend, gilt ihm die Verwandtschaft und der Stamm alles; ist er zu jeder Zeit fertig, jene zu verlassen und mit diesem in die lockende Ferne zu ziehen. Mit Mangel und Mühseligkeit vertraut, der Unbill des Wetters preisgegeben, von thierischer Nahrung fast ausschließlich lebend, an fortwährende Wanderungen gewöhnt, ist er geneigt und wie kein anderer geeignet zum Kriege. Dazu vermehrt das Pferd, das dort von kräftigem Schlage, im Ueberfluß vorhanden und wie sein Reiter abgehärtet ist, seine Furchtbarkeit, indem es ihn mit Weib und Kind schnell in ferne Länder trägt. Seine Waffen sind das Schwert, die Lanze und vor allem der Bogen. So schildern uns die Alten, so finden wir auch heutzutage die Völkerschaften dieser Länder.

Diese Völker fühlten von jeher einen unwiderstehlichen Drang, ihr unwirthbares Geburtsland zu verlassen und in die glücklichern Zonen des Südens und Westens zu ziehen. Dieser natürliche Wandertrieb wurde noch geschärft durch Zunahme des Volks und daraus entstehenden Mangel an Jagd- und Weideplätzen, durch innere Entzweiung und Trennung, durch gegenseitiges Aufeinanderstoßen und Drängen, durch die Herrschsucht und durch das überwiegende Talent einzelner Stammeshäupter. Leicht war es einem kühnen unternehmenden Führer, seinen Stamm zu einem Wander- und Kriegszuge zu bewegen; rasch stürzten sich die Aufgestandenen auf benachbarte Horden, beredeten oder zwangen sie zur Vereinigung, drangen, wie eine Lavine sich ver-

ein Medium: kin, Qual, daraus: kinoz, er quält, Passiv kinoztatik, wird gequält, Medium kinlódik, er quält, plagt sich. Außerdem wird das Lassen und Können durch Einschieben gewisser Silben ausgedrückt; ir, er schreibt, irat, läßt schreiben, irhat, kann schreiben. Zuletzt werden auf ähnliche Weise noch die Begriffe: oft, schnell, leichthin, ungewiß u. s. w. etwas thun dargestellt: irkül, er kritzelt; felel, antwortet, felelget, antwortet häufig, widerspricht; fut, läuft, futkos, läuft hin und her; emel, hebt, emelint, hebt ein wenig. f) Als Beispiel der eigenthümlichen Wortbildung und außerordentlichen Biegsamkeit stehe hier die Entwickelung des Stammes ok, die Ursache, der Grund; okos, vernünftig, klug; okosodik, wird klug; okosul, an Einsicht zunehmen; okoskodik, vernünftelt, klügelt, okosság, Klugheit; okoz, verursacht, okozás, das Verursachen, okozat, der Effect, Wirkung, okoztat, beschuldigt, okoztatás, Beschuldigung; oktat, belehrt, unterrichtet, oktatás, der Unterricht; mit dem Privativum lan, len, oktalan, unklug, oktalanság, Unklugheit, oktalanodik, unklug werden, oktalankodik, sich unklug betragen, oktalanit, macht unklug, verdummt einen ändern u. s. w.

größernd und alles mit sich fortreißend, vorwärts und überfluteten die
angebauten Länder.   In solcher Weise waren Völkerschaften des Altai tief nach Süden
und Westen schon in den ältesten Zeiten gedrungen und hatten auch
die Gegenden oberhalb Iran und am Kaspischen und Schwarzen Meere
bis in die Nähe der Donau besetzt, die ihrem alten Heimatslande so
ähnlich sind, daß sie nicht einmal ihre gewohnte Lebensweise ändern
mußten oder konnten.   Von hier aus bekriegten, durchplünderten und
eroberten sie zum Theil die benachbarten Länder.   Griechen und Römer faßten sie unter dem gemeinschaftlichen Namen der Scythen und
Sarmaten zusammen, kannten aber auch einzelne Stämme, wie die
Massageten, Saken, Issedonen. Agathyrsen u. s. w. [1] So oft ein Volk
weiter zog, drang ein anderes an seine Stelle vor; so oft eines bleibende
Wohnsitze nahm, einen Staat gründete und die Bahn der Civilisation
betrat, aber freilich meistens auch in üppige Weichlichkeit versank,
wurde es von neu herbeigekommenen zerstreut oder unterjocht und ging
unter.   Darum ist es so schwer und fast unmöglich, der einzelnen Völker Ursprung aufzufinden und den Faden ihrer Schicksale geschichtlich
zu verfolgen.   Hier herrscht ein ewiges Wogen und Drängen, ein
schnelles Entstehen und Vergehen der Nationen und Reiche; ja, dieselben Völkerschaften erscheinen in verschiedenen Zeiten unter verschiedenen Namen, je nachdem der Führer wechselt und die Oberherrschaft von der einen Horde auf die andere übergeht.   Dazu kommt
noch, daß die gebildeten, Geschichte schreibenden Nationen nur von
dem Kunde erhielten und nur das überlieferten, was an ihren Grenzen
geschah, die Hochsteppen im Norden und fernen Osten aber, der eigentliche Sitz und Ausgang dieses Völkergewühls, ihnen fast ganz unbekannt
blieben.   Und sie selbst haben nur dunkele, vielfach entstellte, einander
widersprechende Sagen, aber kein bleibendes Denkmal der Nachwelt
hinterlassen.   Denn vergänglich ist und der Vergessenheit anheim-
gefallen auch das Größte, was menschliche Kraft wirkt, wenn es die
Kunst und Wissenschaft nicht verewigt.
    Zu diesen einst am Altai weidenden und von dort später herab-
gekommenen Völkern gehören auch die Magyaren, wie sie sich selbst
nennen, oder die Ungarn, wie sie von andern genannt werden, vermöge
ihrer Sprache, einstiger Sitten und früherer Wohnorte.   Deshalb haben
diejenigen wol nicht Unrecht, die sie Scythen nennen, inwiefern nämlich alle Völker altaischen Ursprungs von den Alten mit dem Namen
der Scythen bezeichnet wurden.   Aber hiermit haben wir gewiß nichts
weiter als einen höchst unbestimmten Namen gewonnen; wir befinden
uns noch immer auf einem Felde von unermeßlichem Umfang und müssen bemüht sein, den Gegenstand unserer Untersuchung in engere Grenzen einzuschließen, wenn wir auch nur einigermaßen befriedigende Auskunft über den Ursprung der Magyaren geben wollen.   Für den Fremden mag die Lösung dieser Frage vielleicht nicht ganz ohne Interesse
sein, für den Ungar ist sie von der höchsten Wichtigkeit; ihn drängt

---

[1] Herodot, I, 110 fg., und an vielen andern Stellen.

die Liebe zu seiner Nation und Sprache und das Gefühl des Allein-
stehens unter den Culturvölkern Europas, zu erfahren, wo die Wiege
seines Volks gewesen ist, und wer seine Stammverwandten sind.
Viele in- und ausländische Gelehrte haben mit rastloser Mühe in dieser Absicht die Geschichte durchforscht und die Sprachen verglichen[1]; einige
begeisterte Söhne des Vaterlandes die weite, mühselige und gefahrvolle
Wanderung nach dem fernen Asien angetreten, um dort die Spuren oder
Ueberreste ihres Volks zu finden.[2] Die Resultate dieser Arbeiten und
Bestrebungen waren verschieden; allerhand, häufig genug höchst sonderbare Hypothesen wurden aufgestellt; die Urgeschichte der Ungarn

[1] Anonymi B. R. Notar., Kézai Gesta Hunnorum, bei Endlicher; Pray,
Annales vett. Hunnorum, Avarorum et Hungarorum (Wien 1761), und Diss.
hist. crit. in Annales Hunnorum etc. (Wien 1775); Thierry, Histoire d'Attila et de ses successeurs, erklären sie für Abkömmlinge der Hunnen.
Guignes, Geschichte der Hunnen u. s. w.; Beregszászy, Ueber die Aehnlichkeit
der hungarischen Sprache mit den morgenländischen (Erlangen 1797), thun
dasselbe, doch mit dem Unterschiede, daß sie die Ungarn zugleich für Verwandte der Türken ansehen. Bél, De vera origine et epocha Hunnorum,
Avarorum et Hungarorum (Leipzig 1757); Thunmann, Untersuchungen über
die östlichen Völker Europas, leiten sie von den alten Oguren, Unoguren ab.
Für Stammverwandte der finnischen Völkerschaften werden sie gehalten:
Sajnovics, Demonstratio idioma Hungarorum et Lapporum idem esse (Tyrnau
1772); Gyarmathy, Affinitas linguae Hungaricae cum linguis Fennicae ori-
ginis (Göttingen 1799); Schlözer in seinem Nestor (Göttingen 1802); Horváth, in verschiedenen Schriften, sucht in höchst seltsamer Weise den Ursprung der Ungarn in Syrien, Aegypten und Aethiopien; Feßler, in der-
ersten Ausgabe des vorliegenden Werks, widerspricht mit Eifer der Ansicht,
daß die Magyaren zu den Finnen gehören, aus Gründen, die er theils der
Vergleichung der Sprachen und theils dem verkümmerten und elenden Zustande der finnischen Völkerschaften entnimmt, und behauptet, sie seien von
türkischer Abkunft. Inwieweit ich von dieser Ansicht abweiche und was mich
dazu nöthigt, wird sich in der Folge zeigen. — [2] Die Mönche Julianus und
seine drei Gefährten, ungefähr von 1230—37. In neuester Zeit der Székler
Alexander Csóma von Körös, der 1821 seine Reise antrat und 1841 den
11. April, als er eben den Himalaja übersteigen wollte, um nach Lassa zu
gehen, in Dardschiling, im Lande Sikken starb. Johann Jerney besuchte 1844
und 1845 die Moldau, Bessarabien und die nördlichen Küsten des Schwarzen
Meers, und glaubte das Vaterland seines Volks unter den Parthern gefunden
zu haben. „Jerney János keleti utazása" (Reise im Morgenland), 1844 u. 1848
(2 Bde.). Vor allen andern aber verdient Anton Reguly erwähnt zu werden.
Er bereiste die weiten Länder des europäischen und asiatischen Nordrußlands,
erhielt Aufträge und Unterstützung von der ungarischen Akademie und
brachte die fragliche Aufgabe durch seine Forschungen um ein bedeutendes
derjenigen Lösung näher, deren sie fähig ist. Endlich kehrte er nach langer
Abwesenheit 1848 in das Vaterland zurück, aber leider von Anstrengung,
rauhem Klima und Entbehrungen aller Art gebrochen, und starb 1857, bevor
er seine werthvollen Sammlungen veröffentlichen konnte. Seine hinterlassenen
Manuscripte übernahm Paul Hunfalvy und hat im Auftrage der ungarischen
Akademie bereits einen bedeutenden Theil derselben herausgegeben unter
dem Titel: „Reguly Antal hagyományai", 1 kötet, „vogul földés nép" (Hinter-
lassene Schriften Anton Reguly's, I, Das vogulische Land und Volk, Pesth
1864). Endlich müssen wir noch Hermann Vámbéry nennen, der lingui-
stischer Studien wegen 1862 u. 1863 Centralasien und Samarkand bereiste und
seine Erlebnisse und Entdeckungen bekannt machte in: Travels in Central-
Asia (London 1864).

3*

blieb in Dunkel gehüllt. Erst in der neuesten Zeit sind auch in dieser Hinsicht wichtige Entdeckungen gemacht worden. Forschungen in der Völker- und Sprachkunde, in Geographie und Geschichte, welche in diesem Maße erst jetzt recht möglich wurden, haben Aufklärungen gegeben, die es außer Zweifel stellen, welche Völker den Magyaren am nächsten verwandt sind und aus welchem Lande sie ihre letzten Wanderungen angetreten haben. [1] Glücklicher und mit mehr überzeugender Bestimmtheit hat aber bisjetzt wol niemand diese Frage gelöst, als Herr Paul Hunfalvy, ordentliches Mitglied und Bibliothekar der ungarischen Akademie der Wissenschaften, in seiner letzten hierauf bezüglichen Abhandlung. [2]

Wir wollen zuerst sehen, zu welchen Resultaten die vergleichende Sprachforschung führt. Denn Sprachen, die nicht blos durch den ähnlichen Klang einzelner Wörter, sondern in ihren Wurzeln, Wortbildungen und Abwandelungsformen, überhaupt vermöge ihres ganzen Baues und Geistes einander ähnlich sind, müssen einen gemeinschaftlichen Ursprung haben. Die Völker, deren Eigenthum sie sind, müssen vor Zeiten Eins gewesen sein, beieinander gewohnt und gemeinschaftlich den Stamm der Sprache gepflanzt haben, aus dem später die Zweige derselben hervorsproßten, sie müssen miteinander verwandt sein. Der Unterschied der Zweige aber kann nicht anders entstanden sein, als daß sich das eine Volk in Theile trennte, die entferntere Wohnplätze bezogen, unabhängig von den übrigen ihren Dialekt ausbildeten und dabei unter dem Einfluß neuer Gegenstände und Verhältnisse änderten. Je ähnlicher und gleichförmiger daher gewisse Sprachen einander sind, desto näher müssen sich auch die Völker, die sie reden, gestanden und desto später getrennt haben. Diesem Grundsatze zufolge werden wir also den Ursprung der Ungarn nicht bei den Mongolen und Chinesen suchen, wenngleich in beiden Sprachen nach Laut und Bedeutung mit der ungarischen verwandte Wörter sich vorfinden, ja manches ungarische Wort, dessen Wurzel verloren ist, sich aus dem Chinesischen füglich ableiten lassen soll, wie unser Sprachforscher Podhorszky versichert. [3] Denn die Sprachen weichen zu sehr voneinander ab; die Trennung muß also in unvordenklichen Zeiten geschehen sein. Dagegen finden wir in Europa und Vorderasien Nationen, deren Sprache ihre

---

[1] Müller, Der ugrische Volksstamm (Berlin 1837). Neumann, Die Völker des südlichen Rußlands (1847). Schafarik, Slawische Alterthümer (Leipzig 1843). Klaproth, Tableau historique de l'Asie (Paris 1826), und Mémoires relatifs à l'Asie. Lönrot, Abkunft der Finnen, im neuen ungarischen Museum, 1851, Heft 11. Wenzel, Gedanken über die Herkunft der Magyaren, ebend., 1851, Hefte 6, 8, 9. Hunfalvy, Ueber die Abstammung der Magyaren, ebend., 1851, Heft 12, u. 1855 in mehreren Heften. Die letztern Abhandlungen sind, wie es sich von selbst versteht, ungarisch geschrieben; die Titel wurden aber hier des Verständnisses wegen übersetzt. — [2] Hunfalvy, Die Herkunft der Magyaren, in der pesth-ofener Revue (Budapesti szemle), 1864, XIX, 1—97. Diese geistreiche und gründliche Abhandlung ist das Ergebniß ausgebreiteter Sprachkenntniß und vieljähriger mühsamer Forschungen. — [3] Horváth, Geschichte Ungarns (Magyarország története), (2. Ausg., Pesth 1860), I, 12 fg.

Zusammengehörigkeit und Verwandtschaft mit den Magyaren unleugbar beurkundet.

Sondern wir nun diese Nationen nach der größern oder geringern Aehnlichkeit ihrer Sprachen, so erhalten wir drei Gruppen: 1) die finnische: Lappen, Finnen, Esthländer, Liefländer, Karelier u. s. w.; 2) die ugrische: Vogulen, Syrjänen, Mordwinen, Ostjaken, Votjaken u. s. w.; 3) die türkische: Osmanen, Cschuwassen, Jakuten, Kojbalen, Karagassen u. s. w. Die zu 3) gehörigen werden auch Tataren genannt. Vergleichen wir ferner jede dieser drei Gruppen von Sprachen mit der magyarischen, so werden wir finden, daß diese mit den ugrischen die größte Verwandtschaft hat, und daß folglich die Magyaren zu den ugrischen Völkerschaften zu zählen sind. Nehmen wir endlich die ugrischen Mundarten einzeln und vergleichen jede derselben abermals mit der magyarischen, so stellt sich heraus, daß dieser die vogulische am nächsten unter allen steht, daß mithin Magyaren und Vogulen vielleicht bis zum Abzug der erstern eine Nation waren.

Die Richtigkeit dieser Ansicht dadurch ausführlich zu beweisen, daß wir jede dieser drei Sprachgruppen und deren Mundarten mit der magyarischen verglichen, wäre viel zu weitläufig; wir müssen auf die angeführten Werke, besonders auf das des Herrn Hunfalvy verweisen. Um aber unsere Meinung wenigstens einigermaßen zu begründen, möge das unten Gegebene hinreichen. [1]

[1] Aus jeder der drei Gruppen wählen wir eine Mundart, um sie mit dem Magyarischen zu vergleichen, und zwar soll der ugrische Stamm durch die vogulische, der finnische durch die finnische, der türkische durch die osmanische vertreten sein. Die Zahlwörter sind bereits oben mitgetheilt worden; schon ein flüchtiger Blick auf sie überzeugt, daß die magyarischen den vogulischen am meisten, den türkischen am wenigsten ähnlich sind. Dasselbe würde sich herausstellen, wenn es der Raum vergönnte, den grammatikalischen Bau der magyarischen Sprache mit dem der andern angeführten zu vergleichen Die leeren Stellen deuten an, daß die Sprache für denselben Begriff ein anderes unähnliches Wort hat. Noch ist zu bemerken, daß dem magyarischen ü das y; dem sz das s; dem s = sch das š; dem ny das n′; dem ly das l′ im Ugrischen und Türkischen entspricht. Manchem ungarischen Worte mit vocalistischem Anlaute entspricht ein Wort mit s oder t im Anlaute, z. B. év (eszik), ißt, vogulisch tè, finnisch syö,

magyarisch	vogulisch	finnisch	türkisch
lél-ek Geist, Seele	lil		
fö fej Kopf	pãįg, pong	pãä	baš
orr Nase	ur		
szem Auge	sem	ịilmã	
köny Thräne	sem-viị (Augenwasser)	kyynä, kyyni	
iny Gaumen	egn, en	ikeue	enek

Daß das Magyarische und Vogulische in vielfacher Hinsicht weit
auseinandergehen, kann die Stammverwandtschaft beider Völker nicht
im geringsten zweifelhaft machen; denn vor tausend Jahren trat unser
Volk seine Wanderungen an. Tausend Jahre! Welch ein Zeitraum für

magyarisch	vogulisch	finnisch	türkisch
nyelv Zunge	n'elm	kieli	dil
máj Leber	májt	makva	
vér Blut	vér, vur	vere	
kéz Hand	kát	käte	
köröm Nagel, Klaue	kérem	kynsi	
ész Verstand	us	ainti	
szó Wort	suj	sana	sóz
víz Wasser	vit	vete	
tűz Feuer	tole, taft	tule	
tél Winter	tál, tél	talvi	
ősz Herbst	täkus	syykse	küs
ég Himmel, Firmament	elm, ilm Himmel, Gott	ilma Himmel, Gott	gök
arany Gold	taran'		altun
vas Eisen	vogi	vaski	
árpa Gerste		ohra	arpa
fonal Faden	panel Hanf		
alma Apfel		omena	alma
ló Pferd	lú		
ökör Ochs	kár, kár	kärkä	ököz
eb Hund	amp		et
agár Windbund	ágár		zagar
oroszlán Löwe			arslan
ős veraltet, ise Vorfahre		isä	isi
atya, apa Vater	aže		ata
anya	ange		anna

die Gestaltung einer Sprache, besonders wenn noch weite Entfernung, das Aufhören jeder Verbindung und ganz andere Verhältnisse hinzukommen; wie viel mußte da vergessen werden, wie viel Fremdes und Neues sich beimischen, wie viel Umwandelung stattfinden! Die alte ungarische Sprache kennen wir nicht, und ebenso wenig läßt sich ihre allmähliche Entwickelung zu der jetzigen Gestalt geschichtlich verfolgen, weil außer einigen Zeilen eines Leichengebets aus den Zeiten der ersten

magyarisch	vogulisch	finnisch	türkisch
ip, ipa Schwiegervater	up	appi	
nö Weib	né	nai	
kan, him Männchen der Thiere, Gatte	kum		
nyíl Pfeil	n'al	nuoli	
szán Schlitten	sun	saani	
kés Messer	kesäj		kes-mek schneiden
él lebt	al	elä	
(év) eszik ißt	te	syő	je
étetek ich füttere, speise	tetem	syőtän	
(iv) iszik trinkt	äj	juo	ič
itatok ich tränke	äjtem	juotan	ičtür
men geht	min	men	
kel erhebt sich	kual	käy	
ül sitzt	unl		
ültet setzet	unt		
nyel verschlingt	n'al	nial	
hal stirbt	kal	kuol	
hall hört	kúl	kuul	
jö kömmt	ji		

magyarisch	vogulisch	lappisch	türkisch
én, té, ö ich, du, er	äm, näng, tän	mon, don, son	ben u. men, sin ol
ini, ti, ök, wir, ihr, sie	män, nän, tán	mi, di, si	biz, riz, aular

Könige keine Sprachdenkmäler auf uns gekommen sind, indem Gesetze, Urkunden und Bücher lateinisch geschrieben wurden. Ebenso wenig darf es befremden, daß in der ungarischen Sprache nicht nur eine Menge türkischer Wörter gefunden werden, sondern daß dieselbe sogar in mancher Hinsicht eine türkische Färbung erhalten hat. Denn noch vor ihrer Auswanderung aus dem Stammlande standen die Magyaren mit türkischen Völkerschaften in enger Verbindung; als sie auszogen, schlossen sich ihnen auch türkische Stämme an, die zwar nach und nach die ungarische Sprache annahmen, aber dieselbe auch ihrerseits beeinflußten; endlich stand der größere Theil des eben von Magyaren bewohnten Ungarns über 150 Jahre unter türkischer Herrschaft, die der Sprache ihre Spuren eindrückte.

Nachdem nun die nationale Abstammung der Magyaren festgestellt ist, und alles dafür spricht, daß wir sie zu den ugrischen Völkern zu zählen, und insbesondere die Vogulen als ihre nächsten Stammverwandten zu betrachten haben, wird es viel leichter sein, auch das Land zu bestimmen, in welchem sie wohnten, ehe sie die Wanderung nach ihrem

Suffixe in Verbindung mit einem Substantiv.

magyarisch	vogulisch	lappisch	türkisch
kez(e)m meine	kát(e)m	gietta-m	el(i)m
kez(e)d deine	kát(e)n	gietta-d	el(i)n
kez-e seine Hand	kát-ä	gietta-s	ei-i
kez-ünk unsere	kát-u	gietta-mek	el(i)miz
kez-e-tek eure	kát-un	gietta-dek	el(i)ñiz
kezök ihre Hand	kát(a)ul	gietta-sek	eler-i
keze-im meine	kát-ä-nem	gied'aid-am	eler(i)m
keze-id deine	kát-ä-nen	gied'aid-ad	eler(i)n
keze-i seine Hände	kát-ä-uä	gied'aid-es	eler-i
keze-i-nk unsere	kát-ä-nu	gied'aid-ämek	eler(i)miz
keze-i-tek enre	kát-ä-nen	gied'aid-ädek	eler(i)ñiz
keze-i-k ihre Hände	kát-ä-nl	gied'aid-äsek	eler-i

Hier steht das Lappische dem Magyarischen am nächsten. Schließlich muß noch aus dem grammatikalischen Bau der Sprachen hervorgehoben werden, daß die doppelte Conjugationsform, eine bestimmte und unbestimmte des transitiven Verbums, welche die ungarische besitzt (s. Seite 32, Anm.), sich weder in der finnischen noch türkischen vorfindet, sondern nur den ugrischen, vorzüglich der vogulischen und mordwinischen eigen ist, und mithin auch für die nähere Verwandtschaft des Ungarischen mit diesen Sprachen zeugt.

jetzigen Vaterlande antraten, vornehmlich auch darum, weil uns hierbei
geschichtliche Nachrichten zu Hülfe kommen. Es müssen dies die Gegenden sein, wo und in deren Nähe auch jetzt die Heimat der ugrischen
Nationen ist, zu beiden Seiten des Uralgebirgs, zwischen der Wolga,
der Kama, dem untern Irtisch und dem obern Jaik, von denen Klaproth [1] sagt: „Dies ist die wahre Lage jenes berühmten Jugriens, welches nach alten Nachrichten die Heimat der Ungarn und wahrscheinlich auch der Hunnen und Avaren ist."

Die Ursitze aller dieser Nationen lagen aller Wahrscheinlichkeit
nach weiter östlich am Altai, von wo sie, dem allgemeinen Strome der
Bewegung folgend, nach Westen bis an und über den Ural rückten.
Die vordersten scheinen die Finnen gewesen zu sein, denn schon um
Christi Geburt finden wir sie an den Gestaden des Baltischen Meers [2],
und schon damals mögen sie auch die andern Gegenden des nordwestlichen Europas bewohnt haben, die sie jetzt einnehmen. Sie nennen
sich Suomalais, d. h. Bewohner des Suomilandes. In ihren rauhen, un-
freundlichen Wohnplätzen lagen sie den Strömen der Völkerwanderung
außer Wegs, blieben verschont von den heftigen Erschütterungen, welche
diese über andere Völker brachten, und ihre Hauptsitze bilden daher
eine ununterbrochene Länderreihe.

Hinter den Finnen standen die ugrischen Völkerschaften, auf
welche die nachfolgenden türkischen Nationen drückten. Sie mußten
entweder Widerstand leisten und sich behaupten, oder gegen Norden
ausweichen, oder vorwärts wandern, oder endlich mit ihren Drängern
sich vereinigen. Aber noch mehr bestürmt und vielfach durchbrochen
wurden sie, sobald sich im äußersten Hintergrunde die Mongolen in
Bewegung setzten, die Türken vor sich her trieben und auf die Ugrier
warfen. Auf diese Weise mögen nicht nur viele ihrer Nationen sich
unter den türkischen verloren haben, sondern auch ihre Wohnsitze wurden eingeengt und voneinander getrennt, sodaß sie unter den drei verwandten altaischen Stämmen den kleinsten Raum und keine zusammenhängende Länderstrecke einnehmen. Jetzt dringen auch die Russen
vom Westen her immer weiter zwischen sie ein.

Reguly setzt die heutigen Wohnsitze der den Magyaren nächst
verwandten Vogulen zwischen 58° — 64° nördl. Br. und 70° — 86°
östl. L., sodaß sie ohngefähr einen Raum von 3800 Q.-M. einnehmen.
Sie nennen sich selbst Mán-si, d. h. Anwohner des Mán, eines Neben-
flusses der Szoszwa, östlich vom Ural unter 61° nördl. Br. Dieser
Fluß heißt bei den Syrjänen Jögra, so auch das benachbarte Land, und
die Bewohner desselben Jögraland und - Volk. Die Russen aber nennen diesen Fluß Wogul, Wogulja; daher der Name Wogulen, der sich
auch durch Europa verbreitet und den erstern außer Gebrauch gesetzt hat.
Jögra ist dasselbe was Jugor und Jugra. Schon Jornandes im 5. Jahrhundert kennt das Land und Volk Hunugar in derselben Gegend, und
die Byzantiner nennen beide Onogur, Unugur und Ogor. Auch führen die
russischen Czare, seit Iwan der Schreckliche, 1499, diese Länder seiner
Herrschaft unterworfen hat, Jughra (Jughorskaja Zemlja) in ihrem

---

[1] Mémoires relatifs à l'Asie, S. 120. — [2] Tacitus, Germania, c. 46.

Titel. Dieses Ugrien erstreckte sich einst vom Nordmeer hinab diesseit
des Ural bis an die Kama, jenseit aber bis in die Gegend, wo sich der
Tobol und Irtisch vereinigen, sodaß es gegen 16000 Q.-M. umfaßte,
und war weit blühender als jetzt. [1]
Hiermit haben wir eben auch den Ursprung des Namens Hungar,
Unger, Uhor gefunden, der den Magyaren von andern Nationen bei-
gelegt wird; sie heißen so, weil sie aus Jugrien oder Ugrien herkamen.
Denn das Land südlich von diesem Ugrien und einstens, nach Abstammung und Sprache seiner Bewohner, ihm zugehörend, auf beiden
Seiten des Uralgebirgs, um den obern Jaik bis an den Tobol und Irtisch, wo die Baskiren hausen, war die Heimat der Magyaren; da weideten sie, kein gemeinschaftliches Oberhaupt kennend, sondern jeder
Stamm unter dem eigenen Stammfürsten stehend, jahrhundertelang. Im
Westen, an der Kama und Wolga, hatten sie Großbulgarien, das wir
oben erwähnten, zur Grenze, im Süden und Osten aber wurden sie von
dem großen Chazarenreiche umschlossen, mit dem sie auch in dem Verhältniß des Bündnisses oder der Abhängigkeit standen. Sie waren
also der südlichste Zweig des ugrischen Stammes und, den Norden ausgenommen, auf allen Seiten mit türkischen Nationen umgeben.
Aber die Sprache, welche die Baskiren heute reden, gehört zu den
türkischen Mundarten. Dieser Einwand läßt sich leicht beantworten.
In das dünn bevölkerte Land wanderten nach dem Abzug der Magyaren
türkische Stämme ein, die nach und nach die Mehrheit bildeten, und so
nahm endlich die ugrische Minderzahl deren, der ihrigen ohnehin verwandte Sprache an und verschmolz mit ihnen zu einer Nation. Daß
die Magyaren wirklich aus Baskirien kamen, und daß dort ihre oder
doch eine der ihrigen sehr nahe verwandte Sprache noch vor wenigen
Jahrhunderten geredet wurde, darüber liegen historische Beweise vor.
Der anonyme Notar oder Kanzler des Königs Béla [2], Verfasser

[1] Lehrberg, Untersuchungen zur Erläuterung der ältern Geschichte Rußlands. Herausgegeben durch Ph. Krug (Petersburg 1816). Hunfalvy, Herkunft der Magyaren. — [2] Anonymi Belae regis notarii de gestis Hungarorum liber e codice membranaceo saeculi XIV bibliothecae palatinae Vindobonensis, in Endlicher: Rerum Hungaricarum monumenta Arpadiana (St.-
Gallen 1849). In das Ungarische übersetzt und mit Anmerkungen versehen von Karl Szabó (Pesth 1861). Jetzt, wo er oft die Hauptquelle unserer Erzählung sein wird, ist es an geeigneter Stelle, einige Bemerkungen
über den Anonymus vorauszuschicken. Er kann Kanzler Béla's I., 1061—63,
gewesen sein, was zuvörderst dadurch wahrscheinlich wird, daß er als christlicher Geistlicher dennoch mit einer gewissen Zuneigung von der alten heidnischen Nationalreligion spricht und sogar sein Buch mit der sie verherr-
lichenden Erzählung schließt, wie der Heidenfürst Tonuzoba sich lebendig be-
grub, um der Taufe zu entgehen. Er hatte den Glauben seiner Aeltern noch
nicht hassen gelernt. Sodann führt er seine Geschichte nur bis auf Stephan,
ohne die folgenden Könige zu erwähnen, was sich kaum erklären ließe, wenn
er der Kanzler eines spätern Béla wäre, was aber leicht begreiflich ist, wenn
er das Staatsamt unter dem Ersten dieses Namens führte, weil das Land nach
Stephan in Parteien zerrissen war und ein König schnell auf den andern
folgte. Doch halten ihn die meisten für den Kanzler Béla's II. oder III. und
setzen ihn daher in die Zeit um 1150 oder 1200. Seine Glaubwürdigkeit
wurde von vielen, besonders von Schlötzer hart angefochten, aber von Cor-

der ältesten einheimischen Chronik, läßt die Hetumoger, die sieben Fürsten der Magyaren, mit ihren Stämmen aus Dentumogrien, dem Magya-
renlande Dent, ausziehen, gegen Westen die Wanderung antreten, viele
Tage durch ein wüstes, unangebautes Land gehen, sodann auf Schläuchen über die Wolga setzen und in die Gegend Rußlands kommen,
welche zu seiner Zeit Susdal hieß, worunter das Fürstenthum Wladimir
zu verstehen ist. Dent aber ist der Name des Irtisch, den die Ostjaken
auch heutzutage Tangat nennen. Mithin wäre Dentumogrien das Land
am Irtisch. [1]

Simon Kézai [2] erzählt zwar nur verworrene Fabeln ohne geschicht-

nides, Engel und andern glücklich vertheidigt. Neuerdings erklärt ihn Palacky, Geschichte von Böhmen, I, 155, Anm. 124, für einen faden historischen
Romanschreiber, und sagt, es sei ein trauriges Zeichen der Zeit, daß es auch
jetzt noch Männer gebe, die aus falschem Nationalismus ihn und seinesgleichen für die Geschichte zu retten, sich bemühen. Wir finden im Anonymus
weder mehr noch weniger Fehler, als in den meisten Chroniken des Mittelalters, und geben gern zu, daß er seine Erzählung großentheils nicht aus geschriebenen Urkunden, sondern weil ihm diese fehlten, aus Volkssagen und
Ueberlieferungen schöpft; daß er auch Uebertreibungen und Fabeln aufnimmt,
die Ereignisse nicht immer mit dem besten Geschmack ausschmückt und die
Dinge der Vergangenheit nach den Ansichten und Einrichtungen der Zeit, in
der er lebte, und daher oft unrichtig darstellt. Aber welcher Chronist jener
Jahrhunderte ist frei von diesen Mängeln? Sollten wir sie um derselben willen für lügenhaft oder für untergeschoben halten, dann müßten wir darauf
verzichten, etwas über das Alterthum der Völker zu erfahren. Es ist eben
die Aufgabe der Kritik, den Kern der historischen Wahrheit, der unter dieser Hülle verborgen liegt, herauszufinden. Bei weitem das meiste von dem,
was der Anonymus berichtet, mußte nothwendig geschehen sein, da es später
entweder selbst oder doch in seinen Folgen noch vorhanden ist; anderes wird
niemand unglaublich sein, der den Geist und die Bildungsstufe der Magyaren
und der Völker, mit denen sie in Berührung kamen, richtig auffaßt; noch
anderes endlich wird durch die Berichte gleichzeitiger Schriftsteller vielfach
bestätigt. Es ist also das meiste wirkliche Thatsache, wenn es auch nicht
gerade und genau in der Weise, die er angibt, geschehen sein sollte. Viele
jener Sagen, die er niederschrieb, leben noch jetzt im Munde des ungarischen
Volks als Erzählungen, Lieder und Sprichwörter, sind mithin nicht von ihm
erdichtet. Selbst der Umstand, daß wir seinen Namen und die Zeit, in der
er lebte, nicht kennen, kann seiner Glaubwürdigkeit nicht Eintrag thun, weil
er selbst seinen Namen angibt „P.. dictus Magister", aber der Schreiber der
einzigen vorräthigen Handschrift, den Namen nicht hinschrieb, sondern für
denselben ein leeres Blatt ließ, auf welches er nach dem Gebrauch der Zeit
gemalt werden sollte. Vgl. die Uebersetzung von Karl Szabó, in welcher der
Verfasser in seinen Anmerkungen wichtige historische und geographische Er-
läuterungen gibt und dadurch treffende Beweise für die Glaubwürdigkeit der
erzählten Ereignisse liefert.

[1] Hunfalvy in der angeführten Abhandlung. — [2] Simonis de Kéza
Gesta Hunnorum, l. I, bei Endlicher, Monumenta etc. In das Ungarische
übersetzt von Karl Szabó (Pesth 1862). Da er sein Buch Ladislaus III. widmet, muß er dasselbe um 1282 geschrieben haben. Dunkle Volkssagen und
einzelne Nachrichten, aus Chroniken geschöpft, scheinen ihm den Stoff zu
jenen Fabeln gegeben zu haben, die sein erstes Buch füllen; hier theilt er in
Geographie und Geschichte die höchst verworrenen Begriffe seiner Zeit; sobald er aber den historischen Boden betritt und im zweiten Buche zu dem
eigentlichen Gegenstand seiner Erzählung kommt, zeigt er unverkennbaren

lichen Werth über den Ursprung der Hunnen und Ungarn, die ihm ein und dasselbe Volk sind, und über ihren zweimaligen Zug in ihr jetziges Vaterland, gibt aber auch die Gegend am Ural als ihre Heimat an. „Westlich von dem Jorianischen Reiche, wo die Flüsse Etul und Togora entspringen, deren ersterer nach Süden in das Runde Meer strömt, der zweite in die Yrcania mündet und sodann durch ein wüstes und finsteres Land, wo die Sonne nur während der drei Sommermonate scheint, in das Nordmeer fließt." Daß unter Etul nicht der Don, wie Kézai meint, sondern die Wolga oder als deren Arm die Kama zu verstehen sei [1], leuchtet aus dem Namen und den übrigen Angaben über den Fluß hervor; in dem Runden Meere erkennt man sogleich das Kaspische, die Togora ist der heutige Tobol, und Yrcania der Irtisch oder Obj. Ferner berichtet er, dieses Land zerfällt in drei Reiche: Barsacia (vielleicht Bascardia zu lesen), Dencia und Mogoria; zuletzt läßt er die Ungarn denselben Weg ziehen, den der Anonymus angibt. [2]

Zu Anfang der Regierung König Béla's IV. wurden zum zweiten mal vier Predigermönche ausgeschickt, um die im Osten zurückgebliebenen Stammgenossen der Magyaren aufzusuchen und zu bekehren. Nur einer von ihnen, Julianus, erreichte das Ziel. Nachdem er nämlich unter den größten Beschwerden und Gefahren und auf weiten Umwegen in eine bedeutende Stadt Großbulgariens gekommen war, erhielt er dort die Nachricht, daß er in zwei Tagen das Land seiner Stammgenossen erreichen könne. Der gegebenen Weisung folgend, setzte er über den großen Fluß Ethil und betrat den so lange und sehnlich gesuchten Boden. Hier fand er wirklich ein Volk, das seine Sprache redete, ihn als Verwandten gütig aufnahm, sich nach den in unbekannte Gegenden ausgewanderten Brüdern erkundigte und ihn bei sich behalten wollte. Aber da er hörte, daß die Tataren, Mongolen, sich zum Einbruch in die westlichen Länder rüsteten und dazu fürchtete, daß er sterben könnte und seine Entdeckung unbekannt bliebe, eilte er in die Heimat zurück. Ueber den nächsten Weg belehrt, brach er am 24. Juni aus diesem Ungarn auf, schiffte auf der Wolga durch das Land der Mordwinen, setzte sodann seine Reise zu Pferde über Ruthenien und Polen fort, und kam 1237 am 27. December wieder nach Ungarn. [3]

Plano Carpini, des Papstes Innocenz IV. Gesandter an Batu-Khan 1246, reiste über Polen nach Kiew und von dort in das Land der Mongolen. Zuerst ging er durch das Gebiet der Polovzer, Kumanen, welches er als eine große Ebene am Dniepr, Don, Wolga und Jaik schilderte; „im Norden", sagt er, „grenzt dasselbe an Rußland, an die Mordwinen, an Bulgarien und an die Baskiren, welches Großungarn

---

kritischen Sinn, der alles Wunderbare und Märchenhafte verwirft und seinen Nachrichten Glaubwürdigkeit verschafft.
    [1] Atel, Etil, Itil heißt in den altaltaischen Sprachen jeder Fluß überhaupt und die Wolga insbesondere, als der größte, diesen Völkern bekannte Strom. — [2] Hunfalvy in der angeführten Abhandlung. — [3] De facto Hungariae Magnae a fratre Ricardo ordinis ff. praedicatorum invento tempore Domini Gregorii IX. E codice saeculi XIII bibliothecae Vaticanae, bei Endlicher. Uebersetzt von Karl Szabó (Pesth 1862).

ist (les Bastarques, qui est la Grande Hongrie), im Süden aber sind die Alanen, Tscherkessen und Chazaren dessen Nachbarn."

Hiermit stimmt auch überein, was der Kapuziner Wilhelm Rubru-quis, Gesandter Ludwig's IX. von Frankreich an die Mongolen 1252, aussagt.

Bonfinius berichtet: [1] König Matthias habe durch Kaufleute er-fahren, daß an der Wolga und Kama ein die ungarische Sprache reden-des Volk lebe, und schickte deshalb Abgeordnete dahin, um diese Un-garn aufzusuchen und in das der vielen Kriege wegen entvölkerte Un-garn zu übersiedeln. Die Abgeordneten fanden sie wirklich, konnten sie jedoch nicht hinüberführen, weil der russische Czar den Durchzug verweigerte.

Sigmund Herberstein, Kaiser Maximilian's und Karl's V. oft-maliger Gesandte am ungarischen Hofe, der sich in eben derselben Eigenschaft 1516 und 1529 zu Moskau aufhielt, berichtet gleichfalls über das Land Juharia: daß einst von daher die Ungarn kamen, die so viele Länder Europas unter ihrem König Attila bekriegten; daß die Moskowiter stolz darauf seien, die Nachkommen jener Eroberer als ihre Unterthanen zu beherrschen; daß die Jugorer auch jetzt, das heißt, als er schrieb, noch immer dieselbe Sprache reden wie die Ungarn. [2]

Von Resultaten der vergleichenden Sprachforschung ausgehend und auf historische Beweise uns stützend, haben wir also die entferntern und nähern Stammverwandten der Magyaren und ihre frühere Heimat zu erkunden gesucht und, wie wir wenigstens glauben, auch glück-lich gefunden; die erstern in den türkischen, sodann finnischen und zu-nächst ugrischen Völkerschaften, besonders den Vogulen; die andere aber in den Gegenden des heutigen Baskirenlandes, und eben daher auch den Namen, den unser Volk bei den Ausländern führt, Unger, Un-gar, Hungar, abgeleitet. Aber weit schwieriger ist die Erklärung des-jenigen Namens, den es sich selbst beilegt, des „Magyar". Paul Hunfalvy, in der mehrmals angeführten Schrift, sucht dessen Ursprung in dem allen finnischen und ugrischen Sprachen gemeinsamen ma, maa, mä, mo, mu = terra, Erde, und in dem vogulischen kür, Mensch, also in makär, mokär, in den alten ungarischen Chroniken: ma-ger, mo-ger = Mensch des Landes, Landbewohner, um so mehr, da sich diese Völker alle in solcher Weise selbst nennen, z. B. die Esthen maa-mies, die Vo-gulen ma-kum oder magum = Mensch des Landes. Nun ist zwar das Wort ma in der ungarischen Sprache nicht mehr vorhanden und an dessen Stelle föld getreten, aber das Wort kür, dessen Ableitung kärkve, Kind, ungarisch gyerek, auch kärem, ungarisch gyerm-ek, kann noch als dascieud gelten. Also mager, moger, magar, und mit geschliffenem g = gy magyar, würde soviel heißen, als Mensch oder Bewohner des Landes.

[1] Szalay, Geschichte des ungarischen Reichs (2. Aufl., Pesth 1863), III, 373. — [2] Herberstein, Rerum Moscovitarum Commentarii (2. Aufl., Basel 1556).

Noch drängt sich uns zuletzt die Frage auf: waren die Hunnen und
Avaren Vorfahren der Ungarn, sodaß diese, wie viele glauben und hinsichtlich der Huunen auch Anonymus und Kézai behaupten, zuerst unter
diesen beiden Namen, zum dritten mal aber unter dem der Magyaren
in das jetzige Ungarn zogen? Hierauf läßt sich keine Antwort geben;
wir kennen die Sprache dieser Völker nicht und haben auch sonst kein
Merkmal ihrer Abstammung, ja wir wissen nicht einmal, ob Attila und
seine Hunnen zu den vorderasiatischen oder zu den mongolischen Nationen gehört haben. Doch dürfen wir kaum bezweifeln, daß die
mächtige Flut der Völkerbewegung, welche die Hunnen bewirkten, auch
über die damalige Heimat der Magyaren sich ergossen hat, daß sich
auch Scharen ihrer Krieger und vielleicht ganze Stämme freiwillig oder
gezwungen dem gewaltigen, immer wachsenden Heere anschlossen, daß
sich Attila's weite Herrschaft auch über sie erstreckte, daß also Magyaren schon mit den Hunnen in ihr späteres Vaterland gekommen sind.
Kaum glaublich ist dagegen, daß sich die Kunde von dem Lande, in das
ihre Krieger einst zogen, durch vier Jahrhunderte bei ihnen erhalten
habe, und daß sie ihre Heimat verließen, um dasselbe, als ein ihnen ge-
bührendes Erbe, aufzusuchen. Alles, was der Anonymus und Kézai
hierüber berichten, ist, wenn auch nicht eigene Erfindung, doch nichts
weiter als eine Sage, die aus der Aehnlichkeit der Namen, Hunnen und
Hungarn, aus der Meinung der benachbarten Völker u. s. w. entstanden
sein mochte und zu ihrer Zeit bereits für wirkliche Thatsache gehalten wurde.

2. Schicksale der Ungarn vor ihrem Einzug in ihr heutiges Vaterland.

In den Gegenden der untern Wolga und nördlich vom Kaukasus
wohnten seit Jahrhunderten die Chazaren, ein türkisches Volk; in Sitten
und Lebensweise ihren Stammgenossen ähnlich, achteten auch sie Krieg
für die wichtigste und liebste Beschäftigung. Solange Attila's Weltreich bestand, waren sie auch ein Theil desselben und erlangten erst
mit dessen Tode ihre Unabhängigkeit wieder. Schon 456 kämpften sie
mit den Uzen siegreich gegen die Georgier [1] und 462 verlustvoll gegen
die stammverwandten Sabirer [2]; später mehr als hundert Jahre lang
fast unaufhörlich gegen die Perser. [3] Doch höher zu steigen und wichtig zu werden, begann ihre Macht erst dann, als die Bulgaren und Avaren von den Ufern des Schwarzen Meers westlich in die Donauländer
zogen; befreit von dieser drückenden und gefährlichen Nachbarschaft,
breiteten sie nun ungehindert ihre Herrschaft nach Nordwesten aus.

---

[1] Histoire de la Georgie traduit du Georgien par Brosses (Petersburg
1550), S. 150, 155. — [2] Vivien de St.-Martin, Nouvelles annales de voyages
1850, April, S. 26; Mai, S. 188. — [3] Dorn, Tabary's Nachrichten über die
Chazaren in den Mémoires de l'académie de scienc. de St.-Petersbourg, 17ᵐᵉ
serie, VI, 445 fg.

Der Gebieter des weiten Reichs führte den Titel Chagan; sein Wohnsitz lag auf einer Insel zwischen den Wolgamündungen, die Feste Sarkel (der Name soll weiße Burg bedeuten) nahe an den Quellen des Donetz.[1] Die Chazaren waren die Bundesgenossen des Kaisers Heraklius in dem schweren Krieg, den er 622—628 gegen Kosrhoes II. Parviz führte, und halfen die Macht der Perser brechen.[2] Als bald darauf die Araber Persien eroberten, 636, und nun den Koran auch jenseit des Kaukasus mit dem Schwerte ausbreiten wollten, vertheidigten sie sich in zweihundert Jahre langem wechselvollen Kampfe glücklich[3] und drangen in derselben Zeit immer weiter gegen Westen und Norden vor. Die höchste Stufe der Ausdehnung und Macht erreichte das Chazarenreich zu Anfang des 9. Jahrhunderts; es erstreckte sich von den Mündungen der Wolga bis an den Dniepr, vom Kaukasus bis an die Oka und in die Nähe des Urals, altaische, slawische und selbst germanische Nationen bewohnten dasselbe; Heiden, Mohammedaner, Christen und Juden lebten friedlich nebeneinander und hatten ohne Unterschied des Glaubens Zugang zu allen Aemtern und Würden.[4] Ungeachtet die Mehrzahl der Chazaren dem Heidenthum zugethan blieb, soll sich dennoch um die Mitte des 9. Jahrhunderts der Chagan und seine Familie zum jüdischen Glauben bekannt haben.[5]

Auch die Magyaren in Dentumogerien waren ihre Nachbarn und freiwillig oder gezwungen ihre Bundesgenossen geworden, ohne jedoch ihre Freiheit und patriarchalischen gesellschaftlichen Einrichtungen verloren zu haben. Die Nation theilte sich in Stämme, jeder Stamm war ein Verein freier Menschen, die sich als Verwandte ansahen, und ihre Häuptlinge wahrscheinlich unter den Gliedern jener Familie wählten, in der die Häuptlingsschaft mehr oder weniger erblich war. Einen gemeinschaftlichen Fürsten hatten sie nicht und gehorchten auch keinem fremden Oberherrn; die gemeinsame Abstammung und Sprache waren das einzige Band, welches die Stämme zusammenhielt und zu einer Nation verknüpfte.[6] Hieraus ist ersichtlich, daß ihr Verhältniß zu den Chazaren seiner Natur nach nicht Unterwürfigkeit, sondern nur untergeordnete Bundesgenossenschaft und Kriegsverpflichtung sein konnte; muthmaßlich bestand dasselbe seit der Mitte des 7. Jahrhunderts.

Was die Geschichte vergeblich lehrt, daß Staaten, die sich all zu sehr ausgedehnt und zu viel fremde Elemente aufgenommen haben, den Keim der Auflösung schon in sich tragen, gerade während sie äußerlich am mächtigsten scheinen, traf auch bei den Chazaren ein; gegen das Ende des 9. Jahrhunderts begann ihre Macht bereits zu sinken. Schon

---

[1] Elmacin, Historia Saracenica (Leyden 1625), S. 84. — [2] Nicephorus Patriarcha und Theophanes Conf. bei Stritter, Tom. III, Part. II, 549 fg. — [3] Vivien de St.-Martin, a. a. O. Dorn, Tabary's Nachrichten über die Chazaren, a. a. O., und Elmacin, a. a. O. — [4] Fraehn, Veteres memoriae Chazarorum ex Ibn Fozlano, in Mémoires de l'académie impériale de St.-Petersbourg, VIII, 577 fg. — [5] Hasdi ben Ishak's (ein spanischer Jude) Brief an den Chagan der Chazaren, in Cassel, Magyarische Alterthümer. — [6] Constantinus Porphyrogenetus VII de administrando imperio, c. 38. Er nennt die Magyaren überall Türken, Τούρχοι.

war an ihrer nordwestlichen Grenze das Reich der russischen Waräger
um 862 gegründet worden und machte den benachbarten Völkern seine
jugendliche Kraft fühlbar; im Nordosten, zwischen der Wolga und dem
Jaik (Uralfluß), standen drohend die Petschenegek (sonst auch Kankeler
und Kangli, ungarisch besenyők, lateinisch ~~Pazinaeitae~~ und griechisch
~~Bisseui~~ genannt), die, voll wilden Muths, immer zu Kampf und Raub
bereit waren; südlich von diesen trieben sich die Uzen umher, in denen
man mit gutem Grunde die Vorfahren der, um zwei Jahrhunderte später
auftauchenden Kumanen vermuthet.   Die gefährlichsten unter ihren
Nachbarn schienen den Chazaren die Petschenegef zu sein: diese wollten sie also vernichten, verbanden sich mit den Uzen, fielen über sie her
und vertrieben sie aus ihren Sitzen, die nun von den Uzen eingenommen
wurden. [1] Das heimatlose Volk warf sich aber mit dem nichtsachten-
den Muthe, den Noth und Verzweiflung eingeben, auf seine Feinde und
ward ihnen fürchterlicher als zuvor.   Die Magyaren, ihre Nachbarn,
waren ganz besonders ihren verzweifelten Angriffen ausgesetzt und
fühlten sich zu schwach, lange widerstehen zu können; sie faßten daher
den Entschluß, der bei Nomaden so leicht entsteht, ihre bisherige Heimat zu verlassen und ein neues Vaterland aufzusuchen.

Im Jahre 884, als Karl der Dicke wieder Alleinherrscher des
fränkischen Reichs war, in Konstantinopel Leo der Weise regierte,
über Kiew und Nowgorod Oleg herrschte, und Hadrian III. auf
dem päpstlichen Stuhle saß, vereinigten sich in dieser Absicht sieben
Stämme des magyarischen Volks [2]: Nek, Meger, Kurtigermat, Tarjan,
Genakh, Kar und Kasz [3], die wieder zusammen aus 108 Geschlechtern bestanden. [4] Zu ihrem Oberhaupt und Führer während der Wanderung und in den bevorstehenden Kämpfen wählten sie den Stammfürsten Álmos, des Ügyek Sohn, und traten den Zug nach Südwesten
an. [5] Nicht das ganze Volk wanderte aus, sondern viele, und vielleicht
ganze Geschlechter und Stämme, blieben in den alten Wohnsitzen, denn
das Land behauptete den Namen Großungarn (Hungaria Magna) und
wird noch Jahrhunderte nachher von Magyaren bewohnt.

Nachdem sie mehrere Tage durch wüste, von menschlichen Wohnungen entblößte Gegenden gegangen waren, setzten sie, nach Art der
Nomaden, auf Schläuchen über die Wolga (Atil), durchzogen das susdaler und wladimirer Gebiet und ließen sich endlich an den westlichen
Grenzen ihrer alten Bundesgenossen, der Chazaren, nieder. Hier kamen
sie zuerst mit den Byzantinern in Bekanntschaft, denen wir auch die
folgenden geschichtlichen Nachrichten zu verdanken haben. Kaiser
Konstantin der Purpurgeborene [6], der sie sonst Türken nennt, weiß,
daß sie um diese Zeit „aus irgendwelcher Ursache" sich selbst Sabar-
toiasphaloi nannten; ein Name, der die Spuren griechischer Umbildung
sichtbar an sich trägt und in dieser Gestalt weder aus dem Griechischen,
noch aus dem Ungarischen gedeutet werden kann. Das Land ihres

[1] Constant. Porphyrogen. de administrando Imperio, c. 38. — [2] Anonymus, c. 7. — [3] Constant. Porphyrogen. de administrando imperio, c. 38. —
[4] Kézai, I, 1. — [5] Anonymus, c. 7. — [6] De administ. imp., c. 38.

Aufenthalts nennt er Lebedia. Am obern Don, im Gouvernement Tambow, liegt die Stadt Lebedjän; ließe sich darthun, daß einst die ganze Gegend diesen Namen führte, so wäre die Lage Lebedias gefunden. Als den angesehensten ihrer Stammfürsten bezeichnet er Lebedias, den Eidam des chazarischen Chagans; daher ist es auch denkbar, daß er dessen Namen auf das Land übertrug, weil er keinen andern wußte. Da er endlich Lebedias und nicht Álmos den vornehmsten Stammfürsten nennt und ausdrücklich angibt, daß die Magyaren je weder einen einheimischen, noch fremden Herrscher (ἄρχοντα) hatten, so ist offenbar, daß die Anführerschaft dem Álmos nur für die Wanderung übertragen wurde und nach erfolgter Niederlassung wieder aufgehört habe.

Aber hier sollten die Vertriebenen noch keine bleibende Heimat finden; nur drei Jahre war ihnen vergönnt, in diesem Lande sich aufzuhalten; die Petschenegen, die sie aus Dentumogrien verdrängt hatten, waren ihnen auch hierher gefolgt, überfielen, durchbrachen und trennten sie in zwei Haufen, die nach entgegengesetzten Weltgegenden zogen und sich nie wieder zusammenfanden. Der eine, wahrscheinlich kleinere Theil, eilte ostwärts dem Kaukasus zu und verschwand spurlos. [1] Die andern aber gingen, von Lebedias geführt, über den Dniepr, besetzten die weite Ebene am Bug, Dniestr, Pruth und Sered, das heutige Bessarabien und die Moldau, und nannten die neue Heimat Atelkuzu oder Etelköz, das Land zwischen den Flüssen. [2]

Bald darauf wurde Lebedias oder Előd, wie ihn der Anonymus heißt, zu einer Berathung von dem Chazaren-Chagan berufen, der ihm den Vorschlag machte, die Herrschaft über die Magyaren unter seiner Oberhoheit zu übernehmen. Der kinderlose Lebedias dankte für die Ehre und empfahl statt seiner Álmos oder dessen Sohn Árpád. Die Genannten gefielen dem Chagan; er entließ Lebedias und gab ihm Gesandte bei. mit dem Auftrag. die Magyaren für seinen Plan zu gewinnen. Diese waren bereits durch so viele harte Schläge, die sie trafen, zu der Einsicht gekommen. daß die lose Verbindung der Stämme die Ursache ihrer Schwäche und ihres Unglücks sei, und daß sie ein gemeinschaftliches Oberhaupt, einen Regenten im Frieden, einen Feldherrn im Kriege unumgänglich bedürfen; sie nahmen daher des Chagans und Lebedias Vorschlag bereitwillig an, wählten Árpád zu ihrem ersten gemeinschaftlichen und erblichen Fürsten, hoben ihn auf dem Schilde empor und setzten ihn feierlich nach ihrer Sitte und Brauch in seine Würde ein. [3]

Damals, 888, mochte geschehen sein, was der Anonymus, aus Ueberlieferungen, die sich dem Gedächtnisse des Volks unauslöschlich ein-

---

[1] Einige glauben, diese versprengten Magyaren haben sich im Kaukasus niedergelassen und dort die einst berühmte Stadt Madschar gebaut, die von Timur zerstört wurde. Eine Meinung, für deren Richtigkeit sich, außer der scheinbaren Aehnlichkeit des Namens, wol kaum ein genügender Beweis anführen läßt. — [2] Constant. Porphyrogen., a. a. O. — [3] Derselbe. Er nennt Álmos Salmutzes, indem er das z des Artikels az voraussetzt, das tiefe ú, in der Aussprache fast ou, durch οῦ = ß wiedergibt, das s in tz verwandelt und die griechische Endung ες hinzufügt.

geprägt hatten, und aus Jahrbüchern, die in seinen Tagen noch vorhanden waren, schöpfend, erzählt, aber dabei Zeit und Personen verwechselt, indem er von der Wahl des Álmos in Dentumogrien berichtet, was viel wahrscheinlicher sich erst bei der Wahl Árpád's in Atelkuzu zutrug. Denn der beinahe gleichzeitige, von den Verhältnissen und Begebenheiten der in Rede stehenden Nationen so genau unterrichtete Konstantin sagt ja ausdrücklich, daß nicht Álmos, sondern Árpád zum ersten obersten und erblichen Herzog der Magyaren in Atelkuzu gewählt wurde.

Die sieben Stammfürsten: Álmos, Elöd (Lebedias), Kund, Und, Tas, Huba und Tubutum schlossen im Namen ihrer Stämme, deren Stelle sie vertraten, untereinander und mit Árpád Bündniß und Vertrag über folgende Punkte:

1) Sie und ihre Nachkommen sollen immer einen Fürsten aus dem Geschlechte Árpád's haben.

2) Von dem Gute, das sie mit gemeinschaftlicher Mühe erwerben würden, soll jeder sein Theil erhalten.

3) Da sie Árpád aus freiem Willen zu ihrem Fürsten erwählt haben, so dürfen weder sie, noch ihre Nachkommen von dem Rathe des Fürsten und von der Mitregierung des Reichs ausgeschlossen werden.

4) Würde einer ihrer Nachkommen dem Fürsten untreu und stiftete Zwietracht zwischen ihm und dessen Verwandten (den Nachkommen der Stammfürsten, die sich als dessen Verwandte, Vettern nach dem jetzigen Sprachgebrauch, betrachteten): so soll des Schuldbeladenen Blut vergossen werden, wie ihr Blut bei dem Eide, den sie Árpád leisteten, vergossen wurde.

5) Sollte einer von den Nachkommen Árpád's oder der andern fürstlichen Häupter diese durch Eid bekräftigte Vertragspunkte brechen, so sei er auf ewig verflucht und gebannt. Nun stellten Árpád und sie sich um ein Gefäß, öffneten ihre Adern, ließen ihr Blut sich in demselben mischen, zum Zeichen der Eintracht und Treue, die sie verbinden soll, leisteten feierlichen Eid, diesen Vertrag heilig halten und mit ihrem Blute vertheidigen zu wollen, und riefen Árpád zu: „Heute erküren wir dich zu unserm Führer und Regenten, und wollen dir folgen, wohin dein Glück dich führt." [1]

Eine große folgenreiche That! Durch sie wurden die bisher lose verbundenen Stämme zu einem Volke verschmolzen, und der Grund gelegt zu jener Verfassung, die seit tausend Jahren das theuerste Kleinod unsers Volks ist, und für die jedes echt ungarische Herz noch immer in treuer Liebe schlägt.

Árpád 888—894.
Aufenthalt in Atelköz und Auswanderung.

Während die magyarischen Stämme sich innig aneinander schlossen und ein Staatswesen gründeten, brachen unter den Chazaren Zwie-

---

[1] Anonymus, c. 5, 6. Vgl. Horváth, Geschichte des ungarischen Reichs, 1, 20—21.

tracht und Parteiungen aus, welche die Vorboten von der Auflösung
und dem Untergang ihres Reichs waren. Der Stamm Kabar trennte
sich los und vereinigte sich mit den Magyaren unter der Bedingung,
daß er als achter Stamm mit gleichen Rechten aufgenommen werde. [1]
Eine solche Verstärkung konnte diesen nur willkommen sein, mußte sie
aber auch den Chazaren entfremden, die Verbindung mit ihnen lockern
und ebendadurch ihre Unabhängigkeit fördern. Weiter unten werden
wir noch Veranlassung finden, uns mit diesen Kabarern zu beschäftigen.

Nicht lange darauf erhielt das neu vereinigte Volk Gelegenheit,
seine kriegerische Tüchtigkeit zu bewähren, indem es von dem morgenländischen Kaiser Leo dem Weisen zu Hülfe gerufen wurde gegen den
Bulgarenfürsten Simeon, der, durch Bedrückung des bulgarischen Handels gereizt, Macedonien verwüstete, die byzantinischen und die mit
ihnen verbundenen chazarischen Heereshaufen überall schlug und die
Gefangenen mit abgeschnittenen Nasen zurückschickte. [2] Niketas
Skleros, der Gesandte des Kaisers, kam 890 mit großen Geschenken
nach Etelköz und schloß mit Árpád ein Waffenbündniß, kraft dessen
Nicephorus Phokas, der griechische Heerführer, die Bulgaren in Macedonien angreifen, Árpád aber von der Donau her in ihr Land fallen
sollte. Dieser war um so geneigter zu dem Kriege, weil Simeon an
den gefangenen Chazaren große Grausamkeit geübt hatte. Er brach
also, von seinem Sohne Liutin und von dem Anführer Csörsz begleitet,
auf und setzte auf griechischen Schiffen über die Donau. Simeon, der
zur Vertheidigung seines Landes herbeieilte, ward von den Ungarn in
drei Schlachten geschlagen, der macedonischen Beute beraubt, genöthigt
in das befestigte Distra (jetzt Silistria) sich zu werfen, und endlich
gezwungen, Frieden zu schließen. [3]

Kaum war dieser Kriegszug beendigt, so erging an die Ungarn
schon die Einladung zu einem zweiten. Die Freundschaft zwischen Ar-

---

[1] Constantin. Porphyrogen., c. 38. Unter sohwachen, in Ueppigkeit versunkenen Chaganen, denen der oberste Reichsbeamte Bak, türk. Beg, alle Gewalt entrissen hatte, bedrängt von feindseligen Nachbarn, sank das Chazarenreich immer tiefer, bis sich endlich der byzantinische Kaiser Basilius II.
und russische Fürsten verbanden und dasselbe 1016 zerstörten. Die jüdische
Sekte der Karaim oder Kenaiten im südlichen Rußland sollen Nachkommen
der Chazaren sein. — [2] Da die Bulgaren die Donau beherrschten, wurde der
Handel Konstantinopels nach den nördlichen Ländern durch die Bulgaren
vermittelt, die dadurch große Reichthümer gewannen. Byzantinische Kaufleute entwarfen daher den Plan, ihnen diese Vortheile dadurch zu entziehen,
daß der Waarenstapel von Konstantinopel nach Thessalonika verlegt und der
Handel auf den Landweg geleitet werde. Um ihre Absichten durchzusetzen,
erkauften sie den Verschnittenen Musikus; der war allvermögender Günstling
des Zautzas; dieser Vater der reizenden Zoe; sie die Geliebte des Kaisers;
der Kaiser konnte ihren Bitten nicht widerstehen; der Handel auf der Donau
ward unterdrückt, das Land den Gefahren und der Verwüstung des Kriegs
preisgegeben. Solche Wege sucht der schändliche Eigennutz; auf solche-
Weise spielt der Despotismus mit dem Wohl und Wehe der Völker. — [3] Leonis Grammatici Chronographia (Bonn 1842), S. 266. — Constantin. Porphyrogen. de administr. imp. 40 u. 51. — Szabó, Der bulgarisch-ungarische
Krieg. Neues ungarisches Museum, Jahrg. 2, Heft 9, S. 515.

4*

uulf und Swatopluk dauerte nicht lange; nachdem ersterer sich auf
dem Kaiserthron befestigt hatte, suchte er auch seine Oberherrlichkeit
geltend zu machen und den andern zur Lehnspflicht zu zwingen; dieser
aber widersetzte sich, fuhr fort, die Bande der Abhängigkeit zu lockern
und sein Gebiet zu erweitern. Darüber kam es schon 890 zu heftigem
Krieg, in welchem nicht allein die beiden Fürsten, sondern auch die
Nationen, Deutschthum und Slawenthum auf Tod und Leben miteinander
rangen. Zwei Jahre hindurch schwankte der Kampf zwar ohne Entscheidung, neigte sich im ganzen aber dennoch zum Vortheil des Slawenfürsten, der zu der physischen Macht auch geistige Kraft in die
Wagschale warf. Arnulf verzweifelte an dem Sieg und rief die Ungarn
zu Hülfe. Rasch eilten ihre Reiterscharen unter Árpád's Führung von
Osten herbei, erschienen die ersten auf dem Kampfplatz, schlugen die
Mährer in den Ebenen Pannoniens [1], scheinen aber dann auf Hindernisse gestoßen zu sein, die ihre Fortschritte hemmten. [2] Der Kaiser
brach von Westen mit den Franken, Baiern und Schwaben, Bruszlaw,
sein Gewaltträger in Pannonien, von Süden in das mährische Gebiet
ein, der kriegerische würzburger Bischof Arnt machte mit den Thü-
ringern einen Einfall in Böhmen. Swatopluk konnte wider so viele
Feinde das Feld nicht behaupten, zog sich in die befestigten Plätze
zurück und gab das offene Land den Feinden preis, die es furchtbar
verwüsteten. Aber sie konnten die Burgen nicht nehmen, fanden in
den verheerten Gegenden keinen hinreichenden Unterhalt und zogen
ab, ohne etwas ausgerichtet zu haben. Im folgenden Jahre that Arnulf
wieder einen Feldzug nach Mähren, an welchem die Ungarn nicht mehr
theilnahmen, erlitt aber Niederlage und schweren Verlust. Der Krieg
dauerte 894 noch erfolglos fort, als der gewaltige Swatopluk starb, und
die Deutschen durch seinen Tod von ihrem gefährlichsten Feinde befreit wurden. [3]

Die Magyaren hatten für den Beistand, den sie Arnulf geleistet,
keinen andern Vortheil gewonnen, als die Bekanntschaft mit dem schönen Lande, und die Einsicht, wie leicht dasselbe zu erobern wäre. Dagegen traf sie zu Hause ein schwerer Unfall, während ihre Krieger im
Westen kämpften. Simeon, der Bulgarenfürst, benutzte 892 deren Abwesenheit, furchtbare Rache zu nehmen für die Niederlage, die er unlängst von ihnen erlitten hatte, schloß Bündniß mit ihren unversöhnlichen Feinden, den Petschenegern, überfiel das von seinen Verthei-
digern entblößte Land und trug nach allen Seiten Verwüstung und

---

[1] Kézai, I, 4: „Hungari ipsum Svatopluk irruptione subita prope fluvium
Racus juxta Banhida ... cum tota milita peremerunt." Eine Uebertreibung, die
der Sage gebräuchlich ist. — [2] Annales Sangallens. majores bei Pertz, I, 77.
— [3] Luitprandus bei Pertz, V, 279. — Widukind bei Pertz, V, 426. — Regino bei Pertz, I, 605. Ditmar Merseb., V, 735. Constantin. Porphyrogen.
de administr. imp., c. 41. Der Sage nach verschwand Swatopluk, zog sich,
der Herrschaft müde, zu Einsiedlern auf dem Berge Zobor zurück, lebte dort
als Büßender und entdeckte erst in der Todesstunde, wer er sei. Cosmas
Pragens. ad ann. 894. Aeneas Sylvius Rerum Bohemicarum, c. 13. Dubravius, Hist. Bohemiae, IV.

Tod. Liutin und viele Tapfere blieben auf dem Schlachtfelde, die wehrhafte Mannschaft wurde überall niedergemacht, Frauen und Kinder in Gefangenschaft geschleppt. [1] Damals mochte ein Theil der Versprengten, die Székler, sich in die Gebirge Siebenbürgens zurückgezogen und dort Sicherheit gefunden haben. Die sonst dem Verderben entrinnen konnten, retteten sich mit ihren Heerden über den Pruth und eilten gegen Norden. Die Petscheneger ließen sich in Atelköz nieder; sie, die vor kurzem aus ihren Sitzen am Jaik vertrieben, heimatlos umherirrten, herrschten nun vom Dniepr bis an die Karpaten und vom Schwarzen Meere gegen Norden bis an das russische Gebiet [2] als ein mächtiges, weit gefürchtetes Volk. [3]

Als Árpád von dem Kriegszuge aus Großmähren, den Weg nördlich hinter den Karpaten nehmend, zurückkehrte, traf er jenseit des Pruth mit seinem fliehenden, abermals heimatlosen Volke zusammen. Ein trauriges Begegnen! Die Wahl dessen, was jetzt zu thun sei, konnte nicht schwer fallen; mit den geschwächten, entmuthigten Scharen den Kampf gegen den mächtigen, zum dritten male siegreichen Feind aufzunehmen, um die verlorene Heimat wiederzuerobern, war kaum möglich, noch viel weniger rathsam; denn selbst in dem glücklichen Fall, daß die Rückeroberung gelänge, wären sie nichtsdestoweniger den feindlichen Angriffen fortwährend ausgesetzt, in jeder freien Bewegung gehindert und gezwungen gewesen, gleichsam die Hand am Schwerte zu leben. Weit leichter und sicherer war es, ein neues Vaterland zu suchen, und hatten sie doch eben beim letzten Feldzuge das Land kennen gelernt, von dem die Sage ging, die nun auch zu ihren Ohren gekommen war, daß hier einst Attila und ihre Vorfahren, die Hunnen, geherrscht haben. Sie entschlossen sich also zu der neuen Wanderung und traten sie an. Um sich von dem Feinde, der sie überall hin verfolgte, zu entfernen, und vielleicht auch, um sich durch stammverwandte Horden zu verstärken, richteten sie ihren Zug ostwärts nach Norden und kamen in die Nähe von Kiew [4], dessen Großfürst damals Oleg war.

[1] Constant. Porphyrogen. de administr. imp., c. 40. Thuróczy (er schrieb in der zweiten Hälfte des 15. Jahrhunderts), Chronicon, II, c. 3, läßt, der herrschenden Sage zuwider, den greisen Álmos auch hier umkommen. — [2] Constant. Porphyrogen. de administr. imp., c. 38. — [3] Cedrenus, bei Stritter, sagt von ihnen: „Patzinacitarum gens Scythica est, eorum Scytharum, qui regli dicuntur, magna et populosa et cui nulla alia gens scythica resistere sola possit." Und die Ungarn, als sie bereits im jetzigen Vaterlande wohnten, antworteten dem Kaiser Leo, der sie zum Kriegszug gegen die Petscheneger aufforderte: „Wir wollen mit den Petschenegern nicht kriegen, denn wir vermögen nicht, mit ihnen zu kämpfen, weil sie ein großes Land und viel Mannschaft haben und tapfer sind. Constant. Porphyrogen. de administr. imp., c. 8. — [4] Anonymus, c. 8. Nestor's Chronik. In der französischen Uebersetzung von Louis Paris (Paris 1834—35) lautet die hierhergehörige Stelle: „Durant les années 6396—6406 (de 886—896) les Ongres traversèrent la chaine de montagnes encore appelées de nos jours les montagnes des Ongres, ils s'approchèrent de rives du Dniépr et campèrent avec leurs kibitks non loin de Kiew etc." Schlözer in seinem Nestor (Göttingen 1805) übersetzt dieselbe Stelle: „Im Jahre 898 zogen die Ungarn vor Kiew vorbei über einen Berg, der nun der Ungarische genannt wird. Sie kamen an den Dnepr

Die Fürsten der Russen, erzählt der Anonymus [1], erschraken über die Ankunft der Ungarn, riefen die in der Nähe hausenden Kumanen oder Polowzer, wie sie von den Slawen genannt wurden, zu Hülfe und zogen den gefährlichen Ankömmlingen entgegen, wurden aber in blutiger Schlacht geschlagen und gezwungen, sich in die Stadt zu werfen. Als nun die siegenden Magyaren diese zu stürmen anfingen, baten und erhielten sie Frieden gegen Zahlung eines bedeutenden Lösegeldes, Lieferung an Lebensmitteln und Kleidern und Stellung von Geiseln. Von den Kumanen traten hierauf sieben Häuptlinge: Ed, Edömér, Ete, Böngér, Ósad, Bojta und Ketel mit ihren Stämmen zu den Ungarn über und wurden als Stammverwandte mit Freuden in den Nationalverband aufgenommen. Außerdem schlossen sich noch viele Russen an, die unter dem fremden Volke und in der Ferne ihr Glück machen wollten.

Kumanen konnten es nicht gewesen sein, die sich den Magyaren entweder etwas früher in Atelköz oder jetzt vor Kiew anschlossen, denn damals gab es in diesen Gegenden noch gar keine Kumanen. Konstantin der Purpurgeborene zählt die Völker im Norden des Byzantinischen Reichs auf und gibt die Lage ihrer Wohnsitze an. „Die Turcia, Ungarn, grenzt nordwestlich an Großmähren, südlich von derselben liegt Krowatien und Bulgarien (an der Donau); östlich von den Karpaten bis an den Dniepr wohnen die Petscheneger; vom Dniepr bis zum Kaspischen Meere, von da gegen Norden, bis wo/der Don der Wolga am meisten nähert, die Chazaren; sodann folgen weiter hinauf an der Wolga und dem Jaik die Uzen, und wo die Kama in jene mündet (in der Gegend des heutigen Kasan), die Bulgaren; östlich hinter ihnen stehen die Alanen und Mordwinen; die nördlichen Nachbarn der Petscheneger sind die Russen." [2] Konstantin, der über alle diese Völker so gut unterrichtet ist und seinen Sohn lehren will, wie man das eine durch das andere bändigen, im Nothfall verderben und dem Byzantinischen Reiche unschädlich machen könne, würde gewiß auch die Kumanen gekannt und erwähnt haben, wenn sie zu seiner Zeit in der Nähe von Kiew sich aufgehalten oder überhaupt unter diesem Namen schon existirt hätten. Was wir aus dem Schweigen Konstantin's schliessen, wird durch die Worte Nestor's bestätigt: „Im Jahre 6569 (nach byzantinischer oder 1060—61 nach unserer Zeitrechnung) kamen zum ersten mal die Polowzen über das Land der Russen, es zu bekriegen. Wsewlad zog ihnen am 2. Februar entgegen, schlug sich mit ihnen, wurde aber besiegt. Danach zogen sich die Polowzen zurück. Das war das erste Unheil, das die Russen von diesem heidnischen und gottlosen Feinde erlitten." [3] Die Kumanen also, die erst um 1060 den Schauplatz der Geschichte als Feinde der Russen betreten, konnten nicht bereits um 893 deren Verbündete sein und sich den Ungarn anschließen.

Unstreitig ist es endlich, daß die Palóczen, die um das Mátra-

und standen hier in Weschen (Zelten), denn sie marschirten wie die Kumanen" u. s. w.

[1] Anonymus, c. 8, 9. 10. — [2] Constant. Porphyrogen., c. 40. — [3] Nestor, c. 59.

gebirge wohnen, die Nachkommen jenes Volksstamms sind, von dem
Anonymus berichtet, daß er sich mit den Magyaren vereinigt und in
diesen Gegenden niedergelassen habe. [1] Diese Palóczen haben aber
in ihrer Sprache und in ihrem ganzen Wesen so viel Eigenthümliches,
das den später eingewanderten und zum Theil neben ihnen lebenden
Kumanen in Jazygien, Klein- und Großkumanien völlig fremd ist, daß
die ursprüngliche Verschiedenheit beider sogleich in die Augen fällt.
Da nun Konstantin den Anschluß der Kabarer berichtet und von den
Kumanen oder Polowzen schweigt, Anonymus hingegen von den Kabarern nichts weiß und die Polowzen sich mit den Magyaren vereinigen
läßt, die Zeit aber, in welche beide das von ihnen erzählte Ereigniß
setzen, beinahe zusammenfällt: so ist man berechtigt anzunehmen, daß
sie von einer und derselben Begebenheit sprechen und blos hinsichtlich
des Namens voneinander abweichen. Und auch diese Verschiedenheit
des Namens ist leicht erklärlich. Die Kabarer, wie sie bei Konstantin
heißen, nannten sich selbst vielleicht schon damals Palócz, oder wurden
von den Magyaren so genannt, wie ein und dasselbe Volk so häufig in
verschiedenen Sprachen verschiedene Namen führt, und die Aehnlichkeit
des Klanges verleitete den Anonymus und seine Zeitgenossen diese
Palóczen für die Polowzer oder Kumanen zu halten, was um so leichter
geschehen konnte, da sich bei dem Mangel geschriebener Nachrichten
die Ueberlieferungen aus der Vorzeit trübten und verwirrten.

Verstärkt an Mannschaft und Rüstung, setzte das Heer der Magyaren seine Wanderung von Kiew fort und zog durch Lodomerien und
Galizien. Die Fürsten und Völker dieser Länder eilten, durch Geschenke und Geiseln Frieden und Schonung zu erkaufen, und um der
ungebetenen Gäste um so eher los zu werden, gaben sie ihnen nicht nur
Wegweiser, sondern auch Bogenschützen, und schickten Arbeiter voraus, um die Pfade über die Karpaten zu bahnen. Mühsam, aber von keinem Feinde angegriffen, überstieg das wandernde Volk das Gebirge,
kam in den nordöstlichen Theil der Bereger Gespanschaft hinab
und lagerte in der Gegend zwischen dem Fluß Latorcza und dem Ször-
nyer Moor, wo jetzt auf hohem Felsen das Schloß Munkács steht.
Hier wurde gerastet, theils um von der beschwerlichen Wanderung
auszuruhen, theils um das Heer für die bevorstehenden Feldzüge zu
ordnen. [2]

Nach alten einheimischen Ueberlieferungen bestand das ungarische Volk bei seinem Auszug aus Dentumogrien aus sieben Stämmen, die wieder in 108 Geschlechter zerfielen. Jeder Stamm hatte
30857 Mann unter Waffen, folglich alle zusammen 216000 [3], woraus
sich auf eine Gesammtzahl von mehr als einer Million schließen ließe.
Hiervon mag wol ein großer Theil den Beschwerden des Wegs erlegen
und unter dem Schwerte der Feinde umgekommen sein, aber diesen
Verlust mochten die Kabarer und Russen durch ihren Beitritt wieder
ersetzt haben. Wir wollen darüber nicht rechten, ob eine so große

---

[1] Anonymus, c. 32. — [2] Derselbe, c. 8—13. — [3] Kézai, II, 1. Thú-
róczy, Chronica Hungariae, II, 2.

Menge so weit zu wandern und auf der Wanderung sich zu nähren vermag: aber wir irrten, wenn wir dieses für unmöglich hielten, weil die Verpflegung einer zahlreichen europäischen Armee mit so vielen Schwierigkeiten verknüpft ist. Ein Nomadenheer ist mit wenig Gepäck belastet, an Entbehrung und Mühsal gewöhnt, breitet sich weit aus und führt die nährende Heerde mit sich. Dagegen ließe sich weit weniger begreifen, wie die Magyaren das weite Ungarn erobern und mit ihrem Stamme bevölkern, so viele Heere in andere Länder aussenden, so schwere Niederlagen überstehen und mitten unter fremden Völkern ihre Sprache und Nationalität behaupten konnten, wenn ihre Zahl viel geringer als die angegebene gewesen wäre.

Dritter Abschnitt.

Des ungarischen Reichs 1. Jahrhundert. Ungarn unter Herzogen.

I. Thaten und Begebenheiten.

Árpád 894—907.

Als die Ungarn in ihr künftiges Vaterland einzogen, herrschte
über das bulgarische Vasallenreich zwischen der Donau und Theiß bis
an die nördlichen Karpaten Zalán, Kremns oder Keans, wie ihn der
Anonymus nennt, Enkel. Jenseit der Theiß, zwischen den Flüssen
Szamos und Maros bis an Siebenbürgens Grenze, gebot der Chazare
Ménmarót über eine Bevölkerung, die aus Chazaren, Bulgaren, Avaren
und Walachen gemischt war. Von der Maros im Norden, von der
Donau im Westen und Süden, und von der Aluta im Osten begrenzt,
erstreckte sich die Herrschaft Gláds über ein größtentheils von Walachen und Bulgaren bewohntes Gebiet, das wahrscheinlich von dem
angrenzenden Bulgarenreiche abhängig war. Ueber den größten Theil
Siebenbürgens, der vornehmlich von Walachen bewohnt war, herrschte
Geló; den andern hatten die Székler wahrscheinlich bereits inne. Ober-
pannonien, welches im Süden an die Donau, im Osten an Zalán's Gebiet grenzte, gehörte zum großmährischen Reiche. Mit Niederpannonien,
zwischen der Donau und Drau, war Braszlaw vom Kaiser Arnulf belehnt. [1] Die griechisch-italienischen Städte am Adriatischen Meere,
sowie die slawische Bevölkerung zu beiden Seiten der Save, im heutigen
Dalmatien, ungarischen und türkischen Kroatien, waren bald vom östlichen und bald vom westlichen Kaiser abhängig und ebendeshalb ziemlich frei.

Die Gegend, welche die Ungarn zuerst betraten, gehörte zu Zalán's Gebiet. Die Slawen und Walachen, die da wohnten, fühlten keinen Beruf, für ihre bulgarischen Zwingherren zu kämpfen, und unterwarfen sich sogleich freiwillig. Nur die Burg Ungvár, auf der Laborcz,
Gewaltträger Zalán's in dieser Gegend, saß, schien Widerstand leisten

---

[1] Gebhardi, Geschichte der slawischen Staaten, IV, 15.

zu wollen. Árpád führte seine Scharen .gegen sie; Laborcz, an der
Möglichkeit der Vertheidigung verzweifelnd, floh nach dem festern Zem-
plin, wurde von nachsetzenden Ungarn eingeholt und an den Ufern
eines Flusses aufgehängt, der von ihm den Namen Laborcz führt. So
kamen die Ungarn in Besitz des ersten festen Platzes und feierten den
glücklichen Erfolg drei Tage lang mit Opfern und Freudenmahlen. [1]
Hier, an der nordwestlichen Seite des entstehenden Reichs, unter
sprachverwandter Bevölkerung, siedelte Árpád die aus Kiew mitgekom-
menen Ruthenen an, weil sie die alten Einwohner am leichtesten gewinnen konnten und hier kein mächtiger Feind abzuwehren war.

Von hier ergossen sich die bewaffneten Scharen über die Ebene
zwischen der Theiß und dem Bodrog, ohne irgendwo auf heftigen Widerstand zu stoßen; das übrige Volk breitete sich hinter ihnen mit seinen Heerden aus; die ganze Gegend bis an das heutige Ugocsa wurde
eingenommen. Flüchtlinge brachten zu Zalán die Kunde von dem,
was im Norden seines Reichs vorging. Nicht gerüstet zum Kampf,
schickte er blos Gesandte und ließ Árpád, mit seiner und Simeon's
Macht drohend, gebieten, nicht weiter zu schreiten. Árpád, zu klug,
um die ganze Macht der Bulgaren herauszufordern, ehe er sich festgesetzt hatte, nahm die Gesandten freundlich auf, beschenkte sie und
schickte mit ihnen als Botschafter die Stammfürsten Und, Ketel und
Tarczal, den Palóczen, die seine Anträge Zalán überbrachten. Diese
lauteten: der Herzog hätte wol als Attila's Nachkomme Rechte auf das
ganze Land, wolle sie aber nicht geltend machen, sondern verlange nur
bis an den Sajó vorzurücken, und erbitte sich ein Büschel Gras von der
Heide Alpár und einen Schlauch Donauwasser, um beide mit dem scy-
thischen zu vergleichen. Als Geschenke übergaben sie zwölf weiße
Pferde, ebenso viele Kamele, kabarische Knaben, ruthenische Mädchen
und kostbare Kleider. Zalán war froh, daß nur so wenig gefordert
werde, und gewährte die Bitte, die er nicht abzuschlagen wagte. [2]

Nun verlegte Árpád sein Lager weiter gegen Süden in die herrliche Gegend von Szerencs, auf deren Gebirgen der kostbare, Tokayer
genannte Wein wächst; wo das Auge von den Höhen in fruchtbare
Thäler hinabschaut; in der Ferne auf der einen Seite die Schneegipfel
der Karpaten schimmern, auf der andern die unendliche Ebene des Nie-
derlandes wogt. Von hier zog Bors, Böngör's Sohn, mit seinen Kabarern aus, unterwarf und besetzte die Gegend am Sajó, erbaute die
Burg Borsod, ging sodann bis an das hohe Tátragebirge, sicherte dort
die Grenzen gegen Polen und brachte die Söhne der vornehmsten Einwohner als Geiseln in des Herzogs Lager zurück, wo er mit Freuden

---

[1] Anonymus, c. 12, 13. — [2] Derselbe, c. 15—17. Die Uebergabe des
Grases und Wassers sollte sinnbildlich die Uebergabe des Landes, und die Geschenke den Kaufpreis vorstellen, um welchen die Ungarn dasselbe an sich
brachten. Die Ausschmückungen der Sage, an denen der Anonymus so reich
ist, fallen hier sogleich in die Augen. Diese eine Erzählung mag als Muster
der andern dienen, zugleich aber auch zeigen, wie wenig dergleichen Ausschmückungen der historischen Wahrheit schaden, indem die einfache Thatsache in der sagenhaften Umhüllung sogleich erkannt wird.

empfangen und für die glücklich vollendete Unternehmung reichlich belohnt wurde. [1] Zu derselben Zeit ging eine Gesandtschaft an Ménmarót, um ihn zu ersuchen, er möge die Gegend am Szamos und das Nyír-er Land bis an das Gebirge Meszes gutwillig abtreten. Als er jedoch die dreiste Forderung abschlug, rückten Tas, Szabolcs und Tuhutum in diese Gegenden ein, um sie mit Waffengewalt zu nehmen, eroberten die Burg Szatmár, drangen bis an die genannten Berge und den Fluß Kőrös vor. Die beiden erstern siedelten ihre Stämme zwischen den alten Einwohnern des Landes an und brachten, wie gewöhnlich, vornehme Jünglinge zum Herzog als Geiseln. Das Gebiet jenseit der Kőrös bis an die Maros blieb im Besitze Ménmarót's, den man als Chazaren schonte. Die neuerbaute Burg Sabolcs sicherte den Besitz der Eroberung. [2]

Tuhutum, der Schlaue, strebte nach größern Dingen. Nachdem er Siebenbürgen erkundschaftet hatte, ging er schnell durch die Engpässe, überwand am Flusse Almás die Walachen, deren Fürst Geló auf der Flucht umkam, ließ sich mit seinem Stamme dort nieder und gründete ein Vasallenreich, das er und seine Nachkommen unter der Oberhoheit der ungarischen Herzoge beherrschten. [3]

Durch diese Siege und Eroberungen wuchs die Macht und das Selbstvertrauen der Magyaren. Árpád schickte abermals Botschaft an Zalán und forderte das Gebiet bis an die Zagyva. Zalán sah sich genöthigt, auch diese Abtretung zu bewilligen, worauf das Land an der Mátra, zwischen der Theiß und Zagyva, wie schon früher die benachbarte Gegend am Sajó und an den Bük-er Bergen von Kabarern oder Palóczen unter den Geschlechtshäuptlingen Ede und Edömér besetzt wurde. [4]

Um diese Zeit war Swatopluk gestorben. Konstantin der Purpurgeborene [5] berichtet, daß er drei Söhne hinterlassen habe, die das väterliche Reich theilten; die deutschen Annalisten kennen nur Mojmar und Swatopluk. Es ist daher sehr zweifelhaft, ob Zobor, der Gebieter des neitraer Landes, dieser dritte Sohn Swatopluk's gewesen sei, wie einige glauben [6]; dagegen mag der Anonymus recht haben, wenn er ihn einen Vasallen nennt, irrt aber darin, daß er den Herzog von Böhmen, anstatt des Herzogs von Mähren, zu seinem Oberherrn macht. [7] Die Söhne Swatopluk's geriethen bald in Streit, ein blutiger Bürgerkrieg entstand und Kaiser Arnulf war eifrig bemüht, die Zwie-

894

---

[1] Anonymus, c. 18. — [2] Derselbe, c. 19—23. — [3] Derselbe, c. 24—27. Kézai, II, 1, und Thuróczy, Chron., II, 5, nennen den Eroberer Siebenbürgens Gyula, setzen aber die Eroberung auch in dieselbe Zeit, in welcher Ungarn eingenommen wurde. Vgl. Kőváry, Geschichte Siebenbürgens (ungarisch, Pesth 1859), I, 37—41. Büdinger, Oesterreichische Geschichte, I, 392, Anm., leugnet, daß Siebenbürgen damals erobert worden sei, aus Gründen, die wol niemand überzeugen können und durch geschichtliche Thatsachen widerlegt werden. — [4] Anonymus, c. 30 u. 32. — [5] De administr. imp., c. 41. — [6] Szalay, Geschichte des ungarischen Reichs, I, 15. — [7] Anonymus, c. 35. Ein verzeihlicher Fehler, da zu seiner Zeit Mähren zu Böhmen gehörte und so wenig schriftliche Nachrichten vorhanden waren, die ihn über das längst untergegangene Mährenreich hätten belehren können.

tracht unter den Brüdern zu nähren. [1] Árpád machte sich die daraus
entstandene Zerrüttung des mährischen Reichs zu Nutze. Aus der Gegend an der Mátra, wo er damals mit dem Hauptheere stand, schickte
er Znárd, Kadósa und Huba zur Eroberung Oberpannoniens aus. Während sie durch das Gebiet Zalán's, durch die heutigen Gespanschaften
Gömör, Neográd, Sohl und Bars zogen, fanden sie wenig oder keinen
Widerstand, sodaß sie sich des offenen Landes und selbst der festen
Plätze mit leichter Mühe bemächtigen und die Einwohner in Pflicht
nehmen konnten; ja, diese schlossen sich, durch freundliche Worte und
Behandlung gewonnen, dem Kriegszuge an. Aber bei Neitra stellte
sich ihnen Zobor mit dem mährischen Heere muthig entgegen. Drei
Tage dauerte der Kampf, erst am vierten gelang es den Ungarn über
den Fluß Neitra zu setzen und die mährischen Schlachtreihen zu durchbrechen. Zobor selbst wurde von Kadósa verwundet und gefangen,
die Burg Neitra zwei Tage später erstürmt und Zobor aus Erbitterung
über den hartnäckigen Widerstand auf dem benachbarten Berg gehenkt,
der von ihm seinen Namen erhielt. Bald ergaben sich auch die andern
festen Plätze, Szempte, Beczkó, Galgócz, Trencsin, Bánvára; das ganze
Gebiet von der Waag bis an die March wurde eingenommen und durch
Besatzungen gesichert. Die Anführer kehrten zu Árpád zurück und
brachten die vornehmsten Einwohner gefesselt mit sich. Árpád aber
löste mit Zustimmung der Volkshäupter ihre Bande, ließ sie Treue geloben und wies ihnen in andern Gegenden Besitzungen an, um sich
ihrer zu versichern. [2]   Um das Jahr 896 war das mährische Reich
gänzlich verschwunden; den östlichen Theil des heutigen Mährens nahmen die Ungarn, den westlichen die Böhmen in Besitz. [3]

Aufgeschreckt durch diese Siege und mit Recht zürnend über die
neuerdings wiederholte Wegnahme eines bedeutenden Theils von seinem
Reiche, entschloß sich endlich Zalán zum Entscheidungskampfe. Eine
Hülfsschar, die ihm der Bulgarenfürst Simeon, sein Oberherr, schickte,
war eingetroffen, die Macht der Ungarn durch den oben beschriebenen
Feldzug getheilt; jetzt, glaubte er, sei der Zeitpunkt gekommen, wo er
den Krieg beginnen und entweder siegen oder untergehen müsse. Er
schickte also den trotzigen Befehl an Árpád, das Land, dessen er sich
bemächtigt habe, sogleich zu räumen, und als darauf eine ebenso trotzige
Antwort zurückkam [4], brachen beide mit ihren Scharen auf; Zalán von
Titel und Árpád von den Ufern der Zagyva. Die Sonne neigte sich
zum Untergange, als die Heere auf der Heide Alpár (in der Gegend um
Kecskemét) sich begegneten. Beide rüsteten sich für den künftigen Tag
zu dem blutigen Entscheidungskampfe. Am Morgen stieß Lehel, Sohn
des Stammfürsten Tas, ins Horn und gab das Zeichen zum Angriff. Er
und Bulcs führten den Vortrab und trugen die Nationalfahne; Árpád

---

[1] Annales Fuldens. bei Pertz, I, 413. — [2] Anonymus, c. 36—37. —
[3] Palacky, Geschichte von Böhmen, I, 155—157. Palacky erklärt freilich
die Erzählung des Anonymus von diesem Kriege für Erdichtungen, aber die
Thatsachen sprechen für die Wahrheit derselben: der Kampf mit den kriegs-
geübten Scharen der Mähren mußte schwer und blutig sein, und Oberpanno-
nien wurde unstreitig um diese Zeit erobert. — [4] Anonymus, c. 38.

selbst befehligte das Hauptheer. Der Kampf dauerte nicht lange; die Bulgaren geriethen in Unordnung und flohen; die meisten fanden in den Wellen der Theiß oder unter den Waffen der Ungarn den Tod; Zalán entkam zu Simeon, sein Reich war für immer vernichtet. Die Sieger erstürmten die Burgen Titel und Zalánkemény, gingen über die Theiß und eroberten das herrliche fruchtbare Land bis Belgrad. [1] Dieser Tag, an welchem der mächtigste und gefährlichste Feind nicht nur geschlagen, sondern gänzlich besiegt wurde, war entscheidend; ein weites Reich war gewonnen und dessen Besitz nun erst gesichert.

Árpád und seine Mitfürsten erkannten die Wichtigkeit des Zeitpunkts. Jene glücklichen Ereignisse hatten eine gänzliche Veränderung in dem Zustande des Volks herbeigeführt; die Einrichtungen, die einem wandernden Heere angemessen waren, konnten ihm nicht mehr genügen, sobald es in den Besitz eines weiten Landes gekommen war; es mußten Vorkehrungen zur Behauptung desselben getroffen und eine Art Staatswesen gegründet werden. Daher wurden in der großen Ebene, wo jetzt Szegedin liegt, die Stamm- und Geschlechtshäupter und die freien Männer der Nation zu einer feierlichen Berathung berufen. Leider besitzen wir über diese Versammlung, deren Zusammensetzung, Berathungsweise und Beschlüsse soviel Licht über die ursprünglichen Gebräuche und gesellschaftlichen Einrichtungen unserer Vorfahren geben würden, keine Nachrichten außer den dürftigen Andeutungen des Anonymus, die das Verlangen, etwas zu erfahren, nur anregen, aber nicht befriedigen. Es wurden abermals einigen noch nicht angesiedelten Stämmen Wohnsitze in den neugewonnenen Bezirken angewiesen; die Verhältnisse der Häuptlinge zueinander und zu dem Herzog und des Volks zu beiden geordnet; die alten Sitten und Gebräuche bestätigt und neue Einrichtungen, besonders hinsichtlich der Gerichtspflege getroffen. Mehr wissen wir nicht von dem, was hier beschlossen wurde, da selbstverständlich nichts geschrieben und für die Zukunft aufbewahrt worden ist. Daß es aber eine höchst wichtige, eine constituirende Versammlung war, läßt sich schon aus dem Namen schließen, den der Ort, wo sie abgehalten wird, erhielt; er heißt nämlich Szer, Pusztu-szer, = Heide der Einrichtung oder Organisirung; daher kann man diese Versammlung gewissermaßen als den ersten Reichstag der Ungarn in ihrem jetzigen Vaterlande betrachten. [2]

Nachdem die innern Angelegenheiten geordnet waren, mußte vor allem andern der Sieg über die Bulgaren vervollständigt werden. Darum gingen Lehel, Bulcs und Botond über die Donau, schlugen den herbeiziehenden Simeon in blutiger Schlacht und zwangen ihn, sich nach Belgrad zu werfen, das sie nun umlagerten. Zwei Tage darauf kam es zum Friedensschluß, durch den sich Simeon verpflichtete, Zalán nie mehr zu unterstützen, jährlich Tribut zu zahlen und seinen Sohn als Geisel zu übergeben. Hierauf zogen die siegreichen Scharen über Serbien bis an das Adriatische Meer, wandten sich da um, setzten über die Kulpa und Save, nahmen die Burgen Agram, Posega und Vukovár,

---

[1] Anonymus, c. 39. — [2] Derselbe, c. 40.

nöthigten die Einwohner zur Unterwerfung und führten die Söhne der Vornehmen als Geiseln mit sich. [1] Doch war dies keine bleibende Eroberung; Kroatien setzte sich bald wieder in Freiheit und wurde erst später, mehr durch Staatsverträge als Waffengewalt, mit Ungarn vereinigt.

Zu derselben Zeit brachen Zuárd, Kadósa und Bojta aus der Bácska gegen Glád, den Beherrscher des Gebiets zwischen der Maros, Donau und Aluta und Vasallen der Bulgaren, auf. Erst an der Temes, welche die Ungarn im Angesicht des feindlichen Heeres überschritten, kam es zur Schlacht; Glád wurde besiegt, floh in die Burg Keve und suchte, als diese berannt wurde, in Unterwerfung sein Heil, huldigte und behielt sein Land unter ungarischer Oberhoheit. Nachdem auch Orsova erobert war, kehrten Kadósa und Bojta zurück; Zuárd aber zog nach Serbien, nahm eine Tochter des Landes zur Frau und blieb dort mit seiner Mannschaft. [2]

Das Reich war also auch im Südosten bis an natürliche Grenzen ausgedehnt und geordnet. Nun zog Árpád an der Donau hinauf; die Insel Csepel, unterhalb Pesth, gefiel ihm ausserordentlich; ihre Ausdehnung bot Raum genug dar; ihre Lage zwischen dem mächtigen Strom gewährte Sicherheit gegen plötzliche Ueberfälle und machte sie zu einem geeigneten Ausgangspunkt neuer Unternehmungen; hier schlug er also seinen Sitz auf und wartete, bis die günstige Zeit zu solchen kommen würde. [3]

Solange Arnulf, ihr vormaliger Bundesgenosse, lebte, unternahmen die Ungarn keine Feindseligkeiten gegen das Gebiet jenseit der Donau, 900 welches unter deutscher Oberhoheit stand. Aber Arnulf starb; sein sechsjähriger Sohn, Ludwig das Kind, folgte nach; dessen Vormünder Hatto, Erzbischof von Mainz, und Otto, Herzog in Sachsen, herrschten nach Willkür und misbrauchten ihre Gewalt zur Erweiterung der eigenen Macht und Besitzungen. Die übrigen Großen folgten ihrem Beispiele; überall war Kampf der Mächtigen, Unterdrückung der Schwachen, Verwirrung und Noth. Die Gelegenheit winkte; Árpád zog seine Scharen zusammen, ging über die Donau und erschien vor Sigambria, dem heutigen Alt-Ofen. Die Besatzung floh, die Ungarn zogen in die alte Ezelsburg ein, bewunderten die Ruinen und die noch stehenden Gebäude und feierten ein Siegesfest. Hierauf wurde der weitere Feldzug geordnet. Eine Abtheilung unter Ete und Bojta ging hinab nach Baranya und trug ihre siegreichen Waffen bis jenseit der Drau. Die andere unter Usub und Ős zog über Paskod längs dem bakonyner Forste gegen Weßprim. Die Besatzung vertheidigte zehn Tage lang die Festung, endlich gelang es ihr durchzubrechen und sich nach dem heutigen Steiermark zurückzuziehen. Eisenburg ergab sich bald und hiermit war die ganze Umgegend des Plattensees gewonnen. Árpád selbst aber rückte mit dem dritten Heere in das Thal des Raabflusses

---

[1] Anonymus, c. 41—42. Annales Fuldens. bei Pertz, I, ad ann. 894. — [2] Anonymus, c. 44. — [3] Derselbe, c. 44. Vgl. die Uebersetzung von Szabó, S. 64.

und der Rábcza, schlug sein Lager am Pannon- oder Martinsberge auf und betrachtete von dessen Höhe mit frohem Selbstgefühl das wunderschöne Land, welches sein Volk unter seiner Führung erobert hatte. Von hieraus verbreiteten sich seine Scharen siegreich noch über die Grenzen des heutigen Ungarns und nöthigten alles zur Unterwerfung. Als Besatzung wurde hier der Stamm Előd's oder Lebéd's angesiedelt. [1]

Während die Ungarn auf diese wichtigen Unternehmungen Aufmerksamkeit und Kraft gerichtet hatten, suchte Ménmarót die verlorene Herrschaft über sein einstiges Gebiet wiederherzustellen. Uebrigens, hätte er sich auch mit dem ihm gebliebenen Lande begnügen wollen, konnten doch die Ungarn keine fremde selbständige Herrschaft innerhalb der Reichsgrenzen dulden. Usub und Velek wurden daher ausgeschickt, ihn zur völligen Unterwerfung zu nöthigen. Als sie jenseit der Theiß vorrückten, kamen ihnen die Székler entgegen, um sich ihren Brüdern, von denen sie getrennt worden waren, wieder anzuschließen. Mit ihnen vereinigt, setzte das Heer über den Kőrös; Ménmarót zog sich in die waldigen Gebirge an Siebenbürgens Grenze zurück. Nachdem aber seine Feste Bihar gefallen war, kam er wieder und machte Friedensanträge. Er erklärte sich bereit, seine Tochter und Erbin dem Sohne Árpád's, Zoltán, zu vermählen, nur möge er bis an seinen Tod in ruhigem Besitz seines Gebiets gelassen werden. Der Antrag wurde angenommen, die Verlobung der beiden unmündigen Kinder gefeiert und die Burg Bihar an Ménmarót zurückgegeben. 906 Einige Jahre darauf starb er und sein Land fiel an Ungarn. [2]

So ward also in der Zeit von ungefähr sechs bis sieben Jahren das große herrliche Land nicht nur ganz erobert, sondern es hatten auch so die eigenen Stämme, wie die Bundesgenossen ihre Sitze erhalten; die Eingeborenen, besonders diejenigen, die sich freiwillig unterwarfen, waren großentheils schon in den Nationalverband aufgenommen und das Reich durch mancherlei bürgerliche Einrichtungen auf dauernde Weise gegründet.

Aber das seit Jahren unaufhörlich wandernde und kämpfende Volk konnte die Ruhe mit einem mal nicht liebgewinnen; Krieg und Plünderung war seine tägliche Beschäftigung, seine Freude und sein Bedürfniß geworden. [3] Da nun in dem neugewonnenen Lande nichts mehr zu thun war, überschritten größere und kleinere Haufen die ohnehin noch unbestimmten Grenzen. Ein solcher Haufe brach schon während des Feldzugs in Niederpannonien nach Kärnten ein, und zwar auf- 900 gefordert und begleitet von dem neu unterworfenen großmährischen Adel, dem die Deutschen verhaßt waren. Die Baiern, also Deutsche, schickten sogar Geschenke an die Führer solcher Horden, um sie zum Einfall in die südliche Ostmark (Steiermark, Kärnten und Krain) zu bewegen, damit sie nur selbst verschont blieben. [4] Um dieselbe Zeit setzte eine Abtheilung, die über die Drau ge-

[1] Anonymus, c. 46—50. — [2] Derselbe, c. 50—52. — [3] Derselbe, c. 40. — [4] Horváth, Geschichte des ungarischen Reichs (2. Aufl., Pesth 1860), I, 58. Brief der bairischen Bischöfe an Papst Johann IX., in Hansiz, Germ. sacra, I, 177.

gangen war, ihren Zug immer weiter fort, ging über die Brenta und gelangte bis in die Umgegend Pavia's, vom Frühling bis zum Herbst das offene Land verheerend und plündernd. Endlich setzte Berengar, der König von Italien, mit großer Heeresmacht über den Po. Die Ungarn halten jeden Widerstand gegen solche Uebermacht für unmöglich, ziehen sich über die Adda zurück, werden aber eingeholt, weil ihre erschöpften Rosse sie nicht weiter tragen können, und sehen sich von allen Seiten eingeschlossen. Da schicken sie Boten an den König, tragen die Rückgabe aller Gefangenen und der ganzen Beute an, und wollen heilig geloben, nie mehr nach Italien einzufallen. Berengar weist jedes Anerbieten zurück und bleibt bei dem Vorsatz, sie zu vernichten. Ihnen aber gibt die Verzweiflung neue Kräfte; plötzlich fallen sie über das in Siegeszuversicht rastende und gemüthlich speisende Heer, überschütten es mit einem Pfeilregen, greifen dann mit Lanze und Schwert an und durchbrechen seine Reihen; es löst sich in wilde Flucht auf und läßt 20000 Todte auf dem Platz. Vom Glück berauscht, trennen sich nun die Sieger in mehrere Haufen; Verona, Pavia, Mailand und andere Städte werden geplündert, das offene Land gänzlich verheert. Ein Haufe dringt sogar bis nach Turin und an die schweizer Alpen; ein anderer geht über den Po, verwüstet das parmaische Gebiet, verbrennt das reiche Kloster Nolantula, vollzieht gleichsam ein Strafgericht Gottes, indem er Luitwarden, jetzt Bischof von Vercelli, vormals Kaiser Karl des Dicken übermächtiger Günstling, Leben und Schätze raubt. Ihre Verwegenheit geht noch weiter; sie setzen sich auf Flöße und Kähne, aus Thierhäuten bereitet, greifen die benachbarten Inseln und selbst Venedig an, werden aber von der Flotte der Venetianer unter dem Dogen Peter zurückgeschlagen. Erst in der Mitte des künftigen Jahres brachte es Berengar durch große
902 Geldsummen dahin, daß sie das verwüstete Land verließen. [1]

Noch ein anderer Haufe durchstreifte die nördliche Ostmark, das
900 heutige Oesterreich. zerstörte den kremser Münster, das dortige Kloster des heiligen Florian, verheerte weit nach Baiern hinein und plünderte selbst die Reichsstadt Regensburg. Der größte Theil kam mit Beute beladen glücklich nach Hause; blos eine Abtheilung, die sich verspätet, wurde vom passauer Bischof Richard und vom östlichen Markgrafen Luitpold erreicht, als sie über die Donau setzen wollte;
. 1200 von ihnen fielen unter dem Schwert oder ertranken in der Donau. [2]

Doch ein solcher Unfall konnte die Magyaren nicht abschrecken;
901 der Reiz der Beute war zu groß, der verworrene Zustand Deutschlands zu einladend, als daß sie hätten widerstehen können. Schon im Jahre darauf machte eine plündernde Schar Kärnten zum Schauplatz des Raubes und der Verwüstung. Aber kaum war diese über Laibach hinaus-

[1] Luitprandi Antapodosis, II, 9—15. Chronicum Venetum, omnium, quae circumferuntur, vetustissimum et Johanni Sagornino vulgo tributum etc. in lucem profert H. Fr. Zonetti (Venedig 1765). Chronicon Nonantulanum, in Muratori Script. rerum Italicar., L. 1. — [2] Annales Fuldens. ap. Pertz, ad ann. 900.

gegangen, als Markgraf Eberhard, der meraner Herzog Gottfried und der Patriarch von Aquileja ihre Kriegsvölker vereinigten und sich den Plünderern entgegenstellten. Eine blutige Schlacht wurde geliefert; die Ungarn erlitten schweren Verlust, aber auch Eberhard und Gottfried fielen; den Patriarchen rettete nur die Schnelligkeit seines Pferdes.[1] Es wäre jedoch ermüdend, alle Streifzüge aufzuzählen, welche nach Bulgarien, in das griechische Reich und in die westlichen Länder um diese Zeit unternommen wurden. Nur einen wollen wir noch erwähnen, der für die Freibeuter einen höchst unglücklichen Ausgang nahm. Csörsz war 902 in Mähren eingefallen. Die Baiern, welche kurz zuvor 902 heftige Fehde mit den Mährern hatten, kamen den Bedrängten nun zu Hülfe, gaben sich aber das Ansehen, als wollten sie sich mit den Ungarn gegen ihre gemeinschaftlichen Feinde vereinigen, luden Csörsz und seine Unteranführer zu einem Mahle, überfielen und tödteten die Gäste, die vertrauensvoll gekommen waren, und schlugen sodann das führerlose Heer.[2]

Jetzt scheint ein Stillstand eingetreten zu sein; keine größern Streifzüge werden aus dieser Zeit berichtet, wenn auch kleinere Horden die Nachbarländer bisweilen beunruhigen mochten. Wahrscheinlich hat Árpád das Verderbliche derselben für sein Volk eingesehen und sie zu hindern gesucht. Denn an allen diesen, blos auf Verwüstung und Beute ausgehenden Einfällen nahm er keinen Antheil; auch wurde keiner derselben im Rathe der Nation beschlossen und mit ihrer Gesammtkraft ausgeführt, wie die Eroberung des Landes, das sie sich zur Heimat ausersehen hatte. Aber bei der so losen Stammverfassung, bei der geringen Macht, die sie dem Herzog, und bei der Unabhängigkeit, die sie den Häuptlingen gewährte, stand es jedem von diesen frei, auf eigene Faust Unternehmungen zu wagen und mit seinen Scharen auf Beute auszugehen.

Árpád selbst beschäftigte sich nach vollendeter Eroberung damit, das Land zu organisiren, die eigene Macht zu befestigen und die Herrschaft bei seinem Hause zu erhalten. Darum strebte er, nicht nur die Liebe des eigenen Volks und seiner Häupter zu gewinnen, sondern suchte auch die jüngst unterworfenen Eingeborenen und Fremde, die seinem Hoflager zuströmten, durch Wohlwollen und Gaben immer mehr an seine Nation und an sich selbst zu fesseln.[3] Er erlangte, wonach er strebte. Außer Liutin, dessen Tod wir bereits kennen, erwähnen ausländische Berichte[4] noch seine drei Söhne: Tarkos, Jeles und Jutócz, die aber bereits todt waren, und vielleicht auch unter den

---

[1] Annales Fuldenses bei Pertz, Script., I, 415. Hermann. Contract. bei Pertz, Script., V, 111. Thuroczy, Chron., II, 23. Chron. Budense. Dandulo bei Muratori, XII, 198. — [2] Annales Sangallenses majores bei Pertz. Script., I, zum Jahre 902. Annal. Einsiedlenses bei Pertz, Script., III. — [3] Anonymus an vielen Stellen. — [4] Leonis imper. Tactica, in Meursii operibus, edidit Lami (Florenz 1741); juxta manuscripta examinavit A. F. Kollár in Historiae jurisque publici amoenitates (Wien 1783). Constant. Porphyrogen. de administr. imp.

Tausenden starben und der Vergessenheit anheimfielen, mit deren Blut
das Vaterland erkauft wurde.   Nur der Jüngste, Zoltán, lebte; ihm
wollte der Vater die Nachfolge und durch diese den Bestand des Reichs
sichern.   In feierlicher Versammlung gelobten die Stamm- und Ge-
905 schlechtshäupter den noch Unmündigen als seinen Nachfolger und ihren
künftigen Herzog anzuerkennen. [1]

907   Schon zwei Jahre darauf starb Árpád, ein großer Krieger und Regent.   Er hat das Vertrauen des Volks nicht getäuscht, das ihn an seine
Spitze stellte; durch überlegene Kraft bändigte er dessen wilden Geist
und gewöhnte die stolzen Häupter, die einst seinesgleichen waren, an
Abhängigkeit; das Unglück machte ihn nicht verzagt und das Glück
nicht übermüthig; seine Tapferkeit wurde durch Klugheit und die
Eroberungssucht durch Mäßigung in Schranken gehalten; die Geschichte kennt endlich kaum einen Eroberer, um so weniger einen barbarischen, an dessen Namen so wenig Blut der Wehrlosen klebte, der
die Ueberwundenen mit gleicher Schonung und Milde behandelte. „Er
wurde bei Altofen an der Quelle eines Bachs begraben, der in steinig-
tem Bette fließt“, sagt der Anonymus, „wo nach der Bekehrung der Ungarn die sogenannte Weiße Kirche zur Ehre der Jungfrau Maria gebaut wurde.“ [2] Zeit und Kriegsverwüstung haben diese spurlos zerstört;
kein Denkmal bezeichnet mehr die Stelle, wo seine Asche mit dem Boden des Vaterlandes sich gemischt hat: aber das Reich, das er gegründet, besteht fort, und nach fast tausend Jahren denkt die dankbare
Nation seiner noch immer mit frommer Ehrfurcht.

Zoltán 907—947.

Er war zehn bis elf Jahre alt, als er den herzoglichen Stuhl bestieg, aber keine Unordnung und Verwirrung brach in dem Lande aus,
wo doch noch so viele ungeordnete und widerstrebende Elemente gärten.   Das Volk hing mit Liebe an dem jungen Fürsten, und die Großen ehrten seine Würde; alles zeugt von dem Geiste des Gehorsams
und der Treue gegen gesetzmäßige Einrichtungen, der diese Nation
schon damals beseelte.   Die Häupter traten zusammen und setzten für
die Dauer der Minderjährigkeit eine Regentschaft ein, deren Mitglieder
nicht genannt werden; zu Feldherren aber bestellten sie Lehel, Bulcs
und Botond. [3]

Nachdem das Gerücht von Árpád's Tode und Zoltán's unmündiger
Jugend nach Deutschland gekommen war, frohlockte man in dem Wahne,
daß mit dem alten Herzoge auch der Ungarn Kraft, Kriegslust und
Tapferkeit erloschen sei.   Staatskluge gewöhnlicher Art glaubten
sogar, ebenjetzt sei der günstigste, nicht sobald wiederkehrende Zeitpunkt da, die Ungarn zu überfallen, zu schlagen, zu vernichten. Dieses
blos von ihren Wünschen erzeugten Glaubens war auch der vielvermögende Reichsverweser Hatto von Mainz; auf seinen Betrieb versam-
907 melte sich zwischen Anesburg und dem Stifte St.-Florian die ganze

---

[1] Anonymus, c. 52. — [2] Derselbe, ebend. — [3] Derselbe, c. 53.

Heermacht der Baiern, angeführt von vielen Bischöfen, Aebten und Herren und verstärkt durch die Scharen benachbarter Fürsten. Die Ungarn, immer rasch in Entschlüssen und schnell in Bewegungen, kamen dem Angriffe zuvor. In der Gegend um Preßburg kam es zu der größten und entscheidendsten Schlacht, welche sie bisher mit den Deutschen schlugen. Sie kämpften, nicht nach deutscher Weise, in förmlicher Schlachtordnung, sondern in stürmenden Haufen, wüthenden Angriffen, verstellten Rückzügen und erneuerten Ueberfällen, jedesmal, gleich gewaltigen Hagelschlägen, ihre Pfeile und Wurfspieße aussendend, die geschlossenen Reihen der Feinde durchbrechend und alles, was ihnen widerstand, im Reiten zu Boden tretend. So dauerte der Kampf durch drei Tage; es war eine schreckliche Ernte des Todes; unter den Erschlagenen waren auch der salzburger Erzbischof Dittmar, die Bischöfe Otto und Zacharias, Herzog Luitpold, Eysengrin, des Königs Truchseß, und funfzehn deutsche Grafen. König Ludwig rettete nur durch eilige Flucht sein Leben. Der gewaltige Angriff, der das kaum entstandene Reich vernichten sollte, war siegreich zurückgeschlagen, der mächtigste Feind zu Boden geworfen, Ungarns Bestehen gesichert, und seine Grenzen wurden überdies bis tief in das heutige Oesterreich erweitert. [1]

Dieser Sieg der Ungarn war aber auch der Anfang des Elends, welches sie nun hintereinander, an Muth gestärkt, an Beute bereichert, von Habsucht fortgetrieben, über Deutschland verbreiteten. Im folgenden Jahre erschlugen sie den Thüringer-Herzog Burkhardt 908 und verheerten Thüringen und Obersachsen [2]; bald darauf ward Fran- 909 ken, Baiern und Schwaben von ihnen verwüstet. [3] Ludwig, an die letzte Aufreibung seines auserlesenen Heerbannes nie ohne Wehmuth denkend, wollte jetzt in seinem achtzehnten Jahre zeigen, daß in ihm, dem letzten Sprößling Karl's, noch einige Funken von dem Geiste seines großen Ahnherrn lebten. Er schrieb daher eine ungemein zahlreiche 910 Heerfahrt aus und bedrohte die Herren, welche sich derselben entziehen würden, mit der Strafe des Stranges. Der Ruf von seinen Zurüstungen weckte die Ungarn, schnell zogen sie ihr Heer zusammen und eilten, den Feind aufzusuchen.

Vor Augsburg fanden sie Ludwig und seine Scharen gelagert und überfielen sie mit Tagesanbruch. Ihre von den Deutschen noch nicht begriffene Art zu kämpfen verschaffte ihnen wieder den entscheidendsten Sieg. Als es stiller ward auf dem Schlachtfelde, begann das Jagen hinter den fliehenden Deutschen, worauf Plünderung und Verheerung im Lande folgte. Endlich bewog Ludwig die Anführer durch ansehnliche Geldsummen zum Rückzuge, wobei er noch sich und seine Nachfolger zu einem jährlichen Tribut verpflichten mußte. [4]

[1] Reginon. Continuat. ad ann. 907. Hermann. Contract. et Chronic. Salzburgens. ad eund. ann. Chronic. Admontens. ad ann. 906. — Hansiz, Germ. sacra, I, 184 sq. — [2] Marian. Scotus ad ann. 908, bei Pistor., I. Hermann. Contr. ad eund. ann. — [3] Dieselben und Chronic. S. Galli ad ann. 909. — [4] Luitprand, II, 1. 2. Rhegin. Continuat. ad ann. 910. Sigebert ad ann. 905, bei Pistor., I. Mutius, Germ. chron., XII, bei Pistor., II.

911   Im folgenden Jahre starb er und Konrad, Herzog der Franken,
wurde einhellig von sämmtlichen deutschen Völkern zum König von
Deutschland erwählt und ausgerufen. [1] Aber auch Konrad war unvermögend, sein Reich gegen Ueberfall und Verwüstung zu schützen. In
Stämme getheilt, die sich nie recht zu einer Nation vereinigen wollten,
durch seine Großen zerrissen, die fortwährend nach Unabhängigkeit
strebten, und von Wahlkönigen beherrscht, die immer mehr eingeschränkt wurden, war damals das große deutsche Volk nicht im
Stande, den an Zahl geringen, aber einträchtigen Ungarn zu widerstehen.

          Der geringste Vortheil, den jetzt irgendwo ein deutscher Fürst,
912   wie der Baiern-Herzog Arnulf, des erschlagenen Luitpold Sohn, an
dem Innflusse [2] über die Ungarn erlangt hatte, täuschte die übrigen
mit dem Wahne von einer gänzlichen Aufreibung dieser furchtbaren
Feinde; und nun fuhren sie mit kindischer Zuversicht fort, Konrad's
Ansehen zu gefährden und wider ihn zu meutern, als hätten sie ihn nur
zu ihrem Gegner, nicht zu ihrem König gewählt. [3] Dadurch nothgedrungen gegen die, nach völliger Unabhängigkeit strebenden Fürsten
sich zu behaupten, war Konrad ausser Stande, das Reich wider die
913— Anfälle auswärtiger beherzter Feinde zu schützen.   Ungehindert und
916   ungestraft unternahmen die Ungarn ihre jährlichen Streifzüge durch
Baiern, Schwaben, Sachsen und Thüringen. [4] Durch glückliche Erfolge
immer verwegener gemacht, zerstörten sie Basel, drangen in Elsaß und
Lothringen ein und holten überall die Schätze, welche die deutschen
917— Völker früher von Römern und Avaren erbeutet und die Normänner
918   übriggelassen hatten. [5] Unterdessen hatte sich Herzog Arnulf, von
welchem vor sechs Jahren die Ungarn am Inn waren geschlagen worden, bei dem zweifelhaften Ausgang seiner Empörung wider Konrad,
918   mit Gemahlin und Kindern zu den Ungarn geflüchtet und bei diesen
gastfreundlichen Schutz gefunden. [6] Als er sodann nach Konrad's Tode
in sein Land zurückgekehrt war, blieb bei ihren fernern Streifereien
Baiern von ihnen stets verschont; denn unedel schien es ihnen, den
Mann, dem sie die Wohlthat der Gastfreundschaft erzeigt hatten, auf
Raub heimzusuchen.

          Desto verderblicher ward ihre ausschweifende Kriegslust, bald
nach Heinrich's I. Erhebung zur deutschen Königswürde, für Italien.
Dort schwebte König Berengar, seinem Volke verhaßt, in Gefahr,
Rudolf, dem König zu Burgund, weichen zu müssen. Seine Feinde
waren soeben auf einem Berge bei Brescia zu Berathschlagungen versammelt, als die Ungarn unter Bugat's und Tas's Anführung bei Verona
921   sich lagerten. [7] Berengar, von ihrer Ankunft unterrichtet, forderte sie

[1] Luitprand., II, 7. Ditmar. Merseburg., I, bei Leibnitz, I. — [2] Rhegin.
Continuat. ad ann. 913. Hermann. Contr. ad ann. 912. Marian. Scot. ad ann.
913. Hepidanus ad ann. 913, bei Goldast, I. — [3] Hansiz Germ. sacra, I,
187. — [4] Rhegin. Continuat. ad ann. 915 u. 916. Chronic. Corbejense ad ann.
918, bei Meibom, I. — [5] Hermann. Contract. ad ann. 917. Rhegin. Continuat.
ad ann. 917. Sigebert. ad ann. 918. — [6] Sigebert. ad ann. 914. Rhegin.
Continuat. ad ann. 917. Luitprand, II, 7. — [7] Lupus Protospata bei Muratori,
Rer. Ital. S. V. Frodoard. bei du Chesne, II.

auf, die Verschworenen zu überfallen. Nichts konnte ihnen willkommener sein; des Königs Wunsch ward erfüllt; die überrumpelten
Anführer hatten nicht mehr Zeit, sich zur Vertheidigung zu rüsten; nur
Markgraf Adalbert von Ivrea entrann durch Flucht, als Waffenknecht
verkleidet, dem Tode; die übrigen wurden theils niedergehauen, theils
gefangen genommen; unter diesen Graf Gilbert, gegeiselt, gefesselt und
halbnackt dem Berengar überliefert. Da wollte dieser gnädig sein, wo
er gerecht sein sollte, und schenkte, zum eigenen Verderben, dem Grafen die Freibeit; denn eben dieser Gilbert führte hernach den König 922
von Burgund wider seinen Wohlthäter nach Italien, und Berengar wurde
von veroneser Verschworenen, unter Anführung Flambert's, den er mit
Wohlthaten überhäuft hatte, in der Nacht unter vielen Dolchstichen 924
ermordet. [1]

Dieser Mord, der Rache forderte, gab den Ungarn schicklichen
Vorwand, unter Anführung ihres Herzogs Zoltán, Pavia, des italienischen Reichs Hauptstadt, zu belagern. Die Einwohner vertheidigten
sie schlecht, und waren doch zu stolz, sie auf Bedingungen zu übergeben.
Die Ungarn nahmen sie im Sturme, steckten sie in Brand und ermordeten die Bürger; nur einige hundert erkauften ihr elendes Leben mit
acht Scheffel Silber, welches sie aus den rauchenden Trümmern ihrer
eingeäscherten Stadt hervorgegraben hatten. [2] Allein damit war der
Ungarn Anhänglicbkeit an Berengar noch nicht befriedigt; auch den
burgunder König, seinen Feind und Nachfolger, wollten sie verderben;
darum zogen sie über die Alpen, um ihn aufzusuchen. Der Pässe unkundig, sahen sie sich plötzlich von ihm und Hugo, Grafen von Vienne,
umzingelt und eingeschlossen; doch schlugen sie sich glücklich durch,
worauf sie in Gothien, dem heutigen Languedoc, durch die Pest beträchtlichen Verlust erlitten und zur Heimkehr genöthigt wurden. [3]

Unterdessen waren zwei andere ungarische Haufen wider König
Heinrich den dalemincier Wenden zwischen der Elbe und Mulde zu
Hülfe ausgezogen, der eine von ihnen eingeladen, der andere von
Raubgierde getrieben. Beide durchstreiften Sachsen, ohne Widerstand
zu finden, und kehrten mit schwerer Beute beladen zurück zu ihren
Schutzgenossen, welche gleichfalls so unbarmherzig von ihnen aus-
gesogen wurden, daß viele nicht länger mehr als freie Leute bestehen
konnten, daher ihre Wohnplätze verlassen und in andern Gauen sich zu
Frohndiensten verdingen mußten. [4]

Jetzt ließ der Ungarn-Herzog den lange rückständigen Tribut von 925
König Heinrich fordern, und als dieser die Zahlung verweigerte, führte
er seine Scharen nach Sachsen. [5] Heinrich ging ihm mit einem Kriegsheer entgegen. Vor Peuchen, unweit Wurzen, kam es zum Gefecht;
die Ungarn kämpften so tapfer, daß Heinrich nach schwerer Niederlage
sich in die Pfalzfestung Werla, bei Goslar, flüchten mußte. Das Land
war nun den erbitterten Siegern preisgegeben; doch zum Glück für

---

[1] Luitprand., II, 17. 16. — [2] Ders., III, 1. — [3] Frodoard. Chron. ad ann.
924. — Frodoard., a. a. O. — [4] Witichind. Chron. L. I, bei Meibom, I. —
[5] Luitprand., III, 1.

dasselbe, gerieth einer ihrer vornehmsten Heerführer, wahrscheinlich
Zoltán selbst [1], in der Sachsen Gewalt. Weislich verschmähte Heinrich das hohe Lösegeld, welches die Ungarn für den Gefangenen anboten, und bedingte seine Loslassung auf neunjährige Waffenruhe, zu
welcher sie auch feierlich sich verpflichteten. [2] Schwer fiel es den, des Raubens und Verheerens schon Gewohnten,
durch neun lange Jahre den Frieden mit den Deutschen unverletzt zu
halten; doch Achtung für Treue und Glauben, tief in ihrem Gemüthe
liegend, gebot ihnen, jeden auch noch so schicklichen Vorwand zu
dessen Bruche zu verschmähen. Heinrich's kräftige Vorkehrungen, die
Herstellung alter und Aufführung neuer festen Burgen, die Aushebung
jedes neunten Mannes zum Waffendienste in Städten, die Vereinigung
begnadigter Straßenräuber zu kriegerischen Rotten, ihre anhaltenden
Uebungen in schwerer Rüstung, die dem Kriegsdienste zuerkannten
Vorrechte, die häufigen Kampfspiele und Turnierfeste unter den Edeln,
endlich die Unterjochung aller wendischen Völkerschaften im Havel-
lande, im meißener Gebiet und in der Lausitz [3], alles nur Vorbereitungen
zu nachdrücklichern Unternehmungen wider die Ungarn, konnten diesen
unmöglich unbekannt bleiben; aber unbekannt war ihnen noch das
neuere Weltrecht, die Anstalten des Nachbars zu seiner Sicherheit für
versteckte Angriffe zu erklären, und den offenbaren, durch Einfälle in
sein Gebiet, zuvorzukommen.

　　Durch neun Jahre also blieb Deutschland von den redlichen Barbaren unangefochten; doch der langen Ruhe endlich überdrüssig, rüsteten sie drei Heere aus, deren eines nach Thraziens Verheerung vor
Konstantinopel erschien, aber durch des Patriciers Theophanes Beredsamkeit, durch Geschenke und theure Loskaufung der Gefangenen be-
sänftigt, nichts weiter unternahm. [4] Das zweite ging nach Italien und
ließ sich vom König Hugo mit vielem Gelde nicht nur zu friedlicher
Begegnung, sondern sogar zu einem Zuge nach Spanien wider die Araber erkaufen; da ihm indessen der Weg durch einige Sandwüsten zu
beschwerlich ward, argwohnte es Betrug und kehrte nach Pannonien
zurück. [5] Das dritte und stärkste erwartete den Bescheid des deutschen Königs, welchen Zoltán kurz vor Ablauf des Waffenstillstandes
durch Abgeordnete zur Bezahlung des rückständigen Tributs aufgefordert hatte.

　　Anstatt des Tributs drohte Heinrich den Gesandten der Ungarn
mit Waffen und Schlachten. Nun brach Zoltán mit seiner Heermacht
durch Böhmen in das meißener Land ein und forderte die Dalemincier
auf zur Waffengesellschaft gegen den König, der sie kurz vorher bezwungen hatte; allein so schwer diesen auch das Joch deutscher Herrschaft dünkte, so schien es ihnen doch erträglicher, als der Ungarn
Freundschaft, welche sie vor zehn Jahren mit Zerstörung ihres Wohl-
standes hatten bezahlen müssen. Gewaltthaten, unter dem Deckmantel

[1] Pray, Dissertat., V, 103. — [2] Witichind. et Sigebert. ad ann. 925. —
[3] Witichind., a. a. O. Annalista Saxo ad ann. 927, bei Eccard., I. — [4] Leo
Grammat. Cedrenus bei Stritter, Tom. III, Pars II, 617. — [5] Luitprand.,
IV, 8.

der Freundschaft oder des Schutzes von Völkern an Völkern verübt, sind unvergeßlich und bleiben höchst selten ungerächt. Doch zur Rache waren jetzt die Dalemincier zu schwach; was ihnen widerfahren war, vergalten sie durch Spott, indem sie den Ungarn zum Kriegsgefährten einen feisten Bullenbeißer in das Lager sandten. Zoltán hatte sogleich nicht Zeit, ihren Muthwillen zu züchtigen, denn er wollte den König der Deutschen unvorbereitet überfallen. [1] In Thüringen theilte er seine Macht, um die Sachsen von östlicher und westlicher Seite anzugreifen. Eiligst bot Heinrich, obgleich von Krankheit ermattet, seinen Heerbann auf; in vier Tagen war derselbe versammelt. Der fromme König befahl den Seinigen, unter dem Schlachtgeschrei Kyrie eleïson, in dicht geschlossenen Reihen gegen die Feinde anzurücken, den ersten Pfeilwurf mit ihren Schildern aufzufangen und dem zweiten Wurf durch schnelles und gleichmäßiges Andringen mit ihren Lanzen zuvorzukommen. Heinrich's Streitmänner vollzogen diese Vorschrift pünkt- 934 lich und siegten. Nach dem hitzigsten, doch von den Deutschen standhaft ausgehaltenen Gefechte nahmen die Ungarn so eilig die Flucht, daß nur wenige den nachsetzenden Deutschen in die Hände fielen; aber das ganze reiche Lager wurde von den Siegern erbeutet und eine beträchtliche Anzahl gefangener Deutschen in Freiheit gesetzt. [2]

Unterdessen war das östliche Heer der Ungarn vor Merseburg gerückt, um nach der Einnahme der Stadt der in Verwahrung dahin gebrachten Schätze sich zu bemächtigen. Die tapfere Gegenwehr der Bürger trotzte der stürmenden Gewalt bis zum Einbruche der Nacht. Da erhielten die Ungarn Kunde von der Niederlage ihres westlichen Heeres und von dem Eilmarsche des Königs zum Entsatz der Stadt. Sogleich riefen sie die auf Plünderung ausgesandten Rotten durch brennende Holzstöße zurück; und als sie nur den Vortrab der deutschen Scharen erblickten, zogen sie, das Lager preisgebend, in größter Unordnung ab. Der Sieg kostete die Deutschen viele tapfere Herren, und unter diesen auch den edeln Albrecht von Babenberg. [3]

Ungeachtet dieses unglücklichen Feldzugs behielten die Ungarn noch immer Kraft und Muth genug übrig zu neuen Unternehmungen. Nach Heinrich's Tode ward sein Sohn Otto I. König der Deutschen. 936 Im Jahre darauf starb der Baiern-Herzog Arnulf. Die Verwaltung des Landes ward seinen Söhnen von Otto entzogen und Berthold, dem Bruder Arnulf's, bisher Markgrafen an der Etsch und im Vinstgau, übertragen. Nun überfielen die Ungarn das so lange verschonte Baiern, plünderten durch Schwaben und Franken, gingen sodann bei Worms 937 über den Rhein, verheerten Elsaß, Lothringen und Frankreich, und nahmen hernach durch Burgund und Italien, nach mancherlei widrigen Begegnissen, doch reich an Beute, ihren Rückzug nach Pannonien. [4] Zu gleicher Zeit fiel ein anderes ungarisches Heer in Sachsen ein, um die Kraft und den Muth des neuen Königs der Deutschen zu prüfen.

---

[1] Witichind., a. a. O. — [2] Luitprand., II, 8—9. — [3] Witichind., a. a. O. Sigeber ad ann. 934. Frodoard ad ann. 933. Aloldus ad ann. 933 in Hanhale i Fasti Campililiens., I. — [4] Witichind., a. a. O. Hermann. Contract. ad ann. 937. Leo Ostiens. Chronic., I, 55. Lupus Protospat. ad ann. 936.

Ein Theil desselben belagerte Stederburg im braunschweigischen Gebiet, ward aber von der ausfallenden Besatzung geschlagen und auf dem
938 Rückzuge allmählich aufgerieben. Was davon übrig blieb, bestürmte
das Nonnenkloster Obernkirchen und ermordete die Gott geweihten
Jungfrauen, ohne ihrer Tugend, welche die Ungarn von jeher selbst in
der grausamsten Wuth in Ehren hielten, nachzustellen. Der andere
Theil ließ sich von einem listigen Wenden in den großen Drömlinger
Wald führen, wo er theils unter den Ueberfällen der Sachsen und Wenden, theils in den Sümpfen des Forstes seinen Untergang fand; der
Heerführer ward gefangen genommen und nur gegen ein sehr ansehnliches Lösegeld wieder freigelassen. [1]
942   Nach vier Jahren wurde Baiern mit einem Streifzuge von den
Ungarn heimgesucht; aber an dem Ufer des Trauns forderte sie Herzog Berthold zur Schlacht, der sie nicht entrinnen konnten; dort büßten
943 sie in blutiger Niederlage ihre Raubsucht. [2] Im folgenden Jahre trieb
sie die Unruhe mit einem ungemein zahlreichen Heere gegen das byzantinische Kaiserthum, das zu schwach war, den Kampf mit ihnen zu bestehen. Zum Glücke lebte der wortmächtige Patricier Theophanes
noch; ihn sandte Romanus Lakapenus mit reichlichen Geschenken.
Mit vieler Geschicklichkeit erhandelte dieser auf fünf Jahre Frieden,
welcher gegenseitig durch ansehnliche Geiseln verbürgt wurde [3]. Bald
944 darauf wagten sie einen Raubzug nach Kärnten, wo sie aber von den
Eingeborenen und von den Baiern fast gänzlich aufgerieben wurden. [4]
        Vermöge des erwähnten Friedens konnten die Ungarn in die griechischen Länder jetzt nicht einfallen, und in die deutschen zu ziehen,
war ihnen nach so bedeutenden Niederlagen die Lust vergangen; sie
blieben also ruhig und erholten sich von den erlittenen Verlusten. Diese
Zeit der Muße benutzte Zoltán, die Grenzen des Landes zu befestigen
und besonders gegen die Deutschen, deren Rache er fürchtete, zu
sichern. Daher ließ er durch die noch von Árpád zum Theil auch
dort angesiedelten Ruthenen die Burg Güns bauen und verstärkte die
Grenzwache am Neusiedler See durch eine Colonie neu eingewanderter
Petschenegger, auf deren Tapferkeit er sich verlassen konnte.
        Vielleicht durch die Anstrengungen so vieler Kriege ermüdet, vielleicht um seinem Sohne die Nachfolge zu sichern, legte Zoltán die Herrschaft nieder und übergab sie seinem siebzehnjährigen Sohne Taksony,
dem er eine Palóczin zur Gemahlin gegeben hatte. Die Volkshäupter
ertheilten ihre Zustimmung und huldigten. Zoltán aber starb drei Jahre
darauf. [5]

Taksony 947—972. [6]

        Der Wunsch, so schnell als möglich durch Thaten sich der Herrschaft würdig zu beweisen, trieb den siebzehnjährigen Gebieter mit

[1] Hermann. Contract. ad ann. 938. Witichind, L. II, a. a. O. — [2] Chronic. Salzburg. ad ann. 942, in Hahn. Collectio Monumentorum etc., II. Witichind, a. a. O. — [3] Leo Grammat. Cedrenus bei Stritter, a. a. O., S. 619. — [4] Rhegin. Continuat. ad ann. 944. Chronic. Salzburg. ad eund. ann. — [5] Anonym. B. Notar., c. 57. — [6] Constant. Porphyrogen. de admist. imperio, c. 40

seinem kriegerischen Volke nach Italien, wo Lothar, Hugo's Sohn, und 947
Berengar der Jüngere sich gegenseitig befehdeten. Doch kamen dort
die Ungarn zn keinem Kampfe, weil Berengar es leichter fand, von
Bürgern, Kirchen, Klöstern zehn Scheffel Silbers zu erpressen und
damit den Frieden von dem Herzog zu erkaufen. [1] Der fünfjährige Waffenstillstand mit dem oströmischen Reiche war 948
abgelaufen. Der Krieg wurde nicht erneuert; vielmehr ging, wahr-
scheinlich um neue Verträge zu schließen, Bulcs nach Konstantinopel,
wo er die Taufe nahm, reiche Geschenke erhielt und zum Patricier erhoben wurde. Bald darauf kam auch der siebenbürger Stammfürst
Gyula nach Konstantinopel und trat nicht nur selbst zum Christenthum
über, sondern brachte auch den Mönch Hierotheus mit sich, den ihm der
Kaiser beigesellte, damit er die Ungarn bekehre und von Einfällen in
das kaiserliche Gebiet abhalte. Gyula blieb dem Christenthum treu,
Bulcs aber fiel bald nach seiner Heimkehr ab. [2]

Nach Herzog Berthold's Tode gab Otto Baiern seinem Bruder 950
Heinrich; sein anderer Bruder Ulrich war Bischof von Augsburg. Arnulf, Berthold's älterer Neffe, war Pfalzgraf und verwaltete das Land,
wenn Heinrich den bairischen Heerbann führte. Wider diesen zog
Taksony jetzt aus, um die Niederlage zu rächen, welche die Ungarn
von Heinrich's Vorfahren erlitten hatten. Allein der neue Herzog war
nicht minder kriegserfahren und tapfer als Berthold, und der Ungarn
alte Weise zu kämpfen wußten die deutschen Krieger nun schon unwirksam zu machen. Taksony verlor die Schlacht und mußte sich mit
großem Verluste unter mancherlei Gefahren zurückziehen. [3]

Um diese Zeit empörte sich Ludolf, Herzog von Schwaben, gegen 952
seinen Vater, König Otto; Konrad, Herzog von Lothringen, Otto's
Eidam; Arnulf, Pfalzgraf von Baiern, und dessen Vetter Herold, Erzbischof von Salzburg, traten mit ihm in Bund. Um ihrer Unternehmung
Gewicht zu geben, bewarben sie sich um Hülfsvölker bei den Ungarn
und gaben den ausgerüsteten Haufen streitgeübte deutsche Herren zu
Anführern. Konrad selbst führte sie durch Franken und durch die
Rheingegenden, nicht zum ritterlichen Kampfe, sondern zur schrecklichsten Verheerung mit Feuer und Schwert. Bei Trier ergriff ihn die
Reue, indem ihn sein Gewissen als den Urheber unzähliger Gewalt-
und Mordthaten anklagte. Er verließ das wilde Volk, das aber auch 954
ohne ihn fortfuhr, zu rauben, zu verwüsten, zu zerstören und endlich

---

sagt: „Der dritte Sohn Árpád's, Jutotzas, hatte einen Sohn Falitzin, der jetzt
Herzog ist, des vierten, Zalta's, Sohn war Taxis." Nach ihm würde also
zu Ende der vierziger und Anfang der funfziger Jahre dieser Falitzin regiert
haben, von dem sonst keine Nachrichten vorhanden sind; auch reden die
abendländischen Chronisten von Geiza, als dem vierten Herzog, sodaß für
Falitzin kein Platz bleibt, und doch muß man voraussetzen, daß der Kaiser
den Namen des Fürsten kannte, mit dem er zu dieser Zeit Verträge schloß.
Eine Schwierigkeit, die nicht zu lösen ist. — Szalay, Geschichte des ungarischen Reichs, 2. Aufl., I, 35.
[1] Lupus Protospata ad ann. 947. Luitprand., V, 15. — [2] Scylitza und
Cedrenus bei Stritter. — [3] Witichind, II, a. a. O. Annales Hildesheimenses
bei Pertz, Script., III.

auf wohlbekannten Wegen über Frankreich und Italien ungestraft heimzog. [1]

955   Ungeachtet Ludolf und seine Partei mit Otto bereits ausgesöhnt waren und Erzbischof Herold durch seine Blendung für alle gebüßt hatte, daher auch niemand mehr ihren Beistand begehrte, war doch die vorjährige Beute so groß, daß der Herzog und sein Volk durch sie zu neuen Unternehmungen unwiderstehlich gereizt wurden. Taksony sandte Abgeordnete an Otto unter dem Vorwande des Friedens, eigentlich aber um die deutschen Zustände zu erforschen. Kaum war die Gesandtschaft mit einigen Geschenken zurückgekehrt, als auch schon ein großes Heer nach Deutschland aufbrach und mit der gewohnten Schnelligkeit über Baiern gegen Augsburg vorrückte. [2] Hier schlug der größere Theil sein Lager auf, der andere trennte sich und zog unter Botond's Führung gegen den Main. Otto befand sich gerade auf einem Kriegszug gegen die slawischen Völkerschaften jenseit der Elbe. Da ward ihm durch seinen Bruder, den bairischen Herzog Heinrich, eilig der Einbruch der Ungarn berichtet; er kehrte schnell um, vereinigte sich mit dem fränkischen, bairischen und alemannischen Heerbann, zog noch eine böhmische Hülfsschar an sich und führte die vereinigte Armee gegen Augsburg, das die Ungarn bereits belagerten und stürmten. Als diese das Herannahen des feindlichen Heers erfuhren, hoben sie schnell die Belagerung auf und rüsteten sich zum Kampf. Otto theilte seine Kriegsvölker in acht Haufen und stellte sich selbst an die Spitze seiner Sachsen. Die Sünden der Krieger wurden durch eine allgemeine Fasten versöhnt, das Lager ward durch die strengste Zucht und Reliquien der Heiligen geweiht, der König und die Fürsten empfingen aus Bischof Ulrich's Händen das geheiligte Abendmahl, gaben sich gegenseitig den Friedenskuß und schworen einander treuen Beistand und gleiche Anstrengung im Kampfe. [3]

Am Morgen des 10. August setzen die Ungarn über den Lech, umgehen das deutsche Heer, fallen es im Rücken an, vernichten die böhmische Hülfsschar, zerstreuen die beiden Schlachthaufen der Alemannen und der Sieg scheint sich schon auf ihre Seite zu neigen. Da betet Konrad, Gott möge ihn, der diesen Jammer über sein Vaterland gebracht, durch die Hand der Ungarn sterben und sein Verbrechen sühnen lassen, und wirft sich mit den zwei fränkischen Schlachthaufen den Ungarn entgegen, ordnet die aufgelösten Reihen der Alemannen von neuem und verschafft Otto Zeit, die Feinde mit dem sächsischen und drei bairischen Schlachthaufen in der Flanke anzugreifen. Die Ungarn wenden sich zur Flucht, aber der angeschwollene Lech verschließt ihnen den Weg; Tausende sterben in seinen Fluten, Tausende fallen unter den Waffen der Sieger oder werden gefangen, nur wenigen ge-

---

[1] Rhegin. Continuat. ad ann. 952 et 954. — Marian. Scot. et Hermann. Contract. ad eund. ann. Witichind, II, a. a. O. Annalista Saxo ad ann. 954. Sigebert. in vita S. Guiberti, §. 13. — [2] „Tanta multitudo Ungarorum erupit, quantam tunc temporis viventium hominum nemo se antea vidisse in una regione profitebatur." Gerardi vita S. Udalrici, c. 12, bei Baron. ad ann. 955. Frodoard. ad eund. ann. — [3] Ditmar. Merseb., II.

lingt es zu entrinnen. Am folgenden Tage gingen die Deutschen über
den Lech, um das verlassene Lager der Ungarn mit seinen Schätzen in
Besitz zu nehmen. Die Beute, die sie hier machten und die sie bei den
Gefangenen und Todten an kostbaren Schmucksachen fanden, war unermeßlich. Aber leider schändeten sie ihren Sieg durch unmenschliche
Grausamkeiten; die Gefangenen warfen sie in Löcher aufeinander und
begruben sie lebendig, oder ließen sie unter Martern grausam sterben;
drei gefangene Anführer Lehel, Bulcs und Usur wurden gehängt. Auch
die aus der Schlacht Entkommenen, die gen Böhmen flohen, fielen
dort dem böhmischen Herzog in die Hände und wurden niedergehauen. [1]

Aber auch die Deutschen erlitten in der blutigen Schlacht schwere
Verluste; Konrad's Gebet wurde erhört, er starb von einem Pfeil getroffen; zwei Grafen von Kyburg und Dietpold, des Bischof von Augsburg Bruder, nebst einer Menge Adelicher und Gemeiner blieben auf
dem Schlachtfelde.

Als die schreckliche Nachricht von dem Ausgang der Schlacht zu
dem andern Haufen des ungarischen Heeres kam, machte die erste Bestürzung bald dem Zorne und Durst nach Rache wegen der an ihren
Brüdern verübten Grausamkeiten Platz. Zuerst machten sie die deutschen Gefangenen, die sie in großer Anzahl mit sich führten, nieder und
legten sich sodann im Schwarzwald in einen Hinterhalt, wo sie dem in
Unordnung heimkehrenden fränkischen und alemannischen Heerbann
auflauerten, ihn überfielen, viele tödteten und fingen und einen großen
Theil der augsburger Beute ihnen wieder abnahmen. Hierauf kehrten
sie unangefochten und glücklich heim. [2]

Der Eindruck, welchen der schreckliche St.-Lorenztag am Lech

---

[1] Die Sage berichtet, von dem einen Heere seien nur sieben übriggeblieben; denen haben die Deutschen die Ohren abgeschnitten und sie heim-
geschickt, die Niederlage zu verkündigen; dort aber wurden sie ihres Vermögens, ihrer Weiber und Kinder beraubt, zum Bettelstab verurtheilt und
gyász magyarkák gescholten. Erst König Stephan habe ihre Nachkommen
von der Schmach befreit, indem er sie dem grauer Stifte unter dem Namen
der Armen des heiligen Lazarus schenkte. Heinrich's von Muglen Chronik
der Hunnen bei Kovacbich. Thuroczy, II, 9. Eine offenbare Fabel, denn
eine Armee von Reitern kann unmöglich so gänzlich vernichtet werden. —
[2] Den ganzen Hergang der Schlacht auf dem Lechfelde erzählen: Witichind,
III, a. a. O. Sigebert ad ann. 955. Ditmar. Merseb., II. Gerard. vita S.
Udalrici, a. a. O. Hermann. Contract. u. Hepidan. ad hunc ann. Rhegin. Continuat. u. Otto Frising, VI, 20. Ueber die Verschiedenheit und Widersprüche
in ihren Nachrichten: Pray, Annal. Hunnor. 365, und Dissert., X. Katona,
Hist. prim. Ducum., S. 442—469. Dem aufmerksamen Leser kann es nicht
entgangen sein, daß nach des Anonymus Bericht Lehel und Bulcs als Führer
des Vortrabes in der Schlacht gegen Zalán 896 genannt waren; vor Augsburg
aber, also 59 Jahre später, erscheinen sie, und zwar nach dem einstimmigen
Zeugniß aller einheimischen und auswärtigen Quellen als Anführer des Heeres.
Mithin muß entweder der Anonymus bei der ersten Begebenheit die Namen
irrig angegeben haben oder diese Männer waren damals sehr jung und das
zweite mal sehr alt, oder die letztern waren andere, die aber den Namen
der erstern, vielleicht als ihre Söhne und Enkel, führten. Anonymus, c. 55.
Kézai, II, 1.

in den Gemüthern der Uebriggebliebenen zurückgelassen hatte, ward
durch ihre Raubsucht und Kriegslust bald geschwächt; zwar scheueten
sie sich lange, das Innere Deutschlands wieder heimzusuchen, aber von
Mölk aus, dem Grenzplatze ihres Landes, trieben sie ihre Streifereien
958 in Baiern fort. [1] Auch mochte es an mancherlei Aufreizungen hierzu
nicht fehlen. So wurden 963 in Capua zwei Gesandte Papst Johann's XII. aufgefangen, die er an die Ungarn unter dem Vorwande der
Bekehrung schickte, um sie zum Krieg gegen Deutschland aufzuwiegeln.[2]
   Dafür wandten sie jetzt ihre heftigsten Angriffe gegen das byzantinische Reich, sie verheerten ganz Thrazien und bedrohten Konstantinopel, wo sie jedoch von dem Patricier Pothus Argyrus geschlagen und
961— der Beute sowol als der Gefangenen beraubt wurden. [3] Nach einigen
963 Streifzügen kleinerer Haufen [4] durch der Griechen Gebiet wurden die
Bulgaren jenseit der Donau nachdrücklicher von ihnen angegriffen.
Der tapfere, von benachbarten Völkern gefürchtete Symeon war nicht
mehr; das von außen gepriesene, im Innern zerrüttete und erschöpfte
Reich verwaltete jetzt sein Sohn Petrus, durch seine Vermählung mit
Maria, des Titel-Kaisers Flavius Christophorus Tochter, dem byzantinischen Hofe verwandt.   Als er nun, zu schwach, der Ungarn Uebermacht zu widerstehen, von dem Kaiser Nicephorus vergeblich Hülfe ge-
966 fordert hatte, schloß er mit ihnen Frieden unter der Bedingung, daß im
Kriege des einen Volks mit den Byzantern diesen das andere keinen
967 Beistand leiste.   Im folgenden Jahre sah Nicephorus auf einer Reise
durch Thrazien an den zerstörten und ausgeplünderten Städten mit Entsetzen die schrecklichen Folgen dieses Bündnisses und forderte von
dem König der Bulgaren, den Ungarn mit seiner ganzen Macht den
Uebergang über die Donau zu verwehren.   Allein Petrus lehnte den
kaiserlichen Auftrag mit dem Vorwurfe der ihm früher verweigerten
Hülfe, ab [5], worauf der erzürnte Kaiser den Großfürsten der Russen
zum Feldzuge wider die Bulgaren für 1500 Dukaten erkaufte.   In
zwei Jahren hatte Swätoslaw die Bulgaren fast ganz unterjocht; als
969 aber nach des Nicephorus Ermordung Joannes Tzimisces den Thron
bestiegen hatte, ward von ihm verlangt, seine Eroberung dem Kaiser
zu überlassen und sich mit dem von Nicephorus bezahlten Gelde zu begnügen.   Das ließ Swätoslaw auf das Waffenlos ankommen, wozu er
nun einige Haufen Ungarn und Petscheneger in Sold nahm.   Seine
ganze Macht war 38000 Mann stark, in drei Rotten getheilt, wovon
die eine aus Russen und Bulgaren, die andere aus Ungarn, die dritte
aus Petschenegern bestand.   Joannes Tzimisces konnte ihm nur 12000
970 Mann unter Anführung des Bardas Sklerus entgegenstellen.   Die Griechen schlossen sich in Hadrianopel ein und heuchelten Zaghaftigkeit,
jede Aufforderung zur Schlacht in offenem Felde zurückweisend.   Dies
machte die Feinde anfänglich beherzt, dann zuversichtlich, endlich sorg-

---

[1] Notulae Aloldi bei Hanthaler ad ann. 955, I, 1278. — [2] Luitprandi
Gesta Ottonis, c. 6. — [3] Constantini Continuat. Symeon Logothet. bei Stritter,
a. a. O., S. 626. — [4] Continuat. Theophanis bei Stritter, a. a. O. Luitprand.
Hist. Legation. ad Nicephor. — [5] Cedrenus. Zonaras bei Stritter, u. a. O.,
S. 627.

los; Zucht und Ordnung im Lager wurden vernachlässigt. Unterdessen traf Bardas die zweckmäßigsten Maßregeln zu einem Ausfall, bei welchem der Patricier Joannes zuerst auf das Lager der Petscheneger stieß. Kaum hatte das Gefecht begonnen, so nahm er verstellte Flucht, wodurch er die verfolgenden Petscheneger in den ausgestellten Hinterhalt lockte. Dort wurden sie umringt und von den hinzueilenden Scharen des Bardas fast gänzlich aufgerieben. Sogleich warf sich Bardas auf die übrigen zwei Rotten. Die ungarische Reiterei, bei dem ersten Anfalle zurückgeworfen, sammelte sich wieder und hielt das gewaltige Andringen der Byzanter aus. Der Kampf war heftig, der Sieg lange zweifelhaft, bis zwei ungarische Hauptleute, auf Bardas und seinen Bruder Constantinus losstürmend, die Streiche verfehlten und von den besonnern Patriciern getödtet wurden. Mit dem Sturze der Führer sank auch der Ungarn Muth, ihre Rosse brachten sie in Sicherheit. Der Widerstand des bulgarischen und russischen Fußvolks war zu schwach, wenige entkamen in unordentlicher Flucht, viele wurden getödtet, mehrere gefangen genommen, die meisten verwundet. [1] Dies war der letzte Plünderungszug, den die Ungarn unternahmen. Sie waren nicht nur geschwächt durch die gehäuften Kämpfe und Niederlagen, sondern auch der Schrecken, der vor ihnen herging und die Kraft zum Widerstande lähmte, war geschwunden. Mit Recht besorgten Taksony und die andern Führer, daß die gemishandelten Völker endlich sich erheben und Rache nehmen könnten, darum hielten und geboten sie Frieden. Sehr gelegen kamen jetzt neue, stammverwandte Ansiedler in das Land. Zuerst Petscheneger unter ihrem Häuptling Thonuzoba, die sich an der Theiß oberhalb des jetzigen Szolnok niederließen. Sodann Bulgaren von der Wolga her, geführt von Bila und Bocsu, denen an mehreren Orten Wohnungen angewiesen wurden, besonders aber am linken Donauufer Ofen gegenüber, wo sie Pesth bauten. Diesen folgte noch ein zweiter Schwarm mit seinem Stammfürsten Hetény, der gleichfalls freundliche Aufnahme fand. Diese Bulgaren werden in den einheimischen Chroniken und Urkunden Ismaeliten genannt, weil sie sich schon zur Zeit ihrer Einwanderung zum Islam bekannten und noch Jahrhunderte hindurch dabei beharrten. [2]

Taksony starb 972 und ward an der Stelle begraben, wo unterhalb Pesth die Ortschaft Taksony liegt, wie die Sage berichtet. Durch seinen Tod ward das von Parteien zerrissene Deutschland, sowie das sinkende Reich der Griechen vor gefährlichen Erschütterungen von seiten der Ungarn auf lange Zeit gesichert. Kühner in Entwürfen, als sein Vater und Großvater, aber unglücklicher als beide auf dem Schlachtfelde, hatte er einen großen Theil der Kräfte seines Volks aufgerieben, und seinem Sohne Geiza (Győző, Sieger, Victor) mit der Herrschaft zugleich die Nothwendigkeit, die Waffen niederzulegen, hinterlassen.

[1] Cedrenus. Zonaras bei Stritter, Tom. II, Pars II, 618 sq. et 988 sq.; vgl. Pray, Annal. vet. Hunnor., S. 369. — [2] Anonymus, c. 57. Horváth, Geschichte des ungarischen Reichs, 2. Aufl., I, 98—100.

Geiza 972—997.

Geiza war zwanzig und etliche Jahr alt, als er den herzoglichen
Stuhl einnahm. Beim Antritt seiner Regierung fand er nicht nur die
Kraft des Reichs erschöpft, sondern auch Denkungsart und Sitten des
Volks hatten sich bedeutend verändert. Siebzig Jahre waren unter beständigen wechselvollen Kämpfen verflossen, zwei Generationen hin-
gestorben; die kühne Siegeszuversicht, die Árpád's Heldengeist den Ungarn eingeflößt hatte, fing an schwächer zu werden, der Umgang mit
den Ueberwundenen zu Hause, die Berührung mit weniger oder mehr
civilisirten Nationen in der Nachbarschaft äußerten ihren Einfluß; das
Verlangen, das reiche Land und die gewonnene Beute auch zu genießen,
erwachte; schon vertauschte der Vornehme das Zelt mit der Burg; der
Herrschersitz ward in einer Stadt aufgeschlagen, und auch den Geringern zog bereits die Heimat an, wo er geboren war, seine Familie lebte,
und seine Heerde weidete; die wilde Aufregung der Eroberung war
verrauscht und die Ruhe kehrte allmählich ein. Dem natürlichen
Gange der Dinge und den Bedürfnissen des Reichs folgten also Geiza
und sein hoher Rath, indem sie einen Zustand des Friedens herbeizuführen, mit den Nachbarländern freundschaftliche Verhältnisse anzuknüpfen und die eigene Nation auf die Bahn der Civilisation zu leiten
suchten. [1]
     Eine wichtige Maßregel war es, wie Kézai [2] berichtet, daß das
Recht, den Herzog vor sein Gericht zu fordern und auch zu entsetzen,
welches das Volk bisjetzt besessen hatte, nun aufgehoben wurde.
Gewiß fielen auch andere Schranken, welche die herzogliche Macht be-
engten, und wurde den Veränderungen, die eingeführt werden sollten,
selbst gewaltsamerweise Bahn gebrochen. Es wird uns daher berichtet, Geiza sei strenge, hart, sogar grausam gegen sein Volk gewesen,
habe aber Ausländer begünstigt. [3] Denn bedeutende Veränderungen
finden überall heftigen Widerstand und können nur durch Kampf
durchgesetzt werden. Auch unter den Ungarn gab es gewiß viele, die
am Alten hingen und dem Neuen hartnäckig widerstrebten, die Geiza's
harter Sinn nur durch rohe Gewalt zu zwingen und zu beseitigen wußte.
Die Fremden hingegen waren nicht nur Rathgeber, die man brauchte,
sondern auch Werkzeuge, durch welche man den Widerstand brechen
konnte. Dies alles dient aber zugleich als Zeugniß, wie sehr die herzogliche Macht, die anfangs so gering war, durch hundertjährige Vererbung von Vater auf Sohn in derselben Familie jetzt schon gewachsen
und erstarkt sein mußte. Leider besitzen wir gerade aus dieser wich-

---

[1] Notulae ex Aloldo: Admisit (Geiza) consilium sibi a Deo inspiratum,
et proposuit formare Pannoniam suam in rempublicam, et illam ditare non
amplius injustis praedis, sed licitis lucris. — [2] Kezai, I, 2. — [3] Ditmar. oder
Tietmar. Merseb. ad ann. 973 bei Pertz, Stephani pater erat Dewix (Geiza),
homo crudelis multos subito furore occidens. Hartvicus, Vita S. Stephani, c. 2:
Geiza severus quidem et crudelis, veluti potentialiter agens in suos, miseri-
cors autem et liberalis in alios et praecipue Christianos.

tigen Epoche der ersten staatlichen Entwickelung unsers Volks nur sehr
spärliche Nachrichten.

Die erste Gemahlin Geiza's war Sarolta, des siebenbürger Stammfürsten Gyula Tochter[1], die ihm 969 einen Sohn, den nachmaligen Kö- 969
nig Stephan gebar, aber bald darauf starb. Hiermit widerlegt sich von
selbst, was gewöhnlich ohne historische Zeugnisse behauptet wird, daß
Sarolta, selbst Christin, ihren Gemahl zu den neuen Einrichtungen im
Reiche und besonders zur Einführung des Christenthums ermuntert und
dabei geleitet habe.

Um friedliche Verhältnisse mit benachbarten Staaten anzubahnen,
ging eine Gesandtschaft an Kaiser Otto, die ihn in Quedlinburg traf, 973
wo er das Osterfest feierte, und freundlichen Gruß nebst Geschenken
vom Herzog überbrachte.[2] Die Gesandten wurden gütig aufgenommen
und erhielten reiche Gegengeschenke. Sie begegneten hier, neben den
Abgeordneten mehrerer Völker, auch dem Polen-Herzog Micziszlaw
(Miesko), der eben erst zum Christenthum übergetreten war und sich
dem Kaiser, der damals als das weltliche Haupt der Christenheit geehrt wurde, vorzustellen kam. Bei dieser Gelegenheit wurde wahrscheinlich auch die Vermählung Geiza's mit Micziszlaw's Schwester,
Adelheid, verabredet, welche bald darauf wirklich zu Stande kam.[3]
Adelheid war es, die wegen ihrer Schönheit Beleknigini, polnisch die
schöne Fürstin, genannt wird[4] und über ihren Gemahl große Gewalt
hatte. Sich in seine Gewohnheiten und Sitten fügend, mit ihm reitend,
jagend und selbst bis zur Unmäßigkeit trinkend, brachte sie es dahin,
daß sie ihn ganz nach ihrem Gefallen leitete und auf die Regierung des
Landes den größten Einfluß übte; sie brachte es dahin, daß Geiza, der
sonst eben nicht gütiger Gemüthsart war, Ausländer und Christen
freundlich aufnahm und endlich selbst zum Christenthum hinneigte.[5]

Kaiser Otto erwiderte die ihm so angenehme Gesandtschaft
Geiza's noch in demselben Jahre und wählte dazu den Bischof Bruno
von Verdun, der den Auftrag erhielt, den Herzog in seinen friedlichen
Gesinnungen zu bestärken und für das Christenthum zu stimmen. Er
fand ihn zu Gran, seiner gewöhnlichen Residenzstadt[6], und scheint sich
seines Auftrags mit Erfolg entledigt zu haben.

Um diese Zeit, oder vielleicht noch früher, kam Wolfgang, der
eifrige Mönch des Klosters Schwäbisch-Einsiedeln, aus eigenem Antrieb

---

[1] Anonymus, c. 27. Thuróczy, Annal. Hildesheimenses ad ann. 1003.
Kézai; beide letztern nennen den Jüngern siebenbürger Gyula den Onkel
Stephan's. — [2] Annal. Hildesheimens. Quedlinburg. Tietmari Chron., Lib. II,
c. 20, bei Pertz, III. — [3] Chronica Hungarorum e codice Warsaviensi saeculi XIII. ap. Endlicher. Chronicon breve Silesiae saeculi XIV, bei Sten-
czel, Scriptores rerum Silesiacarum (Breslau 1834). — [4] Tietmar, a. a. O.
Crommer, Historia Poloniae, Lib. III, c. 2. — [5] Bruno, Vita S. Adalberti.
Acta S. S. ad mens. April. 23ᵘ̈ᵃᵐ, Tom. III, c. 5. Totum regnum viri manu
tenuit, et quae erant viri ipsa regebat; qua duce erat Christianitas coepta. —
Ueber Sarolta und Adelheid: Szalay, Geschichte des ungarischen Reichs, I,
42 fg., Anm. — [6] Kaiser Otto's Brief an Piligrin, den Bischof von Passau, in Fejér, Codex diplomat. Hungariae, I, 257. Hansiz, Germania sacra,
I, 207.

in das Land, das Evangelium zu verkündigen, wurde aber von dem passauer Bischof Piligrin aus Eifersucht abgerufen. Denn nach der Zerstörung des Erzstiftes Lorch rechnete Passau auch Pannonien zu seinem Sprengel; Piligrin wollte daher nicht gestatten, daß dort jemand das Christenthum ausbreite, ohne von ihm bevollmächtigt zu sein, besonders auch darum, weil er sein Stift zum Erzbisthum erheben, sich Verdienste sammeln und seinen Sprengel so ausdehnen wollte, daß er dessen würdig gefunden werde. [1] Hierauf nahm Piligrin die Sache selbst in die Hand und schickte Mönche als Glaubensboten nach Ungarn, die dort nach seiner, des eben Gesagten wegen zwar etwas verdächtigen Versicherung sehr viel ausgerichtet haben. Als er nämlich den Papst Benedict VII. bat, ihm das erzbischöfliche Pallium zu verleihen, berichtet er: „Da ich von dem ungarischen Volke mit vielen Bitten angegangen wurde, entweder selbst zu kommen oder ihnen von mir abgeordnete Boten des Evangeliums zu schicken, sandte ich zu ihnen geeignete Mönche und Priester . . . . und die Gnade Gottes gewährte eine solche Frucht, daß fünftausend Vornehme beider Geschlechter zum katholischen Glauben aufgenommen wurden. Die Christen aber, welche die Mehrheit des Volks bilden, aus allen Weltgegenden als Gefangene dahin geschleppt waren und bisher ihre Kinder nur heimlich taufen konnten, bringen nun diese ungescheut zur Taufe . . . . und lösen ihre Zungen zum Lobe des Heilandes mit Freuden. Denn die Barbaren selbst . . . . wehren es keinem ihrer Untergebenen sich taufen zu lassen, und hindern die Priester nicht, wohin immer zu gehen; die Heiden leben vielmehr in solcher Eintracht mit den Christen und sind mit ihnen so in Freundschaft verbunden, daß die Weissagung des Jesaias hier in Erfüllung gegangen zu sein scheint: «Der Wolf und das Lamm werden miteinander weiden, und der Löwe und Ochse Spreu essen.“ Die Sachen stehen mithin so, daß beinahe die ganze ungarische Nation geneigt ist, den heiligen Glauben anzunehmen.“ [2]

Bald wurde Geiza selbst für das Christenthum insoweit gewonnen, daß er neben seinen Nationalgottheiten auch den Christengott verehrte, heidnische Opfer darbrachte und christliche Religionsgebräuche verrichtete. Als ihn ein christlicher Priester auf das Unerlaubte jener Religionsvermischung aufmerksam machte, gab er zur Antwort: „Ich bin reich genug, den Göttern zu opfern und dem Christengott zu dienen, und will es thun.“ [3] Doch das Werk der Bekehrung wurde unterbrochen. Nach dem Tode Otto's I. stand gegen seinen Sohn Otto II., der ihm auf dem Kaiserthrone nachgefolgt war, ein naher Verwandter, Heinrich der Jüngere, Herzog in Baiern, als Kronprätendent auf. Für diesen erklärte sich der Polenfürst Miecziszlaw, der durch seine vielvermögende Schwester auch Geiza zu der bairischen Partei hinüberzog. Piligrin aber

---

[1] Horváth, Geschichte des ungarischen Reichs, I, 104 fg., nach: Ochloni, Vita S. Wolfgangi, bei Pertz, Script., IV, 530. Dümmler, Piligrin von Passau und das Erzbisthum Lorch (Leipzig 1854). — [2] Piligrinus Laureacensis ad Benedictum VII. bei Endlicher. — [3] Tietmar, VIII, c. 3, bei Pertz, Script., III, 862.

kämpfte für Otto und kam dadurch in ein feindseliges Verhältniß mit
Ungarn. Seine hier wirkenden Glaubensboten verließen nun, entweder
aus Besorgniß oder gewaltsam vertrieben, das Land. Heinrich wurde
zwar besiegt, gefangen und des Kaisers Neffe Otto mit dem Herzog- 977
thume Baiern belehnt, aber die Feindseligkeiten dauerten fort und wurden noch heftiger, als es Heinrich gelang, aus der Gefangenschaft zu
entkommen. Aus ihrer Grenzfestung Mölk brachen die Ungarn häufig
hervor und verwüsteten Baiern und die Besitzungen Piligrin's. Nun
trennte der Kaiser mit der Reichsstände Einwilligung die nordöstliche
Markgrafschaft, das heutige Oesterreich, von dem Herzogthum Baiern
und verlieh sie dem Babenberger Leopold zum Lohne für die Verdienste, die er sich in diesem Kriege schon erworben hatte. Leopold 984
zog nun mit Piligrin und andern Verbündeten vor Mölk, belagerte und
eroberte es und drängte die Ungarn bis an den Kahlenberg zurück.
Unterdessen war Otto II. gestorben; seine Witwe Theophania verwaltete im Namen des unmündigen Otto's III. mit Klugheit das Reich;
Heinrich hatte nach dem Unglück der Ungarn im Kriege die Hoffnung,
zu siegen, aufgegeben, entsagte seinen Ansprüchen auf den Thron und
erhielt sein, freilich stark geschmälertes Herzogthum zurück. Für Ungarn aber blieb das Gebiet jenseit des Kahlenbergs auf immer verloren.
So wurde der Friede hergestellt. [1]   985
Das unterbrochene Werk der Bekehrung scheint jedoch nicht früher recht in Gang gekommen zu sein, als bis Adalbert, von den Böhmen
Woitech genannt, nach Gran kam. [2] Dieser fromme, eifrige Mann hatte
schon als Bischof von Prag mit großem Erfolg in Böhmen für die Aus- 994
breitung und Befestigung des Christenthums gewirkt, ging später, von
dort vertrieben, nach Italien, wo er zuerst auf dem Berge Cassino, sodann zu Rom im Kloster des heiligen Alexius als Mönch lebte, und
wurde jetzt von den Böhmen dringend zurückgerufen. Seine Rückreise
führte ihn nach Gran. Hier fand er ein großes, einladendes Feld für
seinen heiligen Eifer, dem er.sich nicht entziehen durfte. Die fromme
Begeisterung, mit der er lehrte und ermahnte, ging Geiza und seiner
Umgebung zu Herzen und gewann sie vollends für das Christenthum.
Der einzige Sohn Geiza's, erzogen durch den Apulier Adeodat von San- 995
severino [3], hatte bereits das zwanzigste Jahr erreicht; ihn taufte Adalbert und gab ihm den Namen Stephan. [4] Der Umstand, daß Stephan erst
damals getauft wurde, macht es glaublich, was Kézai freilich allein berichtet [5], daß Geiza selbst und seine Brüder Michael, mit seinem Sohne
Vazul (Wenzel), und Ladislaus der Kahle, auch damals von Adalbert
die Taufe nahmen; denn es läßt sich kaum denken, daß Geiza selbst
Christ und getauft gewesen, der Sohn aber ungetauft bis zum fünfund-
zwanzigsten Lebensjahre geblieben sein sollte. [6]

[1] Monumenta Boica IX, in Hieron. Pertzii Scriptores rerum Austr. vett.
et genuini L. 1721—45. Meiller, Regesten aus der Zeit der Babenberger
(Wien 1850). — [2] Canaparius, Vita S. Alberti bei Pertz, VI, 574, und Bruno,
Vita S. Alberti, Acta S. S., Tom. III, c. 5. — [3] Thuróczy, II, 10. — [4] Hartvicus, Vita S. Stephani bei Endlicher. Dlugoss. Hist. Polon., II, 116. —
[5] Kézai, De nobilibus advenis, c. 2. — [6] Palacky, Geschichte von Böhmen,

Nach dem unglücklichen Ausgang des Kriegs gegen die Ottonen lebten die Ungarn mit allen Nachbarländern in Frieden; das Christenthum war ein neues Band, das sie mit den andern Staaten verknüpfte. Fromme Glaubensboten und tapfere Kämpen, wahrscheinlich auch Abenteurer und Glücksritter, waren schon früher aus den westlichen Ländern in das sich ihnen gastlich öffnende Ungarn in großer Anzahl gekommen, jetzt nahm die Menge dieser Gäste zu. Viele durch Stand und Tapferkeit angesehene Leute und besonders deutsche Ritter zogen herbei, wie Graf Tibold von Fanberg, die Brüder Hunt und Pazman aus Schwaben, Wenzel von Wasserburg, Wolfger und Hedrik, die Böhmen Rodoan, Bagat und Lodan u. a. m., deren Nachkommen reich an Verdienst und Gütern und nach Sprache und Gesinnung wahre Ungarn wurden. [1]

995   Die Verbindung mit dem Herzog Heinrich von Baiern wurde noch inniger, als sich Stephan mit dessen Tochter Gisela vermählte[2], die später die Stifterin der Zwietracht und vielen Unglücks im Herrscherhause und im Lande wurde.

Außer Stephan hatte Geiza noch drei Töchter, Juditha, mit Boleslaw dem Tapfern, Herzog von Polen, Sarolta, mit Samuel Aba, einem kabarischen Stammfürsten, und Gisela mit Otto Urseoli, venetianischem Herzoge [3], vermählt. Die Namen der letztern beiden sind jedoch unbekannt, und die angegebenen ihnen nur von neuern Schriftstellern beigelegt worden, von solchen nämlich, die alles wissen wollen.

997   Geiza starb 997. Mehrere Geschichtschreiber, in- und ausländische, wissen auch viel von Kaiser Otto III. zu reden, machen ihn zum Rathgeber und Helfer Geiza's. Aber wahrlich, sie bedenken nicht, daß Geiza gerade der treue Bundesgenosse von Otto's Gegnern war und mit dessen Vormündern in fortwährendem Zerwürfniß stand, daß Otto kaum anfing, selbst zu regieren, als Geiza nicht mehr lebte; sogleich darauf mehrere Kriegszüge nach Italien that und auch dort, erst

1002   zweiundzwanzig Jahre alt, starb. Wenn auswärtiger Einfluß und Rath auf Geiza gewirkt hat, so konnte dieser nur von Heinrich dem Baiern kommen, seinem vieljährigen Bundesgenossen und später Schwiegervater seines Sohnes. Aber, wie schon gesagt, nicht die Niederlagen, welche sein Vater erlitten, nicht fremder Einfluß, nicht die Ueberredung einer Gattin waren die eigentliche Ursache dessen, was unter Geiza's Regierung geschah; dies alles konnte nur fördernd einwirken. Die Macht der Umstände, die unwiderstehlich wurde, und der eigene ver-

---

I, 236, läßt Albert schon 984 nach Gran gehen und Stephan taufen. Und in der That würde manche Bedenklichkeit verschwinden, wenn man dieses Jahr annimmt; schade daß Palacky hier nur eine willkürliche Meinung vorträgt, ohne die Quelle anzugeben, aus der er sie geschöpft hat. [1] Hartvicus und Kézai, De nobilibus advenis, bei Endlicher. Thuróczy, II, 10—12. — [2] Hermannus Augiens. (Contractus) ad ann. 995, bei Pertz, V, 117. „Henricus Dux Bavariae obiit, et ejus filius itidem Henricus. . . . ducatum obtinuit. Hujus Soror Gisela, Stephano regi Ungariorum, cum se ad fidem christianam converteret . . . . in conjugium data." Auch ein Zeugniß, daß die Familie des Geiza erst um diese Zeit christlich wurde. — [3] Muratori, Scriptores rerum Italicar. (Mailand 1728), XII, 235.

änderte Geist nöthigten das ungarische Volk, dem asiatischen Nomadenleben zu entsagen und die Bahn der Civilisation zu betreten; Geiza erkannte, was noththat, erweiterte die herzogliche Gewalt, suchte ein
geordnetes Gemeinwesen und das Christenthum einzuführen, und bereitete so vor und machte möglich das große Werk, das Stephan vollbrachte.

Uebersicht von der Nachkommenschaft Árpád's:

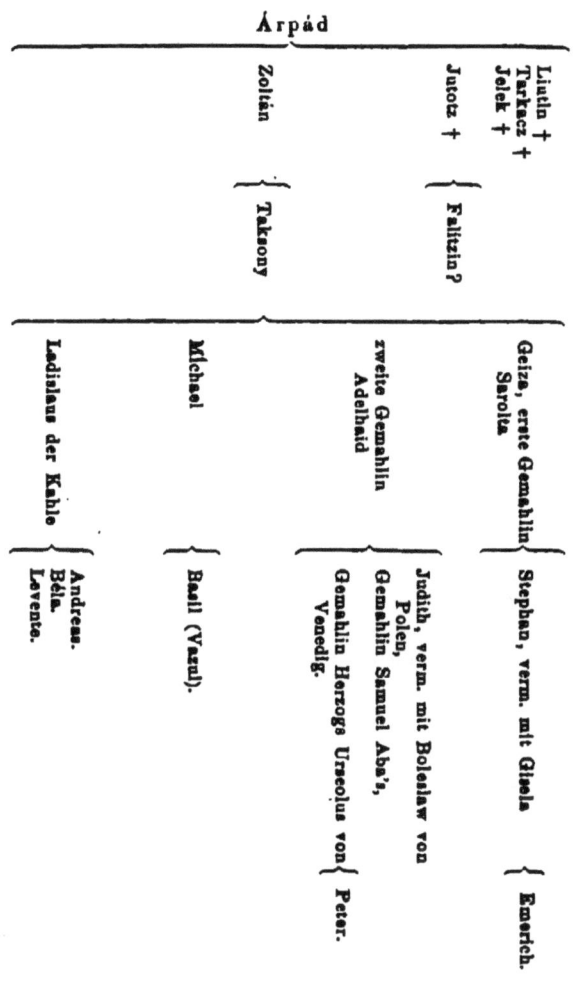

2. Lebensweise, Sitten, gesellschaftliche Verfassung, Religion der Ungarn; Grenzen des Landes unter den Herzogen.

Leider fehlt unserer Nation ein Geschichtschreiber, der uns ein Bild ihrer Altvordern, ehe sie die Bahn europäischer Civilisation betraten, gezeichnet und sie verherrlicht hätte, wie Tacitus die Germanen. Aus spärlichen Nachrichten, aus zerstreuten Andeutungen und aus der Vergleichung mit andern, unter ähnlichen Zuständen lebenden Völkern müssen wir die einzelnen Züge sammeln, wenn wir eine Vorstellung von den oben genannten Gegenständen gewinnen wollen.

In ihrer alten Heimat am Ural waren die Ungarn Nomaden; als solche lebten sie hauptsächlich von dem Ertrügniß ihrer Heerden und von der Beute, welche Jagd und Fischfang gewährten.[1] Ihr Lieblingsthier war das Pferd, das kostbarste Wild, welches sie jagten, der Zobel, die fahrbare Hütte oder das Zelt ihr Haus, das Land ein Gemeingut aller. Doch mochten sie auch, wie die alten Deutschen, den Boden, wo sie sich gerade aufhielten, bauen, wofür die Namen der Getreidearten zeugen, die ihrer Sprache eigenthümlich sind. Der Reichthum des Landes an allen Gattungen von Metallen lud sie gleichsam ein, auch nach diesen zu suchen; ferner mußten sie die nothwendigsten Gewerbe treiben, um sich Geräthschaften, Kleidung, Waffen und Schmucksachen zu bereiten; endlich konnte ihnen selbst der Handel nicht ganz fremd sein, da ihr Boden manche gesuchte Artikel desselben lieferte.

Diese Lebensweise behielten sie auch in dem neuerrungenen Vaterlande während des ersten Jahrhunderts ihres Aufenthalts in demselben größtentheils bei; denn plötzlich ändern sich die Sitten und Gewohnheiten eines Volks nicht; ja die langen und weiten Wanderungen und die vielen Kriege, die sie führten, mußten nicht nur den Geschmack an einem unsteten Leben bei ihnen nähren, sondern auch die Fortschritte in der Gesittung und Bildung überhaupt hindern. Aus Hirten, die von Zeit zu Zeit mit ihren Nachbarn gekämpft hatten, waren kühne Krieger geworden, die in die Welt hineinstürmten, um Kampf zu suchen und Beute zu machen, und darin ihre Hauptbeschäftigung und ihren Ruhm erblickten.[2]

Die ungarische Nation war in Geschlechter getheilt, deren mehrere einen Stamm bildeten. Alle, die zu einem Geschlecht und Stamm gehörten, ja die ganze Gesammtheit des Volks, betrachteten sich als Verwandte. Ebendarum waren auch alle Mitglieder eines Stammes gleich frei und einander ebenbürtig, alle adelich = nemes, von nem, das Geschlecht, also zum Geschlecht gehörend. Nur wegen Verbrechen

---

[1] So auch die alten Germanen. Caesar, De bello Gallico, VI, 22: „Agriculturae non student, majorque pars victus eorum in lacte, caseo, carne consistit." — [2] Anonymus, c. 1.

könnte jemand dieser adelichen Freiheit unwürdig und zur Sklaverei verdammt werden. [1] Bei einem Stamme der Ungarn, bei den Széklern in Siebenbürgen, die zwischen ihren Bergen unberührt blieben von fremden Einflüssen, hat diese allgemeine Freiheit fortwährend bestanden, sie hielten sich alle [für adelich. Wie die Familie unter dem Vater, so stand das Geschlecht unter einem Häuptling und der Stamm unter einem Fürsten. Beide waren, vielleicht schon seit lange, gewiß aber um die Zeit der Einwanderung nach Ungarn, erblich, doch, nach der Sitte der meisten nomadischen Völker, nicht vom Vater auf den Sohn, und noch weniger nach dem Rechte der Erstgeburt, sondern nur in der Familie, aus der gewählt wurde, wer für den Würdigsten galt. Wir begegnen also hier jener gesellschaftlichen Verfassung, die man die patriarchalische nennt; bei der das Oberhaupt seine Gewalt nur unter Zustimmung und Mitwirkung der Stammesgenossen ausüben kann; bei der daher jeder freie Mann theilnimmt an den Berathungen und Beschlüssen über die öffentlichen Angelegenheiten, bei der aber dessenungeachtet der durch Geist, Verdienst und Geburt Ueberlegene einen alles hinreißenden und beherrschenden Einfluß zu gewinnen vermag.

Solange die Ungarn in ihren alten Wohnsitzen sich befanden, waren die einzelnen Stämme durch kein gemeinschaftliches Oberhaupt verbunden; „sie hatten", sagt der im Purpur geborene Konstantin [2], „weder einen einheimischen noch einen fremden Herrscher." Wenn sich einige oder alle Stämme zu größern Unternehmungen vereinigten, mochten sie wol einen gemeinschaftlichen Führer wählen, dessen Macht jedoch nach geendigtem Kriegszuge wieder aufhörte. So war Álmos beim Auszuge aus Baskirien ihr Oberhaupt, hörte es aber auf zu sein, sobald sie in Lebedia und Etelköz sich niedergelassen hatten. Árpád war der erste für immer bestellte Herzog, den sie sich, durch die Nothwendigkeit dazu bestimmt, erwählten. Wir haben die fünf Punkte des damals geschlossenen und feierlich beschworenen Grundgesetzes oben angeführt. Unglaublich kommt es vielen vor, daß barbarische Nomaden sich in dieser Weise zu einem Volke vereinigt und eine Monarchie mit aristokratischer Verfassung gegründet haben sollen. Aber wahrlich nur darum, weil sie erstens die damaligen Ungarn für Wilde halten und sich von dem natürlichen politischen Sinn eines Volks, das seit lange seine Angelegenheiten selbst und öffentlich verwaltet, keinen Begriff zu machen im Stande sind; sodann weil sie darin mehr suchen und finden, als wirklich enthalten ist, und ihre eigenen, nach jetzigen Zuständen gebildeten Vorstellungen hineintragen. Zum Herzog im ursprünglichen Sinne des Worts, zum obersten Heerführer, nicht aber zum Monarchen. wie wir uns einen solchen zu denken gewohnt sind, wurde Árpád gewählt; nicht eine constitutionelle Monarchie nach unsern Begriffen wurde gestiftet, sondern eben die alten Gewohnheiten und Rechte, wie sie den Stämmen oder Clanen von jeher eigen waren, werden auch für die Zu-

[1] Kézai, I, 2: „. . . . cum unus pater et una mater omnes Hungaros procreaverit, quomodo unus nobilis, alter ignobilis diceretur, nisi victus per tales casus communis haberetur." — [2] De administrando imperio, c. 38.

kunft gesichert. Die Herzogswürde ist erblich in der Familie Árpád's, nicht aber auf den Erstgeborenen, weil solche Erblichkeit bei ihnen von jeher unter den einzelnen Stämmen bestanden hatte. [1] — Was gemeinschaftlich erobert wird, soll auch unter alle vertheilt werden; mithin ist das Land nicht ein Patrimonium des Herzogs, mit dem er nach Willkür schaltet, sondern das Eigenthum des ganzen Volks, an dem jeder Antheil hat. — Weder die jetzt lebenden Häupter, nämlich als Repräsentanten ihrer Stämme, noch deren Nachkommen dürfen von der Regierung ausgeschlossen werden, denn solche Theilnahme war uralte Sitte, und nur der Misverstand kann hier aristokratische Stände erblicken, wo eigentlich gar keine Aristokratie war. — Wer dem Herzog untreu wird, oder Zwietracht stiftet zwischen ihm und den Häuptern des Volks, soll sterben. Dieser Punkt ist eine Sanction des im Kriege über alles nöthigen Gehorsams und der Eintracht zwischen den Befehlshabern, und gewiß kein Majestätsgesetz, was der folgende Punkt beweist. — Würde einer unter dem Nachkommen Árpád's oder der andern Häupter diese beschworenen Punkte brechen, so soll er verdammt sein. Hier wird der Herzog mit den übrigen Paciscirenden auf gleiche Stufe gestellt und so gut, wie jeder andere, dem Gesetze und Gericht unterworfen.

Dieser Staatsvertrag wurde natürlich nicht niedergeschrieben und am wenigsten in lateinischer Sprache; die Worte, in welche gekleidet, wir ihn lesen, sind also des Anonymus Werk, und sie, wie auch überhaupt die Form, in der er die Begebenheiten erzählt, deuten freilich auf wirklich monarchisch-aristokratische Zustände hin. Aber er begeht hier den Fehler der meisten Chronisten, alles im Lichte ihrer Zeit zu sehen; er redet von Árpád so, als hätte dieser bereits die Rechte und die Vollgewalt besessen, welche die Herzoge, besonders Geiza, zum Theil errangen, Stephan aber schon übte. Uebrigens kann aber dieser Widerspruch der Darstellung mit der Begebenheit selbst als ein Beweis für die Glaubwürdigkeit seiner Berichte gelten.

Es wurde weder ein absoluter noch ein constitutioneller Monarch im heutigen Verstande an die Spitze des Reichs gestellt; die sieben Stämme bildeten eigentlich einen Bundesstaat mit einem gemeinschaftlichen obersten Heerführer aus Árpád's Hause. Nachdem die Ungarn schon 50 Jahre im Lande wohnten, und als der dritte Herzog Taksony lebte, sagte Constantinus Porphyrogenetus [2] noch immer: „Die türkischen — wir wissen, daß er die Magyaren immer Türken nennt — Stämme sind keinem Regenten (Archonten) unterworfen, sondern jeder Stamm wohnt an den Ufern eines andern Flusses; sie sind jedoch durch gegenseitiges Bündniß verpflichtet, dem etwa feindlich angegriffenen Theil mit der Gesammtkraft aller Hülfe zu leisten; ihr oberster Feldherr ist der von Árpád abstammende Fürst." Und die Aufschrift in den Brie-

---

[1] Wäre das Recht der Erstgeburt festgesetzt worden, so hätte auf Árpád ein gewiß noch lebender Nachkomme seiner verstorbenen ältern Söhne und nicht Zoltán folgen müssen. Diese Zeit kannte überhaupt das Recht der Erstgeburt noch nicht; so folgte z. B. auf Karl Martell nicht Berengar, seines Erstgeborenen, Pipin, Sohn, sondern der jüngere Ludwig. — [2] De administrando imperio, c. 40.

feu des Kaisers an die Ungarn soll nach seiner Anweisung lauten:
„An die Archonten der Türken." [1] Wie beschränkt die Macht des
Herzogs ursprünglich war, geht auch aus der Stelle Kézai's [2] hervor,
wo er die Wahl des obersten Heerführers berichtet und hinzusetzt:
„Sie wählten sich auch einen obersten Richter (rectorem), damit er
das vereinigte Heer richte, die Streitigkeiten der Veruneinigten beilege,
die Uebelthäter züchtige .... doch so, daß wenn jener Richter
ein ungerechtes Urtheil sprechen würde, die Volksgemeinde
dieses ungültig mache, und den schuldigen Herzog und den
Richter nach Gefallen entsetze. Diese gesetzliche Gewohnheit ist
unter den Hunnen oder Ungarn bis auf die Zeiten Geiza's, des Sohnes
Taksony's, unverletzt beobachtet worden." Der Herzog war also nicht
zugleich oberster Richter, noch bestellte er einen solchen; ein anderer
verwaltete unabhängig von ihm das wichtige Amt; beide waren der Gesammtheit verantwortlich und konnten von ihr entsetzt werden.

Was hier Kézai sagt, wird auch durch das Zeugniß des Constantinus
bestätigt. „Mit diesem Fürsten", fährt er fort, „verwalten noch zwei
das Richteramt, Gylas und Karchan, Gylas und Karchan sind aber
nicht Eigennamen, sondern Aemter, jedoch ist der erstere höher als
der Karchan." [3] Es fällt sogleich in die Augen, daß unter Gylas
gyűlés = Volksversammlung, die communitas des Kézai, und nicht ein
Amt zu verstehen ist; der zweite Name läßt sich am füglichsten aus
dem Worte kar = Zustand, ferner Mitglied der Volksversammlung (in
letzterer Bedeutung noch immer gebräuchlich in der solennen Formel:
karok és rendek = status et ordines) erklären, würde also den Khan
bezeichnen, der entweder den Zustand überwacht, oder in der zweiten
Bedeutung, der der Vorstand der Volksgemeinde ist. Dieser Karchan
ist vielleicht der Anfang jenes hohen, zwischen dem Königthume und
dem Volke stehenden Würdenträgers, der ungarisch nádor-ispán, lateinisch Palatinus genannt wird, und etwas ganz anderes war, als die
Pfalzgrafen anderer Länder.

Doch bei einem kriegerischen, fortwährend kämpfenden, um seine
Existenz ringenden Volke ist ein bleibender, sogar erblicher Heerführer
eine zu wichtige Person, als daß seine Gewalt sich nicht fortwährend
vergrößern sollte. Die ihm als Krieger gehorchen, gewöhnen sich, auch
als Bürger seinen Willen zu befolgen. Und die Geschichte lehrt überall, welche Macht über die Gemüther vollends ein siegreicher Feldherr
erwirbt, wie leicht er sich zum Herrscher aufschwingt. Constantinus [4]
bezeugt, Árpád sei ausgezeichnet durch Anstand, Einsicht und Kraft,
zum Herrscher geboren gewesen; noch lauter verkündigen die Thaten,
die er verrichtet, seine Größe. Schon er übte also gewiß durch diese
geistige Ueberlegenheit größern Einfluß, als ihm ursprünglich übertragen war, und bahnte seinen Nachfolgern den Weg zur monarchischen
Herrschaft und zum Königsthron. Hierbei fand er aber auch in den
fremden Stämmen, die sich den Ungarn angeschlossen, und in den Ein-

---

[1] De administrando imperio, c. 40. — [2] Gesta Hunnorum, I, 2. — [3] De
administrando imperio, c. 40. — [4] a. a. O.

geborenen, die in den Reichsverband aufgenommen wurden, eine mächtige Stütze, und seine Nachfolger fanden sie noch außerdem in den eingewanderten Fremden. Wie sehr schon unter ihm die herzogliche Macht zugenommen habe und erstarkt sei, beweist nichts anschaulicher als die Thatsache, daß sein unmündiger Sohn ihm nachfolgen und sich behaupten konnte, daß die für die Zeit seiner Unmündigkeit ernannten Heerführer und Regenten willig zurücktraten, da er volljährig geworden war. Auf der durch Árpád betretenen Bahn schritten seine Nachfolger immer weiter fort; kaum verfloß ein Jahrhundert, und Geiza ist nicht mehr blos oberster Heerführer, er ist schon Beherrscher des Reichs, der es wagen darf, an den alten Sitten und Gebräuchen zu rütteln, sich der Verantwortlichkeit der Volksgemeinde gegenüber zu entziehen, Fremde zu begünstigen und strenge, sogar hart zu verfahren. Eine starke Centralgewalt war gebildet, die sich bald auch mit dem Glanze des Königthums schmückte, das Band der Einigkeit fester um die Stämme zog und mehr Macht nach innen besaß, als die meisten Fürsten der damaligen Zeit.

Ueber die Religion der alten Magyaren haben wir keine bestimmten Nachrichten, keine Volkssage hat sich erhalten, kein Denkmal des alten Glaubens ist geblieben. Aber aus den Andeutungen fremder Schriftsteller, aus Gesetzen gegen das Heidenthum, aus einigen Worten in der Sprache und aus Ueberbleibseln in den Sitten läßt sich doch einiges mit gutem Grund zusammenstellen. Die Ungarn konnten nur dieselbe oder eine ähnliche Religion haben, wie die ihnen stammverwandten Völker. Von diesen sagt nun Theophylaktus Samokata [1]: „Sie verehren vorzüglich das Feuer, die Luft und das Wasser, und singen der Erde Loblieder, aber beten an und nennen Gott nur ihn, der die Welt geschaffen hat." Dieses höchste Wesen nannten und nennen sie auch jetzt Isten, wahrscheinlich von dem längst veralteten ise = Vater, Ahne, abzuleiten. Daß sie auch an böse Wesen glaubten, kann man schließen aus den Worten ördög und manó, die echt ungarisch sind und in der Sprache vorhanden waren, ehe sie noch den christlichen Teufel, sátán, kannten. Ob sie Götzenbilder hatten, ist zweifelhaft; Tempel konnten sie als Nomaden keine haben. Unter freiem Himmel, an Flüssen und Quellen, auf Höhen und in Hainen brachten sie der Gottheit ihre Opfer dar, die in Rindern und Schafen, besonders aber in makellosen weißen Pferden bestanden; denn das Thier, welches ihnen das liebste war, mußte auch für die Gottheit das angenehmste Opfer sein. Mit den Opfern verbanden sie fröhliche Feste. Ihre Priester und Priesterinnen, táltosok, waren zugleich Sänger und Wahrsager, jósok, bildeten aber keine erbliche Kaste, vielleicht auch keinen besondern Stand, und besaßen keine Vorrechte. Nirgends zeigt sich in ihrer Religion eine Spur jener finstern Ansichten und geheimnißvollen Schrecken, die bei Galliern und Deutschen herrschten und sie zu grauenvollen Ceremonien und grausamen Menschenopfern nöthigten.

---

[1] Bei Stritter unrichtig, aber im Corpus script. Byzaut., bonner Ausgabe, S. 286, richtig übersetzt.

Und wer es zu erfahren Gelegenheit hatte, wie wenig unter den echten Magyaren selbst der gemeine Mann zum Aberglauben hinneigt, wird es wahrscheinlich finden, daß auch ihre Vorfahren ziemlich frei von religiöser Schwärmerei gewesen seien. Für ihren Glauben an Unsterblichkeit zeugt schon das Wort lélek, welches ausschließlich die menschliche Seele bezeichnet und von jeher in ihrer Sprache heimisch sein mußte, da es auch die verwandten Mundarten besitzen; darauf deuten auch die Gebräuche hin, mit denen sie ihre Todten an Quellen zu begraben, Hügel als Denkmäler auf ihren Gräbern aufzurichten und Todtenmahle zu begehen pflegten. Feierliche Eidschwüre waren gebräuchlich und wurden heilig gehalten, selbst wenn sie zu dem verpflichteten, was gegen den eigenen Vortheil war, so der Staatsvertrag, den sie unter sich, und die Friedensschlüsse, die sie mit andern Nationen eingingen und alle treu beobachteten; einen Verrath, wie ihn Csörcz unter den Baiern erfuhr, ließen sie sich nie zu Schulden kommen. Soviel aus den Nachrichten über die Familie der Herzoge sich schließen läßt, lebten sie in Monogamie und wurden ihre Ehen unter religiösen Ceremonien geschlossen. [1]

Doch außer ihrem alten Glauben waren den Magyaren auch andere Religionen und das Christenthum selbst bekannt und mögen unter ihnen sogar Bekenner gehabt haben, noch vor dem Einzuge nach Pannonien. Denn, wie wir bereits wissen, berichtet der Araber Ebn Haukal im 10. Jahrhundert, daß im Chazarenreiche Mohammedaner, Juden, Christen und Heiden lebten und Staatsämter führen konnten. [2] Auch ist uns bekannt, daß Cyrill, ehe er mit seinem Bruder Methodius zu den Mährern ging, einige Jahre unter den Chazaren als christlicher Glaubensbote mit Erfolg wirkte. Bei der innigen Verbindung, in welcher die Ungarn mit diesem Volke standen, und da sich ihnen sogar ein ganzer Stamm desselben anschloß, ist es daher fast unglaublich, daß sie nicht damals schon mit dem Christenthume bekannt gewesen sein und daß nicht wenigstens einige es sollten angenommen haben. Endlich wurden sie durch die Eingeborenen Pannoniens und durch ihre Sklaven, die beide zum Theil bereits Christen waren, zur Annahme des Evangeliums vorbereitet. Fanatismus und Verfolgungssucht gegen Andersglaubende lag nie in dem Charakter des Magyaren, davon werden wir uns im ganzen Verlaufe der Geschichte überzeugen. Wie sie mohammedanische Ankömmlinge bereitwillig unter sich aufnahmen, so thaten sie es auch mit christlichen; nirgends verfolgten sie die Christen als solche. Lehren doch schriftliche Urkunden, daß sie in dem Theile des heutigen Oesterreichs, der damals zu ihrem Gebiete gehörte und schon christlich war, Städte, Klöster und Kirchen unbeschädigt ließen und die Priester, die nicht feige ihre Heerde verlassen hatten, in der Ausübung

---

[1] Csengeri, Die alte Religion der altaischen Völker mit Rücksicht auf die Ungarn (Ofen 1857). Ipolyi, Ungarische Mythologie (1855). Beide in ungarischer Sprache. Cornides, Commentatio de religione veterum Hungarorum, edidit Engel (Wien 1791). — [2] Szalay, Geschichte Ungarns (2. Ausg.), I, 57, nach Ebn Hankal, Morgenländische Geographie, im Auszuge von S. Sacy, Magasin enc. VII^ieme, anéc. 6.

ihres Amts nicht im geringsten hinderten. Wie laut rühmt endlich
Piligrin in seinem, oben angeführten Briefe an den Papst ihre Duldsamkeit und Verträglichkeit gegen die Christen.

Die Ungarn waren ein Reitervolk, wie alle ihre Stammgenossen,
und kämpften fast ausschließlich zu Pferde. Ihre Waffen waren
Schwert, Lanze und Bogen; zu ihrem Schutze trugen sie einen Harnisch
von Metall, die Aermern auch nur von Filz oder Leder, und selbst die
Vordertheile ihrer Rosse waren mit einer solchen Wehr bedeckt. Von
Kindheit an gewöhnt an jegliche Beschwerde und Entbehrung, waren
sie fähig, alle Mühseligkeiten eines unsteten Wander- und Kriegerlebens
zu ertragen; und von Jugend an geübt im Reiten und im Gebrauch
des Bogens, erreichten sie in beiden eine furchtbare Gewandtheit. Hiernach war auch ihre Art der Kriegführung und des Kampfes eingerichtet;
auf ihren Rossen dahinfliegend, brachen sie unerwartet in die Länder
ein, ergossen sich wie eine Flut über dieselben und verschwanden wieder, ehe an Widerstand gedacht werden konnte. Gefechte, in denen
sie handgemein werden mußten, liebten sie weniger, aber den Feind zu
beunruhigen, ihn entweder plötzlich zu überfallen oder fortwährend zu
umschwärmen oder zu überflügeln, war die Kunst, die sie verstanden.
Auf förmliche Schlachten bereiteten sie sich während der Nacht. Ihr
Heer stand nicht in Schlachtreihen, wie bei den Römern und Griechen,
sondern war in Haufen von tausend Reitern getheilt, die voneinander
durch kleine Zwischenräume geschieden wurden, wodurch sie eine tiefe
und gedrängte Schlachtordnung bildeten. Einen Theil des Heeres stellten sie als Reserve auf, um damit im Nothfall die Kämpfenden zu
unterstützen oder dem Feinde in die Flanken und in den Rücken zu
fallen. Hinter dem Treffen standen unter geringer Bedeckung die
überflüssigen Pferde und das andere Vieh, wovon sie große Mengen mit
sich führten, und das übrige Heergeräth. So vorbereitet und geordnet
stürzten sie auf den Feind, schossen ihre Bogen ab und drangen mit den
Lanzen ein. Gelang es nicht, rasch seine Reihen zu durchbrechen, so
wandten sie sich zur verstellten Flucht, verlockten ihn dadurch, seine
Reihen zu lösen, überschütteten, auf ihren dahingalopirenden Pferden
sich rückwärts biegend, den verfolgenden mit einem Pfeilregen und
schwenkten plötzlich zu neuem Angriff wieder um. Schlugen sie ein
Heer, so ließen sie von der Verfolgung nicht ab, bis sie es nicht gänzlich vernichtet hatten. Feste Plätze, die sie nicht sogleich erstürmen
konnten, zwangen sie zur Uebergabe oder nöthigten sie zur Erlegung
großer Brandschatzungen, indem sie sie umlagerten und durch fortwährende Angriffe ängstigten. Ihre Kriegszucht war strenge, der Gehorsam gegen die Obern pünktlich, und wurde durch schwere Strafen
gegen Feige und Widerspenstige gehandhabt. [1]

Als wir die Eroberung des Landes erzählten, wurde auch, in-

[1] Leonis imperatoris Tacticorum, c. 18, in Kollár, Historiae jurisque
publici regni Hungariae amoenitates (Wien 1783), Fasc. 1. Ins Ungarische
übersetzt von Szabó, im Ungarischen Museum, 1851 u. 1852, Heft 5. Regino bei Pertz, Monum. Germ. hist., I, 599.

wieweit wir Nachrichten darüber besitzen, gesagt, in welchen Gegenden
dieser oder jener Stamm der Magyaren und der Bundesgenossen sich
niederließ. Nicht der Herzog verlieh aus Gunst oder Verdienstes wegen solche Schenkungen von Ländereien; auch geschahen sie anfangs
nicht an einzelne, wer diese auch sein mochten, wie der Anonymus es
darstellt, geblendet von den Verhältnissen seiner Zeit. Noch hatten
sich die Stämme nicht vermischt; jeder machte für sich ein abgeschlos-
senes Ganze aus. Daher wurden auch gewiß nicht durch den Herzog,
der die Befugniß dazu nicht hatte, und deß Eigenthum das Land nicht
war, sondern durch die Volksgemeinde oder den hohen Rath der gesammten Häuptlinge jedem Stamme gesonderte und zusammenhängende
Wohnsitze angewiesen. [1] Hierher führte nun der Stammfürst sein
Volk, und ließ sich mit ihm neben und unter den alten Landesbewohnern
nieder, wo es solche gab, und diese wurden bald in die Gemeinschaft
des Stammes aufgenommen und verschmolzen mit ihm oder dieser mit
ihnen, wenn sie die zahlreichere Partei waren. Der Boden blieb das
Eigenthum der Gesammtheit, und wurde wol unter die Geschlechter,
aber nicht unter einzelne vertheilt. In diesen weiten Grenzen schlugen
die Familien ihre Hütten auf, ließ jeder seine größere oder kleinere
Heerde weiden und wurden, vielleicht gemeinschaftlich, geeignete
Strecken nach Bedürfniß angebaut. Die Fürsten, Häuptlinge und Vornehmen hatten so wenig eigenen und gesonderten Bodenbesitz, wie die
übrigen Freien, nur brauchten sie mehr Raum, weil ihre Heerden zahlreicher und ihre Bedürfnisse größer waren, weil sie wahrscheinlich auch
zu Hause und im Frieden für den Unterhalt und die Bewaffnung ihrer
Kriegsmannen sorgten. Erst nach Ablauf der ersten Periode, als sich
das Volk mehr dem Ackerbau zuwendete und an feste Wohnplätze gewöhnte, wurde es nöthig, eine Theilung des Bodens vorzunehmen und
jedem das Seine nach Bedürfniß zuzumessen; erst dann entstand nach
und nach der abgesonderte Bodenbesitz, und noch später durch Aus-
artung und Aufhebung der Geschlechts- und Stammverhältnisse, durch
Unterdrückung und Beraubung der Gemeinfreien wurden die Häuptlinge oder die an ihre Stelle traten, die mittelbaren und unmittelbaren
Herren des einst allen gehörenden Bodens. [2]
    Wie die übrigen Stämme, so erhielt auch der Stamm, dessen be-
sonderer Fürst Árpád war, seinen Landantheil, wahrscheinlich in der
Gegend um Stuhlweißenburg und Pesth bis hinauf nach Gran, denn da
war die Residenz der Herzoge, und dieselben Verhältnisse fanden
auch bei ihm statt. Dieser Stamm mochte aber zahlreicher und mächtiger sein, als die andern, und deshalb auch Sitze von weiterer Ausdehnung, als sie erhalten haben, die dann dem Herzog zur Verstärkung
seiner Macht dienten. Aber ihm waren natürlich auch jene weiten Ge-

[1] Constant. Porphyrogen. de administr. imp., c. 40. „Jeder Stamm wohnt
an den Ufern eines andern Flusses." — [2] Aehnliches fand auch bei den alten
Germanen statt nach dem Zeugniß Cäsar's (De bello gallico, VI, 22): „...neque
quisquam agri modum certum aut fines habet proprios, sed magistratus ac
principes in annos singulos gentibus cognationibusque hominum, qui una
coierint, quantum eis et quo loco visum est, agri attribuunt."

genden untergeordnet, die den Eingeborenen überlassen blieben und
wohin kein magyarischer oder kabarischer Stamm angesiedelt, sondern
nur Besatzungen eingelegt wurden; von ihm hingen ab und an ihn
schlossen sich die miteingewanderten und die später angekommenen
Fremden, denen ebenfalls Wohnplätze hin und wieder im Lande angewiesen wurden. So vermehrten sich die Hülfsquellen und die Macht
des obersten Fürsten, bis endlich aus ihm ein Feudalkönig wurde, den
man sich als den Herrn und Eigenthümer des ganzen Landes dachte,
von dem jeder Besitz ausgehe und zu dem er wieder zurückkehre. Das
hier Gesagte läßt sich zwar nicht durch historische Urkunden buch-
stäblich belegen; es ist aber, was eigentlich noch mehr gilt, begründet
durch die Natur der Sache; denn so geschieht es von jeher und kann
gar nicht anders·geschehen, nicht nur bei·eigentlichen Nomaden, sondern bei allen Völkern, die mit den alten Magyaren auf ähnlicher Stufe
der Cultur stehen; so war es der Hauptsache nach z. B. in Hoch-
schottland, solange die Clane mit ihren Verhältnissen bestanden.
Da die Magyaren an festen Wohnsitzen keinen Geschmack fanden,
überließen sie die wenigen Städte, die sie in dem Lande vorfanden, un-
zerstört ihren alten Bewohnern oder neuen Ankömmlingen, was schon
durch ihr Vorhandensein unter den Herzogen bewiesen wird, wenn wir
auch sonst keine Nachrichten darüber besäßen. Ebenso wenig vertrieben sie aus dem Berg- und Hügelland die Bevölkerung, die sich dahin seit den Schrecken der Völkerwanderung zurückgezogen hatte. Sie
ließen sich hauptsächlich in der seit Jahrhunderten jeder Verwüstung
schutzlos preisgegebenen und darum beinahe menschenleeren Ebene
nieder, die zwar vor ihnen bereits die Bulgaren nebst einigen Ueberresten der Avaren besetzt, aber, nachdem sie besiegt waren, auch wieder größtentheils verlassen hatten. Hier fanden sie, was sie vor allem
suchten, treffliche Weiden für ihre Heerden, fischreiche Flüsse und viele
Arten von Wild in großer Menge, und konnten die geeigneten Stellen
durch ihre Sklaven auch pflügen und säen lassen, wenn sie es nicht
selbst thun wollten. Eine falsche Vorstellung ist es, wenn man wähnt,
sie hätten bei der Eroberung des Landes dessen Bevölkerung aus ihren
Sitzen vertrieben und in die Berge zurückgedrängt, oder theils zu Sklaven gemacht und theils ausgerottet. Sicher geschahen in der Hitze der
Schlacht und im Sturme der Eroberung viele Thaten der Gewalt; Tausende wurden getödtet und Gegenden verwüstet, aber auf eine absicht-
liche und allgemeine Vertreibung und Ausrottung der Bevölkerung war
es nicht angelegt; es waren dies nur die gewöhnlichen Auftritte einer
barbarischen Kriegführung. Wir haben nach geschichtlichen Urkunden
bereits angedeutet, wie sie bei der Einnahme des Landes verfahren sind.
Die keinen Widerstand leisteten, blieben ungekränkt, die Ueberwundenen
wurden geschont, sobald sie sich unterwarfen und Geiseln stellten,
ganze Völkerschaften behielten ihr Land und ihre Einrichtungen, wenn
sie die Oberhoheit anerkannten, die sich den Ungarn aber freiwillig anschlossen, wurden sogleich in ihre Gemeinschaft aufgenommen. Die
einzelnen Colonien, die sie an den geeigneten Plätzen unter die alten
Landbewohner legten, fanden zwischen der dünnen Bevölkerung gewiß

Raum genug, ohne diese berauben zu müssen. Nur die Kriegsgefangenen wurden Sklaven, und auch sie konnten durch die Gunst des Herrn oder durch tapfere Kriegsdienste zur Freiheit gelangen. [1] Der Magyare fing schon damals an, die Grundsätze der Gerechtigkeit und des Wohlwollens zu üben, nach denen er alle spätern Jahrhunderte hindurch die Nationen behandelte, die mit ihm das Vaterland bewohnen; er ließ ihnen unangefochten Heimat, Sprache, Sitten und Religion, sodaß sie im ganzen noch heute dieselben Gegenden bewohnen, dieselbe Zunge sprechen, zu derselben Kirche sich bekennen; ja, er gewährte ihnen häufig Vorzüge und Privilegien, welche die eigenen Stammgenossen nie erhielten. [2] Daher ist es auch erklärlich, daß diese selbst in den ersten Zeiten ihrer Unterwerfung sich nie auflehnten, nie die Gelegenheit benutzten, sich in Freiheit zu setzen, wenn die Kriegsscharen in fremde Länder zogen, wenn große Niederlagen die Kraft der Magyaren schwächten; sie fühlten sich frei und waren mit ihnen bald zu einem Volke verschmolzen, wenn auch nicht zu einer dieselbe Sprache redenden Nation. Erst dann, als fremde Ankömmlinge das Lehnwesen nach Ungarn brachten, verschwand die allgemeine Freiheit: aber alte Einwohner und neue Ankömmlinge ebenso gut als Magyaren erhoben sich zu Lehnsherren, und die gemeinfreien Magyaren wurden ebenso, wie Slawen, Walachen und Deutsche in den Zustand der Unfreiheit hinabgestossen. Doch darf sich der Ungar wenigstens rühmen, sie nie zu Leibeigenen gemacht zu haben; die Person blieb frei und war nur pflichtig, solange sie auf pflichtigem Grund saß; das Recht der Freizügigkeit bestand immer gesetzlich.

Die zu Hause so verfuhren, konnten gewiß in andern Ländern die ungestalteten, wüthenden Unholde nicht sein, zu denen sie das Schrecken der Völker und die Uebertreibungen der Chronisten machen [3] und als welche sie von manchen, besonders deutschen Schriftstellern, auch jetzt noch geschildert werden. Sie haben in ihren Kriegs- und Streifzügen geplündert, verwüstet, Gefangene weggeschleppt; aber welches barbarische Volk führt seine Kriege anders? Haben die Germanen, als sie in die Länder des römischen Reichs einfielen, nicht ebenso oder vielleicht noch weit ärger gehaust? Und doch reden dieselben Schriftsteller davon

---

[1] Kézai, De udvornicis. — [2] Wenn Büdinger, Oesterreichische Geschichte (Leipzig 1858), von den Slawen, welche die westlichen Gegenden Ungarns in den Karpaten bewohnen, sagt: „Ein größtentheils in langer Knechtschaft tief herabgekommenes Volk, dessen Fesseln erst fast nach einem Jahrtausend gelöst werden sollten", so ist dies nur ein Beweis, daß er die ungarischen Zustände mit großer Befangenheit betrachtet, denn diese Slawen waren, wie die Magyaren, Edelleute, Bürger und Bauern, und die letztern wenigstens nicht Leibeigene, wie in den meisten rein slawischen Ländern. — [3] Otto Freising.: „Sunt Hungari facie tetri, profundis oculis, statura humiles .... ut divina patientia sit admiranda, quae ne dicam hominibus, sed talibus hominum monstris tam delectabilem exposuit terram." Zur richtigen Würdigung dieser Schilderungen muß aber bemerkt werden, daß die italienischen und griechischen Geschichtschreiber ein weit freundlicheres Bild der Magyaren entworfen und sogar manch Lobenswürdiges an ihnen finden; sie, deren Nationen die damaligen Deutschen unleugbar an Bildung weit übertrafen und diese noch als Barbaren betrachteten.

mit einem gewissen Stolze, wie von großen Heldenthaten, und rühmen
es, daß ein verdorbenes und gesunkenes Geschlecht durch germanische
Kraft wieder erneuert und gehoben wurde. Welche Verwüstungen
wurden angerichtet, wie viele Grausamkeiten begangen, wie viele tausend Gefangene hingemordet in den Kriegen des gepriesenen Helden
Karl des Großen? Wie wurden weit später von den Deutschen die
slawischen Völkerschaften an der Elbe, Saale, Oder und Ostsee fast
ausgerottet und die Ueberreste derselben zu Sklaven gemacht — wovon
selbst der Name Sklave zeugt — und gewaltsam germanisirt! [1] Solche
Dinge haben sich die Ungarn kaum zu Schulden kommen lassen. Jetzt
lesen wir in den Chroniken, daß sie dieses Kloster zerstört, diese Stadt
niedergebrannt, dieses Land gänzlich verwüstet, die Bevölkerung theils
ausgemordet und theils gefangen weggeführt haben, und kurz darauf
hat schon dasselbe Kloster wieder seine reichen Vorräthe und Mönche,
die Stadt und das Land stehen in ziemlicher Blüte, sodaß die Uebertreibung in der Schilderung jener Greuelscenen unverkennbar ist. Ja,
viele Einfälle der Ungarn in die westlichen Länder waren nicht blos
Plünderungs- und Raubzüge, sie waren rühmliche Kriegszüge, die sie
unternehmen mußten, um das neu gewonnene Vaterland zu vertheidigen
und dessen Besitz zu sichern gegen die Angriffe ihrer mächtigen Nachbarn, des deutsch-römischen und des byzantinischen Kaiserreichs.
Grausamkeit und Blutdurst waren nie Laster des ungarischen Charakters; unsere Vorfahren waren nicht häßlicher, wilder und unmenschlicher als die anderer, vormals barbarischer, jetzt gebildeter Nationen;
vielmehr zeichneten sie sich durch rühmliche Eigenschaften aus, die
unserm Volke noch immer zur Zierde gereichen. Sie besaßen freilich
nicht die Bildung der Griechen und Römer oder der heutigen Völker
Europas, aber sie hatten sich bereits der Roheit entrissen und bedeutende Anfänge zu einer eigenthümlichen Civilisation gemacht, als sie
in ihr heutiges Vaterland einrückten, sie waren fähig, europäische Gesittung aufzunehmen und unter dem Einflusse des Christenthums sich zu
derselben zu erheben. Man darf nur hinweisen auf unsere Sprache,
die noch immer dieselbe ist und in ihrer Urgestalt vielleicht noch reicher
an Formen war; sie vereinigt in ihrem Klang Anmuth und Kraft, sie
ist so reich an Wurzelwörtern und so biegsam, daß sie jeden, auch den
abstractesten Begriff genau ausdrücken kann, ohne ein fremdes Wort
zu entlehnen; sie ist so regelmäßig, daß sie fast keine Ausnahme kennt
und von dem gemeinen Manne ebenso richtig, wie von dem Gelehrten
gesprochen wird; sie ist so mannichfaltig in ihren Formen, daß sie den
feinsten Unterschied der Gedanken und Empfindungen deutlich darstellt; ein Volk, das sich eine solche Sprache geschaffen hat, muß
natürliche Anlagen und geistige Kraft besitzen. Und werfen wir

---

[1] Büdinger, Oesterreichische Geschichte (Leipzig 1858), I, 301. „Gegen
die Ungarn, wie gegen die Slawen kannte man kein Erbarmen." .... „Wir
wollen", schrieb Otto I. am 18. Januar 968, „daß die Redarier keinen Frieden mit Euch haben. Veranstaltet das Nöthige mit dem Herzog Hermann,
und gehet mit allen Kräften daran, daß Ihr durch die völlige Vernichtung
derselben der Sache ein Ende macht." Widukind, III, 70.

vollends einen Blick auf die Thaten und Schicksale dieses Volks. Oft
kommt es vor, daß Hirtenvölker, durch irgendeinen Anstoß in Bewegung
gesetzt, oder durch das überwiegende Genie eines Mannes, der unter
ihnen auftaucht, hingerissen, sich plötzlich erheben, ihre lose Stammverfassung aufgeben, sich zu einer Masse vereinigen, eine monarchische
oder theokratische Staatsform gründen und sich dann über die Länder
verheerend und erobernd stürzen. Aber der siegreiche Führer wird
bald zum unumschränkten Despoten, die freien Krieger verwandeln
sich in unterwürfige Knechte; die Einwohner des bezwungenen Landes
werden in den Stand schmählicher Sklaverei herabgedrückt. Das Feuer
der Begeisterung erlischt, die Hand, welche einst das Schwert mit
Kraft führte, erschlafft am Pfluge; innere Zwietracht, der erwachende
Muth der Unterjochten, der Angriff äußerer Feinde zerstören die plan-
los aufgethürmte Masse; was ein Volk geschienen hatte, löst sich wieder in einzelne Horden auf oder verliert sich spurlos unter den bezwungenen Nationen; es verschwindet wie ein Meteor, das eine Zeit lang
Glanz und Schrecken verbreitet hatte, und nichts bleibt von ihnen, die
nur zu erobern, aber keinen Staat zu gründen wußten, als das Andenken
an die Auftritte des Greuels und der Verwüstung, welche die Geschichte
aufgezeichnet hat. Nicht so das ungarische Volk. Es erhebt sich, bedrängt von mächtigen Feinden, aus seiner Heimat, macht sich auf zur
Wanderung und wählt einen Führer. Aber die Freiheit wird durch
Uebereinkunft und Vertrag gesichert und der Grund zu einer Verfassung gelegt, die sich nach und nach ausbildet, bereits ein Jahrtausend
dauert und noch immer mit unerschütterlicher Treue bewahrt wird.
Dieses Volk erkämpft sich ein Vaterland, vertilgt aber nicht die Völkerschaften, welche dasselbe bewohnen, sondern läßt sich unter ihnen
nieder, nimmt sie in die Gemeinschaft des Staats auf und gibt ihnen
gleiche Rechte. Es nimmt die Religion und vieles von den Staatseinrichtungen und Sitten der einheimischen und benachbarten Nationen
an, aber bewahrt dessenungeachtet seine Sprache und Eigenthümlichkeit.
Schreckliche Stürme brechen über Land und Volk herein, lange kämpft
es gegen die furchtbare Macht der Türken mit wechselndem Glück, mit
ungebrochenem Muth, bis es endlich, zerrissen von innerer Zwietracht,
zur Hälfte erobert wird; es erhält zur selben Zeit Herrscher, die über
andere weite Länder gebieten; man arbeitet fortwährend daran, ihm
seine Selbständigkeit zu nehmen und es mit diesen zu verschmelzen:
aber es bleibt sich selbst, seiner Verfassung und Freiheit treu, erhebt
sich jedes mal wieder aus seinem Verfall und sieht und strebt, auf sein
gutes Recht und auf seine Kraft vertrauend, einer schönern Zukunft
entgegen.

Die Grenzen des ungarischen Reichs unter den Herzogen geben
der Zeitgenosse, Kaiser Constantinus Porphyrogenetus und der Anonymus ziemlich genau an, und ihre Angabe wird noch außerdem durch
andere Denkmäler bestätigt. Im Osten wurde es durch die Karpaten
und durch die Alt von dem Lande der Petscheneger getrennt, das beiläufig die heutige Bukowina, Moldau und einen Theil der Walachei
umfaßte. Gegen Süden, von der Alt angefangen, wurde die Grenze

bis zu dem heutigen Belgrad durch die Donau hauptsächlich den Bulgaren gegepüber, von da gegen Serbien und Kroatien durch die Save
gebildet, zog sich aber westlich gegen die Drau hinauf und erreichte das
Adriatische Meer. Im Westen waren zuerst die julischen und kärntener
Alpen des Landes Grenze, das sich sodann an der Save über Agram
und Cilli hinaus, an der Donau bis Petau und von da bis an die Raab
und den Sömmering erstreckte, hier eine schiefe Richtung nahm und
in das heutige Oesterreich am linken Ufer der Donau sich unter Zoltán
bis Mölk und an den Erlafluß, später nur bis an den Kahlenberg erstreckte. Gegen Böhmen diente die March mit Einschluß der Gegend
von Banow zur Grenze [1]; im Norden endlich gegen Polen bildeten die
Karpaten die Scheidewand. [2]

[1] Palacky, Geschichte von Böhmen, I, 226 fg. sagt: „Die Grenzen Böhmens umfaßten (zu dieser Zeit) im Südosten nicht allein Mähren, sondern auch
die ganze sogenannte (von wem?) Slowakei in Ungarn, zwischen der Donau
und den Karpaten östlich bis an das Mátragebirge hin“ u. s. w., und beweist
seine Behauptung aus einer „vom Kaiser Otto I. und dem Papst Benedict VII.
bestätigten Stiftungsurkunde des prager Bisthums, dessen Grenzbeschreibung
in das Confirmationsdiplom Kaiser Heinrich's IV. vom Jahre 1086 wörtlich
überging, bei Cosmas, II, 168—171. Sie ist freilich nicht geordnet und theilweise auch schon unverständlich. ..... Inde Ungarorum limitibus
additis usque ad montes, quibus nomen est Tatri, dilatata procedit. Deinde
in ea parte, quae meridiem respicit, addita regione moravia, usque ad fluvium, cui nomen est Wag, et ad mediam sylvam, cui nomen est Mudre (Mátra?) et ejusdem montis, eadem provincia tendit, qua Bavaria limitatur.“ Wir
lassen die Echtheit dieser Urkunde dahingestellt sein, finden aber in derselben gerade das Gegentheil von dem, was Herr Palacky behauptet. Denn
es werden ausdrücklich die Grenzgegenden Ungarns, nicht böhmisches Gebiet,
dem Sprengel zugegeben, und zwar in östlicher Richtung bis an die Tátra-
berge, in südlicher, mit Einschluß der mährischen Landschaft, bis an den
Wagfluß und den mittlern Wald Mudre, in westlicher bis an die Grenzen
Baierns. Wie kann man nun den mittlern, also innerhalb des von der Wag
umflossenen Landes liegenden Wald Mudre mit dem weit gegen Südost von
diesem Fluß liegenden und durch mächtige Gebirgszüge getrennten Mátragebirge 'für eines und dasselbe halten? Dagegen ist man berechtigt anzunehmen, weil mährisches Land mit den „Grenzgegenden der Ungarn“ am
rechten Ufer der Wag, die sich bis in das bairische Herzogtbum erstreckten,
zusammengefaßt wird, daß hiermit eben die zu Ungarn gehörende banower
Gegend gemeint sei. Jeder Unbefangene findet also in dieser verwirrten Aussage den Sinn, daß auch die genannten Gegenden Ungarns, in denen Christen wohnten, dem prager Bisthum einverleibt werden. Wenn jedoch
Palacky sagt: „Für Kenner des Alterthums ist die Bemerkung wol überflüssig, daß diese Grenzen der Kirche auch die des Staats waren“, so widerspricht er geradezu dem damaligen Gebrauche und sich selbst. Zählten doch
die Erzbischöfe von Salzburg Pannonien, die von Hamburg, später von Bremen, die skandinavischen Reiche zu ihren Diöcesen, ohne daß diese Länder
zu den Staaten gehörten, in denen sich die Bischofssitze befanden. Er selbst
berichtet auf der unmittelbar folgenden Seite, Böhmen, das nach seiner eigenen
Behauptung kein Vasallenstaat Deutschlands war, habe zu dem Sprengel des
regensburger Bisthums gehört, und eben wegen des Widerspruchs, den das
dortige Kapitel erhob, erst 973 ein eigenes Bisthum erhalten können. —
[2] Hören wir noch vollends was Büdinger, Oesterreichische Geschichte, I,
394 fg., über den Zustand des ungarischen Reichs zu dieser Zeit sagt: „Der
Nation drohte bereits Zersplitterung und Untergang; die Macht des Großherrn

war geschwunden, nur die nordwestlichen und westlichen Theile des Landes waren ihm noch unmittelbar untergeben." Da Büdinger sicher das Wesen der Stammverfassung kennt, so weiß er auch, daß der Großherr unmittelbar nur das Gebiet seines Stammes und die zerstreuten Staatsländereien beherrschte, folglich will er mit diesen Worten eigentlich sagen, daß nur diese westlichen Theile dem Großherrn noch gehorchten. Und wahrlich, wenn wir seine Angaben zusammenstellen, so bleibt eigentlich für den Großherrn nichts mehr übrig. Denn Siebenbürgen ist von den Magyaren noch nicht besetzt, sondern Gyula, den er Devix nennt, gebietet irgendwo im Osten Ungarns; jenseit der Drau haben die Ungarn keinen Fuß breit Land; setzen wir nun noch hinzu im Südwesten die sümegher Besitzungen des gewaltigen Kupány, von dem später die Rede sein wird, und im Nordwesten die Slowakei Palacky's, so sehen wir hier schon ein Gebiet, das dem der spätern deutschen Kaiser gleicht, einen leeren Namen. Herabgesunken zu dieser Ohnmacht, hätte weder Geiza so strenge und hart herrschen, noch Stephan in einem Lande, das ihm gar nicht gehorchte, gleich beim Antritt seiner Regierung so Großes wirken können, besonders da keiner von beiden ein ausgezeichneter Krieger war. Aber die Ungarn müssen nun einmal vernunftlose Barbaren sein, denen nur „ein rettender Glücksfall" helfen konnte, obgleich Geschichte und Thatsachen einstimmig und laut ihre Einsicht, Bildsamkeit und Kraft verkündigen. Merkwürdig sind besonders die Gründe, durch die Büdinger, abermals den Thatsachen zum Trotze, beweisen will, daß sich Siebenbürgen damals noch nicht im Besitze der Ungarn befunden habe (a. a. O., S. 392). Auf ihrer damaligen Culturstufe, sagt er, hatte das siebenbürger Bergland für die Ungarn keinen Werth; .... wegen der Nachbarschaft der gefürchteten Petschenegen hätten sie es nicht behaupten können; .... Constantinus Porphyrogenetus gibt an, daß die Provinz Gyla der Petschenegen an das Reich der Ungarn grenze, aber vier Tagereisen davon entfernt sei, folglich mußte Siebenbürgen eine menschenleere Wüste sein, die nach echter Nomadenweise beide Völker voneinander trennte. Aber gerade für Nomaden mußte das zur Viehzucht so sehr geeignete Siebenbürgen einen großen Werth haben; .... von hohen Gebirgen umschlossen, ist es leicht zu vertheidigen, und wären die Petschenegen den Ungarn so überlegen und im Besitze desselben oder auch nur des freien Durchzugs gewesen, so hätten sich die Ungarn'nie in den Theißgegenden, die so wehrlos sind, behaupten können; .... geben wir endlich zu, weder Székler noch' sonstige Magyaren seien in dieser Zeit in Siebenbürgen gewesen, mußte es darum eine menschenleere Wüste sein? Wo blieben denn indessen die Rumänen, die es von jeher bewohnten und auch jetzt den größten Theil der Bevölkerung bilden? Wüsten zwischen sich zur Grenze zu machen, war übrigens nicht Sitte der berittenen asiatischen Völker, die das flüchtige Roß leicht über ein solches Hinderniß hinwegtrug, sondern der germanischen Nationen, die ihre Kriegszüge zu Fuß machten. Caesar, De bello Gallico, VI, 23. Doch alle diese Behauptungen lassen sich geschichtlich widerlegen. Den Theil Oesterreichs von Mölk bis zum Kahlenberg verloren die Ungarn 985 (vgl. S. 81); den vom Kahlenberg bis an die Leitha erst 1053 (vgl. S. 158). Gerade bei Cosmas von Prag, auf dessen Bericht Palacky seine Annahme gründet, lesen wir (bei Pertz, IX, 100), daß die banower Gegend bis 1091 zu Ungarn gehört habe, was auch Dudik, Geschichte von Mähren, I, 355, zugibt. Und die Worte des Constantinus Porphyrogenetus (De administrando imperio, c. 40), welche Büdinger anführt, beweisen nicht im geringsten, daß jener Raum von vier Tagereisen, der Ungarn von dem Lande der Petschenegen trennte, innerhalb Siebenbürgens lag und wüste war. Daß aber diese Grenzen nicht so bestimmt und durch Staatsverträge geregelt waren, wie Landesgrenzen es heutzutage sind, leuchtet von selbst ein. Waren doch in derselben Periode die Marken des schon ungleich mehr civilisirten Deutschland noch sehr unbestimmt, besonders im Osten gegen die slawischen Völker und im Norden gegen Dänemark. Dazumal entschied das Schwert alles; die Grenzen eines Landes gingen so weit, als jenes reichte; und vollends konnten die Ungarn, die sich ein Vaterland erst erkämpfen mußten, sich weder selbst im voraus planmäßig bestimmte Grenzen wählen, noch bei ihrem überwiegenden Kriegsglück von den benachbarten Nationen in solche eingeschlossen werden; Vordriugen und Zurückweichen wechselten nach der Entscheidung der Schlachten; sie nahmen soviel in Besitz, als sie jedesmal zu erobern und zu behaupten im Stande waren. Innerhalb solcher wechselnden Grenzen lag aber bereits das neue Vaterland der Magyaren, das sie liebten, dessen Boden, dessen Freiheit und Unabhängigkeit sie mit ihrem Herzblut vertheidigten; sie waren keine wandernde, heimatlose Horde mehr.

Zweites Buch.

Die Ungarn unter Königen aus Árpád's Stamme, von Stephan I. bis Koloman 997—1114.

Erster Abschnitt.

Begründung der Monarchie und Einführung des Christenthums.

Stephan I. oder Heilige 997—1038.

1. Thaten und Begebenheiten.

In der vollen Kraft der männlichen Jahre, von der Natur an Geist und Herz reich begabt, bestieg Stephan den herzoglichen Thron, 997, zu einer Zeit, wo sich große Dinge vorbereitet hatten und die formlosen Zustände, in denen sich Land und Volk befand, gleichsam der Hand harrten, die ihnen eine neue und feste Gestalt geben sollte. Mit klarer Einsicht begriff er, sein Reich, wie es jetzt ist, könne nicht bestehen, es müsse sich entweder von selbst auflösen und zerfallen, oder Angriffen von außen unterliegen, und faßte den großen Entschluß, die noch wirre, unausgebildete Verfassung so zu ordnen und in der ganzen Denkungsart und Lebensweise der Nation eine solche Veränderung herbeizuführen, daß Ungarn den europäischen Staaten, die es umgaben, ähnlich werde, sich mit ihnen befreunden und in ihren Kreis als willkommenes Mitglied eintreten könne. Nicht nur äußerlich zum Christenthume bekehrt, sondern auch innerlich von dessen Wahrheit und Kraft überzeugt, erkannte er in demselben das mächtigste Mittel, wodurch diese Umgestaltung, diese neue Schöpfung bewirkt und gesichert werden müsse. Und mit ebenso richtigem Blick sah er auch ein, daß sein Volk sich nicht an den überbildeten, altersschwachen, dahinsiechenden Osten, sondern an den Westen Europas anschließen müsse, wo überall junge Völker mit zwar noch roher, aber frischer Lebenskraft emporstrebten.

Die Lage, in welcher sich damals die benachbarten Länder befanden, war der Ausführung seines rühmlichen Vorhabens günstig. Der jugendliche Kaiser Otto III. war mit der Unterwerfung der slawischen Nationen an der Elbe und Ostsee beschäftigt, und die Idee, Rom zum Mittelpunkt des abendländischen Kaiserthums zu machen, die er mit aller Kraft zu verwirklichen strebte, ließ ihn vollends an andere Unternehmungen kaum denken; der Böhmenherzog Boleslaus II. war von Natur friedliebend und durch seine Abhängigkeit von Deutschland gebunden; der gewaltige Boleslaw I. von Polen aber hatte die Schwester Stephan's zur Gemahlin und richtete seine Kraft auf Vereinigung der Slawen nördlich von den Karpaten; der russische Großfürst Wladimir, erst vor kurzem zum Christenthum der morgenländischen Kirche bekehrt, kämpfte noch zu Hause mit Schwierigkeiten und hatte Raum genug, sein schon ausgedehntes Reich nach allen Seiten mit weniger Mühe zu erweitern; der östliche Kaiser Basilius endlich, thatkräftig und kriegerisch, hatte kaum den gefährlichen Aufruhr seiner Feldherren Bardas Sklerus und Bardas Phokas gedämpft und war jetzt mit Samuel, dem Bulgarenkönig, in Krieg verwickelt. Von außen hatte also Stephan keinen Angriff, keine Störung zu fürchten, ja die benachbarten Völker und Fürsten mußten schon um des eigenen Vortheils willen und aus Eifer für die Ausbreitung des Christenthums seine Bestrebungen · billigen und unterstützen.

Aber desto bedeutender waren die Schwierigkeiten, die sich im Innern entgegenstellten. Noch immer hielt des Volkes größter Theil an seiner freien, ungebundenen Lebensweise, an dem Glauben und den Einrichtungen, die es von den Vätern ererbt hatte; die Macht der Stammfürsten und Geschlechtshäuptlinge, obgleich schon merklich geschwächt, war doch noch groß genug, unüberwindliche Hindernisse zu bereiten und das ganze Werk der Umgestaltung zu vereiteln. Aber Stephan, stark im Bewußtsein der edelsten Absichten, ließ sich dadurch nicht abschrecken, und begann sein großes Werk mit ebenso viel Kraft als Einsicht. Nachdem er Sorge getragen hatte, eine hinreichende Anzahl von Lehrern des Christenthums herbeizuziehen, erging der strenge Befehl, daß jedermann den heidnischen Gebräuchen entsage und die Taufe nehme. Ferner verordnete er, daß sich alle christlichen Sklaven um einen festgesetzten Preis loskaufen könnten, und schenkte denen, die sich auf seinen Besitzungen befanden, unentgeltlich die Freiheit. [1]

Die Unzufriedenheit, schon unter Geiza groß, wurde täglich heftiger, besonders in den westlichen, Deutschland und Italien nähern Gegenden, die vorzüglich der Schauplatz waren, auf dem die christlichen Glaubensboten wirkten; jetzt brach sie in helle Flammen aus. Koppány, Zirind des Kahlen Sohn, Oberhaupt des in dem Sümegher (Somogy) Lande angesiedelten Stammes, dem herzoglichen Hause verwandt und übermächtig, erhob die Fahne des Aufruhrs, der die Misvergnügten von 998 allen Seiten zuströmten, 998. [2] Stephan, durch den plötzlichen Auf-

---

[1] Kézai de udvornicis. — [2] Stiftungsurkunde der Abtei auf dem Pannonberge, bei Fejér, Cod. dipl., I, 281. Wol nicht das von Stephan ausgestellte Original, sondern später, aber aus vorhandenen begründeten Angaben und Documenten zusammengestellt. Vgl. Szalay, Geschichte des ungarischen Reichs, I, 70, Anm. 1. Horváth, Geschichte Ungarns, I, 113, Anm. 1. Kézai, 2, 2. Thuróczy, Chronica Hungar., II, 28. Hier wird in Uebereinstimmung mit polnischen Chronographen angegeben, Kuppány habe mit Adelheid, der Wittwe Geiza's, sich vermählen wollen, um Stephan zu stürzen und

stand überrascht, verließ seine Hauptstadt Gran und ging auf das linke
Donauufer über, um, geschützt durch den mächtigen Strom, sich rüsten
zu können. Hierher entbot er die Krieger seines Stammes und anderer
ihm treu gebliebenen Geschlechter, die eingewanderten Ritter mit ihrem
Gefolge, die christlichen Eingeborenen und alle, die Muth hatten, die
Sklavenkette zu brechen durch Annahme der christlichen Religion und
durch Waffendienst. Wenzel von Wasserburg, mit ihm Hunt und Pázmán bestellte er zu Feldherren und ließ sich durch sie im Granfluß zum
Ritter schlagen. Dominicus aber, den Stephan schon für die höchste
Kirchenwürde, die er stiften wollte, ausersehen hatte, begeisterte durch
Predigt und religiöse Feierlichkeiten das Heer zum muthigen Kampf. [1]
Unterdessen verwüsteten die Rotten der Aufständischen die größtentheils in diesen Gegenden gelegenen herzoglichen Besitzungen, behan-
delten als Feind jeden, der es nicht mit ihnen hielt, mishandelten besonders die Christen, die ihnen in die Hände fielen, und zogen endlich
vor Weszprim und belagerten die Stadt, nach deren Eroberung sie die
andern Burgen des Herzogs leichter bezwingen zu können meinten. [2]
Endlich ging Stephan über die Donau dem Feinde entgegen; unweit Pa-
lota stießen beide Heere aufeinander. Die Gefahr war groß, der Ausgang zweifelhaft: da gelobte Stephan im Geiste seiner Zeit, wenn er siegen würde, dem Kloster auf dem Pannonischen oder Martinsberge, das
noch sein Vater zu bauen begonnen hatte, die Besitzungen Koppány's
und den Zehnten der sümegher Gegend zu verleihen. [3] Die Schlacht
war blutig und wechselvoll, bis Koppány im Zweikampfe voh Wenzelin
getödtet wurde und sein Auf eine Lanze gespießtes Haupt die Seinen in
Schrecken und Flucht jagte. [4]
Nach diesem Sieg, der ein Sieg des Christenthums und der Civilisation war, wurde die Bekehrung mit verdoppeltem Eifer und ge-
schärfter Strenge betrieben; neue Glaubensboten kamen herbei und
durchzogen das Land in allen Richtungen; Stephan selbst lehrte, ermahnte, nöthigte und theilte das Feuer der Begeisterung, das ihn beseelte, auch andern mit. Durch seine rastlosen Bemühungen, durch
zweckmäßige Vorkehrungen, durch Belohnung und Strafe ward in der
kurzen Zeit von kaum zwei Jahren ein großer Theil des Volks getauft
und wenigstens zum äußern Bekenntniß des Evangeliums und zur Beobachtung christlicher Gebräuche geführt. Doch scheint in dem Lande
jenseit der Theiß der Widerstand hartnäckiger gewesen zu sein, wo
der noch unter Taksony eingewanderte greise Petschenegenfürst Thonuzoba und seine Gemahlin einen grauenvollen Tod dem Christenthum
vorzogen. Doch auch dieser Widerstand wurde gebrochen, und selbst

sich auf den Thron zu setzen, da aber seine Werbung abgewiesen wurde
kühn den offenen Aufstand begonnen.

[1] Thuróczy, II, 13, 28. Stiftungsbrief der Pannon- oder Martinsberger
Abtei. — [2] Hartvicus, 6, bei Endlicher, 169. Legenda S. Stephani minor,
c. 5. E codice membranaceo seculi XII monasterii S. Crucis in Austria, bei
Endlicher, 156. — [3] Stiftungsbrief der Pannonberger Abtei. Hartvici Vita
S. Stephani, bei Endlicher, 170. — [4] Thuróczi, II, 28.

Urkund, der Sohn jenes heidnischen Märtyrers, trat zum Christenthum über. [1]
Wer aber dächte, willkürlich, nach dem „car tel est notre plaisir" der absoluten Herrschergewalt, habe Stephan dies alles anbefohlen und durchgeführt, müßte keinen rechten Begriff haben weder von der Natur der Stammverfassung, die Stephan abschaffen, noch von den bürgerlichen Zuständen des damaligen Westeuropas, die er einführen wollte. Sein war der Gedanke, aber ohne Beistimmung, ohne Mitwirkung wenigstens der Mehrzahl von den Häuptern und Mächtigen des Landes konnte er nichts unternehmen und ausführen. Und es zeugt eben von den weitgehenden Fortschritten, welche die ungarische Nation auf der Bahn der Civilisation bereits gemacht hatte, daß so viele das Bessere erkannten und die Nothwendigkeit dieser Reformen und ganz neuen Schöpfungen einsahen. Es zeugt aber auch für die geistige Kraft Stephan's, daß er die stolzen Häuptlinge unter seinen Willen zu beugen und ihrer Macht andere Gewalten entgegenzusetzen wußte, daß er es verstand, verschiedene Elemente ins Gleichgewicht zu bringen und in Eintracht wirken zu lassen. Dadurch, daß er Eingeborene ohne Unterschied ihrer Nationalität und Ankömmlinge von auswärts mit Landbesitz begabte, viele zu hohen Staatsämtern erhob und sie den Stammes- und Geschlechtshäuptern gleichstellte, verminderte er nicht nur der letztern gefährliche Macht schon durch die Theilung derselben unter viele, erwarb er sich nicht bloß persönliche Anhänger, auf deren Treue er rechnen konnte, sondern knüpfte er auch jene, die mehr oder weniger fremd gewesen waren, fest an sein Reich und verwandelte sie in Magyaren. [2] Durch die Befreiung der christlichen Sklaven, wenn sie auch nur theilweise und in beschränktem Maße durchgeführt werden konnte [3], vermehrte er die Menge derer, die durch die neue Ordnung der Dinge beglückt wurden und für sie, wie für ihre theuerste Angelegenheit, zu wirken und zu kämpfen bereit waren. Die Zurücksetzung endlich, welche alle erfuhren, die hartnäckig bei der alten Religion und Sitte beharrten, und die Gunst, welche er denen ohne Rücksicht auf Stand und Herkunft bewies, die sich für das Christenthum erklärten, verschaffte diesem und allem, was damit zusammenhing, Anhänger, die zwar vorderhand nur äußerlich ihm angehörten, aber mit der Zeit auch wahre innere Zuneigung und Liebe fassen konnten. [4]

Als Pflanzstätten des Christenthums und der Bildung, was sie damals überall waren, stiftete Stephan mehrere Klöster. Zuerst 1001 die Benedictinerabtei des heiligen Martin auf dem pannonischen Berge, die er mit Besitzungen Kuppány's und dem sümegher Zehnten beschenkte, wie wir bereits berichtet haben, und ernannte Astricus zum Abte. [5] Dieser hieß vormals Radla, war zuerst Lehrer, dann Hausgeistlicher des heiligen Albert, wurde von diesem 993 als Abt dem neugestifteten

[1] Anonymus, c. 57. — [2] Thuróczy, II, 13. — [3] Kézai de udvornicis. — [4] Thuróczy, II, 13: „In illis namque rebus gerendis judicatus erat nobilior, qui fidei Christi citius adhaesisset." — [5] Stiftungsbrief bei Fejér, Cod. dipl. I, 281.

Kloster Braunau in Böhmen vorgesetzt und erhielt nun den Kloster-
namen Anastasius oder Astricus, wie er gewöhnlich in Ungarn genannt
wird. Bei der Verfolgung, welche die Familie Adalbert's 996 traf [1],
flüchtete er nebst mehrern Mönchen nach Ungarn, wo er von Geiza
freundlich aufgenommen und von Stephan zuerst zum martinsberger Abt
und bald darauf zum Bischof von Kalocsa ernannt wurde. [2] Wahrscheinlich entwarf Stephan schon damals auch den Plan zur Gründung
der andern Abteien desselben Ordens, die er später stiftete: die pécs-
várader unweit Fünfkirchen 1015, die szalavárer 1019, die zoborer
bei Neitra und die bakonybélyer 1037. Außerdem gründete er im
weßprimer Thal ein Kloster für griechische Nonnen. Sein Erzieher,
Deodatus, Graf von Sanseverin, errichtete eine Abtei in Tata. [3]
    Aber Stephan mußte eine selbständige Nationalkirche gründen, um
fremde Einflüsse abzuwehren und die Unabhängigkeit des Reichs auch
in kirchlicher Hinsicht zu sichern.   In frühern Zeiten stand Pannonien
unter den Erzbischöfen zu Salzburg und Lorch.   Als Piligrin, Bischof
in Passau, das eingegangene lorcher Erzstift auf sein Bisthum übertragen
wollte, suchte er auch dessen Rechte auf Pannonien wiederherzustellen [4] und wurde von Benedict VII. wirklich mit der Vollmacht bekleidet, in Ungarn Bischöfe einzusetzen. [5] Von dieser Vollmacht konnten zwar weder er noch seine Nachfolger Gebrauch machen, und nicht
einmal auf die Bekehrung Ungarns Einfluß nehmen; aber die Ansprüche
dieser Bischofssitze drohten dennoch das Reich in Abhängigkeit von
ausländischen Oberpriestern zu bringen.   Durch rasche That wandte
Stephan diese Gefahr ab; ohne hier und da anzufragen und sich in Unterhandlungen einzulassen, stiftete er das Erzbisthum zu Gran und mit
diesem gleichzeitig das Bisthum zu Kalocsa, und setzte auf den Stuhl
des erstern Dominicus, auf den des zweiten Astricus, wie schon erwähnt
worden.   Zu diesen beiden Bisthümern kamen später hinzu: 1001 oder
1008 das weßprimer; 1009 das fünfkirchner; das csanáder um 1030;
die Stiftungsjahre des bácser (nachmals mit dem kalocsaer vereinigt),
raaber, erlauer und weißenburger in Siebenbürgen sind unbekannt; ungewiß ist es, ob schon Stephan das großwardeiner und waitzner gegründet und das neitraer hergestellt habe.   Noch errichtete er Dom-
stifter in Stuhlweißenburg 1004 und Altofen 1022. [6] An den Bischofssitzen, Abteien und Domstiftern bestanden auch größere oder kleinere
Schulen, unter denen die vorzüglichsten waren: die auf dem Martins-

    [1] Palacky, Geschichte von Böhmen, I, 234—246. — [2] Hartvicus, Vita S.
Stephani, c. 7, 8, gibt an, daß Astricus zuerst Abt des Klosters Pécsvárad
war, ehe er Bischof wurde; Katona, Hist. ecclesiae colocensis, Colocae 1800,
unterscheidet ihn von dem pannonberger Abte Anastasius. — [3] Dnm. Fuxhofer,
Monasteriologia; neu herausgegeben von Moritz Crinár. Fejér, Cod. dipl. —
[4] Piligrini Lauracensis epist. ad Benedictum P. P. — [5] Benedictii VII. et
Ottonis epistolae, bei Fejér, Cod. dipl., I, 266 u. 272. — [6] Fejér, Cod. dipl.,
Pray Specimen hierarchiae Hung.; Szvorényi Amoenitates historiae eccl. regni
Hung. Ag. Theiner, Vetera monumenta historica Hungariam sacram illustran-
tia (Rom 1859 u. 1860).

berg [1], zu Weszprim [2], Stuhlweißenburg [3] und Csanád [4]. Stephan baute
zwei Kirchen in Gran, eine im siebenbürger Weißenburg, eine in Alt-
ofen und die besonders prächtige in Stuhlweißenburg, die unter die
großartigsten Gebäude des 11. Jahrhunderts gehörte. Die weßprimer
Kirche wurde von Giscla erbaut. Die Baumeister und Künstler waren
Byzantiner [5] und Italiener. [6]

Aber noch galt es, auch dafür zu sorgen, daß Ungarn den gebührenden Rang unter den selbständigen Staaten einnehme, und dazu war
nöthig, daß Stephan die Königskrone auf sein Haupt setze.   Dadurch
wurden zwar weder seine Rechte erweitert, die er schon als Herzog aus-
übte, noch seine Macht nach außen vergrößert; aber die königliche
Würde erhob ihn über die Stammfürsten, die immer geneigt waren, ihn
als ihresgleichen zu betrachten, sie erhöhte sein Ansehen bei dem ganzen Volke, sie machte seinen Thron so hoch, als den der übrigen Fürsten.   Uns scheint, hierzu sei nichts weiter erforderlich gewesen, als die
Einwilligung seines Volks und zum Ueberfluß die Anerkennung der andern Staaten.   Aber andere Begriffe hatte die damalige Zeit.   Die
abendländische Christenheit, an welche sich Stephan anschloß, verehrte
zwei Häupter, den römischen Kaiser und den römischen Bischof; ihnen
allein schrieb sie das Recht zu, Königskronen zu verleihen; an einen
von beiden mußte sich also auch Stephan wenden, wenn er sich nicht nur
selbst für einen König ausgeben, sondern auch als solcher anerkannt
werden wollte.   Die Wahl war nicht schwer.   Der römische Kaiser
verlangte als Entgelt für Krone und Königstitel den Lehnseid.   Schon
war Böhmen um seine staatliche Selbständigkeit gekommen, dasselbe
trachteten die Kaiser ebenjetzt durch alle Mittel in Polen zu erreichen, darauf arbeitete vielleicht auch in Ungarn Otto III. bereits hin,
wenn wahr ist, was Ditmar berichtet [7], daß er nämlich Stephan einredete,
die königliche Würde nachzusuchen und Bischöfe einzusetzen.   Stephan
entschloß sich also, beim Papst um die Krone anzuhalten, der zwar
auch Unterwerfung unter seine Autorität forderte, die aber kein Lehns-
verhältniß mit sich brachte und von der ganzen abendländischen Christenheit geleistet wurde.   Ueberdies umgab die päpstliche Verleihung
die Krone noch mit einem Schimmer der Heiligkeit, der den Werth derselben in den Augen des frommen Fürsten erhöhen mußte und von
der schlauen, ungläubigen Staatsklugheit selbst in unsern Tagen gesucht
wird.   Zu seinem Gesandten wählte er Astricus, dem er noch einige
Begleiter beigab, und trug ihm auf, die königliche Würde nebst Bestätigung der getroffenen kirchlichen Einrichtungen und Ernennungen
zu erbitten. [8]

Der gelehrte Gerbert hatte soeben, 999, ernannt von seinem vor-

[1] Mehrere Nachrichten lassen in ihr die Mutter der übrigen erkennen. —
[2] Wird sehr gerühmt im Schenkungsbrief Ladislaus' IV. vom Jahre 1275.
Fejér, Cod. dipl. — [3] Vita S. Gerhardi, bei Endlicher, 12. — [4] Ebend. —
[5] Thuróczy, II, 31. — [6] Gattula, Hist. abbatiae Cassinen (Venedig 1733). —
[7] Chronicon zum Jahre 999, bei Pertz, III, 784. [8] Hartvicus, Vita S. Stephani, c. 9.

maligen Zöglinge, Otto III., unter dem Namen Sylvester II., den päpstlichen Stuhl bestiegen, der zwar in Italien und besonders in Rom durch die Schlechtigkeit und die Verbrechen seiner damaligen Inhaber [1] sehr wenig geachtet, aber dagegen in der Entfernung von den noch wenig aufgeklärten Nationen, den Deutschen, Engländern, Franzosen u. s. w. von Tag zu Tag mehr und fast abgöttisch verehrt wurde.

Als Astricus in Rom ankam, fand er hier schon die Gesandtschaft des Polenherzogs Boleslaw's II. (Chrabry), die ebenfalls für ihren Herrn die königliche Krone nachsuchte. Der Papst, wie die Chronik erzählt, hatte den Polen bereits ihre Bitte gewährt; die Krone war fertig, die das Haupt Boleslaw's schmücken sollte; aber Otto erhob Einsprache dagegen, weil er, freilich ohne rechtlichen Grund, Polen für ein Reichslehn erklärte und einen Eingriff in seine Hoheitsrechte darin sah, daß der Fürst dieses Landes die Krone aus der Hand des Papstes empfange. Dagegen war er den Wünschen Stephan's, der ohnehin sein Verwandter war, günstig gestimmt; denn noch waren die Deutschen nicht auf den Einfall gerathen, gleiche Ansprüche der Lehnsherrlichkeit über Ungarn zu erheben. Sylvester mußte sich in den Willen seines mächtigen und unbiegsamen Gönners fügen. Um aber den Bruch seines bereits gegebenen Versprechens zu beschönigen, gab er vor, in der Nacht sei ihm ein Engel erschienen und habe ihn befohlen: „Morgen werden die Abgesandten eines unbekannten Volkes zu dir kommen und für ihren Fürsten die königliche Krone und apostolische Weihe bitten; ihm sollst du die Krone ohne Aufschub verleihen, denn wisse, diesem Fürsten gebührt sie seiner Verdienste wegen." Am Morgen erschien Astricus vor dem Papste, schilderte die Verdienste Stephan's um die Bekehrung der Magyaren und die Freigebigkeit, mit welcher er Kirchen, Klöster und Bischofssitze gegründet habe, übergab reiche Geschenke und trug sein Anliegen vor. Da rief Sylvester: „Ich bin der Apostolische', dieser aber ist ein wahrer Apostel, durch welchen Christus ein so großes Volk zu sich bekehrt hat", und gewährte die Bitte. [2]

Bald darauf kehrten die Gesandten, nachdem sie ihren Auftrag so glücklich vollendet hatten, zurück und brachten die Krone [3], welche

---

[1] Baronius, Annales eccles. (Rom 1588—1607) und vielmal abgedruckt. Schröckh, Kirchengeschichte und jede andere Kirchen- oder politische Geschichte. Llorente, Portraits politiques des papes (Paris 1821). — [2] Hartvicus, Vita S. Stephani, c. 9, bei Endlicher. Desselben Chronica Hungar. mit polnischen Geschichten vermischt, aus einer warschauer Handschrift des 12. Jahrhunderts, c. 5, 6, bei Endlicher. Martini Galli Chronica (geschrieben 1109; Danzig, edidit Gedani, 1749), S. 76. Muglen,' Chron., c. 18, bei Kovachich, S. 34. Dlugoss, Hist. Polon., II, 21. Die Bulle selbst, von der gleich die Rede sein wird. — [3] Ueber den Ursprung dieser Krone wurde viel gestritten und geschrieben; im vorigen Jahrhundert neigte sich bereits die Meinung dahin, weil sie griechische Inschrift und Bilder trage, könne sie nicht eine Gabe des Papstes, sondern nur des byzantinischen Kaisers sein. Aber diese Ansicht widersprach dem seit Jahrhunderten bestehenden Glauben, und wer die Krone betrachtet, erkennt sogleich, daß sie aus zwei Stücken von verschiedener Arbeit bestehe. Deshalb wird jetzt allgemein angenommen

noch jetzt als ein heiliges Kleinod verehrt wird; ein Doppelkreuz, das
dem Könige bei feierlichen Gelegenheiten als Zeichen seiner apostolischen Würde vorgetragen wurde, aber verloren gegangen ist; und die
Vollmacht, die gegenwärtigen und künftigen Kirchen des ungarischen
Reichs einzurichten, zu ordnen, mit Rechten und Vorzügen auszu-
zeichnen. [1]
Alle diese Verleihungen konnten nicht mündlich, sondern nur
schriftlich, durch eine päpstliche Bulle geschehen. Der Umstand, daß
dieselbe in keiner glaubwürdigen Urkunde [2] vorhanden ist, kann kein

(was auch Koller, De sacra regni Hungariae corona [Fünfkirchen 1801]
und andere hinreichend erwiesen haben), der obere Theil sei die vom Papste
geschickte Krone, an den als unterer Reif jene Krone gefügt wurde, die Kaiser Dukas dem Herzog Geiza als Ehrengeschenk 1078 übersandte.
[1] Hartvicus, c. 9: „.... prout divina gratia ipsum instruit, Ecclesias
Dei una cum populis ei ordinandas relinquimus." — [2] Der Jesuit Melchior
Inhoffer, in seinem Werke „Annales ecclesiastici regni Hungariae" (Rom 1644)
machte zuerst diese Bulle Sylvester's, Romae VI kal. apr. indictione XIII
(27. März 1000), bekannt. Er hatte sie von dem Franciscanermönch Rafael
Levakovich, Corrector der illyrischen Bücher in Rom, dieser von Athanasius
Georgier in Wien erhalten. An Georgier soll sie 1573 mit dem literarischen
Nachlasse des grauer Erzbischofs, Anton Verantius, gekommen sein, und Verantius soll die Abschrift genommen haben 1550 von einem im Archiv zu
Traw in Dalmatien befindlichen Originale. Vorher hat kein Sterblicher irgend-
etwas von dieser Bulle gewußt und nachher niemand das Original oder eine
beglaubigte Abschrift irgendwo auffinden können. Die Zweifel an der Echtheit, die schon bei der sonderbaren Geschichte ihrer Auffindung entstehen,
werden noch dadurch vermehrt, daß Kerchelich, agramer Domherr, einen
Brief des Levakovich an Cardinal Alobrandini mittheilt, in welchem es heißt:
„Die Ungarn wollen dem Papste auf ihr Land gar kein Recht zugestehen;
um sie auf eine vernünftigere Meinung zu bringen, lege ich bei? gab? verfaßte? (dedi) ich einen Brief Papst Sylvester's II., und werde dafür sorgen, denselben bekannt zu machen. Meiner Meinung nach wäre am besten, ihn der
Oeffentlichkeit so zu übergeben, als wäre er in Rom aufgefunden worden, doch
wagte ich es nicht, ohne Erlaubniß Euer Eminenz." Diese Aeußerlichkeiten
machen die Copie der Bulle sehr verdächtig; der Inhalt derselben aber stimmt
mit den Berichten der Chronisten, besonders des Hartvicus fast wörtlich überein und ist den damaligen Sitten und Gebräuchen in Kirche und Staat völlig
angemessen. Dagegen entspricht er nicht der Absicht, die Levakovich in
dem angeführten Briefe ausdrückt, denn diese Bulle verleiht ausdrücklich und
für immer den ungarischen Königen die großen Vorrechte in kirchlichen
Dingen, die sie übten und die der Papst gerade um die Zeit von 1644 ein-
schranken wollte. Der Inhalt entspricht aber auch nicht den damaligen Wünschen des königlichen Hauses und der mit ihm eng verbundenen katholischen
Priesterpartei, die auf unbedingte Vererbung der Krone auf den Erstgeborenen
drangen, während die Stände Ungarns das Wahlrecht unter den Gliedern des
königlichen Hauses zu besitzen behaupteten; denn die Bulle erwähnt zweimal
als rechtmäßige Nachfolger die gesetzmäßig durch die Optimaten gewählten
Könige. Ist also diese Bulle untergeschoben, so ist sie mit der genauesten
Kenntniß der Zeit und Berücksichtigung aller der Rechte abgefaßt, die der
ungarische König in Ecclesiasticis übte, und konnte ihrer Verfertigung die
einzige Absicht vorliegen, durch das Document eine Lücke der Geschichte
auszufüllen. Die Bulle ist abgedruckt in Fejér, Cod. dipl., I, 274; ins Ungarische übersetzt in Szalay, Geschichte des ungarischen Reichs, I, 75—78.
Szalay vertheidigt ihre Echtheit und Horváth, Geschichte des ungarischen Reichs,
2. Ausg., I, 116, stimmt ihm bei.

Grund sein, zu leugnen oder auch nur zu bezweifeln, daß eine solche erlassen worden ist. Auch über den Inhalt derselben können kaum Zweifel obwalten. Daß in derselben Ausdrücke vorgekommen seien, die das Versprechen der Obedienz so deuteten, als hätte Stephan dem Papste sein Reich zum Lehn aufgetragen und von diesem als solches wieder zurückempfangen, wird zuvörderst höchst wahrscheinlich, wenn man bedenkt, welche Rechte sich die Päpste bereits um diese Zeit über Länder und Fürsten anmaßten; ferner gründeten Gregor VII. in seinen Briefen, die er 1074 und 1075 an die Könige Geiza I. und Salomon schrieb, wie auch andere Päpste, besonders nach dem Aussterben des Árpádischen Hauses ihre Ansprüche auf Lehnsherrlichkeit über Ungarn darauf, daß Stephan dasselbe dem päpstlichen Stuhle übergeben und von diesem wiedererhalten habe. Aber eitel war die Besorgniß, daß hierdurch die Würde und Unabhängigkeit Ungarns gefährdet werde, und vergeblich die Mühe, die sich so viele gaben, die Bulle und die Ansprüche, die sie enthält, wegzuleugnen. Die Päpste nahmen als die Stellvertreter Gottes die Erde, den Himmel und die Hölle als ihr Gebiet in Anspruch, und griffen überall hastig zu, wo ihnen nur der geringste Raum gelassen wurde. Stephan hatte weder den Willen noch das Recht, über sein freies Land und Volk zu verfügen; und die Ungarn selbst haben diese Ansprüche immer energisch zurückgewiesen und ihre Unabhängigkeit zu jeder Zeit siegreich behauptet. Gewiß ist sodann, daß Sylvester dem Stephan und seinen Nachfolgern das Recht einräumte, Bisthümer, Kapitel und Klöster zu gründen und mit Privilegien zu begaben, kirchliche Würdenträger zu ernennen, in ihr Amt einzusetzen und über sie Gericht zu halten, auch andere kirchliche Angelegenheiten zu ordnen und zu schlichten. Denn Stephan selbst übte alle diese Rechte und beruft sich ausdrücklich auf die Vollmacht, die ihm der Papst ertheilt habe [1]; auch die nachfolgenden Könige Ungarns behaupteten die meisten und wichtigsten derselben bis auf die jüngste Zeit, indem sie sich auf die dazumal geschehene päpstliche Verleihung stützten. [2] Doch dürfen wir deshalb die Freigebigkeit des Papstes gerade nicht be-

---

[1] „Eadem authoritate apostolica mediante decrevimus, ut praefati coenobii Abbas generali tamen et solenni synodo duntaxat Strigoniensis Archiepiscopi interesse teneatur." S. Stephanus in diplom. Abbatiae in Pécs-Várad 1015, bei Kollár, Hist. Episcop. Quinque eccles., I, 76: „Contulimus etiam eidem, authoritate apostolica nobis aunuente, ut in praescriptis solemnitatibus ornamentis pontificalibus uteretur." S. Stephanus in diplom. Abbatiae de Szala 1019, bei Kollár, Hist. Episcop. Quinque eccles., I, 82: „Et sicut habui potestatem, ut ubicunque, vel in quocunque vellem loco, Ecclesias aut monasteria construerem, ita nihilominus a Romanae sedis Supremo Pontifice habui authoritatem, ut quibus vellem Ecclesiis seu monasteriis libertates et dignitates conferrem." S. Stephanus in diplom. Abbatiae in Bakonybély 1037, bei Kollár, Hist. Juris Patronat., S. 88. — [2] Belae IV. epist. ad Gregorium, IX, 1238, bei Raynald ad ann. 1238: „Petimus, ut officium Legationis non ulii, sed nobis in terra Asani committatur, ut habeamus potestatem limitandi Dioeceses, distinguendi parochias, et in hac prima institutione potestatem habeamus, ibi ponendo Episcopos de consilio praelatorum et virorum religiosorum, quia haec omnia beatae memoriae Antecessori nostri S. Stephano sunt concessa."

.wundern. Wer die kirchlichen Zustände des 10. Jahrhunderts kennt, der weiß auch, daß damals noch die Staaten diese Rechte ausübten und die Päpste erst anfingen, sie für sich zu beanspruchen. Hat doch auch Stephan schon früher Kirchen, Klöster und Bisthümer gestiftet, ihre Sprengel und Rechte bestimmt und sie vergeben, bevor er den Papst befragt hatte; wurden doch die Päpste selbst von der Geistlichkeit und dem Volke Roms gewählt und von dem Kaiser bestätigt, gerade damals aber sogar von diesem ernannt, wie Gregor V. und Sylvester II., und abgesetzt wie Johann XVII. Der Papst verlieh also den ungarischen Königen Rechte, die schon ursprünglich ihre waren und noch beinahe von allen damaligen Fürsten geübt wurden; er verlieh sie vielleicht darum, damit er durch die Uebertragung derselben zeige, daß sie eigentlich ihm gebühren. Bewundernswürdig und ehrenvoll ist aber hierbei, daß sich Ungarn im Besitze dieser Rechte zu behaupten wußte, während andere Staaten sie leichtsinnig oder furchtsam vergaben.

1000   Im Jahre 1000 am 15. August wurde Stephan in Gran feierlich zum König ausgerufen und gekrönt, unter dem Jubel „der Prälaten und der Geistlichkeit, der Großen des Reichs und des Volks". [1] Daß hier nicht von einer zufällig aus Neugierde herbeigeströmten, oder blos zum Pomp versammelten Menge die Rede sein könne, leuchtet von selbst ein. Die Annahme der königlichen Würde und die Krönung mußte mit Zustimmung des versammelten Volks auf dem, wie schon immer zusammengesetzten Reichstage geschehen. [2] Und gewiß wurde schon bei dieser feierlichen Gelegenheit ein Theil jener Anordnungen und Gesetze erlassen, die während der Regierung Stephan's auf mehrern Reichstagen zu Stande kamen und deren Bruchstücke wir noch besitzen [3], ohne die bestimmte Zeit ihrer Entstehung erfahren zu können. [4] Denn obwol die alte Grundlage blieb, so forderten doch die Einführung des Christenthums, die Erhebung des Fürsten zum König, und die Annahme vieler neuen Dinge so gebieterisch eine entsprechende Anordnung und Umgestaltung der Verfassung und Staatseinrichtungen, daß diese sogleich vorgenommen werden mußte. Doch ehe wir diese besprechen, wollen wir zuvor die Begebenheiten, Thaten und äußern Schicksale der Ungarn unter ihrem ersten König kennen lernen.

Obgleich Tuhutum, der Eroberer Siebenbürgens, und seine erblichen Nachfolger unter der Oberhoheit der ungarischen Herzoge standen, scheinen sie doch das Land ziemlich unabhängig beherrscht zu haben. Auf Gyula den Aeltern, der in Konstantinopel die Taufe nahm und Stephan's Großvater war, folgte als Fürst sein Bruder Zombor und

---

[1] Hartvicus, Vita S. Stephani, c. 9. Auch eine Urkunde von Ladislaus IV. im Jahre 1274 bezeichnet Gran als den Ort, wo Stephan gekrönt wurde. Szalay, I, 83, Anm. 1. — [2] Hartvicus, c. 10: „.... subscripcione federis non pereuntis posteris suis reliquit stabilitum." — [3] Decretorum S. Stephani Libri II, im Corpus Juris Hungarici, und bei Endlicher richtiger nach Handschriften, S. 311—339. — [4] Hartvicus, Vita S. Stephani, c. 10: „Post acceptum regalis excellentie signum, qualis vite vir et discretionis fuerit, cum episcopis et primatibus Hungarie statutum a se decretum manifestum facit." Kovachich, Vestigia comitiorum, S. 12 fg.

auf diesen dessen Sohn Gyula der Jüngere. Ein hartnäckiger Anhänger des Heidenthums, der alten Sitten und Staatseinrichtungen, unterdrückte er das Christenthum, welches nach morgenländischem Ritus unter den Walachen schon heimisch war und unter den Magyaren Siebenbürgens sich zu verbreiten angefangen hatte, betrachtete mit Unwillen die Neuerungen, die im Hauptlande vor sich gingen, sperrte ihnen den Eingang in sein Gebiet und öffnete dasselbe allen Unzufriedenen, schloß sogar Bündniß mit Kean, dem Fürsten der Petschenegen, die in der heutigen Moldau hausten, und fiel endlich feindlich in Ungarn ein. Die Gefahr war groß, daß Siebenbürgen, diese natürliche Feste des Theißgebiets, von dem Reiche losgerissen und in ein feindseliges Verhältniß zu demselben gesetzt werde. Stephan zog also 1002 mit Heeresmacht gegen 1002 seinen treulosen Verwandten, und die Székler unter ihrem Rovobán Alexander Upor vereinigten sich mit ihm. [1] Er besiegte Gyula und führte ihn gefangen nebst seiner Gemahlin und seinen Söhnen Bua und Bukna nach Ungarn. Um aber Siebenbürgen mit dem Hauptlande fester zu verbinden, es mehr zu bevölkern und das Christenthum zu fördern, gab er ihm einen Voivod vom árpádischen Stamm — Zsolt nennen ihn einige —, siedelte einen Theil jener Baiern, die unter eines Hermann Führung mit Gisela nach Ungarn gekommen waren, in der Gegend an, wo jetzt Hermannstadt steht, und stiftete das Bisthum zu Weißenburg, Alba Julia, jetzt Karlstadt. [2] Auch scheint er gleich damals die reichen Salzgruben in königlichen Besitz genommen zu haben. [3]

Von Siebenbürgen aus führte Stephan sein Heer über die südlichen Karpaten gegen die Petschenegen. Nach langwierigen und schweren Kämpfen in den Gebirgsgegenden gelang es ihm endlich, sie in einer großen Schlacht zu besiegen; ihr Fürst Kean wurde getödtet, und ihr Lager mit reichen Schätzen, die sie auf ihren Streifzügen erbeutet hatten, fiel in die Hände der Sieger, 1003. Mit diesen Schätzen baute der 1003 fromme König eine Kirche in Ofen und eine überaus prächtige in Stuhlweißenburg. Die letztere, mehreremal vom Feuer verwüstet, aber immer wiederhergestellt, war durch fünfhundert Jahre die Krönungsstätte aller Könige und der Begräbnißplatz der meisten, bis sie in den Türkenkriegen gänzlich zerstört wurde. An beiden gründete er Domherrnstifter, die er mit großen Gütern und Vorrechten ausstattete. [4]

Der große Sieg hat aber die Kraft der Petschenegen keineswegs gebrochen; nicht zu erobern und ihre Herrschaft zu erweitern, sondern zu plündern und zu zerstören, fielen sie noch einigemal während Ste-

---

[1] Chronik der Székler. Rovobán wird in derselben ihr Häuptling oder Fürst genannt. — [2] Anon. Belae r. not., c. 24, 27. Kézai, II, 2. Chronik der Szekler, I, 278. Thuróczy, II, 29. Annales Hildesheimens. ad ann. 1003. Allen diesen Zeugnissen entgegen folgt Büdinger, Oesterreichische Geschichte, I, 404, der Chronik Ditmar's, bei Pertz, III, 862, nennt die beiden Gyula Devix und Procui, Namen, die nicht den leisesten ungarischen Anklang haben, läßt diesen Procui nach Polen fliehen und macht ihn, S. 392, zum Besitzer irgendeiner Gegend im Osten Ungarns. — [3] Wie wir weiter unten erzählen werden, fing Othun die Schiffe auf, die königliches Salz auf der Maros hinabführten. — [4] Thuróczy, II, 30. Hartvicus, Vita S. Stephani, c. 12.

phan's Regierung ins Land und nöthigten ihn, seine schaffende und ord-
nende Wirksamkeit zu unterbrechen, zum Schwerte zu greifen und den
unversöhnlichen, wilden Feind zu vertreiben. [1]
    Otto III. starb 1002, der Sage nach vergiftet durch die schöne Ste-
phania, Witwe des Römers Crescentius, den er hatte hinrichten lassen.
Die Deutschen wählten den Herzog von Baiern, Heinrich II.,
den Schwager Stephan's, zu seinem Nachfolger, einen Frömmler, der sich
besser für das Kloster als für den Kaiserthron schickte. Er brachte
seine meiste Zeit mit Bußübungen zu und rechnete es sich zum höchsten
Verdienst an, die Jungfräulichkeit seiner angetrauten Gemahlin nie verletzt zu haben. Aber für Ungarn war die Wahl Heinrich's ein sehr
günstiges Ereigniß; ein friedlicher Mann, ein Verwandter und Freund
des Königs, wurde sein Nachbar an der weitgedehnten Westgrenze.
Ohne Besorgniß, auf der schwächsten, durch keine natürliche Hindernisse vertheidigten Seite angegriffen zu werden, konnte es seine ganze
Aufmerksamkeit und Kraft nach Osten richten, wo heidnische und
wilde Nationen fortwährend drohten. Gegen Heinrich erhoben sich
indeß nach der in Deutschland von jeher herrschenden verderblichen
Gewohnheit mehrere Große, unter diesen sein eigener Bruder Bruno.
Doch gelang es Heinrich, seine Widersacher zu besiegen. Bruno flüchtete sich zuerst nach Polen und von da zu seinem Schwager Stephan
1004 nach Ungarn, 1004, wo er freundliche Aufnahme fand. Stephan trat
auch bald als Vermittler auf, besänftigte den Kaiser und schickte den
reuigen Bruder, begleitet von ungarischen Gesandten, zu ihm nach
Schonau. Die Brüder söhnten sich aus und Bruno wurde Bischof von
Passau. [2]
    Auch im Süden und Osten gingen von 1005—20 wichtige, aber
für Ungarn weniger günstige Veränderungen vor. Der griechische Kaiser Basilius II. führte mit großer Grausamkeit langwierigen und glücklichen Krieg gegen die Bulgaren, den er zuletzt mit der gänzlichen Zer-
1018 störung und Unterjochung ihres Reichs 1018 endigte. Hierdurch
wurde er der unmittelbare, gefährliche Nachbar Ungarns und die Folgen hiervon zeigten sich bald. [3]
    Othun, ein Nachkomme jenes Bulgarenfürsten Glád, welchen die
Ungarn bei der Eroberung des Landes im Besitz seines Gebiets zwischen
Siebenbürgen, der Maros, Theiß und Donau, also des sogenannten Banats, gelassen hatten, reich und mächtig durch die außerordentliche
Fruchtbarkeit des herrlichen Landes, strebte lange nach Unabhängigkeit und mochte nun entweder das Schicksal des siebenbürger Gyula
fürchten, oder überhaupt die Abhängigkeit vom morgenländischen Kaiser für lockerer und weniger drückend halten als jene von dem thatkräftigen König. Er sagte sich also von Ungarn los, begab sich unter
griechischen Schutz, und wie abgefallene Ueberläufer pflegen, eilte er,

---

[1] Andeutungen, wenn auch nicht bestimmte Nachrichten hiervon geben
Hartvicus, c. 15, und Vita S. Gerhardi, c. 10, bei Endlicher. — [2] Ditmar.
Chronik ad ann. 1004. — [3] Cedrenus, Constant. Porphyrogen., Basilius Macedo seu de vita et rebus gestis ejus in Corp. Byzantinae historiae und
bei Pertz.

seine Treulosigkeit durch feindselige Handlungen zu zeigen, belegte die
Schiffahrt auf den Flüssen mit schweren Zöllen, hielt das königliche
Salz an, welches auf der Maros hinabgebracht wurde, und erlaubte
sich noch sonst allerhand Gewaltthätigkeiten. Längere Zeit glückte
es ihm, sich gegen Stephan zu behaupten, bis er durch Undank und Treulosigkeit gegen einen Freund sich selbst den Untergang bereitete.
Csanád, Doboka's Sohn, ein Verwandter des Königs, der sich bei ihm
aufgehalten und wichtige Dienste geleistet hatte, wurde ihm verdächtig
und sollte auf seinen Befehl ermordet werden, rettete sich aber durch
Flucht, kam an das königliche Hoflager und bot sich zum Anführer
eines Heeres wider Othun an. Sein Antrag wurde angenommen. Sobald das Heer gerüstet war, führte er es gegen Othun, schlug ihn in
einem nächtlichen Ueberfall, tödtete ihn mit eigener Hand und eroberte
dessen feste Stadt Maros. Stephan belohnte den glücklichen Feldherrn
damit, daß er ihm die Verwaltung des zurückeroberten Gebiets übertrug und die Stadt Maros ihm zu Ehren Csanád nannte. Daß Stephan
hier um das Jahr 1030 ein Bisthum stiftete, haben wir bereits gesagt
und erwähnen nur noch, daß das griechische Kloster, welches seit längerer Zeit in dieser Stadt bestanden hatte, nach Oroszlános verlegt und
an dessen Stelle eine Benedictinerabtei errichtet wurde. [1]

Nach den Siegen über Gyula und Othun gab es keine mittelbare
Provinzen mehr, Siebenbürgen wurde zwar immer durch Voivoden
regiert, die aber nichts weiter als Staatsdiener waren und vom König
nach Gutdünken ernannt und entfernt wurden. Das Gebiet Othun's
wurde völlig mit dem Hauptlande verschmolzen. Ein großer unbe-
rechenbarer Gewinn für diese beiden Länder und für das ganze Reich.
Allein während dieser Unruhen erlitt Ungarn dennoch einen Nachtheil.
Syrmien, die südliche Landstrecke an der Donau zwischen der Drau
und Save, ein Theil des heutigen Slawoniens, war nach der augsburger
Niederlage unter kroatische Herrschaft gekommen und wurde jetzt, da
Basilius Serbien und Kroatien tributpflichtig machte, mit diesen Ländern
dem griechischen Reiche unterworfen, sodaß dieses von der Donau bis
zum Adriatischen Meere unmittelbar an die Grenzen Ungarns stieß und
die Gefahr für letzteres sich noch vergrößerte. [2]

Kaiser Heinrich II. starb 1024 und sein Nachfolger wurde Konrad II., der Salier. Das Band war hiermit zerrissen, welches Deutschland und Ungarn durch zweiundzwanzig Jahre verknüpfte; bald entstanden
Zerwürfnisse und zuletzt brach der Krieg aus. Als die Ungarn Swatopluk's
Reich von einer, die Deutschen und Böhmen von der andern Seite angriffen und zerstörten, 894—907, nahmen sie den größern gegen Osten
gelegenen Theil desselben in Besitz, verloren ihn aber bis auf die Gegend um Banow wieder, als sich ihr Kriegsglück verminderte, an 'Böhmen. Als Böhmen unter Boleslaw III. in Verfall gerieth, eroberte der

---

[1] Anonymus Belae r. not., c. 11, 44, Vita S. Gerhardi 10, bei Endlicher (E breviario Strigoniensi saeculi XIII). Die einzelnen Theile dieser
Schrift scheinen viel älter zu sein und ruhen auf historischen Gründen, die
Zusammenstellung und Ausschmückung wurde später vorgenommen. — [2] Cedrenus, Constantini Porphyrogen. Basilius Macedo.

Polenfürst Boleslaw II., Chrabry, der Tapfere, Stephan's Schwager und
Mitbewerber um die Krone, die er sich selbst aufsetzte, als er sie vom
Papste nicht erhielt, um 1000, mit andern böhmischen Ländern noch
Mähren.[1] Nach dem Tode dieses gewaltigen Kriegers, 1025, erhoben
sich gegen seinen Sohn Miesko oder Miczislaw II. dessen Bruder Be-
sprem, der auch einen Theil der reichen Erbschaft an Land forderte,
der deutsche Kaiser Konrad, der diesen unterstützte, und der Herzog von Böhmen Ulrich, der vielfache Unbill rächen und die durch
Boleslaw den Böhmen abgenommenen Länder zurückerobern wollte.
Da glaubte Stephan, das einst zu Ungarn gehörende Mähren wie-
dergewinnen zu können, und bemächtigte sich desselben auch wirk-
1026 lich 1026.[2] Schon hierdurch mochte sich Konrad, der Böhmen und
Mähren als Vasallenländer des deutschen Reichs ansah, beleidigt
fühlen. Hierzu kamen noch andere Verwickelungen. Mit dem Tode
Kaiser Heinrich's war auch das Herzogthum Baiern erledigt und
der männliche Stamm der Herzoge bis auf dessen Bruder, den passauer
Bischof Bruno, erloschen; Konrad aber vergabte 1027 das Herzogthum
an seinen Sohn Heinrich. Mochte sich nun Bruno zurückgesetzt und in
seinem Rechte zur Nachfolge gekränkt glauben und Stephan zum
Schutz desselben aufgerufen haben, oder mochte Stephan selbst meinen,
daß Bruno als Bischof wol übergangen werden durfte, daß aber dann
seinem Sohne Emerich, als Kaiser Heinrich's Schwestersohn, das Herzogthum rechtmäßig gebühre, und dessen Recht haben geltend machen
wollen: hier, scheint es, müsse man die Hauptursache des Kriegs
suchen.[3] Denn aller Wahrscheinlichkeit entbehrt, was einige als Veranlassung dazu angeben.[4] Konrad und Bruno hätten nämlich den Anschlag gefaßt, das reiche Bisthum Bamberg untereinander zu theilen
und die Bruno zufallende Hälfte zum einstigen Erbe für Stephan's Sohn
Emerich zu bestimmen, der fromme König habe aber diesen kirchen-
räuberischen Plan gehindert und dadurch des Kaisers Unwillen erregt.
Ferner habe Stephan dem strasburger Bischof Werinhard, der mit glänzendem Gefolge nach Konstantinopel ging, da um die Kaisertochter
Agnes für Konrad's Sohn Heinrich zu werben, den Durchzug durch
Ungarn verweigert. Aber dies geschah gerade wegen des Zerwürfnisses, das zwischen beiden Fürsten schon in offenen Krieg übergegangen war, und weil Stephan verhindern wollte, daß nicht ein Bündniß der beiden Kaiserhöfe zu Stande komme und er von zwei Seiten
1028 angegriffen werde.[5] Genug, Stephan fiel 1028 feindlich in Baiern ein und
bekämpfte den neueingesetzten Herzog anfangs mit glücklichem Erfolg, da Kaiser Konrad zu derselben Zeit in Polen kriegte und seinen

---

[1] Palacky, Geschichte von Böhmen, I, 249. — [2] Anton. Bocek Codex
dipl. epistolaris Moraviae (Olmütz 1836). — [3] Aloldus, Bavariae causa haeri-
tandae Chunradus Romanorum et Stephanus Ungarorum rex dissidentes arma
in alterutrum parabant. — [4] Feßler (I. Ausg.), gestützt auf die Vita S. Hen-
rici, bei Canisius, edidit Basnag., Tom. III, P. II, p. 32. Sollte dieser, damals kaum mögliche Plan wirklich da gewesen sein, so konnte er denkbarer
Weise eben nur gefaßt werden, um die erwähnten Streitigkeiten über die
bairische Nachfolge auszugleichen. — [5] Wippo, Vita Chunradi.

Sohn nicht kräftig unterstützen konnte. [1] Aber nachdem Konrad dort bedeutende Siege erfochten hatte, kam er selbst 1029 oder 1030 (die
Nachrichten schwanken zwischen den beiden Zahlen) mit einem Heere
und drang ohne Widerstand bis an die Fischa vor. Hier erst fand er die
Ungarn in einer starken Stellung zwischen Flüssen und Sümpfen, sodaß
er nicht wagte, sie anzugreifen, sondern sich zurückzog, um Verstärkung herbeizurufen. Ein zweites Heer brach unter dem tapfern Bretislaw, des böhmischen Herzogs Ulrich Sohn, auf, vertrieb die Ungarn,
deren Hauptmacht dem Kaiser entgegenstand, aus Mähren und drang verheerend nach Ungarn ein. Stephan sah, wie gefährlich dieser Krieg zu
werden drohe, und machte dem Sohn des Kaisers, Herzog Heinrich von
Baiern, Friedensvorschläge, die dieser bereitwillig aufnahm und auf
Grundlage derselben den Friedensschluß zwischen seinem Vater und
dem König rasch vermittelte. [2] War der Krieg über die bairische Erbfolge entstanden, so entsagte Stephan, wie sich von selbst versteht, allen
Ansprüchen auf dieselbe; aber außerdem mußte er auch ganz Mähren
an Bretislaw abtreten und die March als Grenze Ungarns annehmen,
die es auch bis auf den heutigen Tag geblieben ist. [3] Wir verwundern
uns mit Recht, daß sich Stephan im vorgerückten Alter von Eroberungssucht blenden ließ, seine Hand nach Ländern auszustrecken, die zu seinem Reiche nicht paßten und in deren ruhigen Besitz, wie voraus-
zusehen war, ihn Deutschland nicht lassen würde, nachdem er in den
blühenden Jahren der Kraft nie die Waffen über die Grenzen getragen
hatte, außer wenn es galt, das Vaterland zu vertheidigen. Wie mußte
ihn der Miserfolg kränken. Dies war aber auch sein letzter Kriegszug.

Es war damals die Zeit der Wallfahrten, nach Rom an die Gräber
der Apostel und Märtyrer, und nach Palästina an die Stätten, wo der
Erlöser gelebt und gelitten hatte. Solche Pilgerfahrten waren für
fromme Gemüther der Weg zum Himmel und für schuldbeladene Gewissen die gültigste Sühne. Auch aus dem neubekehrten Ungarn zogen
viele Pilger hin an die heiligen Orte, und Stephan förderte den Hang
zum Wallfahrten bei seinem Volke, theils aus frommer Gesinnung,
theils weil er einsah, daß durch sie Bekanntschaft mit fremden Ländern, Bildung und Verkehr gehoben werden. Darum stiftete er zu
Rom ein Kloster und zu Jerusalem das andere, mit der Verpflichtung
ungarische Pilger aufzunehmen, andere aber als Reisestationen zu Ravenna und Konstantinopel. [4] Und weil der nächste Landweg nach

---

[1] Wippo, Vita Chunradi, c. 1: Eodem tempore multae dissensiones inter
gentem Pannonicam et Bojarios . . . . factae sunt, ita ut Stephanus rex Ungarorum multas incursiones et praedas in regno Noricorum, id est, Bojariorum
faceret. — [2] Annales Laubienses bei Pertz, S. S. V. Annalista Saxo bei ·
Pertz, S. S. VI. Hermannus Contr. bei Pertz, S. S. V. Cosmas Pragensis.
— [3] Palacky, Geschichte von Böhmen, I, 271 fg. Doch sind die Gründe,
aus denen er einen doppelten Feldzug Bretislaw's, 1028 und 1030, annimmt,
sehr schwach; und die Nachricht bei Cosmas, Bretislaw sei bis Gran vorgedrungen, erklärt er selbst für eine Interpolation, die auch in den Annalista
Saxo von dort übergegangen sei. — [4] Hartvicus, Vita S. Steph. Inchofer Annal.
eccles. (Wien), III, 348. Thuróczy, II, 31. Rubens, Hist. Ravennae. —
[4] Rodulfi Hist., III, 1; VII, 62. Ademari Hist., III, 65; IV, 142.

8*

Palästina durch Ungarn führte, zog auch eine Menge fremder Wallfahrer durch, die hier freundliche Aufnahme und Verpflegung fanden. So kam der Venetianer Gerhard auf seiner Pilgerfahrt nach Palästina 1021 nach Ungarn. Stephan fand großes Wohlgefallen an ihm, bewog ihn zu bleiben, der Lehrer seines Sohnes Emerich zu werden, und ernannte ihn später zum Bischof von Csanád. [1] Eine unglückliche Wahl, denn Gerhard erzog den Thronerben, der vielleicht schon von Natur krankhaft schwärmerischen Geistes war, zum Mönchsheiligen.

Von den Kindern Stephan's lebte nur noch dieser Emerich allein [2]; auf ihm ruhte die Hoffnung des Vaters und der Nation, aber sie wurde schmerzlich getäuscht, da auch er noch vor dem Vater starb. Doch selbst, wenn er länger gelebt hätte, würde er sie bei seiner Geistesrichtung schwerlich erfüllt haben. Schon die Aussicht, daß er durch Fortpflanzung des königlichen Geschlechts die Ruhe und das Gedeihen des Reichs sichern werde, vereitelte er durch abergläubiges Streben nach Heiligkeit. Denn wiewol er 1026 heirathete, wie man glaubt, die Tochter des Kroatenfürsten Crescimir [3], so hatte er doch schon das Gelübde der Keuschheit abgelegt. [4] Sein Vorbild war nicht der thatkräftige Vater, der durch verdienstvolles Wirken, wie Karl der Große, den Heiligenkranz gewann, sondern sein mütterlicher Oheim Heinrich, der diesen Kranz auf dem Wege der Entsagung und müßigen Frömmigkeit fand.

Stephan, ermüdet von den Sorgen und Arbeiten einer dreiunddreißigjährigen mühevollen Regierung und gebrochen von Krankheit, vielleicht auch in der Absicht, seinem Sohn eine ruhige Thronfolge zu sichern, faßte den Entschluß, die Krone diesem aufs Haupt zu setzen, um sich entweder ganz in die Stille des Privatlebens zurückzuziehen, oder, was wahrscheinlicher ist, ihn zum Mitregenten anzunehmen. [5] Er richtete daher an seinen Sohn eine Ermahnung voll Ernst und Liebe, in welcher er seine Grundsätze einer weisen Regierung entwickelt. Diese Ermahnung war vielleicht bestimmt, bei der feierlichen Uebergabe der Krone dem versammelten Reichstag vorgetragen zu werden. Ein günstiges Schicksal hat sie uns vollständig erhalten [6], und sie gibt so-

[1] Vita S. Gerhardi bei Endlicher. — [2] Hartvicus, Vita Stephani. Englische Schriftsteller berichten zwar, daß die Söhne König Edmund's, Edwin und Eduard, vor dem Dänenkönig und Eroberer Englands Kanut fliehend, an den Hof Stephan's kamen, und daß Edwin dessen Tochter geheirathet habe. Die Legendenschreiber geben ihm noch eine andere Tochter Hedwig, die mit einem schwäbischen Grafen Eppo vermählt gewesen sein soll. Aber wenn Stephan auch wirklich diese Töchter hatte, so müssen sie und ihre Kinder gestorben sein, weil er sonst diesen, und nicht Peter, die Thronfolge zugedacht hätte. — [3] Johannes Tomeus Marnavitius bei Katona, Hist. critica, I, 323; uxorem S. Emerici, filiam Crescimiri, regis Dalmatiae fuisse, Dalmatica monumenta testantur. Kein anderes Zeugniß ist vorhanden. — [4] Vita S. Emerici Ducis, bei Endlicher, c. 6. Pray, Legenda S. Margarethae (Tyrnau 1774). Hier wird die Gemahlin Emerich's eine Tochter des griechischen Kaisers genannt. — [5] Kézai, II, 2. Daudulus, bei Muratori, Scriptores rerum Italicarum (Mailand 1728), XII. — [6] Corpus juris Hungarici, S. Stephani Decretorum, Lib. 1 ad S. Emericum Ducem. und S. Steph. reg. de morum institutione ad Emericum D. Liber, bei Endlicher. Nur übertriebene Zweifelsucht kann

viel Licht über die Regierung Stephan's und über die damaligen Zustände Ungarns, daß wir ihren Hauptinhalt dem Leser nicht vorenthalten dürfen.

Wol mochte Stephan fühlen, daß seinem geliebten Sohne manche Eigenschaft eines weisen und kraftvollen Regenten abgehe, und sagt darum in der Einleitung: „Du bist bisher in Bequemlichkeit und Muße, unter Genüssen und Ergötzlichkeiten aller Art aufgewachsen, und kennst die Arbeiten und Feldzüge nicht, unter denen ich beinahe mein ganzes Leben hinbrachte: jetzt ist die Zeit da, wo du der Weichlichkeit entsagen, dich ermannen und zur Thätigkeit aufraffen sollst."

Vor allem legt er seinem Sohne 1), 2) und 3) ans Herz, ein treuer Bekenner des katholischen Glaubens zu sein, diesen in seinem Reiche zu schützen und rein zu erhalten, das Wohl der Kirche zu fördern, die Geistlichkeit zu ehren, selbst wenn ein Priester sich vergehe, ihn erst im stillen zu ermahnen, und nur wenn er hartnäckig der Ermahnung widersteht, ihn öffentlich zur Verantwortung zu ziehen. Wer hierin ein Gesetz erblickt, daß der ungarische König römisch-katholisch sein müsse, oder wol gar, daß nur Römisch-Katholische bürgerliche Rechte besitzen dürfen, vergißt, daß diese Anrede Stephan's an seinen Sohn kein Gesetz ist; daß es damals außer der römisch- und griechisch-katholischen keine andere Kirche gab, und daß den Bekennern der letztern nirgends der Genuß dieser Rechte entzogen wird, ja daß die ungarische Kirche zu dieser und noch viel späterer Zeit zwischen dem griechischen und lateinischen Ritus schwankte; daß es endlich kein Gesetz gibt, welches nicht durch ein späteres aufgehoben werden könnte. Dagegen stellt sich aus den Worten Stephan's deutlich heraus, daß die Geistlichkeit unter des Königs Gerichtsbarkeit stand.

Sodann geht Stephan 4) zu den weltlichen Großen, Würdenträgern und Kriegern über. „Diese", sagte er, „sind die Schutzwehr des Landes, die Vertheidiger der Schwachen, die Bekämpfer der Feinde, die Mehrer des Reichs; sie sind deine Väter und Brüder; sie sollen für dich streiten, nicht aber dir dienen. . . . . Bedenke, daß alle Menschen gleich sind und nur die Demuth allein Werth gibt. . . . . Wenn du sie stolz und zornmüthig behandeln und dein Haupt über sie erheben solltest, würde ihre Tapferkeit deine königliche Macht schwächen, sie würden dein Reich Fremden übergeben; . . . . aber durch Güte wirst du ihre Liebe gewinnen und die Ruhe deiner Regierung befestigen."

Hierauf ist 5) von der Verwaltung der Gerechtigkeit die Rede. „Sei nachsichtig und mild. So oft eine Rechtssache oder ein todes-

in dieser Schrift ein Machwerk späterer Zeiten erblicken; ihr ganzer Inhalt, die Darstellung der Staatseinrichtungen und die einstimmige uralte Tradition bürgen für ihre Echtheit. Auch hat sie mit des byzantinischen Kaisers Basilus „Exhortationes ad Leonem filium et imperii collegam" viel zu wenig Aehnlichkeit, als daß sie für eine Copie derselben gehalten werden könnte. Aber wol mag sie nicht Stephan selbst verfaßt, sondern die Gedanken und den Entwurf gegeben haben, die dann von seinem Kanzler (nach dem Gebrauch der Zeit war es ein Priester) ausgeführt wurden; denn die salbungsvollen Ausdrücke, die angeführten Bibelstellen und der Nachdruck, mit dem die Geistlichkeit empfohlen wird, läßt uns die Hand eines Priesters erkennen.

würdiger Vergehung Beschuldigter vor dich gebracht wird, sage,
schwöre nicht: der soll büßen; denn thörichte Eide müssen gebrochen
werden; auch richte nicht selbst, damit deine königliche Würde nicht
durch Entscheidung kleinlicher Angelegenheiten herabgesetzt werde,
sondern weise die Sache an die Richter, damit sie nach dem Gesetz
urtheilen. Fürchte ein Richter, freue dich aber ein König genannt zu
werden. Wenn jedoch eine Angelegenheit vorkommt, die vor deinen
königlichen Richterstuhl gehört, urtheile mit Schonung und Erbarmen;
denn nur die Milden regieren, die Harten aber tyrannisiren."

6) „Die Eingewanderten (hospites) gleich wie sie aus verschiedenen
Ländern kommen, bringen auch verschiedene Sprachen, Sitten, Kenntnisse und Waffen mit sich, wodurch sie den Glanz des königlichen
Hofes und die Stärke des Reichs vermehren. Ein Reich von
einerlei Sprache und Sitte ist kraftlos und gebrechlich,
darum sollst du sie gütig aufnehmen und halten, damit du nicht ver-
derbest, was ich gebaut, und zerstreuest, was ich gesammelt habe."
Die in diesem Ausspruche Stephan's eine Vorliebe für Ausländer und eine
Zurücksetzung der Magyaren erblicken, suchen etwas darin, was er
nicht enthält. Wie hätte der weise König in einem öffentlichen Document, das noch dazu eine Empfehlung seines Sohnes sein sollte, die Absicht haben können, etwas zu sagen, was sein Volk tief beleidigen
mußte? Aber sie ist eine schlagende Widerlegung jener Verleumdung,
die viele den Panslawen und andern Feinden der Magyaren so leichtsinnig nachsprechen, daß die Ungarn fremde Nationalitäten in ihrem
Lande unterdrückt und ausgerottet haben. Und wenn irgendeine Weisung ihres edeln Königs, so wurde diese von den Ungarn bis auf den
heutigen Tag treu befolgt. Millionen Nichtmagyaren wohnen fortwährend unter ihnen, tausend und tausend Fremde haben hier die
freundlichste Aufnahme und ein Vaterland gefunden, behielten ungestört
ihre Sprache und Sitten und lebten sogar nach ihren eigenen mit-
gebrachten Gesetzen und bürgerlichen Einrichtungen.

Besonders merkwürdig ist Punkt 7, der vom königlichen Rathe
handelt. „Der Rath muß von den Bessern, Weisesten und Angesehensten (a majoribus et melioribus, sapientioribusque ac honestissimis
senioribus) kommen. Darum, mein Sohn, berathschlage nicht mit den
Jungen und weniger Weisen (junioribus ac minus sapientibus), sondern
mit den Senatoren (senatoribus), denen dieses Geschäft des
Alters und der Weisheit wegen gebührt. Die Jungen sollen
kämpfen, die Senatoren rathschlagen. Doch schließe auch jene
von deinen Berathungen nicht aus, sondern, so oft du mit ihnen
etwas Gutes beschlossen hast, lege es den Aeltern zur Prüfung vor."
Dieser Punkt ist dunkel und leidet an einer gewissen Verworrenheit,
weil die Angelegenheit, von der geredet wird, sich erst ausbildete und
noch keine feste Gestalt gewonnen hatte, und ebendarum auch nicht
deutlich und bestimmt dargestellt werden konnte. Wer die Sprache
des Mittelalters kennt, weiß, daß die Worte majores, meliores,
seniores, nicht blos die Aeltern, und minores, juniores, die Jüngern an Jahren bedeuten, sondern, daß weit häufiger unter den erstern

die Hohen und Großen, unter den letztern aber die Niedern und Geringern verstanden werden; und nicht ohne Sinn, denn wenn auch politische Vorrechte an Geburt, Grundbesitz und Aemter geknüpft waren, so konnte der Sohn doch gewöhnlich nur nach dem Tode des Vaters zur Ausübung derselben gelangen, und um sich durch Verdienste zu hohen Aemtern aufzuschwingen, brauchte es auch Zeit. Stephan redet also hier, meiner Ansicht nach, nicht sowol von Räthen, die sich der Regent nach Gutdünken wählt, sondern von dem hohen Rath der Nation, von den Häuptern und Würdenträgern, denen die Führung der Reichsangelegenheiten rechtmäßig gebührte, und die den König umgaben; sodann aber auch von der Nationalversammlung oder dem Reichstage, wie immer dieser zu der Zeit gestaltet sein mochte. Denn beide, der Staatsrath und der Reichstag, waren schon in dem árpádischen Urvertrag gesetzlich begründet, mußten auch jetzt entscheidenden Einfluß üben; beide mußten durch die Einwirkung der zugewanderten Ausländer, wenngleich verändert, doch neu befestigt werden, da wir diese Körperschaften um diese Zeit in allen westlichen Ländern mit großen Befugnissen ausgerüstet antreffen. Diese Ansicht wird noch dadurch bestätigt, daß 8) der Vater den Sohn ermahnt, das Beispiel der Vorfahren, besonders seines, treu nachzuahmen, und das ungarische Volk nach seinen von den Vorältern ererbten Gebräuchen und Gesetzen zu regieren.

Nun bittet er noch 9), Emerich möge fleißig dem Gebet und frommen Uebungen obliegen, und beschwört ihn zuletzt 10) mit rührender Zärtlichkeit „als die Freude seines Herzens, als die Hoffnung künftiger Nachkommenschaft", mild, erbarmungsvoll und liebreich gegen jedermann, den Hohen wie den Geringen, den Einheimischen wie den Fremden zu sein, damit seine Regierung eine glückliche und gesegnete werde.

Dies sind wahrlich Grundsätze, die Frömmigkeit und Wohlwollen, Sinn für Gerechtigkeit und Achtung gegen gesetzmäßige Freiheit athmen, und wo sie zur Ausführung kommen, das Glück eines Volks gründen müssen. Aber ehrwürdig muß uns auch ein Fürst erscheinen, der sich zu ihnen laut bekennt, sie durch liebevolle feierliche Ermahnung seinem Sohne einflößen will und sich dabei, ohne zu erröthen, auf sein eigenes Beispiel berufen darf.

Schon war der 8. September 1031 als der Tag bestimmt, an welchem in feierlicher Reichsversammlung Stephan seinem Sohn die Krone übergeben wollte, da starb dieser sechs Tage zuvor am 2. September. Aus der Krönungsfeier wurde ein Leichenzug, der den Entseelten zu der Gruft in dem stuhlweißenburger Dom geleitete. [1]

Der gebeugte Greis sah nun seine letzte Hoffnung und Freude verschwunden, und war gezwungen, die Bürde der Regierung, die er abzu-

1031

---

[1] Dandulus bei Muratori, XII, 234. Kézai, II, 2. Chron. Posoniense ad ann. 1031 bei Endlicher. Die Annales Hildesheimenses ad ann. 1031, nennen Emerich einen Herzog der Russen, und lassen ihn von einem wilden Eber zerrissen werden. Wenn dies auch nicht unmöglich ist, so stimmt doch Jagdlust wenig mit Emerich's Gemüthsart, und wird vollends durch das Schweigen der andern Chronographen über diese Todesart widerlegt.

legen sich sehnte, noch weiter zu tragen. [1] Aber mit banger Sorge mußte er auch daran denken, wem er die Krone hinterlassen, wessen Händen das Werk, an dem er das ganze Leben hindurch rastlos gearbeitet, zur Fortsetzung vertrauen sollte. Noch lebten männliche Sprößlinge des Árpád'schen Hauses, die ein unbestreitbares Recht auf die Thronfolge hatten. Zuerst Vazul (Basilius), Sohn Michael's, der ein Bruder des Herzogs Geiza war; ihn hielt aber Stephán seit längerer Zeit in der Burg Neitra gefangen, entweder weil er wirklich ungesittet und ausschweifend bis zur Tollheit war, oder weil böswillige Verleumder, was glaublicher ist, ihn angeschwürzt hatten. Sodann die Söhne Ladislaus des Kahlen, eines noch jüngern Bruders von Geiza, Andreas, Béla und Levente; Männer, die das Volk liebte und die der Krone würdig waren. [2] Außer diesen Prinzen lebte am königlichen Hofe noch Peter, der Schwestersohn Stephan's. Diese Schwester, deren Name unbekannt ist, vermählte sich 1011 mit dem venetianischen Dogen Otto Urseoli, der 1026 durch einen Volksaufstand nach Konstantinopel zu flüchten gezwungen war und dort 1032 starb, gerade als er, zurückberufen, sich anschickte, den herzoglichen Stuhl wieder einzunehmen. [3] Aus dieser Ehe war Peter entsprossen und kam, ungefähr 15 Jahr alt, sogleich als sein Vater flüchtete, zu seinem Oheim. Ob seine Mutter ihn begleitete und später als Witwe am ungarischen Hofe lebte, ist ungewiß. [4] Er hatte zur Thronfolge kein Recht, und am wenigsten so lange noch Nachkommen Árpád's in männlicher Linie vorhanden waren. Aber Gisela hatte auf ihren Gemahl, als er noch in voller Mannskraft wirkte, schon großen Einfluß; sie war zu seiner Mitregentin gesalbt und gekrönt worden [5] und beherrschte den von Alter, Krankheit und Kummer Gebeugten und den königlichen Hof gänzlich. Bei aller äußern Andacht und übergroßen Freigebigkeit an Kirchen und Klöster [6] war sie ein ränkevolles, herrschsüchtiges und grausames Weib. [7] Ihr war der Gedanke unerträglich, daß ihre Macht einst aufhören sollte; auch empfand sie einen nur wenig verhüllten Widerwillen gegen die Ungarn, und ihr Gewissen mußte ihr deshalb sagen, daß sie auch von ihnen nicht geliebt werde. Sie bot also alle Künste der Ueberredung, List und Gewalt auf, die ungarischen Prinzen, die sie haßte und vielleicht auch fürchtete, vom Throne zu verdrängen und Peter auf denselben zu erheben, der sie durch feines Betragen und Schmeichelei zu gewinnen wußte, und von dem sie hoffte, er werde schon aus Dankbarkeit ihrem Willen gehorchen. [8] Besonders mochte

---

[1] Hartvicus, 18. — [2] Kézai, II, 2. Thuróczy, II. Chronicon Hung., III, 33. 38. Diese beiden verdienen weit mehr Glauben, als der unbekannte Verfasser von des heiligen Gerhard's Leben, der sie c. 19 für Söhne Vazul's ausgibt. — [3] Kézai, II, 2. Johannes, Chron. Venet., S. 31. Dandulus bei Muratori, XII, 225. — [4] Spätere nennen die Mutter Peter's Gisela und lassen sie am ungarischen Hofe leben, theils um zu zeigen, daß sie alles wissen, theils aber auch, um manche schwere Schuld von der Königin Gisela auf sie wälzen zu können. — [5] Hartvicus, c. 10..... Gislam nomine, ... quam unctione crismali perunctam, gestamine corone regni sociam esse constituit. — [6] Hermann. Augiens. oder Contr. ad ann. 995 bei Pertz, V, 117. Legenda S. Steph. major, c. 10. — [7] Albericus bei Leibniz, Accusationes historicae, II, 44: „Gisela regina, dicunt, multas malitias in terra illa fecit." — [8] Kézai, II, 2.

sie Zweifel und Mistrauen in die Seele des Königs streuen, die erstern
seien dem Heidenthume gewogen, der christlichen Religion und Gesittung abgeneigt, und würden das große Werk seines Lebens zer-
trümmern, dagegen aber fortwährend auf Peter hinweisen, der sich den
Schein der Frömmigkeit und des Eifers für das Christenthum zu geben
wußte; baute er doch an einer prachtvollen Kirche in Fünfkirchen. [1]
Schon war es durch ihre und ihrer Verbündeten Ränke, vielleicht noch
als Emerich lebte, dahin gekommen, daß Peter den Oberbefehl über die
königlichen Truppen und dadurch auch die Mittel erhielt, wenn es sein
müßte, mit Gewalt durchzusetzen, wornach er strebte [2]; doch den König seinem eigenen Hause zu entfremden und zu gesetzwidrigen Verfügungen über den Thron zu bestimmen, war noch nicht gelungen.
Er fühlte, daß seine Kräfte schwanden und vielleicht schnell erlöschen
könnten, und gab 1031—32 den Befehl, Vazul seiner Haft zu entlassen und
an den königlichen Hof zu bringen, sei es aus Erbarmen, oder weil er
die Ueberzeugung von dessen Unschuld gewann und ihn zum Nachfolger
erklären wollte, wie Kézai berichtet. [3] Da geschah eine furchtbare
That. Gisela mit ihrem Vertrauten Buda und den übrigen Parteigängern
Peter's beschlossen, dem Könige zuvorzukommen und ihr Vorhaben,
das alle ihre Plane zu vereiteln drohte, zunichte zu machen. Eilends
schickten sie den zu jeder Unthat bereiten Höfling Sebős nach Neitra,
der dort früher als der Bote des Königs ankam, Vazul blendete, Blei in
seine Ohren goß und ins Ausland flüchtete. In diesem jammervollen
Zustande brachte man den Unglücklichen vor den König, der, von
Schmerz und Schauder ergriffen, fühlte, wie ohnmächtig er geworden
sei, und nun die drei andern Prinzen selbst zur Flucht aus dem Vaterlande trieb, damit ihnen Aehnliches nicht widerfahre. [4] Sie gin-
gen zuerst nach Böhmen, wo sie bei Herzog Ulrich die freundlichste
Aufnahme fanden [5], und begleiteten sodann den vertriebenen Herzog
von Polen, Mieczislaw, als er heimkehrte, den Thron wieder einzunehmen.
Béla leistete diesem wichtige Dienste und erhielt dessen Tochter
Richeza zur Gemahlin, nachdem er einen pommerschen Fürsten im
Zweikampf getödtet hatte. [6] Andreas und Levente aber nahmen ihren
Aufenthalt bei dem kiewer Großfürsten Jaroslaw, der der Prinzen
Verwandter war und auf dessen Schutz sie rechnen konnten. Hier
heirathete Andreas dessen Tochter Anastasia. [7]
Wie einst die arglistige Livia die Familie des Augustus Glied nach
Glied hinwegräumte, um ihrem Tiberius Platz zu machen, so war es
auch der scheinheiligen Gisela gelungen, das königliche Haus der

[1] Kézai, II, 3. Thuróczy, II, 41. — [2] Hartvicus, Vita S. Stephani, 15.
[3] Kézai, II, 2. Thuróczy, II, 23. — [4] Kézai, II, 2. Thuróczy, II, 33. —
[5] Kézai, II, 2. Thuróczy, II, 38. Martinus Polonus, der sie aber fälschlich
mehrere Jahre in Böhmen verweilen läßt. Diese Begebenheiten müssen sich
zwischen 1031—37 zugetragen haben; denn 1031 stirbt Emerich, und nun
konnte die Partei Peter's mächtig werden. In demselben Jahre flieht Miczislaw nach Böhmen, kehrt 1032 nach Polen und auf den Thron zurück und
stirbt 1034. Der Böhmen-Herzog Ulrich geräth 1033 in Kaiser Konrad's Gefangenschaft, wird 1034 entlassen und stirbt im Herbst 1037. — [6] Thuróczy,
II, 38. Cromer. Hist. rerum Polonic., L. III. — [7] Thuróczy, II; 39.

Árpáden zu vertreiben, damit Peter an dessen Stelle trete. Aber der
Greis athmete zu lange, von Gicht geplagt, auf seinem Krankenlager; es
konnte noch ein Augenblick kommen, wo die hinsterbende Kraft sich
neu belebt, diese Ränke vernichtet und Verderben bringt über die Urheber derselben. ·
    Vier dieser durch Schlechtigkeit Mächtigen am Hofe verschworen
sich also, den ehrwürdigen König zu morden. Schon war die Abend-
dämmerung eingebrochen; der Greis liegt in der Dunkelheit auf seinem
Krankenbette; einer der Verschworenen schleicht in das Gemach und
tritt mit gezücktem Schwert vor ihn hin; aber seine Hand bebt, das
Schwert fällt klirrend zu Boden und der König erhebt sich auf seinem
Lager. Da sinkt der Mörder, von der Gewalt des Gewissens ergriffen,
auf seine Knie, bekennt reumüthig sein Verbrechen und gibt die Mit-
schuldigen an. Er wird begnadigt, diese büßen mit dem Leben. [1] Die Geschichte verschweigt die Namen der Elenden; sie sagt uns nicht einmal, ob
sie der Partei Peter's angehörten. Aber diese Partei beherrschte den
Hof, von dem die patriotisch Gesinnten und dem königlichen Hause
treu Anhängenden verdrängt waren; sie hatte schon Gewaltthat geübt
und sich mit Blut befleckt; sie allein konnte endlich aus dem Tode des
Königs Vortheil ziehen: darum ist es erlaubt, den Verdacht des schändlichen Anschlags auf sie zu wälzen und auch Petern wenigstens des
Mitwissens anzuklagen. Dagegen spricht alles dafür, Gisela unschuldig
zu erklären an diesem Mordversuche; sie hätte ein Ungeheuer sein müssen, um daran theilzunehmen, und das Mißlingen desselben würde sie
von dem Gipfel der Ehre und Macht, auf dem sie stand, solange ihr
Gatte lebte, hinabgestürzt haben.

1038   Bald darauf, 1038 am 15. Aug., starb Stephan. Zu seinem Lei-
chenbegängniß versammelte sich eine unzählbare Menge in Stuhlweißenburg; hier wurde er in der Kirche der heiligen Maria, die er selbst erbaut hatte, neben seinem Sohne beigesetzt. Das Volk, dessen Bildner
und Wohlthäter er im Leben gewesen, beklagte ihn schmerzlich im
Tode, und die Kirche nahm ihn fünfundfunfzig Jahre später unter
die Heiligen auf.

2. Staatseinrichtungen, kirchliche Zustände und Volksleben.

    Bei der Einführung der neuen Staatseinrichtungen in Ungarn diente
der Westen Europas und besonders das nächst benachbarte Deutschland
zum Muster. Dort aber war das Lehnwesen, wie es sich in der fränkischen Monarchie entwickelt hatte, schon in voller Herrschaft, und so
nahmen denn auch Verfassung, bürgerliche und kirchliche Zustände in
Ungarn ähnliche Formen an. Dies konnte um so leichter geschehen,
da in der patriarchalischen Verfassung der Magyaren alle Keime des
Lehnwesens bereits fertig lagen und sich nur in dieser Richtung zu entwickeln brauchten, um in dasselbe auszuarten. Sobald die ursprüngliche Vorstellung, daß alle Glieder der Stämme und Geschlechter, in

---

[1] Hartvicus, Vita S. Steph., c. 15.

welche die Nation zerfiel, einander verwandt sind, sich abschwächte
und die erblichen Häuptlinge sich nicht mehr als Familienväter, sondern
als Gebieter betrachteten; sobald sie den Boden, der einst für ein Gemeingut aller galt und dessen Vertheilung ihnen blos oblag, als ihr
Eigenthum nach und nach an sich rissen, welches sie gegen gewisse Leistungen zu verleihen anfingen: so war schon der entscheidende Schritt
zum Lehnwesen geschehen. Und wie schnell mußte diese Umwandlung besonders in einem eroberten Lande vor sich gehen, wo die ein-
gedrungene Nation gezwungen war, gleichsam ein schlagfertiges Heer
zu bilden, sich über dasselbe auszubreiten und eine abgestufte militärische Gliederung anzunehmen; wo man die Krieger nicht anders zu
unterhalten wußte, als daß man den Häuptlingen und Führern Ländereien zur Nutznießung anwies, von denen sie und ihre Mannen den
Unterhalt bezogen. Da die Führerschaft meist in der Familie sich vererbte, verwandelte sich nach und nach auch die Nutznießung in erblichen Besitz; der Anführer wurde Herr des Bodens, der Krieger und
Landmann, der auf demselben wohnte, sein unterthäniger Grundholde
und bald Leibeigener. [1] In solcher Weise war unter den germanischen
Nationen das Lehnwesen entstanden und wurde von da auch nach Ungarn verpflanzt. Wenn aber dasselbe hier nur allmählich, und vollständiger erst unter den Königen aus fremden Häusern zur Geltung
kam, wenn es dabei von dem fränkisch-deutschen in vielen Stücken
immer merklich verschieden blieb: so ist dieses außer manchen örtlichen
Verhältnissen hauptsächlich der Festigkeit zuzuschreiben, mit der die
Magyaren in jeder Hinsicht ihre Eigenthümlichkeit bewahrten.

In der Einleitung zu den Gesetzen Stephan's wird Ungarn eine
Monarchie genannt, die er nach Gottes Rathschluß regiere, und gesagt,
daß er nach seinem entscheidenden Wohlmeinen, kraft königlicher
Machtvollkommenheit die Gesetze gebe. [2] Es sind dies Redensarten
des Kanzleistils, geschöpft aus der Erinnerung an die römischen Kaiser,
die uns nicht täuschen dürfen. Ein absolutes Königthum war nach den
Zuständen Ungarns nicht möglich und, mit Ausnahme des byzantinischen
Reichs, im christlichen Europa damals nirgends zu finden. Wir würden
aber auch auf der andern Seite zu weit gehen, wenn wir hier eine fertige constitutionelle Monarchie mit geordneter Volksvertretung oder
auch nur mit Ständen, wie sie spätere Zeiten hatten, sehen wollten.
Politische Begriffe und Zustände waren dazumal noch in chaotischer
Bewegung und strebten erst, eine bestimmte Form und Gestalt zu gewinnen. Ohne Beirath und Zustimmung der Nation oder ihrer Häupter
konnte der Landesfürst überall wenig thun; die Macht, die er übte, war

---

[1] Unter den vielen Werken über das Lehnwesen seien hier erwähnt:
Montesquieu, Esprit des lois. Robertson, Einleitung zur Geschichte Karl's V.
Rotteck, Allgemeine Geschichte, 7. Aufl., IV, 347 fg. Pütter, Historische
Entwickelung der deutschen Reichsverfassung. — [2] Sancti Stephani Regis
Decretorum Libri II, in Corpus Juris Hung., und richtiger bei Endlicher,
Rerum Hungaricarum Memoria, 311 — 324. Praefatio. „....nos quoquo
Dei nutu nostram gubernantes monarchiam, antiquos et modernos imitantes
augustos, decretali meditatione nostrae statuimus genti" etc.

schwankend, das Maß derselben hing von seiner Persönlichkeit und von den Umständen ab, keineswegs aber von festen Einrichtungen und Gesetzen. Wenn also Stephan Macht genug hatte, jeden Widerstand zu besiegen und mit schöpferischer Kraft zu wirken, so verdankte er diese Macht der geistigen Ueberlegenheit, durch die er die Gemüther beherrschte, mehr, als der physischen Macht, die er besaß. Es liegt uns keine fertige Verfassung vor, aber wir erblicken die Elemente und Keime, aus denen sich dieselbe im Laufe der Zeit entwickelte.

Das Gesetz kennt schon damals keinen Unterschied der Nationen, die das Land bewohnen; Magyaren und ihre Bundesgenossen, bei der Eroberung vorgefundene und später Eingewanderte (mit einigen Ausnahmen bei den letztern) werden als ein Volk betrachtet, das unter demselben Gesetze steht; alle theilen, je nach dem Stande, dem sie angehören, gleiche Berechtigung oder Rechtlosigkeit. Darum haben wir hier nicht nach den Nationalitäten, sondern nach den Klassen zu fragen, in welche das Volk zerfällt.

Durch die Einführung des Christenthums war ein neuer Bestandtheil zu den vorigen hinzugekommen, die Geistlichkeit. Denn wie in den übrigen Ländern der Christenheit, bildete sie auch hier einen eigenen, von den andern abgesonderten Stand, den Klerus, der, mit dem Schimmer der Heiligkeit umgeben und im beinahe alleinigen Besitze von einiger wissenschaftlichen Bildung, den ersten Rang einnahm und gleich anfangs mit großen Vorrechten, reichen Einkünften und weitem, Grundbesitz ausgestattet wurde. Das Oberhaupt desselben, der grauer Erzbischof, war erster Reichsstand (primas regni); die andern Bischöfe und Aebte wurden als die ersten Würdenträger (praelati) geehrt; seine Mitglieder bekleideten die wichtigsten Staatsämter, besonders solche, die mehr Kenntnisse forderten. [1] In dem neubekehrten Lande mußten die meisten Geistlichen noch Ausländer sein.

Wie oben bereits erwähnt wurde, standen die einzelnen Stämme der Magyaren und ihrer Bundesgenossen unter Häuptlingen, die sie sich aus den Mitgliedern jener Familien wählten, in denen diese Würde erblich war. Aber ihre Anzahl und Macht war in den Tagen Stephan's bereits sehr gesunken; neben ihnen und zum Theil an ihrer Stelle kamen andere empor, die Führer größerer Einwanderungen, die herzoglichen Gewaltträger, die den Eingeborenen vorstanden, verdiente oder begünstigte Einheimische oder Ankömmlinge, denen oft bedeutende Landstrecken untergeben wurden. [2] Schon diese Theilung ihrer Rechte unter viele mußte ihr Ansehen vermindern und ihrer Macht ein Gegengewicht entgegensetzen. Außerdem mochten erbberechtigte Familien ausgestorben, andere in den Kriegen umgekommen, noch andere, wie die Kupány und Gyula ihrer Würde entsetzt worden sein, und die noch übrigen immer schwächer werden, der wachsenden Macht des Staatsoberhaupts zu widerstehen. Der gewaltige Einfluß dieser erblichen Volksobersten erlosch endlich vollends, als Stephan die Stamm-

---

[1] Steph. r. decret. Lib. I, c. 1 — 5. Steph. r. ad Emericum D. de institutione morum Liber, c. 2, 3. — [2] Anonymus, c. 57. Kézai, De nobilibus adveuis. Thuróczy, II, 10 — 21.

bezirke aufhob, sie in Gespanschaften verwandelte und diesen verantwortliche Reichsbeamte vorsetzte. Die Nachkommen der Häuptlingsfamilien, die Inhaber größerer Ländereien und die hohen Reichsbeamten werden in den Gesetzen unter dem Namen der comites, Grafen, zusammengefaßt. Dieses Wort ist jedoch nicht in seiner heutigen, sondern in seiner ursprünglichen Bedeutung zu nehmen, und bezeichnet einen höhern Staatsbeamten oder vornehmern Herrn im weitesten Sinn; Grafen, wie die jetzigen, kannte die damalige Zeit nicht, und in Ungarn wurde dieser Titel erst unter den Königen aus dem österreichischen Hause eingeführt. Diese insgesammt nahmen den zweiten Rang im Staate ein; sie waren die domini, principes, comites, seniores, az urak, a nemzet föbbjei, die Herren, Volksobersten [1]; die vornehmsten unter ihnen hießen später Reichsbarone; aus ihnen hat sich allmählich der hohe Adel, fönemesség, und die Magnatentafel, das Oberhaus bei den Reichstagen, entwickelt.

Den dritten Rang nehmen die milites, juniores, viri alicujus ubertatis, die Krieger, Jüngern, Wohlhabenden, vitézek, ein. [2] Die vielfachen Abstufungen, in welche der Stamm bis auf die einzelne Familie zerfiel, mußten ebenso viele Stufen des Ranges und des Einflußes derer bilden, die ihnen vorstanden. Jene Krieger oder milites waren also ursprünglich die Mitglieder jener Familien, aus denen die Häupter dieser Unterabtheilungen gewählt wurden. Ihre Zahl hatte sich in derselben Weise, wie jene der Stamm- und Geschlechtsobersten vervielfältigt, ihr Zustand aber jetzt nach der Auflösung des Stammverbandes insoweit verändert, daß sie in unmittelbare Berührung mit dem Staate und dem König traten und ebendadurch unabhängiger wurden. Wenn ihr Einfluß auf die öffentlichen Angelegenheiten des Staats auch geringer war als der, den die Großen des Reichs übten [3], so hatten sie dennoch gleiche persönliche Rechte mit jenen; auch waren die beiden Rangordnungen nicht strenge voneinander geschieden, jeder konnte durch Verdienste, Aemter und Wohlstand aus der zweiten in die erste aufsteigen, oder durch Vergehen, Misgeschick oder Verarmung aus der ersten in die zweite hinabsinken, und jedem freien Menschen stand der Zugang zu beiden offen, wie dieses aus dem bisher Gesagten von selbst verständlich ist. Der Stand dieser Krieger gestaltete sich nach und nach in den niedern Adel um.

Die große Masse des Volks bestand aus Gemeinfreien, vulgares, die früher den Geschlechtshäuptlingen, jetzt nach Aufhebung der Stammverfassung der vom König bestellten Obrigkeit, dem Burg- und Hofgrafen untergeben waren. Ihre Person war frei, kein Herr gebot rechtmäßig über sie, wenn sie sich nicht freiwillig in Dienste begaben.[4] Diejenigen unter ihnen, die im Vaterlande mit ihrem Stamm und Geschlecht geblieben waren, also gewiß die weit überwiegende Mehrheit, hatten den gebührenden Antheil an dem Gemeingut und eigenes beweg-

[1] Steph. r. de morum institutione Lib., c. 4, 7. Steph. reg. decret. Lib. I, c. 15. — [2] Steph. r. de morum institutione Lib., c. 4, 7. Steph. reg. decret. Lib. I, c. 15. — [3] Hartvicus, „Convocatis Hungariae principibus cum ordine sequenti". — [4] Kézai, I, 1.

liches Vermögen; und als der gesonderte Grundbesitz und Eigenthumsrecht eingeführt wurde, mußte auch ihnen ihr Theil erbeigenthümlich
zufallen. Ihre Rechte wurden aber bald sehr geschmälert; schon unter
Stephan war das Gesetz nöthig, daß kein Mächtiger in Zukunft einen
Freien zum Sklaven machen dürfe [1], und als das Lehnwesen nach und
nach überhandnahm, wurden sie erst zu Grundholden und sodann zu
Hörigen hinabgedrückt; sie verloren zuerst den eigenen Grundbesitz
und endlich auch die Freiheit der Person. Zu Stephan's Zeiten besaßen
sie noch beides. Die Verwaltung ihrer Gemeindeangelegenheiten und
die Wahl ihrer Ortsobrigkeit stand ihnen damals um so gewisser zu, da
sie dieses Recht auch dann noch übten, als sie ihre Freiheit längst eingebüßt hatten, und sich in Genuß desselben bis heute behauptet haben.
Aber auch von aller Theilnahme an den Landesangelegenheiten, an den
Gerichtssitzungen und an der Gesetzgebung waren sie nicht ausgeschlossen, wie wir sehen werden, wenn sich auch der Einfluß, den sie
dabei übten, nicht genau angeben läßt,

Gleich ursprünglich theilte sich also die freie Bevölkerung Ungarns
in Klassen, gab es erblich bevorzugte Stände; aber einen Feudaladel
mit Unterthanen und Hörigen, der sich im ausschließlichen Besitz von
Grundeigenthum und staatsbürgerlichen Rechten befand, und sich allein
Volk, populus, nannte [2] gab es damals ebenso wenig, als einen Feudalkönig, der diese Edelleute schuf und in einer Art Wechselwirkung durch
sie wieder gewählt wurde. [3] Außer der höhern Stellung und dem
größern Einfluß im Staat, findet sich in den Gesetzen Stephan's noch
keine Spur von andern Vorrechten, die sie besessen hätten, und wenn
sie, dem Gebrauch nach, welche besaßen, so waren diese doch weit
geringer und beschränkter als jene, die sie in spätern Jahrhunderten
gewannen. Noch steht es zu erweisen, ob sie überhaupt oder inwieweit sie nebst der Geistlichkeit schon damals Steuerfreiheit genossen,
und blos Waffen- und andere persönliche Dienste statt aller Abgaben
leisteten [4], und ob sie diese Immunität nicht mit den andern freien
Grundbesitzern theilten. Denn zu dieser Zeit war noch jeder freie
Mann zum Waffendienst verpflichtet, und den Zehnten an die Bischöfe
entrichteten auch sie gleich den übrigen freien Leuten. Adelsbriefe gab
es noch keine, nur Urkunden über Güterverleihungen wurden ausgestellt; wer von den Häuptlingsfamilien abstammte, ein ansehnlicheres
Amt verwaltete, sich im Krieg auszeichnete, einen größern Landbesitz
hatte, galt als miles oder comes, als Krieger und Herr, ohne vom
König geadelt worden zu sein; erst später kommen die brieflichen
Adelsverleihungen in Gebrauch [5]; selbst das Wort nobilis, in der Bedeutung adelich, ist damals noch nicht üblich. [6] Auch Familiennamen
hatte man keine. Die Geschlechter leiteten wol ihre Abstammung von
dem oder jenem Vorfahren her, führten aber keinen gemeinschaftlichen

[1] S. Stephani Decretorum, I, 22. — [2] Verböczy, Opus tripartitum juris
consuetudinarii inclyti regni Hungariae, Pars II, Tit. 4. — [3] Ebend., Pars I,
Tit. 3, §. 6, 7. — [4] Ebend., Pars II, Tit. 14, §. 11. — [5] Ebend., Pars I,
Tit. 3, §. 6. — [6] Wo es in den Gesetzen vorkommt, ist es in späterer Zeit
statt „miles" hingesetzt worden.

Namen, sondern jeder fügte dem eigenen Taufnamen den des Vaters, oder des Wohnorts und Besitzthums bei. Wappen endlich waren damals überall noch wenig und bei den Ungarn noch kaum gebräuchlich; sie bildeten sich erst in den Kreuzzügen aus; ihre Wahl hing anfangs von der Willkür eines jeden ab; die Familienwappen kamen erst nachher auf, und noch viel später wurden sie durch den König vorgeschrieben und verliehen.

Einen eigenen Stand freier Leute bildeten noch die Städtebewohner. So verheerend der Strom der Völkerwanderung über unser Land dahinbrauste, waren dennoch einige Städte römischer Colonisten geblieben, in denen sich die Reste alter Bildung, Gesetze und Sitten erhielten. Auch die Ungarn verschonten dieselben, ließen ihnen ihre Festungswerke, den Bewohnern ihre Freiheit und ihre bürgerlichen Einrichtungen, und legten mit Vorliebe in ihrer Mitte oder Nähe die Burgen an, die den Bezirken zum Mittelpunkt dienten. Bald sammelten sich auch an den Bischofssitzen, um die Abteien und Burgen neue Ansiedler, meist aus fremden Ländern, die Städte nach dem Muster der eben jetzt in Deutschland häufig entstehenden gründeten (Stuhlweißenburg, Szathmár-Némethi, und Hermannstadt in Siebenbürgen). Welche Rechte und Einrichtungen die Städte unter der Regierung Stephan's hatten, läßt sich aus Mangel an urkundlichen Nachrichten nicht bestimmt angeben; da aber die Freibriefe, welche die nachfolgenden Könige Städten ertheilen, sich häufig auf den Freibrief berufen, den Stuhlweißenburg von Stephan erhalten hatte, können wir beiläufig auf den Rechtszustand schließen, in dem sie sich befanden. Sie sind ausgenommen von der Gerichtsbarkeit der Bischöfe und Grafen, und dem Könige unmittelbar untergeben; sie setzen sich selbst Obrigkeiten, ordnen ihre innern Angelegenheiten und halten Gericht über die Ihrigen nach den Gewohnheiten und Gesetzen, die sie aus ihrer ehemaligen Heimat mitbrachten; sie wählen selbst und besolden ihre Pfarrer. Dafür sind sie verpflichtet, einige Bewaffnete zu dem königlichen Heere zu stellen, jährlich am Martinstage eine kleine Abgabe zu zahlen, den König auf der Durchreise zu bewirthen und ihm bei seiner Vermählung ein Geschenk an Silberzeug zu machen. Da die Städtebewohner größtentheils Fremde und Ausländer waren, eine von dem ungarischen Volk gesonderte Stellung einnahmen und Sprache, Gewohnheiten und Gesetze ihrer vorigen Heimat beibehielten, wurden sie Gäste, hospites, genannt.

Groß war endlich die Menge der Sklaven, servi. Die Sklaverei, herrschte damals noch unter allen Völkern, unter den civilisirten ebenso gut, wie unter den barbarischen; dem Christenthum, das die Gleichheit und Freiheit dem Menschen so laut verkündigt, war es kaum gelungen, sie etwas zu mildern, aber nicht, sie abzuschaffen. Schon aus ihren Ursitzen brachten die Ungarn viele Sklaven mit sich, viele fanden sie gewiss auch bei ihrer Ankunft im Lande vor, sie vermehrten ihre Zahl noch beträchtlich durch Kriegsgefangene; endlich wurden auch Freie, die größere Verbrechen begangen hatten, zu zeitweiliger oder immerwährender Sklaverei, oft mit allen ihren Kindern, verdammt.[1] Die

---

[1] Kézai, I, 1.

Sklaven waren sächliches Eigenthum ihres Herrn, gegen dessen Willkür sie kein Gesetz schützte, der sie kaufte und verkaufte. Darum ist auch der Herr verpflichtet, wenn der Sklave ein Verbrechen begeht, diesen entweder auszuliefern oder auszulösen; tödtet ein Sklave einen fremden Sklaven, so ist der Herr des erstern schuldig, den Schaden zu ersetzen oder Sklaven für Sklaven zu geben; der Freie, der einen Sklaven tödtet hat, außer dem Schadenersatz, den er dessen Herren leistet, und von der Kirche vorgeschriebenen Fasten, keine Strafe zu erleiden.[1] Doch durfte der Herr den Sklaven freilassen, was als ein verdienstliches Werk angesehen wurde. Die Sklaverei hörte erst viel später auf; aber in dem Maß, wie sie verschwindet verschlimmert sich das Los der Gemeinfreien, bis endlich beide, Sklaven und Freie, durch dieselbe drückende Hörigkeit einander gleichgemacht werden.

Zwischen der völligen Freiheit und gänzlichen Sklaverei gab es mannichfaltige Abstufungen, welche gleichsam den Raum ausfüllten, und hauptsächlich aus dem Titel entstanden, unter welchem jemand den Boden bewohnte und anbauete. Aufklärung über dieselben kann uns nur die Kenntniß der verschiedenen Arten des Grundbesitzes in jener Zeit geben.

Aller Grund und Boden war entweder Privateigenthum oder Staatsgut, und letzteres vielleicht größer an Umfang als das erstere. Jeder Stamm der Magyaren und ihrer Bundesgenossen erhielt, wie wir wissen, eine seinen Bedürfnissen angemessene Landstrecke zum Wohnsitz; den Eingeborenen, die man sogleich oder später in den Volksverband aufnahm, blieben ihre Ländereien, nur mußten sie wahrscheinlich einen Theil derselben, was ihnen bei der dünnen Bevölkerung gar nicht schwer fiel, an die magyarischen Niederlassungen abtreten, die gleichsam als Besatzungen unter sie verlegt wurden; auch die verschiedenen zahlreichen eingewanderten Colonien und ihre Führer erhielten, gleich den Stämmen und deren Fürsten, Land, auf welchem sie sich ansiedelten, und da es in dem durch so häufigen Wechsel der Herren und Bewohner und durch so viele Kriege verödeten Ungarn noch immer viele gar nicht oder nur schwach bevölkerte Gegenden gab, wurde viel Land von den Herzogen und noch weit mehr von König Stephan auch an angesehene Einheimische und Ausländer und an ihre Geleitsmannen vergabt.[2]

Diese Ländereien waren ursprünglich Gemeingut aller, die darauf wohnten; als aber das Nomadenleben immer mehr aufhörte, und das Volk feste Wohnsitze wählte und auf Ackerbau sich verlegte, mußte nach der naturgemäßen Entwickelung der Dinge erst jedes Geschlecht des Stammes, dann jede Abtheilung des Geschlechts, und endlich jede Familie in gewisse Grenzen eingeschlossen werden, innerhalb welcher sie den Boden benutzte. Daß diese Theile nach Rang, Ansehen und Bedürfniß des Inhabers von sehr verschiedener Ausdehnung waren, versteht sich von selbst. Hiermit war das Grundeigenthum thatsächlich, wenn auch noch nicht gesetzlich eingeführt. Die gesetzliche Sanction

[1] Decret. S. Steph., I, 14; II§ 3. 4. — [2] Anonymus, c. 15, 46, 57. Kézai, De nobilibus advenis. Thuróczy, II, 10—13.

erhielt es allem Anschein nach gleich auf jenem Reichstage, den Stephan zu seiner Krönung berufen hatte, durch ein ausdrückliches Staatsgesetz: „Wir beschließen kraft unserer königlichen Macht, daß jedermann das Recht habe, das Seine zu vertheilen, es der Gattin, den Söhnen, Töchtern und Aeltern oder den Kirchen zu geben, und daß sich nach seinem Tod niemand unterstehen solle, seine Verfügungen zu vernichten." [1] Auf einem spätern Reichstage wurde dasselbe Gesetz erneuert und auf königliche Schenkungen (von des Königs Privatbesitzungen, oder confiscirtem Gut, oder noch herrenlosem Land gegeben) ausgedehnt: „Wir stimmen der Bitte des ganzen Senats bei, daß jeder über sein Eigenthum und über die Schenkungen des Königs Herr sei, so lange er lebt, mit Ausnahme dessen, was dem Bisthum und der Gespanschaft gehört; und nach seinem Tode sollen die Nachkommen mit gleichem Besitzrecht nachfolgen." [2] Der freie Verkauf und Kauf wird zwar in diesen Gesetzen nicht erwähnt, muß aber schon damals gestattet worden oder doch bald in Gebrauch gekommen sein, da in den Gesetzen Kolomans (regiert 1095—1114), Kap. 21, bereits von erblich gekauften Besitzungen die Rede ist. Den Grund, der seinem Herrn als freies und vollständiges Eigenthum gehörte, nannte das Mittelalter haereditas, proprium, Allodium. Solche Allodien waren, wie bereits gesagt, nicht blos die Ländereien der Großen und Adelichen, der comites und milites, sondern auch die kleinen Antheile, welche den Gemeinfreien, vulgares, zugefallen waren. Der Besitz eines solchen Allodes gab erst die vollständige, durch keine Dienstverhältnisse beschränkte Freiheit.

Aber kaum die Hälfte von allem Grund und Boden kam in dieser Weise zur Vertheilung und in Privatbesitz. [3] In den Gebieten der Stämme, wie in den übrigen Gegenden des Reichs, besonders rings um die Burgen und an den Grenzen, waren bedeutende Ländereien als Staatsgut vorbehalten worden. Die Bewohner dieser Ländereien waren zwar persönlich frei, aber der Boden, auf dem sie saßen, war nicht ihr Eigenthum, obwohl sich derselbe auf ihre Nachkommen vererbte; sie waren nur Nutznießer desselben, konnten darüber nicht frei verfügen und waren, so lange sie ihn innehatten, dem Staat zu verschiedenen Dienstleistungen verpflichtet. Während die patriarchalische Stammverfassung in voller Kraft bestand, mußten naturgemäß die öffentlichen Ländereien, die in den Gebieten der Stämme lagen, von den Stammfürsten und Geschlechtshäuptlingen, die andern vom Herzog beaufsichtigt und verwaltet werden; später aber, als die herzogliche Macht das Uebergewicht erhalten, gebot der oberste Landesfürst über das gesammte

---

[1] S. Steph. Reg. Decretorum I, 6. — [2] Ebend., II, 2. Das Wort filii, welches im lateinischen Texte steht, glaubte ich mit Nachkommen übersetzen zu müssen, da die Schenkungsbriefe Stephan's, die noch vorhanden sind, bekanntlich auf die Nachkommen beiderlei Geschlechts lauten. — [3] Das Staatsgut muß in der That so groß gewesen sein, denn wie hätten sonst die Könige dem Klerus so ungeheure Besitzungen schenken, soviel Lehen, daß diese endlich die Allodien überwogen, vergeben und noch immer so große Domänen behalten können.

Staatsgut, wie sich aus Nachrichten, Gesetzen und Urkunden mit
Sicherheit schließen läßt. Dieses Staatsgut war unveräußerlich, und
kein Theil desselben durfte erbeigenthümlich vergabt werden. „Wie
wir den andern das Eigenthumsrecht über ihre Besitzungen ertheilt
haben, sagt das Gesetz, so wollen wir auch, daß die Besitzungen, Krieger,
Knechte und was sonst zu unserer königlichen Würde gehört, unangetastet bleiben; daß durch niemand hiervon etwas geraubt werde;
auch soll es niemand wagen, hinsichtlich der bemeldeten
Dinge eine Begünstigung für sich zu erstreben." [1] Aber zu
zeitweiliger und lebenslänglicher Nutznießung gegen Kriegsdienste, als
Sold für Staatsämter und Lohn für Dienstleistungen mancherlei Art
wurden diese Güter an Einzelne oder an ganze Gemeinwesen vom König
verliehen. Ein solches Besitzthum hieß, im Gegensatz zu dem erbeigenthümlichen Allodium, Feudum, possessio, Lehn und durfte damals
von dem Inhaber nicht vererbt, und nie (selbst dann nicht, als die Lehen
erblich wurden) verkauft werden, sondern fiel, so oft es erledigt wurde
an den Staat, oder, nach damaligem Sprachgebrauch, an den König
zurück, der es wieder, wem er wollte, verlieh. Darum nimmt das
Gesetz [2] welches die Privatbesitzungen und königlichen Schenkungen
zum vollen Erbeigenthum erklärt, den dem Bisthum und der Gespanschaft gehörenden Grund und Boden' aus, weil dieser als Staatsgut nur
lehnweise besessen werden konnte. Wer ein solches Lehn empfing,
opferte dadurch einen Theil seiner Freiheit, er war dem Lehnsherren zur
Treue, zu Dienstleistungen und Gehorsam verpflichtet, wurde ein homo-
liguus und verlor ganz folgerecht das Lehn, sobald er die Lehnspflicht
brach. Dagegen traten aber auch die Bewohner des Lehns, gleichviel ob
sie ursprünglich darauf saßen, oder sich später dort niederließen, zu dem
Lehnsträger in das Verhältniß der Abhängigkeit; sie mußten ihm die
Dienste leisten, die sie ursprünglich dem Staat schuldeten, und standen
auf verschiedenen Stufen der persönlichen Freiheit, aber immer niederer,
als die Besitzer von Allodien.

Die Ländereien, welche Stephan den Bisthümern, Kapiteln und
Abteien verlieh, waren wol größtentheils ursprünglich Staatsgut und
wurden als solches betrachtet. Aber auch die erbeigenthümlichen Besitzungen, die jemand der Kirche schenkte, verloren dadurch diese
Eigenschaft und wurden unveräußerlich und lehnspflichtig. Darum
mußte jeder Inhaber geistlicher Pfründen, wie dies auch im übrigen
Abendlande gebräuchlich war, die königliche Belehnung empfangen,
den Lehnseid schwören, Mannschaft zum königlichen Heere stellen,
und vielleicht schon damals auch persönliche Heeresfolge leisten.
Später wurde die Kirche an Lehnsleuten immer reicher, da viele aus
Frömmigkeit oder, um sich gegen die Gewalt mächtiger Unterdrücker
zu schützen, nicht nur ihr Gut Bischöfen und Klöstern zum Lehn auf-
trugen, sondern auch sich selbst ihnen dienstpflichtig machten.

Der König auf seinen Privatländereien und die großen Grundbesitzer konnten nicht allen Boden selbst bebauen, oder durch ihre

[1] S. Steph. Reg. Decret. I, 7. — [2] Ebend., II, 2.

Sklaven bebauen lassen; auch bedurften sie zu edlern Diensten, besonders für ihr kriegerisches Gefolge, auch freier Männer: sie vergabten also einen Theil ihrer Allodialbesitzungen. Und es gab Gemein- oder auch Adelichfreie genug, die entweder keinen eigenen Grund besaßen, oder außer dem eigenen noch fremden zu Lehen nahmen. Denn viele hatten sich längst von dem Verband mit ihrem Stamm losgesagt, sich an die Kriegsleute der Herzoge und Stammfürsten oder an Abenteurer, die auf Plünderung auszogen, angeschlossen und von diesen ihren Unterhalt empfangen; auf sie konnte in den meisten Fällen bei der Grundvertheilung keine Rücksicht genommen werden, sodaß sie leer ausgingen. Andere mochten lieber in die angesehenen und einträglichen Dienste des Königs und der Vornehmen treten, als auf einem kleinen Gute unter Mühe und Arbeit leben, und wurden deren Lehnsleute, servientes. Von ihnen sagt das Gesetz: „Wir wollen, daß jeder Senior, Große, seine eigenen Krieger habe, und daß kein anderer diese überrede, jenen zu verlassen und zu ihm zu kommen; denn dieses verursacht Streitigkeiten." Sie führen also den ehrenvollen Titel miles, und dürfen ihren Lehnsherrn verlassen, sobald es ihnen gefällt.

Außer diesen angesehenen Dienstmannen und Afterlehnsträgern begegnen wir noch an den Höfen und auf den Ländereien des Königs und der Großen, der Bischöfe und der Klöster einer äußerst zahlreichen Klasse von Dienstleuten, die zwischen Freiheit und Knechtschaft schwebten. Sie hießen in andern Ländern Ministerialen [1], bei uns Udvorniker (von udvar, Hof, also Hofleute) und waren zu den verschiedenartigsten Diensten verpflichtet, als Leibwächter, Kriegsknechte, Winzler, Bäcker, Hundewärter, Falkoniere, Jäger, Müller, u. s. w. Sie mochten entstanden sein aus verarmten oder unterdrückten Freien, welche die Noth oder Gewalt in Abhängigkeit gebracht, und aus freigelassenen Sklaven, welche die Gunst des Herrn in eine bessere Lage versetzte. [2] Ihre Dienstverhältnisse waren unauflösbar, und vererbten sich auf ihre Nachkommen; zum Theil an den Boden gebunden, und gingen bei Schenkung und Verkauf auf den neuen Besitzer über. [3] In den Gesetzen Stephan's werden sie nur einmal erwähnt: „Wenn einer von denen, die insgemein Udvorniker heißen, einen Diebstahl begeht, soll er nach den Gesetzen der Freien gerichtet werden; ihr Zeugniß aber ist nicht unter das der Freien aufzunehmen."[4] Dieses Gesetz stellt den zwischen Freiheit und Knechtschaft schwebenden Zustand der Udvor-

---

[1] Der Name der Ministerialen war aber viel umfassender und begriff auch die vornehmen Hofbeamten des Königs und der andern Großen in sich, die bei uns gewöhnlich servientes hießen und von denen wir soeben gesprochen haben. — [2] Kézai, De udvornicis. Seine Aussage über die Udvorniker ist vielleicht deshalb so unklar, weil sich deren Zustand zu seiner Zeit bereits sehr verändert hatte und das Ursprüngliche in demselben von der spätern Entwickelung sich nicht recht unterscheiden ließ. — [3] S. Steph. reg. Decret. II, 21. — [4] Die Stiftungsbriefe der Bisthümer und Abteien liefern hierzu Beispiele in Menge, z. B. der Stiftungsbrief des fünfkirchener Bisthums bei Koller, Histor. Episcopatus Quinqueeccles., I, 74; der Abtei Tihany, Koller, a. a. O., S. 145; der Pécs-Várader von Stephan. Kollár, Amoenitates jur. publ. Ung., II, 171 fg.

9*

niker recht lebhaft dar. Ihre Zahl vermehrte sich mit der Zeit außerordentlich, besonders auf den ausgedehnten königlichen und geistlichen Besitzungen. Später als das Feudalwesen sich mehr und mehr ausbildete, und die allgemeine Freiheit der Immunitäten, das Recht den Privilegien weichen mußten, sanken sie größtentheils in Knechtschaft herab und verloren sich spurlos unter den übrigen Hörigen. Doch gelang es vielen, vorzüglich solchen, die im Dienste des Königs oder der Bischöfe standen, adeliche Rechte zu erringen; und noch heute gibt es ganze Dörfer und Bezirke, deren sämmtliche Grundbesitzer adelich sind, und deren Vorfahren einst Udvorniker waren. [1]

Sobald das ungarische Volk sich in dem weiten Lande niedergelassen und durch die Aufnahme der übrigen Einwohner in den Staatsverband sich so sehr vermehrt hatte, konnten an der Berathung und Entscheidung der öffentlichen Angelegenheiten nicht mehr alle freien Männer theilnehmen, wie sie es früher thaten, so lange das Volk im Heer versammelt war. Und da man zu dieser Zeit das Repräsentativsystem noch nirgends kannte, mußte die Gesetzgebung und die Führung der Staatsangelegenheiten nothwendig in größerm Maße dem König und den Vornehmsten anheimfallen.

Den beständigen Rath des Königs, gleichsam sein Ministerium, bildeten die höchsten Würdenträger des Reichs, geistlichen und weltlichen Standes; durch sie führte er die Regierungsgeschäfte, mit ihnen berieth und erließ er seine Befehle und Gnadenbriefe, wie ihre Unterschriften bezeugen, die wir in den Urkunden Stephan's und der ersten Könige finden. Sie waren auch unter dem Vorsitz des Königs oder Palatins der oberste Gerichtshof. Welche Reichswürdenträger zu diesem Rath gehört, und welche Geschäfte jedem derselben oblagen, läßt sich nicht bestimmt angeben und hing gewiß auch davon ab, wer gerade am Hoflager anwesend war, oder wen der König berufen, und womit er ihn betrauen wollte. Dem Range nach war der graner Erzbischof, der That nach aber der Palatin, nádor-ispán, unter ihnen der erste. Stephan hatte dieses höchste Reichsamt (vielleicht anstatt des ehemaligen Karchan, oben S. 87) nach dem Muster der deutschen Pfalzgrafen eingesetzt und ihm einen ähnlichen ausgedehnten Wirkungskreis angewiesen. [2] Auch die Erzhofämter [3], so viele deren Stephan

---

[1] Der Bezirk der Zehn Lanzenträger in Zipsen; die Edelleute des Vajker Stuhls der Insel Schütt, der zum graner Erzbisthum gehört. — [2] Hincmari archiepiscopi Remensis opera (Paris 1645), II, 21. „Comitis autem palatii inter cetera pene innumerabilia, in hoc maxime sollicitudo erat, ut omnes contentiones legales, quae alibi ortae propter aequitatis judicium palatium aggrediebantur, juste ac rationabiliter determinaret: seu perverse judicata ad aequitatis tramitem reduceret." Jetzt war der Palatin auch in Ungarn der erste Reichsbeamte und Oberrichter, den der König gleich den übrigen Würdenträgern ernannte; zwei bis drei Jahrhunderte später, während denen die Pfalzgrafschaft in Deutschland fast zum bloßen Titel herabsank, erhob er sich zum obersten Heerführer, zum Regenten, wenn der König minderjährig oder der Thron erledigt war, zum Vermittler zwischen Volk und König, und wurde zuletzt nicht mehr durch den König ernannt, sondern vom Reichstage gewählt. — [3] Diese sind: der Obersthofrichter (judex curiae), Schatzmeister, Obersthofmeister, Truchseß, Mundschenk, Marschall, Kämmerer und Thürhüter; doch

eingeführt hatte, vermehrten gewiß nicht blos den Pomp des Hofes, sondern ihre Inhaber zählten auch zu den beständigen Räthen des Königs. Das Kanzleramt verwaltete ein Bischof. Bei wichtigern Veranlassungen versammelte der König außer diesen beständigen Räthen. die ihn umgaben, noch die Bischöfe und Aebte, die Großen, principes, Obergespane und andere hohe Staatsbeamte. Sie insgesammt sind die senatores, seniores, majores, honestissimi, auf deren Rath immer zu achten, Stephan seinem Sohn empfiehlt [1]; sie sind der große Staatsrath; das regale concilium, der primatum und optimatum conventus, der über die wichtigsten Staatsangelegenheiten mit dem König rathschlagte, beschloß und zuweilen Verordnungen erließ, die Gesetzeskraft hatten. [2]

Zu festgesetzten Zeiten, oder so oft es nöthig war, hierüber fehlen bestimmte Nachrichten, wurde endlich die Nationalversammlung einberufen, das commune concilium, der vollständige senatus regni. [3] Zu ihren Mitgliedern gehörten, außer jenen höchsten Reichswürdenträgern und den andern Optimaten, die juniores, milites, Krieger, welche wir die Edelfreien nennen dürfen und als die dritten in der Rangordnung der Volksklassen anführten, und damals auch noch die Gemeinfreien, vulgares, was sich kaum bezweifeln läßt, denn Béla I. berief Abgeordnete der Ortschaften zu seinem Krönungsreichstage, und von einem andern, den Ladislaus abhielt, heißt es ausdrücklich, das ganze Volk sei gegenwärtig gewesen. [4] Es ist selbstverständlich, daß von den letztern und auch von den Adelichfreien nicht die Gesammtheit, und nicht gewählte Repräsentanten, die man zu dieser Zeit noch nicht kannte, sondern nur, die wollten und konnten, die mehr Bemittelten und zu dem Ort der Versammlung näher Wohnenden, oder von größerm Eifer für ihr Recht und für die öffentlichen Angelegenheiten Beseelten, erschienen. Auch war die Stimme beider nicht von gleichem Gewicht mit jener der Großen; diese mit dem König hatten das letzte Wort und beschlossen. [5] Denn in solchen noch ungeregelten Versammlungen, wo keiner bestimmte und festbegrenzte Rechte übt, werden die Stimmen nicht gezählt, sondern gewogen. Diese Versammlungen sind also noch nicht vollständig

bestand das Obersthofmeisteramt wahrscheinlich unter Stephan noch nicht. Später kamen noch hinzu der Ban von Kroatien und in der neuern Zeit die beiden Kronhüter und der Kapitän der adelichen Garde. Bél, De archiofficiis regni Hungariae (Leipzig 1740). Georgius Bartal, Commentariorum ad historiam status jurisque publici Hungariae aevi medii libri XV (Presburg 1847). [1] S. Stephani reg. de morum institutione. — [2] S. Ladislai reg. Decret. II, 1: „Temporibus piissimi regis Ladislai omnes nos regni Panonici optimates in Monte Sancto fecimus conventus .... primo constituimus." — [3] Stephani reg. Decret. I, 14, 15; II, 2. Hartvicus: „Convocatis Hungariae principibus cum ordine sequenti." — [4] S. Ladislai reg. Decret. I, prologus .... „MXCII, XII. Kalend. Junii in civitate Zabolcz Sancta synodus habita est, praesidente christianissimo Ungarorum rege Ladislao cum universis regni pontificibus et abatibus, nec non cum cunctis optimatibus, cum testimonio totius cleri et populi." — [5] S. Stephani de morum institutione etc. Liber c. 7: „Omnino tamen juvenes non sunt depellendi a consiliis, quocies vero cum illis consilium inibis, eciam si sit habile, tamen semper ad majores deferas, ut omnes actus tuos norma sapientie mensures."

geordnete Reichtage, sondern die ersten Anfänge derselben. Aber hier
wurde schon auf dem Grunde der ursprünglichen Staatsverträge der Ausbau unserer Verfassung 'begonnen, die sich, als ein lebendiges Werk
immer nach den Forderungen der Zeit gestaltet hat. Spätere Gesetze
über staatsrechtliche Angelegenheiten, über das Verhältniß zwischen
König und Volk, über Steuern und Militärwesen u. s. w. berufen sich
häufig auf die Gesetze Stephan's und bezeugen hierdurch das einstige
Dasein derselben. Aber gerade diese sind in den furchtbaren Stürmen,
die Ungarn, wie kaum ein zweites Land, verwüsteten, verloren gegangen; nur Bruchstücke der minder wichtigen, größtentheils das Privat-
und Criminalrecht betreffenden, sind uns geblieben.

Eine der wichtigsten Unternehmungen, die unter der Regierung
Stephan's zu Stande kamen, war die Organisirung der Gespanschaften.
Es dienten zwar gleich bei und nach der Eroberung schon vorhandene
oder neu erbaute Burgen, vár, als Mittelpunkte der Niederlassungen,
und in Gegenden, wohin nur Besatzungen gelegt wurden, als Festungen
für dieselben, woraus sich bald von selbst eine Eintheilung des Landes
in politischer und militärischer Hinsicht in Burgbezirke, vármegye, ergab,
wenngleich nicht in jedem Bezirk sich wirklich eine Burg befand, oder
auch eine befestigte Stadt die Stelle derselben vertrat. [1]   Denn sobald
der Staat gegründet war und die Regierung begonnen hatte, trat auch
die Notbwendigkeit ein, das Land abzutheilen. Aber diese mehr zufällig entstandenen, als absichtlich errichteten Burgbezirke erhielten nun
eine bestimmte Begrenzung und gesetzlich geordnete Verfassung. Jedem
derselben stand ein vom König ernannter ispán [2], comes castrensis,
parochialis, provincialis, Gespan, vor, der zu den hohen Würdenträgern des Reich gehörte, und im Namen des Königs die bürgerlichen,
gerichtlichen und militärischen Angelegenheiten verwaltete. In Rechtssachen war sein Gehülfe der comes curialis, Hofgraf; unter ihm standen
noch der dux, princeps exercitus, Befehlshaber der Kriegsleute, der
castellanus, Schloßvogt, die centuriones und decuriones, Führer von
hundert und von zehn Mann. Die Steuern ließ der Obergespan durch
die centuriones und archipraecones, königlichen Herolde, erheben; seine
Befehle und Urtheilssprüche vollstreckten die Pristalden, die auch iu
kleinern Angelegenheiten richteten. Doch läßt sich der Wirkungskreis
aller dieser Beamten nicht mit Genauigkeit angeben. Des Burggrafen
Amtsgewalt erstreckte sich über sämmtliche Bewohner des Bezirks, mit
Ausnahme der Großen des Reichs, die unmittelbar unter dem König,
der Geistlichkeit, die unter ihren kirchlichen Obern, und vielleicht
schon damals auch der Städtebürger, die unter ihren selbstgewählten
Magistraten standen. [3]

[1] Daher haben auch die meisten Gespanschaften ihren Namen von diesen
Burgen oder befestigten Ortschaften erhalten. — [2] Ispán heißt jeder Verwalter,
jetzt besonders ein Gutsverwalter. Später nannte man die Burggrafen Föispán,
Obergespan, zum Unterschied vom Alispán, Unter-, gewöhnlich Vicegespau.
Von comes und ispán kommt auch die Benennung comitatus, Comitat und
Gespanschaft, wogegen der Ungar immer vármegye, Burgbezirk, sagt. —
[3] Kollár, Historiae jurisque publici regni Hungariae amoenitates II. Pray,

Auf den zur Burg gehörenden Staatsländereien saßen zuerst die Burgtruppen, jobbagyones castri; persönlich freie Männer [1], die unter der Verpflichtung, Kriegsdienste zu leisten, Antheile von denselben lehnweise empfangen hatten, im Frieden die Burgbesatzung bildeten, im Krieg im königlichen Heere kämpften. Ihrer geschieht zwar in den vorhandenen Gesetzen Stephan's keine Erwähnung, aber schon das Dasein der Burgen an sich forderte auch das ihrige, und spätere Urkunden räumen den Nachkommen „der Jobbagyonen des heiligen Königs" vor den spätern Jobbagyonen Vorrechte ein. [2]

Eine zweite Klasse bildeten die Bewohner der Ortschaften, die um die Burgen entstanden, cives castrenses; sie beschäftigten sich hauptsächlich mit Gewerben und Handel, und zahlten an den König eine Steuer, liberorum denarii. Es ist aber fraglich, ob diese schon zu Stephan's Zeiten von der folgenden Klasse gesondert waren.

Diese, das Burgvolk, várnép, mußten für das Land, das sie baueten, Abgaben in Naturalien und Geld liefern, von denen der Obergespan zu seinem und seiner Beamten und Truppen Unterhalt ein, der König aber zwei Drittheile erhielt; außerdem leisteten sie noch Dienste auf den nicht vergabten Burgfeldern, beim Bau der Festungswerke, Brücken und Wege, bei der Beförderung von Menschen und Gütern für Staatszwecke u. s. w. Sie waren, wie die Udvoniker den Privaten, dem Staat gegenüber eine Art von Halbfreien, die Kézai conditionarios nennt. [3]

Durch die Organisirung der Gespanschaften war eine Einrichtung von weitgehenden heilsame Folgen geschaffen. Bisher waren die erblichen Häuptlinge auch die geborenen Burgherren, Nutznießer der Staatsländereien, Befehlshaber der Kriegsmacht, Regenten und Richter in den Bezirken gewesen, und da sie von ihren Untergebenen nicht blos als Vorgesetzte betrachtet, sondern als Patriarchen des Geschlechts, dem alle Mitglieder desselben entsprossen zu sein glaubten, verehrt wurden, war ihr Einfluß um so größer und gefährlicher. Diese gefährliche Macht wurde nun ihren Händen entwunden. Denn obgleich die Häuptlinge noch immer fortbestanden, und die Obergespane, besonders

---

Historia regni Hungariae; notitiae praeliminariae. Bél, Apparatus ad histor. Hung., §. 10, 24, 110 u. s. w. Georgius Bartal, Commentariorum ad historiam status jurisque publici Hungariae aevi medii libri XV. — [1] Das zeigt schon ihr Name jobbágy, soviel als wohlgeboren, an, und wie sie jobbagyones castri, so hießen die Reichsgroßen jobbagyones regni. Kézai de udvornicis sagt: „Jobagiones castri sunt pauperes nobiles, qui ad regem venientes, terram eis tribuit de castri terris, ut phenda castri et castrum guerre tempore custodirent." — [2] Goldene Bulle Andreas' II., 19. Jobagiones castrorum teneantur secundum libertatem a S. Stephano institutam. Als aber später die Burgländereien als Lehn in Privatbesitz kamen, verschwanden auch die Burgtruppen, indem ein Theil siel. zum Adel aufschwang und der Rest zur Hörigkeit hinabsank. Diese letztern gaben vermuthlich die Veranlassung, daß später diejenigen herrschaftlichen Unterthanen, die einen Bauerngrund innehatten, jobbágy genannt wurden. — [3] Horváth, Geschichte des ungarischen Heerwesens, in den Jahrbüchern der ungarischen Akademie von 1841. Derselbe, Geschichte des ungarischen Reichs, 2. Aufl., I, 121 fg. S. Steph. R. Decret., II, 8; vgl. Colomani R. Decret., c. 25. Kézai de udvornicis.

•••• unter ihnen gewählt werden mochten, so wurde
•••• zwischen ihnen und ihren Geschlechtern gelockert und
•• •••••• Gewalt aufgehoben. An die Stelle der erblichen, selb-
•••• Häuptlinge traten Staatsdiener, die der König ernannte und
•• •••• die schon deshalb pünktlicher gehorchten. Hiermit war die
•••• der Zersplitterung in kleine, mehr oder weniger unabhängige
Herrschaften von Ungarn abgewendet, alle Theile erhielten mehr und
festern Zusammenhang mit dem Ganzen, und die Centralgewalt gewann
überall den nöthigen Einfluß. Aber was mehr Werth hat als die best-
geordnete Beamtenhierarchie, auch die Theilnahme des Volks an den
öffentlichen Angelegenheiten wurde durch die Comitatseinrichtung nicht
aufgehoben, sondern noch mehr gesichert und gestärkt, indem sie das
übermäßige Ansehen verminderte, welches die Häuptlinge besessen
hatten. Wie früher die Mitglieder der Geschlechter und Stämme, so
kamen auch jetzt, als berechtigte Körperschaft, die freien Männer des
Bezirks zusammen, beriethen und entschieden über alles, was diesen
betraf, und besprachen auch frei, was dem Staat frommte. Und dies
waren die Anfänge der Comitatsmunicipien und Versammlungen in unserm Vaterlande, die so unendlich viel zur Erhaltung der Nationalität,
Verfassung und Freiheit, zur Entwickelung eines kräftigen Volkslebens
beitrugen, deren Verdienste nur Verblendung und Parteilichkeit verkennen kann, die blos einer zeitgemäßen Umgestaltung bedürfen, um
auch künftighin eine Schutzwehr der Freiheit und eine Quelle der Vaterlandsliebe und öffentlichen Wohlfahrt zu sein.

Die Anzahl der Gespanschaften zu Stephan's Zeit kennen wir
nicht. Daß ihrer im 12. Jahrhundert mehr als siebzig waren, sagt
Otto von Freisingen [1]; eine Urkunde aus den Tagen Béla's III. [2] und
Rogerius unter Béla IV. [3] geben zweiundsiebzig an. Da Ungarn unter
den beiden letztern Königen eine größere Ausdehnung als unter Stephan
hatte, mußten schon damals mehrere Gespanschaften vereinigt
worden sein, weil die Zahl zu beiden Zeiten ziemlich gleich ist.

Die Anstalten, die Stephan zur Bekehrung des Volks traf, die
Stiftung der Bisthümer und Klöster, und die überreiche Ausstattung
derselben mit liegenden Gütern, Zehnten und andern Einkünften haben
wir bereits berichtet; jetzt bleibt uns nur noch einiges über die kirchlichen Zustände nachzuholen. Die kirchlichen Angelegenheiten wurden
nicht auf geistlichen Synoden, sondern wie die bürgerlichen, auf den
Reichsversammlungen verhandelt, und die Gesetze über dieselben, wie
andere, im Namen des Königs gegeben. Unter den Reichsgesetzen [4]
also stehen gleich obenan diejenigen, welche die Kirche und Geistlichkeit betreffen. Zuerst wird der Bann ausgesprochen über alle, die das
Haus Gottes verachten oder sich an Kirchengut vergreifen, und der
König verpflichtet, dasselbe mehr als sein Eigenthum zu bewahren;
„denn um wie viel Gott über den Menschen erhaben ist, um so viel

---

[1] Ottonis Phrising. episcopi de gestis Friderici Aenobarbi Caes. Aug.
Libri duo (Strasburg 1551), I, 31. — [2] Fejér, Cod. dipl., III, 217. — [3] Rogeri
Canonici carmen miserabile, bei Endlicher. — [4] S. Steph. r. Decret. Lib. duo.

steht das Kirchengut über dem eigenen". Sodann erhalten die Bischöfe das Recht, alle kirchlichen Angelegenheiten zu ordnen und einzurichten, die Laien sind schuldig diesen Anordnungen zu gehorchen. Die Kleriker stehen ausschließlich unter der geistlichen Gerichtsbarkeit, und niemand darf das Zeugniß eines Laien gegen sie annehmen (I, 1—5). Wer an Sonntagen arbeitet, verliert Werkzeuge, Vieh und Kleider, kann sie jedoch einlösen. Die Priester und Grafen sollen allen Ortsrichtern (vilicis) einschärfen, daß sie alle, Große und Kleine, Männer und Frauen zum Kirchenbesuch anhalten, und nur die zur Bewahrung des Feuers Nöthigen zu Hause lassen; wenn jemand wegen ihrer Nachlässigkeit zu Hause bleibt, sollen sie geschoren und gezüchtigt werden. Wer die vorgeschriebenen Feste nicht beachtet, soll acht Tage eingeschlossen fasten. Wer durch eigene Schuld ohne Beichte stirbt, erhält kein ehrliches Begräbniß. Wer das Christenthum nicht beobachtet (also christliche Gebräuche nicht mitmacht und bei den heidnischen beharrt), soll mit Rücksicht auf die Größe seines Vergehens siebenmal vom Bischof nach dem Kanonischen Recht bestraft, und wenn er auch dann noch hartnäckig bleibt, dem königlichen Gericht übergeben werden (I, 8—13). Zehn Dörfer sollen eine Kirche bauen, und diese mit zwei Ansässigkeiten (mansio), ebenso viel Knechten, einem Pferde und Wagen, sechs Ochsen, zwei Kühen, und zwanzig Stück Kleinvieh dotiren; der König sorge für die Kirchenkleidung und heiligen Gefäße, der Bischof aber für die Priester und für die Bücher (II, 1).

Durch diese Anstalten und Gesetze war für die Ausbreitung und Befestigung des Kirchenwesens hinlänglich gesorgt. Aber die Bekehrung des Volks konnte in diesen Tagen des Anfangs nur eine äußere, die Religion nur ein Beobachten, oft erzwungenes Mitmachen christlicher Gebräuche sein. Denn plötzlich lassen sich die Gesinnungen und Sitten einer ganzen Nation nicht umschaffen; überdies waren die ersten Glaubensboten, die Mönche, Priester und Bischöfe Fremde, welche, der Landessprache oft ganz unkundig, auch wenn sie wollten, nicht lehren konnten; man mußte sich überhaupt bei so massenhaften Bekehrungen mit dem äußern Bekenntniß begnügen, und überließ der Zukunft die Ausbildung des christlichen Lebens. Den Eingang des Christenthums in die Herzen hinderte aber ganz besonders der Zehnt, den jeder Freie, weß Standes immer, dem Bischof von allen Bodenerträgnissen und von allem Vieh entrichten mußte (II, 18). Diese ungewohnte Abgabe war zu drückend, als daß sie nicht Widerwillen gegen die Religion hätte wecken sollen, die man für die Ursache derselben hielt, und die ohnehin so reich dotirten Bischöfe dachten nicht wie der Apostel Paulus, 1 Kor. 9, 12: „Wir haben solcher Macht nicht gebraucht, sondern wir vertragen allerlei, daß wir nicht dem Evangelium Christi ein Hinderniß machen." [1]

Die römisch-katholische Kirche besaß aber schon damals keineswegs die Alleinherrschaft in Ungarn; auch die orientalische zählte viele

---

[1] Auch Alcuin klagt, wie sehr die Zehnten die Bekehrung der Sachsen zum Christenthume erschwert haben: „Decimae Saxonum subverterunt fidem."

Bekenner besonders in den nord- und südöstlichen Gegenden und in Siebenbürgen, die ihr größtentheils schon vor dem Einzuge der Magyaren zugethan waren und treu blieben. Kein Gesetz ist vorhanden, das sich mit ihren Angelegenheiten beschäftigte; nirgends werden ihre Bischöfe oder sonstigen kirchlichen Vorstände erwähnt; wir kennen nur das Kloster des heiligen Basilius zu Oroszlános, und jenes, das Stephan im veßprimer Thal für Nonnen stiftete. [1] Sie standen also unter einheimischen oder ausländischen Kirchenobern, von denen die Staatsgewalt keine Kenntniß nahm. Anfechtungen scheinen sie keine erduldet zu haben. Solange man mit dem Heidenthum zu kämpfen hatte, konnte man an die geringen Unterschiede nicht denken, welche die beiden christlichen Kirchen trennten, und da sich die katholische Ungarns, wie wir später oft sehen werden, damals in vielen Stücken an die Gebräuche der griechischen anschloß, durften sich die Anhänger beider hier um so mehr als Glaubensbrüder vertragen.

Außer den Christen gab es noch eine nicht unbedeutende Anzahl Mohammedaner oder Ismaeliten, theils Magyaren, theils Bulgaren, wie bereits gesagt wurde. Auch von ihnen schweigen während Stephan's Regierung die Gesetze und Nachrichten. Die gegen das Heidenthum getroffenen Verordnungen sind wahrscheinlich auch gegen sie gerichtet; doch muß das Christenthum unter ihnen, wie überall unter den Mohammedanern, diesen strengen Monotheisten, wenig Fortschritte gemacht haben, da wir sie in den spätern Zeiten so zahlreich und mächtig finden werden, daß sie die Gesetzgebung sehr lebhaft beschäftigen. Endlich fehlte es gewiß auch damals schon nicht an Juden.

Die Reihe der Richter eröffnen die Burggrafen mit ihren Gehülfen; sie sprachen Recht über die Burgangehörigen und über die Gemeinfreien, und entschieden auch manche nicht persönliche Rechtssachen der Adelichen und Geistlichen. Neben ihnen bestanden die bischöflichen Gerichtsstühle, wo der Bischof oder sein Archidiakonus (damals nach dem Gebrauch der griechischen Kirche Archipresbyter genannt) nicht nur die Geistlichen seines Sprengels richtete, sondern auch über Zehntfragen, Ehesachen, Eide, Testamente und viele andere Angelegenheiten urtheilte, welche nach damaligen Begriffen vor dieses Gericht gehörten. Außerdem besaßen Bischöfe und Abteien vielleicht schon damals das Privilegium der Gerichtsbarkeit auf ihren Gütern und in gewissen Bezirken, und übten dieselbe durch Beamte, die den Grafentitel führten. [2]

Das höchste Gericht war der königliche Hof, curia regia, an dessen Spitze der Palatin stand; er urtheilte über die Person und Streitigkeiten der Adelichen und Reichsgroßen, und an ihn gingen die Berufungen von den niedern Gerichten. [3] Doch deutet der fünfte Abschnitt der Rathschläge, die Stephan seinem Sohn gibt, darauf hin, daß der König alle Rechtssachen selbst entscheiden konnte, und daß es Fälle gab, die seinem Spruche vorbehalten waren. Auch war er nach

---

[1] Szerdahelyi, Dipl. graecum S. Stephani (Ofen 1804), S. 30 fg. — [2] Auf der Donauinsel Schütt erhielt sich bis in die jüngste Zeit der vajker Gerichtsstuhl des Reichsprimas. — [3] S. Stephani r. Decret. II, 9.

dem dritten derselben der oberste Richter des gesammten Klerus. Doch nicht blos am königlichen Hoflager hielten der König und Palatin Gericht; auch wenn sie im Lande umherreisten, sprachen sie Recht, wohin sie kamen.

Bei der Einfachheit der Zustände und bei der Neuheit alles Grundbesitzes mußten die vorkommenden Rechtsfälle einfach sein und meistens in Criminalsachen bestehen. Oeffentlich vor allem Volk, meist unter freiem Himmel, wurde die Gerichtssitzung abgehalten; die Vorladung geschah durch den Herold, der das Gerichtssiegel vorzeigte. Kläger und Beklagter führten ihre Sache mündlich und meistens in eigener Person; der Richter sprach das Urtheil an Ort und Stelle. Geschriebene Urkunden waren nicht vorhanden, nur der Eid der Betheiligten und Zeugen galten als Rechtsbeweise, doch durften Laien nicht gegen Kleriker [1], Sklaven nicht gegen ihren Herrn [2] zeugen; der Meineidige verwirkte seine rechte Hand, die aber der Vornehme mit funfzig, der Geringere mit zwölf Ochsen lösen durfte. [3] Als Hülfsmittel, die Wahrheit zu entdecken, gebrauchte man die Ordalien des glühenden Eisens und heißen Wassers, sowie den Zweikampf, den für Frauen, Kinder, Geistliche und sonst Unfähige Stellvertreter bestanden. [4] Eideshelfer waren zu dieser Zeit noch unbekannt. [5] Jeder Richter hatte Pristalden, die das Urtheil vollstreckten.

Da sich in den Gesetzen die Zustände und Sitten eines Volks abspiegeln, wollen wir noch einige ¦von denen, die uns aus Stephan's Zeiten erhalten worden sind, hervorheben. Von jeher hat der Ungar die Frauen nicht nur äußerlich geehrt, sondern ihnen auch die natürlichen, persönlichen und bürgerlichen Rechte ertheilt, welche ihnen so viele, selbst neue Gesetzgebungen noch immer verweigern. Merkmale dieser Gerechtigkeit gegen das schwächere Geschlecht entdecken wir schon in den Gesetzen Stephan's. Die Töchter erben mit den Söhnen (I, 6; II, 2). Erst später als das Lehnsystem überhandnahm, erlitt dieses Recht Beschränkungen; aber die freie, unabhängige Verfügung über ererbtes und erworbenes Vermögen blieb den Frauen ungeschmälert. Die Witwe ist die Vormünderin ihrer Kinder und verwaltet auch deren Vermögen; die kinderlose bleibt im lebenslänglichen Besitz von dem Gute ihres verstorbenen Gatten, solange sie nämlich keine zweite Ehe eingeht (I, 16). Wer eine Jungfrau entführt, um sich mit ihr gegen den Willen der Aeltern zu vermählen, muß sie denen zurückgeben, und auch dann noch, wenn er sich mit ihnen ausgesöhnt hat, ein Adelicher mit zehn, ein Gemeinfreier mit fünf Ochsen den Raub büßen (I, 27). Wenn ein Treuloser aus Widerwillen gegen seine Gattin aus seiner Heimat flieht, bleibe diese im Besitze seines sämmtlichen Vermögens; will sie aber sich wieder verheirathen, lasse sie das Vermögen des Mannes fahren, nehme ihre Mitgift und trete in die neue Ehe. Kehrt

---

[1] S. Steph. Decrot., I, 4. — [2] I, 20. — [3] I, 17. — [4] Fejér, Cod. dipl., I, 305 verpflichtet Stephan sich und seine Nachfolger für die szalavárer Abtei einen Kämpfer zu stellen. — [5] Sie erklärten eidlich, daß sie die Aussage des vor Gericht Stehenden für wahr halten; ihre Zahl ging oft bis in die Hunderte.

der Gatte nach der Zeit zurück, so darf er nur mit des Bischofs Erlaubniß eine andere heirathen (I, 30). Merkwürdig ist dies Gesetz auch als Beweis, daß der Lehrsatz der römisch-katholischen Kirche von der Unauflöslichkeit der Ehe damals in unserm Vaterlande noch nicht galt. [1]

Strenge und entehrende Strafen stehen auf Diebstahl und Raub; furtum nennt das Gesetz beide. Der Sklave, der dieses Verbrechen begeht, verliert die Nase, wenn er sie nicht mit fünf Ochsen lösen kann, und wenn er sich desselben nochmals schuldig macht, die Ohren, die er gleichfalls mit fünf Ochsen loskaufen darf. Der Freie, der gestohlen oder geraubt hat, wird das erste mal verkauft; wenn er sich nicht zu lösen vermag, verfällt er das zweite mal dem Gesetz der Sklaven, und erleidet das dritte mal den Tod (II, 6, 7). Die verheirathete Diebin soll zweimal von ihrem Gatten losgekauft, beim dritten Diebstahl aber verkauft werden (I, 31).

Aber auch der Aberglaube forderte schon seine Opfer. Wird eine Hexe gefunden, so führe man sie in die Kirche und übergebe sie dem Geistlichen, damit er sie fasten lasse und unterrichte; wird sie rückfällig, so soll sie abermals fasten und sodann auf der Brust und Stirne und zwischen den Schultern mit dem Kirchenschlüssel in Kreuzesform gebrandmarkt, beim dritten mal aber dem Richter übergeben werden. (I, 33). Giftmischer liefere man den Aeltern oder Verwandten der Vergifteten aus, damit sie mit ihnen nach Willkür verfahren; die aber durch Zaubermittel andern schaden, sollen von den Bischöfen durch Geißelung gezüchtigt werden (I, 34).

Der vorsätzliche Mörder, der aus Zorn oder Uebermuth einen Todtschlag begeht, zahlt 110 Goldpensen [2], wovon 50 dem königlichen Schatze, 50 den Verwandten des Getödteten und 10 den Schiedsrichtern und Vermittlern zufallen. Wer zufällig jemand tödtet, zahlt zehn Pensen. Der Mörder eines Sklaven aber hat nur den Werth desselben seinem Herrn zu entrichten, und fastet nach den kanonischen Gesetzen (I, 14). „Sollte jemand so verhärteten und verworfenen Gemüths sein, die eigene Gattin zu morden", so soll für dieses Verbrechen ein Comes funfzig, ein Adelicher oder Wohlhabender zehn, ein Gemeinfreier fünf Ochsen den Verwandten der Getödteten zur Sühne (Composition) zahlen (I, 15).

Da die Ungarn gewöhnlich und selbst bei den öffentlichen Versammlungen Waffen trugen, war es nöthig, durch strenge Gesetze das Schwert in der Scheide zu halten. Wer einen Menschen mit dem Schwert tödtet, sterbe durch das Schwert; wer einen andern mit dem Schwert verstümmelt, erleide damit die gleiche Verstümmelung am eigenen Körper; wer jemand mit dem Schwert verwundet, hat die

---

[1] Dieser Lehrsatz kam überhaupt nur allmählich zu allgemeiner Geltung. Karl der Große, den die Kirche als Heiligen verehrt, schied sich von seiner ersten Gemahlin, und wahrscheinlich auch von einer oder der andern unter den vieren, die er nachher heirathete und neben denen er noch eine Menge Kebsweiber hatte. — [2] Die Pense ist gleich einem Solidus oder byzantinischen Dukaten. S. unten über die Münzen.

für Mord festgesetzte Composition zu leisten, selbst wenn der Verwundete ganz hergestellt wird; ja wer nur das Schwert zieht, ohne jemand zu verwunden, zahlt die Hälfte dieser Composition (II, 12—15). Auch den wilden Ausbrüchen des Zornes und der Rachsucht wollte das Gesetz Einhalt thun. Wer aus Feindschaft die Gebäude eines andern anzündet, muß den verursachten Schaden ersetzen, und noch überdies sechzehn Ochsen im Werth von 50 Soliden zahlen (I, 32). Der Comes, der gewaltsam in ein Haus einbricht, und mit dem Hausherrn kämpft oder ihn tödtet, leiste die Composition, die auf die Entblößung des Schwerts festgesetzt ist; fällt er aber dabei, so bleibe er ohne Composition liegen; schickt er in dieser Absicht seine Leute, ohne selbst zugegen zu sein, gleiche er die Frevelthat mit hundert Ochsen aus. Der Adeliche (miles), der das Haus eines andern Adelichen angreift zahle zehn, der Gemeinfreie, der die Hütte eines von seinesgleichen überfällt, fünf Ochsen (I, 35). Doch die höchste Strafe trifft den Hochverräther und Störer der öffentlichen Eintracht. Wer sich gegen den König oder gegen das Vaterland verschwört, finde in der Kirche keine Zuflucht (Asyl), sei verflucht, und aus der Gemeinschaft der Gläubigen ausgeschlossen (II, 17). Sein Leben ist verwirkt, und nur wenn er sich nicht flüchtet, sondern der Strafe unterwirft, bleiben seine Besitzungen den unschuldigen Kindern (II, 2). Wer hinterlistigerweise einem Comes oder andern Getreuen sagt: der König sinnt auf dein Verderben, der sterbe. Wer mit teuflischer List durch Verleumdungen Zwietracht auszustreuen sucht, soll die Zunge verlieren, und sie nur durch doppelte Composition lösen können, wenn er zwei oder mehrere belogen hat (II, 19, 20).

Noch ist schließlich zu bemerken, daß in den meisten Fällen, wo die Composition statt der Strafe an Leib und Leben eintritt, zu derselben das Fasten nach dem kanonischen Gesetz hinzukommt; den Gesetzgebern schwebte nämlich die Idee vor, daß der Verbrecher das bürgerliche und göttliche Gesetz übertreten habe, und durch die Composition die Verletzung des erstern, durch das Fasten die Sünde wider das zweite büßen müsse.

Vergleichen wir nun diese Gesetze mit denen der germanischen Völker, so finden wir eine so große Aehnlichkeit, daß sie ganz nach dem Muster derselben gebildet zu sein scheinen. Hier wie dort erblicken wir beinahe dasselbe gerichtliche Verfahren, dieselben Beweis- und Rechtsmittel, besonders aber fast bei allen privatrechtlichen Vergehungen, selbst bei Gewaltthat und Mord die Composition, als Ausgleichung mit dem Geschädigten und Ablösung der Strafe an Leib und Leben. Wir sehen hier wie dort Asyle geöffnet, in denen der Geklagte Sicherheit findet, bis er entweder seine Unschuld erwiesen oder die Composition zu Stande gebracht hat. Aber bei genauerer Betrachtung werden wir dennoch Unterschiede entdecken, die nicht nur von der Selbständigkeit der ungarischen Gesetzgebung zeugen, sondern meistens auch unleugbare Vorzüge sind. Die germanischen Gesetze stellen bei Verletzung der Person und Todtschlag statt der Composition das

Wehrgeld und bestimmen die Höhe desselben nach dem Stande des Geschädigten oder Getödteten. So ist in den Gesetzen der salischen Franken das Wehrgeld des Anstrution auf 600, das der freien Franken auf 200, das des Litus (Halbfreien) auf 100, das des zinsbaren Römers auf 45 Solide festgesetzt, und bezeichnet hiermit den Werth des Menschen, nach dem Rang, den er einnimmt; die ungarischen Gesetze kennen dieses Wehrgeld nicht, und machen ganz umgekehrt die Höhe der Composition von dem Stande des Missethäters abhängig, sodaß der Gemeinfreie (vulgaris) die einfache, der Adelichfreie (miles) die doppelte, der Graf (comes) die zehnfache Strafe zahlt; sie fragen also nicht, an wem, sondern von wem gefrevelt wurde, und erklären den Vornehmen für weit strafbarer. Das Salische Gesetz setzt auf die Tödtung eines Hirsches, Hasen, Jagdhundes u. s. w. dasselbe Wehrgeld, wie auf den Mord eines zinsbaren Römers; die Ungarn verfügen hierüber gar nichts, ihnen waren und blieben überhaupt die grausamen Jagdgesetze fremd. Die germanischen Gesetze echten bewaffnete Angriffe gegen Person und Eigenthum nicht, sie gestatten Selbsthülfe und veranlassen dadurch blutige Kämpfe und verwüstungsvolle Privatfehden; die ungarischen erklären solche Angriffe für die schwersten Verbrechen, sprechen darüber das Todesurtheil aus, und sichern die Person, das Besitzthum und den Landfrieden. Freilich wurde auch in Ungarn später vieles anders, nachdem die Rechtsdichtungen des Lehnwesens das natürliche Rechtsgefühl abgestumpft hatten.

Die damalige Zeit kannte noch keinen Unterschied zwischen Staatseinkommen und den Einkünften des Königs; beide werden ungetrennt unter dem Namen der königlichen Kammer oder des königlichen Fiscus zusammengefaßt, und flossen hauptsächlich aus folgenden Quellen: 1) Den Erträgnisssen der königlichen Domänen an Naturproducten und den Steuern der auf denselben ansässigen Freien und Udvarniker. Diese Domänen befanden sich wahrscheinlich jenseit der Donau in den Gespanschaften Gran, Weißenburg, Veßprim, Somogy; östlich der Theiß in Szathmár, Bereg und in den Gefilden des heutigen Banats; in Siebenbürgen, wo jetzt die Sachsen wohnen; sie waren, ungeachtet der Vergabungen an weltliche Herren und der unermeßlichen Schenkungen an die Geistlichkeit, noch immer sehr groß. 2) Zwei Drittheilen der Erträgnisse von den Burgländereien in den Gespanschaften, wovon bereits die Rede war. 3) Den Salzgruben, deren Ausbeutung dem König allein zustand. [1] 4) Bergbau, von dessen Betreibung zu dieser Zeit Spuren vorhanden sind. [2] 5) Dem Münzrecht, dieses übte der König ausschließlich gegen den Gebrauch anderer Länder, wo auch die Großen und namentlich die Bischöfe Geld prägten. [3] 6) Zöllen, die an den Grenzen von der Ein- und Ausfuhr,

---

[1] Stiftungsbrief der Abtei Pécsvárad, bei Fejér, Cod. Dipl., I, 300. Auch vielfache Hindeutungen aus späterer Zeit lassen keinen Zweifel übrig, daß das Salz schon unter Stephan ein Regale war. — [2] Balbia, Epitome rerum Bohemicarum, III, 1, berichtet von polnischen Gefangenen, die nach Ungarn zum Bergbau verkauft wurden. — [3] Die Münzstätte war in Gran; Goldmünzen

auf den Märkten für verkaufte Gegenstände, und auf Wegen und
Flüssen erhoben wurden. 7) Geschenken, die dem König und seiner
Familie bei bestimmten Veranlassungen dargebracht, und deren manche
später als eine Art Steuer gesetzlich angeordnet wurden. 8) Den
schon erwähnten Abgaben der königlichen Städte. 9) Der Verpflichtung, daß die Gemeinde in deren Mitte, oder der Einzelne, in
dessen Haus der König unterwegs einkehrte, ihn und sein Gefolge aufnehme und bewirthe. 10) Den Denaren der Freien, vielleicht auch der
Adelichen, und die außerordentlichen Abgaben an Naturalien und Geld,
die im Nothfall von allen Freien erhoben wurden. 11) Den Theilen,
welche dem königlichen Fiscus von den Compositionen und andern
Geldstrafen zufielen. 12) Den wegen Staatsvergehen des Besitzers
durch gerichtlichen Spruch eingezogene Besitzungen. 13) Dem Heimfall
des Vermögens, zu dem kein Erbe vorhanden ist. [1]

Das Heer. Noch besteht in voller Kraft die alte Ordnung, vermöge deren jeder freie Mann verpflichtet, wir können sagen, berechtigt
ist, die Waffen zu führen. Und wiewol die Eintheilung des Volks
nach Stämmen und Geschlechtern in politischer Hinsicht durch die Organisation der Gespanschaften beseitigt war, dauerte sie noch immer
fort im Heere, wenn auch nicht mehr die Gesammtheit der Waffenfähigen aufgeboten wurde. War der Krieg im hohen Rath oder in der
Versammlung der Nation beschlossen, so erließ der König den Auf-
ruf, indem er ein blutiges Schwert umhersandte. Nun scharten sich die
Kriegsmannen um die Fahnen ihrer Geschlechter und zogen, gewaffnet
und geordnet nach hergebrachter magyarischer Weise und geführt von
ihren Häuptlingen, nach dem königlichen Lager. Hierher kamen auch
die Allodienbesitzer und kriegspflichtigen Lehnsträger, die Reichsbeamten, Bischöfe und Aebte mit ihren Scharen, die sie unter ihren
Hintersassen aushoben und auf ihre Kosten im Felde unterhielten.
Dieser Heerestheil mochte mehr nach Art der Deutschen bewaffnet und
geordnet sein. Weil es selbstverständlich ist, brauchen wir kaum zu
erwähnen, daß der König selbst sein gleichsam unmittelbares Heer
hatte, das aus den Mannen seines Stammes, den Lehnsträgern und
Dienstleuten auf seinen Gütern, und aus Freiwilligen, die er in Sold
nahm, bestand, und von dem, je nach den Umständen, ein größerer oder
kleinerer Theil als Leib- und Sicherheitswache fortwährend unter den
Waffen blieb. Außer diesem Nationalheer, das gelegentlich aufgeboten
wurde, bildeten die Burgtruppen, jobbagyones castri, unter dem Befehl
ihres Obergespans eine Art stehender königlicher Miliz, die in diesen

wurden nicht geprägt, man begnügte sich mit dem byzantinischen und italienischen Solidus. Wir kennen nur eine Silbermünze, Stephan's Denare, deren
45 einer Goldpense oder dem Solidus gleichkamen. Sie zeigt auf der Vor-
derseite in geperltem Kreise ein Kreuz, in dessen Winkeln vier dreieckige
Sterne, und unterhalb desselben die Aufschrift: Stephanus Rex; auf der Rück-
seite dasselbe Kreuz und darunter Civitas regia. Schönwisner, Notitia rei
nummariæ in Hungaria (Ofen 1801). Rupp (und Erdi), Árpädisches Zeitalter (Pesth 1841).
[1] Vita S. Gerhardi, S. 10.

frühen Zeiten mehr zur Besetzung der festen Plätze und zur Aufrechthaltung der innern Ordnung, als im Felde gedient zu haben scheint.[1]
Der geborene Feldherr war der König, aber noch kannte man den
spätern Gebrauch nicht, daß das aufgebotene Nationalheer nur unter
seiner persönlichen Führung ins Feld zu ziehen verpflichtet sei; denn wir
wissen, daß Stephan mit Zustimmung seines Senats[2] den Oberbefehl,
selbst in den schweren Kriegen gegen Kupány und Ochtan, andern übergeben hat. Ebenso wenig galt auch die Einschränkung, daß dieses Heer
nur zur Vertheidigung des Landes bestimmt sei, und daß der König
keinen der Aufgebotenen zwingen dürfe, ihm auf eigene Kosten in einen
Angriffskrieg über die Grenzen zu folgen. Dem kriegerischen Volke,
das noch vor kurzem höchst mühsam von eigenmächtigen Auszügen
abgehalten wurde, mußte die Aufforderung zu einem Feldzug in fremdes
Gebiet viel zu willkommen sein, als daß es sich demselben zu entziehen
gesucht hätte. Endlich hatten erst nach Jahrhunderten eigennützige
Dynasten, die jeden Vortheil an sich rissen und jede Last von sich ab-
wälzen wollten, den Grundsatz aufgestellt: nur wenn das Heer, welches
der König auf seine Kosten zu unterhalten verpflichtet ist, und die Truppen, welche die hohe Geistlichkeit in Bereitschaft halten und stellen
muß, nicht hinreichen, dürfe das Aufgebot ergehen. Damals würde
sich der noch unverdorbene Sinn dagegen empört haben, nicht mit der
eigenen Brust das Vaterland zu decken und die Kriegspflicht überhaupt
gerade den Männern des Friedens, der Geistlichkeit, aufzubürden.[3]
Zu solch einer wohlgeordneten und festbegründeten Verfassung
erhob sich Ungarn unter der Regierung Stephan's. Der ursprünglich
lockere Bund selbständiger Stämme und mit ihnen ein Gemisch verschiedener Nationen hat die vereinigenden Formen der Monarchie angenommen; das Evangelium, die Religion der Bildung und des Friedens,
hat gesiegt über das Heidenthum; die Verhältnisse der Bürger zu einander und ihr Eigenthum sind durch Gesetze geregelt; der König besitzt
hinreichende Macht, im Innern die Herrschaft des Gesetzes und den
Frieden, und nach außen die Sicherheit und das Ansehn des Reichs zu
bewahren; dabei ist die Freiheit des Volks und seine Theilnahme an
öffentlichen Angelegenheiten durch heilsame Einrichtungen gesichert.
Wir sehen ein Staatswesen, das ein Gegenstück bildet zu den zerklüfteten
Zuständen damals schon längst bestehender Reiche mit ihrer Theilung
in eifersüchtige Stämme, mit ihren ohnmächtigen Königen und trotzigen
Vasallen; ein Staatswesen, das alle Bedingungen der Wohlfahrt und des
Fortschritts in sich trägt. Selbst parteiische Gegner der Ungarn drücken
hierüber Verwunderung und Staunen aus.[4] Sie würden weit weniger

---

[1] Kézai, De udvornicis. — [2] Vita S. Gerhardi, c. 10. — [3] Geschichte
des ungarischen Heerwesens (A honvédelmi rendszer törtcnete), in den Jahr-
büchern der ungarischen Akademie, 1841. — [4] Büdinger, Oesterreichische
Geschichte, I, 405: „. . . . Man kann wol sagen, daß nie ein Volk von jenem
Zustande des Jäger- und Fischerlebens, ein Zustand, der für Germanen und
Slawen in vorgeschichtliche Zeiten gehört, in welchen diese Stämme vielleicht
noch gar nicht getrennt waren, plötzlicher und mit Ueberspringung von mehr
Mittelgliedern in ein ausgebildetes Culturleben eingeführt worden ist. Uebrigens

erstaunen, wenn sie nicht, bethört von Abneigung und irregeführt durch die Declamationen befangener Chronikenschreiber, die Ungarn der damaligen Zeit für halbe Wilde hielten, die von Stephan wie mit einem Zauberschlag plötzlich civilisirt und umgewandelt wurden. Nein, in dem Leben der Völker gibt es keinen Sprung, da ist alles Entwickelung aus bereits vorhandenen Anfängen, und die größten Geister, die wohlthätigsten Verbesserer können nur ins Dasein rufen und gestalten, was die Zeit allmählich vorbereitet hat. Weil die Magyaren einst Nomaden waren, daraus folgt noch nicht, daß sie jeder Cultur entbehrten; auch die Israeliten unter Moses, die Perser des Cyrus, die Araber vor Mohammed waren Nomaden und haben Staaten gegründet, sich Gesetze gegeben und ihre eigenthümliche blühende Cultur besessen. Wir haben nachgewiesen, wie die Magyaren schon in ihren Ursitzen nicht ohne jede Civilisation und Cultur waren, und wie bereits im Lauf der Zeit allmählich unter den Herzogen der Grund zu dem gelegt wurde, was Stephan allerdings mit hoher Weisheit und Kraft ausführte, und wie ihm der bildsame und fortschreitende Geist seines Volks dabei zu Hülfe kam.

Aber es ist auch ein sonderbarer, man möchte sagen absichtlicher Irrthum, die Ungarn bis auf Stephan's Zeiten für wandernde Nomaden, Jäger und Fischer zu halten, die keine andere Beschäftigung kannten. Schon hatte sich die Bevölkerung in Ortschaften gesammelt und betrieb den Anbau aller Sorten von Getreide, von Hanf, Obst und Wein. Denn wie könnte sonst in den Gesetzen von Ortsrichtern (villicis), vom gemeinschaftlichen Bau der Kirchen, vom Zehnten der Bodenerzeugnisse die Rede sein? Und nun, nachdem der Boden, den der Landmann baute, entweder sein völliges Eigenthum geworden, oder ihm doch zur bleibenden Nutznießung gegeben war, mußte seine Thätigkeit um so mehr wachsen und die Güte seiner Erzeugnisse zunehmen. Auch jene Fertigkeiten und Gewerbe, welche die Ungarn in ihr neues Vaterland mitbrachten, und in denen sich die asiatischen Völker von jeher auszeichneten, wie die Bearbeitung der Thierwolle zu Geweben und Filzen, der Häute zu verschiedenen Gattungen Leder, der Metalle zu Waffen und Schmucksachen, sind unterdessen nicht nur naturgemäß fortgeschritten, sondern haben sich auch nach und nach durch neue vermehrt, die sie von ihren heimischen Landsassen und von Fremden erlernten. Wir staunen über die Menge von Schmieden, Tischlern, Bauleuten, Webern, Gold- und Silberarbeitern, und überhaupt Handwerkern jeder Art, die in den Stiftungsbriefen den Kirchen und Klöstern übergeben werden, mithin unter den Udvornikern, Hofleuten und Sklaven der Stifter vorhanden sein mußten.[1] Und wie viel mehr und besseres mußte die Thätigkeit der freien Stadtbewohner schaffen? Die Bedürfnisse, für welche alle diese Menschen sorgen, wurden also schon allgemein empfunden und befriedigt und lassen auf Zustände schließen, die sich schon weit von der ursprünglichen nomadischen Lebensweise entfernt hatten.

---

erinnern wir im Hinblick auf diese vorgeschichtlichen Zeiten an Caesar, De bello Gallico, VI, 21 u. 22: .... „Vita omnis in venationibus ac studiis rei militaris consistit und „Agriculturae non student".

[1] Die Stiftungsbriefe bei Katona, Hist. crit., I, und in Fejér, Cod. dipl. I.

Die Mannichfaltigkeit dieser Erzeugnisse und die Nothwendigkeit, sich zu verschaffen, was man bereits dringend bedurfte, rief auch Verkehr und Handel im Innern und mit dem Auslande hervor, der bei der Seltenheit des geprägten Geldes wol größtentheils Tauschhandel war. Zur Beförderung desselben wurden Wochen- und Jahrmärkte in den Städten und in der Nähe der Burgen, Klöster und Kirchen eingeführt. Lebendes Vieh, das noch immer der Hauptreichthum des Landes war, Felle, Pelzwerk, Salz und andere Naturproducte mochten die Hauptgegenstände der Ausfuhr sein und dagegen kostbare Gewänder, Gewürze und höhere Kunsterzeugnisse aus Konstantinopel und Italien hereingebracht werden. Leider bildeten, wie damals noch in allen Ländern des christlichen Europas, auch hier Sklaven einen bedeutenden Handelsartikel, für welchen besonders die Kriege der Deutschen und Slawen immer neue Waare lieferten.

Die unterrichteten und frommen Männer, die Stephan von allen Seiten herbeirief, förderten wol die geistige und sittliche Bildung durch Lehre und Beispiel in jeder Weise, aber am wohlthätigsten und bleibend wirkten sie an den Schulen, welche in den Bischofssitzen und Klöstern bestanden und an denen sie lehrten. So beschränkt auch der Unterricht fast nothwendig war, der hier ertheilt wurde, so war er es doch vornehmlich, wodurch sich ein besseres Licht verbreitete. Denn durch sie wurden Einheimische zu den einzigen Volkslehrern der damaligen Zeit, zu Geistlichen und Mönchen, herangebildet, die die Sprache des Volks redeten, seine Sitten und Bedürfnisse kannten und sich Eins mit ihm fühlten, die ebendeshalb größern Einfluß auf dasselbe äußern und ihm eine eigene nationale Bildung geben konnten.

In jeder Hinsicht war also ein so entschiedener Anfang gemacht und ein so sicherer Weg betreten, daß ungestörtes Fortschreiten auf demselben nothwendig zu immer bessern Zuständen führen mußte. Leider traten sogleich nach Stephan's Tod Ereignisse ein, die den Staat mächtig erschütterten, manches Gute, das sich schon entwickelt hatte, zerstörten, alles in Verwirrung stürzten und den Fortschritt aufhielten.

Zweiter Abschnitt.

Innere Wirren; die Unabhängigkeit des Reichs von Deutschland bedroht, aber gerettet.
1038 — 1077.

Peter und Samuel Aba, Thronanmasser, 1038—1046.

Kein männlicher Sprößling des árpádischen Hauses weilte im Lande, als Stephan starb. Dagegen nahm Peter am königlichen Hof schon lange die erste Stelle ein, stand an der Spitze der bewaffneten Macht und schien schon hierdurch zum Nachfolger erkoren. Für ihn arbeitete Gisela mit allen Mitteln der List und Ueberredung [1]; auf ihn setzte die Hofpartei, großentheils Ausländer und einheimische Günstlinge der Königin-Witwe, ihre Hoffnung; in ihm erblickte die hohe Geistlichkeit, auch aus Fremden bestehend, eine Stütze des noch unbefestigten Christenthums und der eigenen Macht. Durch alle diese Umstände gehoben, bestieg Peter ohne Widerstand den Thron, der ihm nicht gebührte, und das Volk, noch voll Ehrfurcht gegen den gekrönten König, die ihm Stephan eingeflößt hatte, huldigte dem Fremdling. Doch bald sahen sich alle Guten in ihren Erwartungen getäuscht, und die Bösen erhoben kühn das Haupt. Denn Peter wußte, was er durch List, Unrecht und Gewaltthat gewonnen, auch nur zu schändlichen Dingen zu gebrauchen und mit gleichen Mitteln zu behaupten, Die prächtige Kathedrale zu Fünfkirchen, deren Bau er schon früher begonnen hatte, vollendete er zwar, aber christliche Gesinnung fehlte ihm gänzlich. Sebős, der auf seinen und Gisela's Befehl den Prinzen Vazul so schrecklich verstümmelt hatte und ins Ausland geflohen war, rief er zurück und überhäufte ihn und Buda, einen andern Gehülfen seiner Ränke, mit Gnaden und Gütern; er umgab sich mit unwürdigen Günstlingen, die Unrecht übten, das Mark des Landes verzehrten, Frauen und Mädchen

---

[1] Kézai, II, 2. Thuróczy, II, 34.

schändeten.   Sein 'Gewissen sagte ihm, daß die Ungarn ihn hassen
müssen, und daß er Ursache habe, sich gegen ihre Angriffe sicherzu-
stellen; daher nahm er ihnen den Befehl über die Burgen, entsetzte sie
ihrer Aemter und Würden, und gab diese Deutschen und Italienern.
Alle Klagen, Vorstellungen und Bitten wies er mit höhnenden Uebermuth zurück.[1] Selbst Gisela, der er den Thron verdankte, erfuhr seinen ·
schreienden Undank.   Gekränkt durch Zurücksetzung und durch seinen
unsittlichen Lebenswandel beleidigt, mochte sie oft ermahnt, getadelt,
vielleicht gedroht haben, und ihm dadurch lästig und gefährlich geworden
sein; um sich ihrer zu entledigen, setzte er sie gefangen und zog ihre
Besitzungen ein.   Da ward die Geduld erschöpft; mehrere Große vereinigten sich und befreiten die Witwe ihres verehrten Königs.   Peter
konnte es weder hindern, noch sogleich Rache nehmen, und verwies erst
später einige der Unzufriedenen aus dem Vaterlande.[2]
    ˙ Zu Hause ein Wüstling und Tyrann, war Peter in seinen aus-
wärtigen Unternehmungen unüberlegt und thöricht. Heinrich III. erhielt
1039 die Kaiserkrone des Abendlandes: ein großer Fürst, der sein
weites Reich und das kaiserliche Ansehn zu einer Stufe der Größe erhob,
auf der es nie vor ihm gestanden und die es nie wieder nach ihm erreicht
hat.   Kaum hatte er die Regierung angetreten, so forderte er den
Böhmenherzog Bretislaw auf, Huldigung zu leisten, den rückständigen
Tribut zu zahlen, den Leichnam des heiligen Adalbert und die Schätze
herauszugeben, die dieser aus Gnesen geraubt hatte.[3] Bretislaw gehorchte
nicht, und es kam zum Krieg. Peter, dem deutschen Kaiser als Italiener
abgeneigt, vielleicht auch in der Meinung, das Anwachsen von dessen
drohender Macht aufhalten zu können, schloß mit dem Böhmen ein
Bündniß, schickte ihm ein Hülfsheer und fiel selbst feindlich in Baiern
1040 ein.[4] Der Krieg hatte 1040 für Bretislaw einen glücklichen Fortgang;
er schlug das Heer, welches Heinrich persönlich führte, worauf sich das
zweite unter dem Markgrafen Eccard von Meißen zurückzog. Allein
das Jahr darauf kehrte Heinrich mit zwei weit größern Heeren zurück,
ging selbst, von dem Einsiedler Günther geleitet, mit der Hauptmacht
über den Böhmerwald und stand bald siegreich im Innern des Landes;
dem zweiten Heer unter Eccard setzte Prkos, der über die Mährer und
die ungarischen Hülfstruppen den Befehl führte, wahrscheinlich durch
sächsisches Gold bestochen, nur scheinbaren Widerstand entgegen. So
wurde Bretislaw überwunden und zur Unterwerfung genöthigt.[5]
    Auch für Peter war der Krieg geendigt.   Leichtsinnig hatte er ihn
unternommen, ruhmlos geführt, unnütz das Blut der Krieger verschwendet und noch dazu den Zorn des mächtigen Kaisers auf sich
geladen, der bald Rache fordernd an den Grenzen des Landes stehen
konnte.   Solche verunglückte Feldzüge sind für Tyrannen, die sich den

    [1] Kézai, II, 2. Thuróczy, II, 35. — [2] Chronicon Altahense, bei Brun-
ner Annales Boici. Johannes Archidiaconus de Guercse, bei Kerchelich, Notitiae praeliminariae 101. — [3] Cosmas Prag, I, 2. — [4] Hermannus Contract.
oder Augiens. bei Pertz, ad ann. 1040. — [5] Cosmus, I, 3. Hermannus Contract., Annales Sangallenses majores und Hildesheim. bei Pertz. Palacky,
Geschichte von Böhmen, I, 277 fg.

Thron anmaßen und ihn durch Laster und Unrecht beflecken, höchst gefährlich. Auch Peter beschleunigte dadurch sein Verderben. Das Volk, aufgebracht durch soviel Mishandlung und Thorheit, erhob sich plötzlich mit Macht gegen ihn.

An die Spitze der Ungarn stellte sich Samuel Aba, ein Nachkomme des kabarischen Fürstengeschlechts Ed und Edömér[1], Herr weiter Ländereien in den Gespanschaften Borsod, Heves und Abaúj, der die Schwester König Stephan's zur Gemahlin hatte[2], bereits in höherm Alter stand und sich durch die Stiftung der Abtei Sár, am Fuße der Mátra, unweit Gyöngyös, den Ruf großer Frömmigkeit erworben hatte. Er sammelte ein Heer und zog gegen Peter, der, geschreckt durch den allgemeinen Abfall, zu seinem Schwager Adalbert, Markgrafen in Oesterreich, floh. Seine schändlichen Günstlinge verfielen nun der Rache des Volks; Sebös und Buda erlitten einen martervollen Tod, und auch andere, denen es nicht gelungen war, sich durch die Flucht zu retten, wurden hingerichtet. Da die einzigen noch übrigen Nachkommen des árpádischen Hauses, aus dem Vaterlande vertrieben, in der Ferne lebten und Aba die Macht bereits in den Händen hatte, wurde er 1041 zum   1041 König ausgerufen und gekrönt.[3]

Die erste Handlung des neuen Königs war, alle Verordnungen und Einrichtungen, alle Schenkungen und Confiscationen Peter's für ungültig zu erklären und alles, soviel möglich, auf den Stand' zurückzuführen, den es bei Stephan's Tod hatte.[4] Auch sonst war er bemüht, sich beim Volk durch Freundlichkeit und Güte beliebt zu machen, und er soll sich ebendadurch den ehrenvollen Namen Aba, Vater, erworben haben.[5] Aber viele Magyaren mochten ihm schon seiner kabarischen Abstammung wegen abgeneigt sein; die treuen Anhänger des árpádischen Hauses hielten ihn für einen Usurpator; die übrigen Großen blickten mit Neid auf ihn; ihm selbst fehlte die geistige Ueberlegenheit, durch welche er diese Mängel hätte gut machen und sich Ehrfurcht verschaffen können. Diese Stimmung der Gemüther mußte ihm bald bemerklich werden, sie machte ihn argwöhnisch, hart und endlich grausam gegen die Vornehmen, deren Macht und Uebelwollen er scheute.

.Peter nahm indessen seine Zuflucht zu Kaiser Heinrich, wobei ihm Markgraf Adalbert als Vermittler diente, warf sich ihm zu Füßen, bat um Verzeihung für frühere Beleidigungen und flehte um Hülfe. Heinrich vergab und sicherte ihm mit scheinbarer Großmuth seinen Beistand zu, den verlorenen Thron wiederzugewinnen.[6] Doch sein späteres Verfahren beweist nur allzu deutlich, daß ihm das Schicksal des unwürdigen Peter wenig am Herzen lag, daß er vielmehr durch dessen Unterstützung

[1] Anonymus Belae reg. not., c. 32. — [2] Kézai, 11, 2. Thuróczy, II, 36· Vita S. Gerhardi, c. 17: „Aba comes palatii." Albericus bei Leibniz, II, 73: „Unus de magnis principibus." Annales Sangall. ad ann. 1041. „Comes quidam." — [3] Annales Augustani und Hermannus Contract. ad ann. 1041 bei Pertz. Kezai, II, 2. Thuróczy, II, 36. Chronicon Posoniense. — [4] Kézai, II, 2. Thuróczy, II, 36. — [5] Anonymus Belae reg. not., c. 32. — [6] Hermanus Contract. bei Pertz, V, 123 ad ann. 1041. Chronlc. Athahense, bei Brunser Annales Boici.

Ungarn unter seine Botmäßigkeit bringen wollte.   Auf die Kunde hiervon schickte Aba eine Gesandtschaft an Heinrich mit Friedensanträgen,
und als diese nichts ausrichtete, entschloß er sich dem Angriff zuvor-
1042 zukommen, und ließ, während Heinrich am Rhein verweilte, drei
Heersäulen gegen Deutschland aufbrechen.   Er selbst zog am rechten
Donauufer hin, nahm Tulń, das er überfiel, als die Bewohner und die
Besatzung sorglos den Carneval feierten, drang bis an den Fluß Trasen
vor und kehrte mit großer Beute und vielen Gefangenen heim.   Der
zweite Haufe zerstreute sich plündernd am linken Ufer der Donau und
wurde von dem Markgrafen Adalbert aufgerieben; den Anführer desselben, der sich schwimmend über die March gerettet hatte, ließ Aba,
wahrscheinlich weil er ihn für einen Verräther hielt, blenden.   Dem
dritten, der in Steiermark einfiel, bereitete Markgraf Gottfried ein
gleiches Schicksal. [1]

Jetzt wurde auf dem Reichstage zu Köln der Krieg wider Ungarn
beschlossen, und gegen Ende des Sommers 1042 brach Heinrich am
linken Ufer der Donau mit einem mächtigen Heer ein, zerstörte Haimburg, eroberte Presburg, schlug Aba erst an der Wag und sodann an
der Gran; aber die reichen Geschenke, welche ihm dieser schickte, und
wahrscheinlich noch mehr die große Abneigung der Ungarn gegen
Peter, die er bemerkte, sowie der zeitig einbrechende und strenge Winter
bewogen ihn zum Rückzug. [2]   Zu Weihnachten befand er sich schon in
Goslar, wo ihn eine Gesandtschaft Samuel's aufsuchte, die um Frieden
zu bitten kam und dafür versprach, daß die im Frühling aus Oesterreich
weggeschleppten Gefangenen ohne Lösegeld heimkehren sollten.   Ihr
Ansuchen wurde jedoch abgewiesen, und ebenso fruchtlos war eine zweite
Gesandtschaft, die Aba nach Paderborn an Heinrich schickte; denn
Adalbert von Oesterreich und Bretislaw von Böhmen drangen auf
Erneuerung des Kriegs, und gewannen den Kaiser für ihre Meinung. [3]

1043   Schon im Frühling 1043 stand Heinrich mit seinen Kriegsscharen
an Ungarns Grenze, und Aba, der sich auf die Treue des Volks nicht
verlassen konnte und sich doch um jeden Preis auf dem Thron erhalten
wollte, eilte, durch reiche Geschenke [4] und große Versprechungen ihn
zu versöhnen.   Er gelobte neuerdings, die Gefangenen in die Heimat
zu entlassen, nie mehr feindlich in Deutschland einzufallen, den Landstrich zwischen dem Kahlenberg und der Leitha für immer abzutreten,
und stellte Geiseln.   Diese für Aba so harten und schimpflichen

---

[1] Hermannus Contract. ad ann. 1042, und Annales Wirziburgenses ad
ann. 1042, bei Pertz. — [2] Thuróczy, II, 36. Annales Sangallenses. Andere
Chronisten: Hermannus Contract., Annales Wirziburgenses, Boici u. s. berichten: Da Heinrich den unbezwingbaren Widerwillen der Ungarn gegen
Peter sah, gab er ihnen einen Verwandten Stephan's, der sich im böhmischen
Heere befand, zum König und ließ zu seinem Schutze 2000 Baiern und Böhmen zurück; doch wurde dieser von Aba schnell wieder vertrieben.   Weil
aber alle einheimischen Quellen hierüber schweigen und bei dem beharrlichen Charakter Heinrich's kaum zu glauben ist, daß er diesen Schützling
so leicht aufgegeben haben würde, dürfen wir mit Recht an der Wahrheit
dieses Berichts zweifeln. — [3] Hermannus Contract. Lambertus Schaffnaburg-
gens. — [4] Annales Boici, II, 218: Auri talenta 400, totidemque vestes.

Bedingungen genügten dem Kaiser; er schloß Frieden und führte sein Heer zurück.[1] Ein zweckwidrigeres Mittel, sich zu behaupten, hätte Aba nicht wählen können, als diesen schmachvollen Frieden. Wer Vaterlandsliebe und Ehrgefühl hatte, mußte sich mit Verachtung von ihm wenden; die Unzufriedenheit ward allgemein und die Sehnsucht nach den verbannten Prinzen immer heftiger. Aber im Gefühl eigener Unwürdigkeit und Schwäche liegt auch die Quelle des Argwohns und der Grausamkeit. Jeder, der sich durch Abkunft, Reichthum und Verdienst auszeichnete, war Aba verdächtig; nur durch Schrecken glaubte er sich halten zu können. Viele wurden aus dem Vaterlande verbannt, Güter eingezogen, Hinrichtungen, selbst ohne Verhör und Urtheil, verhängt. Dagegen schmeichelte er den Leidenschaften des Pöbels, ließ es geschehen, daß sich die Bande der Zucht und Ordnung lösten, die Ausübung des Christenthums vernachlässigt wurde und die kirchlichen Anstalten in Verfall geriethen, und bereicherte mit dem Raube der Verurtheilten die feilen Werkzeuge der Tyrannei, die er aus dem Staube hervorzog. Hierdurch wurde das Uebel noch größer, die Zahl der Misvergnügten wuchs mit jedem Tage, es fanden sich sogar viele, die Peter zurückwünschten. Da vereinigten sich viele der Vornehmsten und Besten, den Tyrannen zu stürzen; aber ihr Vorhaben wurde vor der Zeit verrathen. Aba rief sie unter dem Vorwand einer Berathung nach Csanád und ließ funfzig der Versammelten in demselben Hause ohne Verhör und Urtheil auf einmal enthaupten, auch die er sonst in seine Gewalt bekam, grausam des Martertodes sterben, 1043—44.[2]

Besudelt mit diesem Blut, wollte er das Osterfest zu Csanád in königlicher Weise feiern. Die deutschen Könige und Kaiser hatten nämlich den Gebrauch, den auch Stephan beobachtete, daß sie sich an hohen Festtagen von einem Bischof die Krone aufsetzen ließen und mit ihr geschmückt dem Gottesdienst beiwohnten. Samuel forderte Gerhard, den angesehensten Bischof Ungarns, auf, ihm diesen Ehrendienst zu leisten; aber der fromme Mann weigerte sich dessen, und er war genöthigt, sich von einem andern Bischof krönen zu lassen.[3] Gerhard that noch mehr; er bestieg die Kanzel, hielt dem gekrönten Usurpator seine Verbrechen vor und verkündigte ihm den nahe bevorstehenden Untergang. Geschlagen von seinem Gewissen und aus Furcht vor plötzlichem Aufruhr nahm dieser die schwere Beleidigung hin und ließ den ehrwürdigen Greis unangefochten.[4] Wahrlich, man fühlt sich oft versucht, die Zeit glücklich zu preisen, wo so etwas geschehen konnte, wo eine Macht bestand, vor der sich auch der blutbefleckte Tyrann beugen mußte!

Dies alles erfuhr Heinrich bald; neue Flüchtlinge kamen an seinen

[1] Kézai, II, 2, zieht beide Kriege in einen zusammen. Thuróczy, II, 37. — [2] Kézai, II, 2. Thuróczy, II, 37. Vita S. Gerhardi, 17. — [3] Horváth, Geschichte des ungarischen Reichs (2. Aufl.), I, 158, faßt das Ereigniß so auf, nicht als wäre Aba erst damals zum König gekrönt worden, und hat gewiß recht. — [4] Vita S. Gerhardi, 17. Kézai, II, 2. Thuróczy, II, 37.

Hof und vergrößerten die Zahl der Anhänger Peter's, der ihn mit Bitten bestürmte, ihn in sein Reich zurückzuführen, und gelobte, dasselbe ihm zum Lehn aufzutragen. Jetzt, glaubte Heinrich, sei die Zeit gekommen, seine Absichten auf Ungarn leicht und sicher auszuführen. An Ursachen, den Krieg zu erneuern, fehlte es nicht. Noch immer standen die ungarischen Besatzungen in dem abgetretenen Gebiet, und die Gefangenen waren auch nicht ausgeliefert. Denn beides konnte Aba leichter versprechen, als erfüllen, weil weder die Besitzer ihre Güter und die Obergespane ihre Burgen räumen, noch die Herren ihre Sklaven freilassen wollten. Auf die zerrütteten Zustände Ungarns und auf den Abfall der vielen Misvergnügten rechnend, nahm Heinrich sich gar nicht Zeit, ein großes Heer zu rüsten, sondern stand schon zu Ende 1044 Juni 1044 mit nur 6000 Mann in Oesterreich, zu denen noch die Scharen des dortigen Markgrafen und des böhmischen Herzogs stießen. Aba schickte eilends Gesandte, um Friedensverhandlungen anzuknüpfen. Der Kaiser wies sie ab und ließ durch Papst Benedict IX. gegen alle Anhänger Aba's den Bann aussprechen. Diesmal nahm er den Weg am rechten Donauufer über Oedenburg und rückte vor, auf die Einverständnisse trauend, die er schon mit einigen Befehlshabern im ungarischen Heer angeknüpft hatte. Aba, an der Spitze eines weit überlegenen Heers, faßte Muth und Siegeszuversicht; um aber den schwächern Feind desto sicherer und gänzlich zu vernichten, zog er sich in eine feste Stellung hinter den Raabfluß zurück. Die Deutschen folgten ihm, setzten, von ungarischen Wegweisern geführt, ungehindert über die Raab und Rabnitz und verwickelten sich zwischen Flüsse, Sümpfe, Gestrüpp und Waldungen. Nun schritt Aba zum Angriff vor und traf sie bei Ménfö oberhalb Raab. Am 5. Juli, als der Morgen anbrach, erblickte Heinrich Aba's Scharen und sah bestürzt die misliche Lage der Seinen, die den überlegenen Feind vor sich, um sich keinen Raum, sich auszubreiten, und hinter sich keinen Ausweg hatten; nur Muth konnte retten, und er feuerte sie an, rühmlichen Tod schimpflicher Knechtschaft vorzuziehen. Noch gab ein Sturmwind, der sich plötzlich erhob und alles in Staubwolken hüllte, die Hoffnung, daß er den Ungarn die freie Aussicht rauben und ihre Pfeile aus der Richtung schleudern werde, aber die geübten Schützen wußten das Wehen des Sturmes in Anschlag zu bringen und die Pfeile flogen nach dem Ziel, das die zusammengedrängten Haufen darboten. Bald war das Schlachtfeld mit Verwundeten und Todten bedeckt, und es hieß noch im 13. Jahrhundert, als Kézai schrieb, vesznémet, Grab der Deutschen. Schon durfte Aba hoffen, den vollständigsten Sieg errungen zu haben, da ersahen die Misvergnügten im Heer die Gelegenheit, auf die sie harrten; ein Theil ging zum Feinde über, andere senkten die Fahnen und kehrten sich zur Flucht; der Anblick des Verraths erfüllt auch die siegreich Kämpfenden mit Schrecken, auch sie fliehen und Aba mit ihnen. Nach ungarischen Nachrichten wurde er von seinen Feinden an der Theiß getödtet, nach deutschen gerieth er in Peter's Gefangenschaft, der ihn enthaupten ließ. Seinen Leichnam empfing das von ihm gestiftete Kloster in Sár. Raab mit Aba's Gemahlin, Kindern und Schätzen ergab sich ohne Widerstand. [1] Das Geschlecht Aba dauerte noch lange unter den Großen Ungarns fort, und bis heute wollen einige Familien ihren Ursprung von ihm ableiten.

Kaiser Heinrich willigte nicht eher in den Frieden, als bis Peter wieder eingesetzt war. Nothgedrungen unterwarf sich die Nation dem kaiserlichen Willen; allein Zwang ist nimmer fähig, Vertrauen oder Liebe zu erwecken, und Peter that von allem, was auch nur den Haß oder die Verachtung hätte vermindern können, das Gegentheil. Seine Weise, das Reich zu verwalten, blieb dieselbe wie früher. In der Absicht, die Ungarn in der Furcht vor der ihn schützenden Macht des Kaisers zu erhalten, rief er diesen noch einmal in das Land. Heinrich 1045 folgte seiner Einladung unter bösen Vorzeichen. Am nördlichen Ufer der Donau, der österreichischen Stadt Ips schräg gegenüber, steht das Schloß Pösenburg; dort empfing und bewirthete Richlinds, des Grafen von Ebersberg Witwe, den Kaiser mit seinem Gefolge. Während des Mahls fiel des Saales Boden ein, und die ganze Gesellschaft stürzte in das darunter angebrachte Badehaus hinab. Der Kaiser ward nur am Arm verwundet; die Gräfin, der würzburger Bischof Bruno und der ebersberger Abt Altmann aber mußten an den erlittenen Quetschungen sterben. [2]

Von dem Könige der Ungarn wurde Heinrich mit auffallenden Aeußerungen der Ehrfurcht und Unterwürfigkeit empfangen. Am Pfingstfeste führte ihn Peter in die Versammlung der ihm ergebenen Herren und erklärte dort feierlich: daß er ihm das Reich zu verdanken habe, es von ihm zu Lehen empfangen wolle, und ihm dafür unverletzliche Treue und Ergebenheit gelobe. Denselben Huldigungseid leisteten dem Kaiser und seinen Nachfolgern auch die Anwesenden, ihrer unwürdig und völlig widerrechtlich, und um die Anerkennung der kaiserlichen Oberlehnsherrlichkeit durch ein besonderes Zeichen zu bestätigen, überreichte ihm Peter aus der Schatzkammer eine Krone und eine vergoldete Lanze, welche Heinrich hernach, als Dankopfer für seine Errettung aus der Gefahr zu Pösenburg, dem heiligen Petrus nach Rom übersandte. [3]

---

[1] Kézai, II, 2. Thuróczy, II, 37. Bei Pertz: Rodulfi, Hist., III. Hermannus Contract., V, 124. Annales Sangallenses, I, 84. Muglen, Kap. 24. Chronicon Posoniense. — [2] Hermannus Contract. ad ann. 1045. Adelzreiter, P. I., I, 7. — [3] Hermannus Contract. ad ann. 1045. Sigebertus Gemblac. ad ann. 1043. Marian. Scotus ad ann. 1045. Arnulph. Mediolan, bei Muratori, IV. Wippo, Vita Chunrad. Muglen, Kap. 25. Wenn nach diesen einstimmigen Zeugnissen Pray, Cornides, Kollár und Benczur behaupten wollen, daß diese Hingebung des Reichs an den Kaiser und die Huldigung nicht geschehen sei: 1) weil die vaterländischen Chronographen, das ist, Kézai und Thuróczy, davon schweigen; 2) weil die ganze Handlung null und nichtig gewesen wäre; 3) weil sie in der Versammlung aller Stände durch Stimmeneinhelligkeit und mit Einwilligung der Cognaten, Andreas und Béla, hätte geschehen müssen: so können sie keinem Geschichtsforscher genügen. Als Geschichtschreiber mußten sie sich lediglich an die Frage halten, was geschehen sei; und gleichwie aus dem, was geschehen ist, noch nicht folgt,

Den schlecht berechneten Schritt des Königs schilderte das schnell
verbreitete Gerücht im ganzen Lande als den schändlichsten Verrath
des Vaterlands. Vizke, einer der Haupturheber von Peter's früherer
Vertreibung, Bua und Bukna, die Söhne des .siebenbürger Gyula,
wirkten für die Zurückberufung der landesflüchtigen Prinzen. Versammlungen wurden gehalten, über den nochmaligen Sturz Peter's berathen. Aber dessen geheime Anhänger, die sich als Spione in diese
Versammlungen einschlichen, verriethen sie, und wer von den Theil-
nehmern ergriffen wurde, verlor das Leben oder die Augen. Wie
überall, half auch hier die Grausamkeit nichts. Neuerdings kam eine
große Zahl der Vornehmsten und Besten des Landes in Csanád zusammen und beschloß die Absetzung Peter's und die Erhebung des
ältesten königlichen Prinzen Andreas auf den Thron. Eiligst wurde
Andreas aus Rußland zurückberufen und zur Wiederherstellung sowol
der alten Rechte des árpádischen Stammes, als der Freiheit und Unabhängigkeit Ungarns aufgefordert.

Andreas I. 1046—1061.

Das Volk fühlte tief und schmerzlich die Drangsale und Ernie-
drigungen, die es erduldete, und fand die Ursache davon hauptsächlich in den Ausländern, die als Günstlinge so abscheulich schalteten,
aber auch, durch unglückselige Verwirrung, in dem Christenthum, das
es mit jenen für Eins hielt; sein Haß warf sich also auf beide. Ein
wild aufgeregter Haufe unter Vata's Anführung ging Andreas bis zur
Burg Aba-Ujvár entgegen und forderte trotzig die Wiederherstellung
des Heidenthums und die Ausrottung der Fremden. Andreas, schwach
an Geist und Körper, von äußern Hülfsmitteln entblößt und in der
eigenen innern Kraft keine findend, ließ geschehen, was er nicht zu hindern wußte, und zog gegen Pesth.
Sogleich ward der Aufruhr öffentlich ausgerufen. An Peter
wurden drei Herolde abgesandt, ihm zu verkündigen, daß nach dem
Willen der Götter und auf Befehl des Fürsten Andreas die Bischöfe
mit der ganzen Klerisei getödtet, Kirchen und Altäre niedergerissen,
das Heidenthum wiederhergestellt, Peter und seine Deutschen und

---

daß es rechtmäßig geschehen sei und daraus ein Recht entstehe, ebenso
wenig durften die genannten Gelehrten aus der Rechtswidrigkeit der Thatsache folgern, daß sie gar nicht geschehen sei. Uebrigens was immer auch
Peter und die ihm Ergebenen dem Kaiser versprochen und gelobt haben mochten, eine Unterwerfung des ungarischen Reichs unter das deutsche konnte
ihr Act nicht begründen: denn dazu hatten sie kein Recht. Die Könige aus
dem Árpádischen Hause haben Peter nie als ihren Vorgänger, sondern als
Usurpator erkannt. Fejér, Cod. dipl., IV, B. 1, Nr. 393, sagt Béla IV. ausdrücklich: ,,qui (Peter) nomen regis sibi potenter adscripserat". Dasselbe
thaten auch die Reichstage, denn die Gesetze, die während seiner Regierung
gegeben wurden, seine Schenkungen, Privilegien und Verordnungen sind für
ungültig erklärt worden, wie die Regierungsacte Aba's und anderer, die sich die
Herrschaft anmaßten. Verböczi, Decret. tripart., Pars II, Tit. 14, §. 9.

Italiener vertilgt werden sollten. Zu spät dachte diesmal der Unglückliche an seine Flucht; alle Auswege waren ihm verschlossen; nach tapferm, doch vergeblichem Widerstand mußte er der Uebermacht in der Gegend von Wieselburg unterliegen, ward gefangen genommen, geblendet und eingeschlossen zu Stuhlweißenburg, wo Gram und Schmerz ihn tödteten.[1] So rächte die Nemesis das Verbrechen, welches er an Basil begangen hatte.

Zu spät bereuete auch Andreas jetzt seine sträfliche Nachgiebigkeit aus feiger Staatsklugheit. Auf sein fürstliches Wort sich berufend, zogen zahlreiche Rotten Mörder, Kirchenräuber und Mordbrenner unaufhaltsam in dem Lande umher; jedem Widerstande wurde Trotz geboten, kein Ansehen geachtet, auf keine Drohung gehört, keine Richtergewalt gefürchtet, Unter diesen Stürmen des heidnischen Fanatismus erlangte auch Gerard auf seiner Reise zu dem König die Märtyrerkrone, indem ihn Vata, der Rasenden Hauptanführer, bei Alt-Ofen mit Steinwürfen verfolgen, fangen, von einem steilen Felsen hinabstürzen und mit einer Lanze durchbohren ließ.[2] Ebenso gewaltsam wurden die Bischöfe Buld und Vestritz getödtet. Den Bischof Benedict rettete Andreas aus den Klauen der Mörder; dieser verrichtete bald darauf an ihm die Krönung zu Stuhlweißenburg. Sie war nicht sehr feierlich, denn nur noch drei Bischöfe waren im ganzen Reiche übriggeblieben. 1047

Schwer mußte Andreas die Last aufgehäufter Blutschuld fühlen, und gern hätte er nach mancher Fürsten Weise dem Verhängniß, dem Unglück, oder dem Zeitgeist zugerechnet, was lediglich seiner Schlaffheit und Geistesohnmacht Folge war; allein schon der Umstand, daß die Verfechter des Heidenthums ihn jetzt ruhig in Gottes Tempel und von Priestern hatten salben lassen, und mehr noch der Erfolg seiner nachmaligen Verfügungen, vertrieb ihn aus jenem Schlupfwinkel hoher Sünder und drängte ihn zur Einsicht, wie leicht es ihm schon früher gewesen wäre, durch Muth und Entschlossenheit die Volkswuth zu bezwingen. Denn nur den Sturz Peter's, die Befreiung von der Tyrannei wollte einstimmig die ganze Nation; den Haß aber gegen das Christenthum und das Verlangen, zum Heidenthum zurückzukehren, empfand nur ein kleiner Theil, sonst wäre es unmöglich gewesen, die brausenden Wogen so schnell zu stillen und die Ruhe herzustellen.

Dies war auch seine erste Sorge; sobald sich die Macht in seiner Hand befand, erließ er den Befehl, daß bei Todesstrafe keine heidnischen Gebräuche mehr ausgeübt, alle Spuren des Heidenthums vertilgt, die zerstörten Kirchen wieder aufgebaut, und die Gesetze König Stephan's in voller Kraft wiederhergestellt werden sollten. Einige Beispiele der Strenge gaben den Gesetzen Nachdruck; freundliche Worte und Geschenke gewannen und beschwichtigten die Freunde des Heidenthums; die christlich Gesinnten, selbst die Anhänger der vorigen Herrschaft

---

[1] Kézai, II, 3. Hermann. Augiens. ad ann. 1046. Haselbach bei Pez, Script. Austriac., S. 700. Vita S. Gerardi, bei Endlicher. Muglen, c. 25, 26. — [2] Vita S. Gerardi. Thuróczy, II, 42. Muglen, a. a. O.

schlossen sich an den König an, dessen Schutz sie bedurften, Friede
und Ordnung befestigten sich im Innern.[1]
Aber von außen drohte Gefahr; es ließ sich voraussehen, Kaiser
Heinrich werde die Entsetzung und Ermordung Peter's nicht ungerächt
lassen und seine Ansprüche auf die Oberherrschaft nicht aufgeben wollen.
Andreas suchte ihn durch eine Gesandtschaft zu besänftigen, schob die
Schuld des Geschehenen auf einige Rebellen, die schon ihre Strafe
empfangen hätten, zeigte, wie Ordnung und Christenthum wiederhergestellt seien, und bat um Frieden. Dabei erbot er sich, die Uebelthäter auszuliefern, welche sich noch finden würden; auch Lehnspflicht
wollte er leisten, die kaiserliche Oberherrlichkeit anerkennen, jährlichen
Tribut bezahlen, nur sollte ihm der Kaiser des Reichs ruhigen Besitz
zusichern.
Doch es ist kaum glaublich, daß Andreas dasselbe gethan habe,
weshalb Peter den Thron verlor, auch erzählt es nur der einzige Herr-
mannus, Augiens, oder Contract. Aber wozu immer sich Andreas
bereit erklärt haben mochte, Heinrich rechnete auf dessen Bedrängniß
und wies seine Anträge zurück mit der Drohung, daß er zu rechter
Zeit als Rächer seines Schutzgenossen und Lehnsmannes erscheinen
würde.[2]
In dieser bedenklichen Lage, hülflos in sich selbst und zu unerfahren, um die außer ihm vorhandenen Kräfte zu einem Ziele zu vereinigen, hatte er doch die Klugheit, sich in die Arme eines andern zu
werfen. Seines kraftvollen tapfern Bruders Béla gedenkend, lud er
ihn ein zur Rükkehr in das Vaterland, das seines Beistandes so sehr
bedurfte. „Wir waren einst", so schrieb er an ihn, „Gefährten in Noth
und Mühseligkeiten; laß uns nun auch des Glückes Freuden und des
Thrones Glanz miteinander theilen. Außer dir habe ich weder Erben
noch Brüder; du sollst mein Erbe, mein Nachfolger in der Herrschaft
sein."[3] Andreas hatte bisjetzt von seiner Gemahlin Anastasia nur
eine Tochter, sodaß Béla ohnehin das unstreitige Recht der Nachfolge besaß.
1048   Béla hielt den Ruf der Angst und Noth für Einladung der Liebe,
und eilte freudig mit den Seinigen in die Arme des Bruders und in den
Schos des Vaterlandes. Die Freude über die an ihm erlangte Stütze
seiner Herrschaft verleitete den König zu dem in seinen Folgen höchst
verderblichen Schritt, das Reich zu theilen und seinen Bruder über ein
Drittel desselben mit unumschränkter Gewalt und Einräumung des
Münzregals in seinem Gebiet als Herzog einzusetzen.[4] Dadurch entfernte er den treuen Beistand, den heilsamen Rathgeber von seiner
Seite, machte ihn von sich unabhängig, legte zu unzähligen Ränken der
Eifersucht zwischen beiden Höfen und zu lange fortdauernder Zwietracht in der königlichen Familie den Grund. Das Beispiel, welches
er in dieser Theilung aufgestellt hatte, ward seinen Nachfolgern gleich-

---

[1] Thuróczy, II, 42. Vita S. Gerard., S. 36. Annales Bolci ad ann. 1046. —
[2] Hermann. Contract. ad ann. 1047 bei Pertz. — [3] Thuróczy, a. a. O. — [4] Thuróczy, a. a. O. Cornides, Genealog. Reg. Hung., S. 91. Kerchelich, De regnis Dalmat. etc. notitiae praelimin., S. 102.

sam gesetzliche Richtschnur und die Quelle heilloser Verwirrung und Zwietracht und trauriger Bürgerkriege.

Die Souveränetät darf weder durch Familienliebe sich beschränken lassen, noch ihre Einheit vervielfältigen wollen.

Zum Glück für Andreas und Ungarn konnte Heinrich drei Jahre hindurch seine Drohungen nicht vollstrecken, weil einheimische heftige Unruhen ihn zurückhielten; nur die Grenzgegenden ließ er durch Streifzüge verwüsten. So gewann Ungarn Zeit, Ruhe und Ordnung im Innern herzustellen und sich zum Krieg zu rüsten.

In jenen Zeiten zogen auch deutsche Bischöfe mit ihren Dienstmannen bisweilen auf Raubzüge aus; so jetzt der regensburger Bischof Gebhard, welcher die ungarischen Grenzörter überfiel und Beute weg- 1050 führte. [1] Das ließen die Ungarn nicht ungeracht, sie drangen in das Gebiet an der Leitha ein, welches Markgraf Adalbert in Besitz genommen hatte, und verheerten Ostbaiern bis an den Kalenberg mit Feuer und Schwert. So mußten die armen schuldlosen Einwohner wegen der Fürsten Feindschaft und Herrschsucht unsägliches Elend leiden. Nun hielt Heinrich einen Reichstag zu Nürnberg; da ward beschlossen, die vor acht Jahren beschädigte Stadt Haimburg wieder in wehrhaften Stand zu setzen. Den Auftrag zur Vollziehung erhielt Gebhard, er nahm Haimburg im ersten Anfall weg, der Baiernherzog Konrad mit dem Markgrafen Adalbert schützte den Bau und schlug die Ungarn, die ihn hindern wollten, zurück. [2]

Im folgenden Jahre zog der Kaiser mit ansehnlicher Macht durch 1051 Steiermark nach Ungarn. Béla, an die Spitze der ungarischen Mannschaft gesetzt, vermied jedes entscheidende Treffen, zog sich langsam zurück, führte Menschen und Vieh mit sich, vernichtete alles Getreide und Futter, verwandelte das am Wege gelegene Land in eine nahrungslose Wüste, und ließ das feindliche Heer durch seine leichte Reiterei fortwährend umschwärmen. Hierdurch bewirkte er, daß Heinrich mit jedem Schritt vorwärts gegen die Raab mit unsäglichen Schwierigkeiten kämpfen und, ohne daß er die Ungarn zu einer Schlacht zwingen konnte, vom Mangel an Lebensmitteln genöthigt, den Rückweg antreten mußte. Aber nun wandten sich die Ungarn zum Angriff des durch Hunger und Anstrengung ermatteten Heeres; rastlos verfolgt, Tag und Nacht mit einem Pfeilregen überschüttet, eilte dieses in aufgelöster Flucht der Grenze zu. Heinrich gelang es, die Befestigungen an der Brücke über die Rabnitz, die ihm den Rückweg sperrten, zu erstürmen und den Uebergang zu öffnen, doch sein Nachtrab wurde zwischen den voreilig angezündeten Festungswerken und der Brücke vernichtet. Unter fortwährenden Gefechten und schweren Verlusten erreichte er endlich die Grenze und warf sich um Mitte October nach Haimburg. [3]

Andreas und Markgraf Adalbert zeigten sich beide zum Frieden geneigt; aber die Unterhandlungen mußten abgebrochen werden, weil

[1] Hermann. Contract. ad ann. 1050. — [2] Ebend. — [3] Kézai, II, 3. Thuróczy, II, 43. Hermann. Contract. ad ann. 1051. Otto Freising., VI, 33. Annalista Saxo ad ann. 1052.

der schlechte Ausgang des ersten Feldzugs den Kaiser zu einem zweiten
reizte, und er seine Ansprüche auf Lehnsherrlichkeit über Ungarn nicht
1052 aufgeben wollte. Jetzt that er den Einfall durch Oesterreich längs der
Donau. In seinem Gefolge waren Bruno, ehemals Bischof von Toul,
jetzt Papst unter dem Namen Leo IX., und Hugo, Abt von Clugny;
beide im Leben geistreiche, einsichtsvolle, rechtschaffene Männer, nach
dem Tode Heilige. Heinrich legte sich vor Presburg und betrieb
die Belagerung dieses festen Platzes mit möglichster Anstrengung.
Allein die Burg wurde so kunstmäßig und tapfer vertheidigt, daß die
Deutschen sich genöthigt sahen, die Belagerung aufzuheben und nur
daran zu denken, wie sie den erlittenen Verlust an Mannschaft und
Kriegsbedürfnissen durch gute Friedensbedingungen ersetzen könnten.[1]
Heinrich's Forderungen waren zu hoch gespannt, und der Vortheil,
in welchem die Ungarn sich befanden, machte sie auch bil-
ligern abgeneigt. Andreas verweigerte geradezu die Anerkennung
irgendeiner Lehnspflicht und auch die Leistung eines jährlichen Tributs,
zu welcher er sich vor Anfang der Belagerung, durch des Papstes und
des Abtes Vermittelung, entschlossen hatte. Leo bat, ermahnte, drohte[2];
Hugo unterhandelte mit Geistesmacht und Beredsamkeit[3]; doch
der harte Sinn der Fürsten war nicht zu wenden. Endlich mochte
es wol beiden Männern gelungen sein, den König der Ungarn
zu einiger Nachgiebigkeit zu bewegen; denn auf dem Reichstag zu
1053 Tribur bestätigte dieser durch ungarische Gesandte die Abtretung des
Landes am linken Leithaufer, welche von Samuel und Peter geschehen
war.[4] Der Friede wurde geschlossen; die durch keinen gültigen
Rechtstitel erlangte Oberherrlichkeit des Kaisers über Ungarn ward für
immer aufgehoben.[5] Und das war die Frucht so vieler ungerechter
Angriffe auf die Freiheit eines Volks, so viel zertretenen Menschen-
glücks, so viel vergossenen Bluts! Ja die Fürsten, die sich so unversöhnlich bekämpft hatten, wurden Freunde.

Seit zwei Jahren war Andreas Vater eines Sohnes; seine Freude
wurde getrübt durch den Kummer über die seinem Bruder verheißene
Erbfolge. Sehnlich wünschte er den Vertrag rückgängig zu machen. Um
seinem Sohne Salomo an dem Kaiser der Deutschen eine mächtige
Stütze zu bereiten, verlobte er das unmündige Kind mit. Heinrich's III.
Tochter, die gleichfalls Kind war. Und um auch die Gunst des noch immer
mistrauischen Klerus zu gewinnen, gründete er 1055 auf einer Land-
zunge am Plattensee in herrlicher Lage die Benedictinerabtei Tihany, und

---

[1] Hermann. Contract. ad ann. 1052. Hilderic. Mutli Chron. Germ., XIV,
bei Pistor., II. Sigebert. Gemblac. ad ann. 1052. — [2] Wibertus, Vita S.
Leonis, II, 4. Acta SS. April, II, 661. — [3] Hildebert. Cenomanens.
Opera (Paris 1708) Vita S. Hugonis, c. 2. — [4] „Ibi etiam legati Andreae regis Hungarorum pro pace pactoque, cum suffragante Ratisponensi
Episcopo immensam pecuniam, suaeque provinciae partem, et ad expeditiones
omnes, praeter Italicam, suos ituros promitterent, Imperator ea se accepturum,
fide data spondens, eos remisit." Hermann. Contract. ad ann. 1053. Aber
die Heerfolge ist von keinem Kaiser gefordert, von Ungarn nie geleistet worden. — [5] „Romana respublica subjectionem regni Hungarici perdidit." Wibertus, Vita S. Leon., a. a. O.

stattete sie überreich mit Gütern und Gefällen aus; „damit sie nicht
nachlässig im Dienste Gottes seien, und von demselben nicht abgezogen
würden".[1] Wahrscheinlich hat er auch zu Szentendre das griechische
Kloster gestiftet, welches Papst Honorius III. 1221 in ein lateinisches
verwandelte. Auch das Nonnenkloster zu Tormova in Bihar verdankte
ihm oder seiner Gemahlin Anastasia seinen Ursprung.[2] Um diese Zeit
ließ sich eine Colonie Lütticher im Sprengel des erlauer Bisthums nieder, welche ihre Sprache beibehielten und deshalb noch 1347 die französischen Ortschaften genannt wurden.[3] Kaiser Heinrich III. starb 1056;
sein schon gekrönter Sohn und Nachfolger war der sechsjährige Heinrich IV., und in Deutscland brachen bald große Unruhen aus; Ungarn
hatte für seine Freiheit von dieser Seite nichts mehr zu fürchten.

Als Ungarn, von Parteien zerrissen und verrathen von seinen Beherrschern, gegen die ganze Macht des deutschen Reichs seine Freiheit
und Selbständigkeit vertheidigte, bemächtigte sich der Fürst von
Kroatien Krezimir II. desjenigen Theils von Kroatien, der sich bis an
den Fluß Zettina erstreckt und unter Stephan zu Ungarn gehört hatte.
Jetzt eroberten Béla und der Palatin Radó diese Landstrecke zurück,
und brachten auch Sirmien, dessen sich die Griechen bemächtigt hatten,
wieder unter ungarische Herrschaft. Endlich fielen sie noch in Dalmatien
ein und belagerten Arbe.[4] So schnell erhebt sich ein Volk aus der Ohnmacht und dem Verfall unter der Herrschaft des Rechts und der Freiheit.

Als Salomon sein siebentes Jahr begonnen hatte, versammelte 1057
Andreas die Stände zu Stuhlweißenburg und verlangte, daß sie, nach
dem damals in den meisten Ländern herrschenden Gebrauch, ihm
huldigen und durch feierliche Krönung seine Nachfolge sichern mögen, weil, wie er behauptete, der unlängst verstorbene Kaiser nur
unter dieser Bedingung Salomon's Verlobung mit seiner Tochter ge-
nehmigt habe, und die Wichtigkeit dieser innigen Verbindung mit dem
mächtigsten Monarchen der Welt für die Sicherheit und Wohlfahrt
Ungarns von allen, die das Vaterland aufrichtig liebten, anerkannt
werden müßte, Niemand widersprach, und Herzog Béla sowol als
seine Söhne Geiza und Ladislaw gaben auch ihre Zustimmung. Wahrscheinlich war es so gemeint, daß der nächste Thronerbe Béla sein,
und erst auf diesen Salomon folgen sollte; denn nur durch diese Annahme lassen sich die Auftritte im königlichen Hause und die Ereignisse,
die daraus folgten, begreifen.[5] 1058

Im folgenden Jahre ward die Feierlichkeit der Krönung mit
großem Prunk in Stuhlweißenburg begangen, der auch der Herzog und
seine Söhne beiwohnten, indem sie sich hierdurch damit einverstanden erklärten. Als aber der Chor sang: „Sei Herr über Deine Brüder, und
Deiner Mutter Kinder müssen Dir zu Füßen fallen", und sich jemand
fand, der Béla auf diese Worte aufmerksam machte und sie arg deutete,

---

[1] Fejér, Cod. dipl., I, 288. Fuxhoffer Monasteriologia, herausgegeben
von Maurus Czinár (Pesth 1858), I, 166. — [2] Szalay, Geschichte Ungarns,
2. Ausg., B. 150. — [3] Zantfilot, Scriptores veteres, Chronicon Martene, IV,
1216; V, 455. — [4] Dandulus bei Muratori, XII. Joannes archid. de Guercse
bei Kerchelich, Notitiae praeliminares, S. 102. — [5] Kézai, II, 3. Thuróczy,
II, 44. Dandulus bei Muratori, XII, 241.

da wurde dieser von Unwillen und Mistrauen gegen seinen Bruder ergriffen.[1] Béla hatte Freunde, denn er war ein Mann voll Kraft und edeln Sinnes; um Andreas hingegen, wie immer um schwache Fürsten, sammelten sich nur Schmeichler, Heuchler und Ränkemacher. Dem Glanz des Krönungstages folgten Erscheinungen der Unzufriedenheit, für deren Urheber der König seinen Bruder hielt. Er ließ ihn beobachten, und bald fanden sich niedrige Knechte genug, die sein Mistrauen gegen ihn verstärkten. Um sich und Salomon von dem Gefürchteten zu befreien, faßte er auf der Burg Várkony mit seinen dienstfertigen Höflingen Vid und Ernyei einen Anschlag zu seines Bruders Verderben. Béla ward freundlich auf die Burg geladen. Andreas erwartete ihn auf einem Ruhebett. Zu seinen Füßen lag auf einem Teppich eine Krone und ein bloßes Schwert. Er wollte seinem Bruder freie Wahl zwischen beiden anbieten; griff er nach der Krone, so sollten die Vertrauten ihn überfallen und ermorden. Nikolaus, der Herolde Vorsteher und Béla's Verehrer, hatte von dem Geheimniß der Bosheit Kunde, und als der Herzog nun zum König eingeführt wurde, sagte er dem Arglosen eiligst in das Ohr: „Wollt Ihr leben, so wählt das Schwert." Der König empfing ihn mit dem blendendsten Schein der Huld und des Wohlwollens. „Herzog", sprach er, „nicht Eigenliebe, sondern Sorge für des Reiches Wohlfahrt bestimmte mich, die Krone jetzt schon meinem Sohne aufzusetzen. Von Rechts wegen gebührt nach meinem Tode die Herrschaft Dir; darum wähle hier frei: willst Du das Reich, so nimm die Krone; genügt Dir aber des Herzogs Rang, so greif nach dem Schwert."

Béla nahm das Schwert und ging, um es an sicherer Zufluchtsstätte wider den Urheber des Mordanschlags zu schärfen.[2] Man errieth zwar seine rachedrohenden Entwürfe, und es geschahen wiederholte Versuche, ihn zu verderben; aber seine Klugheit vereitelte alle Nachstellungen seiner Verfolger. Glücklich entkam er mit seinen Söhnen nach Polen, wo seit kurzem Boleslaw, Kasimir's Sohn, herrschte und jetzt, von Béla um Hülfe angerufen, dem Rufe zum Kriege mit Freuden folgte.

1060   Mit drei Heerhaufen kehrte der Herzog nach Ungarn zurück, wo sich die Bewohner der nördlichen Gegenden sogleich für ihn erklärten. Andreas, von den feindlichen Schritten seines Bruders unterrichtet, sandte seinen Sohn und seine Schätze eiligst nach Mölk, unter des Markgrafen Ernst Schutz und Schirm. Von den Vormündern des sechsjährigen Königs der Deutschen, Heinrich's IV., und von seinem Eidam Wratislaw, der Böhmen Herzog, verlangte er Hülfsvölker.[3] Aus dem deutschen Reiche kamen ihm Wilhelm, Markgraf von Thüringen, und Eppo, Bischof von Zeitz, mit dem bairischen Heerbann zu Hülfe. Den böhmischen Herzog hielten einheimische Angelegenheiten zurück.

1059 (margin)
1060 (margin)
1061 (margin)

---

[1] „Ee gestarb der Kunig Andreas do liess er kumen sein Son Salomon und salbte yn tzu Kunig. do sang man zu latein: Du solt sein ein Herr deiner Pruder, alz man pflegt zu singen, wenn man die Konig kront. Do hiess der Hertzog Bela ym den Gesang auslegen. Daz geschah. Do begunt der Hertzog Bela tzurnen sere." Muglen, c. 30. — [2] Thuróczy, Chron., II, 44. — [3] Lambert. Heresfeld. ad ann. 1059 bei Pertz.

Das Glück der ersten Gefechte, in welchen die Ungarn unterlagen, lockte Andreas und seine Bundesgenossen tiefer in das Land; sie setzten über die Theiß, um Béla's Hauptmacht anzugreifen. Da kam es zur entscheidenden Schlacht, nach langem, mörderischem Gefecht entschied sich für Béla der Sieg; er ließ das feindliche Heer umgehen und ihm den Weg zur Flucht abschneiden; der größte Theil der Deutschen fiel; der Bischof und der tapfere Markgraf wurden gefangen genommen; Andreas stürzte vom Rosse und wurde sterbend nach Zircz gebracht und in der von ihm gestifteten tihanyer Abtei begraben, 1061.[1]

Béla 1061—1063.

Béla, sogleich auf dem Schlachtfelde zum König ausgerufen, ergriff die Zügel der Regierung. Das Land befand sich in trauriger Lage; schlechte Regierung, Parteiungen, äußere und innere Kriege, häufiger Thronwechsel hatten alle Ordnung aufgelöst, die Macht des Gesetzes gebrochen und den Wohlstand zerrüttet; schnell und gründlich mußte geholfen werden. Da faßte Béla einen großen Entschluß, der von Edelmuth und Weisheit zeugt, wenn auch die Folgen desselben traurig waren. Aus dem Munde des Volks, durch dessen Abgeordnete, wollte er hören, welche Uebel es drücken und durch welche Mittel seine Wohlfahrt befördert werden könnte; mit dem Beirath und der Zustimmung derselben sollten die Gesetze gegeben und ebendarum auch williger angenommen und freudiger befolgt werden. Er berief also zu dem Krönungsreichstage nicht allein die Prälaten, Herren und Vornehmen, sondern auch aus jeder Gemeinde zwei Abgeordnete. — Daß der König dieses thun konnte, ist der gültigste Beweis, daß es dazumal in unserm Vaterlande noch keinen Feudaladel, keine zur Berathung und Führung der öffentlichen Angelegenheiten bevorrechteten Stände gab. — Die Einberufung solcher Abgeordneten wäre in ruhigern Zeiten und in beschränkterer Anzahl gewiß heilsam für Freiheit, Ordnung und Wohlfahrt gewesen; aber die Drangsale der letzten Zeit waren zu groß, die Aufregung der Gemüther zu heftig, die Last des Zehntens und anderer Abgaben an die Kirche zu drückend, als daß sie jetzt nicht Unordnung und Tumult hätte hervorrufen sollen. Statt der zwei Abgeordneten aus jeder Gemeinde strömte von allen Seiten eine ungeheuere Menge herbei und lagerte sich um Stuhlweißenburg. Der König mit seiner bewaffneten Macht und die Großen des Landes zogen sich in die Mauern der Stadt zurück. Den wilden Volkshaufen wuchs der Muth mit der Zahl; Johann, den Sohn Vata's, wählten sie zu ihrem Anführer; Tribünen wurden errichtet, von denen der Ruhm des alten Glaubens, Klagen über der Bischöfe Stolz und Geiz, über der Zehntnehmer erbarmungslose Härte, Aufforderungen, die Kirchen niederzureißen, die Geistlichen zu erschlagen, ertönten und mit lautem Beifall gehört wurden. Eine Botschaft erging an den König, ihm den Willen des Volks kundzuthun, daß das Christenthum abgeschafft und die alte Religion wieder-

---

[1] Lambertus Heresfeld. bei Pertz, S. 159. Contin. Hermani Aug. ad ann. 1060. Thuróczy, II, 44.

hergestellt, wahrscheinlich, daß auch andere, die Geringern drückende
Lasten aufgehoben werden sollten. Da verlangte Béla in ruhigster Fassung drei Tage Frist und ließ hoffen, daß die Entscheidung, nach reiflicher Ueberlegung gefaßt, befriedigend ausfallen dürfte. Die Frist
ward gewährt; unterdessen zogen des Königs vertraute Männer aus, um
aus den nächsten Burgen und Gespanschaften die Dienstmannen in
nächtlichen Stunden herbeizuführen und in der Nähe der Empörer zu
verbergen. Die Zeit des Aufschubs war verflossen, die Abgeordneten
wiederholen ihre Forderung mit größerm Ungestüm, der König sucht
durch sanftes Zureden und ernsthaftere Vorstellungen sie zu belehren;
doch alles ist vergeblich, sie stellen sich an, Gewalt zu brauchen. Nun
gibt der König das Zeichen, und plötzlich sehen sich die Verwegenen
von Kriegern umringt. Die Anführer der heidnischen Rotten, die den
Kampf für ihre Verblendung wagen, werden niedergemetzelt, die Gefangenen, nach Stephan's Gesetzen, zur Knechtschaft verurtheilt und der
gefahrdrohende Aufstand erstickt. Doch das ganze Land war zu sehr
aufgeregt, als daß mit einem mal die Ruhe und das Christenthum gänzlich hätten hergestellt werden können; nur allmählich durch weise Anordnungen und dadurch, daß er umherreiste und persöniich auf das
Volk wirkte, gelang dieses dem König. [1] Dies war der letzte offene
Ausbruch des Heidenthums, aber noch zählte es viele geheime Anhänger,
und heidnische Gebräuche, Opfer an Flüssen und in Hainen dauerten
fort, bis sie endlich durch die strengen Gesetze der folgenden Könige
unterdrückt wurden.

In den letzten Tagen des Jahres 1061 fand die feierliche Krönung
statt. [2] Nur kurze zwei Jahr dauerte Béla's Regierung, aber sie war
reich an Thaten des Edelmuths und der Herrscherweisheit. Drückende
Dienste, Zölle und Steuern wurden aufgehoben; das Münzwesen so geordnet, daß 40 Silberstücke den Werth eines byzantinischen Goldstücks
erhielten, Maß und Gewicht genauer bestimmt; der Preis, den jede Sache
bei richterlichen Urtheilssprüchen, nicht im gemeinen Leben, wie man
fälschlich annimmt [3], haben sollte, festgesetzt; die Jahrmärkte geordnet
und die Wochenmärkte, die bisher gewissermaßen ein Anhängsel des
Gottesdienstes waren, vom Sonntag auf den Sonnabend verlegt, überhaupt für das Wohl des Landes mit Einsicht und Eifer gesorgt. Dabei
handelte Béla nicht als das Haupt einer Partei, sondern als König des
Landes. Er verfuhr mit Gerechtigkeit und Milde gegen seine vormaligen Gegner, und selbst die, welche in ihrer Feindseligkeit beharrten
und zu Salomon nach Oesterreich gingen, mußten seine Schonung rühmen, indem er ihre Güter nicht einzog und ihre Frauen und Kinder
unangefochten ließ. [4]

Ebenso edel und klug benahm er sich auch in den auswärtigen
Angelegenheiten. Er konnte voraussehen, daß die Vormünder Heinrich's IV. gewiß darauf denken würden, Salomon auf den väterlichen

[1] Muglen, Kap. 32. Thuróczy, II, 46. Kézai, II, 4. — [2] Thuróczy, II, 45,
46. — [3] Szalay, Geschichte Ungarns, I, 158. — [4] Kézai, II, 4. Thuróczy,
II, 45. Bartal, Commentariorum ad hist. status jurisque publici Hungariae
aevi medii libri XV (Presburg 1847), II, 25.

Thron zu setzen, und suchte sich daher durch Bundesgenossen und
Freunde zu stärken. Auf Fürbitte seines Sohnes Geiza entließ er den
thüringer Herzog Wilhelm und Bischof Eppo ohne Lösegeld aus der Gefangenschaft und verlobte dem erstern seine Tochter Jojada. Da dieser
aber noch vor der Vermählung starb, gab er sie dessen Verwandten
Ulrich zur Gattin und ernannte ihn zum Markgrafen des ungarischen
Kärnten, das sich im heutigen marburger Kreise von Petau bis Leipnitz
erstreckte. Die zweite Tochter vermählte er mit Zuoinimir, Fürsten
von Kroatien, die dritte Euphemia aber mit dem mährischen Herzog
Otto. [1]

Ruhe und Ordnung waren im Lande hergestellt, aber von Deutschland her ward die Kriegsdrohung immer ernstlicher. Béla beschloß
daher, dem Angriff zuvorzukommen und den österreichischen Markgrafen Ernst, bei dem sich Salomon mit seinen Anhängern aufhielt, zur
dessen Herausgabe oder Entfernung zu zwingen. Allein seine Zurüstungen wurden plötzlich durch den Tod unterbrochen. Wenn man
von Gran auf dem Donaustrome, die Mündungen der Eipel vorbei, gegen den alten Königssitz Visegrád fährt, so sieht man auf dem rechten
Ufer, am Abhange der vérteser Berge, in freundlicher Gegend bemooste
Ruinen eines Prachtgebäudes; dort stand das königliche Lustschloß
Dömös. Hierher berief Béla die Großen des Reichs zu einer Berathung
und fiel während derselben vom Thron, wie die meisten berichten;
nach andern stürzte das Haus über ihm zusammen; genug, der ohnehin
schon bejahrte Mann starb bald darauf an erhaltenen Verletzungen.
Sein Leichnam wurde in der von ihm gestifteten Benedictinerabtei zu
Szekszárd beigesetzt. [2]

Die edeln und frommen Söhne Béla's, Geiza, Ladislaus und Lambert, die beiden erstern noch in Polen, der letzte schon in Ungarn geboren, wurden nun aufgefordert, daß einer von ihnen den Thron besteige. Aber sie ließen sich dazu nicht bewegen, entweder weil sie in
dem tragischen Ende ihres Vaters ein Gottesgericht erblickten, oder,
was wahrscheinlicher ist, weil sie überzeugt waren von dem Näher-
rechte Salomon's, zu dessen Krönung sie selbst ihre Zustimmung gegeben hatten, und auch von dem Vaterlande die Schrecken des Bürgerkriegs abwenden wollten. Ernstlich bestanden sie darauf, daß sowol an
des deutschen Königs Hoflager als an den Markgrafen von Oesterreich
Abgeordnete gesandt würden, welche beiden Fürsten ihre Verzichtleistung auf die ungarische Krone versichern und ihre Bereitwilligkeit,
des Andreas Sohn als rechtmäßigen König anzuerkennen, verbürgen
sollten; nur müßte auch ihnen der ihrer Geburt und ihren Verdiensten
angemessene Rang von Salomon unverletzt erhalten werden. [3]

[1] Johannes de Guercse bei Kerchelich. Thuróczy, II, 47. Lambertus
Schaffnaburg. ad ann. 1063. Balbini, Miscell. hist. r. Bohemiae, I, 103. —
[2] Notitiae ex Aloldo ad ann. 1062. Lambertus, a. a. O. Muglen, Kap. 32.
Thuróczy, II, 46. — [3] Lambertus, a. a. O., glaubwürdiger als Thuróczy, II, 47,
und Muglen.

Salomon 1063—1074.

Um der Einsetzung Salomon's mehr Sicherheit und Glanz zu geben, beschlossen die deutschen Reichsverweser, ihren König selbst, der das Jünglingsalter noch nicht erreicht hatte, in Begleitung seines ihn verderbenden Erziehers, des hochmüthigen und berüchtigten bremer Erzbischofs Adalbert, mit dem noch jüngern König der Ungarn und einem ansehnlichen Heere nach Pannonien ziehen zu lassen. Das geschah also, und die Ungarn sahen in Stuhlweißenburg, gewiß nicht ohne banges Gefühl, wie der eine Knabe von dem andern auf Stephan's Thron gesetzt wurde. Heinrich brachte zugleich seine zwölfjährige Schwester Sophie, die Verlobte Salomon's, mit sich und ließ sie als dessen Gattin hier zurück. [1]
Mit Salomon waren seine redliche Mutter Anastasia, zugleich aber auch alle, die mit ihm in der Verbannung gelebt hatten und mit bitterm Haß gegen Béla und dessen Söhne erfüllt waren, unter ihnen der boshafte, verschmitzte Graf Vid, der den königlichen Knaben ganz beherrschte, und Graf Ernyei zurückgekehrt. Willkürlich misbrauchte besonders ersterer die königliche Gewalt zu seinen Zwecken. Nach der Andreas Reichstheilung, welche wahrscheinlich nicht ohne Bewilligung der Stände geschehen war [2], gebührte Béla's Söhnen mit der herzoglichen Macht der dritte Theil des Reichs; diesen ihnen einzuräumen, oder sie im Besitze zu bestätigen, war die erste Bedingung, welche Salomon zu erfüllen hatte, die aber auf Graf Vid's verderbliche Eingebungen unerfüllt blieb.
Die drei Brüder konnten schon hieraus entnehmen, was ihnen bevorstand, und flüchteten sich zu Herzog Boleslaw nach Krakau, der dort seine Heermacht soeben wider die Russen versammelt hatte. Mit einem Theile derselben führte ohne Zögerung der immer rasche Waffen-
1064 mann die ungarischen Fürsten in ihr Land zurück. Grafen, Ritter und Freie, die den nördlichen Theil des Reichs bewohnten, nahmen ihre Partei, und Salomon mit seinen Günstlingen, an der Treue der übrigen Großen zweifelnd, war nothgedrungen, sich in die feste Burg Mosony (Wieselburg) einzuschließen. Zu seinem Glücke traten die Bischöfe als Mittler auf, um dem Vaterlande den Frieden zu erhalten und den Beleidigten durch gelindere Maßregeln zu ihrem Rechte zu verhelfen. Es gelang dem raaber Bischof Desiderius, den übermüthigen Grafen Vid zur Leistung dessen, was Béla's Söhnen war versichert worden, zu überreden und auch die erbitterten Herzoge zu besänftigen. Boleslaw
1065 wurde mit Dank und Geschenken entlassen und der Friede zwischen dem König und den Herzogen zu Raab von beiden Seiten eidlich bestätigt. [3] Wie aufrichtig dies von den letztern geschehen war, bewiesen sie den Großen und dem Volke am nächsten Osterfeste zu Fünfkirchen, wo Salomon von ihnen feierlich in den Dom geführt und von Geiza

---

[1] Lambertus Schaffnaburg. ad ann. 1063. Thuróczy, II, 47. — [2] Kovachich vestigia comitorum, S. 47. — [3] Thuróczy, II,47. Cromer, Rer. Polon., Lib. V.

zum dritten mal gekrönt wurde. Acht Jahre lang dauerte der Friede
zum Heile des Vaterlandes.

Zwonimir, Fürst von Kroatien, der die Tochter Béla's zur Gemahlin hatte, in Krieg mit dem kärntner Herzog Leopold verwickelt
und geschlagen, rief Salomon und Geiza zu Hülfe, 1066. Sie kamen, 1066
besiegten die Kärntner und setzten ihren Bundesgenossen in Besitz der
bereits verloren gewesenen Landstrecken. [1]
Böhmische Rotten — sie pflegten in Deutschland zusammengeraffte
Gefangene nach Ungarn zum Verkauf zu bringen und die hier erbeuteten wieder dorthin zu schleppen — waren 1069 abermals in die trencsiner
Gegend eingefallen und trieben eine Menge Vieh und Menschen weg.
Die Ungarn setzten ihnen nach und nahmen ihnen nicht nur die Beute
ab, sondern übten auch Rache durch Plünderung und Verwüstung ihres
Landes. Die vaterländische Ueberlieferung berichtet, daß bei dieser
Gelegenheit Bátor (der Kühne) Opos, Sohn des Helden Martin, der
sich bei der Vertheidigung Presburgs auszeichnete, einen riesenhaften Böh-
men im Zweikampf überwand und großen Ruhm gewann. Von diesem
Opos leitete das Geschlecht der Báthory seine Abstammung her. [2]
Ein weit gefährlicherer Feind drang im folgenden Jahr von Osten
her in das Land. Ein Zweig jener Kumanen, die unter dem Namen
der Polowzer eine so wichtige Rolle in der altrussischen Geschichte
spielen, war 1067 von dem tschernigower Fürsten Swätoslaw am Flusse
Sanow schwer geschlagen worden und irrte flüchtig umher. [3] Im dritten 1070
Jahre nach dieser Niederlage zogen sie vom rechten Donauufer längs
der Aluta nördlich hinauf nach Siebenbürgen und, weil sie dort nur
schlechte Beute fanden, durch den meszeser Paß nach Ungarn. Da
verheerten und plünderten sie das ganze nyirer Gebiet, bis an die Burg
Bihar, führten, nebst zahlreichen Viehheerden, eine große Menge Gefangener mit sich und eilten, über die Sümpfe (lapos) dieser Gegend
und den Fluß Szamos setzend, zurück über Siebenbürgen nach der
Moldau. Aber schon waren ihnen Salomon und die beiden Herzoge
zuvorgekommen und lagerten bei Doboka, fünf Meilen ober Klausenburg,
um die Abziehenden zu empfangen. Sobald sie Kunde hatten, daß die Horden heranrücken, brachen sie auf, ihnen entgegen. Osul, der kumanische Anführer, in stolzem Wahn den Feind verachtend, sandte nur einige Rotten
zum Kampfe. Doch als diese die unabsehbaren und dicht geschlossenen
Geschwader der Ungarn erblickten, flohen sie mit Entsetzen zurück und
verkündigten ihrem Volke die Nothwendigkeit, den Kampf zu vermeiden.
Um sich zu retten, erklomm Osul mit seiner Horde in größter Eile und
Unordnung den hohen Berg Kérlés, während, die Ungarn würden ihm
dahin nicht folgen. Schnell aber stiegen diese von den Rossen ab, den
Berg hinan, der König mit seiner Schar gerade an der beschwerlichsten
Stelle voraus, Geiza und Ladislaus von andern Seiten. Der mittlere Berg-
rücken ist mit Pfeilschützen besetzt, unzählige Pfeile fliegen über die
ungeübten Kletterer herab, die wenigsten treffen, die Schützen werden

---

[1] Thuróczy, II, 47. Johannes de Guercse bei Kercbelich. Dandulus bei
Muraturi. — [2] Thuróczy, II, 84. — [3] Nestor zum Jahre 1067.

niedergemacht. Ladislaus, mit Riesenstärke begabt, erschlägt allein
vier, der fünfte verwundet ihn und muß dennoch fallen. Jetzt stehen
die Ungarn auf dem Gipfel, ihre Säbel bewähren ihre Härte und Schärfe
an den kahl geschorenen Köpfen der Kumanen, nur wenige entfliehen,
aber auch diese werden verfolgt und die meisten getödtet. Ladislaus
sieht, wie ein Kumane mit einer geraubten ungarischen Jungfrau, vornehm gekleidet, schön von Gestalt, eiligst davonjagt. Er setzt ihm
nach, doch des Kumanen Roß ist rascher. Ladislaus ruft der Jungfrau
zu, daß sie den Räuber am Gürtel fasse und ihn mit sich vom Pferde
reiße. Sie gehorcht, beide fallen, der Kumane richtet sich auf, die
Jungfrau, für ihren Retter besorgt, ergreift seine Streitaxt und
tödtet ihn. [1]
        Wenige Jahre zuvor hatten die Byzantiner das Bulgarenreich ihrer
Herrschaft vollends unterworfen. [2] Unter Kaiser Michael Dukas war
sein Liebling Nicephorus Bryennius Statthalter von Bulgarien, Niketas
Befehlshaber in Belgrad. Mit des letztern Begünstigung waren mehrmals
petschenegische Haufen über die Save in das ungarische Gebiet eingefallen und mit Beute an Menschen und Vieh zurückgekehrt. Im Jahre
1078   1078 erging an die Ungarn des Königs Aufgebot zur Rache an den
Byzantinern. Szalankemen, dem Zusammenfluß der Theiß und Donau
gegenüber, war der Sammelplatz. Graf Vid mit dem bácser, Graf
Joannes mit dem ödenburger Heerbann, gingen, trotz des griechischen
Feuers, voraus über die Save und lagerten sich vor Belgrad. Niketas
rief Petschenegen zum Entsatz; nur die Aussicht auf Beute, nicht auch
die Gefahr ward ihnen eröffnet. Wüthend fielen sie über die Oeden-
burger her, wurden aber von diesen so geschlagen, daß nur ihr Fürst
Kazar mit kleiner Zahl der Seinigen der Gefangenschaft entrann. Soeben setzten auch Salomon, Geiza und Ladislaus mit ihren Dienstmannen
über den Strom, und die Belagerten mußten von den Stadtmauern sehen,
wie die Grafen mit den Köpfen der Erschlagenen, mit Waffen, Gefangenen und Rossen der Petschenegen vom frühesten Morgen bis späten
Abend vor dem Könige aufzogen. Doch an die Uebergabe der Stadt
war noch lange nicht zu denken. Die Belagerung ward mit angestrengter
Thätigkeit zwei Monate lang fortgesetzt, wobei die beherzten Waffen-
männer Opos, Georg und Bors durch manche kühne That sich auszeichneten. Im dritten Monat legte eine ungarische Jungfrau, vor
einiger Zeit gefangen weggeführt, an mehrern Orten der Stadt Feuer an;
es brach aus und griff bei starkem Winde schnell um sich; Verwirrung
entstand, die Ungarn drangen über die schon sehr beschädigten Mauern
in die Stadt und schlugen Griechen, Sarazenen und Bulgaren todt; was
dem Gemetzel entging, flüchtete sich mit Niketas hinauf in die Burg;

, [1] So erzählt Muglen. Nach Thuróczy, II, 49, der mehr Glauben verdient, meinte Ladislaus in der Jungfrau des großwardeiner Bischofs
Tochter zu erkennen, und tödtete den Räuber, ungeachtet sie um dessen
Leben flehte. Zu dieser Zeit waren also in unserm Vaterlande nicht nur
die Geistlichen, sondern selbst die Bischöfe beweibt. Das Werk Thuróczy's
ist selbst alt und uns weit ältern Chroniken geschöpft. — [2] Cedrenus. Zonaras. bei Stritter, II, 631—659, u. III, 812—835.

die Ungarn fanden in Kellern und Gruben reiche Beute an Gold, Silber und Edelsteinen. Niketas, mit dem wenigen Volk in der Burg zu schwach, sich zu vertheidigen, erklärte sich bereit zur Uebergabe, wenn ihm und der Besatzung Sicherheit des Lebens und freier Abzug gewährt würde. Der König und die Herzoge versprachen beides. Nun zog Niketas, ein Marienbild, aus Silber gegossen, voraustragend, von der Burg herab, ihm folgte die Besatzung, die sich mit ihrem Anführer nicht dem König, sondern dem Herzog Geiza ergab, denn letzterer hatte Synadene, eine nahe Verwandte ihres Kaisers, zur Gemahlin, sie hofften deshalb von ihm Schutz und Begünstigung.[1]

Das vorzügliche Vertrauen der Besiegten zu seinen Vettern kränkte den König, und Graf Vid säumte nicht, die Keime des Mistrauens und der Unzufriedenheit in dessen Herzen zu nähren. Die Wirkungen seiner schändlichen Kunst zeigten sich gleich bei der Theilung der Gefangenen und der erbeuteten Schätze. Von jenen sollten die Herzoge dem König die Hälfte ausliefern; aber standhaft widersetzten sie sich dieser Forderung, und ohne Lösegeld ließen sie diejenigen abziehen, die sich ihnen auf Treue und Glauben ergeben hatten. Salomo strafte sie damit, daß er die erbeuteten Schätze in vier Haufen theilte, den einen für sich behielt, den andern seinem Günstlinge, den dritten dessen Schwiegersohn Elias, den letzten seinen drei Vettern zuerkannte.

Sein Groll wurde bald durch ein neues Ereigniß genährt. Der byzantische Kaiser Michael Dukas belohnte den Edelmuth, womit Geiza und Ladislaus die Griechen und Bulgaren in Belgrad behandelt hatten, er schickte an Geiza Gesandte, die ihm seinen Dank und reiche Geschenke überbrachten, worunter sich auch die Krone befand, die später als unterer Reif an jene gesetzt wurde, die Papst Sylvester geschickt hatte, und mit ihr vereinigt die Reichskrone bildet. Da drang Graf Vid offener und ernstlicher in Salomon, die Vettern zu verderben, weil seine Herrschaft mit ihrer Macht und ihrem Ansehen ebenso wenig wie zwei Schwerter in Einer Scheide bestehen könne.[2]

Die Wirkungen dieses Anschlags auf des Königs Gemüth blieben den scharfsichtigen Brüdern nicht verborgen, so künstlich auch dieser sie hinter Mummerei der Freundschaft und Liebe zu verstecken wußte. Nach einiger Zeit wurden sie wieder zu dem König berufen, unter dem Vorwand eines gemeinschaftlichen Feldzugs gegen Nissa; allein sie bemerkten die Schlinge: Geiza erschien zwar beim König, Ladislaus blieb aber mit ansehnlicher Heeresmacht in der Nyírség stehen, und man mußte auch Geiza ungekränkt entlassen. Nun sahen die Brüder sich genöthigt, ernstlich auf ihre Sicherheit bedacht zu sein. Ladislaus und Lambert gingen also zu ihren beiden Schwägern 1073, zu Boleslaw von Polen und zu dem olmützer Herzog Otto, um bei ihnen Hülfe zu suchen. Schon theilte sich das Volk in Parteien, schon rüsteten sich die Heere

1073

---

[1] Muglen, Kap. 36. Thuróczy, II, 50. Chronic. Posoniense bei Endlicher zum Jahre 1072, statt 1073, wie es heißen sollte. — [2] Thuróczy, II, 52. Nicephorus Bryennius, 68, 1.

zum Kampf, da gelang es einigen friedlich gesinnten, das Vaterland
liebenden Großen und den Bischöfen eine Aussöhnung anzubahnen.
Jeder von acht Begleitern umgeben, kamen Salomon und Geiza auf
einer Insel unterhalb Gran zusammen und schlossen nach vielfachen
gegenseitigen Anklagen und Entschuldigungen endlich doch Frieden,
der auch durch Austausch von Geiseln aufrecht erhalten werden sollte.
Geiza stellte dem König als solche Vata und den Bischof von Groß-
Wardein, der König ihm Vid und Ernyei. Die erste und größte Sorge
Vid's war es, diese Gelegenheit zu benutzen, um Verräther zu gewinnen.
Und als ihm der Herzog auf die Spur kam und ihn gefangen setzte,
geschah dasselbe auch mit seinen Geiseln am Hof des Königs, bis es
beide am besten fanden, sich die Geiseln zurückzugeben.

Abermals wurde der Friede von Salomon gebrochen, indem er seine
Mannschaft bei Szalavár versammelte, während Geiza, nichts Arges
vermuthend, seinen Bruder erwartete und bisweilen an dem ingoványer
Wald und See, in der stuhlweißenburger Gespanschaft, mit seinen
Freunden der Jagdlust genoß. Zum Weihnachtsfest ging Salomon in
die Abtei des Welterlösers zu Szekszárd, um das, was ein solcher Mann
seine Andacht nennt, zu verrichten. Nach beendigter Vesper verweilte
er noch betend in dem Chor. Abt Willerm beobachtete ihn im ver-
borgenen und hörte, wie Graf Vid, dem Meuchelmord bequemer dünkte
als Krieg, dem König rieth, den Herzog Geiza in der Nacht überfallen
und blenden zu lassen. Nicht gleich bereit dazu bezeigte sich Salomon;
nach dem mitternächtlichen Gottesdienst beschied er den mordgierigen
Günstling, seine Willensentschließung zu vernehmen. Eiligst berichtete
Abt Willerm dem Herzog, was er gehört hatte. Geiza theilte die Kunde
den Seinigen mit, von welchen sie jedoch mit Spott über den Abt empfangen
wurde, denn sie standen in des Grafen Sold. Vor Tages Anbruch
erschien nun Willerm selbst, als Ritter verkleidet, vor Geiza, der noch
der Ruhe pflegte; er bat ihn zu fliehen, um der nahen Gefahr für seine
Freiheit und sein Leben zu entrinnen.

Schnell ruchbar ward in dem Kloster des Abtes Abwesenheit, und
der Verrath des Mordanschlags war außer Zweifel. Um der Rache des
Beleidigten zuvorzukommen, ließ der König seine dreißig Haufen von
Szalavár aufbrechen und gegen die Donau vorrücken. Geiza war bereits
über den Strom gegangen und hatte sich mit seinen eiligst zusammengerafften vier Haufen auch über die Theiß zurückgezogen. Drei seiner
Heerführer, Petrud, Zonuk und Bikas, verriethen ihn an Salomon. Ihrer
1074   Treulosigkeit unkundig, wagte er die Schlacht, 1074 am 26. Febr., in
deren Beginn die drei Verräther, zum Zeichen ihres Vorhabens, die
Schilder erhoben und mit ihren Scharen zu dem Heer des Königs hin-
überliefen. Dort hatte man aber vergessen, die Mannschaft mit dem verabredeten Zeichen des Verraths bekannt zu machen; sie wurden als
Feinde empfangen und büßten ihr Verbrechen mit dem Tode. Das
Gemetzel unter den Treulosen gab dem Herzog Frist zur Flucht, welche
sein vierter Haufe mit ausgezeichneter Geschicklichkeit deckte. Von
Tokaj sandte er seine Vertrauten, den Hauskaplan Georg Fekete und
den Geheimschreiber Ivánka, zu seinen Brüdern. Der eine sollte

Ladislaus mit den mährischen Hülfsvölkern nach Waitzen führen, der andere mit Lambert nach Rom ziehen, um den Schutz des apostolischen Stuhls anzuflehen. [1] Sehr betrübt begegnete Geiza seinem Bruder Ladislaus und Otto's Scharen bei Waitzen. Am Abhang der anmuthigen Hügel, in der Gegend, wo jetzt Vörös-Egyháza und Gödöllő liegen, traten die Heerführer zusammen, um Rath zu pflegen. Als die Einheit im Entwurf und in der Ausführung festgesetzt war, begab sich jeder zu den Seinigen; nur Ladislaus hielt seinen Bruder bedeutungsvoll zurück und entdeckte ihm: unter der Berathschlagung sei ihm gewesen, als sähe er zwei himmlische Gestalten herabschweben mit einer Krone, welche sie auf Geiza's Haupt legten. Diesen Augenblick sei es wunderbar licht geworden in seinem Innern, indem sich ihm die Gewißheit des Sieges, Salomon's Flucht aus dem Reich und Geiza's Wahl zum König in voller Klarheit ankündigte. Da gelobte Geiza, für seine Errettung von den Feinden Gott dem Herrn, zu Ehren der auserwählten Jungfrau eine Kirche zu erbauen. [2] Unterdessen hatte sich das Heer der Herzoge sehr vergrößert, überall, wo es durchzog, strömte ihm das Landvolk, mit Sensen und Heugabeln bewaffnet, in großer Menge zu. Im Glauben und in der Hoffnung auf den allmächtigen Lenker der Schlachten führten sie die Scharen hinunter nach Czinkota; dort hatten sie im Rücken die Donau, vor sich die mogyoróder Hügel, welche sie von den feindlichen Haufen trennten. Unter diesen war das bácser Panier das zahlreichste; dabei waren noch des Königs Heerbann, einige Scharen Kärntner mit ihrem Herzog Marquard und etliche Haufen Böhmen, vom Herzog Wratislaw II. zu Hülfe gesandt. Die Brüder wollten den Angriff machen, aber ein dichter Nebel hielt sie zurück. Als dieser verschwunden war, sahen sie auf den mogyoróder Höhen den Troß des königlichen Heers aufgestellt; so wollte es Graf Vid, wähnend, die Herzoglichen würden denselben für schlagfertigen Vortrab halten und fliehend ihren Standpunkt räumen.

Die Bewegungen jenseit der Hügel ließen am folgenden Morgen ernstlichen Angriff erwarten. Mit Tagesgrauen rüsteten sich die Streitmänner der Brüder, den Feind zu empfangen. Im Angesicht aller warfen sich Geiza, Ladislaus und Otto auf ihre Knie und beteten zu Gott um Beistand und Sieg; dann stellte sich der erste in des Heeres Mittelpunkt, welchen die Paniere der Neitraer und der übrigen nördlichen Gespanschaften ausmachten. Ladislaus mit den Scharen der Theißgegenden nahm den linken, Otto mit den Mährern den rechten Flügel ein; neun Geschwader, ins Geviert gestellt, bildeten die Reserve. Jetzt zieben die königlichen Scharen die Höhen herab. Graf Ernyei, der selbst hier noch zum Frieden gerathen hatte, sieht die wohlgeordneten Reihen der Herzoge und spricht zu Vid: „Die Männer, die dort unten wie in die Erde eingewurzelt stehen, scheinen weder Furcht noch Flucht zu kennen; die Donau in ihrem Rücken, verkündigt uns ihren Vorsatz, zu siegen oder zu sterben." Die letzte Warnung verachtend, machte Vid mit dem bácser Panier den Angriff auf den mähr

[1] Thuróczy, II, 52. — [2] Muglen, Kap. 39. Thuróczy, II, 62.

Fürsten und ward von diesem geworfen, sein Volk beinahe ganz aufgerieben, ihm selbst die Brust durchbohrt, das Haupt gespalten. Ernyei stellt an seinem Platz das Treffen wieder her; aber die Standhaftigkeit der Mährer ist unbezwinglich, auch er wird auf die Leichen der Seinigen hingestreckt. Seiner vorzüglichsten Stärke beraubt, wirft sich der König verzweiflungsvoll auf Geiza. Ladislaus bemerkt es, umgeht schnell das noch kämpfende königliche Heer und faßt es im Rücken. Bald sieht sich Salomon von allen Seiten umringt; mühsam öffnet ihm des tapfern Opos Arm einen Ausweg zur Flucht, auf der ihn die Sieger bis an die Donau verfolgen. In der Gegend von Visegrád gelingt es ihm, hinüber zusetzen und an die österreichische Grenze zu gelangen. Die Städte . Wieselburg und Presburg waren schon im voraus befestigt worden und gewährten ihm Sicherheit. In der erstern traf er Mutter und Gattin. Herzog Marquard und der Anführer der Böhmen wurden, schwer verwundet, gefangen.[1]

Als Ladislaus gegen Abend über das leichenvolle Schlachtfeld ritt, wurde er von schmerzlicher Rührung ergriffen und beweinte das Schicksal der Todten und des Vaterlandes, das sie verloren hatte. Unter den Todten erkannte er auch Ernyei, stieg vom Pferde, umarmte ihn und rief: „Ich beklage dich wie meinen Bruder, denn dein Herz und dein Rath strebten nach Frieden." Hierauf ließ er ihn ehrenvoll begraben. Weiter stieß er auch auf den Leichnam Vid's und sprach: „Wol warst du unser unversöhnlicher Feind, aber möchtest du doch leben und dich bessern und, wie du bisher Zwietracht gestiftet, künftig Eintracht zwischen uns stiften; dein Herz, das nach Herrschaft dürstete, hat die Lanze durchbohrt, deinen Kopf, der die Krone tragen wollte, das Schwert gespalten!" Auch ihn befahl er zu begraben, aber die erbitterten Krieger füllten ihm Brust und Augen mit Erde. „Solange du lebtest", sagten sie, „haben deine Augen Glanz und Güter nie sättigen können, jetzt soll sie Staub füllen!"[2] (1074 Ende März.)

Vom Schlachtfelde führten Geiza und Ladislaus die siegreichen Scharen gegen Stuhlweißenburg, wo sie einen Theil derselben in des Reiches feste Plätze vertheilten, die übrigen zu ihren friedlichen Herden heimkehren ließen.

Unterdessen versammelten sich die Prälaten und Magnaten in der Königsstadt, um zu verfügen, was des Landes Wohlfahrt jetzt forderte. Da wurde bekannt und erwiesen, daß Salomon sich neuerdings dem deutschen Kaiser, unter Bürgschaft von zwölf Geiseln, zum Tribut, zur Lehnspflicht und zur Abtretung sechs fester Städte erboten habe, um ihn zu feindlichem Einfall in Ungarn zu bewegen.[3] Darüber wurde Salomon für des Vaterlandes Feind und Verräther, zur Regierung unfähig, des Thrones verlustig erklärt, und Geiza's Einsetzung zum König beschlossen.

---

[1] Megiser. Annales Carinth. (Leipzig 1612), S. 735. — [2] Muglen, Kap. 40. Thuróczy, II, 7. — [3] Lamberts Schaffnaburgens. ad ann. 1074.

Geiza 1074—1077.

Eine ansehnliche Gesandtschaft zog ab, um Geiza zur feierlichen Krönung 1074 am 20. April abzuholen. [1] Willig übernahm er die Verwaltung des Reichs; allein die Krönung bat er aufzuschieben, bis alle Versuche zur Aussöhnung des Vaterlandes mit seinem Vetter fruchtlos geblieben wären. Nicht Versöhnung, sondern Rache war Salomon's einziger Wunsch. Seine Anträge setzten Heinrich IV. in Thätigkeit, und als der größte Theil der deutschen Fürsten dem Kaiser die Heerfolge nach Ungarn verweigerte, warb er auf eigene Kosten Kriegsvolk und drang damit an der Donau nördlicher Seite in das Land ein. Nach Béla's früherm Beispiel ließ Geiza aus den Gegenden, durch welche der Kaiser ziehen mußte, Menschen, Vieh und Feldfrüchte wegführen, das südliche Ufer der Donau stark besetzen und durch auserlesene Scharen auf der befestigten Sanct-Andreas-Insel bei Waitzen alles weitere Fortschreiten ihm verwehren. Bis dahin waren die Deutschen, ohne einen Feind zu sehen, nur gegen Hungersnoth und Seuchen kämpfend, vorgedrungen. Ein Aufruhr unter ihnen vermehrte für Heinrich die Gefahr, und er sah sich genöthigt, so wie er gekommen war, ohne Ruhm zurückzukehren. Er führte seine Schwester Sophie mit sich nach Deutschland. [2]

Schon früher hatte Geiza dem Papst Gregor VII. von den neuen Ereignissen in Ungarn, von seiner Uebernahme der Reichsverwaltung und von den vereitelten Entwürfen des deutschen Kaisers ausführlichen Bericht erstattet. Am 23. März 1075 erhielt er von diesem unerschütter- 1075 lichen Verfechter der Hierarchie eine Gesandtschaft mit den kräftigsten Versicherungen des apostolischen Schutzes und mit der Anerkennung: „daß ihn der Herr nach seinem gerechten Urtheil zur Herrschaft erhoben habe, weil sein Vetter, den würdigern Schutz des heiligen Petrus verachtend, sich selbst zum Lehnsfürsten des deutschen Königs herabgesetzt hätte". Nachdrücklich wurde dabei dem neuen Beherrscher der Ungarn eingeschärft: „daß, sowie die übrigen selbständigen Reiche der Welt, auch das Königreich Ungarn in seinem Zustande der Unabhängigkeit erhalten werden müsse, keines andern Fürsten Oberlehnsherrlichkeit anerkennen dürfe, und nur der römischen Kirche, der allgemeinen Mutter, die von den Ihrigen kindliche Folgsamkeit, nicht knechtische Unterwerfung verlange, zum Gehorsam verpflichtet sei". [3]

So wenig auch die ungarischen Stände geneigt waren, in zeitlichen und weltlichen Angelegenheiten des Reichs irgend ein Recht des päpstlichen Stuhls anzuerkennen, und so gewiß sie mit möglichstem Nachdruck sich widersetzt hätten, wäre Gregor, auf dem Grunde einer vorgegebenen Schenkung des Reichs an den heiligen Petrus durch König

---

[1] Geiza führte auch den Namen Magnus. Thuróczy, II, 53. Katona, Hist. Reg., II, 366. — [2] Im September. Lambert. Schaffnaburgens. ad ann. 1074. Thuróczy, II, 54. — [3] „Notum tibi esse credimus, Regnum Hungariae sicut et alia nobilissima in propriae libertatis statu debere esse, et nulli regi alterius regni subjici, nisi sanctae et universali matri Rom. Ecclesiae" etc. Gregor VII. Epist. Lib. II, Ep. 70, bei Katona, Hist. Reg., II, 362.

Stephan, jemals mit einer Forderung von Lehenspflicht, Huldigung oder
irgendeines andern Zeichens weltlicher Unterthänigkeit hervorgetreten:
so lieb war es ihnen doch, daß Salomon auch von ihm für schuldig und
mit Recht des Throns verlustig erkannt[1], folglich ihr Verfahren wider
ihn selbst von dem Verweser des göttlichen Rechts als gerechtes Urtheil
Gottes verehrt wurde. Darum drangen sie jetzt ernstlicher in Geiza,
den Königstitel mit der Krone anzunehmen und dadurch die Ruhe des
Vaterlandes gegen Salomon's verderbliche Anschläge noch mehr zu
sichern. Geiza's Zartgefühl sträubte sich noch dagegen; endlich aber
ließ er mit sich geschehen, was die Stände wünschten: denn als im klein-
tapolesáner Bezirk der barser Gespanschaft, zwei Meilen östlich von Ara-
nyos-Maróth, im Granthale, die von ihm aufgeführte Abtei und Kirche
Sanct-Benedict vollendet war und er die Stiftungsurkunde am 14. April
1075 ausfertigte, nennt er sich schon „obersten Herzog der Ungarn, hernach aber durch Gottes Gnade gesalbten König" und Ungarn sein Reich.[2]
Erst nach vollbrachter Krönung[3] mochte Geiza ein zweites päpstliches Schreiben erhalten haben, worin zwar Gregor noch immer die
Schuld des entsetzten Königs eingestand, aber auch nicht undeutlich den
Wunsch einer Versöhnung desselben mit Geiza und seiner Wiederein-
setzung zu verstehen gab. Wahrscheinlich hatte ihn seine Achtung für
die in Rom gottselig lebende verwitwete Kaiserin Agnes, Mutter der
Gemahlin Salomon's, zu dieser Vermittelung bewogen, welche ganz verschieden auf Geiza und auf Salomon wirkte.   .
Unangefochten von jenem, saß dieser in Presburg, des erstern
Versöhnungsboten mit überspannten Forderungen zurückweisend und
den mit seinen Reichsvasallen in Fehdschaft verflochtenen Kaiser zu
neuem feindlichen Ueberfalle Ungarns anreizend. Ladislaus, der in der

---

[1] In einem zweiten Brief an Geiza schrieb Gregor von Salomon:
„Sufficiat unicuique quod suum est, ... sicque fiat in pace nobilissimum
regnum Hungariae quod hactenus per se principaliter viguit, ut rex ibi non
regulus fiat. Verum ubi . . . . Rex (Salomo) subdidit se Teutonico Regi et
reguli nomen obtinuit, Dominus autem . . . . potestatem regni suo ad te ju-
dicio transtulit", bei Katona, Hist. Reg., II, 363. — [2] Literae fundationis,
bei Katona, a. a. O., S. 366: „Ego Magnus, qui et Geisa supremus Hungarorum Dux, postea vero gratia Dei Rex consecratus . . . . Principibus Regni
nostri notum fieri volui . . . . ceterisque Regni mei principibus, quorum con-
sensu et consilio statutum etc." Der Theolog Palma (Notitia Rer. Hung.)
meint, Geiza hätte sich krönen lassen, nachdem sein Gewissen durch des
Papstes Urtheil beruhigt war; Hofrath von Lakics (de haeredit. jure, S. 63)
scheint behaupten zu wollen, daß Geiza weder rechtmäßig gekrönt worden,
noch rechtmäßiger König gewesen sei. Dann muß man aber auch behaupten:
daß Salomon an den ursprünglichen Grundvertrag nicht gebunden war; daß
er mit der Freiheit, Selbständigkeit und Unveräußerlichkeit des Reichs nach
Willkür schalten und walten und zur Unterstützung dieser Willkür auch
fremde feindliche Kriegsmacht in das Land rufen konnte; daß die in Stuhlweißenburg zum Landtage versammelten Stände, die ihn des Reichs verlustig
erklärt hatten, nicht seine rechtmäßigen Richter, sondern Rebellen waren;
endlich, daß Salomon das ungarische Reich als wahres und eigentliches Patrimonium mit dem unbeschränktesten Eigenthumsrecht besessen habe. —
[3] „MLXXV. Magnus (Geisa) Rex coronatur." Chronic. Posoniense, bei
Endlicher.

Fülle seiner Kraft keine halben Maßregeln faßte und mit sich selbst zu
einig war, um zwischen der Erkenntniß des Rechts und den Rücksichten
der Verwandtschaft ängstlich zu schwanken, zog mit seinem Heerbann 1076
vor Presburg und hielt Salomon so fest eingeschlossen, daß es diesem
unmöglich ward, die Entwürfe seines bösen Willens auszuführen.¹ Doch
ohne Widerstreben hob er die Belagerung auf, als Geiza, von über-
triebener Gutmüthigkeit verleitet, neue Unterhandlungen mit Salomon
eröffnete. Bei der Weihnachtsfeier in der szekszárder Abtei, vor dem
Grabe Béla's, mochte Geiza's Gewissen, mehr von Gefühlen als von
Einsichten geleitet, sich mächtiger geregt haben. In vertrauter Unterredung mit den anwesenden Bischöfen und Aebten eröffnete er seine
nie zu besänftigende Unruhe über des Thrones widerrechtlichen Besitz
und erklärte sich entschlossen, mit Vorbehalt des einmal angenommenen
Königstitels und seines herzoglichen Antheils, zwei Drittel des Reichs
mit der Krone seinem Vetter zurückzugeben. Gern unterstützten die
Bischöfe das ihnen heilsam scheinende Werk der Eintracht und des
Friedens; aber dem Gedeihen desselben legte der Haß der Weltlichen
gegen den verstoßenen Fürsten, und wahrscheinlich auch dessen ungestüme, mistrauische, wankelmütige Sinnesart unüberwindliche Hindernisse in den Weg. Der bald darauf, 15. April 1077, erfolgte Tod des 1077
zu gewissenhaften Königs endigte die Sache, deren weiterer Fortgang
nur neues Unheil herbeigeführt hätte.² Geiza hinterließ zwei Söhne,
Koloman und Álmos³, und eine Tochter Sophie, die zuerst des schon erwähnten Ulrich, Markgrafen von Ungarisch-Kärnten, zweite Gattin war
und nach dessen Tod den Herzog von Sachsen, Magnus, den unversöhnlichen Gegner Heinrich's IV., heirathete.⁴

¹ Katona, Hist. Reg., II, 372. — ² Muglen, Kap. 43. Thuróczy, II, 55. —
³ Kézai, II, 4. Thuróczy, II, 59. 60. Dandulus bei Muratori, 12. Das
Chronic. Posoniense, Cosmas Pragensis, ein Zeitgenosse, nennen Álmos den
Bruder Kolomann's. Dessenungeachtet wollen einige, gestützt auf sehr zwei-
felhafte Daten, behaupten, Kolomann sei der Sohn des Ladislaus, denn als
Geiza's Sohn hätte er, nicht aber dessen Bruder Ladislaus auf dem Throne
folgen müssen. Sie vergessen, daß damals das Recht der Erstgeburt noch
nicht bestand. — ⁴ Monachus Weingartensis bei Leibniz.

Dritter Abschnitt.

Wiederherstellung des innern Friedens und fortschreitende Entwickelung.

Ladislaus der Heilige. 1077—1095.

1. Aeußere Begebenheiten.

Als des Königs Geiza Tod, so berichten alte Erzählungen [1], im Lande vernommen wurde, da kamen Ungarns freie Männer zusammen und erwählten mit allgemeinem Rathschluß den Herzog Ladislaus und krönten ihn zum König, weil sie wohl wußten, daß er ein christlicher Herr war und mild und tugendhaft zu allen Zeiten. Er war der schönste Mann in seinem Volke, ungewöhnlich groß, edel von Wuchs, majestätisch in Blick und Geberden, seinen angeborenen Beruf zur Herrschaft verkündigend. [2] Seinem Bruder Lambert überließ er einen Theil des jenseit der Theiß gelegenen Landes als Herzogthum und lebte mit ihm fortwährend in brüderlicher Eintracht, sodaß die Geschichte, die gewöhnlich nur Kämpfe und traurige Auftritte aufzeichnet, diese Theilung des Landes gar nicht ausdrücklich berichtet, ja den anspruchslosen, seinen königlichen Bruder ehrenden Lambert kaum erwähnt. [3] So oft unter den Fürsten der Welt einer, an Geistesmacht, Ideenlicht und Willenskraft hoch über Zeit und Zeitgenossen emporragend, nach freier Weltumbildung und unumschränkter Weltbeherrschung strebte, ward es dem übrigen Fürstenvolk schwer, dem Joch des Einziggewaltigen sich zu entziehen. So war es, als Alexander ganz Asien und Afrika zur griechischen Cultur erhoben; so, als Mohammed die ganze Welt zur Anbetung eines einzigen Gottes bekehren; so, als Karl der Große ganz Europa zur Taufe und zum Fasten zwingen; und so jetzt, als Gregor VII. die ganze Priester- und Fürstenwelt unter die päpstliche Gewalt beugen wollte. Daher auch des letztern Hochachtung für

---

[1] Thuróczy, II, 5. 6. Kézai, II, 4. Muglen, Kap. 44. — [2] Legenda S. Ladislai bei Endlicher. — [3] Ladislai reg. Decret., III, 3, handelt von den Grafen des Herzogs. Chronic. Posoniense ad ann. 97 berichtet seinen Tod.

echte Könige, in welchen er Macht und Kraft erkannte. Doch dergleichen fand er nur zwei in seiner Zeit. Wilhelm, Englands Eroberer, und Ladislaus, der Ungarn König, waren unter den damaligen Beherrschern Europas wirklich die einzigen, gegen welche er sich scheute, etwas mehr als seine oberhirtliche Sorgfalt in den Grenzen alter Kirchensatzungen geltend zu machen. Darum durften auch beide unangefochten wagen, was jeden andern seine Krone oder wenigstens seine Ruhe gekostet hätte. Wilhelm bezahlte zwar den jährlichen Petersgroschen, aber beherzt versagte er dem Papste die Lehenspflicht. Kühner noch stieß Ladislaus, königlich handelnd, mit dem Ansehen des großen Hierarchen zusammen.

Ladislaus schickte eine Gesandtschaft an den Papst, ihm seine Thronbesteigung anzuzeigen und zu melden, daß er dem Heiligen Stuhl, als der obersten kirchlichen Gewalt, und dem Papst, als seinem geistlichen Vater, von ganzem Herzen zu gehorchen bereit sei. Aber hiermit begnügte sich Gregor nicht, sondern verlangte Anerkennung der päpstlichen Oberhoheit über Ungarn. Deshalb schrieb er am 9. Juni 1078 an den graner Erzbischof Nehemias: „Uebrigens ermahnen wir dich, daß du den unter euch gewählten König sammt deinen Mitbischöfen und den Großen des Reichs aufforderst und ihm rathest, er möge durch schickliche Gesandte seine Gesinnung und schuldige Ergebenheit gegen den apostolischen Stuhl deutlicher äußern, dann werden wir zu Ehren des allmächtigen Gottes und des heiligen Apostelfürsten Petrus ihm gütig antworten und ihn zu seinem und des ganzen Reichs Nutzen durch das Ansehen des Heiligen Stuhls mit Liebe und Wohlwollen unterstützen." Als diese indirecte Aufforderung nichts wirkte, schrieb der Papst im Frühling 1079 an Ladislaus selbst und drang neuerdings auf genauere Erklärung, eigentlich Anerkennung der Lehnsherrlichkeit des römischen Stuhls. Aber Ladislaus schickte weder Gesandtschaft noch Aeußerung, und Gregor, an der Möglichkeit, seine Ansprüche durchzusetzen, zweifelnd, schwieg endlich still. [1]

Das Recht, Bischöfe und Aebte zu ernennen und mit Ring und Stab zu investiren, den Landesfürsten, die es bisher geübt hatten, zu entreißen und dem Papst zuzuwenden, kämpfte Gregor mit unbiegsamer Beharrlichkeit; deshalb führte er unversöhnlichen Krieg gegen Kaiser Heinrich IV. Doch unangefochten von ihm fuhr Ladislaus fort, dasselbe auszuüben. Ebenso heftig drang Gregor darauf, das Cölibat der Geistlichkeit überall aufzuzwingen; allein in Ungarn fanden seine Machtsprüche während der Regierung des kräftigen Königs wenig Gehorsam, wie wir weiter sehen werden.

Boleslaw II., Herzog von Polen, des Ladislaus Vetter mütterlicherseits, eben der, welcher Béla mit einem Heer wider Andreas unterstützt und Béla's Söhne mit bewaffneter Mannschaft nach Ungarn zurückgeführt hatte, war Laster und Gewaltthaten wegen in seinem Lande verabscheut. Stanislaus, Bischof zu Krakau, sprach den Bann über ihn aus und verwehrte ihm den Eingang in die Kirche. Der Her-

---

[1] Katona, Hist. Reg., II, 395 fg., theilt diese Briefe Gregor's mit.

zog, von Zorn ergriffen, geht mit bewaffneter Mannschaft in die Kirche, wo der Bischof gerade Messe liest, befiehlt seinen Begleitern diesen zu tödten, und als sie vor der furchtbaren That zurückschrecken, stürzt er selbst auf ihn und ermordet ihn vor dem Altar, 1078—1079. Nun verhängte Gregor über das ganze Land das kirchliche Interdict, und sprach das Volk vom Gehorsam und von dem Eid der Treue gegen den Herzog los. Boleslaw war des Lebens nicht mehr sicher unter seinem Volke, mit seinem einzigen Sohn Mjesko floh er aus dem Lande nach Ungarn, und Ladislaus nahm ihn freundlich auf. Mochten auch die ungarischen Bischöfe den mit Priesterblut befleckten und mit dem Bann belasteten Flüchtling von aller Theilnahme an den kirchlichen Wohlthaten ausschließen, der König ließ sich dadurch in der Beschützung des Menschen und des flüchtigen Fürsten nicht irremachen. Boleslaw hatte ihm, seinem Bruder und Vater Wohlthaten erzeigt; kein Verhängniß, keine kirchliche Macht konnte ihn hindern, die Pflicht der Dankbarkeit auszuüben. Und als sich Boleslaw bald nach seiner Ankunft im Wahnsinn selbst entleibte, unternahm Ladislaus einen Feldzug, um dessen Sohn Mjesko wieder auf den Thron zu setzen.[1]

Obgleich der Papst von Salomon durch Gesandtschaften und Bitten bestürmt wurde, sich für ihn zu verwenden, und so gern er sich sonst in alle Angelegenheiten der Staaten als oberster Schiedsrichter mischte, so blieb er doch in dem Kampfe zwischen Ladislaus und Salomon unthätig. Desto thätiger bewiesen sich die ungarischen Bischöfe, um irgendein friedliches oder freundschaftliches Verhältniß zwischen dem König und seinem Vetter zu vermitteln. Niemand war bereitwilliger als jener, nicht nur sich mit Salomon auszusöhnen, sondern ihm auch das Reich abzutreten, oder es mit ihm zu theilen. Allein sowol der Theilung als der Abtretung widersetzten sich die Großen mit dem 1080 ganzen Gewicht ihres Ansehens. Nichts wurde gestattet, als daß beide Könige sich feierlich versöhnten, daß dem Sohne des Andreas im ganzen Lande mit Ehrenbezeigungen, die der Königswürde zukamen, begegnet und zur Behauptung seines Ranges ihm hinreichende Einkünfte angewiesen werden sollten.[2]

Kaum war Salomon in Stand gesetzt, sich wieder öffentlich im königlichen Glanze zu zeigen, so säumte er auch nicht, seine Unwürdigkeit zur Ehre und Macht durch neue Anschläge der Bosheit zu beurkunden. Ladislaus war zu groß und zu streng, als daß ihn nicht alle Bösen und Verworfenen hätten hassen sollen. Diese Rotte hatte sich um Salomon gesammelt, und in ihrem Rath ward die Gefangennehmung und Ermordung des Königs beschlossen. Der Anschlag ward verrathen, in der Ausführung selbst Salomon gefangen genommen und auf 1082 das Bergschloß Visegrád, unweit Waitzen am rechten Donauufer, in des Landes anmuthigster Gegend, in Verhaft gesetzt.[3] Noch trägt ein

[1] Martinus Gallus, S. 72—76. Cromer, IV, Kap. 3, S. 54—62. Chronic. Posoniense bei Pertz: Script. IX, 1, 28. Dlugoss, Hist. Polon., III, 284. Thuróczy, II, 58. — [2] Thuróczy, II, 56. — [3] Ebend. Nach Muglen, Kap. 45, ließ ihn der König auf die Neitraburg setzen. Bonfinius erzählt Salomon's

Thurm der Schloßruinen den Namen Salomon's. Doch gelang es der Geistlichkeit, seine Freilassung schon im folgenden Jahre auszuwirken. In zahlreicher Versammlung von Bischöfen und Aebten zu Rom sprach Gregor den König Stephan, dessen Sohn Emerich und den csanáder Bischof Gerhard heilig, 1081.[1] Ein päpstlicher Gesandter 1081 überbrachte die Bulle nach Ungarn, und am 20. August sollten die Leichname feierlich aus der Gruft gehoben und zur Verehrung ausgestellt werden. Aber, wie die Legende berichtet, war keine menschliche Gewalt im Stande, den Deckel von Stephan's Sarg zu heben. Endlich verkündigte die fromme Einsiedlerin Charitas: bis Salomon nicht in Freiheit gesetzt wird, werde der Deckel nicht nachgeben. Und siehe da, Salomon erhielt die Freiheit, und der Sarg wurde mit der größten Leichtigkeit geöffnet.[2] Wahrscheinlich ließ sich Ladislaus durch die hohe Geistlichkeit erbitten, daß er dem unglücklichen Nachkommen Stephan's an dem großen Nationalfest theilzunehmen gestattete, und ihm am Sarge des großen Ahnen die Hand der Versöhnung reichte.

Noch ein zweites Wunder trug sich bei der Oeffnung des Sarges zu. Vergebens suchte man den Fingerring, mit dem Stephan beigesetzt worden sein sollte; man fand nur die voneinander abgelösten Glieder. Aber einige Zeit darauf brachte der Abt des Klosters Berekesz in der biharer Gespanschaft, Mercurius, der die Nacht vor der Oeffnung des Sarges Wache gehalten hatte, dem König eine unverweste Hand mit einem kostbaren Ringe und gab vor, daß ihm dieselbe von einem Engel als die Hand Stephan's überreicht worden sei; zugleich flehte er um Gottes willen, diesen Schatz seinem Kloster nicht zu entziehen. Der König bewilligte diese Bitte, die Hand ward daselbst in der Kirche zur öffentlichen Verehrung ausgestellt, und die Abtei hinfort Szent-jobb, oder Szent-jobb-kéz (heilige rechte Hand) genannt.[3] Zur Zeit der Reformation kam die Hand in die Kirche der Dominicaner zu Ragusa; von dorther erhielt sie die Königin Maria Theresia 1771 und ließ sie unter vielen Feierlichkeiten in die Schloßkirche zu Ofen bringen, wo sie auch jetzt von den Gläubigen als heilige Reliquie verehrt wird.

Seit Salomon's Absetzung lebte seine Gemahlin Judith in Regensburg, damit sie jedes günstige Ereigniß wahrnehme, durch welches sie ihm von den deutschen Fürsten Hülfe wider Ladislaus verschaffen könnte. Im Jahre 1084 reiste er zu ihr, um zu erfahren, was sie für ihn und für sich selbst gethan, und welche Aussichten für die Zukunft ihm durch sie eröffnet worden wären; aber ihr Herz war von ihm abgewandt und

---

Anschlag ausführlich, aber als verunglückter Nachahmer des Livius hat er bei Erzählung der ihm nicht gleichzeitigen Begebenheiten den Glauben verwirkt.

[1] Hartvicus, Vita S. Steph., c. 22. Vita S. Gerardi, c. 22, bei Endlicher. Hansizius Germ. sacra, I, 275. Das Jahr des Conciliums und des Beschlusses kritisch ausgemittelt von Katona, Hist. Reg., II, 430 fg. — [2] Hartvicus, a. a. O. — [3] Hartvicus, a. a. O. Katona, Hist. Reg., II, 443—468. Pray, Dissert. de S. Stephano, S. 13 fg. Derselbe, Dissert. de dextra S. Stephani.

hatte für sein Unglück nur Verachtung. ¹ In der Wuth der Verzweiflung beschloß er, den König so lange zu verfolgen, bis es ihm gelänge, entweder ihn zu besiegen oder im Kampfe mit ihm, eines Königs würdig, den Heldentod zu sterben.

Durch beschwerliche Umwege kam er in die Moldau zu den Kumanen, deren Khan Kutesk durch einige glückliche Feldzüge wider die Bulgaren und Griechen mit beträchtlichen Schätzen sich auch den Ruf der Tapferkeit erfochten hatte. Salomon verlangte seinen Beistand, wofür er versprach, des Barbaren Tochter zu ehelichen und Siebenbürgen ihm abzutreten. Durch diese Verheißungen geblendet, folgte ihm der Kumane mit den Waffenfähigen seines Volks nach Ungarn.

1086 Schon hatten sie die nördliche Gegend des Landes bis gegen Munkács ausgeplündert und verheert, als sich ihnen Ladislaus mit seiner Heeresmacht bei Ungvár entgegenstellte und sie aus dem Lande schlug. ²

An dem Ufer des Pruth entwarf er mit Kutesk neue Pläne. Tzelgu, 1087 der Petschenegen Khan, verband sich mit ihnen, und im Frühjahr gingen sie mit 80000 Mann Kumanen, Walachen und Petschenegen über die Donau, um die Bulgarei und die angrenzenden Gegenden des byzan-. tinischen Reichs zu verheeren. Bis Skotinos und Chariopolis wurde das Land verwüstet und ausgeraubt. Bei Kule trafen sie das Heer der Griechen, dessen Befehlshaber Nikolaus Maurokatakalus das Treffen mit den an Zahl ihm überlegenen Barbaren vermeiden wollte; aber die Rottenführer entschieden für die Schlacht, die auch Salomon und seine Verbündeten wünschten. Beim ersten Angriff durchbrach Tzelgu die Reihen der Bizanter, doch im Getümmel der Schlacht ward er getödtet und mit seinem Fall sank auch der Muth seiner Scharen. Der erneuerte Angriff der Griechen zwang sie zu weichen; als sie die Flucht ergreifen wollten, wurden sie eingeschlossen, und nun kämpften sie mit den erbitterten Siegern nur um den Tod, ihn der Gefangenschaft vorziehend. Wahrscheinlich fiel hier auch Salomon, denn er wurde nie wieder gesehen, und seine Gemahlin Sophia heirathete schon 1088 den polnischen Herzog Wladislaus. ³ Nach der märchenhaften Erzählung anderer schlug Salomon sich mit wenigen durch und kam glücklich über die Donau. ⁴ Die mannichfaltigen Wendungen seines Schicksals, als dreimal gekrönter, jetzt von aller Welt verlassener, ohne Reich, ohne Land, ohne Macht umherirrender König, betrachtend, ward er, erst 36 Jahre alt, seines mühseligen Lebens überdrüßig; vor dem Eingang in einen dichten Wald hieß er sein Gefolge halten und ihn erwarten, bis er, der sichersten Wege kundig, wiederkehren würde. Allein er verschwand in dem Gehölze und kam nie wieder. ⁵ Fromme Ungarn, die den Sünder nicht gern verloren gaben, wollten ihn nach einiger Zeit im Pilgerkleide zu Stuhlweißenburg gesehen haben, und die frommen Bürger von Pola, in deren Nähe er seine Tage als Einsiedler in strenger Buße beschlossen haben sollte, wallfahrteten noch bis zur

¹ Berthold. Constant. ad ann. 1084 bei Urstis. I. — ² Muglen, Kap. 45. Thuróczy, II, 56. — ³ Annalista Saxo . ad ann. 1087 bei Pertz. — ⁴ Anna Comnena bei Stritter, Tom. III, Pars II, S. 852 fg. Das Jahr nach Katona, Hist. Reg., II, 499. — ⁵ Thuróczy, II, 56. Berthold. Constant. ad ann. 1087.

neuen Ordnung der Dinge in Europa zu seinem vermeintlichen Grabe und verehrten ihn als Heiligen.[1] Wetteifernd suchten noch vor kurzem bald der Kaiser, bald der Papst die Unabhängigkeit Ungarns zu vernichten; jetzt standen beide als unversöhnliche Feinde einander gegenüber. Gregor sprach den Bann über Heinrich IV. aus, 1076, und auf sein Anstiften wurde zuerst Rudolf von Reinfelden, Herzog von Schwaben, und nachdem dieser in der Schlacht bei Wolfsheim fiel, 1078, Hermann, Graf von Luxemburg, zum Gegenkönig gewählt. Der Kaiser hingegen setzte Gregor ab und ließ Wilibert Erzbischof von Ravenna Clemens III. als Gegenpapst aufstellen. Der Streit ging schnell in blutigen Krieg über. Gregor, in der Engelsburg von Heinrich belagert, wurde zwar durch seinen Lehnsmann Robert Guiscard, den normannischen Herzog von Calabrien, befreit und nach Salerno geführt, starb aber dort bald, 1085. Seine Partei wählte Desiderius Abt von Cassino zum Papst, der den Namen. Victor III. annahm. Zwei Kaiser und zwei Päpste standen also einander gegenüber. Auf dem Reichstag zu Speier 1087 sollte der Streit beigelegt werden. Auch Ladislaus schickte Gesandte dahin. Er, der Salomon, den Schwager Heinrich's, vom Throne verdrängt hatte, gehörte nothwendig zu dessen Gegnern, und als eifriger Christ mußte ihm alles daran liegen, die anstößige Spaltung der Kirche aufzuheben und Heinrich zur Anerkennung Victor's zu zwingen. Er bot also zu diesem Zweck 20000 Krieger an, doch wurde das Anerbieten von den Reichsständen abgelehnt.[2] ·Außerdem berichtet Thuróczy[3], daß ihm Hermann's Partei nach dessen Tode 1088 zum Nachfolger erkoren, er aber ihren Antrag nicht angenommen habe. Die deutschen Chronisten wissen von der letztern Nachricht nichts, die schon an sich höchst unwahrscheinlich ist.

Der westliche Theil des Landes zwischen der Drave und Save, das heutige ungarische Kroatien, vormals Pannonia Savia, schon unter Árpád erobert, gehörte in der Folge bald zu Ungarn, bald zu dem Kroatien südlich der Save, das selbst zwischen Unabhängigkeit und griechischer und venetianischer Oberhoheit schwankte. Das erstere Gebiet wurde unter Andreas wieder genommen, aber von Béla, als er dem Kroatenfürsten Zwonimir seine Tochter Helena vermählte, dieser als Mitgift verliehen.[4] Hierdurch und durch die Verwandtschaft mit den ungarischen Königen mächtiger geworden, nahm Zwonimir 1076 mit Bewilligung Papst Gregor's VII. den Königstitel an[5], und regierte ruhig bis zu seinem Tode 1089. Sein einziger Sohn Radowan war schon früher gestorben. Nun stritten um den herrenlosen Thron mehrere, unter denen ein Stephan, von dem noch Urkunden vorhanden sind, der mächtigste war; das Land ward ein Schauplatz arger Verwirrung und blutiger Fehden. Die Witwe Helene berief endlich im Verein mit

---

[1] Katona, Hist. Reg., II, 505 fg. Pray, Dissertat. de SS. Salomone Rege et Emerico (Presburg 1774), 4. — [2] Berthold. Constant. ad ann. 1087. — [3] Thuróczy, II, 59. — [4] Johannes de Guercse bei Kerchelich, 102, 1. — [5] Derselbe, s. a. O.

einigen Großen des Landes ihren Bruder Ladislaus, daß er komme und
1091 Ruhe und Frieden herstelle. Ohne Widerstand führte dieser 1091 die
ungarische Schar über die Drave und das kalniker Gebirge, schlug
darauf die Widerspenstigen in mehrern Treffen, eroberte ihre Burgen
und unterwarf seiner Herrschaft das ganze Kroatien bis auf die Meeresküste Dalmatien, die theils unter venetianischer, theils unter griechischer
Hoheit blieb. Das Land erhielt die ungarische Verfassung; die
Zschupanate wurden aufgehoben und die Eintheilung in Gespanschaften
eingeführt. Um das hier noch schwache Christenthum zu kräftigen,
gründete Ladislaus das Bisthum zu Agram und setzte den Böhmen Duh
zum Bischof. Die Verwaltung des Landes aber übertrug er seinem
Neffen Álmos. [1]

Der Einfall der vereinigten Kumanen und Petschenegen nach
Siebenbürgen nöthigte Ladislaus, wieder zum Schwert zu greifen. Am
Temesstrom erreichte er die Barbaren, welche unter Kopulch's Anführung bereits Siebenbürgen und die angrenzenden Gespanschaften bis
an das linke Theißufer mit Feuer und Schwert verwüstet hatten. Ihre
ganze Macht stand dort vereinigt, mit ungeheurer Beute an Menschen
und Vieh zum Rückzuge bereit, an Zahl und an Kriegsvorrath den Ungarn überlegen. Da fand es Ladislaus nicht rathsam, die angeordnete
Zufuhr der Lebensmittel für die Seinigen abzuwarten, und diese des Feindes Stärke erst lange erwägen und berechnen zu lassen. „Wir müssen
schlagen", sprach er, „der Sieg ist unser. Ihr wisset, mein Wort ist
wahr; wer auf den Herrn vertrauet, folge mir!" Hiermit ergriff er die
rothe Fahne und drang in die Kumanenhaufen ein, bevor sie noch
zum Treffen sich ordnen konnten. Auf so raschen kühnen Angriff
waren sie nicht gefaßt. Der größte Theil wurde gefangen. Die
übrigen mit Kopulch starben unter dem Schwerte der Ungarn; nur ein
Einziger, heißt es, entkam, der seinem Volke die Botschaft des Verderbens überbrachte.

Den Gefangenen ließ der König die Wahl zwischen der Knechtschaft
oder Annahme des Christenthums und Freiheit. Die meisten wählten
die letztere und wurden unter mancherlei Begünstigungen in die Gegend
verpflanzt, welche, von den heveser, szolnoker und pesther Gespanschaften umgeben, reich ist an fruchtbaren Feldern und vortrefflichen
Weiden. Da sie Bogenschützen waren und als solche später auch im
königlichen Heere dienten, erhielten sie den Namen Jász, und das
Land Jászság, Jazygien. [2] Von diesem Feldzug erzählt die Legende
viele Wunder, die Ladislaus bewirkt haben soll, die wir aber nach-
zuerzählen für überflüssig halten. [3]

Ehe noch Ladislaus die Gegend verließ, kamen von dem Ober-

[1] Thuróczy, II, 56. Lulus bei Schwandtner, III. Felicianus, Erzbischof von Gran, in Kerchelich, Hist. Episcop. Zagrab., I, 18. Thomas, Archidiac. von Spalato, bei Schwandtner, III. Fejér, Cod. dipl., I, 210. —
[2] Thuróczy, II, 57. Thomas, Archidiac. Spalatensis, 17. Petri Horváth, Commentatio de initiis ac Majoribus Jazygum et Kumanorum (Pesth 1801), S. 54,
87 fg. — [3] Legenda S. Ladislai Regis bei Endlicher, Kap. 6.

Khan der Kumanen, Ákos, Abgeordnete, welche die Auslieferung der
Gefangenen unter verwegenen Drohungen forderten. Als sie abgewiesen wurden, bestimmten sie den Tag, an welchem ihre Volks-
macht zur Rache ihrer letzten Niederlage Ungarn zum zweiten mal verheeren würde. Ladislaus kam ihnen zuvor; in Eilmärschen folgte er
den Gesandten bis an die Donau, wo Ákos zahlreiche Rotten Kumanen
versammelt hatte. Dort schlug er das Volk gänzlich, erlegte den
Heerführer und sicherte das Reich auf lange Zeit vor kumanischen
Einfällen. [1]

Die Angelegenheiten Kaiser Heinrich's IV. nahmen für diesen wieder
eine schlimme Wendung; Papst Urban II. setzte den traurigen Kampf
gegen ihn fort; der junge Welf hatte sich mit Mathildis, der mächtigen
Gräfin von Tuscien, vermählt, sein eigener ältester Sohn Konrad,
schon gekrönter deutscher König, vom Papst und den Welfen aufgehetzt,
sich gegen ihn empört. In dieser Bedrängniß gedachte Heinrich des
rechtschaffenen Königs der Ungarn, dessen mächtige Vermittelung ihm
in Deutschland und Italien von dem größten Nutzen sein konnte.
Durch Gesandte wurde verabredet, daß sich die beiden Fürsten um
Weihnachten 1092 treffen sollten, und wahrscheinlich als Ort der Zusammenkunft der Martinsberg erwählt, denn da hielt sich Ladislaus
einen Theil des Jahres auf. Daß dieser jetzt geneigt war, in ein Freund-
schaftsbündniß mit Heinrich zu treten, dessen erklärter Gegner er früher
gewesen, darf nicht befremden. Die Drangsale des unglücklichen
Fürsten konnten sein Herz rühren, und sein biederer frommer Sinn
mußte einen Papst verabscheuen, der fähig war, die heiligsten Bande
der Natur zu zerreißen und den Sohn zur Empörung wider den Vater zu
treiben. Aber die Zusammenkunft wurde durch den alten Welf von
Baiern vereitelt, der die Wege besetzte und Heinrich zur Rückkehr
nöthigte. [2]

Um diese Zeit ergriff ein mächtiger Sturm der Begeisterung die
Völker Europas; sie erhoben sich in Massen, um sich auf Vorderasien zu stürzen und das heilige Land, wo der Erlöser wandelte und
starb, den Ungläubigen zu entreißen. Solange die gebildeten Araber
dort herrschten, hatten sowol die einheimischen Christen als auch die
Pilger wenig Ursache über Bedrückung zu klagen; als aber die seld-
schukischen Türken Herren dieser Länder wurden, waren Einwohner und Wallfahrer den größten Mishandlungen ausgesetzt. Da
faßte schon Gregor VII. den Plan, die Rückeroberung dieser Länder
für die christliche Welt zu bewirken, aber die Kämpfe um Hoheit und
Macht, in die er fortwährend verwickelt war, machten die Ausführung
unmöglich. Auch das schwer bedrohte byzantinische Reich, das schon
einen so großen Theil seiner schönsten asiatischen Länder verloren
hatte, bot die christlichen Fürsten zur Hülfe auf. Und überall hatte die
Gemüther tiefe Scham, die heiligen Stätten im Besitz der Mohammedaner

[1] Thuróczy, II, 57. — [2] Berthold. Constant. bei Urstis, I, 366: „Welpho,
Dux Bojariae, eundem Henricum ante proximam nativitatem Domini mirabi-
liter confudit, quem ad colloquium pervenire prohibuit, quod idem Henricus
et rex Ungarorum condixerant, ad quod etiam paene jam convenerant."

zu sehen, schmerzliches Bedauern der dortigen Christen und Pilger,
Zorn gegen die Türken und das Verlangen, sie von dort zu vertreiben,
ergriffen. Jetzt kehrte der Einsiedler Peter von Amiens von seiner
Wallfahrt aus Palästina zurück. Er hatte da die Drangsale der
Christen selbst erfahren und in der Aufregung seines Gemüths erkannt,
daß er vom Himmel berufen sei, den heiligen Krieg zu verkündigen.
Er zog also von Land zu Land, schilderte mit glühenden Farben die
Entweihung der heiligen Orte, die Leiden der Christen, das Verdienst
und den Lohn des heiligen Kampfes und erfüllte überall Tausende mit
dem Feuer, das in seiner Brust flammte. Hierauf hielt Urban II. ein
Concilium zu Pisa im März 1095, um die große Angelegenheit zu berathen, dem auch die Gesandten des griechischen Kaisers Alexius
Comnenus beiwohnten. Die Sache wurde mit Begeisterung ergriffen,
Frankreich, England, ein großer Theil Italiens erklärten sich sogleich
bereit, den Kriegszug zu unternehmen. [1] Die Fürsten und Herren, die
sich zu diesem Zug anschickten, gedachten des frommen und helden-
müthigen Ladislaus, durch dessen Reich sie ihr Weg führte und dessen
Weisheit, Tapferkeit und Macht einen glücklichen Erfolg sichern konnte;
ihn ersuchten sie also, die Anführung zu übernehmen. Ihre Gesandtschaft traf ihn auf dem Schloß Bodrog am linken Donauufer, wo er
Ostern feierte, und der für alles Große sich so leicht begeisternde König
nahm das Anerbieten freudig an und erklärte sich bereit, an die Spitze
des Heeres zu treten, sobald dieses durch sein Reich ziehen würde. [2]
　　Aber anders war es im Rath des Schicksals beschlossen, der Tod
raffte ihn dahin, noch ehe der Kreuzzug begann. Zwischen dem polnischen König Wladislaw und dem Herzog von Böhmen Bretislaw II.
bestand seit längerer Zeit heftiger Streit, der mehr als einmal in offenen
Krieg überging. In diesen wurde ein mährischer Herzog, wahrscheinlich Swatoplukvon Olmütz, verwickelt und rief Ladislaus, seinen
1095 mütterlichen Oheim, zu Hülfe. [3] Im Sommer 1095 führte Ladislaus
auch wirklich ein Heer gegen Bretislaw, aber unterwegs ereilte ihn am
29. Juli der Tod. [4] Sein Leichnam wurde zu Großwardein in der von
ihm erbauten Marienkirche beigesetzt. [5] Dahin wallfahrteten jahrhundertelang die Frommen, und die Legende berichtet von großen
Wundern die hier geschahen. [6] Ihm wiederfuhr die Ehre, 1192 unter
dem Papst Cölestinus III. heilig gesprochen zu werden.
　　Ladislaus war ein weiser, kraftvoller Regent, der Wiederhersteller
des durch Bürgerkriege zerrütteten Reichs, der Ordnung, Ruhe und
Wohlfahrt zurückführte, die Grenzen beträchtlich erweiterte, fremden
Einfluß, von welcher Seite dieser auch kommen mochte, mit Entschiedenheit abwehrte. Dabei war seine Persönlichkeit und sein

---

[1] Wilken, Geschichte der Kreuzzüge, nach morgenländischen und abendländischen Berichten (Leipzig 1807). — [2] Thuróczy, II, 59. Legenda S. Ladislai bei Endlicher, Kap. 7, S. 240. Colet, Collect. conciliorum XII, 826.
— [3] Palacky, Geschichte von Böhmen, I, 340—342. Sigebertus Gemblacen-
sis und Annales Hildesheimenses ad ann. 1095. — [4] Thuróczy, II, 59. Chron.
Posoniense setzt seinen Tod ins Jahr 1097, aber irrig. — [5] Legenda S. Ladislai bei Endlicher. — [6] Ebend.

Charakter ganz volksthümlich, er war ein magyarischer Fürst und
Held, darum blieb sein Andenken unvergeßlich, und noch jetzt redet
der ungarische Landmann mit Bewunderung von dem gewaltigen König,•
der alle seine Krieger um einen Kopf überragte und dessen Streitroß,
wenn er über Berg und Thal dem Feinde nachsetzte, tiefe Spuren in den
Felsen grub.

Er hinterließ keinen Sohn, und sichere Nachrichten haben wir auch
nur von einer Tochter, Piroska ist ihr ungarischer, Irene ihr griechischer Name. Sie war vermählt an den besten der Comnenen, an
den byzantischen Kaiser Kalojohannes. Ihre Bescheidenheit, Wohlthätigkeit und Tugend wird gepriesen [1], aber ihr Sohn Manuel brachte
viel Unheil über Ungarn, wie wir sehen werden.

2. Innere Zustände, Gesetze, Kirche und Volksleben von 1038—1095.

Seit dem Tode Stephan's, durch beinahe vierzig Jahre, erschütterten Zwietracht, innere Unruhen und Bürgerkriege das Land. Es
war dies die Zeit des Uebergangs vom Alten zum Neuen, die fast nothwendig solche Erscheinungen hervorbringt, in dem Leben der meisten
Völker durch noch weit furchtbarere Auftritte bezeichnet ist und oft noch
viel länger dauert. Das Alte war noch nicht gänzlich unterlegen, das
Neue hatte noch nicht vollständig gesiegt, beide rangen noch in heftigem Kampfe um die Herrschaft. Denn wol hatte Stephan wunderbar
schnell und glücklich alle Zustände umgestaltet und gleichsam ein anderes Volk und Reich geschaffen; aber ein großer Theil dieses Volks,
das so gelehrig und bildsam die schönen und edeln Formen christlicher
Civilisation annahm, hatte sich dennoch nur widerstrebend und gezwungen in die neue Ordnung der Dinge gefügt, und hielt im Herzen
noch fest am Glauben und an der Sitte der Väter. Das alte, darin auf-
gewachsene Geschlecht war noch nicht ausgestorben, ein neues, unter
rein christlichen Einflüssen gebildetes noch nicht gekommen. Nur ein
an Geist und Gemüth gleich reich begabter König hätte das glücklich
begonnene und weit gediehene Werk ohne bedeutende Kämpfe fort-
führen und friedlich und ruhig vollenden können. Aber ein solcher
König war den Ungarn gerade in dieser so gefährlichen und wichtigen
Zeit von der Vorsehung nicht beschieden. Rasch folgte ein Herrscher
auf den andern; keiner hatte Zeit und Macht genug, Bleibendes zu wirken; den meisten fehlte es hierzu auch an Kraft und gutem Willen;
einige waren sogar Verräther, die des Reichs Freiheit und Unabhängigkeit hinopfern wollten, um dasselbe unterdrücken zu können. Das
königliche Ansehen sank, die Bande der Ordnung lösten sich auf, das
Christenthum gerieth in Verfall, die Sitten verschlimmerten sich, zu den
alten Fehlern kamen neue Laster. Das große Werk der religiösen,
bürgerlichen und sittlichen Gestaltung wurde nicht nur aufgehalten in
seiner Entwickelung, sondern die Verwilderung nahm zu, und der Staat

---

[1] Cinnamus, I, 4.

stand am Rande des Untergangs. Doch die sittliche Kraft des Volks und seine Vaterlandsliebe waren nicht erloschen unter diesen Stürmen, sie lebten fort und harrten nur der Anregung, um mächtig zu wirken. Es duldete keinen Despoten, der ihm mit Hohn begegnete und die Gesetze des Rechts mit Füßen trat; es stürzte jeden bald vom Throne, der sich denselben anmaßte und ihn befleckte. Schon glaubte der gewaltige Heinrich III. auch Ungarn seinem Scepter unterworfen zu haben, weil treulose Herrscher mit ihren verächtlichen Knechten und elende Verräther ohne Ehrgefühl huldigend zu seinen Füßen sanken. Aber sobald die Ehre, die Unabhängigkeit und Freiheit des Vaterlandes bedroht war, sobald es galt, den angestammten, selbsterkorenen König zu vertheidigen, da erhob sich die ganze Nation mit unbezwinglicher Kraft zum Kampf. Vergebens schreckte der Kaiser durch seine Hoheit, vergebens rief er das Ansehn des Papstes und der Kirche zu Hülfe, vergebens bot er die Macht seiner weiten Reiche auf — das für sein gutes Recht kämpfende Ungarn war stärker, er mußte sich mit einigen Abtretungen an Land begnügen und dessen Freiheit anerkennen. Aus dem innern Verfall erhob sich endlich dieses Volk mit wunderbarer Schnelligkeit, sobald ein König den Thron bestieg, der von der Natur die echte Weihe des Herrschers empfangen hatte. Eintracht und Friede kehren wieder, Gesetz und Religion üben neuerdings ihre wohlthätige Macht, Sittlichkeit und Bildung schreiten fort, Ordnung und Thätigkeit heilen die Wunden, welche Tyrannei und Zwietracht geschlagen hatten; ja, blühender und stärker wird das Reich, als es vordem gewesen war, unter der Regierung des edeln Ladislaus. Wie gewaltige Stürme die Atmosphäre reinigen und die Fruchtbarkeit der Erde fördern, sodaß die Natur, durch sie geweckt, gleichsam mit doppelter Kraft wirkt, so wird in dem Zustande der Völker durch heftige innere Erschütterungen krankhafter Stoff entfernt und das Leben zu erhöhter Thätigkeit angeregt.

Seit dem Sturze Peter's hört die Feindseligkeit und der Kampf auf zwischen den ausländischen Günstlingen und den einheimischen Vornehmen, der eine Quelle vielfacher Uebel war. Die nichtswürdigen ränkevollen Höflinge, die blos in der Absicht, zu rauben und zu schwelgen, in das Land gedrungen waren, mochten in den bürgerlichen Unruhen umgekommen oder geflohen sein, und andere fühlten keine Lust oder strebten vergeblich, ihr Glück zu machen an dem Hof von Königen, die von nationaler Gesinnung erfüllt waren. Die Nachkommen der früher eingewanderten Herren aber hatten aufgehört, Ausländer zu sein, sie waren bereits Magyaren geworden und liebten ihr Volk und Vaterland. Auch die Mitglieder der hohen und niedern Geistlichkeit waren nicht mehr lauter Fremde, sondern größtentheils Eingeborene, die ebendarum auch dem Volk näher standen, fähiger waren, das Christenthum in die Herzen zu pflanzen, und an dem Wohl und Weh des Landes aufrichtigen Antheil nahmen.

Auf der andern Seite brach während dieser Bürgerkriege die Macht der Geschlechts- und Stammeshäupter noch mehr zusammen; sie verschwinden als solche gänzlich aus der Geschichte. Manche mordete die Tyrannei, die immer die Höchsten zuerst trifft, andere fielen in den

Schlachten, viele büßten beim fortwährenden Wechsel der Herrscher
ihre Stellung und ihre Güter ein. Also verlor der Stammadel immer
mehr an Zahl, Reichthum und Macht, und an seiner Stelle erhob
sich ein Adel, der durch königliche Gunst Aemter, Vorrechte und
Besitzthümer erhielt und mit dem sich die Sprößlinge des erstern
vermischten

Aber in Zeiten, wo der Besitz des Throns unsicher ist und
Prätendenten um denselben kämpfen, sind diese genöthigt, durch Freigebigkeit sich Freunde zu erkaufen, und wissen eigennützige Parteigänger aus ihrer Bedrängniß ungemessene Vortheile zu ziehen. Vergebens hatte das Gesetz Stephan's die königlichen und Staatsdomänen
und Einkünfte auf immer für unveräußerlich erklärt und verboten, sie
zu verschenken[1], in dem vierzigjährigen Zeitraum fortwährender
Thronstreitigkeiten und Bürgerkriege mußte eine weitgehende Verschleuderung derselben stattgefunden haben, da schon unter Koloman,
dem auf Ladislaus folgenden König, an Reichstagen von einer gewissen
Armuth des königlichen Hofs und von der Zurücknahme des verschenkten Guts die Rede ist. Und so erhielt die königliche Gewalt dadurch,
daß die einst drohende Macht der Stammhäupter immer mehr schwand,
beiweitem nicht den Zuwachs, den man vermuthen sollte. Denn schon
hatte die freiwillige oder erzwungene Freigebigkeit der Könige angefangen, nicht minder mächtige und gefährliche Dynasten zu schaffen,
die bald ihr stolzes Haupt erheben werden.

Auch irren wir gewiß nicht, wenn wir annehmen, daß in diesen
gesetzlosen Zeiten nicht nur die Zahl der größern Allodialbesitzungen
sich vermindert hat, indem sie durch den Untergang und den Wechsel
ihrer Herren diese Beschaffenheit verloren und sich in Lehen verwandelten, sondern daß auch jene Gattung des Besitzthums überhaupt
und mit ihr die Freiheit und Selbständigkeit der Geringern immer mehr
verschwand. Denn der Schwache, den in der allgemeinen Verwirrung
kein Gesetz und keine Obrigkeit schützte, war genöthigt bei dem Starken
Schutz zu suohen, indem er sich an ihn anschloß, und wurde gewiß in
vielen Fällen, wenn er es nicht freiwillig that, gezwungen, sich zu unterwerfen und in eine damals vielleicht noch wenig drückende Hörigkeit
zu treten.[2]

Von den Gesetzen, die unter Ladislaus gegeben wurden, besitzen
wir drei Bücher, die zwar nur aus dem 15. Jahrhundert stammenden
Abschriften entnommen sind, aber den Stempel der Zeit so unverkennbar
tragen, daß man an ihrer Echtheit gar nicht zweifeln kann. Das erste
Buch enthält Beschlüsse eines am 21. Mai 1092 zu Szabolcs abgehaltenen
Reichstages[3]; diese betreffen lauter kirchliche Angelegenheiten und

---

[1] S. Steph. Decret., I, 7. — [2] S. Ladislai Decret., I, 31, erwähnt bereits Freie, die sich einem Bischof oder Grafen zu gewisser Hörigkeit
übergeben und vertragsmäßig behandelt werden sollen, unbeschadet ihrer
Freiheit. — [3] Corpus Juris Hungarici und bei Endlicher. Ladislai regis
Decretum I. Regnante creatore et salvatore nostro D. Jesu Christo anno in-
carnationis ejus MXCII, XII. kalend. junii in civitate Zabolcz sancta synodus habita est praesidente christianissimo Ungarorum rege Ladislao cum uni-

solche Dinge, die nach damaligen Begriffen vor das kirchliche Forum
gehörten. Daß sich ein Reichstag hiermit beschäftigt, darf uns nicht
Wunder nehmen; denn noch waren Staat und Kirche nicht voneinander-
geschieden; der Kampf, der ihre Trennung herbeiführte, hatte erst
begonnen; und besonders in neubekehrten Ländern durchdrangen sie
einander so sehr, daß sie sich gegenseitig ergänzten und beider Angelegenheiten gemeinschaftliche waren.

Gleich die ersten Gesetze dieses Reichstags zeugen davon, wie
sehr sich auch Ungarn gegen den Cölibat der Priester sträubte. Wiewol schon Gregor VII. auf einer 1074 gehaltenen Synode befahl, daß
kein Priester heirathen dürfe, daß jeder Verheirathete sich von seiner
Gattin trennen oder dem Priesterthum entsagen müsse, und daß der
Laie, der von einem verheiratheten Priester das Abendmahl nimmt, in
den Bann verfalle, wurde dennoch verordnet: 1) Priester, die nach dem
Tode ihrer Gattin eine zweite Ehe eingehen (bigami), und die eine Witwe
oder Geschiedene heirathen, sollen von diesen getrennt und nach überstandener Buße wieder in ihr Amt eingesetzt werden; die Frau aber,
da ihre Ehe ungültig war, darf sich wieder vermählen. 2) Der Priester,
der sich seine Magd als Gattin zugesellt, soll diese verkaufen, und will
er es nicht, so werde sie verkauft und der Erlös dem Bischof übergeben.
3) Den Priestern aber, die in erster und gesetzmäßiger Ehe leben, wird,
um das Band des Friedens und die Einheit im heiligen Geiste zu erhalten, zeitweilig die Erlaubniß gegeben (ihre Gattinnen zu behalten), bis
uns der Papst mit väterlichem Sinn eines andern belehret. 4) Der
Bischof oder Erzbischof, der die 1) und 2) erwähnten Ehen der Priester
gestattet, werde von dem König und den Bischöfen, wie ihnen recht
scheint, abgeurtheilt. Der Reichstag verwirft also hiemit die Entscheidung des Papstes und des Conciliums in der That, kleidet aber die
Verwerfung mit diplomatischer Feinheit in artige Worte. Wie in manch
andern Dingen, folgte die ungarische Nationalkirche auch hinsichtlich
der Priesterehe nicht den Satzungen der römischen, sondern denen der
griechischen Kirche. Endlich richtet der König über die Bischöfe auch
in Dingen, die ihr Amt betreffen.

Ferner wird verordnet, die Aebte sollen den Bischöfen, zu deren
Sprengel sie gehören, ehrerbietig gehorchen, und die Bischöfe die Klöster
mehreremal des Jahrs visitiren. Der Bischof oder Abt darf Mönche
oder Nonnen nur für ein bestimmtes Kloster weihen (21). Der Kleriker,
der sich in die Dienste eines Bischofs oder Grafen begeben hat, darf
diesen nur verlassen, nachdem er vor dem König nachgewiesen, daß er
vertragswidrig und ungerecht behandelt worden ist (18). Der Priester,
der sich eine der Kirche gehörende Sache aneignet, hat das Dreifache
zu ersetzen (6). Im Aufruhr zerstörte Kirchen bauen auf Befehl des
Königs die Parochianen, durch Alter verfallene die Bischöfe (7—8).

---

versis regni sui pontificibus et abbatibus, nec non cum cunctis optimatibus,
cum testimonio totius cleri et populi, in qua sancta synodo canonice et lauda-
biliter decreta haec inventa sunt. Die Ausdrücke „sancta synodus" und „canonice" dürfen uns nicht verleiten, hier eine Kirchensynode zu erblicken, da
alle Bestandtheile eines Reichstags aufgezählt werden.

Die an Sonn- und Festtagen den Gottesdienst versäumen, unterliegen körperlicher Strafe.   Wenn indessen Ortschaften sehr weit von der Kirche entfernt sind, oder die Ortsbewohner zur Kirche nicht kommen können, soll wenigstens einer hingehen und drei Brote nebst einer Kerze als Altaropfer überbringen (11).   Wer den Sonntag nicht feiert, die Quatemberfasten nicht hält, seine Todten ohne kirchliche Ceremonien begräbt, muß zehn Tage bei Wasser und Brot an den Pfahl gebunden büßen (25—26).   Weltliche, die an Sonn- und Feiertagen jagen, verlieren die Hunde und das Pferd, Geistliche bleiben so lange ihres Amts enthoben, bis sie Genugthuung geleistet (12).

Es war gebräuchlich, daß der König und die Bischöfe, wenn sie in ein Kloster kamen, den Abt und die Mönche mit einem Kuß beehrten.[1] Hochmuth mochte sie treiben, diese Auszeichnung vor den Augen des Volks zu empfangen, daher wird ihnen eingeschärft, sich nicht in der Kirche zum Kuß zu drängen, sondern denselben im Kloster in der Reihe stehend abzuwarten (36). Auch dürfen sie, wenn sie an den königlichen Hof kommen, den König nicht in der Kirche, sondern sollen ihn in seiner Wohnung oder im Zelt begrüßen (37).

Für Zucht und Sittlichkeit wollten folgende Gesetze sorgen: Tödtet der Mann seine im Ehebruch ergriffene Gattin, so möge er Gott davon Rechenschaft geben und darf eine andere heirathen. Doch steht es den Verwandten der Gemordeten frei, deren Unschuld zu beweisen und den Mörder vor Gericht zu fordern (13). Stellt der Gatte die auf der That ergriffene treulose Gattin vor Gericht, soll diese nach dem kanonischen Recht büßen; nach überstandener Buße darf sie der Mann zurücknehmen, will er es aber nicht thun, so dürfen sie, solange beide leben, keine zweite Ehe eingehen (20). Der einer Frau oder Jungfrau Gewalt anthut, soll dafür die Strafe des Todtschlags erleiden (33). Unzüchtige und Hexen verurtheile der Bischof, wie es ihm recht scheint (35).

Schon mochten Versuche gemacht worden sein, die mohammedanischen Bulgaren zu bekehren, die noch unter den ersten Herzogen eingewandert waren und jetzt in dreißig Ortschaften wohnten[2], ohne daß dadurch viel ausgerichtet wurde. Denn es wird befohlen: die Ismaeliten, die, nachdem sie die Taufe empfangen haben, zu ihrem alten Glauben zurückkehren und dessen Ceremonien beobachten, sollen in andere Dörfer versetzt werden (9). Auch das Heidenthum zählte noch Anhänger. Wer nach heidnischer Weise in Hainen und an Flüssen opfert, büße sein Vergehen mit einem Ochsen (22). Wenn Juden christliche Personen heirathen oder christliche Sklaven besitzen, sollen diese ihnen genommen werden und frei sein (10). Der Jude, der an Sonn- oder Feiertagen arbeitet, verliert seine Werkzeuge (27). Wenn wir auf die grausamen Verfolgungen hinblicken, welche die Juden in andern Ländern erlitten, und wenn wir vollends an die Greuel der Inquisition denken, müssen wir den Geist der Mäßigung und Duldung anerkennen, der in diesen Gesetzen weht, aber auch um so mehr uns wundern über das nach-

[1] Legenda. S. Emerici Ducis, c. 4, bei Endlicher. — [2] Horváth, Geschichte des ungarischen Reichs, 2. Ausg., I, 214.

stehende: Die Lateiner (Italiener, die des Handels wegen nach Ungarn kamen), die nicht nach der gesetzmäßigen ungarischen Weise (das war die griechische) fasten, sondern nachdem die Ungarn dem Fleische entsagt haben, in der zweiten und dritten Ferie (nach der römischen Ordnung) wieder Fleisch essen, sollen, wenn sie sich weigern, unsere bessere Gewohnheit anzunehmen, gehen, wohin sie wollen, aber das hier erworbene Geld zurücklassen. Die Härte dieses Gesetzes wäre unerklärlich, wenn wir nicht wüßten, daß sich die Menschen in Sachen der Religion über Kleinigkeiten oft am heftigsten entzweien. Uebrigens war dieser Unterschied im Fasten mit eine Ursache, daß sich die griechische und römische Kirche trennten, und wurde für etwas Hochwichtiges gehalten. Die Ungarn aber hingen an der griechischen Fastenordnung und drangen daher darauf, daß diese in ihrem Lande durchgängig beobachtet werde.

Hinsichtlich des bischöflichen Zehntens wird verfügt: Der Bischof nimmt den Zehnten von allem (Gewächsen und Vieh); sein Pristalde frage den Eigenthümer nach der Menge, glaubt er dessen eidlicher Aussage nicht, so werden die zehntbaren Gegenstände in seiner und des Grafen Gegenwart gezählt, und der des Unterschleifs Schuldige gebe neun Theile und behalte den zehnten. Weigert sich aber jemand, den Zehnten anzugeben, so nehme der Pristalde, was ihm recht scheint. Der Sohn, der mit dem Vater, der Knecht, der mit dem Herrn in einem Hause wohnt, geben gemeinschaftlich den Zehnten. Die Gegenstände des Zehntens sollen nicht vermischt, sondern besonders gezählt werden. Wer weniger als zwanzig Hydrien erdrischt, gibt keinen Zehnten. Die Einsammlung des Zehntens ist bis zur Weihnacht zu beendigen (41). Die Aebte sind verpflichtet, von den freien Leuten, die auf ihren Besitzungen wohnen, den Zehnten zu leisten (28). Wer darf sich wundern, daß diese drückende und mit so vielen Plackereien verknüpfte Abgabe den Unwillen des Volks erregte? Und doch ist es offenbar, daß diese Anordnungen zum Schutz der Zehntpflichtigen gegen noch schwerere und willkürliche Bedrückungen, die stattfanden, gegeben wurden.

Das zweite Buch gibt zwar ausdrücklich den heiligen Pannonberg als den Ort an, wo die Gesetze gegeben wurden [1], enthält aber unverkennbar nur Bruchstücke von Beschlüssen mehrerer Reichstage und vielleicht auch Entscheidungen des königlichen Gerichtshofs, der jährlich zu Stuhlweißenburg eine öffentliche und feierliche Sitzung hielt. Wir wollen aus denselben herausheben, was uns über die damaligen Zustände Licht geben kann.

Wer immer den Gesetzen nicht gehorcht, soll, wenn er ein Bischof ist, nach dem Gutbefinden des Königs abgeurtheilt, wenn ein Graf, seiner Würde entsetzt, wenn ein Centurio, seines Amts enthoben werden und überdies 55 Pensen zahlen. Ein Edelfreier (miles) verfällt in dieselbe Geldbuße (III, 15). Die Bischöfe werden also dem weltlichen Gesetze und der Gerichtsbarkeit des Königs auch hier wie I, 4 [2] unter-

---

[1] Temporibus piissimi regis Ladislai omnes nos regni Pannonici optimates in Monte sancto fecimus conventus .... — [2] S. Ladislai Decret., I, 4. Si quis autem episcopus aut archiepiscopus ab illicitis conjugiis separari

geordnet, und alle Würdenträger des Reichs sind absetzbare Beamte;
die Erblichkeit findet nirgends statt.

Der Richter (der Obergespan oder sein Stellvertreter) darf jedermann durch Zuschickung des Siegels vor sich fordern, mit Ausnahme
der Kleriker und der Grafen; denn die erstern gehörten vor das geistliche, die letztern vor das königliche Gericht (III, 26). Aber kein
Richter ist befugt, außerhalb seines Sprengels Recht zu sprechen (III, 16).
Wenn der Palatin seine Heimat besucht, übergebe er das Siegel des
Königs und des Hofs seinem Stellvertreter; solange er dort verweilt,
fordere er niemand, die Udvorniker ausgenommen, vor sein Gericht und
urtheile nur über diejenigen, die freiwillig zu ihm kommen, bei Strafe
von 55 Goldgulden. Derselben Strafe unterliegen die Gerichtsgrafen
des Herzogs. wenn sie über solche Urtheil sprechen, die nicht vor ihr
Gericht gehören (III, 4). Wer vor dem königlichen Gerichtshof nicht
erscheint, oder denselben, bevor das Urtheil gefällt ist, ohne Erlaubniß
verläßt, zahlt jedesmal 5 Goldgulden; wer sich des gleichen Vergehens
vor einem anderen Gericht schuldig macht, 100 Denare, und verliert in
beiden Fällen seine Sache (I, 43). Der Richter, der die Verhandlung
30 Tage hinausschiebt, soll gestraft werden (III, 25). Wer den Richter
einer Ungerechtigkeit beschuldigt und diese nicht erweisen kann, zahlt
5 Goldgulden. Der ungerechte Richter aber soll den Schaden doppelt
ersetzen und obendrein 10 Goldgulden als Strafe erlegen (III, 26).
Von allen Geld- und Werthstrafen erhält der Richter immer einen
gewissen Antheil, was sicher eine große Versuchung zum Schuldig-
sprechen war. Die Ordalen der Feuer- und Wasserprobe geschehen
vor drei glaubwürdigen Zeugen, und der Priester erhalte (für die Weihe
derselben) eine Pensa (1, 29). Der Angeklagte findet in den Kirchen,
am königlichen Hof und zu den Füßen des Bischofs ein Asyl, das ihn
aber, wenn er schuldig ist, vor dem Arm der Gerechtigkeit nicht
schützt, sondern nur die Begünstigung einer mildern Strafe verschafft
(II, 2, 4, 10).

Die Gesetze gegen Diebstahl und Raub sind furchtbar streng und
grausam. Während der langwierigen Bürgerkriege, die alle Zucht
und Ordnung auflösten, mußten diese Verbrechen mächtig überhand-
genommen haben. Der König und mit ihm die Besten und Edelsten
verabscheuten sie und erkannten die Nothwendigkeit, sie auszurotten,
wußten aber hierzu, nach der überall herrschenden Ansicht der Zeit,
kein anderes Mittel als grausame Strafen, Verstümmelung, Knechtschaft
und Tod, die durch ihre Furchtbarkeit Schrecken verbreiten sollten; sie
bedachten nicht, daß dadurch das sittliche Gefühl abgestumpft, Verwilderung und mit ihr auch die Neigung zu Verbrechen herbeigeführt
wird. — Zu der Zeit des sehr frommen Königs Ladislaus (lautet II.),
haben wir, alle Optimaten des pannonischen Reichs, auf dem heiligen
Berge (Martinsberg) eine Zusammenkunft abgehalten und geforscht,
wie wir die Verbrechen böser Menschen hindern und das Wohl unsers

nolentibus, aut consensum prebuerit, ... a rege et episcopis secundum quod
racionabile videtur eis, dijudicetur.

Volks fördern könnten. Zuerst haben wir mit einem Eide beschlossen, daß kein Großer welchen immer seiner Angehörigen, der mehr als den Werth einer Henne gestohlen oder geraubt hat, verberge oder schütze. Ein solcher Dieb soll gehenkt werden und sein ganzes Vermögen verlieren. Wenn er sich in ein Asyl flüchtet, so werde er zwar vom Galgen frei, aber sammt dem Bürgen, der ihn entweichen ließ, in das Ausland verkauft, und beider Hab und Gut falle dem königlichen Fiscus zu (1). Einem des Diebstahls schuldigen Sklaven, wenn er sich nicht in ein Asyl rettet, werde die Nase abgeschnitten; wenn er aber das Verbrechen wieder begeht, werde er gehenkt (4). Ein Gemeinfreier, der geraubt oder gestohlen hat, werde gehenkt, flüchtet er aber in ein Asyl, von dort herausgeführt und geblendet; seine Kinder von zehn Jahren und darunter seien frei, die ältern werden verkauft und das Vermögen eingezogen. Ja, wer auch nur eine Gans oder Henne stiehlt, verliere ein Auge und ersetze das Gestohlene (II, 10). Der Kleriker, der eine Gans, Henne, Obst oder dergleichen stiehlt, werde blos von seinem Vorgesetzten mit Ruthen gestäupt; macht er sich aber eines größern Diebstahls schuldig, so soll er vom Bischof aus dem Priesterstand gestoßen und dem weltlichen Richter übergeben werden (II, 11). Ein anderes mal wird befohlen: Der Freie, der einen Werth von 10 Denaren gestohlen hat, soll den Diebstahl zwölffach ersetzen und einen Ochsen zur Strafe zahlen. Ein flüchtiger Sklave, der auf einem Diebstahl betroffen wird, werde geblendet, doch soll er weder gehenkt noch seine Zunge abgeschnitten werden, damit sein Herr, wenn er ihn wiederfindet, von ihm erfahre, wo etwa verlorene Sachen zu suchen seien (II, 12). Wenn ein Adelicher (miles) in das Haus eines andern Adelichen einbricht, dort kämpft und dessen Gattin schlägt, sollen zwei Theile seines Vermögens zur Sühne genommen, der dritte seiner Gattin und seinen Kindern gelassen werden. Hat er aber kein Vermögen, so werde er mit geschorenem Kopf und gefesselt auf dem Marktplatz umhergeführt, gegeiselt und verkauft. Seine Spießgesellen sollen ihre Schuld mit 55 Byzantinern büßen, die Sklaven, die mit halfen, dieselbe Strafe wie ihr Herr erleiden, fremde Sklaven aber, die ohne Vorwissen ihres Herrn an dem Verbrechen theilnahmen, verkauft und die Hälfte des Erlöses zur Sühne genommen, die andere ihren Herren gegeben werden (II, 10). Wer einen Menschen mit dem Schwert tödtet, werde durch das königliche Gericht eingekerkert und sein ganzes Besitzthum in drei Theile getheilt, wovon zwei die Verwandten des Getödteten, den dritten die Kinder des Mörders erhalten (II, 8). Welcher Richter über den Dieb und Räuber die festgesetzte Strafe nicht verhängt, werde verkauft und sein Vermögen eingezogen. Hat er aber einen Unschuldigen gestraft, so soll er alle Kosten und das Vermögen desselben zurückerstatten. Kann er jedoch durch zwei schickliche Zeugen seine Schuldlosigkeit erweisen, so erhebe er von dem falschen Kläger 55 Pensen, und dieser erleide die Strafe, die ihn getroffen hätte (II, 6). Ueberhaupt gilt überall der Grundsatz, daß der falsche Kläger in die Strafe verfalle, die der fälschlich Beschuldigte zu erwarten hatte. Um endlich dem Diebstahl und Raub gründlich zu steuern, wurde (III, 1) angeordnet: Königliche Bevollmächtigte sollen

sich in die Gespanschaften verfügen, dort die Hauptleute der Sicherheitswächter versammeln und sie auffordern, die des Diebstahls Beschuldigten anzuzeigen. Im Fall diese sich durch ein Gottesurtheil reinigen
wollen, hat sie der königliche Bevollmächtige in Haufen von zehn zu
theilen und einen für je zehn die Ordalienprobe bestehen zu lassen; geht
dieser aus derselben unbeschädigt hervor, so sind die übrigen neun auch
schuldfrei, besteht er aber die Probe nicht, so muß jeder von ihnen und
auch jener noch besonders sich der Probe unterwerfen. Ferner sollen
die Bevollmächtigten alle Optimaten und das Volk fragen, ob sie eine
wegen Dieberei verschriene Ortschaft kennen, und wenn eine solche
angegeben wird, die Einwohner auffordern, die Schuldigen auszuliefern,
denen es jedoch, wenn sie nicht notorische Diebe sind, gestattet ist, sich
durch Ordalien zu reinigen. Werden keine Schuldige ausgeliefert, so
sind alle Einwohner ebenfalls in Haufen von zehn zu theilen und nach
der oben angegebenen Weise zu prüfen. Endlich sollen die Bevollmächtigten von Ort zu Ort gehen und überall verkündigen, daß die
Großen des Reichs geschworen haben, keinen Dieb und keinen Räuber
zu verbergen und zu schützen; die Einwohner sollen also denselben Eid
leisten, und wenn sie ihn brechen, ihre Zunge mit 10 Pensen loskaufen
und nach den kirchlichen Vorschriften büßen. Derjenige, der bei einem
Heereszug plündert, soll mit allem, was er besitzt, ausgerottet werden
(III, 9). Wir sehen schon bei flüchtiger Vergleichung, um wie viel menschlicher und milder die Strafgesetze sind, welche Stephan mehr als ein
halbes Jahrhundert früher seinem die Bahn der christlich-europäischen
Civilisation erst betretenden Volke gegeben hat, als diese mit Blut geschriebenen und gleichsam Rache schnaubenden; wir mögen auch hierin
einen sprechenden Beweis finden, daß die heidnischen Ungarn nicht jene
unmenschlichen Barbaren waren, zu denen sie manche Schriftsteller mit
Gewalt machen wollen. Aber wenn auch eine sichtbare Verschlimmerung der Sitten unter den langwierigen bürgerlichen Unruhen eingetreten
sein mußte, um solche drakonische Gesetze als nöthig erscheinen zu
lassen, so sind diese doch nicht ein Ausfluß des magyarischen Geistes,
sondern eine kaum verschärfte Nachahmung ausländischer, und besonders
der bairischen Gesetze. Auch die Ordalien sind eine den Ungarn ursprünglich ganz fremde Einrichtung, die mit andern Gebräuchen aus der
Nachbarschaft unter sie verpflanzt wurde und mit dem religiösen Glauben jener Zeit auf das innigste zusammenhing. Ueberall erwartete und
erblickte man die unmittelbare Dazwischenkunft Gottes, man war überzeugt, Gott müsse und werde den Unschuldigen aus Feuer, Wasser und
Kampf erretten, den Schuldigen aber darin umkommen lassen und dadurch der gerechten Sache ein untrügliches Zeugniß geben.

Noch finden wir in den Gesetzen die Spuren einiger Einrichtungen,
die Erwähnung verdienen. Der König und die Obergespane bestellten
Sammler, welche flüchtige Sklaven und verlaufenes Vieh einfingen, und
verpflichtet waren, beide zu bewahren und vom Feste des heiligen
Georgius bis zum Feste Johannes des Täufers öffentlich auszustellen.
Fand sich der Eigenthümer, so hatte er einen Sklaven mit 90, ein Pferd

mit 12, ein Rind mit 5 Denaren zu lösen, wovon zwei Theile dem Könige und der dritte dem Grafen zufielen. Meldete sich niemand zur Auslösung bis Michaelis, so wurden Sklaven und Vieh nach obigem Verhältniß getheilt, durften aber nie verkauft oder verborgen werden. Der Sammler oder der Graf, der sich hierbei eines Unterschleifs schuldig machte, unterlag schwerer Strafe (III, 13 u. 21).

Es gab ferner Sicherheitswächter in den Gespanschaften und an den Grenzen. Sie wurden Ör und Uzbeg genannt, sie mochten zu den Halbfreien gehört haben und an ihren Dienst gebunden gewesen sein. Diese hatten sich während der bürgerlichen Unruhen im Lande zerstreut und waren, freiwillig oder gezwungen, in die Dienste von Privatleuten gekommen. Schon unter Béla und Andreas wurde durch eine Gerichtsperson, die den Titel Sarczos (sicher von sarcz, Schätzung) führte, ein Verzeichniß von ihnen zusammengestellt und ihre Einberufung verfügt. Sie mochten sich aber nicht vollständig auf ihren Posten eingestellt haben, daher wird nun jedem, bei dem sich ein solcher Ör. oder Uzbeg aufhält, geboten, diesen bis zum Tage der Himmelfahrt Maria's an den königlichen Hof zu bringen; wer es nicht thut, hat den doppelten Werth der Person und noch 55 Pensen oder Goldgulden als Strafe zu zahlen (II, 2).

Endlich schickte der König mit seinen Befehlen und erhielt von den Grenz- und Burggrafen, wenn sie wichtige Dinge zu melden hatten, Eilboten. Diese waren berechtigt, wo sie hinkamen, das Pferd eines jeden zu requiriren, bis in die dritte Ortschaft mit sich zu nehmen und da stehen zu lassen. Blos die Pferde der Kleriker und derer, die in die Kirche, auf den Markt und an den Hof des Bischofs oder des Obergespans gehen, sind von der Requisition ausgenommen. Wer das Pferd, welches der Eilbote freiläßt, sich aneignet, wird als Dieb gestraft; wer ihn schlägt, zahlt 50, wer ihm in den Zügel fällt, 10 Pensen (III, 14).

Den Verkehr und Handel regelten mehrere gesetzliche Vorschriften, die ihn aber nicht förderten, sondern äußerst hemmend wirken mußten. Nur auf den öffentlichen Märkten darf verkauft und gekauft werden. Wird mit einer gestohlenen Sache dawider gehandelt, so verwirken Verkäufer, Käufer und Zeugen das Leben; ist aber die Sache rechtmäßiges Eigenthum, so verlieren sie dieselbe und zahlen noch überdieß den Betrag ihres Werths. Der Kaufhandel auf öffentlichem Markte muß in Gegenwart des Richters, Zolleinnehmers und der Zeugen geschlossen werden (II, 7). Der Handel mit Pferden und Rindvieh über die Grenzen des Landes ohne des Königs Erlaubniß ist bei der auf Diebstahl und Raub gesetzten Strafe verboten; nur ein Pferd zur Reise und Ochsen zum Pflügen ist zu kaufen gestattet (II, 13, 14). Die Grenzgrafen, die solchen Handel ohne des Königs Bewilligung erlauben, werden ihres Amts entsetzt; die Grenzwächter, die denselben heimlich zulassen, verlieren die Freiheit, und ihre Vorgesetzten, wenn sie mitschuldig sind, Leben und Vermögen, doch bleiben ihre Kinder frei (II, 15). Der Ausländer, der Pferde kaufen oder sonst Handel treiben will, soll von einem Boten des Grenzgrafen zum König geleitet werden und mit dessen Erlaubniß, so viel ihm gestattet wurde, in Gegenwart des königlichen Pristaldes kaufen. Daß diese Gesetze nicht blos gegeben wurden, um Diebstahl und Raub zu hindern, fällt sogleich in die Augen; man wollte gewiß auch die königlichen Einkünfte, zu denen die Marktgefälle gehörten, vermehren und wahrscheinlich, irregeleitet von falschen Ansichten, den National-reichthum, der damals in Vieh bestand, erhöhen, indem man dessen Ab-flusse nach außen wehrte. Wer darf sich darüber wundern, daß so etwas in dieser Zeit geschah? Gibt es doch auch heutzutage noch Staatskünstler, die Aehnliches und weit Schlimmeres zum größten Nachtheil der Länder thun und auf keine Vorstellungen und Klagen hören.

Unterziehen wir nun die Einrichtungen und Gesetze, die unter Ladislaus zu Stande kamen, der Beurtheilung, so müssen wir das Eine an ihnen rühmen, daß sie fast kein Ansehen der Person kennen und den Vornehmen wie den Geringen, den Geistlichen wie den Laien treffen. Diese annähernd gleiche Gerechtigkeit finden wir damals in wenigen Reichen des Abendlandes; in den meisten war der Vornehme straflos, nicht nur durch seine Macht, sondern durch das Gesetz selbst, und leider riß solche Verderbniß des Rechtszustandes mit der zunehmenden Ueber-macht der Großen bald auch in unserm Vaterlande ein. Dessenunge-achtet spricht aus diesen Gesetzen der beschränkte und abergläubische, der rohe und gewaltthätige Geist des Zeitalters. Immerhin mögen sie demselben angemessen und weniger drückend und nachtheilig ge-wesen sein, als es uns auf dem Standpunkte der Gegenwart scheint; aber soviel ist wenigstens gewiß, daß sie die glücklichen Erfolge nicht be-wirkten, mit denen des Ladislaus Regierung verknüpft war. Denn nicht die Schrecklichkeit der Strafen und die Menge blutiger Richt-stätten gründen und sichern die Ordnung, den Frieden und die Wohl-fahrt der Staaten. Ladislaus war ein besserer und größerer Regent als Gesetzgeber; er herrschte mit Kraft und Weisheit; er begriff mit tiefer Einsicht den Geist der Nation und war selbst von ihm ganz durch-drungen; er verbesserte die Fehler der Gesetze durch unparteiische Ge-rechtigkeit und milderte ihre Strenge durch Güte; er überwand die Hin-dernisse, die in den mangelhaften Staatseinrichtungen lagen und be-wirkte viel Gutes. [1] Darum kehrten unter seiner Regierung Ordnung, Ruhe und Wohlfahrt zurück, geschahen glückliche Fortschritte auf der Bahn der Gesittung, und ward er ein geliebter und hochgepriesener König, dessen Gedächtniß die Zeiten nicht verwischten. Aber wir müssen auch den sänftigenden und erhebenden Einfluß des Christen-thums in Anschlag bringen, das bereits in den Gesinnungen und Sitten des Volks Wurzel schlug, und dürfen vor allem die dem menschlichen Geiste inwohnende Kraft nicht vergessen, die ihn vorwärts treibt, sodaß er, einmal angeregt, selbst ohne sich dessen bewußt zu werden, Hindernisse überwindet und die Gelegenheit zum Fortschreiten ergreift.

---

[1] Legenda S. Ladislai.

Koloman 1096—1114.

1. Aeußere Begebenheiten.

Ladislaus hatte von den beiden Söhnen seines Bruders Geiza den jüngern Álmos zum Thronfolger, den ältern Koloman zum erlauer Bischof bestimmt, weil er wußte, sagt Thuróczy, daß dieser harten und grausamen Gemüths sei und als König schuldloses Blut vergießen würde; auch war er häßlich von Gestalt, schieläugig, strupphaarig, bucklicht, lahm und ein Stammler. [1] Diese Schilderung Koloman's rührt von Mönchen her, die ihm seiner Freisinnigkeit wegen nicht gewogen waren, und wurde geschrieben, während Béla II. und dessen Nachkommen herrschten, die allerdings Ursache hatten, ihn zu hassen. Der gleichzeitige Albericus rühmt dagegen, daß er, taubenartig sanft und mit allen Tugenden geschmückt, die strengen Gesetze gemildert habe. [2] Koloman mag also unansehnlich, vielleicht unschön von Körper gewesen sein, war aber gewiß das Ungethüm nicht, zu welchem ihn der Haß umschuf, und die äußern Mängel wurden reichlich aufgewogen durch innere Vorzüge des Geistes. Weil er für den geistlichen Stand erzogen wurde, erhielt er wissenschaftliche Ausbildung, faßte eine bleibende Liebe für geistige Studien, die ihm den Zunamen „könyves" (der bücherliebende) Kálmán erwarb, und zeichnete sich vor allen Fürsten seiner Zeit durch Kenntnisse aus. [3] Für den geistlichen Stand fühlte er keinen Beruf und floh, als er die Weihen erhalten sollte, mit seinen Vertrauten Marcus und Ugra nach Polen. Als Ladislaus erkrankte und sah, daß sein Ende nahe, rief er den Flüchtigen zurück; dieser kam und wurde entweder von Ladislaus auf dem Sterbebette zum Thronfolger ernannt oder nach dessen Tode vom Volke zum König gewählt. Álmos mußte dem ältern Bruder weichen und sich begnügen, Regent von Kroatien (ob mit dem Titel eines Königs oder Herzogs, ist unentschieden) unter ungarischer Hoheit zu sein. [4] Die Wahl war für Ungarn eine höchst glückliche.

Sobald das Gerücht, König Ladislaus sei todt, nach Kroatien gekommen war, steckte Peter, reich, mächtig und kühn, die Fahne der Empörung auf. Álmos fühlte sich zu schwach, den Aufstand besiegen zu können, und rief seinen königlichen Bruder zu Hülfe. Koloman sammelte zwischen der Drave und der Save zahlreiche Mannschaft und führte sie dem Rebellen entgegen, der auf den modruscher Bergen in einem befestigten Lager stand. Der König vertrieb ihn daraus und zwang ihn bei Guozdanzko zur Schlacht, in welcher Peter seinen Aufstand mit dem Leben büßte; seine Verbündeten, gefangen und geplündert, mußten dem Ueberwinder als ihrem Oberherrn huldigen. [5]

[1] Thuróczy, II, 59, 60. — [2] Albericus, Decretum Reg. Colomanni, praefatio, bei Endlicher, Monumenta, S. 359. — [3] Thuróczy, II, 62. Colomanus super reges universos suo tempore degentes literali scientia eruditus. Chron. Polon. ad ann. 1107 bei Pertz, IX, 456. Papst Urban II. bei Fejér, Cod. dipl., II, 13. — [4] Thuróczy, II, 59. — [5] Kézai, II, 4. Thuróczy, II,

Durch die Umstände begünstigt, setzte er nun thätig fort, was Ladislaus angefangen hatte. Da die byzantinischen Kaiser das dalmatische Küstenland ebenso wenig als Kroatien und Slawonien in Unterthänigkeit zu erhalten vermochten, und das erstere von den Normannen aus Apulien unablässig angefochten wurde, so überließ Alexius dem Herzog von Venedig, Vitale Phaledro, über dasselbe eine Art von Statthalterschaft. Allein auch die Venetianer waren zu schwach, ihr Ansehen und ihre Vortheile gegen die Waffen der Normannen zu behaupten. Ebenjetzt hatten diese die Seestädte Dalmatiens wieder überfallen, ohne daß der byzantinische Kaiser oder der venetianische Herzog den Bedrängten wirksame Hülfe zusenden konnte. Koloman zog mit seinen siegreichen Scharen hin, schlug die Normannen zurück, eroberte Belgrad an der Küste (später Biograd und Zara Vechia genannt), und zwang noch einige Seestädte, seine Oberherrlichkeit anzuerkennen. Um diese zu sichern und den Titel eines Königs von Dalmatien sich vorzubereiten, fertigte er Gesandte an Venedigs Herzog ab, um wider die Normannen, welche die adriatischen Küsten nicht minder als die dalmatischen beunruhigten, Waffenbund mit ihm zu schließen. Vitale 1096 Michieli rüstete eine Flotte aus und Koloman bemannte sie mit Kriegern, die in Apulien landeten, Brindisi und Monopoli gleich im ersten Anfall wegnahmen, das Land durch drei Monate verheerten und mit wechselndem Glück kämpften. Da war der König genöthigt, seine Truppen zurück nach Dalmatien zu rufen, nur ein kleiner Theil derselben blieb unter einem ungarischen Führer dort zurück, um die Venetianer bei der Behauptung des Gewonnenen zu unterstützen, die es aber bald wieder verloren. Hierauf löste sich das Bündniß vollständig auf. Der König strebte alle dalmatischen Städte mit seinem Reiche zu vereinigen; die Venetianer hinderten ihn daran und wollten sich selbst ihrer bemächtigen. [1] Von nun an betrachtete Koloman sie als Gegner, suchte das Bündniß des vor kurzem noch gemeinschaftlichen Feindes Roger, und hielt um dessen Tochter Busilla an.

Unterdessen war in dem Concil zu Clermont der heilige Krieg im höchsten Aufschwung der Begeisterung beschlossen worden, im November 1095; Reiche und Arme, Herren und Knechte ließen ihre Kleider, und die Eifrigsten ihren Leib mit dem Kreuze zeichnen und traten den weiten Kriegszug an, von dem nur wenige zurückkehren sollten. Ihr Weg führte sie über Ungarn.

Der erste, der mit seiner Mannschaft den König um freien Durchzug ersuchte, war Walther, mit dem Beinamen „ohne Habe". Sein Heer 1096 bestand aus 15000 Mann Fußvolk und 8000 Reitern, größtentheils im Mai Franzosen, von seinen drei Brüdern angeführt. Koloman nahm ihn mit diesen treuherzig auf und entließ sie beschenkt zu ihren Scharen, welche sie unter königlichem Geleit den geradesten Weg durch das

62. Kerchelich, Notit. praeliminar., S. 135. Lucius, De Regn. Dalmat. et Croat., III, 3, bei Schwandtner, III. Katona, Hist. Reg., III, 12 fg.

[1] Kézai, II, 4. Dandulus, bei Muratori, XII, 259. Gaufredus Malaterra, IV, 25, bei Muratori, VII. Laurentius de Monachis, V, 93.

Land und bei Semlin (Mala Villa) über die Save führen sollten. [1] Kaum
hatte das ungarische Geleit die Rückreise angetreten und Walther mit
den Seinigen über den Strom gesetzt, so kehrten 16 seiner Krieger unter
dem Vorwande, Waffen einzukaufen, in die ungarische Grenzstadt
zurück und begingen allerlei Ausschweifungen, bei welchen sie von
den Einwohnern überfallen, alles Goldes und Silbers, ihrer Waffen und
Kleider beraubt, beinahe nackend zu den Ihrigen zurückgetrieben
wurden. Das ganze Heer, vor Belgrads Mauern gelagert, gerieth bei
ihrem Anblick in Aufruhr; Alles griff zu den Waffen und wollte über
den Fluß, um den Schimpf ihrer Gefährten in dem Blut der Ungarn zu
rächen. Doch gelang es noch den klügern Führern, sie in Ordnung
zu erhalten und mit der. Aussicht auf künftige Genugthuung zu besänftigen. [2]

Bald darauf erhielt der König Nachricht, daß ein anderes Kreuzheer 40000 Mann stark, mit ungeheuerm Troß unter Anführung Peter des
Einsiedlers und vier ehrenfester Ritter sich bei Oedenburg (Soprony,
Cyperon) eingestellt habe und freien Durchzug verlange. Koloman
erlaubte auch diesem, durch das Land zu ziehen, und was es bedurfte,
ohne Zank und Betrug gegen baare Bezahlung einzukaufen. Peter
führte seine Scharen und den Troß von 3000 Wagen in ziemlicher
Zucht und Ordnung bis Semlin. Dort sah er auf den Mauern die
Trophäe, welche die Einwohner zum Schreck für ausschweifende Kreuzritter von den Rüstungen und Wagen der sechzehn Leute Walther's errichtet
hatten. Der beleidigende Anblick eines Denkmals, das seines Werkes
Heiligkeit so sehr entehrte, brachte ihn aus aller Fassung und er beschloß in seinem Grimm, die verwegene Stadt die ganze Wuth seiner
Scharen empfinden zu lassen. Sie ward mit Sturm eingenommen und
die fliehenden Einwohner wurden verfolgt. . Siebentausend glaubten
sich auf einem steilen Berg am Donauufer in Sicherheit; aber die
Kreuzfabrer folgten ihnen auf dem Fuße nach und erreichten die Höhe
des Berges, ungeachtet des rauhen Pfades, des tapfern Widerstandes
und der ungeheuern Steinmassen, welche auf sie herabgewälzt wurden.
Das schrecklichste Gemetzel begann und endigte mit dem Tode von
4000 Ungarn. Die Würger kehrten, ihres Sieges froh, in die Stadt
zurück, wo sie sich allem Ungestüm ihrer viehischen Triebe ergaben,
und hier sowol als in der umliegenden Gegend die greulichsten Schandthaten verübten, bis sie die Nachricht erschreckte, daß der König mit
seiner ganzen Heeresmacht wider sie anrücke. Eiligst setzten sie über
die Save, doch der Rache, der sie hier entgingen, unterlagen sie bei
Naissus, wo sie in dem Versuch ähnlicher Gewaltthätigkeiten von
Bulgaren, Kumanen und Ungarn angegriffen, gegen 20000 Mann und
über 2000 Wagen verloren. [3]

Auf seiner Wanderschaft durch Deutschland hatte Peter in den
Rheingegenden mit dem Priester Gottschalk sich verbunden, der mit

¹ Albert. Aquens. Chron. Hierosolym., bei Bongars, I, 6. — ² Bernard. Thesaurar., bei Murator. Script. Ital., VII. Chron. Hierosolym., I, 7.
— ³ Albert. Aquens. Chron. Hierosolym. bei Bongars, I, 8 u. 9. Bernard.
Thesaurar., X, a. a. O. Annalista Saxo ad ann. 1096 bei Pertz.

ihm wetteifernd, sich in Lothringen und Deutschland Kreuzfahrer warb und eine Rotte von 15000 Mann aus dem niedrigsten Pöbel zusammenbrachte. Zuversichtlich folgte er seines Vorläufers Fußstapfen und erschien mit seinem Volke an Ungarns Grenzen, über welche der langmüthige König den Zug auch ihm noch nicht verwehren wollte. Zwischen Wieselburg und dem heiligen Berge wurden der Herde Lagerplätze angewiesen und Erlaubniß ertheilt, ihren Bedarf im Lande einzukaufen. Aber bald erlaubten sie sich die wildesten Ausschweifungen, raubten, plünderten, mordeten, wer ihnen widerstand, und steckten unbedeutenden Streites wegen einen ungarischen Jüngling vor den Augen des Volks auf den Pfahl.

Koloman ließ das Kriegsvolk einiger Gespanschaften wider sie aufsitzen. In den obern Theil der Raabau getrieben und eingeschlossen, rüsteten sie sich zum Widerstand. Da schickte ihnen der König, wenn es wahr ist, was die deutschen Chronisten berichten, die Botschaft, wenn sie in der Schlacht nicht alle, Schuldige und Unschuldige, umkommen wollten, so sollten sie die Waffen strecken, und gestatten, daß er die Uebelthäter unter ihnen heraussuche und die übrigen friedlich ziehen lasse. Die Kreuzzügler, vorn von dem königlichen Heere, im Rücken und an den Seiten von Morästen eingeschlossen, gehorchten dem Befehl erschrocken und lieferten die Waffen aus. Hierauf befahl Koloman, kaltblütig lächelnd, sie alle niederzuhauen, sodaß kaum 3000 dem Tode entrannen und zurück nach Deutschland flohen.[1]

Ein ähnliches Schicksal hatte der zügellose Haufe, welcher, von dem Abenteurer Folkmar geführt, sich aus Sachsen auf Böhmen gestürzt, die prager Juden gewaltsam getauft oder gemordet hatte und, durch Böhmen und Mähren verstärkt, sich um Neitra lagerte und die Gegend verheerte. Auch sie wurden von Koloman angegriffen und geschlagen. Die dem Tode entflohen, schrieben ihre Rettung einem rothen Kreuze zu, das drohend am Himmel erschien und die Ungarn von der Verfolgung zurückschreckte.[2]

Kaum waren diese Rotten vertilgt, so meldete um die Mitte Juni sich ein neuer Schwarm von 200000 Mann, nach andern nur 17000, was wahrscheinlicher ist, Fußvolk und 3000 Reitern, untermengt mit Weibern, Nonnen und Buhldirnen in männlicher Tracht. Das Gerücht seiner Gewaltthätigkeiten ging ihm allenthalben vorher. Viele tausend Juden hatten schon zu Köln, Trier, Mainz und Worms unter dieser Kreuzführer Unmenschlichkeit geblutet, und es galt unter ihnen als ausgemacht, die Ungarn seien um nichts besser als die zerstreuten Kinder Israels und die Heiden. Ihr oberster Anführer war Rheingraf Emico, ein Betrüger unter Vorgeben, Gott habe ihn, wie Paulus, durch ein Gesicht zum Werkzeug auserwählt, die heilige Unternehmung mit der Judenermordung anzufangen. In seinem Gefolge waren die Ritter Wilhelm Charpentier, Thomas von Feik, Clarembald von Vandeuil und Graf Hermann die weniger Schlechten. Ihre Wegweiser waren

[1] Albert. Aquens., I, 24. Chron. Hierosolym., I, 8. Bernard. Thesaurar., I, 672. — [2] Annalista Saxo ad ann. 1096.

eine Gans und eine Ziege, denen nach dem Wahne des abergläubischen
Haufens der Geist Gottes eingab, wohin sie gehen sollten. Der Zug
durch Ungarn wurde ihnen geradezu verwehrt. Sie fanden Wieselburg,
Altenburg und die benachbarten Thürme außerordentlich befestigt und
alle Zugänge mit Kriegsvolk besetzt. Den ersten Widerstand erfuhren
sie bei dem Uebergang über die Leitha vor Altenburg; eine zahlreiche
Mannschaft unter den Befehlen des Palatins Jula, eines ehrwürdigen
Greises, hütete denselben. Aber es gelang ihnen, eine Brücke zu schlagen, und die Ungarn mußten der Uebermacht weichen, nachdem Charpentier dem Palatin den Kopf gespalten hatte.[1]

Die Sieger waren nun zwar Meister der Brücke; allein von Altenburg
bis Wieselburg mußten sie über einen schmalen Damm, der auf der
einen Seite vom Fluß, auf der andern von tiefen Sümpfen eingeschlossen
war. Auf diesem Wege, von den Pfeilen der Ungarn unaufhörlich verfolgt, kehrten sie um, vertheilten sich in den Wald und schlugen eine
Menge Bäume nieder, um einen Theil des Sumpfes damit auszufüllen.
Vergebens arbeiten die Ungarn in der Burg, die Feinde zu entfernen:
diese werfen Stämme von Bäumen, Balken, Zweige, Reisbündel in den
Sumpf, bedecken ihn mit Buschwerk und Dielen, nähern sich trotz alles
Widerstandes den Mauern und machen sich fertig, auf langen Leitern,
die sie im Walde gezimmert hatten, sie zu ersteigen. Während einige
mit gewaltigen Mauerbrechern unablässig daran stoßen, die andern kühn
und beherzt Sturm laufen, lassen die Ungarn einen Stein- und Pfeil-
hagel und Fluten siedenden Oels und Fettes auf sie hinabfallen.
Schon ist ihr Vorrath verbraucht, schon zeigen die Mauern den Ent-
schlossensten der Feinde zwei Lücken, schon gibt der König den Belagerten den Befehl, in der Nacht den Platz zu verlassen und gegen die
Karpaten sich zu flüchten, als die Kreuzfahrer, von der Hitze des Zornes
und der Rachbegierde hingerissen, durch ihr Ungestüm die Geängstigten
zur letzten und höchsten Anstrengung ihrer Kraft beleben. Uebereilt,
ohne Vorsicht und Ordnung drängen sich jene, einer vor dem andern
auf die Leitern. Diese zerbrechen hier mit fürchterlichem Krachen,
dort stürzen sie mit den aufsteigenden Stürmern auf die Belagerer
zurück. Unter dem Falle von Tausenden, unter dem dumpfen Getöse
eiserner Rüstungen, unter dem Geprassel herabgeschleuderter Steine und
dem Jammergeschrei der Sterbenden oder Verwundeten entsteht zwischen
den Anführern heftiger Streit über die Theilung des gewiß zu erobern-
den Reichs. Da öffnen die Ungarn plötzlich die Thore und stürzen
auf den verworrenen, zwischen den Sümpfen zusammengedrängten, von
Schreck ergriffenen, zum Widerstand unfähigen Feind, „der wie Schafe
vor den Wölfen floh“. Was dem rächenden Schwert entging, ward von
dem Sumpf oder von dem Strom verschlungen. Nur wenige fanden
ihr Heil in der Schnelligkeit ihrer Rosse; unter diesen war Emico, der
mit einigen, die ihm folgen konnten, Deutschland erreichte. Die Ritter

---

[1] Horváth, Geschichte des ungarischen Reichs, I, 221, und Szalay, Geschichte des ungarischen Reichs, I, 250, halten den gefallenen Greis für den
Herzog Lambert, weil die Chronik sagt: „Collateralem regis“.

Feik, Clarembald und Charpentier mit einigen Franzosen retteten sich durch Kärnten und langten nach vielen Fährlichkeiten endlich in Apulien an, wo sie sich nach Konstantinopel einschifften.[1] Nach diesen Auswürfen des Westen sollten die Ungarn nun auch die Edeln kennen lernen, die den verklärten Ladislaus geehrt und ihm vor einigen Monaten den Oberbefehl über sich angeboten hatten. Es waren Gottfried von Bouillon, Herzog von Lothringen, mit seinen zwei Brüdern Balduin und Eustach, die Grafen von Namur, von Grez und von Rhetel, der Bischof Conon von Montagu, die Ritter Heinrich und Gottfried von Hache, mit großer Anzahl edler Franken, Lothringer, Frisen, Sachsen und Deutschen. Ihr Heer bestand aus 90000 Mann Fußvolk und 10000 Reitern, auserlesene Menschen, die keinen Wüstling ohne Sitten, ohne Glauben und ohne Zucht unter sich duldeten. Mit diesen bezog der Herzog in der Mitte des September bei Bruck an der Leitha, an Ungarns Grenze, ein Lager, weil ihm die ungarische Grenzbesatzung den weitern Zug verweigerte. Nach reiflicher Ueberlegung, ob man sich den Weg durch Waffengewalt oder durch das anständigere Mittel der Unterhandlung bahnen sollte, ward allgemein für das letztere entschieden. Die Ritter Balderich, Stabelo und Gottfried von Hache mit zehn vornehmen Waffenmännern erschienen vor dem König und Gottfried sprach: „Der Herzog von Lothringen und die fränkischen Fürsten entbieten dem König der Ungarn Gruß, und wünschen ihm alles Gute von dem Herrn. Sie können ihre Verwunderung Euch nicht verbergen, wie Ihr als Bekenner des Christenthums, dem Heere des lebendigen Gottes, das vor uns an Euern Grenzen stand, den Durchzug versagen und dasselbe in Euerm Lande auf das grausamste ermorden lassen konntet. Sie stehen mit einer ehrbaren Ritterschaft und mit tapfern Kriegsscharen bei Bruck, Aufschluß von Euch erwartend, warum Christen der Brüder ihres Glaubens Verfolger und Mörder geworden seien. Ist es mit Recht geschehen, so wollen sie es dulden; war aber Treulosigkeit die Triebfeder der That, so haben sie beschlossen, als Rächer der Schmach Jesu Christi vorzudringen, wozu sie aus ihrem Vaterlande ausgezogen sind."

Koloman erzählte ihnen alle Gewaltthaten und Verbrechen, welche Peter's, Gottschalk's und Emico's Rotten in dem Lande begangen hatten. Dabei erklärte er seine Bereitwilligkeit, dem neuen Kreuzheere, von dem er ähnliche Ausschweifungen nicht befürchte, in Eintracht und Freundschaft alles zu leisten, was es von ihm verlangen würde. Nach eingeholtem Gutachten der Großen des Reichs entließ er die Ritter mit folgendem Bescheid:

„König Koloman dem Herzog Gottfried und allen Christen, die mit ihm sind, Gruß und Liebe ohne Heuchelei! Der gute Ruf von Dir, Herzog, hat mir längst gesagt, Du seiest in DeinemLande ein mächtiger und gerechter Mann, fromm, rechtschaffen und treu; geachtet von allen,

---

[1] Albert. Aquens., XXVIII — XXIX. Guibert Abb. (bei Bongars., I), IV, 7 Bernard. Thesaurar., XII. Annal. Saxo und Berthold Constant. ad ann. 1096.

die Dich kennen. Darum habe ich Dich immer geliebt und wünsche
jetzt, Dich auch zu sehen und persönliche Kunde von Dir zu erlangen.
Sodann schlage ich Dir vor, daß du ohne Verdacht und Argwohn Dich
auf unsere Oedenburg (Cyperon, Soprony) zu uns verfügst, wo wir uns
an des neuen [1] Sees Ufer friedlich besprechen wollen über alles, was
Du von uns forderst und wessen Du uns beschuldigest."

Dieser Einladung zufolge zog Gottfried von Bouillon mit 300 Rittern gegen Oedenburg. Auf einer prächtigen, in den See hineingebauten
Estrade empfing ihn der König. Ihr erstes Zusammentreffen und gegenseitiges Erkennen hob alle Bedenklichkeiten, und der König führte seinen
Gast in seinen Palast auf dem Pannonberg, um dort den Vertrag
über den Durchzug abzuschließen.

Nach einigen Tagen ward dem Herzog eröffnet, daß ihm mit den
Seinigen, unter Bedingung strengster Zucht, Treue und Redlichkeit im
Handel und Wandel, der Durchzug bewilligt sei; doch müßte diese
Bedingung auch durch Geiseln, welche der König verlangen würde, zu
des Volkes Beruhigung verbürgt werden. Der rechtschaffene, edle
Mann verweigert keine Sicherheitsleistung, die mit seiner Ehre besteht;
Gottfried erkannte die Billigkeit der Forderung an. Der Vertrag wurde
von beiden Theilen auf das Evangelium beschworen. Zu Geiseln
forderte der König des Herzogs ältern Bruder Balduin mit seiner Gemahlin Gundehild; und auch dies zu versprechen, trug jener kein Bedenken. Das Kreuzheer zog nun in Ungarn ein und lagerte sich in
mehrern Abtheilungen zwischen dem See, der Leitha, der Donau und
dem bakonyer Wald. Koloman begleitete den Herzog dahin, um die
Geiseln zu übernehmen. Da weigerte sich Balduin, seines Bruders
Zusage zu erfüllen, und dieser konnte den Widerstand desselben nicht
anders besiegen, als durch den Entschluß, sich selbst für seiner Kriegsgefährten Zucht und Treue hinzugeben. Dagegen widersetzte sich das
ganze Heer. Balduin erkannte die Nothwendigkeit, sich mit seiner
Gundehild dem König zu überliefern, der Sinn und Mittel genug besaß,
ihn für die Entfernung von seinen Tapfern zu entschädigen.

Ein königliches Aufgebot im ganzen Lande schaffte Lebensbedürf-
nisse im Ueberfluß herbei, und die Androhung schwerer Strafe hielt die
Gewinnsucht der Verkäufer im Zaume und schützte die Fremdlinge
gegen Betrug an Güte, Mass, Gewicht und Preis der Waaren. Staaten
sind ebenso wenig als der einzelne Mann über das Bedürfniß guten Rufs
und über die Nachtheile des schlechten erhaben; böse Meinung ent-
kräftet die Macht. In Ländern, wo der Fremde in der Regel ungestraft
betrogen wird, mag auch der Einheimische sich mit Gott trösten, wenn
er des Armes der Gerechtigkeit bedarf. Schlechte Regierungen und
schlechte Haushaltungen sind sich darin am ähnlichsten, daß in beiden
viel betrogen und viel gestohlen wird.

In schönster Ordnung führte Gottfried seine Heerscharen durch

---

[1] Neusiedler See, Fertö. Er entstand erst im 10. oder 11. Jahrhundert
durch verminderten, endlich ganz gehemmten Fall des Flusses Fertö Bre-
detsky, Beiträge zur Topographie des Königreichs Ungarn, III, 79 fg.

die veszprimer, stublweißenburger, tolnaer und baranyaerGespanschaften
bei Darda über die Drave. Längs dem linken Ufer der Donau durch
die peather und bácser Gespanschaften zog Koloman mit den Geiseln
und zahlreicher Reiterei neben den Kreuzfahrern, unbemerkt von ihnen,
her. Bei Semlin ging Gottfried über die Save, und als beinahe das ganze
Heer über den Fluß gesetzt hatte, zeigte sich der König mit den Geiseln
und übergab sie dem Herzog.[1]

Unterdessen waren der raaber Bischof Harduin und der stublweißenburger Graf Thomas aus Sicilien zurückgekommen, wohin sie
Koloman gesandt hatte, um für ihn bei dem Grafen Roger um dessen
Tochter Busilla zu werben; denn zuträglich schien ihm diese Familienverbindung für seine Absicht, das ungarische Reich mit Dalmatien an
der Küste zu runden. Ihre Unterhandlungen waren nach seinen
Wünschen ausgefallen, und Herzog Álmos reiste hin, um den normannischen Grafen die. Erfüllung der von ihm gemachten Bedingungen
Namens des Königs zu versichern und das Fräulein nach Ungarn zu
begleiten. Im Mai des folgenden Jahres landete sie vor Belgrad an
Dalmatiens Küste. Dort empfing sie Graf Vinkur und geleitete sie mit
5000 Reitern zu dem König nach Stuhlweißenburg, wo die Vermählung
mit großer Pracht unter Zelten und Lauben mitten unter dem fröhlichen
Volke gefeiert wurde.[2]   Unter den Begleitern Busillas, die in Ungarn
blieben, waren auch Oliver und Rátold die Stammväter blühender
Geschlechter.

Das Jahr 1098 verfloß in Ruhe und Frieden, das folgende aber ist 1099
durch einen für Ungarn unglücklichen Feldzug bezeichnet. Der russische Großfürst von Kiew, Swetopolk, in Krieg mit den andern russischen Fürsten, vorzüglich mit dem przemisler, Wolodar, verwickelt
und geschlagen[3], sandte seinen Sohn Jaroslaw nach Ungarn, bewaffneten Beistand zu erflehen. Koloman war ohnebin gegen Wolodar
erbittert, denn die Kumanen wagten es zwar nach den schweren Niederlagen, die sie erlitten, nicht mehr, Kriegszüge in das Innere Ungarns zu
unternehmen, fielen aber häufig plündernd und verheerend in die Grenzgegenden ein, und durften durch das przemisler Gebiet nicht nur ungehindert durchziehen, sondern es schlossen sich ihnen auch Russen an
und halfen ihnen rauben. Er bewilligte daher gern die erbetene Hülfe
und ging mit einem Heer von 8000 Mann über die Karpaten. Wolodar
wich der Schlacht aus und zog sich in das befestigte Przemisl zurück,
das Koloman umlagerte. Koloman's Bundesgenosse Swetopolk sollte
indessen die Kumaner angreifen und abhalten, den Belagerten zu Hülfe
zu kommen; er that es nicht, und sie konnten ungehindert gen Przemisl
eilen. Ihr Fürst Mirkod, nach andern Bonyak, theilte sein Volk in
drei Haufen; wovon er zwei in Hinterhalt legte, mit dem dritten die
Ungarn angriff und bald in verstellter Flucht dem Walde zueilte, der

[1] Albert. Aquens., II, 1—7. Bernard. Thesaurar., a. a. O. Wilhelm
Tyr., bei Bongars, IX, 2—8. Thuróczy, II, 60. — [2] Gaufred. Malaterra,
Hist. Sicul., IV, 25, bei Murator. Script. Rer. Ital., V, 599. — [3] Nestor zum
Jahre 1097—98. Dlugoss, Hist. Polon., IV, 326 fg.

die beiden Haufen verbarg und wohin ihn die Ungarn heftig verfolgten,
Jetzt erhoben sich die im Hinterhalt Liegenden plötzlich, auch die
Fliehenden kehrten zum Angriff zurück, und die Ungarn waren von allen
Seiten umzingelt. Einige Tausend von ihnen fielen auf dem Schlachtfeld, darunter Graf Oezem und die Bischöfe Koppány und Laurentius,
oder ertranken in den Fluten der San; den König rettete eine Schar
Tapferer, die ihn wie eine Mauer umgaben; die Fliehenden wurden
weit verfolgt, und viele erlagen noch auf dem ungeordneten Rückzug
dem Schwert der Feinde, oder dem Hunger und der Ermattung; kaum
die Hälfte kehrte in das Vaterland zurück.[1]

Der Chronist, aus dem Thuróczy seine Nachrichten schöpfte, erzählt, die Gemahlin Wolodars sei Frieden bittend vor Koloman erschienen und habe sich flehend ihm zu Füßen geworfen; er aber sei unbewegt
bei ihren Thränen geblieben, habe sie sogar verächtlich mit dem Fuße
von sich gestoßen und durch seine Härte die Verzweifelnden gezwungen,
die Schlacht zu wagen. Da aber die russischen und polnischen Jahrbücher hierüber schweigen, mag wol diese Erzählung entweder ganz
erdichtet, oder doch sehr übertrieben sein.[2]

Die erste Sorge Koloman's nach seiner Rückkehr war, das Land
gegen die nun zu befürchtenden Angriffe der Russen und Kumanen zu
sichern. Der Herzog von Böhmen, Bretislaw, war an Ungarn durch
Bande der Dankbarkeit geknüpft, denn hier hatte er freundliche Aufnahme gefunden, als er 1091 mit seinem Vater Wratislaw zerfallen,
das Vaterland verließ, und nach dessen und seines Nachfolgers Konrad
1092 schnell nacheinander erfolgtem Tode war ihm Ladislaus abermals
behülflich gewesen, den herzoglichen Stuhl einzunehmen. Jetzt aber
wünschte er, daß ihm nicht Ulrich, Konrad's Sohn, sondern sein Bruder
Boriwoi nachfolge. Beide Fürsten kamen also an der Grenze zusammen
und schlossen einen Vertrag, kraft dessen Bretislaw sich verpflichtete
Ungarn im Fall eines Krieges mit seinen nördlichen Nachbaren bei,
zustehen, Koloman aber Boriwoi bei der Behauptung der Nachfolge
zu unterstützen.[3] Die Russen und Kumanen griffen Ungarn nicht an,
und so kam der Vertrag auch nicht zur Ausführung.

Hierauf wandte Koloman seine Aufmerksamkeit und Thätigkeit
den innern Angelegenheiten zu, bereiste das Land, um persönlich Recht
zu sprechen, Uebeln abzuhelfen und zweckmäßige Einrichtungen zu
treffen, und hielt mehrere Reichsversammlungen[4], deren Gesetze ursprünglich in ungarischer Sprache abgefaßt waren, aber leider verloren
gingen und nur in einem dürftigen lateinischen Auszuge vorhanden sind,
den ein Kleriker, Alberich, für den graner Erzbischof Seraphin verfaßt
hat.[5] Doch hierüber werden wir weiter unten an seinem Orte sprechen.

Von dem heiligen Kriege in Osten hatte Koloman so viel Erfreu-
liches erfahren, daß er kein Bedenken trug, einem neuen Schwarm von

---

[1] Nestor, a. a. O. Dlugoss, a. a. O. Karamsin, Geschichte des russischen Reichs; übersetzt (Riga 1820), II, 106. — [2] Thuróczy, II, 60 —
[3] Cosmas Pragensis ad ann. 1099. — [4] Kovachich, Vestigia comitiorum, S. 65.
— [5] Decretum Colomanni Regis ab Alberico compilatum. E codice char-

160000 Kreuzrittern aus Frankreich und Deutschland in Ungarn Ruhe 1102 und freien Durchzug zu gestatten.[1] Die Häupter desselben waren Albrecht, Graf von Blandras, Wigbert, Graf von Parma, Hugo der Große, Stephan, Graf von Blois, Wilhelm, Graf von Poitou, der Baiern Herzog, Welf IV., Ida, Markgräfin von Oesterreich, Thuno, Erzbischof von Salzburg, und der Bischof von Mailand. Dabei ganze Scharen junger Matronen und schöner Jungfrauen, viele groß in der Sünde, wie in der Andacht. Die ungarischen Märkte brachten beträchtliche Summen Geldes in Umlauf, dessen war der König froh. Aber mit der Sorge für das Aufblühen seines Reichs beschäftigt, und besonders ganz erfüllt von dem großen Entwurf, ihm eine Meeresküste zu erwerben, hatte er keine Lust, das Beispiel dieser vornehmen Kreuzfahrer nachzuahmen, sondern rüstete sich, sobald sie die Grenzen überschritten hatten, die schon errungenen Vortheile in Kroatien und Dalmatien zu verfolgen, wozu sich ihm eben jetzt eine günstige Gelegenheit darbot.¨

In Kroatien brach 1102 ein Aufstand aus, wahrscheinlich durch die¨ Misregierung des schwachen Álmos hervorgerufen, und von Venedig angefacht, das mit Ungarn um den Besitz der dalmatinischen Küsten und Inseln wetteiferte. Álmos war unfähig, den Aufstand zu unterdrücken, oder förderte denselben wol gar in der Hoffnung, die Unabhängigkeit zu erlangen, nach der sich seine Eitelkeit sehnen mochte. Auf die Kunde hiervon eilte Koloman schnell mit Heeresmacht über die Donau den Aufständischen entgegen, die schon die Save überschritten hatten. Seiner Klugheit und Milde gemäß, wollte er nicht mit roher Gewalt die Kroaten unter das Joch der Knechtschaft beugen, sondern beide Nationen durch das Band des Rechts und der Freiheit fest miteinander verknüpfen. Darum ließ er den Aufständischen Vergebung des Geschehenen und vollständige Erhaltung ihres Eigenthums, ihrer Rechte und Freiheiten versprechen, wenn sie sich gutwillig unterwerfen würden. Sie kannten bereits Ungarns weit überlegene Macht, aber auch dessen Gerechtigkeit, von der sie für ihr Vaterland nichts zu fürchten hatten, und mistrauten dem ungewissen Lose der Schlacht; sie ergriffen also das huldvolle Anerbieten des Königs und kehrten unter die schützende Hoheit der ungarischen Krone zurück, was sie und ihre Nachkommen nie zu bedauern Ursache hatten.[2]

Jetzt glaubte Koloman den Zeitpunkt gekommen, das ganze, für Ungarn so unschätzbare Dalmatien zu erwerben, und begann die Aus-

taceo saeculi XV. bibliothecae palatinae Vindobonensis, bei Endlicher, S. 350 fg. In der Vorrede an den Erzbischof bittet Alberich, ihm etwaige Fehler der Uebersetzung zu verzeihen, weil er der ungarischen Sprache nicht vollkommen mächtig sei.
[1] Albert. Aquens., VIII, 34. Conradus Urspergensis ad ann. 1101. —
[2] Thomas Archid., c. 17. Freibrief Koloman's von 1102 in Lucius, III, 3; beide bei Schwandtner. So mag der Aufstand durch die menschenfreundliche Staatsweisheit des Königs ohne Blutvergießen gedämpft und die Hoheit Ungarns über Kroatien wiederhergestellt worden sein. Aber der Vertrag zwischen Koloman und den aufständischen Großen, dessen Abschrift der Historia salonitana des Thomas angehängt ist und von dessen Dasein sich weder in einer Urkunde noch im Staatsleben eine Spur zeigt, verräth sich

führung des großen Entwurfs mit jugendlichem Feuer. Rasch zog er vor Spalatſo und forderte die Bürger zur Unterwerfung auf. Da verschlossen sie die Stadtthore und zeigten bewaffnet auf den Mauern ihre Abneigung vor der Herrschaft eines fremden Volks. Nicht gern entschloß sich Koloman, ihren Widerstand mit Gewalt zu bezwingen; doch da alle seine Anträge und Drohungen verachtet wurden, ließ er anfänglich ihr Gebiet verheeren, und als sie in ihrer Widerspenstigkeit beharrten, traf er die ernstlichsten Anstalten, die Stadt zu stürmen. Den Zorn des Siegers, dem sie endlich doch unterliegen mußten, fürchtend, sandten sie jetzt ihren Erzbischof Crescentius zu ihm hinaus, um Gnade und Frieden zu erbitten. Der König bestätigte ihnen ihre Verfassung, ihre Rechtspflege und ihre Befreiung von Steuern und Zöllen, wofür sie sowol der Oberherrschaft des byzantinischen Kaisers, als auch dem Schutze der Venetianer entsagten, ihm und seinen Nachfolgern treue Ergebenheit schworen, den Antheil au Zöllen, welchen der Kaiser bisher gezogen hatte, ihm zuerkannten und zum Zeichen ihrer Unterwürfigkeit ein Festungswerk der Stadt einer ungarischen Besatzung einräumten. Dem Beispiel der Unterwerfung, welches Dalmatiens Hauptstadt gegeben hatte, folgten bald auch die minder mächtigen Seestädte, Traw und Jadra. Ueberall bestätigte Koloman dem Volk seine Freiheiten, den Kirchen und Klöstern ihre Besitzungen, und machte dadurch seine Oberherrschaft beliebt.

Koloman erkannte die unumgängliche Nothwendigkeit, den schwachen unzuverlässigen Álmos zu entfernen, wenn er Kroatien und Dalmatien und durch sie die Verbindung mit dem Meere für Ungarn erhalten wollte. War dieser doch bisher nicht fähig gewesen, durch weise Regierung des Landes Zufriedenheit zu gewinnen und die Herrschsucht einiger Großen in Schranken zu halten; um wie viel weniger stand zu erwarten, daß er den schweren Kampf mit Venedig, den man voraussehen mußte, zu einem glücklichen Ende führen und die Zuneigung der freiheitliebenden Seestädte gewinnen würde. Auch forderte die Staatsklugheit gebieterisch, in diesen Ländern nicht eine Regierungsform bestehen zu lassen, die vermöge der großen und dauernden Gewalt, welche sie dem Oberhaupt einräumte, früher oder später von selbst und nothwendig zur Trennung vom Hauptlande führen mußte. Koloman entzog also seinem Bruder die Regentschaft über Kroatien und verlieh ihm das Herzogthum jenseit der Theiß, welches die gewöhnliche Apanage der königlichen Prinzen war. Hierauf versammelte er die Großen Kroatiens und Dalmatiens und die Abgeordneten der Städte in Bielograd, Zara (Jadra), und ließ sich durch den Erzbischof Crescentius feierlich zum König von Kroatien und Dalmatien krönen. [1]

Daß bei dieser Gelegenheit ein Staatsvertrag abgeschlossen wurde,

schon durch seine Uebertreibungen und andere Kennzeichen als ein untergeschobenes Werk späterer Zeiten. Dasselbe gilt auch von dem Freibrief, den Koloman 1103 erlassen haben soll, bei Kerchelich, Not. prael. 114, und Fejér, Cod. dipl.

[1] Thomas Archidiac. Historia salonit. bei Schwandtner, III, 180 u. 634. Kerchelich, Not. prael., S. 134.

daß Koloman für sich und seine Nachfolger die Rechte und Freiheiten
der Nation heilig zu halten gelobt, und diese durch ihre Stellvertreter
ihm gehuldigt und der ungarischen Krone den Eid der Treue geleistet
habe, ist mehr als wahrscheinlich, und wird zur Gewißheit, wenn wir
erwägen, was einzelnen Städten gewährt wurde, und um so weniger dem
ganzen Lande verweigert werden konnte. Auch spricht dafür die
Gewohnheit der Ungarn, allen Nationen, die in ihren Reichsverband
kamen, alle billigen Rechte zu gewähren; und endlich zeugt dafür auch
die bevorzugte, wirklich beneidenswerthe Stellung, die Kroatien jederzeit
im ungarischen Staatskörper einnahm.

Koloman verweilte den größten Theil des folgenden Jahres, 1103,
in Kroatien und Dalmatien und war bemüht, diese Länder zu heben
und ihre Neigung durch Wohlthaten zu gewinnen, wie mehrere damals
von ihm ausgestellte Urkunden beweisen, Seinen erprobten Diener und
Freund Ugra, der die ungarischen Waffen bis an die Narenta getragen
hatte, ernannte er zum Bán von Kroatien und Dalmatien. Von Jadra
aus erließ er an diesen Befehl, gegen die Insel Arbe zu segeln und sie
zu nehmen. Aber ein heftiger Nordwind vereitelte diesmal die Unternehmung, und Ugra mußte, von drei Schiffen der Arbenser verfolgt,
nach beträchtlichem Verlust an Schiffen und Mannschaft wieder in
Segnia einlaufen.[1]

Bei seiner Rückkehr nach Ungarn fand Koloman die Königin
Busilla todt. Sie hatte im Jahre 1101 Zwillingssöhne geboren, Ladislaus,
der schon als Kind starb, und Stephan, den nachmaligen König.[2]
Er vermählte sich zum zweiten mal mit Predslawa, des kiewer Großfürsten, Swetopolk's Tochter. Sei es, daß der König sein Misfallen über 1104
den zu großen Abstand zwischen der feinen, gebildeten Sicilianerin und 11.
der natürlichern Russin nicht bezwingen konnte, oder daß sie selbst durch Aug.
zweideutige Schritte ihre eheliche Treue in Verdacht setzte, nach einigen
Monaten erklärte sich Koloman schändlich von ihr betrogen und stellte
sie zur Untersuchung vor das Hofgericht. Sie ward schuldig befunden;
aber der König entzog sie der gesetzlichen Strafe dadurch, daß er sie
zu ihrem Vater heimsandte. Dort gebar sie bald nach ihrer Verweisung 1105
einen Sohn, genannt Boris. Sie starb hernach als Nonne.[3]

Ein Aufstand der Bürger von Zara oder Jadra, durch die Venetianer 1105
erregt, rief den König wieder nach Dalmatien. Auf die versprochene
Hülfe der Aufwiegler rechnend, wiesen die Empörten alle Anträge der
Güte zurück. Koloman schloß die Stadt ein und begann die Belagerung.
Aber Johannes Ursini, Bischof von Traw, drang in die Stadt und vermittelte den Frieden. Der König hielt feierlichen Einzug, empfing die
Huldigung der Bürger, bestätigte und vermehrte noch ihre alten Freiheiten. Hierauf ging er, von dem Bischof, der schon im Leben als Hei-
liger verehrt wurde, begleitet, auch in die übrigen Städte des Küstenlandes, die ihm freiwillig abermals huldigten.[4] Indessen gelang es dem

---

[1] Farlatus Illyricum sacrum (Venedig 1769), IV, 313. Thuróczy, II,
60. — [2] Thuróczy, II, 61. — [3] Nestor ad ann. 1104. — [4] Vita S. Johannis
Targuriens. vulgata a Treguano archidiacono Targuriens., Kap. 4 fg., in Farlati
Illyric. sacr., IV, 313. Dandulus, XII, 261.

Grafen Sergius, zuerst die kleinern dalmatinischen Inseln und zuletzt auch Arbe der ungarischen Herrschaft zu unterwerfen. [1] Jetzt, nachdem er Herr ganz Dalmatiens war, berief Koloman auf des Erzbischof(Crescentius Rath den Adel des Landes und die Abgeordneten der Städte zu einer feierlichen Berathung. „König Koloman", sagt die gleichzeitige Urkunde [2], „kam nach Zara und hielt vor der Stadt eine Versammlung. Dort würde berathschlagt, wie die Freiheiten Dalmatiens für alle Zeiten unversehrt zu erhalten seien. (Zu diesen gehörte auch, daß der König die von ihnen frei erwählten Bischöfe anerkenne.) Zuerst bestätigte der König dieselben, indem er in Gegenwart des Vaters Crescentius auf die Evangelien schwor." Nach ihm schworen und unterschrieben die ungarischen Herren, geistlichen und weltlichen Standes, Laurentius, Erzbischof von Gran; Marcellus, waitzner u. s. w. Bischof Johannes, Palatin, Cledin, Marcus u. s. w. Zum Gedächtniß gab der König goldene Kreuze an die Kirchen zu Zara, Spalatro und Arbe. Später, 1108, schenkte er der Stadt Traw das freie Wahlrecht ihres Bischofs und ihres Grafen, blos die Bestätigung und Einsetzung der Gewählten sich vorbehaltend. Sie sollte ihre hergebrachte Verfassung behalten und weder ihm noch seinen Nachfolgern zinsbar sein. Nur von den Zöllen sollten zwei Drittel, dem König, eines dem Statthalter, und das Zehntel dem Bischof entrichtet werden. Er versprach ihr, nie zu gestatten, daß wider ihren Willen ein Ungar oder Ausländer in ihrem Gebiete sich häuslich niederlasse. Wenn der König zur Krönung oder zur Verwaltung der Landesangelegenheiten sich in Dalmatien aufhält, sollen die Häuser der Bürger durch Aufnahme der Hofdiener keineswegs belästigt werden, sondern alle Bezeigungen der Gastfreundschaft lediglich von ihrem guten Willen abhängen. Wer bei allen diesen Rechten und Freiheiten unter seiner Herrschaft sich dennoch beschwert fühlen dürfte, dem soll es frei stehen, mit seiner Habschaft und mit den Seinigen hinzuziehen, wohin es ihm beliebt. Auch hier heißt es zum Schluß: „Diese Handfeste ist vom König, vom Erzbischof und von den Grafen Ungarns bestätigt worden." Hierauf folgen die Unterschriften des Palatin Johannes und von fünf Obergespanen. [3] Aehnliche Handfesten gab er auch den übrigen Städten und den Inseln Veglia, Cherso, Arbe, die sich ihm gleichfalls friedlich unterworfen hatten. Den Bischöfen und der gesammten Geistlichkeit verlieh er dieselben Rechte, welche die ungarischen besaßen, und erneuerte diejenigen, die ihnen frühere Herrscher verliehen hatten. [4] Nachdem er sich dergestalt ihre Treue und den Ungarn bedeutende Handelsvortheile gesichert hatte,

---

[1] Farlatus, V, 53. Lucius, III, 4. An einem Thurm in Zara stand die Inschrift: Anno. Incar. Dni. Nri. Jhu. XPI. Mil. CV. Post. Victoriam. Et. Pacis. Praemia. Jaderae. Introitus. A. Deo. Concessa. Proprio. Sumptu. Hanc. Turrim. Scae Mariae. Ungariae. Dalmatiae Croatiae. Construi. Et. Erigi. Jussit. Rex Colomanus. Farlatus, IV, 234. — [2] Libri Pactorum, I, 238; eine Staatsschrift, die aus Venedig in die kaiserliche Hofbibliothek in Wien kam. Laurentius de Monachis Chron. de rebus Venet., VI, 102. Lucius, III, 4, bei Schwandtner, III, 186. Vgl. Horvath, Geschichte des ungarischen Reichs, 2. Aufl., S. 233—235. — [3] Lucius, III, 4, bei Endlicher, S. 376. — [4] Lucius, Constitutio pro clero Arbensi, anno MCXI, bei Endlicher, S. 377.

kehrte er jetzt nicht nur als König Kroatiens und Dalmatiens, sondern auch als Beherrscher des Adriatischen Meeres nach Ungarn zurück, wo ein langer Kampf gegen Ränke der Bosheit seiner harrte.

Nichts ist gewöhnlicher, als daß Geistesschwäche mit großem Selbstvertrauen und übertriebenen Ansprüchen gepaart ist. So fühlte sich auch Álmos tief verletzt, daß ihm Koloman das jetzt durch Dalmatien so bedeutend vergrößerte Kroatien entzogen habe, ungeachtet er, wie er selbst fühlen mußte, sich zu dessen Behauptung und Regierung unfähig erwiesen und zu den neuen Erwerbungen nicht das Geringste beigetragen hatte. Die gefahrlose Verwaltung, der ruhige Genuß seines Herzogthums und königliche Ehren genügten ihm nicht, er fing an nach weit höhern Dingen zu streben; selbstsüchtige Günstlinge nährten die Flamme des Ehrgeizes und der Herrschsucht, verrätherische Zwischenträger streuten den verderblichen Samen der Zwietracht, und er faßte den abenteuerlichen und verrütherischen Plan, seinen großen Bruder vom Thron zu stürzen und sich auf denselben zu schwingen. Diesen Plan verfolgte er von nun an hartnäckig und rastlos, bis er sich zuletzt selbst ins Verderben stürzte.[1] Indem Koloman mit Dalmatiens Einrichtung beschäftigt war, reiste Álmos zu Kaiser HeinrichV., zuversichtlich auf den Beistand des Mannes rechnend, der seinem eigenen Vater die Krone geraubt und ihn bis zum Tode verfolgt hatte. Allein ungeachtet der Verheißungen, durch welche er sein Vaterland verrathen und verderben wollte, ward er für diesmal von dem Kaiser abgewiesen. Die Absicht seiner Reise ward an den König verrathen, nichtsdestoweniger empfing ihn dieser bei seiner Rückkunft aus Deutschland zutraulich und gab ihm nur die sanfte Weisung, sein gutes Volk in seinem Gebiet nicht ganz der Willkür seines Grafen zu überlassen.[2]

Des edlern Mannes schonendes Betragen hielt Álmos für tückische Zurückhaltung des Grolles, dessen Ausbrüchen er zuvorkommen müßte. Er bot die Krieger seines Herzogthums auf, sammelte um sich eine Partei und bezog Verstärkungen aus Polen; denn wie alle hervorragende, über die Vorurtheile ihrer Zeit erhabene Männer war auch Koloman reichlich mit Feinden gesegnet. Auch er sammelte nun seine Scharen und stellte sich bei Várkony, am rechten Ufer der Theiß, zwei Meilen unter Szolnok, den Kampf mehr drohend als wünschend. Jenseit des Stromes stand Álmos. Aber die Besten beider Parteien, von Vaterlandsliebe beseelt, hielten einen Rath und beschlossen, jene blutigen Auftritte, in welchen einst ihre Väter und Verwandten der Eifersucht zwischen Andreas und Béla, zwischen Salomon und Geiza zum Opfer fielen, nicht zu erneuern. Die Fürsten möchten ihre Sache durch Gottesurtheil im Zweikampfe ausmachen. Gyárák, des Álmos Vezér (Feldherr), machte den Beschluß dem König bekannt, der zu allem bereit war; aber Álmos hielt es für sicherer, ohne Wagniß des Zweikampfs, mit dem Bruder sich auszusöhnen.[3]

Kraftgefühl und Mistrauen sind unvereinbar; jenes machte den

---

[1] Thuróczy, II, 60. — [2] Ebend. — [3] Ebend.

König über seines Bruders weitere Schritte unbesorgt, dieses jagte den
1107 Herzog nach Polen zu Boleslaw III., der ihm die Anwerbung einiger
Haufen im Lande gestattete. Mit diesen fiel er in Ungarn ein, bemächtigte sich der nördlichen Gespanschaften und erklärte den König für
abgesetzt, sobald ihm die Bergfestung Aba-Ujvár ihre Thore geöffnet
hatte. Weiter konnte er nicht fortschreiten; denn der immer schlagfertige Koloman stand vor der Burg und bereitete sich, dieselbe zu
stürmen. Álmos sah die Unmöglichkeit, sich zu behaupten; eilends
bestieg er sein Roß und sprengte ohne Gefolge in das Lager der Ungarn,
dort warf er sich dem König zu Füßen und bekannte seine Schuld.
Ihm und den wenigen ungarischen Parteigängern ward verziehen. [1]

Gemeine Seelen hassen denjenigen unversöhnlich, den sie muthwillig
beleidigt haben; also auch Álmos. Was er im Haße gebar, beschloß er
dort auszuführen, wo nur Liebe und Andacht sein ganzes Wesen hätte
durchdringen sollen. Zu Dömös, dort, wo seinen Großvater Béla unter
den Trümmern des einstürzenden Hauses die Nemesis ereilt hatte, war
vor einiger Zeit von ihm der Grund zu einer prächtigen Propstei und
Kirche gelegt worden; jetzt war das Gebäude vollendet und sollte eingeweiht werden. Zu gleicher Zeit schenkte ihm seine Gemahlin
Ingelburge, Ingo I., Königs der Schweden, Tochter, einen Sohn; um
so eifriger strebte er nun nach der Krone, dem künftigen Erbe des Neu-
geborenen. Er bat den König, der feierlichen Einweihung der Kirche
beizuwohnen. Der König kam. Da erfuhren die Hofherren, die ihn
begleiteten, daß der Herzog ihn ermorden lassen wolle, und unterrichteten ihn von der drohenden Gefahr. Durch die treue Wachsamkeit
seiner Freunde entging er glücklich dem lauernden tückischen Morde
von der Hand des Bruders, den er, mit Recht empört über solchen Frevel,
gefangen nehmen wollte. Aber die anwesenden Bischöfe und andere
Herren, denen er sein Vorhaben entdeckt hatte, bewogen ihn, den Verbrecher blos in ihrer Gegenwart zu entlarven und ihm noch einmal zu
verzeihen. Ein neuer Vertrag ward gestiftet und beide Fürsten beschworen ihn auf das Evangelium. [2]

Nach dem Feste zog Álmos in den bakonyer Wald auf die Jagd,
begleitet von des Königs zwei bewährten Hofbedienten, welche für des
Herzogs Bequemlichkeiten sorgen, wie auch auf seine Aeußerungen genau
merken sollten. Bei Csoor erblickte er einen Reiher, er ließ seinen
Falken auffliegen und auf den ersten Stoß war der Raubvogel sein. Da
sprach er zu seinen Begleitern: „Glaubt ihr wol, der kluge Falke würde
den Reiher friedlich haben fliehen lassen, wenn dieser ihm geschworen
hätte, nicht mehr zu schreien." Die Hofbedienten erwiderten: „Der
wilde Falk würde ebenso wenig auf den Schwur des Reihers geachtet,
als dieser zu einem Eide sich verstanden haben." Álmos fürchtete von
seiner unbesonnenen Rede die schrecklichsten Folgen und beschloß,

---

[1] Thuróczy, II, 60. — [2] Das erzählt der Chronist, dessen wirklicher
oder erkünstelter Haß gegen Koloman sonst überall hervorleuchtet. Thuróczy, II, 61.

durch neuen Hochverrath sie von sich abzuwenden. In der Nacht nahm er die Flucht, ohne daß sein Gefolge eine Spur von ihm entdecken konnte.[1] Er war bei Kaiser Heinrich V., der sich endlich von ihm bewegen ließ, das Reichsheer aufzubieten und einen Feldzug nach Ungarn zu unternehmen.[2] Um seine Macht zu verstärken, erließ Heinrich dem Herzog von Böhmen und Mähren, Swatopluk, den er unlängst gegen Boriwoi auf den herzoglichen Stuhl erhoben hatte, eine beträchtliche Geldschuld, unter der Bedingung, daß er zu gleicher Zeit mit seinem Heerbann Ungarn überfalle.[3]

Heinrich und Álmos führten ihr Kriegsvolk vor Presburg. Die 1108 Stadt war gut besetzt und wurde von den Ungarn so kräftig vertheidigt, daß der Kaiser nach vier Wochen langer Belagerung an ihrer Einnahme verzweifelte. Am rechten Donauufer stand Koloman mit starker Heermacht, um den Feinden den Uebergang zu verwehren; ein anderes Heer hielt das linke Waagufer besetzt; blos die presburger, neitraer und trencsiner Gespanschaften waren dem Kaiser und seinem Lehnsmann Swatopluk preisgegeben. In diesem kleinen, bergigen und rauhen Bezirk konnten sich die Feinde nicht lange halten, und Heinrich sah sich nothgedrungen, durch Unterhandlung zu erreichen, was er durch Waffengewalt nicht erzwingen konnte. Mit geringer Mühe bewirkte er die Aussöhnung, wozu den König Großmuth, den Herzog Erbärmlichkeit stets bereit machte. Der Kaiser war mit einigen Geschenken und mit der Zusicherung freien Rückzugs zufrieden.[4] Álmos gelobte in seines Bruders Lager eine Wallfahrt nach Jerusalem, vielleicht weil er sich 1110 zu schwach fühlte, seine Beschämung vor dem ganzen Volke zu ertragen.

Der Unglückliche kam jedoch aus dem heiligen Lande nicht besser 1112 zurück, als er hingegangen war; er blieb überall selbst sein ärgster Feind und weder die Zeichen des Heils zu Jerusalem, noch der zutrauliche Empfang des Königs bei seiner Rückkunft konnten ihn versöhnen; bald fing er an, in Verbindung mit den drei Grafen Uros, Vatha und Paulus neue Entwürfe der Empörung zu spinnen. Koloman erfuhr das Geheimniß der Verschworenen beizeiten, ein Verhaftsbefehl wider 1113 den Herzog und die drei Grafen kam der Vollziehung des Verbrechens zuvor. Des Landes Verfassung, der Stand der Verbrecher und des Königs Charakter verbieten zu glauben, daß dieser willkürlich an ihnen Rache nahm; wahrscheinlich hatte er sie dem Hofgerichte überliefert, welches den Gesetzen gemäß nicht anders als auf Todesstrafe erkennen konnte. In einem unglücklichen Anfall menschenfreundlicher Schwäche steigerte Koloman den Ausspruch des Rechts, indem er ihn mildern wollte, zu einem Machtspruch der Tyrannei, nach welchem Álmos, sein fünfjähriger Sohn Béla und die drei Grafen das Leben behalten, aber geblendet werden sollten.[5] Obgleich Blendung in den Herrscherfamilien

---

[1] Thuróczy, a. a. O., S. 61. — [2] Chronicon Urspergense ad ann. 1108. [3] Palacky, Geschichte von Böhmen, I, 357 fg. — [4] Annalista Saxo ad ann. 1108. Otto Frisingens., Historiar., VII, 13, bei Urstisius, I. Thuróczy, II, 62. — [5] Chronicon Admontense ad ann. 1113. Muglen, Kap. 48. Thuróczy, II, 62; aber die Greuel, welche letzterer hierbei dem Könige noch

der damaligen Zeit etwas Gewöhnliches war und Álmos schwere Strafe
verdient hatte, mochte doch die Gestalt des blinden Bruders und noch
mehr das Jammerbild des unschuldigen Kindes vorwurfsvoll vor die
Augen seines Geistes treten und ihn um so mehr beunruhigen, je weniger
sein Herz unempfindlich und grausam war. Seine Lebenskraft schwand
merklich, unerträgliche Schmerzen im Kopf quälten ihn; er fühlte das
Herannahen des Todes und dachte mit ängstlicher Besorgniß an das
Schicksal seines unmündigen Sohnes, dessen Leben und Thron er sichern
wollte. Da berathschlagte er mit seinen Vertrauten Marcus und Achilles,
und es wurde beschlossen, Álmos zu tödten. Ein Bote, Benedict, wurde
eilends nach Dömös zur Vollstreckung des Mordbefehls abgeschickt.
Der blinde Herzog saß vor dem Kloster an der Wintersonne und hörte
den Hufschlag des Pferdes, das seinen Henker trug; Böses ahnend, ließ
er sich zum Altar führen, und die Mönche, deren Kloster er gestiftet
und reich begabt hatte, erlaubten nicht, ihn von der heiligen Freistätte
wegzureißen. Unverrichteter Sache und drohend eilte Benedict zurück
an den königlichen Hof, stürzte unterwegs vom Pferde und brach das
Genick. Álmos floh an den nah verwandten konstantinopolitanischen Hof.

1114   Koloman starb am 4. Februar 1114.[1] Achtzehn Jahre, sechs Monate und fünf Tage hatte er weise, kraftvoll und glücklich regiert und
besonders durch die Erwerbung der Meeresküste dem Vaterlande ein
kostbares Vermächtniß hinterlassen, das zu erhalten seine Nachfolger
leider weder Klugheit noch Kraft genug hatten. Aber vielen misfallen
und gottlos erscheinen mußte der Mann, der, dem Geiste seines Zeitalters
ganz zuwider, kein einziges Kloster gestiftet, nicht eine Kirche erbaut,
die ausschweifenden Kreuzritter nach Verdienst gezüchtigt, übermäßige
Schenkungen seiner Vorfahren an Klöster und Kirchen eingezogen, die
Klerisei zur Zucht und Pflicht angehalten, die Gerechtigkeit mit Strenge
verwaltet und endlich seinem treulosen, aber freigebigen Bruder nicht
auch den sechsten Hochverrath am Vaterlande ungestraft hingehen ließ.
Neuere vertheidigten diesen König gegen ältere Lästerungen durch viele
Zeugnisse[2]; aber seine bündigste Vertheidigung sind seine Thaten,
der Geist seiner Gesetze, der geordnete blühende Zustand, in dem er
das Reich zurückließ.

aufbürdet und von welchen Muglen nichts wußte, werden billiger bezweifelt
als nacherzählt. Wol mögen sie noch zu Koloman's Zeit erzählt worden
sein; denn die Menschen hatten von jeher weder des Glücks noch des Unglücks genug und waren immer fertig, durch greuliche Dichtungen zu ersetzen, was der mäßigen Wirklichkeit mangelte. Einige pflegten dergleichen
zu thun, weil sie in dem Schose ihrer trägen Jämmerlichkeit durch schreckliche Dinge erschüttern und erschüttert werden wollten; andere, weil sie von
ihren bessern Zeitgenossen den Vorwurf eigener Schlechtigkeit nicht ertragen
konnten und durch das leichte „criminari audacter“, welches, gegen große
Männer ausgeübt, niemals mislingt, sich zu rächen suchten.
    [1] Thuróczy, II, 62. — [2] Cornides, Genealog. Regum Hung., S. 102 fg.,
nach ihm Katona, Pray, Klein, Handbuch der Geschichte von Ungarn (Ka-
schau u. Leipzig 1833). Szalay u. Horváth in ihrer Geschichte des ungarischen Reichs.

2. Innere Zustände.

Ungarn hatte das seltene Glück, daß zwei große Könige aufeinander folgten; ihre Regierung dauerte 37 Jahr und übte den wohlthätigsten Einfluß. Was unter Ladislaus zur Befestigung geordneter Staatseinrichtungen und zur allseitigen Entwickelung eines edlern Volkslebens geschehen war, wurde von Koloman nicht nur fortgesetzt, sondern auch Neues und Größeres bewirkt; aber freilich alles im Geiste der damaligen Zeit, das Gute wie das Fehlerhafte, das dieser brachte, auffassend und das Vorhandene nach den herrschenden Begriffen und Bedürfnissen umgestaltend. Denn ein Kind seiner Zeit ist der Mensch, und weder der Einzelne noch ganze Völker können sich ihrem mächtigen, das Leben gestaltenden Einfluß entziehen. Die Kirche mit ihrem geordneten Priesterthum und der Feudalismus mit seinem bevorrechteten Adel beherrschten damals das christliche Europa: je mehr also in Ungarn das Christenthum Wurzel faßte, und europäische Gesittung sich befestigte, desto größer und entscheidender mußte auch der Einfluß dieser beiden Mächte werden; nur auf dem Wege, den sie bezeichneten, konnte der Fortschritt geschehen. Von diesem Standpunkt müssen wir die Zustände betrachten, die sich unter Koloman's Regierung entwickelt und gestaltet haben, wenn wir sie richtig beurtheilen wollen. Die Gesetzsammlung, welche uns der Mönch Albericus überliefert hat, muß uns beim Mangel anderer und reicherer Quellen großentheils als Führer dienen. [1]

Bisher war der königliche Hof allein die Gerichtsstelle der Großen und Vornehmen und zugleich das höchste Appellationsgericht gewesen. Da es aber beschwerlich war, wegen jeder Streitsache aus allen Theilen des weiten Reichs den königlichen Hof aufzusuchen, und mit der zunehmenden Entwickelung des Verkehrs und aller Verhältnisse auch die Rechtssachen zahlreicher und ihre Entscheidung schwieriger wurden, ward nun durch ein Gesetz des Reichstags in jedem Bisthum ein Gerichtshof errichtet. Zweimal im Jahre, zu Anfang Mai und October, sollen sich die Obergespane, die Grafen (die Hofgrafen und andere höhere Beamte und Herren) und die Behörden bei ihrem Bischof versammeln, um Recht zu sprechen (2). Diesem Gericht sind auch die Grafen und Aebte, die Hofherren (ministri) und Hofgeistlichen (capellani) des Königs und Herzogs unterworfen. Der Kleriker wird durch das Siegel des Bischofs oder Archipresbyters, der Laie durch das des Richters vorgefordert. [2] Jeder Berufene ist verpflichtet zu erscheinen (5—13). Daß hierdurch die Wirksamkeit der andern Gerichte und die Appellation an den königlichen Hof nicht aufgehoben wurde, versteht sich von selbst. Der König bleibt immer der höchste Richter, der jede Streitsache aufnimmt und

---

[1] Decretum Colomani regis ab Alberico compilatum, bei Endlicher, siehe S. 528. — [2] Präsident dieses Gerichtshofs scheint der Bischof gewesen zu sein, und die Archipresbyteri — nach römischem Sprachgebrauch Archidiakone — waren wahrscheinlich Beisitzer desselben, darum waren ihm auch die Kleriker unterworfen.

persönlich entscheidet. „Wenn der König umherreist, sollen ihn immer zwei Richter des Bezirks, in dem er sich gerade befindet, begleiten,
damit sie ihm die Streitigkeiten des Volks entscheiden helfen, oder wenn
gegen die Richter selbst Klage erhoben würde, der Palatin über sie ab-
urtheile" (37). Den Misbräuchen, die mit den Feuer- und Wasser-
proben getrieben wurden, sollte dadurch gesteuert werden, daß diese
von nun an nur an den Bischofssitzen und größern Propsteien vorgenommen werden dürfen (23). Um den Zeugen mehr Glaubwürdigkeit zu geben, mußten sie, bevor sie ihre Aussage abgaben, beichten
und für die Wahrheit derselben mit ihrem Vermögen einstehen (26—
27). Der nüchterne Verstand des Magyaren sträubte sich gegen den
Glauben an Zauberkünste, und wir lesen mit gerechter Bewunderung
das Gesetz dieser Zeit: „Gegen Hexen, die es nicht gibt, soll gar keine
gerichtliche Untersuchung vorgenommen werden" (57). Die Straf-
bestimmungen der frühern Gesetze wurden gemildert, und wo sie beibehalten wurden, auf schwerere Verbrechen eingeschränkt.

Daß die Könige in den lange dauernden innern Unruhen und Kriegen genöthigt waren, ihren Thron durch übermäßige Freigebigkeit zu
stützen und sich Anhänger zu erkaufen, daß sie deshalb viele königliche
Besitzungen und viel Staatsgut an Kirchen, Klöster und weltliche Herren verschenkten und dadurch das Staatseinkommen, welches von dem
des Königs nicht getrennt war, außerordentlich schmälerten, haben wir
bereits oben berichtet. Aber auch gewaltsam hatten in diesen Zeiten
der Verwirrung viele Mächtige das Eigenthum der Schwachen und des
Staats an sich gerissen. Diesem Uebel sollte abgeholfen und den Anmaßern das gesetzwidrig Gewonnene oder Geraubte wieder abgenommen werden. Ein verwickeltes und schweres Geschäft, das alle Leidenschaften wach rief und dem der Eigennutz unüberwindliche Hindernisse entgegensetzte. Hier erblicken wir aber erst die Anfänge jenes
Uebels, das später durch erneuerte Thronstreite immer größer wurde,
langwierige erbitterte Kämpfe der Könige mit den Großen erzeugte,
schreckliche Zerrüttungen herbeiführte und nie mehr gehoben wurde.
Jetzt suchte man noch friedlich auf dem Wege des Gesetzes Abhülfe
zu schaffen. „Dem König und der Reichsversammlung beliebte,
daß Besitzungen welcher Art immer, die Stephan der Heilige den
Kirchen und Klöstern verliehen hat, unversehrt bleiben u. s. w." (1).
Soll das hier unvollständig wiedergegebene Gesetz einen Sinn haben,
so mußten die Kirchen und Klöster entweder Beraubungen erlitten
haben, die nun aufhören sollen, oder es gestattet, daß Schenkungen
späterer Könige wieder eingezogen werden dürfen. Die Mitglieder des
Reichstags verpflichten sich, alle Fischereien (das Recht des Fischfangs
an gewissen Stellen der Flüsse, Seen und Teiche), mit Ausnahme der
von Stephan verliehenen, zurückzugeben, weil es unwürdig ist, daß sie
Ueberfluß haben und der königliche Hof Mangel leide (15). Desgleichen sollen die Fischereien der Kirchen und Klöster, welche den
täglichen Bedarf übersteigen, an den König zurückfallen (16). Den
mächtigen Großen war aber schwer abzunehmen, was sie einmal in ihren
Händen hatten; von Rückgabe desselben ist keine Rede. „Weingärten,

Ansäßigkeiten (mansiones) und Ländereien, von welchen Königen immer sie verliehen sein mögen, bleiben denen, denen sie verliehen worden sind" (17). Nur die alten vertriebenen Colonen sollen auf ihren Grund zurückkehren; ist dieser jedoch an Klöster und Kirchen gekommen, oder haben sie einen andern erhalten, so bleibe alles, wie es ist (19). Um aber dem Staat nicht alle Hoffnung zu nehmen, daß er das Vergabte wiedererlangen könne, wurde eine Anordnung getroffen, die den gegenwärtigen Besitzer wenig oder nichts kostete. „Von Stephan dem Heiligen verliehene Besitzungen fallen auf die Nachfolger oder Erben von jeder Art menschlicher Nachfolge." Sie sind also völliges Eigenthum, über welches der Besitzer frei verfügen kann. „Von andern Königen verliehene Besitzungen aber gehen blos auf die natürlichen Erben, von Vater auf Sohn, auf den Bruder und dessen Sohn, über und fallen in Ermangelung solcher an den König." Sie sind also ein unveräußerliches Gut des Staats, welches einer Familie zur bleibenden Nutznießung übergeben ist und mit deren Aussterben wieder heimfällt (20). Ein gekauftes Erbe (haereditas = Allodium) darf keinem Erben entzogen werden, nur ist diese Eigenschaft desselben durch Beweise zu erhärten (21).

In diesen Gesetzen zeigen sich bereits die unverkennbaren Spuren des überhandnehmenden Lehnwesens. Noch gibt es zwar freies unbeschränktes Grundeigenthum, das theils von der ursprünglichen Theilung des Landes herrührte [1], theils aus den Vergabungen des ersten Königs entstanden war. [2] Allein neben demselben macht sich hier zum ersten mal im Gesetz ein Besitzthum geltend, das mit beschränktem Eigenthumsrecht für gewisse Leistungen empfangen wurde; dasselbe mußte also bereits häufig und ausgedehnt sein. Es lag dies in dem Geist und in den Einrichtungen der Zeit. In jenen Tagen, wo Könige selbst ihr Reich unter die Söhne theilten, kannte man keine Majorate, die Allodien wurden mithin durch Erbtheilungen zersplittert und die hierdurch verarmten Besitzer derselben genöthigt, im Dienst des Königs neuen Wohlstand zu suchen. Und weil man auch von Besoldungen wenig wußte, konnte der König solche Dienste nur vergelten durch zeitweilige oder bleibende und sogar erbliche Verleihungen von Grund und Boden. Hierzu kam noch, daß in den wechselvollen Bürgerkriegen das Eigenthum vieler Anhänger der unterliegenden Partei gewaltsam confiscirt und von den Siegern an ihre Kampfgenossen verschenkt wurde. Durch solche wiederholte Schenkung verlor es aber seine ursprünglichen Rechte zugleich mit dem ersten Besitzer und kam in die Reihe der von Stephan's Nachfolgern verliehenen Schenkungen; es wurde ein unveräußerliches Erbe der männlichen Nachkommenschaft und nahm die Natur der Lehen an. So entwickelte und verbreitete sich auch in Ungarn mehr und mehr das Feudalwesen, und die Mächtigen mögen, bewußt oder unbewußt, diese Umwandlung des freien unbeschränkten Eigenthums in ein bedingtes sogar befördert haben.

[1] S. Stephani Decret., I, 6. — [2] Ebend., II, 2.

Denn ihr Besitzthum, unter welchem Titel immer sie es innehatten, war gesichert; wer hätte es den Gewaltigen nehmen sollen? Dagegen gab ihnen das Lehnsystem Vorwände und Mittel an die Hand, das Gut der Schwächern und des Staats um so leichter an sich zu bringen. Auch im Nationalheer beginnt sich der Einfluß des überhandnehmenden Lehnwesens zu äußern. „Die Grafen (die Großen) die auf ihrem eigenen Besitzthum (villa) freie Leute haben, von denen sie Pferde nehmen und 100 Pensen sammeln können, sollen dem König einen gepanzerten Reiter stellen, die nur 40 Pensen zusammenbringen, ihm einen ungepanzerten Reiter zuführen, die weniger erheben, sollen dieses zu ihrer eigenen Ausrüstung verwenden" (40). Es ist also nicht mehr jeder freie Mann berechtigt, wenn der König ruft, die Waffen zu ergreifen; dieses Recht ist von der Person auf den Grundbesitz übergegangen, wer nicht auf eigenem ganz unabhängigem Boden wohnt, trägt nur die Kosten, einen Höhern auszurüsten, der sein Verhältniß zum König und Staat vermittelt. Abgesehen hiervon war diese Anordnung gewiß zweckmäßig, da der Aermere von der schweren Last unbezahlter Kriegsdienste befreit wurde, andererseits die etwa verringerte Zahl der Streiter durch Rüstung und Kriegsübung reichlich ersetzte, was an Menge abging.

Das Los der Sklaven ward wenigstens insoweit erleichtert, daß verboten wurde, in Ungarn geborne, welcher Nation immer sie angehören mögen, über die Grenzen des Landes zu verkaufen (76). Auch durften sie nach Synodalbeschlüssen mit Bewilligung ihres Herrn in den geistlichen Stand treten, wodurch sie selbst und ihre Kinder frei wurden. Es war aber verboten, einen Sklaven oder sonst Hörigen in Wissenschaften zu unterrichten oder zum Priester zu weihen, ohne hierzu die Einwilligung des Herrn erhalten zu haben. Wer dawider handelte, war verurtheilt den Sklaven loszukaufen und eine Strafe von 50 Pensen zu erlegen. [1]

Gegen die Ismaeliten, diese mohammedanischen Stammgenossen der Ungarn, die mit ihnen dieselbe Sprache redeten, richtete sich jetzt mit zunehmender Heftigkeit der unduldsame Glaubenseifer. Zogen doch Tausende in ferne Länder um die Feinde des Kreuzes zu bekämpfen; wie sollte man unter sich die Glaubensgenossen dieser Feinde dulden. „Ismaeliten, die man bei der Beobachtung ihrer Religionsgebräuche betrifft, sollen vor des Königs Gericht gestellt und der Kläger mit einem Theil ihres Vermögens belohnt werden. Die ismaelitischen Ortschaften müssen in ihrer Mitte eine Kirche bauen und dotiren, sodann muß die Hälfte der Einwohner. Christen Platz machen und in christliche Dörfer auswandern, damit sie in dieser Weise vermischt und bekehrt werden. Ismaeliten dürfen ihre Töchter nur an Christen verheirathen; wenn sie Gäste bewirthen, mit diesen nichts anderes als Schweinefleisch essen" (46—49). Und doch wurden sie nicht bekehrt; sie blieben ihrem Glauben treu unter allen Drangsalen, erlebten noch Zeiten, wo sie

---

[1] Synodus Strigoniensis prior, S. 29, 30.

mächtig wurden und ihren unduldsamen Mitbürgern die erlittenen Bedrückungen vergelten konnten, und verschwinden erst nach Jahrhunderten gänzlich.

Weit weniger Mühe gab man sich mit der Bekehrung der Juden, die außerhalb des Nationalverbandes standen. Sie dürfen künftig keine christlichen Sklaven kaufen, verkaufen und halten — sie mochten den Handel mit dieser Menschenwaare stark betreiben —, und verlieren diejenigen, die sie jetzt haben, wenn sie dieselben nicht bis zu einer von den Gerichten ihnen gestellten Frist verkaufen (74). Grundbesitz ist ihnen gestattet, doch dürfen sie ihr Feld nur mit heidnischen Sklaven bebauen, und selbst blos dort wohnen, wo sich ein Bischofssitz befindet (75). Außer diesen Gesetzen erließ Koloman in Betreff der Juden noch eine besondere Verordnung, die zu merkwürdig ist, als daß wir sie der Hauptsache nach nicht mittheilen sollten. Zuerst wird ihnen abermals verboten, christliche Sklaven zu halten. Sodann wird befohlen, wenn zwischen Christen und Juden ein Anlehen geschlossen wird, das zwei oder drei Pensen beträgt, soll dieses in Gegenwart christlicher und jüdischer Zeugen geschehen, damit die Schuld, wenn sie einer ableugnete, durch die Zeugen erwiesen werde. Beträgt aber das Anlehen mehr als drei Pensen, so müssen die Summen des Geldes und die Namen der Zeugen auf einen Zettel geschrieben und das Siegel des Gläubigers und Schuldners beigedruckt werden. Dieselben Formalitäten sind beim Kauf und Verkauf zwischen Juden und Christen zu beobachten; sodann werde der Zettel dem Käufer eingehändigt, damit er sich rechtfertigen und den Verkäufer angeben könne, falls die gekaufte Sache als gestohlen erkannt würde u. s. w.[1] Die Juden müssen also bedeutende Handels- und Geldgeschäfte gemacht haben, und es mag dabei nicht immer ganz redlich zugegangen sein. Uebrigens genoßen sie damals kaum in einem Lande soviel Ruhe und Freiheit wie in Ungarn, daher hatte sich auch ihre Zahl, besonders seit den schrecklichen Verfolgungen, mit denen sie in Böhmen und Deutschland heimgesucht wurden, hier außerordentlich vermehrt.

Jeder freie Ungar, der eigenen Grund besaß, zahlte jährlich vier Denare Kopfsteuer und ebenso viel als Ablösung für öffentliche Arbeiten, wenn er diese nicht leistete, wie aus dem dunkeln Gesetzartikel 40 sich entnehmen läßt. Die Freien und Eingewanderten (hospites) aber, wie Slawen und andere Ausländer, die den Boden eines andern bebauen (also nicht auf eigenem Grund wohnen), sind von der letztern Abgabe frei (80). Ferner wird verordnet, die Obergespane sollen künftighin den ganzen Betrag der Steuern nebst den Ausweisen, wie viel jeder Einnehmer gesammelt habe, bis zum Feste des Erzengels Michael nach Gran abliefern und dort das ihnen gebührende Drittel empfangen, welches sie früher zurückzuhalten pflegten (79). Von den Steuern und Zöllen sollen die Bischöfe den zehnten Theil erhalten, „weil jedes Blatt des Alten und Neuen Testaments laut verkündigt, daß

---

[1] Colomani regis lex data Judaeis in suo regno commorantibus, bei Endlicher.

man den Bischöfen den Zehnt gebe" (25). Dieses Gesetz zeugt wieder
von der Unersättlichkeit der damaligen Bischöfe und von ihrer überwiegenden Macht. Denn nur durch diese konnte ein solches Gesetz
gerade unter Koloman zu Stande kommen; wahrscheinlich benuzten
sie einen Augenblick der Bedrängniß, um ihm dasselbe abzupressen.
Die Kroaten fuhren fort, wie ehemals ihren eingeborenen Fürsten, auch
den ungarischen Königen die Steuern in Marderfellen zu entrichten.
Die Dalmatier genossen nach den vorhandenen Urkunden beinahe
gänzliche Steuerfreiheit. Dem König und Herzog wurde in jeder Gespanschaft, durch die sie reisten, ein Kriegspferd zur Benutzung gestellt;
starb dieses zufällig, so erhielt der Eigenthümer 15 Pensen, erlitt es
Schaden, die Hälfte dieses Betrages als Schadenersatz (36). Die freien
Leute lieferten als Staatsleistung bei dieser Gelegenheit Pferde, Wagen
und Dienerschaft (45). Wie sehr sich die Landwirthschaft bereits gehoben und ihre Erzeugnisse sich vermehrt haben mußten, lehrt schon die eine Thatsache,
daß alle Bedürfnisse so vieler Tausende von durchziehenden Kreuzfahrern befriedigt werden konnten, ohne das Land zu erschöpfen und
Mangel und Hungersnoth zu verursachen. Diese Durchzüge brachten
neben großen Beschwerden auch bedeutende Vortheile; Ungarn ward
durch sie zur großen Heerstraße zwischen Europa und Asien und ein
vielbesuchter Markt. Von nicht geringerer Wichtigkeit war die unmittelbare Verbindung mit dem Meere, welche Koloman durch die Erwerbung der dalmatinischen Küste eröffnete. Auf beiden Wegen
strömten Käufer und Geld herbei; der Fleiß des Landwirths und des
Gewerbsmannes ward durch höhern Absatz geweckt, das Volk kam
in vielfache Berührung mit andern Nationen, sein Gesichtskreis erweiterte,
ein allseitiger Verkehr belebte sich, Wohlstand und Bildung stiegen.
Leider griff die Gesetzgebung nicht fördernd, sondern hindernd ein im
Geiste einer unaufgeklärten Zeit. Noch wurden von jeder verkauften
Waare Marktzölle für den königlichen Schatz erhoben, ein Gesetz verfügt sogar, daß der kleine Handelsmann, der sich von seinem Geschäft
nährt, die übliche Taxe einfach, der große Kaufmann aber, „der sich
bereichern will", doppelt zahle (33, 34). Ebenso blieb der Handel mit
Rindvieh und Pferden über die Grenze den bekannten Beschränkungen
und Hindernissen unterworfen, welche ihm die Gesetze des Königs
Ladislaus entgegenstellten.

Auch auf dem Gebiet der Kirche fanden während der Regierung
Koloman's lebhafte Bewegungen statt. Papst Paschalis II. trat mit
neuen Ansprüchen auf und wollte auch in Ungarn durchsetzen, was
schon seine Vorgänger in andern Ländern erzwungen hatten; aber er
traf hier auf einen kräftigen und staatsklugen König, fand keine
knechtisch gesinnte Prälaten, keine verrätherische Großen, die bereit
gewesen wären, ihn auf Kosten des Vaterlandes und der königlichen
Gewalt zu unterstützen, und konnte deshalb sehr wenig ausrichten.

Noch kannten die ungarischen Bischöfe nur den Eid, den sie dem
Vaterland und König, aber keinen, den sie dem Papst zu leisten hatten.
1103 Als Koloman 1103 gerade in Dalmatien verweilte, brachte Cardinal

Augustin vom Papst Paschalis II. das Pallium für den neuerwählten Erzbischof von Spalatro, Crescentius, und forderte von diesem zugleich, daß er den Eid leiste, den Gregor VII. den Bischöfen vorgeschrieben hatte. Er sollte unter anderm schwören, „die Anschläge, welche ihm der Papst mittheilen würde, niemand zu offenbaren; das römische Papstthum und die Religion des heiligen Petrus wider jedermann zu vertheidigen; die Rechte, die Ehre, die Privilegien und das Ansehen sowol der römischen Kirche als auch seines Herrn, des Papstes, und seiner Nachfolger aufrecht zu erhalten, zu vermehren, zu befördern; die apostolischen Befehle unterthänig aufzunehmen und sie mit allem Fleiß zu vollziehen; endlich, wenn er aufgefordert würde, der römischen Kirche auch weltliche Heerfolge zu leisten.“ Die ungarischen Bischöfe im Gefolge des Königs erstaunten über die Zumuthung eines solchen Eides, der König aber verbot dem Erzbischof, denselben abzulegen. Als der Papst dieses erfuhr, gab er Crescentius einen sehr nachdrücklichen Verweis, der im Grunde weniger ihm als dem Könige galt. So entspann sich ein Streit; Paschalis suchte zu beweisen, daß schon Christus von Petrus, ehe er ihm das Weiden seiner Schafe übertrug, den Eid der Liebe gefordert habe; er klagte, daß in Ungarn ohne Mitwirkung des Papstes nach des Königs bloßem Gutdünken Bischöfe ernannt und von einer Kirche zur andern versetzt würden, daß diesem Misbrauch aber durch den Eid abgeholfen werden solle u. s. w. Doch den König rührte und störte dies nicht in der Behauptung seiner Rechte; er beharrte auf dem Verbot, und der Erzbischof erhielt das Pallium ohne Eid.[1]

Bisher hatten die ungarischen Könige Bischöfe, Aebte und Pröpste ernannt und sie mit Ring und Stab investirt, ohne daß den Päpsten einfiel, sie in der Ausübung dieser Rechte zu hindern. Jetzt verlangte Paschalis, daß der graner Erzbischof einen Theil seiner bisher geübten Metropolitanrechte über die ungarischen Bischöfe an den päpstlichen Stuhl abtrete, der König aber dem Rechte der Ernennung und Investitur entsage. Koloman verweigerte standhaft jede Schmälerung der erzbischöflichen Gewalt und damit der ungarischen Kirche, und beharrte unerschütterlich auf dem königlichen Recht der Ernennung. Weil er aber sah, daß er allein nicht weiter zu behaupten vermöge, was die meisten Fürsten aufzugeben bereits gezwungen waren, und daß bei heftigem Widerstand auch das weit wichtigere Ernennungsrecht verloren gehen könnte, wie es in Deutschland bald darauf 1112 durch den Calixtinischen Vergleich wirklich geschah, entschloß er sich, die Investitur dem Papst abzutreten. Durch eine Gesandtschaft ließ er den 22. October 1106 dem Concil zu Guastalla seine Verzichtleistung anzeigen und versprechen, auch andern etwaigen Uebelständen bei der Besetzung der Bisthümer abzuhelfen.[2] Der Papst begnügte sich damit 1106

[1] Fejér, Cod. dipl., II, 32, 37. Kollár, Hist. dipl. juris patronatus regnum Hung., S. 54, 107. Vgl. Katona, Hist. regum Hung., III, 146. — [2] Endlicher, Monumenta, S. 375: „Denunciamus vobis, pater venerande, nos legi divinae subditos, ac secundum eam vobis servire paratos. Unde et Investituram epis-

und verordnete kurz darauf in der Bestätigungsbulle für die Abtei
St.-Egidius im sümegher Walde vom 10. November 1106 ausdrücklich: alle Angelegenheiten des Klosters und der Kirche sollen lediglich
nach dem Wohlmeinen des Königs entschieden werden. [1] Auch die dalmatinische Kirche ordnete Koloman ohne Einfluß-
1111 nahme des Papstes 1111 in einer Versammlung der Großen und
Bischöfe [2], doch sind die Beschlüsse derselben verloren. Die südlichen
Slawen in Dalmatien und Kroatien bedienten sich beim Gottesdienst
ihrer Muttersprache. Papst Innocenz IV. bestätigte den Gebrauch derselben 1252 für die Dalmatier und besonders für die Benedictiner auf
der Insel Veglia. Die Uebersetzung des römischen Meßbuchs, Bre-
viariums und der Psalmen, welche Nikolaus von Arbe 1122 verfertigte,
mit glagolitischen Buchstaben geschrieben, ist noch vorhanden. [3]

Die Angelegenheiten der Kirche wurden noch immer auf den
Reichstagen verhandelt und entschieden, wie die erneuerten Gesetze
über Heilighaltung der Festtage, Besuch des Gottesdienstes, Priesterehe
u. s. w. bezeugen. Aber es waren auch bereits die geistlichen Synoden
mehr und mehr in Gebrauch gekommen. Daß jeder Bischof die gesammte Geistlichkeit seines Sprengels versammelte, beweist das
Gesetz: „Jeder Kleriker, der die Synode seines Bischofs nicht besucht,
werde zum Laien degradirt (usque ad laicum deponatur)." [4]   Aber
auch allgemeine Synoden des ungarischen Klerus wurden gehalten, die
der graner Erzbischof, wie sich dies von selbst versteht, berief und denen
er präsidirte. Von zwei derartigen Synoden, deren Jahr jedoch nicht
angegeben ist, sind die Beschlüsse, von der ersten [5] vollständig, von der
zweiten [6], wie es scheint, nur zum Theil uns erhalten worden. Die
Worte, mit denen die Beschlüsse der erstern eingeleitet werden: „Der
König werde vor allem ersucht" (Imprimis ünterpellandus est rex), thun
dar, daß diese Synoden nicht gesetzgebende Körperschaften waren,
sondern bloß beriethen und Vorschläge machten, die dem Könige und
gewiß auch dem Reichstage unterbreitet wurden, und erst, wenn diese
sie annahmen, Gesetzeskraft erhielten. Folgende sind die wichtigern
Vorschläge:

An jedem Sonntage sollen in größern Kirchen das vorgeschriebene
Evangelium, die Epistel und der Glaube, in kleinern der Glaube und
das Vaterunser dem Volke erklärt werden (2). Nichts werde in der
Kirche vorgelesen und gesungen, als was die Synode empfohlen hat
(46). Unwissende dürfen nicht zu Priestern geweiht werden, und wenn

coporum hactenus a majoribus habitam, et si quem in electione hujus modi
minus canonice retroactum est, de cetero, deo volente cavebimus." Statt
quem ist sicher quando zu lesen. Kollár, Hist. dipl., c. 1. Katona, I, 216 fg.

[1] Farlati, Illyria sacra, III, 165. Gallia sacra, VI, 189. — [2] Ebend.,
III, 156. — [3] Toldy, Geschichte der ungarischen Literatur (in ungarischer
Sprache, Pesth 1851), I, 69. — [4] Synodus Strigoniensis prior, S. 65. —
[5] Synodus Strigoniensis prior habita sub Colomanno rege. E codice saeculi
XII ecclesiae collegiatae ad S. Martinum Posonii. — [6] Synodus altera habita
sub Colomanno rege, e codice membranaceo saeculi XIII ecclesiae collegiatae
S. Martini Posonii. Beide bei Endlicher, Monumenta.

sie bereits geweiht sind, sollen sie entweder lernen oder abgesetzt werden (6). Kein Priester oder Mönch werde ohne kanonisches Urtheil seines Amts oder seiner Würde entsetzt; aber keiner darf auch seinen Posten verlassen, er werde denn zu einem höhern Range befördert. Niemand wage es, ein Kirchenamt zu kaufen oder zu verkaufen (23). Der Kleriker oder Abt, der in kirchlichen Angelegenheiten das bischöfliche Gericht übergeht und sich an den königlichen Hof oder irgendein weltliches Gericht wendet, soll seine Sache verlieren und Buße thun (25). Des Diebstahls schuldige Kleriker sollen Würde und Vermögen verlieren, und wenn sie nichts besitzen, verkauft werden (57). Kleriker sollen weder Gastwirthe noch Wucherer sein (58). Die Bischöfe sind verpflichtet, in jeder Stadt zwei Zuchthäuser für die zur Buße Verurtheilten zu bauen (49).

Hinsichtlich der Priesterehe wurde beschlossen, die noch unverheirathet die geistlichen Weihen empfangen, dürfen später sich nicht mehr vermählen (31). Den verheiratheten Geistlichen werden ihre Frauen gelassen (32). Für Bischöfe galt bereits das Gebot der Ehelosigkeit. Gesetzmäßig Vereheliche dürfen nur mit Einwilligung ihrer Gattin (weil sie sich von ihr scheiden mußten) zu Bischöfen erhoben werden (11); diese darf auch nicht auf den bischöflichen Gütern wohnen (33).

Dem Nepotismus sollten die Verordnungen entgegenwirken: Bischöfe müssen drei Theile ihres Erworbenen der Kirche geben und können nur über den vierten frei verfügen (12). Wenn Bischöfe bei ihren Lebzeiten nicht für die Kirche, sondern nur für ihre Kinder gesorgt haben, soll man nach ihrem Tode diesen die Hälfte der Verlassenschaft nehmen (13). Aebte dürfen ihren Aeltern nicht mehr Almosen als andern Armen geben (38).

Wahrscheinlich fingen die Aebte überreicher Klöster bereits an, Eingriffe in die bischöflichen Rechte zu machen und ein sehr weltliches Leben zu führen, daher wurde in Vorschlag gebracht, zu gebieten: Aebte dürfen keine bischöfliche Kleidung und Insignien tragen, weder taufen, noch Beichte hören, noch predigen. Ohne Erlaubniß des Bischofs dürfen sie weder an den königlichen Hof gehen, noch sonst eine weitere Reise unternehmen; sie sollen überhaupt das Kloster selten verlassen. Ein Abt, der das Klostergut verschwendet, soll abgesetzt und das Gut dem Kloster zurückgegeben werden.

Wenn der Bischof jemand in den Bann thut, soll er es dem König und seinen Mitbischöfen anzeigen. Diese Anordnung wurde wahrscheinlich getroffen, um der Willkür und dem Misbrauch der einzelnen Bischöfe beim Bannspruch vorzubeugen.

Die zweite Synode, deren Beschlüsse wir besitzen, wurde augenscheinlich mehrere Jahre nach der ersten abgehalten. Sie ordnet tägliche Gebete für den König an (1); spricht den Bann aus über alle, die sich wider den König verschwören und die davon wissen und es nicht anzeigen (2—3). Ferner wird in Fällen der böswilligen Verlassung und des Ehebruchs gegen den bisherigen Gebrauch, der dem unschuldigen Theil eine neue Ehe gestattete, die Untrennbarkeit der Ehe festgesetzt

(4—7). Auch der Cölibat der Priester ist bereits vorherrschend geworden. Denn es heißt: „Kein Bischof befördere einen Kleriker zum Diakonat oder zu einer höhern Stelle, wenn er nicht Enthaltsamkeit gelobt, und, falls er eine Gattin hat, diese eingewilligt und dasselbe versprochen hat" (9). „Kein verheiratheter Priester oder Diakon diene dem Altar, bevor er nicht mit Zustimmung seiner Gattin Enthaltsamkeit gelobt, sie mit einem abgesonderten Wohnort und Lebensunterhalt versehen und den Ausspruch des Apostels begriffen hat: „daß er zwar eine Gattin habe, aber sein müsse, als habe er keine" (10). Die Verordnung: „Eine Ortsgemeinde, in deren Mitte sich eine Kirche befindet, soll sich von derselben nicht allzu weit entfernen, und wenn sie sich entfernte, zehn Pensen zahlen und zurückkehren" (13), zeigt, wie viel Raum noch in dem dünn bevölkerten Lande war, und daß noch immer viel Neigung herrschte, die leicht gebaute Hütte ganz zu verlassen, oder doch sich auf längere Zeit zu zerstreuen und besonders neue Weideplätze aufzusuchen. Endlich wird noch auf die kirchliche Einsegnung der Ehen gedrungen. „Jede eheliche Vermählung geschehe in der Kirche in Gegenwart des Geistlichen, vor geeigneten Zeugen, und mit irgendeinem Zeichen der Unterschrift nach der Zustimmung beider Brautleute, ansonsten werde sie nicht für eine Ehe, sondern für ein Concubinat angesehen" (16).

Die häufig abgehaltenen Synoden sind schon an sich selbst ein laut sprechendes Zeugniß, wie die damalige ungarische Kirche noch nicht unter dem absoluten Machtgebote des Papstes und der Bischöfe schmachtete, welch ein reger und freier Geist noch in ihr herrschte, und wie sehr die Sache des Christenthums, nicht blos das Standesinteresse, der Geistlichkeit am Herzen lag. Denn das Recht, theilzunehmen an der Berathung gemeinschaftlicher Angelegenheiten und an der Gesetzgebung, ist eben die Grundlage aller Freiheit und die unversiegbare Quelle alles lebendigen uneigennützigen Eifers. Aber auch die meisten der auf diesen Synoden gefaßten Beschlüsse konnten nicht anders als wohlthätig wirken. Denn sie gingen darauf aus, nach den Bedürfnissen und Ansichten der Zeit die geistige und sittliche Bildung des Klerus zu fördern, ihn gegen Willkür von oben zu schützen und seinen Einfluß auf das Volk zu stärken; dabei waren sie aber auch darauf berechnet, dieses Volk selbst durch die Macht der Religion zu heben. Mag immerhin das Christenthum desselben größtentheils in Ceremonien, im Hersagen unverstandener Gebete, in Fasten u. s. w. bestanden haben: so richteten doch schon diese Aeußerlichkeiten den Geist auf Gott, legten den Leidenschaften Zügel an, gewöhnten an Zucht und Ordnung und milderten die Sitten. Und wer dürfte behaupten, daß nicht auch gelehrt und durch Beispiel gewirkt, daß nicht die Tugenden der Gottesfurcht, Enthaltsamkeit und Wohlthätigkeit mit Eifer genährt worden seien!

An Volksschulen und öffentliche Bildungsanstalten, wie sie jetzt so allgemein verbreitet sind, wurde damals in unserm Vaterlande ebenso wenig wie in den übrigen westlichen Ländern gedacht. Nur an den Bischofssitzen und in den Klöstern gab es, hauptsächlich zur Heranbildung der Geistlichen und Mönche, Schulen, deren Unterricht beschränkt und dürftig genug war. Dessenungeachtet wirkten sie wohlthätig auf die Cultur; sie standen jedem offen, der sie besuchen wollte, aus ihnen gingen die Lehrer und Staatsmänner der damaligen Zeit hervor, sie verbreiteten wenigstens mittelbar einiges Licht über die ganze Bevölkerung. Das größte Hinderniß aber, mit dem man damals zu kämpfen hatte, war der außerordentliche Mangel an Büchern. Es ist ein unleugbarer Beweis der zunehmenden Geistesbildung, daß die Reichsgesetze unter Koloman schon in ungarischer Sprache abgefaßt werden konnten; die Volkssprache besaß also schon die Worte und Ausdrücke, die dazu erforderlich waren, es mußte in ihr schon auch sonst über höhere Gegenstände gedacht und geschrieben worden sein. Und gewiß gab es in den stillen Klosterzellen auch in unserm Vaterlande Männer, die ihr Leben dem Nachdenken und der Wissenschaft, wie sie damals war, widmeten, die ihre Gedanken niederschrieben, manche Nachrichten aufzeichneten und besonders die Begebenheiten ihrer Nation der Vergessenheit zu entreißen suchten. Aber ihre Schriften sind untergegangen in den schrecklichen Verheerungen, die Ungarn wie kein anderes Land trafen. Nur einige wenige, nur Bruchstücke, deren Verfasser wir oft nicht einmal kennen, sind meistens im Auslande entdeckt worden, wo sie Rettung gefunden hatten. Wenn wir nicht irren, so hatte der Anonymus schon ein halbes Jahrhundert früher „die Thaten der Ungarn" verfaßt; die Lebensbeschreibung des heiligen Gerhard war vermuthlich der Hauptsache nach auch schon vorhanden; und Bischof Hartvicus schrieb im Auftrag von König Koloman das Leben Stephan's des Heiligen. Zu dieser Zeit oder wenig später müssen auch die Legenden der Heiligen Stephan und Emerich entstanden sein, da die Handschriften, die wir von ihnen haben, aus dem 12. Jahrhundert herrühren. Die Gesetzsammlung des Albericus und die Acten der Synoden endlich kennen wir bereits. Leider sind alle diese Schriften lateinisch; kein Blatt ist uns erhalten worden, das uns die Klänge der Muttersprache, wie sie damals lauteten, wiedergeben könnte.

Werfen wir nun noch einen Blick auf das Bild, welches uns die Zustände Ungarns darbieten, wie sie sich im Laufe eines Jahrhunderts gestaltet haben. Findet auch der denkende Menschenfreund vieles mangelhaft und tadelnswürdig, so kann er demselben dennoch seinen Beifall nicht versagen. Alle Theile des Landes, alle Stämme und Nationen haben ein gleiches Los und sind durch dasselbe Gesetz zu einem untrennbaren Ganzen verbunden. Wol fangen die Stände an, sich voneinander zu scheiden; aber noch ist der größte Theil des Volks frei. Nach gehöriger Stufenfolge geordnete Gerichte sprechen öffentlich Recht und haften für die Gerechtigkeit ihres Urtheils. Verantwortliche, absetzbare Beamte verwalten vor den Augen des Volks und unter seiner Mitwirkung die öffentlichen Angelegenheiten. An der Spitze steht ein König, dessen Willkür durch hohe Würdenträger, die seinen immerwährenden Rath bilden, und durch den Reichstag beschränkt ist, der aber Macht genug hat, den Gesetzen Gehorsam zu verschaffen und Frieden zu erhalten. Die fast ohne Blutvergießen eroberten Nebenländer werden nicht gewaltsam beherrscht, ihre Sprache und Nationalität nicht unterdrückt; ihre Bewohner leben zu Hause nach ihren Sitten und Gesetzen; sie stehen zum Hauptlande in dem Verhältniß freier Bundesgenossen. Nicht Söldner, nicht gezwungene Knechte führen die Waffen, sondern freie Bürger schützen die Freiheit im Innern und vertheidigen das Vaterland gegen den äußern Feind. Die Macht endlich, vor der sich damals die größten Herrscher beugen mußten und die über die Völker im Namen Gottes gebot, der Papst selbst, achtet die Selbständigkeit, die Rechte und Freiheiten des wohlgeordneten einträchtigen Reichs. Wer sollte nicht wünschen, daß dieser Zustand fortdauere, sich weiter ausbilde, sich zu einer vollendeten Verfassung gestalte und Glück und Segen über Land und Volk bringe!

Drittes Buch.

Die Ungarn unter Königen aus Árpád's Stamme, von Stephan II. bis auf die Ausstellung der Goldenen Bulle Andreas' II. 1114—1222.

Erster Abschnitt.

Thaten despotischer Willkür schwächen das königliche Ansehen und des Reiches Macht. 1114—1141.

I. Aeussere Begebenheiten.

Stephan II. 1114—1131.

Als Koloman starb, war sein Sohn Stephan erst 13 Jahre alt. Während seiner Minderjährigkeit führten der Palatin Johann Uros und der graner Erzbischof Laurentius die Regierung. Sie ließen es ihre erste Sorge sein, den jungen König feierlich zu krönen.[1] Aber die meist unvermeidliche Schwäche einer vormundschaftlichen Regierung, der es an dem nöthigen Ansehen gebricht und die mit Eifersucht zu kämpfen hat, trat gleich anfangs zu Tage.

Der Besitz Dalmatiens und seiner Inseln war für Venedigs Handel und Kriegsmacht von der größten Wichtigkeit; dessen Verbindung mit dem ungarischen Reich hingegen brachte der Republik empfindliche Nachtheile und drohte ihr einen gefährlichen Nebenbuhler zu geben; sie strebte daher unablässig, diese Verbindung aufzulösen und die Herrschaft über das unentbehrliche Gebiet zu erringen. So lange Koloman lebte, vereitelte seine Staatsklugheit und Macht alle Entwürfe und Anstrengungen, die sie hierzu machte. Doch hörte die Regierung Venedigs nie auf, im stillen zu wirken und die Dalmatiner, besonders die Bewohner der Insel- und Küstenstädte, die ohnehin schon damals größtentheils Italiener waren, für sich zu gewinnen. Denn so viele Freiheiten und Begünstigungen diesen der König gewährte, konnte er doch bei dem Mangel einer hinreichenden Seemacht, die sich immer nur allmählich schaffen läßt, weder ihre Handelsinteressen genügend fördern, noch sie gegen Bedrückungen von seiten Venedigs schützen; dagegen bot ihnen die Republik in dieser Hinsicht weit größere und augenblick-

---

[1] Thuróczy, II, 63.

liche Vortheile dar. Kaum war also Koloman gestorben, §o führte
1114 auch schon ihr Herzog Ordelaf Falieri im August 1114 eine Flotte
gegen Dalmatien. Die Insel und Stadt Arbe ergab sich sogleich freiwillig, indem der Herzog ihnen alle Freiheiten und Rechte, die sie von
Koloman erhalten hatten, zusicherte. [1] Hierauf steuerte die Flotte nach
Zara (Jadra) und eröffnete dessen Belagerung. Noch während
derselben folgten die andern Inseln dem Beispiel von Arbe; auch
die Küstenstädte öffneten den Venetianern ihre Thore, nur die
Castelle derselben, in denen ungarische Besatzungen lagen, leisteten
Widerstand.

Als Falieri im Herbst die Flotte nach Venedig zurückführte, hielt
die Besatzung der Citadelle von Spalatro, dessen Bürger sich auch zu
Venedig hinneigten, daselbst noch einen Schatten der ungarischen
Herrschaft kümmerlich aufrecht. Der Befehlshaber derselben wollte
diese wichtige Stadt für Ungarn sichern; Erzbischof Manasses, des
vorigen Königs Günstling, von der Bürgerschaft und dem Kapitel aus
Gefälligkeit gegen diesen nach des Crescentius Tod erwählt, bot seinen
Beistand an, und eine kirchliche Feierlichkeit sollte Gelegenheit geben,
die Bürger zu entwaffnen und die Stadt in die Gewalt der Besatzung
zu liefern. Man verabredete, die außer der Stadt auf dem Berge
Kyrieeleyson neuerbaute Kirche mit großem Pomp zu weihen, die Bevölkerung zur Feier des Festes hinauszuführen und unterdessen die
menschenleere Stadt zu überrumpeln. Allein der hinterlistige Anschlag
ward verrathen; der wachsame Prätor Adorian berief heimlich eine
Schar bewaffneter Trawer in die Stadt; größtentheils nur Kinder,
Frauen und Greise zogen mit dem Erzbischof und der Klerisei auf den
Berg; die streitbare Mannschaft verbarg sich in den Häusern. Als die
Volksmenge bei der Kirche angelangt war, und die Feierlichkeit begonnen hatte, ertönte plötzlich vom Schloß herab Trompetenschall;
die Besatzung fiel aus, überstieg die Mauern und warf sich in die Stadt.
Da brachen die Spalatroer und Trawer aus ihren Verstecken hervor,
erschlugen die ihnen in die Hände fielen, zerstreuten die andern nach allen
Seiten hin und drängten die noch Standhaltenden in das Schloß zurück,
das sie nun umringten und anzündeten. Die meisten von denen, die sich
dahin zurückgezogen hatten, kamen in den Flammen um oder fielen
unter den Waffen der erbitterten Bürger, nur der kleinere Theil rettete
sich durch die Flucht. Auch der Erzbischof verließ Spalatro und kehrte
nie wieder zurück. [2] So beschleunigte der hinterlistige Anschlag das
Unheil, das er abwenden sollte, befleckte die Ehre Ungarns und vermehrte die Abneigung der Dalmatier gegen dessen Oberhoheit.

1115   Venedig rüstete sich, den Kampf im folgenden Jahre 1115 mit
größerm Nachdruck zu führen, suchte ein Waffenbündniß mit den
Kaisern Heinrich V., der im Monat März sein Gast war, und Alexius
Comnenus zu schließen und soll, wie Dandulus berichtet, auch Hülfstruppen von beiden erhalten haben. Im Frühling landete Herzog

[1] Lucius, III, 4, bei Schwandtner, III. — [2] Thomas Archidiac. Spalat.
Histor. Salonit, c. 18.

Falieri mit starker Macht bei Zara. Das kleine Heer, welches der
Bán von Kroatien herbeiführte, ward unter den Mauern Zaras geschlagen und zerstreut, die ungarische Besatzung der Burg, jeder Aussicht auf Hülfe beraubt, übergab diese unter der Bedingung des freien
Abzugs, und die Venetianer dehnten bei dem schwachen Widerstand den
sie fanden, bis zum Winter ihre Eroberungen auch an den Küsten Dalmatiens immer weiter aus.[1]
Wenn die Regentschaft die unberechenbare Wichtigkeit, welche
Dalmatien für Ungarn hatte, auch nicht begriff und die großen Entwürfe Koloman's nicht faßte, was ihre Nachlässigkeit in der Vertheidigung des Landes vermuthen läßt: mußten doch endlich so viele
Verluste und demüthigende Niederlagen sie zu größerer Anstrengung
und Thätigkeit spornen. Sobald der Frühling 1116 anbrach, sandte 1116
sie, unter wessen Führung ist nicht bekannt, ein starkes Heer nach
Dalmatien, das bis Zara vordrang und die Stadt belagerte. Bald
erschien auch Falieri zur Vertheidigung derselben und setzte seine
Truppen ans Land. Die Schlacht begann, die Venetianer wichen dem
stürmenden Angriff der Ungarn, der Herzog selbst fiel tapfer kämpfend,
und seine geschlagene Armee warf sich nach Zara. Jetzt ergaben sich
das flache Land und auch die Städte nacheinander, sodaß mit Ausnahme
Zaras und der Inseln ganz Dalmatien wieder unter die Herrschaft
Ungarns zurückkehrte.[2]
In Venedig brachten die Niederlage, der Tod des Dogen, der Verlust zweijähriger kostbarer Eroberungen heftige Bestürzung hervor.
Der greise Dominico Michieli wurde zum Herzog gewählt; er und sein
staatskluger Rath beschlossen, den Krieg, der keine Vortheile versprach,
vorderhand aufzugeben, und schickten Vitale Falieri, des gefallenen
Herzogs Sohn, Ursus Justiniani und Marius Morosini an das königliche
Hoflager. Dieser Gesandtschaft gelang es, einen Waffenstillstand auf
fünf Jahre zu Stande zu bringen, der später noch auf fünf Jahre ver-
längert wurde. Venedig behielt die Inseln und Zara, Ungarn die
übrigen Städte und das ganze innere Land.[3] Diese Bedingungen waren
nur scheinbar günstig für Ungarn; hätte dessen Regierung die großen
Entwürfe Koloman's, dem Vaterland den Weg zum Meer zu öffnen, verstanden, so würde sie nach einem siegreichen Feldzug solche Bedingungen
nimmer angenommen, sondern den Kampf mit Aufbietung der ganzen
Macht bis zur gänzlichen Vertreibung der Venetianer fortgesetzt haben.
Denn von den Inseln aus beherrschte Venedig das Meer und den ganzen
Handel Dalmatiens, machte das Entstehen einer ungarischen Seemacht
unmöglich, und besaß an dem starken Zara einen festen Punkt, von
dem es die Eroberung des Landes bei jeder günstigen Gelegenheit
vollenden konnte.
Ueberhaupt hatte die Regentschaft das Misgeschick, daß selbst das

---

[1] Dandulus bei Muratori, XII, 266. Seine Angabe, der Krieg habe von
1115—17 gedauert, ist jedoch irrig, da derselbe mit der Niederlage und dem
Tode Falieri's bei Zara 1116 aufhörte. — [2] Dandulus, a. a. O., S. 267.
Farlatus, Illyricum sacrum, I, 225. Codex Ambrosianus, bei Muratori. —
[3] Dandulus, a. a. O., S. 267. Farlatus, a. a. O., S. 225.

Nachtheil brachte, was sie in der besten Absicht übernahm. Um das freundschaftliche Verhältniß, das Koloman mit dem böhmischen Herzog Bretislaw verknüpfte, auch um die Nachfolger zu schlingen, wurde eine persönliche Zusammenkunft Stephan's und Wladislaw's I. verabredet, 1116 welche am 16. Mai 1116 am ungarisch-mährischen Grenzbache Olsava, auf dem Felde Lucko stattfand. Beide Fürsten kamen in Begleitung der Vornehmsten des Landes und brachten nach dem Gebrauch jener Zeit ein großes bewaffnetes Gefolge mit sich. Schon beim Aufschlagen der Lager entstanden Streitigkeiten, die durch tägliche Reibungen immer heftiger und feindseliger wurden; ein ungarischer Flüchtling, Solt, im Gefolge Wladislaw's, vermehrte hinterlistig die Aufregung, indem er jeden Theil vor den geheimen Anschlägen des andern warnte und beide mit gegenseitigem Argwohn erfüllte. Um sich gegen die vermeintliche Gefahr zu sichern, ließen die Ungarn ihre székler und petscheneger Bogenschützen zwischen die beiden Lager rücken; die Böhmen sahen hierin das Beginnen des gefürchteten Ueberfalls und griffen zu den Waffen; schnell entbrannte der Kampf, der nach ungarischen Berichten [1] mit der Niederlage der Böhmen, nach böhmischen [2] mit der Niederlage der Ungarn endete. Beide Fürsten kehrten erbittert heim, und die Zusammenkunft, welche ein Bündniß stiften sollte, ward die Ursache eines Kriegs, dessen alleinige Thaten und Erfolge in gegenseitigen Verwüstungen bestanden,

Um diese Zeit mochte Stephan für volljährig erklärt worden sein und angefangen haben, Einfluß auf die Regierung des Reichs zu nehmen. Es scheint ihm nicht an natürlichen Anlagen, an Regsamkeit des Geistes, an Muth und selbst an Herzensgüte gefehlt zu haben; aber schon in zarter Jugend König und Herr, jeder Zucht entnommen und mit allen Schmeicheleien und Genüssen des Hofs umgeben, wurde er leichtsinnig und ausschweifend, leidenschaftlich und sogar, grausam. Zu ernster Ueberlegung und beharrlicher Anstrengung unfähig, folgte er das ganze Leben hindurch den Eingebungen plötzlicher Launen, handelte ohne Nachdruck, überließ sich rücksichtslos dem Vergnügen und dem Zorn, und verminderte hierdurch sein königliches Ansehen, das in damaliger Zeit weit mehr als jetzt von der Achtung abhing, die der Herrscher durch persönliche Vorzüge einflößte. Sein launenhaftes unstetes Wesen zeigte sich besonders in den unnützen Kriegen, die er ohne Ursache unternahm und ohne Nachdruck führte, und in der Sorglosigkeit, mit der er gerade die wichtigsten Angelegenheiten vernachlässigte. So suchte er nicht, sich mit dem Herzog von Böhmen zu 1117 verständigen, sondern schickte im Jahre 1117 und 1118 Kriegsscharen u. aus, die Mähren verwüsteten und ihre Verheerungen auch nach Oester-1118 reich trugen, wahrscheinlich weil Markgraf Leopold in freundschaftlichen Beziehungen zu Wladislaw stand, bis beide angegriffene Fürsten

---

[1] Thuróczy, II, 63. — [2] Cosmas Pragens. ad ann. 1116. Pulkuwa bei Dobner, Monumenta hist. Boh., III, 153. Annalista Saxo bei Pertz. Dubravius, Hist. Boh., XI, 94, beschreibt die schreckliche Strafe, die Stephan an Solt vollziehen ließ; Thuróczy aber berichtet, der König habe schmerzlich bedauert, daß der Verräther dem Tode entronnen sei.

im Jahre 1119 ihre Streitmacht vereinigten, in das jenseit der Donau 1119
gelegene Ungarn verheerend einfielen und Eisenburg zerstörten. Nun
wurde wieder Friede, nachdem die einander zürnenden Herrscher ihre
Rachsucht an den unschuldigen Einwohnern gekühlt hatten. [1]
Die Feindseligkeiten, die zwischen Stephan und Wladislaw ob-
walteten, mochten vorzüglich die Ursache sein, daß vertriebene böhmische
Prinzen sich an den ungarischen Hof flüchteten. Boriwoj, der ältere
Bruder Wladislaw's, den dieser 1109 vom Thron verdrängt, 1117 wieder
zum Mitbesitz desselben erhoben und endlich 1120 gänzlich aus Böhmen
verjagt hatte, kam zuerst und fand hier Gastfreundschaft bis zu seinem
Tod am 2. Februar 1124. [2] Drei Jahre später vertrieb Wladislaw auch
seinen jüngern Bruder Sobeslaw aus Mähren, über welches dieser als
Unterherzog herrschte. Sobeslaw selbst floh zu Boleslaw Schiefmund
nach Polen; seine Gattin Adelheid, eine Tochter des blinden Álmos,
schickte er nach Ungarn, wo sie unter dem Schutz ihrer Verwandten
blieb, bis ihr Gatte nach Wladislaw's Tod 1125 den böhmischen
Herzogstuhl bestieg. [3]
Die Ausschweifungen des jungen Königs gaben der Nation viel
Aergerniß, und überdies erwachte die Besorgniß, das árpádische Haus
könnte mit ihm erlöschen; darum bewogen ihn die Großen des Reichs,
sich 1122 mit Adelheid, des Landgrafen von Steffaning und Burg- 1122
grafen von Regensburg Tochter, einer Nichte Leopold's von Oesterreich,
zu vermählen. [4] Doch scheint sie des wankelmüthigen Mannes Liebe
nie recht gewonnen und nur geringen Einfluß auf ihn erlangt zu haben.
Ein Haufe Kumanen und Petschenegen war unter Tatar's Anführung in das byzantinische Reich eingefallen und vom Kaiser Kalojohannes besiegt worden. [5] Die der Niederlage Entronnenen flehten um
Aufnahme in Ungarn; ihre Bitte wurde gewährt, Tatar am königlichen 1123
Hof behalten, das Volk hie und da in verschiedenen Gegenden angesiedelt. So wurden wüste Strecken, die noch so häufig waren, mit
stammverwandten Colonisten bevölkert und der ungarischen Nation
Zahl und Kraft vermehrt. Aber die ersten Folgen des in künftigen
Zeiten wohlthätigen Ereignisses waren nichts weniger als erfreulich;
der noch heidnischen Ansiedler rohe Sitten und Räubereien, die Vorliebe
des Königs für sie (er soll sich besonders zügellosen Ausschweifungen
mit ihren Frauen überlassen haben) erregten Haß und Neid bei den
Ungarn, woraus lang dauernder Unfriede zwischen beiden verwandten
Nationen und schwere Gewaltthaten entstanden. [6]

[1] Paltramus bei Pez, I, 707. Chronicon Zwetlicense bei Pez, I, 521.
Ricardus in fastis Campil., I, 180. Otto Frisingens., Lib. VII, c. 45. —
[2] Cosmas Pragens. ad ann. 1120 u. 1124. — [3] Cosmas Pragens. ad ann. 1123.
Vgl. Palacky, Geschichte von Böhmen, I, 382 — 383. — [4] Schier, Reginae
Hung. primae stirpis., S. 100. Thuróczy nennt sie unrichtig eine Tochter
Robert Guiscard's von Apulien. — [5] Nicetas Choniates und Cinnamus bei
Stritter, Tom. III, Pars II, p. 922 fg. — [6] Thuróczy, II, 63. Muglen,
Kap. 59. Horváth, Geschichte von Ungarn, I, 252, hält sie für die Gründer
jener Ortschaften in verschiedenen Gegenden Ungarns, die den Namen Besenyö
(Petschenege) führen.

1124   Im Jahre 1124 bereiste Stephan Dalmatien und bestätigte neuerdings die Freiheiten und Vorrechte, welche sein Vater den Bürgern
von Spalatro und Traw verliehen hatte, um sie fester an Ungarn zu
1125 fesseln. [1] Leider wurde Dalmatien 1125 schwer heimgesucht durch
maurische Seeräuber, die wahrscheinlich von Venedig aufgereizt herbeikamen, das Land plünderten und Traw gänzlich niederbrannten,
sodaß die Obdachlosen, die der Sklaverei entgangen waren, nach
Spalatro auswandern mußten, bis sie ihre Stadt wiederaufbauen
konnten. [2]
Die Feindschaft zwischen Ungarn und Böhmen hatte mit Wladislaw's Tod, 1125, ein Ende; schon im folgenden Jahre kam Stephan mit
1126 dessen Nachfolger Sobeslaw in Ungarisch-Brod zusammen und schloß
mit ihm ein Bündniß. [3]
Doch ließ sich Stephan nochmals in einen Krieg ein, der die Veranlassung zu bedauernswürdigen Ereignissen wurde.   Wolodar, der Beherrscher von Przemisl, wider den Koloman den unglücklichen Feldzug
1099 geführt hatte, hinterließ zwei Söhne, Rostislaw und Wladimir, die
das väterliche Reich also unter sich theilten, daß dem ersten Przemisl,
dem andern Swenigorod zufiel.   Herrschsucht entzweite die Brüder;
Rostislaw wollte mit Hülfe des kiewer Großfürsten Wladimir II. auch
das swenigoroder Gebiet an sich reißen; Wladimir, sich zu schwach zum
Widerstand fühlend, ging nach Ungarn und bat den König, ihn im
Kampf um sein Reich zu unterstützen, und Stephan war die Aufforderung
zum Kriege willkommen.   Weil er aber den Widerspruch des eigenen
Volks befürchtete, gab er vor, der Vater habe ihn auf dem Sterbebett
verpflichtet, seine schmähliche Niederlage in Rothrußland zu rächen,
und die günstige Gelegenheit hierzu sei nun gekommen.   Eilig schickte
er Wladimir mit 3000 Mann voraus, die Swenigorod besetzten und alle
Angriffe der Feinde tapfer zurückschlugen, sodaß diese sich zurückziehen
1127 mußten.   Unterdessen bot Stephan 1127 die Kriegsmannschaft Ungarns auf; die Heeresfolge wurde ihm zwar mit Widerwillen, aber
dennoch geleistet; er führte eine zahlreiche Armee auf den Kampfplatz, siegte und eroberte Przemisl.   Als er jedoch, mit diesem Erfolg
noch nicht zufrieden, gegen Kiew zog und die Stadt zu erstürmen befahl,
wenn auch das ganze Heer dabei umkommen sollte, da brach die im
geheimen gärende Unzufriedenheit offen aus; die Anführer der
Heeresabtheilungen traten zusammen und beschlossen, nicht länger
Blut und Leben in einem Kriege zu opfern, der Ungarn nichts angehe
und den der König willkürlich unternommen.   Kozma, aus dem Geschlecht Pázmán, trug dem König den Beschluß der Kriegshäupter vor.
Stephan sah sich genöthigt nachzugeben, verschloß den Zorn in seiner
Brust und führte das Heer in die Heimat; aber als es sich hier aufgelöst hatte, übte er an den Urhebern furchtbare Rache, ließ sie grausam martern und hinrichten. [4]   Wehe dem, der einen leidenschaftlichen

---

[1] Lucius, III, 4, bei Schwandtner, III. — [2] Farlatus, IV, 329. —
[3] Continuatio Cosmae Pragens. ad ann. 1126, bei Pertz, IX, 133. Marignol
bei Dobner, Monumenta, II, 22. — [4] Thuróczy, II, 63. Die verworrenen An-

Schwächling, dessen menschliches Gefühl durch Ausschweifuugen abgestumpft ist, beleidigt!

Verhängnißvoll war dieser russische Krieg auch darum, weil er Stephan und den Ungarn Gelegenheit gab, mit Boris, dem Sohne der verstoßenen Gattin Koloman's Předslawa, bekannt zu werden. Zweifel, ob dessen Mutter wirklich die Schuld der Treulosigkeit auf sich geladen, und Mitleid mit seinem traurigen Schicksal mochten den König für den Jüngling erst freundlicher gestimmt, sein gefälliges Betragen ihn sodann ganz für denselben gewonnen haben. Er schenkte ihm seine Gunst, bewirkte, daß ihm Boleslaw von Polen seine Tochter zur Gemahlin gab, und stattete ihn mit dem Fürstenthum Halitsch aus.[1] Manche von den Herren aber, die den Feldzug mitmachten und dem einzigen árpádischen Prinzen, dem blinden Béla, abgeneigt waren, ersahen Boris vielleicht schon damals zum Nachfolger des bisjetzt kinderlosen Königs und blieben ihm treu ergeben. Wie viel Zwietracht und Jammer hieraus für Ungarn entsprang, werden wir bald sehen.

Während Stephan in Rothrußland kriegte, unternahmen einige Herren aus den westlichen Grenzgegenden eigenmächtig Streifzüge nach Steiermark, plünderten das Land und schleppten eine Menge Gefangener mit sich.

gaben der alten Chronisten, des Dingoss, Hist. Poloniae, VI, 425—429, des Fortsetzers von Nestor's Chronik, und Boguphal, Chronic. Poloniae haben Feßler, 1. Ausg., II, 16—24, und andere Geschichtschreiber Ungarns veranlaßt, zwei Kriege Stephan's gegen russische Fürsten anzunehmen. Er zog, erzählen sie, 1123 aus, um Jaroslaw, dem wladimirer Fürsten, den der kiewer Großfürst Wladimir II. vertrieben hatte, wieder zur Herrschaft zu helfen. Jaroslaw fiel in einem Treffen vor der Stadt Wladimir am Bug, worauf Stephan die augenblickliche Stürmung der Stadt befahl, seine Kriegshäupter aber den Gehorsam verweigerten und ihn zur Heimkehr nöthigten. Auf diesem Feldzug habe Stephan seinen achtzehnjährigen Stiefbruder kennen gelernt, ihn liebgewonnen und ihm das zipser Gebiet verliehen. Den zweiten Krieg führte er 1127 für den swenigoroder Wladimir gegen Rastislaw von Přemisl und den kiewer Großfürsten Wladimir II., eroberte Přemisl, setzte Boris zum Fürsten über dasselbe und bestimmte ihn, da er selbst kinderlos war, zu seinem Nachfolger auf dem ungarischen Thron. Erst nachdem er den zweiten Feldzug siegreich beendet hatte und heimgekehrt war, strafte er grausam die im ersten bewiesene Widersetzlichkeit seiner Großen. Aber Koloman hatte die schwere Niederlage eben im Bündnisse mit den Kiewern durch die Přemisler erlitten, mithin konnte Stephan dieselbe nur an diesen rächen wollen; Jaroslaw, der Bruder der verstossenen Předslawa, durfte am wenigsten von dem Sohne Koloman's Hülfe bitten und erhalten; unwahrscheinlich ist es ferner, daß der leidenschaftliche Stephan den frühern Ungehorsam erst nach drei Jahren, erst nachdem derselbe durch Beweise der Ergebenheit und Tapferkeit gut gemacht war, so grausam züchtigte; noch unglaublicher ist es endlich, daß Stephan, der 1127 erst 26 Jahre alt und kaum vier Jahre verehelicht war, Boris schon zu seinem Nachfolger bestimmt habe,. Wir meinen daher nicht zu irren, wenn wir mit Katona, Hist. Regum, III, Horváth, Geschichte von Ungarn, 2. Ausg., I, 249, und Szalay, Geschichte von Ungarn, I, 243, annehmen, daß Stephan nur einen Krieg gegen die verbündeten Fürsten von Kiew und Přemisl führte; denn erst in demselben zwei Feldzüge unternahm, so mußte der erste später als 1123 stattfinden, und die erzählten Ereignisse konnten nur im zweiten vor sich gegangen sein.

[1] Boguphal., s. a. O. Vgl. Engel, Geschichte von Halitsch und Wladimir (Halle 1796), S. 457.

Sie mochten durch Räubereien der dort wohnenden Slawen aufgereizt
worden sein. Markgraf Ottokar von Steiermark drohte, mit bewaffnetem
Einfall in Ungarn die Plünderung seines Gebiets zu rächen. Der Erzbischof von Salzburg Konrad aber, zu dessen Sprengel Steiermark
gehörte und dessen Besitzungen auch Plünderung erlitten hatten, kam
in Begleitung der Bischöfe Chuno von Regensburg, Ekbert von Münster
und Hildebrand von Gurk persönlich nach Ungarn, um die Angelegenheit beizulegen. Da sie den König nicht im Lande fanden, schlossen
sie mit dem grauer Erzbischof Felician eine Uebereinkunft zur Aufrechthaltung des Friedens und schickten dieselbe an den König, der sie
nicht nur bestätigte, sondern auch die strengsten Befehle gab, daß die
Friedensstörer alle Beute zurückgeben, die Gefangenen sogleich ausliefern und den ganzen Schaden ersetzen sollten. [1]

Die ausschweifende Lebensweise, die Vernachlässigung der Staatsangelegenheiten und die Kriegslust Stephan's hatten bereits allgemeines
Misvergnügen erregt und endlich den Widerstand hervorgerufen, der
beim russischen Feldzug im Kriegsheer ausbrach; die Grausamkeit, mit
welcher er dafür Rache nahm, weckte Haß und Abscheu, der sich nun
in drohenden Bewegungen und Aufständen offenbarte. Thuróczy
erwähnt gleichsam im Vorübergehen, Saul, ein Sohn des Markgrafen
Ulrich von Kärnten und Sophiens, der Tochter Geiza's I., sei von Misvergnügten zum König erkoren worden.[2] Ob auch der geblendete
Álmos in dergleichen Anschläge verwickelt war, läßt sich nicht nachweisen; aber er glaubte im Vaterland nicht länger sicher zu sein, floh
mit seinen Anhängern nach Konstantinopel und ließ seinen blinden
Sohn Béla unter der Obhut der Benedictiner zurück, die ihn in der
Abtei Pécsvárad heimlich erzogen.[3] Johannes Comnenus und seine
Gemahlin Irene, Ladislaus' I. Tochter, nahmen den unglücklichen Verwandten liebreich auf und wiesen ihm und den Seinen die Stadt Constantia in Macedonien zum Aufenthalt an. Bald folgten ihm noch
mehrere Große, die den Zorn des leidenschaftlichen Königs zu fürchten
hatten.[4] Stephan fühlte sich durch die Aufnahme der Flüchtlinge beleidigt und bedroht, forderte, daß der Kaiser sie aus seinen Staaten ver-
weise, und weil die unbillige Forderung abgeschlagen wurde, führte er
1128 ein mächtiges Heer über die Donau, eroberte Branizowa (unterhalb Belgrad), ließ die Festungswerke schleifen und die Steine nach
dem diesseitigen Semlin schaffen, um damit die Mauern dieser Stadt zu
bauen. Indessen verheerten andere Scharen ungehindert das byzantinische Gebiet; erst bei Philippopolis stießen sie auf Widerstand und
wurden zurückgeworfen. Durch den glücklichen Anfang des Kriegs
verblendet, schickte Stephan eine Botschaft an den Kaiser, und schalt ihn
ein altes Weib, weil er sich nicht zum Kampf gestellt habe; dieser er-

1128

---

[1] Vita Conradi Archiep. Salisburg. bei Hansiz, Germania sacra, II, 223 fg.
— [2] Thuróczy, II, 63. Sonst findet sich nirgends eine Spur von diesem
Saul und dem Vorhaben, ihn auf den Thron zu erheben. — [3] Die Urkunde
Geiza's II. vom Jahre 1158, bei Fejér, Codex dipl., II, 151. — [4] Thuróczy,
II, 63.

widerte den Schimpf mit noch ärgern Schmähungen; beide rüsteten sich
für das künftige Jahr zu wichtigern Unternehmungen. [1]
Stephan forderte auch seinen Bundesgenossen, Sobeslaw von Böhmen,
auf, die vertragsmäßige Hülfe zu leisten; dieser erfüllte, wiewol er Schwiegersohn des verfolgten Álmos war, die Bundespflicht und schickte
seinen Neffen Wenzeslaw mit auserlesener Mannschaft nach Ungarn.
Als die vereinigte Heeresmacht der Ungarn und Böhmen ins Feld ziehen
sollte, erkrankte der König in Erlau; baldige Genesung war nicht zu
hoffen, und er sah sich genöthigt, den Grafen Steffaning, der Königin
Bruder oder Verwandten, zum Oberbefehlshaber zu ernennen, 1129. 1129
Unterdessen führte der Kaiser ein großes Heer, in welchem sich auch
persische und genuesische Hülfstruppen befanden, an die Save; die Ungarn eilten an die Donau. Zuerst lieferten sich die Flotillen beider
Theile auf dem Strome ein Treffen, in welchem die Byzantiner durch
Uebermacht und ihr griechisches Feuer siegten; hierauf machte Johannes Scheinangriffe, als wollte er den Uebergang über die Donau der
Burg Haram (jetzt Neu-Palánka) gegenüber erzwingen, schickte aber,
während er den Feind hier beschäftigte, einen Theil seines Heeres
weiter hinauf, der dort plötzlich über den Strom setzte und den Ungarn, die längs des Flusses Krassó standen, unvermuthet in den Rücken
fiel. Die ungarische Hauptmacht kämpfte noch auf den Inseln und Sand-
bänken, welche die Donau hier bildet, um den Griechen den Uebergang
zu wehren; da sehen sie die Ihrigen plötzlich angegriffen und hart bedrängt und eilen ihnen zu Hülfe; aber die Schiffbrücke über den linken
Donauarm reißt entzwei, viele finden in den Fluten ihr Grab, die Verbindung ist abgebrochen, die Verwirrung wird allgemein; niemand macht
dem Feind den Uebergang weiter streitig; das Heer wird von zwei
Seiten gefaßt; es rettet sich wer kann; die Tapfersten bedecken todt
das Schlachtfeld, unter ihnen die Grafen Ciz und Kladian. Gleich
nach der Schlacht erstürmen die Griechen Haram, dessen Besatzung
sich jedoch durchschlägt, und bald darauf nehmen sie auch Semlin und Belgrad. Hierauf zog der Kaiser vom Kriegsschauplatz hinweg und ließ
nur einen Theil seiner Kriegsvölker unter des Curtitius Oberbefehl
zurück. [2]
Zu dem unglücklichen Verlauf des Krieges trug gewiß ein Ereigniß
viel bei, das Verwirrung, Mistrauen und Zwietracht in das ungarische
Heer brachte. Während nämlich Stephan in Erlau krank lag, verbreitete sich im Lager am Krassó das Gerücht von seinem nahe bevorstehenden oder schon erfolgten Tod, und wurde von Misvergnügten und
Ehrsüchtigen gern geglaubt. Da ließen sich die Grafen Johannes und
Bors von ihren Anhängern zu Königen ausrufen. Aber Stephan genas
wider Vermuthen, eilte in das Feldlager, stillte den Aufruhr und hielt
strenges Gericht über beide. Johannes ward enthauptet, Bors aus dem
Lande und seine Nachkommenschaft für immer vom königlichen Hof
verbannt. [3]

---

[1] Nicetas Choniates und Cinnamus bei Stritter, Tom. III, Pars II, p. 633 fg.
Thuróczy, II, 63. — [2] Nicetas Choniates und Cinnamus, a. a. O. — [3] Thuróczy, II, 63.

Jetzt nahm auch der Krieg eine andere Wendung. Stephan hatte ein frisches Heer herbeigeführt, das er mit dem geschlagenen vereinigte, nahm Haram und Semlin, verjagte den Feind aus ganz Sirmien, setzte über die Donau, eroberte und zerstörte Branizowa neuerdings. Die Serben im Einverständniß mit den Ungarn bemächtigten sich Racznaburgs (Rasum). Durch diese schnellen und großen Verluste bewogen, kehrte auch der Kaiser noch im Herbst mit einer Armee an die Donau zurück. Er beschuldigte seinen Feldherrn Curtitius des Verraths und ließ ihn geiseln; den Befehlshaber von Rasum aber klagte er der Feigheit an, ließ ihn in weiblicher Kleidung auf einen Esel setzen und zur Schau im Lager umherführen. So wollte der Despot, was er durch seinen vor- eiligen Abzug vom Kriegsschauplatz und durch Verminderung des Heeres selbst verschuldet hatte, auf andere wälzen, und die feigen Sklaven ertrugen geduldig solche Schmach. Hierauf befahl er, in Eile und mit höchster Kraftanstrengung die Festungswerke Branizowas her- zustellen; allein der einbrechende Winter, Mangel an Mundvorrath und überhandnehmende Krankheiten, die das Lager mit Leichen füllten, rich- teten sein Heer zu Grunde. Schon rüstete sich Stephan, dasselbe plötzlich zu überfallen und zu vernichten, da brachte eine vornehme italienische Frau Rettung, die dem Kaiser noch zu rechter Zeit den Anschlag des Königs verrieth. Zu schwach, den Kampf aufzunehmen, zog sich Kalo- johannes über die Karadagher Bergkette zurück, wo ihn die nach- setzenden Ungarn zwar zu keiner Schlacht zwingen konnten, aber seinem Nachtrab große Verluste zufügten und das ganze Gepäck der Armee erbeuteten.[1]

Álmos, der die Veranlassung zum Kriege gegeben, hatte schon im 1128 ersten Jahre desselben, 1128, sein mühseliges Leben beschlossen; der wechselvolle und erfolglose Kampf kühlte den Zorn der Herrscher, und warnende Zeichen des zunehmenden Misvergnügens über das nutzlos verschwendete Gut und Blut mochten besonders Stephan zum Frieden stimmen. Er sandte den kalocsaer Bischof Fulbert an den Kaiser und ließ ihn zu einer persönlichen Zusammenkunft einladen. Sie fand auf einer Insel der untern Donau statt, und die Fürsten schlossen dort nach vielfachen gegenseitigen Vorwürfen und Entschuldigungen endlich Frieden.[2] Der Tod versöhnte Stephan auch dem hingeschiedenen Álmos; vielleicht gerührt durch dessen trauriges Schicksal, vielleicht auch bewogen durch die Rücksicht auf seinen Bundesgenossen Sobeslaw, gab er dem Bischof Fulbert außer dem obenerwähnten auch den Auf- trag, den Leichnam des Verstorbenen nach Ungarn zu bringen, den er mit allen Ehren im stuhlweißenburger Dom beisetzen ließ.[3]

Ueberhaupt ging um diese Zeit in dem Gemüthszustand Stephan's eine große Veränderung vor sich. Das steigende Misvergnügen des Volks, das sich in mancherlei Erscheinungen unverkennbar enthüllte, nebst den wiederholten Versuchen einiger, sich auf den Thron zu

[1] Cinnamus und Nicetas, a. a. O. Chronicon Zwetlicense, Claustro-Neo- burgense und Australe bei Pez, S. S. rerum Austriacar. I, ad ann. 1129. — [2] Dieselben. — [3] Thuróczy, II, 63.

schwingen, ließen ihn das Unsichere der Lage wahrnehmen, in welcher
er sich als einziger Sprößling des königlichen Hauses, als das einzige
Hinderniß des aufstrebenden Ehrgeizes befand. Zugleich weckte das bange
Gefühl der dahinschwindenden Lebenskraft in ihm die Ahnung des ihm
nahe bevorstehenden Todes. Dies alles bewog den noch jungen König,
ernstlich an die Erwählung eines Nachfolgers zu denken, der seine
eigene schwankende Stellung befestigen, die Reihe der árpádischen
Könige fortsetzen, das Vaterland vor den traurigen Zerrüttungen einer
Königswahl bewahren sollte. Die Sorge, die deshalb auf seinem Herzen
lastete, trug er einst dem alten Grafen Óthmár und dem Bischof Paulus,
den Vertrauten seines Vaters, vor; sie erfaßten den günstigen Augenblick und offenbarten ihm: der seit der Flucht seines Vaters Álmos
verschollene und todt geglaubte Béla lebe im Kloster Pécsvárad [1] und
sei zum achtbaren jungen Mann herangereift; er sei der einzige anerkannte árpádische Prinz, ihm gebühre die Krone. Wahrscheinlich
wurde ihre Empfehlung auch durch Sobeslaw von Böhmen kräftig unterstützt. Nicht für Boris, dessen rechtmäßige Geburt und Abstammung
zweifelhaft war und dessen Erklärung zum Thronfolger das Andenken
Koloman's befleckt hätte, sondern für Béla sprachen sich nur der König
und die Mehrheit der Großen aus, obgleich sie die Uebelstände voraussehen mußten, die dessen Blindheit nothwendig mit sich brachte. Alsbald wurde Béla aus der Verborgenheit hervorgezogen und als Kron-
erbe dem Volke vorgestellt. Dem Hülfe- und Rath-Bedürftigen glaubte
man eine Stütze und Führerin geben zu müssen; man wählte daher die
schöne, mit Geisteskraft und Entschlossenheit begabte Tochter des
serbischen Fürsten Uros, Helene, zu seiner Gemahlin. Leider die
schlimmste Wahl die man treffen konnte, denn Herrschbegierde, Haß
und Rachsucht verdunkelten ihre sonstigen Vorzüge. Die Vermählung
ward sogleich vollzogen, und die Hofhaltung des jungen Paares in Tolna
eingerichtet; bald wurden König und Volk durch die Geburt eines Prinzen, des nachmaligen Geiza II., erfreut. [2]

Der kränkelnde, von seinem Gewissen beunruhigte König zog sich
immer mehr von Genüssen und Geschäften zurück und widmete sich
Andachtsübungen und Werken der Frömmigkeit. Den Orden der
Prämonstratenser, den der Chorherr Norbert in Frankreich 1120
gestiftet hatte, verpflanzte er 1130 nach Ungarn, indem er für den-   1130
selben ein Kloster bei Großwardein gründete. [3] Allein die Vorliebe
und Parteilichkeit für die Kumanen ließ er noch immer nicht fahren.
Seine zunehmende Schwäche ermunterte manche Ungarn, die sich von
den Kumanen beleidigt fühlten, an diesen verhaßten Lieblingen des
Königs sich zu rächen; die Häuptlinge derselben beklagten sich daher
bitter bei ihm, und er gelobte ihnen, schwere Rache und Strafe dafür zu

---

[1] Urkunde Geiza's II. vom Jahre 1158, bei Fejér, Codex dipl., II, 151.
— [2] Thuróczy, II, 63. Was Schier (Reginae Hungariae etc., S. 103 fg.) dagegen sagt, ist Künstelei; er legt auf des unkritischen Cinnamus ungarisch-
genealogische Kenntnisse zu großen Werth. — [3] Die Urkunde Uladislaus II.
von 1494, bei Pray, Annales, I. Katona, Hist. Regum, III, 452.

nehmen.[1] Doch der Tod vereitelte diesen Vorsatz. Als Stephan das Herannahen seines Endes fühlte, ließ er, nach der andächtigen Hofsitte jener Zeit, alle Zeichen irdischer Hoheit von sich entfernen, sich in ein Mönchsgewand kleiden und zum Mönche einsegnen. So starb er im 1131 April 1131 im dreißigsten Jahre seines Lebens; seinem Willen gemäß ward er in Großwardein zu den Füßen seines damals schon hochgeehrten und später heilig gesprochenen Großoheims, Ladislaus I., beigesetzt.[2]

Béla II. oder Blinde, 1131—1141.

1131   Am 28. April 1131 ward Béla zu Stuhlweißenburg gekrönt.[3] Den Blinden konnte zwar der Krone Glanz nicht blenden, aber die Nacht, welche das Auge des Körpers umhüllte, verdunkelte auch den Blick des Geistes; nie konnte er sich zur klaren Erkenntniß der Dinge und zur Selbständigkeit des Handelns erheben, nie seinen Leidenschaften gebieten und fremder Leitung entbehren. Als er den Thron bestieg, bestanden zwei Parteien in Ungarn. Viele zweifelten, daß ein Mann, der von seiner Kindheit an blind gewesen und abgeschieden von der Welt in heimlicher Verborgenheit gelebt habe, fähig sei, ein großes Land mit Weisheit und Kraft zu regieren; andere erblickten in Boris das Opfer des ungegründeten Verdachts und des Hasses, dem seine Mutter unterlegen war, und betrachteten ihn als den rechtmäßigen Thronerben; die endlich, die einst auf Koloman's und Stephan's Seite gestanden und zu harten Maßregeln gerathen hatten, sahen mit banger Besorgniß die Krone auf dem Haupte dessen, der ihnen, als den Urhebern der eigenen und seines Vaters Leiden, zürnen mußte; sie alle würden weit lieber Boris zu ihrem König erwählt haben. Diesen gegenüber standen alle, die aus welchen Ursachen immer mit der vorigen Regierung unzufrieden waren, alle, die selbst oder deren Väter und Verwandte ihrer Anhänglichkeit an Álmos wegen gelitten, alle, die im Exil gelebt hatten und nun zurückkehrten: sie freuten sich des neuen Herrschers, in dessen Erhebung sie den Sieg der eigenen Sache erblickten, von dem sie Lohn für ihre Treue und Rache für die erduldete Unbill hofften. Auf dieser Seite befand sich auch die Geistlichkeit; konnte sie doch von einem König, den sie gerettet und erzogen, zu dessen Erhebung sie viel beigetragen hatte, nur Gunst und Vortheil erwarten. Diese Parteien unterschieden sich bisjetzt blos durch ihre Gesinnung; zu offener Spaltung, zu Thaten der Feindseligkeit war es noch nirgends gekommen. Ein weiser und kräftiger Regent würde sich über beide erhoben, die Misvergnügten durch unparteiische Gerechtigkeit versöhnt, die eigenen Anhänger in den Schranken der Mäßigung erhalten, allmählich Eintracht und Frieden gestiftet haben und ein Wohlthäter des Vaterlandes geworden sein. Diesen erhabenen, heilbringenden Standpunkt einzunehmen, war Béla viel zu arm an Einsicht, Kraft und Edel-

---

[1] Thuróczy, II, 63. Muglen, Kap. 49. — [2] Thuróczy, II, 64. — [3] Chronicon Budense bei Katona, Hist. Reg., III, 461.

muth; in seinem Herzen kochte das Gefühl des Hasses, welches noch
genährt wurde durch die Rathschläge derer, die er für seine treuesten
Freunde hielt; er erniedrigte sich zum Haupt und Werkzeug einer Partei, die nach Rache dürstete. Verrath, Mord, Elend und Schande
folgten daraus.

Unablässig durch den jammervollen Anblick des blinden Gemahls
empört, auch von Verdacht und Furcht getrieben, trat die leidenschaftliche Königin an die Spitze eines geheimen Complots, um alle Gegner mit
einem Schlage zu vernichten. Angeklagt und gerichtet konnten diese
nicht werden, denn sie hatten als treue Diener ihres Königs und auf
dessen Befehl gegen wirkliche oder vermeintliche Empörer gehandelt;
offene Gewalt wollte man gegen sie nicht anwenden, weil viele unter
ihnen zu mächtig waren und andere durch Flucht sich der Rache entzogen hätten; man schritt also zu arglistigem Verrath, der sie in
die Hände ihrer Feinde liefern und unrettbar verderben sollte.
Kaum denkbar ist es, daß Béla von dem finstern Plan nichts gewußt
haben sollte.

Ein allgemeiner Reichstag wurde 1132 nach Arad zusammen-
berufen, vielleicht absichtlich hierher an des Reiches Grenze, um im
Fall des Mislingens leichter Hülfe aus Serbien erhalten oder dahin
flüchten zu können. Die Gegenpartei, entweder durch freundliche Zu-
sicherungen getäuscht, oder im Bewußtsein, nichts Arges im Sinne zu
haben, oder um sich durch ihre Menge gegen Anfälle und ihnen verderbliche Gesetze zu schützen, erschien zahlreich; aber die Königin
und ihre Mitverschworenen hatten dafür Sorge getragen, daß die Ihrigen
dennoch die überwiegende Mehrheit bildeten und durch eine leicht
erregbare wilde Menge unterstützt wurden. Auf dem Felde unter freiem
Himmel wurde im Herbst 1131 oder im Frühling 1132 der Reichstag 1131
eröffnet. An der Hand seiner Gemahlin bestieg der blinde König den oder
Thron; schon der traurige Anblick des Hülflosen, durch menschliche 1132
Grausamkeit des köstlichsten Sinnes Beraubten, dessen Schritte man
leiten mußte, machte einen peinlichen Eindruck. Da trat die Königin
vor und sprach: „Ihr Getreuen, Herren und Edle, Alte und Junge,
Reiche und Arme, hört! Jedem unter Euch hat Gott das Augenlicht
verliehen; warum ist unser Herr und König seiner Augen beraubt, und
wer sind die Urheber dieser That? Saget es, rächt uns und macht
mit ihnen ein Ende." Plötzlich erhob sich der Aufruhr, die Hofleute
und mit ihnen die wuthentbrannte Menge stürzten sich auf die, welche
man ihnen bezeichnete. Achtundsechzig wurden erbarmungslos gemordet, andere in Fesseln gelegt, die Abwesenden verzeichnet und
sammt ihren ganzen Geschlechtern des Landes verwiesen, die Güter
aller eingezogen. [1] Wie viele mochten unschuldig als Opfer des Hasses

---

[1] Thuróczy, II, 64. Anton. Bonfinius, Rerum Hungar. Decades, Dec. II,
Lib. VI. Katona, Hist. Regum, und andere setzen den berüchtigten Reichstag
in das Jahr 1136. Doch Thuróczy berichtet ausdrücklich, von den Flüchtlingen aufgefordert, habe Boris seine Ansprüche auf den ungarischen Thron
mit Waffengewalt geltend zu machen versucht, und von jenen sei auch Boleslaw, ihn zu unterstützen, bewogen worden. Die Kriege, die hieraus ent-

und der Habsucht, die nach ihrem Vermögen dürstete, gefallen sein!
So wurde der heilige Sitz der Gesetzgebung durch blutigen Frevel und
Raub entweiht; der König, der natürliche Hüter des Gesetzes, that
keinen Einspruch; die Geistlichkeit, die Botin des Friedens, erhob
sich nicht, dem Blutvergießen zu wehren, sie ließ es sich vielmehr
gefallen, da ein großer Theil der eingezogenen Güter der Kirche geschenkt und namentlich auch zur Dotirung des neitraer Bisthums verwendet wurde [1]; die schreckliche That fand sogar Lobredner. [2]

Von diesem Tage an wankte der Thron Béla's; die verdächtige
Partei, welche vernichtet werden sollte, wurde jetzt erst furchtbar und
konnte nur nach langem Kampf und neuen Frevelthaten besiegt werden.
Der Hof erkannte die drohende Gefahr und suchte sich durch äußere
Bündnisse gegen Aufstände im Innern zu stärken. Auf Sobeslaw von
Böhmen konnte man zuversichtlich rechnen; er war des Königs
Schwager und hatte unlängst auf ähnliche, wenn auch minder empörende
Weise seine Gegner vernichtet. [3] Ein neuer Bundesgenosse wurde an
dem Markgrafen von Oesterreich Leopold III. oder Heiligen erworben,
dessen Sohn Albert sich mit einer zweiten Schwester Béla's, Adelheid,
vermählte. [4]

Haß, Rachsucht und Verzweiflung im Herzen, sammelten sich indessen die Flüchtigen und Verwiesenen, die Verwandten und Freunde
der Geschlachteten in Polen am Hofe Boleslaw III. Schiefmunds und
riefen Boris auf, sich mit ihnen zu vereinigen und sein Recht auf den
ungarischen Thron geltend zu machen. Auch in der Heimat war die
Zahl derer nicht gering, welche die blutige That verabscheuten und
bereit waren, ihn als Retter und König zu empfangen. Der kriegerische
Boleslaw verlieh seinen mächtigen Beistand und trat als Hauptkämpfer
an die Spitze des Unternehmens. Nachdem Boris mit seinen russischen
Kriegsvölkern in Polen angekommen war, führte Boleslaw das ver-
1132 einigte Heer im Herbst 1132 nach Ungarn, durchzog die Gespanschaft
Zips und rückte bis an den Sajó vor.

Jenseit des Flusses lagerte Béla mit seiner Armee. Allein hier
gab es viele Misvergnügte und Zweideutige, von denen zu befürchten
stand, daß sie in der Schlacht zu dem Feinde übergehen würden. Die
Hofpartei, die sich schon einmal mit dem Blut ihrer Mitbürger befleckt
hatte, schrak auch jetzt nicht zurück, ihre Hände neuerdings in dasselbe zu tauchen; auf ihren Vorschlag berief also der König unter dem
Vorwand einer Berathung die im Lager anwesenden Herren zu sich und
legte ihnen die Frage vor, ob sie Boris für den rechtmäßigen Sohn
Kóloman's halten. Die Mehrheit — aus Vorsicht oder Ueberzeugung? —
verneinte es laut, einige aber zögerten und antworteten zweideutig; da

standen, währten von 1132—34, hörten thatsächlich schon 1134 auf, und 1137
schlossen Béla und Boleslaw den förmlichen Friedenstractat: folglich mußte
der andere Reichstag spätestens im Frühling 1132 gehalten worden sein.
[1] Szalay, Geschichte des ungarischen Reichs, I, 249. — [2] Thuróczy u.
Bonfinius, a. a. O. — [3] Palacky, Geschichte von Böhmen, I, 403 fg. —
[4] Excerptum Ricardianum bei Pray, Annales Reg. Hung., I, 124. Otto Frisingens., VII, 21.

stürzten die Höflinge und deren Schergen auf sie, der Obergespan Lambert flüchtete zu den Füßen des Königs und wurde dort von der verruchten Hand des eigenen Bruders erschlagen; sein Sohn Nikolaus, Majnold, aus dem Geschlecht Ákos, und noch mehrere wurden gleichfalls hingemordet; Andere, wie Theodor, aus dem Geschlecht Simad, Folkus, Titus und Sámson retteten sich in das Lager der Polen. Der letztgenannte Sámson unternahm einige Tage darauf ein merkwürdiges Wagstück; er trat plötzlich in das Zelt des Königs, forderte ihn mit heftigen Schmähworten auf, den Thron zu räumen, der ihm nicht gebühre und in ein Kloster zu gehen, für das er geschaffen sei, und war wieder fort, ehe die durch solche Kühnheit verblüfften Höflinge zur Besinnung kamen. Aber der Waffenträger des Grafen Bod schwang sich auf ein Pferd, verfolgte und durchstach ihn, als er über den Sajó setzen wollte.[1]

Ungeachtet die feindlichen Heere blos durch den Fluß, der leicht überschritten werden kann, voneinander getrennt waren, und die gegenseitige Erbitterung durch solche Auftritte gesteigert werden mußte, kam es doch zu keiner entscheidenden Schlacht. Die Ungarn schickten, berichtet Thuróczy, eine Botschaft an die Polen und baten sie, sich in ihre Angelegenheiten nicht zu mischen, ihnen nicht einen Bastard zum König aufzwingen zu wollen, sie selbst müßten am besten wissen, wer ihr rechtmäßiger Herrscher sei; durch diese Vorstellungen ließen sich die Polen zur Heimkehr bewegen. Die Unwahrscheinlichkeit dieser Erzählung leuchtet sogleich in die Augen. Das polnische Heer zog sich ohne Kampf zurück, weil Sobeslaw von Böhmen, der Bundesgenosse Béla's, am 18. Oct. in Schlesien, das um diese Zeit noch zu Polen gehörte, eingefallen war und es gräßlich mit Feuer und Schwert verwüstete; die Böhmen besaßen in solchen Dingen eine furchtbare Meisterschaft. Boleslaw mußte daher eilig zur Vertheidigung des eigenen Landes heimkehren[2], gab aber deshalb den Plan nicht auf, Boris auf den ungarischen Thron zu erheben und die Flüchtlinge in ihr Vaterland zurückzuführen.

Um Boleslaw von dem neuen Kriegszug nach Ungarn, zu dem er sich rüstete, abzuhalten, fiel Sobeslaw am 16. Juni des folgenden Jahres 1133 abermals in Schlesien ein und zerstörte gegen 300 Dörfer. Aber Boleslaw hielt seine Unternehmung mit solcher Beharrlichkeit fest, daß er diese Verheerungen vorderhand ungestraft ließ, und sobald Boris mit größerer Streitmacht als im vorigen Jahre aus Rußland angekommen war, trat er den Feldzug an und drang tief nach Ungarn ein. Drei verwüstende Einfälle, die während seiner Abwesenheit Sobeslaw nacheinander in die polnischen Länder machte, konnten ihn nicht zur Umkehr bewegen.[3] Béla wartete jenseit der Donau in der Gegend um Visegrad auf die Ankunft der Hülfstruppen, welche ihm Leopold von Oesterreich versprochen hatte; Sobeslaw schlug sein Lager am Waag-

---

[1] Thuróczy, II, 64. — [2] Continuatio Cosmae Pragens. bei Pertz, IX, 128. Otto Frisingens., VIII, 21. Vgl. Palacky, Geschichte von Böhmen, I, 409. — [3] Continuatio Cosmae Pragens., a. a. O.

fluß auf[1]; Boleslaw konnte also ungehindert immer weiter in das Innere Ungarns vorrücken und ungeheuere Beute machen.   Um die Mitte Juli trafen endlich die Oesterreicher ein, geführt von des Königs Schwager Albert; die vereinigten Armeen gingen nun über die Donau und griffen den Feind an; die Gegend, wo der Kampf stattfand, wird nicht näher bezeichnet, am 22. Juni entbrannte die heftige Schlacht; die Ungarn auf dem einen, die Oesterreicher auf dem andern Flügel siegten, verfolgten das geschlagene Heer nach Schlesien und rieben es dort gemeinschaftlich mit den Böhmen im folgenden Jahre fast gänzlich auf. Unter den Ungarn thaten sich auf königlicher Seite Maximilian, Gáb, Vasas und Bátor besonders hervor; von den Häuptern der Gegenpartei wurden Vitalis, Andreas und Theodor, der heftigste Anstifter des Kriegs, gefangen.[2]

So hatte die eine Partei, die den willenlosen Béla beherrschte, auch im offenen Kampf gesiegt und ihre blutigen Gewaltthaten zu Ehren gebracht.   Aber Boleslaw konnte neuerdings zu den Waffen greifen und ihr den Sieg entreißen; nur ein förmlicher Friedensvertrag mit ihm gewährte völlige Sicherheit.   Peter, Bischof von Zara-Vecchia, ging also als Gesandter zu Kaiser Lothar II.   Als Boleslaw auf dem Fürstentage zu Magdeburg am 26. Mai 1135 die Huldigung für Pommern und Rügen leistete, übergab der Bischof dem Kaiser reiche Geschenke, unter andern zwei kostbar aufgezäumte weiße Rosse, und ersuchte ihn, Frieden zu stiften zwischen seinem Lehnsmann, dem Herzog von Polen, und dem König von Ungarn. Sobeslaw trat als Vermittler auf, und der Friede kam zu Stande, doch wurde der förmliche Vertrag erst 1137 geschlossen.[3]

Unterdessen nahm auch das Schicksal des unglücklichen Boris eine ungünstige Wendung.   Er wurde durch einige verbündete russische Fürsten aus Halitsch 1135 vertrieben und genöthigt, nach Polen zu fliehen; als er 1137 einen Versuch machte, sein Fürstenthum wieder einzunehmen, wurde er vor der Stadt Halitsch gänzlich geschlagen[4]; endlich verlor er auch am 28. Oct. 1138 durch den Tod seinen Beschützer Boleslaw.   Von nun an war er ein heimatloser Flüchtling, ein Prätendent, der von einem Fürstenhof zum andern wandernd, wenn man ihn als Werkzeug gegen Ungarn brauchte, aufgenommen, wenn er abgenutzt war, weggewiesen wurde.

Seit dieser Zeit lebte Béla in Ruhe, die weder durch innere noch äußere Feinde gestört wurde.   Aber für des Landes Fortschritt und Wohlfahrt geschah nichts, was auffallend und wichtig genug gewesen wäre, durch die Geschichte überliefert zu werden und uns mit den Greuelscenen, durch die seine und seines Hauses Herrschaft befestigt wurde, versöhnen könnte.   Für die Kirche oder eigentlich für die Geistlichkeit bewies Béla viel wohlwollenden Eifer; er gründete oder

---

[1] Pulkawa bei Dobner, Monumenta. Vgl. Palacky, a. a. O. — [2] Thuróczy, II, 64. Otto Frisingens., VII, 21. Excerpta Richardi bei Pray, Annales Regni Hung., I, 126. — [3] Continuatio Cosmae Pragens. ad ann. 1135 u. Otto Frisingens., a. a. O. — [4] Chronic. Australe, Claustro-Neoburgense, Zwetlense bei Pez.

beschenkte doch wenigstens mit reichen Gütern das neitraer Bisthum, ertheilte Gunstbezeigungen den Abteien auf dem Martinsberge und zu Dömös [1], auch der vom Grafen Lambert und seiner Gemahlin Sophie, einer Schwester Ladislaus' I., gestifteten Prämonstratenserpropstei zu Bozók. [2] Papst Innocentius II. zürnte dem neuerwählten Erzbischof von Spalatro, Gaudius, und verweigerte ihm das Pallium, weil er sich durch den grauer Erzbischof zum Bischof hatte weihen lassen; Béla hörte nicht auf, den Papst mit Bitten zu bestürmen, bis dieser Gaudius verzieh und das Pallium schickte. [3]

Die Freundschaft, welche Béla und Sobeslaw verknüpfte, dauerte ununterbrochen und ungeschwächt fort. Ein Verwandter des letztern, Konrad von Znaim, heirathete 1134 eine Schwester der Königin Helene. [4] Béla ließ einen 1134 geborenen Sohn Sobeslaw's durch den Bischof Meinhard von Prag nach Ungarn bringen, um ihn aus der Taufe zu heben. [5] Beide Fürsten kamen zu Ostern 1137 in Olmütz zu- 1137 sammen [6], von wo die Herzogin Adelheid ihrem Bruder nach Ungarn folgte, um der Todtenfeier beizuwohnen, die er dem Vater Álmos zu Ehren veranstaltete. [7] Durch Sobeslaw's Zuthun warb Kaiser Konrad für seinen unmündigen Sohn Heinrich um die ebenfalls unmündige Tochter Béla's, Sophie, 1139. Eine übergroße Ausstattung von Reli- 1139 quien, Schmucksachen, Gold, Silber und Seide wurde an den kaiserlichen Hof geschickt und die Braut dem Kloster Admont in Steiermark zur Erziehung anvertraut. [8] Heinrich starb jedoch in früher Jugend, und Sophie blieb für immer im Kloster.

Hinsichtlich der Erbfolge seiner Söhne traf Béla die Anordnung, daß der älteste, Geiza, auf dem Thron folgen, der zweite, Ladislaus, Bosnien, damals Rama genannt, der dritte, Stephan, Sirmien erhalten sollte; ein vierter, Álmos, war bereits gestorben; die zweite Tochter, Gertrud, ward später die Gemahlin des polnischen Herzogs Mstislaw.

So sehr die Chronisten [9] die Frömmigkeit und Milde Béla's loben, berichten sie doch auch, daß er dem Trunk ergeben war, im Rausche alles Mögliche an die Höflinge verschenkte, eines Tages die Hinrichtung der Mönche Pócs und Saul befohlen und sich endlich die Wassersucht zugezogen habe. Er starb am 13. Februar 1141, etwas über dreissig Jahr 1141 alt, und wurde seinem Vater zur Seite in Stuhlweißenburg begraben.

2. Innere Zustände.
1114—1141.

Aeußerst wenig ist es, was wir über das innere Staatsleben des ungarischen Volks aus diesem Zeitabschnitte von 27 Jahren zu be-

[1] Pray, Specimen Hierarchiae, I, 362 fg. Fejér, Codex dipl., II, 86, 110, und 94. — [2] Ebend., S. 82. Katona, Hist. Reg. Hung., III, 528. — [3] Thomas Archidiac. Spalat., Hist. Salonit., c. 19. Fejér, Codex dipl., II, 113. — [4] Continuat. Cosmae Pragens. ad ann. 1134. — [5] Ebend. und Pulkawa, bei Dobner, Monumenta, III, 158. — [6] Continuat. Cosmae Pragens. ad ann. 1137. — [7] Continuat. Cosmae Pragens. u. Marignol, bei Dobner, Monumenta. — [8] Continuat. Cosmae Pragens. ad ann. 1139. Vita S. Ottonis Episc. Bambergensis, bei Katona, Hist. Reg. Hung., III, 531. — [9] Thuróczy, Muglen, Bonfinius.

richten haben; keine Gesetze, keine bedeutenden Veränderungen,
keine neuen Schöpfungen, die in demselben zu Stande gekommen wären,
sind uns bekannt. Unter Regierungen wie die Stephan's II. und
Béla's II. konnte kein Fortschritt, keine Entwickelung der Staatseinrichtungen, keine Zunahme der Bildung und Wohlfahrt stattfinden;
es mußte vielmehr eine Verschlimmerung der öffentlichen Zustände eintreten. Die Verfassung erlitt zwar ihrer äußern Form nach keine in
die Augen fallende Umgestaltung, aber ihr inneres Wesen änderte sich,
und sie fing an, auffallend an Kraft und Wirksamkeit zu verlieren.
    Daß, wie früher, Reichstage gehalten und die wichtigsten öffent-
lichen Angelegenheiten auf denselben verhandelt wurden, unterliegt
keinem Zweifel; einige, wie der berüchtigte árader, werden in Jahrbüchern und Urkunden ausdrücklich erwähnt, von andern finden sich
wenigstens deutliche Spuren. [1] Aber nicht allein dem Einflusse der
Zeit, die so viele Denkmäler des Alterthums vernichtet, mögen wir es
zuschreiben, daß keine Kunde von dem, was da geschah, auf uns gekommen ist, sondern auch, und vielleicht noch mehr, dem Umstand, daß wenig
oder nichts Heilsames und Merkwürdiges geschaffen wurde, nichts, das
der Aufzeichnung und Aufbewahrung werth gewesen wäre. Das Volk war
in Parteien zerrissen, der König stand selbst an der Spitze der einen, der
Einfluß eigennütziger Dynasten überwog: darum herrschte auf den
Reichstagen das Tagesinteresse; nicht was dem Lande frommte, sondern was Einzelnen Vortheil brachte, wurde beschlossen. Der königliche Rath, in welchem die weltlichen und geistlichen Großen saßen
und ohne dessen Zustimmung nichts Wichtiges geschah [2], erweiterte
ungebührlich seine Macht, indem er die Rechte des Volks schmälerte und
die königliche Gewalt herabsetzte. Zwar ernannte der König die
Reichswürdenträger, mithin auch die Mitglieder dieses Staatsraths und
konnte, da deren Zahl nicht gesetzlich bestimmt war, dazu berufen,
wen und wie viele er wollte, sodaß derselbe fast nothwendig die am
Hofe herrschende Partei vertrat und ein bereitwilliges Werkzeug der
Willkür wurde. Da aber auch die königlichen Rechte und Befugnisse
durch die Verfassung nicht fest geregelt und genau abgemessen waren,
da sich die schwachen Könige oft genöthigt sahen, die Mächtigsten und
Einflußreichsten, um sie für sich zu gewinnen, zu den höchsten Staatsämtern zu berufen, und da es nicht so leicht war, sie wieder zu entlassen, wurden diese immer gewaltiger und trotziger; der König mußte
sich immer häufiger ihrem Willen und ihrer Anmaßung fügen. Dagegen
konnten sie es auch nicht hindern, daß er sich von Zeit zu Zeit erhob
und vernichtete, die ihm widerstrebten. So entstand ein Kampf, der die
Grundfeste des Staats, den Rechtszustand, erschütterte, die öffentliche
Moralität verderbte, das Vaterland zerfleischte und endlich zum Nach-

---

[1] Kovachich, Vestigia comitiorum. Béla II. erhält die allgemeine Zustimmung des Reichs, seinem Sohne Ladislaus das Herzogthum Bosnien zu
verleihen, auf dem Tage zu Gran 1136. Kovachich, Supplementa ad Vestigia comitiorum, I, 1 — 6. — [2] Sie bekräftigen die königl. Urkunden durch
ihre Unterschrift und leisten oft auch gemeinschaftlich mit dem König den
Eid, daß die königlichen Freibriefe für immer gültig sein und beobachtet
werden sollen.

theil des Königs anschlug. Niemand kann wol in den Grausamkeiten, durch die Stephan II. die Auflehnung seiner Feldobersten vor Kiew rächte, noch in dem raschen Erfolg, mit dem er die Gegenkönige vernichtete, am wenigsten aber in den schrecklichen Auftritten des ärader Reichstags Acte der königlichen Machtvollkommenheit erkennen. Unter einer gerechten und kräftigen Regierung erheben sich keine Parteiungen und Aufstände; sie braucht nicht zu Comploten und Ränken ihre Zuflucht zu nehmen, nicht durch Handlungen der Tyrannei sich Ansehen zu verschaffen; sie faßt auf dem Boden des Gesetzes und des Rechts, und ist stark durch die Liebe und das Vertrauen des Volks.

Unter diesen Königen, denen es so sehr an Regententugend fehlte, traten auch sichtbarer die traurigen Folgen zu Tage, die aus der überhandnehmenden Verschleuderung der königlichen Güter und Gefälle und der zu den Gespanschaften gehörenden Staatsländereien entsprangen. Schon war durch königliche Schenkungen der größere Theil derselben in den Besitz der Bischöfe, Aebte, Pröpste und weltlichen Herren gekommen, wie sich allein aus noch vorhandenen Urkunden leicht berechnen läßt; und wie viel mochten noch außerdem einzelne Mächtige, besonders in den Tagen innerer Wirren, durch List und Gewalt an sich gebracht haben! Hierdurch erlitten die königlichen Einkünfte, die von denen des Staats nicht geschieden waren, eine höchst nachtheilige Verminderung, die sich bei allen öffentlichen Angelegenheiten fühlbar machen mußte. Die Jobbagyones castri, jene freien Leute, die auf diesen Burgländereien saßen und die schlagfertige Miliz bildeten, waren meistentheils zu Hörigen des hohen Adels herabgedrückt, und was von ihnen noch übrig blieb, reichte nicht mehr hin zur Vertheidigung des Vaterlandes. Ueberhaupt verschwindet um diese Zeit der wahre Kern des Volks, die Gemeinfreien; ihrer geschieht in Gesetzen und Urkunden kaum mehr Erwähnung. Die durch übermäßige Vermehrung ihres Grundbesitzes übermächtig gewordenen Großen verschlangen das kleine Besitzthum ihrer schwachen Nachbarn und machten auch deren Person sich unterthan. Ungeachtet also die eigentliche Sklaverei sich gemildert hatte und bereits im Verschwinden begriffen war, theilte sich dennoch das Volk immer auffallender in zwei Klassen, in die der Herren und der Knechte. Welche Verwirrung vollends der grauenvolle Reichstag zu Arad und die Auftritte, die ihm folgten, in alle Verhältnisse und besonders in den Besitzstand bringen mußten, läßt sich kaum vorstellen. Viele der angesehensten und reichsten Herren fanden den Tod oder mußten das Vaterland verlassen, ihre Güter wurden eingezogen, ihre Familien ausgerottet oder ins Elend gestossen, ein großer Theil des noch übrigen alten Stammadels wurde vernichtet; was man ihnen geraubt, ward wol größtentheils der Lohn derer, die sich zu Werkzeugen der Rache hergegeben hatten; auf letztere ergossen sich die königlichen Gunstbezeigungen, in ihren Händen häufte sich übermäßiger Reichthum an, ein neuer Grund wurde gelegt zu jener Oligarchie, unter deren Druck schon in den nächsten Zeiten das Volk seufzte. So ward der König entblößt von den nöthigen Hülfsmitteln und abhängig von dem guten Willen der Großen, die Mittel und Wege genug fanden, sich den Staatslasten zu

entziehen und selbst den pflichtmäßigen Gehorsam zu verweigern. Besaß er nicht jene Vorzüge des Geistes und Herzens, die sie zur Ehrfurcht und Unterwerfung nöthigten, so sah er sich gezwungen, durch
Begünstigungen und neue Schenkungen ihre Dienste und ihre Anhänglichkeit zu erkaufen und das drückende Uebel noch zu vergrößern, sich
und den Staat noch ärmer, sie noch reicher zu machen.

Auch die kirchlichen Zustände zeigen wol äußerlich dasselbe Bild,
in welchem wir sie zu Ende der Regierung Koloman's erblickten; sobald
wir sie aber genauer betrachten, können uns die Anfänge bedeutender
Umgestaltungen nicht verborgen bleiben. Die Niederlassung der heidnischen Kumanen und Petschenegen gab dem Bekehrungseifer der Geistlichkeit Veranlassung zu erfolgreicher Thätigkeit; die Ankömmlinge
ließen sich zur Annahme des Christenthums leicht genug bewegen. Freilich bestand auch ihre Bekehrung vorderhand nur darin, daß sie getauft
wurden und einige Gebräuche des christlichen Gottesdienstes nach-
machten; sie zu christlicher Gesinnung und Sitte zu bilden, hielt weit
schwerer; dennoch verlor sich allmählich der feindselige Widerwille,
der zwischen ihnen und den Ungarn herrschte; schon während der Regierung Béla's hören wir nichts mehr von heftigen Ausbrüchen desselben, und bald begann die völlige Verschmelzung beider Nationen.

Die Zahl der reichen Klöster und der Reiz zu neuen Stiftungen
und Schenkungen für Mönche wurde vermehrt durch die Einführung
1135 neuer Orden. Wie Stephan die Prämonstratenser, so berief Béla 1135
die Cistercienser aus Clairvaux, gründete für sie das erste Kloster bei
der Burg Toplicza im varasdiner Comitate Kroatiens, und gab dem
Orden das Privilegium, daß dessen ungarische Klöster fortwährend
unter der Aufsicht des Abtes von Citeaux stehen sollten; ein Privilegium,
das die bischöflichen wie die Rechte des Staats beeinträchtigte und den
Orden dem Vaterlande entfremden mußte. [1] Auch das neitraer Bisthum wurde um diese Zeit erneuert. Seit Bischof Viching beim Einfall
der Magyaren in Großmähren die Flucht ergriffen hatte, war zu Neitra
kein Bischof mehr; Stephan der Heilige fand nur noch Priester, die er zu
einer Propstei vereinigte und der Gerichtsbarkeit des graner Erzbischofs
unterordnete. So blieb es bis auf Béla II.; dieser, wenn nicht schon
Stephan II., erhob die Propstei zum Bisthum, dotirte dasselbe, wie
schon berichtet wurde, mit Besitzungen, die infolge des arader Reichs-
1133 tags confiscirt worden waren, und ernannte 1133 den ersten Bischof;
doch blieb Neitra längere Zeit das ärmste Bisthum Ungarns. [2] Zum Heilmittel für seine und seiner Nachfolger Seele schenkte Béla ferner dem
Erzbisthum von Spalatro die Marienkirche von Salona sammt allen ihr
angehörenden Gütern und Einkünften. [3] Mit den Königen wetteiferten
fromme Große in der Freigebigkeit gegen Stifter, besonders gegen Klöster; Geringe opferten ihnen ihre kleine Habe und gaben ihnen sogar
ihre Person in Dienstbarkeit. Die Geistlichen selbst mehrten überdies durch

---

[1] Heimb. Notitia historica Abbatiae S. Gotthardi, S. 31 u. 150. Mauri-
ques, Annales Cistercienses, Tom. III, Kap. 7, Note 5. — [2] Pray, Specimen
Hierarchiae, I, 362 fg. — [3] Urkunde bei Farlatus, Illyricum sacr., III, 173.

gute Wirthschaft ihr Vermögen, wurden die mächtigsten Geldleute ihrer
Zeit, und brachten durch Pfandnahme und Kauf große Besitzungen an
sich. Die Reichthümer, die sich bei ihnen anhäuften, hatten bereits
auch in Ungarn unter den ältern Mönchsorden die Fesseln der Zucht
und Ordnung gelöst, und wurden schnell auch den neuern verderblich;
sie machten die Prälaten, die Bischöfe, Aebte und Pröpste üppig
und stolz, anmaßend und herrschsüchtig. Doch war der hohe Klerus
noch immer zu abhängig von den Königen, als daß er schon offen gegen
die Staatsgewalt aufzutreten gewagt hätte. Denn obgleich Koloman
dem Investiturrechte entsagt und Stephan diese Entsagung erneuert
hatte, übte der König noch immer das Recht der Ernennung zu geistlichen Pfründen, der Versetzung von einer auf die andere, und der Absetzung; nur er konnte die geistlichen Stifter gegen die Gewaltthätigkeiten unfrommer weltlicher Herren schützen, die sich ihrer reichen
Güter oft zu bemächtigen suchten. Auch hatten die Satzungen des kanonischen Rechts, welches Gratianus ebenjetzt auf die Decretalen des
Pseudo-Isidorus baute [1] und nach ihm die Doctoren der hohen Schule
zu Bologna dem Abendlande einprägten, bei der ungarischen Geistlichkeit noch nicht feste Wurzeln geschlagen und allen Sinn für ihr Volk
und Vaterland erstickt; ihre Mitglieder fühlten noch, daß sie Ungarn
und Bürger des Landes sind.

Seit den Versuchen, die Gregor VII. machte, Ungarn seiner Hoheit
zu unterwerfen, mischten sich die Päpste nicht in die Staatsangelegenheiten Ungarns und ließen auch die Landeskirche unangefochten bei
der Ausübung ihrer Rechte; die ungarischen Bischöfe leisteten ihnen noch
nicht den Eid des Gehorsams. Innocentius II. that den ersten Schritt,
die Bande der Abhängigkeit der ungarischen Kirche vom päpstlichen
Stuhl fester zu ziehen, als 1138 der grauer Erzbischof Felicianus den
Erzbischof von Spalatro Gaudius weihte; Gaudius hätte, behauptete
er, den alten Kirchensatzungen gemäß, die Weihe in Rom nachsuchen
müssen, er verweigerte ihm das Pallium und schickte es endlich nur aus
Rücksicht auf die inständigen Bitten König Béla's [2], wie schon erwähnt
wurde. Er brachte hierdurch den Grundsatz zur Anerkennung, daß
die Erzbischöfe ihre Befugnisse vom römischen Stuhl erhielten, beschränkte die Primatialrechte, die der grauer Erzbischof übte, hinderte
die Ausdehnung derselben über Dalmatien und machte überhaupt der
ungarischen Kirche seine Machtvollkommenheit fühlbar; der Anfang zu
fernern Maßregelungen und Machtsprüchen war hiermit geschehen.

---

[1] Zu Anfang des 9. Jahrhunderts wurde von Mainz aus eine Sammlung
angeblicher Decretalen der Päpste unter dem Namen des berühmten Bischofs
von Sevilla (um 600), Isidorus, bekannt, durch welche nachgewiesen werden
sollte, daß die Päpste und Bischöfe seit den frühesten Zeiten des Christenthums die Rechte geübt haben, die sie jetzt beanspruchten. Heutzutage be-
streitet kein Mensch mehr, daß diese Decretalen ein untergeschobenes Machwerk sind, damals aber wurden sie für echt gehalten und von den Päpsten
und Lehrern des kanonischen Rechts als glaubwürdige Urkunde gebraucht;
sie waren eins der wirksamsten Mittel, durch welches sich die Anmaßungen
des römischen Stuhls in anerkannte Rechte verwandelten. — [2] Thomas Archidiac. Spalat., Historia Salonitana, c. 19. Fejér, Cod. dipl., II, 113.

Doch die Grundursachen dieser meist bedauernswürdigen Erscheinungen im innern Staatsleben des ungarischen Volks lagen im Geiste
der Zeit, in den mangelhaften Einrichtungen der bürgerlichen Gesellschaft, in den abenteuerlichen Schöpfungen des Feudalismus, in der
steigenden Macht des Papstthums. In den meisten Ländern Europas
geschah damals ähnliches; die Bande der Ordnung lösten sich, Päpste,
Prälaten und Dynasten erhoben sich zum Kampf gegen die oberste
Staatsgewalt; Gesetz und Recht, die Freiheit und Wohlfahrt der Völker
wurden vernichtet, und auf deren Kosten erhoben sich einzelne Große
zur Uebermacht. Ungarn konnte von den nachtheiligen Einwirkungen
dieser Ursachen nicht verschont bleiben; sie mußten ihre Einflüsse um
so mächtiger äußern, sobald Könige die Regierung führten, die weder
hinreichende Klugheit noch Kraft zum Widerstande besaßen.

Zweiter Abschnitt.

Byzantinischer Einfluss stiftet Verwirrung und gefährdet Ungarns Unabhängigkeit. 1141—1196.

I. Aeussere Begebenheiten.

Geiza II. 1141—1161.

Geiza war beiläufig zehn Jahre alt, als er am dritten Tage nach dem Begräbniß seines Vaters zu Stuhlweißenburg gekrönt wurde.[1] An der Spitze der Regentschaft, die während seiner Minderjährigkeit die Regierung führte, stand Belus, Serbe von Geburt, Schwestermann der Königin Helene[2], ein Mann voll Einsicht und Kraft; die andern Mitglieder derselben waren: der Erzbischof von Gran, die Grafen Kalán, Gerkon, Paul und Várnold.

Eine feierliche Gesandtschaft, von dem Ungarn treu ergebenen Erzbischof Gaudius geführt, überbrachte dem jungen Könige die Huldigung Spalatros; sie wurde sehr freundlich aufgenommen, erhielt die Zusicherung, daß die Freiheiten der Stadt nicht nur unversehrt bleiben, sondern noch vermehrt werden sollten, und schon am 3. Mai 1142 erfloß eine Urkunde, welche die von Koloman ihr verliehenen 1142 Rechte neuerdings bestätigte und ihren Handel innerhalb des ganzen Reichs von jeder Abgabe befreite.[3]

Ein unvergängliches Verdienst erwarb sich die Regentschaft um das Vaterland dadurch, daß sie neue Colonisten herbeirief. Die emsigen Bewohner der flachen Küsten Flanderns zwischen Grevelingen und den Rheinmündungen hatten sich lange Zeit durch mächtige Dämme gegen die Wogen des Meers geschützt, aber 1129—35 durchbrachen diese die Dämme und verschlangen ihre Felder und Wohnungen. So wurden sie

---

[1] Thuróczy, II, 66. — [2] Wahrscheinlich ist es, daß er Ungarns Palatin war, denn diesen machte schon damals der Gebrauch und später das Gesetz, das aus jenem entstand, zum jedesmaligen Stellvertreter des Königs, zum Vormund und Regenten während dessen Minderjährigkeit. In Urkunden heißt er bald Bán, bald Herzog. — [3] Farlatus, Illyric. sacr., III, 172.

gezwungen, eine neue Heimat zu suchen. Sie zogen an die Ostsee und in andere Gegenden des weiten Herzogthums Sachsen — ja nicht zu verwechseln mit dem heutigen Königreich Sachsen und den sächsischen Herzogthümern —; aber die Hungersnoth, die um diese Zeit beinahe in ganz Europa herrschte, und das Elend, welches innere Unruhen und Fehden über Deutschland verbreiteten, nöthigten sie neuerdings, auch von dort in großen Scharen auszuwandern. Ungarn nahm die Menge der Heimatlosen und alle, die aus verschiedenen Gegenden Deutschlands sich ihnen anschlossen und folgten, gastlich auf und ward ihr Vaterland. Ungeachtet diese Einwanderer ihrem Hauptbestandtheil nach Flanderer waren [1], wurden sie dennoch alle Sachsen genannt, weil sie zunächst aus dem Sachsenlande kamen und viele Sachsen sich ihnen anschlossen. Sie ließen sich in verschiedenen Gegenden nieder, gründeten Städte und Dörfer und widmeten sich dem Land- und Bergbau, dem Gewerbe und Handel; besonders wichtig sind ihre Niederlassungen in Siebenbürgen und in der Gespanschaft Zips.

Durch die häufigen und verwüstenden Einfälle der Petschenegen und Kumanen war ein großer Theil Siebenbürgens verödet; dahin 1143 wandte sich der Hauptstrom der Einwanderung; um 1143 [2] besetzten sie die Umgegend der Maros, der beiden Kokelflüsse und der Aluta, den sogenannten Königsboden und das bistritzer Gebiet, und bildeten eine eigene staatliche Körperschaft, die noch in Kraft und Blüte besteht. Die köstlichen Immunitäten und Vorrechte, die sie gleich anfangs unter Geiza erhielten, wurden von den nachfolgenden Königen und später von den Fürsten Siebenbürgens noch vermehrt und erweitert. Der Boden, den sie bewohnten, war ihr freies, ausschließliches Eigenthum; ohne ihre Bewilligung durfte sich kein Magyare oder Fremder unter ihnen niederlassen; die Walachen, die schon bei ihrer Ankunft dort lebten oder später hinkamen, wurden ihre Unterthanen; der Gerichtsbarkeit der Landesbehörden entnommen, standen sie unmittelbar unter dem König und dessen Wojwoden; sie wählten unabhängig ihre Obrigkeiten und Pfarrer, lebten nach ihren eigenen Gesetzen und Gewohnheiten, zahlten, außer einer festgesetzten mäßigen Summe, keine Steuern und Zölle, ordneten ihre Angelegenheiten in der eigenen Nationalversammlung (Universitas nationis Saxoniae) und nahmen als gleichberechtigte dritte Nation mit den Magyaren und Széklern an den Landtagen Siebenbürgens theil. Ueberdies erfreuten sie sich in den spätern Jahrhunderten, als die Protestanten Ungarns schwer bedrückt wurden, der in Siebenbürgen herrschenden unbeschränkten Religions- und Gewissensfreiheit. Es gibt wol kaum ein anderes Beispiel in der Geschichte, daß irgendein Volk Einwanderern so außerordentliche Vorrechte eingeräumt und diese jahrhundertelang nicht nur ungeschmälert ge-

---

[1] Daß sie aus Flandern stammten und anfangs auch Flanderer hießen, bezeugt eine Urkunde des päpstlichen Legaten, Cardinal Georgius, vom Jahre 1189, bei Fejér, Cod. dipl., II, 250. — [2] Im Dom zu Kronstadt befindet sich die Inschrift: „1143 Geiza II., avus Andreae regis Saxones evocavit in Transsylvaniam." Auch der Freibrief, in welchem Andreas II. ihre Rechte bestätigt, setzt ihre Einwanderung in die Zeit Geiza's II. Fejér, Cod. dipl., II, 250, und Endlicher, Monumenta, S. 420 fg.

lassen, sondern noch vermehrt hätte. Erst seit Siebenbürgen 1688
unter Leopold I. wieder unter die Herrschaft der ungarischen Könige
aus dem Hause Oesterreich kam, erlitten die Rechte des ganzen Landes
und auch die der Sachsen namhafte Schmälerung. Kein Wunder also,
daß, durch so kostbare Freiheiten begünstigt, ihre Kraft erstarkte und
ihr Fleiß sie zu blühendem Wohlstand erhob, daß sie eine Schutzwehr
gegen wilde Völker und eine Zierde des Reichs wurden. [1]

Ein großer Theil der Zips am Fuße und in der Nähe des hohen
Tátragebirges war noch öder Urwald, aber als schönes, fruchtbåres
Hügelland lud es die Menschen ein, hier Wohnung aufzuschlagen. Auch
dort ließen sich um dieselbe Zeit einige tausend Deutsche nieder, und gründeten die Körperschaft der vierundzwanzig königlichen Städte, die ihre
selbstgewählten Grafen, Richter und Pfarrer hatten, nach ihren mit-
gebrachten Statuten und Gewohnheiten ihre Angelegenheiten verwalteten,
„als einfache, der Rechte unkundige Leute“ unmittelbar unter des Königs Gerichtsbarkeit standen, einen gewissen Jahreszins entrichteten und
eine bestimmte Anzahl Bewaffneter zu dem königlichen Heere stellten. [2]
An Zahl geringer, konnten sie keine so ausgedehnten politischen Rechte
üben wie ihre siebenbürger Stammgenossen, sie erfreuten sich aber
vollständiger Freiheit. Sie bauten nach dem Abzug der Mongolen,
1245, Leutschau, das ihnen als Festung und Hauptstadt dienen sollte,
und legten auch auf den benachbarten Besitzungen adelicher Herren
Ortschaften an, denen gewisse Immunitäten von der grundherrlichen
Gewalt zugesichert wurden. Leider ward diese schöne Körperschaft
zerrissen; Leutschau erhob sich zur königlichen Freistadt; gerade der
König deutscher Abstammung und zugleich Deutschlands Kaiser, Sigmund, verpfändete 13 der Städte an Polen; die übrigen 11 kamen in den
Besitz adelicher Familien, verloren in den Zeiten der Bürgerkriege ihre
Freiheit, wechselten in den schweren Religionsverfolgungen des 17. Jahr-
hunderts ihre Bevölkerung, sanken zu Dörfern, zum Theil zu sehr elenden Dörfern herab und sind jetzt, mit Ausnahme dreier, von Slawen
bewohnt. Doch die einst verpfändeten 13 retteten die hauptsächlichsten
ihrer Rechte und freuen sich nun, seit 1771, wieder mit dem ungarischen
Vaterlande vereinigt zu sein, dem sie mit treuer Liebe ergeben sind.
Andere Einwanderer gründeten die sieben Bergstädte im zipser Comitat.
Die Mundarten, die in diesen Niederlassungen gesprochen werden, zeigen eine große ursprüngliche Verschiedenheit; ganz anders als die siebenbürger lautet die Volkssprache der zipser Sachsen, und anders als
beide die der Deutschen in den zipser Bergstädten, woraus sich mit

[1] Schlötzer, Geschichte der Deutschen in Siebenbürgen (Göttingen).
Eder, De initiis juribusque primaevis Saxonum Transsilvanorum (Wien 1792).
Schuller, Umrisse und kritische Studien zur Geschichte von Siebenbürgen.
Kőváry, Geschichte Siebenbürgens (ungarisch, Pesth 1859). Teutsch, Ge-
schichte der siebenbürger Sachsen (Kronstadt 1852). In dem letztgenannten
Werk äußert sich eine Feindseligkeit gegen die Magyaren, die man sich
nicht erklären könnte, wenn man nicht wüßte, woher sie kommt und wohin
sie zielt. — [2] Gesetzbuch der zipser Sachsen von 1370, neuerdings herausgegeben von Michnay und Lichner, im Anhange zum Gesetzbuche der Stadt
Ofen (Presburg 1845).

Sicherheit schließen läßt, daß sie von verschiedenen deutschen Völkerschaften abstammen. Der Reichsverweser war auch darauf bedacht, durch Bündnisse sich zu stärken, um seinem Mündel den Thron zu sichern. Sobeslaw, der treue Bundesgenosse Béla's, war am 14. Februar 1140 gestorben, und die Stände Böhmens, ungeachtet sie seinem Sohn Wladislaw schon 1138 die Nachfolge zugesichert hatten, wählten bereits drei Tage nach seinem Tode den Sohn Wladislaw's I., Wladislaw II., zum Großherzog. Die Söhne Sobeslaw's flohen zu ihrem Oheim Béla nach Ungarn, machten im Frühling 1142 mit andern Prinzen des przemyslitischen Hauses und unzufriedenen böhmischen Großen einen Versuch, Wladislaw zu entthronen, und wurden besiegt. [1] Von jetzt an war Feindseligkeit zwischen den Beherrschern Ungarns und Böhmens. Das böhmische Bündniß sollte durch ein russisches ersetzt werden, der kaum
1142 elfjährige König verlobte sich 1142 mit Euphrosyne, der Tochter des Großfürsten Mstislaw und Schwester Isaslaw's Mstislawitsch, der zwei Jahre darauf Großfürst von Kiew wurde. [2]

Boris, der noch immer nach der ungarischen Krone strebte, verlor hierdurch alle Hoffnung auf russischen Beistand und ging zuerst nach Konstantinopel, nachdem er aber dort nichts ausrichtete, zu dem deutschen Kaiser Konrad. Hier fand er eine ihm günstigere Stimmung, ungeachtet Konrad's Sohn Heinrich mit Geiza's Schwester Adelheid verlobt war. Denn der Böhmenherzog und seine Gemahlin Gertrud, eine Halbschwester des Kaisers, verwendeten sich eifrig für ihn, ebenso der Markgraf von Oesterreich, damals zugleich Herzog von Baiern, Heinrich Jasomirgott; und Konrad selbst, wiewol Arnold von Brescia, der schwärmerische Apostel religiöser und bürgerlicher Freiheit, Italien mächtig aufregte, und Welf VI. in Deutschland seines Hauses Ansprüche auf das Herzogthum Baiern mit den Waffen geltend machte, konnte doch der für die meisten Beherrscher Deutschlands so verlockenden Aussicht, Einfluß auf Ungarn zu üben, es vielleicht ihrer Hoheit zu unterwerfen, nicht widerstehen und zeigte sich bereit, Boris in seinen Unternehmungen zu unterstützen.

Hieraus entstanden Verwickelungen, versteckte Angriffe und offene Fehden, in denen man die Vorboten des ernsten Kriegs erblicken konnte. Denn als Bélus erfuhr, daß Konrad die Partei des Prätendenten ergriffen habe, verband er sich mit Welf und dessen Genossen und zahlte ihnen beträchtliche Hülfsgelder, wodurch sie in den Stand gesetzt wurden, den Krieg wider den Kaiser und Heinrich von Oesterreich kräftig zu führen. Beide mußten in Baiern, Franken und Schwaben für die eigene Herrschaft und Sicherheit kämpfen und konnten jetzt gegen Ungarn nichts unternehmen. [3] Nur Boris warb mit ihrer Hülfe Söldlinge, bewog den Burggrafen Ratbold, Befehlshaber der österreichischen Grenz-

---

[1] Palacky, Geschichte von Böhmen, I, 416 fg. — [2] Thuróczy, II, 66. Schier, Reginae Hung., S. 114. Nach der Sitte der damaligen Zeit kam sie wahrscheinlich nach ihrer Verlobung nach Ungarn, um hier erzogen zu werden. — [3] Otto Frisingens., Lib. VII, c. 34. Arenpeck, bei Leibnitz, Scriptores rerum Brunsvic., III, 665. Hanthaler, Fasci Campil., Tom. I, Elog. VIII, 293.

festangen, zur Theilnahme und eroberte 1146 mit dessen Hülfe durch 1146
plötzlichen Ueberfall Presburg. Der Verlust der wichtigen Stadt
schmerzte die Ungarn tief; zu ihrer Rückeroberung wurde die Kriegsmannschaft einiger benachbarter Gespanschaften aufgeboten, welche
jedoch die Besatzung, die von einem Theil der Einwohner unterstützt
wurde, nicht überwältigen konnte. Da zog der König selbst herbei; die
Besatzung verzweifelte nun daran, sich vertheidigen zu können, und erbot sich, die Stadt für 3000 Goldstücke (tria millia librarum) nebst
freiem Abzug zu übergeben. Geisa nahm diese Bedingungen um so
lieber an, da der Krieg mit Deutschland bereits unvermeidlich geworden
war und ihm viel daran lag, noch vor dem Beginn desselben in den
Besitz des festen Platzes zu gelangen. [1]

Auf dem Leerfelde (deserta Bojorum), zwischen Wieselburg und
der Leitha, sammelte sich die ungarische Kriegsmacht, die von den
deutschen Chronisten auf 70000 Mann angegeben wird; auf der linken
Seite der Leitha zog Heinrich Jasomirgott den österreichischen, bairischen und sächsischen Heerbann in das Lager an der Fischa zusammen. Am Morgen des Schlachttags, den 11. September 1146, begab 1146
sich der König mit großem Gefolge in die damals aus Holz, jetzt aus
Stein erbaute, auf einem mäßigen Hügel zwischen Zorndorf und Gatten-
dorf stehende Kapelle der heiligen Anna, wo er feierlich unter religiösen
Ceremonien wehrhaft erklärt und mit dem Schwert umgürtet wurde.
Hierauf stellte der kriegserfahrene Bélus das Heer in Schlachtordnung;
den Vortrab bildeten székler und petschenegische Bogenschützen, auf
den Flügeln standen die Milizen der Gespanschaften, im Mitteltreffen
der König und Bélus mit ungefähr 12000 Mann erlesener Truppen.
Gut bezahlte Kundschafter brachten die Nachricht, daß die deutsche
Macht noch nicht ganz versammelt sei; diesen Vortheil durfte man
nicht entschlüpfen lassen. Das Heer setzte über die Leitha; der Rauch
brennender Ortschaften verkündigte dessen Anmarsch; aber die Führer
des deutschen Heers wähnten, die Ungarn hätten ihr eigenes Lager angezündet, um ihren Rückzug zu verbergen, und brachen eilig zur Verfolgung der vermeintlich Fliehenden auf. Die Bogenschützen, auf die
sie zuerst stießen, wurden bald in die Flucht gejagt und rissen auch
einige Abtheilungen der Comitatsmilizen mit sich fort; das Mitteltreffen
aber hielt standhaft ihre stürmenden Angriffe aus und hemmte ihren
Fortschritt. Unterdessen stellt Bélus die Ordnung in den Schlachtreihen wieder her; Graf Uros sammelt die Flüchtigen, führt sie zu
neuem Angriff vor und fängt den österreichischen Feldobersten Ratbold; ein zweiter feindlicher Anführer, Otto, wird des Grafen Gabriel
Gefangener; die deutsche Armee geräth in Unordnung und löst sich
endlich in wilde Flucht auf. „In dieser Schlacht‟, sagt Otto v. Freisingen, „fielen die besten der deutschen Ritter und eine unzählbare
Menge gemeiner Krieger‟; ungarische Nachrichten geben den Verlust
der Feinde auf 7000, den eigenen auf 3000 Mann an. Nachdem die
Ungarn ungehindert das Land auf beiden Seiten der Donau verheert

---

[1] Thuróczy, II, 66. Otto Frisingens., a. a. O.

hatten, wie es damals im Kriege gebräuchlich war, kehrten sie heim. Es ward thatsächlich Friede, ohne Abschluß irgendeines Vertrags, und Ungarn blieb lange Zeit von feindlichen Angriffen Deutschlands verschont. [1]

Aber dafür erlitt Ungarn gleich darauf durch Erneuerung der Kreuzzüge vielfaches Ungemach. Das schwache Königreich Jerusalem war von der größten Gefahr bedroht und mußte untergehen, wenn ihm nicht schleunige Hülfe durch das Abendland gebracht wurde. Der Atabek von Syrien Zenghi eroberte im Herbst 1144 dessen stärkste Vormauer, Edessa; sie wurde zwar nach seiner Ermordung 1145 wiedergenommen, aber sein Sohn Nureddin erstürmte sie 1146 neuerdings, schlug die Christen in mehrern Schlachten, nahm ihre Städte ein und richtete seine Angriffe bereits gegen Jerusalem selbst. [2] Da rief Papst Eugenius III. die Christenheit dringend zu neuen Kreuzzügen auf, und wie ein halbes Jahrhundert zuvor Peter von Amiens setzte jetzt Bernhard, Abt des cistercienser Klosters Clairvaux, der Volksheilige jener Zeit, halb Europa in mächtige Bewegung. In der großen Versammlung des französischen Adels zu Vezélai in Burgund, 1146, weckte seine Rede so große Begeisterung, daß alle Anwesende mit |Ungestüm das Kreuz verlangten und König Ludwig VII. seinen Rock ausziehen mußte, damit man Kreuze daraus schneide. [3]

Auch Deutschland ward von dieser Bewegung ergriffen. Zuerst riefen einige Mönche, vor allen Bruder Rudolf, das Volk zu den Waffen wider die Feinde Christi und forderten es auf, den heiligen Krieg schon im Vaterlande mit Plünderung und Ermordung der Juden zu beginnen, deren Tausende Opfer der fanatischen Wuth wurden. Als aber Bernhard selbst kam und zu Speier am 27. December 1146 vor dem kaiserlichen Hof predigte, ergriff solche Begeisterung die Zuhörer, daß der Kaiser selbst, Fürsten, Bischöfe und Herren sogleich das Kreuz nahmen und der Kreuzzug auf dem Reichstage zu Regensburg am 6. Februar 1147 beschlossen wurde. [4]

Das Heer sammelte sich in Oesterreich; hierher führten die Herzoge Friedrich von Schwaben (nachmals Kaiser Friedrich I., Barbarossa), Heinrich Jasomirgott von Baiern, zugleich Markgraf von Oesterreich, und Wladislaw von Böhmen, die Markgrafen von Kärnten und Steiermark, die Bischöfe von Bremen, Zeitz, Regensburg, Passau und Otto von Freisingen (Sohn des Markgrafen von Oesterreich Leopold IV. und Agnes, der Tochter Kaiser Heinrich's IV., der oft angeführte Geschicht-

1147

---

[1] Thuróczy, II, 65. Otto Frisingens. Chron., VII, 25. De rebus gestis Friderici Imperat., I, 30—32. Chron. Zwetlense, Austriacum und Claustro-Neoburgense, bei Pez, Scriptores, I, und bei Pertz, Scriptores, IX. Die letzten drei setzen die Schlacht irrthümlich in das Jahr 1147, in welchem Kaiser Konrad mit seinem Kreuzheere den Weg durch Ungarn nahm, folglich schon Friede sein mußte. — [2] Guilhelmus Tyrius, XVI, 889 fg., in Gesta Dei per Francos, I. Desguignes, II, 406 fg. Wilken, Geschichte der Kreuzzüge. — [3] Odo de Deogilo, De Ludovici VII. profectione in Orientem, Lib. I, in Chiffleti Comment. de S. Bernardi genere. — [4] Gaufridi vita S. Bernhardi, VI, 4. Opera S. Bernhardi, VI, edit. Mabillon (Paris 1696 u. 1719).

schreiber), dem Kaiser ihre wohlgerüsteten Scharen zu; hierher strömten aber auch Büßende, Diebe und Räuber, und Weiber in Männerkleidung. „Die Menge war so groß", sagt der Augenzeuge Otto von Freisingen, „daß die Flüsse für die Schiffe, die Ebenen für den Durchmarsch zu enge waren." [1] Ende Mai erreichten sie Ungarns Grenze; der friedliche Durchzug ward ihnen gestattet; aber es waren böse verheerende Gäste. Noch mochte der Groll über die im vorigen Jahre erlittene Niederlage im Herzen der Führer kochen und sie zu Gewaltthätigkeiten treiben. Was sie bedurften, nahmen sie ohne Bezahlung; was ihnen gefiel, erpreßten sie mit Gewalt und durch Mishandlung; Konrad selbst trieb Brandschatzungen ein, zwang Kirchen und Klöster zu schweren Steuern und hauste wie im Feindesland. [2] Noch ärgere Greuel verübte das Kreuzheer dann im Orient; und das vermindert um vieles die Schuld des byzantinischen Kaisers Manuel, der zum Verderben dieser gottlos-frommen Scharen heimlich mit dem Sultan von Ikonium Masud Bündniß schloß, ihnen seine Städte nicht öffnete, den Ankauf der Lebensmittel erschwerte, Kalk unter das Mehl mischen und sie durch falsche Wegweiser irreführen ließ. [3]

Den Deutschen folgten die Franzosen, die zu keinen Klagen Anlaß gaben, wie sie überhaupt mehr Zucht und Ordnung hielten [4]; binnen funfzehn Tagen zogen sie friedlich durch das Land und fanden ebendeshalb freundliche Aufnahme. Ludwig VII. hob den Erstgeborenen Geiza's aus der Taufe, und beide Fürsten schlossen Freundschaft. Noch während das französische Kreuzheer innerhalb der Reichsgrenzen weilte, entdeckte ein ungarischer Krieger, Gurk, daß sich Boris unter demselben befinde. Geiza forderte dessen Auslieferung; Ludwig verweigerte sie als unverträglich mit seiner Ehre, und Boris entfloh in derselben Nacht nach Konstantinopel, wodurch die verdrießliche Angelegenheit beigelegt war. [5] Der Durchzug der Hunderttausende steigerte in Ungarn die Noth, welche damals beinahe in ganz Europa herrschte; doch einige Friedensjahre, die darauf folgten, halfen auch diesem Uebel ab und gestatteten dem Volke, Kräfte zu sammeln für die neuen Kämpfe, die ihm bevorstanden.

Durch die russische Verwandtschaft des Königs wurde nämlich Ungarn abermals in Kriege, die ihm fremd und nutzlos waren, verwickelt. Geiza's Schwager, Großfürst Isaslaw von Kiew, stand seit 1149 in schweren Zerwürfnissen mit den Fürsten Georg Dolgorukoi von Susdal (Erbauer Moskaus) und Wladimirko von Swenigrod und Przemisl. Der Letztgenannte wechselte die Partei, wie es sein Vortheil gerade mit sich brachte, war aber unablässig darauf bedacht, die beiden erstern widereinander zu hetzen und Nutzen zu ziehen aus ihren Feindseligkeiten. Isaslaw wurde endlich von Georg aus Kiew ver-

1147

[1] De gestis Friderici Imper., I, 34. — [2] Thuróczy, II, 66. — [3] Nicetas Choniates, De gestis Manuelis Comneni, bei Stritter, Tom. III, Pars II. Guilhelmus Tyr., I, 29. Vgl. Wilken, Geschichte der Kreuzzüge. — [4] Cinnamus, De rebus gestis a Johanne et Manuele Comn., II, bei Stritter, Tom. III, Pars II. Guilhelmus Tyr., XVI, 21. — [5] Thuróczy, II, 66. Otto Frisingens., De rebus gestis Friderici Imper., c. 44.

1151 trieben und erbat 1151 Hülfe von Geiza. Zehntausend Ungarn zogen
nach Rußland, gingen an Przemisl vorüber, vereinigten sich mit Isaslaw's aus Eingeborenen und polnischen und böhmischen Hülfstruppen
bestehenden Kriegsvölkern, führten ihn siegreich nach Kiew zurück und
kehrten heim. Kaum waren sie aber abgezogen, so gerieth der Großfürst abermals in Bedrängniß. Sein Sohn Mstislaw holte neuerdings
6000 Mann aus Ungarn, ließ sich aber bei Sopagin von Wladimirko
überfallen und schlagen. Die Ungarn, die bei dieser Niederlage in
Gefangenschaft geriethen, wurden nach Halitsch geführt, wo Wladimirko einem ihrer Anführer Nase und Ohren abschneiden ließ. Jetzt
stand die Ehre der ungarischen Nation auf dem Spiel; Geiza selbst und
1152 seine Brüder führten im folgenden Jahre, 1152, 70 Fahnen nach Roß-
land, besiegten Wladimirko und zwangen ihn zur Anerkennung des Großfürsten sowie zur Zahlung von 2000 Griwen[1] in Gold und Silber. Es
ward Friede, da der ränkevolle Wladimirko bald darauf starb.[2]
Geiza eilte nach Hause, denn ein gefährlicher Feind hatte die Südgrenze Ungarns bereits überschritten. Seit 1143 saß Manuel Comnenus, der Enkelsohn Ladislaus' I., auf dem Kaiserthron zu Konstantinopel. Herkulisch von Gestalt und voll Unternehmungsgeist, am Hofe
der üppigsten Schwelgerei ergeben, im Kriegslager abgehärtet zu jeder
Mühsal, der echten Staatsweisheit fremd, alles von Ränken der Arglist
erwartend, mehr tapferer Krieger als genialischer Feldherr, war er
zwar der letzte merkwürdige Beherrscher des hinsiechenden Reichs,
aber kein wahrhaft großer Fürst. Was in Asien und Afrika an die
Mohammedaner verloren war, wollte er in Europa gewinnen und dadurch die Macht und den Glanz des Kaiserthums wiederherstellen;
besonders sollte auch Ungarn unter seine Botmäßigkeit gebracht werden.[3] Als Werkzeug zur Ausführung seiner Anschläge gedachte er
Boris zu gebrauchen; er nahm ihn nicht nur freundlich an seinem Hofe
auf, sondern vermählte ihn, dessen erste polnische Gemahlin entweder
gestorben sein oder sich von ihm getrennt haben mußte, sogar mit einer
Verwandten des Kaiserhauses.[4]
Bélus mochte die Absichten Manuel's durchschauen und suchte bei
zeiten dessen Macht zu schwächen. Er bewog daher seinen und der
königlichen Familie Verwandten, Serbiens Fürsten Tschudomil, den
die Griechen Blachin nannten, durch das Versprechen kräftigen Beistandes, sich von der byzantinischen Oberhoheit, die ihm ohnehin
drückend war, loszusagen und unter ungarische Schutz zu begeben. Als
1150 Manuel wider Roger II. von Sicilien 1150 rüstete, kündigte ihm Tschudomil den Gehorsam auf. Aber Manuel eilte schnell herbei, zwang
ihn, sich in die Gebirge zurückzuziehen, eroberte einige Burgen,

[1] Metallstangen von einer gewissen Größe, deren man sich in Rußland
damals statt des Geldes bediente. — [2] Thuróczy, II, 66. Nestor's Fortsetzung, bei Müller, Sammlung russischer Geschichten, I, 464. Karamsin,
Geschichte des russischen Reichs, II, 174. — [3] Cinnamus, bei Stritter, Tom. II,
Pars II, p. 643: Hungariam, in medio occidentalium nationum positam (Manuel), sibi comparare totis viribus satagebat. — [4] Otto Frisingens. Chronic.
Lib. VII, c. 20.

verwüstete Serbien, noch ehe ungarische Hülfe kommen konnte, und kehrte heim. Im folgenden Jahre kam er mit weit größerer Macht wieder, und auch Bélus führte ein Heer, das er größtentheils unter den mohammedanischen Bulgaren der untern Donau, den Petschenegen und Kumanen Ungarns ausgehoben hatte, nach Serbien. Nach mehrern kleinen Gefechten kam es zur entscheidenden Schlacht, in welcher Manuel auf Tschudomil stieß, ihn im Zweikampf überwand, gefangen nahm und Unterthänigkeit zu geloben zwang. Hierauf mußten auch 1151 die Ungarn von fernerm Krieg ablassen. [1]

Als aber Geiza 1152 seine Kriegsscharen nach Rußland führte, 1152 erhob Manuel bittere Klage, daß der König früher den Aufstand der Serben unterstützt habe und jetzt seinen Bundesgenossen, den halitscher Fürsten Wladimirko bekriege [2], und brach sogleich mit einem zahlreichen Heer gegen Ungarn auf. Boris schickte er mit einer Abtheilung bei Branizowa über die Donau, die temeser Gegend zu verwüsten; er selbst ging über die Save, eroberte Semlin, nahm die Besatzung gefangen und bemächtigte sich des sirmier Landes, wo sich eine fränkische Colonie niedergelassen hatte und das deshalb von den Byzantinern auch Frankochorium genannt wird. Indessen war Geiza siegreich aus Rußland zurückgekehrt und führte seine Scharen sogleich zur Vertheidigung der Südgrenzen. Bélus eilte mit einer schwachen Armee an den Temesfluß gegen Boris, und da dieser, sobald er Nachricht von seinem Anzuge erhielt, schnell mit großer Beute über die Donau ging, setzte auch er hinüber und belagerte Branizowa. Geiza marschirte mit der Hauptmacht gerade auf Semlin; Manuel aber wich ihm aus, überschritt rasch die Save, warf sich unvermuthet auf das kleine Corps unter Bélus, besiegte es und trat den Rückmarsch in die Winterquartiere an. Auch der König konnte das Feld nicht länger halten und entließ sein durch zwei Kriegszüge in einem Jahre ermüdetes Heer nach Hause. [3]

Sobald der Frühling 1153 begonnen hatte, befahl Geiza seinen 1153 Kriegsvölkern, nach den untern Gegenden aufzubrechen, entschlossen, ihnen bald selbst zu folgen. Da bewog ihn die Einsprache der Bischöfe und anderer einsichtsvoller Räthe, den Krieg aufzugeben, der die Hülfsquellen des Reichs unnütz erschöpfe und unter den gegenwärtigen Umständen sehr gefährlich werden könne [4]; denn ein neuer Feind im Westen bedrohte Ungarns Unabhängigkeit. Friedrich I., Barbarossa, nach dem Tode seines Oheims Konrad III. 1152 zum Kaiser erkoren, eröffnete gleich beim Antritt seiner Regierung auf dem Hoflager zu Regensburg den Reichsfürsten, daß er entschlossen sei, eine Heerfahrt nach Ungarn zu unternehmen, um dieses schöne Land dem deutschen Reiche einzuverleiben. Nur der ernstliche Widerspruch der Fürsten, die noch die letzte auf dem Leerfelde erlittene Niederlage nicht vergessen hatten und sich in ein so gewagtes Unternehmen nicht

---

[1] Cinnamus und Nicetas Choniat., a. a. O. — [2] Cinnamus, a. a. O. — [3] Cinnamus und Nicetas Choniat., a. a. O. — [4] Gerohus Reichenspergensis, bei Balusius, Miscellanea, V, 118.

einlassen wollten, nöthigte ihn, sein Vorhaben diesmal aufzugeben. [1] Später aber wurde er durch beständige Kämpfe mit den Päpsten, mit den Städten Italiens und mit den Welfen gezwungen, demselben gänzlich zu entsagen. Geiza schloß also auf Bedingungen, die wir nicht kennen, mit Manuel Frieden, der jedoch nur ein Jahr dauerte.

Die Veranlassung zum Bruche des Friedens gaben verrätherische Anschläge, die von Verwandten wider beide Fürsten gesponnen wurden. Noch weilte am griechischen Hofe der Prätendent Boris, den sich Manuel gleichsam als Werkzeug aufbewahrte, das er bei schicklicher Gelegenheit gegen Ungarn gebrauchen wollte; und dort fand 1154 1154 auch Geiza's Bruder Stephan freundliche Aufnahme, als er aus dem Vaterlande floh, weil er sich des Strebens nach der Krone verdächtig gemacht hatte; auch ihn suchte Manuel dadurch an sich zu fesseln, daß er ihm seine Nichte Maria zur Gemahlin gab. [2] Manuel hinwieder hatte seinen Verwandten Andronicus Comnenus, der sich ebenso durch Schönheit und abenteuerliche Tapferkeit auszeichnete, wie durch Ausschweifungen und Ränke berüchtigt machte, zum Fürsten der Gebiete von Branizowa, Nissa und Belgrad ernannt. In dem Undankbaren und unersättlich Herrschsüchtigen aber weckte die Gabe nur den Durst nach Größerem; er richtete seine Wünsche und Bestrebungen auf den Kaiserthron selbst. Während Manuel in Sicilien gegen Roger II. mit wenig Glück kämpfte, spann er eine Verschwörung an, rief Geiza zu Hülfe und versprach, zum Lohne dafür das Gebiet von Branizowa und Nissa abzutreten. Geiza und sein Staatsrath waren unredlich und schwach genug, sich verblenden zu lassen durch die lockende Aussicht, dem gefährlichsten Feinde des Vaterlandes den Untergang zu bereiten und ein wichtiges Gebiet zu erwerben; sie gingen den 1155 verrätherischen Vertrag ein. Der König selbst führte 1155 ein mächtiges Heer, zu dessen Verstärkung er auch böhmische Söldlinge gemiethet und die jüngst eingewanderten Sachsen aufgeboten hatte, gegen

---

[1] Otto Frisingens., De rebus gestis Friderici Imp., Lib. II, c. 6: „Ungaris bellum indicere, ipsosque ad monarchiae apicem reducere volebat. Sed cum assensum super hoc principum quibusdam de causis latentibus habere non posset, ad effectum ea, quae volebat mente, tunc perducere non valens, ad opportuniora tempora distulit." Mit welchem Rechte wollte Friedrich ein freies Volk seiner Selbständigkeit berauben und Deutschland unterthan machen? Es war eben das Unglück der deutschen Nation, daß ihre Bestrebungen fortwährend nach außen und auf Eroberungen gerichtet waren. Indem ihre thatkräftigsten Könige andere Länder unterwerfen und besonders den Italienern ihre Herrschaft aufzwingen wollten, vernachlässigten sie Deutschland, vergeudeten in fruchtlosen Anstrengungen die Kräfte des Volks, und gaben die wichtigsten königlichen und Staatsrechte an eigennützige Große hin, um ihre Heeresfolge zu erkaufen. — [2] Radevicus Canonicus (Continuatio Hist. Ottonis Frisingens., bei Urstisius, Tom. I, bei Muratori, VI, 751) berichtet, Bélus habe den Prinzen zu sehr begünstigt und dadurch zu Anmaßungen verleitet, welche wieder den Argwohn des Königs weckten. Sollte dies auch wirklich die Ursache von Stephan's Flucht gewesen sein, so verlor doch Bélus dadurch nichts an seinem Ansehen. Aber das nachherige Betragen Stephan's macht es höchst wahrscheinlich, daß er wirklich nach dem Throne gestrebt habe, und als seine Anschläge entdeckt wurden, sich durch Flucht rettete. Guntherus Ligarinus, De gestis Friderici Imp., Lib. VI, bei Reuber.

Branizowa. Aber schon war die Verschwörung entdeckt, Andronicus im Gefängniß, Branizowa mit treuen Truppen besetzt; die Ungarn fanden, als sie ankamen, statt freundlicher Aufnahme entschiedenen Widerstand und mußten die Belagerung des Platzes beginnen. Bald erfuhren sie, daß der Feldherr Basilius zum Entsatz heranziehe, in dessen Heere sich auch Stephan mit seinem Anhang befand und Boris kumanische Hülfstruppen führte, die er an der untern Donau geworben hatte. Da die ungarischen Heerführer die Stärke des Feindes nicht kannten, hoben sie die Belagerung auf und wandten sich gegen Westen, um sich über die Save, die ihnen leichtern Uebergang als die Donau gewährte, zurückzuziehen. Basilius, hiervon unterrichtet, schnitt ihnen den Weg ab und überfiel sie plötzlich. Durch den unerwarteten Angriff in Verwirrung gebracht, fingen die Ungarn an zu weichen. Bald jedoch stellten sie ihre Schlachtordnung wieder her und erfochten nun einen glänzenden Sieg. Unter den Todten des Feindes, die das Schlachtfeld bedeckten, befanden sich beinahe alle, die mit Stephan das Vaterland verlassen und die Waffen gegen dasselbe gekehrt hatten; er selbst und Basilius retteten sich durch die Flucht. Auch Boris, Ungarns rechtmäßiger König, wenn der Verdacht ungegründet war, der seine Mutter traf, jedenfalls aber durch die Macht der Umstände und durch eigene Schuld der Urheber unendlich viel Unheils, fand hier das Ende seines stürmischen Lebens; er fiel, durchbohrt von seinen eigenen Kumanen. [1]

Diese Niederlage zu rächen, führte Manuel im folgenden Jahr ein 1156 großes Heer an die Donau. Doch war er auch dem Frieden nicht abgeneigt, wenn er ihn mit Ehren schließen könnte; und da Geiza, gleichfalls des Krieges müde, eine Gesandtschaft mit Friedensanträgen an ihn schickte, kam bald ein Vertrag zu Stande, vermöge dessen sich die Herrscher gegenseitig verpflichteten, alle Eroberungen zurückzugeben, die Gefangenen freizulassen und künftig keinen Prätendenten oder Unzufriedenen zu unterstützen. [2]

Der Widerstand, auf den Manuel stieß, war viel entschiedener und kräftiger als er erwartet hatte. Er entsagte daher den gewaltsamen Maßregeln, die keinen Erfolg versprachen, gab aber den Plan, Ungarn unter seine Botmäßigkeit zu bringen, nicht auf, sondern arbeitete fortwährend mit zäher Ausdauer und emsiger Benutzung der Umstände an der Ausführung desselben. Vorzüglich rechnete er dabei auf Stephan, der bereit war, des Vaterlandes Freiheit schimpflich aufzuopfern und als Vasall des griechischen Kaisers den entehrten Thron Ungarns zu besteigen. Aus derselben Ursache war ihm auch Herzog Ladislaus, der ältere Bruder Stephan's, ein willkommener Gast, als er um diese Zeit, mit Geiza zerfallen, gleichfalls nach Konstantinopel kam. Ladislaus scheint zwar weniger bereitwillig in Manuel's Pläne eingegangen zu sein, denn er wollte sich unter anderm von seiner Gemahlin Judith, einer Tochter Boleslaw's IV. von Polen, nicht trennen und schlug die

---

[1] Nicetas Choniat. bei Stritter, Tom. III, Pars II, p. 929. Cinnamus, ebend., S. 549 fg. Otto Frisingens., De rebus gestis Friderici Imp., Lib. II, c. 32. — [2] Die vorigen, a. a. O.

Hand einer Verwandten des Kaisers aus, auch wurde er bei jeder Gelegenheit hinter den jüngern Bruder zurückgesetzt: aber er war immerhin ein Gegner seines königlichen Bruders und konnte als Kronprätandent aufgestellt und jedenfalls gebraucht werden, Wirren, Unruhe und
Aufstände in Ungarn zu erregen. [1]

1157   Manuel schickte 1157 Gesandte an Kaiser Friedrich, gestattete
Stephan, sie zu begleiten, um des angesehenen und mächtigen Fürsten
Beistand für sich zu erflehen, und gab den Gesandten wahrscheinlich
auch den geheimen Auftrag, seine Bitte nach Möglichkeit zu unterstützen.   Friedrich dachte wol kaum mehr daran, Ungarn mit Waffengewalt zu unterwerfen, ergriff jedoch mit Freuden die Veranlassung, sich in dessen innere Angelegenheiten zu mischen und sein Ansehen geltend zu machen.   Er ordnete daher eine Gesandtschaft an
Geiza ab und legte für Stephan kräftige Fürsprache ein.   Aber der
König lehnte dieselbe ab und schickte den königlichen Hofrichter (Judex
1158 curiae) Heinrich nebst dem raaber Bischof Gervasius 1158 an den Kaiser, um ihn über den wirklichen Verhalt der Dinge aufzuklären.   „Der
König", berichteten sie, „hat seinen Bruder bis auf den königlichen
Titel an Macht und Ehre sich gleich gemacht und nur wegen offenbarer
Empörung aus dem Lande verwiesen; dieser aber beklage sich blos deshalb, weil er seine hochverrätherischen Entwürfe nicht ausführen könne.
Darum möge der Kaiser aufhören, sich für einen Unwürdigen zu verwenden."   Allein nicht sowol die angeführten Gründe, auch nicht die
überbrachten Geschenke, sondern das Bündniß, welches die Gesandten im
Namen ihres Königs ihm anboten, mochte Friedrich bewogen haben,
sich von Stephan gänzlich loszusagen und ihn über Venedig nach Konstantinopel zurückzuschicken. [2]   Denn in seinem Auftrage ging sofort
der prager Bischof Daniel an das ungarische Hoflager und schloß das
1157 vorgeschlagene Bündniß ab.   Diesem zufolge schickte Geiza zum Heere
des Kaisers nach Italien 600 auserlesene Bogenschützen zu Pferd nebst
einer Anzahl anderer Reiter, die in dem Corps des österreichischen
1158 Herzogs [3] bei der Eroberung Mailands, 1158, kämpften.   Als die Mailänder im folgenden Jahr neuerdings aufstanden, bot er eine größere
Menge Hülfstruppen an. [4]   Doch dieser bedurfte Friedrich nicht; ihm
lag viel mehr daran, daß sich Geiza und mit ihm Ungarn für den der
kaiserlichen Partei günstigen Papst erkläre.

---

[1] Nicetas Choniat. bei Stritter, Tom. III, Pars II, p. 653. — [2] Radevicus,
Contin. Ottonis Frisingens., Lib. I, c. 12. Guntheri Ligurini, Lib., VI, c. 11.
— [3] Kaiser Konrad III. hatte dem Welfen Heinrich dem Stolzen das Herzogthum Baiern genommen und dem österreichischen Markgrafen Leopold IV.
1141 verliehen; Friedrich I. gab nun auf dem Reichstage zu Regensburg 1156
an Heinrich's Sohn, Heinrich dem Löwen, das Herzogthum zurück, aber als
Ersatz für die Abtretung desselben erhielt Heinrich Jasomirgott die Mark
Ober der Enns, die von Baiern getrennt wurde, und die beiden Marken Ober
und Unter der Enns wurden zum Herzogthum Oesterreich erhoben und mit
den wichtigsten Vorrechten ausgestattet, die ihm beinahe völlige Souveränetät
zum großen Nachtheil des deutschen Reichs gaben. — [4] Radevicus, Contin.
Ottonis Frisingens., Lib. I, c. 36. Vincentii Chronic. bei Dobner, Monumenta, Tom. I.

Nach dem Tode Hadrian's IV. wählte am 7. September 1159 die Mehrheit der Cardinäle den Cardinal Roland, Alexander III., Friedrich's geschworenen Feind, die Minderheit nach des Kaisers Wunsch seinen Freund den Cardinal Octavian, Victor IV. Die abendländische Christenheit hatte nun zwei Päpste und genoß das erbauliche Schauspiel, wie die beiden heiligen Väter einander sammt den gegenseitigen Anhängern verfluchten. Unter dem Vorwande, diesen Streit zu schlichten, eigentlich aber in der Absicht, Alexander III. absetzen zu lassen, berief Friedrich auf den 13. Januar 1160 eine Kirchenversammlung nach Pavia. Auch die Ab- 1160 geordneten der ungarischen Kirche erschienen dort und erkannten Victor IV. als den rechtmäßigen Papst an; dasselbe that Geiza in einem Sendschreiben an die Synode. [1] Aber die Legaten Alexander's, Cardinal Peter und Julius Bischof von Präneste, kamen nach Ungarn und gewannen die Bischöfe, besonders den einflußreichen, römisch-hierarchisch gesinnten graner Erzbischof Lucas Bánfy für Alexander, worauf nun auch Geiza ganz entschieden dessen Partei ergriff. [2] Ja sein Eifer für diesen Papst ging so weit, daß er dem König von Frankreich Ludwig VII. schrieb: „Ich thue Eurer brüderlichen Freundschaft (vestrae fraternitatis amicitiae) entschlossen kund, wenn der vorgenannte Kaiser Euch oder Eurem Reiche irgendein Uebel zufügen wollte, werde ich sein Reich mit starker Macht verwüstend angreifen." [3] Ueberhaupt zeigte sich Geiza jetzt über die maßen nachgiebig, ja schwach gegen die Geistlichkeit und den päpstlichen Stuhl. Vom Erzbischof Lucas bewogen, entsagte er schon 1159 dem Rechte, Bischöfe zu versetzen und abzusetzen, das seine 1159 Vorgänger immer geübt hatten [4]; er ließ es 1161 geschehen, daß Alexander III. den Erzbischof von Spalatro, Gaudius, entsetzte und an dessen Stelle den Bischof von Narni, Petrus Lombardus, eigenmächtig zum Erzbischof ernannte. [5]

Das Schwanken und die Misgriffe, welche wir um diese Zeit in der Regierung Geiza's wahrnehmen, läßt sich am wahrscheinlichsten daraus erklären, daß ihm sein bisheriger treuer Führer und Rathgeber Bélus nicht mehr zur Seite stand. Manuel hatte denselben statt des entsetzten und nach Konstantinopel abgeführten Uros zum Groß-Zschupan Serbiens ernannt. [6] Er that es vielleicht gerade in der Absicht, diesen tüchtigen

[1] Die Acten der Synode bei Pertz, Leges II (im Gesammtwerke, Lib. IV) und Baronius, Annales ecclesiastici (12 Bde., Rom 1588—1607, vielmal abgedruckt), ad ann. 1160, Nota 24: „Rex Hungarorum per literas et legatos suos consensit." Baronius behauptet freilich, diese Angabe der Acten sei erlogen, keine Abgeordneten Ungarns haben dem Conciliabulum beigewohr.t, der König kein Sendschreiben überschickt. Dieses sucht auch Katona, Hist. critica, III, 710—736, zu erweisen, und selbst Feßler glaubt es, weil Priester, die einen Afterpapst huldigen und so einer Versammlung beiwohnen, zu allem fähig sind. Aber solche Gründe können das Ansehen glaubwürdiger Documente nicht einmal schwächen, um so weniger sie ungültig machen. — [2] Das Sendschreiben Lucas Bánfy's an Eberhard, Erzbischof von Salzburg, bei Endlicher, Cod. dipl., II, 160 fg. — [3] Szalay, Geschichte des ungarischen Reichs, I, 275, Note 4, ohne nähere Angabe der Quelle. — [4] Codex ms. membr. tab. Vaticani, Nr. 2040, bei Pray, Hist. reg. Hung., Tom. I. — [5] Farlati Illyric. sacr., III, 183. — [6] Cinnamus, bei Stritter, Tom. II, Pars I, p. 184.

17 *

Staatsmann dem König zu entziehen und für sich zu gewinnen; aber Bélus blieb auch auf dem Fürstenstuhl des königlichen Hauses und Ungarns treuer Freund.

Um diese Zeit wanderten einige Herren vom hohen Adel Deutschlands nach Ungarn ein und wurden von Geiza mit ausgebreiteten und einträglichen Ländereien begabt; Samberg, der Stammvater derer von Babocsa, und drei Brüder Keled, Stephan, Ladislaus und Georg, Schwestersöhne des meißner Markgrafen und Enkel des Grafen von Herford. Stephan hatte auf einem Hoftage zu Frankfurt einen Landgrafen von Thüringen getödtet, ward deshalb geächtet und kam mit seinem ganzen Geschlecht, von sechzig Rittern begleitet, nach Ungarn. [1]

Ehe Geiza die zahlreichen Verwickelungen, die ihn selbst und sein Reich umschlangen, lösen konnte, starb er im kräftigsten Mannesalter den 31. Mai 1161 und ward zu Stuhlweißenburg begraben. [2]   Das Lob kann man ihm nicht versagen, daß er mit Entschlossenheit und Erfolg die Unabhängigkeit und Ehre des Vaterlandes gegen die beiden mächtigen Fürsten, welche die Kaiserthrone des Osten und Westen einnahmen, vertheidigt hat.   Er hinterließ drei unmündige Söhne, Stephan, Béla und Geiza, und drei Töchter: Elisabeth, die den Herzog von Böhmen Friedrich, schon seit 1159 ihm verlobt, Helene, die den Herzog von Oesterreich Leopold, und Odola, die den böhmischen Prinzen Swatopluk heiratheten. [3]

Stephan III. — Ladislaus II. und Stephan IV. Gegenkönige.
1161—1172.

Sogleich nach dem Tode Geiza's wurde sein funfzehnjähriger Sohn Stephan III. gekrönt. [4]   In dieser schweren Zeit, wo treulose Prinzen den Thron um jeden Preis zu erkaufen bereit waren und, mit ihnen verschworen, ein mächtiger und schlauer Feind drohend und lauernd an der Grenze stand, war ein unmündiger König das größte Unglück, welches das Reich treffen konnte. Häupter der Regentschaft waren der graner Erzbischof Lucas Bánfy und der Palatin Dionysius; nächst ihnen übte auch die Königin-Mutter Euphrosyne Einfluß auf die Regierung. [5]   Aber die letztere war, ohne tiefere Einsicht und Entschlossenheit, zu Intriguen geneigt, der Erzbischof, durch seine hohe Stellung und persönliche Kraft der wichtigste Mann, zu sehr von Planen der Hierarchie erfüllt, zu eigensinnig und herrschsüchtig, als daß er einträchtig mit andern hätte wirken und das volle Vertrauen der Nation besitzen können, und Dionysius, dessen Amt damals noch nicht die Bedeutung hatte, zu der es später ge-

[1] Thuróczy, II, 66. — [2] Chronic. Neoburgense, bei Pez, I, 446. Thuróczy, II, 66. — [3] Muglen erwähnt noch einen Sohn Árpád, und eine vom Papst Innocentius III. erlassene Urkunde eine Tochter, die Gemahlin des schümegher Grafen Andreas. — [4] Thuróczy, II, 67. — [5] In Urkunden und Gesetzen wird ausdrücklich gesagt „nach dem Gutachten der Königin-Mutter, der Prälaten und Magnaten“. Kovachich, Supplementa ad vestigia comitiorum, I, 5, 6.

langte, besaß nicht Kraft und Ansehen genug, um das Volk unter seiner Führung zu vereinigen. Bélus, der Großoheim des Königs, entsagte zwar dem serbischen Fürstenstuhl und kam nach Ungarn, seinem Enkelneffen beizustehen [1]; allein entweder befolgte dieser seine Rathschläge nicht, oder die Nation leistete ihm diesmal nicht Gehorsam, weil er als gewesener Vasall Manuel's verdächtig und nicht gesetzlich zum Regenten bestellt war; auch er konnte also das Verderben nicht abwenden. Ohne hervorragendes Haupt, ohne entschlossenen Führer sah sich mithin das ungarische Volk allen Ränken einheimischer Verräther und fremder Feinde preisgegeben; dazu kam der Angriff so schnell und unerwartet, daß ihn keine Zeit blieb, sich zu sammeln und zu rüsten. Dasselbe Volk, welches unter Geiza seine Ehre und Freiheit so standhaft und im ganzen siegreich vertheidigt hatte, duldete es, daß schon sechs Wochen nach dessen Tode ein Auswärtiger als Gebieter über den Thron verfügte, ein Aufgezwungener denselben einnahm und sein König an des Landes äußerster Grenze Sicherheit suchen mußte. — Noch immer war die Thronfolge durch kein ausdrückliches Gesetz geordnet, wenn auch gewöhnlich der erstgeborene Sohn dem Vater nachfolgte. Dagegen war es mehrmals und vor nicht langer Zeit erst geschehen, daß der Sohn übergangen und ein Bruder des letzten Königs durch Wahl auf den Thron erhoben wurde. Kaum hatte daher Manuel erfahren, daß Geiza gestorben und Stephan III. gekrönt sei: so wollte er diesen Umstand benutzen, um seinen Günstling, den aus dem Vaterland flüchtigen Prinzen Stephan, auf den Thron zu setzen und durch ihn Ungarn zu einem byzantinischen Vasallenreiche zu machen. Seinen Worten Nachdruck zu geben, ging er sogleich mit einer Armee bis Nissa; von da schickte er Botschaft an die Ungarn: es sei bei ihnen von jeher Gebrauch und Gesetz, daß nicht der Sohn, sondern der Bruder dem verstorbenen König nachfolge, deshalb fordere er sie auf, den Prinzen Stephan zum König zu nehmen. Die Ungarn wiesen die Zumuthung zurück, worauf er bis an die Donau vorrückte und Stephan mit einem Theil des Heeres, unter Anführung seines Neffen Alexius Kontostephanus, bei Haramvár über die Donau setzen ließ. Die Flucht der Königin-Mutter mit dem jungen König und ihren andern Kindern nach Presburg entmuthigte viele; um so leichter gelang es Stephan, vorzudringen und sich durch Geschenke, Versprechungen und Drohungen Anhang zu gewinnen. Aber der Widerwille der meisten gegen den Verräther des Vaterlandes war unüberwindlich; mit Recht fürchteten sie, der König von des Kaisers Gnaden, dessen Günstling und Schwager, werde von diesem immer abhängig sein, mit seiner Hülfe die Freiheit unterdrücken und zuletzt sich und das Reich ihm überliefern. Der ältere Bruder Stephan's, Ladislaus, war zwar auch zu Manuel geflohen, wurde aber weniger verdächtigt und gehaßt; es begannen Unterhandlungen, und ein Vergleich kam zu Stande, laut dessen Ladislaus zum König und 1161 Stephan zu seinem Nachfolger erklärt wurde. [2]

Nur kurze Zeit trug Ladislaus die gewaltsam geraubte Krone, er

---

[1] Cinnamus, bei Stritter, Tom. II, Pars I, p. 185. — [2] Chronicon Claustro-Neoburgense ad ann. 1161, bei Pez, I, 446. Nicetas Choniat. und Cinnamus, bei Stritter, Tom. III, Pars II, p. 655.

1162 starb schon ein halbes Jahr darauf, am 14. Januar 1162. Zufolge jenes Vertrags sollte nun Stephan den Thron besteigen, nach dem er schon so lange verrätherisch gestrebt hatte. Allein viele, die, durch Geschenke oder Drohungen gewonnen, sich Ladislaus hatten gefallen lassen, widersetzten sich der Nachfolge Stephan's und kehrten zu ihrem rechtmäßigen König zurück; kein Graf der obern Gegend, nur einige Bischöfe und wenige Große der untern, die am meisten bedroht und wahrscheinlich zum Theil erst von Ladislaus und ihm erhoben worden waren, erklärten sich für ihn; er mußte vier Wochen lang alle Mittel der Bestechung und Ueberredung anwenden, bis er endlich einen hinreichenden Anhang gewann, um sich krönen zu lassen. Da sich der graner Erzbischof Lucas jetzt ebenso entschlossen ihn, wie früher Ladislaus, zu krönen weigerte, vollzog auch diesmal der kalocsaer Michael die Krönung, wodurch sie in den Augen des Volks viel von ihrer Heiligkeit und Gültigkeit verlor. Durch Hochmuth dachte er das Ansehen, das ihm fehlte, zu ersetzen und durch Strenge den Widerstand zu brechen; er umgab sich mit dem Gepränge des byzantinischen Hofes und verfolgte die Treuen Stephan's III., vermehrte aber dadurch nur die Verachtung und den Haß gegen sich. Da fühlte er sich nicht länger sicher und rief Manuel um Hülfe an, der auch sogleich ein Heer unter Alexius Kontostephanus in Ungarn einrücken ließ. Durch die Anwesenheit der fremden Truppen wurde das Volk niedergehalten, sein Unwille verstummte, und weil die Ausbrüche desselben aufhörten, riethen einige Stephan, er möge Zuversicht zu der eigenen Kraft und Vertrauen zu dem Volke beweisen und das griechische Heer entlassen. Er ließ sich überreden und that es; ja seine Verblendung ging so weit, daß er zu derselben Zeit, wo er sich seiner einzigen Stütze beraubte, Semlin und das sirmier Land an Manuel als Entgelt für die geleistete Hülfe abtrat.

Nun war das Maß seiner Sünden voll; einen ohnehin durch den Reichsfeind aufgezwungenen Herrscher, der den Gesetzen Hohn sprach, fremde Kriegsvölker ins Land rief und durch Abtretung wichtiger Provinzen den geschändeten Thron erkaufte, konnten die Ehre und Vaterland liebenden Ungarn nicht länger dulden. Der junge König, der Palatin Dionysius, der Erzbischof Lucas und andere edle Häupter riefen das Volk zu den Waffen; von allen Seiten strömten muthige Kämpfer herbei; der Afterkönig, nachdem seine Herrschaft fünf Monate gedauert hatte, 1162 wurde am 16. Juni in blutiger Schlacht überwunden, und Stephan III. bestieg neuerdings unter freudigem Zuruf den Thron seiner Ahnen.[1]

Der überwundene Stephan floh zu seinem Beschützer Manuel nach Sardika (Triaditza), der ihn nochmals mit einem Heere an die Donau schickte und selbst mit einem zweiten nach Nissa vorrückte. Dort ließ der Kaiser den Fürsten der Serben Neeman gefangen nehmen und nach Konstantinopel abführen und ernannte dessen jüngsten Sohn Neeman zum Zschupan. Dahin kamen auch die Gesandten der Ungarn mit der Bitte, er möge aufhören, ihnen einen König aufzudringen, den sie nimmer annehmen würden. Manuel wies sie stolz von sich und verlegte sein

---

[1] Cinnamus, a. a. O., und Kézai, II, 67.

Lager nach Belgrad. Hier mochte er sich durch eigene Anschauung überzeugt haben, wie groß die Abneigung des ungarischen Volks gegen seinen Schützling und wie wenig Aussicht vorhanden sei, seine Plane auf Ungarn mit offener Gewalt durchzusetzen. Unerschöpflich an Entwürfen, dachte er also auf ein anderes und sanfteres Mittel, zum Ziele zu gelangen. Er ging nach Konstantinopel zurück und sandte an Stephan III. Georg Paleologus ab, der mit der Botschaft des Friedens und freundlichen Wohlwollens den Antrag überbrachte: da Manuel keinen männlichen Erben habe, so wünsche er, daß des Königs Bruder Béla seine Tochter und Erbin Maria eheliche, einst nach ihm den Kaiserthron besteige und jetzt schon an den byzantinischen Hof komme, um dort erzogen zu werden. Der König und die Ungarn ließen sich blenden durch das glänzende Anerbieten und übergaben den jungen Prinzen dem Gesandten. Manuel, der es damals ernstlich meinte, stellte Béla dem Hofe als seinen Eidam und Thronfolger vor, und gab ihm den Namen Alexius sowie den üblichen Titel der kaiserlichen Prinzen, Despotes. So hoffte er, schon vorläufig einige Provinzen Ungarns an sich reißen, später Béla auch den ungarischen Thron verschaffen und dadurch das ganze Land mit dem byzantinischen Reiche vereinigen zu können.[1]

Seine Anschläge enthüllten sich gleich darauf, indem er Dalmatien als Erbtheil forderte, welches Béla laut der Anordnung seines Vaters Geiza gebühre. Die Ungarn lehnten das sonderbare Ansinnen ab; denn die königlichen Prinzen wurden zwar gewöhnlich durch Landestheile oder Provinzen apanagirt, aber diese blieben immer in Verbindung mit dem Reiche und waren keineswegs ein Erbe, das von demselben getrennt werden durfte. Als Manuel die abschlägige Antwort erhielt, gab er dem Prätendenten Stephan Geld und Truppen. damit er in die untere Gegend Ungarns einfalle und seine Ansprüche auf die Krone neuerdings geltend mache, 1162.[2] Da die Ungarn im Vertrauen auf den jüngst 1162 geschlossenen Freundschaftsbund nicht gerüstet waren, auch keine Besatzung in den untern Gegenden stand, gelang es ihm, dort festen Fuß zu fassen und sogar im Innern des Landes hin und wieder Anhänger zu gewinnen[3]; denn zu keiner Zeit und unter keinem Volke fehlt es an Unzufriedenen und an feilen Parteigängern.

In dieser Noth sah sich König Stephan nach auswärtigem Beistand um. Zuerst sandte er dem deutschen Kaiser Friedrich I. Barbarossa ein Geschenk von 5000 Mark Silber und bat ihn um Hülfe; Friedrich nahm das Geschenk an, aber Hülfe leistete er keine.[4] Hierauf wandte er sich an Wladislaw II., König von Böhmen (der Kaiser hatte ihm unlängst den königlichen Titel für seine Person verliehen), dessen Söhne mit seinen

---

[1] Cinnamus, bei Stritter, Tom. III, Pars II, p. 656 fg. — [2] Cinnamus, a. a. O. — [3] Das bezeugt die Urkunde, durch welche er zu Anfang des Jahres 1163 den agramer Bischof im Besitze des Gutes Dobra bestätigt, bei Katona, Hist. crit., IV, 42, und Fejér, Cod. dipl., II, 165, wie auch der Schenkungsbrief, den Stephan III. einem gewissen Farkas verlieh, weil er die Uebergabe Kapuvärs in der wieselburger Gespanschaft an den Prätendenten vereitelte. — [4] Chronic. Austriae, bei Pez, I, 559. Appendix ad Radericum, bei Urstisius.

Schwestern verlobt waren, und erhielt die Zusage kräftigen Beistandes. Die böhmischen Stände verweigerten Wladislaw zwar das Aufgebot der Landesmacht, weil die Böhmen ebenso wenig das Recht hätten, Könige in Ungarn einzusetzen, als die Ungarn, sich in die böhmischen Thronstreitigkeiten zu mischen; aber eine große Anzahl Freiwilliger sammelte sich um die Fahne des Königs zum Zuge nach Ungarn.[1] Unterdessen dauerte der Kampf an der Südgrenze fort. Manuel schickte zuerst den Feldherrn Andronicus, des Kontostephanus Sohn, dem Prätendenten zu Hülfe und kam bald auch selbst mit großer Heeresmacht herbei, worauf sich die Ungarn über die Donau zurückzogen, um die Ankunft der Böhmen abzuwarten, und er ungehindert bis vor Peterwardein rückte. Von hier schrieb er an König Stephan: „Lieber Sohn, wir sind nicht gekommen, um die Ungarn zu bekriegen, sondern um deinen Bruder Béla in sein Eigenthum einzusetzen, welches wir gar nicht gesonnen sind dir zu rauben, sondern welches du selbst und euer gemeinschaftlicher Vater ihm verliehen habet; wir sind auch darum gekommen, damit wir den Verwandten unserer Hoheit, deinen Onkel Stephan, dem Verderben entreißen. Wenn also Béla mit deiner Einwilligung unser Eidam geworden ist, warum gibst du ihm sein Eigenthum nicht zurück, um mit uns in Frieden zu leben? Wenn du aber, die Freundschaft und Verwandtschaft zurückstoßend, nach andern Dingen strebst, so wisse, daß wir diejenigen sind, die keine Gewaltthat dulden.“ Aber schon waren die Böhmen, leider nach ihrer Gewohnheit, Freund und Feind zu plündern, auf dem Durchmarsch das Land furchtbar verwüstend, angekommen; beide Heere vereinigten sich, setzten über die Donau und gingen auf Manuel los, der in der Bácska lagerte und nun zu diplomatischen Künsten griff, um sich den Wechselfällen des Kriegs zu entziehen und seine Absichten mit weniger Gefahr zu erreichen. In seinem Lager befand sich ein Mähre, Bogota, der von einem Kreuzzuge vor mehrern Jahren in Konstantinopel zurückgeblieben war; diesem gab er den Auftrag, Wladislaw von dem Bündnisse mit den Ungarn abzuziehen und für sich zu gewinnen. Aber statt aller Antwort rückten die Könige so nahe an das griechische Lager, daß die Schlacht am künftigen Tage unvermeidlich war. Der Kaiser wollte dieselbe um jeden Preis vermeiden; er selbst ging mit einem Theil seiner Mannschaft über die Donau und ließ den andern unter Stephan und Andronicus als Besatzung zurück, die aber noch in der Nacht floh. Die Böhmen merkten die Bewegung im feindlichen Lager, fürchteten, daß ihnen die reiche Beute entschlüpfe, und stürzten sich, sobald der Morgen anbrach, auf dasselbe; die große Heeresfahne, die prächtigen Zelte, viele Reichthümer und mehrere vornehme Griechen, die sich verspätet hatten, fielen in ihre Hände. Manuel ließ sich indessen hierdurch nicht irre machen, sondern fuhr fort in dem Bestreben durch wiederholte Botschaften Unterhandlungen mit Wladislaw anzuknüpfen, gab vor, er sei blos deshalb nach Ungarn gekommen, um die seinem Schwiegersohne gebührende Erbschaft zu fordern, brachte ein Ehebündniß zwischen seinem Neffen und des Böhmen Nichte in Vorschlag, fügte

---

[1] Palacky, Geschichte von Böhmen, 2. Ausg., I, 449 fg.

reiche Geschenke hinzu und bat ihn, den Frieden zu vermitteln, den er sehnlich wünsche. Diesen Lockungen konnte Wladislaw nicht widerstehen; der Bundesgenosse der Ungarn verwandelte sich in einen parteiischen Vermittler, und ein Friedensschluß kam zu Stande; Béla erhielt das sirmier Gebiet unter dem Titel seines Erbtheils, wogegen Manuel sich verpflichtete, Stephan IV. nicht weiter zu unterstützen. Wladislaw empfing am ungarischen Königshofe zum Dank für seinen Beistand Geschenke, deren Menge und Pracht die böhmischen Chronisten zu schildern kaum Worte finden, und auch seine freiwilligen Krieger kehrten heim, 1163 beladen mit Beute, die sie dem Freund wie dem Feind abgenommen hatten.[1]

Vor seinem Abzuge ermahnte Manuel, wie Cinnamus berichtet, den Prätendenten Stephan öffentlich, Ungarn nicht weiter zu beunruhigen; von ihm habe er keinen Beistand zu erwarten; er sehe, wie sehr ihn die Ungarn haßten; würde er es dennoch wagen, so werde er dafür schwer büßen. Seine wahre Herzensmeinung aber verrieth sich, indem er den Feldherrn Nicephorus Chaluphes mit einem beträchtlichen Heere zu seiner Unterstützung zurückließ. Stephan verstand den geheimen Wink, der ihm hiermit gegeben war, forderte Nicephorus zur Hülfeleistung auf, fiel in die bácser und bodroger Gespanschaften ein, eroberte einen großen Theil derselben, vereinigte sich dort mit seinen alten Anhängern und zwang auch, die ihm abgeneigt waren, zu Kriegsdiensten. Dieser treulose Bruch des kaum geschlossenen Friedens erfüllte den König und die Ungarn mit gerechtem Unwillen; sie griffen zu den Waffen und eilten auf den Kampfplatz, Rache zu nehmen und das Vaterland zu vertheidigen. Die Griechen, vermuthlich um den Schein zu retten, warteten den Angriff nicht ab, sondern zogen sich über die Donau nach Sirmien zurück; Stephan aber leistete trotzigen Widerstand, bis er, geschlagen, mit Noth der Gefangenschaft entging. Nachdem der König die Bácska vom Feinde gesäubert hatte, setzte auch er über die Donau, nöthigte den Feind, sich nach Semlin zu werfen, und umschloß die Stadt. Während der Belagerung erhielt er ein Schreiben Manuel's voll bitterer Vorwürfe und Drohungen; bald erschienen auch Michael Gabras und Joseph Briennius mit einem Heere und einer Flotille auf der Donau, welche letztere einige Vortheile über die ungarische davontrug. Aber der König ließ sich nicht einschüchtern, sondern setzte beharrlich die Belagerung fort. Da starb der Prätendent Stephan plötzlich 1164 am 11. April, 1164 die griechischen Geschichtschreiber sagen an Gift, das ihm sein Diener Thomas beibrachte; seine Anhänger, Ungarn und Griechen, übergaben die Stadt, sich freien ungefährdeten Abzug ausbedingend.[2]

Semlins Verlust, der bald auch den ganz Sirmiens herbeiführte, regte Manuel gewaltig auf; er unternahm großartige Kriegsrüstungen, die den Erfolg sichern sollten, bot die Serben auf, nahm eine Schar Petschenegen in Sold und bewog seinen Bundesgenossen [3], den russischen

[1] Cinnamus, a. a. O. Chron. Vincentii ad ann. 1164, bei Dobner, Monumenta, I, 73. Contin. Cosmae Pragensis ad ann. 1164, bei Pertz, IX. — [2] Cinnamus und Nicetas Choniat., a. a. O., §. 656. Thuróczy, II, 68. Kézai, bei Endlicher, Kap. 4, S. 119. — [3] Rußland stand schon damals durch die Gemeinschaft der Religion in inniger Verbindung mit dem morgen-

Fürsten Jaroslaw, Hülfstruppen zu schicken und seine Tochter, die als
verlobte Braut KönigStephan's sich bereits zur Erziehung in Ungarn be-
1164 fand, zurückzufordern. So gerüstet erschien er noch 1164 mit einem mächtigen Heere Haramvár gegenüber an der Donau. Als sich jenseit die
ungarische Kriegsmacht aufstellte, wandte er sich schnell abwärts, ging
bei Belgrad über den Strom und zog vor Semlin, das er nach langwieriger Belagerung erstürmte und, erbittert durch den hartnäckigen
Widerstand, einer grausamen Plünderung preisgab. Zu gleicher Zeit
griffen auch Johann Dukas und Nicephorus Chaluphes Dalmatien an
und fanden es so entblößt von allen Mitteln und Anstalten der Vertheidigung, daß sie beinahe ohne Widerstand das ganze Küstenland und
den benachbarten Theil Kroatiens eroberten. Manuel ließ noch die
Mauern Semlins ausbessern, Belgrad und Branizowa neu befestigen,
die Besatzung des letztern Orts durch eine Colonie mohammedanischer
Bulgaren verstärken, kehrte sodann heim, und hielt einen prächtigen
Triumphzug in Konstantinopel. [1]

Scham und Schmerz über so große Verluste rüttelte die Ungarn
1165 zu größern Anstrengungen auf. Palatin Dionysius führte 1165 ein
starkes Heer gegen den griechischen Befehlshaber in Sirmien, Michael
Branas, schlug ihn, ließ die gefallenen Feinde aufeinander schichten und
über ihnen als Siegeszeichen einen Hügel aufschütten. [2] Diese Niederlage zu rächen, gebot Manuel dem Johann Dukas, aus der Walachei
einen Raubzug nach Siebenbürgen zu unternehmen. Der unerwartete
Ueberfall glückte; auf dem Schauplatz der Verwüstung ließ Dukas ein
ehernes Kreuz aufrichten, dessen Inschrift den Sieg der Griechen, die
Niederlage der Ungarn und das Lob Manuel's verkündigte, und kehrte
mit großer Beute beladen zurück. [3] An der Save, berichten die Griechen, geschah nichts Wichtiges, weil der Heerführer Andronicus Cas-
sinus das Blutvergießen scheute; wahrscheinlich war er feige oder
wurde geschlagen, denn Manuel ließ ihn scheren und ins Kloster
stecken. [4]

1166   Im folgenden Jahre 1166 nahm der Krieg eine für Ungarn noch
günstigere Wendung. Manuel hetzte durch seine Agenten, die er in
allen westlichen Ländern besoldete [5], die italienischen Städte gegen
Kaiser Friedrich auf und trat mit Papst Alexander III. in Unterhandlungen über die Vereinigung der griechischen mit der lateinischen
Kirche; alles in der Hoffnung, Italien mit dem morgenländischen Reiche
wieder zu vereinigen. [6] Aber er weckte dadurch nur Unzufriedenheit
im eigenen Lande und zog sich die Feindschaft Friedrich's zu. Stephan
dagegen vermählte sich zu Wien in Gegenwart dieses Kaisers mit

---

ländischen Kaiserthum; seine Kirche erkannte den Patriarchen von Konstantinopel als ihr Oberhaupt, und Kiew erhielt von daher seine Metropoliten.
Cinnamus und Nestor.
    [1] Cinnamus u. Nicetas, a. a. O. — [2] Cinnamus. — [3] Ebend. — [4] Cin-
namus u. Nicetas Choniat. — [5] Nicetas Choniat. in Corp. Scr. Hist. Byz.
(Paris 1647), XIV, 130. — [6] Acta Alexandri Papae, bei Baronius ad ann.
1166, XIV. Gibbon, History of the decline and fall of the Roman empire, Manuel.

Agnes, des österreichischen Herzogs Heinrich Jasomirgott Tochter [1], wodurch er einen eifrigen Bundesgenossen gewann. Dalmatien endlich, das von den ungarischen Königen so mild und freisinnig regiert wurde, sehnte sich von der drückenden griechischen Herrschaft befreit zu werden; der Erzbischof von Spalatro, Peter Lombard, kam selbst nach Ungarn, um einen Feldzug zur Vertreibung der Griechen zu bewirken. [2] Ein Heer brach also nach Dalmatien auf, schlug in der Nähe von Spalatro die Byzantiner, nahm ihren Befehlshaber Nicephorus Chaluphes gefangen und bemächtigte sich schnell Dalmatiens und der im vorigen Jahre verlorenen Theile von Kroatien. [3] Diese Gelegenheit benutzte auch die Stadt Zara, wieder unter ungarische Hoheit zurückzukehren; sie fühlte sich von den Venetianern in ihren Rechten schwer gekränkt, vertrieb den Podesta Dominigo Maurocero und nahm ungarische Besatzung auf. Bald darauf erschien zwar der Doge Michael Vitalis mit 30 Galeeren im Hafen und belagerte die Stadt, mußte aber, da sie durch die Besatzung und Bürgerschaft tapfer vertheidigt wurde, wieder abziehen. [4]

Doch diese errungenen Vortheile waren von kurzer Dauer. Manuel sammelte bei Sardika ein mächtiges Heer, in dem sich russische, persische, türkische, deutsche und italienische Söldner befanden, ernannte Andronicus Kontostephanus zum obersten Feldherrn und ließ ihn gegen Ungarn aufbrechen. Als die Griechen über die Save setzten und an den Leichenhügel kamen, den die Ungarn vor zwei Jahren errichtet hatten, stiegen sie von ihren Rossen und schwuren, die gefallenen Brüder zu rächen. Bald stießen sie auf das ungarische Heer, welches, wie Cinnamus berichtet, 15000 Mann stark, aus gepanzerten Reitern, Bogenschützen und Schleuderern bestand und abermals vom Palatin Dionysius geführt wurde. Dieser wußte, daß die Byzantiner das Centrum aus leichten Truppen und schwach zu bilden, die Hauptmacht aber in die Flügel zu stellen pflegten, deshalb that er das Entgegengesetzte, stellte seine Schwerbewaffneten in dichtgedrängten Haufen in die Mitte, um die feindliche Schlachtordnung zu zerreißen. Der gewaltige Angriff war unwiderstehlich; vergeblich versucht Andronicus, die Ungarn zu umzingeln und in den Flanken zu fassen; sein Heer wendet sich zur Flucht, nur einige Abtheilungen halten noch Stand. Da bemerkt er in den ungarischen Reihen Verwirrung, die wahrscheinlich dadurch entstand, daß sie sich lösten, um die Fliehenden zu verfolgen, läßt schnell seine Reserven zum Angriff vorrücken und gewinnt endlich gegen Abend des blutigen Tags, 8. Juli 1167, den Sieg. 1167 800 Gefangene, darunter fünf Grafen (Obergespane), und die große Heeresfahne sind die Zeichen desselben. Doch mochte der Sieg nicht groß uud entscheidend gewesen sein, denn schon in der darauf folgenden Nacht trat Andronicus den Rückzug über die Save an, weil er hörte,

---

[1] Chronic. Austriae. Admont. Claustroneob. bei Pez, I u. II. — [2] Farlatus, Illyria sacra, III, 186. — [3] Cinnamus, bei Stritter, a. a. O., S. 682. Thomas Archidiac. bei Schwandtner, III, 560. — [4] Dandulus, bei Muratori, XII, 292. Farlatus, V, 29. Bonfinius, Rerum Hung., Dec. X, Lib. VI.

daß die Ungarn Verstärkung erhalten hätten. [1] Auch in Dalmatien war das Kriegsglück den letztern nicht günstig. Der venetianische Doge kehrte mit einer stärkern Flotte nach Jadra zurück, 1167, und zwang es zur Unterwerfung. Die andern Städte und das ganze Küstenland fielen wieder in Manuel's Gewalt. [2]

1167

Wegen Erschöpfung der Kriegführenden, oder weil sie bereits sahen, daß sich Ereignisse vorbereiteten, welche den Dingen eine andere Gestalt geben würden, trat nun Waffenruhe ein, ohne daß Stillstand oder Friede geschlossen wurde.

Die zweite Gemahlin Kaiser Manuel's, Maria, des Fürsten von Antiochien Raimund von Poitiers Tochter, gebar unverhofft 1170 am 10. September einen Sohn, der den Namen Alexius erhielt. Manuel hatte nun einen natürlichen Thronerben; sobald er sich von dessen Lebensfähigkeit überzeugt hatte, traf er Vorkehrungen, ihm die Nachfolge zu sichern. Er entband die Staatsdiener von dem Eide, den sie Béla als ihrem künftigen Gebieter bereits geleistet hatten; und damit dieser nicht einst als Gemahl der kaiserlichen Prinzessin ein gefährlicher Nebenbuhler seines Sohnes werde, besann er sich jetzt, daß die Verlobten einander in einem Grade (im vierten und fünften) verwandt seien, der ihre Ehe verhindere, ließ ihr Verlöbniß feierlich auflösen und vermählte Béla mit Agnes, der Schwester seiner Gemahlin (die Griechen nannten sie Anna). [3] Sirmien und Dalmatien aber, die er als das rechtmäßige Erbe dieses Prinzen gefordert und von Ungarn losgerissen hatte, vereinigte er mit dem byzantinischen Reiche. [4]

1170

1172

1173

Im Frühling 1173 zog der Herzog von Sachsen und Baiern, Heinrich der Löwe, in das gelobte Land und bat um Bewilligung, seinen Weg durch Ungarn zu nehmen; des Königs Schwiegervater Heinrich von Oesterreich begleitete ihn. Stephan sandte ihnen Herrn Florentius bis Wieselburg entgegen, sie zu begrüßen und nach Gran an den königlichen Hof zu geleiten. Als die hohen Gäste am 4. Mai in die Stadt einzogen, fanden sie da Bestürzung und Trauer; der siebenundzwanzigjährige König war in der vorhergehenden Nacht plötzlich gestorben. [5] An Gift, berichtet ein Chronist [6]; aber wer darf das Schändliche, Böse glauben auf das Zeugniß eines Gerüchts, welches ein einziger mittheilt? Der Tod kennt kein Vorrecht der Könige und rafft auch sie jung und plötzlich dahin. [7]

---

[1] Cinnamus, a. a. O.; weniger ruhmredig und deshalb auch glaubwürdiger berichtet über diesen Feldzug Nicetas Choniat., a. a. O. — [2] Dandulus, Lib. IX, c. 15, bei Muratori, Tom. XII. Farlati, Illyria sacra, III, 4. Lucius, Lib. II, c. 9. — [3] Nicetas Choniat., a. a. O., S. 110. — [4] Cinnamus u. Nicetas, a. a. O. — [5] Thuróczy, II, 68, und Chronic. Budense, weichen in der Angabe des Tags voneinander ab. Horváth nennt den 4. Mai. — [6] Arnoldus Lubecensis, bei Leibnitz, II, 631. — [7] Zum Schluß fügen wir die Bemerkung hinzu, daß wir gerade über diesen wichtigen Zeitraum, voll Verwirrungen im Innern und voll schwerer Kämpfe mit äußeren Feinden, beinahe gar keine einheimische Nachrichten besitzen, über deren Mangel schon Bonfin. Dec. II, Lib. VI, klagt, und nur soviel wissen, als die griechischen Geschichtschreiber erzählen, die selbstverständlich höchst parteiisch für ihr Volk und ihren Kaiser sind, welcher Vorwurf besonders Cinnamus trifft.

Béla III. 1173 — 1196.

Da Stephan keinen Sohn hinterließ, war Béla, sein in Konstantinopel weilender Bruder, der nächstberechtigte Thronerbe; aber die Abneigung gegen diesen war groß und weit verbreitet. Die Königin-Witwe gab vor, daß sie guter Hoffnung sei, und mit ihr meinten viele, man müsse abwarten, ob sie nicht einen Sohn gebären werde. Die weltlichen Großen argwöhnten: Béla, im Auslande, am Hofe eines unumschränkten Monarchen und überdies des geschworenen Feindes von Ungarn erzogen, sei der Nation entfremdet, der Freiheit nicht gewogen und werde sich zum Nachtheil des Landes durch griechische Einflüsse leiten lassen. Die Geistlichkeit fürchtete, daß er, in der griechischen Kirche aufgewachsen, nie ein treuer Anhänger der lateinischen sein könne. Sein heftigster Gegner war der mächtige grauer Erzbischof Lucas Bánfy. Es bildete sich daher auch eine zweite zahlreiche Partei, welche ihm seinen jüngern Bruder Geiza vorziehen und auf den Thron erheben wollte. An diese schloß sich sogar seine eigene Mutter Euphrosyne an, die den Sohn, den sie selbst erzogen hatte, mehr liebte als den, der ihr durch lange Trennung gleichsam fremd geworden war. Doch alle, die frei von Leidenschaft und Parteisucht die Lage der Dinge richtiger erkannten, erklärten sich für Béla, weil er das nächste Recht auf die Krone hatte, weil sie hofften, die dem Vaterlande entrissenen Gebiete würden mit seiner Thronbesteigung von selbst wieder an dasselbe zurückfallen, weil sie voraussahen, Manuel würde es nicht dulden, daß man ihn zurücksetze, und Krieg anfangen, ihm das Reich zu verschaffen. Sie siegten endlich, und eine Gesandtschaft ging ab, Béla auf den Thron zu berufen.

Die Gesandten begegneten ihm schon zu Sardika auf dem Wege nach Ungarn. Denn sobald man in Konstantinopel Stephan's plötzlichen Tod erfahren hatte, war Manuel mit ihm, begleitet von einem stattlichen Heere, aufgebrochen, um ihn selbst auf den ungarischen Thron zu führen. Da er nun vernahm, daß die überwiegende Mehrheit der Nation freiwillig Béla die Krone anbot, hielt er es nicht mehr für nöthig und auch nicht für rathsam, persönlich und mit gewaffneter Hand für ihn einzuschreiten, und gab ihm blos ein glänzendes Gefolge zur Begleitung. Doch ehe er Béla entließ, mußte dieser eidlich geloben, daß er jedem Anspruch auf das Kaiserreich entsage und dessen Vortheile immer fördern werde. [1] Als Béla nach Ungarn gekommen war, fand er neue Schwierigkeiten und Hindernisse. Wol hatte sich die Schwangerschaft der Königin als leeres Vorgeben erwiesen, oder das Kind war, wie andere meinen, bald nach der Geburt gestorben, und hiermit sah er sein Erbfolgerecht außer Zweifel gestellt. Aber der Eid, welchen er Manuel geleistet, und das Verbleiben Dalmatiens und Sirmiens beim griechischen Reiche entfremdeten ihm neuerdings viele patriotisch Gesinnte und

---

[1] Cinnamus u. Nicetas Choniat. bei Stritter, a. a. O., S. 690.

verstärkten den Anhang des jüngern Bruders. Doch das einnehmende
Wesen des fünfundzwanzigjährigen Mannes, seine Bildung, Einsicht und
Thatkraft, durch die er sich für den Thron geschaffen zeigte, vermehrte
die Anhänglichkeit der Seinen und gewann ihm immer mehr Freunde;
auch die Geistlichkeit wußte er von seiner Treue gegen die römische
Kirche zu überzeugen. Und so stand denn bald der größte Theil des
Volks auf seiner Seite. Nur der graner Erzbischof beharrte bei seiner
feindseligen Gesinnung und ließ sich durch kein Zureden und Bitten
bewegen, ihn zu krönen. Béla wandte sich deshalb an den Papst
Alexander III.; aber selbst dessen Vorstellungen blieben bei dem eigensinnigen Greise fruchtlos, und der Papst ertheilte schließlich, nach des
Königs und der Großen Wunsch, dem Erzbischof von Kalocsa für
dieses eine mal die Befugniß, die Krönung zu vollziehen. [1] So wurde
Béla endlich 1174 am 13. Januar durch diesen gekrönt. [2]

1174   Nun hörte der offene Widerstand auf; Ordnung und Friede kehrten zurück in das zerrüttete Land; das Ansehen des jungen Königs
stieg zusehends nach innen und außen; seine Freundschaft schien den
benachbarten Fürsten wünschenswerth; und jetzt endlich vermählte
sich Leopold, der Sohn Heinrich's von Oesterreich, mit seiner Schwester Helene, mit der er seit funfzehn Jahren verlobt war. [3] Allein die Um-
triebe Geiza's und seines Anhangs dauerten im geheimen fort und konnten früher oder später· gefährlich werden: da ließ Béla den Unruh-
1174 stifter verhaften und in anständige Verwahrung bringen, 1174. Einige
Zeit darauf gelang es Geiza zu entkommen; er floh, begleitet von dem
Grafen Laurentius, zuerst nach Oesterreich und von da nach Böhmen,
um sich zu Kaiser Friedrich zu begeben und ihn um Hülfe anzurufen.
Hier war aber sein Schwager Friedrich bereits vom Herzogsstuhle vertrieben und herrschte Sobeslaw II., der den Flüchtling gefangen nahm
und gefesselt nach Ungarn schickte. Es ergab sich, daß die Königin-
Mutter, Graf Vata und der Erzbischof von Kalocsa Stephan an der
Spitze seiner Partei standen und ihm zur Flucht behülflich gewesen
waren; die erstere wurde auf die Burg Bronz (vielleicht Baranya) ge-
1176 bracht und später nach Griechenland verwiesen, Vata geblendet, der
Erzbischof durch königlichen Spruch seines Amts entsetzt, Geiza aber
ins Gefängniß geworfen, in welchem er jahrelang schmachtete. [4]

Dankbarer, ergebener als gegen die eigene Mutter, benahm sich
Béla gegen Manuel. Als dieser einen großen Feldzug gegen den Sultan
1176 von Ikonium unternahm, schickte ihm Béla 1176 ein Heer unter dem
Vajda von Siebenbürgen, Leustatius, und dem Bán von Kroatien, Opudin,
zu Hülfe. In einem Engpaß des Taurus, der damals Zybrika hieß,
wurde das byzantinische Heer von den Seldschuken beinahe gänzlich

[1] Papst Innocentius' III. Brief an den graner Erzbischof Johannes vom
Jahre 1209. Fejér, Cod. dipl., III, i, 91. — [2] Thuróczy, II, 69. — [3] Vitus
Arenpeckius ad ann. 1174, bei Pez, I, 1204. Hanthaler, Fast. Campil., Tom. I,
Elog. IX, 395. — [4] Pulkava, bei Dobner, Monumenta III, 194, und Chronic.
Siloense, ebend., I, 89. Chronic. Poson. u. Arnoldus Lubecens, bei Leibnitz,
S. Brunsw., II, 677, setzen unrichtig das Jahr 1187 statt 1176. Chronic.
M. S. Saec. XII, bei Koller, Hist. Episc. Quinque eccl., I, 413.

vernichtet; ein Haufe Tapferer nahm den Kaiser, dessen Wunden bluteten, in seine Mitte, schlug sich durch, brachte ihn in das verschanzte Lager des Vortrabs, der den Paß glücklich durchschritten hatte, und rettete ihn von Tod oder Gefangenschaft. [1] Zu diesen Tapfern scheinen auch die Ungarn gehört, und besonders die Brüder Lobi und Thomas, aus Dobóka in Siebenbürgen, viel zur Rettung des Kaisers beigetragen zu haben, weil Béla die letztern aus diesem Grunde nach ihrer Heimkehr mit bedeutenden Besitzungen belohnte. [2] Manuel schloß zwar nach der Niederlage einen unerwartet günstigen Frieden mit dem Sultan und erfüllte auch die ihm nachtheiligen Bedingungen desselben nicht; seine Wunden heilten zu Philadelphia in Lydien; aber die Macht des Reichs war geschwächt, die großen Entwürfe, an deren Ausführung er sein Leben hindurch gearbeitet hatte, gescheitert; die Kraft seines Körpers und Geistes schwand, und düsterer Trübsinn bemächtigte sich seiner. [3] Jetzt hätte Béla Sirmien und Dalmatien leicht wiedererobern können; doch seines Versprechens eingedenk versuchte er es nicht; erst nach dem Tode Manuel's, 1180, 24. September, vereinigte er diese 1180 Gebiete ohne Krieg durch den freiwilligen Uebertritt der Einwohner wieder mit dem ungarischen Reiche. [4]

Als Béla hierauf den Palatin Farkas mit einer wenig zahlreichen Armee nach Dalmatien schickte, die Landesangelegenheiten zu ordnen und die Städte mit Besatzungen zu versehen, standen die Jadraer auf, denen die drückende Herrschaft Venedigs unerträglich war, und schlossen sich wieder an Ungarn an, das die Rechte und Freiheiten der ihm untergebenen Länder immer achtete. [5] Der Verlust des wichtigen Seeplatzes konnte den Venetianern nicht gleichgültig sein; ihre Flotte kam, ihn wiederzuerobern, aber alle Angriffe derselben wurden zurückgeschlagen. [6] Der Krieg, der nun entbrannte, dauerte mit wechselndem Glück acht Jahre; die Ungarn behaupteten das feste Land, die Venetianer die Inseln Dalmatiens. Unter diesen Umständen traf der König eine Einrichtung, die zwar dem strengen Rechte widersprach, aber nothwendig schien zur öffentlichen Sicherheit. Von Koloman war den dalmatinischen Städten schon um 1108 das Recht bewilligt worden, ihre Grafen und Bischöfe selbst zu wählen und nur die Wahl dem König zur Bestätigung vorzulegen. Dieses Recht beschränkte Béla, indem er festsetzte, daß sie nur geborene Ungarn zu Bischöfen wählen dürften, damit diese einflußreichen Aemter von Männern bekleidet würden, auf deren Treue sich der König bei den fortwährenden Umtrieben der Venetianer verlassen könne. Als nun der erzbischöfliche Stuhl zu Spalato erledigt wurde, sträubten sich die Bürger, dieser Anordnung bei der Wiederbesetzung desselben zu gehorchen, und selbst Papst Lucius III. ermahnte den König, von seiner Forderung abzulassen; aber dieser beharrte bei seinem Willen, und die Spalatroer erkoren endlich zu ihrem Erzbischof den 1185

---

[1] Cinnamus u. Nicetas Choniat. bei Stritter, Tom. III, Pars I, 359—369. — [2] Eine Urkunde Béla's IV, bei Pray, Annal. Reg. Hung., I, 167. — [3] Guilhelmus Tyrius, Lib. XXI, c. 12, bei Bongars, Gesta Dei per Francos. — [4] Lucius, Lib. III, c. 12. Farlat. Illyr. sacra, IV, 11. — [5] Dieselben. — [6] Dandulus, bei Muratori, VII, 311.

Ungar Peter Chiteléni, der sich dieser Erhebung höchst würdig zeigte, indem er einen Theil der erzbischöflichen Einkünfte hergab, um das von einer Landessynode neugestiftete corbavier Bisthum zu dotiren.[1] So wußten Ungarns Könige ihre Rechte in kirchlichen Angelegenheiten zu behaupten.

Bald nach Manuel's Tode fanden in Konstantinopel Auftritte statt, denen Béla, als Verwandter des kaiserlichen Hofes, nicht müßig zusehen zu dürfen glaubte. Des zehnjährigen Alexius II. Mutter Maria von Poitiers, seine Vormünderin und Reichsverweserin, überließ die Regierung Günstlingen und besonders dem Protosebastus Alexius Comnenus. Seine Stiefschwester Maria, Béla's ehemalige Braut, jetzt an den italie-
1182 nischen Grafen Rainer von Montferrat vermählt, erregte einen Aufstand. Als nun im Reiche überall Verwirrung herrschte und der Aufruhr in der Hauptstadt tobte, trat Andronicus Comnenus — wie oben (S. 256—257) berichtet wurde, strebte er schon 1154 nach dem Throne, wurde deshalb von Manuel ins Gefängniß geworfen, entfloh aber und erhielt zehn Jahr später Begnadigung — aus der Dunkelheit hervor; er wußte durch heuchlerische Reden die Patricier und das Volk zu täuschen, wurde zum Vormund des unmündigen Kaisers ausgerufen und ließ die Kaiserin und ihre Günstlinge, ebenso Maria und ihren Gemahl verhaften. Von der Kaiserin aufgefordert, unternahm Béla einen Kriegszug in die Gegend von Branizowa und Belgrad, um Andronicus einzuschüchtern, wodurch er aber nur den Untergang derer beschleunigte, denen er helfen wollte; denn Andronicus hatte nun einen Vorwand, die Kaiserin des Landesverraths anzuklagen, ließ sie erdrosseln, Maria sammt ihrem Gemahl vergiften, zuletzt den jungen Alexius auch erdrosseln und sich selbst zum Kaiser
1183 ausrufen, im September 1183. Auf die Kunde dieser schrecklichen Blutthaten schickte Béla wieder ein Heer über die Donau, welches das Land bis nach Nissa verheerte und in bedauernswürdiger Verblendung an den schuldlosen Einwohnern die Sünden des Tyrannen rächte.[2]
1184   Um diese Zeit verlor Béla seine Gemahlin Agnes durch den Tod. Ein Jahr später warb er um Margaretha, des französischen Königs Philipp II. August Tochter und Witwe des gekrönten englischen Prinzen Heinrich (gestorben 1183). Die Unterhandlungen zogen sich in
1186 die Länge, sodaß die Braut erst 1186 nach Ungarn kam.[3] Unterdessen war Béla darauf bedacht, allen Irrungen und Streitigkeiten vorzubeugen, die mit der Zeit aus seiner zweiten Ehe entspringen konnten: seinen ältesten Sohn Emerich ließ er krönen und bestellte ihn zum Regenten von Kroatien und Dalmatien[4], den zweiten ernannte er zum Fürsten von Galizien oder Halitsch, welches Landes er sich eben nicht auf die ehrenvollste Art bemächtigt hatte.
        Galizien war nämlich dem Könige von Polen Boleslaw IV.

---

[1] Thomas Archidiac., Hist. Salonit., c. 23. Farlatus, III, 212, wo des Papstes Brief an den König mitgetheilt wird, und IV, 92. — [2] Nicetas Choniat., a. a. O. Chronic. Austr. bei Pez, Tom. I. Vgl. Gibbon's oft angeführtes Geschichtswerk, und Ritter zu Guthrie, Geschichte des oströmischen Reichs. — [3] Jacobus Bossius, bei Schier, Reginae Hung., S. 154. — [4] Die Urkunde von 1185, in Fejér, Cod. dipl., II, 226. Farlatus, Illyr. sacra, III, 113.

als Erbe seiner Gemahlin zugefallen und von diesem wieder seiner Tochter Judith zur Mitgift gegeben worden, als sie den Sohn Béla's II., Ladislaus, heirathete. Noch ehe Ladislaus nach Konstantinopel floh und später für kurze Zeit den ungarischen Thron bestieg und starb, hatte sie ihm einen Sohn, Mstislaw, geboren. Nach dem Tode ihres ersten Gatten vermählte sie sich mit einem russischen Herrn, aus welcher Ehe zwei Söhne, Wladimir und Roman, entsproßten. Mstislaw, dem als ältestem die Nachfolge gebührte, ward vergiftet; Wladimir setzte sich auf den Fürstenstuhl, ward aber von Roman vertrieben. Der Vertriebene kam nach Ungarn und suchte Hülfe bei Béla. Allein Béla beschuldigte ihn, daß er der Giftmischer sei, ergriff die Gelegenheit, sich Galiziens zu bemächtigen, erhob seinen Sohn Andreas zum Beherrscher desselben und sandte, da dieser noch unmündig war, einen ungarischen Statthalter mit einer Armee dahin. Doch diese Herrschaft dauerte nur kurze Zeit; Wladimir entfloh nach zwei Jahren aus der Gefangenschaft, ging zu dem König von Polen, Kasimir II., und nahm mit dessen Hülfe Galizien wieder in Besitz. Béla ließ zwar ein Heer in Polen einrücken, aber nach kurzen Feindseligkeiten hatten beide Könige eine Zusammenkunft und einigten sich dahin, daß Wladimir auf dem Für- 1189 stenstuhl bleibe, und wahrscheinlich auch, daß er die Oberhoheit Ungarns anerkenne, denn Béla nahm Galizien in den Titel der ungarischen Könige auf.[1] Dies war der Anfang zu jenen Ansprüchen auf dieses Land, welche von Ungarns Beherrschern von Zeit zu Zeit erneuert, mehrmals auch geltend gemacht wurden und zuletzt als Vorwand zu der Theilung Polens dienen mußten.[2]

Schon dauerte der Krieg mit Venedig Dalmatiens wegen ins achte Jahr: da wurde das abendländische Europa in Bewegung gesetzt durch die Schreckensbotschaft, der Sultan von Aegypten und Syrien, Saladin, habe die vereinigten Streitkräfte der christlichen Fürsten Palästinas bei Tiberias am 5. Juli 1187 vernichtet, nacheinander die wichtigsten Städte und Jerusalem selbst am 2. Oct. erobert. Papst Gregor VIII. ermahnte die Beherrscher des Abendlandes, ihre gottlosen Streitigkeiten und Kämpfe aufhören zu lassen und sich zur Wiedereroberung des Heiligen Landes zu vereinigen.[3] Auch Ungarn und Venedig schlossen 1188 also einen Waffenstillstand auf zwei Jahre, damit letzteres seine ganze Kraft nach Syrien wende.[4] Der greise Kaiser Friedrich I. und die Könige Philipp II. August von Frankreich und Heinrich II. von England nahmen das Kreuz; letzterer starb jedoch während den Zurüstungen, und sein Sohn, Richard Löwenherz, führte den englischen Kreuzzug. Zur Bestreitung der unermeßlichen Kosten ward in den Ländern der abendländischen Kirche von allen Gütern der Geistlichen

[1] Boguphal, bei Sommersberg, II, 48. In der oben angegebenen Weise deutet Horváth, Geschichte von Ungarn, I, 297 u. 298, die verworrene Erzählung dieses Chronisten, der hier die einzige Quelle ist, und anders läßt sie sich kaum verstehen. Vgl. Kadlubeck, bei Dlugloss, Hist. Poloniae, Lib. IV, c. 15. — [2] Engel, Geschichte von Halitsch, S. 496 fg. — [3] Die Bulle des Papstes, bei Fejér, Cod. dipl., II, 234. — [4] Dandulus, bei Muratori, XII, 234.

und Laien ein Zehntheil, der Zehnt Saladin's, erhoben. Ein Botschafter des Kaisers, der mainzer Erzbischof und Cardinal Konrad, erschien am Hofe Béla's, die Bewilligung des Durchzugs nachzusuchen, die Herrichtung der Brücken und Wege zu bewirken und den Preis der Lebensmittel festzusetzen. [1] Auch dem Könige lag die Sache der Christenheit am Herzen; zuvorkommend bewilligte und that er alles, sie zu fördern; am Wege, den die Kreuzfahrer nehmen sollten, wurden Magazine errichtet; der Preis vier wohlgenährter Ochsen und des Futters für hundert Pferde wurde auf eine Gira (Mark) Silber festgestellt. [2]

1189   Im Frühling brach der Kaiser mit seinem Heere, das aus 50000 besoldeten Kriegern und noch weit mehr Freiwilligen, der übertreibenden Sage nach aus 600000 Mann, bestand, zu Schiff von Regensburg auf und traf zu Pfingsten, 28. Mai, in Presburg ein. Hier hielt er Musterung, entfernte schlechtes Gesindel und strafte mit Strenge, die gegen die Kriegszucht gesündigt hatten. Vor Gran begegnete ihm der König mit einem Gefolge von 1000 Reitern und geleitete ihn in die Residenz. Hier hielt sich Friedrich vier Tage lang auf, die unter glänzenden Festlichkeiten verflossen, verlobte seinen Sohn Friedrich, Herzog von Schwaben, mit Béla's Tochter Constantia [3]; auch bewog er den König, von dessen Gemahlin unterstützt, den Prinzen Geiza aus funfzehnjähriger Gefangenschaft zu entlassen und ihm zu erlauben, daß er an dem Kreuzzug theilnehme. Von Gran begaben sich die Fürsten nach Ofen und jagten noch vier Tage in den benachbarten Wäldern. Beim Abschied verehrte die Königin dem Kaiser ein prachtvolles Purpurzelt mit köstlicher Einrichtung; 2000 Ungarn unter Bischof Ugrin schlossen sich dem Kreuzheer als Wegweiser an; der König begleitete seinen hohen Gast bis zu der Morawa an Serbiens Grenze, wo er ihm noch Wagen mit Mundvorrath und vier mit werthvollen Geschenken belastete Kamele übergab und zum Gegengeschenk die Schiffe erhielt, welche das Heer nach Presburg gebracht hatten.

Noch hatte der Kaiser die Grenzen Serbiens nicht überschritten, als ein königlicher Befehl die ungarischen Krieger zurückrief, entweder weil Béla den Krieg bereits voraussah, der kurz darauf zwischen den Kreuzfahrern und Griechen ausbrach, und er, der Bundesgenosse und Schwiegervater des Kaisers Isak Alexius, nicht wollen konnte, daß seine Ungarn an demselben theilnahmen, oder weil der Waffenstillstand mit Venedig seinem Ende nahte und alle Anzeichen auf Erneuerung der Feindseligkeiten deuteten. Geiza mit weniger Mannschaft blieb beim Kreuzheere und kehrte nie wieder. [4]

Auf dem byzantinischen Thron hatte nämlich der zweiundsiebzigjährige Andronicus als Tyrann gewüthet. Aufstände brachen an verschie-

---

[1] Der Brief Friedrich's an Béla und des letztern Antwort bei Katona, Hist. critica, IV, 334 fg. — [2] Godofredus Coloniens., bei Freher, I, 349. — [3] Der Bräutigam starb im Morgenlande und Constantia heirathete später den böhmischen König Ottokar. — [4] Friderici I expeditio Asiatica, bei Canisius, Tom. III, Pars II, p. 506. Arnoldus Lubecens., bei Leibnitz, SS. Brunsv., II, 677. Godofred. Coloniens., a. a. O. Sicardus, Chron., bei Muratori, VII. Chron. Austr. ad ann. 1189, bei Pertz, IX.

denen Orten des Reichs aus, endlich erhob sich der Aufruhr in der ungeheuern Hauptstadt. Da sendet Andronicus einen Meuchelmörder
gegen Isak Angelus, den er besonders haßte; diesem gelingt es, den
Mörder zu tödten und in eine Kirche zu flüchten; von da zieht ihn das
Volk hervor und ruft ihn wider seinen Willen zum Kaiser aus. Andronicus wird erst grausam verstümmelt, dann dem Pöbel übergeben, der
ihn zu Tode martert, am 11. Sept. 1185. Isak verlobte sich nach
dem Tode seiner Gemahlin mit der neunjährigen Tochter Béla's, Margaretha.[1] Er war ein Mann ohne Einsicht und Kraft; von dem Mönch
Dositheus bethört, glaubte er, Friedrich werde ihn entthronen, hielt die
kaiserlichen Gesandten in Konstantinopel zurück und entzog den Kreuzfahrern die Lebensmittel; der Patriarch predigte sogar Mord gegen sie;
sie hingegen beschuldigten die Griechen, Mehl und Wein vergiftet zu
haben. Endlich kam es zum wirklichen Krieg; die Kreuzfahrer eroberten Philippopel, Adrianopel und andere Städte, überwinterten in Thrazien und zwangen den byzantinischen Hof, ihnen im März Schiffe zur
Ueberfahrt zu liefern.[2]

Während dieser Vorgänge ging der Waffenstillstand mit Venedig 1190
zu Ende. Schon im Frühling 1190 landete eine venetianische Flotte
an dem Vorgebirge bei Traw, wurde aber von der ungarisch-dalma-
tischen besiegt, worauf die kriegführenden Mächte abermals auf zwei
Jahre Waffenstillstand schlossen.[3] Béla richtete nun seine Sorge
darauf, die Zustände Dalmatiens zu ordnen und dessen treue Zuneigung
zu gewinnen; deshalb betraute er mit der Regierung dieses Landes und
Kroatiens den vortrefflichen Calanus, Bischof von Fünfkirchen.[4] Und
diese Fürsorge war höchst nöthig, denn kaum waren die zwei Jahre
des erneuerten Waffenstillstandes abgelaufen, so versuchte eine venetianische Flotte Zara zu überrumpeln, segelte jedoch ab, als sie die Stärke 1193
der Besatzung und den Muth der Bürger wahrnahm.[5] Um Dalmatien
gegen plötzliche Ueberfälle Venedigs noch mehr zu sichern, verlieh
Béla den modruscher Bezirk an Bartholomäus Grafen von Veglia, aus
dem römischen Geschlecht der Frangepani, der außer der Vertheidigung
Dalmatiens auch verpflichtet war, so oft der Heerbann Dalmatiens aufgeboten wurde, innerhalb der Reichsgrenzen zehn, außerhalb derselben
vier geharnischte Reiter zu stellen.[6]

Die Bulgaren, Walachen und Kumanen sahen die Zerrüttung und
Ohnmacht, in der sich das byzantinische Reich unter der Regierung des
schwachen Isak befand, und standen auf, um sich unabhängig zu machen 1193
und zu plündern. Der Kaiser führte den Krieg gegen sie unglücklich
und erlitt in den Pässen von Berrhöa eine Niederlage; Achialus und

---

[1] Nach Isak's Tode 1204 wurde sie die Gemahlin des Bonifacius von
Montferrat, Fürsten von Thessalonica. — [2] Nicetas Choniat., Vita Isaci An-
geli Imp. (drei Bücher), bei Stritter, a. a. O. Wilken, Geschichte der
Kreuzzüge (Leipzig 1807). Raumer, Geschichte der Hohenstaufen und ihrer
Zeit (in mehrern Auflagen erschienen). — [3] Lucius, II, 12. Dandulus, X,
2, a. a. O. — [4] Libertas populorum ecclesiae Quinqueecclesiens. (Freibrief von
1191), bei Endlicher. — [5] Dandulus, a. a. O., X, 3. — [6] Die Schenkungsurkunde bei Katona, Hist. critica, IV, 419, und Fejér, Cod. dipl., II, 292.

Nissa wurden geplündert, Várna erobert, Sardika zerstört; die Bulgaren
setzten sich wieder einen eigenen König; die Serben traten dem Bündnisse
bei. In dieser gefährlichen Lage traf Isak mit seinem Schwiegervater Béla
zusammen, der ihm ein Hülfscorps für den Feldzug des kommenden
Jahres zu senden versprach. Im Frühling bezog Isak ein Lager in
1195 Macedonien, um dort sein Heer zu sammeln. Als er eines Tags jagte,
empörten sich die Truppen plötzlich während seiner Abwesenheit und
riefen seinen Bruder Alexius zum Kaiser aus. Er wurde geblendet und
in ein Kloster zu Pera eingeschlossen. Die ungarischen Hülfstruppen,
die noch nicht aufgebrochen waren, blieben zu Hause. [1]
    Trotz der unermeßlichen Anstrengungen und Opfer der vereinigten
Kräfte von halb Europa nahm der große Kreuzzug ein trauriges Ende.
Kaiser Friedrich starb 1191 am Schlage, der ihn beim Baden im Flusse
Saleph (Kalykadnus) im heutigen Karamanien traf; seinen Sohn Friedrich raffte die Pest vor Ptolomais (St.-Jean d'Acre) dahin; die Fürsten
geriethen in bittere Streitigkeiten; Philipp August von Frankreich und
Leopold VI. von Oesterreich kehrten heim; der einzige Vortheil, der
errungen wurde, war ein Waffenstillstand, den Richard Löwenherz mit
Sultan Saladin auf drei Jahre am 20. Aug. 1192 schloß. [2] All dieses Ungemach und Fehlschlagen schreckte Béla nicht ab, es war ihm
vielmehr eine dringende Aufforderung, auch hinzuziehen und für die
Rettung einer damals so heilig geachteten Sache Gut und Leben zu
1196 wagen. Aber er starb unter den Zurüstungen am 23. April 1196.
Auf dem Todtbette trug er die Erfüllung des Gelübdes seinem jüngern Sohn Andreas auf und übergab ihm die Schätze und Rüstungen,
die er für das Unternehmen gesammelt und bereitet hatte. [3]
    Béla machte von den Erfahrungen und Kenntnissen, die er in Kon-
stantinopel gesammelt hatte, ohne sich von dem dort herrschenden Geiste
des Despotismus anstecken zu lassen, weisen Gebrauch zum Nutzen seines Reichs. Die einheimischen Chronisten berichten über seine Regierung freilich nichts weiter, als „daß er Diebe und Räuber strenge verfolgt und schriftliche Verhandlung der Streitsachen, wie sie am päpstlichen und kaiserlichen Hof gebräuchlich war, einführte." Aber die
Ruhe und Ordnung, die er in dem durch Parteien und Kriege zerrütteten Lande herstellte, der glückliche Erfolg, mit dem er verlorene
Provinzen wiedergewann und das Reich schützte, die gefüllte Schatzkammer, die er hinterließ, das Ansehen, welches er im Auslande genoß,
zeugen unwidersprechlich von seiner Weisheit und Kraft. Auch die

---

[1] Nicetas Choniat., bei Stritter, Tom. II, Pars II, p. 683—686. — [2] Wilken, Geschichte der Kreuzzüge. Raumer, Geschichte der Hohenstaufen.
Abulfeda, Bd. 4, herausgegeben von Reiske, Annales moslemici (Kopen-
hagen 1789—94). Daß Richard auf seiner Heimkehr, nachdem er Schiffbruch
gelitten und als Pilger verkleidet durch Oesterreich reiste, von Herzog
Leopold gefangen, von diesem an den deutschen Kaiser Heinrich VI. um
60000 Mark Silber verkauft und von dem letztern in schwerer Gefangenschaft gehalten und erst gegen Erlegung von 150000 Mark Silber freigelassen wurde, sei hier erwähnt, weil es denn von so vielen hochgepriesenen
romantischen Geist und frommen Edelmuth des Ritterthums im Mittelalter
kennzeichnet. — [3] Thuróczy, II, 69. Katona, Hist. critica, IV, 449 fg.

Geistlichkeit, deren Gunst kein Herrscher jener Zeit entbehren konnte,
wußte er durch Klugheit und Freigebigkeit zu gewinnen. Schon 1175
vermehrte er die Einkünfte des agramer Bisthums, schenkte 1182 den
Kreuzherren die Herrschaft Sinye und bereicherte später das Kloster
derselben, welches seine Mutter Euphrosyne zu Stuhlweißenburg gestiftet
hatte; auch dem neitraer Bisthum verlieh er bedeutende Besitzungen [1];
die Gründung der herrmannstädter und zipser Propstei wird ihm zuge-
schrieben; er begünstigte den Orden der Cistercienser, übergab ihm
das bakonyer, piliser und gottharder Kloster und stattete ihn mit denselben Rechten aus, die er in Frankreich besaß; endlich bewirkte er
die Heiligsprechung König Ladislaus' I. [2]

2. Innere Zustände.

1141—1196.

Zwei Dinge, die von jeher gemeinschädlich wirkten, wurden durch
unglückliche Verkettung der Umstände in diesem Zeitraum für Ungarn
besonders nachtheilig und die Hauptursachen aller jener innern Unruhen und äußern Angriffe, welche den Staat so heftig erschütterten.
Zuvörderst war der Thron — wie auch in den übrigen Ländern Europas,
wo eine Erbmonarchie bestand — noch immer blos in der Familie erblich, aus deren männlichen Sprößlingen die Nation ihren Herrscher
eigentlich zu wählen berechtigt war, wenngleich in den meisten Fällen
der Erstgeborene dem Vater nachfolgte. Daher kam es, sobald mehrere, besonders ältere Prinzen da waren, daß diese auf den Thron Ansprüche zu machen sich berechtigt glaubten und leicht Anhänger fanden, die gleichfalls nur ihr gutes Recht zu üben meinten oder vorgaben,
indem sie sich für die Prätendenten erklärten. Der zweite Uebelstand
lag darin, daß die Mitglieder der königlichen Familie mit Landestheilen
oder Nebenländern ausgestattet wurden. Hätte man ihnen blos die
Einkünfte derselben zum Unterhalt angewiesen, so wäre dieses ganz
unschädlich gewesen; aber sie erhielten die Gebiete mit allen Hoheitsrechten
und wurden dadurch gefährliche Vasallen, welche die Eifersucht des
Königs weckten und, von diesem bedroht oder unzufrieden mit ihrer
untergeordneten Stellung, nach der höchsten Macht strebten. Unglück-
licherweise saßen gerade zu dieser Zeit auf den benachbarten Kaiser-
thronen Fürsten, die Ungarn unter ihre Botmäßigkeit zu bringen strebten. Friedrich I. wollte es zum deutschen Lehen, etwa wie Böhmen, Manuel zum griechischen Vasallenland, wie Serbien, machen; beide waren
thatkräftig und glaubten sich auch mächtig genug, ihr Vorhaben auszuführen. Manuel insonderheit benutzte die unzufriedenen, empöre-
rischen Mitglieder des königlichen Hauses als Werkzeuge seiner Anschläge, unterstützte deren Ansprüche und fachte die Glut der Zwietracht an, um das zerrissene, geschwächte Land leichter zu besiegen.

---

[1] Katona, Hist. critica, S. 289. Schmitt, Episcopatus Agriens., I, 95.
Fejér Cod. dipl., II, 202. — [2] Acta Sanctorum, mensis Jul. Lectio 5. Katona, Hist. critica, IV, 390 fg.

In Ungarn dagegen saßen nacheinander zwei Unmündige auf dem
Thron, die beide starben, als sie das kräftige Mannesalter. kaum erreicht und selbst zu herrschen begonnen hatten; die Uebel, welche mit
einer vormundschaftlichen Regierung gewöhnlich verknüpft sind, konnten nicht ausbleiben. Kein Wunder also, daß wir in diesem Zeitabschnitt so viele Verwirrung erblicken, daß in den Tagen vielfacher
Bedrängniß von innen und außen jene Misbräuche und Uebel, deren
Anfänge wir schon im vorigen Abschnitt geschildert haben, sich mehr
und mehr entwickelten und zunahmen. Der König, zuerst um den
Thron besteigen, sodann um sich gegen die Prätendenten behaupten zu
können, sah sich genöthigt, die mächtigen Dynasten durch Nachsicht
bei ihren Anmaßungen und durch Gunstbezeigungen aller Art zu gewinnen; die Reichsverweser vollends waren zu ohnmächtig, den vor-
herrschenden Einfluß derselben auf die Staatsangelegenheiten zurück-
zuweisen und ihren Gewaltthaten Einhalt zu thun; in dem Maße also,
in welchem das Ansehen der Großen stieg, mußten die Rechte des Königs, die Freiheit des Volks und die Macht des Staats Abbruch erleiden.
Bei alledem zeigt sich gerade in diesen Zeiten der Unordnung der
Geist des ungarischen Volks im schönsten Lichte. Es gab zwar Ab-
trünnige und Verräther, an denen es nie und nirgends fehlt, aber des
Volkes Liebe zum Vaterlande, seine Treue gegen den rechtmäßigen
König wankte nie [1], und selbst die stolzen Großen beugten vor ihm ihr
Haupt in Ehrfurcht. Otto von Freisingen, der zu Anfang dieses Zeit-
raums, bei dem Kreuzzug von 1147, Gelegenheit hatte, durch eigene
Anschauung mit den Zuständen Ungarns bekannt zu werden, berichtet:
„Die Ungarn schreiten ohne vorhergehende öftere und lange Berathung zu
keinem wichtigern Unternehmen..... Wenn die Großen an den Hof kommen, bringen sie ihre Stühle mit und besprechen bedächtig die Staatsangelegenheiten; dasselbe thun sie auch in ihren Wohnungen..... Dem König gehorchen sie dermaßen, daß sie es für unerlaubt halten, ihn durch
Widerspruch zu reizen, oder ihn auch nur hinter seinem Rücken zu
tadeln..... Wenn der König einen Kriegszug unternimmt, versammeln sie (die Ungarn) sich ohne Widerrede; von den Dorfbewohnern
rüsten neun den zehnten, oder sieben den achten, und wenn es die Noth
erfordert, auch noch wenigere einen Mann mit allen Kriegsbedürfnissen
aus; die zum Wehrstand Gehörigen (die Adelichen und Burgmilizen)
aber wagen es nur aus den wichtigsten Gründen, zu Hause zu bleiben.“ [2]

[1] Die Prätendenten, welche gekrönt wurden, werden zwar als Ladislaus II. und Stephan IV. von der Geschichte in der Reihe der Könige gezählt, wurden aber nie als solche von der Nation anerkannt. Verböczy, Tripartitum, Pars II, Tit. 14, §. 9. — [2] De rebus gestis Friderici I. Imp., I,
31. Der Bischof ist ganz durchdrungen von dem Plane Friedrich's I., das
schöne Land, das ihn so sehr gefiel, mit dem deutschen Reiche zu vereinigen;
die schwere Niederlage, welche sein Volk ein Jahr vor dem Kreuzzuge auf
dem Leerfelde erlitten hatte, schmerzte ihn noch; Bitterkeit und Haß spricht
aus seinen Worten; er tadelt alles und sucht selbst das Gute, das er nicht
ableugnen kann, in das möglichst nachtheilige Licht zu setzen. Dabei betrachtet er alles nach deutscher Anschauungsweise und weiß in seiner Befangenheit das Eigenthümliche, aus dem magyarischen Geiste Hervorgegan-
gene nicht zu würdigen.

Otto von Freisingen sah freilich Ungarn, bevor es die nachfolgenden Wirren erschüttert hatten, zu der Zeit, als es von dem kräftigen Geiza und seinem trefflichen Rathgeber Bélus regiert wurde; aber wenn man bedenkt, daß er nicht loben, sondern tadeln wollte, und daß die billigenden Zugeständnisse ihm durch die Macht unleugbarer Thatsachen abgenöthigt wurden, so wird man zu der Ansicht gelangen, daß er eher zu wenig als zu viel sagt, und daß sich nie ganz verlieren konnte, was tief in der Sinnesart des Volks wurzelte. Das Vaterland und die öffentlichen Angelegenheiten lagen dem Ungar am Herzen, sie waren ihm damals, wie jederzeit, der wichtigste Gegenstand, mit dem er sich vor allen übrigen eifrig beschäftigte. Da ferner alle Staatssachen, Gesetze, Maßregeln und Unternehmungen frei besprochen und öffentlich berathen wurden und nur nach allgemeiner Zustimmung zur Ausführung kamen, mußten sie Angelegenheit eines jeden werden, für die er den lebendigsten Eifer fühlte. Und in der That, wir sehen die Ungarn auch in den Tagen, wo das Ansehen und die Macht der obersten Staatsgewalt immer tiefer sank, willig in fremden Ländern und für fremde Angelegenheiten Kriegsdienste leisten, wenn aber die Ehre, Freiheit und Integrität des Vaterlandes bedroht wurde, sich einmüthig und mit ganzer Kraft erheben und alle Anschläge der List und Gewalt vereiteln. Wir sehen Gehorsam gegen das Gesetz, Ruhe und Ordnung schnell zurückkehren, sobald das Staatsruder mit Kraft und Weisheit geführt wurde. Was Otto noch hinzusetzt: „Der König verführt mit Herren, die sich irgendwie vergangen haben, nach Gutdünken und straft sie willkürlich auch ohne Verhör", widerspricht der Verfassung und den ausdrücklichen Gesetzen, die damals bestanden; er kann nur jene Thaten der Willkür, die unlängst unter Béla II. geschehen waren, und vielleicht einige Gewaltstreiche, die in den Tagen der äußersten Verwirrung und bei völliger Ohnmacht der Gesetze verübt wurden, vor Augen gehabt haben. Völlig sonderbar klingt endlich sein absprechendes Urtheil über die kriegerische Tüchtigkeit der Ungarn: daß sie von der Kriegskunst wenig wüßten und, was sie wissen, von Fremden gelernt hätten. Ihre Kampfart und Kriegskunst war freilich von jener der Deutschen verschieden, die er für die einzig rechte hielt, aber sie bewährte sich in schweren Kriegen und durch glänzende Siege; und gerade viele Einrichtungen des ungarischen Heerwesens wurden von andern Völkern angenommen.

Schon ward die feierliche Krönung als unerläßliche Bedingung rechtmäßiger Herrschaft und als unauslöschlicher Rechtstitel auf dieselbe angesehen. Zugleich war es durch Gewohnheit zum Gesetz geworden, daß nur mit der Krone des Heiligen Stephan und allein durch den graner Erzbischof die Krönung gültig vollzogen werden könne. Denn alle Betheiligte fanden es vortheilhaft, dieser Feierlichkeit die höchste Wichtigkeit und Heiligkeit beizulegen. Die Könige selbst erblickten in derselben eine himmlische Weihe ihrer Herrscherwürde; sie wurden durch sie Gesalbte Gottes, und die Macht, die sie von Gott erhielten, sollten ihnen Menschen nicht nehmen können. Darum kam

es jetzt in Gebrauch, daß sie ihren Erstgeborenen noch bei ihren Lebzeiten krönen ließen, um ihm die unbestrittene Nachfolge zu sichern.
Abgesehen davon, daß jede Krönung die Einkünfte und den Kirchenschatz des graner Erzbischofs ansehnlich vermehrte, gefiel sich das
Priesterthum überhaupt darin, bei derselben als Mittler aufzutreten, durch
dessen Hand der König sein Herrscherrecht von Gott empfing, und
erhob bald den Anspruch, dieses Recht verleihen und vorenthalten
zu können. So verweigerte Lucas Bánfy nicht nur den Anmaßern
Stephan IV. und Ladislaus II., sondern auch dem durch Geburt und
Wahl des Volks rechtmäßigen König Béla III. die Krönung. Die Laien
endlich sahen in der Unerläßlichkeit der Krönung die Bestätigung dessen, daß nicht allein die Abstammung, sondern auch ihre Zustimmung
und Wahl den König mache; sie galt ihnen als eine Bürgschaft für die
Rechte und Freiheiten der Großen und des gesammten Volks. Denn
der krönende Bischof fragte ausdrücklich die versammelte Menge, ob
sie den König wolle, worauf diese ihre Zustimmung durch lauten Zuruf
kundgab; und obgleich nirgends ein Krönungseid erwähnt wird, so
ist es doch kaum denkbar, daß der König bei diesem feierlichen Antritt
seiner Regierung nicht geschworen haben sollte, die Reichsgesetze
zu beobachten und jedermann bei seinem Rechte zu belassen und zu
schützen. [1]
    Die Reichstage wurden noch immer in herkömmlicher Weise ge-
halten; nicht Abgeordnete der staatlichen Körperschaften, wie später,
auch nicht gewählte Volksvertreter, die erst die wichtige Errungenschaft
der Neuzeit sind, sondern alle Adeliche und Freie waren berechtigt, zu
erscheinen, und von ihnen kam, wer konnte und wollte. [2] Aber bei
der Uebermacht, welche die Großen an sich gerissen hatten, werden
diese Nationalversammlungen seltener; mit Ausnahme außerordent-
licher Fälle, berief der König gewöhnlich die Bischöfe, Reichsbarone,
Obergespane und großen Grundbesitzer zu Berathungen und entschied
mit ihnen die öffentlichen Angelegenheiten, ohne nach der Meinung und
Zustimmung des Volks zu fragen. [3] Besonders Béla III., der in Konstantinopel die absolute Herrschaft des Hofs und den stummen Gehorsam des Volks — ein für Herrscher so verführerisches Beispiel — gesehen
hatte, scheint eine gewisse Abneigung gegen die Reichstage, auf denen
es oft stürmisch herging, gehegt und die Berathung mit den Großen
allein vorgezogen zu haben. Noch ertrug das Volk ziemlich geduldig
diese Verkürzung seines Rechts; erst als dieses immer kühner verletzt
und seine Lage unerträglich wurde, erhob es sich zum Widerstand.

---

[1] Schon der Anonymus, der, wo nicht früher, doch in den Tagen Béla's III.
lebte und schrieb, erzählt die Erhebung Árpád's zum Herzog in einer Weise,
die dafür zeugt, daß die Herrscher Ungarns von jeher beim Antritt ihrer Regierung einen ähnlichen Eid leisteten. Vgl. oben S. 50 u. 86 — [2] Vgl. oben
S. 133. — [3] Urkunden aus diesem Zeitabschnitt handeln über Dinge, die
eigentlich vor den Reichstag gehörten, erwähnen aber nicht, wie jene aus
früherer Zeit, das gesammte Volk, sondern nur die geistlichen und weltlichen
Großen. Kovachich, Vestigia comitiorum und Supplementa ad Vestigia
comitiorum.

Das Privat- und Criminalrecht, die Gerichtsbehörden und der
Rechtsgang blieben, soweit sich aus den vorhandenen Urkunden schließen
läßt, unverändert, wie sie unter Koloman bestanden. Das Gerichtsverfahren war mündlich und öffentlich; Klage und Vertheidigung wurden meist persönlich von den Betheiligten geführt; befugte Rechtsbeistände und Sachwalter gab es keine; Zeugen, Eidleistung (jedoch
ohne Eideshelfer), Feuer- und Wasserprobe, Zweikampf, aber auch
schon schriftliche Urkunden galten als Beweismittel; doch kamen einige
Satzungen des römischen Rechts nach und nach in Gebrauch. Die Eingewanderten, welche Städte und geschlossene Niederlassungen gegründet hatten, standen, wie bereits gesagt wurde, nicht unter den ungarischen Gerichten und Gesetzen, sondern besaßen ihre eigenen Richter
und Gewohnheitsrechte, die sie aus der alten Heimat mitgebracht hatten. Die geistlichen Gerichte verfuhren von jeher nach dem kanonischen Rechte. Der König selbst war der höchste Richter, sein Hof
das höchste Gericht unter seinem Vorsitz. Er zog noch immer, begleitet von Kanzlern und Notaren, und mit einem Gefolge von Reichsbaronen, Grafen und Bischöfen, im Lande umher, ordnete die öffentlichen Angelegenheiten, traf zweckdienliche scheinende Einrichtungen
und entschied Rechtsstreitigkeiten, die vor ihn gebracht wurden, an
Ort und Stelle. [1] Wo er einkehrte, war die Stadt, der Graf oder Bischof verpflichtet, ihm und dem ganzen Gefolge Unterhalt zu geben.
Zwar vergütete er die oft bedeutenden Kosten häufig durch Schenkungen und Privilegien, wie so viele Urkunden lehren, sie blieben aber
dennoch eine drückende Last, der man sich durch Freibriefe soviel
wie möglich zu entziehen suchte. [2] Erst Béla III. führte schriftliche
Verhandlung der Angelegenheiten bei Hofe ein; Verordnungen, Urtheilssprüche, Gnadenverleihungen, mit einem Wort alle Regierungsacte sollten aufgezeichnet werden, „damit Sachen, die in Gegenwart
des Königs entschieden wurden, nicht zum Nachtheil der königlichen
Majestät unausgeführt blieben". [3] Er bestellte ferner in den Gespanschaften neben den schon vorhandenen Burggrafen (Obergespane) und
Bezirksgrafen (comes parochialis, der bereits auch Vice-comes genannt
wird) noch gewisse Richter und Vorsteher unter dem Namen Bilotus

---

[1] In einem solchen Gerichte, dessen Beisitzer die Bischöfe von Fünfkirchen, Veßprim und Raab, der Palatin Thomas, der königliche Hofrichter
Mók und die Obergespane Dionysius von Bács und Esau von Bihar waren,
bestätigte Béla III., als er in die Gegend ihres Wohnorts kam, den Prädialisten Marcus und Peter ihre adelichen Rechte, die von dem graner Erzbischof
Jób angefochten wurden, nach der Aussage von zwölf Zeugen. Bel, Notitia
Hung., II, 285. — [2] Sacramentum pro civibus Tragurinis vom Jahre 1108, §. 7,
bei Endlicher, S. 377, und Sacramentum pro civibus Spalatinensibus vom Jahre
1111, §. 7, a. a. O., S. 379. Sacramentum pro civibus Sibiniens. vom Jahre 1167,
§. 7, a. a. O. Libertas populorum ecclesiae Quinqueecclesiens., vom Jahre
1191, §. 17. — [3] Petitionibus loqui traxit originem, ut Romana habet curia
et imperii. Thuróczy, II, 69. Kézai, II, 4. Béla selbst sagt in einer Urkunde: Ego Bela.... considerans, et in futurum meae regiae majestati praecavens, ne aliqua causa in mei praesentia ventilata in irritum redigatur, necessarium duxi, ut negotium quodlibet in audientia Celsitudinis meae discussum,
scripti testimonio confirmetur. Fejér, Cod. dipl., II, 198.

oder Bilochus regius [1], deren Wirkungskreis sich nicht mehr genau angeben läßt; wahrscheinlich waren sie es, aus denen sich mit der Zeit die Stuhlrichter entwickelten.

Die Verschleuderung des Staatsvermögens durch Güterschenkungen und Ertheilung von Privilegien dauerte fort. Die Fürsten der damaligen Zeit suchten darin Glanz und Ruhm, alles ohne Unterschied zu vergeben, bis sie selbst nichts mehr hatten; natürlich konnten die Könige Ungarns hinter den übrigen nicht zurückbleiben. Die Prälaten und Aebte der königlichen Klöster erhielten das Recht, auf ihren Herrschaften, wem sie wollten, adeliche Freiheiten und Landgüter zu verleihen; die so Geadelten hießen Prädialisten, waren ihre Unterlehnsleute und wurden bald den übrigen Edelleuten gleichgeachtet. [2] Béla III. verlieh dem Bisthum zu Fünfkirchen einen Freibrief, der als Beispiel der Vergeudung von Geld und Rechten dienen kann, und dessen auffallendste Punkte im Auszug hier stehen mögen. „So oft im Reiche eine Steuer (collecta vel talia) gesammelt wird, soll diese im fünfkirchner'Sprengel für den Bischof erhoben werden. . . . . Die Einwohner der Stiftsländereien dürfen im ganzen Lande zollfrei handeln. . . . . Alle gegenwärtige und künftige Besitzungen des Bisthums sind befreit von der Hörigkeit (auditorio) des Königs, von der Gewalt und Gerichtsbarkeit des Palatins, Obergespans und anderer Richter und ausschließlich dem bischöflichen Gerichte unterworfen; auch darf gegen die Bewohner derselben nur ein Einheimischer zeugen. . . . . Der Bischof erhält den Zehnten von allen in seinem Sprengel erhobenen Zöllen. . . . . Alle Bewohner des Sprengels, weß Ranges immer sie sein mögen, entrichten an ihn den Zehnten aller möglichen Erzeugnisse, von dem weder das Zwanzigstel für den König, noch das Hundertstel für den Obergespan, wie es an andern Orten geschieht, erhoben werden soll. . . . . Ohne Einwilligung des Bischofs darf in Fünfkirchen und im Gebiete des Sprengels keine Veröffentlichung geschehen, kein Reichstag, keine Comitats- und Gerichtssitzung gehalten werden. . . . . Mit Ausnahme des Königs und der Königin darf kein Reichsbaron, auch wenn er vom König gesendet ist, auf den Gütern des Bischofs einkehren. . . . . Was dawider geschieht, ist ungültig, und wer dawider handelt, verfällt in schwere Geldbuße." [3] Wie viel wird in diesem Freibriefe an Staatseinkünften und Hoheitsrechten aufgegeben! Und doch stoßen wir überall auf ähnliche Schenkungen und Privilegien, die Kirchen und Klöstern, einzelnen Großen, Städten und ganzen Bezirken ertheilt werden. Freilich ward den so reichlich Begabten immer zur Pflicht gemacht, auf ihre Kosten Bewaffnete zu stellen, aber die Zahl derselben blieb entweder unbestimmt oder wurde äußerst gering angesetzt, wie z. B. bei der Vergabung der Graf-

---

[1] Von dem griechischen bajulos (Vorsteher, Richter); französisch: bailli; englisch: bailiff. — [2] Der grauer Erzbischof übte dieses Recht gewissermaßen bis auf die neueste Zeit; seine Edelleute waren in die Gerichtsstühle, Verebély, in der Gespanschaft Bars und Vajka auf der Insel Schütt vertheilt; beide hatten ihre eigenen Palatine, Hofrichter und Behörden, die vom Erzbischof eingesetzt wurden. — [3] Belae regis libertas populorum ecclesiae Quinqueecclesiens. 1191. Endlicher, Monumenta, S. 192.

schaft Modrusch an Bartholomäus Frangepani; was waren von einem
Gebiete innerhalb des Landes zehn, außerhalb desselben vier geharnischte Männer? Bei solchem Gebaren mußten die königlichen Rechte
immer beschränkter, die Schatzkammer leerer, die Wehrkraft schwächer, die Last der Nichtprivilegirten unerträglicher werden. Die Könige sahen sich genöthigt, da die ordentlichen Einkünfte nicht mehr
ausreichten, zu allerhand Mitteln zu greifen, um sich Geld zu verschaffen; erhöhte Steuern, Strafgelder, Zölle, Verschlechterung der
Münze sollten helfen und machten doch das Uebel meist noch größer.
Bei der zunehmenden Verringerung des Nationalheers mußte man Bundesgenossen suchen, deren Treue oft im entscheidenden Augenblick
wankte und deren Truppen das Land verwüsteten.

Ueber mancherlei Einrichtungen und Zustände Ungarns, besonders
über die Staats- und königlichen Einkünfte gibt uns ein Document aus
der Zeit Béla's III. wichtige Aufschlüsse. Es ist dies ein Verzeichniß,
welches er an den französischen Hof schickte, als er um die Hand Mar-
garethens anhielt, welches noch im Original vorhanden ist und also
lautet: „Das Reich König Béla's besteht aus folgenden Gebieten:
Ungarn, des Reiches Haupt, Kroatien, Dalmatien und Rama. In Ungarn sind zwei erzbischöfliche Sitze, der graner und kalocsaer. Der
graner bezieht aus der königlichen Münze 6000 Mark Silber und außerdem den Zehnten von dem Gelde; die Stadt ist die Hauptstadt des
Landes. Das kalocsaer Erzstift hat das bácser Bisthum mit sich vereinigt, und seine Einkünfte betragen 2500 Mark. Suffragane des graner Erzbischofs: der erlauer mit 3000, der fünfkirchner mit 1500, der
raaber mit 1000, der veßprimer mit 1700, der neitraer mit 1100 Mark
Einkünften. Suffragane des kalocsaer Erzbischofs: der csanáder oder
maroser mit 2000, der biharer, dessen Sitz Wardein ist, mit 1000, der
siebenbürger mit 2000, der agramer an der Save mit 1500 Mark Einkünften. In Dalmatien sind zwei Erzbischöfe, der zaraer mit 500, der
spalatroer mit 400 Mark; beide zusammen haben zehn Suffragane. Dem
Könige Ungarns trägt das Geldwesen (die Münze) jährlich 60000 Mark,
das Salz 16000, die Zölle, Wege und Märkte, die ihm ausschließlich
gehören, 30000. Die siebenbürger Gäste (hospites, worunter die eingewanderten Sachsen zu verstehen sind) zahlen 15000 Mark. Von
72 Obergespanen bezieht er als königliches Drittel (der Einkünfte von
Burgländereien und von den Steuern der Freien) jährlich 25000 Mark.
Der Herzog von Slawonien zahlt ihm jährlich 10000 Mark. Jeder der
72 Obergespane bewirthet den König einmal im Jahre und gibt ihm,
bevor er vom Tisch aufsteht, ein Ehrengeschenk von 100 und· mancher
von 200 Mark, sodaß sich das hieraus fließende Einkommen des
Königs beiläufig auf 10000 Mark setzen läßt. Außerdem sind noch zu
erwähnen die bedeutenden Geschenke, welche der Königin und den
Kindern des Königs an Silber, Seide und Pferden zukommen, und
überdies die Grenzzölle. Das Volk (terrae populus) versieht den
König vollständig mit Lebensmitteln." [1]

[1] Regni Hungariae fines et dominatus amplitudo; in der kaiserlichen Bi-
bliothek zu Paris, Cod. 6230, S. 20, bei Fehér, Cod. dipl. II, 217.

Aus diesem Schriftstücke ist zuvörderst ersichtlich, daß Siebenbürgen bereits dazumal, mithin von jeher, mit Ungarn vereinigt war nicht ein Nebenland war, wie Kroatien, Dalmatien und Rama (Theile des heutigen Serbien, Bosnien und der Herzegowina), die zwar zur ungarischen Krone gehörten, aber ihre eigenen Landtage, Gesetze und Regierung hatten, da Siebenbürgen gar nicht erwähnt ist.

Ferner fand auch schon der jährliche Umtausch der Münzen, das lucrum camerae statt. [1] Es mußte nämlich das alte Geld jedes Jahr gegen neues eingewechselt und ein Gewisses als Prägekosten darauf gezahlt werden, wobei es nicht selten geschah, daß die neue Münze weniger Feingehalt als die alte hatte; denn dieses Mittel, sich für den Augenblick Geld zu verschaffen, war durch seine Leichtigkeit ebenso verlockend, wie es in unserer Zeit Staatsanlehen und Papiergeld sind. So wurden die Münzen zum Verderben der Bürger und der Staatskasse immer schlechter und werthloser. Aber selbst abgesehen von solchem Misbrauche war diese Steuer, welche den größten Betrag zu dem Staatseinkommen lieferte, höchst drückend, sie gab von einer Seite zu Unterschleifen und von der andern zu vexatorischen Maßregeln Veranlassung. Obermünzwardein des Reichs (pisetarius regni), unter dessen Aufsicht die Ausprägung des Geldes stand, mußte bereits zu dieser Zeit der jedesmalige graner Erzbischof sein, denn nur unter diesem Titel konnte er ein so großes Einkommen von der königlichen Münze beziehen. Geprägt wurden meistens silberne Dick- und Hohlpfennige, die vier bis neun Gran Silber halten sollten; außer diesen lief viel fremdes Geld um, besonders ausländische Goldstücke. Größere Summen wurden nach Giren, eine Gira gleich einer Mark Silber, kleinere nach Pensen, 4 eine Mark, und Groschen, 48 eine Mark, gerechnet; 4 Silberpfennige galten einen Groschen (pondus, ungarisch nehefék). [2]

Auf dem graner Markte wurden um diese Zeit 1000 Hasenbälge mit 5, ein Centner (mázsa) Kupfer mit 2, Blei mit 1, Wachs mit 5 Groschen versteuert. Schmiede, Schuster und andere Handwerker hatten für ein Fenster wöchentlich einen halben, der Käufer eines Ochsen von der Weide einen, der Metzger für jeden Fleischtag einen halben und die Sklavenhändler für jeden Kopf 40 gewöhnliche Silberpfennige zu zahlen. Bei dem Zollamte zu Ujfalu in der abaujvárer Gespanschaft mußte für einen Wagen und für jeden Pack ein prager Groschen oder 5 Pfennige entrichtet werden. Hieraus läßt sich ungefähr auf das Steuer- und Zollwesen dieses Zeitraums im Ganzen schließen. [3]

Die Zahl der eigentlichen Sklaven, die der Willkür ihres Herrn völlig preisgegeben waren und gekauft und verkauft wurden, hatte sich beträchtlich vermindert. Dagegen vermehrte sich täglich die Menge der Hörigen theils durch Freigelassene, theils durch unterdrückte Freie.

---

[1] Ein solcher Umtausch des Geldes war in den meisten Ländern schon weit früher unter dem Namen Monetagium, Cambium üblich. — [2] Schönwisner, Notitia Hungaricae rei numariae, S. 163 fg. — [3] Schönwisner, a. a. O.

Die Dienstbarkeit, in der sie sich befanden, mochte mancherlei Ab-
stufungen von vertragsmäßiger Gebundenheit bis hinab zu einer Art
Leibeigenschaft haben; doch durften selbst die am tiefsten Stehenden
nicht verkauft oder verschenkt werden, sondern gingen nur mit dem
Gute, auf welchem sie saßen, in den Besitz eines andern über; der
Mehrheit nach waren sie frei, sobald sie den Boden des Herrn verließen.
Nach Angabe einiger Urkunden mußten bedingt Freigelassene allerhand Frondienste leisten, in der Erntezeit wöchentlich drei bis vier
Tage auf den Feldern ihres Herrn arbeiten, am Martinstage, 11. November, ihm einen Zuber (Csöbör, cubulus) Honig, ein Schaf, sechs
Zuber Weizen (annona), sechs Zuber Malz (brasium), sechs Fuder Heu
liefern, von diesem Tage bis zum Sonnabend vor Ostern mit der Axt auf
dem Herrnhof Dienste thun und außerdem Fuhren leisten, wohin sie
der Herr schickte. Um diese bedeutenden Abgaben entrichten zu können, mußten sie ziemlich ausgedehnte Grundstücke zur Nutznießung
innehaben; aber demungeachtet war ihre Dienstbarkeit drückend, besonders da sie noch überdies den Zehnten von allen Erträgnissen des
Bodens und der Viehzucht an die Kirche gaben, [1]
  Besitzungen mit solchen Hörigen wurden, wie Netey, vielleicht in
Slawonien, für 700, Hon, vermuthlich in der sz/lader Gespanschaft,
für 90 Pensen, sechzehn Ochsen und zwei Pferde verkauft. [2] Zolonta
mit Marktgerechtigkeit, Land und Hörigen, ein Viertel der Herrschaft
Mikus mit Palast, Aeckern, Wiesen, fünf Weinbergen, Mühlen,
Knechten und Mägden kosteten das erstere 82, das andere 400 Mark
Silber. [3]
  Noch erzählt Otto von Freisingen [4], daß die Ungarn den Sommer
und Herbst über größtentheils unter Zelten wohnen; daß die Häuser in
Dörfern und Städten armselig, meistens aus Rohr, selten aus Holz und
nur wenige aus Stein gebaut sind. Auch hierin mögen wir zum Theil
eine Uebertreibung jener Feindseligkeit erkennen, mit, der er alles
tadelt und sogar sagt: „Man muß sich über die göttliche Vorsehung verwundern, daß sie solchen Menschen, nein nicht Menschen, sondern Ungeheuern von Menschen, ein so schönes Land wie Pannonien eingeräumt
hat.“ Doch mochte noch immer ein gewisser Hang zur nomadischen
Lebensweise in dem obanin bevölkerten Lande, und da die Viehzucht mit
Vorliebe betrieben wurde, sich äußern; der Aufenthalt in der Nähe der
Ackerfelder und Weidestrecken war überdies bequemer als in dem von
ihnen entfernten Hause, und das Zelt gewährte den Abgebürteten in der
milden Jahreszeit hinlänglichen Schutz, darum kehrten sie erst mit dem
Eintritte der rauhen Witterung wieder in ihre Ortschaften zurück. In
Gegenden aber, wo es damals ebenso wenig Holz und Steine gab als
heutzutage, konnte und kann auch jetzt der Aermere sein Haus nur aus
Lehm und Rohr bauen. Uebrigens wurden gerade um diese Zeit in
allen Gegenden Ungarns Dörfer und Städte angelegt, besonders von

[1] Kollár, Amoenit., II, 139 fg. — [2] Die Urkunden bei Katona, Hist.
Reg., III, 493 u. 503. — [3] Urkunde Andreas' III. für die Propstei Lelesz,
bei Katona, Hist. Reg., V, 180. — [4] De reb. gestis Friderici I., a. a. O.

Einwanderern, die natürlich nicht sogleich aus festen Materialien schöne Häuser errichten konnten. Die Begüterten und Großen hatten ihre ausgedehnten Wohnungen und Burgen; von manchen derselben haben sich Ruinen, von andern die Namen erhalten.

Ungeachtet der vielen Kriege und innern Händel sowie der mancherlei Hindernisse, welche aus verschiedenen mangelhaften Staatseinrichtungen entsprangen, machte dennoch die Cultur in diesem Zeitraum Fortschritte. Viele bisher wüste Ländereien wurden urbar gemacht; in den neuangelegten Städten, die so wichtige Privilegien erhielten, entwickelte sich der Gewerbfleiß; die Gründung derselben, die Errichtung von Klöstern, Kirchen und Burgen beförderte die Baukunst; der Aufwand und die Prachtliebe der Großen gaben den Werkstätten Beschäftigung. Besonders kam der Bergbau erst jetzt recht in Aufnahme, und die eingewanderten Deutschen waren es vornehmlich, die ihn emsig betrieben; darum erhielten auch viele von den Ortschaften, die sie um diese Zeit anlegten, im Ungarischen den Namen Bánya (Erzgrube), wie Selmecz-Bánya, Schemnitz, Körmöcz-Bánya, Kremnitz. Aber auch die geistige Bildung nahm zu; an den Bischofssitzen und in den größern der ältern Klöster befanden sich seit längerer Zeit Schulen, wie wir bereits erwähnt haben, und an den neugestifteten wurden gewöhnlich auch Unterrichtsanstalten errichtet. Die nach höherer Bildung Verlangen trugen, besuchten die Hochschulen des Auslandes, besonders die damals berühmtesten, die zu Bologna und Paris. Paullus Hungarus war eine Zeit lang öffentlicher Lehrer der Rechte an der erstern; die Kleriker Jakob, Michael und Adrian und der vornehme Jüngling Bethleem studirten an der letztern[1]; und sie waren gewiß nicht die einzigen, welche die Liebe zur Wissenschaft hinführte, wenn auch die Namen der übrigen uns unbekannt sind.

Zum zweiten mal erhoben sich in diesem Zeitraum die Nationen Europas, Palästina den Ungläubigen zu entreißen; aber auch diesmal fand diese Idee bei dem ungarischen Volke wenig Anklang. Ungeachtet es dem Schauplatz dieser heiligen Kriege näher lag und so viele Kreuzheere durch das Land zogen, sammelte sich doch kein solches in Ungarn selbst; kein König, kein Bischof oder Großer fühlte Neigung, was er in der Heimat besaß, zu verlassen, um im fernen Morgenlande irdische und himmlische Güter zu erwerben. Erst Béla III. traf Vorkehrungen zu einem Kreuzzuge, und auch ihn unterstützte dabei keineswegs die Begeisterung der Nation. Daß die vielen Kriege und innern Unruhen, in welche Ungarn damals verwickelt war, einem solchen Unternehmen große Hindernisse entgegen setzten, läßt sich nicht leugnen; auch mochten die Ausschweifungen und Gewaltthaten, welche die Kreuzfahrer sich erlaubten, die

---

[1] Epistolae Stephani Tornacensis, bei Katona, Hist. Reg., IV, 241. Der obenerwähnte Jüngling Bethleem war in Paris gestorben; seine Aeltern fragten bei Stephan, dem berühmten Lehrer der Hochschule, nach, ob ihr Sohn nicht etwa Schulden hinterlassen habe, die sie bezahlen wollten, und Stephan berichtet, daß derselbe durchaus keine Schulden gemacht habe, was auch die ungarischen Kleriker Jakob, Michael und Adrian bezeugen könnten.

Sache selbst den Ungarn verächtlich und verhaßt gemacht haben. Aber gewiß lag die Hauptursache, warum sie sich für den heiligen Krieg nicht begeisterten, in ihrer Sinnesart, die so wenig zu religiöser Schwärmerei und Glaubenshaß hinneigt. Sie, die im Vaterlande mit ihren mohammedanischen Mitbürgern in Frieden lebten, konnten sich nicht veranlaßt fühlen, in die Ferne wider deren Glaubensgenossen zu ziehen und einen Vertilgungskrieg zu führen; die Vertheidigung des Vaterlandes, die Bewahrung ihrer Freiheit lag ihnen näher am Herzen. Indessen darf man nicht glauben, daß es ihnen an Religiosität fehlte; sie waren fromm im Geiste der Zeit, beobachteten die gottesdienstlichen Gebräuche eifrig, hielten die vorgeschriebenen Satzungen strenge und übten gegen Kirchen und Klöster verschwenderische Freigebigkeit, zu der sie in der Entstehung neuer Mönchsorden immer neuen Reiz und beständige Aufforderung fanden. Neben den Benedictinerabteien vermehrte sich unablässig die Zahl reicher Cistercienser- und Prämonstratenserklöster, und jetzt kamen noch die Häuser der Kreuz-, Johanniter- und Tempelritter hinzu, die ebenfalls mit ausgedehnten Ländereien und Privilegien ausgestattet wurden. Und alle die Klöster für Männer und Frauen erhielten ihre zahlreiche Bevölkerung größtentheils aus den vornehmen Ständen. Freilich mochten viele nicht durch das Verlangen, der Welt zu entsagen, hingetrieben, sondern im Gegentheil von dem Glanz des Reichthums, von der Aussicht auf Wohlleben und von der Hoffnung auf hohe kirchliche Würden gelockt worden sein, welche ihnen das Kloster reichlich darbot. Was in dem allgemeinen Zustande der Dinge seinen Grund hat, was in der jeweiligen Denkungsart liegt und durch die öffentliche Meinung geheiligt ist, dagegen vermag niemand zu kämpfen; auch der Einsichtsvolle, Mächtige und Entschlossene ist dem Zeitgeiste gegenüber ohnmächtig. Das Papalsystem war bereits vollständig ausgebildet; zunehmend hatten die Könige den Einfluß auf die kirchlichen Angelegenheiten und die Metropoliten die Gerichtsbarkeit über die Bischöfe ihres Sprengels verloren; der Papst wurde bereits mit frommem Glauben als das von Gott bestellte Haupt der Christenheit verehrt, von dem jede Gewalt ausgehe. Schwache Könige hatten nicht Ruhe, bis sie Gelegenheit fanden, Beweise seiner heiligen Machtfülle zu fordern und zu empfangen; die Bischöfe und Aebte zogen es vor, unter seiner, nicht unter des Königs oder des Metropoliten Obmacht zu stehen; die politischen Parteien der christlichen Reiche buhlten wetteifernd um seinen Beistand; die Völker bedurften einer Macht, die sie gegen die Gewaltthaten ihrer Dränger schütze. Dagegen behauptete das Papstthum durch sein wohlberechnetes Verfahren große Ueberlegenheit über die weltlichen Gebieter; diese faßten immer nur die Gegenwart und das Bedürfniß derselben ins Auge, die Päpste aber, auf die Zukunft den Blick richtend, wählten meistens das, was ihnen bleibenden Vortheil verhieß; und was sie einmal geübt hatten, das wußten sie zum göttlichen, allgemein und für alle Zeiten gültigen Rechte zu erweitern. Dieser bereits so fest begründeten Macht mußte sich auch Ungarn unterordnen. Aber nicht gewaltsam und unter heftigen Kämpfen, wie in

den meisten Ländern, brauchten in Ungarn die Päpste die Anerkennung
ihrer Herrschaft zu erringen; die anderwärts erkämpften Siege, der allgemein verbreitete Glaube an die Heiligkeit ihres Rechts wirkten hier
für sie, und die öffentlichen Zustände boten ihnen Gelegenheiten dar,
die sie nur ergreifen durften, um ihre Ansprüche geltend zu machen.
    Es gehörte mit zu den Einrichtungen, welche die Herrschaft der
Päpste förderten, daß in jedem Lande wenigstens zwei Erzbischöfe
seien, damit durch Theilung der Gewalt und gegenseitige Eifersucht
die Macht der Metropoliten geschwächt und die Landeskirchen desto
leichter in Abhängigkeit von dem römischen Stuhl gebracht würden.
So geschah es auch in Ungarn; schon Ladislaus I. vereinigte um 1090,
vermuthlich durch päpstliche Einflüsterungen bewogen, die Bisthümer
Kalocsa und Bács, erhob sie zum Erzstifte und unterordnete diesem
einen Theil der ungarischen Bisthümer und Abteien. Bisher hatte Eintracht zwischen den beiden Erzbischöfen gewaltet und der kalocsaer
sein Amt so friedlich und still geführt, daß die Geschichte von ihm
nichts zu berichten wußte; jetzt aber erwachten schon Eifersucht und
Streit zwischen ihnen und gaben dem Papste Veranlassung, sich in die
innern Angelegenheiten der ungarischen Kirche zu mischen und als
höchster Richter aufzutreten.   Lukas Bánfy weigerte sich, Stephan IV.
und Ladislaus II. zu krönen, und verhängte über den letztern den Kirchenbann; der kalocsaer Erzbischof Cosmas vollzog die Krönung und
wandte sich mit andern Parteigängern des Thronanmaßers wegen Lösung
des Banns an Papst Alexander III., der, unbekümmert um Recht oder
Unrecht, den Bann gegen eine jährliche Schatzung von 100 Mark Silber, die der König fortan zahlen sollte, aufhob. [1] Hiermit war die Befugniß des graner Erzbischofs, den Bann zu verhängen, von der Einwilligung des Papstes abhängig gemacht, thatsächlich das Recht, den König anzuerkennen, vom letztern ausgeübt und der erste Versuch geschehen,
auch Ungarn eine jährliche Steuer an die päpstliche Schatzkammer auf-
zulegen.   Derselbe Lukas wollte auch Béla nicht krönen; der König
und die Großen des Reichs, statt den Halsstarrigen ihre Macht fühlen
zu lassen, glaubten den Papst bitten zu müssen, daß er den zweiten
Erzbischof zu der feierlichen Handlung ermächtige.   Er that es und
entschied hiermit, wer den König rechtmäßig krönen dürfe, woraus sich
leicht das Recht, auf die Krönung und Besetzung des Throns Einfluß
zu nehmen, folgern ließ, welches die Päpste schon wenige Jahre später
wirklich beanspruchten.
    Des kräftigsten Mittels, die mächtige hohe Geistlichkeit im Gehor-
1159 sam zu erhalten, beraubte sich Geiza II., als er 1159 auf Anrathen des
hierarchisch gesinnten Bánfy dem Rechte entsagte, das seine Vorgänger
bisher geübt hatten, Bischöfe und Aebte von einer Pfründe auf die andere zu versetzen. [2]   Einen noch weit größern Fehler beging er, indem
er geschehen ließ, daß sein Liebling, der ihm so ergebene Erzbischof

---

[1] Johannes Bodinus, De republica, Lib. 1. Er beruft sich auf vaticanische
Acten. — [2] Codex ms. membr. tab. Vaticani Zahl 2040, bei Pray, Hist. Reg.
Hung., I.

von Spalatro, Gaudius, wegen eines geringen Vergehens gegen die Kir- 1159
chensatzungen nicht vor ihm, sondern vor dem Papst angeklagt und
von diesem abgesetzt wurde [1], da doch nach altem Brauch der König
im Verein mit den Bischöfen die höchste Gerichtsbarkeit über die geistlichen Würdenträger übte. Muthiger betrug sich die Bürgerschaft von
Spalatro. Des Gaudius Nachfolger Absalon erlaubte sich mancherlei
Uebergriffe und gerieth dadurch in Streitigkeiten mit der Stadt, worauf
eine Verordnung erlassen wurde, welche den Bürgern unter eidlicher
Verpflichtung verbot, unbewegliches Gut und Ländereien an Kirchen zu
schenken, zu vermachen oder zu verkaufen. Der Papst sprach deshalb den Bann über Spalatro aus [2]; es ist aber ungewiß, ob der römische
Bannstrahl die Verordnung unwirksam gemacht habe.

Ein Verstoß gegen alle Staatsklugheit war es schon, daß Stephan III., wahrscheinlich auch auf Betreiben Lucas Bánfy's 1169 den 1169
Cardinal-Legaten Albert Mora annahm, „damit durch dessen Bemühen
die römische Kirche (das Papstthum) freudiges Wachsthum gewinne";
daß man aber auf dieses Legaten Vermittelung die Freiheit der ungarischen Kirche durch ein königliches Edict festsetzen ließ, war gefährliche Hingabe dieser Freiheit selbst nebst der Freiheit des Reichs an eine
auswärtige Macht. In diesem Edict bestätigte der König „aus eigenem
Antriebe, den heilsamen und dringenden Ermahnungen des Cardinals
Mora gemäß, in Verehrung der römischen Kirche und des Papstes, seinen Vater Geiza ehrwürdigen Andenkens nachahmend, dessen Verordnung, kraft welcher er, wie bekannt, das Recht, Bischöfe abzusetzen
oder zu versetzen, auch für seine Nachkommen verbindlich dem Herrn
Papst Alexander III. und dessen Nachfolgern übertragen hat". Ferner
versprach er für sich und seine Nachkommen, von der Gewohnheit seiner Vorfahren abzustehen und bei Erledigung der Bisthümer zur Verwaltung der Einkünfte nie wieder Laien, sondern ehrbare Geistliche zu
bestellen, damit diese, nach Abzug ihres nothwendigen Unterhalts, das
übrige zur Erhaltung der Kirchen und bischöflichen Wohngebäude und
zum Besten der Armen, der Witwen und Waisen verwenden; auch sei
es ihm und seinen Nachfolgern verboten, sich von diesen Einkünften je
etwas anzueignen, ausgenommen in Fällen der äußersten Noth mit Einwilligung der Bischöfe. Mit gleich verbindender Kraft entsagte er dem
Rechte, Pröpste und Aebte der königlichen Stifter ihres Amtes zu entsetzen, es sei denn, sie wären eines groben Verbrechens in kanonischer
Rechtsform überwiesen. [3] Dieses Edict wurde jedoch von kräftigen
Königen nicht beobachtet; schon Béla III. entsetzte 1174 den
kalocsaer Erzbischof Stephan, weil er ein Anhänger seines Bruders
Geiza war [4], und 1182 den Abt Desiderius [5], ohne Widerspruch von
seiten Roms.

Die graner Erzbischöfe mochten fühlen, ihre Reichthümer und

[1] Thomas Archidiac. Hist. Salonit., c. 19. Farlatus Illyric. s., III, 179 fg.
— [2] Thomas Archidiac., a a. O. Farlatus Illyric., IV, 330. — [3] Die Urkunde
bei Kollár, Hist. juris patronatus regum Hung., S. 120. — [4] Chronicon Poson., bei Endlicher, S. 57; vgl. oben S. 1. — [5] Chronicon ms., bei Koller, Hist. episcop. Quinqueeccles., I, 413.

Vorrechte seien zu groß, als daß sie nicht den Neid aufregen und zu Angriffen reizen sollten. Denn nur daraus läßt es sich erklären, warum sie, die Mächtigen, die es ungestraft wagen durften, einem durch Geburt und Wahl rechtmäßigen Könige die Krönung zu verweigern, so ängstlich und so häufig päpstliche Schutzbriefe für ihre Kirche nachsuchten und dadurch ihre Abhängigkeit von Rom immer mehr begründeten. Mit solchen Schutzbriefen versahen sich der Erzbischof Nikolaus von Lucius III., und sein Nachfolger Jób 1188 von Clemens III. Die Bulle des letztern bestätigt der graner Kirche den unverletzbaren Besitz aller rechtmäßig erlangten und in Zukunft zu erlangenden Güter, Befreiungen und Vorzüge, doch unbeschadet dem Ansehen des apostolischen Stuhls. Wer dieselben verletzt und nach dreimaliger Mahnung nicht Genugthuung leistet, verfällt dem Bann und ist auch seiner zeitlichen Ehre, Macht und Würde verlustig (also auch über diese will der Papst verfügen). Drei Jahre später erhielt derselbe Jób auf sein Ansuchen von Cölestin III. ein Breve, worin ihm das ausschließliche Recht, die ungarischen Könige zu krönen, bestätigt und zugleich die Vollmacht ertheilt wird, ohne Einflußnahme eines andern Bischofs über die Reichsbarone in geistlichen Angelegenheiten Recht zu sprechen und sie nöthigenfalls mit dem Bann zu belegen. [1]

Alexander III. entzog 1175 die Martinsabtei auf dem Pannonberge der bischöflichen Gerichtsbarkeit und stellte sie unmittelbar unter den päpstlichen Stuhl. Dasselbe that Lucius III. mit der Cistercienserabtei St.-Gotthard in der eisenburger Gespanschaft. Beide untersagten den Metropoliten und Bischöfen strenge alle Einmischung in die Angelegenheiten dieser Klöster; den Aebten aber gaben sie die Befugniß, in allem, was wider die Freiheiten ihrer Klöster unternommen würde, den Gehorsam zu verweigern; außerdem ertheilten sie ihnen das Recht, wenn Ungarn je mit dem Interdicte belegt werden sollte, bei verschlossenen Thüren stillen Gottesdienst zu halten. [2] Die Klöster freuten sich, von der oft drückenden, nicht selten gemisbrauchten bischöflichen Aufsicht befreit zu sein; die Bischöfe, die das Einschreiten des Papstes sich erbeten hatten, wo es ihnen vortheilhaft war, mußten nun auch zu dieser Schmälerung ihrer Rechte schweigen; auch König Béla·erhob keinen Widerspruch gegen solche Anmaßungen einer fremden Macht, ja er ordnete selbst die Propsteien, des heiligen Martin in der Gespanschaft Zips und zum Heiligen Kreuz zu Hermannstadt in Siebenbürgen, welche er 1189 gründete, unmittelbar dem päpstlichen Stuhle unter. [3]

Die Formel „umsonst und um Gottes willen" (gratis et pro Deo) litt bei den fortwährend steigenden Bedürfnissen der Päpste keine Anwendung mehr; die Abteien mußten daher ihre Befreiungen dem päpstlichen Stuhle theuer bezahlen. Ueberhaupt zeigen sich um diese Zeit die ersten Spuren von Steuerpflichtigkeit der ungarischen Kirche an die

[1] Die Urkunde bei Katona, Hist. reg., IV, 326 u. 356. — [2] Die Urkunden bei Katona, a. a. O., S. 244, und bei Heimb. Notitia Abbat. ad S. Gotthard. S. 41. — [3] Wagner, Annalecta Scepusii, III, 5 fg.

päpstliche Schatzkammer. Die Abgaben, welche mehrere Klöster und Kirchen an dieselbe zu leisten hatten, wurden durch den päpstlichen Kämmerer Cencius eingesammelt und finden sich in seinem Schatzungsbuche verzeichnet. [1]

Nach solchen Vorgängen kann es uns nicht wundernehmen, wenn wir von nun an lange Zeit hindurch die Päpste in Ungarn auf Staat und Kirche einen Einfluß üben sehen, der noch vor kurzem für sie kaum erreichbar geschienen hatte.

[1] Liber censuum Ecclesiae Romanae, bei Muratori, Antiquitates Italiae, V, 281.

Dritter Abschnitt.

Vorherrschender Einfluss des Papstes; Uebermacht der Oligarchie; endliche Erhebung des Volks gegen dieselbe. 1196—1222.

I. Aeussere Begebenheiten.

Emerich und Ladislaus III. 1196—1205.

Kaum hatte Emerich den Thron bestiegen, so gerieth er schon mit seinem Bruder Andreas in Zwietracht, die während seiner ganzen Regierung fortdauerte, das bereits schwankende königliche Ansehen vollends untergrub und das Land zerrüttete. Emerich war leidenschaftlich ohne Kraft und Beharrlichkeit, und körperliche Kränklichkeit scheint die Reizbarkeit seines Gemüths noch gesteigert zu haben; plötzliche Aufwallungen des Muths wechselten bei ihm mit geistiger Erschlaffung ab; in der Aufregung that er sehr kühne, oft unüberlegte Schritte, aber planmäßig und mit fester Entschlossenheit zu handeln, war er nicht fähig. Andreas, ein schwacher, eitler Mann, schmachtete vor Begierde nach Herrschaft, so lange er sie nicht besaß, und zeigte sich unfähig, sie zu führen, sobald er sie erlangte; leichtsinnig und verschwenderisch, weder auf die Gebote der Gerechtigkeit, noch auf die Rathschläge der Klugheit achtend, gehorchte er ohne Ueberlegung den eigenen augenblicklichen Einfällen und den Einflüsterungen eigennütziger Höflinge; so ward er der Urheber unzähliger Uebel.

Der Kreuzzug, den ihm der sterbende Vater aufgetragen, und die Schätze, die er ihm zu diesem Zwecke hinterlassen hatte, gaben ihm den Vorwand und die Mittel, ein Heer zu sammeln und sich Freunde zu erkaufen. Nachdem er hinreichend gerüstet war, berief er sich auf die in der árpádischen Familie herrschende Gewohnheit, die jüngern Prinzen mit Provinzen des Reichs auszustatten, forderte von seinem Bruder, daß er ihm Kroatien und Dalmatien abtrete, und griff zu den

Waffen, als dieser die Forderung abschlug. Der Bürgerkrieg begann, 1197; mehrere Treffen wurden geliefert und Andreas gewann bald die 1197 Oberhand. Denn sein mit dem Kreuz bezeichnetes Heer war zahlreich, und viele, die er durch Schmeichelei und Freigebigkeit zu bestechen wußte, traten auf seine Seite; dagegen hatte der König nicht Zeit, sich zu rüsten, und mehrere Große, die gelobt hatten, mit Béla nach Palästina zu ziehen, verweigerten die Heeresfolge in einem weltlichen Kriege. Vergebens war es, daß sich Papst Cölestin III. ins Mittel legte und Andreas nebst seinen Anhängern mit dem Bann bedrohte, wenn sie nicht sogleich Frieden machen und zum Kreuzzuge aufbrechen würden; Andreas fürchtete diese geistliche Waffe nicht; er setzte seine Unternehmungen fort, bemächtigte sich Kroatiens und Dalmatiens, unterwarf noch dazu Rama und das Gebiet Chulm, zwischen den Flüssen Cettina und Narenta, Länder, über welche Ungarn bisher die Oberhoheit zwar beansprucht, aber nur unter günstigen Umständen geübt hatte, seiner Herrschaft und nannte sich von nun an Herzog von Kroatien, Dalmatien, Rama und Chulm. [1]

Unterdessen hatte der gewaltige Innocentius III. 1198 am 8. Jan. den päpstlichen Stuhl bestiegen; er dehnte wie keiner seiner Vorgänger die Macht desselben aus, mischte sich in alle Angelegenheiten, trat überall als Schiedsrichter auf und beherrschte mit despotischer Willkür die abendländische Christenheit. Die Klagen und Bitten Emerich's waren schon vor seinen Vorgänger gebracht worden, und schon dieser hatte versucht, Andreas zum Gehorsam zu nöthigen und die Wirren beizulegen; Innocentius schritt nun gleich beim Antritt seiner Regierung in die ungarischen Angelegenheiten mit großer Entschiedenheit ein. Den Erzbischof von Kalocsa Saul Hederváry, den Palatin Nikolaus Mógh und noch zwanzig andere Herren, die sich mit Béla III. zur Fahrt nach Palästina verpflichtet hatten, sprach er von ihrem Gelübde los bis zur gänzlichen Herstellung der Ordnung und des Friedens im Vaterlande. [2] Andreas ermahnte er ernstlich, sich mit seinem Bruder auszusöhnen und das väterliche Gelübde zu erfüllen, indem er drohte, wenn er noch länger zögern würde, ihn in den Bann zu thun und des Nachfolgerechts auf den ungarischen Thron verlustig zu erklären. [3] Zugleich erhielten die Erzbischöfe von Gran und Kalocsa den gemessensten Auftrag, im Falle Andreas sich widerspenstig bezeigte, über ihn und seine Anhänger den Bann zu verkündigen und das Land, weil es die Aufrührer in seiner Mitte duldete, mit dem Interdict zu belegen. Auch Johannes, Abt von St.-Martin auf dem Pannonberge, des Andreas eifrigster Parteigänger, ward nach Rom vor des Papstes Richterstuhl gefordert. [4] Endlich erging an den Erzbischof Saul und an die Bischöfe Ugrin von Raab und Dominicus von Agram der päpstliche Be-

---

[1] Farlatus, Illyrie. s., V, 66. Chronic. Admontense, bei Pez, II, 193. Der Brief Emerich's, bei Fejér, Cod. dipl., II, 324. — [2] Innocentii III. Epist. ad Andream D., bei Katona, Hist. reg., IV, 474 fg., und bei Fejér, Cod. dipl., II, 313 fg. — [3] Innocentii III. Epist. ad Emeric. Reg., bei Katona, a. a. O., S. 477, u. Fejér, a. a. O., S. 311. — [4] Innocentii III. Epist. ad Archiep. Strigon., bei Katona, a. a. O., S. 484, u. Fejér, a. a. O., S. 311.

fehl, die von Andreas eingesetzten Erzbischöfe zu Jadra und Spalatro
abzusetzen und zu bannen. [1]   Andreas hatte sich durch Freigebigkeit Freunde und Anhänger erworben, Emerich folgte seinem Beispiele und vergeudete Staatslände-
reien und königliche Besitzungen.   Er verlieh, um nur einiges anzuführen, den Templern neue Güter und Privilegien und schenkte sogar
dem graner Erzbischof das graner Schloß sammt dem noch nicht vollendeten königlichen Palast. [2]   Doch alle Bemühungen des Königs und
alle Drohungen des Papstes konnten nichts weiter bewirken, als daß
1198   1198 ein Vergleich zu Stande kam, vermöge dessen Andreas Kroatien
und Dalmatien nebst dem Herzogstitel erhielt und dagegen die Oberherrlichkeit des Königs anerkannte. [3]
1199   Als nun Friede im Lande war, feierte Emerich 1199 zu Gran seine
Vermählung mit Constantia, des Königs von Aragonien Alfons' II.
Tochter, der er zum Leibgedinge die Gespanschaften Oedenburg und
Eisenburg verschrieb. [4]   Aber der Friede war nur scheinbar und von
kurzer Dauer; wenn auch keine Schlachten geliefert wurden, standen
doch fortwährend zwei feindliche Lager, das königliche und herzogliche, gleichsam die Hand am Schwerte einander gegenüber; die weltlichen Großen stritten mit den Waffen, die Bischöfe und Aebte kämpften
mit Bannflüchen.   Der König verstand es nicht, den Wogen der Zwietracht Ruhe zu gebieten; niemand gehorchte ihm; gegen wen er
Strenge gebrauchen wollte, der ging zur herzoglichen Partei über, und
wer die schuldigen Dienste leistete, rechnete ihm diese als Wohltbat
an, für die er reiche Belohnung forderte.   Emerich konnte nicht einmal
seine Freunde gegen Verfolgung und Gewaltthat schützen; er mußte
beim Papst für den Bischof Ugrin und andere Getreue die Befugniß
nachsuchen, sich durch welchen Bischof immer lossprechen zu lassen,
wenn sie von Bischöfen der feindlichen Partei in den Bann gethan
würden. [5]   Der Propst des stuhlweißenburger Kapitels, der die Krone
aufbewahrte, glaubte sogar diese unter seiner Obhut nicht mehr sicher,
und auch er bat den Papst um Erlaubniß, sie einem andern hohen
Geistlichen anvertrauen zu dürfen. [6]
        Der Papst war es also, zu dem Emerich, unvermögend, sich selbst
zu rathen und zu helfen, in jeder Verlegenheit und Noth die Zuflucht
nahm, und doch ließ er sich von unbedachter Hitze zu einer Gewaltthat
hinreißen, die seinen Beschützer schwer beleidigen mußte und ihm selbst
sehr verderblich werden konnte.   Einige Priester des waitzner Sprengels
klagten nämlich vor ihm ihren Bischof Boleslaus an und beschuldigten
denselben auch einer verdächtigen Verbindung mit dem Herzog Andreas; er glaubte ihren Worten und eilte zur Rache.   Am 17. März
1199   1199 stürzte er mit seinem Gefolge in die Kathedrale, wo der Bischof
eben die Vesper hielt, forderte die Schlüssel der Sakristei und befahl

---

[1] Epist. Innocentii III, bei Katona, a. a. O., S. 486. — [2] Fejér, Cod.
dipl., II, 324. — [3] Die Urkunde bei Lucius, Lib. III, c. 13; Lib. IV, c. 3.
— [4] Thuróczy, II, 70. Dubravius, I, 14. Schier, Reg. Hung. Chronic. Claustro-Neoburgense ad ann. 1199, bei Pez, I, 449. — [5] Fejér, Cod. dipl., II,
333. — [6] Fejér, ebend., II, 350 u. Katona, Hist. reg., IV, 500.

ihm, die Kirche zu verlassen. Dieser verweigerte den Gehorsam und flüchtete zum Altar; da riß ihn der König mit eigener Hand von den Stufen hinab, ließ ihn von seinem Gefolge schwer mishandeln und aus der Kirche schleppen, erbrach die Sakristei und nahm den Kirchenschatz und das Geld, welches der Bischof dort aufbewahrte. Als hernach Boleslaus die Feier des Gottesdienstes in der Kirche untersagte, weil sie durch solche Gewaltthat entweiht sei, legte der König Beschlag auf die bischöflichen Zehnten und verbot bei Strafe der Blendung, die Sache an den Papst zu berichten. Aber der Papst erhielt dennoch Kunde von dem anstößigen Vorgang und verfuhr gegen Emerich mit einer Schonung, die uns in Verwunderung setzt, wenn wir sie mit der übermüthigen Härte vergleichen, mit der Innocentius andere Fürsten behandelte. Er verwies dem König sein Vergehen, ermahnte ihn, dasselbe gut zu machen, und gab dem kalocsaer Erzbischof den Auftrag, ihn dazu anzuhalten und die Sache aufs beste beizulegen. [1]

Indessen war die Feindseligkeit der beiden königlichen Brüder immer bitterer geworden, sodaß sie noch in demselben Jahre abermals zu den Waffen griffen. Diesmal siegte der König. Andreas suchte zuerst 1199 Zuflucht bei einem ungarischen Herrn Ladislaus und, als Emerich dessen Haus niederbrannte und seine Besitzungen einzog, bei dem Herzog Leopold von Oesterreich. Aber auch hier wollte ihn sein leidenschaftlicher Bruder nicht dulden und fiel verheerend in Oesterreich ein, um Leopold zu zwingen, ihn zu entfernen oder auszuliefern. [2] Zu gleicher Zeit wurden auf des Papstes Antrieb allenthalben gewaltige Rüstungen zu einem Kreuzzug gemacht. Die verbündeten Fürsten wollten den Weg durch Ungarn nehmen; dazu mußte Friede und Ordnung im Lande wiederhergestellt werden. Konrad, Erzbischof von Mainz, erschien 1200 als Friedensvermittler und soll nach deutschen 1200 Berichten die Aussöhnung der Brüder bewirkt und einen Vergleich zu Stande gebracht haben, kraft dessen sich beide verpflichteten, das Kreuz zu nehmen, während ihrer Abwesenheit die Verwaltung des Reichs dem Herzog Leopold zu übertragen und nach der Heimkehr gemeinschaftlich zu regieren; wenn aber einer sterben würde, sollte der Ueberlebende König sein. [3] Diese Punkte tragen die Spuren der Unwahrscheinlichkeit an sich und werden auch durch die nächstfolgenden Begebenheiten widerlegt. Konrad mochte zu der Aussöhnung mitgewirkt haben, dieselbe war jedoch hauptsächlich das Werk des päpstlichen Legaten Georg Crescentius [4], der Emerich bewog, Kroatien und Dalmatien seinem Bruder zu überlassen [5] und einen Kreuzzug zu geloben.

---

[1] Epist. Innocentii, bei Katona, Hist. reg., IV, 556; bei Fejér, Cod. dipl., II, 358 fg. — [2] Chronic. Claustro-Neoburg., bei Pez, IX; Chronic. Austr., bei Freher, I, 336. — [3] Godefridus Coloniens., bei Freher, I, 366. — [4] Die Urkunde des Papstes Innocentius, bei Dobner, Monumenta, II, 340. — [5] Gegen Ende des Jahres 1200 gab Andreas wieder mehrere Urkunden heraus, in denen er sich Herzog von Kroatien, Dalmatien und Chulm von Gottes Gnaden nennt, z. B. bei Kercbelich, Hist. Epp. Zagenb., S. 324; bei Farlatus, Illyric. s., IV, 8. Daß Friede zwischen den Brüdern geschlossen wurde, berichten auch Chrou. Austr. und Claustro-Neoburgense, und Arenpeck., bei Pez, I, 710, 449, 1206.

Das gute Vernehmen unter den Brüdern blieb zwei Jahre lang ungestört, aber keiner von beiden dachte an die Erfüllung seines Gelübdes. Emerich unternahm vielmehr einen Feldzug nach Serbien. Die Fürsten dieses Landes waren durch Béla's II. Gattin Helena mit dem ungarischen Königshause verwandt geworden und erkannten seit dieser Zeit bald des ungarischen Königs, bald des byzantinischen Kaisers Oberherrlichkeit, je nachdem die Macht des einen oder des andern überwog. Jetzt herrschte Stephan Neemanovitsch im Hauptlande; sein Bruder Wolkan war Unterzschupan von Zenta und Chulm (Herzcgowina) und ihr Oheim Kulin Ban von Rama (Bosnien). Sie lebten immerwährend in Hader und Zwietracht, und Stephan hatte noch überdies den Kaiser Alexius Angelus durch die schimpfliche Verstoßung seiner Gemahlin Eudoxia, die dessen Nichte war, schwer beleidigt. Wolkan suchte zuerst sich die Gunst und Unterstützung des Papstes zu gewinnen; er meldete ihm 1198 seinen Entschluß, mit seinem Volke von der griechischen zur römischen Kirche überzutreten, und bat, Legaten zu schicken, damit das gute Werk glücklich vollbracht werde. Nichts konnte Innocentius angenehmer sein als diese Botschaft, denn er hoffte nicht nur, mit Hülfe Wolkan's dem römischen Stuhl neue Unterthanen zu gewinnen, sondern auch die verhaßte Sekte der schwärmerisch-frommen Patarener [1], die sich in den südslawischen Ländern immer weiter verbreitete, auszurotten. Seine Legaten erschienen und führten 1199 auf einer Synode zu Antivari das lateinische Kirchenwesen ein. Jetzt ward die Lage Stephan's bedenklich, und auch er wandte sich an Innocentius, versprach, in Serbien die lateinische Kirche zur Herrschaft zu erheben, bat um Gesandte, zugleich aber auch um Königstitel und Krone. Innocentius ertheilte hierauf dem Bischof von Antivari den Befehl, Stephan zu krönen. Da trat Emerich dazwischen, den Wolkan schon für sich gewonnen hatte, und ersuchte den Papst, weder Gesandte noch Krone an Stephan zu schicken, weil dieses den Hoheitsrechten Ungarns über Serbien zuwider sei, welche wiederherzustellen er gerade jetzt im Begriffe stehe; gelinge ihm das Unternehmen, so werde er auch das Land zur römischen Kirche zu bekehren wissen. Innocentius, dem Personen und Recht gleichgültig waren, wenn nur der Vortheil des päpstlichen Stuhls gefördert wurde, war auch hiermit um so mehr einverstanden, da er hoffen durfte, die römische Kirche werde jedenfalls leichter und sicherer in Serbien siegen, wenn das Land unter ungarische Hoheit gelangte. Emerich führte nun 1202 ein Heer, dem sich auch die Kriegsmannschaft des Herzogs Andreas anschloß, gegen Stephan, überwand ihn und machte Wolkan zum Beherrscher Serbiens unter ungarischer Oberherrlichkeit. Der Papst aber ermahnte ihn dringend, den Fürsten und das Volk strenge zum Gehorsam gegen die römische Kirche anzuhalten, und ordnete Serbien dem Erzbischof von Kalocsa unter. [2]

---

[1] Von ihnen wird weiter unten die Rede sein. — [2] Nicetas Choniat. und Acropolita bei Stritter, Tom. II, Pars 1, p. 191. Du Fresne, Illyr. vetus et nov., S. 55. Steph. Epist. ad Innocentium III., bei Fejér, Cod. dipl., II, 390. Innocenti: III. Epist. ad Emericum, bei Katona, Hist. Reg., IV, 625 fg.

Nachdem Emerich die Angelegenheiten Serbiens einigermaßen geordnet hatte, unternahm er sogleich von da aus einen Feldzug nach Bulgarien, dessen Fürst Joannitz, von den Griechen Kalo-Joannes genannt, 1201 die in Serbien herrschenden Unruhen benutzt, das Land geplündert und eine Menge Menschen gefangen weggeschleppt hatte. Der König drang siegreich vor und eroberte in kurzer Zeit ein Gebiet, welches fünf Bisthümer in sich faßte. [1] Aber auch Joannitz stand mit Innocentius in Unterhandlung wegen Verleihung der Krone zum Lohn für den Uebertritt zur römischen Kirche. Der Legat Johannes de Casemarino erschien daher vor Emerich und ermahnte ihn, das Werk der Bekehrung nicht durch Fortsetzung des Kriegs zu hindern, verschwieg jedoch geflissentlich, daß sein Gegner die Königskrone verlangt habe, und der Papst geneigt sei, ihm dieselbe zu ertheilen. Einer Mahnung aus Rom konnte Emerich nicht widerstehen; er hielt inne im Laufe seiner Eroberungen und kehrte heim. Doch behielt er, was durch das Schwert bereits gewonnen war, und führte seitdem auch Bulgarien in seinem Titel. [2]

Jetzt drang der Papst ernstlich darauf, daß Emerich den angelobten Kreuzzug endlich antrete; allein Kreuzfahrer selbst gaben ihm den triftigsten Grund, denselben aufzuschieben. Ein französisches Kreuzheer, 33000 Mann Reiterei und Fußvolk, von Innocentius durch des fanatischen Priesters Fulko Predigten zusammengetrieben, schloß mit den Venetianern 1202 Vertrag, daß diese das Heer auf hun- 1202 dert Transportschiffen nach Palästina führen und mit fünfzig Galeeren im Kampfe gegen die Ungläubigen unterstützen, dafür 80000 Mark Silber und die Hälfte aller Eroberungen, auch des sonstigen Gewinns erhalten sollten; beide Theile schworen auf das Evangelium die strengste Erfüllung des Vertrags. Allein bei der Einschiffung fehlten dem Heere noch 34000 Mark an der ausbedungenen Summe; da lockten die Venetianer den bedrängten französischen Anführern das Versprechen ab, gegen alle Feinde Venedigs, auf welche sie unterwegs stoßen würden, zu kämpfen. Unter Anführung des achtzigjährigen Dogen Heinrich Dandulus stach die Flotte am 8. Oct. in See, und die Kreuzritter mußten gleich helfen, alle Städte an Istriens Küste der venetianischen Herrschaft zu unterwerfen. Am 10. Nov. erschienen die Schiffe vor Jadra, sprengten die Kette, welche den Eingang in den Hafen schloß, und fingen die Belagerung der Stadt an. Vergebens beriefen sich die Einwohner auf den Papst und behingen die Mauern mit Kreuzen; vergebens weigerten sich die französischen Ritter, gegen Christen zu kämpfen; vergebens drohte Cardinal Peter mit Bann und Interdict; am dritten Tage mußte sich die Stadt ergeben. Ein großer Theil der Bürger wanderte aus; ihre Wohnungen dienten den Kreuzfahrern zu Winterquartieren. Bald kam ein päpstliches Sendschreiben an, das in schwülstigen Redensarten die räuberische That verdammte, die Rückgabe Zaras an Ungarn gebot und den Ungehorsamen mit dem Bann-

[1] Epist. Kalo-Joannis ad Innocentium, bei Katona, Hist. reg., IV, 627.
— [2] Epist. Innocentii ad Emericum, bei Dobner, Monumenta, II, 428.

fluche drohte. Die Kreuzfahrer entschuldigten sich durch Abgesandte beim Papst, Dandulus aber trotzte dessen Befehlen und dem Banne.

1203 Bevor die Flotte im Frühling 1203 die Anker lichtete, ließ er die Stadt ausplündern, Gold und Silber aus den Kirchen rauben und die Festungswerke auf der Meeresseite zerstören, auf der Landseite dagegen neue aufführen, um Venedig den Besitz Zaras zu sichern. [1]

Wie Dandulus die Flotte von hier nicht nach Aegypten, wie bedungen war, sondern nach Konstantinopel führte, um dem Alexius Angelus den geraubten Thron zu entreißen und den geblendeten Isaak Angelus mit seinem Sohne Alexius wieder einzusetzen; wie Konstantinopel endlich erstürmt, unbeschreibliches Blutvergießen angerichtet, unermeßliche Beute gewonnen und den Byzantinern ein lateinisches Feudalkaiserthum von siebenundfunfzigjähriger Dauer aufgezwungen wurde, ist bekannt und braucht hier nicht erzählt zu werden. Das byzantinische Kaiserthum konnte sich von diesem furchtbaren Schlage nie mehr erholen. So haben die Kreuzfahrer selbst in thörichter Verblendung die Vormauer der Christenheit untergraben und den Mohammedanern, die sie zu bekämpfen ausgezogen waren, den Sieg erleichtert.

Nach dem Abzug des Kreuzheers versuchten die geflüchteten Bürger Zaras, von einem kleinen Heere, das ihnen Herzog Andreas zu Hülfe schickte, unterstützt, ihre Vaterstadt wieder einzunehmen, und als ihnen dieses mislang, eroberten sie die venetianische Burg Kesse, rüsteten Kaperschiffe aus und belästigten Venedigs Handel, bis sie durch eine Flotte, mit welcher Rainer Dandulus, des Herzogs Sohn, auf dem Adriatischen Meere kreuzte, eingeschüchtert wurden. Zufällig kamen zehn gaetanische (neapolitanische) Schiffe an die Küste Dalmatiens, die Emerich sogleich miethete und den Flüchtlingen zur Verfügung stellte. Mit Hülfe derselben eroberten diese zwar Zara und hieben die feindliche Besatzung nieder; als sie aber erfuhren, daß Venedig eine neue Flotte gegen sie rüste, entsank ihnen der Muth, sie flehten um Gnade und unterwarfen sich auf sehr harte Bedingungen der venetianischen Herrschaft; sie mußten Geiseln stellen, einen Podesta annehmen, ihren Erzbischof dem venetianischen Patriarchen unterordnen und sich verpflichten, jährlich 3000 Marderbälge zu steuern und Kriegsdienste zu leisten. [2]

Als die Kreuzfahrer sich Zaras bemächtigt hatten, sandte Andreas sogleich den Abt von Pilis nach Rom, um dem Papst vorzustellen, daß er unter den gegenwärtigen Umständen, wo das Kreuzheer selbst die Hauptstadt Dalmatiens verrätherischerweise überfallen habe und die an der untern Donau hausenden Kumanen das Reich bedrohen, die angelobte Fahrt nach Palästina unmöglich unternehmen könne. [3] Aber Innocentius fand die Gründe nicht hinreichend, um Aufschub zu gestatten, und drängte den König zum Aufbruch. Doch dieser hatte sogleich neue Ausreden bei der Hand, die Vollziehung seines Gelübdes, zu der er nicht die mindeste Lust spürte, weiter hinauszuschieben. Unmöglich sei es ihm, erklärte er, in das Heilige Land zu ziehen, bevor sein unmündiger Sohn Ladislaus gekrönt und dessen Nachfolge gesichert sei; er bitte den Papst, diese Angelegenheit auf jede Weise zu fördern. Innocentius erließ daher am 25. Febr. 1203 an die Erzbischöfe und Bischöfe Ungarns ein Sendschreiben, welches sie verpflichtete, vor dem Auszuge des Königs seinem Sohne den Eid der Treue zu leisten und dazu auch die Klerisei und die Laien anzuhalten; alle sollen den vom Könige eingesetzten Reichsverwesern ehrerbietig gehorchen und, wenn der König, was Christus verhüten wolle, auf der Heerfahrt der Natur die Schuld bezahlen müßte, seinen Sohn im Besitze des väterlichen Throns schützen, die dawider Handelnden aber mit dem Kirchenbann verfolgt werden. [1] Nachdem dieses Hinderniß beseitigt war, kam Emerich mit einem andern Anliegen: Innocentius sollte nicht gestatten, daß die Erzbischöfe von Gran und Kalocsa, während er in fernen Landen gegen die Ungläubigen kämpfen werde, über die Gerechtsame ihrer Kirchen Streit anfingen, wodurch Parteiungen im Reiche entstehen könnten. Der Papst beruhigte ihn auch hierüber, indem er versprach, dafür zu sorgen, daß der Friede des Landes durch die Prälaten nicht gestört werde. [2]

Mit demselben Eifer wie den König hielt Innocentius auch den Herzog Andreas an, daß er der letzten Anordnung seines Vaters gemäß nach Palästina ziehe. Als sich dieser damit entschuldigte, daß ihm die Mittel hierzu fehlen, forderte er den erstern auf, die Kosten seiner Ausrüstung zu tragen. [3] Zugleich gab er Andreas das Versprechen, daß er während seiner Abwesenheit sein Gebiet unter den Schutz des heiligen Stuhls nehmen und, wenn ihm ein Sohn geboren würde, auch diesen im Besitze desselben erhalten werde. [4] Aber auch der Herzog fühlte keine Neigung, in den Kampf um das Heilige Land zu ziehen, den Planen der Herrschaft, die er im Herzen nährte, zu entsagen und seinem beneideten und gefürchteten Bruder freies Feld zu lassen. Und so blieben beide Brüder, einander eifersüchtig bewachend, zu Hause.

Doch die Hoheit und Macht des römischen Stuhls lag Innocentius weit mehr am Herzen als die Eroberung Palästinas; er selbst war es, der noch im Sommer desselben Jahrs die Waffen des Königs vom 1203 Kreuzzuge auf ein ganz anderes Unternehmen lenkte. Nach Kaiser Heinrich's VI. Tod, 1196, wurde sein Bruder Philipp von Schwaben zuerst Reichsverweser für den unmündigen Friedrich II. und bald darauf deutscher König. Innocentius aber bewog einen Theil der Reichsstände, Otto von Braunschweig zu wählen. Der Herzog von Böhmen Ottokar wirkte und kämpfte für Philipp und erhielt von diesem 1198

[1] Epist. Innocentii, bei Katona, Hist. reg., IV, 658; bei Fejér, Cod. dipl., II, 401, und bei Dobner, Monumenta, II, 331. — [2] Epist. Innocentii, bei Dobner, Monumenta, S. 332 fg.; bei Katona, Hist. reg., IV, 661 fg. — [3] Epist. Innocentii, bei Dobner, Monumenta, II, 3?9; bei Fejér, Cod. dipl., II, 412. — [4] Epist. Innocentii ad Andream, bei Dobner, a. a. O., S. 340; bei Fejér, a. a. O., S. 415.

zum Lohne dafür die Königskrone. Als er jedoch noch in demselben Jahre
sich von seiner Gemahlin Adele trennte und Constantia, Emerich's
Schwester, heirathete, erkaufte er das Stillschweigen des Papstes zu
dieser That und dessen Anerkennung seiner neuen Königswürde durch
den Uebertritt zu Otto's Partei, und bekriegte fortan Philipp. Der
Papst, der nichts sehnlicher wünschte, als die ihm so verhaßte Macht
der Hohenstaufen in Deutschland zu brechen, forderte auch Emerich
auf, seinem Schwager in diesem Kriege Hülfe zu leisten; Emerich, froh,
die Erfüllung seines Gelübdes aufschieben, sich vielleicht von demselben
gänzlich losmachen zu können, ließ sogleich ein ansehnliches Heer nach
Deutschland aufbrechen, in welchem sich auch eine beträchtliche Zahl
Kumanen befanden. Mit diesem und dem eigenen Heere stürmte
Ottokar Erfurt, verwüstete die Güter des magdeburger Bischofs und
kehrte im Spätherbst, nachdem er noch das meißner Land geplündert
hatte, nach Böhmen zurück. [1]
     Es fehlte wenig, daß Emerich den kleinen Gewinn, die Einwilli-
gung des Papstes zum Aufschub des versprochenen Kreuzzuges zu erhalten, deren er bei mehr Willensstärke nicht einmal bedurft hätte, mit
dem Verlust der Krone bezahlte. Dem eiteln Andreas genügte nämlich der ruhige Besitz eines weiten Gebiets, das ihm durch Verträge zugesichert war, nicht; er trug sich noch fortwährend mit Planen der
Größe, und seine herrschsüchtige Gemahlin Gertrud, des Herzogs Berthold von Meran [2] Tochter, die um jeden Preis Königin sein wollte,
hörte nicht auf, ihn zu kühnen Unternehmungen zu spornen; durch
Künste der Verführung war es ihm gelungen, die Zahl seiner Anhänger
zu vermehren, und er wartete nur auf eine günstige Gelegenheit, um
Aufruhr zu erheben. Jetzt schien ihm eine solche gekommen zu sein.
Die unwürdige, die Freiheit des Reichs bedrohende Unterwürfigkeit,
welche Emerich dem Papst gegenüber bewies, beleidigte den Stolz der
Ungarn und erfüllte weiter sehende Patrioten mit Besorgnissen; die
königliche Streitmacht befand sich außer Landes. Andreas sammelte
1203 zahlreiche Kriegsscharen; der König bot den Heerbann des Landes
auf, aber nur wenige weltliche Große und die Bischöfe gehorchten dem
Aufgebote. An der Drau begegneten sich die Heere; das herzogliche
war augenscheinlich überlegen an Zahl und Muth der Krieger, zögerte
aber, den brudermörderischen Kampf zu beginnen; im königlichen Lager
herrschte Mistrauen, Entmuthigung und Rathlosigkeit. Da entschloß

---

[1] Innocentii Epist., Lib. VII, epist. 127, bei Brequigny u. Du Theil, II,
515. Nec defuit ibi illud perditissimum hominum genus, qui Valve dicuntur
(Valvae, Falben, wurden die Kumanen von den damaligen Deutschen ge-.
nannt). Arnoldus Lubecensis, Chronicon, ad ann. 1203. Vgl. Palacky, Geschichte von Böhmen, Bd. 11, Thl. 1, S. 64 fg. — [2] Die Grafen Andechs, deren
Besitzungen an der Etsch und am Inn in Tirol, Istrien und Dalmatien lagen,
wurden durch Kaiser Friedrich I. 1180 unabhängig von den bairischen Herzogen gemacht und selbst zu Herzogen erhoben, erweiterten in kurzer Zeit
ihr Gebiet beträchtlich, starben jedoch schon 1248 aus, worauf ihre Ländereien größtentheils an die Grafen von Tirol fielen. Hormayr, Die großen
Geschlechter im tirolischen Hochgebirge, II, im dritten Bande seiner sämmtlichen Werke.

sich Emerich zu einer That, die, von einem Cäsar gewagt, zur Bewunderung hinreißen würde, von ihm, dem wir sie nimmer zutrauten, unternommen, uns bis zum Staunen überraschen muß. Er läßt die Seinen in Schlachtordnung treten und gebietet ihnen: „Keiner folge mir; bleibt ruhig am Platze!" legt sodann Waffen und Rüstung ab, nimmt einen Stab in die Hand und schreitet feierlich langsam auf das Lager seines Bruders zu. Dort angekommen, blickt er voll Majestät um sich her und spricht: „Ich sehe Ungarn; ihr seht euern König! Wer wagt es, seine Hand in königliches Blut zu tauchen?" Ueberrascht, von ehrfurchtsvoller Scheu ergriffen, trennen sich die Reihen, jede Hand ist wie gelähmt zum Widerstand, ungehindert gelangt er in das Zelt seines Bruders, ergreift und führt ihn gefangen mitten durch die erstarrten Scharen. Der Krieg war geendigt, der Sieg des Königs allein; reumüthig legten die Empörer die Waffen nieder, fielen ihm zu Füßen, flehten um Verzeihung und erhielten Gnade; nur Andreas wurde auf die Burg Kheene (Kneginetz), unweit Warasdin, gefangen gesetzt und seine Gattin zu ihren Aeltern heimgesandt. [1]

Der Fürst von Bulgarien, Joannitz, hatte den König bereits zu wiederholten malen durch Gesandte um die Rückgabe des 1202 ihm abgenommenen Gebiets ersucht und auch den Papst gebeten, das Amt des Schiedsrichters in dieser Angelegenheit zu übernehmen, aber bisjetzt trotz aller Bemühungen nichts ausgerichtet. Er benutzte daher die günstige Gelegenheit, welche ihm die Abwesenheit der königlichen Truppen im deutschen Kriege und der innere Aufstand darboten, und nahm nicht nur das verlorene Gebiet mit Waffengewalt wieder zurück, sondern eroberte auch jene zur ungarischen Krone gehörenden Landstrecken, welche einst Béla III. seiner Tochter Margaretha, als sie dem griechischen Kaiser Isaak Angelus vermählt wurde, als Mitgift überlassen und später abermals mit seinem Reiche vereinigt hatte; er verwüstete überdies einen Theil Serbiens. Emerich stand eben im Begriff, den Rachezug wider ihn zu unternehmen: da waren die Unterhandlungen, die Joannitz mit Innocentius gepflogen hatte, beendigt und der Cardinal-Priester Leo zog 1204 als päpstlicher Legat durch Ungarn, um 1204 diesem Fürsten die Krone und die Bulle, die ihm den königlichen Titel ertheilte, zu überbringen. Durch ein eigenes Sendschreiben empfahl der Papst seinen Legaten dem Könige, den Bischöfen und dem Volke Ungarns zur freundlichen Aufnahme. In diesem Schreiben ward zugleich berichtet, wie die Bulgaren und Walachen als verirrte Schafe zur glücklichen Heerde zurückgekehrt wären, wie der Cardinal hinzöge, sie im Glauben zu stärken und in der Ergebenheit gegen die römische Kirche zu befestigen, und wie er Vollmacht hätte, in allen Ländern, durch welche er reiste, die ihm vorgetragenen Rechtssachen zu ent-

---

[1] Thomas Archidiac. Spal., Hist. Salon., Kap. 24, S. 569. Dandulus, bei Muratori, XII. Chron. Claustro-Neoburg., bei Pez, I, 449. Oefele, Scriptores rer. boic., II, 335, gibt Gran als den Ort der Gefangenschaft an; aber Andreas selbst sagt in einer Urkunde von 1209: „... dum in carcere in castro Kheene detineremur." Fejér, Cod. dipl., III, 1, 86.

scheiden; aber der eigentliche Zweck seiner Sendung, Joannitz die Krone zu überbringen und ihn feierlich zu krönen, war wohlweislich auch nicht durch den leisesten Wink angedeutet. Emerich gab also den Feldzug auf und übertrug es dem Legaten vertrauensvoll, ihm Genugthuung von Joannitz zu verschaffen. Doch bald erfuhr er das Geheimniß, welches seinen Glauben an die Ehrlichkeit des Papstes gewaltig erschütterte. Er ließ dem Cardinal eiligst nachsetzen; noch am linken Donauufer ward dieser eingeholt, wie der König befohlen hatte, in Verhaft genommen und auf die Burg Keve gesetzt. Er sollte Joannitz auf die Donauinsel bei Haram berufen, die Grenzstreitigkeiten zwischen ihm und dem König beilegen, jenen zur Räumung des Gebiets und zur Ersatzleistung für allen Schaden anhalten; erst dann würde der König in die Krönung willigen und ihn frei ziehen lassen. Diese Zumuthung lehnte der Cardinal ab, weil er hierzu vom Papst keine Weisung habe. Ueber die Weigerung erbittert, forderte der König, daß er von der Grenze zurückkehre und seinen Aufenthalt an einem andern Orte im Innern des Landes, den man ihm anweisen würde, nehme; und da er auch dieser Aufforderung sich nicht fügen wollte, erhielt der Burggraf Achilles den strengsten Befehl, ihn durch 300 Bewaffnete bewachen zu lassen und solange die Herbeischaffung von Lebensmitteln zu hindern, bis er sich entschließen würde, sich von Keve nach dem angewieseuen Orte zu begeben.

Den Gesandten des Papstes gefangen nehmen, welche Kühnheit! Wie strenge mußte solche Beleidigung des heiligen Stuhls gestraft werden! Aber Emerich erhielt von Innocentius, dem furchtbaren Verfolger der Könige, ein Sendschreiben voll wehmüthiger und bescheidener Klagen; nur der Schluß enthält ernste Drohungen. „Gelinder und freundlicher als die Sache es forderte“, heißt es da, „haben wir an Dich geschrieben, damit, wenn unser Brief vielleicht zur Einsicht anderer käme, man nicht glaube, die Huld des apostolischen Stuhls sei Dir entzogen, was Dir weder zum Wohle noch zur Ehre gereichen würde. Nicht unbekannt ist uns, daß in Deinem Reiche vieles geschehen sei und noch geschehe, was, an die Feile gebracht, mit durchdringender Schärfe angegriffen werden müßte. Hiermit deuten wir nicht blos auf Dein Gelübde zur heiligen Heerfahrt, nicht auf Deines Bruders Verhaftung, noch auf Deine Einwirkung in die Wahlen der Prälaten, sondern auf so manches andere noch, das wir vorderhand verschweigen, damit es Dich nicht mächtig, erschüttere. Sieh Dich also weislich vor und laufe nicht selbst in Verlegenheiten, aus welchen Du schwerlich mit Glück Dich herauswinden würdest.“ [1]

Dieses Papstes Drohungen blieben nie unerfüllt, sobald sie mit kühnem Trotz erwidert wurden. Beispiele, wie er mit andern Fürsten verfuhr, dienten Emerich zur Warnung. Nicht minder gefährlich war andererseits furchtsame Nachgiebigkeit, denn diese machte den Papst immer dreister in seinen Anmaßungen. Emerich schlug den Mittelweg ein, indem er in anständiger Zuschrift sein Verfahren rechtfertigte und

---

[1] Epist. Innocentii, bei Katona, Hist. reg., IV, 714.

dabei auch zu dem Gewissen des Papstes sprach. Je mehr, hob er an, er sich der innigsten Ergebenheit gegen den römischen Stuhl bewußt sei, um desto schmerzlicher falle ihm die feindliche Begegnung von dessen Seite; denn nur als solche könne er die Verleihung der Königswürde an seinen ärgsten Feind betrachten.. Während die ungarische Kriegsmannschaft dem Papste zu Gefallen in Deutschland kämpfte, habe Joannitz sein Reich mit einem Haufen heidnischer Kumanen überfallen, Gebietstheile an sich gerissen, Serbien geplündert, Gläubige den Ungläubigen zur Knechtschaft preisgegeben; dafür würden ihm nun Krone und Königstitel verliehen. Ueberdies besitze Joannitz gar kein rechtmäßiges Eigenthum und hätte als Räuber eine andere Erhöhung als die zum Könige verdient; dennoch sei diese Begünstigung des Un-würdigen vor dem König geheimgehalten worden, den sie als Nachbar am meisten beunruhigen müsse. Darum habe man von dem Legaten verlangt, daß er zuvor Genugthuung verschaffe, ehe er diesen feindseligen Mann kröne, und nachdem er diesem gerechten Verlangen unter nichtigem Vorwande ausgewichen war, ihn in sicherer Verwahrung gehalten, bis der apostolische Stuhl dem Könige Gerechtigkeit widerfahren ließe. Und darauf müßte dieser um so mehr bestehen, das um so dringender bitten, da er, auf zwei Seiten von raubsüchtigen Feinden angegriffen, bereits durch zwei Jahre Recht und Ersatz von Venedig für Jadras Raub durch ernstliche und wirksame Vermittelung Seiner Heiligkeit umsonst erwarte. [1]

Mit Verwunderung mochte Innocentius den Ungehorsam des sonst so unterwürfigen Königs wahrnehmen; er kannte jedoch dessen aufbrausenden, aber keiner Beharrlichkeit fähigen Charakter und sah voraus, daß Emerich nachgeben und zum gewohnten Gehorsam zurückkehren werde, wenn man der Aufwallung seines Unwillens sich zu legen Zeit lasse, dagegen noch kühnere Schritte wagen würde, sobald man ihn durch Maßregeln der Strenge mehr aufreizte. Gegen seine Gewohnheit, alles durch Machtsprüche durchzusetzen und der Drohung sogleich die That folgen zu lassen, sandte Innocentius eine Antwort voll künstlicher Wendungen und Schmeicheleien, in welcher er sein Verfahren rechtfertigt, den Beschwerden des Königs Abhülfe verheißt und die Hoffnung ausspricht, daß dieser das Wachsthum des christlichen Glaubens und des apostolischen Stuhls nicht hindern werde. [2] Und er täuschte sich nicht in seiner Erwartung; noch ehe die ungarischen Gesandten mit der Antwort des Papstes zurückgekehrt waren, hatte Emerich bereits den Legaten in Freiheit gesetzt und nach Bulgarien abgehen lassen, wofür ihn sodann Innocentius in einem spätern Schreiben mit Lobsprüchen überhäufte. [3]

Zu dieser Nachgiebigkeit mußte sich Emerich bei ruhiger Ueberlegung um so leichter entschließen, weil der Einfluß des Papstes in Ungarn größtentheils durch eigene Schuld der Könige schon so hoch gestiegen war, daß ihm dessen Gunst unentbehrlich schien, um den

[1] Raynald., Annal. eccles. ad ann. 1204. — [2] Epist. Innocentii, bei Katona, a. a. O., S. 720 fg. — [3] Ebend., S. 731.

innigsten Wunsch des Herzens, die Krönung seines unmündigen Sohnes, durchsetzen zu können. Gleich nachdem er den Aufstand seines Bruders so glücklich durch großherzige Entschlossenheit besiegt
hatte, berichtete er nach Rom, es sei sein fester Vorsatz, in naher Zeit
seinen Kreuzzug anzutreten, und bat zugleich den Papst, dem graner
Erzbischof zu befehlen, daß er seinen Sohn Ladislaus kröne. Nichts
konnte Innocentius willkommener sein als diese Bitte, die seinen herrschsüchtigen Bestrebungen entgegenkam und ihm das Recht einräumte,
in einer Angelegenheit zu entscheiden, die ausschließlich vor den ungarischen Reichstag gehörte. Er beeilte sich daher, dieselbe zu gewähren, und erließ schon am 24. April 1204 an den Erzbischof Jób
die Weisung, das Kind zu krönen, sobald er vom König darum ersucht würde; doch müsse der Vater im Namen des Sohnes eidlich geloben, daß dieser dem römischen Stuhl Gehorsam leisten und die Freiheit der ungarischen Kirche (das heißt ihre Unabhängigkeit von den
Landesgesetzen und von dem Könige) ungekränkt lassen werde. [1] Aber
Erzbischof Jób starb, bevor er die Krönung vollzogen hatte; der anstößige Vorfall mit dem Cardinal Leo kam hinzu, und Emerich durfte
befürchten, daß der Papst jene Anordnung zurücknehmen und die
Krönung gänzlich hindern werde: das mochte ihn hauptsächlich bewogen
haben, sich eilig mit diesem auszusöhnen, besonders da seine Kränklichkeit zunahm, und mit dieser die Sehnsucht, seinen Sohn gekrönt zu
sehen, wuchs. Allein ein neues Hinderniß stand der Erfüllung seines
Wunsches im Wege; die Suffraganbischöfe und das Kapitel geriethen
wegen der Wahl eines neuen Erzbischofs [2] in Streit, und der graner
Stuhl blieb längere Zeit unbesetzt. Des langen Wartens müde, und
durch die mit jedem Tage fortschreitende Abnahme seiner Kräfte
geängstigt, ließ endlich Emerich seinen kaum vierjährigen Sohn mit
1204 Bewilligung des Papstes am 26. Aug. 1204 durch den kalocsaer Erzbischof krönen. [3]

Der kränkelnde Vater sah ein, daß diese Feierlichkeit nach seinem
Tode, dessen Herannahen er fühlte, das unmündige Kind gegen die
Ränke seines Bruders Andreas nicht schützen werde; er wollte also
diesen durch Großmuth gewinnen, setzte ihn in Freiheit und bestellte
ihn zum Vormund seines Sohnes und zum Reichsverweser während dessen
Minderjährigkeit. [4] Bald darauf starb er in Erlau am 30. Nov. 1204. [5]

Innocentius traute dem Reichsverweser, der ihm Emerich's Hin-
tritt sogleich gemeldet hatte, nicht viel Gutes zu; und dessen sonderbare
Entschuldigung wegen des Gebrauchs des königlichen Siegels, den der
Papst nur seiner Neuheit, nicht etwa treulosen Absichten zurechnen

---

[1] Epist. Innocentii, bei Fejér, Cod. dipl., VII, 430. — [2] Durch die
Schwäche Emerich's und seiner nächsten Vorgänger war das königliche
Recht, die Bischöfe zu ernennen, nach und nach fast ganz außer Uebung gekommen. — [3] Thuróczy, II, 71, gibt den Tag richtig, das Jahr aber unrichtig an. Epist. Innocentii, bei Katona, a. a. O., S. 739; bei Fejér, Cod.
dipl., II, 453, und bei Dobner, Monumenta, II, 349. — [4] Thomas Archidiac.
Spal., Hist. Salonit., c. 24. — [5] Ortilo, bei Hanthaler, ad ann. 1204. Thuróczy, II, 70, gibt das Jahr unrichtig an. Vgl. Katona, Hist. reg., IV, 751.

sollte, verstärkte den Verdacht. Innocentius ermahnte ihn daher in der
Antwort vom 25. April 1205 sehr ernstlich zu treuer und gewissen-
hafter Führung der Vormundschaft; in zwei andern Sendschreiben
machte er es ihm zur heiligsten Pflicht, den Schatz, welchen der verstorbene König hinterlassen hatte, nicht anders als nach dessen letzt-
williger Anordnung zu verwenden, die Einkünfte der Königin-Witwe
nicht zu schmälern und die königlichen Besitzungen und Gefälle nicht
zu veräußern. In andern Briefen ermahnte er die Geistlichkeit und
das ganze Volk, dem unmündigen, aber rechtmäßigen König treu zu
bleiben, niemand, der sich gegen denselben auflehnte, beizustehen
und in allem, was sein Wohl betreffe, sich an den kalocsaer Erzbischof
Saul zu wenden und dessen Anordnungen zu befolgen. Diesem und
dem großwardeiner Bischof Simon, die er als Emerich's ergebene
Freunde kannte, ertheilte er den Auftrag, jedermann, der es wagte, den
König, seine Mutter und seine Angehörigen in ihren Rechten, Besitzungen und Einkünften zu kränken, ohne Ansehen der Person und
ohne Zulassung einer Appellation an den apostolischen Stuhl mit dem
Kirchenbann zu verfolgen. [1]

Aber Andreas hielt das Versprechen nicht, das er dem sterbenden
Bruder und gleich darauf dem Papste gegeben hatte. Sein eitles Gemüth
wurde durch den Glanz der Krone viel zu stark gereizt, als daß er der
lockenden Versuchung, welche die Reichsverweserschaft für ihn enthielt,
lange hätte widerstehen können. Dazu kamen noch die Einflüsterungen
seiner herrschsüchtigen Gemahlin, die er sogleich nach Emerich's Tode
zu sich berufen hatte; sie trieb ihn unablässig, sich in den bleibenden
Besitz der Macht zu setzen, die ihm zeitweilig übertragen war, und den
Thron zu besteigen, zu dem nur ein wehrloses Kind den Zugang sperrte.
Zuerst entstanden Reibungen zwischen Constantia und Gertrud. Die
erstere wollte ihre Rechte als Witwe des verstorbenen und Mutter des
jetzigen Königs behaupten; die andere strebte weit hinaus über den
zweiten Platz, der ihr gebührte, und Andreas, von ihr gänzlich beherrscht,
unterstützte ihren grenzenlosen Hochmuth. Bald erlitt Constantia
Kränkungen und Beeinträchtigungen, in denen sie die Vorboten künftiger Gewaltthätigkeiten erblickte; sie glaubte sich und ihren Sohn in
Ungarn nicht länger sicher und floh mit ihm nach Oesterreich, ihre
Schätze, die Krone und die andern Reichskleinodien mit sich füh-
rend, begleitet von geistlichen und weltlichen Herren. Erzherzog Leopold nahm sie in Wien gastfreundlich auf und war bereit, ihr und dem
königlichen Kinde thätigen Beistand zu leisten. Andreas forderte drohend
die Auslieferung beider und der Reichsinsignien; seine Forderung wurde
zurückgewiesen, auf seine Drohungen mit Kriegserklärung geantwortet.
Schon stand ein österreichisches Heer an der Grenze, schon war die
Kriegsmannschaft Ungarns aufgeboten: da starb der junge König am
7. Mai 1205 und die Ursache des Kriegs war gehoben. Der raaber 1205
Bischof Ugrin setzte den Leichnam in der stuhlweißenburger Königs-

[1] Epist. Innocentii, bei Dobner, Monumenta, II, 342, 352, 353, 354, bei
Katona, Hist. reg., S. 752 fg., und bei Fejér, Cod. dipl., II, 455 fg.

gruft bei; die Krone wurde dem jetzt rechtmäßigen Thronerben Andreas friedlich überliefert, Constantia aber kehrte in ihr Vaterland zurück und ward drei Jahre später von Papst Innocentius seinem Mündel Friedrich, König von Sicilien, nachher Kaiser Friedrich II., der damals erst 15 Jahre alt war, zur Gemahlin gegeben. [1]

Andreas II. 1205—1222.

Andreas hatte endlich das Ziel seiner heißen Wünsche erreicht 1205 und ward am 29. Mai 1205 gekrönt. [2] Er ist der erste unter den ungarischen Königen, von dem die Geschichte berichtet, daß er einen Krönungseid geleistet habe. [3] Der eitle und schwache Mann, der weder zu gehorchen noch zu regieren wußte, war wol bereit, alles zu versprechen; aber zu halten, was er gelobte, dazu fehlte es ihm an Einsicht, Kraft und sittlichem Ernst. Er blieb der willenlose Sklave seiner Gemahlin Gertrud, die ihn und das Reich ganz unverhohlen beherrschte [4], sich um Ausland, Recht und Sitte wenig kümmerte und ihre angemaßte Gewalt insonderheit zur Erhebung ihrer ausländischen, meist unwürdigen Verwandten und Günstlinge arg misbrauchte.

Kurz bevor Andreas den Thron bestieg, hatten sich die graner Suffraganbischöfe und das Kapitel nach langem Streit endlich geeinigt und den kalocsaer Erzbischof Johannes für den graner Primatialstuhl gewählt. Von Gertrud bewogen, setzte es der König gleich zu Anfang seiner Regierung durch, daß ihr Bruder Berthold, bamberger Propst, zum Erzbischof von Kalocsa gewählt wurde, und bat den Papst inständig, die Wahl zu bestätigen. Innocentius gab dem salzburger Erzbischof den Auftrag, die Befähigung Berthold's zu der hohen Kirchenwürde zu prüfen: und da zeigte sich denn, „daß dieser die lateinische Bibel ohne Anstoß lesen und in der Muttersprache erklären könne, auch aus der Grammatik richtig antworte, vom Kirchenrechte aber und von der Kanzelberedtsamkeit nichts verstehe und das gesetzliche Alter (das 30. Jahr) nicht nur nicht erreicht habe, sondern sich demselben noch gar nicht nähere". [5] Innocentius verweigerte ihm daher zuerst die Bestätigung; von den Bitten des königlichen Paars bestürmt, übertrug er ihm später, zum Aergernisse der Gläubigen, die Verwaltung des Erzbisthums und schickte ihm zuletzt 1212 auch das Pallium. [6]

[1] Thuróczy, II, 70 u. 71. Chron. Admontense, bei Pez, II, 195, gibt das Jahr unrichtig an. Chron. Claustro-Neoburg., bei Pez, I, 450. Vitus Arenp., bei Leibnitz, Script. Brunsvic., III. Hanthaler, Fasc. Campilit. ad ann. 1204 u. 1205. — [2] Thuróczy, II, 72. — [3] Epist. Honorii, III. Pontificis ad Belam Reg. 1225, bei Fejér, Cod. dipl., III, 294. — [4] „Erat autem Andreas Rex vir quietus et bonus, regina vero mulier virtuosa et fortis, quae femineae cogitationi virilem animum inserens, regni tractabat negotia." Theodorici Thuringi Vita S. Elisabethae bei Canisius, Tom. IV, Pars I, p. 119. — [5] Epist. Innocentii ad Andream Reg. 1206. bei Fejér, Cod. dipl., III, I, 29. — [6] Epistolae Innocentii ad Andream Reg., 1207. Fejér, Cod. dipl., III, I, 49, und III, I, 78.

Im folgenden Jahre bot sich Andreas eine willkommene Gelegen- 1206
heit dar, Halitsch (Galizien), dessen Fürst er in seiner Jugend kurze
Zeit, zwischen 1186 und 1188, gewesen war [1], nebst Wladimir (Lodomerien) wieder unter ungarische Hoheit zu bringen. Der Fürst dieser
Länder, Roman Mstislawitsch, war am 19. Juni in der Schlacht bei
Zawichost am linken Weichselufer von den Polen geschlagen und auf
der Flucht getödtet worden. Sein Sohn und Nachfolger, Daniel, von
den verbündeten Polen, Russen und Polowzern hart bedrängt, rief mit
Einwilligung der Bojaren den König von Ungarn zur Rettung herbei.
Als Andreas mit seinen Scharen den nördlichen Abhang der Karpaten
hinabzog, war Daniel schon nach Wladimir geflohen; die Polen drangen gegen diese Stadt vor, die Russen und Polowzer standen in Halitsch. Durch das Gerücht von dem Anrücken des Königs bewogen,
zogen sich die Verbündeten zurück, ohne eine Schlacht zu wagen, und
die Halitscher sowol als auch die Wladimirer erkannten seine Oberherrlichkeit an. Aber wankelmüthig in allem, was er that, und gewohnt, von einem Unternehmen zum andern zu eilen, ehe das erstere
vollendet war, begnügte sich Andreas damit, die Feinde verscheucht zu
haben, setzte Daniel zum Fürsten von Wladimir ein und bot die Herrschaft über Halitsch Jaroslaw, dem Sohne des susdaler Großfürsten
Wsewolod, an; beide sollten die Oberhoheit Ungarns anerkennen und
zur römischen Kirche übertreten; sich selbst legte er den Titel eines
Königs von Galizien und Lodomerien bei. [2]

Hierauf kehrte er eilig nach Ungarn zurück, weil ihm berichtet 1206
wurde, seine Gemahlin habe einen Sohn geboren. Er hatte nämlich,
sobald sich die Königin guter Hoffnung fühlte, den Papst gebeten, den
weltlichen und geistlichen Reichsständen zu befehlen, daß sie dem
Kinde, falls es ein Sohn wäre, gleich nach der Geburt den Eid der
Treue leisteten, und Innocentius hatte die Bitte erfüllt[3]; er eilte also
jetzt nach Hause, um die im Grunde werthlose Ceremonie der Huldigung zu betreiben. Der Neugeborene war der nachmalige König
Béla IV. Ob er der Anordnung des Papstes gemäß schon 1208[4], oder,
wie andere meinen[5], erst 1216 gekrönt wurde, läßt sich mit Gewißheit
nicht entscheiden.

Gertrudens älterer Bruder Eckbert, Bischof von Babenberg, überbrachte die Glückwünsche des Papstes zu diesem Sohn und erhielt
dafür sogleich reiche Besitzungen, besonders in der zipser Gespanschaft. [6] Diesmal nöthigte ihn noch sein Amt zur Rückkehr nach
Deutschland; als er aber nebst seinem Bruder Heinrich, Markgrafen
von Istrien, der Theilnahme an dem Meuchelmord, den Otto von Wi-
telsbach 1208 an dem deutschen Könige Philipp zu Bamberg verübt

[1] Oben S. 273. — [2] Dlugoss, Hist. Pol., I, 6. Engel, Geschichte von
Halitsch, S. 207 fg. Karamsin, Geschichte des russischen Reichs, III. —
[3] Breve Innocentii de 7. Junii, bei Dobner, Monumenta, II, 362. — [4] Horváth, Geschichte des ungarischen Reichs, 2. Aufl., I, 330. — [5] Szalay, Geschichte des ungarischen Reichs, 2. Aufl., I, 299. — [6] Raynaldus, Annales
eccles. ad ann. 1206, Nr. 26. Fejér, Cod. dipl., III, 1, 76.

hatte, beschuldigt, von seinem Bischofssitze vertrieben und durch den
päpstlichen Legaten entsetzt ward, nahmen beide ihre Zuflucht nach
Ungarn, wo sie bis 1211 blieben, den verdienstvollsten Männern vorgezogen und mit Gunstbezeigungen überhäuft wurden.   Ueberdies
mußte sich Andreas für sie in Deutschland und Rom verwenden, sich
ihretwegen Verdrießlichkeiten zuziehen und vom Papst, der auf dem
Rechtsweg bestand, abschlägige Antwort und Vorwürfe gefallen lassen.[1]
Denn schon hatte sich Erzbischof Berthold durch unwürdiges Betragen
Verachtung und Haß zugezogen und sein hohes Kirchenamt entehrt.
Innocentius drückte daher sein Bedauern darüber aus, daß er sich durch
die zudringlichen Bitten des Königs habe bewegen lassen, ihn zu bestätigen, und drohte ihn zu entsetzen, wenn er sein Verhalten nicht
änderte. [2] Doch selbst des Papstes ernste Vorwürfe vermochten bei
Andreas nichts gegen das ungestüme Drängen Gertrudens, die ihren
verdienstlosen, schuldbefleckten Brüdern immer neue Auszeichnungen
1209 und höhere Würden verschaffen wollte; er machte Berthold 1209 zum
Ban von Slawonien [3] und verlieh auch Eckbert neue Güter und Ehren.
Außerdem wurden noch andere Günstlinge der Königin hervorgezogen
und reichlich mit Schenkungen begabt. Ihr Jugendlehrer Adolf erhielt die Propstei zu St.-Martin in Zipsen und sammt seiner Schwester, einem Hoffräulein der Königin, noch eine beträchtliche Herrschaft. [4] Der Eingewanderte Lendeger und Dominicus Raskay, Ober-
mundschenk der Königin, wurden auf deren Fürsprache mit ausgedehnten Besitzungen belohnt, weil sie ihr selbst und ihren Brüdern wichtige
Dienste geleistet hatten. [5]
    Die unverzeihliche Nachgiebigkeit des Königs gegen die Gelüste
einer herrschsüchtigen und eigensinnigen Frau, die parteiische Begünstigung unwürdiger Ausländer, die verschwenderische Belohnung
solcher Dienste, die dem Vaterlande keinen Vortheil brachten, der unerträgliche Hochmuth und die unersättliche Habgier dieser Günstlinge,
dies alles mußte gerechten Unwillen erregen und den Wunsch wecken,
dem ebenso schimpflichen als verderblichen Treiben ein Ende zu
machen. Mehrere Große des Reichs schlossen einen geheimen Bund,
Andreas abzusetzen und einen Mann, der für des Vaterlandes Wohl
besser sorgen würde, auf den Thron zu erheben. Wir haben berichtet,
daß Béla's III. Bruder, Geiza, sich 1192 dem Kreuzheer Kaiser Friedrich's I. anschloß. Nach seiner Rückkehr aus dem Gelobten Lande
blieb er in Konstantinopel, vermählte sich und hinterließ mehrere
1210 Söhne. An diese sandten die Verschworenen 1210 Abgeordnete, um
sie auf den Thron ihrer Ahnen zu berufen. Ohne Verdacht und Verrath kamen die Gesandten nach Spalatro; aber als sie dort im

---

[1] Chron. Montis Sereni, bei Menken, Scriptores rer. germ., Tom. II ad
ann. 1208. Otto de S. Blasio, Kap. 50, bei Urstisius, I. Raynaldus ad
ann. 1209, Nr. 5. Balusius, II, 252, 719, ep. 220, 225. — [2] Epist. Innocentii
ad Andream, bei Katona, V, 87, und Fejér, III, 1, 74. — [3] Er wird als solcher in mehrern Urkunden genannt. — [4] Fejér, III, 1, 76. Wagner, Annalecta Scepus., I, 104. — [5] Fejér, III, 1, 78 u. 108.

Begriffe standen, das Schiff zur Weiterreise zu besteigen, ließ sie der Graf der Stadt, Domaldus, der das Geheimniß erfahren hatte, anhalten, nahm ihnen ihre Briefschaften ab und schickte sie gefesselt an den König. [1]

Die große Gefahr, welcher Andreas nur durch einen glücklichen Zufall entronnen war, machte ihn nicht weiser, die Königin und ihre hochmüthige Familie nicht behutsamer. Der noch immer nicht völlig bestätigte kolocsaer Erzbischof Berthold wollte sich, auf die Gunst des Königs pochend, dem Reichsprimas Johannes gleichstellen, wo nicht über denselben erheben und forderte für sich und sein Stift das Recht, den König zu krönen, den Zehnten von den Münzstätten zu beziehen, die königliche Familie mit den Sacramenten zu versehen u. s. w. [2] Darüber entstand zwischen den zwei Erzbischöfen heftiger Streit, dessen Beilegung der Papst dem Könige 1211 nachdrücklich empfahl. [3] Auch 1211 gelang es diesem zu bewirken, daß die beiden Prälaten für sich und ihre Stühle einen feierlichen Vertrag abschlossen, der aber den kalocsaer übermäßig begünstigte und ebendeshalb von dem graner Kapitel verworfen und vom Papst für nichtig erklärt wurde. [4] Für die erlittene Abweisung mußte Berthold mehr als hinreichenden Ersatz erhalten; er und seine Schwester ruhten nicht, bis ihn Andreas 1212 zum Woj- 1212 woden von Siebenbürgen und bald darauf zum Grafen der Gespanschaften Bodrog und Bács ernannte. Von nun an kannte der Uebermuth des aufgeblasenen jungen Mannes keine Grenzen mehr; er begegnete selbst den vornehmsten Ungarn mit grober Anmaßung und empörendem Stolze.

Verschwenderischer, als alle seine Vorfahren verschenkte Andreas Güter und Gefälle des Staats, wodurch die ohnehin schon sehr geschmälerten königlichen Einkünfte sich noch mehr und mehr verringerten. Demungeachtet sammelte Gertrud mit leidenschaftlicher Habgier große Schätze für ihre Kinder. Die vierjährige Prinzessin Elisabeth wurde 1212 Ludwig, dem Sohn des thüringer Landgrafen Her- 1212 mann, anverlobt. Eine glänzende Gesandtschaft kam nach Ungarn, um die Braut nach der damaligen Sitte zur Erziehung an den thüringer Hof abzuholen. Die Verlobung ging mit großer Pracht in Presbnrg vor sich. Der ungemein kostbare Brautschatz, aus einer Menge goldener und silberner Geräthschaften, Seidenstoffen und Edelsteinen und 1000 Mark an Geld bestehend, ferner eine Badewanne von massivem Silber und das silberne Ruhebett, worin das Kind, in Gold- und Silberstoffe gehüllt, den Gesandten übergeben wurde, erregten deren Staunen; da richtete die Königin an sie die Worte: „Saget eurem Herrn, er möge sich vorläufig hiermit begnügen und gesund bleiben; schenkt mir Gott das Leben, so soll er in der Folge noch mit den größten Reichthümern

---

[1] Die Schenkungsurkunde, die Andreas dem Domaldus zum Lohn für dieses Verdienst 1210 ausstellte, Fejér, Cod. dipl., III, I, 101. — [2] In mehrern Urkunden aus dieser Zeit steht der Name Berthold's vor dem des graner Erzbischofs. — [3] Epist. Innocentii, bei Katona, V, 150, und Baluzius, II, 544, ep. 84. — [4] Baluzius, II, 583, ep. 156. Der Vertrag und die Entscheidung des Papstes, bei Endlicher, Monumenta, S. 406—408.

von mir überhäuft werden." [1] Aber die Ungarn sahen und hörten dieses mit bitterm Unmuth. Hätte eine beliebte Königin ihre Tochter mit solch verschwenderischer Pracht ausgestattet, so würde dies vielleicht ihrem Stolz geschmeichelt haben; aber daß diese verhaßte Frau unumschränkt über die Schätze des so sehr erschöpften Landes verfüge und, was sie erpreßte und zusammenraffte, ihren Verwandten ins Ausland schicke, das kränkte sie tief. Dazu fuhr Andreas fort, ungeachtet der schon hereinbrechenden Noth, an Günstlinge und besonders Ausländer Güter und Ehrenstellen zu vergeben. So schenkte er 1211 den deutschen Rittern weite Besitzungen, unter andern das ganze Burzenland, Bárczafág (die Gegend um Kronstadt), das fruchtbarste Gefilde Siebenbürgens, mit großen Vorrechten [2], und ernannte den Prior der Tempelherren in Ungarn, Pontius de Cruce, zum Ban von Kroatien und Dalmatien. [3] Die Patrioten klagten mit Recht über den unverantwortlichen Leichtsinn, mit welchem das Staatsgut und was man vom Volk mit List und Gewalt erpreßte, an Unwürdige verschwendet und die wichtigsten Aemter mit Fremden besetzt wurden, die ihre Stellung nur zum eigenen Vortheil ausbeuteten. Die Aufwärtsstrebenden und Ehrgeizigen aber zürnten mit bitterm Unmuth über die Zurücksetzung, die ihnen widerfuhr. Hierzu kam noch, daß die schon an sich gesetzwidrige und anstößige Einmischung der Königin in alle öffentliche Angelegenheiten um so schmerzlicher empfunden wurde, da sie, jedes Gebot der Klugheit und des Anstandes verachtend und alle Schranken des Gesetzes überschreitend, ihre angemaßte Gewalt absichtlich zur Schau trug, nach Laune und Willkür herrschte, viel Unrecht gegen einzelne übte, alle durch Stolz beleidigte und durch verkehrte Maßregeln das ganze Staatswesen in Verwirrung brachte.

1213   Tiefgehende Verstimmung herrschte im Lande, als Andreas 1213 einen neuen Feldzug nach Galizien und Lodomerien unternahm. Daniel, den er zum Fürsten des erstern bestellt, hatte sich bei seinem der griechischen Kirche zugethanen Volke durch Anhänglichkeit an die römische schnell verhaßt gemacht und war 1207 vertrieben und zur Flucht nach Ungarn genöthigt worden. Nach ihm bestiegen Wladimir und Roman die Fürstenstühle der beiden Länder, wurden aber 1212 in der Stadt Halitsch bei einem nächtlichen Volksaufstande sammt ihren Frauen und Kindern auf gräßliche Weise ermordet. Hierauf baten die Halitscher Andreas, daß er ihnen seinen jüngern, kaum fünfjährigen Sohn Koloman zum König gebe. Er, der das eigene Land nicht zu beherrschen wußte, streckte gierig seine Hand auch nach dem fremden aus; denn nach der Art kurzsichtiger und eitler Menschen dachte er nur an den Zuwachs an Macht und Ehre, vergaß aber die großen Schwierigkeiten und Gefahren, die damit verknüpft waren, in Rechnung zu bringen. Vor seiner Abreise übertrug er die Reichsverwaltung der Königin und ihrem Bruder, dem kalocsaer Erzbischof Berthold. [4]   Er

---

[1] Theodoricus, Vita B. Elisabethae, Lib. I, c. 2, bei Canisius, Tom. IV, Pars I, p. 119. — [2] Fejér, Cod. dipl., III, 1, 106, 110, 116, 118 u. s. w. — [3] Farlatus, Illyr. s., IV, 217. — [4] In einer Urkunde, bei Katona, V, 207, und Fejér, III, 1, 149, lesen wir: D. Andreas rex... profecturus ... in

ernannte zwar den verdienstvollen Bank (Benedict), aus dem Geschlechte Bór, zum Palatin; aber dieser und der graner Erzbischof Johannes zogen sich entweder selbst zurück oder wurden durch die erstern ihres gesetzmäßigen Einflusses beraubt; denn in den Urkunden,
die sich aus dieser Zeit erhalten haben, werden neben Gertrud und
ihrem Bruder blos Nikolaus, Oberhofmeister der Königin, zugleich
raaber Obergespan, und die Obergespane Tiburz von Wieselburg, Bagó
von Weißenburg und Peter von Csanád als Räthe genannt. Im Spätherbst trat Andreas den Feldzug an, das zum König eines fremden
Volks erkorene Kind mit sich nehmend.

Die hohe Würde und Macht, die Berthold nun besaß, machte ihn
noch hochmüthiger und verwegener, steigerte aber auch den Haß der
zurückgesetzten und von ihm beleidigten Großen. Einige derselben
brachen in sein Haus ein, prügelten ihn und die zu seinem Beistand her-
beieilenden Geistlichen und Mönche erbärmlich ab und flohen dann, um
seiner Rache zu entgehen, nach Polen. Innocentius glaubte, er dürfe die
Mishandlung eines wenngleich unwürdigen Bischofs nicht ungestraft
lassen und sprach am 6. Jan. 1214. den Bann über sie aus, um den
sie sich freilich wenig kümmerten. [1] Nicht gewarnt durch diesen Vorfall, beging Berthold ein ruchloses Verbrechen. Entbrannt von wol-
lüstiger Liebe, suchte er die schöne Gemahlin des Palatin Bank zu
verführen. Da aber die tugendhafte Frau seine Anträge mit Verachtung zurückwies, erlauerte er eine schickliche Gelegenheit und
schändete sie gewaltsam in den Zimmern der Königin mit deren Wissen
und Hülfe. [2] Die Schandthat schrie laut um Rache. Berthold selbst
raubte die Schätze, welche die Königin für ihre Kinder zusammen-
gescharrt und bei einem graner Bürger niedergelegt hatte, verbarg sich
in einem Schlosse und entkam von da glücklich ins Ausland. Allein der
Königin sprachen die Freunde Bank's das Todesurtheil, und selbst der
graner Erzbischof Johannes, dessen Meinung sie einholten, ermunterte
sie zur Vollstreckung desselben durch eine zweideutige Antwort. [3] 1214

---

exercitum contra Gubatos nobilissimae Gertrudi reginae Hung. et Venerabili
Bertholdo colocensi archiepiscopo et universis principibus communiter in curia
circa ipsam reginam tunc temporis commorantibus pleno juro ... dimisit
definiendam." Hier wird neben der Königin nur Berthold genannt, und am
Schlusse der Urkunde steht sein Name vor dem des graner Erzbischofs, wo-
durch man berechtigt wird, zu schließen, daß er mit der Königin die einst-
weilige Reichsverwaltung theilte. Horváth, Geschichte Ungarns, 2. Aufl.,
I, 336, Nr. 3.
    [1] Katona, V, 178. — [2] Chron. metrorhythmicum, bei Schier, Reginae
Hung., S. 187, Chron. Bavariae, bei Oefele, I, 361, beschuldigen ihn der
Unthat; Joannes Staindel, bei Oefele, I, 500, und Anonymus Leobiensis, bei
Pez, I, 802, nennen zwar dessen Bruder Eckbert als Thäter, und Thuróczy,
II, 72, berichtet einfach: „Uxorem Bank baui domina memorata (Gertrud)
vi tradidit cuidam suo fratri hospiti deludendam"; aber seine schnelle Flucht
nebst andern Umständen zeugen dafür, daß er der Thäter war. — [3] Er
schrieb: „Reginam occidere nolite timere bonum est; si omnes consentiunt,
ego non contradico." Diese orakelmäßige Antwort erhält durch verschiedene
Stellung der fehlenden Interpunctionszeichen einen entgegengesetzten Sinn,
nämlich: „Reginam occidere, nolite timere: bonum est; si omnes consentiunt,

Geführt von dem biharer Obergespan Peter und dem Ban Simon, überfielen sie die schuldbeladene Frau in ihren Gemächern oder, wie andere berichten [1], während sie unter einem Zelt im Freien weilte, und hieben sie in Stücke. [2] Ihre anwesenden Kinder, den bereits gekrönten Béla, den jüngsten Sohn Andreas und die Tochter Maria, brachte ihr Erzieher, Meister Salomon, Sohn des Grafen Michael, in Sicherheit. [3] Herzog Leopold von Oesterreich, der sich als Gast am königlichen Hofe befand, rettete sich durch die Flucht. [4] In der darauf folgenden Nacht wurde Peter mit mehrern Verbündeten von Anhängern der Königin ermordet [5]; die übrigen Verschworenen wußten sich der Rache und wahrscheinlich auch der Strafe zu entziehen. Bank selbst scheint an der Ermordung Gertrudens, wenn er auch das Vorhaben seiner Freunde kannte und insgeheim förderte, wenigstens nicht thätlichen Antheil genommen zu haben, da er auch später die höchsten Staatsämter bekleidete. [6]

Als Andreas von dem gräßlichen Ereignisse Kunde erhielt, kehrte er schnell nach Ungarn zurück. Hier fand er die Dinge im schlimmsten und drohendsten Zustande. Der geheime Schatz seiner todten Gemahlin, auf den er wahrscheinlich gerechnet hatte, war geraubt, das königliche Siegel verloren, im ganzen Lande gürte heftige Unzufriedenheit, und schon bildete sich eine Partei, die den unfähigen König absetzen und seinen Sohn Béla auf den Thron erheben wollte, um dann im Namen des Kindes selbst zu herrschen. Unter solchen Umständen wagte es Andreas nicht, die Mörder Gertrudens zur Strafe zu ziehen; über den Ban Simon allein erfahren wir, daß er seine That, aber erst vierzehn Jahre später, mit dem Verlust seiner Besitzungen büßte. [7] Gegen die Verlegenheiten und Gefahren, die ihn ängstigten, wußte der schwache rathlose König nirgends Hülfe zu suchen als beim Papst; ihn bat er, diejenigen, die seinen Sohn Béla zum König machen wollten, mit dem Kirchenbann zu bedrohen; ihm klagte er: „Dieser kalocsaer Erzbischof, der Mann meines Friedens und meiner Hoffnung, den ich aus inniger Zuneigung über alle andern erhoben, wodurch ich mir den Haß meines ganzen Reichs, der Hohen wie der Geringen, zugezogen, ... hat das von meiner Gemahlin für unsere Kinder gesammelte Geld,

---

ego non contradico"; oder: „Reginam occidere nolite, timere bonum est: si omnes consentiunt, ego non: contradico." Annales Steronis ad ann. 1213, bei Canisius, Tom. IV, Pars I, p. 179. Hermann. Abbas und Chron. compil. rer. boicar., bei Oefele, II, 335 u. 666. — [1] Chron. metrorhythmic. — [2] Daß der Leichnam zerstückt wurde, läßt sich wenigstens vermuthen, weil der eine Theil desselben in der Cistercienserabtei zu Pilis, der andere in der Prämonstratenserpropstei zu Lelesz bestattet wurde; Thuróczy, II, 72; Urkunde des Andreas für die leleszer Propstei, bei Katona, V, 135. — [3] Fejér, Cod. dipl., III, 1, 151. — [4] Haselbach, bei Schier, Reginae Hung., S. 191. Timon, Epitome chronolog., S. 53. — [5] Hermann. Abbas und Chron. compil. rer. boicar., bei Oefele, a. a. O. — [6] Thuróczy und Mugeln machen Bank zum Vollzieher der Mordthat und erzählen, daß er und sein ganzes Geschlecht dafür mit dem Tode büßten; offenbar verflochten sie die gegenwärtige Begebenheit mit einer ähnlichen, die sich 116 Jahre später zutrug. — [7] Katona, Hist. reg., V, 204.

Gold und Silber .... auf 7000 Mark geschätzt, ... davongetragen.
Ich bitte daher Eure Heiligkeit, ihn durch apostolische Ermahnung zur
Wiedergabe des mir ungerecht entwendeten Gutes anzuhalten; widrigenfalls möge Eure Heiligkeit es mir nicht verargen, wenn ich mich eigenmächtig durch die Einkünfte seiner Kirche entschädige." Aber auch
jetzt, wo sein eigener Thron unter ihm wankte, dachte er noch daran, für
seinen Sohn Koloman Galizien und Lodomerien zu behaupten. Er
bittet daher zuerst, Innocentius möge erlauben, daß die Bewohner der
beiden Länder, die sich fortan zur römischen Kirche bekennen würden,
die griechischen Gebräuche beibehalten dürften, und sodann, daß er
dem graner Erzbischof die Vollmacht gebe, Koloman zu krönen. [1]
Der Papst gewährte bereitwillig beides. Hierauf schickte Andreas
seinen Sohn und den Erzbischof Johannes mit einem Heere nach Halitsch, wo die Krönung 1215 unter Assistenz des krakauer Bischofs, 1215
Vincenz Kadlubek, feierlich vollzogen wurde. Um den Thron des unmündigen Königs gegen die Angriffe der russischen Fürsten, die Galizien und Lodomerien längere Zeit besessen hatten, mehr zu sichern und
das polnische Interesse mit dem ungarischen zu verknüpfen, verlobte man ihn mit des polnischen Herzogs Lesko dreijähriger Tochter
Salome. [2] Wahrscheinlich zur Belohnung für diese Dienste schenkte
der König um diese Zeit dem graner Erzbischof den königlichen Zoll
von Kakacs bei Gran, der von ausländischen auf der Donau fahrenden
Schiffen erhoben wurde. [3]
Nachdem sich die Aufregung im Lande gelegt hatte, und Andreas 1216
die halitscher Angelegenheiten in befriedigender Weise geordnet zu
haben glaubte, vermählte er sich mit Jolantha, der Tochter Peter's von
Courtenai, Grafen von Auxerre, und Jolantha's, einer Schwester der
beiden lateinischen Kaiser von Konstantinopel, Balduin und Heinrich. [4]
Jetzt endlich erinnerte er sich ernstlich an das Gelübde des Kreuz-
zugs, zu dessen Erfüllung ihn außer den unablässigen Mahnungen des
Papstes auch die eigenen schmerzlichen Erlebnisse treiben mochten.
Denn gewiß erhob er sich nicht über die Vorurtheile seiner Zeit, und
so mußte er in jenen Ereignissen eine Strafe erblicken, mit der ihn Gott
heimsuchte, weil er sein heiliges Versprechen noch nicht gelöst habe.
Verschwenderische Vergabungen an Kirchen und allerhand fromme
Uebungen sollten ihm selbst als würdige Vorbereitung für das große
Unternehmen dienen; unter anderm gelobte er wöchentlich am Frei-
tag bei Wasser und Brot zu fasten, wovon ihn hernach Honorius III.
durch seinen Legaten lossprach und statt des Fastens ihm Werke
der Barmherzigkeit zur Pflicht machte. Da starb plötzlich und ohne
Erben am 11. Juni 1216 Heinrich, der zweite lateinische Kaiser
zu Konstantinopel. Bei der Wahl des Nachfolgers kamen Peter
von Courtenai und Andreas, dessen Schwiegersohn, in Vorschlag;

---

[1] Epist. Andreae ad Innocent., bei Katona, V, 212. — [2] Honorii III,
epist. 1222. Fejér, Cod. dipl., III, 1, 355. Dlugoss., Hist. Polon., VI, 604.
Vgl. Naruszevicz, Geschichte von Polen, V, 205. Breviarium Roman. Fran-
ciscan. ad 17. Nov., Lectio 4. — [3] Katona, V, 217. — [4] Schier, Reginae
Hung., S. 197.

die Wähler vereinigten sich zu Gunsten des letztern, weil sie hofften,
er werde das hinfällige Reich mit ·Ungarns Macht vertheidigen, und
ließen ihn durch eine Gesandtschaft zur Uebernahme der kaiserlichen
Würde einladen. Hocherfreut über den glänzenden Antrag, berichtete
Andreas seiner Gewohnheit gemäß die Sache sogleich an den Papst
und bat um die Bestätigung der Wahl und der Vorkehrungen, die er
für die Regierung Ungarns während seiner Abwesenheit getroffen habe.
Allein der staatskluge Innocentius III. war bereits todt (nach einer Vi-
sion der heiligen Cisterciensernonne Lutgarde bis an den Jüngsten Tag
zum Fegfeuer verurtheilt [1]) und Cencius Savelli hatte als Honorius III.
den päpstlichen Stuhl bestiegen. Dieser fürchtete des ungarischen Königs Wachsthum an Macht mehr als den Untergang der lateinischen
1217 Herrschaft in Konstantinopel, und antwortete am 30. Jan. 1217: es
gereiche ihm zwar zur Freude, daß dem Könige die Kaiserwürde angetragen worden sei, jedoch seine Willensmeinung, ob dieser sie annehmen solle, könne er noch nicht eröffnen. Den angelobten Kreuzzug dürfe Andreas ohne Beleidigung Gottes, ohne des apostolischen
Stuhls Verletzung und ohne eigene Schande nicht länger hinausschieben;
vielmehr müsse er spätestens gegen Ostern den Weg antreten. Uebrigens
würde der Legat, Bischof von Ostia, mit dem Könige überlegen, ob die
Annahme der Kaiserkrone der Ehre des apostolischen Stuhls und seinem eigenen Seelenheil zuträglich sei. [2]
    Für den möglichen Fall, daß Andreas die Wahl ablehnte, hat-
ten die lateinischen Herren Konstantinopels gleichzeitig an Peter von
Courtenai eine bedingte Einladung gesandt. Dieser, ohne seines
Eidams Antwort abzuwarten oder den Papst zu fragen, verkaufte
eiligst seine Güter, warb 5000 Mann, ging nach Rom und wurde dort
am 9. April vom Papst zum Kaiser gekrönt. [3] Allein als er an der
Spitze des kleinen Heers durch Epirus zog, täuschte ihn Theodor Comnenus, der Fürst des Landes, durch treulose Unterhandlungen, nahm
ihn gefangen, zerstreute einen Theil des Heeres, machte den andern
nieder und warf ihn selbst in den Kerker, in welchem er auch im folgenden Jahre starb. Sein jugendlicher Sohn Robert ward Kaiser von
Konstantinopel. [4] Nachdem der Papst die Gefangennehmung Peter's
erfahren hatte, forderte er Andreas wehmüthig klagend auf, seinen
Schwiegervater zu befreien. [5]
    Das Sendschreiben traf den König bereits in Spalatro, denn die An-
gelegenheiten Konstantinopels hatten ihn bewogen, den Aufbruch zum
Kreuzzug zu beschleunigen. Vor seiner Abreise bestimmte er seine
drei Söhne, Béla, Koloman und Andreas, der Reihe nach zu seinen
Nachfolgern und bestellte den graner Erzbischof Johannes in Ungarn,
den Prior der Tempelritter Pontius de Cruce in ·Kroatien und Dalmatien zu Statthaltern. [6] Ungeachtet ihn der empfindlichste Geldmangel

---

[1] Fleury, Histoire eccles., Liv. 74, Nr. 62, XVI, 400. — [2] Epist.
Honorii ad Andream, bei Katona, V, 231. — [3] Epist. Honorii ad Patriarch.
Constantin., bei Katona, V, 234. — [4] Exc. Chron. Jordani, bei Raynald ad
ann. 1217. Chron. Fossae Novae, bei Muratori, VII. — [5] Epist. Honorii ad
Andream, bei Katona, V, 235. — [6] Pray, Hist. reg. Hung., I, 204.

drückte, verschenkte er noch, statt es zu verkaufen, ein beträchtliches, früher von Petschenegen bewohntes Gebiet in der ödenburger Gespanschaft an die Cistercienserabtei zum heiligen Kreuz im Wiener Walde. [1] Das zur Heerfahrt nöthige Geld suchte er lieber durch Anleihen, Steuern, Finanzoperationen und selbst durch Beraubung der Kirchen herbeizuschaffen. So nahm er z. B. aus der weißprimer Domkirche nebst mehrern heiligen Gefäßen von Werth die kostbare, zwölf Mark Gold wiegende Krone der ersten Königin Gisela und verkaufte die Edelsteine aus derselben für 140 Mark Silber [2]; aus der Abtei zu Tihany entführte er einen mit Perlen und Edelsteinen besetzten Kelch, für den er nach seiner Heimkehr der Abtei eine Schenkung von jährlich 1000 Steinen Salz machte. [3] In ähnlicher leichtsinniger Weise verfuhr er bei Besorgung der Schiffe zur Ueberfahrt nach Asien. Der Prior Pontius de Cruce und der siebenbürger Propst Alexander gingen nach Venedig, um wegen Lieferung derselben zu unterhandeln. In ihrem unter dem goldenen Siegel ausgestellten Vollmachtsschreiben verpflichtete sich der König ausdrücklich, alles zu genehmigen, was sie mit den Venetianern abschließen würden. Der Doge Peter Ziani wußte die hiermit dargebotene Gelegenheit trefflich zu benutzen und brachte einen Vertrag zu Stande, der seiner Republik die größten Vortheile gewährte. „Der König von Ungarn", dies sind Punkte desselben, „tritt die Stadt Zara auf ewige Zeiten an Venedig ab; er wird hierüber eine Urkunde unter dem goldenen Siegel ausstellen, welche auch vom Papste bestätigt werden soll; bis zur Herausgabe derselben beschwören die Gesandten die Beobachtung dieses Punktes. . . . . Die Ungarn dürfen in Venedig, die Venetianer in Ungarn, wenn sie an den Grenzen das Achtzigstel entrichtet haben, überall freien Handel treiben; aus Gold, Perlen und Edelsteinen verfertigte Schmucksachen, Seidenstoffe und Musterzeuge sind zollfrei." Auch hier ist der Vortheil ganz auf seiten des gewerbe- und handeltreibenden Venedigs, das diese Artikel verfertigte und ausführte. „Venedig verpflichtet sich dagegen, zehn Schiffe von 5000 Centner Tragfähigkeit zu stellen, für deren jedes der König 550 Giren Miethe zahlt; die übrigen Schiffe dürfen keines weniger als 3000 Centner tragen, und der Preis derselben richtet sich im angegebenen Verhältnisse nach ihrer Größe. . . . . Das erste Viertheil des Miethgeldes entrichtet der König bis zu den nächsten Pfingstfeiertagen, das zweite zu Ende Mai, die letzten beiden acht Tage vor Abfahrt der Schiffe aus dem Hafen Rialto. . . . . Die Schiffe müssen vollkommen ausgerüstet bis zum Tage des heiligen Jakob im Hafen von Spalatro eintreffen. . . . . Bevor der König sich einschifft, gewährleisten er und die Venetianer einander durch einen Eidschwur Sicherheit." [4]

Nachdem diese Vorkehrungen getroffen waren, übergab er seinen ältesten Sohn Béla der Obhut seines Oheims, des berüchtigten Berthold,

---

[1] Urkunde, bei Katona, V, 241. — [2] Pray, Dissertatio de S. Ladislao, S. 109. — [3] Urkunde, bei Fejér, Cod. dipl., III, ii, 352. — [4] Die aus Venedig in die kais. Hofbibliothek übertragenen, jetzt dorthin zurückgestellten Libri Pactorum, IV, 335. Dandulus, bei Muratori, XII, 339.

der ungeachtet seiner Unwürdigkeit unterdessen Patriarch von Aquileja geworden war [1], ließ dann das Gepäck und die Hauptmacht der Kreuzarmee, bei 10000 Reiter, nach Spalatro abgehen und brach bald nachher selbst dahin auf. In seinem Gefolge waren: Otto, Herzog von Meran; Eckbert, Bischof von Babenberg; die ungarischen Bischöfe Peter von Raab und Thomas von Erlau; Meister Ugrin, Unterkanzler; Dionysius, Schatzmeister; Laurentius, Mundschenk; Dominicus, Truchseß; Ladislaus, Stallmeister; Nikolaus, ödenburger, und Smaragdus, presburger Obergespan; Gyula, des Palatin Moses Bruder; Sixtus, Herr von Lipolth, aus dem Geschlechte Aba. [2] In Slawonien führte Graf Stephan von Vodizze, der Sohn des Grafen Stephan von Gorizia, aus dem römischen Geschlechte der Ursini, 250 auf eigene Kosten gerüstete Krieger dem Könige zu, der dafür ihn und seinen Bruder Babonek zu freien Reichsgrafen erhob. [3] Unterwegs vereinigte sich mit dem König auch Leopold VII., der Glorreiche, Herzog von Oesterreich, an der Spitze seines Kriegsvolks und stattlichen Geleites. [4] Außerdem erwarteten ihn bereits zu Spalatro sächsische Kriegsscharen aus Siebenbürgen und eine große Menge anderer Kreuzfahrer.

1217   Am 23. Aug. hielt Andreas seinen Einzug in die Stadt, wo er von den Bischöfen, der Geistlichkeit und der Bürgerschaft in feierlicher Procession empfangen und in die Kirche des heiligen Dominicus geführt wurde. Zum Danke für den glänzenden Empfang wollte er der Stadt die Burg Clissa schenken; da aber ihre Häupter lieber Belohnungen für sich selbst und mehrere unter ihnen gerade dieses Schloß begehrten, vergabte er dasselbe an den Prior Pontius [5]; denn er hatte nun einmal beschlossen, es zu verschenken, und konnte seiner verschwenderischen Laune nicht widerstehen.

Da die venetianischen Schiffe die Menge der Kreuzfahrer nicht fassen konnten, waren noch anconaer und spalatroer Fahrzeuge gemiethet worden. Nach einer Rast von drei Tagen ging Andreas zu Schiffe; nach glücklicher Fahrt landete er am 8. Sept. an der Insel Cypern. Hier wurde er auf des Papstes Anordnung von dem cyprischen König, von dem König und Patriarchen von Jerusalem und von den Großmeistern der Ritterorden glänzend empfangen. Nach langer Berathung einigte man sich endlich über den Kriegsplan und segelte nach Ptolomais (Akka, St.-Jean d'Acre), dem Sitz des Johanniterordens, dessen Großmeister jetzt Guarin von Montaigu war. Als die Kreuzfahrer dort ankamen, trug man ihnen einen Theil des Kreuzes Christi entgegen; Andreas und Leopold gingen barfuß hin, um dasselbe ehrfurchtsvoll zu küssen. Das Heer lagerte außerhalb der Stadt, am Bache Kison.

---

[1] Fejér, Cod. dipl., IV, 1, 21. — [2] Aus mehrern Urkunden zusammengetragen. — [3] Facimus atque creamus .... tituli veri, illibati et eximii comites liberos .... ut possint gaudere praerogativis utque gratiis, quibus ceteri quipiam veri eximii ac liberi comites regni nostri. Katona, V, 294. Nach dieser Urkunde zu schließen, gab es schon damals auch in Ungarn freie Grafen, wie in andern Ländern. — [4] Calles, Annales Austr., II, 201—202. — [5] Thomas Archiad. Spal. Hist. Salonit., Kap. 26.

Der Waffenstillstand, den die Christen und Türken geschlossen
hatten, lief mit Anfang November ab, und der Feldzug begann am
3. unter Anführung des ungarischen und jerusalemitanischen Königs
und des österreichischen Herzogs. Koraddin, des ayubitischen Sultans
Sefadin Sohn, stand mit einem Heere am Brunnen Jisreels (Fons Tu-
baniae, bei Guilelmus Tyr.; Trebaniae, bei Jacobus Vitrianus). Gegen
ihn marschirten die Kreuzfahrer. Er fürchtete ihre gegenwärtige Ueberlegenheit und wußte nur zu gut, daß Klima, Mühsal und Uneinigkeit
ihre Macht bald brechen würden; daher wich er der Schlacht aus und
zog sich nach Bethsaida zurück. Hier kam es zu einem Scharmützel,
in welchem der königliche Schatzmeister Peter einen türkischen Anführer — man glaubte den Bruder des Sultans selbst — erschlug und
dessen Kopf den Königen überbrachte. [1] Koraddin warf sodann Verstärkung in die Feste auf dem Berge Tabor und entwich vom Schauplatze des Kriegs. Weil nun die Kreuzfahrer keinen Feind vor sich
hatten, besuchten sie die heiligen Stätten und sammelten Reliquien.
Doch das fromme Gefühl der Andacht ward bald durch Hunger, Habgier und Fanatismus erstickt; sie fingen an zu plündern, schleppten
die mohammedanischen Bewohner der Städte und Dörfer in Gefangenschaft, entrissen den Aeltern ihre Kinder und kehrten mit beträcht-
licher Beute nach Ptolomais zurück. [2] Die christlichen Heerführer dachten nun einen Augenblick daran,
den fliehenden Feind, der ihnen die.gelegenheit zum Sieg entzog, an
dem Sitze seiner Macht, in Aegypten, aufzusuchen, gaben aber dieses
Vorhaben vorderhand auf und beschlossen, die nur vier Meilen von
Ptolomais entfernte Burg auf dem Berge Tabor zu erobern. Sie war
stark befestigt; siebzig Thürme erhoben sich über ihre Mauern und eine
Besatzung von 2000 erlesenen Kriegern vertheidigte sie. Vergeblich
bemühte sich Graf Raimund von Tripolis darzuthun, daß es unmöglich
sei, die Burg zu erstürmen, und daß zur Belagerung derselben die
nöthigen Werkzeuge und Lebensmittel fehlen; die Häupter beharrten
bei ihrem Entschluß und führten das Heer über Nazareth gegen die
Feste. Am 3. Dec. machten Andreas, Leopold und die Tempelritter auf der einen Seite des Berges den Angriff, auf der andern Johann von Brienne, Titularkönig von Jerusalem, und Hugo von Lusignan,
König von Cypern, denen der Patriarch von Jerusalem Rudolf das
heilige Kreuzholz vortrug. Die Moslim, welche die Zugänge der Burg
vertheidigten, werden geworfen; die Christen erklimmen den Gipfel
des Berges; Johann von Brienne tödtet zwei vornehme feindliche Befehlshaber, auch ein ungarischer Krieger zeichnet sich durch tapfere
That aus [3]: da gerathen der Großmeister Guarin von Montaigu und
der Graf von Tripolis, die im Hintertreffen standen, in heftigen Zank

[1] Eine Urkunde Béla's IV. von 1246, bei Fejér, Cod. dipl., IV, 1, 417.
— [2] Der Augenzeuge Oliverius Scholast. Hist. Damiatiana, bei Eckhard, II,
1397, und bei Menken, II. Godefrid. Colon. Annal. ad ann. 1217, bei Freher, I. Jacob. de Vitriaco, Lib. 3, bei Bongars, Gesta Dei per Francos, I.
— [3] Der König belohnte ihn später durch Verleihung eines Gutes in der
honter Gespanschaft. Verbőczy, Tripartit., Pars II, Tit. 14, c. 13.

und verlassen mit ihren Scharen den Kampfplatz; die Vorgedrungenen
erhalten nunmehr keine Unterstützung, werden von den Mauern
der Burg zurückgeschlagen und erleiden beim Rückzug empfindlichen
Verlust.

Ein drittes Unternehmen sollte Ersatz geben für das Mislingen der
beiden ersten. In den letzten Tagen des December brach das Kreuzheer
wieder von Ptolomais auf und zog in das phönicische Gebiet, fand aber
jenseit des Leontes alle Pässe des Libanon vom Feinde besetzt und
mußte einen nach dem andern erstürmen. Fortwährende Kämpfe,
heftige Kälte auf den Bergeshöhen und Mangel an Lebensmitteln
rafften Menschen und Vieh dahin; die immer wachsende Zwietracht der
Feldherren vereitelte jede heilsame Maßregel; ein furchtbares Ungewitter, das in der Christnacht sich erhob, erfüllte die Gemüther
vollends mit abergläubischem Schrecken; so trieb endlich Verzweiflung
das Heer nach Ptolomais zurück, wo es Gefahr lief, durch Hunger und
Pest unterzugehen. [1]

1218   Noth und Uneinigkeit zwangen hierauf die Kreuzfahrer, sich zu
trennen. Johann von Brienne, Leopold von Oesterreich und Guarin
von Montaigu führten ihre Mannschaft aus dem erschöpften Ptolomais
hinauf nach Cäsarea. Wilhelm von Chartres, der Templer, und Hermann von Salza, der Deutschen Ordensritter Großmeister, begaben sich
auf den Berg Karmel, befestigten eine verfallene Burg und fanden unter
deren Trümmern einen beträchtlichen Schatz. Die dritte Abtheilung
blieb in Ptolomais als Besatzung zurück. Andreas und König Hugo
von Cypern gingen nach Tripolis, wo sie um'das Fest der Erscheinung
Christi, 6. Jan., anlangten. Hier wurden sie aber von schweren
Uebeln getroffen, Hungersnoth und aus derselben entstehende Seuchen
verminderten das Heer; der junge König Hugo starb, und Andreas
ward von einer Krankheit befallen, von der er sich nie mehr ganz er-
holte und die man deshalb einer Vergiftung zuschrieb. [2]

Der schon durch soviel Misgeschick und körperliche Leiden entmuthigte König empfing jetzt aus der Heimat die schlimmsten Nachrichten: Papst Honorius habe den Fürsten von Serbien Stephan, weil
er zur römischen Kirche übertrat, durch seinen Legaten Gregor zum
König von Rascien krönen lassen und dadurch die Hoheitsrechte der
ungarischen Könige über Serbien empfindlich gekränkt; Ungarn selbst
werde durch Parteiungen, Gewaltthat und Raub in die äußerste Verwirrung gebracht. [3] Er faßte daher den Entschluß, heimzukehren, und
führte denselben aus, ohne auf den Widerspruch der andern Kreuzfahrer,
auf die Drohungen des päpstlichen Legaten und auf den Bannspruch zu
achten, den der Patriarch von Jerusalem wirklich auf ihn und alle, die
ihm folgen würden, schleuderte. Vor seinem Abzuge bezeigte er noch
den Hospitalrittern des heiligen Johannes seine Dankbarkeit für die
freundliche Anfnahme, die sie ihm zu Ptolomais und auf den Berg-

---

[1] Oliverius Scholast., Godefrid. Colon. Jacobus de Vitriaco, a. a. O. —
[2] Die zuvor Genannten. Thomas Archidiac. Spalat., Hist. Salonit., c. 26. —
[3] Epist. Andreae ad Honorium, 1218, bei Pray, Annales, I, 214.

schlössern Krat und Margath erwiesen hatten, und sein Wohlgefallen
an den Werken der Barmherzigkeit und den tapfern Thaten, die sie
verrichteten. Mit Genehmigung der Reichsbeamten in seinem Gefolge verlieh er dem Orden von den Einkünften der königlichen Salzwerke zu Szaloch jährlich 500 Mark Silber, zu Ostern zahlbar, den
Zoll von dem ödenburger Grenzpasse, ein Stück Land zwischen der
Drave und der Ordensbesitzung Ohergon, die Freiheit, sein Salz (aus
den Gruben, die der Orden in Siebenbürgen schon besaß) im ganzen
Lande mit Ausnahme der Grenzen zu verkaufen, endlich den Hörigen
des Ordens Enthebung von der Gerichtsbarkeit ordentlicher Richter
und Befreiung von allen Landesabgaben, Steuern und Diensten. An
jedes der Ordenshäuser Krat und Margath vergabte er aus dem genannten Salzwerke jährlich 100 Mark. [1]

Nachdem also Andreas nur drei Monate an den Grenzen Palästinas zugebracht und nichts Bemerkenswerthes ausgerichtet hatte, trat er
im Februar die Rückreise zu Landaan und schloß unterwegs Ehebünd-
nisse. In Antiochien verlobte er seinen jüngsten Sohn Andreas mit
der Tochter des Königs von Armenien Leo unter der Bedingung der
Erbfolge für ihn und seine Nachkommen. Daß er in Bithynien eine
Gesandtschaft des Sultans von Ikonium empfangen, der Christ zu werden versprochen habe, wenn ihm der König seine Tochter oder eine
Verwandte zur Gemahlin gäbe, ist wol nichts weiter als ein Märchen.
In Nicäa dagegen verlobte er seinen erstgeborenen Sohn Béla mit der
Tochter des dortigen Kaisers Theodorus Laskaris, Maria, und nahm
die Braut sogleich mit sich nach Ungarn; und beim Zug durch Bul-
garien versprach er dem Könige Asan (Joannitz war schon vor zehn
Jahren getödtet worden) seine älteste Tochter Maria zur Gemahlin. [2]
Nach zwei Jahren wurde die Vermählung gefeiert.

Endlich gelangte Andreas mit seinem durch Noth und Stra-
patzen entsetzlich verminderten Heere nach Ungarn zurück, reich an Reliquien, arm an Geld, ohne Ehre, ohne andern Gewinn als den Namen
des Jerusalemitaners, der ihm beigelegt wurde, obgleich er Jerusalem
nie gesehen hatte. Und in welch traurigem Zustand fand er das Reich!
„Als wir nach Ungarn zurückkehrten", klagte er dem Papst Honorius,
„sahen wir, daß sowol Laien wie Geistliche Verbrechen begingen,
welche alle Vorstellung überschreiten; wir fanden sämmtliche Einkünfte des Stants in solchem Maße geraubt und verschwendet, daß wir
nicht einmal jene Schulden zu zahlen vermögen, die wir auf unserer
Heerfahrt zu machen gezwungen waren, und daß funfzehn Jahre nicht
hinreichen werden, unser Reich wieder in den vorigen Stand zu setzen;
daher möge Eure Heiligkeit verzeihen, wenn Ihre Gesandten keine Geschenke bringen." [3] Und in einem andern Schreiben, von 1219, sagt
er: „Viele unter den Edelleuten haben wie Diener des Satans sich nicht
gescheut, unsere königliche Hoheit zu verletzen, unsere Anordnungen

[1] Die Urkunden, bei Katona, V, 276, 280, 283 u. 287. — [2] Epist. Andreae ad Honorium, bei Pray, Annal., I, 214. — [3] Epist. Andreae ad Honorium, bei Katona, V, 310.

zu verachten und den Landfrieden zu brechen. Als der Erzbischof Johann ihrer Bosheit Schranken setzen wollte, wurde er all seines Vermögens und Einkommens beraubt, gefangen und schmachvoll aus dem Lande geworfen."[1] So war es wirklich geschehen: der kraftlose Mann, dem Andreas während seiner Abwesenheit die Reichsverwaltung übertragen hatte, wurde vertrieben und mußte bis zu dessen Rückkunft im Auslande bleiben, damit die zügellosen Herren ganz ungehindert ihre Gewaltthätigkeiten üben könnten. Doch diese Uebel hatte der König größtentheils selbst verursacht durch seinen Leichtsinn, durch seine Verschwendung, durch seine gänzliche Unfähigkeit, sich Gehorsam zu verschaffen; sie waren schon da, noch bevor er die Heerfahrt nach Palästina antrat, seine Abwesenheit öffnete ihnen nun den Raum zum Ausbruch. Deshalb war er auch nicht im Stande, nach seiner Heimkehr denselben zu steuern und die Herrschaft des Gesetzes und der Ordnung wiederherzustellen. Denn eben die, durch welche diese Wiederherstellung hätte bewirkt werden müssen, die höchsten Staatsbeamten, die Bischöfe und Obergespane stifteten das Unheil und fanden darin ihre Lust und ihren Vortheil; sie aber ihrer Aemter zu entsetzen und zum Gehorsam zu zwingen, war Andreas viel zu ohnmächtig. Er wendete sich also abermals an den Papst und bat ihn, gegen die Urheber so großer Verbrechen und gegen ihre Mitschuldige mit solcher Strenge zu verfahren, daß sie in keinem christlichen Lande Aufnahme und Schutz fänden. [2]

Sein Kummer wurde noch dadurch vermehrt, daß die Halitscher, während er im Orient abwesend war, seinen Sohn Koloman verjagt und Roman's Enkel, Mstislaw Mstislawitsch, sich zum Fürsten erkoren hatten, weil die ungarischen Stellvertreter des neunjährigen Königs mit fanatischem Eifer die Einführung des lateinischen Kirchenwesens betrieben. [3] Es ließ sich wol leicht voraussehen, daß man das Kind gegen den Willen des erbitterten Volks und gegen die Angriffe der feindlich gesinnten russischen Fürsten unmöglich werde auf dem Throne erhalten können; aber Andreas war zu unbedacht und eitel, als daß er dieses begriffen und auf eine Sache verzichtet hätte, die ihn durch ihren Glanz blendete. Sobald sich also der Aufruhr im eigenen Lande einigermaßen gelegt hatte, war es seine erste Sorge, Koloman mit Heeresmacht wieder in den Besitz des verlorenen Galiziens zu setzen. Aber hierzu fehlte es an Geld, und doch war um desto mehr Geld dazu nöthig, da sich die Zahl der Landesmiliz durch Vergabung der Staatsländereien außerordentlich vermindert hatte, und Krieger für Sold geworben werden mußten. Andreas verpachtete und verpfändete deshalb die königlichen Gefälle und Steuern an Juden und Ismaeliten (die schon oft erwähnten mohammedanischen Bulgaren); zahlte der Witwe König Emerich's, jetzt Gemahlin Kaiser Friedrich's II., Constantia, das ihr zugesicherte Leibgedinge von 12000 Mark nicht aus und bemächtigte sich noch überdies des Geldes und Geschmeides im Betrag von

---

[1] Fejér, Cod. dipl., III, 1, 282. — [2] Epist. Andreae ad Honorium, bei Pray, Annal., I, 214. — [3] Karamsin, Geschichte des russischen Reichs, III, 150.

30000 Mark, welches sie im grauer Hause der Johanniter niedergelegt hatte. [1] Doch das Verderblichste von allem, wozu er in der selbstverschuldeten Noth griff, war, daß er sich von einigen Großen bereden ließ, „die von den Altvordern unverletzt erhaltene Verfassung des Reichs ändernd, Burgen, Gespanschaften, Ländereien und andere Einkünfte des reichen Ungarns an seine Barone und Krieger als bleibendes Erbe zu vergaben". [2] So wurde dem Bedürfnisse des Augenblicks, das thörichte Ehrsucht und Herrschbegierde geschaffen hatten, das noch übrige Vermögen und mit ihm die Macht und das Wohl des Staats geopfert und der ohnedies schon übermächtigen Oligarchie preisgegeben.

Nun sammelte Andreas ein kleines Heer, das der Palatin Gyula 1219 über die Karpaten führte. Jenseit der Gebirge stieß ein 1219 polnisches Hülfscorps zu ihm, von Herzog Lesko seinem künftigen Schwiegersohne zugeschickt. Als sich die vereinigte ungarisch-polnische Armee Halitsch näherte, verließ Mstislaw die Stadt und Koloman zog wieder als König in dieselbe ein. Aber nach kurzer Zeit kehrte Mstislaw an der Spitze eines starken, aus Russen und Kumanen bestehenden Heeres wieder. Gyula befestigte in der Eile Halitsch, ließ den jungen König dort zurück und ging dem Feinde entgegen, wurde jedoch geschlagen und konnte nur mit schwerer Mühe die Ueberreste seiner Armee in die Stadt zurückführen. Die Sieger folgten ihm auf dem Fuße und begannen die Belagerung derselben. So tapfer sich auch die Ungarn und Polen eine Zeit lang vertheidigten, mußten sie doch, als die äußern Mauern, von den Russen untergraben, zusammenstürzten, sich in die innere Burg zurückziehen und zuletzt, von Hunger und Durst bezwungen, auch diese und sich selbst übergeben, 1220. Die Ge- 1220 fangenen wurden unter die Kumanen als Sklaven vertheilt, Koloman, seine Braut Salome und der Palatin Gyula aber auf die Burg Torsk in Verhaft gesetzt. [3]

Da Andreas außer Stande war, die Gefangenen mit Waffengewalt zu befreien, mußte er es durch Unterhandlungen versuchen. Nach einigen vergeblichen Gesandtschaften kam es endlich durch Vermittelung Herzog Lesko's dahin, daß Andreas 1221 persönlich mit Mstislaw 1221 an der ungarischen Grenze zusammentraf und Frieden schloß. Nach den festgesetzten und von beiden Theilen beschworenen Bedingungen wurden Koloman und Salome dem Könige ausgeliefert; dessen jüngster Sohn Andreas sollte nach drei Jahren mit Mstislaw's Tochter Maria vermählt werden, Mstislaw bis dahin Halitsch unter ungarischer Hoheit

[1] Epist. Honorii, bei Schier, Reginae Hung., S. 177; bei Katona, V, 432.
— [2] Die von Andreas für die graner Kirche über das Gut Turdos ausgestellte Scheukungsurkunde: „Dum quorundam nostrorum principum consilio terrae nostrae statum, ab antiquis illibate conservatum alterantes, castra, comitatus, terras et ceteros opulentis Hungariae proventus in perpetuas haereditates nostris baronibus et militibus distribuimus." Fejér, Cod. dipl., III, ı, 255. Dagegen sagt Béla IV. in einer Urkunde vom Jahre 1267: „Inter alias immensas donationes, quas (pater noster) quibusdam personis passim et indifferenter in praejudicium coronae regiae facere consueverat. Fejér, Cod. dipl., III, ııı, 388. — [3] Cromer, Hist. Polon., VII, 185.

regieren und dann seinem Eidam übergeben. ¹ Allein von dem allen
1222 geschah nichts; der König verlangte schon im folgenden Jahre, 1222,
daß ihn der Papst von dem beschworenen Vertrag entbinde. Der
Papst erklärte denselben insoweit für nichtig, als er Andreas statt des
kraft päpstlicher Gewalt gekrönten Koloman zum Herrscher Galiziens
und Lodomeriens bestimmte, hielt jedoch die Verlobung des erstern mit
Maria aufrecht. ² Allein weder Andreas noch Koloman, ungeachtet
die päpstliche Entscheidung das Herrscherrecht des letztern für unverletzlich erklärte, gelangten je auf den halitscher Thron. Die Aussicht
auf das ferne Armenien hatte Prinz Andreas bereits vor seiner zweiten
Verlobung mit Mstislaw's Tochter verloren. Denn als König Leo
starb, traten sogleich mehrere Prätendenten für Armenien auf; da
wurde dessen Tochter, Andreas' erste Braut, schnell mit Philipp, Bo-
hemund's von Antiochien Sohn, vermählt, der mit ihrer Hand auch das
Königreich erwarb. ³ Alle Hoffnungen und Plane, die Andreas zur Erhebung seines Hauses gefaßt hatte, waren also in kurzer Zeit vereitelt;
ihm blieb davon nichts weiter übrig als der leere Titel eines Königs von
Galizien und Lodomerien.

Dagegen brachen die nachtheiligen Folgen seiner Charakter-
schwäche und Regierungssünden unaufhaltsam herein. Seine vormalige
1220 Schwägerin, die Kaiserin Constantia, klagte ihn 1220 wegen der
Vorenthaltung ihres Leibgedinges und der gewaltsamen Wegnahme
ihres Schatzes beim Papste an. Hierauf ertheilte dieser dem Erzbischof von Salzburg, Eberhard II., und dem Bischof von Veszprim, Robert, den Auftrag, die Sache zu untersuchen und den König zum Ersatz anzuhalten.⁴ Andreas that Einspruch gegen die Bevollmächtigten,
weil der veszprimer Bischof sein Vasall sei, und verlangte den Papst
selbst zum Richter in dieser Angelegenheit. Hiermit war auch die
Kaiserin zufrieden ⁵; sie starb aber, noch ehe der Urtheilsspruch erfolgte, und mit ihr ward zwar auch die Schuld des Königs begraben,
doch die Demüthigung, einer solchen Sache wegen vor Gericht gestellt
worden zu sein, dürfte er nie vergessen haben, wenn nur ein Funke
königlichen Sinns in seiner Brust glimmte.

Das Geld, welches er durch Veräußerung der Staatsgüter, durch
Verpachtung und Verpfändung der Gefälle und Steuern zusammen-

¹ Russische Jahrbücher, bei Katona, V, 364. Dlugoss, VI, 610. Karamsin, a. a. O. — ² Epist. Honorii ad Andream, bei Katona, V, 366. —
³ Bernhardus Thesaurarius, bei Muratorius, VII, 843. Die fernern Schicksale dieses Prinzen sind in Dunkel gehüllt. Einige glauben, er müsse kurz
nach den erzählten Begebenheiten gestorben sein, weil seiner nirgends mehr
gedacht wird; andere setzen seinen Tod in das Jahr 1234; noch andere endlich halten ihn für den Stammvater der gräflichen Familie Croy in Frankreich. Sie geben an, Andreas wanderte nach Venedig aus, ehelichte dort des
reichen Kaufherrn Petrus Cumarius Tochter Sibylla; sein Sohn Marcus kam
nach Frankreich, heirathete dort die Tochter des Herrn v. Arain und Croy
und ward der Ahn der Grafen Croy, die deshalb Nachkommen Árpád's in
männlicher Linie zu sein behaupten. Vgl. das am Schlusse des Bandes über
diesen Gegenstand Gesagte. — ⁴ Epist. Honorii, bei Schier, Reginae Hung.,
S. 177. — ⁵ Epist. Honorii ad Andream, Katona, V, 308.

gebracht hatte, war schnell verthan, und nun waren alle Quellen des Einkommens für längere Zeit gänzlich erschöpft. In dieser Noth griff er abermals zu einem Mittel, das ihm wenig Gewinn, dem Volke jedoch unberechenbaren Schaden brachte. Bei dem schon zur gesetzlichen Gewohnheit gewordenen Umtausch neuer Münzen gegen die alten verminderte er nämlich den Feingehalt derselben immer mehr, bis sie am Ende fast werthlos waren. Da aber dasselbe Geld, das aus der Münzstätte das Land überschwemmte, auch wieder in die öffentlichen Kassen zurückfloß, wurde dadurch dem Mangel nicht abgeholfen, und der König schritt nun zu neuen Veräußerungen von Staatsgütern in solchem Maße, daß Honorius sich berechtigt glaubte, Einsprache dagegen zu erheben. Er schrieb daher 1220 an den Erzbischof von 1220 Kalocsa, Ugrin: „Seit lange hören wir, daß unser geliebter Sohn in Christo, der glanzvolle (splendidus) König Ungarns, zum Schaden des Reichs und zur Erniedrigung der königlichen Würde, Veräußerungen macht; wir haben dem König geschrieben, daß er dieselben zurücknehme, auch wenn er den Verkauf mit einem Eide bestätigt hätte; denn indem er bei der Krönung geschworen hat, die Rechte des Landes und die Ehre der Krone unverletzt zu bewahren, war es ihm nicht erlaubt, durch einen Eid zu versprechen, daß er die verkauften Güter nicht zurücknehmen werde; deshalb darf er denselben schlechterdings nicht halten."[1]

Um dieselbe Zeit schritt der Papst sogar handelnd in die Reichsangelegenheiten ein. Andreas hatte noch als Herzog 1202 die an der nördlichen Seite des Flusses Zettina knapp am Meer, auf einem steilen Felsen gelegene Stadt Amissa befestigen lassen und ihr 1207 alle Rechte der übrigen Städte Dalmatiens verliehen. Die Einwohner derselben trieben zuerst Kaperei gegen venetianische Handelsschiffe, gewöhnten sich dadurch an Seeraub und wurden in ihren Unternehmungen immer kühner, seit sich die verfolgten Patarener in die feste Stadt geflüchtet hatten und sich an ihren Drängern zu rächen suchten. Von allen Seiten liefen Klagen gegen sie ein; Andreas drohte ihnen, er werde mit der ganzen Reichsmacht kommen und sie züchtigen, wenn sie nicht sogleich die Seeräuberei aufgeben und die Patarener vertreiben würden. Aber die Amissaer wußten zu gut, welche Kluft zwischen dem Wort und der That dieses Königs liege, und achteten seine Befehle und Drohungen nicht. Da versammelte der Legat Aconcius auf Befehl des Papstes die Streitkräfte der dalmatinischen Städte, griff Amissa zu Wasser und zu Lande an und zwang die unruhigen Einwohner auf den Knien Verzeihung zu erflehen und ihre Schiffe zu verbrennen; selbstverständlich mußten auch die Patarener versprechen, künftighin gut römisch-katholisch zu sein.[2]

Zu den bereits vorhandenen Uebeln gesellte sich ein neues, Zwietracht im königlichen Hause. Der kaum sechzehnjährige gekrönte König Béla hatte seine eigene Hofhaltung, in der sich mit Ausnahme

---

[1] Bei Katona, V, 338. — [2] Lucius, Lib. IV, c. 4, p. 100. Farlatus, III, 249. Thomas archid. Hist. Salon., Kap. 27.

eines Palatins alle übrigen Reichswürdenträger befanden, und übte, wie
es scheint, bei der Unbestimmtheit und Verwirrung aller öffentlichen
Zustände auch königliche Befugnisse aus. Da Andreas die Zügel der
Regierung so kraftlos führte, ließ er sich um so leichter durch seine
Umgebung bewegen, mehr und mehr nach denselben zu greifen. Unverkennbar ging sein Streben darauf hinaus, die geraubten Krongüter wieder einzuziehen, den Uebermuth der Mächtigen zu brechen
und das königliche Ansehen herzustellen. Die Großen am Hofe des
ältern Königs, namentlich der Palatin Nikolaus und der Schatzmeister
Dionysius erschraken über das Beginnen des thatkräftigen Jünglings,
reizten den Vater gegen den Sohn auf und wagten es sogar, letzterm mit
Geringschätzung und Hohn zu begegnen. [1] Besonders mochten sie die
junge Königin Maria beargwohnen, daß sie ihren Gemahl zu den Schritten, die er that, anrege; sie wußten es in Verbindung mit der Königin
Jolantha, die ihrer Stiefschwiegertochter übel wollte, dahin zu bringen,
daß Andreas seinem Sohne befahl, sich von der Gattin, die er liebte,
zu trennen, und daß dieser sogar in die Ehescheidung willigte, ja beim
Papst dieselbe nachsuchte, der aber das Ansuchen abschlug und den
Bischöfen auftrug, das getrennte Ehepaar wieder zu vereinigen. [2]
    Unterdessen war die Finanznoth immer höher gestiegen. Nichts half
es, daß Steuern und Zölle, der Salzverkauf und die Münze an Juden und Ismaeliten verpachtet wurden; diese bereicherten sich durch furchtbare Bedrückungen und Unterschleife, aber die Schatzkammer blieb leer und
122. das Volk gerieth in Elend und Verzweiflung. Jetzt endlich 1221 erließ Andreas den Befehl, die zerstreuten, von übermächtigen Herren gewaltsam unterdrückten Burgleute in Freiheit zu setzen und wieder zu
sammeln, desgleichen alle ohne königliche Vergabung eigenmächtig
von den Burgen der Gespanschaften abgerissenen Ländereien wieder mit
denselben zu vereinigen. [3] Dieser Befehl setzte die räuberischen Dynasten in Besorgniß; sie sahen in demselben den Anfang, ihnen die
Staatsgüter, deren sie sich auf jegliche Weise bemächtigt hatten, wieder
abzunehmen, und suchten dessen Ausführung zu vereiteln, überhaupt
jede Verbesserung zu hintertreiben. Desto eifriger wirkten Béla und
seine Anhänger für die zum Heile des Vaterlandes unumgänglich
nöthigen Reformen. War die Partei, welche den ältern König umgab,
überwiegend an Reichthum und Macht, so hatten sie dagegen die Ueberzahl
und die öffentliche Meinung für sich. Sie erkannten nur Béla für ihren
König, suchten ausschließlich bei ihm Recht [4] und gingen schon damit
um, Andreas mit bewaffneter Hand zu entthronen. Bald standen sich
die Parteien feindlich gegenüber; Fehden und Verheerungen der Landgüter fanden statt; und da jeder nur die Sache seines Königs zu vertheidigen vorgab, häuften sich Anklagen wegen Treulosigkeit und Meu-
terei, Confiscationen und sogar Hinrichtungen ohne gesetzliche Formen.
Schon war die Gesammtheit der Freien und Adelichen bereit, die Waffen

---

    [1] Rogerii Canonici Varadiensis Carmen miserabile, Kap. 9, bei End-
licher. — [2] Epist. Honorii 28. Maji 1222, bei Fejér, III, I, 384. — [3] Fejér,
Cod. dipl., III, I, 353. Katona, Hist. crit., V, 338. Bel, Apparat. Dec. 1,
269. — [4] Bulla aurea, 14, bei Endlicher.

wider ihre Dränger, die Herren, zu erheben; der Bürgerkrieg schien unvermeidlich.[1] Vergebens trug Honorius III. Ungarns Bischöfen auf, die Urheber der Zwietracht zwischen Vater und Sohn, ebenso alle, welche dem rechtmäßigen König Gehorsam und treue Dienste verweigerten, mit dem Kirchenbann zu verfolgen[2]; das Uebel lag tiefer, als daß die Streiche der kirchlichen Gewalt es treffen konnten. Da trat die Geistlichkeit ins Mittel und bewog in Verbindung mit einigen besser gesinnten Hofherren den König 1222 einen großen Reichstag zu berufen, einen der wichtigsten, die in unserm Vaterlande abgehalten worden sind. Wie sieben Jahre früher, 1215, die Magna Charta Englands unter ähnlichen Umständen, kam hier der große Freibrief der ungarischen Nation zu Stande, welcher von dem daran hängenden goldenen Siegel die „Goldene Bulle" genannt wird. Er war gegen die Willkür der Könige und die Gewaltthaten der Großen gerichtet, sollte die eingerissenen Misbräuche aufheben und die Rechte des Adels — weniger des Volks, das seine ursprüngliche Freiheit schon größtentheils verloren hatte, — feststellen und für immer sichern; er gilt als die Grundlage der Nationalfreiheit und Constitution und ward von jedem König bei der Krönung feierlich beschworen.[3] Weiter unten, wo von den innern Zuständen die Rede sein wird, theilen wir den Inhalt derselben mit. Noch in dem nämlichen Jahre bestätigte Andreas durch einen königlichen Freibrief — nicht durch ein Gesetz — auch die Rechte und Immunitäten der Geistlichkeit.

2. Innere Zustände.
1196—1222.

Die auffallende Verschlimmerung, welche die bürgerlichen und kirchlichen Verhältnisse, die Verfassung und der ganze Zustand Ungarns in dem kurzen Zeitraum von sechsundzwanzig Jahren erlitten, tritt aus den bisher erzählten Begebenheiten so deutlich zu Tage, daß es nicht nöthig ist, dieselbe ausführlicher darzulegen. Alles, was Béla III. zur Wiederherstellung der königlichen Macht, zur Begründung gesetzmäßiger Ordnung und zur Förderung der öffentlichen Wohlfahrt gethan hatte, verschwand schnell und fast spurlos nach seinem Tode. Dagegen gewannen die nachtheiligen Veränderungen, welche schon unter seinen Vorgängern sich allmählich vorbereitet hatten, während Emerich's Regierung immer mehr Bestand, und kamen unter Andreas zur Vollendung. Kräftige Regenten hätten zwar ihren Fortschritt aufhalten und sie weniger verderblich machen, nicht aber — das muß man zugeben — sie ganz verhindern können; denn sie lagen in dem damaligen politischen Zustande der Völker und traten um diese Zeit hier etwas früher, dort später in den meisten Ländern Europas ein. Da es nun den beiden Königen an Kraft des Geistes und Staatsklugheit fehlte, waren sie

---

[1] Rogerius, Carmen miserabile, Kap. 9, bei Endlicher, Monumenta, S. 201. — [2] Epist. Honorii ad Episcopos, 4. Julii 1222, bei Fejér, Cod. dipl., III, I, 388. — [3] Verböczy, Decretum tripartitum, Pars I, Tit. 9, §. 6.

nicht im Stande, dem hereinbrechenden Strom einen Damm zu setzen,
sie öffneten ihm vielmehr selbst den Weg, und so mußte der Umschwung
der Dinge um so plötzlicher, allgemeiner und verderblicher werden.
Die wiederholten Aufstände, die Andreas gegen seinen Bruder
erhob, mußten schon an sich selbst die königliche Macht schwächen,
das Ansehen des Gesetzes verringern, Thaten der Gewalt erzeugen
und das Land in Verwirrung bringen. Sein Streben, durch übertriebene
Nachsicht und verschwenderische Freigebigkeit die gewaltigen Großen
auf seine Seite zu ziehen, nöthigte auch Emerich, ihre Treue unablässig
mit neuen Gütern und Privilegien zu erkaufen und ihnen alles zu erlauben,
was sie begehrten. So ward der König immer ärmer und ohnmächtiger,
die Dynasten aber erstiegen eine Höhe des Reichthums und der Macht,
auf der sie weder der Arm des Gesetzes noch des Königs erreichen
konnte. Die Straflosigkeit, auf die sie rechneten, entfesselte ihre Leidenschaften und steigerte ihre Kühnheit; verwalteten sie hohe Staatsämter,
so übten sie die größte Willkür und benutzten dieselben ungescheut,
sich durch Erpressungen und Raub zu bereichern; lebten sie im Privat-
stande, so verweigerten sie den schuldigen Gehorsam, trotzten den
Entscheidungen der Gerichte, und erweiterten mit List und Gewalt ihre
Besitzungen und angemaßten Vorrechte. [1]
Der Leichtsinn, mit welchem Andreas das Staatsgut an Günstlinge und auf unnütze Kriege verschwendete, die Schwäche, mit der er
seiner Gemahlin Gertrud und ihren Verwandten die königliche Gewalt
schändlich zu misbrauchen gestattete, die gesetzwidrigen und verkehrten
Mittel, durch die er sich Geld zu verschaffen suchte, erstickten im
Volke die ehrfurchtsvolle Scheu vor dem König, lockerten alle Bande
der Ordnung, erzeugten Armuth und Noth und untergruben die öffentliche Sittlichkeit. Denn eine Regierung, die selbst Gesetz und Recht
nicht achtet, fordert ihre Untergebenen gleichsam auf, dieselben zu verletzen; räuberische Finanzmaßregeln zwingen zu Unterschleifen; ein
gedrücktes hungerndes Volk ist stets zu Aufständen bereit; auf seinen
Beifall kann sicher jeder zählen, der sich dessen Drängern widersetzt.
Nichts zeugt lauter von der traurigen Zerrüttung des Landes und
von der verzweiflungsvollen Rathlosigkeit seiner Regenten in diesem
Zeitraum, als daß der Papst so häufig zum Einschreiten angerufen
wurde. Weil die weltliche Macht in Verachtung gesunken und von
allen Mitteln, Ordnung zu schaffen, entblößt war, wandte man sich
an ihn, daß er mit geistlichen Waffen die Widerspenstigen bekämpfe.
Aber die Hülfe, die er gewährte, wurde theuer erkauft und war nur
eine scheinbare; die eigene Ohnmacht ward eingestanden, die Freiheit
des Reichs preisgegeben und der König zum Vasallen des römischen
Stuhls erniedrigt. Durch allzu häufige Anwendung und Misbrauch verloren die Bannflüche ihre Wirksamkeit; die Bischöfe, denen der Papst
die Vollmacht, sie auszusprechen, ertheilte, schleuderten dieselben wider
ihre persönlichen Gegner und wider einander selbst; wer den Muth

---

[1] Rogerius, Carmen miserabile, Kap. 10. Die bereits oben angeführten Briefe, in denen Andreas über das eingerissene Verderben vor dem
Papste klagt.

besaß, ihre Verwünschungen nicht zu fürchten, erkannte bald, daß sie
nicht schaden, und ward um so trotziger. Wie fast überall, stiftete die
Einmischung des Papstes auch hier mehr Unheil als Segen.
Die Gemeinfreien bildeten einst die Masse des Volks, in ihnen lag
die Kraft des Staats. Durch Einflüsse, die wir bereits angaben, hatte
sich ihre Zahl unablässig vermindert, indem sie größtentheils zur Hörigkeit herabgesunken waren; jetzt, wo die habgierigen und herrschsüchtigen Großen den Schwachen ungestraft unterdrücken durften, verschwanden sie beinahe gänzlich; nur einige Ueberreste dieses Standes
waren noch vorhanden in den Burgmilizen, Jobbagyones castri, die auf
den wenigen Gespanschaftsländereien saßen, welche der Verschleuderung
der Könige und dem Raube der Mächtigen bisher entgangen waren.
So näherte sich die ungarische Nation in diesem Zeitabschnitte voll
Wirren um einen bedeutenden Schritt jenem jahrhundertelang dauernden Zustande, wo nur der Adel Freiheit genoß, ausschließlich politische
Rechte übte und allein das Volk, den Populus, bildete. [1] Da aber
nur freie Leute steuer- und kriegspflichtig waren, und die Adelichen
bereits für sich selbst und für ihre Hörigen die Befreiung von allen Abgaben als unbestrittenes Recht erlangt hatten, auch zur Heeresfolge
blos dann verpflichtet zu sein glaubten, wenn das Vaterland von einem
Feinde angegriffen wurde: welchen gewaltigen Abbruch mußten die
Staatseinkünfte und die Wehrkraft durch die fortschreitende Abnahme
der Gemeinfreien erleiden! Der Adel selbst schied sich, wenn auch
nicht nach Gesetz und Erblichkeit, doch thatsächlich in zwei Klassen. Die
erste umfaßte die hohen Würdenträger des Reichs, Barones, Jobbagyones
Regni oder einfach Jobbagyones genannt, und die Eigenthümer größerer
Herrschaften (zu ihnen gehörten auch die Freigrafen, wenn es deren
mehrere außer den oben erwähnten von Gorizia gab). In der zweiten
stand der übrige zahlreiche Adel, die Nobiles, die im Gegensatz zu den
erstern Servientes regii genannt werden. Einen Briefadel ohne Land
besitz gab es nicht. Alle, die der König adelte, erhielten zugleich ein
Geschenk an Land, donatio, oder besser, sie wurden durch dieses Geschenk adelich. Das adeliche Besitzthum war auch jetzt noch doppelter
Art: entweder aus der ursprünglichen Vertheilung herrührendes, ererbtes oder erkauftes vollständiges Eigenthum oder lehnweise gegen
Dienstleistungen verliehenes Staatsgut. Indem sich Andreas von seinen habsüchtigen Räthen bereden ließ, weite Staatsländereien, Burgen und ganze Gespanschaften erbeigenthümlich zu verkaufen, handelte
er also wider Recht und Befugniß und „änderte die ganze von den
Altvordern unverletzt erhaltene Verfassung des Reichs", wie er sich
selbst ausdrückt. Ungarn gerieth dadurch in die Gefahr, wie Deutschland in eine Menge größerer und kleinerer Herrschaften zerstückelt
und in ein Königthum mit leerem Titel, ohne Einkommen und Macht
verwandelt zu werden. [2]
Werfen wir jetzt noch einen Blick auf die kirchlichen Zustände im

---

[1] Verböczy, Decretum tripartitum, Pars II, Tit. 4. — [2] Rogerius, Carmen miserabile, Kap. 9.

ungarischen Reichsgebiete. Hier fallen uns zuerst die Patarener als
merkwürdige Vorboten künftiger großer Veränderungen, die sich im
Schose der abendländischen Christenheit entwickelten, in die Augen.
Die Glaubenslehre war ein Gewebe scholastischer Spitzfindigkeiten, der
Gottesdienst ein todtes Ceremonienwerk und die ganze Religion ein
Mittel der Priesterherrschaft geworden; der Unterricht und die Er-
bauung des Volks blieben vernachlässigt; der weltliche Sinn und die
Ueppigkeit des Klerus und besonders der anstößige Misbrauch, der mit
dem Ablaß getrieben wurde, gaben allenthalben großes Aergerniß.
Viele fromme, vom Geiste des Evangeliums ergriffene Christen zogen
sich daher im stillen von der herrschenden Kirche zurück, stifteten
Brüderschaften und Gemeinden und suchten in denselben Befriedigung
für ihre religiösen Bedürfnisse. Daß sie in Lehren und Gebräuchen
weit voneinander abwichen und von Schwärmerei und Uebertreibungen
nicht frei blieben, läßt sich nicht leugnen, aber auch leicht erklären.
In Frankreich nannte man sie Waldenser und Albigenser, in Italien
Patarener, entweder weil sie ihre geheimen Versammlungen in dem
mailänder Stadtbezirke Pataria hielten, oder weil sie viel dulden mußten,
oder weil sich der gemeinsame Name religiöser Sekten, Katharer, in der
Sprache des Volks so gestaltete. In Italien, Spanien und Frankreich
mit Feuer und Schwert verfolgt, flüchteten viele dieser Frommen über
Venedig nach Dalmatien und Bosnien. Im letztern Lande war Kulin
der griechisch-unirten (mit der römischen vereinten) Kirche zugethan, Bán
unter ungarischer Oberherrlichkeit. Er nahm die gebildeten, religiösen
und arbeitsamen Einwanderer gern auf, und diesen gelang es bald,
zuerst seine Gemahlin, sodann den Bischof von Bosnien, Daniel, und endlich
ihn selbst für ihre Sache zu gewinnen und hierdurch derselben Bestand
und Wachsthum zu verschaffen. Bereits 1199 sagte sich Bischof
Daniel von der römischen Kirche los und kündigte den Erzbischöfen
Dalmatiens den Gehorsam auf. Das wollte Bernhard, vormals Domi-
nicanermönch, jetzt Erzbischof von Spalatro, nicht dulden; er berichtete die bedrohlichen Vorgänge an den gewaltigen Ketzerfeind Innocentius III. Allein dieser konnte hier nicht wie in Frankreich durch
Inquisition und Kreuzheere die Abgefallenen mit Feuer und Schwert
vertilgen. Er befahl zwar dem Erzbischof, den Bann über sie aus-
zusprechen, und forderte den König Emerich auf, den Arm der weltlichen Macht gegen sie zu erheben; aber blutige Religionsverfolgungen
waren der duldsamen Gesinnung des ungarischen Volks zuwider, und
Emerich mußte noch überdies fürchten, durch gewaltsame Maßregeln
Bosnien zur Empörung zu reizen; er that also nichts weiter, als daß er
Kulin befahl, nach Rom zu gehen, um sich dort zu verantworten.
Kulin gehorchte und rechtfertigte sich so geschickt, daß ihn der
Papst, der vielleicht auch die Sache nicht auf die Spitze treiben
wollte, für rechtgläubig erklärte und mit seinem Segen entließ. Un-
terdessen hatte Erzbischof Bernhard die Patarener hart verfolgt und
viele zur Flucht in die bosnischen Berge genöthigt, wo sie neue An-
siedelungen gründeten und schnell zu einigem Wohlstand gelangten.
Und da Kulin nach seiner Rückkehr aus Rom überall versicherte, der

Papst habe sein Glaubensbekenntniß gebilligt, gewann die Sekte immer weitere Ausbreitung. Als Innocentius durch den serbischen Fürsten Wolkan, den es nach dem Besitze Bosniens gelüstete, Kunde hiervon erhielt [1], forderte er den König auf, alle Patarener sammt dem Bán Kulin zu vertreiben, und befahl dem Erzbischof, Bannflüche unter den schauerlichsten Feierlichkeiten auf sie zu schleudern. [2] Doch weder der eine, noch der andere gehorchte; beide ließen es bei friedlichen Ermahnungen bewenden. Kulin gab denselben Gehör und handelte von nun an behutsamer, und auch Daniel wußte sich bis an sein Ende, 1201, auf seinem Bischofssitze zu behaupten. Erst nach des letztern Tode kam der päpstliche Legat Johannes von Casemaria nach Bosnien, berief eine Synode nach Poili an der Bosna 1203, auf der die Abgeordneten **1203** Kulin's, der Archidiakonus von Ragusa Marinus und die Vorsteher der Patareuer eidlich gelobten, hinfort den Anordnungen der römischen Kirche gehorsam und treu nachzuleben. [3] Doch die Gesinnung des Herzens blieb unverändert; die Sekte schlug in Bosnien und den umliegenden Ländern tiefe Wurzeln, und noch in spätern Zeiten, als unter Roms wachsendem Einfluß Ketzerhaß und Verfolgungssucht heftiger geworden waren, beschäftigte deren Ausrottung viel und lange die ungarischen Bischöfe und Könige.

Bestände das Wohl der Kirche in Reichthum und weltlicher Macht, so dürfte man den damaligen Zustand derselben im ungarischen Reiche einen höchst blühenden nennen; denn Emerich und Andreas vermehrten die schon so großen Besitzungen, Einkünfte und Vorrechte des Klerus beträchtlich. So schenkte der erstere z. B. dem agramer Bisthum 1198—99 Liegenschaften und Privilegien, durch welche die Rechte und der Schatz des Staats nicht wenig verkürzt wurden; er wendete auch andern Stiftern, besonders dem graner ähnliche Gaben zu, gründete neue und bereicherte die alten Klöster. [4] Andreas war noch weit freigebiger; Bischöfe, Aebte und Pröpste empfingen einen großen Theil der Staatsgüter, die er so leichtsinnig verschwendete, und als er wenig Kronländereien mehr zu verschenken hatte, wies er ihnen Gefälle, Salzlieferungen und Jahresrenten aus den königlichen Einkünften zu. [5] Doch dies alles konnte die Habgier vieler Priester noch nicht stillen; mehrere Bischöfe stritten in anstößiger Weise miteinander über Rechte und Besitzungen, schmälerten das Einkommen ihrer Domherren, bedrückten die niedere Geistlichkeit und zwangen das Volk, den Zehnten mit Geld abzulösen. Um Serbien sicher in den Schos der römischen Kirche zu führen, wurde es zur kalocsaer Diöcese geschlagen; allein der Erzbischof Sául Héderv
áry, ein vielgerühmter Mann, kannte keine angelegentlichere Sorge, als den Neubekehrten die

[1] Wolkan's Sendschreiben an Innocentius, bei Katona, IV, 577. — [2] Epist. Innocentii ad Emericum, bei Dobner, Monumenta, II, 326. Farlatus, Illyric. s. III, 232, IV, 45. — [3] Christianorum in Bosna promissio etc. und Epist. Emerici ad Innocent., bei Farlatus, Illyric. s. IV, 46. — [4] Urkunde bei Koller, Hist. Episc. Q.-Eccles., I, 293 fg. Urkunde bei Farlatus, Illyric. s. V, 355. — [5] So dem graner Domkapitel. Urkunde bei Katona, V, 33 und 217.

verhaßte Abgabe des Zehnten an sein Bisthum aufzuzwingen. [1] Die
Zahl der Klöster war bereits groß, die Benedictiner hatten wenigstens
22, die Prämonstratenser 41, die Cistercienser 15, also zusammen 78
Abteien, unter denen die meisten überreich dotirt waren. Hierzu
kamen die Johanniter- und Tempelritter, deren Aufnahme in Ungarn
wir bereits berichtet haben, und die Chorherren vom Heiligen Grabe,
gewöhnlich Kreuzherren genannt, für die Andreas noch als Herzog
1207 zu Glogonitz in Dalmatien [2] und 1212 zu Kereszt-Komlós in
der sároser Gespanschaft [3] Niederlassungen stiftete. Endlich wanderten um diese Zeit auch noch die neugestifteten Bettelmönche, die
Franciscaner und Dominicaner, in das ungarische Reichsgebiet ein, fun-
den großen Beifall und verbreiteten sich schnell. [4]
        Aber diesem äußern Glanze entsprach der innere Zustand, in
welchen die Kirche in dem damaligen Zeitraume gerieth, keineswegs. Wie hätten Könige, die den Papst in weltlichen Dingen unaufhörlich um Beistand anriefen und ohne sein Vorwissen keinen Schritt
thaten, die Rechte der Landeskirche wahren können? Schon standen
die meisten Klöster, der bischöflichen Aufsicht entrückt, unmittelbar
unter dem römischen Stuhl; jetzt stellte Emerich sogar den Grundsatz
auf, daß die königlichen Propsteien, wie sie in weltlichen Dingen allein
vom König abhingen, gleichermaßen in geistlichen unmittelbar dem
Papste untergeordnet sein müßten; er befahl, daß jeder neuerwählte
Propst entweder persönlich oder durch Abgeordnete seine Bestätigung
in Rom nachsuche, und daß kein Bischof sich in die Angelegenheiten
der exempten Propsteien mischen dürfe. Bereitwillig erfüllte Innocentius die Bitte des Königs, diese Anordnung zu bestätigen und die
nöthigen Verfügungen darüber an die Bischöfe und Erzbischöfe zu erlassen. [5] Doch diesmal erhob der Primas Job so kräftige Einsprache
gegen die Schmälerung seiner wohlbegründeten Rechte, daß der Papst in
einem andern Breve erklärte, diejenigen königlichen Stifter und Kirchen,
welche von jeher unter der Obmacht des graner Stuhls gestanden, seien
in dem frühern nicht einbegriffen. [6] Sonst ließen sich die Bischöfe alle
Eingriffe Roms gefallen, weil sie überzeugt waren, sie hätten vom Papst
weit weniger als vom König zu befürchten und könnten lediglich durch
des Papstthums erweiterte Herrschaft zu gänzlicher Unabhängigkeit von
der weltlichen Macht gelangen. Der Staat sollte ihnen und dem gesammten Klerus blos Schutz und Reichthümer gewähren, aber ja keinen Gehorsam und keine Gegendienste fordern. Die Folgen dieser
unpatriotischen Nachgiebigkeit gegen einen fremden Oberherrn, dieses
Strebens nach Unabhängigkeit von jeder einheimischen Gewalt waren
der Kirche selbst höchst nachtheilig. Indem die Gerichtsbarkeit des

---

[1] Epist. Innocentii ad Emericum, bei Katona, V, 509. — [2] Urkunde bei
Farlatus, Illyric. s. V, 357. — [3] Wagner, Analecta Scepusii, I, 389. — [4] Urbani Friedrich Hist. Provinc. Hung. Ord. Min. Cassoviae. Fol. Kaprinai Hungaria diplom., II, 262. Paulus Hungarus, Lehrer der Rechte zu Bologna,
führte die Dominicaner in Ungarn ein; das erste Kloster ihres Ordens wurde
1221 in Raab gegründet. — [5] Epist. Innocentii, bei Dobner, Monumenta,
II, 329. — [6] Ebend., a. a. O., S. 330—338.

Königs über den Klerus aufhörte, die Abhängigkeit der Suffragane
von den Erzbischöfen sich verringerte, die Exemptionen jeder Art sich
mehrten und alle Angelegenheiten und Streitsachen dem natürlichen
Richter entzogen und vor den Papst gebracht werden durften, lockerten
sich nothwendig auch alle Bande der Ordnung und der Zucht. Die
Kämpfe der beiden Erzbischöfe um den Vorrang sind uns schon bekannt. Auch andere Bischöfe hatten bald untereinander, bald mit ihren
Kapiteln [1], bald mit der untergebenen Geistlichkeit [2] Streitigkeiten, die
um so heftiger und langwieriger wurden, je weniger die entfernten
Päpste ein richtiges schnelles Urtheil zu fällen vermochten. Und wie sehr
mußte der Mangel an Aufsicht und der verzögerte Rechtsgang die Sit-
tenverderbniß unter der Geistlichkeit fördern! Die Schandthaten des
Erzbischofs Berthold wollen wir hier nicht anführen; aber auch der
sonst ausgezeichnete Bischof von Fünfkirchen Calanus ward wiederholt der Blutschande mit seiner Nichte angeklagt; der Papst suchte die
Sache mehr zu unterdrücken als zu entscheiden, und empfahl dem Beschuldigten größere Vorsicht im Umgange mit seiner Nichte. [3] Der
waitzner Bischof Jakob, obgleich der Schwelgerei, des Raubes, der
Nothzucht, des Handels mit Pfründen und der Gottlosigkeit vor Honorius III. überwiesen, wußte sich dennoch vier Jahre lang von 1218—22
in seinem Bisthume zu erhalten. [4] Der Erzbischof von Spalatro Gun-
cell, 1220, trieb die Nachlässigkeit in seinem Amte und seine Ausschweifungen so weit, daß der päpstliche Legat Aconcius dessen Bei-
schläferinnen mit Hülfe der bürgerlichen Gewalt aus der Stadt jagen,
ihm alle erzbischöfliche Verrichtungen verbieten und ihn nach Rom
schicken mußte. [5] Dennoch blieb der Unwürdige zweiundzwanzig Jahre
Erzbischof. Mehrere Abteien waren in solchen Verfall gerathen, daß die
Päpste selbst Bischöfe zum Einschreiten aufzufordern sich genöthigt
sahen. [6] Die üppigen Mönche des Klosters Vituhu in der csanáder Gespanschaft, die schon andere große Frevelthaten begangen hatten, prägten endlich aus den Kreuzen, Kelchen und andern heiligen Gefäßen
ihrer Kirche falsches Geld und flohen aus dem Kloster, als sie verrathen
wurden und büßen sollten. [7] Nicht einmal die Beobachtung des
Cölibats, an welcher doch den Päpsten selbst soviel lag, konnte erzwungen werden; der Widerwille gegen denselben regte sich immer
von neuem; besonders in der csanáder Diöcese verehelichten sich Diakone und Subdiakone und wußten sich sodann die Priesterweihe zu er-
schleichen. [8]

Daß alle diese Uebel im Staat und in der Kirche entstehen und
immer zunehmen konnten, ohne Abhülfe zu finden, hatte seine Ursache

[1] So der großwardeiner Ellviu. Katona, V, 200 u. 206 fg. — [2] Der
waitzner Boleslaw. Peterfy, Concilia Huug., I, 83, und der fünfkirchner Calanus. Koller, Hist. Episcopat. Q.-Eccles., I, 252 fg. — [3] Koller, Hist. Episcopat. Q.-Eccles., I, 255 fg. u. 312 fg. — [4] Epist. Honorii III., bei Pray,
Specimen hierar., I, 340, und Katona, V, 310. — [5] Epist. Honorii ad Spalat.
Capit., bei Farlatus, Illyric. s. III, 247. — [6] Epist. Innocentii III, bei Katona, V, 500. — [7] Epist. Honorii III., bei Fejér, Cod. dipl., III, ı, 282. —
[8] Epist. Innocentii III., bei Pray, Specimen hierar., II, 292.

vornehmlich auch darin, daß die Reichstage immer seltener und zuletzt
nur in außerordentlichen Fällen, z. B. bei Krönungen, abgehalten wurden. Die eigennützigen Höflinge und Großen waren es vornehmlich,
welche die Abhaltung derselben hintertrieben; sie hatten diese traurigen
Zustände geschaffen, sie zogen aus denselben schändlichen Gewinn, sie
mußten die Stimme, den Einfluß und die Macht des Volks fürchten, das,
zum Reichstage versammelt, sich gegen sie erheben und ihrer Herrlichkeit ein Ende machen würde. Darum beredeten sie die schwachen
Könige, unbeschränkte Herrschergewalt zu üben, und flößten ihnen gegen die Reichstage Abscheu ein, damit sie unter dem königlichen Namen
gebieten und ungestört ihre Gelüste befriedigen konnten. Aber endlich
erschraken sie selbst oder wenigstens die bessern unter ihnen vor der
Größe des Verderbens, das sie angerichtet hatten, vor der Verantwortlichkeit, die sie drückte, vor der Rache des Volks, das sich unter des
kräftigen jüngern Königs Béla Führung gegen sie zu erheben anfing:
der Reichstag wurde einberufen, und die Goldene Bulle kam 1222 zu
Stande, die wörtlich übersetzt also lautet:

„Im Namen der heiligen Dreifaltigkeit und untheilbaren Einheit.
Andreas, von Gottes Gnaden erblicher König von Ungarn, Dalmatien,
Kroatien, Rama, Servien, Galizien und Lodomerien. Weil die von
Stephan dem Heiligen begründete Freiheit sowol der Edelleute als auch
anderer (Bewohner) unseres Reichs durch die Willkür einiger Könige, die bisweilen im Zorn Rache übten, bisweilen auf die falschen
Rathschläge böser oder eigennütziger Menschen hörten, in ihren meisten
Stücken verringert worden war, bestürmten unsere Edelleute häufig
unserer Hoheit und unserer Vorfahren, ihrer Könige, Ohren mit vielen
Bitten und Gesuchen um eine Reformation unsers Reichs. Indem Wir
also ihrer Bitte in allem genügen wollen, wie wir verpflichtet sind, besonders weil es zwischen uns und ihnen dieser Sache wegen schon oft
zu nicht geringen Bitterkeiten gekommen ist, was zur vollkommenen
Aufrechthaltung der königlichen Würde vermieden werden muß — dieses kann jedoch durch niemand andern besser als durch sie geschehen —:
gewähren wir sowol ihnen als auch den andern Bewohnern unsers Landes die von dem Heiligen König verliehene Freiheit und verordnen heilsam auch anderes, was den Zustand unsers Reichs verbessern soll, in
folgender Weise:

1) Wir setzen fest, daß Wir verpflichtet sind, jährlich am Feste
des Heiligen Königs (20. Aug.), ausgenommen Wir würden durch ein
wichtiges Geschäft oder durch schwere Krankheit verhindert, in Stuhlweißenburg feierliche Sitzung zu halten; und wenn Wir nicht erscheinen
könnten, wird der Palatin gewiß da sein und für Uns und statt Unserer
Streitfälle hören, und alle Edelleute, denen es beliebt, dürfen sich dort
frei versammeln.

2) Wir wollen auch, daß weder Wir noch Unsere Nachfolger zu
irgendeiner Zeit Edelleute gefänglich einziehen oder zu Gunsten eines
Mächtigen zur Strafe verfällen, bevor sie vorgefordert und ordnungs-
mäßig abgeurtheilt sind.

3) Ferner werden Wir von den Gründen der Edelleute keine

Steuern und keine Denare der Freien [1] erheben lassen, in ihre Häuser und Dörfer nur gerufen einkehren. Auch von den Leuten (super populos) der Kirche werden wir keine Art von Abgaben sammeln.

4) Wenn ein Edelmann ohne Sohn stirbt, erhalte die Tochter den vierten Theil seines Guts; über das übrige verfüge er nach seinem Willen, und wenn er, vom Tode überrascht, darüber nicht verfügen könnte, falle es den nächsten Verwandten, und wenn er gar keine Verwandte hätte, dem König anheim.

5) Die Obergespane sind nicht befugt, über die Besitzungen der Edelleute Urtheil zu sprechen, ausgenommen in Geld- und Zehntsachen. Die Gerichtsgrafen des Obergespans (die nachherigen Vicegespane) dürfen außer den Leuten ihrer Burg sonst niemand richten. Ueber Diebe und Räuber sollen die königlichen Bilochen (später Stuhlrichter genannt) Gericht halten, doch zu den Füßen (im Beisein) des Obergespans.

6) Der Gesammtheit der Ortseinwohner ist nicht mehr gestattet, wie sie pflegten, unter Eid Diebe anzugeben. [2]

7) Wenn der König einen Feldzug außer Land unternimmt, sind die Edelleute nicht verpflichtet, mit ihm zu gehen, ausgenommen auf seine Kosten, und dürfen nach seiner Heimkehr vor kein Kriegsgericht gestellt werden (diejenigen nämlich, die seinem Aufgebot nicht gehorchten). Wenn aber ein Feind das Land überfällt, sind alle insgesammt auszuziehen verpflichtet. Ebenso, wenn Wir ein Heer außer Land führen wollen, sind alle, die eine Grafschaft (Lehn) innehaben, verbunden, auf Unsere Kosten Heeresfolge zu leisten.

8) Der Palatin richte alle Bewohner Unsers Reichs ohne Unterschied, doch darf er einen Proceß der Edelleute, in welchem es sich um Kopf und Güter handelt, ohne Unser Mitwissen nicht zu Ende führen. Als Richter darf er keine andere Stellvertreter haben außer dem einen an Unserm Hofe.

9) Unser Hofgraf (nachmals judex curiae, országbiró) darf, wenn er am Hofe verweilt, jedermann richten und den angefangenen Rechtsstreit an welchem Ort immer beendigen; aber sobald er sich auf seinem Gute aufhält, keinen Prestalden bewilligen (d. h. das Urtheil nicht vollstrecken lassen) noch Parteien vorfordern.

10) Wenn ein Reichsbaron (jobbagio, jobbágy), der ein Amt bekleidet, im Kriege fällt, werde seinem Sohne oder Bruder ein ähnliches Amt verliehen; wenn ein Edelmann auf solche Art stirbt, werde sein Sohn belohnt, wie es dem Könige gut dünkt.

11) Gäste (Ausländer), nämlich ehrbare Männer, die in das Land einwandern, sollen ohne Zustimmung des Reichsraths zu keinen Würden befördert werden.

12) Die Gattinnen der Verstorbenen oder durch Rechtsspruch zum Tode Verurtheilten oder im Zweikampf Unterlegenen oder auf

---

[1] Im Corpus juris und bei Endlicher steht libras denariorum, was keinen Sinn gibt; ich lese mit andern liberorum denarios, Denare, welche von freien Leuten gesteuert werden. Vgl. Colomani Decretum, Lib. I, c. 45 u. 80. Oben S. 215. — [2] Hiermit wird das Gesetz S. Ladislai Decret., III, 1, aufgehoben. Vgl. oben S. 190 u. 191.

welche Art immer Umgekommenen dürfen ihrer Morgengabe nicht beraubt werden.

13) Die Großen sollen den (königlichen) Hof so begleiten oder auch sonst so reisen, daß die Armen von ihnen nicht gedrückt und geplündert werden.

14) Ein Obergespan, der sich nicht so ehrbar beträgt, wie es sein Amt erheischt, oder das Volk seiner Gespanschaft zu Grunde richtet, soll, wenn er dessen überwiesen wird, vor dem ganzen Lande schimpflich seiner Würde entsetzt und zur Vergütung des Geraubten angehalten werden.

15) Die (königlichen) Stallmeister, Hundewärter und Falkeniere dürfen sich nicht erkühnen, in die Dörfer der Edelleute einzukehren.

16) Wir werden forthin ganze Gespanschaften und Aemter nicht erbeigenthümlich verleihen.

17) Auch soll niemand seiner Besitzungen, die er durch redliche Dienste erworben hat, je beraubt werden.

18) Ferner erlauben Wir den Edelleuten, ungehindert zu Unserm Sohn, gleichsam von dem Größern zu dem Kleinern, zu gehen; auch sollen sie deshalb an ihren Besitzungen keinen Schaden leiden. Jemand, den Unser Sohn rechtskräftig verurtheilt hat, wollen Wir nicht aufnehmen, ebenso wenig einen Rechtsstreit, der vor ihm angefangen wurde, bevor derselbe vor ihm beendet worden ist; und auch Unser Sohn wird seinerseits dasselbe thun.

19) Die Burgmilizen (jobbagyones castri) sollen nach der Freiheit, welche ihnen der Heilige König Stephan verliehen hat, desgleichen die Gäste (Einwanderer), von welcher Nation immer, nach der Freiheit, die ihnen anfangs ertheilt wurde, gehalten werden.

20) Die Zehnten dürfen nicht in Geld erhoben, sondern was die Erde trägt, Wein und Getreide soll angenommen werden; wenn aber die Bischöfe dawider wären, wollen Wir ihnen nicht beistehen.

21) Die Bischöfe seien nicht gehalten, den Zehnt von den Besitzungen der Edelleute für Unsere Pferde abzuliefern, noch deren Leute, ihren Zehnt auf die königlichen Besitzungen zu bringen.

22) Ferner dürfen Unsere Schweine in den Wäldern und auf den Wiesen der Edelleute wider deren Willen nicht weiden.

23) Ferner soll Unser neues Geld jedes Jahr von Ostern bis zu Ostern gelten, und die Denare sollen der Art sein (den Feingehalt haben), wie sie zur Zeit König Béla's waren.

24) Die Münzkammergrafen, die Salz- und Steuerbeamten seien Edelleute Unsers Reichs; Ismaeliten und Juden dürfen hierzu nicht bestellt werden.

25) Salz darf im Innern des Landes nicht gehalten werden, nur in Szabolcs und Regécz und an den Grenzen. [1]

---

[1] Wahrscheinlich wurde das Salz als ein Regale von den königlichen Salzämtern theuerer verkauft, als es sonst zu haben war; es sollten mithin solche Aemter nur an den genannten Orten zum Verschleiß nach dem Auslande bestehen, und das Volk nicht gezwungen werden, das Salz von demselben zu beziehen.

26) Nach dem Auslande dürfen Grundbesitzungen nicht vergabt werden, sollten aber welche vergabt oder verkauft worden sein, so sollen sie dem Volke des Landes zur Auslösung zurückgegeben werden.

27) Die Abgabe an Marderfellen (in Kroatien) werde nach der vom König Koloman bestimmten Art erhoben.

28) Einen, der auf gesetzlichem Rechtswege verurtheilt wurde, darf kein Mächtiger schützen.

29) Die Obergespane sollen ihr rechtmäßiges Amtseinkommen genießen; das übrige, welches dem König gebührt: die Zuber (von Getreide und Wein), Abgaben und Rinder, und zwei Drittheile der Burg (von den Erträgnissen der zur Gespanschaft gehörigen Ländereien) erhalte der König.

30) Ferner, die vier Reichsbarone, nämlich den Palatin, den Bán und die Hofgrafen des Königs und der Königin ausgenommen, darf niemand zwei Staatsämter bekleiden.

31) Und damit diese Unsere Verleihung und Anordnung zu Unsern und Unserer Nachfolger Zeiten immerwährend gültig sei, ließen Wir dieselbe in sieben gleichlautenden Urkunden schreiben und mit Unserm goldenen Siegel bekräftigen, sodaß die eine dem Herrn Papst überschickt werde und er sie in seine Regesten eintragen lasse, die andere im Hospital (bei den Johannitern), die dritte im Tempel (bei den Templern), die vierte beim König, die fünfte im graner, die sechste im kalocsaer Kapitel und die siebente bei dem jedesmaligen Palatin aufbewahrt werde. Denn er (der Palatin) soll, die Urkunde beständig vor Augen habend, in keinem der gedachten Dinge selbst abweichen, noch zugeben, daß der König oder die Edelleute oder sonst jemand abweichen, damit diese sowol selbst ihre Freiheit genießen, als auch Uns und Unseren Nachfolgern immer treu seien und der königlichen Krone der schuldige Gehorsam nie verweigert werde. Sollten aber Wir oder einer Unserer Nachfolger je dieser Unserer Anordnung zuwider handeln wollen: erhalten kraft dieses die Bischöfe, die andern Großen und Edelleute Unsers Reichs insgesammt und einzeln, die gegenwärtigen, künftigen und ihre Nachkommen, das freie Recht, Uns und Unsern Nachfolgern sich zu widersetzen und zu widersprechen, ohne dadurch eines Hochverraths schuldig zu werden (sine nota alicujus infidelitatis).

Herausgegeben durch die Hand unseres Hofkanzlers Cletus, der erlauer Kirche Propst, im tausendzweihundertzweiundzwanzigsten Jahre des menschgewordenen Wortes; da der Hochwürdige (venerabilis) Johannes graner, der Ehrwürdige (reverendus) Ugrinus kalocsaer Erzbischof, Desiderius csanáder, Rubertus veszprimer, Thomas erlauer, Stephanus agramer, Alexander wardeiner, Bartholomeus fünfkirchner, Kosmas raaber, Briccius waitzner, Vincentius neitraer Bischof ist; im siebzehnten Jahre Unserer Regierung.“ [1]

<hr/>

[1] Andreae II. Regis Decretum, I, 1222. E membrana tabularii Strigoniensis, bei Endlicher, Monumenta, S. 412 fg. Von den sieben gleichlautenden

1222   Der Freibrief, den Andreas in demselben Jahre der Geistlichkeit
verlieh, erstreckt sich auf „Alle, die durch die Tonsur als dem Herrn
Angehörige bezeichnet sind". Er enthält folgende Bestimmungen: 1) Der
Laie, der einen Kleriker unter welchem Rechtstitel immer vor einem
weltlichen Richter belaugt, verliert seine Sache; kein Kleriker ist verpflichtet, sich vor einem weltlichen Gericht zu verantworten. 2) Wie
der Laie sein Recht gegen einen Kleriker blos vor dem geistlichen Gericht suchen darf, so soll der Kleriker den Laien vor das weltliche Gericht fordern. 3) Die Geistlichen sind frei von jeder Abgabe und Steuer
an den Fiscus; wenn daher ein Steuereinnehmer und selbst ein Reichsbaron, welch hohen Ranges er sein mag, Steuern von ihnen eintreiben
oder eigenmächtig bei ihnen einkehren wollte, so werde er wie ein Dieb
und Räuber schimpflich fortgejagt. 4) Kein königlicher Udvarniker,
Dienstpflichtiger oder dem Joche irgendeiner Knechtschaft Unterworfener
darf zur Tonsur zugelassen werden. [1]

Noch mußte der Palatin Gyula auch die Rechte der Petschenegen
urkundlich bestätigen und ihnen Folgendes gewährleisten: 1) Sie sind
verpflichtet, jedes dritte Jahr ihrem Grafen (die Einleitung der Urkunde
lehrt, daß es der jedesmalige Palatin war) von jedem Paar Pferde sechs
Pensen Denare zu entrichten. 2) Diejenigen, die nicht zum Heere einrücken können, zahlen von jedem Pferde sechs Pensen. 3) Ihr Graf soll
nur einmal, wenn er es wird, sie besuchen. 4) Der Vicegraf soll öfter
im Jahr unter ihnen umherreisen und die Rechtsstreite, die ihm vorgetragen werden, entscheiden. 5) Sie dürfen mit ihrem Grafen nicht
ausrücken, bevor ein Dienstmann (jobbágy) sie besucht und dessen
(königliche) Vollmacht (sie aufzubieten) vorgezeigt hat. 6) Bei ihren
Kriegsleuten, die auf eigene Kosten ins Feld rücken, darf der Vicegraf
nicht einkehren. [2]

Urkunden der Goldenen Bulle ist keine einzige mehr vorhanden. Der Abdruck
derselben in der ungarischen Gesetzsammlung und die Handschriften, die wir
besitzen, sind fehlerhaft, manche von gleichzeitiger Hand interpolirt, sodaß
es bisjetzt noch nicht gelungen ist, den Text richtig herzustellen. Ihre Bestätigung und beste Erklärung finden die einzelnen Gesetze der Bulle in dem
zweiten Decrete des Königs Andreas von 1231 und in vielen spätern Gesetzen.
· [1] Andreae II. Regis Libertas Clericorum, 1222. E regesto Vaticano, bei
Endlicher, Monumenta, S. 417 fg. — [2] Julae Palatini Libertas firmata Bisse-
nis in Arpas 1222. E chartula Palatini in tabulario Montis Pannoniae, bei
Endlicher, Monumenta, S. 419 fg.

Viertes Buch.

Ungarn unter Königen aus Árpád's Stamme, von der Ausstellung der Goldenen Bulle bis zum Erlöschen des árpádischen Hauses, von Andreas' II. bis Andreas' III., 1222—1301.

Erster Abschnitt.

Kampf mit der Oligarchie und mit wilden Völkern.
1222—1242.

I. Aeussere Begebenheiten.

Andreas II. 1222—1235.

Die Goldene Bulle bezeichnet den Anfang einer neuen Epoche in der Geschichte Ungarns. Die Verhältnisse hatten sich geändert, die bestehenden Einrichtungen ihre Kraft verloren, die bürgerliche Gesellschaft war auf dem Punkte angelangt, wo sie sich entweder auflösen oder neu gestalten mußte: da wurde der feierliche Vertrag zwischen dem Volk und König als bleibendes Gesetz für beide geschlossen und durch ihn der Fortbestand des Staats und die weitere Ausbildung der Constitution gesichert. Der Umstand, daß wir anfangs beinahe gar keine Wirkung der Bulle wahrnehmen, darf uns über die Wichtigkeit derselben nicht täuschen. Alle Gesetze und Einrichtungen des Staats erlangen erst mit der Zeit Leben und Kraft, nachdem sie die Abneigung und den Widerstand gegen das Neue besiegt, sich durch längern Gebrauch bewährt und mit der Denkart und Gesinnung des Volks innig verschmolzen haben, ihm gleichsam zur Nothwendigkeit geworden sind.

Andreas bewilligte die Goldene Bulle nur gezwungen durch die äußerste Noth; er erblickte in derselben blos eine drückende Beschränkung seiner königlichen Macht, die er doch nie zu gebrauchen wußte, und übersah die Mittel, welche sie andererseits zur Behauptung der Autorität darbot; Oligarchen und Günstlinge, denen alle Volksrechte ein Greuel sind, beherrschten ihn nach wie vor, und bald gab es keinen Punkt der feierlich beschworenen Gesetze, den er nicht übertreten hätte. Besonders scheinen ihm und der Hofpartei die jährlichen Reichstage verhaßt gewesen zu sein; denn der Papst wurde schon in demselben Jahre bewogen, ein Breve an mehrere Bischöfe zu erlassen, worin er ihnen auftrug, darüber zu wachen, daß der König von der am Reichstage versammelten Menge nicht genöthigt werde, etwas wider die Rechte de

Krone oder wider die Person und die Güter der Herren zu unternehmen.[1] Béla übernahm jetzt die Regierung Kroatiens und Dalmatiens[2]; auch
vereinigte er sich wieder mit seiner Gemahlin. Allein die beiden gekrönten
und regierenden Könige geriethen nach kurzer Zeit abermals in so bit-
1223 tere Mishelligkeiten, daß der Sohn 1223 vor dem Zorne des Vaters
nach Oesterreich zu Herzog Leopold VII. floh, der ihn mit offenen
Armen aufnahm, weil er sich der Zwietracht, die Ungarn zerrüttete,
freute und Vortheile aus derselben zu ziehen hoffte. Andreas gebot
Béla, heimzukehren, und als dieser, auf Leopold's Schutz rechnend, nicht
gehorchte, ließ er Oesterreichs Grenzen verheeren, was der Herzog mit
Verwüstung der benachbarten Gespanschaften .Ungarns erwiderte.   •
Durch Vermiftelung des Papstes, der Vater und Sohn ernstlich zur Aussöhnung ermahnte[3] und den König von Böhmen sowie die Herzoge von
Oesterreich und Kärnten zur Mitwirkung dringend aufforderte[4], kam
1224 es· endlich 1224 zum Frieden, der aber erst im folgenden Jahre förmlich zwischen allen Parteien geschlossen wurde. Béla übernahm gleich
nach seiner Rückkehr neuerdings die Regierung Dalmatiens und Kroatiens; Leopold verpflichtete sich als Entschädigung für die angerich-
teten Verwüstungen 2000 Mark zu zahlen und stellte den Juden Tekan
als Bürgen.[5]
    Nun endlich begriff Andreas, daß die Absichten und Bestrebungen
seines Sohnes auf das Wohl des Landes und des Königs gerichtet seien,
und versöhnte sich mit ihm aufrichtig. Von nun an arbeiteten beide
mit vereinten Kräften daran, die übermäßigen, ohne Verdienst er-
schlichenen Schenkungen und besonders die dem Staate entwendeten
Burgländereien wieder einzuziehen. Der Anfang wurde mit dem Burzenland oder dem kronstädter Gebiet in Siebenbürgen gemacht, welches
Andreas 1211 dem Deutschen Orden mit der Verpflichtung, die südöstlichen Grenzen gegen die Kumanen zu vertheidigen, verliehen hatte.
Die hochmüthigen Ritter gaben selbst durch treulosen Undank die
Veranlassung hierzu, indem sie mit dem Plan umgingen, dort einen
unabhängigen Ordensstaat zu gründen. Zuerst erwirkten sie einen
päpstlichen Freibrief, kraft dessen ihr Gebiet der Gerichtsbarkeit des
siebenbürger Bischofs entzogen und dem römischen Stuhl unmittelbar
untergeben wurde.[6] Hierauf thaten sie einen Schritt weiter: sie trugen
sich und ihre Ländereien dem Papst zum Lehn auf, und Honorius war
unklug genug, in eingebildeter Machtvollkommenheit „sie und ihr Land
in das Recht und in den Besitz des heiligen Petrus aufzunehmen".[7]
1224 Empört über diese unerhörte Anmaßung, widerrief Andreas 1224 die
Schenkung und gebot den Rittern, das kronstädter Land zu räumen.[8]

---

[1] Epist. Honorii III, 15. Dec. 1222, bei Fejér, Cod. dipl., III, ɪ,
390. — [2] Das bezeugen die Schenkungsurkunden bei Fejér,˙III, ɪ, 403, und
Kercbelich, Notitlae praeliminariae, S. 190. — [3] Epist. Honorii ad Archiep.
Colocens., bei Katona, Hist. eccles. Colocens., I, 265, und bei Raynaldus ad
ann. 1224. — [4] Epist. Honorii, bei Fejér, Cod. dipl., III, ɪ, 430 fg. — [5] Die
Urkunde bei Fejér, Cod. dipl., III, ɪɪ, 9. — [6] Fejér, Cod. dipl., III, ɪ, 420.
— [7] Ebend.. III, ɪ, 453, 460. — [8] Ebend., III, ɪɪ, 53.

Sie wollten jedoch nicht weichen und drohten sogar, daß sie entschlossen seien, sich mit Waffengewalt in dessen Besitze zu behaupten. Zu spät sah der Papst ein, wie sehr er sich verrechnet habe, indem er glaubte, der sonst so nachgiebige König werde auch diese schmähliche Beraubung seiner Krone geduldig hinnehmen. Das Unrecht war zu offenbar auf seiner Seite, als daß er zu den gewöhnlichen Mitteln des römischen Stuhls, zu Drohungen und Bannflüchen, hätte greifen dürfen; er schickte also einen Gesandten mit einem Schreiben nach Ungarn, worin er versicherte, das Breve, welches er für den Deutschen Orden erlassen habe, beziehe sich blos auf die geistliche Gerichtsbarkeit, und den König dringend bat, die Ritter wieder in den Besitz des eingezogenen Gebiets zu setzen. [1] Gleichzeitig aber belobte er die Ritter wegen der standhaften Entschlossenheit, mit der sie dem König entgegengetreten [2], und ermuthigte sie dadurch, zu den Waffen zu greifen. Doch Andreas beharrte diesmal bei seinem Entschluß, brach mit Gewalt den Trotz der Ritter, zog nun auch ihre andern Besitzungen ein und vertrieb sie für immer aus Ungarn. Hierauf vereinigte er das kronstädter Gebiet mit dem Lande der siebenbürger Sachsen, deren Privilegien er bei dieser Gelegenheit bestätigte und vermehrte. [3]

Papst Honorius hatte zwei verschiedene Regeln, nach denen er die Rechtmäßigkeit des Besitzes in Ungarn beurtheilte. Die Güter, deren sich weltliche Herren gesetzwidrig bemächtigt hatten, sollten allerdings eingezogen werden; was aber die Kirche einmal besaß, sie mochte es wie immer gewonnen haben, das durfte sie nie wieder verlieren. Zu derselben Zeit, wo er sich so eifrig bemühte, dem Deutschen Orden seine Besitzungen zu erhalten, ermahnte er Andreas und besonders den jüngern König Béla sehr nachdrücklich, die Ländereien und Gefälle, welche wider Gesetz und Recht der Krone entrissen worden seien, unnachsichtlich wieder mit derselben zu vereinigen. „Da der König verpflichtet ist", schreibt abermals er 14. Juli 1225, „die Rechte seines Reichs und 1225 den Glanz der Krone ungetrübt zu wahren, und da er sich hierzu bei der Krönung durch einen Eid verbindlich gemacht hat, darf, ja muß er die veräußerten Güter zurücknehmen, selbst wenn er geschworen hätte, seine Vergabungen nie rückgängig zu machen." Darum forderte er Béla auf, in jenem Theile des ungarischen Reichs, den der Vater ihm zur Verwaltung übergeben habe, solche Güter einzuziehen, wenngleich er oder sein Vater angelobt hätten, dieses nie zu thun; beide müßten sich sogar Büßungen auferlegen, weil sie so leichtsinnig gewesen, dergleichen Dinge zu beschwören. [4] Doch wirksamer als des Papstes Ermahnung mochte die Noth Andreas drängen, die begonnene Maßregel mit Entschiedenheit durchzuführen. Sonach übertrug er die Verwaltung Kroatiens und Dalmatiens seinem jüngern Sohn Koloman, 1226 [5], Béla 1226

---

[1] Fejér, Cod. dipl., III, II, 43, 47. — [2] Ebend., III, II, 41. — [3] Andreae II. regis Libertas Saxonum in Transilvanis, 1224. E transumto Caroli I., 1317, bei Endlicher, Monumenta, S. 420. — [4] Fejér, Cod. dipl., III, II, 47. — [5] Colomanus Ruthenorum rex et largitate gloriosi patris nostri Andreae Hungariae regis dux Dalmatiae atque Croatiae, so nennt sich Koloman

aber, dessen Kraft und Entschlossenheit er vertraute, berief er zu sich,
damit ihn dieser bei dem ebenso schwierigen als gehässigen Unternehmen
mit Rath und That unterstützte, und wies ihm noch das Land jenseit der
Theiß und Siebenbürgen zum besondern Wirkungskreis an.

1227   Im folgenden Jahre 1227 erhielt das ungarische Reich durch ein
günstiges Ereigniß neuen Zuwachs. Der Nachfolger Honorius' III.,
Gregor IX., forderte gleich nach seiner Erwählung Andreas und die
ungarischen Herren zu einem Zuge nach Palästina auf. Der König
selbst glaubte seines Vaters und dem eigenen Gelübde bereits hinlänglich genügt zu haben; auch der kalocsaer Erzbischof Ugrin entschuldigte
sich, daß er die Bekehrung der Patarener in Bosnien nicht unterbrechen dürfe; aber der graner Erzbischof Robert, ein geborener
Lütticher, der vor einigen Jahren ins Land gekommen, zu höhern Kirchenwürden emporgestiegen und jetzt durch päpstlichen Einfluß zu der
höchsten erhoben worden war, nahm mit einigen andern das Kreuz.
Schon hatte er die Heerfahrt angetreten, da suchte ihn Borics, der Sohn
eines Fürsten der Kumanen, auf, berichtete, wie sein Volk durch ungarische Dominicanermönche bereits für das Christenthum gewonnen worden sei, und bat ihn im Namen seines Vaters hinzukommen, um dasselbe zu taufen. Dieser Zweig der Kumanen, mit denen die Petschenegen bereits zu einem Volke verschmolzen waren, bewohnte die heutige Moldau. Robert ließ sich vom Kreuzzuge lossprechen, ging hin,
taufte den Fürsten, dessen Taufpathe Andreas selbst wurde, und in kurzer Zeit (wenn der Bericht nicht übertrieben ist) 15000 Personen. [1]
Die Neubekehrten untergab er dem längst bestehenden milkover Bisthum, welches das Land der Székler nebst einem Theil der Moldau umfaßte und erst im 15. Jahrhundert mit dem siebenbürger Bisthum vereinigt wurde. [2] Jetzt stellte der Papst das Bisthum unter seine unmittelbare Gerichtsbarkeit und empfahl es der Huld des jüngern Königs
Béla. [3] So wurde das Volk, welches die Ungarn einst aus ihrer alten Heimat vertrieben und in der neuen so oft durch verwüstende Einfälle be-
unruhigt hatte, durch sie nicht nur bekehrt, sondern auf diese friedliche Art auch bewogen, ihre Oberhoheit anzuerkennen. [4]

Der jüngere König war es vornehmlich, der als Regent der benachbarten Landstriche durch kluge Benutzung der Umstände und Vertrauen weckendes Benehmen diesen günstigen Erfolg herbeiführte.
Aber seine umsichtige und entschlossene Thätigkeit beschränkte sich
nicht auf die Angelegenheiten der Kumanen und der ihm unmittelbar
untergebenen Gebiete; er bereiste, wie die Urkunden jener Zeit beweisen,
das ganze Land, schaffte eingerissene Misbräuche ab und stellte die Ordnung, so gut es ging, wieder her. Doch vor allem beschäftigte ihn die

---

In einer Urkunde, die er zu Spalatro am 1. Aug. 1226 ausstellte. Farlatus,
Illyric. s., IV, 337.

[1] Chron. Belgicum, bei Pistorius, III, 242. — [2] Benkö, Milkovia, I,
116. Katona, V, 535. — [3] Gregorii IX. duae epist. ad Belam 1228. — [4] Gregorii IX. epist. ad populum et ducem Cumanorum, bei Raynaldus, Annal.
eccles. ad ann. 1229, n. 60; ad Belam, a. a. O. ad ann. 1234, n. 40. Katona,
V, 705 fg.

Einziehung des entfremdeten Staatsguts, die er sich zur Aufgabe seines
Lebens gesetzt hatte.   Der vom Vater empfangenen Vollmacht gemäß [1]
untersuchte er den Rechtstitel zu jedem Besitzthum.   Die Eigenthümer
mußten ihre Urkunden vorzeigen oder sonst triftige Gründe beibringen;
worauf sie kein Recht nachweisen konnten, was sie ohne hinreichendes
Verdienst erschlichen hatten, und vollends was früher Staatsgut gewesen
war, das wurde ohne Unterschied von weltlichen Herren wie von
kirchlichen Körperschaften [2] zurückgenommen.   Eine Menge von Landgütern und einträglichen Gerechtsamen kam auf diese Weise an den
Staat; aber auch viele Familien, die noch vor kurzem wohlhabend und
angesehen, oder reich und mächtig gewesen waren, sanken in Armuth
und Niedrigkeit.   Und wenn man bedenkt, daß bei der seit Jahren
herrschenden Verwirrung ein häufiger Wechsel des Besitzes stattgefunden,
daß in diesen Zeiten Urkunden über Verträge gar nicht oder höchst
ungenügend geschrieben wurden, daß daher die Beweisführung schwierig
und das ganze Gerichtswesen sehr mangelhaft war, daß endlich vor-
gefaßte Meinung und allzu rascher Eifer den jungen Fürsten um so
leichter zu Uebereilungen hinreißen mochten, da er Partei, Kläger und
Richter in einer Person war: so darf man, ohne zu irren, annehmen,
daß manche rücksichtslose Härte und manch schreiendes Unrecht begangen wurde.   Kein Wunder also, daß die an sich schon gehässige
und in alle Verhältnisse so tief und schmerzlich einschneidende Maßregel um desto mehr Erbitterung und Durst nach Rache erzeugte.
Mehrere von denen, die sich beraubt und tief gekränkt fühlten, verschworen sich gegen das Leben des Königs und seiner Söhne und wollten nach deren Ermordung Ungarn unter sich theilen.   Da sie jedoch
das schändliche Vorhaben nicht auszuführen vermochten, faßten sie,
von Zorn und Eigennutz verblendet, den Anschlag, die Freiheit und
Selbständigkeit des Vaterlandes ihrer Rache zu opfern.   Durch Vermittelung des Herzogs von Oesterreich, an dessen Dienstwilligkeit sie
nicht zweifelten, beschlossen sie nämlich, Kaiser Friedrich II. die Krone
Ungarns anzubieten.   Zum Glück wurde der Bote aufgefangen und mit
den Briefschaften vor den König gebracht.   Großmüthig strafte dieser
keinen der Schuldigen am Leben und verzieh vielen ganz; einige Häupter der Verschwörung verwies er des Landes, und andern ließ er ihre
Besitzungen niederbrennen [3]; Béla zog die Güter einiger Verschwörer
ein und schenkte sie seinen Anhängern. [4]

Ueberhaupt vermochte weder Widerstand noch Gefahr den Muth
des jungen Königs zu lähmen; er setzte das begonnene Werk mit solchem Eifer fort, daß er in der Freude über dessen Gelingen 1231 eine
Urkunde mit den Worten begann: „Ehre sei Gott in der Höhe und
Friede den redlich gesinnten Menschen auf Erden, wo für die Magyaren
der Tag der Erlösung, für die königliche Macht, Würde und Freiheit

1231

[1] Katona, V, 568, und Fejér, Cod. dipl., III, 11, 204. — [2] So verlor die
Cistercienserabtei von Szent-Kereszt einige Besitzungen. — [3] Rogerius, Carmen miserabile, Kap. 9, bei Endlicher, S. 261. — [4] Die Schenkungsurkunde
für den Grafen Pousa, bei Katona, V, 553.

der Tag der Herstellung anbricht! Wir kämpften unter dem Schutze
der Heiligen Jungfrau, als wir nach Gottes Eingebung, nach unsers
Vaters Willen und nach dem wohlüberlegten Rath der Häupter unsers
Reichs die unnützen und überflüßigen Schenkungen, die fälschlich Erbeigenthum genannt werden, in den siebenbürger Gegenden aufhoben."
In Kroatien und Slawonien verfuhr Koloman mit ähnlichem Eifer und
zog unter andern auch einige Besitzungen der Tempelritter ein; aber
der Papst nahm die Templer so mächtig in Schutz und drohte so furchtbar mit Bannflüchen, daß Koloman es für klüger hielt, ihnen diese Besitzungen wieder zurückzugeben. [1]
    Doch alle diese Gütereinziehungen reichten nicht hin, die gleichsam
bodenlose Schatzkammer des Königs Andreas zu füllen. Unaufhörlich
von Mangel gedrängt, vergaß er schnell, was er in der Goldenen Bulle
so feierlich gelobt hatte, und griff wieder zu allerhand ungesetzlichen
Mitteln, sich Geld zu verschaffen: er verkaufte Aemter, ließ schlechte
Münzen prägen, erhöhte den Preis des Salzes, zahlte nicht, wozu er sich
verpflichtet hatte, und verpachtete zuletzt abermals die königlichen
Einkünfte an Juden und mohammedanische Bulgaren, die besonders die
untern Volksklassen furchtbar drückten, um den hohen Pachtzins zu er-
schwingen und sich selbst zu bereichern. Das Volk schrie um Erbarmen, aber seine Stimme drang nicht zum Herzen des Königs; denn
ihn bethörten die Höflinge, die den Raub theilten, besonders Dionysius,
vorher Schatzmeister, jetzt Palatin, dessen Rathschlägen er in allem folgte
und der offenbar mit den Pächtern im Bunde sie gegen jede Anklage
schützte. Ungehindert und straflos durften sie jede Bedrückung üben,
unerlaubten Wucher, schändlichen Sklavenhandel, sogar gewaltsamen
Proselytismus treiben, ja die reichsten und mächtigsten unter ihnen
erhielten königliche Lehen und mit ihnen den Adel. [2] Es kam so
weit, daß Arme, welche die unerschwinglichen Forderungen der Pächter nicht befriedigen konnten, ihnen ihre Töchter preisgaben und ihre
Söhne als Sklaven verkauften oder auch selbst zum Judenthum und Mohammedanismus übertraten, um die Gunst der Bekehrungssüchtigen zu
gewinnen und mit ihnen gemeinschaftliche Sache zu machen. Der häufige Abfall vom Christenthum und die immer mehr überhandnehmenden
Ehen der Christen mit Juden und Mohammedanern, welche die Kirche
längst verdammt hatte, waren der Geistlichkeit ein Greuel; der Papst
erhob drohend seine Stimme und forderte Abstellung der schreienden
Uebel. [3] Das Volk, dessen Klagen nicht erhört wurden, schritt in der
Verzweiflung zur Selbsthülfe, und schlug hier und da seine Peiniger, die
Steuereinnehmer und Geldwechsler, todt. In dem Maße, in welchem
die Noth stieg, lösten sich alle Bande der Zucht und sank die Sittlich-
keit; der Zustand war unerträglich geworden. Da hofften die
Patrioten und der mächtige hohe Klerus im Bunde mit dem jüngern

[1] Fejér, Cod. dipl., III, ıı, 215. — [2] Die Juden Teha, Volvelin, Oltman,
Neklin. Fejér, Cod. dipl., III, ıı, 291; IV, ııı, 282 u. s. w. — [3] Epist. Gregorii IX. ad Robertum Archiep., bei Katona, V, 591. Doch müssen wir ge-
stehen, daß vieles in diesem Breve aus Haß gegen die Ungläubigen übertrieben zu sein scheint.

König dem allgemeinen Elend dadurch abzuhelfen, daß sie Andreas, 1231, nöthigten, die Goldene Bulle noch einmal auszustellen und mit 1231 folgenden Zusätzen zu vermehren:

2) Die Prälaten, Erzbischöfe und Bischöfe sind verpflichtet, den jährlichen Reichstagen zu Stuhlweißenburg beizuwohnen, um die Klagen der Armen zu vernehmen und die etwa verletzte Freiheit zu schützen.

3) Wenn der Palatin die Angelegenheiten des Landes und des Königs schlecht verwalten sollte, so werden die Reichsstände Uns (den König) ersuchen, einen andern, mehr geeigneten an dessen Stelle zu setzen, und Wir werden ihre Bitte gewähren.

5) Diejenigen, die seit dem 17. Jahre Unserer Regierung (seit der Goldenen Bulle) durch Uns, Unsere Söhne oder wen immer ohne gerichtliches Urtheil ihrer Güter beraubt wurden, sollen wieder in den Besitz derselben gesetzt werden.

35) Es soll Uns freistehen, die Güter der Verurtheilten zu behalten, oder an andere nach Unserm Belieben zu vergaben; aber ihre Dörfer wollen wir nicht niederbrennen lassen.

31) Der Münze, dem Salz und andern öffentlichen Aemtern dürfen Juden und Sarazenen nicht vorstehen.

Weil vorzüglich die Geistlichkeit diese Erneuerung der Goldenen Bulle ausgewirkt hatte, übernahm sie auch die Bürgschaft für die Beobachtung derselben. Der König nnd seine Söhne gelobten durch körperlichen Eid für sich und alle ihre Nachfolger, alle Punkte unverbrüchlich zu halten, und willigten ein, daß der graner Erzbischof befugt sein sollte, sie und alle ihre Nachfolger, wenn sie diese Gesetze überträten, nach vorausgegangener Ermahnung in die Bande der Excommunication zu verstricken. [1]

Allein was helfen die besten Gesetze, wenn es den Regenten an Einsicht, Kraft und gutem Willen, sie zu handhaben, fehlt; wenn einmal das Volk durch lange Misregierung und ungerechten Druck von oben so verderbt ist, daß es die Achtung vor dem Gesetz verliert und sein Recht nicht mehr zu behaupten weiß? Andreas ward von Tag zu Tag unfähiger, den Staat selbst zu lenken, und sank immermehr zum willenlosen Spielzeug seiner unwürdigen Günstlinge herab. Sie, die bisher jede Satzung der Goldenen Bulle übertreten hatten, vor allen übrigen der Palatin Dionysius und der Schatzmeister Nikolaus, fuhren auch jetzt fort, dem Gesetz und der Menschlichkeit Hohn zu sprechen, und würden bei der überhandnehmenden Erschlaffung des Volksgeistes und bei der Gleichgültigkeit der Großen gegen das Vaterland und gegen wahre Freiheit ihr schändliches Treiben noch lange ungestört haben fortsetzen können, hätten sie den schwachen, ewig in Geldverlegenheit schwebenden König nicht bewogen, die Privilegien der überreichen Geistlichkeit anzutasten und von ihren Besitzungen und Hörigen einige Steuern zu erheben. Nun glaubte Erzbischof Robert nicht länger schweigen zu

---

[1] Andreae II. regis Decretum, II, 1231. E regesto bibliothecae Vaticanae, bei Endlicher, S. 428 fg.

dürfen; er ermahnte den König ernstlich, die Rechte des Klerus zu achten, auch andere Misbräuche einzustellen und seine bösen Rathgeber zu entlassen. Seine Warnungen und Bitten waren vergeblich; er machte also Gebrauch von der Vollmacht, die ihm der Papst und das Gesetz ertheilt hatten, und belegte das Land mit dem Interdict, im December 1232 1232. Die merkwürdigern Sätze des offenen Briefes, den er an die Geistlichkeit und sämmtliche Gläubige Ungarns deshalb richtete, lauten: „Damit wir nicht dem Laster des Ungehorsams, dem Zorne Gottes und der Ungnade des Papstes verfallen; nicht gleich Miethlingen als schlechte Hirten oder als stumme Hunde, die nicht mehr bellen können, bei dem Einbruche des Wolfs die Flucht zu nehmen scheinen; damit wir uns nicht bei so gewaltiger Verletzung der Armen, Schmach des christlichen Glaubens, Unterdrückung der Kirchen und des geistlichen Standes der feigen Nachsicht schuldig machen; und nachdem König Andreas, unser Herr, oft von uns ermahnt worden, auch auf des Papstes liebreiche und väterliche Aufforderung, die Abstellung des an der Klerisei verübten Unfugs verweigert hat: so haben wir zufolge apostolischer Befehle und kraft der uns verliehenen päpstlichen Vollmacht das ganze ungarische Reich mit dem kirchlichen Interdict belegt, strenge verordnend und gebietend, daß kein Priester sich unterfange, im ungarischen Reiche, sei es in der graner oder kalocsaer Provinz, an des Königs und seiner Söhne Hoflager oder an irgendeinem andern Orte Gottesdienst zu feiern. Diejenigen, die in dieser Hinsicht durch das Recht oder durch besondere Privilegien begünstigt sind, mögen mit gedämpfter Stimme, ohne Glockengeläute, bei verschlossenen Thüren und nach Entfernung derer, die dem Bann oder Interdict unterworfen sind, Gottesdienst halten. Wir verbieten und untersagen ferner in den genannten Provinzen alle Ausspendung der Sacramente; nur Kindern darf die Taufe, Sterbenden des Herrn Leib und Blut, Buße und letzte Salbung nicht verweigert, ihren Leichnamen aber soll kein kirchliches Begräbniß gestattet werden. Jedem wirklichen Pfarrer ist es erlaubt, einmal im Monate bei verschlossenen Thüren ohne Glockengeläute, nach Ausschließung der Verbannten, mit gedämpfter Stimme Messe zu lesen und den Leib des Herrn für die Kranken aufzubewahren.

„Weil wir aber der königlichen Hoheit, soviel sich von Gottes wegen geziemt, schonen wollen, so haben wir über die Person des Königs, seine Besserung erwartend, noch keine Verdammung ausgesprochen. Ueber seine Rathgeber hingegen, durch deren Rathschläge er abgehalten und gehindert wird, die verderblichen Misbräuche abzuschaffen, auf deren Eingebungen er die Mohammedauer erhoben und öffentlichen Aemtern vorgesetzt hat, über sie alle verhängen wir den Bann. Den Palatin Dionysius aber haben wir nicht nur aus erst erwähnter Ursache, sondern auch aus andern erheblichen Gründen, namentlich verbannt. Nicht genug, daß er geistliche Personen ihres Vermögens und ihrer Pfründen beraubte, ließ er sie noch mit Schlägen mishandeln und auf alle Art beschimpfen; und wollten wir auch schweigen zu den Verletzungen und Gewaltthätigkeiten, welche er und die Seinen an dem Propst und an den Pfarrern des Zipserlandes verübten:

so dürfen und wollen wir doch nicht mit Stillschweigen übergehen, wie schimpflich er den presburger Propst, Meister Johannes, mit Backenstreichen und anderer Schmach behandelt habe, ohne dafür der Kirche und dem Beleidigten Genugthuung zu leisten. Zu dem allen fährt er fort, Mohammedaner und falsche Christen (Patarener) zu begünstigen, zu beschützen und auf seinen Landgütern zu dulden. Dem Schatzmeister Nikolaus, da er des Königs, unsers Herrn, Rath ist, und da sämmtliche Angelegenheiten der Kammer nach seiner Entscheidung geführt werden, haben wir bis zum künftigen Gründonnerstag Frist gestattet, damit er in dieser Zeit den begangenen Unfug gut mache; widrigenfalls wisse er, daß er nach Ablauf dieser Frist namentlich wird verbannt und von allen Gläubigen gemieden werden. Den ehemaligen Kammergrafen Samuel verbannen wir namentlich, weil er, der Ketzerei beschuldigt und überwiesen, zu seiner Reinigung das Kreuz genommen und in das Heilige Land zu ziehen gelobt hat, aber, statt sein Gelübde zu erfüllen, noch immerfort Mohammedaner und falsche Christen im Lande vertheidigt und begünstigt.

„Auch verbieten und untersagen wir im Namen Gottes und des Papstes allen Gläubigen, mit den Mohammedanern Handel zu treiben, Verträge zu schließen oder irgendwelchen Verkehr zu unterhalten, bevor diese nicht sämmtliche Täuflinge ihres Volks, oder die Taufe Begehrende, oder die Söhne der Getauften, sie mögen Ungarn, Bulgaren, Kumanen oder weß Volks immer, Knechte oder Freie sein, ausgeliefert und entlassen haben. . . .

„Kraft päpstlicher Vollmacht also . . . . befehlen wir Euch, das Interdict in Euern Diöcesen ohne Aufschub zu verkündigen, strenge zu vollziehen und auf dessen pünktliche Befolgung zu dringen. Der dawider handelnde Pfarrer oder Geistliche werde des Amts entsetzt. Sollte aber jemand unter Euch an der uns verliehenen päpstlichen Vollmacht zweifeln, der sende glaubwürdige Männer zu uns, die das Sendschreiben sehen, lesen und die Wahrheit Euch bezeugen mögen. . . .“ [1]

Heutzutage kann man sich kaum vorstellen, welche Schrecken sich in diesen Zeiten über ein mit dem Interdict belegtes Land lagerten; die Menschen glaubten, der Fluch Gottes laste auf ihnen, mit dem Aufhören der Ceremonien seien auch alle Quellen des Segens versiegt, mit den Thüren der Kirchen auch die Pforten des Himmels verschlossen. Erschüttert durch den schweren Schlag, der durch sein Verschulden das Volk traf und der für ihn selbst die traurigsten Folgen haben konnte, sandte Andreas zu Anfang des Jahres 1232 den jüngern 1232 König dreimal an den Erzbischof, versprach Abstellung aller Misbräuche und flehte um die Rücknahme des Interdicts; endlich ließ sich der harte Greis erbitten, den Bann von Ostern bis zum Tage des heiligen Königs Stephan (20. August) zu suspendiren. Während dieser Gnadenfrist gingen im Auftrage des Königs der Palatin Dionysius selbst, der raaber Obergespan und der Heermeister der Johanniter in Ungarn,

[1] Katona, V, 635 fg. Pray, Annales, I, 235 fg.

Rembrand, nach Rom, um gegen den Erzbischof Klage zu führen und
die Aufhebung des Interdicts zu erwirken. Trefflich wußte der Papst
die Bedrängniß des Königs zu seinem Vortheil zu benutzen; er schickte
den Cardinalbischof von Präneste, Jakob, nach Ungarn, die obwaltenden
Uebelstände kraft päpstlicher Vollmacht zu untersuchen und Entscheidungen zu treffen. Gleich nach dessen Ankunft beriefen Andreas
und Béla eine außerordentliche Versammlung von Bischöfen und Prälaten, weltlichen Großen und Edelleuten in den bereger Wald. Hier
kam ein Vertrag zu Stande, und der König gelobte am 12. Aug. 1232
abermals in die Hand des Legaten mit feierlichem Eide:

Er werde künftighin Juden und Sarazenen weder die Verwaltung
der Münze und der Staatseinkünfte anvertrauen, noch sonst ein öffent-
liches Amt übertragen. ... Er wolle dafür sorgen, daß Juden und Sarazenen durch gewisse Abzeichen von den Christen unterschieden würden,
daß sie christliche Sklaven weder kaufen noch halten. ... Er werde jährlich den Palatin oder sonst einen hohen Staatsbeamten beauftragen,
Juden und Sarazenen zu überwachen und ihnen auf Verlangen der Bischöfe christliche Sklaven und Frauen abzunehmen. ... Der nähere Umgang und die Ehen der Juden und Sarazenen mit Christen sollen aufgelöst und beiderseits mit Verlust des Vermögens und der Freiheit bestraft werden.

Er gestatte, daß die Kirchen die ihnen zukommenden Salzgebühren
aus den Magazinen ungehindert abholen, unter dem Siegel der Prälaten
und Salzbeamten bei sich behalten und, wenn dieselben von den letztern binnen der festgesetzten Zeit, vom 28. Aug. bis 8. Sept., zu den
bestimmten Preisen nicht angekauft würden, sie frei veräußern dürfen. ... Die Salzgebühren, welche er den Kirchen schulde, versprach er
mit 10000 Mark binnen fünf Jahren zu vergüten.

Er gebe zu, daß fortan Processe über Morgengaben und Ehen
weder durch den König noch durch andere weltliche Richter, sondern
ausschließlich durch die kirchlichen Gerichte verhandelt und entschieden werden.

Er bewillige, daß die Geistlichen in allen Dingen ausschließlich
dem geistlichen Richter verantwortlich und untergeordnet seien, ausgenommen in Rechtsstreiten über Grundbesitz; in Betreff dieser werde
er mit dem Legaten gemeinschaftlich den Papst befragen und ihm zugleich vortragen, daß die ungarischen Könige solche Rechtsstreite von
jeher entschieden haben, und daß die Bischöfe selbst meinen, es würde
der Kirche zum großen Nachtheil gereichen, wenn man dieselben der
Gerichtsbarkeit des Königs entzöge. (Sie wußten nämlich, der Papst
würde schwere Taxen fordern und vielleicht auch noch andere Ansprüche machen, während der König unentgeltlich Recht sprach.)

Er werde von Klerikern und kirchlichen Personen keinerlei Steuern
und Abgaben erheben und ihre Privilegien unverletzt erhalten; hinsichtlich der außerordentlichen Abgaben aber, die etwa den andern
Reichsbewohnern auferlegt würden, soll gleichfalls der Papst zu Rathe
gezogen werden (ob nämlich auch die Geistlichen dieselben zu leisten
haben).

Diese Vertragspunkte beschworen nebst Andreas auch seine Söhne und die anwesenden höchsten Reichswürdenträger weltlichen Standes [1]; der Legat aber beauftragte den Bischof von Bosnien Johannes, Bann und Interdict über den König, seine Räthe und das ganze Land auszusprechen, wenn dieselben nicht beobachtet würden.

Der Inhalt der Urkunde belehrt genugsam darüber, was den Feuereifer des Erzbischofs Robert so entflammte und um was es der gesammten Klerisei und dem päpstlichen Stuhl eigentlich zu thun war. Von Rechten des Volks, von Maßregeln, dessen Noth zu mildern und die öffentlichen Zustände zu verbessern, ist hier keine Rede, wenn man nicht das Verbot, an Juden und Mohammedaner Staatspachtungen und Aemter zu überlassen, als dergleichen betrachten will. Dagegen springt sogleich in die Augen, daß die grausame Verfolgungswuth Andersgläubiger auch in Ungarn ihre gräßlichen Feste bei den Flammen der Scheiterhaufen feiern wollte und nur durch den duldsamen Geist des ungarischen Volks daran gehindert wurde; daß es auf die Unterdrückung und Ausrottung der Juden, Mohammedaner und Patarener und nebenbei auf die Erhöhung der geistlichen Vorrechte und Einkünfte abgesehen war. Sobald man diesen Zweck erreicht hatte oder doch erreicht zu haben glaubte, dachte man nicht mehr an Bann und Interdict; der König, seine Räthe, das ganze Volk waren losgesprochen.

Den innern Frieden, den diese Uebereinkunft für kurze Zeit herstellte, benutzten beide Könige zu einem Rachezug. Leopold VII., Herzog von Oesterreich, war 1230 gestorben und sein Sohn Friedrich II., der Streitbare, ihm nachgefolgt; ein hochstrebender, eroberungssüchtiger und herrschgieriger Fürst, der mit seinen Nachbarn in beständige Kriege verwickelt war und das eigene Volk durch tyrannische Willkür und Erpressungen drückte. [2] Noch eifriger als sein Vater mischte er sich in die innern Händel Ungarns, nährte die Zwietracht und lauerte auf eine günstige Gelegenheit, wo nicht die Krone, so doch einen Theil des Landes an sich zu bringen. Dazu verstieß er 1232 seine Gemahlin Sophie, eine Schwester der Gattin Béla's, nach dreijähriger Ehe unter dem Vorwande der Unfruchtbarkeit. Der böhmische König Wenzel I., den seine Mutter Constantia, die Tochter Béla's III. leitete, führte schon seit 1230 Krieg mit Friedrich, um die von diesem vielfach beleidigte Ehre des ungarischen Königshauses zu rächen. [3] Jetzt wollten die Könige Ungarns die erfahrene Unbill selbst strafen, schlossen Bündniß mit dem Verwandten, der bisher für sie gekämpft hatte, und bekriegten mit ihm vereinigt den gemeinschaftlichen Gegner, 1233. 1233

[1] Andreae II. regis juramentum de reformando regno in silva Bereg praestitum 1232. E regesto tabularii Vaticani, bei Endlicher, S. 436. — [2] Iste Fridericus, cum esset severus homo, in judiciis districtus et crudelis, magnanimus in proeliis, in thesauris congregandis cupidus, terrorem suum sic fudit super indigenas, ut non solum non diligeretur, sed ab omnibus timeretur.... satagebat etiam nobiles opprimere et ignobiles exaltare, saepe tyrannidem exercebat; audacia cordis sibi innata ipsum quiescere non sinebat. So schildert ihn das Chron. August., bei Freher, I, 525. — [3] Vgl. Palacky, Geschichte von Böhmen, II, i, 102.

Ein Theil der ungarischen Kriegsmacht überfiel Steiermark, schlug den dortigen Heerbann gänzlich, verwüstete das Land und kehrte mit großer Beute an Vieh zurück. Andreas selbst brach in Oesterreich ein und verheerte das ganze Gebiet um den Leithafluß; bei Hüfflein erreichte ihn Friedrich, der aus Böhmen zur Vertheidigung des eigenen Landes herbeigeeilt war, und that ihm einigen Abbruch. [1] Wichtiges ward von keiner Seite vollbracht, nicht einmal unternommen; es war wieder eine jener elenden Fehden, wo die Fürsten, nachdem sie ihren Zorn in einigen blutigen Kämpfen und an dem wehrlosen bedauernswürdigen Volke gekühlt hatten, Frieden und Freundschaft miteinander schlossen.

1234   Schon das Jahr darauf 1234, am 14. Mai, als Friedrich seine Schwester Constantia mit dem Markgrafen von Meißen, Heinrich dem Erlauchten, vermählte, wohnten die Könige Ungarns und Böhmens der glänzenden Hochzeit bei. [2] Zwei Wochen später, am 1. Juli, schloß der sechzigjährige Andreas, der unlängst Witwer geworden war, wider den Willen seiner Söhne die dritte Ehe mit Beatrix, der Tochter des Markgrafen von Este Aldobrandini. [3] Friedrich war bei der Vermählungsfeier wiederum sein Gast, benutzte aber hinterlistigerweise die Gelegenheit, unter den unzufriedenen ungarischen Großen einen Anhang zu werben. Bald darauf berichtete der böhmische König nach Ungarn, der Herzog habe von Kaiser Friedrich II. ein Anlehn von 2000 Mark erbeten, um dafür Söldner zu werben, mit denen er Ungarn und Böhmen bekriegen wolle. Die Könige unternahmen hierauf abermals einen Kriegszug; Andreas und Béla führten ein zahlreiches Heer nach Oesterreich; von Westen drang Wenzel vor. Herzog Friedrich wurde unweit Wien geschlagen und gezwungen, den Frieden mit Geld zu erkaufen. [4]

Die Hochzeitsfeste und Kriege erschöpften von neuem die geringen Geldmittel des Königs Andreas. Mit gewohnter Leichtfertigkeit setzte er sich über die so oft wiederholten feierlichen Verträge und Eide hinweg, gab abermals die Staatseinkünfte Juden und Mohammedanern in Pacht und Pfand, und erhob auf den Gütern der reichen Geistlichkeit von den Hörigen derselben einige Abgaben. [5] Auch sonst war alles in dem vorigen elenden Zustand geblieben. Darüber wurden bittere Klagen geführt. Der Legat Jakob schrieb an Béla, er möge den Vater bewegen, seine Eide zu halten [6], und der Papst ermahnte Andreas selbst zu deren Erfüllung mit strengem Ernst. Da aber alle Ermahnungen fruchtlos waren, gebrauchte der Bischof von Bosnien, Johann, endlich seine Vollmacht und sprach den Bann über den König. Allein Erzbischof Robert, der sich gekränkt fühlte, daß diese Vollmacht ihm entzogen

---

[1] Pernold., bei Hanthaler, Fasti Campililiens., I, 1314. Chron. Claustro-Neoburgens. et Zwetlense, bei Pertz, IX; bei Freber, I, 978. — [2] Pernold., a. a. O., I, 814 u. 1314. — [3] Die Ehepakten bei Pray, Annal., I, 242. — [4] Pernold., a. a. O. Chron. Erfordiense ad ann. 1235, bei Schanat, Vindemiae literariae, I, 95. Chron. Salisburg. et Zwetlense, bei Pertz, IX. Vit. Arenpeck., bei Leibniz, Script. Brunsv., III. — [5] Katona, V, 738. — [6] Epist. Jacobi Praenestini ad Belam, bei Kovachich, Supplementa, I, 21.

und einem Geringern ertheilt worden war, verbot die Veröffentlichung des Bannspruchs. Der Papst machte ihm darüber harte Vorwürfe und forderte Andreas auf, der Geistlichkeit die noch immer für
das Salz rückständige Schuld abzutragen und die neuerdings erhobenen
Abgaben wiederzuerstatten. Doch Gregor hatte vormals selbst den
König gelehrt, er dürfe Eidschwüre nicht halten, sobald sie die königliche Würde beeinträchtigten; dieser konnte sich also jetzt entschuldigen,
daß er die dem Legaten letzthin geleisteten Gelöbnisse nicht erfüllen
dürfe, weil die Erfüllung derselben der Thronentsagung gleich käme,
indem er mit königlicher Freigebigkeit drei Theile seiner Einkünfte seinen
Söhnen und seinem Enkel angewiesen und für sich nur ein Viertheil
behalten habe, das zur Behauptung des königlichen Ansehens nicht hin-
reiche. Er bitte daher, der Papst möge ihm nicht nur die Rückerstattung
erlassen, sondern auch erlauben, daß er diese mäßige Abgabe von den
Kirchengütern forterhebe. Doch der Papst schlug die Bitte ab, trug
dem Erzbischof von Kalocsa, dem Bischof von Neitra und dem Abt
vom Pannonsberge auf, ihm zu berichten, was der König eigentlich bei
der Krönung beschworen habe, und bewilligte endlich nur, daß Andreas
die versprochene Schadloshaltung des Klerus von 10000 Gulden erst
binnen zehn Jahren zahle. [1] Der Tod bewahrte ihn davor, daß er
nicht auch dieses Versprechen wie so viele andere brach.

Noch im Jahre 1234, am 1. Juli, erlebte er die hohe Freude, daß 1234
seine erst 1230 verstorbene Tochter Elisabeth, die Witwe des thüringer
Markgrafen Ludwig, vom Papste heilig gesprochen wurde. [2] Die Tochter aus seiner zweiten Ehe, Jolantha, heirathete den König Jakob von
Aragonien. [3] Bald darauf, in den ersten Tagen des November 1235 [4],
starb er und wurde nach Thuróczy im Kloster Egres an der Maros, 1235
nach Chronicon Budense in Großwardein zu den Füßen Ladislaus des
Heiligen begraben. Er war einer der geist- und kraftlosesten Könige Ungarns, und brachte den Staat in den traurigsten Verfall; aber die Goldene Bulle, obwol er sie nur gezwungen ausstellte und selbst nie beobachtete, verschaffte ihm durch die Wichtigkeit, die sie mit der Zeit erhielt, einen Platz unter den hervorragendsten Königen, und umgab sein
Andenken für die folgenden Geschlechter mit dem schimmernden Glanz
eines großen Gesetzgebers. „Der unüberwindliche König", sagt Verböczi, „hat besonders über die Entlastung, über die Vorrechte und Freiheiten der Edelleute vortreffliche Verordnungen und herrliche Gesetze
gegeben, welche das ungarische Volk bis auf den gegenwärtigen Tag
(um 1500) als heilige Gesetze bis zu den Sternen erhebt." [5]

Béla IV. 1235—1242.

Béla war 29 Jahre alt, als er den Thron bestieg. Ungeachtet
er bereits gekrönt war und den königlichen Titel führte, berief er doch

---

[1] Die Briefe Gregor's IX. an Andreas, den Erzbischof Robert und an-
dere Bischöfe, bei Katona, V, 696—739. — [2] Die Kanonisationsbulle, bei
Katona, V, 723. — [3] Schier, Reg. Hung., S. 199. — [4] Pernold., s. a. O.,
S. 1315. — [5] Verböczi, Tripartitum, Pars II, Tit. 6, §. 6.

sogleich nach dem Begräbniß seines Vaters einen Reichstag nach Stuhlweißenburg und ließ sich dort zum zweiten mal feierlich krönen. Sein Bruder Koloman trug ihm das Schwert vor, und der vertriebene Fürst von Halitsch, Daniel Romanowitsch [1], führte das Pferd, auf welchem er in glänzendem Aufzug durch die Straßen der Stadt ritt, „damit das Volk die Krone Stephan's auf seinem Haupte sehe". [2]

Die Umstände, unter denen Béla die Regierung antrat, können kaum schwieriger gedacht werden. Die Schatzkammer war leer und selbst die Quellen der Einkünfte befanden sich meistentheils in der Gewalt gewinngieriger Menschen; in die höchsten und einflußreichsten Aemter hatten sich Nichtswürdige eingeschlichen, die ihre Gewalt zum Verderben des Staats misbrauchten; Eigennutz und Herrschsucht erstickten bei den weltlichen Großen die Liebe und Begeisterung für das Vaterland; die mächtige hohe Geistlichkeit, demselben durch hierarchische Gesinnung entfremdet, verfolgte rücksichtslos ihre Sonderinteressen; der zahlreiche Adel erschöpfte seine Kraft im Kampf gegen die Willkür des Hofes und gegen die Gewaltthätigkeit der Oligarchen; die große Masse des Volks hatte mit dem Rechte und der Freiheit auch das Selbstgefühl und den Gemeingeist verloren; das Königthum endlich, das man so gemisbraucht und erniedrigt sah, hatte seine Macht und die Ehrfurcht der Nation eingebüßt. Dazu kam noch, daß Béla selbst schon als Mitregent durch strenge Maßregeln und schonungslose Ausführung derselben sich unbeliebt gemacht hatte und sogleich einen schweren Kampf mit Haß, Argwohn und erbittertem Trotz beginnen mußte. Aber er stand in der Blüte des männlichen Alters, hatte schon zehn Jahre lang die wichtigsten Staatsgeschäfte geführt und verband mit natürlicher Geisteskraft Kenntniß und Erfahrung; er war der großen Aufgabe fähig, deren Lösung ihm die Vorsehung aufgetragen; leider fehlte es ihm an Leutseligkeit und jener behutsamen Klugheit, die auch harte Maßregeln mildert, auch strenge Gerechtigkeit mit Schonung übt und die Herzen gewinnt.

Solange der alte König lebte, hatte er vergeblich gestrebt, die unwürdigen Günstlinge, die jenen beherrschten, zu stürzen; der schwache Mann schenkte ihnen unbegrenztes Vertrauen und verschmähte die wohlgemeinten Rathschläge des Sohnes. Béla's erste Herrscherthat war es also, sie, die Zwietracht zwischen Vater und Sohn gestiftet, den Staat bestohlen, das Volk bedrückt und soviel Elend angerichtet hatten, schon beim Krönungsreichstage zur Verantwortung und Strafe zu ziehen: sie wurden theils ins Exil geschickt, theils zu lebenslänglicher Gefangenschaft verurtheilt, und der schuldigste unter allen, der Palatin Dionysius, geblendet. Das Volk mochte sich freuen, erlöst zu sein von seinen Quälern und sie gestraft zu sehen; nur die Freunde und Verwandten der Gezüchtigten waren misvergnügt, nur die besorgt, die sich

---

[1] Nach Mstislaw's Tod 1228 wieder zum Fürsten Galiziens eingesetzt, aber einige Jahre später von den Tschernigowern vertrieben, genoß er jetzt Gastfreundschaft am ungarischen Hof. — [2] Rogerius, Carmen miserabile, Kap. 4, bei Endlicher, S. 258. Thuróczy, II, 74. Bonfinius, Rerum Hung. Decas II, Lib. 8.

ähnlicher Vergehungen schuldig wußten. Außerdem wurden noch
strenge Gesetze erlassen, um das Land von Uebelthätern zu reinigen,
von denen es wimmelte. [1] Auch das gesunkene königliche Ansehen
wollte Béla wieder heben. Otto von Freisingen [2] berichtet, daß die
Großen des Reichs, wenn sie bei Hof erschienen, ihre Stühle mitbrachten und sitzend ihre Angelegenheiten dem König vortrugen oder
mit ihm rathschlagten. Dieses Recht mochten sich nach und nach
auch solche angemaßt haben, denen es nicht gebührte. „Um also den
Uebermuth der Barone einzuschränken", befahl er, daß außer den höchsten Reichsbeamten und Bischöfen sich niemand in Gegenwart des Königs setzen dürfe, und ließ die Stühle der andern verbrennen. Diese
Verordnung beleidigte den Stolz der Großen; denn an dergleichen
äußern Zeichen des Ranges und der Ehre hängt das eitle Herz der sich
vornehm dünkenden Menge. Noch lautere und allgemeinere Klagen entstanden, als der König die außer Gebrauch gekommene Einrichtung
seines Großvaters Béla III. wiedereinführte, daß niemand, gehörte er
auch zum höchsten Adel, mündlich bei dem königlichen Gerichtshof
seine Sache vorbringen oder dem König sein Anliegen vortragen und
sogleich Bescheid erhalten durfte, sondern jedermann ein Bittgesuch
den Kanzlern überreichen und die Entscheidung abwarten mußte. Man
erblickte hierin eine Verletzung der Landesgewohnheiten; man sah sich
genöthigt, mit großen Kosten längere Zeit am Hofe zu verweilen und
häufig unverrichteter Dinge heimzukehren; man beschwerte sich über
willkürliche Parteilichkeit der Kanzler und sagte unverhohlen, „diese
seien die Könige, einen andern König habe man nicht mehr". [3]
    Doch dies alles galt Béla nur als Mittel zu dem einen Zweck, den
er als heilige Pflicht, als die Aufgabe seines Lebens betrachtete, durch
Einziehung der verschleuderten Staatsgüter die Geld- und Wehrkraft
des Reichs, das Ansehen und die Macht des Königthums wiederherzustellen. [4] Solange er blos als Mitregent für diesen Endzweck thätig
war, sah er sich durch unüberwindliche Schwierigkeiten und allerhand
Rücksichten gehindert, konnte er nur in einzelnen Fällen und nicht
nach einem allgemeinen Plan handeln; jetzt, da er die Zügel der Regierung hielt und die Hauptschuldigen, die das meiste geraubt und ihm
am hartnäckigsten widerstanden hatten, bereits unschädlich gemacht
waren, brachte er noch auf demselben Reichstag ein Gesetz zu Stande,
das ihn bevollmächtigte, die überflüssigen und unnützen Schenkungen
einiger seiner Vorgänger zu widerrufen. [5] Um wenigstens einen Theil
des Hasses von sich abzuwenden und durch ein wohlgeordnetes Verfahren dem Vorwurfe der Parteilichkeit zu entgehen, ließ er durch
den Reichstag für jede der 72 Gespanschaften besondere Richter zur

---

[1] Epist. Belae IV, 1237, bei Fejér, Cod. dipl., IV, 1, 68. Rogerius,
Carmen miserabile, Kap. 4. — [2] De rebus gestis Friderici, I, 44. — [3] Rogerius, Carmen miserabile, Kap. 4 u. 6. — [4] Rogerius, Kap. 10. — [5] In einer
Urkunde von 1237 sagt Béla ausdrücklich: „Cum nos .... regni regimine per
successionem ad nos desoluto, superfluas et inutiles antecessorum nostrorum
donationes de communi baronum nostrorum ac totius regni consilio decrevissemus revocandas." Pray Hist. Reg., I, 226, n. e.

Untersuchung der Besitztitel wählen und aussenden. [1] Und in gleich
richtiger Erwägung der Dinge begann er mit den Besitzungen der
Orden neuerer Stiftung.   Denn hier waren die Schenkungen unlängst
geschehen; und wer durfte klagen, daß ihm das Seine genommen werde,
wenn das geheiligte Gut der Kirche am wenigsten verschont blieb?
1236 Der erste Schlag traf 1236 die Abteien der Cistercienser und die
Häuser der Ritter des Tempels, des heiligen Johannes von Jerusalem,
des heiligen Lazarus und des heiligen Samson; sie verloren einen bedeutenden Theil jener Besitzungen, die ihnen Emerich und Andreas verliehen hatten. [2] Hierauf ließ Béla Ländereien, von denen nachgewiesen
wurde, daß sie unveräußerliches Staatseigenthum gewesen, ohne Unterschied den Geistlichen wie den Weltlichen, seinen Gegnern wie seinen
Anhängern abnehmen.   Man kann sich leicht vorstellen, wie viel Unzufriedenheit und Zorn diese Confiscationen, selbst wenn überall die
strengste Unparteilichkeit beobachtet wurde, erzeugen mußten.   „Das
war das Schwert", sagt der Zeitgenosse Rogerius, „welches die Herzen der Ungarn durchbohrte; denn viele, die reich und mächtig gewesen waren und ein großes zügelloses Gefolge um sich gehabt, konnten sich nun kaum selbst ernähren." [3]   Auch der Papst erhob heftigen
Widerspruch, erklärte die Rücknahme der einmal der Kirche ge-
schenkten Güter für Raub und Sünde wider Gott und forderte die Wiedergabe derselben. [4]   Aber Béla ließ sich dadurch nicht einschüchtern;
er zeigte in seiner Antwort, wie gesetzmäßig, nothwendig und gerecht die
Maßregel sei, und erklärte, die Klöster um so weniger verschonen zu
können, weil sie sich dazu hergegeben, der Krone geraubte Güter sich
zum Scheine schenken zu lassen, um deren Besitz denen zu sichern, die
sie wider alles Recht an sich gebracht hatten; der Papst möge also
die Klöster zwingen, diese Güter gutwillig herauszugeben; nach dem
rechtmäßigen Besitzthum der Kirche werde er seine Hand nie ausstrecken. [5]   Gregor sah, daß er es nicht mehr mit Andreas zu thun
habe, der seinen Worten wie Orakelsprüchen gehorchte, und mußte sich
endlich zufrieden geben.   Weit gefährlicher war das Misvergnügen der
weltlichen Herren.

Die im Lande herrschende Gärung war es vielleicht, was Kaiser
Friedrich II., der jetzt auf dem Höhepunkt seiner Macht stand, ver-
anlaßte, den Plan seines Vorfahren Friedrich I., Ungarn unter deutsche
Hoheit zu bringen, neuerdings aufzunehmen.   Den Anfang hierzu
1236 machte er damit, daß er 1236 den Tribut forderte, den Ungarn seit
47 Jahren schulde.   Vor 47 Jahren war nämlich Friedrich I. durch
Ungarn nach Palästina gezogen.   Béla III. nahm ihn mit zuvorkom-
mender Gastfreundschaft auf und überhäufte ihn mit Ehrengeschenken;
der Kaiser erwiderte dieselben freigebig und verlobte seinen ältesten
Sohn mit der Tochter des Königs (vgl. oben S. 274), aber an Tribut

[1] Urkunde König Matthias', 1486, bei Fejér, Cod. dipl., IV, II, 521. —
[2] Epist. Gregorii IX. vom 16. Jan. 1237, bei Katona, V, 767. — [3] Rogerius, Carmen miserabile, Kap. 5. — [4] Der bereits angeführte Brief Gregor's,
bei Katona, V, 767. — [5] Epist. Gregorii IX., bei Katona, V, 775.

und Huldigung dachte keiner der beiden Monarchen; Friedrich selbst
hatte den Plan, den er zu Anfang seiner Regierung hegte, längst aufgegeben. Entrüstet wies also König Béla IV. die unbegründete und
schimpfliche Zumuthung ab und drohte, mit den Waffen die Ehre und
Unabhängigkeit des Reichs vertheidigen zu wollen.[1] Bald darauf hatte
Friedrich II. mit den lombardischen Städten, die, kaum bezwungen, aber
durch unerträglich harte Bedingungen gereizt, sich abermals auflehnten,
mit der Empörung seines Sohnes, mit widerspenstigen Reichsständen
und besonders mit dem Papst soviel zu schaffen, daß er vorderhand die
Sache ruhen ließ.

Beatrix, die Königin-Witwe, die schon bei Lebzeiten ihres Gemahls mit ihren Stiefsöhnen in Zwietracht lebte und jetzt um so mehr
schlimme Behandlung für sich und für das Kind, das sie unter ihrem
Herzen trug, fürchtete, floh, als Mann verkleidet, mit den kaiserlichen
Gesandten in ihr Vaterland. Sie ließ sich unterwegs in Spalatro ein
Zeugniß über ihre Schwangerschaft ausstellen und gebar bei ihrem Bruder Azo VII., Markgrafen von Este, einen Sohn, Stephan. Dieser wurde
an Azo's Hof erzogen, wollte als Jüngling die Markgrafschaft dem
Oheim entreißen und floh, da der Anschlag mislang, zu seiner Stiefschwester Jolantha, der Königin von Aragonien. Von da ging er
zurück nach Italien und wurde in Ravenna zum Podesta erwählt, aber
bald wieder vertrieben. Zuletzt ließ er sich in Venedig nieder und
nahm Thomasina, die Tochter des Patriziers Morosini, zur Gemahlin.
Der Sprößling dieser Ehe war Andreas III., der letzte König Ungarns
aus Árpád's männlichem Stamme.[2]

Die fortgesetzte Einziehung entfremdeter Staatsgüter vermehrte die 1236
Zahl und die Erbitterung der Unzufriedenen. Sonst wandten sich Misver-
gnügte und Empörungssüchtige an einen Bruder oder Verwandten des
Königs und stellten ihn als Kronprätendenten auf; diesmal konnten sie
dieses nicht thun, weil Béla und Koloman in brüderlicher Eintracht
lebten, einander unterstützten und ebendeshalb gleich verhaßt waren.
Sie richteten also abermals ihre Augen auf den österreichischen Herzog
Friedrich, ungeachtet sie wußten, wie hart er mit den eigenen Vasallen
verfuhre, und luden ihn ein, mit einem Heere nach Ungarn zu kommen.
An den Grenzen, verhießen sie, würden ihn die meisten Großen an
der Spitze ihrer Kriegsmannen empfangen, das Volk ihm überall zufallen und die Krone auf sein Haupt setzen. Zwar hatten die eigenen
Landstände wider den Herzog die Waffen ergriffen, und der Kaiser
ihn wegen Theilnahme an der Empörung seines Sohnes Heinrich bereits
in die Reichsacht gethan und seiner Länder verlustig erklärt; aber
Friedrich der Streitbare, für seine Vergrößerung alles wagend, ließ
sich dadurch nicht abschrecken, auch noch den Krieg mit dem ungarischen König zu beginnen. Eiligst zog er ein Heer zusammen und
brach in die wieselburger Gespanschaft ein, wo ihn die Misvergnügten

---

[1] Albericus Monachus, bei Pistorius, Rerum Germ. Script., I, ad anh.
1236. — [2] Monachus S. Justinae Paduae ad ann. 1236, bei Urstisius, I.
Thuróczy, II, 92.

verabredetermaßen erwarten sollten. Allein er traf dort niemand und hörte dagegen, daß Béla und Koloman mit starker Macht heranrückten. Denn noch ehe sich die Verräther sammeln konnten, waren sie entdeckt, entwaffnet und gestraft worden. ·Voll Zorn über die Vereitelung seiner Hoffnungen, ließ Friedrich die Gegend furchtbar verwüsten und wartete auf ungarischem Boden den Angriff ab. Aber die erlittene Täuschung entmuthigte sein Heer so sehr, daß es gleich beim Beginn des Kampfes floh und sich auflöste. Die Ungarn drangen, das Land verheerend, bis vor Wien und zwangen den Herzog, den Frieden für Geld zu erkaufen. [1] Kurz darauf, noch im Sommer 1236, rückten die Baiern und Böhmen, die die Reichsacht vollziehen sollten, in Oesterreich ein; Friedrich schlug sie zwar zurück, aber der Kaiser selbst kam herbei, besiegte und nöthigte ihn, sich in Wienerisch-Neustadt einzuschließen, eroberte Wien und erklärte es zur freien Reichsstadt, und zog Oesterreich, Steiermark und die übrigen Gebiete des Herzogs zu Handen des Reichs ein, söhnte sich jedoch nach einiger Zeit 1237 mit ihm aus und setzte ihn wieder in seine Länder und Würden ein.

1237 Kaum hatte Béla den österreichischen Feldzug siegreich beendigt, da forderte ihn Gregor IX. 1237 dringend auf, dem lateinischen Kaiser von Konstantinopel, Balduin II., der 1228 seinem verstorbenen Bruder Robert auf dem schwankenden Throne gefolgt war und während seiner Minderjährigkeit unter der Vormundschaft des Titularkönigs von Jerusalem, Johann von Brienne, gestanden hatte, Hülfe zu leisten. Zwei Schwäger des Königs, der Kaiser zu Nicäa, Johannes Dukas Vatazes, dessen Gattin die Schwester seiner Gemahlin war, und der Bulgarenkönig Asan, Mann seiner Schwester, hatten sich wider das lateinische Kaiserthum verbunden und das jeder natürlichen Grundlage entbehrende Reich, dessen Einwohner nur mit Widerwillen die fremden Herrscher ertrugen, durch glücklichen Krieg dem Untergange nahe gebracht; überdies war Asan von der römischen zur griechischen Kirche zurückgekehrt, 1234—37. [2] Der Papst griff zu seinen Waffen und
1238 schleuderte 1238 Bannflüche auf Asan, den Abtrünnigen und Beschützer der Ketzer, und Béla sollte denselben durch das Schwert Wirksamkeit verschaffen. Béla jedoch erhob Zweifel, ob er wider Verwandte, die ihn nie beleidigt hatten, gerechten Krieg führen könne; und als diese durch die in solchen Fällen der römischen Curie geläufigen Gründe widerlegt wurden, stellte er die Bedingungen, daß der konstantinopolitanische Kaiser und der Papst ihre Ansprüche auf die Oberhoheit über Bulgarien ihm übertragen, daß kein päpstlicher Legat, falls die Eroberung des Landes gelänge, in dasselbe komme; sondern er, wie Stephan der Heilige in Ungarn berechtigt sei, die dortigen Bischöfe zu ernennen und alle kirchlichen Angelegenheiten zu ordnen; daß das Kreuz in Ungarn gepredigt und der Krieg als Kreuzfahrt geführt werde; daß der Papst alle Einheimische und Auswärtige banne, die während seiner Abwesenheit den Frieden stören würden. Nebenbei forderte er den Widerruf

---

[1] Pernoldus, bei Hanthaler, Fasti Capilliens., 1, 1315. — [2] Georgius Acropolita und Nicephorus Gregor's, bei Stritter, Tom. II, Pars II, p. 721—730.

der unzähligen Bannsprüche, in welche der Legat Jakob die hohe und niedere Geistlichkeit Ungarns verwickelt, und die Aufhebung der Eide, die ihm derselbe über die geringfügigsten Dinge abgenommen habe, und deren Menge zu groß sei, als daß er sich aller erinnern könnte. In seinem Grimm über Asan bewilligte Gregor IX. diese Forderungen des Königs fast unbedingt [1]; aber Béla, dem es ohnehin nie ein Ernst mit diesem Kriege gewesen zu sein scheint, ließ es bei einigen Vorbereitungen dazu bewenden. Bald nahmen andere, weit wichtigere Dinge seine ganze Aufmerksamkeit in Anspruch; auch der Papst söhnte sich mit Asan aus, und der Krieg unterblieb.

In diese Zeit fällt auch die merkwürdige Begebenheit, die wir schon oben S. 44 erwähnt haben. Aus einheimischen Annalen, die leider spurlos verloren sind, hatten die bekehrungseifrigen Dominicaner erfahren: als die sieben Stämme der Ungarn aus ihrem alten Vaterlande auszogen, sei ein Theil des Volks dort zurückgeblieben, der in der Nacht des Heidenthums lebe. Schon unter Andreas' Regierung zogen daher vier Ordensbrüder nach Asien und suchten dort unter vielfachen Gefahren und Mühseligkeiten drei Jahre lang nach den Zurückgebliebenen, bis endlich einer unter ihnen, Otto, der als Handelsmann reiste, einige Männer traf, welche die ungarische Sprache redeten, und von diesen erfuhr, wo die alte Heimat der Ungarn liege. Erfreut kehrte er heim, um Genossen zu finden, mit denen er hinwandere, starb aber bald darauf infolge der ausgestandenen Beschwerden. Der Predigerorden ließ die begonnene Sache nicht fallen; er sandte neuerdings vier seiner Mitglieder nach Asien, und König Béla, der eifrig bemüht war, sein dünn bewohntes Reich mit verwandten Stämmen zu bevölkern, gab die Kosten her. Sie nahmen den Weg über Konstantinopel, fuhren von dort in 33 Tagen über das Schwarze Meer und stiegen an dessen östlicher Küste bei den Zighiern ans Land. Das Volk nannte sich christlich, und besaß griechische Priester und Bücher; es schor das Haupt kahl, nur die Vornehmen ließen ein Büschel über den Ohren stehen, und stand unter einem Fürsten, der 100 Frauen hatte. Von hier kamen sie nach mühseliger dreizehntägiger Wanderung im Kaukasus in das Land der Alanen, wo jedes kleine Gebiet seinen eigenen unabhängigen Fürsten hatte. Aus Furcht vor den Tataren blieben sie daselbst sechs Monate, während welcher Zeit ihnen die Geschicklichkeit eines der Brüder im Schnitzen hölzerner Geräthschaften nothdürftigen Unterhalt verschaffte. Ihrer zwei verloren den Muth und kehrten nach Ungarn zurück; Bernhard und Julian aber zogen mit einer heidnischen Handelskaravane weiter. Siebenunddreißig Tage wanderten sie unter großen Entbehrungen durch eine menschenleere Wüste nach dem Lande Veda, in die Stadt Bunda, deren mohammedanische Bewohner ihnen zwar Herberge verweigerten, doch Almosen gaben. In der nächsten Stadt fanden sie in dem Hause eines Mohammedaners freundliche Aufnahme. Dort erlag Bernhard

---

[1] Epist. Gregorii IX. ad Belam, bei Katona, V, 813. Epist. Belae ad Gregorium Pap., a. a. O., S. 819. Epist. Gregorii, a. a. O., S. 824—833, bei Pray, Annal. Reg. Hung., 1, 248 fg.

den ausgestandenen Mühseligkeiten. Julian trat in den Dienst eines Imans
und ging mit diesem nach Großbulgarien, das nach seiner Angabe ein
stark bevölkertes, mächtiges Land voll reicher Städte war. In der
größten derselben (wahrscheinlich Bolgär) traf er eine aus der alten
Heimat der Ungarn stammende Frau; sie beschrieb ihm den Weg, den
er nehmen müsse, und ihrer Anweisung folgend fand er an dem großen
Fluß Ethil [1] die Brüder der Magyaren, die deren Sprache redeten, ihn
verstanden und von ihm verstanden wurden. Sie waren Heiden, Götzenbilder jedoch hatten sie nicht, trieben keinen Ackerbau, aßen das Fleisch
der Pferde und wilder Thiere und tranken Pferdemilch und Blut.
Nach alten Ueberlieferungen wußten sie, daß ein Theil ihres Volks
ausgewandert sei; sie freuten sich, Nachricht von diesem zu erhalten, und
hörten die Erzählungen Julian's mit innigem Wohlgefallen. Die benachbarten Tataren hatten mehrmals versucht, diese Magyaren aus
ihren Wohnsitzen zu vertreiben; aber jedesmal zurückgeschlagen, schlossen sie endlich Bündniß mit ihnen. Gerade zu derselben Zeit befand
sich unter den Magyaren ein Gesandter des Tatarenkhans, der der
ungarischen, kumanischen, russischen und deutschen Sprache mächtig
gewesen sein soll; er berichtete, daß fünf Tagereisen weiter das Heer
der „Tataren" bereit stände, gegen Westen aufzubrechen, und nur die
Rückkehr eines andern gegen die Perser ausgesandten erwarte. Hinter
den Tataren, erzählte er ferner, hause ein sehr zahlreiches Volk, dick-
köpfig, behender und größer als andere Menschen, das beschlossen
habe auszuziehen und, soweit es vordringen könnte, alle Reiche zu zerstören. Diese Nachrichten, welche seinem Vaterland Gefahr drohten,
und die Besorgniß, daß die Entdeckung des alten Ungarlandes, wenn
er in der Fremde stürbe, wieder verloren ginge, bewogen Julian, die
Rückreise eilig anzutreten, so dringend ihn auch die aufgefundenen
1237 Stammesgenossen baten, bei ihnen zu bleiben. Am 21. Juni 1237 brach
er auf, schlug nach ihrer Weisung den Weg über die Wolga durch
Ruthenien und Polen ein und erreichte Ungarn am 27. Dec. [2] Seine
Entdeckung blieb ohne Folgen, weil das starke dickköpfige Volk, von
dem er Kunde brachte, nachdem es den größten Theil des mittlern
Asiens bereits mit Trümmern bedeckt und erobert hatte, sich jetzt wie
eine verheerende Flut über alle hier erwähnten Länder und fast über
das ganze östliche Europa ergoß.

Dieses Volk, die Mongolen, häufig, aber ungenau, auch Tataren ge-
nannt, wohnt seit unvordenklichen Zeiten in dem weiten, meist öden
Hochlande, das sich zwischen Sibirien im Norden und China im Süden,
der sogenannten Hohen Tatarei im Westen und der Manschurei im
Osten erstreckt; es hat sich von da noch weiter ausgebreitet und zum
Theil mit andern altaischen Stämmen vermischt. Seine älteste Ge-
schichte ist in Dunkel gehüllt. Daß auch mongolische Horden gegen
China und das westliche Asien auszogen, läßt sich nicht bezweifeln; ob

---

[1] Wolga oder Kama; vgl. oben S. 44, Note 1. — [2] De facto Ungariae
magnae a fr. ordinis f.f. Predicatorum invento tempore domini Gregorii IX.
E codice saeculi, XIII bibliothecae Vaticanae, bei Endlicher, S. 248 fg.

über die mächtigen Hiongnu, die Hunnen und die Kitan Mongolen waren, ist ungewiß. Bevor die Mongolen sich wieder erhoben und zum Verderben der Menschheit aus ihren Steppen hervorbrachen, lebten sie als rohe Nomaden, einem einfachen Naturcultus ergeben und vielfach in Horden getheilt, die ihre Khane aus Familien, in denen diese Würde erblich war, wählten und einander häufig bekriegten. An den Ufern der Selinga und des Onon herrschte Khan Jesukai über die Horde Müm-U und einige andere, die zusammen 30—40000 Familien zählten. Als er 1175 starb, war sein Sohn Temudschin erst dreizehn Jahre alt; die Horden weigerten sich den Knaben als Herrscher anzuerkennen: da ließ dieser 70 Häuptlinge in siedendes Wasser werfen, mußte jedoch, in einem Treffen besiegt, zu Togrul, dem Khan der Kerniten am Jenisei, fliehen. Hier gewann er durch Freigebigkeit und tapfere Thaten das Wohlwollen des Khans, der ihm seine Tochter zur Ehe gab, und die Liebe der benachbarten Horden. Als seine Macht wuchs, entstand Zwietracht zwischen ihm und seinem Schwiegervater; es kam zur Schlacht 1202 und Togrul blieb mit 40000 seiner Krieger auf dem Kampfplatz. Auch ein neuer Feind, Tayan, Khan der Naimanen am Amur, der sich wider ihn erhob, wurde 1203 besiegt und fiel auf der Flucht. So eilte Temudschin von Sieg zu Sieg und ward Herrscher über den größten Theil der Mongolei und viele tatarische Völkerschaften. Zwischen 1204 und 1206 berief er einen Kurultai (Volksversammlung) nach seinem Geburtslande, zu dem sich alle Häuptlinge der unterworfenen Horden einfanden, und ließ durch einen Kodscha (Priester und Propheten) verkündigen, nach dem Rathe des Himmels müsse er fortan nicht Temudschin, sondern Dschingis (der höchste) Khan heißen, denn ihm sei die Herrschaft der Welt beschieden. Die Horden erkannten gläubig des Kodscha Wort an, und Dschingiskhan zog nun an ihrer Spitze aus, die Welt zu unterjochen. Zuerst vollendete er die Unterwerfung der Völkerschaften in der unermeßlichen Steppe, eroberte sodann 1210—14 einen Theil des nordchinesischen Reichs mit der Hauptstadt Peking, 1215—24 das große chowaresmische Sultanat, das sich vom Kaspischen Meere bis an den Indus und hinauf bis in die Nähe des Aralsees und des Himmelsgebirges ausdehnte. Ueberall, wohin die wilden Scharen drangen, sanken die Städte in Asche und Trümmer, wurden die Menschen erbarmungslos hingewürgt, alle Werke der Wissenschaft und Kunst zerstört und die Länder in traurige Einöden verwandelt. Während Dschingiskhan selbst Chowaresmien eroberte, gingen seine Feldherren um den Kaspischen See, warfen alle Nationen nieder, die sie auf ihrem Wege trafen, überstiegen den Kaukusus und schlugen in blutigen Kämpfen die vereinten Kumanen und Petschenegen, deren Hauptreich zwischen dem Kaspischen und Schwarzen Meere lag. Der Kumanenkönig Kuthen verband sich hierauf mit dem Fürsten von Halitsch Mstislaw Mstislawitsch und dem Großfürsten von Kiew Mstislawitsch Romanowitsch. Die Verbündeten führten ein Heer von 100000 Mann über den Dniepr und griffen am 19. Juni 1224 die Mongolen an; die Schlacht, am Flusse Kalka (jetzt Kaleza im Gouvernement Jekaterinoslaw) endete mit gänzlicher Vernichtung ihres

Heeres; Rußland stand wehrlos den Siegern offen. Aber Dschingiskhan rief diese plötzlich zurück in den Krieg gegen den Herrscher von Sihia oder Tangut (um den See Kuku-Noor und das Bajan-Kharat-Gebirge), den er im Winter 1225 unternahm und siegreich beendete.

Dschingiskhan starb 1227 und hinterließ den Seinen den Rath, nur mit unterjochten Völkern in Frieden zu leben. [1] Sein Sohn Uetegai, von den Abendländern Oktai genannt, ward Großkhan; jedoch erhielten auch dessen Brüder Tschutschi, Dschagatai und Tutui weite Länder zum erblichen Besitz unter seiner Oberhoheit. Nachdem Oktai das ganze nordchinesische Reich der Niutsche vollends 1234 erobert hatte, sandte er 1236 Batu, Tschutschi's Sohn, mit 500000 Mann gegen die Völker des Westens aus. In weniger als sechs Jahren durchzog dieser in beispiellosem Siegeslauf beinahe den vierten Theil des Umfangs der Erde. Die unermeßlichen Steppen Kipzaks oder Kaptschaks, die Länder vom Uralfluß bis zum Dniepr waren schnell durchschritten und die vielnamigen Völker, die dort wohnten, besiegt; auch die russischen Fürsten, untereinander in ewiger Zwietracht und Fehde, konnten nur schwachen Widerstand leisten; schon im Herbst 1237 verwandelten die mongolischen Wurfmaschinen Rjesan in einen Schutthaufen; nach einer verlorenen Schlacht ging Moskau in Flammen auf; Susdal fiel ohne Widerstand, Wladimir nach hartnäckiger Vertheidigung; Perslawl und Tschernigow wurden im folgenden Jahre erstürmt; Verwüstung und Mord bezeichneten jeden Schritt der unmenschlichen Sieger; mit der Eroberung Kiews 1240 gerieth ganz Rußland in ihre Gewalt, und trug nun jahrhundertelang das mongolische Joch. [2]

1238   Auch die Kumanen wurden von Batu 1238 gänzlich besiegt. Um der mongolischen Herrschaft zu entgehen, floh ein Theil derselben über die Donau und suchte Rettung in Bulgarien und Macedonien [3]; ein anderer zog mit dem König Kuthen zu ihren Brüdern in die Gebirge der Moldau. Aber auch hier fühlten sie sich noch nicht sicher, und da, wie wir bereits wissen, die dort wohnenden Kumanen die Oberhoheit Ungarns anerkannten, schickten sie Gesandte an König Béla und baten, daß er sie in sein Reich aufnehme, wogegen sie Gehorsam und Bekehrung zum Christenthum gelobten. Béla erhörte bereitwillig die Bitten der heimatlosen Flüchtlinge; denn nach Abkunft und Sprache den Magyaren verwandt, konnten sie die Zahl und Stärke der Nation vermehren und nebenbei ihm selbst die wichtigsten Dienste gegen

[1] Plano Carpini, bei Fejér, IV, 1, 425. — [2] Batu's Bruder Scheibani eroberte 1242 den tiefern Norden Asiens und schlug zu Tobolsk seinen Thron auf. Haluku zerstörte 1258 das Khalifat zu Bagdad, zertrümmerte das Reich der Ismaelianer in Persien und noch andere des westlichen Asiens, und zwang die Seldschoken von Ikonium und die Atabeken zum Tribut. Nur die Mameluken in Aegypten vertheidigten sich mit Muth und Glück. Der Großkhan Kublai vollbrachte endlich 1279 die Eroberung des mächtigen südchinesischen Reichs, über das die Song herrschten, und unterwarf seiner Herrschaft noch Koran, Tunkin, Cochinchina, Pegu, Tibet und selbst Bengalen. Zum Glück war er der letzte allgemeine Herrscher des ungeheuern Reichs, das alle Länder der Erde zu verschlingen drohte. — [3] Georg. Acropolita und Nicephorus Gregoras, bei Stritter, III, 934. Gibbon, History of the Decline and Fall of the Roman Empire, B. 11.

einheimische und fremde Feinde leisten; Raum war in dem dünnbevöl-
kerten Lande genug vorhanden. Nachdem die Angelegenheit durch hin
und wieder gehende Gesandtschaften geordnet war, brach Kuthen mit
beiläufig 40000 Bewaffneten und deren Familien und Heerden zur Einwanderung nach Ungarn auf. Béla kam ihm an der Spitze eines Heeres
entgegen und empfing die Ankömmlinge ehrenvoll und freundlich. Um
allen Unordnungen vorzubeugen, wurde jeder Abtheilung der Kumanen
ein ungarischer Großer vorgesetzt, der sie in die ihnen zur Niederlassung bestimmten Gegenden an der Theiß führte. [1]

Aber das heidnische, an feste Wohnsitze, an Gehorsam und Ordnung
noch nicht gewöhnte Volk war schon wegen seiner rohen Sitten den
Ungarn zuwider und gab bald durch Ausschweifungen Anlaß zu bittern
Klagen. Mit ihren zahlreichen Heerden umherziehend und fremdes
Eigenthum nicht achtend, fügten sie Feldern und Weingärten großen
Schaden zu, schritten, wo sie Widerstand fanden, zur Selbsthülfe und
übten, wie sie ihre Frauen gleichgültig preisgaben, auch Gewalt an denen
der Ungarn. Der Unwille über dergleichen Frevel ward um so größer,
je mehr der König die Kumanen mit parteiischer Vorliebe zu behandeln
schien, vielleicht weil er sie durch Güte gewinnen wollte, oder weil er
es gefährlich fand, den mächtigen Haufen durch Strenge zu reizen.
Allein die Klagen wurden immer bitterer und gegenseitige Gewaltthätigkeiten häufiger, sodaß dem Uebel gründlich abgeholfen werden
mußte. Der König versammelte also einen Reichstag zu Kömonostor
an der Theiß in der heveser Gespanschaft, dem auch Kuthen und die
vornehmsten Kumanen beiwohnten. Hier wurde beschlossen, die Kumanen, damit sie dem Reiche nicht gefährlich werden könnten, zu
trennen; Kuthen und die ihm zunächst Angehörigen erhielten Wohnsitze in der pesther, die übrigen wurden in andere Gespanschaften vertheilt und unter die Gerichtsbarkeit der Obergespane gestellt, die zwischen Ungarn und Kumanen entstehende Streitigkeiten mit unpar-
teiischer Gerechtigkeit entscheiden sollten. So sehr den Kumanen die
Trennung misfiel, mußten sie sich doch fügen. Die unbewohnten und
ausgedehnten Ländereien, die man ihnen angewiesen, boten hinlänglichen Raum dar; dort wohnten sie unter Zelten aus Filz, zogen mit
ihren Heerden umher und bildeten wandernde Gemeinden; viele Arme
nahmen um geringen Lohn Dienste bei den ungarischen Herren; von einer
an Zahl überlegenen Bevölkerung umgeben und von den Obergespanen
überwacht, wagten sie keine Gewaltthätigkeiten mehr. Dabei sorgte
man auch dafür, daß sie zum Christenthume bekehrt und getauft würden; Béla selbst war Kuthen's Taufpathe, den andern Vornehmen
leisteten ungarische Herren diesen Ehrendienst. Doch der Widerwille
der Ungarn gegen die neuen Mitbürger und ihre Klagen, daß der König
dieselben begünstige, hörten noch immer nicht auf. Weh that es ihnen
unter anderm, daß sie ihre Angelegenheiten schriftlich den Kanzlern
einreichen mußten, die Kumanen hingegen freien Zutritt zum König
selbst hatten. Allgemein herrschte der Argwohn, er habe die Fremdlinge

---

[1] Rogerius, Carmen miserabile, Kap. 2.

herbeigerufen, um sie als Werkzeuge zur Unterdrückung der Freibeit zu gebrauchen. [1]
So wuchs fortwährend das Misvergnügen, welches durch die strenge Bestrafung der Günstlinge des verstorbenen Königs, durch die Demüthigung der stolzen Großen und besonders durch die Einziehung der Staatsgüter geweckt worden und schon einmal in offene Empörung ausgeartet war. Die Unzufriedenheit stieg vollends auf den höchsten 1239 Punkt, als Béla 1239 unter dem Vorwande der Kriegsrüstungen wider Asan mit Bewilligung des Papstes die Staatseinkünfte wieder an Juden verpachtete [2]; das Mistrauen und die Erbitterung gegen den König ward so heftig, daß die Großen und Herren — das Volk hatte kein Recht und keine Stimme mehr — in trauriger Verblendung selbst der entsetzlichen Gefahr nicht achteten, die dem Vaterlande Verderben und Untergang drohte.

Schon hörte man, wie die furchtbaren Heere der Mongolen, alles vor sich niederwerfend, unaufhaltsam näher rückten; gegen Ende des 1240 Jahres 1240 langte die Trauerbotschaft an, daß auch Kiew, damals die schönste, stark befestigte Stadt des europäischen Nordens, von ihnen zerstört worden sei, und es ließ sich voraussehen, daß der schreckliche Feind sich nächstens auf Ungarn stürzen werde. Béla erkannte die Gefahr und traf eilig alle Anstalten zur Vertheidigung. Der Palatin Dionysius Hédervary ging mit einem schnell zusammengerafften Heere an die Nordgrenze; die strategisch wichtigen Punkte derselben wurden befestigt und die Engpässe verhauen. Herolde trugen das blutige Schwert, das Zeichen des allgemeinen Aufgebots, im Lande umher und verkündigten den Baronen, Edelleuten und Burgmilizen, sich zum Kriege zu bereiten, um auf Befehl des Königs ausrücken zu können. Die hohe Geistlichkeit, die im Begriffe stand, zu dem nach Rom ausgeschriebenen Concilium zu reisen, wurde zurückgehalten, damit auch sie zu dem schweren Kampf sich rüste. Aber mit ungläubigem Hohn vernahmen die Großen und der Adel den Befehl des Königs; „seit Jahren heißt es", sprachen sie, „daß die Mongolen kommen, aber sie kamen bisjetzt nicht; die Prälaten verbreiten das Gerücht, um sich unter diesem Vorwand von der kostspieligen Reise zum Concilium zu befreien; wenn die Mongolen ja einfielen, so thäten sie es nur, um die flüchtigen Kumanen zu verfolgen, die der König mit offenen Armen empfangen habe; nein, nicht die Mongolen kommen, sondern die Kumanen haben sich mit den Russen gegen die Ungarn verschworen, von denen sie so oft geschlagen worden sind; unter dem Scheine der Einwanderung wollen sie das Land auskundschaften und dessen Sprache erlernen [3], um dasselbe gemein-

---

[1] Rogerius, Carmen miserabile, Kap. 3, 7, 8, 12. Chron. Zwetlense ad ann. 1239, bei Pez, 1. — [2] Epist. Gregorii, bei Katona, V, 863. Die Einwilligung des Papstes war nach der Meinung der Zeit unentbehrlich, weil Béla mehr als einmal geschworen hatte, die Staatseinkünfte nicht an Juden und Mohammedanern zu verpachten. Dieses Eides entband ihn der Papst. — [3] Et linguam facerent sibi notam. Diese Worte des gleichzeitigen Rogerius lehren, daß die Sprache der Kumanen, ungeachtet sie mit der ungarischen verwandt war, sich dennoch merklich von derselben unterscheiden mußte.

schaftlich mit den Russen desto leichter verwüsten zu können". Mit
solchen Reden kränkte man den König und freute sich der Hoffnung,
ihn gedemüthigt, vielleicht gestürzt zu sehen, wenn auch das Vaterland
dabei leiden müßte. [1]

Was das Gerücht verkündete, verwandelte sich in drohende Gewißheit; Batu schickte Botschaft an Béla und forderte ihn auf, den
Mongolen zu huldigen und sich gutwillig ihrer Herrschaft zu unterwerfen, wenn er sich und sein Reich vom Verderben erretten wollte. [2]
Jetzt war keine Zeit mehr zu verlieren. Der König berief im Februar
1241 einen Reichstag nach Ofen, schilderte die unbeschreiblich große 1241
Gefahr und beschwor die Stände, sich schleunigst zu rüsten und mit
ihren Dienstmannen zu dem königlichen Heere zu stoßen, um sich selbst
und das Vaterland zu retten. Niemand konnte weiter an der Wahrheit
dessen zweifeln, was der König sprach; die nöthigen Rüstungen, das
Aufgebot aller Kriegspflichtigen wurden beschlossen; aber es erhob sich
auch das Geschrei des allgemeinen Argwohns und Hasses wider Kuthen
und die Kumanen: sie seien Verräther, die dem Feind den Weg bahnen
und sich mit ihm vereinigen würden, ihrer müsse man sich vor allem
andern versichern, und Kuthen sammt seiner Familie und den anwesenden kumanischen Häuptlingen wurden in dem Palast, den er zu Ofen
bewohnte, unter strengen Gewahrsam gestellt. [3]

Noch dauerten die Berathungen fort, als am 11. März ein Eilbote
des Palatin die Nachricht brachte, die Mongolen sind am Engpaß oberhalb Vereczke (im Norden der Gespanschaft Bereg) angekommen;
40000 Arbeiter bahnen ihnen die Wege; nach wenigen Tagen werden
sie die Karpaten überschreiten; das kleine Heer des Palatin könne sie
nicht aufhalten, wenn man es nicht ohne Aufschub verstärke. Vier
Tage darauf, am 15. März, traf der Palatin selbst ein; am 12. März,
berichtete er, sind seine Krieger den Pfeilen der Mongolen erlegen.
An demselben Tage streiften schon einige Horden Batu's auf eine halbe
Tagereise von Pesth, und die Flammen brennender Ortschaften ver-
kündeten die Nähe des wilden Feindes. [4]

Diese fast unbegreifliche Schnelligkeit war es eben, was den Mongolen so große Ueberlegenheit und Sieg verschaffte. Ohne Gepäck
legten sie auf ihren schnellen abgehärteten Rossen einen Weg von drei
Tagen oft in einem zurück, kamen dem Gerücht zuvor und fielen plötzlich wie ein Schwarm Heuschrecken über die Länder her, ehe man sich
zum Widerstand rüsten konnten. [5] Thomas, Archidiakonus von Spalatro, der sie selbst zu sehen Gelegenheit hatte, schildert die Unholde
also: „Ihre Beine sind kurz, aber die Brust ist breit, die Gestalt grauen-
erregend, das bartlose Gesicht platt, die Nase stumpf; die kleinen
Augen liegen weit voneinander. Ihre Kleidung aus schuppenartig zu-
sammengefügtem Rindleder ist undurchdringlich. Ihre Helme bereiten

---

[1] Rogerius, Carmen miserabile, Kap. 14. Thomas, Archidiac. Spalat.,
Hist. Salonit., Kap. 37. — [2] Epist. Friderici II. ad regem Angliae, Katona, V,
976. Epist. Ivonis ad Girardum Archiep., ebend., 1209. — [3] Rogerius, Carmen miserabile, Kap. 15. — [4] Ebend., Kap. 16. — [5] Nicephorus Gregoras,
bei Stritter, III, 1028.

sie aus Leder oder Eisen. Ihre Waffen sind: ein krummer Säbel, Köcher, Bogen und Pfeile mit einer Spitze von Eisen oder Bein, die um vier Finger länger sind als unsere. An ihre schwarz-weißen Fahnen befestigen sie zu oberst ein Büschel Wolle. Ihre Pferde, die sie ohne Sattel reiten, sind kurz, aber stark; an Strapazen und Hunger gewöhnt, gehen sie, obgleich unbeschlagen, auch über Felsen so sicher wie Gemsen und begnügen sich selbst nach dreitägiger Ermüdung mit wenig Ruhe und Futter. Desgleichen wenden die Menschen auf die eigene Nahrung nicht viel Sorge, als ob sie blos von der Grausamkeit lebten; Brot essen sie nicht; ihre Speise ist Fleisch, ihr Trank Pferdemilch und Blut. Sie schleppen eine große Anzahl Bewaffneter von den unterjochten Völkern, besonders Kumanen mit sich, die sie mit Gewalt in die Schlacht treiben und tödten, sobald sie sehen, daß sie sich nicht blindlings in den Kampf stürzen. Die Tataren selbst wagen sich nicht gern in Gefahr; fällt aber einer der Ihrigen, so begraben sie ihn auf der Stelle, und zwar so, daß keine Spur des Grabes sichtbar bleibt. Es gibt kaum einen Fluß, über den sie mit ihren Pferden nicht schwämmen, doch setzen sie über größere Ströme vermittelst Kähnen und Schläuchen. Ihre Zelte verfertigen sie aus Filz oder Leder. Ungeachtet der ungeheuern Menge hört man in ihrem Lager kein Geräusch; lautlos marschiren, lautlos kämpfen sie.“ [1] Hierzu rechne man noch die lange unablässige Kriegsübung, das Selbstvertrauen, das sie durch soviel Siege gewonnen, den Schrecken, der vor ihnen herging und den Muth der Völker lähmte, und es wird begreiflich, wie sie alles vor sich niederwarfen und in so kurzer Zeit das größte Reich gründen konnten, das je auf Erden dagewesen ist.

Doch kehren wir zu unserm Gegenstand zurück. Der König entließ die Reichsstände sogleich, damit sie eilig ihre Kriegsmannschaft sammelten und dem Lager bei Pesth zuführten; dorthin entbot er auch die Kumanen. Ferner rief er, so schwer es ihm auch fallen mochte, seinen offenkundigen Gegner, Herzog Friedrich von Oesterreich, zu Hülfe gegen den furchtbaren gemeinschaftlichen Feind; zugleich bat er den Papst, im römisch-deutschen Reich einen Kreuzzug gegen die Mongolen predigen zu lassen, was aber Kaiser Friedrich II., der eben damals mit dem Papst in den heftigsten Streit verwickelt war, verhinderte. [2] Die Königin mit ihren Kindern ging in Begleitung des Bischofs von Waitzen nach Oesterreich. Hierauf setzte Béla mit den Burgmilizen der nächst gelegenen Gespanschaften Weißenburg und Gran über die Donau in das Lager vor Pesth (schon damals eine reiche, großentheils von Deutschen bewohnte Stadt). Sein Bruder Koloman mit dem kroatisch-dalmatischen Heere und die Erzbischöfe Matthias von Gran und Ugrin von Kalocsa mit ihren Mannschaften kamen schnell herbei, auch die Kriegsscharen von jenseit der Donau langten nach und nach an. Aber schon schwärmten die Mongolen in dichten Haufen, alles niederbrennend und verwüstend, um Pesth; Béla zog sich in die Stadt zurück

---

[1] Thomas, Archidiac. Spalat., Hist. Salonit., Kap. 38. — [2] Chron. Austr., bei Frehner, I, 457.

und verbot, bevor sich die Reichsmacht gesammelt haben würde, jedes
Gefecht. Doch Erzbischof Ugrin sah von den Mauern eine Rotte plündernder Mongolen ganz in der Nähe, konnte seinen Kriegsmuth nicht
bezähmen und fiel mit einem Theil seiner Truppe über sie her. Ihrer
Gewohnheit gemäß kehrten die Mongolen den Rücken, als aber die
nachsetzenden Ungarn mit ihren schweren Pferden und Rüstungen in
Sümpfe geriethen und zu sinken anfingen, wandten sie um und schossen
die in freier Bewegung Gehinderten mit ihren Pfeilen nieder. Ugrin
sah trauernd den Untergang der tapfern Schar, die er ins Verderben
geführt, und konnte sich nur mit Wenigen durchschlagen. An demselben Tage überfiel ein anderer Haufe Wnitzen; die Einwohner suchten sich vergeblich in der mit einer Ringmauer umgebenen Kirche zu
vertheidigen; die Mongolen erstürmten dieselbe, machten alle ohne Unterschied nieder, plünderten und verbrannten die Stadt.[1]

Unterdessen war auch Friedrich von Oesterreich, früher als zu vermuthen stand, angekommen; aber nicht wie zum Krieg gerüstet, sondern
wie zur Jagd oder zum Erkundschaften mit wenig Begleitern; er trug
bald zum Verderben Ungarns vieles bei. Auch er machte einen Ausfall
gegen einen Haufen plündernder Mongolen, die schnell die Flucht ergriffen;
kühn und tapfer, wie er war, verfolgte er sie, stieß den einen mit der
Lanze vom Pferd, hieb einem andern, der diesem zu Hülfe kam, die
Schulter ab, daß er sogleich starb, und brachte den erstern gebunden
ins Lager. Zum Unglück war der Gefangene ein Kumane, deren es
im Heere der Mongolen viele gab. Nun glaubte man den unleugbaren
Beweis von dem Verrathe der jüngst nach Ungarn eingewanderten Kumanen in den Händen zu haben; die Herren wie das Volk geriethen in
Wuth; Friedrich fachte den Aufruhr noch mehr an; die unbändige
Menge strömte nach dem Palast, in welchem sich Kuthen mit den Seinigen in Gewahrsam befand, und stürmte denselben. Die Kumanen
vertheidigten sich eine Zeit lang mit dem Muthe der Verzweiflung,
wurden aber endlich übermannt, mit ihren Frauen, Kindern und Dienern
niedergehauen und ihre Köpfe durch die Fenster unter die tobende
Menge geworfen. Friedrich kehrte hierauf wieder heim und dachte gar
nicht weiter daran, dem Nachbarvolke auch nur die geringste Hülfe zu
leisten.[2] Die kumanischen Krieger waren bereits unterwegs, um aus
ihren zerstreuten Niederlassungen dem königlichen Lager zuzuziehen:
da hörten sie die Schreckensnachricht von der Ermordung ihres Königs
und ihrer Häuptlinge. Von Zorn und Furcht getrieben, kehrten sie
ihre Waffen zur Rache und Selbstvertheidigung wider die Ungarn,
eilten hinab an den Marosfluß, raubten, sengten und mordeten, fielen
die Scharen feindlich an, die zum Heere marschirten, und zerstreuten
unter anderm das zahlreiche Corps, welches der csanáder Bischof Bulcs
und der Obergespan Nikolaus dem Könige zuführten. Viele schlossen
sich sodann den Mongolen an, andere streiften auf eigene Faust verwüstend im Lande umher, und wanderten endlich in die Moldau und
nach Bulgarien aus.[3]

[1] Rogerius, Kap. 21, 22. — [2] Ebend., Kap. 24. Pernoldi Chronic., bei
Hanthaler, Fasti Campililiens., I, 1317. — [3] Rogerius, Kap. 25.

Batu hatte nach der Eroberung Kiews sein Heer in drei Theile getheilt; mit der Hauptmacht ging er selbst gerade auf Ungarn los und
durchbrach, wie bereits gesagt wurde, den vereczker Paß; 50000 Mann
führte Keta (so nennt Rogerius den Anführer, andere nennen ihn Ga-
juk) nach Polen, verbrannte Krakau und Breslau, schlug am 9. April
ein vereinigtes Heer der Deutschen, Böhmen und Polen unter dem Herzog von Niederschlesien — Heinrich dem Frommen, der selbst fiel, auf
der Ebene Wahlstatt bei Liegnitz und kam, nachdem er auch Mähren
schrecklich verwüstet hatte, in das nordwestliche Ungarn, wo er sich
später mit dem Haupttheere vereinigte. Die dritte Abtheilung zog
längs der östlichen Karpatenkette hinab und trennte sich in zwei Haufen. Der eine unter Kajdán überstieg das ausgedehnte Gebirge im
äußersten Nordosten Siebenbürgens. Ihm gingen die deutschen Bürger
der Bergstadt Radna muthig entgegen und schlugen ihn, oder, was
wahrscheinlicher ist, nur seinen Vortrab zurück, der sich gewöhnlich in
keinen ernstlichen Kampf einließ. Als sie aber am Osterfeste, den
31. März, in verblendeter Sicherheit mit fröhlichem Gelage den Sieg
feierten, überfiel sie Kajdán plötzlich. Eine Zeit lang vertheidigten sie
sich tapfer, bald erkannten sie jedoch die Unmöglichkeit längern Widerstandes, streckten die Waffen und flehten um Gnade. Kajdán ließ ihre
Stadt und deren Erzgruben unter der Bedingung unversehrt, daß ihr
Berggraf Ariskald sich mit 600 Bewaffneten seinem Heere anschließe
und demselben durch Siebenbürgen nach Ungarn als Wegweiser diene.
Der andere Haufe unter dem furchtbaren Boghador Subutaj (Bochetor
heißt er bei Rogerius) setzte über den Szeredfluß, fiel in den weiten
Sprengel des milkover oder kumanischen Bisthums ein, schlug die dortigen Kumanen und Székler, und stieß noch vor der Schlacht am Sajó
zu Batu. [1] Dieser Angriffsplan verschaffte den Mongolen den Sieg
noch vor jeder Schlacht; denn bei der Schnelligkeit, mit der sie vordrangen, überschwemmten sie das links von der Donau gelegene Land,

---

[1] Der Brief Friedrich II. an Heinrich III. von England, bei Matth. Paris:
Hist. Angliae (Paris 1644), S. 377. Chinesische Jahrbücher geben an, Ungarn sei
von fünf Seiten angegriffen worden; unsere Geschichtsquellen nennen nur die
vier bezeichneten. Es ist jedoch höchst wahrscheinlich, daß auch von Krakau
eine Horde über den bequemen Paß von Altendorf nach der Zips einfiel. Denn
die 24 deutschen Städte (vgl. oben S. 249), die von Süden durch hohe, dicht be-
waldete und schwer zugängliche Gebirgsketten gegen Feindesgefahr geschützt
waren, wurden auch von den Mongolen zerstört. Die Bewohner derselben
fanden in dem dichten Urwald des Gebiets von Kabsdorf (Káposztafalva, damals eine dieser Städte, jetzt ein slawisches Dorf) auf einem Berge Rettung,
den sie umschanzten und deshalb „Lapisrefugii" nannten. Nachdem der
Feind wieder abgezogen war, bauten sie als gemeinschaftliche Festung die
Stadt Leutschau, und die im obern Poperthal unmittelbar unter der hohen
Tátra Wohnenden legten noch für sich besonders in ihrem Mittelpunkte Geor-
genberg (Szepestzombat an. Der Einfall im Süden Siebenbürgens wird von
Karl Schuller, Archiv für die Kenntniß von Siebenbürgens Vorzeit und Gegenwart, I, 32, bezweifelt; doch nicht nur der Augenzeuge Rogerius, Kap. 19,
berichtet denselben, sondern auch Béla sagt in einem an den Papst den
11. Nov. 1254 geschriebenen Brief: „In confinio Cumanorum ultro Danubium
et Bulgariam, per quem etiam locum tempore invasionis regni nostri ad nos
habuit aditum exercitus Tartarorum." Fejér, Cod. dipl., IV, II, 221.

ehe sich die wehrhafte Mannschaft unter ihre Paniere gesammelt hatte,
oder zerstreuten und vernichteten die einzelnen Scharen, die dem königlichen Lager zuzogen. So stießen der Obergespan Boch (spr.

Botsch)
und der Bischof von Waitzen Benedict unweit Erlau auf die Rotte der
Mongolen, die diese Stadt geplündert und eingeäschert hatte, und ihr
ansehnliches Corps ward zersprengt und aufgerieben.[1]

Die Hoffnung auf bedeutenden Zuwachs der Streitmacht war unter
diesen Umständen geschwunden; der immer steigende Jammer des Volks
forderte schnelle Rettung; das Heer hielt sich voll Selbstvertrauen für
unüberwindlich; Béla gab also dem Drängen der Führer und besonders
des kriegerischen Erzbischofs Ugrin nach, und brach mit ungefähr 60 —
70000 Mann gegen ~~Feld~~ auf. Wahrlich eine geringe Zahl im Vergleich mit der furchtbaren, sieggewohnten Menge der Mongolen! Und
auch dieser geringen Zahl mangelte es noch an allem, was ihr den Sieg
wider die Uebermacht hätte geben können. Seit das Aufgebot des
Volks außer Gebrauch gekommen war, der Adel keine Kriegsdienste
außer Landes leistete und die Könige die kleinen Kriege wider die benachbarten Staaten mit den schwachen Ueberresten der Burgmilizen
und mit geworbenen Söldlingen führten, schwand auch der kriegerische
Geist und die Kampffertigkeit der Ungarn. Die Großen ergaben sich
ungestört einer trägen Ueppigkeit[2] und waren blos darauf bedacht,
größere Vorrechte und mehr Güter an sich zu reißen, aber ja keine
Staatslasten zu tragen; das gedrückte, seiner Freiheit beraubte Volk
konnte weder Lust noch Kraft fühlen zum Kampfe für das Vaterland,
die nur das erhebende Bewußtsein der Freiheit zu geben vermag.
Ueberdies besaß Béla kein Feldherrntalent, und auch sonst war niemand
da, der einen Begriff vom großen Krieg hatte; Prinz Koloman und
Erzbischof Ugrin zeichneten sich wol durch Muth und Tapferkeit aus,
kannten aber die Geheimnisse des Sieges nicht. Dagegen herrschte, wie
gewöhnlich da, wo es an Erfahrung und Kenntniß des Kriegs fehlt,
blinde Siegeszuversicht, die vermessen macht. Langsam, um unterwegs
desto mehr Verspätete aufnehmen zu können, bewegte sich das Heer.
Batu zog sich vor demselben fortwährend zurück, berief eilig die Scharen, die das Land plündernd durchschwärmten, zu sich, ging über den
Sajó vermittelst einer Brücke, die er befestigte und mit Wachtposten besetzte, und nahm Stellung zwischen dem genannten Fluß, dem Hernád
und der Theiß, die sich hier vereinigen. In dieser Stellung, wo Flüsse
und Sümpfe ihn nach allen Seiten deckten und die jenseitige weite
Ebene seinen berittenen Horden die freieste Bewegung gestattete, erwartete er die Ungarn. Als diese gegenüber am rechten Ufer des Sajó
anlangten, schlugen sie unweit des Dorfes Muhi zwischen den Ortschaften Onod, Keresztúr und Sajószeged Lager.[3] Der Mangel an
Kenntniß der Kriegskunst zeigte sich sogleich; das Lager wurde so
enge ausgesteckt und die Zelte standen so nahe beieinander, daß die
Seile derselben ineinander liefen und die freie Bewegung außerordentlich

---

[1] Rogerius, Kap. 27. — [2] Thomas, Archidiac. Spalat. Hist. Salonit.,
Kap. 27. — [3] Rogerius, Kap. 28.

hinderten; das Ganze ward noch überdies von einer schlecht auf-
gestellten Wagenburg umschlossen, die den Ausgang sperrte. Diese
Fehler waren um so verderblicher, weil auch das ungarische Heer
hauptsächlich aus Reiterei bestand. Batu soll das Lager von einer
Anhöhe überschaut und ausgerufen haben: „Ihrer sind zwar viele, aber
sie entrinnen meinen Händen nicht, denn sie haben sich wie eine Schaf-
heerde in einen Pferch eingeschlossen." [1] Tausend Reiter hielten des
Nachts Wache. Der König ging umher, theilte den Abtheilungen ihre
Fahnen aus und ermunterte die Krieger mit warmen Worten zur
Tapferkeit. Aber auch jetzt noch im Angesicht des furchtbaren Feindes fanden sich Elende, die hinter seinem Rücken spotteten und den
schändlichen Wunsch äußerten, daß er doch geschlagen würde, damit
er genöthigt wäre, ihre Zuneigung zu suchen und sie zu begünstigen.
Denn sie selbst hatten zwar keine Kampflust, setzten aber ihr Vertrauen
in die Menge, die ihrem ungeübten Auge zahllos schien, und meinten,
auch jetzt werde alle Kriegsnoth ebenso bald ein Ende nehmen, wie bei
den frühern Einfällen der Kumanen und Petschenegen. [2]

Eines Abends brachte ein russischer Ueberläufer die Nachricht,
Batu wolle in der Nacht das ungarische Lager überfallen. Alles gerieth in Bewegung, und eine gewaltige Verwirrung entstand in dem
engen Raum; es dauerte lange, bis die Krieger ihre Rüstungen anlegten
und zu Pferde stiegen; erst um Mitternacht brachen Koloman und
Ugrin nach der Brücke auf. Als sie ankamen, waren schon einige
Rotten Mongolen über dieselbe gegangen; sie griffen diese muthig an,
hieben den einen Theil nieder, jagten den andern über den Fluß zurück,
in welchem viele ertranken, erstürmten den Brückenkopf und legten
Besatzung in denselben. Hierauf kehrten sie in das Lager zurück, wo
sie mit freudigen Zurufen empfangen wurden. Die Gefahr schien für
diese Nacht vorüber zu sein, und alles sank nach der großen Aufregung
in Schlaf. Nur Koloman und der Erzbischof wachten. Vielleicht
hätte ein rascher entschiedener Angriff auf den bestürzten Feind zum
Siege geführt. Denn damals mochte geschehen sein, was die chinesischen Jahrbücher Szinhuak-kiantu, Buch 7, erzählen: Batu habe
den Muth verloren, aber der alte Boghador, dessen wilde Tapferkeit
selbst Dschingis zuweilen zu gräßlich fand, zu ihm gesprochen: „Kehre
um, wenn es dir gefällt; ich werde nur nach vollständiger Besiegung
der Ungarn an der Tha-nu (Donau) stehen bleiben." [3] Bevor der Morgen dämmerte, schleuderten sieben Wurfmaschinen große Steinblöcke
auf den Brückenkopf, und die Besatzung wurde aus demselben vertrieben; die Mongolen drangen theils über die Brücke, theils setzten sie
an seichten Stellen über den Fluß; bei Tagesanbruch stand ihr ganzes Heer
bereits auf dem rechten Ufer. Das Geschrei der rückkehrenden Flüchtlinge weckte das ungarische Heer aus dem Schlaf, Koloman, Ugrin und
der Heermeister der Templer warfen sich dem anrückenden Feind
entgegen, zogen sich aber wieder zurück, als sie wahrnahmen, daß das

---

[1] Thomas Archidiac. Spalat., Hist. Salonit., Kap. 37. — [2] Rogerius,
Kap. 28. — [3] Abel-Remusat, Nouveaux mélanges asiatiques, II, 96. Vgl. Szalay, Geschichte von Ungarn, II, 44, Note 1.

Lager von allen Seiten umringt sei. Jetzt ging in Erfüllung, was Batu vorhergesagt hatte. Es entstand in dem Gewirre von Zelten und engen Gäßchen ein Drängen und Treiben, welches die Rüstung der Krieger und jede Formirung der Truppenkörper unmöglich machte, der wirre Haufe war bald wie von einem Netz umschlossen, und über ihm schwebte eine Wolke von Pfeilen, aus der sich die tödlichen Geschosse ergossen. Béla verlor alle Besonnenheit; die Führer klagten ihn allein dessen an, was sie mit verschuldet hatten; Ugrin selbst rief Wehe über das Land, deß König rathlos, dessen Häupter feige sind; niemand gab, niemand befolgte Befehle; bald stand auch die Wagenburg in Flammen und die zunächst stehenden Zelte brannten; der gräßlichste Tod drohte von allen Seiten und der Tumult stieg aufs höchste. In dieser schrecklichen Lage unternahmen Koloman, Ugrin und der Templer um Mittag abermals einen Ausfall, indem sie hofften, auf der andern Seite werde man gleichfalls die Schranken durchbrechen und der König dann den Hauptangriff machen. Koloman kämpft bis zum Abend, der Erzbischof fällt an seiner Seite, auch der Templer sinkt todt vom Pferde, er selbst dringt immer tiefer in die Feindeshaufen, bis er, schwer verwundet, das Schwert nicht mehr führen kann; da nehmen ihn seine tapfern Krieger in ihre Mitte und bahnen sich den Weg zurück in das Lager. Aber hier fand er nur Todte und Sterbende. Denn während er mit den Seinen muthig gekämpft, waren die Zurückgebliebenen in der Verzweiflung aus dem Lager aufgebrochen, doch nicht zum Streit, sondern zur Flucht. Die Mongolen gaben ihnen Raum, hielten sie durch Pfeilschüsse nicht auf; je dichter der Haufe der Fliehenden wurde, desto breiter machten sie die Gasse; sie wußten, daß die Fliehenden ihnen nicht entrinnen; der König allein war es, den sie jetzt tödten oder fangen wollten. Zu beiden Seiten verfolgten sie die Dahinjagenden; wer ausbog, wurde vom Pfeil durchbohrt; und als endlich die Gehetzten von der rastlosen Flucht am Geiste betäubt, am Körper erschöpft und zum Widerstand unfähig waren, da schossen und hieben sie die Wehrlosen nieder. In der Schlacht und auf der Flucht fielen außer Ugrin noch der graner Erzbischof Matthias und die Bischöfe Georg von Raab, Raynald von Siebenbürgen und Jakob von Neitra, der herrmannstädter Propst und Vicekanzler des Königs Nikolaus, Erad bácser und Magister Albert, graner Archidiakonus. Die Namen der angesehenen Weltlichen, die ihr Leben verloren, hat kein Chronist aufgezeichnet. Die Wahlstatt und der Weg nach Pesth, den die meisten Flüchtlinge einschlugen, waren zwei Tagereisen weit mit Sterbenden und Todten, mit Waffen und Schmuck bedeckt; viele, die dem Tode von Feindeshand entgingen, ertranken in den Flüssen und Sümpfen.

Als Béla sah, daß alles verloren sei, ergriff auch er die Flucht; eine kleine Schar Getreuer umringte ihn; Andreas Forgács und sein Bruder, Dominicus, aus dem Geschlechte Aba, Detrich Kécsi, der Oberststallmeister Ernyei, Donat und Barnabas, des Rugacs (Stammvater der Familie Fáy) Söhne, Magister Moritz und ein polnischer Krieger Adam [1]

---

[1] Fejér, Cod. dipl., IV, II, 489.

werden in Urkunden genannt; Moritz [1], Detrich [2] und Dominicus [3] fingen Hiebe auf, die gegen den König gerichtet waren. Von ihnen beschützt, entkam Béla zwar unerkannt aus dem Schlachtgetümmel; aber ein Haufe Mongolen setzte ihm heftig nach; sein ermüdetes Roß brach zusammen: da gab ihm Andreas Forgács sein noch rüstiges Pferd und warf sich zu Fuß nebst seinem Bruder den Verfolgern entgegen; der Bruder fiel, er entging dem Tode [4]; dasselbe thaten Ernyei [5], Donat und Barnabas, die unter den Leichnamen sich verbergend Rettung fanden. [6] Endlich erreichte das Häuflein den Diósgyőrer Wald; die Mongolen blieben zurück; der König nahm den Weg nach Norden und gelangte glücklich in das Felsenschloß Znió in der Gespanschaft Thúrócz|, wo er sich eine Zeit lang aufhielt. [7]

Auch Koloman schlug sich durch unerkannt und kam, rastlos auf Umwegen fliehend, nach Pesth. Er rieth den Einwohnern, jeden Gedanken an Widerstand aufzugeben und sich so schnell als möglich über die Donau zu retten; er selbst bestieg ohne Aufenthalt ein Fahrzeug, und eilte nach Slawonien, wo er bald nachher an seinen Wunden starb. Aber noch ehe die Pesther ihre Habe an einen sichern Ort bringen konnten, war die Stadt schon von den Mongolen umringt. Da die Menschenmenge durch Krieger, die dem Gemetzel der Schlacht entronnen waren, und durch die Bewohner der Umgegend, die mit ihren Familien und Schätzen hier Sicherheit suchten, außerordentlich zugenommen hatte, beschlossen sie, sich hinter ihren Festungswerken zu vertheidigen. Allein schon nach drei Tagen legten die Mongolen mit ihren Wurfmaschinen Bresche, erstürmten die Stadt, brannten sie nieder und ermordeten alle, die in ihre Hände fielen. [8]

---

[1] Fejér, Cod. dipl., IV, 1, 405. — [2] IV, 11, 11. — [3] IV, 1, 418. — [4] IV, 11, 206. — [5] IV, 11, 93. — [6] IV, 1, 286. — [7] Peter de Reva, Monarchia et S. corona Hung. cent. III, bei Schwandtner, II, 631. —. [8] So beschreiben Rogerius, Carmen miserabile, Kap. 28—30, und Thomas Archidiac., Hist. Salonit., Kap. 37, in den Hauptzügen übereinstimmend, die mörderische Schlacht und Flucht. Kaiser Friedrich II. schreibt, 3. Juli 1241, dem englischen König Heinrich III., sich auf die Erzählung der ungarischen Gesandtschaft berufend: „Hungari .... Tartaris objicere castra contenderunt. Et cum distarent quinque tantum miliaribus hinc exercitus Tartarorum, inde Hungarorum, irrueruut raptim in aurorae crepusculo Tartarorum praeambuli, et subito castris Hungarorum circumdatis, interfectis praelatis et majoribus de regno, qui se objecerant, caesis, infinitam Hungarorum multitudinem gens inimica trucidavit, stragem faciens inaudditam, cui ex antiquissimi lapsu temporis uno belli conflictu vix recolitur fuisse consimilis. Ex fuga igitur rex vix elapsus est equo velocissimo:" Bei Matthaeus Parisins, Hist. Angl. (Paris 1644), S. 377. Vgl. Szalay, Geschichte von Ungarn, II, 46. Die vorhandenen Jahrbücher und Urkunden aus dieser und der nächstfolgenden Zeit berichten nur, daß die Schlacht am Sajó geschlagen wurde; näher bezeichnet den Kampfplatz blos das Chronicon Posoniense, herausgegeben von Franz Toldy, II, 2, §. 40: „.... juxta fluvium Seo, prope villam Muhi." Gregor Pethő, im 17. Jahrhundert, berichtet, wahrscheinlich nach mündlicher Ueberlieferung: „Béla Király .... a Sajó mellett Mohinál megütközék a tartarokkal." Auch den Tag der Schlacht finden wir nirgends vorgemerkt und müssen uns damit begnügen, denselben annäherungsweise zu berechnen. Am 15. März war der Reichstag noch in Ofen versammelt; ein oder zwei Tage darauf eilten die

Unterdessen durchzog Kajdán, von Ariskald geführt, Ruinen und Leichen hinter sich lassend, Siebenbürgen. Doch boten die dichtbewaldeten Berge und engen Thäler eine Menge von Zufluchtsorten, wo sich die Bevölkerung verbergen und mit Erfolg vertheidigen konnte; hier wurden daher die Menschen auch nicht in dem Maße ausgemordet, wie in den Ebenen an der Theiß und Donau. Aus Siebenbürgen fiel Kajdán durch den Meszef Paß nach Ungarn ein und wetteiferte gleichsam mit Batu, das unglückliche Land in eine schauerliche Wüste zu verwandeln; beide zerstörten die offenen Ortschaften und eroberten die festen Plätze; Großwardein, Arad, Pereg, Egres, Tamashid und die Verschanzungen, welche Flüchtlinge auf einer ringsum von ausgedehnten Sümpfen umgebenen Insel des Körösflusses aufgeworfen hatten, fielen nacheinander in ihre Gewalt. Gefangene Russen, Kumanen und Ungarn mußten stürmen, indeß die Mongolen lachend zusahen, wie sie unter den Waffen der Vertheidiger fielen und, wenn sie matt angriffen oder wichen, sie von rückwärts niederhieben und in den Kampf trieben. Waren endlich die Belagerten von der langen rastlosen Blutarbeit erschöpft und die Gräben mit Leichnamen ausgefüllt, dann erst unternahmen die Mongolen selbst den entscheidenden Sturm, oder verlockten sie durch trügerische Verheißungen von Schonung, sich zu ergeben, und tödteten die Getäuschten mit unmenschlicher Grausamkeit. Nur Geistliche und Mönche wurden bisweilen, wahrscheinlich aus abergläubischer Furcht, verschont und schöne Frauen zu Opfern der Wollust aufbewahrt. In dieser gräßlichen Noth erkauften manche Ungarn ihr Leben und ihre Freiheit dadurch, daß sie sich den Mongolen anschlossen, ihre Sitten annahmen und gemeinschaftliche Sache mit ihnen machten. Um die Bewohner noch unberührter Gegenden von rechtzeitiger Flucht abzuhalten und sie nebst ihrer Habe desto leichter in ihre Gewalt zu bekommen, zwangen die Mongolen gefangene Geistliche Proclamationen im Namen des Königs zu schreiben, drückten denselben das königliche Siegel auf, das sie bei dem in der muhier Schlacht gefallenen Vicekanzler Nikolaus gefunden hatten, und verbreiteten sie mit Hülfe treuloser Ueberläufer. „Fürchtet die Wildheit und Wuth der Hunde nicht", so lauten diese Proclamationen, „waget es nicht, euch aus euern Wohnungen zu entfernen. Wir haben zwar mit einer gewissen Voreiligkeit das Lager verlassen und unsere Zelte preisgegeben, aber wir hoffen, mit Gottes Gnade den Krieg tapfer zu erneuern und das Verlorene wiederzugewinnen. Darum betet fleißig, der barm-

---

Stände nach Hause, um mit ihren Mannschaften in das Lager zurückzukehren; die Hin- und Herreise und die dazwischenfallenden Rüstungen erforderten Zeit; bei der größten Eile konnten vor 14 Tagen kaum 60—70000 Mann im Lager eingetroffen und das Heer aufgebrochen sein; da es langsam marschirte, vergingen wieder einige Tage, bis es den Sajó erreichte, und endlich, wie sich aus den Umständen schließen läßt, abermals einige, bis es angegriffen wurde. Dagegen erreicht Béla Znió, erhält dort Botschaft von der Königin, geht nach Haimburg, wird gefangen, erkauft seine Freiheit und schreibt am 17. Mai bereits von Agram an den Papst. Wir dürften also kaum irren, wenn wir den Tag der Schlacht um die Mitte Aprils vermuthen.

herzige Gott wolle gestatten, daß wir die Köpfe unserer Feinde zer-
schmettern." Und damit Vorrath für den Winter bereitet und die
Ernte eingeheimst würde, ließen sie durch Boten, die sie nach allen
Gegenden aussendeten, jedem Flüchtling, der bis zu einem bestimmten Tag heimkehren würde, vollkommene Sicherheit versprechen.
Das Volk ließ sich bethören; die einen, von jeder Verbindung abgeschnitten und mit dem Stande der Dinge unbekannt, glaubten der
falschen Proclamation, die andern trauten den Worten des heim-
tückischen Feindes; auch die Flüchtlinge, von Mangel und Hunger bedrängt, verließen ihre Verstecke und kehrten haufenweise in die liebe
Heimat zurück. — Dürfen wir uns über die Leichtgläubigkeit der Menge
wundern, da der Kanonikus Rogerius, der von Großwardein geflohen
war, als sich die Mongolen näherten, und von Ort zu Ort, von Wald zu
Wald irrte, sich gleichfalls täuschen ließ, in die Stadt zurückkam und
bald darauf sein Leben nur dadurch retten konnte, daß er in den
Dienst eines zum Mongolen gewordenen ungarischen Herrn trat? —
Jedes Dorf durfte sich einen mongolischen Vorgesetzten wählen; das
ganze eroberte Land ward in 100 Kreise getheilt, deren jedem ein vornehmer Mongole vorstand; Gerichte und Märkte wurden abgehalten,
eine Art von Ordnung und Regierung eingeführt; mit blutendem Herzen ergab sich das arme Landvolk dem Schicksale, künftig als Sklaven
der Mongolen zu leben, und mußte es dulden, daß seine Frauen und
Töchter von den neuen Herren schmählich gemisbraucht wurden. Als
aber die Ernte eingebracht und hinreichende Vorräthe bereitet waren,
da wollten sich die Wüthriche der Mitesser entledigen; Mörderrotten
zogen von Ort zu Ort und trieben die Einwohner zusammen; Schwäch-
liche, Greise, Frauen und Kinder stellten sie in Reihen auf, entrissen
ihnen ihre Kleidung und schossen wie zur Uebung nach dem Ziele ihre
Pfeile auf sie ab; die schönsten Frauen vertheilten sie unter ihre Weiber, damit diese die Rache der Eifersucht an ihnen stillten; die Knaben
ließen sie von ihren Knaben todtschlagen; nur so viele als sie Sklaven
brauchten, erhielten sie am Leben und bewachten sie sorgfältig; die
stärksten Männer aber wählten sie zu Kriegsknechten aus, welche die
ersten Angriffe in den Schlachten auffingen. [1]

Während sein Volk auf der linken Seite der Donau so verblutete,
war Béla von Thúrócz nach Presburg gegangen. Hierher berief er die Königin mit den Kindern zu sich, die sich im Schlosse zu Haimburg aufhielten. Statt ihrer erschien Friedrich und beredete ihn, nach Oesterreich
zu kommen, wo er mehr Sicherheit und Bequemlichkeit finden würde.
Aber kaum hatte ihn Friedrich in seiner Gewalt, so erklärte er, der
König sei sein Gefangener und werde die Freiheit nur nach Zurückgabe
jener Summen erhalten, um die er 1235—36 den Frieden von ihm erkaufen mußte. Béla gab den Schmuck und die Schätze hin, welche die
Königin mit sich führte; da jedoch Friedrich dieselben weit unter
ihrem Werthe nur für 2000 Mark Silber annahm und noch 8000 forderte, sah er sich genöthigt, ihm auch die Gespanschaften Wieselburg,

---

[1] Rogerius, Kap. 31 und 34—37. Thomas Archidiac., Hist. Salonit., Kap. 37.

Oedenburg und Eisenburg abzutreten, um sich wieder in Freiheit zu setzen.[1] Hierauf reiste die Königin mit ihren Kindern nach Dalmatien und nahm von Stuhlweißenburg den Leib des heiligen Stephan und andere Kostbarkeiten der Kirchen jenseit der Donau mit sich. Béla sandte den waitzner Bischof Stephan Vancsa an den Papst, an Kaiser Friedrich II. und an den König von Frankreich Ludwig IX., um sie zur Hülfe gegen die Barbaren aufzufordern, die alle Reiche Europas zu vernichten drohten[2], entlehnte von dem Abt auf St.-Martin 800 Mark Silber[3] und von dem Russen Mladik 30 Mark Gold, und ging nach Segesd unweit der Drave, um dort Vorbereitungen zum Feldzug zu treffen und die Antworten der Potentaten abzuwarten. Aber Gregor IX. wies Béla an den Allmächtigen, bis Friedrich, der sich römischer Kaiser nennt, wieder den Befehlen der Kirche gehorchen würde.[4] Der Kaiser, dem der König in seiner Verzweiflung versprochen hatte, des deutschen Reichs Vasall zu werden, wenn er ihn und sein Land von den Mongolen errettete, ließ sich von dem Bischof den Huldigungseid im Namen des Königs schwören und antwortete: „.... Jetzt ziehe ich wider Rom; sobald ich durch diese Unternehmung der Welt Frieden verschafft habe, werde ich mit unzähligen Schätzen und Heeren und mit dem Segen der Kirche ausgerüstet zu dir kommen und mit Hülfe des Herrn der Heerscharen die Mongolen besiegen." Unterdessen, verhieß er, werde er seinen Sohn, den deutschen König Konrad zu Hülfe senden.[5] Allein die Hülfe kam nimmer. Von den benachbarten Staaten konnte Béla keinen Beistand erwarten; Polen kämpfte selbst mit schon gebrochener Kraft gegen die Mongolen, Böhmen mußte jeden Augenblick gefaßt sein, von ihnen angefallen zu werden, und Friedrich von Oesterreich benutzte sogar die Noth Ungarns zur Stillung seiner Habsucht. Nicht zufrieden mit den drei Gespanschaften, deren Abtretung er von Béla erpreßt hatte, überfiel und plünderte er das wehrlose Land im Westen der Donau und bemächtigte sich Raabs. Aber empört über diese Schändlichkeit, erhob sich das Volk, schlug die Räuber zurück und erstürmte die raaber Burg; ein großer Theil der österreichischen Besatzung fiel durch das Schwert oder kam im Feuer um, das beim Sturm entstanden war. Noch mehr, Friedrich beraubte sogar die Ungarn, die sich in sein Gebiet vor der Wuth der Mongolen flüchteten, ohne Erbarmen der Habseligkeiten, die sie gerettet hatten, unter dem Vorwande, daß sie zur Unterhaltung der Besatzungen in den Städten und

---

[1] Rogerius, Kap. 32. Pernoldus, Chronicon, bei Hanthaler, Fasti Campiliiens, I, 1317. — [2] Epist. Belae ad Gregor. IX. Zagrabiae XV Kal. Junii 1241, bei Fejér, Cod. dipl., IV, 1, 214. Rogerius, Kap. 32. Epist. Bélae ad Innocentium IV. von Potoka III. Id. Dec. ohne Jahresangabe, bei Raynaldus, Annal. eccl. ad ann. 1241. — [3] Bél, Notitiae Hung., IV, 462. Die Schenkungsurkunde Béla's für Mladik, bei Wagner, Analecta Scepusii, III, 198. — [4] Epist. Gregorii ad Belam, bei Katona, V, 985. — [5] Richard de S. Germano, bei Muratori, VII, 1064. Petrus de Vineis, bei Raynald., Annal. eccl. ad ann. 1241. Epist. Friderici II. ad Belam, bei Katona, V, 982.

Burgen beitragen müßten. [1] Unter solchen Umständen mußte Béla jeden
Gedanken an Bekämpfung der Mongolen aufgeben.

Bis gegen Ende des Jahres blieb das westlich der Donau gelegene
Land von diesen verschont; der mächtige Strom war ein Hinderniß, das
sie nicht so leicht überschreiten konnten, und jenseit desselben fürchteten sie auf die vereinigte Macht Europas zu stoßen. [2] Aber der
Kaiser und der Papst, die sich die Herren der Welt und die Beschützer
der Christenheit nannten, setzten, unbekümmert um die augenscheinliche
Gefahr, von der sie selbst und das ganze christliche Europa bedroht
wurden, ihren blutigen Streit fort, und auch Frankreichs frommer und
1242 mächtiger König that nichts zur Abwendung derselben. Da die Mongolen also sahen, daß kein Heer jenseit des Stroms zum Kampf bereit
stehe, und der ungewöhnlich strenge Winter eine feste Eisbrücke über
denselben geschlagen hatte, gingen sie hinüber und nahmen Ofen (das
heutige Altofen), wie es scheint, ohne bedeutenden Widerstand. Von
hier führte Batu einen Theil des Heeres gegen Gran, die Hauptstadt
des Landes. Die reichen Einwohner, Ungarn, Deutsche, Franzosen
und Lombarden, worunter viele Geldwechsler und Kaufleute, hatten sie
mit Gräben, Mauern und hölzernen Thürmen stark befestigt. Sie galt
für uneinnehmbar, und deshalb war eine große Menge Menschen jeden
Standes hierher zusammengeströmt. Aber Batu ließ durch die zahllosen Gefangenen, die er mit sich schleppte, Gräben um die Stadt ziehen und stellte hinter denselben dreißig Wurfmaschinen auf, welche die
Festungswerke niederschmetterten; unter dem Schutze eines ununter-
brochenen Stein- und Pfeilregens wurden die Stadtgräben mit Reisig
und Sandsäcken ausgefüllt. Als die Belagerten sahen, daß sie die hölzernen Vorstädte nicht behaupten könnten, zündeten sie dieselben an,
tödteten die Pferde, verbrannten die vorräthigen kostbaren Waaren,
vergruben Gold, Silber und Edelsteine und zogen sich in die festen Gebäude der innern Stadt zurück. Die Mongolen sahen die Vernichtung
der werthvollen Sachen und wurden dadurch noch mehr zur Wuth ent-
flammt; ungeachtet der tapfersten Gegenwehr erstürmten sie die Stadt;
nur äußerst wenige der unglücklichen Einwohner, kaum funfzehn, sagt
Rogerius, konnten sich retten; die nicht im Kampfe umkamen, wurden
grausam zu Tode gemartert. Dreihundert vornehme Frauen, die in
einem Palast versammelt waren, baten in der Todesangst, dem Khan
vorgeführt zu werden, und erboten sich um den Preis ihres Lebens seine
Sklavinnen zu werden; er ließ ihnen ihren Schmuck abnehmen und alle
enthaupten. [3] Die hohe Felsenburg Grans vertheidigte der Spanier
Simon glücklich und schlug alle Angriffe des Feindes ab. Auch die
St.-Martinsabtei auf dem Pannonberge wurde durch ihre hohe Lage
und starke Befestigung gerettet. Stuhlweißenburg bewahrten die ringsum ausgedehnten und vom Schneewasser angeschwellten Sümpfe vor
der Eroberung, nur die Vorstädte wurden niedergebrannt. [4] Der

---

[1] Rogerius, Kap. 32. Pernoldus, a. a. O. — [2] Thomas Archidiac., Hist.
Salonit., c. 37. — [3] Rogerius, Kap. 39, 40. — [4] Ebend., Kap. 40. Die
Schenkungsurkunde Béla's für den Obergespan Simon, bei Fejér, Cod. dipl.
IV, 1, 272.

fromme Glaube schrieb die Erhaltung der drei Plätze dem Schutze Stephan's des Heiligen zu, der über seine Stiftungen wachte.

Mit einem andern Heere der Mongolen eilte Kajdún König Béla
aufzusuchen, der rath- und hülflos an der Drau verweilte und bei der
ersten Kunde vom Uebergang des schnellen Feindes über die Donau
sich nach Spalatro flüchtete. In seinem kleinen Gefolge befanden sich
der Palatin Arnold, der Ban von Dalmatien Dionysius, der Oberlandes-
richter Ladislaus, der Schatzmeister Matthias, der Oberstallmeister
Lorant nebst andern Reichsbeamten und deren Familien, außerdem die
Bischöfe Stephan von Waitzen, Stephan von Agram und Bartholomäus
von Fünfkirchen, Benedict, Propst von Stuhlweißenburg und königlicher Kanzler, und einige andere Geistliche. Die treue Stadt empfing
den flüchtigen König mit allen Zeichen der Ehrfurcht und Ergebenheit
und gewährte ihm jede Hülfe, die in ihren Kräften stand. Die Königin
mit ihren Frauen, den trauernden Witwen der am Sajó Gefallenen, bewohnte schon seit mehrern Monaten die Bergfeste Clissa. Von Spalatro
begab sich Béla mit seiner Familie nach Traw, das, auf der Insel Issa
erbaut und nur vermittels einer Brücke mit dem Festlande verbunden,
mehr Sicherheit versprach. Denn Kajdán, der mit großer Schnelligkeit
seiner Spur folgte, war schon in der Nähe und hatte unlängst den Beweis gegeben, mit welcher grausamen Wuth er strebe, ihn in seine Gewalt zu bekommen. Als er nämlich erfuhr, der König sei bereits an
der dalmatischen Küste, also die kostbarste Beute, die er suchte, seinen
Händen wahrscheinlich entschlüpft, ergrimmte er von unbändigem Zorn,
machte jenseit der Kulpa am Bache Sirbi halt, ließ eine große Menge
Gefangener in Reihen aufstellen und niedermachen, und eilte darauf
gerades Wegs nach der Meeresküste. Schon zu Anfang Mai standen die
Mongolen vor Spalatro, das mit Flüchtlingen überfüllt war, zogen aber
wieder ab und umlagerten Clissa, wo sie den König vermutheten,
hoben jedoch die Belagerung der uneinnehmbaren Burg auf, weil sie
mittlerweile erfuhren, daß er sich in Traw aufhalte, und eilten dahin.
Hier mußte Kajdán zu seinem größten Aerger sehen, wie sich der König vor seinen Augen mit seinem Gefolge nach der benachbarten Insel
Bua einschiffte, wohin er ihm, da er kein Fahrzeug hatte, nicht folgen
konnte. Unter fürchterlichen Drohungen forderte er die Stadt auf,
sich zu ergeben und den König auszuliefern; aber die Stadt antwortete
mit Verachtung und Spott, denn sie fühlte sich sicher hinter dem Mee-
resarm, der sie vom Festlande trennte. Kajdán sah ein, daß ohne
Flotte alle Anstrengungen, den König in seine Gewalt zu bekommen,
vergeblich seien. Nachdem seine Horden ungefähr einen Monat lang
Kroatien, Dalmatien und Bosnien durchstreift, Ragusa vergeblich ge-
stürmt, Cattaro und Drivasto angezündet und geplündert hatten, wandte
er sich gegen Osten, ging über Albanien und Serbien nach Bulgarien,
setzte über die Donau und vereinigte sich in der Moldau mit dem Heere
Batu's. [1]

---

[1] Rogerius, Kap. 40. Thomas Archidiac., Hist. Salonit., Kap. 38—40.

Schon waren aus dem nördlichen Ungarn streifende Mongolen-
scharen auch nach Oesterreich bis gegen Wien und Wienerisch-Neustadt
vorgedrungen, aber vor dem Heere, mit dem Herzog Friedrich ihnen
entgegenrückte, ohne Kampf zurückgewichen. [1] — Gewiß nicht aus
Furcht vor diesem Heere oder aus Scheu vor der Macht und Tapferkeit der
Deutschen thaten sie es, wie manche deutsche Geschichtschreiber mit selbst-
gefälliger Eitelkeit behaupten; sie waren nur der Vortrab, der das Land
auskundschaften und dem Heere den Weg öffnen sollte, aber sich nach
der Gewohnheit der Mongolen, die wir bereits kennen lernten, nirgends
in einen Kampf einließ. Da erhielt Batu die Nachricht, der Großkhan
Oktaj sei gestorben, im Hauptlager zu Korakorum herrsche wegen der
Wahl des Nachfolgers Zwietracht und Verwirrung. Er, der Führer
eines großen siegreichen Heeres, der Eroberer ungeheuerer Länder-
strecken, wollte sein Gewicht in die Wagschale werfen, und hoffte vielleicht
selbst gewählt zu werden. Er gab also alle fernern Unternehmungen
gegen Europa auf, selbst die beinahe vollendete Unterjochung Ungarns,
befahl die zerstreuten Horden zu sich, und trat den Rückzug über Siebenbürgen an. Das Heer schleppte den Raub der Länder, eine Menge
Gefangener, Wagen voll Beute und Waffen und zahllose Viehheerden
mit sich und, was beim Einmarsch verschont geblieben, wurde jetzt
aufgesucht und verheert. Nach dem ersten Durchzug der Mongolen
waren in Siebenbürgen viele Befestigungen angelegt worden; diese
boten jetzt der Bevölkerung eine Zufluchtsstätte; die meisten derselben vertheidigten sich glücklich, das ganze übrige Land ward zur
Einöde gemacht. Jenseit der Karpaten in der Moldau fingen die Gefangenen an, den Wüthrichen lästig zu werden; sie gaben ihnen nicht
mehr Fleisch wie bisher, sondern warfen ihnen blos die Abfälle der geschlachteten Thiere zu. Rogerius erkannte hierin ein Vorzeichen, daß
sie die Gefangenen bald ermorden würden, ersah einen günstigen
Augenblick zur Flucht in einen nahen Wald und kam unter tausend
Gefahren, sich von Wurzeln und Kräutern nährend, zurück nach Siebenbürgen. Die Wege waren mit Gras und Gestrüpp verwachsen und
unkenntlich geworden; nur die Thürme der abgebrannten Kirchen
dienten ihm als Wegweiser; nach achttägiger qualvoller Wanderung
gelangte er nach Weißenburg (heute Karlsstadt) und fand auch dort
nur Leichen zwischen den Ruinen und Bränden; endlich erreichte er
einen hohen Felsen, wohin sich eine Menge Menschen geflüchtet hatte,
die ihn gütig aufnahmen und mit Brot, das aus Mehl und geriebener
Eichenrinde bereitet war, erquickten. Er hatte die Absicht der grausamen Barbaren richtig erkannt; kurz nach seiner Flucht ermordeten
sie die schwächern, für sie werthlosen Gefangenen. [2]

Während sich Béla in Dalmatien als Flüchtling aufhielt und kaum
hoffen durfte, je wieder über das befreite Ungarn zu herrschen, zu

---

[1] Pernoldus ad ann. 1242, bei Hanthaler, S. 1317. Epist. Ivonis Nar-
bonens. ad Giraldum, bei Matthaeus Parisius, Hist. ad ann. 1242. — [2] Rogerius, Kap. 40. Thomas Archidiac., Hist. Salonit., Kap. 38—40. Gustav Wenzel, Cod. dipl. Arpad. continuatio, II, 149. Vgl. über den Feldzug Batu's
Gibbon, History of the Decline etc. B. 11.

einer Zeit, wo ihn, wie er in mehrern spätern Urkunden klagt, jene
verließen, auf die er am meisten getraut hatte [1], fand er dort treue
Freunde an den Grafen Jung, Hudina, Martin Pousa und Martin
Drágos, die ihn mit Geld und Waffendienst unterstützten [2], besonders
aber an den reichen Grafen Johann, Friedrich, Bartholomäus und
Guido Frangepán, Herren der Insel Veglia und der Gebiete von Modrusch und Vinodol; sie trugen ihm auch die Insel, die bisher Venedigs
Oberherrlichkeit erkannt hatte, zu Lehn auf, borgten ihm Gold- und
Silbergeschirre, Edelsteine und 30000 Mark an baarem Gelde, rüsteten
für ihn Kriegsvolk zu Wasser und zu Lande und milderten seine Noth,
bis der unerwartete Abzug der Mongolen Erlösung brachte. [3]

Sobald sich Béla überzeugt hatte, daß die Wüthriche Ungarn
gänzlich verlassen hatten, führte er die Königin und seine Kinder von
Traw nach Clissa, damit sie sich dort von den ausgestandenen Gefahren und Mühseligkeiten erholten, und brach sodann in Begleitung der
anwesenden ungarischen Herren, der dalmatinischen Johanniterritter
und der Frangepáne nach Ungarn auf. [4] Aber welch ein Schauplatz
der Zerstörung und des Jammers war das vor kurzem blühende Land
geworden! Die untern Gegenden jenseit der Donau waren nur strich-
weise verwüstet, längs dem Weg, den die Mongolen wie ein verheeren-
des Ungewitter genommen hatten; je weiter man kam, desto furcht-
barer ward der Anblick der sich häufenden Trümmer. Doch waren im
ganzen die westlichen Landestheile nicht so gänzlich zunichte gemacht
und verödet wie die östlichen; schon gewarnt durch das Schicksal der
letztern, flohen die Einwohner bei zeiten, und auch die Mongolen
lagerten hier nirgends längere Zeit wie dort. Dort, in den Ebenen
der Theiß, war jede Spur menschlichen Fleißes vertilgt, die Land-
straßen waren von Gras überwachsen, die Felder mit gebleichten Ge-
beinen bedeckt, tageweit sah man keine lebende Seele. Und noch
hatte die Noth der Ueberlebenden kein Ende; als sie aus ihren Verstecken hervorkrochen, fanden sie keine Wohnung, keine Nahrungsmittel.
keine Kleidung zum Schutze gegen das Wetter; Hunger und Krankheiten rafften abermals Tausende hin; das Elend stieg zu einer so gräßlichen Höhe, daß die Menschen, wahnsinnig vor Hunger, einander an-
fielen und verzehrten, daß hier und da Menschenfleisch sogar zu Markte
gebracht worden sein soll. [5] Doch mögen wir beim Lesen dieser Gräß-
lichkeiten nicht vergessen, daß es alte Mönchschronisten sind, die sie
uns erzählen, deren Gewohnheit es ist, die Dinge zu übertreiben und
durch solche Uebertreibungen ihren Werken Kraft und Schmuck zu
verleihen.

---

[1] Die Urkunden bei Fejér, Cod. dipl., IV, 1, 333, und IV, 1, 385. —
[2] Kerchelich, Hist. eccl. Zagrab., S. 83 u. 329. — [3] Farlatus, Illyr. sacra,
IV, 115. Kerchelich, a. a. O., S. 334. Schenkungsurkunden Béla's, bei Fejér, IV, 11, 98, 308. — [4] Pernoldus, bei Hanthaler, I, 1317. Rogerius, Kap. 40.
— [5] Thuróczy, II, 47. Chron. Austr., bei Freher, I. Thomas Archidiac.,
Hist. Salonit., Kap. 40.

2. Innere Zustände.

Von der Abfassung der Goldenen Bulle bis zum Einfall der Mongolen.

1222—1242.

Die Wirren, welche im vorhergehenden Zeitraum aus der gegenseitigen Eifersucht des ältern und des jüngern Königs entsprangen, weil der Machtkreis des einen wie des andern nicht gesetzlich umschrieben war, hatten aufgehört; beide strebten nun in Eintracht, die herabgedrückte königliche Gewalt zu heben. Und in der Goldenen Bulle war ein Grundgesetz geschaffen, das den zerrütteten Zustand des Landes ordnen und eine Bürgschaft des Rechts und der Freiheit sein sollte. Aber schon der vorherrschende Einfluß des schwachen, wankelmüthigen und verschwenderischen Andreas, der weder Kraft genug hatte, despotisch zu herrschen, noch Lust, die beschworenen Gesetze zu halten, vereitelte jeden größern Erfolg. Dazu kam noch, daß Gesetze wie die Goldene Bulle, welche das Recht und die Freiheit gewaltsam unterdrückter Völker herstellen und für die Zukunft sichern sollen, nur in seltenen glücklichen Fällen die Schöpfung der ruhig erwägenden Staatsweisheit sind; entstanden unter dem schmerzlichen Gefühl des erlittenen Unrechts und während des Kampfs erbitterter Parteien, tragen sie gewöhnlich die Merkmale des Zufälligen, der Willkür und Leidenschaft an sich; sie überschreiten die Grenzen der Mäßigung und können erst mit der Zeit, erst wenn sie selbst mehr ausgebildet worden sind und die widerstrebenden Interessen mit sich versöhnt haben, Kraft und Wirksamkeit erhalten. Endlich geschah auch bei Abfassung der Goldenen Bulle, was überall zu geschehen pflegt, daß man in Zeiten der Verwirrung und Noth mit vergeblicher Sehnsucht nach der bessern Vergangenheit zurückblickt, das Heil in der Zurückführung alter, außer Gebrauch gekommener Einrichtungen sucht und dabei vergißt, daß kein Gesetz und keine Macht das einmal Abgestorbene wieder ins Leben zu rufen vermag. Ungeachtet also die Goldene Bulle (Andreae R. Decretum I) von 1222 und die erneuerte und vervollständigte Ausgabe derselben (Andreae R. Decretum II) von 1231 die Herrschaft der Ordnung und Freiheit gesetzlich begründen sollten, ungeachtet Béla mit Entschlossenheit und unablässig bemüht war, den Hochmuth der Großen zu demüthigen und der öffentlichen Noth durch Einziehung der entfremdeten Staatsgüter abzuhelfen, dauern doch die eingerissenen Uebel auch in der gegenwärtigen Periode großentheils fort, die Oligarchie bleibt mächtig, der Staat arm, das Volk unterdrückt, wiewol sich nicht verkennen läßt, daß die Dinge eine bessere Gestalt gewinnen, seit Béla die Zügel der Regierung mit starker Hand erfaßt hat.

Ganz anders müssen wir aber über die Wirkungen der Goldenen Bulle urtheilen, wenn wir von den nächsten Folgen derselben auf den Einfluß hinblicken, den sie durch Aufstellung neuer Grundsätze auf die

Gesetzgebung, auf die Constitution und auf das ganze Staatsleben des
ungarischen Volks äußerte: dann erkennen wir in ihr den Ursprung
einer neuen Zeit. Stephan I. brach die Macht der Stammhäupter und
gründete auf den Ruinen derselben nach den Begriffen und Verhältnissen seiner Zeit eine starke Monarchie; er befreite das Volk aus den
Fesseln des Stammverbandes, ohne dasselbe in die noch drückendern
des Feudalismus zu schmieden. Es war zwar unvermeidlich, daß Ungarn, indem es sich dem Einfluß der westlichen Feudalstaaten und besonders Deutschlands öffnete, schon bei der Einführung der Monarchie
viele Einrichtungen und Formen des Lehnwesens von daher empfing
und später sich noch mehrere aneignete; aber dasselbe erhielt hier nie
die vollständig gegliederte Ausbildung und unbeschränkte Herrschaft,
die es in jenen Ländern besaß. Der freie Mann wurde hier weder dem
Staat noch einem Herrn dienstpflichtig; er besaß unverkümmertes per-
sönliches und Eigenthumsrecht. Allein in demselben Grade, in welchem
die königliche Macht, nicht durch gesetzliche Beschränkungen, sondern
durch die Fehler unfähiger Könige und durch die Anmaßung mächtiger
Großen, Abbruch erlitt, wurden auch die Rechte des Volks immer mehr
geschmälert. Der Stand der Gemeinfreien, der naturgemäß ursprünglich der zahlreichste sein mußte, verschwand durch allmähliche Aus-
artung der alten Stammgenossenschaft in Lehnsverhältnisse und durch
gewaltsame Unterdrückung beinahe gänzlich und erhielt sich nur noch
mühselig in einigen Ueberresten der Burgmilizen; nur der Adel, dem
der größere Grundbesitz und die Führung der Waffen Wichtigkeit gaben, nebst war durch Klerus, der stark war durch seinen Corporationsgeist
und durch die fromme Scheu des Volks, konnten ihre Freiheit den Gewaltigen gegenüber behaupten. Aber auch sie empfanden täglich mehr
den Druck, den diese theils im Namen und unter der gemisbrauchten
Autorität des Königs, theils auf eigene Faust übten, und mußten
fürchten, über lang oder kurz unter deren Botmäßigkeit zu gerathen.
Unter den letzten Königen und besonders unter Andreas hatte das
Uebel die höchste Stufe erreicht; wie die Dinge jetzt standen, konnten
sie nicht bleiben; die verfassungsmäßigen Rechte der noch übrigen
Freien mußten entweder gesichert werden, oder eine gesetzlose Olig-
archie sich auf den Trümmern des Reichs erheben. Da ermannten sich
der Adel und die Geistlichkeit zum Widerstand und zwangen die
herrschgierigen und habsüchtigen Großen und den durch sie irregeführten
König zur Ausstellung der Magna Charta Ungarns. Da aber die große
Masse des Volks nicht mehr zu den berechtigten Staatsbürgern zählte,
so konnte in der Goldenen Bulle fast ausschließlich von den Rechten des
Adels und der Geistlichkeit die Rede sein; nur nebenbei werden die
Immunitäten der Burgmilizen und der Bewohner der Städte und freien
Bezirke gewährleistet, für die übrigen Volksklassen aber wird blos mittelbar durch die Aufhebung der schmählichsten Bedrückungen einiger-
maßen gesorgt. Die so häufig und so arg gemisbrauchte Willkür der
Könige wird beschränkt, ihre Macht jedoch innerhalb der verfassungsmäßigen Grenzen hergestellt; das Königthum soll aufhören, ein willen-
loses Werkzeug der Tyrannei in den Händen übermüthiger Barone zu

sein, und ein Bollwerk gesetzlicher Freiheit werden. Der Adel aber und die Geistlichkeit repräsentiren von nun an das ganze Volk; die Verfassung wird rein aristokratisch.

Vor allem andern wurde die alte, außer Gebrauch gekommene Institution wieder ins Leben gerufen, daß der König alljährlich einmal zu Stuhlweißenburg entweder persönlich feierliche Sitzung halte oder, falls er durch wichtige Ursachen selbst zu erscheinen verhindert würde, durch den Palatin halten lasse. Diese Sitzungen, zu denen sich vormals, wie an seiner Stelle gesagt wurde, die Freien, die Adelichen, die Herren und der Klerus an dem vom König kundgemachten Orte versammelten, waren zuvörderst Reichstage. Hier übte das Volk seine höchste gesetzgebende Gewalt, indem es die Vorschläge des königlichen Raths, der aus den höchsten Würdenträgern bestand, berieth, annahm oder verwarf; hier bewilligte es Abgaben und das Aufgebot der wehrhaften Mannschaft, hier erhob es Beschwerde gegen ungerechte oder verfehlte Maßregeln der Regierung und gegen einzelne Reichsbeamte. Diese Sitzungen waren aber zugleich die höchsten Gerichtstage, wo der König selbst oder der Palatin statt seiner wichtige Rechtshändel im Angesichte des Volks entschied und besonders denen, die von mächtigen Privaten oder Beamten Bedrückung erlitten hatten, Genugthuung zu gewähren, eben durch die Oeffentlichkeit der Gerichtshandlung genöthigt ward. Diese Reichs- und Gerichtstage waren daher die stärkste Grundlage und mächtigste Schutzwehr des Rechts und der Freiheit. Als die Könige aus Scheu vor der noch wenig geordneten Versammlung, aus Hang zum Absolutismus und durch die Einflüsterungen der herrschsüchtigen Großen irregeleitet, die Reichstage stets seltener und endlich beinahe gar nicht mehr abhielten, sah sich das Volk jeder Mishandlung schutzlos preisgegeben, und forderte daher mit gutem Rechte die Wiederherstellung derselben. Freilich würde es noch weit größere Vortheile gebracht haben, dieselben zugleich nach dem Systeme der Volks- oder wenigstens der Ständevertretung zu ordnen, wenn diese Zeit eine solche überhaupt schon gekannt hätte. Ob sie von nun an wirklich alljährlich abgehalten wurden, läßt sich nicht erweisen; aber jedenfalls war die Erneuerung und gesetzliche Feststellung derselben eine That, der wir es hauptsächlich zu verdanken haben, daß sich die ungarische Freiheit unter allen Stürmen der Zeit erhalten hat.

Merkwürdig ist ferner, daß die Ungarn schon damals eine richtige Vorstellung von der Verantwortlichkeit der Regierung dem Volke gegenüber und von dem Grundsatze hatten, der König herrsche, aber regiere nicht, und beide Ideen sogar in der ersten und noch mehr in der zweiten Ausstellung der Goldenen Bulle gesetzlich aussprachen, wenn auch die Form der Regierung, die Benennung der Staatsbeamten und die Art der Verantwortlichkeit andere waren als heutzutage. In dem Schlußartikel (31) der Goldenen Bulle heißt es wörtlich: „Das siebente Exemplar soll bei dem jedesmaligen Palatin aufbewahrt werden, damit er, die Schrift vor Augen habend, weder selbst in irgendeinem Stücke von dem Obengesagten abweiche, noch den König und andere abweichen lasse." Der

Palatin wird also hier als oberster Rath des Königs und Vollstrecker des Gesetzes, gleichsam als erster Minister, hingestellt, der die Befugniß hat, den König von gesetzwidrigen Handlungen abzuhalten. · Der dritte Artikel in der zweiten Ausgabe der Goldenen Bulle (Andreae R. Decretum, II, 3) nähert sich noch mehr dem Begriffe von einer verantwortlichen Regierung, er verordnet: „Wenn der Palatin die Angelegenheiten des Reichs und des Königs schlecht führte, werden sie (der Reichstag) Uns ersuchen, einen Geeignetern, wen wir wollen, an seine Stelle zu setzen; und wir werden ihre Bitte gewähren." Der König hat mithin das Recht, den Palatin zu ernennen, ist aber verpflichtet, ihn zu entlassen, sobald er den Wünschen der Nation nicht entspricht, und einen andern, der denselben mehr zusagt, an dessen Stelle zu berufen. Daß endlich der Reichstag, als das höchste Tribunal, das Gericht war, vor welches die Staatsbeamten gezogen wurden, beweist die Verurtheilung des Palatin Dionysius und anderer hoher Staatsbeamten durch den Reichstag von 1235. Leider kamen diese heilbringenden Grundsätze in Vergessenheit, noch ehe sie eine vollständigere Ausbildung erhielten und eine bleibende Einrichtung der Constitution wurden.

Auch die Sicherheit der Person und des Eigenthums hatte in der Goldenen Bulle eine kostbare Bürgschaft gefunden, „Wir wollen", sagt der zweite Artikel, „daß weder wir noch unsere Nachfolger zu irgendeiner Zeit Edelleute (servientes) gefangen nehmen oder sie zu Gunsten irgendeines Mächtigen verderben, bevor sie vor Gericht gestellt und rechtlicherweise abgeurtheilt sind." Hier hätten wir eine wahre Habeas-Corpus-Acte vor uns, wenn sie auf alle Stände ohne Unterschied ausgedehnt worden wäre. Diesem Gesetze zum Trotz geschahen unter Andreas Gewaltthätigkeiten aller Art; auch Béla IV. machte sich bereits als jüngerer und nachher als herrschender König vielfacher Uebertretungen desselben schuldig; deshalb wurde es schon 1231 ´(Andreae R. Decretum, II, 4, 5) erneuert und die Restituirung der ohne gerichtliches Urtheil Bestraften angeordnet. Es brauchte Zeit, bis auch dieses Gesetz sich Anerkennung verschaffte und für die folgenden Jahrhunderte das Palladium der adelichen Freiheit wurde.

Der Adel, der Klerus und alle, die sonst adeliche Rechte genossen, hatten zwar schon seit längerer Zeit die Steuerfreiheit für ihre Person errungen, vielleicht ursprünglich besessen; aber die Könige legten dennoch auf deren Güter und Hörige wenigstens von Zeit zu Zeit Abgaben. Jetzt wurde (Andreae R. Decretum, I, 3; und II, 6; Andreae R. Libertas clericorum, 3) jede Art der Steuerhebung von ihren Gütern verboten. Daß der Hörige, der seinem Herrn Abgaben und Dienste leisten mußte, nicht noch obendrein Staatslasten trage, wurde damals noch für billig und recht erachtet; erst in den spätern Zeiten, als die bevorrechteten Stände in ihren Ansprüchen immer weiter gingen und die Bedürfnisse der Monarchien bis zur Unerschwinglichkeit stiegen, war die Schmach vorbehalten, ihm, der vom Staate die wenigsten Vortheile genoß, die Last doppelter Dienstbarkeit aufzubürden. Allein auch in jenen Tagen hätte der Adel bereits um so weniger Steuerfreiheit fordern sollen, da er sich dem Kriegsdienste immer mehr entzog.

Der ursprüngliche Beruf aller Adelichen ohne Unterschied war die Waffenführung; darum wurden sie in den ältesten Zeiten der ungarischen Monarchie milites, in den spätern servientes regii genannt. Jetzt verweigerten diejenigen, die erbeigenthümliches Land besaßen, die Heeresfolge ins Ausland; die Besitzer von Lehngütern, welche doch ausdrücklich gegen Kriegsdienste verliehen wurden, mußten dieselben zwar leisten, jedoch auf Kosten des Königs; nur wenn ein Feind das Land überfiel, waren alle verpflichtet, die Waffen zu ergreifen (Goldene Bulle 26). Es läßt sich nicht leugnen, daß die Könige durch dieses Gesetz verhindert wurden, wie es oft geschehen war, in unnützen Kriegen das Gut und Blut des Volks zu vergeuden. Aber wie oft fordert es gerade die Vertheidigung des Vaterlandes, dem Angriffe des Feindes zuvorzukommen? Woher sollte der König für den nothwendigen auswärtigen Krieg Truppen und Geld nehmen, da die steuer- und waffenpflichtigen Freien unterdrückt, die Burgmilizen bis auf einen kleinen Rest verschwunden, die Staatsländereien größtentheils entfremdet waren? War es endlich nicht viel zu spät, das Aufgebot zu den Waffen ergehen zu lassen, wenn der Feind bereits im Lande stand? Diese engherzigen, zum Vortheil eines Standes gegebenen Gesetze zwangen den König Béla, der sicher kein leichtsinniger Verschwender war, abermals zur Verschlechterung der Münze und Verpachtung der Staatseinkünfte zu greifen; sie nöthigten ihn, die Kumanen, die ein zu jeder Zeit fertiges Heer stellten, zu begünstigen; sie verursachten hauptsächlich das Verderben Ungarns beim Einbruch der Mongolen (das tapfere Volk, wenn es wie vormals kampfgeübt und Mann für Mann aufgestanden wäre, hätte die wilden Horden leicht zurückschlagen können); sie waren schuld an der militärischen Schwäche des Reichs, die von nun an bis zum Ausgang des árpádischen Hauses und noch darüber fortdauert.

Der Schlußartikel (31) der Goldenen Bulle gibt jedem einzelnen Edelmann und der Gesammtheit des Adels das Recht des straflosen bewaffneten Widerstandes, wenn ein König die Gesetze derselben überschreiten würde. Dieses Recht erwies sich gleich anfangs als illusorisch und schuf einen Zustand, wo König und Adel gleich zwei feindseligen Mächten einander gegenüberstanden. Als 1227 der Plan der Unzufriedenen, Andreas und Béla vom Thron zu stoßen und Kaiser Friedrich II. auf denselben zu berufen, entdeckt wurde, konnte ihnen das Gesetz nichts helfen. Die Könige forderten sie nicht vor Gericht, sondern schickten Truppen wider sie; diejenigen, denen die Flucht ins Ausland nicht gelang, erlitten Strafe; die Güter aller wurden feindlich verwüstet und eingezogen. Ein ähnliches Schicksal widerfuhr allen, die sich später gegen Béla auflehnten, ungeachtet sie sich mit Grund darauf berufen konnten, daß der König mehrere Satzungen der Goldenen Bulle verletzt habe. Um die Wiederkehr so trauriger Auftritte zu verhüten, daß der König selbst Theile des Vaterlandes verheerte und an den unschuldigen Untergebenen den Aufstand der Herren rächte, ward bei der zweiten Ausstellung der Goldenen Bulle (Decret., II, 35) verordnet: „Es steht dem König frei, die Besitzungen der gerichtlich Verurtheilten einzuziehen, zu behalten oder an andere zu vergeben; aber ihre Dörfer dürfen nicht niedergebrannt werden." Auch sollte diesmal nicht das Recht des straflosen Widerstandes, sondern der Eid des gesammten königlichen Hauses dafür bürgen, daß die Könige für alle Zeiten die Gesetze heilig halten würden. Im Verlaufe der Geschichte wird es sich zeigen, wie wenig dieser Eid, den jeder König noch überdies bei seiner Krönung persönlich schwor, und der Artikel 31 der Goldenen Bulle, der jahrhundertelang als das wichtigste Gesetz gepriesen wurde, die Constitution und Freiheit des ungarischen Volks zu sichern vermochten.

Zu derselben Zeit, wo der Adel und die Geistlichkeit so entschlossen für ihre Rechte und Freiheiten kämpften, blieben auch die Bürger der Städte und die Bewohner der privilegirten Bezirke nicht müßig; denn auch sie fühlten den Druck eines verschwenderischen, kein Recht achtenden Hofes und mächtiger Oligarchen.

Die Zusicherung der Goldenen Bulle (Art. 9): „Die hospites (so nannte man die Bewohner der Städte und freien Bezirke, weil sie größtentheils vom Auslande eingewandert waren) welcher Nation immer sollen nach der ihnen ursprünglich verliehenen Freiheit gehalten werden", befriedigte sie nicht; sie suchten vielmehr mit Eifer und Erfolg die Bestätigung alter oder die Ertheilung neuer Privilegien nach. Viele dieser Freibriefe haben sich theils im Original, theils in glaubwürdigen Abschriften erhalten [1]; sie gewähren sehr wichtige Immunitäten und Rechte, als Exemption von den Landesbehörden und unmittelbare Unterordnung unter den König, den Palatin oder Tavernicus, freie Wahl der eigenen Obrigkeiten und Pfarrer, Uebergabe von Ländereien, mancherlei Befreiungen von Steuern ·und Zöllen, wogegen die so Begünstigten verpflichtet werden, eine gewisse Anzahl Bewaffneter zu stellen, zur bestimmten Zeit eine festgesetzte Summe als Steuer, Ablösung des Kammergewinns (monetagium) und des Zehnten zu zahlen und den König gebührend zu bewirthen, wenn er bei ihnen einkehrte (die letztgenannte bedeutende Last wird häufig auf ein- oder zweimal im Jahre beschränkt). Besonders ausgedehnt und wichtig waren aber die Rechte, welche Andreas den siebenbürger Sachsen 1224 theils bestätigte, theils neu verlieh; sie sind bereits oben S. 248 verzeichnet. [2] Die Bewohner des fünf Quadratmeilen großen Feldes Turopolya in Kroatien entband Béla als jüngerer König 1225 der Diensthörigkeit von der agramer Burg und gab ihnen und ihren Nachkommen alle Rechte des Adels. [3]

Ungeachtet die Städte so ausgedehnte Vorrechte genossen und

---

[1] Unter andern erhielten Freibriefe Varasdin in Kroatien 1209, Szatmar-Németi 1230, Verőcze in Slawonien 1234, Tyrnau 1234, Karako und Charpundorf in Siebenbürgen 1238, Raab 1240; bei Endlicher, Monumenta. — [2] Andreae II. R. Libertas Saxonum Transylvaniae 1234, bei Endlicher, Monumenta, S. 420. — [3] Kerchelich, Hist. eccl. Zagrab., S. 306. Engel, Geschichte des ungarischen Reichs, II, 287.

sich zu bedeutendem Wohlstand emporschwangen, besaßen sie dennoch
nicht die ihrem Zustande entsprechende politische Wichtigkeit. Da die
Ungarn und die mit ihnen längst zu einem Volke verschmolzenen Landesbewohner noch immer wenig Neigung hatten, in Städten zu leben,
bestanden, wie schon gesagt, die Bürger derselben meistentheils aus
Eingewanderten. Diese wollten sich den ungarischen Gesetzen und
Behörden nicht unterwerfen, sondern zogen es vor, ihre hergebrachten
Satzungen und Obrigkeiten beizubehalten; sie befanden sich als geschlossene Körperschaften gleichsam außerhalb des natürlichen Ver-
bandes mit dem Staate und konnten daher auf die Angelegenheiten desselben keinen unmittelbaren Einfluß üben. Dagegen bildeten die Steuern,
die sie unter verschiedenen Namen entrichteten, einen bedeutenden
Theil der königlichen Einkünfte; auch stellten sie zum Heere verhältnißmäßig zahlreiche und wohlgerüstete Mannschaften auf eigene Kosten.
Es lag also im Interesse der Könige, sie zu begünstigen, und auch das
Volk, dessen Lasten sie mittrugen und dessen Wohlfahrt sie durch Verkehr beförderten, hatte keine Ursache, das glücklichere Los dieser
längst heimisch gewordenen „Gäste" zu beneiden.

Durch Einziehung der entfremdeten Staatsgüter wollte Béla die
Einkünfte des Königs und des Staats vermehren, das in Verfall ge-
rathene Institut der Burgmiliz herstellen und dadurch die gesunkene
Macht des Königs und des Reichs wieder heben. Keine Mühe scheuend,
unbekümmert um den Zorn und Haß, den er dadurch auf sich lud,
strebte er unablässig nach diesem Ziele; aber der Erfolg entsprach
keineswegs der Erwartung. Wie drei Jahrzehnte später König Ottokar II. von Böhmen in den Kriegen mit Kaiser Rudolf die Einziehung
der verpfändeten Krongüter mit Niederlagen und zuletzt mit dem Leben
bezahlen mußte, so empfand auch Béla die traurigen Wirkungen der
gehässigen Maßregel in wiederholten Aufständen und ganz besonders
beim Einfall der Mongolen, ohne je wirklich zu erreichen, was er beab-
sichtigt hatte. Es zeigt sich kaum ein Merkmal, daß durch die neuerdings dem Staatsgut einverleibten Ländereien das öffentliche Einkommen
bedeutend zugenommen hätte; die königliche Schatzkammer blieb beinahe so leer wie vormals; daß die Noth jetzt weniger groß war,
muß man mehr der bessern Wirthschaft als der gesteigerten Einnahme
zuschreiben. Noch weniger wollte es gelingen, die Burgmiliz zu ihrer
vormaligen Stärke zu heben und aus ihr ein mächtiges, jederzeit schlagfertiges, vom König ganz abhängiges Heer zu bilden. Die Einrichtung
hatte sich überlebt; sie entsprach nicht mehr den neuern Zuständen,
wo schon so viele feudalistische Elemente platzgegriffen hatten, und
konnte daher nie wieder aus ihren Trümmern zu der vorigen Kraft
erstehen; sie gerieth immer mehr in Verfall, bis sie endlich ganz aufhörte und die Banderien der Lehnsherren und Körperschaften an ihre
Stelle traten.

Am wenigsten aber konnte die Uebermacht der Oligarchie durch
Gesetze, Gütereinziehung und Verurtheilung mächtiger Frevler gebrochen werden. Einige dieser Tyrannen wurden zwar gerichtet, andere ins Verderben gestoßen oder doch gedemüthigt, aber die Oligarchie

selbst blieb; an die Stelle der Gestürzten traten andere, die noch kühner
der königlichen Macht trotzten, die Rechte des Volks mit Füßen traten
und das Bestehen des Staats gefährdeten. Denn es war eben das Zeitalter der Oligarchie; in den meisten Reichen Europas lockerten sich die
Bande, welche die Nationen verknüpfen; mächtige Barone oder Pairs
zerrissen und theilten die Länder unter sich und errangen eine beinahe
selbständige Macht. Selbst der gebildete thatkräftige Kaiser Friedrich II.
konnte es mit dem Aufgebot seiner ganzen geistigen Kraft und äußern
Macht nicht verhindern, daß gerade während seiner Regierung die
Großen seines Reichs fast souverän wurden und das Kaiserthum sich
sozusagen in ein leeres Schattenbild zu verwandeln anfing. Vor ähnlicher Zersplitterung und solchem Verfall der königlichen Macht wurde
Ungarn noch zu rechter Zeit durch den 16. Artikel der Goldenen Bulle
bewahrt. „Ganze Gespanschaften", so lautet derselbe, „oder welche
Würden immer, werden wir nicht in erbeigenthümlichen Besitz geben."
Schon hatte Andreas dergleichen gefährliche Vergebungen zu machen
angefangen; sie wurden nun für die Zukunft durch ein feierliches Gesetz
verboten. Keine Würde und kein Gebiet, dessen Verwaltung mit derselben verbunden war, konnte ein Erbgut gewisser Familien werden;
die Palatine, Bane, Obergespane u. s. w. blieben zeitweilige Beamte des
Reichs; auch die größten Dynasten waren blos reiche Privatleute und
die Macht, die sie übten, angemaßt und gesetzwidrig, es gab keine erbliche
Banate und Grafschaften. Dieselbe wohlthätige Absicht verfolgte auch
der 30. Artikel, der festsetzt, daß außer dem Palatin, dem Ban und dem
Hofgrafen des Königs und der Königin kein anderer zwei Würden zu
gleicher Zeit bekleiden dürfe; er hinderte die Anhäufung zu großer Gewalt in einer Hand. Die Einsicht und Energie des ungarischen Volks
hatte die Einheit des Staats gerettet.

Die Veränderungen in der Rechtspflege und die Umgestaltungen
der kirchlichen Zustände, die in diesem Zeitraum vor sich gingen, werden wir am Ende des Buchs vereint mit dem, was in dieser Hinsicht in
der folgenden Periode geschah, besprechen, theils weil das Wichtigste
davon in den Artikeln der Goldenen Bulle und in den erzählten Begebenheiten bereits angedeutet wurde, theils weil wir die Gestaltung
dieser Angelegenheiten im Zusammenhange darstellen wollen.

Zweiter Abschnitt.

Wiederherstellung des Reichs; äussere Kriege und innere Unruhen; Auflösung der bisherigen bürgerlichen Verhältnisse. 1242 — 1301.

I. Aeussere Begebenheiten.

Vom Abzuge der Mongolen bis zum Tode Béla's IV. 1242—1270.

Noch während Béla auf der Flucht vor den Mongolen in Dalmatien verweilte, hatte sich Zara freiwillig aus der venetianischen unter die ungarische Oberhoheit begeben. Da er voraussah, die Republik werde den Abfall der wichtigen Stadt nicht gleichgültig hinnehmen, ernannte er seinen getreuen Dionysius Vialka zum Ban von Kroatien und Dalmatien und empfahl ihm ganz besonders die Vertheidigung Zaras.[1] Das furchtbare Elend, welches nach dem Abzuge der Mongolen in Ungarn herrschte, flößte dem hartherzigen Friedrich von Oesterreich kein Erbarmen ein. Als Béla mit der kleinen bewaffneten Schar, die ihn begleitete, von Dalmatien an seines Landes westlicher Grenze hinaufzog, sammelte jener ein mächtiges Heer an der Leitha, weil er fürchtete, Béla werde es rächen, daß er im vorigen Jahre Ungarn mit den Mongolen um die Wette verwüstet.[2] Doch der König fühlte sich hierzu in seiner gegenwärtigen Lage viel zu schwach und sah sich genöthigt, in einem förmlichen Friedensvertrag dem Herzog den Besitz alles dessen feierlich zu bestätigen, was dieser ihm und dem wehrlosen Lande hinterlistiger und gewaltsamer Weise geraubt hatte.[3]

Nachdem Béla durch dieses schmerzliche und demüthigende Opfer die Habsucht des Unersättlichen wenigstens für eine Zeit gestillt hatte, wandte er seine ganze Sorge auf die Wiederherstellung des verödeten,

---

[1] Thomas Archid., Hist. Salonit., Kap. 43. — [2] Fejér, Cod. dipl., IV, 1, 390. — [3] Ebend., IV, 1, 289. Pernoldus, bei Hanthaler, Fasti Campil., I, 1317. Chron. Austr., bei Freher, I, 458.

in seinen Grundfesten erschütterten Reichs. Er verfuhr dabei mit mehr Einsicht und Erfolg als bei der Vertheidigung desselben. Er ließ aus den benachbarten Ländern Getreide und Vieh einführen, um der entsetzlichen Hungersnoth abzuhelfen, die in den verödeten Gegenden herrschte, ermunterte die allmählich aus ihren Verstecken sich sammelnden Menschen, die zerstörten Städte und Dörfer wieder aufzubauen und zu ihren vorigen Beschäftigungen zu greifen, ordnete überall die Regierung und Verwaltung von neuem, prägte, da es an Geld und bei der Unterbrechung des Bergbaues auch an edeln Metallen fehlte, kleine Silberpfennige und Kupfermünzen, um für den Augenblick ein Mittel des Verkehrs zu schaffen. [1] Viele Landeigenthümer waren umgekommen oder in die Gefangenschaft der Mongolen gerathen, oder ins Ausland geflohen, andere hatten die Urkunden über ihre Besitzungen verloren und eigennützige Menschen misbrauchten die allgemeine Verwirrung zu gewaltsamen oder doch unberechtigten Besitzergreifungen; darum verordnete Béla, daß in den einzelnen oder in mehrern zu Kreisen vereinigten Gespanschaften öffentliche Versammlungen sollen gehalten werden, um die Besitztitel zu untersuchen. [2] Güter, deren rechtmäßige Herren sich vorfanden, wurden diesen zurückgegeben, solche, deren Eigenthümer sich längere Zeit hindurch nicht meldeten, an andere verliehen, jedoch mit dem Vorbehalt: „unbeschadet des Rechts eines andern, salvo jure alieno". [3] Auch die Burgländereien befahl er mit genauer Beschreibung und Angabe ihrer Grenzen zu verzeichnen, die Burgmilizen sorgfältig aufzusuchen und in Register einzutragen; zugleich vermehrte er die Zahl der letztern dadurch, daß er Burghörige und Udvarniker (Ministerialen) in den ehrenvollen Stand derselben versetzte. [4] Um die Vertheidigung des Landes zu erleichtern und der Bevölkerung Zufluchtsstätten zu bieten, erlaubte er Privatherren, befestigte Schlösser anzulegen, und verlieh ihnen hierzu geeignete Ländereien. [5] Vorzüglich aber war er darauf bedacht, die verödeten Gegenden wieder zu bevölkern. Die Kumanen, die nach der Ermordung ihres Königs Kuthen die Waffen gegen die Ungarn gekehrt und sich theils an unzugängliche Orte zurückgezogen hatten, theils nach Bulgarien ausgewandert waren, wurden zurückgerufen und ließen sich, mit wichtigen Vorrechten ausgestattet, zwischen der Donau und Theiß an

---

[1] Schönvisner, Notitia Hung. rei numariae, S. 156. — [2] Eine solche Versammlung hielten nach dem Zeugnisse des Judex curiae Paul die Gespanschaften Neograd, Hont und Gömör in Waitzen. Pray, Hist. reg., I, 249. — [3] Diese Klausel, die in jeder Schenkungsurkunde bis auf die neueste Zeit stand und kraft Gebrauchs zur Gültigkeit derselben erforderlich war, wurde damals eingeführt. — [4] Dergleichen Verzeichnisse hatte Béla schon zu Anfang seiner Regierung anfertigen lassen; jetzt wurden sie neugeordnet und berichtigt. Urkunde Béla's von 1266 für die Jobbagyonen von Thurócz. Urkunde des Palatins und presburger Obergespans Lorant und des neitraer Bischofs Vicentius von 1258 bei Georgius Bartal, Commentariorum ad historiam s atus jurisque publici Hungariae aevi medii libri XV (Presburg 1847), Tom. II, mantissa VII. Aus Hörigen wurden freie Milizen, unter andern die Leute der Burg Trencsin. Fejér, Cod. dipl., V, III, 295. — [5] Fejér, Cod. dipl., IV, III, 256, 323; V, III, 114 u. s. w.

25 *

der Körös und Temes nieder, in der Gegend, welche ihre vollständig
zu Ungarn gewordenen Nachkommen größtentheils auch heute noch
unter dem Namen Groß- und Klein-Kumanien innehaben. Selbst die
Mongolen, die hier und da im Lande zurückgeblieben waren, fanden
freundliche Schonung; mehrere unter ihnen, besonders diejenigen,
welche Töchter ungarischer Herren geehelicht hatten, wurden in die
Gemeinschaft des ungarischen Adels aufgenommen. [1] Außerdem berief
er aus fremden Ländern, besonders aus Deutschland Colonisten, denen
er erbeigenthümlichen Grundbesitz, wichtige Privilegien und für einige
Jahre Nachlaß aller Steuern gewährte. [2] Und da Béla mit richtigem
Blick erkannte, wie wichtig die Städte durch ihre Festungswerke und
freiheitskühne Mannschaft für die Landesvertheidigung seien, und wie
sehr die Betriebsamkeit und Bildung ihrer Bürger die öffentliche Wohlfahrt erhöhe, verlieh er vielen Ortschaften das Stadtrecht, die Privilegien der Städte aber bestätigte und vermehrte er. Diese Gunst widerfuhr den Städten Agram und Szamobor 1242, Jászó 1243, Ruprecht-
háza 1247, Neusohl 1255, Neitra 1258, Berény 1265, Kesmark
1269, u. s. w. [3]
        Von den heißen Quellen bis an den Blocksberg unterhalb Altofen
hatten sich bereits seit längerer Zeit deutsche Ansiedler niedergelassen;
jetzt baute Béla auf dem Pesth gegenüberliegenden Berge eine Burg, in
der er sich häufig aufhielt, wie die vielen von dort datirten Urkunden
beweisen, berief Ansiedler rings um dieselbe und verlieh ihnen große
Vorrechte. [4] So ward er der erste Gründer der nachmaligen Königs-
burg und Neuofens, das sich rasch zur Hauptstadt Ungarns erhob.
Auch den Lanzenträgern in zehn kleinen Dörfchen der Gespanschaft
Zips bestätigte und vermehrte er ihre adelichen Rechte. [5] Zum Vajda
Siebenbürgens ernannte Béla den Herrn Laurentius und ertheilte ihm
die Vollmaht, alle Verordnungen zu erlassen und alle Einrichtungen zu
treffen, die ihm nöthig und heilsam scheinen würden. [6]
        Das große Unglück, welches das ungarische Volk getroffen hatte,
wirkte läuternd und besänftigend auf die Gemüther. Béla selbst kam
zur Einsicht, daß sich nicht alles durch Machtsprüche und Gewalt
durchsetzen lasse, daß durch gesetzwidrige Ausführung selbst die nütz-
lichsten Maßregeln verhaßt und schädlich werden, und daß die Liebe
und das Vertrauen des Volks die sichersten Stützen des Throues seien;
er verfuhr nun mit mehr Achtung des Rechts, mit mehr Schonung und
Güte als früher. Aber auch eine bedeutende Zahl der mächtigen Herren war umgekommen, andere hatten ihre Reichthümer eingebüßt, der
übermüthige und störrige Sinn der Oligarchie war wenigstens für eine

[1] Die Edlen von Braas, Perzei, Kadarkauz Mirkóczi u. a. m. sind wahrscheinlich Abkömmlinge der Mongolen. Katona, Hist. reg., V, 1043. —
[2] Urkunde Béla's: „.... tam agricolas quam milites ad repopulandum terras
depopulatas.... edicto regio statuimus convocare." Fejér, Cod. dipl., IV, III,
436. — [3] Die Freibriefe bei Endlicher. — [4] Bélae reg. libertas hospitun de
Pesth (Neuofen), bei Endlicher, Monumenta, S. 466. Vgl. Andreas Michnay
und Paul Lichner, Die alten Gesetze der Stadt Ofen (Presburg 1845). —
[5] Endlicher, S. 460. — [6] Die Urkunde von 1243, bei Fejér, IV, I, 275.

Zeit gebrochen; das Volk überhaupt ward fügsamer und unterwarf
sich bereitwilliger den Anordnungen des Königs, von dem es Hülfe in
der Noth empfing. Die Spuren der schrecklichen Verwüstung blieben
zwar zurück, sodaß sie nach mehr als hundert Jahren noch sichtbar
waren; viele Ortschaften wurden nie wieder aufgebaut[1]; besonders
hatte der eigentlich magyarische Stamm, der meistentheils die Ebenen
bewohnte, starke Verminderung erlitten; aber mit dem Frieden und mit
der Eintracht kehrte bald auch einiger Wohlstand wieder, und nach
wenigen Jahren hatte sich das Land insoweit erholt, daß Béla seinen
Blick bereits nach auswärts richten und sich in Unternehmungen einlassen konnte, welche die Sicherheit und Macht des Reichs erhöhen
sollten. Leider folgte er dabei nicht immer den Rathschlägen der
echten Staatsweisheit, sondern ließ sich nur zu oft durch Eingebungen
der Eroberungssucht leiten und war bei der Ausführung seiner Unternehmungen weder umsichtig noch standhaft genug, weswegen diese
weit mehr Schaden als Vortheil brachten. Später machte er auch bei
der innern Regierung Misgriffe, welche die Flamme der Zwietracht von
neuem entzündeten und die Ursache aller der Uebel wurden, die nach
ihm Ungarn zerrütteten.

Weil Béla nicht ohne Grund befürchtete, daß die Mongolen nächstens wieder zurückkehren würden, entsendete er 1243 den Bischof von
Fünfkirchen Bartholomäus und den Obergespan Simon, den helden-
müthigen Vertheidiger der grauer Burg, an Papst Innocentius IV. Er
bat zuerst, diejenigen zu strafen, die, aller menschlichen und christlichen
Gesinnung bar, die Grenzen Ungarns verwüsteten, während die Mongolen in dessen Innern wütheten; sodann, das Kreuz predigen zu lassen,
wenn sich die Gerüchte von einem neuen Einbruch des wilden Volks
nach Ungarn verwirklichen sollten. [2] Der Papst bewilligte beides.
Zwei mährischen Aebten trug er auf, zu untersuchen, welche es waren,
die so grausam das Elend Ungarns vermehrten. [3] Diese Untersuchung
konnte sich freilich nur auf einige Raubritter erstrecken, den mächtigen
Uebelthäter aber, wider den die Klage Béla's eigentlich gerichtet war,
Friedrich von Oesterreich, nicht treffen; diesen mußte der Papst schonen, damit er sich nicht gegen ihn erkläre und auf die Seite des Kaisers
trete. Den Patriarchen von Aquileja Berthold, den vormaligen kalocsaer
Erzbischof, bevollmächtigte er, einen Kreuzzug im römisch-deutschen
Reich zu verkündigen, sobald die Mongolen Ungarn mit Krieg über-
ziehen würden. [4] Dem König von Norwegen stellte er es frei, die an-
gelobte Fahrt nach Palästina mit dem Kampf gegen die Mongolen in
Ungarn zu vertauschen. [5] Um endlich die gesammte Christenheit von
Angst und Gefahr zu befreien, sandte er 1246 Johann Plano Carpi und
Ascellin mit mehrern Predigermönchen an den Großkhan Gujuk, die
diesen zwar weder bekehren noch zum Frieden stimmen konnten, aber

---

[1] Noch jetzt erblickt man hier und da im freien Felde Ruinen, und kennt
den Namen und die Stätte solcher Ortschaften. — [2] Epist. Belae ad Innocentium IV., bei Fejér, IV, 1, 298. — [3] Epist. Innocentii, a. a. O., S. 414.
— [4] a. a. O., S. 299. — [5] a. a. O., S. 303.

für die Länder- und Völkerkunde höchst wichtige Berichte nach Hause
brachten.

Venedig konnte den Verlust Zaras nicht verschmerzen; schon im
1243 Mai 1243 schickte der Doge Jakob Tiepolo den Feldherrn Renier Zeno
mit 26 Galeeren und 20 andern Schiffen zur Wiedereroberung der
Stadt. Ban Dionysius Vialka vertheidigte dieselbe. Als aber die Venetianer die Kette, welche den Hafen sperrte, sprengten und der Ban,
bei einem Ausfall schwer verwundet, sich aus Zara bringen ließ, übergaben die erschrockenen Bürger die Stadt schon am 2. Juli. Viele von
ihnen wanderten nach Nona aus und beunruhigten in Verbindung mit
dessen Einwohnern die Venetianer zu Wasser und zu Land. Deshalb
erschien eine venetianische Heeresabtheilung vor Nona, wurde aber vom
Grafen Becsend, der statt des verwundeten Bans die Armeeführung
übernommen hatte, zurückgeschlagen. [1] Béla hielt es nicht für rathsam, zu einer Zeit, wo die Mongolen fortwährend drohten, sich in einen
langwierigen Krieg einzulassen; die Venetianer waren durch die Niederlage von Nona entmuthigt und überdies in Händel mit Konstantinopel verwickelt, deshalb brachten ihre Gesandten Peter Dandulo und
1244 Jakob Justini mit leichter Mühe am 30. Juli 1244 folgenden Friedensvertrag zu Wege. Zara bleibt im Besitze Venedigs, doch bezieht der
König von dem Ertrage der Zölle zwei Drittheile, als Zeichen seiner
Oberherrlichkeit über ganz Dalmatien. Die ausgewanderten Bürger
Zaras sollen von Zara und Nona entfernt werden und vier Meilen vom
Meere sich niederlassen. Der König verspricht, kein Bündniß wider
Venedig zu schließen, Abgeordneten und Truppen von dessen Feinden
den Durchzug durch ungarisches Gebiet nicht zu gestatten, dagegen der
Republik wider alle Feinde und Aufrührer Hülfe zu leisten. Ebenso
verpflichtet sich Venedig, Béla's und seiner Nachfolger Feinde nicht zu
unterstützen und besonders die Königin-Witwe Beatrix und ihren Sohn
Stephan von Ungarn fern zu halten. [2]

Unterdessen war, wahrscheinlich von den Venetianern angezettelt,
heftiger Streit zwischen Spalatro einerseits, Traw und Sebenigo andererseits über einen Strich Landes ausgebrochen, den Béla den Tra-
wern zum Lohn für ihre Treue geschenkt hatte. Die Spalatroer gehorchten nicht dem Befehl des Königs, die Trawer im ruhigen Besitz
des Landstrichs zu lassen, sondern erhoben förmlichen Krieg gegen
Traw, wurden aber zur See geschlagen. Am Tage ihrer Niederlage
brach in Spalatro selbst ein heftiger Aufstand aus, weil das Kapitel
ohne Theilnahme und gegen den Willen der Bürgerschaft den Archidiakonus Thomas (den Verfasser der oft angeführten „Historia Salonitana)“ zum Erzbischof gewählt hatte. Der innere Unfriede hielt sie
vom Kampfe mit ihren auswärtigen Gegnern nicht ab; sie riefen den
Ban von Bosnien Ninoslaw und den Grafen von Chulm herbei und verwüsteten mit deren Hülfe die Felder, Gärten und Weinberge der Trawer.

[1] Dandulus, bei Muratori, XII, 354. Epist. Belae ad comit. Bechend.,
bei Fejér, IV, 1, 444. — [2] Thomas Archid., Hist. Salonit., Kap. 43. Dandulus, a. a. O. Der Friedensvertrag im Codex Trevisanus, S. 334; bei Endlicher, S. 464.

Vergeblich war Ban Dionysius bemüht, den Frieden und die Eintracht herzustellen, vergeblich wollte der König das Geschehene verzeihen, wenn Spalatro dem streitigen Landstrich entsagen und den csasmer Propst Ugrin, einen Ungar, der sich durch zwölf Jahre an der pariser Hochschule gebildet hatte, zum Erzbischof annehmen würde [1]; den Landstrich wollte die Bürgerschaft nicht aufgeben, die Anempfehlung des Propstes wies das Kapitel als einen Eingriff in seine Rechte zurück; Kampf und Aufruhr nahmen immer mehr überhand. Endlich sah sich der König genöthigt, zu ernsten Maßregeln zu greifen. Der Ban von Dalmatien und Kroatien, Dionysius, und der Bischof von Fünfkirchen, Bartholomäus, rückten auf seinen Befehl mit einer beträchtlichen Kriegsmacht gegen Spalatro, erstürmten die Vorstädte, zwangen die Stadt zu einem anständigen Frieden mit Traw und nöthigten ihn Verein mit den Bürgern, die den König versöhnen wollten, das Kapitel zur Annahme Ugrin's. Archidiakonus Thomas ging selbst an das königliche Hoflager, um allen Ansprüchen auf das Erzbisthum zu entsagen und die Bestätigung Ugrin's zu erbitten. Spalatro wurde noch außerdem zu einer Buße von 600 Mark Silber verurtheilt. Béla ernannte Ugrin zugleich zum Grafen von Spalatro und zum Befehlshaber der Inseln, was zwar ein Eingriff in die Privilegien derselben war, die ihnen die freie Wahl ihres Grafen zusicherten, aber mit den vorhergegangenen Unruhen sich rechtfertigen ließ. Ban Ninoslaw wurde zur Strafe seiner unbefugten Einmischung des Amts entsetzt und an seine Stelle der deutsche Ritter Stephan Kotroman ernannt. [2]

Der Lehnseid, den Béla in der höchsten Noth Kaiser Friedrich II. durch den waitzner Bischof Stephan Vancsa geleistet hatte, machte ihn 1244 besorgt für die Unabhängigkeit seines Reichs; vielleicht zeigte der Kaiser auch Neigung, die Lehnsherrlichkeit geltend zu machen. Béla bat daher den Papst, ihn des Eides zu entbinden, weil Friedrich die seinerseits versprochene Hülfe nicht geleistet habe. Innocentius erklärte den Eid für nichtig. Weil jeder Vertrag, lautete sein Spruch, ungültig wird, sobald die eine Theil die Bedingungen, unter denen derselbe geschlossen wurde, nicht erfüllt, und weil Friedrich, schon durch das Gebot der Natur dem schwer bedrängten König beizustehen verpflichtet, den Lehnseid gar nicht hätte annehmen sollen: sei Béla durch seinen Schwur nicht gebunden, und könne auf Grund desselben weder gegen ihn, noch gegen irgendeinen seiner Nachfolger ein Anspruch erhoben werden. [3]

Der Fürst von Halitsch, Daniel Romanowitsch, wenigstens kraft der geschlossenen Verträge Béla's Lehnsträger, und der Großfürst von Kiew Michael Wsewolowitsch hatten sich vor den Mongolen nach Ungarn geflüchtet, aber noch vor der Schlacht am Sajó wieder nach Böhmen entfernt. Dagegen nahm Rostislaw Mstislawitsch am Kampfe gegen

---

[1] Schon Béla III. hatte, wie oben berichtet wurde, die Anordnung getroffen, daß die Spalatroer immer einen geborenen Ungar zum Erzbischof wählen sollten, damit das einflußreiche Amt in treuen Händen liege. —
[2] Thomas Archid., Hist. Salonit., XLI—XLVII. — [3] Raynaldus, Annales eccl. ad ann. 1245, Lib. III, Nr. 81, Epist. 58.

die Mongolen theil. Dafür gab ihm Béla seine Tochter Anna zur Ge-
1243 mahlin, belehnte ihn mit Halitsch und schickte ihn 1243 mit einem
ungarischen Heere, das Fürstenthum in Besitz zu nehmen. Allein Daniel war schon zurückgekehrt und hatte als Vasall der Mongolen den
Fürstenstuhl wieder bestiegen, besiegte Rostislaw und nöthigte ihn zum
1244 Rückzug nach Ungarn.[1] Nachdem Béla im folgenden Jahre noch einen
erfolglosen Feldzug nach Galizien unternommen hatte, hielt er es für
klüger, Daniel nicht weiter zu bedrängen und zu zwingen, daß er die
Mongolen zu Hülfe rufe, sondern ihn sich zum Freunde zu machen; er
vermählte ihm also seine Tochter Constantia und erwirkte für ihn zwei
Jahre später vom Papst auch den Königstitel.[2]
1245　　　Als Béla in Stuhlweißenburg 1245 am Feste Stephan's des Heiligen, 20. Aug., den jährlichen Reichstag abhielt, ließ er der damals
unter den Königen fast allgemein herrschenden Sitte gemäß, seinen
fünfjährigen Sohn Stephan krönen und ernannte ihn zum Herzog von
Slawonien (Kroatien und Dalmatien, die zu jener Zeit gemeinschaftlich
diesen Namen führten).[3] Zugleich verlobte er ihn, um die Kumanen
noch mehr zu versöhnen und an sein Haus zu knüpfen, mit der kumanischen Jungfrau Elisabeth, vielleicht des gemordeten Kuthen Tochter.[4]
Ebenfalls aus Rücksicht auf das Staatswohl vermählte er seine dritte
Tochter Helena dem polnischen Herzog Boleslaw.[5]
　　　Nun endlich glaubte sich Béla stark genug, alles Unrecht und alle
Schmach zu strafen, welche Herzog Friedrich ihm und seinem Volk zu-
1245 gefügt hatte. Noch gegen Ende des Jahres 1245 schloß er mit dem
böhmischen König Wenzel I. Bündniß wider den Herzog[6]; Wenzel be-
1246 gann den Krieg voreilig gleich zu Anfang des Jahres 1246 ohne Glück
und Ruhm; sein Feldherr, der lundenburger Fürst Ulrich, ward an der
Thaja zwischen Staatz und Laa am 26. Jan. überfallen und mit dem
größten Theil des Heeres gefangen. Um Wenzel von dem Bündnisse
mit Ungarn loszuwinden, gewährte ihm Friedrich jetzt, was er früher
abgelehnt hatte; er vermählte seine Nichte Gertrud (seines verstorbenen
ältern Bruders, Heinrich, Tochter) mit des Königs erstgeborenem Sohne
Wladislaw.[7] Béla ließ sich indeß durch das Misgeschick und den Abfall
seines Bundesgenossen nicht zurückschrecken und führte im Frühling ein
wohlgerüstetes Heer gegen Oesterreich. Am rechten Ufer der Leitha,
Neustadt gegenüber, schlug er sein Lager auf; jenseit standen die

---

[1] Pray, Annal. reg. Hung., I, 253. — [2] Katona, Hist. reg., VI, 140 fg.
— [3] Urkunde Béla's vom 10. Jan. 1246. Fejér, IV, 1, 401. — [4] Auf ihrem
Siegel von 1273 stehen die Worte: „... filia Imperatoris Cumanorum.“
Czech János, III László király alatti nádorok; Uj magyar museum 1851/2,
190 lab. (Johan Czech, Die Palatine unter König Ladislaus III.; Neues ungarisches Museum 1851/2, S. 190. — [5] „Nos .... propter bonum christiani-
tatis, majestatem regiam humiliando, duas filias nostras duobus ducibus Ruthenorum et tertiam duci Poloniae dedimus in uxorem.... Amplius.... filio
nostro primogenito Cumanam quandam conjunximus, ut per hoc vitaremus
deterius.“ Epist. Belae ad Innocentium, bei Pray, Hist. reg., I, 253, Note 6.
— [6] Pernoldus, bei Hanthaler, Fasti Campil., I, 1318. — [7] Chron. Garstense,
bei Rauch, I, 33. Jans Enenkel, Oesterreichische Reimchronik, daselbst,
S. 333—372.

Oesterreicher; der Vortrab, Kumanen und Krieger der Grafen Frange- [1] pán, setzten am 15. Juni zuerst über den Fluß. Die Schlacht beginnt, der Kampf wird heftig; die Kumanen werden geworfen oder kehren absichtlich nach ihrer Gewohnheit den Rücken; Friedrich, der in den vordersten Reihen ficht, setzt den Fliehenden unvorsichtig nach; sein Pferd, von einem Pfeil in die Stirn getroffen, stürzt nieder; noch ehe er sich erheben kann, stößt ihm Bartholomäus Frangepán das Schwert ins Auge und verwundet ihn tödtlich. Sogleich hörte der Kampf auf; die Kumanen zogen sich jenseit des Flusses zurück, den das Hauptheer der Ungarn noch nicht überschritten hatte. Die Oesterreicher brachten den Leichnam des Herzogs in die neustädter Kirche und verließen gleichfalls das Schlachtfeld; ohne Vertrag, durch stille Uebereinkunft ward Friede. [1]

So endete der streitbare Friedrich gerade an seinem fünfunddrei-ßigsten Geburtstage, der letzte männliche Sprößling der Babenberger. Schwer hatte er seine Länder bedrückt und viel Blut vergossen, um den Glanz und die Macht seines Hauses zu heben, drei Gemahlinnen wegen Unfruchtbarkeit verstoßen, weil er dasselbe fortpflanzen wollte. Alles umsonst, die Babenberger mußten nach dem Rathschluß der Vorsehung untergehen, um einem Geschlechte Platz zu machen, das von der Geschichte bisher noch kaum genannt worden, das aber nun den Schauplatz derselben betreten und im Laufe der Jahrhunderte durch die Gunst des Schicksals zu ·Macht und Herrlichkeit emporgetragen werden sollte.

Die drei Gespanschaften Wieselburg, Oedenburg und Eisenburg, welche Friedrich durch Verrath und Gewalt an sich gerissen hatte, wurden nach dessen Tode wieder mit Ungarn vereinigt. Béla begnügte sich vorderhand mit diesem Erfolg. Denn seitdem die Mongolen Herren Rußlands geworden waren, stand ihnen der Weg in das benachbarte Ungarn zu jeder Zeit offen, und gerade jetzt verbreitete sich von neuem das drohende Gerücht, daß sie sich zum Kriegszug rüsten, um diesmal dessen Eroberung zu vollenden. Béla mußte also vor allem auf Mittel der Vertheidigung gegen diesen furchtbaren Feind denken. Die Länder an Siebenbürgens östlichen und südlichen Grenzen, durch die Verheerungen der Mongolen zur menschenleeren Wüste geworden, fielen nach deren Abzug von selbst und gänzlich unter die Herrschaft Ungarns, dessen Oberhoheit sie zum Theil schon früher anerkannt hatten. Béla gab nun den Johanniterrittern das zunächst an Siebenbürgen stoßende Banat Szörény nebst einem Theile der heutigen Walachei und ganz Kumanien (die jetzige Moldau), mit Ausnahme einzelner Strecken, zum Lehen und schloß hierüber unter Vorwissen und mit Genehmigung der Magnaten mit dem Heermeister Rembald, 1. Juni 1247, Vertrag. [2] Kraft desselben verpflichtete sich der Orden, das 1247 Gebiet wider jeden Feind zu vertheidigen und mit Pflanzbürgern, jedoch .

[1] Thuróczy. II, 74. Chron. Salisb., Claustro-Neoburg. und Vitus Arenpek, bei Pez. Pernoldus, bei Hanthaler, Fasti Campil., I, 1318. — [2] Die Urkunde bei Fejér, IV, 1, 147. Pray, Dissert., VII, 154. Benkö, Milkovia, I, 110. Katona, VI, 45.

nicht aus Ungarn und Siebenbürgen, zu bevölkern, Städte anzulegen
und Burgen zu bauen. Fünfundzwanzig Jahre lang sollten die Ritter
sämmtliche Einkünfte beziehen, nachher die Hälfte derselben an die
königliche Schatzkammer abliefern. Würde das Reich von den Mongolen oder Bulgaren und andern Ketzern angegriffen, so sollten im
erstern Falle 100, im letztern 60 Ritter zum Heerbanne des Königs
stoßen, im Kriege gegen eine christliche Macht aber sich 50 zur
Besatzung der Festungen Wieselburg, Oedenburg und Neustadt oder
dahin, wo der König sie sonst brauchen würde, stellen. Um die Verbindung des Ordens mit dem Meere und mit der Donau zu unterhalten,
schenkte ihnen der König außerdem die Stadt Scardona in Dalmatien
und die Herrschaft Vojla in der Gespanschaft Krassó. Der ungarische
Heermeister sollte beim Antritt seines Amts dem Reiche und dem
König den Eid der Treue leisten. Dieser Vertrag, der in der Folge
für Ungarn sehr gefährlich hätte werden können, indem er einen ausgedehnten Priesterstaat im Schose des Reichs schuf, kam nicht zur
Ausführung; schon in der nächsen Zeit treffen wir königliche Bane von
Szörény an; wahrscheinlich vermochte der Orden nicht, die Bedingungen desselben zu erfüllen.

Das Gebiet des nördlichen Serbiens, zwischen der Morawa und
Drina bis an die Donau, welches seit Béla III. der ungarischen Krone
1247 unterthänig war, wurde 1247 von Béla IV. zu einem eigenen Banat erhoben, das von der Burg Macsó (serbisch Matschow) seinen Namen
erhielt. [1] Rostislaw, des Königs Eidam, war dessen erster Ban. Die
Verwaltung Kroatiens und Dalmatiens, die er bisher statt des unmündigen Königs Stephan geführt hatte, wurde Stephan Subich (lies Schu-
bitsch) übergeben. Klugheit und Verdienst erwarben diesem Manne
die Liebe des Volks und die Gunst des Königs, der ihm schon früher
die Grafschaften Brebir und Lika in Kroatien als erbliches Eigenthum
geschenkt hatte. [2] Auch das wichtige Amt, das ihm jetzt übertragen
ward, verwaltete er rühmlich; er beruhigte die Eifersucht und Zwietracht, die unter den Seestädten Dalmatiens herrschte, beförderte den
Handel und Wohlstand des Landes und legte die Stadt Jablanacz an,
der er wichtige Privilegien unter der Bedingung verlieh, daß sie zu
ihrem Grafen immer einen Ungar wähle. [3] Schon seine nächsten Nachkommen, die Grafen von Brebir, gehörten zu den mächtigsten und zugleich unbändigsten Dynasten Ungarns.

Die Gerüchte von dem bevorstehenden Einfall der Mongolen erwiesen sich als falsch, und Béla gewann freie Hand, sich in die Streitigkeiten, die über die Erbfolge in Oesterreich und Steiermark entstanden waren, einzumischen und Ansprüche auf die herrenlosen Länder zu erheben. Vermöge der außerordentlichen Vorrechte, welche
Kaiser Friedrich I. 1156 den Babenbergern verliehen hatte, war Oester-

---

[1] Engel, Geschichte des ungarischen Reichs, III, 221 fg., ließ sich durch
die Aehnlichkeit des Namens verleiten, dieses Banat in Kroatien, wo jetzt
Machowo im agramer Comitat liegt, zu suchen. Timon, Imago Hungar. Novae,
S. 23. — [2] Urkunde bei Lucius, Lib. IV, c. IX, p. 285. — [3] Urkunde bei
Lucius, a. a. O., S. 287.

reich in der männlichen Linie dieses Hauses erblich; falls kein männlicher Erbe da wäre, sollte die Tochter des letzten Herzogs nachfolgen, und wenn dieser auch keine Tochter hätte, stand es ihm frei, seinen Nachfolger zu ernennen. Friedrich der Streitbare hatte keine Kinder und starb ohne Verfügung über die Nachfolge. Nach den Gesetzen des deutschen Reichs hätten daher Oesterreich und Steiermark an dasselbe heimfallen sollen; Kaiser Friedrich zog auch beide Herzogthümer als erledigte Reichslehen ein und setzte über sie den Grafen Otto von Ebersberg zum Statthalter. Dagegen glaubte der böhmische Kronprinz Wladislaw, als Gemahl von Friedrich's Nichte Gertrud, die, wie gesagt, die Tochter des ältern Bruders Heinrich war, zur Erbfolge berechtigt zu sein, und wurde auch von einem Theil der Landstände als Herzog anerkannt. [1] Er starb jedoch schon am 16. Jan. 1247 kinderlos, und seine Witwe Gertrud war zu ohnmächtig, ihr Recht geltend zu machen. Der Markgraf von Meißen, Heinrich, Gemahl von Friedrich's jüngerer Schwester Constantia, und ihre noch unmündigen Söhne Albrecht und Dietrich wurden anfangs kaum berücksichtigt. Aber das nächste Recht, wenn die weibliche Nachfolge überhaupt anerkannt wurde, hatten Margaretha, die älteste Schwester Friedrich's, Witwe des römischen Königs Heinrich, der, wegen Aufruhrs gegen seinen Vater Kaiser Friedrich II. abgesetzt, im Gefängnisse zu Messina 1242 gestorben war, und ihre Söhne Friedrich und Heinrich. Der Kaiser nährte daher auch den Vorsatz, den erstern mit den Herzogthümern zu belehnen, zögerte jedoch mit der Ausführung desselben zu lange. Außerdem machte der böhmische König Wenzel I. Ansprüche auf einige Theile Nordösterreichs, die ihm Friedrich, als er unter der Reichsacht stand, 1236 abgetreten hatte. Der Herzog Otto von Baiern wollte das Land Ob der Enns, das bis 1156 zu seinem Herzogthume gehört hatte, wieder mit dem „Mutterlande" vereinigen. König Béla hoffte, wo nicht die ganze, so doch einen großen Theil der reichen Verlassenschaft an sich zu bringen. Er hatte freilich nicht das geringste Recht darauf; dagegen lag es im Interesse Ungarns, zuerst zu hindern, daß nicht der mächtige Kaiser sein unmittelbarer Nachbar werde, und sodann auch im Westen die natürliche, durch Gebirgszüge gesicherte Grenze zu erwerben. Allein Béla steckte sein Ziel zu weit und schlug Wege ein, auf denen nichts zu erreichen war. Endlich mischte sich noch Papst Innocentius IV. in den Erbfolgestreit. Einst, als Cardinal Sinibaldi Fieschi von Lavagna, Kaiser Friedrich's Freund, seit er Papst geworden, dessen unversöhnlicher Feind, hatte er schon durch die Synode von Lyon 1245 die schrecklichsten Flüche über ihn aussprechen und ihn aller seiner Kronen verlustig erklären lassen, darauf einen Theil der deutschen Stände bewogen, den Landgrafen von Thüringen, Heinrich Raspe, und nach dessen Tode 1247 den Grafen Wilhelm von Holland zum König zu wählen; jetzt bot er alles auf, ihm Oesterreich und Steiermark zu entreißen.

Da Béla diese Gesinnungen des Papstes kannte, auch bereits mehrere

---

[1] Goldene Chronik in Hormayr's Archiv, 1827, S. 439.

Beweise von dessen Wohlwollen erhalten hatte, rief er schon gegen
1246 Ende des Jahres 1246 seine Hülfe zur Erwerbung Oesterreichs an. [1]
Innocentius schien anfangs nicht abgeneigt, die Absichten Béla's zu
unterstützen, und mahnte den Gegenkönig Wilhelm, sich mit Béla zu
verbünden [2], änderte jedoch bald seinen Plan, forderte Margaretha auf,
das Kloster zu Würzburg, in welchem sie seit längerer Zeit lebte, zu
verlassen, nach Oesterreich zu gehen und ihre Rechte geltend zu
machen; er wollte sie zuerst an Wilhelm und sodann an einen Bruder
des Markgrafen von Meißen verheirathen, aber beide lehnten die ihnen
zugedachte, schon etwas betagte Braut ab. Nachdem der Anschlag,
Margaretha oder eigentlich dem Gemahl der wieder heirathslustigen
Frau Oesterreich zuzuspielen, auf diese Weise mislungen war, richtete
Innocentius seine Augen auf den Markgrafen von Baden, Hermann, der,
unlängst mit Gertrud vermählt, auch bald zahlreiche Anhänger unter den
Ständen Oesterreichs gewann. Unterdessen hatte Béla mit Herzog Otto
1248 von Baiern ein Bündniß geschlossen, infolge dessen er 1248 in Steiermark einfiel, während der Herzog Oesterreich angriff. Der Papst forderte beide auf, die Länder, die bereits Hermann zu ihrem Herzog erwählt hätten, in Frieden zu lassen; aber Béla gehorchte nicht, erneuerte
1249 im folgenden Jahre den Krieg und plünderte die Besitzungen derer, die
es mit Hermann hielten. Steiermark vertheidigte der kaiserliche Statthalter mit Erfolg; daher faßten auch die Oesterreicher Muth und fielen,
1250 von Hermann geführt, verheerend in Ungarn ein, was Béla 1250 rächte,
indem er Oesterreich durch seine Kumanen bis Mariazell greulich verwüsten ließ. So lud er den Haß des Volks auf sich, dessen Beherrscher
er werden wollte. Weit klüger benahm sich König Wenzel; er verbarg die Absichten auf Oesterreich, die er insgeheim nährte, und suchte
sich dort beliebt zu machen, trat mit dem Schein uneigennütziger Wohlwollens als Vermittler auf und bewog Béla, sein Heer heimzurufen. [3]
In dieser ungewissen, verwirrten Lage befanden sich die Dinge,
als Hermann am 4. Oct. 1250 starb. [4] Bald darauf den 13. Dec. beschloß auch Kaiser Friedrich II. sein kämpfe- und thatenvolles Leben
zu Fiorentino in Apulien. Nach seinem Testamente sollte Friedrich,
sein Enkel und Margaretha's Sohn, Oesterreich und Steiermark zu Lehen
empfangen: aber auch dieser verlor das Leben, noch ehe er in das ihm
zugedachte Land kam. [5] Der römische König Konrad IV. hatte genug
mit seinem Gegner Wilhelm zu kämpfen und konnte daher die Ansprüche des Reichs auf Oesterreich nicht behaupten. Herzog Otto von
Baiern hatte sich gleich nach Hermann's Tod des Landes ob der Enns
bemächtigt, aber durch die Räubereien seiner Kriegsscharen den Haß

---

[1] Der Brief des Papstes bei Fejér, IV, i, 458. — [2] Der Brief des Pap-
stes an Wilhelm vom 29. Jan. 1247, bei Fejér, Cod. dipl., IV, i, 459. —
[3] Pernoldus, bei Hanthaler, Fasti Campil., I, 1320 fg. Horneck, Chron. von
Oesterreich, bei Pez, III, 26 fg. Chron. Mellicense, bei Pez, I. Chron.
Augustense, bei Freher, I. — [4] Dieselben. — [5] Spinelli, bei Muratori Script.
rer. Ital., VII, 1067. Chron. Siciliae anonym., bei Martene et Durand.,
Thesaurus Anecdot., III, 13. Chron. Salisburg., bei Pez, I, 362. Chron.
August., bei Freher, I, 523.

der Oesterreicher auf sich geladen, und wurde zu Anfang des Jahres
1251 zum Rückzug genöthigt, weil Wenzel mit starker Macht nach
Baiern einrückte. [1] Innocentius kam wieder mit einem Heirathsplan
dazwischen, nach welchem Margaretha sich mit Florenz, Grafen von
Holland, des römischen Gegenkönigs Wilhelm Bruder, vermählen und
dieser sodann Herzog von Oesterreich werden sollte; allein Margaretha
sowol als die Oesterreicher verwarfen den Antrag. [2]

Da wurden es die Stände Oesterreichs endlich müde, dem ränkevollen Streit um ihr Land wie um ein herrenloses Gut länger unthätig zuzusehen und sich geduldig bekriegen und plündern zu lassen;
sie versammelten sich zu Trübensee bei Tuln 1251 zur Wahl eines 1251
Landesherrn. Béla und der bairische Herzog hatten sich verhaßt gemacht; Margaretha aber war kinderlos, der Sohn Gertrudens, Friedrich, unmündig, die Herrschaft einer Frau den Begriffen jener Zeit,
die Regierung eines Unmündigen den Bedürfnissen des Landes nicht
angemessen; die Wahl fiel daher auf die Söhne von Friedrich's Schwester Constantia, der bereits verstorbenen Gemahlin des Markgrafen Heinrich von Meißen. Aber schon hatte König Wenzel von Böhmen durch
Beweise des Wohlwollens gegen Oesterreich und durch Freigebigkeit
eine mächtige Partei für sich gewonnen. Es wurden zwar Abgeordnete
nach Meißen geschickt, um einen der Söhne Constantia's, Albrecht und
Dietmar, als Herzog zu berufen; allein sie ließen sich, als sie nach Prag
kamen, von König Wenzel leicht bewegen, ihre Reise nicht weiter fort-
zusetzen, sondern heimzukehren und den Ständen seinen Sohn Ottokar
zu empfehlen. Nun begannen geheime Unterhandlungen, bis endlich
eine Gesandtschaft der Stände Wenzeln die Wahl seines Sohnes an-
zeigte; worauf dieser, mit reichen Schätzen, die alten Freunde zu belohnen und neue zu erkaufen, ausgerüstet, nach Oesterreich ging und zu
Wien am 12. Dec. die Huldigung der Stände empfing. Um sich den
Besitz Oesterreichs noch überdies durch das Erbrecht zu sichern, vermählte er, der dreiundzwanzigjährige Mann, sich mit der siebenund-
vierzig Jahre alten Margaretha zu Haimburg am 8. April 1252. [3]
Papst Innocentius, das Recht immer nach den Umständen messend, erklärte jetzt Margaretha, wie früher Gertrude, für die rechtmäßige Erbin
Oesterreichs, und sie übertrug feierlich alle ihre Rechte auf ihren jungen
Gemahl. [4]

Steiermark war erst seit dem Tode seines letzten Herzogs Ottokar
1186 an das Haus der Babenberger gefallen; die Steiermärker glaubten
daher mit Recht, nach dem Aussterben desselben sei auch das Band
aufgelöst, welches sie durch den gemeinschaftlichen Landesherrn mit
Oesterreich verknüpfte, und wählten daher ihrerseits Heinrich, den
zweitgeborenen Sohn des bairischen Herzogs Otto, der Béla's Tochter
Elisabeth zur Gemahlin hatte, zum Herzog. Weil aber Béla wünschte,

---

[1] Chron. Garstense M. S., bei Rauch, Oesterr. Geschichte, III, 82. —
[2] Pernoldus ad arm. 1250, a. a. O., 1321. — [3] Pernoldus, a. a. O. Horneck, a. a. O. Arnpek, Chron. Austr., bei Pez, I, 1219. — [4] Epist. Innocentii IV. ad Epp. Frising. et Seccov.; bei Calles, Annales Austr., II, 315,
Note B. Vgl. für das Ganze Rauch, Oesterr. Geschichte, III, 84.

daß Steiermark seinem Sohn, dem jüngern König Stephan, zutheil werde, und Heinrich sich zu schwach fühlen mochte, sich im Besitze des Landes zu behaupten, lehnte dieser die Wahl zu Gunsten seines Schwagers ab. Die Geschenke und Verheißungen des Königs wogen so schwer, daß es seinen Gesandten wenig Mühe kostete, die mächtigsten der steirischen Landstände für ihn zu gewinnen. Eine Gesandtschaft

1252 kam 1252 nach Ungarn und lud den jüngern König zur Uebernahme des Herzogthums ein; auch Gertrud, welcher Béla Roman, den Sohn des galizischen Fürsten Daniel, zum Manne geworben hatte, übertrug aus Dankbarkeit alle ihre Rechte auf Stephan. [1]

Aber weder Ottokar noch Béla wollte sich mit dem einen Lande begnügen; jeder strebte nach beiden. Das freundschaftliche Verhältniß, das bereits seit länger als hundert Jahren zwischen den Beherrschern Ungarns und Böhmens fast ohne Unterbrechung bestanden hatte, wurde hierdurch zerrissen und ein langwieriger, verhängnißvoller Kampf begann. Ottokar rückte in Steiermark ein und zwang die Städte bis nach Grätz hin, ihm zu huldigen; Béla ließ um dieselbe Zeit ein Heer in Oesterreich und ein zweites in Mähren einfallen, die auf schwachen Widerstand stießen, da Ottokar abwesend, Wenzel zum Krieg nicht gerüstet war; das ~~ungarische~~ insonderheit drang bis nach Tuln vor. Die Chronisten erzählen mit Entsetzen, welche Verheerungen die ungarischen Truppen, besonders die Kumanen angerichtet, wie sie Tausende von Menschen ohne Unterschied des Standes, Geschlechts und Alters mit sich fortgeschleppt haben [2]; aber keine Stadt ward eingenommen und keine bleibende Eroberung gemacht.

1253   Im folgenden Jahre 1253 schickte Béla leichte Reiterei, meistentheils Kumanen, nach Mähren, die, alles verheerend, vordrangen und am 25. Juni bereits vor Olmütz standen, während von der andern Seite seine Schwiegersöhne und Bundesgenossen, Herzog Boleslaw von Polen und König Daniel von Galizien, nebst dem Fürsten von Oppeln Wladislaw einbrachen. Der Zweck dieses Unternehmens, den böhmischen König Wenzel zu hindern, daß er seinem Sohne Ottokar Hülfe leiste, wurde vollständig erreicht; Wenzel sah sich genöthigt, Böhmen und seine Hauptstadt Prag zu decken. Béla selbst führte Ende Mai ein mächtiges Heer, 80000 Mann stark soll es gewesen sein, gegen Ottokar nach Steiermark, drängte ihn aus dem Lande, zog die abgefallenen Herren und Städte wieder auf seine Seite und rückte bis vor Wien. Sein Eidam Heinrich mit den Baiern traf zu spät auf dem Kriegsschauplatz ein, weil ihm der Erzbischof von Salzburg, Philipp, den Paß durch sein Land verlegt und ihn gezwungen hatte, den weiten Umweg durch das trienter Gebiet zu nehmen. Als er ankam, war bereits Waffenruhe eingetreten. [3]

[1] Pernoldus ad ann. 1251—52. Horneck, a. a. O. — [2] Pernoldus, a. a. O. Chron. Mellicense, Salisburg., Claustro-Neoburg., bei Pez, 240, 363, 461. Chron. Austr., bei Freher, I, 459. — [3] Pernoldus ad ann. 1253, a. a. O. Chron. Mellicense und Salisburg., bei Pez, I, 240, 364. Hermann. Abrah. annales, bei Oefele, Script. rer. Bavar., I, 675. Pulkawa, bei Dobner, Monumenta, III, 223. Contin. Cosmae Pragens., bei Pessina, III, 6. Ob Béla

In den letzten Tagen des Juli erschien nämlich der Franciscaner Ve-
lasco, des Papstes Beichtvater, als Legat und gebot, die Widerstrebenden
mit dem Banne bedrohend, Frieden. Noch kein Papst hatte die hochmüthigen Anmaßungen des römischen Stuhls so weit getrieben, wie Innocentius in den gleichlautenden Briefen an Béla, Wenzel und Ottokar;
„Wir vertreten", schreibt er, „nicht sowol eines bloßen Menschen, sondern Gottes Stelle auf Erden..... durch des Herrn Fügung stehen wir
der allgemeinen Weltregierung vor." [1] Béla gehorchte, schickte den
agramer Bischof Philipp und den Franciscaner Ecce an den Papst und
erklärte seine Bereitwilligkeit, Frieden zu schließen und die eroberten
festen Plätze dem Legaten bis zum Austrag der Sache zu überliefern,
wenn Ottokar dasselbe thun würde. [2] Auf diese oder ähnliche Bedingungen kam der Waffenstillstand zu Stande, aber die Friedensverhandlungen wurden durch den am 22. Sept. erfolgten Tod Wenzel's I. unterbrochen. Ottokar ging zur Uebernahme der Krone und
Regierung nach Böhmen und sandte erst im folgenden Jahre Abge- 1254
ordnete nach Ungarn, die sich mit den Bevollmächtigten Béla's am
3. April über folgende Puukte einigten. Béla erhält den größern südlichen Theil Steiermarks vom Sömmering bis an die kärntner Grenze,
Ottokar den nördlichen, doch soll die Burg Schwarzenbach zu dem unga--
rischen Antheil gehören. Béla entsagt allen Ansprüchen auf Oesterreich, desgleichen Ottokar auf das übrige Steiermark; beide machen
sich anheischig, die Erbinnen dieser Länder, jeder aus seinem Antheil,
in der Art zu befriedigen, daß Margaretha auf Steiermark und Gertrud
auf Oesterreich verzichte. Das Weitere werden die Könige bei einer
persönlichen Zusammenkunft, die im Mai zu Presburg stattfinden soll,
ordnen. Am 1. Mai trafen sie einander in der genannten Stadt, bestätigten die obigen Hauptpunkte, schlossen auch den Herzog von
Kärnten in den Frieden ein, und vereinbarten noch einige minder wichtige Dinge, unter anderm, daß Ottokar auch den Titel eines Herzogs
von Steiermark aufgebe. [3]

Béla vergab Steiermark an den jüngern König Stephan, den die
Landesstände schon früher zum Herzog gewählt hatten, worauf dieser
seine Vermählung mit der kumanischen Elisabeth feierte und mit ihr
hinzog, um die Huldigung zu empfangen und dort Hof zu halten. Die
Regierung des in Parteien getheilten, zum Theil mit den Waffen erworbenen Landes, dessen Zuneigung für den neuen Fürsten erst gewonnen werden mußte, glaubte der Vater dem funfzehnjährigen Jüngling nicht anvertrauen zu dürfen; er setzte ihm, bis er reifer an Alter
und Einsicht würde, den gewandten Stephan Subich, Grafen von Brebir
und Ban Dalmatiens und Kroatiens, als Regenten an die Seite. Aber

---

Wien belagert habe, ist zweifelhaft, da nur Horneck, a. a. O., Kap. 24, und
nach ihm der Continuator Mart. Poloni, bei Eccard, Corpus hist. medii aevi,
I, 1421, dieses berichten, die übrigen zahlreichen Chronisten aber darüber
schweigen. [1] Epist. Innocentii, bei Dobner, Monumenta, II, 366. — [2] Epist. Innocentii ad electum Neapolitan., bei Katona, VI, 204. — [3] Die Urkunde bei
Kurz, Oesterreich unter den Königen Ottokar und Albrecht I., Beilage Nr. 1.

ein Fehler, der schlimme Folgen hatte, war es, daß Subich zugleich
Ban der genannten Gebiete blieb; die Angelegenheiten derselben nahmen seine Sorge und Gegenwart daselbst so stark in Anspruch, daß er
gezwungen war, mit königlicher Genehmigung den Landrichter Gottfried von Marburg und den Landmarschall Friedrich von Petau zu seinen Stellvertretern in Steiermark zu ernennen [1]; ihre Erhebung erregte
den Neid anderer Herren, und durch unkluge Führung des anvertrauten
Amtes weckten sie Misvergnügen.

In Dalmatien war die Ruhe nur äußerlich hergestellt; die Zwietracht der Seestädte glimmte noch immer unter der Asche fort und
wurde von den Venetianern genährt, die Vortheil daraus zogen und
erst kürzlich die Insel Curzola bewogen hatten, sich ihrer Herrschaft zu
unterwerfen. Durch solche Einmischung in die Angelegenheiten der
dalmatinischen Städte und durch die Erwerbung Curzolas hatte Venedig
den Vertrag von 1244, dem es den Besitz Zaras verdankte, gebrochen.
1254 Béla besuchte daher nach Abschluß des Friedens mit Ottokar 1254 Dalmatien, stillte die dort herrschende Gärung und sandte Stephan Obych
nach Venedig, die Rückgabe Zaras zu fordern. Da das Heer, welches
in Steiermark gekämpft hatte, bereit stand, der Forderung Nachdruck
zu geben, hielt es der Doge Renier Zeno für rathsam, Zara wieder an
Ungarn abzutreten. [2]   Jetzt befand sich Béla auf dem Gipfel des ihm
beschiedenen Glücks; das ganze Küstenland Dalmatiens ehrte ihn als
Herrn, und der größte Theil Steiermarks, auf dessen Herzogsstuhl
sein Sohn und Nachfolger saß, schien bleibend mit Ungarn verknüpft
zu sein.

Aber das deutsche Reich hatte den mit Ottokar abgeschlossenen
Vertrag nicht gutgeheißen; die nationalen, bürgerlichen und kirchlichen
Bande, welche Steiermark an dasselbe knüpften, ließen sich nicht so
leicht auflösen; schwere Verwickelungen und Kämpfe waren voraus-
zusehen, selbst wenn es der neuen ungarischen Herrschaft gelingen
würde, sich beliebt zu machen und im fremden Lande Wurzeln zu
schlagen. Aber dies war nicht der Fall. Sei es, daß die seit einer
Reihe von Jahren jedes Gehorsams entwöhnten steirischen Herren überhaupt keine Regierung, die sie zügelte, vertragen konnten, oder daß
die Verwaltung des Regenten und seiner Stellvertreter wirklich unvolks-
thümlich und drückend war: es entstand bald Unzufriedenheit mit der
ungarischen Herrschaft; eine mächtige Partei verrieth Neigung, sich
derselben zu entziehen, und der ländersüchtige Ottokar ließ kein Mittel
unversucht, den Aufruhr zu nähren. [3]   Zum hellen Ausbruch desselben
gab ein Streit auf kirchlichem Gebiete Veranlassung. Zu der salzburger
Erzdiöcese gehörten auch Steiermark und Baiern. Philipp, des kärntner Herzogs Ulrich Bruder, ohne Beruf und wider seinen Willen dem
geistlichen Stand gewidmet und 1246 durch Bestechung zum Erzbischof
von Salzburg erwählt, verschmähte zehn Jahre hindurch die höhern

[1] Die Urkunde, bei Katona, VI, 254. — [2] Das Diplom Béla's vom Jahr
1254, bei Pray, Hist. reg. Hung., I, 246, Note b. — [3] Horneck, Kap. 48,
a. a. O. Marignol, bei Dobner, II, 213.

Weihen und ärgerte die Welt durch Ausschweifungen, Hochmuth und Kriegslust. Deshalb belegte ihn Papst Alexander IV. 1256 mit dem 1256 Bann, und das Domkapitel wählte statt seiner den seckauer Bischof Ulrich. Hierauf kam es zwischen den beiden Erzbischöfen zum blutigen Kampf, in welchem Ottokar und der kärntner Herzog für Philipp, der Herzog von Baiern und Béla, als Beherrscher Steiermarks, für Ulrich Partei ergriffen. Mehrere der steirischen Herren, Genossen von Philipp's Gelagen und Raubzügen, nahmen es höchst übel, daß sie von den Landesverwesern abgehalten wurden, auf dessen Seite zu kämpfen. [1] Ottokar erlitt zwar, als er 1257 in Baiern einfiel, bei Mühldorf eine 1257 schwere Niederlage und mußte sich zu einem nachtheiligen Frieden bequemen [2]; aber der Krieg um das Erzbisthum dauerte fort; böhmische Truppen kämpften in Salzburg und Kärnten nach wie vor für Philipp. Daher sandte Béla im folgenden Jahre ein ungarisches Heer nach 1258 Kärnten, welches dort große Verheerungen anrichtete; Ottokar erklärte dieses für einen Bruch des Presburger Friedens, in dem auch der Herzog von Kärnten einbegriffen sei, und forderte Genugthuung [3]; der Krieg der beiden Könige stand in naher Aussicht.

Mehr bedurfte es nicht, um die Unzufriedenen in Steiermark zum Aufstand zu ermuthigen, wenn Ottokar sich auch nicht in Einverständniß mit ihnen gesetzt und sie aufgehetzt hätte, wie er es that. Vergebens rief Béla den Ban Subich ab und stellte zuerst Kadold von Lindau, sodann den Grafen Ambold, einheimische Herren, an die Spitze der Regierung: die Gärung wuchs von Tag zu Tag. Da übernahm Subich abermals die Statthalterschaft und versuchte es, den Aufstand mit den Waffen zu bekämpfen. Er kehrte den Angriff gegen das Haupt desselben, Seifried von Mehrenberg, und belagerte dessen gleichnamige Burg; aber Hartneid von Pettau sammelte die Parteigenossen und besiegte den Ban, der nur mit genauer Noth der Gefangenschaft entging. Hierauf führte Béla selbst, von dem jüngern König begleitet, ein Heer vor Pettau, wo sich Hartneid mit seinen Gefährten eingeschlossen hatte. Während der Belagerung kam Erzbischof Ulrich herbei und bewog die Aufständischen, sich zu unterwerfen und die Stadt zu übergeben, die Könige aber, das Geschehene zu verzeihen. Stephan trat nun selbst die Regierung Steiermarks an, schlug seine Residenz in Pettau auf und gelobte, jeder gegründeten Beschwerde abzuhelfen. [4] Um diese Zeit erschien am ungarischen Hofe eine Gesandtschaft 1259 Nogai's, des Mongolenkhans in Kaptschak, die den Vorschlag zu einem Familien- und Waffenbündniß überbrachte. Der König sollte entweder eine seiner Töchter dem Sohn des Khans zur Gemahlin geben, oder sein jüngerer Sohn eine Tochter des Khans zur Frau nehmen; sodann

---

[1] Hansiz, Germ. s., II, 347 fg. Chron. Salisburg. ad ann. 1255, 1256, und Horneck, Kap. 46, bei Pez, I. — [2] Chron. Hermanni Altah., bei Oefele, I, 678. Augustense, bei Freher, I, 532. Contin. Cosmae Pragens., bei Pertz, IX, 175. Chron. Bavar. incerti auctoris, bei Pez, II, 77. — [3] Contin. Cosmae Pragens., a. a. O. Chron. Austral., bei Freher, I, 460. — [4] Diplomat. Stir., II, 184, bei Katona, VI, 234. Horneck, Kap. 48, a. a. O. Chron. Pernoldi ad ann. 1257—58.

sollte der Sohn des Königs mit dem vierten Theil der ungarischen
Kriegsmacht zu dem Heere der Mongolen stoßen und mit ihnen gemeinschaftlich die Länder des Abendlandes bekriegen. Dagegen versprach
der Khan, ein Fünftel der Beute und der Eroberungen dem Könige zu
überlassen, Ungarn mit Einfällen zu verschonen, keinen Tribut zu fordern und höchstens hundert Gesandte zu schicken; würde aber der
freundschaftliche Antrag verworfen, so werde er furchtbare Rache nehmen. Hätte Béla auch nicht begriffen, daß er durch die Annahme dieses Bündnisses ein Vasall der Mongolen würde und die ganze Christenheit gegen sich aufbrächte: so mußte ihn schon sein sittliches und reli-
giöses Gefühl bewegen, dasselbe abzulehnen, selbst wenn er sich dadurch der Gefahr eines Kriegs mit den wilden Horden aussetzte.
Darum zögerte er keinen Augenblick und entließ die Gesandten mit ab-
schlägiger Antwort. Aber er schickte auch sogleich den stuhlweißenburger Propst Paullus an Papst Alexander IV., um diesem zu berichten,
was geschehen sei, und dessen Beistand nebst Abstellung gerechter Beschwerden zu erbitten. Er hoffe, das ließ er unter anderm vortragen,
der Papst und die Fürsten Europas würden ihn und sein Land diesmal
nicht wie 1241 den Mongolen ohne Hülfe preisgeben, und den Papst
selbst bitte er, künftighin durch Geldforderungen, durch unberechtigte
Ernennungen zu geistlichen Würden und besonders durch das Aufdringen ausländischer Priester die ungarische Nation dem Heiligen Stuhl
und der Religion nicht zu entfremden, sie nicht dem Bündnisse mit den
Mongolen geneigt zu machen. Wie sehr sich der Papst durch die bittern Vorwürfe getroffen fühlte, bezeugt der Inhalt und Ton seiner
Antwort. Er gestattete dem König, von den Einkünften der ungarischen Geistlichkeit, die Cistercienser und geistlichen Ritterorden ausgenommen, den fünften Theil zu erheben, sicherte Ungarn den Beistand des Papstes und der christlichen Fürsten zu, wenn die Mongolen einbrechen sollten, und versprach, in Zukunft von ungebührlichen
Geldforderungen und von der Besetzung geistlicher Pfründen mit Ausländern abzustehen, „wiewol es vielleicht kein zweites Reich in der
Welt gebe, welches sich in dieser Hinsicht weniger zu beklagen Ursache hätte als Ungarn“. [1]

Von den Mongolen blieb Ungarn verschont, aber durch die ver-
hängnißvolle Besitznahme Steiermarks brachte Béla selbst schweres
Unglück über sich und über sein Reich. Die ungarische Herrschaft
konnte in dem fremden Lande nicht heimisch und beliebt werden; ungeachtet der letzthin geschlossenen Versöhnung dauerten dort das Misvergnügen, die Unruhen und Fehden fort, die alle Verhältnisse zerrütteten und das Regieren unmöglich machten. Um den drückenden
1259 Uebeln abzuhelfen, berief Stephan gegen Ende des Jahres 1259 die
Landesstände zu einer Berathung nach Pettau; aber böswillige Parteigänger Ottokar's verbreiteten das Gerücht, er wolle die Besten des
Volks nur hinlocken, um sie in seine Gewalt zu bekommen, in Fesseln

---

[1] Epist. Alexandri IV. ad Belam, 14. Oct. 1259, bei Raynaldus, Annal.
eccl. ad ann. 1259, Note 33, epist. 191.

zu schlagen und morden zu lassen. Sie fanden Glauben; von Argwohn und Zorn bethört, schickten die steirischen Herren und Städte Gesandte an Ottokar und boten ihm die Herrschaft über ihr Land an. Der König nahm den willkommenen Antrag an und versprach ihnen Schutz und Beistand. Hierdurch ermuthigt, ergriffen die Steiermärker die Waffen und vertrieben binnen elf Tagen die ungarischen Besatzungen aus dem Lande; nur Pettau, wo Stephan residirte, konnten sie nicht nehmen. Zum Weihnachtsfest kam Ottokar nach Grätz, ließ sich zum Herzog ausrufen, empfing die Huldigung der Stände und bestellte Wok Rosenberg, den Landmarschall Böhmens, zum Landeshauptmann.[1]

Schon in den ersten Tagen des Frühlings 1260 strömten große 1260 Heerscharen des ungarischen und böhmischen Königs nach den Grenzen. Stephan zog Verstärkungen aus Ungarn an sich, um die vorjährige Niederlage zu rächen und Steiermark wieder seiner Herrschaft zu unterwerfen; Otto von Hardeck führte böhmische und österreichische Truppen den Steiermärkern zu Hülfe. Béla und Ottokar selbst traten einander zu beiden Seiten der March gegenüber. Aber rauhes Wetter und Futtermangel bewogen sie, Waffenstillstand bis zum 24. Juni zu schließen. Beide benutzten denselben, ihre Streitmacht zu verstärken. Bundesgenossen Béla's wurden: der König von Galizien und Südrußland, Daniel Romanowitsch, die Herzoge Boleslaw der Schamhafte von Krakau, Lesko und Simon von Lancicz; das gesammte Heer mochte bei 100000 Mann stark sein.[2] Mit Ottokar verbanden sich: Otto, Markgraf von Brandenburg, die Herzoge Ulrich von Kärnten, Heinrich von Breslau und Wladislaw von Oppeln, sammt dem Erzbischof Philipp von Salzburg; sein Heer wird ebenfalls auf 100000 Mann angegeben, worunter sich 7000 gepanzerte Reiter befanden. Das deutsche Volk betrachtete ihn als den Vertheidiger des Reichsgebiets; man betete selbst am Rhein für seinen Sieg.[3]

Am letzten Tage des Waffenstillstandes lagerte das ungarische Heer bereits schlagfertig am diesseitigen Ufer der March, zwei Stunden oberhalb Presburg. Jenseit besetzten der olmützer Bischof Bruno und die schlesischen Herzoge das ebene Marchfeld; der Markgraf von Brandenburg und die Grafen von Hardeck mit Oesterreichern und Steier-

---

[1] Arnpeck, bei Pez, I, 1220. Horneck, Kap. 52, 53, a. a. O. Pernoldus ad ann. 1259. Contin. Cosmae Prag., bei Pertz, IX, 175. — [2] Monachus Paduanus, bei Urstisius, I, 613. Die Chronisten geben die Zahl verschieden an. Chron. Augustense setzt sie auf 40000, Anonym. Leobiens. auf 140000, Arnpeck sogar auf 200000. Um die Größe des ungarischen Heeres recht anschaulich zu machen und dadurch den Sieg Ottokar's um so mehr zu verherrlichen, zählen sie eine Menge von Nationen auf, deren Krieger mit Béla kämpften, Székler, Bissener, Kumanen, Walachen, Griechen u. s. w.; diese Nationen waren jedoch Einwohner Ungarns oder seiner Nebenländer und lieferten für jeden Krieg ihre Contingente; die Mongolen und Tataren aber, die von ihnen ebenfalls erwähnt werden, hatte nicht Nogaikhan geschickt, wie Palacky glaubt, sondern Daniel, der Vasall der Mongolen, mit sich gebracht; Béla hatte ja Nogai's Anträge zurückgewiesen und ihn dadurch beleidigt. Feßler läßt als Kampfgenossen der Ungarn sogar Zigeuner auftreten, die doch erst ungefähr 200 Jahre später nach Europa kamen. — [3] Palacky, Geschichte von Böhmen, 2. Abdruck, II. ii, 173.

märkern standen bei Laa; die Mitte zwischen beiden nahm Ottokar mit den Böhmen ein. Am 26. Juni setzte der jüngere König Stephan mit 10000 leichten Reitern unweit Drößing über die March, blieb im Ameisthal stehen und schickte eine Schar Kumanen gegen Staats, die bis an die Mauern der Stadt drangen, ihre Bogen abschossen und nach kurzem Kampf den Rücken kehrten. Darüber entstand Tumult im feindlichen Lager; die Grafen Otto und Konrad von Hardeck, Kudold der Weise, Ulrich Kraft von Schleunz setzten mit einigen hundert Mann den Fliehenden unvorsichtig bis in die Schluchten des Ameisthals nach, wo sie von den Ungarn umzingelt und beinahe sämmtlich niedergemacht wurden. Ottokar saß gerade bei Tisch, als er Nachricht von dem Gefechte erhielt; sogleich eilte er den Seinen zu Hülfe, kam aber zu spät; er fand auf dem Kampfplatze nur die Leichen der Gefallenen und sah den Sieger bereits jenseit des Flusses. [1]

Dieses Vorspiel des Kriegs, welches so vielen der tapfersten Streiter das Leben kostete, erzeugte im böhmischen Lager die größte Entmuthigung; mehrere Bundesgenossen wollten dasselbe verlassen, und Ottokar selbst wäre umgekehrt, wenn ihn die Furcht vor Gefahr und Schande nicht zurückgehalten hätte. Wäre Béla ein Feldherr gewesen, so würde er diesen Augenblick der Bestürzung benutzt, die Feinde rasch angegriffen ,und wahrscheinlich besiegt haben. Er that es nicht. Nach einigen Tagen hatten sich diese von ihrem Schrecken wieder erholt, und die Führer beschlossen nun, ihre Kriegsvölker auf dem Marchfelde zusammenzuziehen. Am Morgen des Sonntags, 4. Juli, hörte das ganze Heer Messe und betete um Sieg; Ottokar gelobte, ein Kloster zu bauen; er und die andern Fürsten schworen, in Zukunft mehr Gerechtigkeit zu üben und bessere Münzen prägen zu lassen. Nach beendigter Andacht zog das Heer in das Marchfeld; das Centrum besetzte die Anhöhen desselben zwischen dem Weidenbach und Nußbach, der rechte Flügel dehnte sich bis an die Donau, der linke bis gegen Angern und Matzen aus.

So standen sich die Heere einige Tage gegenüber, keines wollte im Angesicht des andern den Uebergang über die March wagen. Ottokar insonderheit scheint wenig Siegeszuversicht gehabt zu haben. In seinem Lager war Mangel, so sehr sich auch der wiener Bürgermeister Rüdiger Paltram anstrengte, Lebensmittel in dasselbe zu schaffen; er ließ daher den ungarischen Königen Friedensvorschläge machen, und als diese zurückgewiesen wurden [2], sandte er Otto von Meissau mit dem Antrag hinüber, daß entweder er das Ufer der March räumen und den Ungarn ungehinderten Uebergang gestatten wolle, oder daß sie sich zurückziehen und ihm den Weg über den Fluß öffnen sollten, damit endlich die entscheidende Schlacht geliefert würde. Den Ungarn gefiel der Antrag und sie wählten am 11. Juli das erstere, ohne zu bedenken, daß sie sich der Worttreue eines listigen Feindes blindlings

[1] Chron. Bohem., II, 72, bei Ludewig, Reliqu. MS., XI. Chron. Claustro-Neoburgens., Salisburg., Anonym. Leobiens., bei Pez, I, 462, 367, 325. Pernoldus, bei Hanthaler, Fasti Capil., S. 1324 u. a. m. — [2] Epist. Ottokari ad Alexandrum pp., bei Katona, VI, 314.

überließen, und daß der Fluß ihnen den Rückzug sperrte, wenn sie geschlagen würden; am 13. zu Mittag sollte die Schlacht beginnen, bis dahin Waffenstillstand sein; die Uebereinkunft ward von beiden Seiten beschworen. Schon am 12., wie Ottokar, über Verrath klagend, dem Papst schreibt [1] und das Chronicon Augustense berichtet, nach der Aussage der meisten Chronisten aber erst am 13. vor Anbruch des Tags setzten König Stephan und der Anführer der Kumanen, Alpra, mit dem Vortrab unweit Schloßhof über die March; das übrige Heer folgte und nahm nach und nach bei Kressenbrunn Stellung. Aber gleichviel, ob die Ungarn am 12. oder 13. über den Fluß zu setzen anfingen — Ottokar hatte sein Heer nur zum Schein auf geringe Entfernung zurückgezogen. Denn Béla selbst stand noch mit einem großen Theil seines Heers im Lager auf dem linken Ufer des Flusses und Stephan hatte denselben kaum überschritten, als er schon auf das böhmische Centrum stieß. Nicht entmuthigt durch den unerwarteten Anblick, stürzten sich seine leichtbewaffneten Reiter im Halbkreis auf den schwerfälligen Feind und brachten ihn durch den raschen Angriff in Unordnung; die Reihen desselben wankten und lösten sich auf, nur die geharnischte Reiterei hielt stand, bis frische Heerhaufen, die, wie gesagt, in der Nähe bereit standen, herbeikamen. Nun werden zuerst die Kumanen von zwei Seiten gefaßt; die böhmischen Eisenritter gewinnen Raum zum Angriff und werfen durch die Wucht desselben alles vor sich nieder; Stephan muß schwer verwundet das Schlachtfeld verlassen und die führerlosen Ungarn fliehen in wilder Unordnung; zum Unglück begegnen sie den vorrückenden Abtheilungen ihres Heers, bringen auch diese in Verwirrung und reißen sie mit sich fort in die Flucht; die Böhmen drängen die Fliehenden von allen Seiten, die March hält sie auf; Tausende fallen durch das Schwert der Sieger, und Tausende finden in den Wellen ihr Grab; Béla sieht mit Entsetzen den schrecklichen Untergang seines Heers und flieht mit den Trümmern desselben in das Innere des Reichs; sein Lager mit allen Vorräthen und Schätzen wird erbeutet und Ottokar dringt ohne Widerstand bis Presburg. [2]

Hier suchte ihn Palatin Lorant (Roland) auf, um ihm die Friedensvorschläge Béla's zu überbringen. Ottokar, der gleichfalls den Frieden wünschte, bevollmächtigte zur Führung der Verhandlungen den Gemahl seiner Schwester, Otto Markgrafen von Brandenburg, und den Herzog Ulrich von Kärnten. Diese kamen mit dem Palatin auf folgende Bedingungen überein: Béla und Stephan entsagen allen Ansprüchen auf Steiermark, das sie an Ottokar abtreten, und ziehen die Besatzung aus Pettau zurück. Zur Befestigung der Eintracht wird Béla's jüngerer Sohn Béla sich mit der Tochter Otto's von Branden-

---

[1] In demselben Brief. — [2] Epist. Ottokari ad Alexandrum IV., a. a. O. Chron. Australe und Augustense, bei Freher, I. Arenpeck und Haselbach, bei Pez, I, 1221 u. II, 730. Horneck, Kap. 53, bei Pez, III. Contin. Cosmae Prag., a. a. O. Contin. Cosmae Prag. und aus diesem schöpfend Marignot und Pulkawa, bei Dobner, a. a. O. Pernoldus, a. a. O. Monachus Paduan., bei Urstisius, I, 163. Thuróczy, II, c. 65.

burg und Nichte Ottokar's, Kunigunde, vermählen. Der Papst soll den
Vertrag bestätigen, und die Partei, welche denselben bricht, zahlt
11000 Mark Silber an die päpstliche Schatzkammer. Die Könige werden am künftigen Osterfest in Wien zusammenkommen, um das Frie-
densinstrument zu unterschreiben und ein freundschaftliches Einverständniß zu begründen; bis dahin bleiben vier ungarische Barone als
Geiseln beim König von Böhmen. [1] Seine Mäßigung rühmend, schreibt
Ottokar an Alexander IV.: „Wiewol man allgemein glaubte, daß wir
jetzt Ungarn unserer Herrschaft unterwerfen könnten, erwogen wir
dennoch, daß es besser sei, die Freundschaft eines guten Nachbars zu
besitzen, als ihn feindselig zu vernichten; und da wir hofften, die Versöhnung mit unsern nächsten Verwandten werde zu einer desto innigern
Freundschaft mit ihnen führen, so wollten wir lieber die Bündnisse des
Friedens mit ihnen wiederherstellen, als durch Verwüstung und Schwä-
chung des großen ungarischen Reichs den Tataren den Zugang zu diesem und zu den Ländern unserer Herrschaft öffnen." [2] Aber außer den
Gründen, die er, sich selbst rühmend, anführt, mußte ihm schon eine
ganz gemeine Klugheit rathen, sich mit den errungenen wichtigen Vortheilen zu begnügen. Denn wenn es auch möglich gewesen wäre, das
große Ungarn mit seiner kriegerischen Bevölkerung zu erobern, so war
es doch unmöglich, sich im Besitze desselben zu behaupten; er hatte
genug zu thun, wenn er seine Herrschaft in Oesterreich und Steiermark
befestigen wollte; er wußte, daß viele der mächtigsten deutschen Fürsten mit Neid und Besorgniß auf ihn sahen, und welche Gefahren ihm
daher ein langwieriger Krieg mit Ungarn bereiten könnte.

1260   Während 1260 die gesammte Streitmacht Ungarns im Nordwesten
so unglücklich kämpfte, benutzten die Bulgaren die günstige Gelegenheit; sie überfielen und plünderten das südöstliche Grenzland. Doch der
heldenmüthige Ban von Szöreny, Meister Laurentius, der sich schon
mehrmals auf dem Schlachtfelde ausgezeichnet und Belohnungen für
seine tapfern Dienste empfangen hatte [3], raffte die waffenfähige Mannschaft seines Gebiets zusammen, erreichte und schlug die Räuber und
stellte in diesen Gegenden Ungarns Ansehen und Einfluß schnell wie
der her. [4]

1261   Gegen Ende März 1261 reiste Béla mit der Königin Maria und
seinen beiden Söhnen nach Wien zu der im Friedensvertrage festgesetzten Zusammenkunft mit Ottokar. In seinem Gefolge befanden
sich seine Schwiegersöhne, der König von Südrußland Daniel Romanowitsch, und der macsoer Ban Rastislaw mit seiner Tochter Kunigunde,
der serbische König Stephan Urosch mit seinen Söhnen Dragutin und
Milutin und bei funfzig vornehme Herren. Hier wurde nicht allein der
durch den Papst bereits bestätigte Friedensvertrag von den ungarischen
Königen und von Ottokar unterschrieben, sondern zugleich ein zweites

---

[1] Außer den meisten der bereits in der vorhergehenden Note angeführten
Chronic. Claustro-Neoburgens., Mellicense, Zwetlense, bei Pez, I, 463, 241.
983. — [2] Epist. Ottokari ad Alexandrum IV. pp., a. a. O. — [3] Timon, Epitome chronolog., S. 35. — [4] Die Schenkungsurkunde Béla's für Laurentius
bei Timon, Imago nov. Hung., Kap. 5, S. 26.

Ehebündniß verabredet, welches sie von nun an in Freundschaft vereinigen sollte. Ottokar konnte von seiner alternden Gemahlin Margaretha keine Leibeserben hoffen; seinen Sohn Nikolaus und zwei Töchter von einem Hoffräulein hatte der Papst zwar legitimirt, aber zugleich
für unfähig zur Thronfolge erklärt. Was halfen ihm seine Siege, wenn
mit ihm das alte Haus der Přemysliden aussterben und das mächtige
Reich, das er mühsam zusammengebracht, wieder zerfallen sollte? Er
beschloß daher jetzt, wo seine Herrschaft über Oesterreich schon gesichert schien, sich von Margaretha zu scheiden und eine neue Ehe zu
schließen. Daß der Papst zu beidem seine Zustimmung geben werde,
durfte er getrost erwarten. Und da er sich im Westen bedroht sah,
mußte er wünschen, sich im Osten durch ein Bündniß mit dem ungarischen Königshause zu decken. Er hielt also um die Hand Marga-
rethens, der jüngsten Tochter Béla's, an. Da sich aber die zwanzig-
jährige Jungfrau weigerte, das Kloster auf der Haseninsel oberhalb
Pesth (von ihr trägt sie jetzt den Namen der Margaretheninsel), wo sie
von Kindheit an zur Nonne erzogen wurde, zu verlassen, verlobte
sich Ottokar mit der schönen Kunigunde, Rastislaw's Tochter und
Béla's Enkelin. Die Vermählung wurde am 25. Oct. zu Presburg gefeiert und die junge Königin am Weihnachtsfeste in Prag mit großer
Pracht gekrönt. [1] Erst später, am 20. April 1262, bestätigte der Papst
durch eine Bulle die Trennung der vorigen und die Schließung der
neuen Ehe. [2] Um diese Zeit wurde auch des jüngern Königs erstgeborene Tochter Katharina an Dragutin, des serbischen Königs Sohn,
verlobt. [3]

Im Sommer desselben Jahres ward Ungarn abermals von einem 1261
Einfall der Mongolen ernstlich bedroht; sie waren in Polen eingebrochen, hatten die Gegend um Krakau und Sandomir verwüstet und
standen im Begriff, die Grenzen Ungarns zu überschreiten. Diese Gefahr war es hauptsächlich, was Béla bewog, sich mit Ottokar aufrichtig auszusöhnen und ihm seine Enkelin zu vermählen, noch bevor
er von seiner ersten Gemahlin rechtmäßig geschieden war. [4] Sobald
die Unholde von der Aussöhnung und dem Bündnisse der beiden mächtigen Könige Nachricht erhielten, gaben sie ihr Vorhaben auf und kehrten
um. Von dem großen Siege, den Béla diesmal am Fuße der Karpaten
über sie errungen haben soll, findet sich nirgends eine Spur weder bei

---

[1] Die Urkunde, welche Béla für den agramer Propst Tobias am 7. Jan.
1263 erließ, bei Fejér, Cod. dipl., III, 101. Pulkawa, bei Dobner, Monumenta, III, 231. Arenpeck, bei Pez, I, 1222. Pernoldus, bei Hanthaler, I,
1324. Contin. Cosmae Prag. ad ann. 1161 u. 62. — [2] Raynaldus, Annal.
eccl. T. XIV, ad ann. 1261, Note 21. — [3] Pejacsevich, Hist. Serviae, S. 218 fg.
Engel, Geschichte des ungarischen Reichs, III, 228. — [4] In der Urkunde für
den agramer Propst Tobias schreibt Béla: „Guerrantibus nobis cum rege Bohemorum .... et regnis nostris formidantibus insultus tartarorum, qui hujus-
modi dissensionibus auditis, regni nostri fines attigerant, quum aliter paccari
non possemus, nisi inter nos et praedictum regem Bohemorum ordinassemus
parentelam, dando sibi in matrimonium neptem nostram, eique matrimonio
impedimenta legitima obviarent....

den Chronisten, noch in den zahlreichen Urkunden dieser Zeit; die Sage von demselben ist erst später entstanden. [1] Nicht gewarnt durch die Geschichte der eigenen Jugend, hatte Béla seinen Erstgeborenen, Stephan, noch in der Kindheit krönen lassen und ihm mit dem Titel eines Herzogs von Slawonien nebst den Einkünften auch die Regierung Dalmatiens und Kroatiens übertragen, ohne das Verhältniß, in welchem der jüngere König zu dem ältern stehen sollte, und den Umfang der Gewalt, die ihm zugestanden wurde, genauer zu bestimmen. Bisher hatte die Eintracht zwischen Vater und Sohn ungestört in Glück und Unglück fortbestanden; Béla war hocherfreut, als ihm Graf Botyz (der Stammvater der Máriássy) die Nachricht brachte, daß Stephan in der unglücklichen Schlacht an der March der Gefangenschaft und dem Tode entronnen sei, und belohnte Botyz mit dem ausgedehnten Walde Csetene am Fuße der Tátra. [2] Aber kaum war der Friede mit Ottokar geschlossen, so entzweite bitterer Groll beide Könige und die ganze königliche Familie. Der Jüngling, der den Reiz der Herrschaft zu früh gekostet hatte, mochte den Verlust Steiermarks schmerzlich fühlen, der Vater hingegen ihm Vorwürfe machen, daß durch seine Unfähigkeit, zu regieren, das wichtige Land verloren wurde. Dabei bewiesen die Aeltern, besonders die Königin Maria, eine höchst parteiische Vorliebe für ihren Zweitgeborenen, Béla. [3] Ihm wurde 1262 Slawonien, noch vergrößert durch das Draugebiet, den nördlichen Theil des heutigen Kroatien, nebst den Gespanschaften Baranya, Valko, Somogy und Szala, übergeben; Stephan erhielt dafür Siebenbürgen, die Moldau und einige von Kumanen bewohnte Ländereien jenseit der Theiß. Aber er war mit diesem Tausch unzufrieden und forderte Slawonien, „als das nach der Vorväter Einrichtung den Erstgeborenen der Könige gebührende Herzogthum", zurück [4]; vielleicht war ihm, der schon ein Land selbständig regiert hatte, auch das abhängige Verhältniß, in das er zurückkehren mußte, drückend; vielleicht strebte er nach Erweiterung seiner Macht und vergaß der Ehrfurcht und des Gehorsams, die er seinem Vater und König schuldig war. Béla zürnte seinem Sohn so sehr, daß er Konrad Kemény mit Truppen gegen ihn schickte. Stephan, der zum Kampf nicht gerüstet war und auch nicht nachgeben wollte, warf sich in die Feste Feketehalom und wurde dort belagert, bis ihm die Flucht von da gelang. [5] Doch bald

1262 (margin)

---

[1] Erst Kerchelich, Notit. praelimin., S. 503, und Raynaldus, Annal. eccl., XIV, Note 4, erwähnen das Gerücht vom Siege Béla's, welches die ganze Christenheit zum freudigsten Dank gegen Gott bewogen habe. — [2] Die Schenkungsurkunde. bei Fejér, IV, III, 186. — [3] Stephan beschwert sich über die Verfolgungen, die er unverschuldet von seinen Aeltern erlitten habe. Fejér, IV, III, 407. — [4] Stephan selbst gibt dies als die Ursache des Zerwürfnisses in einer Urkunde vom Jahre 1271 an: „Cum nos olim necessitate compulsi contra D. regem, karissimum patrem nostrum, jus ducatus a progenitoribus nostris regum primogenitis institutum requirere voluissemus justitia mediante, idem D. rex propter hoc indignationis materiam concipiens, contra nos exercitum regni sui convocavit." Fejér, V, I, 103. — [5] Urkunde Stephan's von 1268, bei Fejér, IV, III, 466.

lächelte ihm das Glück; einer seiner ergebensten Anhänger, Peter
Csáki, schlug an der Drau ein kumanisches Heer Béla's; die Zahl seiner
Freunde wuchs, und er besiegte nacheinander die Feldherren des ältern
Königs, Laurentius Kemény und Ernyei.[1] Jetzt bat der zürnende
Vater sogar von Ottokar Hülfe und stellte sich selbst an die Spitze
seines Heers. Schon standen sich Vater und Sohn irgendwo an der
obern Donau gegenüber, um durch eine Schlacht den unnatürlichen Streit
zu entscheiden, da gelang es noch der hohen Geistlichkeit, sie zu einem
Vergleich zu stimmen[2], dessen Bedingungen vorläufig in Presburg durch
beiderseitige Abgeordnete verhandelt und sodann am 5. Dec. 1262 in 1262
Poroszló von den Erzbischöfen Philipp von Gran, als Béla's, und Smaragd von Kalocsa, als Stephan's Bevollmächtigten endgültig festgestellt, von beiden Königen und den Reichsständen angenommen und
feierlich beschworen wurden. Stephan erhielt vermöge desselben Siebenbürgen, die Moldau und Kumanien an der Theiß unter dem Titel
eines Herzogs von Siebenbürgen, außerdem die Burg Fülek mit allen
zu derselben gehörenden Ländereien und die Hälfte aller Einkünfte
vom Salz; in diesem Gebiete wurden ihm alle königlichen Rechte zugestanden, die er unabhängig von dem ältern König übte, die Ernennung
der Würdenträger und Staatsdiener, eigene Gerichtsbarkeit und ein
eigenes Heer. Dafür versprach er: nichts weiter zu fordern, keine
Feindseligkeiten gegen den Vater und Bruder zu üben, sondern vielmehr sie in allen Dingen zu unterstützen; die Deutschen, Slawen und
Böhmen beider nicht an sich zu locken, wogegen sie auch seine Kumanen nicht zum Abfall verleiten sollten; sich überhaupt so zu betragen,
daß er des väterlichen Segens würdig bleibe. Beide Parteien gewährten
gegenseitig den Anhängern der andern vollständige Verzeihung und
Ersatz des erlittenen Schadens. Die Erzbischöfe wurden bevollmächtigt,
den Treubrüchigen in den Bann zu thun.[3]

Dieser Vergleich trug die Keime neuer Zerwürfnisse in sich, denn
er schuf ein widernatürliches Verhältniß, indem er das Königthum
theilte, das seinem Wesen nach untheilbar ist. In einem Reich, wenn
auch in abgesonderten Gebieten, herrschten zwei beinahe gleichberechtigte Könige; jeder derselben hatte seinen Erzbischof, der ältere den
graner, der jüngere den kalocsaer, seinen Kanzler, Hofrichter, Schatzmeister und wie die hohen Staatsbeamten alle heißen, nur der Palatin
und die Reichstage blieben gemeinschaftlich für beide Reichstheile.
Wie hätten da nicht Reibungen entstehen sollen, die bei der schon
herrschenden Erbitterung der Gemüther fast nothwendig zu neuen
Feindseligkeiten führten? Und so mußte denn der Poroszlóer Vertrag
schon am 3. Mai 1263 auf einer Versammlung der hohen Geistlichkeit 1263
und der Barone zu Zokol in der Gespanschaft Krassó erneuert und mit
Zusätzen versehen werden. Beide Könige gelobten abermals, alle festgesetzten Punkte treu zu beobachten, und ertheilten den Erzbischöfen die

---

[1] Mehrere Urkunden Stephan's bei Fejér, IV, III, 283, 346, 410, 466,
486 u. a. m. — [2] Ein Brief der Königin Maria, bei Katona, VI, 358, u. Fejér, IV, III, 68. — [3] Die Urkunde des Vertrags bei Bél, Notitia Hung. nov.,
I, 118. Katona, VI, 360. Fejér, IV, III, 77.

Befugniß, nicht nur sie, sondern auch ihre Hofbeamten mit dem Bann zu belegen, wenn sie den Eid brechen würden. [1] Demungeachtet brach der Streit im folgenden Jahre 1264 wieder aus. Stephan, dessen stolzes und herrschsüchtiges Herz keine Zurücksetzung ertrug, mochte neue Beweise von der Abneigung seiner Mutter gegen ihn erfahren, vielleicht gar lieblose Verfolgung von ihr erduldet haben, die er unkindlich genug vergelten wollte. [2] Er zog ihre Besitzungen Radna, Bistritz, Szölös und Királyi in Siebenbürgen ein, die gewöhnlich zum Leibgedinge der Königinnen gehörten, und bemächtigte sich auch einiger Schlösser, die Béla seiner Tochter Anna, der Witwe des unlängst verstorbenen Rastislaw, und ihren Söhnen, Michael und Béla, geschenkt hatte. [3] Wieder zogen die Könige Heere zusammen, um sich zu bekämpfen; die Großen und selbst die Bischöfe theilten sich in Parteien; und das geschah zu einer Zeit, wo man einen Einfall der Mongolen befürchtete: da trat Urban IV. ins Mittel, schalt die Bischöfe, daß sie es wagten, den Eid der Treue zu brechen, den sie dem ältern König geschworen, und befahl ihnen streng an dem Werke der Versöhnung und des Friedens zu arbeiten. Seine Ermahnungen und vielleicht noch mehr die Furcht vor den Mongolen bewirkten, daß die frühern Verträge durch einen abermaligen Vergleich wieder in Kraft gesetzt wurden, den auf Ansuchen Béla's nachher Papst Clemens IV. bestätigte. [4] Nachdem der bedauernswürdige Streit im königlichen Hause wieder, so gut es ging, beigelegt war, fand ein glänzendes Familienfest statt, die Vermählung des Herzogs Béla mit der brandenburger Kunigunde; sie wurde nahe beim Einfluß der Fischa in die Donau am 5. Oct. 1264 unter kostbar geschmückten Zelten gefeiert. Ottokar, der die Ausstattung der Braut über sich genommen und bei der Hochzeit den Hausherrn machte, hatte die Fürsten und den Adel der benachbarten Länder geladen. Er führte seine Nichte selbst hin; auch Béla und Maria begleiteten ihren Lieblingssohn; die Menge der Gäste und Zuschauer war unzählbar; beide Könige und ihr Gefolge wetteiferten in verschwenderischer Pracht, welche zu beschreiben die Chronisten kaum Worte finden. Sie erwähnen unter anderm, daß die Ungarn in Scharlachkleidern, mit grauem und buntem Pelzwerk besetzt, auf den Mützen hohe Pfauen- und Reiherfedern, die langen Bärte mit Edelsteinen und Perlen durchflochten erschienen. Sie erzählen ferner, der junge Béla habe seiner Braut eine goldene Krone aufs Haupt gesetzt, die dann einer der Barone mit dem bloßen Schwerte hinabstieß. Diese

---

[1] Die Urkunde bei Bél, a. a. O., S. 122; bei Katona, a. a. O., S. 370; bei Fejér, a. a. O., S. 160. — [2] Dafür zeugt der Brief Papst Urban's IV. an Stephan, bei Fejér, IV, III, 216. — [3] Wahrscheinlich lagen dieselben in Stephan's Gebiete, sodaß Béla nicht das Recht hatte, sie zu verschenken; und er bat den Papst die Schenkung zu bestätigen. Katona, VI, 413. Wozu brauchte er die päpstliche Bestätigung, wenn er befugt war, die Besitzungen zu vergeben? Vgl. Horváth, Geschichte von Ungarn, 2. Ausg., I, 434, Note 2. — [4] Epist. Urbani IV. ad Belam, Stephanum et episc. Vesprimiens, bei Fejér, IV, III, 237. Epist. Belae ad Pontif., bei Fejér, IV, III, 258. Raynaldus ad ann. 1264, III, 338.

Ceremonie, wenn sie eine bei den Ungarn damals übliche Sitte war, sollte wahrscheinlich andeuten, daß die Prinzessin zwar in das königliche Haus aufgenommen werde und ein eventuelles Anrecht auf die Krone erhalte, aber die königliche Würde und Macht nicht theile. Noch am Abend des Vermählungstags brach das Brautpaar nach Knin in Kroatien auf, und die Könige trennten sich augenscheinlich versöhnt und in Freundschaft. [1]

Béla und Stephan hielten hierauf ein paar Jahre wenigstens äußerlich Frieden, wenn auch kein liebevolles Einverständniß sie verknüpfte. Aber das alte Königspaar mochte den jüngern Sohn immer auffallender begünstigt, Stephan seinen Unwillen um so lauter geäußert haben und die gegenseitige Erbitterung durch kränkende Worte und beleidigende Thaten unablässig genährt worden sein, bis endlich 1267 die unglückselige Zwietracht von neuem heftiger als je entbrannte. Diesmal handelte es sich nicht mehr um ein Stück Land und irgendein Recht, sondern um die Krone selbst. Der zürnende Vater erklärte Stephan des Throns verlustig und wollte Béla zu seinem Nachfolger einsetzen. [2] Ein mächtiges Heer, welches Herzog Béla, der Palatin Heinrich und der österreichische Ritter Preussel wider den Verstoßenen führten, sollte den Beschluß vollziehen. Patak, die feste Burg Stephan's, in der sich seine Gemahlin und seine Kinder befanden, wurde durch Ueberfall erobert und die Königin sammt den Kindern gefangen weggeführt. Aber gerade hierdurch leistete der alte König der Sache seines Sohnes den größten Vorschub; denn dieser erschien nun als ein Verfolgter, der sein gutes Recht gegen die Feindseligkeit der eigenen Aeltern zu vertheidigen gezwungen werde; sein und der unschuldigen Kinder trauriges Schicksal mußte allgemeine Theilnahme erregen; bald sah er sich an der Spitze eines zahlreichen Heers, mit dem er wider seinen Bruder aufbrach. Bei Issaszeg unweit Pesth ward die entscheidende Schlacht geliefert; Stephan siegte; Herzog Béla rettete sich durch die Flucht, der Palatin mit zwei Söhnen gerieth in Gefangenschaft, und Preußel blieb todt auf dem Schlachtfelde. Diese Niederlage und die Stimmung des Volks nöthigten Béla, sich mit dem Sohne zu versöhnen. [3] Die

---

[1] Contin. Cosmae Prag. ad ann. 1264, bei Pertz. Marignot, bei Dobner, II, 224. Horneck's Reimchronik, bei Pez, III, 78—81, setzt das Fest unrichtig in das Jahr 1261, und seine Erzählung, daß die Ungarn beim Anblick des Turniers plötzlich entflohen seien, ist nur dichterische Erfindung oder eine Fabel, die später entstand, weil sie noch am Abend des Festes abreisten. — [2] Wahrscheinlich ging Béla, von der Königin Maria, vielleicht auch von Ottokar, der in Stephan einen unversöhnlichen Feind erblickte, bestürmt, mit diesem Plane schon seit längerer Zeit um (in einer Urkunde Ladislaus' IV. von 1273 lesen wir: „Cum avus noster patrem nostrum .... machinans.... privare jure geniturae et regni diademate spoliare." Fejér, V, II, 95); daß er aber erst jetzt zur Ausführung desselben schritt, wo seine Erbitterung gegen den Erstgeborenen aufs höchste gestiegen war, dafür sprechen die Ereignisse selbst. — [3] Der Brief Stephan's bei Fejér, IV, III, 408 (das Jahr ist unrichtig angegeben), und V, II, 95. Chron. Austr., bei Freher, I, 462, und Neoburgens., bei Pertz, IX. Feßler, 1. Ausg., II, 616, u. Szalay, Geschichte von Ungarn, 2. Ausg., II, 79, lassen Stephan zu Anfang des Kriegs siegen, zuletzt aber geschlagen und vom Vater begnadigt werden. Es

Bedingungen, unter denen der Friede zu Stande kam, kennen wir nicht;
sie können jedoch von jenen der frühern Verträge nicht bedeutend verschieden gewesen sein; denn Stephan blieb jüngerer König und Herzog
von Siebenbürgen, Béla Herzog von Kroatien und Slawonien; in dem
ganzen Verhältnisse der drei Fürsten zueinander wird keine Veränderung sichtbar.

Aber desto schmerzlicher fühlte das Vaterland die Wunden, welche
der Hader des königlichen Hauses und die Bürgerkriege ihm schlugen:
das königliche Ansehen gerieth in Verachtung, feile Parteigänger ließen
sich ihre Dienste theuer bezahlen, Uebelthäter fanden im Wechsel des
Herrn Straflosigkeit, die Sittlichkeit verfiel, die öffentliche Sicherheit
lag darnieder, Armuth und Noth nahmen überhand. Das konnte nicht
länger geduldet werden; die gesammten Stände erhoben sich am Reichs-
1267 tage von 1267 und forderten mit Nachdruck Abhülfe. „Béla, von
Gottes Gnaden König, Stephan, durch jenen (nämlich Béla) König
und Herzog von Siebenbürgen, und Béla der Jüngere, Herzog von ganz
Slawonien", stellten also, unter ihrem Siegel und sich dem Bannspruch
des grauer Erzbischofs unterwerfend, eine feierliche Urkunde aus, in
welcher mehrere Hauptpunkte der Goldenen Bulle bestätigt und einige
neue Gesetze zur Heilung der eingerissenen Uebel gegeben wurden. Die
wichtigsten Satzungen der letztern Art sind: (2.) Den Udvarnikern und
Burgleuten sollen ihre Ländereien zurückgegeben und sie selbst als freie
Leute gehalten werden. (4.) Den Edelleuten stehe es frei, sich von
einem der drei Fürsten zu dem andern zu begeben. (5.) Besitzungen
Adelicher, deren sich die freien Städte des Königs oder der Königin,
die Udvarniker und Burgleute bemächtigt haben, sollen nach dem Er-
messen zweier Reichsbarone, welche die Fürsten und die Stände gemeinschaftlich dazu wählen, ihren ursprünglichen Besitzern zurückgegeben
werden. (8.) Jedes Jahr ist einer der drei Fürsten verbunden, zu Stuhlweißenburg am Tage des Heiligen Stephan (20. Aug.) zu erscheinen;
desgleichen haben sich aus jeder Gespanschaft zwei oder
drei Adeliche dort einzufinden, damit in ihrer Gegenwart für
alle Beschädigungen und Ungerechtigkeiten, mag dieselben wer immer
angerichtet haben, Genugthuung geleistet werde. (10.) Das schriftliche
Rechtsverfahren, welches Béla III. eingeführt und Béla IV. wieder erneuert hatte, wurde abgeschafft; „die Processe der Edelleute sollen
ohne Bittgesuche entschieden werden". [1]

Schon 1264 hatte Stephan in Verbindung mit dem szörényer Ban
Laurentius die unruhigen Bulgaren für ihre wiederholten Räubereien
auf ungarischem Gebiet gezüchtigt. Während des letzten Bürgerkriegs
durchplünderten sie abermals das Macsoer Banat; sobald aber der

---

ist überhaupt schwer, die richtige Reihenfolge dieser Begebenheiten aus der
Erzählung der Chronisten und aus den Andeutungen der Urkunden zu erkennen; doch hat mich sorgfältiges Vergleichen derselben bewogen, den Hergang so darzustellen, wie derselbe oben zu lesen ist und wie ihn zum Theil
auch Horváth (Geschichte von Ungarn, 2. Ausg., I, 430—433) beschreibt.

[1] Belae IV. reg. decretum, 1267, e membrana tabularii regii, bei Endlicher, S. 512 fg.

Friede hergestellt war, überzog sie Stephan mit Krieg, eroberte Widdin sammt dem nördlichen Theil des Landes bis Ternowa und nannte sich seitdem König von Bulgarien.[1] Der serbische König Urosch hatte wahrscheinlich mit den Bulgaren gemeinschaftliche Sache gemacht, entweder aus bloßem Durst nach Kriegsbeute, oder um die Unabhängigkeit zu erkämpfen; denn um dieselbe Zeit bekriegte Béla auch ihn. Urosch ward geschlagen und sein Eidam gefangen, der sich dann mit 800 Mark Silber und einem kostbaren Kreuze loskaufen mußte.[2] Im September 1269 erschienen am Hofe Stephan's Gesandte Karl's von Anjou, seit zwei Jahren Königs beider Sicilien. Sie waren ermächtigt, für den Sohn und Thronfolger ihres Herrn, Karl den Lahmen, um die zweite Tochter Stephan's, Maria, zu werben, überhaupt die Kinder beider Könige untereinander zu verloben und durch Knüpfung dieser Familienbande ein bleibendes Staatsbündniß zu schließen.[3] Stephan nahm die Anerbietungen Karl's um so bereitwilliger an, da er selbst eines zuverlässigen, durch gemeinschaftliche Interessen mit ihm vereinigten Bundesgenossen bedurfte; er sagte die Hand seiner Tochter dem Sohne Karl's zu, und verlobte seinen Erstgeborenen Ladislaus mit dessen Tochter Isabella oder Elisabeth (sie führt abwechselnd diese beiden ursprünglich gleichbedeutenden Namen); am 14. Sept. kam sodann auch das Schutz- und Trutzbündniß zu Stande, das vornehmlich gegen die Deutschen gerichtet war.[4] Denn beide Könige hatten gerade von daher die gefährlichsten Angriffe zu fürchten. Stephan hegte gegründeten Argwohn gegen Ottokar, der sein Gebiet unaufhaltsam immer weiter ausdehnte, sodaß seine Länder Ungarn schon von der March bis an das Adriatische Meer umfingen.[5] Karl hingegen mußte das eigene Gewissen mit bangen Besorgnissen vor der Rache der Verwandten und Freunde des hohenstaufischen Hauses erfüllen. Nach Kaiser Konrad's IV. Tode, der zugleich König beider Sicilien war, hatte sich dessen natürlicher Bruder Manfred 1254 auf den Thron der letztern Reiche gesetzt; die Päpste, voll unversöhnlichen Hasses gegen die Hohenstaufen, boten die schönen Länder vergeblich mehrern auswärtigen Prinzen an, bis endlich der Graf von der Provence Karl von Anjou, Ludwig's des Heiligen von Frankreich jüngster Bruder, das Geschenk von Clemens IV. unter Anerkenntniß der päpstlichen Lehnshoheit und dem Versprechen eines jährlichen Tributs annahm, Manfred bei Benevento schlug und tödtete und die Reiche einnahm, auf die er nicht das geringste Recht hätte. Bald darauf erschien der letzte Sprößling der

---

[1] Thuróczy, II, Kap. 77. Urkunden Béla's und Stephan's, bei Fejér, IV, III, 196, 525, und V, I, 55. — [2] Urkunden Béla's und Stephan's, bei Fejér, IV, III, 465, 490; V, I, 24. — [3] Das Bevollmächtigungsschreiben befindet sich in der Urkundensammlung des ungarischen Museums zu Pesth und ist abgedruckt bei Fejér, IV, III, 510. — [4] ...„pacta et conventiones amicitiae perfectae et valentiae et juvaminis de uno ad alium cum magnifico et illustre Principe D. Stephano, rege Ungariae, duce Transylvaniae et domino Cumanorum....contra omnes Theotonicos et Theotonicae adhaerentes", heißt es in der Urkunde des Bündnisses; Fejér, IV, III, 508. — [5] Aeneae Sylvii Hist. Bohemiae, Kap. 27. Palacky, Geschichte von Böhmen, 2. Abdruck, II, Abth. 2, S. 201 u. 202.

Hohenstaufen, Konradin, Konrad's IV. jugendlicher Sohn, und forderte das Erbe seiner Väter zurück. In der Ebene von Tagliacozzo am 20. Aug. 1268 besiegt, gerieth er in Gefangenschaft und Karl ließ — der Papst forderte es, damit die Bannflüche in Erfüllung giugen — um 29. Oct. den Enkel der Könige und Kaiser öffentlich in seiner Hauptstadt Neapel enthaupten. Mit Konradin mußte auch sein Freund Friedrich, der Sohn Hermann's von Baden und der Babenbergerin Gertrud, das Blutgerüst besteigen.

Nachdem die Gesandten ihre Aufträge glücklich vollendet hatten, ward ihnen die königliche Jungfrau übergeben. Sie zog, von einem Kranz ungarischer Frauen umgeben, unter denen Agnes Czáky, die Witwe des Herrn Thomas, besonders erwähnt wird, nach Neapel [1], um dort die Mutter eines Geschlechts zu werden, aus dem Ungarns größter König stammte.

Kaum war am Hofe des jüngern Königs das fröhliche Geräusch des Hochzeitfestes verstummt, da hüllte der Tod Béla's, des Herzogs von Slawonien, das Haus des ältern Königs in tiefe Trauer. Die Kraft des greisen Fürsten, der soviel Unglück mit starker Seele getragen hatte, ward durch diesen schweren Schlag gänzlich gebrochen; er hielt sich für den unglücklichsten Vater und klagte in seinem Schmerze sich selbst an, durch zu große Vorliebe für den jüngern Sohn und durch Härte gegen den Erstgeborenen den Frieden des Reichs gestört und sich versündigt zu haben. [2] Aber Stephan hatte den Vater zu tief gekränkt, als daß Liebe und Vertrauen gegen ihn in dessen Herz hätten zurückkehren können. Von Kummer gebeugt, fiel Béla in eine schwere Krankheit; seine Tochter Anna, die Witwe Rastislaw's und Schwiegermutter Ottokar's, pflegte ihn auf seinem Krankenlager und beutete die Abneigung, die er noch immer gegen den jüngern König fühlte, zu ihrem Vortheil aus: sie bewog ihn, ihr Reichskleinodien von hohem Werthe aus der königlichen Schatzkammer zu übergeben, eine Krone, ein Schwert, ein mit Edelsteinen und Perlen besetztes Kreuz, goldene Ketten, goldene und silberne Gefäße. Erfüllt von Mistrauen gegen Stephan, empfahl Béla kurz vor seinem Tode Ottokar seine Gemahlin, seine Tochter Anna und „alle Barone, die in der Treue gegen ihn beharrt haben"; er bat, „daß Ottokar ihnen eine Zufluchtsstätte öffne, sie mit väterlicher Umarmung aufnehme, ihnen Rath und Hülfe gewähre, wenn sie nach seinem Tode zu ihm kommen würden". [3] Hierauf beschloß er am 3. Mai 1270 sein vielbewegtes Leben. [4] Bald darauf folgte die Königin Maria ihrem Gatten ins Grab. Wie Herzog Béla wurde auch das Aelternpaar vor dem Altar der Heiligen Jungfrau in der Minoritenkirche zu Gran beigesetzt, die der König einige Jahre zuvor erbaut hatte. [5]

1270

[1] Fejér, IV, III, 512, 527. — [2] Fejér, IV, III, 495. — [3] Diesen Brief Béla's an Ottokar hat Palacky zuerst bekannt gemacht. Ueber Formelbücher, S. 268. Vgl. Szalay, Geschichte von Ungarn, 2. Ausg., II, 86, Note 1. — [4] Anonym. Leobiens. ad ann. 1270. Thuróczy, II, 74, berichtigt von Katona, VI, 503. Den 3. Mai gibt Palacky als Todestag an, Geschichte von Böhmen, 2. Abdr., II, Abth. 2, S. 206. — [5] Auf dem Grabmale stand die In-

Fünf von Béla's Töchtern waren, wie berichtet wurde, Gemahlinnen
fürstlicher Herren; die sechste, Sabina, war an den Palatin Moses verheirathet; die siebente, Margaretha, stand als Aebtissin dem Kloster
der Dominicanernonnen auf der Haseninsel vor und wurde nach ihrem
Tode heilig gesprochen.

Stephan V. 1270—1272.

Die Liebe des Volks und die Hoffnungen, die es auf Stephan
setzte, äußerten sich unverkennbar sogleich beim Antritt seiner Regie- 1270
rung; als er sich zu Stuhlweißenburg zum zweiten mal krönen ließ,
strömten die geistlichen und weltlichen Großen und fast der gesammte Adel herbei, um das heilige Zeichen der Herrschaft auf seinem Haupte zu sehen. [1] Mit ihm zugleich ward auch seine Gemahlin
Elisabeth gekrönt. Beide schworen, das Vaterland zu vertheidigen, dessen Wohl eifrig zu fördern, die Rechte und Freiheiten des Adels unverletzt zu erhalten und die von ihren Vorfahren widerrechtlich eingezogenen Güter den rechtmäßigen Eigenthümern zurückzugeben. [2]
Es ließ sich voraussehen, daß der Friede zwischen Stephan und
seinem glücklichen Nebenbuhler Ottokar nicht lange bestehen werde;
der erstere hatte zu empfindliche Niederlagen erlitten, als daß er nicht
gierig jede Gelegenheit hätte ergreifen sollen, Rache für dieselben zu
nehmen; der andere aber fuhr fort, seine Macht in bedrohlicher Weise
zu erweitern und den Gegner durch neue Beleidigungen zu kränken.
Agnes von Andechs hatte ihrem Gemahl, Herzog Ulrich von Kärnten,
Krain und die Windische Mark zugebracht, aber noch 1262 ihrem
nächsten Verwandten, dem König Béla, vermacht. [3] Béla wollte oder
konnte seine aus diesem Vermächtniß entsprungenen Rechte nicht behaupten; Ulrich blieb auch nach Agnesens Tode im Besitz der genannten Gebiete, und da auch seine zweite Ehe kinderlos war, setzte er
am 4. Dec. 1268 Ottokar zum Erben seiner sämmtlichen Länder ein.
Sein Bruder Philipp, der abgesetzte Erzbischof von Salzburg, ward
durch das Versprechen, daß er das Patriarchat von Aquileja erhalten
werde, bewogen, seinem Erbrechte zu entsagen. Im folgenden Jahre
starb Ulrich, und Ottokar brachte von Steiermark aus dessen Hinter-
lassenschaft mit leichter Mühe in seine Gewalt. Aber nun bereute
Philipp, der schon Patriarch war, auf die Nachfolge im weltlichen Herzogthum verzichtet zu haben, warb Freunde unter dem kärntner und

schrift: Aspice rem charam, tres cingunt Virginis aram:
Rex, dux, regina, quibus adsint gaudia trina.
Dum licuit, tua cum viguit, rex Bela potestas,
Fraus latuit, pax firma fuit, regnavit honestas.
[1] Die Schenkungsurkunde Stephan's für Lorand (Roland) von Rátolt, bei
Fejér, III, IV, 256. — [2] Eine Urkunde Stephan's vom 23. März 1271, bei
Pray, Hist. r. Hung., I, 282, und Fejér, V, I, 99. Urkunde der Königin Eli-
sabeth, bei Fejér, V, I, 237. Vgl. Koachich, Vestigia comitiorum, S. 146.
— [3] Hormayr, Geschichtliches Taschenbuch, Jahrg. 1822, S. 67. Kercbelich,
Notitiae praeiim., supplem., S. 528.

krainer Adel, zog selbst den böhmischen Landesverweser Konrad, Propst von Brünn, auf seine Seite und bemächtigte sich der Herrschaft über Kärnten und die zugehörigen Gebiete. [1] Es lag im Interesse Stephan's, ihn im Besitze derselben zu schützen, weil er hoffen durfte, sein Nachfolger zu werden, und noch mehr, weil die Klugheit es forderte, zu verhindern, daß Ottokar's Macht neuen Zuwachs erhalte.

Schon diese Dinge führten fast nothwendig einen neuen Krieg zwischen Ungarn und Böhmen herbei; da kamen noch die verrätherischen Anschläge hinzu, die in den letzten Tagen Béla's und mit seiner Beihülfe angesponnen, jetzt ins Werk gesetzt wurden. Stephan's Schwester Anna floh nämlich mit den Reichskleinodien, die sie dem sterbenden Vater abgelockt hatte, zu Ottokar, und ihr folgten die Günstlinge des alten und zugleich die heftigsten Widersacher des jungen Königs, Heinrich, Johann und Stephan von Güssingen (Németujvár), Laurentius, Propst Nikolaus, königlicher Kanzler, und mehrere andere, die ebenfalls vor der Flucht die königliche Schatzkammer plünderten und dann sogar ihre Burgen Güns, Bernstein, Schleining, Sanct-Veit, Gértze, Strigó, Dobra u. a. m. an der westlichen Grenze Ungarns unter Ottokar's Schutz stellten. [2] Stephan forderte die Auslieferung der Flüchtlinge, die Rückgabe der Schätze und Burgen; und weil Ottokar beides abschlug [3], athmete er Krieg gegen den verhaßten Gegner. Er verband sich mit dem Patriarchen Philipp und besuchte unter dem Vorwande der Wallfahrt zum Grabe des Heiligen Stanislaus seinen Schwager Boleslaw in Krakau, um auch ihn in das Bündniß zu ziehen; er hoffte dieses um so leichter zu erreichen, weil Ottokar nach dem Tode des Fürsten Wladislaw Oppeln, auf das Boleslaw Ansprüche machte, an sich gerissen hatte. [4]

1270   Noch im Sommer 1270 brach der Krieg aus; in der Gegend um Presburg stießen die feindlichen Heere aufeinander; der Kampf mochte für beide verlustvoll, aber der Sieg unentschieden gewesen sein. [5] Denn es ward Waffenstillstand geschlossen und verabredet, daß die beiden Könige und der Patriarch (Boleslaw hatte am Krieg nicht thätig theilgenommen) am Gallustage, 16. Oct., zusammenkommen und den Streit beilegen sollten. Am festgesetzten Tage traf Stephan in Presburg, Ottokar in Haimburg ein; beide waren nach der Sitte der damaligen Zeit von einem zahlreichen und glänzenden Gefolge, von Bischöfen und den höchsten Staatsbeamten umgeben. Philipp erschien nicht und schickte auch keine Gesandten. Eine Donauinsel zwischen Presburg und Pottendorf ward zum Orte der Zusammenkunft erlesen, wohin sich

---

[1] Rubeis, Monumenta eccl. Aquileg., S. 752 fg. Rauch, Oesterreichische Geschichte, III, 362. Palacky, II, Abth. I, 199 fg. u. 204 fg. — [2] Horneck, Kap. 87 u. 88. Die schon angeführte Urkunde Stephan's, bei Fejér, V, I, 99. — [3] Epist. Ottokari, bei Pray, Specimen hierarch., II, 66. — [4] Dlugoss., VII, I, 791. Katona bezweifelt die Reise, aber Stephan in seiner Urkunde bei Fejér, V, I, 99, sagt selbst: „post coronationem etiam nostram, cum haberemus votum .... in Poloniam divertendi .... Laurentius banus .... inter viarum discrimina .... nobis exhibuit famulatum. — [5] Bél, Notit. Hungar. novae. Urkunde Stephan's, bei Fejér, V, I, 70.

jeder der beiden Fürsten mit zwölf unbewaffneten Begleitern begab. Sie übertrugen die endliche Schlichtung der vielfältigen Streitpunkte jederseits vier, zusammen acht Bevollmächtigten, und verlängerten deshalb den Waffenstillstand bis 11. Nov. 1272; sie selbst, die Bischöfe und Barone beschworen den Vertrag. Die Bedingungen sind uns nur sehr unvollständig bekannt [1]; doch Ottokar blieb jedenfalls im Vortheil, indem er es durchsetzte, daß Patriarch Philipp, weil er weder selbst erschienen, noch Bevollmächtigte geschickt, vom Waffenstillstand ausgeschlossen wurde. [2]

Die andern ihm lästigen Punkte des Waffenstillstands scheint Ottokar theils zögernd, theils gar nicht erfüllt zu haben; er zahlte nicht den versprochenen Ersatz für die entwendeten Reichskleinodien, die der Vertrag in seiner Verwahrung gelassen, fuhr fort, die Ueberläufer mit Gunstbezeigungen zu überhäufen, und lieferte auch ihre Burgen nicht aus. [3] Um so eifriger benutzte er die Freiheit, Philipp zu bekämpfen, welche ihm der Vertrag gestattete: er führte noch im November ein Heer gegen ihn, eroberte Laibach und andere feste Plätze, zwang ihn, der Herrschaft zu entsagen, und empfing die Huldigung der Stände von Kärnten, Krain und Istrien. Stephan mochte nun mit Unwillen und Beschämung gewahr werden, daß er sich habe täuschen lassen, und wie gefehlt es gewesen sei, den Bundesgenossen für leere Versprechungen seinem Gegner preiszugeben. Er sammelte in der Stille ein Heer von 50000 Mann, fiel plötzlich in Oesterreich ein und besetzte die Pässe des Sömmering bei Schottwien, durch die damals der einzige Weg aus Steiermark nach Oesterreich führte, um Ottokar bei seiner Rückkehr zu überfallen und zu fangen. Aber dieser, vor der ihm drohenden Gefahr bei zeiten gewarnt, ging, unter den größten Gefahren und mit schweren Verlusten, über die sogenannten Wildalpen und Traisenberge bei Mariazell und Lilienfeld, und entzog sich glücklich der ihm gelegten Falle. Ueber das Mislingen des Anschlags erbittert, ließ Stephan Niederösterreich furchtbar verheeren und bei 20000 Gefangene nach Ungarn abführen. [4]

Nach geschlossenem Waffenstillstand und ohne denselben zu kündigen, hatte Stephan seinen Gegner überfallen und durch die unüberlegte, dem Völkerrechte widerstreitende That demselben einen

---

[1] Der erste Theil des Vertrags steht in einer um das Jahr 1292 compilirten Handschrift: „Liber a missionibus Regum, per manus Zdenkonis de Trebecz", die sich im k. k. geheimen Hausarchiv zu Wien befindet. Dobner theilt sie in seinen Monumenta, II, 368 fg., mit und bezeichnete sie, da sie im Codex kein Datum trägt, willkürlich mit der Jahreszahl 1267. Hierdurch ließen sich Katona und nach ihm auch Feßler und andere ungarische Historiker verleiten, die in Rede stehende Zusammenkunft und den Waffenstillstand noch in die Lebzeiten Béla's, in das Jahr 1267 zu setzen. Vgl. Palacky, Geschichte von Böhmen, II, Abth. 1, S. 208, Note 275. — [2] Die darüber ausgestellte, bisher unbekannte Urkunde (in einem Copiarium des k. geheimen Archivs zu Königsberg in Preußen) veröffentlichte zuerst Palacky, a. a. O. — [3] Die Urkunde Stephan's, bei Fejér, V, 1, 100. Arenpeck bei Pez, I, 1223. — [4] Arenpeck, a. a. O. Chron. Austr., bei Freher ad ann. 1270. Horneck, Kap. 91.

großen Vortheil in die Hand gegeben, dessen sich Ottokar sogleich mit
1271 Eifer bediente.　Er klagte Stephan in den bittersten Ausdrücken vor
dem Cardinalscollegium — der päpstliche Stuhl war erledigt — und
vor den Fürsten Europas der Treulosigkeit an [1], bewog den österreichischen Landtag zu Mauerberg, wider den Friedensbrüchigen schleunig zu rüsten, und rüttelte auch die böhmischen Stände durch die Schilderung des erlittenen Unrechts zum Kriege auf; sodann schickte er
Herolde an Stephan, welche vermöge eines Punktes in dem letzthin geschlossenen Vertrage die verwirkte Buße von 20000 Mark Silber forderten, aber selbstverständlich abgewiesen wurden.　Noch im Winter
fiel Siegfried Währinger mit einigen andern österreichischen Herren in
Ungarn ein; sie wollten über den zugefrorenen Neusiedlersee setzen,
da brach das Eis unter ihnen, und 40 Ritter nebst 300 Bewaffneten
ertranken. [2]　Im April sammelte sich das Heer Ottokar's an der March;
durch Werbungen in Schlesien, Meißen, Thüringen und Brandenburg
und durch Hülfstruppen, welche Herzog Albert von Braunschweig und
Lüneburg herbeiführte, verstärkt, zählte dasselbe bei 150000 Mann.
Die gegenüberstehenden Ungarn waren viel schwächer an Zahl; denn
Stephan konnte wegen Geldmangel, dem er nur kümmerlich durch Anleihen bei Handelsleuten abhalf, nicht bei zeiten ein hinreichend großes Heer
zusammenbringen [3]; sie mußten sich also zurückziehen und das nordwestliche Land dem Feinde preisgeben, der eine Brücke über die Donau
schlug, Presburg erstürmte und plünderte, darauf Sanct-Georgen, Pösing
und Tyrnau ein gleiches Los bereitete, und besonders Neutra zum
Schauplatz grausamer Mordscenen machte. [4]　An den Ufern der Waag
kehrte Ottokar um, ging bei Presburg zurück über die Donau, warf die
Ungarn am 2. und 8. Mai nach hitzigen Treffen, nahm Altenburg und
zerstörte Wieselburg, ungeachtet er der Stadt, die sich auf Capitulation
ergab, Schonung versprochen hatte. [5]　Erschüttert durch den Anblick
so vieler Kriegsnoth und von den dringenden Bitten der Bischöfe bestürmt, sandte Stephan den Ban Lorant, den vesprimer Bischof Paul
und den Oberstschatzmeister und presburger Obergespan Egidius von
Budamér mit Friedensanträgen zu Ottokar; aber dieser stellte so übertriebene Bedingungen, daß die Verhandlungen sogleich abgebrochen
werden mußten. [6]　Unterdessen hatte das ungarische Heer beträchtliche
Verstärkungen an sich gezogen, und am 23. Mai kam es endlich auf
der schon so oft mit Blut getränkten Ebene zwischen der Leitha und
Rabnitz zur Schlacht. Sie scheint eine jener blutigen und verlustvollen
Kämpfe gewesen zu sein, wo beide Theile Siegeslieder anstimmen und
doch wehzuklagen Ursache hätten. Die Böhmen berichten, die Ungarn
seien aufs Haupt geschlagen worden, aber Ottokar habe sich wegen
Mangel an Lebensmitteln zurückziehen müssen. [7]　Wer kann das

---

[1] Die Klagschrift Ottokar's bei Palacky, a. a. O., S. 211, N. 277. —
[2] Chron. Austr., bei Freher, I, 463. — [3] Urkunde Ladislaus' IV. von 1273,
bei Fejér, V, II, 73. — [4] Chron. Claustro-Neoburgens., bei Pez ad ann. 1271.
Australe, a. a. O. Anonym. Leobiens., bei Pez, S. 851. — [5] Chron. Austr.,
a. a. O., Horneck, Kap. 92. — [6] Urkunde Stephan's bei Fejér, V, II, 100. —
[7] Pulkawa, bei Dobner, Monumenta, III.　Contin. Cosmae Prag. ad ann.

glauben? Der Sieger durfte ja nach Vernichtung der feindlichen Armee nur vordringen, um in den fruchtbaren, schon damals ziemlich bevölkerten Gegenden hinreichende Lebensmittel zu finden. Die Ungarn dagegen behaupten, Stephan habe gesiegt und den Feind zum Rückzug gezwungen.[1] Und auch der Erfolg selbst zeugt dafür, daß Ottokar, wo nicht eine Niederlage, so doch schwere Verluste erlitten habe. Denn sein Heer eilte nach der Schlacht der Grenze zu und löste sich jenseit derselben gänzlich auf; 30000 Ungarn und Kumanen folgten ihm auf dem Fuße, verheerten ungehindert Oesterreich bis Wien und Mähren bis Znaim und brachten abermals eine große Menge Gefangener mit sich in die Heimat. Von der andern Seite aber fiel Stephan's Schwager, Herzog Heinrich von Baiern, mit 1000 Bewaffneten in Oesterreich ein und verwüstete die Gegend zwischen Vöcklabruck und Wels.[2]

Jetzt ward auch Ottokar zum Frieden geneigt. Er ernannte zu seinen Bevollmächtigten den Bischof Bruno von Olmütz, den Minoritenprovinzial in Oesterreich Hartbern, den Kämmerer Hartlieb von Doblin, den Marschall Bohusch von Drahotaus und den mährer Schenk von Resamysl; Stephan vertraten der Bischof Paul von Vesprim, der Schatzmeister Egidius, der Ban Lorant und der Vicekanzler Benedict, Propst von Arad. Wo und wie lange diese unterhandelten, ist unbekannt; doch schon am 2. Juli verbürgte sich der Erzbischof Stephan von Kalocsa mit sechs andern Bischöfen, daß König Stephan den Frieden treu halten werde, wogegen der Erzbischof von Salzburg ebenfalls mit sechs Bischöfen für Ottokar gutsagte. Hierauf stellte der ungarische König am 3. Juli in dem Lager bei Presburg und der böhmische am 14. Juli in Prag die Friedensurkunde aus. Die Hauptpunkte derselben waren: 1) Die Grenzen beider Reiche bleiben dieselben, wie sie beim Tode Béla's IV. gewesen sind; Streitigkeiten, die etwa über dieselben entstehen könnten, entscheiden endgültig der graner Erzbischof und der olmützer Bischof. 2) Stephan entsagt für sich und seine Nachfolger allen Ansprüchen auf Steiermark, Kärnten, Krain und die Windische Mark. 3) Er verzichtet auf die Kleinodien, welche die Witwe des macsoer Bans nach Böhmen gebracht hat. 4) Er löst das Bündniß mit dem Patriarchen von Aquileja, wogegen Ottokar verspricht, den Prinzen Stephan, Andreas' III. nachgeborenen Sohn, nicht zu unterstützen. 5) Die Burgen der nach Böhmen entflohenen Ueberläufer fallen an die ungarische Krone zurück; sie müssen sich mit den Gütern, die ihnen

---

1271 und Ottokar selbst in seinen Briefen; ihrer Auctorität folgen Palacky und die ältern ungarischen Historiker.
[1] Kézai, II, 5: „Stephanus .... Bohemiae regem nomine Otocarum ante fluvium Rebcha (Rabnitz) contra eum venientem .... expulit virtuose." Thuróczy, II, Kap. 77. Urkunde Ladislaus' IV., bei Fejér, V, ii, 95: „Cum patri nostro felix cesserat victoria, ut (Ottocarius) vix evasit fugitivus." —
[2] Annales Althahenses, bei Freher ad ann. 1271. Chron. Claustro-Neoburg., bei Pez ad ann. 1271. Für den ganzen Feldzug sind die hierher gehörigen Briefe Ottokar's, im Codex epistolaris Primislai Ottocari II. Bohemiae regis, edid. Thomas Dolliner (Wien 1803), eine höchst wichtige, aber parteiische, und deshalb vorsichtig zu benutzende Quelle.

Ottokar in seinen Ländern verliehen, begnügen und sollen, wenn sie
Ungarn beunruhigen würden, auch diese verlieren und aus den böhmischen Staaten verbannt werden. König Stephan gelobt, sie nicht
wieder in sein Reich aufzunehmen und die aus Ottokar's Ländern zu
ihm übergegangenen Barone Wilhelm von Schärfenberg und Niklas
von Löwenberg aus Ungarn zu entfernen. 6) In Zukunft soll keiner
der Könige Ueberläufer aufnehmen und schützen. 7) Der im Kriege
gegenseitig zugefügte Schade soll in der verabredeten Weise ausgeglichen werden. 8) Wenn neue Zwistigkeiten entständen, sollen die
das Ganze betreffenden durch den grauer Erzbischof und den olmützer
Bischof beigelegt werden, kleinere aber sollen an der mährischen
Grenze die Obergespane von Presburg und Neitra einerseits, andererseits der mährische Oberstkämmerer und der brünner Burggraf, an der
österreichischen Grenze die Obergespane von Wieselburg und Oedenburg mit den Castellanen von Haslau und Wienerisch-Neustadt, an der
steierischen Grenze die Obergespane von Eisenburg und Szala mit dem
Landeshauptmann und Notar Steiermarks, an den kärntner, krainer
und slawonischen Grenzen der Ban von Slawonien mit dem kärntner
und krainer Landeshauptmann schlichten. 9) In diesen Frieden schließt
König Stephan alle seine Verbündeten ein: die Könige von Frankreich
und Sicilien, die byzantinischen Kaiser, den König von Serbien, den
Czaren von Bulgarien, die Fürsten von Kiew und Rußland, die Herzoge
von Krakau und Großpolen, den Ban Béla von Macsó (Rostislaw's
Sohn) und den Herzog von Baiern; ebenso Ottokar die seinigen: die
Könige von Spanien und England, den römischen König Richard, die
Erzbischöfe von Mainz, Magdeburg und Salzburg nebst ihren Suffra-
ganen, den Pfalzgrafen bei Rhein, den Markgrafen von Meißen, die
Herzoge von Sachsen, Braunschweig, Brabant und Limburg, den Land-
grafen von Thüringen, die Markgrafen von Brandenburg und von
Landsberg und die Herzoge von Schlesien und Kujavien. 10) Die
richtige Erfüllung der Friedensbedingungen verbürgen für Stephan
König Karl von Sicilien und Herzog Heinrich von Baiern, für Ottokar
die Markgrafen Heinrich von Meißen und Otto von Brandenburg.
11) Außer den Erzbischöfen und Bischöfen beider Reiche beschwören
die Friedenspunkte noch von ungarischer Seite: der Palatin Moses, der
Oberstschatzmeister Egidius, der Ban von Slawonien Joachim Pektari,
der Vajda von Siebenbürgen Matthäus Csák u. s. w.; von böhmischer
Seite: der Oberstkämmerer Andreas Rican, Jaros von Fuchsberg, Jaroslaw von Löwenberg, Zbislaw, Oberstburggraf von Prag u. s. w.
12) Endlich soll der Papst gebeten werden, den Friedensvertrag zu bestätigen. [1]

Kurze Zeit nach dem Friedensschluß ward Isabella von Sicilien,
die Verlobte des erstgeborenen Prinzen Ladislaus, an den ungarischen
Hof gebracht, um der damals herrschenden, gewiß heilsamen Sitte gemäß in dem Lande, dessen Künigin sie einst sein sollte, erzogen zu
werden. [2]

---

[1] Fejér, V, 1, 113 fg. — [2] Fejér, V, 1, 159.

Innere Unruhen und äußere Kriege hatten seit einer Reihe von
Jahren das Reich heftig erschüttert; eine Menge der wichtigsten Angelegenheiten war in Verwirrung gerathen, die Wohlfahrt der Einzelnen
und der Gesammtheit lag danieder, und besonders die westlichen Gegenden, welche der Schauplatz des letzten Kriegs gewesen waren, befanden sich in tiefem Elend. Sobald der Friede hergestellt war, widmete sich Stephan mit Eifer und Einsicht den Sorgen und Geschäften
der Regierung. Die Urkunden, die er um diese Zeit erließ, zeugen von
seinem redlichen Streben, die Wunden des Vaterlandes zu heilen, erlittenes Unrecht gut zu machen und wahre Verdienste zu belohnen. [1]
So bestätigte und vermehrte er die Privilegien der zipser Sachsen wegen
der treuen und tapfern Kriegsdienste, die sie geleistet [2]; der Stadt Raab
ertheilte er einen Freibrief, kraft dessen die Burghörigen in die Zahl
ihrer Bürger aufgenommen und diese mit neuen Rechten beschenkt
werden, damit die wichtige Festung eine größere Menge von Kriegern
erhalte. [3] Er bereiste das Land und berief in den einzelnen Bezirken
die Adelichen zu Berathungen über die örtlichen Angelegenheiten;
solche Versammlungen des Adels „in dem Landestheil von der Donau
gegen Osten" hielt er z. B. zu Hayouholm (Hajkuhalom?) und Heves,
wo die Privilegien des erlauer Bisthums gesetzlich erneuert wurden. [4]

Aber die Hoffnungen, welche das Volk auf den thatkräftigen Kö-
nig setzte, sollten nicht in Erfüllung gehen; eine That leichtsinniger
Verwegenheit führte seinen Tod herbei. Der einflußreiche, von der
Königin Elisabeth begünstigte Ban von Slawonien, Joachim Pektari,
stand mit dem Grafen Rudolf von Habsburg, dessen Ansehen und
Macht täglich stiegen, in Verbindung und strebte, ihn auch mit dem
ungarischen Königshause in ein engeres Verhältniß zu bringen. Als
Stephan im Sommer 1272 mit einem Heere nach Serbien ging, um die 1272
Streitigkeiten beizulegen, welche in diesem Vasallenlande zwischen seinem Schwiegersohne Dragutin und dessen Vater, König Urosch, ausgebrochen waren, entführte Pektari den jüngern Prinzen Andreas und
wollte ihn zu Rudolf bringen, wahrscheinlich um ihn mit dessen Tochter zu verloben. Daß dies mit Rudolf's Vorwissen geschehen sei, ist
mehr glaublich als erwiesen. Aber sei es, daß Stephan die Absicht
Pektari's nicht kannte, oder daß er sie misbilligte: die Nachricht von
der Entführung versetzte ihn in die heftigste Bewegung; er brach sogleich aus dem Lager auf und jagte in rastloser Eile dem Entführer nach;
die Aufregung des Gemüths und die Anstrengung der schnellen Reise
in der Sommerhitze zogen ihm eine Krankheit zu, der er am 1. Aug.
im dreiunddreißigsten Jahre seines Lebens erlag. [5]

[1] Mehrere derselben bei Freher, V, I. — [2] Libertas hospitum de Scepusio vom 22. Nov. 1271, bei Endlicher, Monumenta, S. 522 fg. — [3] Libertas hospitum de Jaurino von 1271, bei Endlicher, S. 526 fg. — [4] Privilegia
ecclesiae Agriens. von 1271, bei Endlicher, S. 529 fg. — [5] Otocari epist.,
bei Fejér, V, II, 315. Engel, Historisch-diplomatische Aufklärungen über
Stephan's V. Tod, in Schedius' Zeitschrift von und für Ungarn, II, 161 fg.
Thuróczy, II, Kap. 77, läßt Stephan auf der großen Insel (Margaretheninsel,
ielleicht gar Schütt?) sterben und auf der Ofener Insel in der Kirche der

Er hinterließ zwei Söhne, Ladislaus und Andreas, und vier Töchter. Von den letztern waren Katharina mit dem Serbenfürsten Dragutin, Anna mit dem byzantinischen Kaiser Andronicus dem Jüngern, und Maria mit dem nachmaligen König beider Sicilien Karl von Anjou theils schon verheirathet, theils verlobt. Die vierte, Elisabeth, lebte als Nonne im Kloster auf der Margaretheninsel, ward von dem serbischen Fürsten Milutin entführt, trennte sich jedoch bald von ihm und heirathete darauf 1287 den böhmischen Großen Zawis von Rosenberg, dessen frühere Gemahlin (1279—85) Kunigunde, die Witwe König Ottokar's II., gewesen war und den sein Stiefsohn, König Wenzel II., 1290 enthaupten ließ. [1]

Ladislaus IV. oder der Kumane,

1272—1290,

war ungefähr zehn Jahr' alt, als sein Vater plötzlich starb, ohne eine Regentschaft eingesetzt, noch irgendwelche Vorkehrungen zur Verwesung des Reichs während der Unmündigkeit seines Sohnes getroffen zu haben. Die Königin-Witwe Elisabeth bemächtigte sich gleich nach seinem Tode der obersten Gewalt und fing an, die Regierung im Namen ihres unmündigen Sohnes zu führen. Zum Mitgenossen der Herrschaft erhob sie ihren Günstling Joachim Pektari, der mittlerweile mit dem Prinzen Andreas an den Hof zurückgekehrt war [2] und jetzt nichts Eiligeres zu thun hatte, als die verdienten Männer, die bisher an der Spitze des Staats standen, ihrer Aemter entheben und sich selbst zu dem höchst einträglichen Posten des Oberstschatzmeisters ernennen zu lassen.

Heiligen Jungfrau begraben werden. Aus dem Antwortsschreiben Rudolf's an die Königin Elisabeth, die ihm nach seiner Erwählung zum römischen König beglückwünscht hatte, geht hervor, daß schon Stephan mit dem mächtigen Grafen in einem innigern Verhältnisse gestanden und die Vermählung des Prinzen Andreas mit dessen Tochter gewünscht habe. Rudolf schreibt nämlich: „.... illius indissolubilis dilectionis identitas, quae cum clarae recordationis viro vestro quasi cum unum et eadem amicitia noscitur exstitisse, dum adhuc viveret, cum eodem decedente nequaquam periit" und „.... filiam nostram inclyto Andreae filio vestro cupientis matrimonialis vinculi foedere conniri." Bei Palacky, Ueber Formelbücher, S. 319. Vgl. Szalay, Geschichte von Ungarn, 2. Ausg., II, 92, Note 1.
   [1] Chron. Aulae regiae (Bohemiae), bei Dobner, Monumenta, V, ad ann. 1279—90. Vgl. Palacky, II, Abth. 1, S. 310 fg. — [2] Das Chronic. Claustro-Neoburgense, bei Pez, I, 472, und Hist. Australis plenior, bei Freher, I, 480, berichten zwar, daß Andreas mit Rudolf's Tochter Clementine verlobt und an dessen Hof erzogen wurde; sie befinden sich aber offenbar im Irrthum; denn Ladislaus schreibt 1274 an Rudolf: „Cum in sublimitate vestri nominis tanquam in ortu novi sideris gratulemur ex intimis, cupientes, ut affectum nostrae mentis proximitatis annexio sequeretur, super matrimonio contrahendo inter filiam vestram principaliter, si exstat, aut filii vestri vel filiae, seu sororis filiam et fratrem nostrum charissimum Andream, inclytum Ducem Slavoniae et Croatiae infra octavum annum constitutum." Die Verlobung wurde erst 1277 unter der Bedingung beschlossen, wenn die Gesandten Rudolf's, die den Prinzen in Augenschein nehmen sollten, an ihm „kein auffallendes Gebrechen" entdeckten.

Dieses unwürdige, gesetzwidrige Verfahren erbitterte den Palatin Finta, den Oberstschatzmeister Egidius und andere ihrer Aemter beraubte Herren so sehr, daß sie in den königlichen Palast zu Stuhlweißenburg gewaltsam eindrangen und die Königin mit dem jungen König dort gefangen hielten, wahrscheinlich um den Widerruf ihrer Amtsenthebung und die Entfernung Pektari's vom Hofe zu erzwingen. [1] Aber schon versammelten sich die Stände daselbst zur Krönung und befreiten die Gefangenen, worauf Ladislaus in den letzten Tagen des August ge- 1272 krönt [2] und Andreas zum Herzog von Slawonien ernannt wurde.

Dem Gesetze und der Gewohnheit gemäß waren zwar außer der Königin-Mutter noch der Palatin Moses, Gemahl von Béla's IV. Tochter Sabina, und der graue Erzbischof Philipp nebst den übrigen höchsten weltlichen und geistlichen Würdenträgern des Reichs Mitglieder der Regentschaft; aber die Macht lag fast ausschließlich in den Händen Pektari's, der Elisabeth nach seinem Willen lenkte. Und aus den Vorgängen, die schon vor der Krönung stattfanden, ließ sich von der Regierung nicht viel Gutes erwarten; Hofkabalen und Gewaltthätigkeiten standen in Aussicht. Dabei ward die Erziehung des jungen Königs gänzlich vernachlässigt; man umgab den Knaben mit allen Zeichen der königlichen Würde und Macht, ließ seinen von Natur heftigen Leidenschaften freie Zügel und gewöhnte ihn an Ausschweifungen. [3] Das Sendschreiben der Regentschaft an die Stadt Traw in Dalmatien kennzeichnet den Geist, der diese beseelte, und die Gesinnungen, die dem jungen Fürsten eingeflößt wurden. „Erkennet es, Getreue", lassen sie ihn schreiben, „daß wir mit dem Diadem unsers Reichs bezeichnet und durch Gottes Gnade gekrönt sind, ... darum befehlen wir euch gebietend, in allem, was uns und unsern geliebten Ban Joachim betrifft, mit solcher Treue zu verfahren, daß wir euch alles Gute erweisen mögen. Denn wisset: obgleich wir noch im Knabenalter stehen, besitzen wir doch durch Gottes Gnade die Gewalt, alle, die sich gegen uns auflehnen, mit Macht zu bändigen: daher, wenn irgendwelche Treulosigkeit in euerm Herzen aufsteigen sollte, ihr weder zu Wasser, noch zu Lande unsern Händen entrinnen werdet." [4]

Zorn, vielleicht auch Furcht vor der Rache der Königin und Pektari's, machte Egidius und seinen Bruder Gregor (beide nannten sich von Budamér) zu Landesverräthern, sie flohen zu Ottokar nach Böhmen und überlieferten ihm das wichtige Presburg; Ottokar aber war

---

[1] Elisabeth sagt in der Urkunde, bei Fejér, V, 11, 131: „Cum quidam infideles .... regni nostri apud Album ante tempus coronationis carissimi filii nostri regis Ladislai contra nostram Excellentiam manu armata insurgentes", und Ladislaus, bei Fejér, V, 11, 425: „Cum per Finta palatinum captivati essemus." — [2] Sein Sendschreiben an die Stadt Traw ist datirt: „in quindenis Sancti Stephani Regis", bei Lucius, De regno Dalmatiae, Lib. IV, c. 9. — [3] In der bereits angeführten Urkunde, Fejér, V, 11, 425, lesen wir, daß Andreas Kaplony, wie es scheint, sein Erzieher, als Majestätsbeleidiger gestraft wurde, weil er den schon gekrönten König gezüchtigt hatte („cum cambuca percutiens"). Später wurde Ban Matthias, Vajda von Siebenbürgen, sein Erzieher, wie der Biograph der heiligen Margaretha berichtet; bei Katona, VI, 689. — [4] Lucius, IV, 9.

treulos genug, den erst im vorigen Jahr feierlich beschworenen Frie-
densartikeln zuwider Presburg in Besitz zu nehmen und die Ueberläufer
mit Gütern in Oesterreich zu beschenken, die jährlich 2000 Mark Silber
eintrugen. [1] Er hatte jedoch bald Ursache, seine Treulosigkeit zu bedauern. Heinrich von Güssingen, der sich bereits mit einer Tochter
Smil's von Lichtenberg vermählt hatte und böhmischer Landstand geworden war, sah mit Neid und Unwillen die Gunstbezeigungen, mit
denen Egidius, von jeher sein gehaßter Feind, überhäuft wurde; er verließ Böhmen heimlich, erschien am ungarischen Hofe auf der Margaretheninsel und trug seine Dienste gegen Ottokar an, in dessen Plane
er eingeweiht war; hier ward er mit offenen Armen aufgenommen und
erhielt seine ausgedehnten Besitzungen zurück. Allein der gewaltthätige Mann gerieth mit dem Prinzen Béla, Boleslaw's Sohn und
Nachfolger im Banate von Macsó, in heftigen Streit, tödtete ihn im
Zweikampf und hieb in der Wuth des Zorns sogar den Leichnam in
Stücke.

Die Königin und ihre Höflinge nahmen sich den gewaltsamen Tod
des Prinzen, den sie des geheimen Einverständnisses mit Ottokar beschuldigten, nicht sehr zu Herzen, denn kurz darauf ernannten sie Heinrich zum Ban von ganz Slawonien. [2] Sie schickten aber dennoch eine
Gesandtschaft an Ottokar, die ihm den tiefen Kummer des Königs und
seiner Mutter über den schmerzlichen Vorfall meldete und ihn zugleich
auf Grund des letzthin geschlossenen Friedens ersuchte, Presburg herauszugeben. Aber Ottokar war oder stellte sich entrüstet über das
schmähliche Ende seines Schwagers, forderte vor allem die Auslieferung
seines Mörders und erklärte, daß er die Verweigerung derselben als
einen Friedensbruch ansehen werde, den er mit den Waffen rächen
müsse. [3] Denn er kannte die Zerfahrenheit der ungarischen Zustände,
und willkommen war ihm jede Veranlassung zu einem Krieg, von dem
er sich den glücklichsten Erfolg versprechen durfte. Der ungarische
Hof hingegen wünschte im Bewußtsein der eigenen Schwäche, den Frieden zu erhalten, und forderte den Papst als Garanten desselben auf,
den böhmischen König von Feindseligkeiten abzumahnen. Gregor X.
erfüllte die Bitte, doch seine Ermahnungen und die Vorstellung, Ottokar möge bedenken, wie das Kind, welches König von Ungarn heiße,
ihn gar nicht habe beleidigen können, fanden kein Gehör [4]; und bald
reizte ein neuer Vorfall Ottokar noch heftiger zum Kriege. In Egidius'
Brust hatte nämlich die Vaterlandsliebe bereits über den Zorn gesiegt;
von Reue getrieben, verließ er Oesterreich, ging nach Presburg, dessen
Besatzung ihm als dem Vertrauten Ottokar's bereitwillig gehorchte, und
überlieferte die Stadt wieder den Ungarn. Zum Lohn erhob ihn Ladislaus zum Ban von Macsó.

Da jede Hoffnung auf Erhaltung des Friedens geschwunden war,

---

[1] Chron. Austr., bei Freher ad ann. 1272. Anonym. Leobiens., bei Pez,
I, 840. — [2] Als solcher kommt er schon in den Urkunden von 1273 vor. —
[3] Chron. Austr., bei Freher, I, 464. Annales Altahens., ebend., S. 558. —
[4] Epist. Gregorii X. ad Ottocarum, bei Raynaldus, Annales eccl. ad ann. 1272,
und bei Fejér, V, 11, 640.

rüsteten sich die Ungarn mit der gewohnten Schnelligkeit, sodaß sie schon in den ersten Tagen des Februar 1273 in Mähren, Oesterreich und 1273 Steiermark einbrachen, diese Länder durchstreiften, von da nach Kärnten hinübergingen und mit mehrern tausend Gefangenen heimkehrten, ohne auf eine feindliche Macht zu stoßen. Seit der Entvölkerung ihres Landes durch die Mongolen waren Menschen die Beute, nach der sie in allen Kriegen vornehmlich strebten. Ottokar hatte seine Rüstungen noch immer nicht vollendet, darum errichtete der Adel der überfallenen Länder einen Waffenbund. Die Verbündeten drangen nach Ungarn vor, eroberten Raab und führten den Befehlshaber der Stadt, Bischof Jakob von Fünfkirchen, nebst andern ungarischen Edeln gefangen nach Oesterreich ab. Im Mai setzten abermals andere Scharen aus Oesterreich und Mähren über die March, nahmen Sanct-Georgen und erstürmten Neitra, wobei sie diese Stadt plünderten, sodann anzündeten und die Einwohner, die sich in die Kirche geflüchtet hatten, tödteten. [1] Raab wurde indessen schon nach einigen Wochen durch den Obergespan von Eisenburg, Georg, und Iván (Johann) von Güssingen, Heinrich's Sohn und ödenburger Obergespan, zurückerobert. [2]

Erst gegen Ende Juli hatte sich Ottokar in Bereitschaft gesetzt und seinen Kriegsvölkern die Stadt Laa zum Sammelplatz angewiesen. Noch ehe diese dort vollzählig eingetroffen waren, ging Heinrich von Güssingen mit 30000 Mann, großentheils Reitern, über die March und griff das böhmische Lager an. Der Landeshauptmann Kärntens, Ulrich von Dürnholz, stellte sich ihm außerhalb der Verschanzungen entgegen, fiel aber in dem Gefecht; seine Truppen wurden in das Lager zurückgeworfen und wagten keinen Ausfall mehr, wiewol die Ungarn sie zwei Tage lang zum Kampf reizten und die Umgegend verwüsteten, bis Ottokar selbst heranrückte, dessen Heer nun bereits bei 60000 Streiter zählte. Der Uebermacht weichend, zog sich Heinrich über die March zurück, vermied sorgfältig jedes ernstliche Treffen und nahm erst hinter der Waag Stellung, um die Linie derselben zu decken. Ottokar drang daher ohne Widerstand bis an den reißenden Fluß vor, wagte aber nicht, denselben im Angesicht des feindlichen Heers zu überschreiten, sondern beschäftigte sich länger als einen Monat mit der Eroberung fester Plätze. Den flüchtig gewordenen Landleuten, die heimkehren und ihre Arbeiten wieder aufnehmen würden, ließ er Gnade und Schutz verkündigen, weil er ihrer zur Einheimsung der Ernte und zu allerhand Dienstleistungen bedurfte, die seine Armee nicht entbehren konnte; vielleicht auch, weil er diese Gegend schon als seine bleibende Eroberung betrachtete. Nachdem er Tyrnau, Sanct-Georgen und zuletzt auch das feste Presburg erobert hatte, übergab er diese Städte der Obhut der wiener und neustädter Bürger, schlug eine Brücke über die Donau — 100 Wagen hatten das Material herbeigeschafft — und ging auf das rechte Ufer hinüber. An der Rabnitz erwartete ihn abermals das ungarische Heer, allein er vermied den Zusammenstoß mit dem-

---

[1] Chron. Austr. und Altahense, a. a. O. — [2] Urkunde bei Fejér, V, II, 122, 133.

selben auf diesem gefährlichen Terrain, brachte Wieselburg, Oedenburg
und noch einige weniger bedeutende Ortschaften um den Neusiedler See
in seine Gewalt und kehrte nach Böhmen zurück [1]; denn in Deutschland trugen sich Dinge zu, die seine ganze Aufmerksamkeit in Anspruch nahmen. Der Krieg hörte nach seinem Abzug thatsächlich auf;
ob es aber zum Abschluß eines Waffenstillstands oder Friedens kam,
ist zweifelhaft [2]; Ottokar blieb im Besitz seiner jüngst gemachten
Eroberungen, und langwierige Unterhandlungen über eine gänzliche
Aussöhnung mit dem ungarischen Hofe nahmen jetzt ihren Anfang,
führten jedoch zu keinem Ziel.

Die deutschen Fürsten waren endlich des langen Interregnums
müde geworden, während dessen seit 1257 die zwiespältig gewählten
Richard von Cornwall, König Heinrich's III. von England Bruder, und
Alfons X., König von Castilien, den Titel römischer König führten.
Alfons war nie nach Deutschland gekommen, Richard nur von Zeit zu
Zeit erschienen, die deutschen Fürsten durch Geldspenden zu befriedigen
und Kriegsknechte für seinen Bruder zu werben; keiner von beiden
hatte sich in Rom die Kaiserkrone aufsetzen lassen. Deutschland
war von gänzlichem Zerfall bedroht. Daher wurde nach dem Tode
Richard's, am 2. April 1272, Alfons gar nicht in Betracht genommen,
und die Fürsten entschlossen sich, einen König zu wählen, der zwar
durch persönliche Kraft und Weisheit fähig wäre, die Ordnung im
Reiche herzustellen, aber nicht mächtig genug, ihre nach und nach er-
rungene Gewalt zu beschränken. Diese Eigenschaften hofften sie in
Rudolf Grafen von Habsburg zu finden, und wählten ihn nach langen
geheimen Unterhandlungen in Frankfurt am Main am 29. Sept. 1273
zum römischen König. Zu den Verpflichtungen, die Rudolf in der
Wahlcapitulation übernahm, gehörte auch die, Oesterreich, Steiermark,
Kärnten, Krain und überhaupt alle deutschen Länder, deren sich der
böhmische König widerrechtlich bemächtigt habe, wieder mit dem Reiche
zu vereinigen. Ottokar, dessen Procurator, Bischof Bernhard von
Bamberg, gleich am Wahltage Protestation eingelegt hatte, versagte
dem Erwählten beharrlich seine Anerkennung. Um so mehr ließ Rudolf schon auf seinem ersten Reichstage zu Nürnberg, den 19. Nov.
1274, die Beschlüsse fassen: daß der römische König alle seit Kaiser
Friedrich's II. Excommunication dem Reiche anheimgefallenen Länder
in Besitz nehmen soll, und daß jeder Vasall, der binnen Jahr und Tag
seine Lehen nicht muthet, derselben verlustig ist; daß daher Pfalzgraf
Ludwig den König von Böhmen, der seit König Rudolf's Erwählung
die Belehnung weder nachgesucht noch erhalten hat, auf den 23. Jan.

---

[1] Die Urkunden bei Fejér, V, 11, 268, 275. Ottokar's Briefe im Codex
epistolaris Primislai Ottocari II., edid. Dolliner (Wien 1803), S. 33 fg., 35 fg.
Chron. Austr., a. a. O., S. 464. Leobiense, bei Pez, I, 839. Hierher gehört
auch die Durchstechung der Dämme bei Velbach, welche Horneck in seiner
Reimchronik, Kap. 96, beschreibt, aber fälschlich in das Jahr 1271 versetzt;
denn Iván von Güssingen, der dieselbe ausgeführt haben soll, war 1271 noch in
Böhmen. — [2] In den angeführten Briefen redet Ottokar ausdrücklich von einem
Friedensvertrag, der zwischen ihm und Ladislaus abgeschlossen worden sei.

vor sein Gericht nach Würzburg fordere. [1] Da Ottokar schon vorher
wußte, welches Urtheil er empfangen würde, erschien er nicht vor dem
Gerichte des Pfalzgrafen und ward im Mai auf dem Reichstage zu
Augsburg in die Reichsacht erklärt.

Aber auch alle sonstigen Umstände und Verhältnisse hatten sich
gewaltig zum Nachtheil des böhmischen Königs umgestaltet. Die
deutschen Fürsten, vormals größtentheils seine Freunde und Bundesgenossen, waren bis auf wenige seine erbitterten Widersacher geworden;
er hatte sie durch seine Eroberungssucht in Furcht gesetzt und durch
Stolz beleidigt. Noch weit gefährlicher war die Unzufriedenheit, die in
den Ländern seines Reichs gärte. Die Einziehung der verpfändeten
und verschenkten Krongüter, die er in vielen Fällen gewaltthätig
durchführte, die häufigen Einkerkerungen edler Herren, die Hinrichtung
mehrerer vornehmer Großen, wie Otto's von Meißau und Seifried's von
Mehrenberg, schwere Auflagen, die das Volk drückten, die Begünstigung
der Deutschen in Böhmen und die Besetzung der höchsten Aemter in den
deutschen Ländern mit Böhmen, alles das hatte ihm die Liebe seiner Völker, die er zu Anfang seiner Regierung besaß, immer mehr entzogen. [2]
Schon in dem letzten Kriege gegen Ungarn schritten seine Rüstungen
so langsam vorwärts, weil die Stände seinen Anordnungen nur mit
Widerwillen gehorchten. Die Nachricht von Rudolf's Wahl und Absichten aber erfüllte die Misvergnügten mit Freude und Hoffnung; sie
setzten sich mit ihm in Verbindung, forderten ihn auf, sie von dem verhaßten Herrscher zu befreien, und rüsteten sich zum Aufstand. [3] Vergebens suchte Ottokar, durch Versprechungen und Drohungen, durch
Belohnungen und Strafen die Abtrünnigen zum Gehorsam zurückzuführen; daß er die Großen seiner deutschen Länder zwang, abermals Treue zu schwören und ihm ihre Kinder als Geiseln zu überliefern, steigerte noch den Haß, den sie gegen ihn bereits im Herzen
trugen. Dagegen suchte Rudolf die Misvergnügten an sich zu ziehen
und ermunterte sie auf jede Art zur Empörung wider ihren angestammten
König. [4] Anfangs setzte Ottokar seine Hoffnung auf den Papst Gregor X., der Rudolf längere Zeit hindurch nicht anerkannte, und wählte
ihn zum Schiedsrichter. Allein auch dieser wandte sich von ihm ab,
als der römische König durch seinen Kanzler, den Propst Otto von
Speier, am 9. April 1274 allen Rechten und Ansprüchen des Reichs,

[1] Pertz, Monumenta, IV, 399. Lambacher, a. a. O. — [2] Contin. Cosmae
Prag. ad ann. 1250—75. Dalemil, bei Pez, II, 1044 fg. Pulkawa, bei Dobner, Monumenta, III, 63 fg. Horneck, Reimchronik. — [3] Contin. Cosmae
Prag., S. 418 fg. — [4] Rudolf hatte nicht die Ansichten von Legitimität und
Rebellion, die sein Haus in spätern Zeiten hegte. „Confortare", schreibt er
an Bores von Riesenburg, das Haupt der böhmischen Misvergnügten, „et
esto robustus in fide, in devotione stabilis, in spe firmus, fidelis noster caris-
sime! nam per sceptrum juramus regium, et in summa veritate, quae est Christus, tibi dicimus, quod nunquam te majestas regia deseret, sed tibi tanquam
carnali nostro filio, favorabiliter aspirabit"... u. s. w. In einem andern Briefe
nennt er Bores nostrum et imperii propugnatorem egregium. Codex epist.
Rud. I. etc.; instr. Fr. Jos. Bodmann, 1805, S. 12, 34 u. 46.

für welche die Kaiser seit 300 Jahren gekämpft hatten, zu Gunsten des römischen Stuhls entsagte. [1] In dieser gefahrvollen Lage hing die Rettung oder der Untergang Ottokar's davon ab, ob Ungarn für oder gegen ihn Partei ergreifen werde. Er mochte es jetzt bitter bereuen, zuerst das hundertjährige Bündniß gelöst und sodann auch die neuen Freundschaftsbande, die er selbst mit dem árpädischen Hause geknüpft hatte, wieder zerrissen zu haben. Er trat daher mit dem ungarischen Hof in Verhandlungen, bei denen ihm König Karl von Sicilien [2] und Herzog Heinrich von Baiern, der Schwiegersohn Béla's IV. und als sein Bundesgenosse mit ihm zugleich in die Reichsacht erklärt, zu Vermittlern dienten. Ungarische Gesandte erschienen zwar, wie er verlangt hatte, an seinem Hofe, und Ladislaus erklärte, ihn unter gewissen, uns unbekannten Bedingungen zum Vater annehmen zu wollen; aber die Unterhandlungen zerschlugen sich, da Ottokar von seinen hochgespannten Anforderungen noch nicht ablassen mochte und am ungarischen Hofe die Abneigung gegen ihn über die Rücksichten der Verwandtschaft siegte. [3] Denn die herrschsüchtige und leidenschaftliche Elisabeth konnte es nicht vergessen, daß er sie zuerst aus Steiermark vertrieben und sodann ihren Schwiegervater gegen sie aufgehetzt; mit ihr vereint boten die Güssinger, die Budamérer und vor allen der mächtige Pektari, die ihn haßten, ihren ganzen Einfluß zu seinem Nachtheil auf; das Volk selbst, das in den vielen Kriegen, die er verursacht, soviel Blut vergossen und so schwere Bedrängnisse erlitten, hatte sich gewöhnt, ihn als seinen bittersten Feind zu betrachten, und konnte keine Neigung fühlen, für ihn zu kämpfen.

Rudolf aber verstand es meisterhaft, durch Schmeicheleien und Versprechungen, denen der Ungar so wenig zu widerstehen vermag, sowol den König und seine Mutter, als auch die Großen für sich zu gewinnen. An Ladislaus schrieb er: „Es liegt uns sehr am Herzen, daß das herrliche und berühmte ungarische Reich den Glanz des alten Ruhms wiedererlange und der Uebermuth seines Feindes (Ottokar's) gebrochen werde; wir wollen weder unsere Person, noch unser Vermögen schonen, bis wir mit Gottes Hülfe den Stolz dieses hochmüthigen Mannes zu den Füßen unserer siegreichen Adler erniedrigt haben. . . . . Wohlan also, Fürst, auf den der Ahnen Tugend, Kraft und Muth sich fortgepflanzt hat, wir bitten, ermannet Euch zur Tapferkeit" u.s.w. Und an die Großen Ungarns schrieb er: „Was die Standhaftigkeit euerer unbefleckten Treue und die natürliche Kraft euers Gemüths in hellem Glanze widerstrahlte . . . ., das habt ihr durch Thaten bewiesen, indem ihr fortfahret, zuvorkommend zu dienen dem erhabenen Ladislaus, König von Ungarn, und Andreas, dem Herzog von Slawonien, unsern theuern Söhnen, die wir, seit sie das Schicksal der väterlichen Fürsorge beraubt hat, wie Fleisch von unserm Fleische und Gebein von unserm

---

[1] Pez, Monumenta, IV, 394 fg. Raynaldus, Annales eccl. ad ann. 1274. — [2] Das Bevollmächtigungsschreiben Karl's an seine Gesandten, bei Fejér, V, ii, 311, 323. — [3] Die Briefe Ottokar's an Ladislaus, bei Fejér, V, ii, 280 u. 316.

Gebeine in unsern väterlichen Schos aufgenommen haben und hegen
wollen. . . . . Indem wir nun gesonnen sind, euch dafür reichlicher zu
belohnen, so fordern wir es als einen besondern Dienst, daß ihr die
Vorzüge, die etwa in unserm römischen Reich oder bei uns schimmern
und an denen ihr Wohlgefallen findet, in der Zuversicht, sie zu erhalten,
von uns verlanget." [1] Kein Wunder also, daß Rudolf am ungarischen
Hofe den Sieg über Ottokar davontrug, der auch jetzt noch drohte und
forderte, wo er hätte nachgeben und bitten sollen.   Die feindselige
Stimmung gegen letztern äußerte sich hier immer unverhohlener, die
Bedingungen, unter denen man den Abschluß eines Vertrags in Aussicht stellte, wurden täglich härter; zuletzt machte man sogar den Vorschlag, daß Ottokar und Ladislaus an der Spitze bewaffneter Scharen
eine Zusammenkunft halten und einen Vergleich, wie ihn die gegenwärtige Lage der Dinge fordere, eingehen sollten.   Ottokar sah ein,
daß eine derartige Zusammenkunft, wo zwei Heere gerüstet einander
gegenüberständen, sogleich den Krieg herbeiführen müßte, wenn er sich
nicht jeder Bedingung unterwerfen wollte, und daß dies eben die Absicht der ungarischen Regentschaft sei: darum erwiderte er auf diesen
Vorschlag, er werde mit Ladislaus nicht zusammentreffen, solange
Pektari an dessen Seite sich befinde, jedoch mit ganzer Macht an dem
bestimmten Orte erscheinen, um seine Länder gegen jeden Angriff zu
schützen; übrigens wünsche er den Frieden nach den bereits verabredeten Punkten aufrecht zu erhalten. [2] Diese Antwort gab dem
ungarischen Hofe einen Grund an die Hand, mit Ottokar offen zu
brechen und das längst gewünschte Bündniß mit König Rudolf ein-
zugehen.

Nachdem sich Rudolf den Beistand Ungarns gesichert hatte, be- 1276
gann er den Krieg.   Mit dem Haupttheer rückte er vom Rhein über
Nürnberg vor, und da, von der drohenden Gefahr geängstigt, auch der
letzte Freund Ottokar's, Heinrich von Baiern, auf seine Seite trat,
wandte er sich plötzlich nach Oesterreich, nahm Klosterneuburg und
stand schon am 15. Oct. vor Wien, das er Tags darauf umschloß. Das
ungarische Heer näherte sich der Grenze in zwei Abtheilungen, deren
eine der Verabredung gemäß in Niederösterreich einfallen und die andere über Mähren nach Böhmen vordringen sollte.   Da standen in Böhmen und Mähren die mächtigsten Barone gegen Ottokar auf; in Kärnten
und Steiermark schloß der größte und angesehenste Theil des Adels
einen Bund für Rudolf, dessen Partei auch in Oesterreich die Oberhand
gewann und ihm die Thore der Städte öffnete.   Wien allein, das Ottokar ganz besonders begünstigt hatte, leistete beharrlichen Widerstand.
Der einst so mächtige König, der erst vor einigen Jahren ein Heer von
150000 Kriegern wegen geringfügiger Ursache gegen Ungarn geführt
hatte, konnte jetzt, wo es sich um Sein und Nichtsein handelte, kaum
20000 Mann zusammenbringen; er sah die Unmöglichkeit des Wider-
stands ein und durfte nur vom Frieden noch Rettung erwarten. [3] Daher

---

[1] Fejér, V, ii, 329, 321. Bodmann, Codex epist. Rudolphi l. — [2] Der
Brief Ottokar's bei Fejér, V, ii, 315. — [3] Contin. Cosmae Prag. Hist. Austr.

sandte er Bruno, den Bischof von Olmütz, an Rudolf, damit er um
1276 jeden Preis Frieden schließe. Am 21. Nov. 1276 kam der Vertrag zu
Stande. Ottokar entsagt in demselben allen Rechten und Ansprüchen
auf Oesterreich, Steiermark, Kärnten, Krain und die Windische Mark,
auf Eger und Portenau; der römische König belehnt ihn und seine
Nachkommen mit Böhmen und Mähren; zur Befestigung der friedlichen Verhältnisse vermählt sich ein Sohn Rudolf's mit einer Tochter
Ottokar's; der König von Ungarn wird in diesen Frieden eingeschlossen;
alle gegenseitig von Ungarn wie von Böhmen gemachten Eroberungen
werden zurückgegeben und die alten Grenzen beider Reiche wiederhergestellt; ferner verpflichtet sich der böhmische König, die aus der
ungarischen Schatzkammer entwendeten Kleinodien auszuliefern. [1] Am
26. Nov. kam Ottokar selbst in das Lager vor Wien, beugte in Gegenwart aller Reichsfürsten seine Knie vor dem auf dem Throne sitzenden
Rudolf, leistete ihm den Huldigungseid und empfing die Belehnung mit
Böhmen und Mähren. [2]

Doch Ottokar hatte zu hoch gestanden, um die Erniedrigung geduldig zu ertragen. Rudolf dagegen hielt ihn noch immer für zu mächtig, um nicht Argwohn gegen ihn zu hegen; er legte die Friedenspunkte zu seinem Vortheil aus, drängte seinen Gegner in den Tractaten
zu Wien vom 6. Mai und zu Prag vom 12. Sept. 1277 von einer Con-
cession zur andern, und beleidigte ihn vorzüglich dadurch, daß er die
aufrührerischen Barone, die auch jetzt nicht gehorchten, für seine Diener erklärte und in Schutz nahm. [3] Ottokar glaubte daher nur die
Wahl zu haben, entweder schmachvoll untergehen, oder das Aeußerste
wagen zu müssen, und entschloß sich zur Erneuerung des Kriegs. Auch
schienen manche mittlerweile eingetretene Umstände seinen Entschluß
zu begünstigen. In Oesterreich hatten erhöhte Steuern, die Erpressungen der dort stehenden rheinländischen Truppen und die Wuth, mit
der Rudolf's Anhänger ihre politischen Gegner verfolgten, die neue
Herrschaft unbeliebt gemacht. Herzog Heinrich von Baiern, der sich
in der Hoffnung, der römische König werde ihm Oberösterreich abtreten, getäuscht sah, näherte sich wieder seinem alten Bundesgenossen,
von dem er ein siebeneimeriges Faß voll Silber zum Geschenk soll erhalten haben. [4] Auch mehrere schlesische, polnische und russi-che Fürsten sagten Hülfstruppen zu. Der Eifer der deutschen Fürsten für
Rudolf endlich war merklich erkaltet, seit seine Macht höher, als sie
wünschten, gestiegen war. [5]

pars plenior, bei Freher, I, ad ann. 1276. Horneck, Kap. 124. Lambacher,
Oesterr. Interregnum (Wien 1773), S. 146 fg. Kézai, II, Kap. 5, bei
Endlicher.
[1] Der Friedensvertrag bei Lambacher, Beilage 74, und bei Fejér, V, II,
324. — [2] Hist. Austr. pars plenior, bei Freher, I, 471. Die Erzählung, daß
das Zelt plötzlich geöffnet wurde, während Ottokar kniend huldigte, ist eine
Fabel, wie manch andere Dinge, mit denen man diesen Act ausschmückte. —
[3] Die Briefe Ottokar's an Rudolf, bei Dolliner, Cod. epist. Ottocari, S. 56,
63, 79. — [4] Volcmari abbat. Fürstenfeldens. Chron., bei Oefele, II, 531. —
[5] Die erwähnten Beschwerden und diese günstigen Aussichten, nicht aber die
Aufreizungen der Königin Kunigunde waren es, was Ottokar bewog, den

Um so dringender bedurfte Rudolf der ungarischen Hülfe für den bevorstehenden Krieg. Auf seinen Wunsch gingen die Bischöfe von Großwardein und Agram, Ladomér und Timotheus, der Ban Lorant, der Truchseß der Königin und Obergespan von Neograd Aladar, der stuhlweißenburger Propst und Vicekanzler Demeter und der ofener Propst Johannes nach Wien und schlossen dort am 13. Juli 1277 mit 1277 seinen Bevollmächtigten ein neues Bündniß. In demselben wurde festgesetzt: Prinz Andreas wird mit Rudolf's Tochter Clementine vermählt; Rudolf verspricht, den König von Böhmen ernstlich zur Erfüllung der Friedenspunkte, die Ungarn betreffen, anzuhalten und nöthigenfalls vereint mit Ladislaus zu zwingen; die verbündeten Fürsten geloben beiderseitig, keine Ueberläufer aufzunehmen und Friedensstörer, welche die Grenzgegenden beunruhigen, gemeinschaftlich zu Paaren zu treiben; sie sichern ihren Handelsleuten gegenseitig freien Verkehr zu u.s.w. [1] Rudolf beschwor den Vertrag in die Hände der ungarischen Bevollmächtigten und schickte Gesandte an Ladislaus, die ihm denselben Eid abnahmen und ihn zugleich zu einer persönlichen Unterredung einluden. In Haimburg kamen die Könige zusammen, bekräftigten ihren Bund durch Handschlag, versprachen einander, den Krieg mit ganzer Macht zu führen und einseitig keinen Frieden zu schließen, und zuletzt nahm Rudolf den sechzehnjährigen Ladislaus zum Sohn an. [2]

Nachdem sich Rudolf in solcher Weise die mächtige Hülfe Ungarns gesichert hatte, beschloß er, mit Ottokar entschieden zu brechen. Einen Brief vom 31. Oct. [3], in welchem sich dieser über erlittenes Unrecht, besonders über den Schutz, den Rudolf den noch immer im Aufstande beharrenden Baronen gewähre, bitter beklagte, faßte er als schwere Beleidigung auf und ließ sich am 11. Nov. von vier Bischöfen ein Gutachten ausstellen, daß dieses Schreiben schon an sich ein Friedensbruch sei. Aber bei den Kriegsrüstungen stieß er auf unüberwindliche Schwierigkeiten. Er hatte kaum über 500 schwäbische, fränkische und rheinländische Ritter bei sich, zu deren Besoldung er Beisteuern von den Bisthümern und Abteien erheben und Abgaben ausschreiben mußte, wodurch die Unzufriedenheit, die in den neuerworbenen Ländern ohnedies herrschte, noch vermehrt würde. [4] Wien, obwol er Rüdiger Paltram verbannt und die Stadt zur freien Reichsstadt erhoben hatte [5], blieb Ottokar ergeben; für diesen waffneten und warben auch die mächtigen Kunringe und andere Landherren. Und doch war Rudolf fast ausschließlich auf die streitbare Mannschaft jener Völker-

Krieg zu wagen. Sie war ganz niedergebeugt von seinem Unglück, und er mußte sie ermahnen, eine hohe Gesinnung anzunehmen und nicht kleinmüthig zu verzagen. Sein Brief an sie bei Dolliner, S. 61. Wie gering sie die königliche Macht und Ehre achtete, bewies sie auch dadurch, daß sie nach Ottokar's Tode einen böhmischen Edelmann heirathete.

[1] Fejér, V, ɪɪ, 388. — [2] Das Einladungsschreiben Rudolf's, bei Katona, VI, 739. Hist. Austr. pars plenior, bei Freher, I, ad ann. 1277. Das Schreiben Königs Ladislaus, bei Fejér, V, ɪɪ, 399. Kézai, ɪɪ, Kap. 5. — [3] Bei Dolliner, Cod. epist. Ottocari, S. 79. — [4] Lambert, a. a. O., Nr. 84. — [5] Ebend., Nr. 90, 91.

schaften angewiesen, in denen die Zuneigung für den vorigen Landesherrn von neuem erwachte.   Denn die Reichsfürsten gehorchten seinem Aufrufe zur Waffenhülfe nicht; nur einige Bischöfe, einige dem habsburger Hause verwandte Reichsgrafen, der Burggraf von Nürnberg, Friedrich von Zollern, und Graf Meinhard von Tirol führten ihm Hülfstruppen zu. Die Armee, mit welcher er im Sommer 1278 ins Feld rückte, zählte nicht mehr als 10000 Mann. [1]

Ottokar kämpfte mit ähnlichen Schwierigkeiten; der Aufstand der Barone verminderte die Zahl seiner böhmischen Streiter; der Bann, den Papst Nikolaus über alle Gegner Rudolfs ausgesprochen hatte [2], und das Mistrauen in sein wankendes Glück lähmten den Eifer seiner Bundesgenossen. Aber noch weit verderblicher war für ihn, daß er selbst mit dem Glück auch alle kühne Zuversicht verloren hatte und den günstigen Augenblick nicht rasch benutzte. Schon hatte sich in Brünn um ihn ein Heer gesammelt, das jenem Rudolfs weit überlegen war; doch wartete er fort und fort auf größern Zuzug, und als er endlich mit beinahe 30000 Mann in Oesterreich einrückte, vergeudete er die unwiederbringliche Zeit mit Märschen und mit der Belagerung fester Plätze, statt schnell auf den Gegner loszugehen und ihn zu schlagen. [3]

1278 Unterdessen war König Ladislaus mit 40000 Ungarn und 16000 Kumanen [4] am 6. Aug. bei Presburg angekommen, setzte am 14. über die Donau und vereinigte sich noch an demselben Tage mit Rudolf, der seine Ankunft schon mit Sehnsucht erwartet hatte. [5]   Ottokar, dem vor der letzten Entscheidung bangte, wich nun von Ort zu Ort zurück; allein am 25. Aug. erreichte ihn die kumanische Vorhut unweit Stillfried, zwischen Dürrenkrut und Jedenspeugen, und brachte ihn zum Stehen; die Schlacht war unvermeidlich.

Die vordersten Reihen des böhmischen Heeres waren aus russischen, polnischen und andern Hülfstruppen gebildet; im Centrum nahm Ottokar mit auserlesenen Scharen Platz; die Nachhut befehligte Milota, gewesener Landeshauptmann in Steiermark. Schon am frühen Morgen des 26. Aug. umschwärmten die berittenen kumanischen Bogenschützen die feindliche Armee; die Ungarn, in zwei Heersäulen getheilt — eine führte der Palatin Matthäus Csák, die andere, in der Renold, aus dem Geschlechte Bastech, die Reichsfahne trug, der junge König —, griffen in erster Reihe an; ihnen folgten die schwäbischen und rheinländischen Ritter, die Bischöfe mit ihren Scharen, die Oesterreicher, Steiermärker, Kärntner und Tiroler unter Rudolfs Oberbefehl; im Hintertreffen standen die Krieger Berthold's von Kapellen nebst leichter ungarischer und kumanischer Reiterei. Der Kampf, der in kurzer Zeit längs der ganzen Schlachtlinie entbrannt war, wogte lange

---

[1] Hagen, Chron. Austr., bei Pez, I, 1089. Haselbach, Chron. Austr., ebenda, II, 757. Annal. Colmar., bei Urstisius, II, P. I, 14; P. II, 45. — [2] Annal. Colmar., a. a. O., II, 14. — [3] Anonym. Leobiens., bei Pez, I, 848. Annal. Colmar., a. a. O. — [4] Bodmann, Cod. epist. Rudolfi, epist. 79: „Ungariae rex inclytus cum XL millibus Ungarorum et XVI millibus Cumanorum Domini nostri obsequiis se aptavit." — [5] Kézai, II, Kap. 5: „Ipsius (Ladislai) adventum et auxilium sicut Dei exoptabat."

unentschieden, und als Rudolf mit seinem verwundeten Pferde stürzte, fingen
die deutschen Scharen, die ihn sinken sahen, schon zu weichen an; aber ein
Haufe Ungarn dräng dahin vor, wo Ottokar selbst in den vordersten
Reihen kämpfte; der König zog sich zurück, um nicht umringt und gefangen zu werden, sein natürlicher Sohn Nikolaus fiel in die Hände der
Ungarn, und das Vordertreffen gerieth in Verwirrung; die Ordnung ward
jedoch wiederhergestellt, und die Nachhut erhielt Befehl vorzurücken.
Allein Milota hatte mit derselben bereits die Flucht ergriffen, entweder
durch die Pfeile der Kumanen gezwungen, die dem böhmischen Heere in
den Rücken fielen, oder aus Verrath, zu dem ihn die Rache trieb; denn
Ottokar hatte an seiner Nichte gefrevelt und seinen Bruder hinrichten
lassen; er riß auch die Verstärkungen mit sich, die aus Mähren eben
auf dem Schlachtfelde eintrafen.   Umgangen und von allen Seiten angegriffen, löste sich jetzt das böhmische Heer in wilde Flucht auf. Ottokar sah die schreckliche Niederlage der Seinen, aber er selbst mit den
wenigen, die um ihn waren, kämpfte noch immer fort, nicht mehr um
Sieg, sondern um rühmlichen Tod, bis sein Roß unter ihm zusammen-
brach.   Nun warfen gemeine Krieger einen Strick um seinen Hals, zerschlugen den kostbaren Helm auf seinem Haupte und schleppten ihn
mit sich fort.   Da kamen Berthold Schenk von Emerberg (auch dessen
Bruder hatte Ottokar einst hinrichten lassen) und andere österreichische
Adeliche herbei, erkannten den König, rissen ihn zu Boden und durch-
bohrten ihn mit ihren Speeren; an dem selbst seiner Kleider beraubten
Leichnam zählte man siebzehn Wunden.   Bei 12000 Mann waren von
seiten der Böhmen in der Schlacht, auf der Flucht und in den Wellen
der March umgekommen; mehrere Tausende fielen in Gefangenschaft,
und das ganze böhmische Lager wurde den Siegern zur Beute. [1]
    Nachdem der Sieg errungen war, entließ Rudolf sogleich die Un-
garn nach Hause; er brauchte sie jetzt nicht mehr; sie aber hätten sich
besinnen und im Bewußtsein der Macht und des vollbrachten Werks
auch einen Antheil an den Früchten desselben fordern können.   Freilich mußte er selbst bekennen, daß er den großartigen Sieg hauptsächlich ihnen zu verdanken habe, und er that es auch mit den verbind-
lichsten Worten.   Er schrieb an Ladislaus: „. . . . Die Zunge vermag
es nicht auszusprechen, die Feder nicht niederzuschreiben, welche
Freude Wir darüber empfinden, daß Ihr Euch so großmüthig und mit
so gewaltiger Macht erhoben habet, unsere gemeinsamen Beleidigungen
an dem Feinde des Römischen Reichs und Ungarns zu rächen.   Gott
aus ganzem Vermögen preisend, sagen wir daher Eurer königlichen
Majestät den innigsten Dank und versprechen ausdrücklich, daß uns

---

[1] Die Beschreibung der Schlacht ist hauptsächlich aus der Reimchronik
Horneck's, aus den Chron. Salisburg. bei Pez, I, 327, Colmar bei Urstisius,
II, 46, und Kézai, II, Kap. 5, geschöpft. Rudolf selbst rühmt in einem Brief
an den Papst den Heldenmuth, mit dem sich Ottokar vertheidigte, und dasselbe Lob ertheilt ihm Chron. Salisburg., a. a. O.   Die obengenannte Zahl
der Gefallenen gibt Rudolf in einem Briefe an; die Chronisten setzen dieselbe
auf 14000.   Vgl. Palacky, Geschichte von Böhmen (2. Ausg.), II, Abth. 1,
S. 250 — 269.

keine Macht des Schicksals dem Euch angelobten Bündnisse untreu
machen soll, sondern daß Wir überall und in allen Stücken Euere Angelegenheiten als die Unserigen betrachten werden. Wohlan also, Wir
schicken Unsere Gesandtschaft an Euch, damit sie mit Euch berathe,
was in Zukunft zu Unserm beiderseitigen Wohle zu thun sei; Euerm
Willen Unsere Wünsche unterordnend, überlassen wir dieses gänzlich
Euerm Belieben. Und sollte es Euerer königlichen Weisheit gefallen,
mit Unseren Gesandten auch an Uns Gesandte zu schicken, so wird es
Uns sehr freuen; wir werden sie mit allem Wohlwollen empfangen und
mit befriedigender Antwort an Euch entlassen."[1] Aber ein sorgloser
Jüngling saß auf dem Throne Ungarns, und räuberische Große, denen
an der Gunst des römischen Königs mehr gelegen war als an dem
Wohle des Vaterlandes, führten die Regierung. Die Kleinodien,
welche die Prinzessin Anna einst nach Böhmen entführt hatte, die Beute
auf dem Schlachtfelde und die eroberten Fahnen, die in der Hauptkirche zu Stuhlweißenburg aufgepflanzt wurden, waren der einzige Gewinn, den die Ungarn für das geopferte Gut und Blut davontrugen,
während Rudolf für sich eine Fülle von Ehre und Macht und für sein
Haus den bleibenden Besitz Oesterreichs, Steiermarks, Krains und der
Windischen Mark erwarb, wodurch er den Grund zu dessen nach-
maliger Größe legte; während Graf Meinhard von Tirol Kärnten zum
Lohn für seine verhältnißmäßig unbedeutende Hülfe erhielt; während
endlich das Deutsche Reich ohne Anstrengung und Opfer von dem gewaltigen Vasallen befreit wurde und alle Länder und Gebiete zurück-
bekam, die dieser ihm entrissen hatte. Auch die Familienbande, welche
das ungarische Königshaus mit den Habsburgern näher vereinigen sollte,
hatte der Tod des Prinzen Andreas, gegen Ende 1277 oder zu Anfang
1278, bereits wieder aufgelöst, noch ehe sie wirklich geknüpft waren.
Dagegen wurden Rudolf's Tochter Guta mit dem unmündigen König
von Böhmen, Wenzel II., und sein Sohn Rudolf mit dessen Schwester
Agnes verlobt. Die Gesandten, die Ladislaus an den römischen König
schickte, brachten nichts anders als leere Worte und Betheuerungen
unwandelbarer Freundschaft heim.[2] Dennoch verordnete der eitle
Jüngling, daß der Tag des unfruchtbaren Siegs auf dem Marchfelde
alljährlich in allen Theilen des ungarischen Reichs als ein Freudenfest
gefeiert werden solle.[3]

Außer dem König Ladislaus lebte jetzt nur noch ein Nachkomme
der Árpáden von männlicher Linie, Andreas, der Sohn jenes Stephan,
der nach dem Tode seines Vaters, Andreas' II., von dessen dritter Gemahlin, Beatrix von Este, geboren und später mit der Venetianerin
Thomasine Morosini verheirathet (S. 355), von seinem Bruder Béla IV.
nie anerkannt und verfolgt, seit dem Frieden mit Ottokar von 1271 aus
unsern Augen verschwand. Dieser Andreas ward 1278 als eben-
bürtiger königlicher Prinz ins Land gerufen und zum Herzog von

[1] Der Brief Rudolf's, bei Katona, VI, 743. — [2] Ebend., VI, 741. —
[3] Kézai, II, 5. Hist. Austr. pars plenior, a. a. O. Anonym. Leobiens., bei
Pez, I, 849.

Slawonien ernannt[1], wo er in stiller Zurückgezogenheit lebte und sich
zuerst mit Clara, desGrafen Albert vonGörz Tochter, verlobte[2], jedoch
in der Folge nicht sie, sondern des Herzogs Siemomisl von Cujavien
Tochter, Feunena, heirathete.

Während aller dieser Vorgänge gestalteten sich die innern Zustände Ungarns höchst traurig. Elisabeth, obwol am ungarischen Hofe
erzogen, hatte doch die ersten Eindrücke aus der Kindheit behalten
und das kumanische Wesen nicht abgelegt; ihre Verwandten und die
Vornehmen ihres Volks, mit denen sie „sich umgab, verharrten noch
immer in ihrer rohen Ungebundenheit und fingen kaum an, christlich-
europäische Gesittung anzunehmen; auch die ungarischen Herren, die
sie als Günstlinge an den Hof zog, waren keineswegs Vorbilder der
Weisheit und Tugend. Solche Beispiele hatte der junge König vor
Augen, unter solchen Einflüssen wuchs er auf, kein Wunder also, daß
sein schon von Natur heftiges Gemüth verwilderte, daß er Vorliebe für die
Kumanen faßte und ihnen an Denkungsart und Sitten ähnlich wurde.
Gegen Isabella, mit der er sich bereits im 16. Jahre vermählt hatte,
fühlte er keine Zuneigung; die kumanischen Frauen, denen die christlichen Begriffe von der Ehe noch beinahe gänzlich fremd waren, gefielen
ihm besser; er ließ daher seine Gemahlin bei den Nonnen des Klosters
auf der Margarethen-Insel und führte in Gesellschaft der Kumanen
und ihrer Frauen und mit andern Wüstlingen geistlichen und weltlichen
Standes ein wildes ausschweifendes Leben. In seinem Namen regierten
noch immer die Königin-Mutter und Pektari, und eine schlechtere
Regierung hatte es wol nie in Ungarn gegeben. Zu den höchsten
und wichtigsten Aemtern beriefen sie ihnen gleichgesinnte Menschen, mit
denen sie gemeinschaftlich ohne Scheu alle Gesetze übertraten und den
Staat, die Kirche und Privatleute beraubten. Ihrem Beispiele folgten andere Große; alle Bande des Gehorsams und der Ordnung lösten sich; die
Schlösser, nach dem Einfalle der Mongolen zum Schutze des Landes
gegen feindliche Verheerungen erbaut, wurden Raubnester ihrer zügellosen Herren, von denen diese auszogen, die Umgegend zu plündern;
der Schwache fiel dem Starken zur Beute; das Erbe unmündiger Waisen theilten die Nachbarn unter sich.[3] In den Ebenen jenseit der
Donau wanderten die größtentheils noch heidnischen Kumanen umher;
kein Recht des Eigenthums achtend, verwüsteten sie mit ihren Heerden
Felder und Gärten, plünderten wie in Feindesland und verjagten die
Einwohner oder machten sie zu ihren Sklaven.[4] Die Unsicherheit

[1] Die Urkunde bei Fejér, V, II, 472, die er „apud Kedhida sexto kalen-
das junii 1278" für das vesprimer Bisthum ausstellte; für deren Echtheit
bürgt, daß er sich als König in einer andern vom Jahre 1294 auf dieselbe
beruft. Rether, VI, I, 303. — [2] Die Verlobungsurkunde bei Fejér, VII, II, 111.
Bisjetzt sind nur diese beiden Urkunden aus der Zeit, wo er Herzog war, zu
Tage gefördert worden. — [3] Die Urkunden des Königs Ladislaus, bei Fejér,
V, II, 440, 446, 468. Der Brief Papst Nikolaus' III. von 1278, bei Raynaldus, Annal. eccl. ad ann. 1278, Note 32, und bei Katona, VI, 771. Hist.
Austr. pars plenior. bei Freher. — [4] Der Brief des Bischofs von Olmütz an
den Papst, bei Raynald. ad ann. 1273, Note 12. Ladislai III. (IV.) reg. con-
stitutio de Cumanis, S. 1—4, bei Endlicher, S. 359 fg.

war so groß, daß der päpstliche Geldsammler nicht wußte, wie er die
erhobenen Summen — damals ein Heiligthum, an das sich nicht leicht
jemand wagte — nach Rom senden solle, und dem Papst die Verlegenheit meldete, in der er sich befand.

Beim Papst suchten auch die Prälaten Ungarns Hülfe. Nikolaus III. schickte Philipp, den Bischof von Fermo, der gerade in seinem Auftrage in Dalmatien weilte, als Legaten des Heiligen Stuhls
nach Ungarn.[1] Ladislaus weigerte sich eine Zeit lang, ihn anzunehmen,
1279 that es aber endlich 1279 dennoch, den Ermahnungen des römischen
Königs und wahrscheinlich auch den Vorstellungen der Bischöfe gehorchend. Zu seiner Verwunderung fand der Legat den trotzigen König jetzt überaus geschmeidig und nachgiebig. Zu Ofen am 23. Juni, in
Gegenwart der Reichsgroßen, gelobte Ladislaus eidlich, daß er die
Rechte der Kirche, die Gesetze und Gewohnheiten der heiligen Könige
und überhaupt alles, was die Könige bei ihrer Krönung beschwören,
selbst strenge beobachten und auch nicht erlauben werde, daß jemand
dawider handele. Die kumanischen Häuptlinge Uzák und Tolon versprachen im Namen der sieben Stämme ihrer Nation, daß die Heiden
unter ihnen binnen kurzer Zeit sich zum Christenthum bekehren, daß
alle ihrer wandernden Lebensweise entsagen und Ortschaften bauen,
sich des Raubens und jeder Gewaltthat enthalten und die Kirchen-
und Klosterländereien, deren sie sich bemächtigt haben, zurückgeben
werden. Zuletzt verpflichtete sich der König, binnen zwanzig Tagen
einen Reichstag zu berufen, und was man dort auf den Rath des Legaten beschließen würde, zu vollstrecken.[2]

Am 10. Aug. ordnete der Reichstag die Angelegenheiten der Kumanen in folgender Weise: Alpra und Ozur und sämmtliche Häuptlinge und Adeliche der Kumanen geloben, daß sie mit ihrem ganzen
Volke die römisch-katholische Religion annehmen und ihr treu bleiben
wollen, und stellen von jedem ihrer sieben Stämme einen Geisel.....
Die Kumanen verlassen von nun an ihre Zelte und schlagen feste Wohnsitze auf..... Obgleich der Legat darauf gedrungen, daß sie Kopf- und
Barthaare scheren und ihre eigenthümliche Kleidung ablegen, sollen sie
doch nicht gezwungen werden, dieses zu thun; in den übrigen Stücken
aber müssen sie ihre Lebensweise nach christlicher Sitte einrichten.....
Sie werden sich von Raub, Mord und jeder Gewaltthat enthalten und
die einheimischen christlichen Sklaven frei lassen..... Sie behalten die
Wohnsitze zwischen der Donau und Theiß, an der Körös, Maros und
Temes, dürfen sich jedoch auch in andern durch die Mongolen ver-
wüsteten Gegenden niederlassen; die Eigenthümer derselben wird der
König entschädigen..... Ihren Häuptlingen und Adelichen werden die
Rechte des ungarischen Adels verliehen, aber zugleich die Verpflichtung
auferlegt, wie dieser Kriegsdienste zu leisten..... Der Palatin und der
Häuptling des betreffenden Stammes sind ihre Richter; über Verwun-
dungen und Mord urtheilt der Häuptling des Angeklagten allein, in

<hr/>

[1] Der Brief des Papstes an Bischof Philipp, vom 22. Sept. 1278, bei
Raynaldus ad ann. 1279; bei Katona, VI, 819. — [2] Ladislai IV. Regis Articuli Cumanorum, bei Endlicher, S. 554 fg.

höchster Instanz der König mit dem Häuptling.....[1] Zuletzt ward dem Palatin Matthaeus Csák aufgetragen, im Namen und anstatt des Königs strenge Acht auf die öffentlichen Angelegenheiten zu haben, Gewaltthätige und Räuber zu züchtigen, die den Kirchen, Gespanschaften und Privatleuten entrissenen Besitzungen ihren rechtmäßigen Eigenthümern wieder zu verschaffen.[2] Dieser Beschluß war offenbar gegen den verderblichen Einfluß der Königin-Mutter und ihrer Günstlinge gerichtet.

Nach Beendigung des Reichstags versammelte der Legat eine Synode zu Ofen, um auch die kirchlichen Zustände zu ordnen, die kaum weniger verwirrt als die bürgerlichen waren. Weil aber unter dem überwiegenden Einflusse des Legaten Beschlüsse gefaßt wurden, welche die Freiheit der ungarischen Kirche bedrohten, die Rechte weltlicher Patrone gefährdeten und besonders den gesetzmäßigen, althergebrachten Rechten des Königs hinsichtlich der Ernennung zu geistlichen Würden und der Verwaltung der Einkünfte von den erledigten Pfründen zuwiderliefen[3], so befahl Ladislaus, vielleicht auf den Rath freigesinnter Bischöfe, die ihre und des Vaterlandes Rechte dem römischen Stuhl nicht überliefern wollten, den Richtern und Bürgern Ofens, die versammelten Prälaten von der Stadt abzuschließen und ihnen den Ankauf von Lebensmitteln nicht zu gestatten; ja, im Zorn widerrief er sogar seine frühern Gelöbnisse und vollzog die Beschlüsse des Reichstags nicht. Hierdurch ward die Synode gezwungen, sich am 14. Sept. aufzulösen. Der Legat zog sich nach Presburg zurück, berichtete die Sache an den Papst und belegte den König mit dem Bann, das Land mit dem Interdict.[4] Ladislaus aber ließ sich nicht sogleich einschüchtern, appellirte vom Legaten an den Papst und untersagte den Bischöfen strengstens allen Verkehr mit jenem. Der Bischof von Erlau Andreas gehorchte nicht, da beschuldigte ihn Ladislaus, daß er mit den Aufrührern in Zipsen in Verbindung stehe, überfiel seine Besitzungen im erlauer Thale und führte die Einwohner nach Szinhalom. Als jedoch der Papst einen drohenden Brief übersandte[5], auch die Könige Rudolf von Deutschland und Karl von Sicilien dringend zur Nachgiebigkeit ermahnten[6], verließ ihn die anfängliche Kühnheit; reumüthig bekannte er am 18. Aug. 1280, jugendliche Unbedachtsamkeit und die Einflüsterungen böser Rathgeber hätten ihn verleitet, in den Beschlüssen der Synode eine Verminderung der königlichen Rechte zu erblicken, er verpflichtete sich neuerdings zur pünktlichen Vollziehung der Reichstagsbeschlüsse, gelobte, zur Buße jährlich 100 Mark Silber aus den Bergwerken zu Göllnitz in Zipsen an das Hospital zu zahlen, welches der Legat gründen wolle, verlieh außerdem mehrern Kirchen bedeutende Schenkungen und versprach endlich, alle Beschlüsse der Kirche wider die Ketzer im ganzen Umfang seines Reichs, besonders in Bosnien, zu vollziehen.[7] Die Wirksamkeit des Legaten konnte schon darum keine wohl-

1280

---

[1] Ladislai III. Regis Constitutio de Cumanis 1279, bei Endlicher, S. 559 fg. — [2] Fejér, V, II, 477. — [3] Constitutiones Synodus Budensis, S. 15, 24, 49, 51, 59, bei Endlicher, S. 565—602. — [4] Der Brief des Papstes an Ladislaus vom 9. Dec. 1279, bei Katona, VI, 823. — [5] Bei Katona, VI, 818 fg. — [6] Raynaldus ad ann. 1279, ep. 8—11. — [7] Die Urkunde bei Katona, VI, 835.

thätige sein, weil ihm die Erreichung hierarchischer Endzwecke weit
mehr am Herzen lag als die Verbesserung der bürgerlichen Zustände.
Aber wir müssen zugeben, daß ihm die letztere auch bei dem redlichsten
Eifer nicht hätte gelingen können; denn fremde Einflüsse haben noch
nie einer verderbten Regierung Weisheit, Kraft und Rechtlichkeit eingeflößt, noch nie einem in Zerrüttung versunkenen Staat aufgeholfen,
sondern nur die Unordnung und den Verfall jedesmal vermehrt. Der
König fuhr fort, sorglos in ausschweifender Lust zu leben, und die
Uebel, unter deren Druck das Volk seufzte, wurden täglich größer.
Einige durch Reichthum und Gewaltthat mächtige adeliche Freibeuter
theilten gleichsam das Land unter sich in Bezirke, in denen sie nach
Belieben Erpressungen, Tyrannei und Raub übten. Johann von Güssingen beherrschte fast unabhängig seine ungeheuern Besitzungen und
die westlichen Gespanschaften, ohne nach Recht und Gesetz zu fragen.
Vom zipser Schloß aus plünderten Lorant, des Markus Sohn, und sein
Gehülfe Gregor, der später enthauptet wurde, den östlichen Theil
Oberungarns bis an die siebenbürger Grenze. [1] In Siebenbürgen wurden Weißenburg (das heutige Karlstadt) und andere Städte gänzlich
entvölkert. [2] In Kumanien (Moldau und Theile der Walachei) hausten
der Wojwode Lythen und sein Bruder Barbach mit despotischer
Willkür. [3] Die südlichen Theile Ungarns brandschatzte Ban Stephan, Joachim Pektari's Bruder. [4] In Dalmatien strebte eine Stadt
die andere zu unterdrücken, die Einwohner Almisas trieben Seeraub,
und die Grafen Subotich von Brebir betrugen sich wie unabhängige
Herrscher. [5]
Die Strenge, mit der die Kumanen gezwungen wurden, den Gesetzen des ofener Reichstags zu gehorchen, brachte sie zur Empörung.
Sie wollten lieber das Land verlassen, als dem Heidenthum und ihrer
1282 Lebensweise entsagen, griffen 1282 zu den Waffen und bahnten sich
unter der Führung ihres Häuptlings Oldamur mit Gewalt den Weg in
die heutige Moldau zu ihren dort gebliebenen Volksgenossen, von denen
sie auch unterstützt wurden. Ladislaus eilte ihnen nach, erreichte und
schlug sie in einer blutigen Schlacht am Sumpfe Hodostava bei Klausenburg. Oldamur mit einem Theile der Seinen entkam; die andern
wurden zur Rückkehr gezwungen und verloren einige ihrer Privilegien. [6]
Um diese Zeit bat der krakauer Herzog, Lesko der Schwarze, den
Konrad, Herzog von Masowien, aus seinem Lande verjagt hatte, um
Hülfe; Ladislaus sandte den tapfern Krieger Gregor mit einer Armee
hin, der Konrad besiegte und Lesko wieder auf den Fürstenstuhl setzte. [7]

[1] Urkunden bei Fejér, V, II, 468; III, 274. Wagner, Analecta Scepus.,
I, 109. — [2] Fejér, V, III, 118. — [3] Katona, VII, 911. — [4] Katona, VII, 767.
— [5] Lucius, De regno Dalmatiae, Lib. IV, c. 9. — [6] Kézai, II, 5. Thuróczy, I, 78, und mehrere Urkunden Ladislaus' IV. In einer derselben, bei
Fejér, V, III, 410, rühmt er sich, die Kumanen bis jenseit der Karpaten ver-
folg zu haben und bis an die Grenzen der nogaier Tataren, wohin noch
keiner seiner Vorfahren gekommen, vorgedrungen zu sein. — [7] Dlugoss,
VII, 850, beschreibt auch diesen Feldzug mit fabelhaften Ausschmückungen
und läßt in demselben Thaten geschehen, von denen sich in unsern einheimischen Urkunden, bei Fejér, V, III, 384, 394, 410, keine Spur findet.

Das strenge Verfahren des Königs gegen die Kumanen war vielleicht die Ursache, daß er mit seiner Mutter in einen Zwist gerieth, von
dem mehrere Urkunden [1] zeugen und der ihrem Einfluß auf die Regierung ein Ende machte. Aber deshalb gingen die öffentlichen Angelegenheiten nicht besser. Der Zustand des Landes ward so elend
und hülflos, daß Oldamur 1285 mit einem Haufen Kumanen und no- 1285
gaier Tataren ins Land fallen, große Verheerungen anrichten, bis Pesth vordringen und ungehindert wieder umkehren konnte. Erst in Siebenbürgen
kämpften derselbe tapfere Georg, der in Polen gesiegt hatte, einige
andere Landherren und besonders die Székler des Stuhls Aranyos
glücklich mit den Freibeuterhorden und nahmen ihnen die Beute und
mehrere tausend Gefangene ab, die sie mit sich schleppten. [2] Damals
mochten jene Tataren, die gerade nach diesen Ereignissen als Bewohner
Ungarns auftreten, entweder freiwillig im Lande zurückgeblieben oder
als Gefangene hereingebracht worden sein.

Ladislaus war seinem Schwiegervater aus leicht erklärlichen Ursachen nie gewogen, hatte dessen Ansprüche auf Dalmatien als Mitgift
seiner Schwiegertochter Maria standhaft zurückgewiesen und auch seine
Verträge mit Spalatro und Sebenigo gegen Almisa nicht bestätigt;
dennoch scheint es, er habe vor dem mächtigen und kriegerischen König
Scheu empfunden, die ihn wenigstens einigermaßen in den Schranken
des Anstandes hielt. Seit dieser aber aus Sicilien vertrieben worden
(Sicilische Vesper, 30. März 1282) und vollends nach dessen Tode,
1285, kannte er keine Rücksicht mehr. Er sperrte seine Gemahlin Isabella
in das Nonnenkloster auf der Margarethen-Insel ein, wo es ihr oft
an den nöthigsten Dingen gebrach [3], nahm seine kumanische Geliebte
Edua zum Weibe, die Tatarinnen Kipcsek und Mandula zu Beischlä-
ferinnen, und kleidete sich und lebte ganz nach kumanisch-tatarischer
Sitte. [4] Um Staatsangelegenheiten kümmerte er sich täglich weniger;
es weckte ihn nicht aus dem Taumel der Lust, daß Johann von Güssingen, dessen Besitzungen sich von der steirischen und österreichischen
Grenze bis Raab erstreckten, mit Herzog Albert von Oesterreich, Kaiser Rudolfs Sohn, auf Kosten des Landes bald Krieg führte und bald
Frieden schloß; daß der Vasall des ungarischen Reichs, der Serbenfürst
Milutin [5], seine jüngste Schwester Elisabeth aus dem Kloster entführte
und sich des macsóer Banats bemächtigte [6]; daß er selbst seinem eigenen
Volke ein Gegenstand der Verachtung und des Ekels wurde.

---

[1] Z. B. bei Fejér, V, III, 322, 336. Katona, VI, 895. — [2] Thuróczy,
II, Kap. 79. Hist. Austr. pars plenior, bei Freher, I, 476. Urkunden bei
Katona, VI, 953, 997; bei Fejér, V, II, 394; V, III, 399, 452. Die Nogaier
werden von den Chronisten auch Neugaren genannt. Das russische Fragment,
welches Schlözer (Allgemeine Weltgeschichte, V, 93) mittheilt, enthält lauter
Fabeln. Dennoch hat Engel aus diesem Fragment und aus Horneck's Reim-
chronik geschöpft, was er (Geschichte des ungarischen Reichs) über die Neugaren,
die damals nach Ungarn kamen, sagt. — [3] Der Brief der Königin, bei Fejér,
V, III, 462, und die unten angeführten Briefe des Papstes und der Cardinäle.
— [4] Thuróczy, II, Kap. 79. — [5] Sein Bruder Dragutin hatte ihm 1275 die
Regierung abgetreten. — [6] Hanthaler, Fasti Capil. zu Anfang der IX. Dec.
Engel, Geschichte des ungarischen Reichs, III, 238.

1286   Im Jahre 1286 ward auf dem Felde Rákos bei Pesth ein allgemeiner Landtag gehalten, der Heilmittel für die Wunden des Vaterlandes verordnen sollte. [1] Wir kennen die dort gefaßten Beschlüsse nicht; aber was können Gesetze helfen, wenn niemand da ist, der sie vollzieht? Vergebens ermahnte und drohte der Papst Honorius IV. mit dem Bann in einem Briefe, den er dem ehrvergessenen König am 12. März 1287 schrieb. [2] Nach des Papstes Tode trug das Collegium der Cardinäle am 2. Aug. dem graner Erzbischof und dem Bischof von Vesprim auf, ihn zur Sinnesänderung zu bewegen. [3] Endlich brachte es der Erzbischof Ladomér (Wladimir) dahin, daß sich der Reichstag zu Gran

1288   1288 am 10. Febr. versammelte. Hier wurden die Briefe des Papstes und der Cardinäle öffentlich vorgelesen, und die Stände drangen gleichfalls ernstlich in den König, daß er in sich kehre und seinen Wandel ändere. Wie gewöhnlich, wenn man mit Nachdruck gegen ihn auftrat, demüthigte er sich auch jetzt, bekannte mit scheinbarer Zerknirschung seine Vergehungen, gelobte Besserung und stellte darüber eine feierliche Urkunde aus. [4] Die Königin setzte er in Freiheit und gab ihr die gebührenden Einkünfte zurück. [5] Doch der Erzbischof vergaß auch seinen Vortheil nicht; er ließ sich den graner Waarenzoll schenken [6] und die immerwährende Obergespanswürde von Gran, welche Stephan V. dem graner Erzbischofe verliehen hatte, bestätigen.

Aber sobald die Gefahr vorüber war, dachte Ladislaus nicht mehr an seine Gelübde und sank in die alten Laster zurück. Die Kumanen, denen er seine Gunst neuerdings zugewendet hatte, waren nach und nach wiedergekehrt; ihnen mochten sich noch Tataren zugesellt haben, und beide trieben es nun so arg, daß alle Sicherheit des Besitzes und selbst des Lebens aufhörte. Die reiche Geistlichkeit, die von ihnen besonders viel zu leiden hatte, bestürmte den neuen Papst Nikolaus IV. und schlug ihm zur Herstellung der Ruhe das heilloseste Mittel vor, zu dem man hätte greifen können, nämlich einen Kreuzzug. Der Papst ging auf den Vorschlag ein und erließ am 10. Aug. an den graner Erzbischof Ladomér den Befehl, in Ungarn und den umliegenden Ländern wider die Sarazenen, Neugaren und Heiden das Kreuz predigen zu lassen. [7] Aber die Pöbelhaufen, die sich unter der Kreuzfahne sammelten, zogen es vor, mit den Kumanen um die Wette zu plündern und zu morden, statt mit ihnen zu kämpfen. Um dem Unfug derselben Einhalt zu thun, mußte man doch wieder zu dem König die Zuflucht neh-

1289   men. Ladislaus ließ 1289, 5. Nov., allen, die die Waffen niederlegen würden, Verzeihung ankündigen [8]; als aber die wilde aufgeregte Menge nicht gehorchte, bot er die Kumanen sammt der Mannschaft einiger Gespanschaften auf und zerstreute dieselbe. [9]

---

[1] Ladislaus' IV. Urkunde bei Fejér, V, III, 317. — [2] Bei Katona, VI, 932. Fejér, V, III, 358. — [3] Ebend., die folgenden Seiten. — [4] Die Urkunde bei Katona, VI, 965. — [5] Ebend., S. 939. — [6] Ladislai III. (IV.) Declaratio und Moderatio telonii Strigoniens, bei Endlicher, S. 605—612. — [7] Epist. Nicolai IV. ad Lodomer., bei Katona, VI, 370. Fejér, V, III, 490. — [8] Der offene Brief, den Ladislaus in die Gespanschaften schickte, bei Pray, Hist. reg., I, 304, Note b. — [9] Ebend.

Während diese traurigen Auftritte im Osten stattfanden, erlitt das Land auch im Westen empfindliche Verluste. Johann von Güssingen und sein Bruder Peter, Bischof von Fünfkirchen, hatten nämlich abermals Raubzüge nach Steiermark und Oesterreich unternommen; diesen Friedensbruch zu rächen, brach Herzog Albrecht in die eisenburger Gespanschaft ein, nahm den Güssingern 34 Ortschaften und Schlösser weg und eroberte zuletzt am 4. Nov. auch Güns. [1] Der Bischof Peter ward unterdessen bei einem Streit, den er mit einem ungarischen Herrn hatte, erstochen worden. Der König, der für die Ehre und Unverletzlichkeit seines Reichs keinen Sinn hatte, ließ dies ruhig geschehen, ja es mag ihn gefreut -haben, daß ein anderer den Uebermüthigen demüthigte, der ihm nicht gehorchte. In Dalmatien dagegen unterwarfen sich die Städte Spalatro, Sebenigo und Traw der venetianischen Herrschaft, weil sie der König gegen die almiser Seeräuber und die mit diesen verbündeten brebirer Grafen nicht schützte. [2] Die Geistlichkeit war es, die den Kreuzzug veranlaßt und wenigstens anfangs auch die zusammengelaufenen Haufen geführt hatte; mit Hülfe der Kumanen aber hatte der König diese, als sie dem Lande und noch mehr ihm selbst gefährlich geworden, auseinandergetrieben: dies bestärkte ihn noch mehr in seiner Vorliebe für die Kumanen und deren Bundesgenossen. Er ernannte daher am 20. Juni 1290 den unlängst 1290 getauften Mohammedaner Mizse zum Palatin, übertrug ihm alle Regierungsgeschäfte [3] und zog selbst mit den kumanischen Horden in den südöstlichen Gegenden des Landes umher. Am 10. Juli lagerte er in der biharer Gespanschaft unweit der Burg Körösszeg; während er hier in seinem Zelte schlief, überfielen ihn die Kumanen Arbocz, Törtel und Kemencse und tödteten ihn mit vielen Stichen. Die Mörder wurden gefangen und Mizse ließ sie sammt ihren ganzen Familien martervoll hinrichten. Der Leichnam des Königs wurde zuerst nach Csanád gebracht und sodann in der großwardeiner Gruft beigesetzt. [4]

So endete Ladislaus im 28. oder 29. Jahre seines Lebens. „Unter diesem Könige", sagt Thuróczy, „fing Ungarn an, von der Höhe des

---

[1] Hist. Austr. pars plenior ad ann. 1289, bei Freher, I, 472. Chron. Leobiense, bei Pez, I, 862. Der Brief Herzog Albert's, bei Fejér, V, III, 482. — [2] Lucius, De regno Dalmatiae, Lib. IV, c. 9. — [3] Es sind noch mehrere Urkunden von ihm vorhanden. — [4] Thuróczy, II, Kap. 79. Chron. Budense, S. 210. Es gab Schriftsteller, die wie Kerchelich, Notitiae praeliminariae, Ladislaus in Schutz nehmen und den größern Theil der Sünden, die ihm zu Last gelegt werden, für Verleumdungen der Geistlichkeit erklären; diese habe ihn gehaßt, behaupten sie, weil er sich ihr und dem römischen Stuhl widersetzte, sie haben ihn als wilden Kumanen verschrien weil er dieses Volk nicht mit Gewalt zur Annahme des Christenthums zwingen wollte. Aber gesetzt, es wären manche seiner Fehler auch übertrieben worden, und daß es dem unerfahrenen Jüngling nicht möglich war, den Trotz der mächtigen Barone zu brechen: so zeugt doch die traurige Zerrüttung des Landes und der tiefe Verfall, in den dasselbe während seiner Regierung gerieth, von seinem Unwerth. Dagegen bedürfen auch die Ungereimtheiten keiner Widerlegung, welche Dlugoss, VII, 803 u. 856, Bonfinius, Dec. II, Lib. IX, und der Fragmentist bei Schlözer über Ladislaus erzählen und andere ihnen nachsprechen.

Ruhms zu sinken, wie die folgenden traurigen Ereignisse und Begebenheiten zeigen werden; denn es erhoben sich Bürgerkriege, Städte wurden zerstört, Dörfer niedergebrannt und zunichte gemacht, Friede
und Eintracht verschwanden; die Reichen verarmten, die Adelichen
machte das Elend zu Bauern. Zu dieser Zeit kamen zweiräderige Kar-
ren in Gebrauch, die von den Einwohnern Wagen des Königs Ladislaus
genannt wurden; denn durch die unaufhörlichen Räubereien verminderte
sich das Zugvieh so sehr, daß die Menschen die Stelle desselben vertreten mußten."

Andreas III. 1290—1301.

Der letzte anerkannte männliche Nachkomme Árpád's, Andreas
der Venetianer, seit beiläufig zehn Jahren Herzog von Slawonien, bestieg nun den Thron. Seinen Vater, den nachgeborenen Stephan
(oben S. 355), hatten Béla IV. und Stephan V. nie als rechtmäßigen
Sohn Andreas' II. anerkannt, sondern feindselig verfolgt und von Ungarn entfernt gehalten. [1] Auch Ladislaus mochte nur dem laut ausgespro-
chenen Verlangen des Volks, welches das Aussterben des königlichen
Hauses befürchtete, nachgegeben, nicht aus eigenem Antrieb gehandelt
haben, als er Andreas ins Land berief und durch die Erhebung zum
Herzog von Slawonien für den präsumtiven Thronerben erklärte. Denn
dieser Prinz, wie sich aus dem beinahe gänzlichen Mangel an Spuren
seines Wirkens schließen läßt, hat mehr den Titel als die Gewalt eines
Herzogs von Slawonien besessen; es mußte also entweder Ladislaus
seinen Einfluß beschränkt, oder die eigene Vorsicht ihm angerathen
haben, sich von den öffentlichen Geschäften zurückzuziehen, um nicht
den Argwohn des ihm ungünstig gesinnten Königs zu wecken. [2] Kein
Wunder also, daß nach Ladislaus' Tode mehrere ausländische Fürsten
als Thronprätendenten gegen ihn auftraten, und daß auch im Lande
eine Partei sich seiner Thronbesteigung widersetzte.

Sobald Andreas die Nachricht von der Ermordung des Königs erhalten hatte, sandte er den stuhlweißenburger Propst und königlichen
Vicekanzler, Theodor Rumi, mit Gold- und Silbergeschirr nebst andern
Kostbarkeiten voraus, und brach dann mit seiner Gemahlin Fennena
(wahrscheinlich aus Knin, der Hauptstadt Kroatiens) nach Stuhlweißenburg zur Krönung auf. Der erstere langte dort glücklich an; aber ihm

[1] Die ihn betreffenden Artikel der Friedenstractate Béla's IV. mit Venedig von 1244, oben S. 390, und Stephan's V. mit Ottokar von 1271, oben
S. 419. — [2] Hist. Austr. pars plen., bei Freher, I, 480, und Chronic. Claustro-Neoburgens., bei Pez, I, 471, berichten, Andreas habe, bevor er König
wurde, eine Zeit lang unter dem Schutze Albrecht's von Oesterreich gelebt
und von ihm sogar den Lebensunterhalt empfangen. Aber es ist unstreitig,
daß er Herzog von Slawonien war und ein bedeutendes Privatvermögen besaß, sodaß er keiner Almosen bedurfte; auch ist es nicht recht denkbar, daß
Albrecht, der gewiß schon damals mit Plänen, die Herrschaft über Ungarn
zu erlangen umging, seinen gefährlichsten Nebenbuhler in Schutz genommen
haben sollte.

selbst lauerte Johann von Güssingen auf und nahm ihn mit seinem Gefolge, als er die Drau überschritten hatte, gefangen. Doch gelang es
dem Propst Theodor in Verbindung mit Gregor und Ogyoz von Kalota, ihn schon nach einigen Tagen aus des Güssingers Händen zu befreien, indem sie diesem ein bedeutendes Lösegeld versprachen und der
erstere seinen Bruder Ladislaus, die letztern ihre Söhne als Geiseln
stellten. [1] Als Andreas in Stuhlweißenburg ankam, suchten seine Gegner, zum offenen Widerstand zu schwach, durch Ränke seine Krönung
zu verhindern; sie verbargen unter anderm die Krone nebst den Reichsinsignien. Aber seine Freunde vereitelten durch kluge Entschlossenheit alle Hindernisse; Propst Theodor entdeckte die Krone [2], und der
graner Erzbischof Wladimir setzte sie ihm am 28. Juli aufs Haupt. [3]
Indessen war schon ein untergeschobener Betrüger aufgetreten,
der sich für Andreas, des vorigen Königs 1277 oder 1278 gestorbenen
Bruder, ausgab und zahlreichen Zulauf fand. Der König sandte Georg
Sós von Sóvár gegen ihn, der die zusammengerotteten Haufen mit leichter Mühe zerstreute und ihn selbst nach Polen trieb, wo er bald darauf
bei Chroberz in der Nidra ertrank oder ersäuft wurde. [4]
Größere Gefahr drohte dem Vaterlande und seinem Könige von
außen. Kaiser Rudolf erklärte zu Erfurt am 31. Aug. Ungarn für ein
erledigtes Reichslehen, weil König Béla IV. 1241 durch den Bischof
von Waitzen Stephan dem Kaiser Friedrich II. als seinem Lehnsherrn
gehuldigt habe, und belehnte damit seinen Sohn, den Herzog Albrecht von Oesterreich. [5] Rudolf mußte zwar wissen, daß Béla die
Huldigung nur bedingungsweise geleistet und später mit Recht widerrufen habe, weil Friedrich ihm die bedungene Hülfe wider die Mongolen nicht gesendet [6]; aber von Ländergier verblendet und in Ermangelung jedes andern besser begründeten Anspruchs, gebrauchte er diesen Vorwand, seinem Hause wo möglich die Herrschaft über das
große Reich zu verschaffen. Und ließe sich dieses unberechtigte und
anmaßende Beginnen noch mit dem Beispiele vieler anderer Fürsten
entschuldigen, so ist der Anschlag, den er etwas später nicht nur gegen
die Selbständigkeit, sondern gegen das fernere Bestehen Ungarns faßte,
desto unverzeihlicher. Um nämlich seinen Eidam, König Wenzel II.
von Böhmen, der als Urenkel Béla's IV. ebenfalls Ansprüche auf den
ungarischen Thron machte, zu beschwichtigen, brachte er sogar eine
Theilung Ungarns in Vorschlag, vermöge deren das Gebiet rechts von

---

[1] Urkunden Andreas' III. und Fennena's vom 10. Jan. 1293, bei Pray,
Hist. Reg., I, 308, Note a, und bei Fejér, VI, I, 236, 201. — [2] Die unter a
angeführten Urkunden Andreas' III. — [3] Thuróczy, II, Kap. 82. Vgl. Chron.
Budense, nach der Ausgabe von Podchraczky. — [4] Urkunde Andreas' III.
von 1291, bei Wagner, Diplom. Saros., S. 304. Hist. Austr. pars plen.,
a. a. O. Aus Unkunde der ungarischen Zustände berichtet Dlugos, daß der
wahre Bruder des Königs Ladislaus auf diese Art umgekommen sei, Hist.
Polon., VII, 856. Vgl. Lucius, De regno Dalm., IV, Kap. 10. Die Nachricht
muß aber auf den falschen Andreas bezogen werden; denn Prinz Andreas
starb noch im Kindesalter am ungarischen Hofe. — [5] Die Urkunde Rudolf's
bei Pray, Hist. Reg., I, 310; bei Fejér, VI, I, 47, und bei Pertz, IV (Leges,
II.), 244. — [6] Vgl. oben S. 373 u. 391.

der Donau an Albrecht, das links gelegene an Wenzel fallen sollte. [1] So erfüllte Rudolf jene glänzenden Versprechungen, mit welchen er die Ungarn zum Bündnisse mit ihm lockte; das war der Dank, den er ihnen dafür abstattete, daß sie für ihn den Sieg über Ottokar erkämpften; das Reich, dessen Ruhm und Glanz, wie er vorgab, ihm so sehr am Herzen lag, sollte nicht nur zum Vasallenland erniedrigt, sondern zerstückt und aus der Reihe der Staaten gestrichen werden.

Unterdessen hatte auch Maria, des ermordeten Ladislaus Schwester und Gemahlin Königs Karl II. oder Lahmen von Neapel, ihren Sohn Karl Martell durch den päpstlichen Legaten, also mit Zustimmung des Papstes, in Neapel am 8. Sept. zum König von Ungarn krönen lassen. [2] Nikolaus IV. ging nämlich damit um, durch römische Staatskünste dem Papst die Oberherrlichkeit über Ungarn zu verschaffen, und Karl Martell, der Sohn seines Vasallen, sollte ihm hierzu als Werkzeug dienen. Er begann damit, daß er die alten, stets übertriebenen Klagen über Ausbreitung des Heidenthums, des Mohammedanismus und der patarenischen Ketzerei in Ungarn wieder aufnahm und am 9. Sept. für den Franciscanerbruder Benvenuto, Bischof von Eugubio, den er nach Ungarn zu senden beabsichtigte, Kaiser Rudolfs Schutz und Beistand nachsuchte. [3] Nachdem ihm aber des Kaisers Plane bekannt geworden, 1291 trat er entschieden gegen dieselben auf. Am 22. Jan. 1291 schickte er den Bischof Johann von Aesium (Jesi) nach Ungarn mit dem Auftrage, zu untersuchen, ob Ladislaus im christlichen Glauben oder in den Irrthümern des Heidenthums und der Ketzerei gestorben sei, und den Zustand des Landes zu erforschen. Zugleich gab er dem Legaten die Weisung, daß er dem Kaiser Rudolf und dem Herzog Albrecht melde, Ungarn sei von altersher aus vielfachen Rechtsgründen ein Lehen der römischen Kirche, deshalb dürften weder sie, noch sonst jemand wagen, dieses Reich zum Nachtheile derselben an sich zu bringen [4], und schrieb auch selbst an beide in diesem Sinne. [5] Den ungarischen Erzbischöfen aber ertheilte er einen scharfen Verweis, weil sie es bisher unterlassen hätten, ihn über den Zustand des Landes Bericht zu erstatten, und befahl ihnen, allen, die Ansprüche auf den ungarischen Thron machten, anzukündigen, daß der römische Stuhl allein das Recht besitze, denselben zu vergeben. [6] Rudolf kehrte sich nicht an das Verbot des Papstes, sondern rüstete sich, seine dem Völkerrecht zuwiderlaufenden Plane zur Unterwerfung Ungarns mit Gewalt durchzuführen und zu Ehren zu bringen. Gewiß rechnete er hierbei nicht wenig auf die im Lande selbst herrschende Verwirrung; aber seine Rechnung sollte sich als falsch erweisen.

König Andreas, von so vielen Seiten bedroht, suchte sich vor

---

[1] Pez, Cod. dipl., S. 204. Katona, VI, 1052. — [2] Muratori, VII, 310. Raynaldus, Annal. eccl. ad ann. 1290, Note 43. — [3] Epist. Nicolai IV. ad Rudolph., bei Katona, VI, 1036. — [4] Epist. Nicolai IV. ad Joann. Aesin., bei Raynaldus ad ann. 1291, Note 45, 46. Katona, VI, 1040, 1043. Fejér, VI, 1, 70, 76. — [5] Epist. Nicolai ad Rudolph. et Albert., bei Raynaldus, a. a. O., Note 47. Fejér, VI, 81, 82. — [6] Fejér, VI, 1, 84. Dobner, II, 377—378.

allem die Zuneigung seines Volks zu erwerben. Am 22. Febr. 1291 1291
stellte er eine feierliche Urkunde aus, in welcher er die Freiheiten und
Rechte der Geistlichkeit, des Adels, der Bürger in den Städten und
freien Bezirken, insonderheit der siebenbürger Sachsen, welche ihnen
von den frühern Königen waren verliehen worden und die er selbst bei
seiner Krönung beschworen hatte, feierlich gewährleistete, schon vorhandene Gesetze über Verleihung von Aemtern und Gütern, über Staats-
verwaltung und Rechtspflege, über Abgaben und Kriegsdienste bestätigte, und mehrere neue, zum Theil wichtige Einrichtungen traf. [1]
Der Inhalt wie auch die Form der Urkunde sprechen dafür, daß sie auf
einem Reichstage zu Stande kam; aus der Einleitung zu derselben darf
man schließen, daß es die auf dem Krönungsreichstage gegebenen Gesetze sind, die der König hier veröffentlicht und treu zu befolgen gelobt. Die wichtigsten derselben werden wir am geeigneten Orte mittheilen.

Hierauf begab sich Andreas nach Siebenbürgen und hielt zu
Weißenburg (heute Karlstadt) einen Landtag ab, zu dem er den ungarischen Adel, die Székler, Sachsen und Walachen berief, um auch die
dortigen Zustände zu ordnen. [2] Die Beschlüsse des Landtags kennen
wir nicht, aber einige Urkunden, die der König um diese Zeit erließ,
zeugen von seiner Gerechtigkeitsliebe, von seinem Wohlwollen gegen
den Bürgerstand und von dem Eifer, mit welchem er Gewerbthätig-
keit und Handel zu fördern suchte. In Venedig geboren und erzogen,
hatte er deren Wichtigkeit würdigen gelernt. So gab er einem Herrn
Ugrin seine, entweder widerrechtlich eingezogenen oder ihm gewaltsam
entrissenen Besitzungen Fogaras und Szombathły zurück [3], bestätigte
die Privilegien der aus Eisenwurzel in Oesterreich eingewanderten
Berg- und Hammerleute zu Toroczko [4], und ertheilte der Stadt Torda
einen Freibrief. [5]

Diese Schritte des Königs wurden mit allgemeinem Wohlgefallen
aufgenommen, gewannen ihm viele Herzen und waren unleugbar die
wirksamsten Mittel, Ordnung und Ruhe wiederherzustellen. [6] Und die
Gefahr des Vaterlandes, der Fremdherrschaft unterworfen, wol gar
zerstückt zu werden, rief nicht nur alle Wohlgesinnte zur Vertheidigung
desselben auf, sondern bewog selbst die widerspenstigen Oligarchen,
sich um den König zu scharen, der durch Freundlichkeit und Nachsicht
auch sie zu versöhnen strebte. [7] Hatte er doch Nikolaus von Güssingen,
des Bans Heinrich Sohn, zum Palatin ernannt.

Um Ostern gingen Gesandte zu Herzog Albrecht, die ihn ersuchten, die Städte, Burgen und Ländereien, welche er in der Fehde

[1] Andreae Reg. III. decretum 1291. E transumto coaevo capituli Al-
bensis in Transylvania, bei Endlicher, S. 615. — [2] Cum nos cum universis
nobilibus, Saxonibus, Siculis et Olahis in partibus Transilvaniis apud Albam Julae pro reformatione status eorundem congregationem fecissemus.
Dat. apud Albam Julae in Dominica Invocavit 1291. Fejér, VI, 1, 118. —
[3] Die obenstehende Urkunde. — [4] Endlicher, S. 627. — [5] Derselbe, S. 621.
— [6] Der Brief der Königin Fennena, bei Fejér, VI, 1, 90, und des Königs
ebend., S. 120. — [7] Fejér, VI, 1, 116.

wider Johann von Güssingen erobert hatte, friedlich herauszugeben. [1]
Albrecht schlug nicht nur die Bitte ab, sondern fiel auch bald darauf
feindlich in Ungarn ein und brachte Presburg und Tyrnau nebst der
ganzen umliegenden Gegend in seine Gewalt. Aber schon sammelte
sich ein großes Heer um Stuhlweißenburg [2], bei dem sich auch die aufrührerischen Güssinger und Lorant, Vajda von Siebenbürgen und Obergespan von Szolnok, befanden. Andreas beschloß mit richtigem Blick
in die Lage der Dinge, den Schauplatz des Kriegs in des Feindes Land
zu verlegen; er setzte mit 80000 Mann über die Leitha und ließ durch ein
fliegendes Corps das Land verwüsten, während er selbst mit der Hauptmacht Rohrau und andere feste Plätze eroberte, bis Wien vordrang und
die Stadt belagerte. In den Kämpfen, die stattfanden, zeichneten sich
vor Rohrau die Verwandten und Dienstmänner Georg's von Sós und Michael's von Guréthe aus [3]; Georg von Sós selbst bewährte sein Kriegs-
talent bei der Einschließung Wiens [4]; Meister Sinka ward bei einem
Ausfall der Besatzung fast tödlich verwundet [5]; Paul von Rechk (lies
Retschk) verfolgte einen österreichischen Ritter bis an das Stadtthor,
warf ihn dort durch einen Lanzenstich aus dem Sattel und brachte ihn,
ungeachtet sein eigenes Pferd getödtet wurde, gefangen in das Lager [6];
Benedict von Omodé, aus dem Geschlechte Aba, wurde beim Niederbrennen der Vorstädte mit Wunden bedeckt [7]; Johannes Kemény, Bo-
gomér von Szent-Iváuy [8] und noch andere verrichteten tapfere Thaten.
Albrecht, auf einen so mächtigen Angriff nicht gefaßt, war gezwungen,
sich zurückzuziehen. Sein stolzes und herrisches Wesen hatte ihm die
Herzen seines Volks entfremdet; fast zu gleicher Zeit mit dem Ein-
marsche der Ungarn erhoben sich wider ihn die Kunringer in Oesterreich, die Stubenberger in Steiermark, die Scharfenberger, Weißenecker
und Heunburger in Kärnten, und die Bürger Wiens vertrieben ihn sogar
aus der Stadt. Sein Misgeschick vollständig zu machen, starb sein
Vater Rudolf am 15. Juli. So von mehrern Seiten geängstigt, bat
Albrecht den Baiern-Herzog Otto und den regensburger Bischof, Grafen von Roteneck, um schleunige Hülfe. Der erstere gab eine zweideutige Antwort. [9] Das Schreiben Albrecht's an den zweiten ist als
Muster des Stils, dessen sich die Fürsten jener Zeit bedienten, ebenso
merkwürdig wie des Bischofs Antwort.

„Bei den Dichtern", so lautet der Brief Albrecht's, „wird eine
Schlange beschrieben, im Sumpfe lauernd, der für einen abgehauenen
Kopf augenblicklich dreißig nachwuchsen. Die Ungarn scheinen Uns
mit ihr gleichen Ursprungs zu sein; sie sind giftig durch innere Bosheit,

---

[1] Bonfinius, Rerum Hung., Dec. II, Lib. 9. Hier verdient dieser in der
ältern Geschichte Ungarns sehr unzuverlässige Schriftsteller Glauben; eine
richtige Erwägung der Thatsachen rechtfertigt seine Aussagen. — [2] Urkunde
bei Fejér, VI, 1, 116. — [3] Wagner, Diplomatar. Sáros., S. 304, und desselben
Analecta Scepus., I, 113. — [4] Analecta Scepus., a. a. O. — [5] Diplomatar.
Sáros., S. 313. — [6] Engel in Schedius' Zeitschrift, II, 43. — [7] Wagner, Diplomatar. Sáros., S. 307. — [8] Timon, Epitome chronolog., S. 40. Die angeführten und andere hierhergehörige Urkunden bei Fejér, VI, 1, 141 fg. —
[9] Bernhard Pez, Cod. dipl., II, 107. Katona, VI, 1067.

schlau durch betrügerische Arglist, und entwischen gleich schlüpfrigen
Aalen den Händen ihrer Fänger. Denn nachdem sie von Uns waren
aufgerieben worden, sind sie jetzt in größerer Zahl wieder aufgelebt
und hüpfen wie Frösche aus ihren Morästen hervor; darum mahnten
Wir Euch, daß Ihr Uns unverzüglich zu ihrer Vertilgung mit Euern
Waffenmännern zu Hülfe eilet." Hierauf entgegnete der Bischof:
„Das hunnische Volk, dessen Wohnsitze die Ungarn jetzt einnehmen,
zog einst aus seinem Lande mit unwiderstehlicher Macht über den
Rhein, alle dazwischenliegende Länder und Völker verderbend. Man
darf daher nicht wähnen, daß das ungarische Reich, das andere Reiche
an Ausbreitung und Umfang übertrifft, so leicht zerstört werden könne,
wenn es auch an dem einen oder dem andern seiner Enden Abbruch erlitten hätte. Oft genug haben Euere Vorfahren, dieses muthige Volk
zum Kampfe reizend, den schlimmen Erfolg schmerzlich empfunden.
Zum Schlusse merket Euch:

> Béla, der tapfere Held, auf Flügeln des Sieges im Kriege
> Streckte den Herzog sammt Steiern und Oestreichs Männern zu Boden."[1]

Albrecht lagerte auf dem Kalenberge und mußte der Verwüstung
seines Landes und der Belagerung seiner Hauptstadt, die schon sechs
Wochen dauerte, müßig zusehen: da bot er die Hand zum Frieden,
den auch Andreas sehnlich wünschte. Beiderseitige Bevollmächtigte
schlossen denselben in Haimburg am 26. Aug. unter folgenden Bedingungen: Der Herzog verzichtet auf die widerrechtliche Belehnung mit
Ungarn, die ihm sein Vater ertheilte, und gibt alle von ihm eroberten
Städte, Burgen und Ländereien Ungarns zurück; dagegen räumt der
König das österreichische Gebiet; die Gefangenen werden gegenseitig
ausgeliefert; um künftigen Raubzügen vorzubeugen, sollen einige an der
Grenze gelegene Burgen der Güssinger geschleift werden; Andreas verspricht, die Oesterreicher, die in Ungarn, Albrecht, die Ungarn, die in
Oesterreich Besitzungen haben, in Schutz zu nehmen; die Fürsten sollen persönlich zusammenkommen und sich miteinander verbünden.[2] Be-
merkenswerth, weil von dem Wohlwollen des Königs für die Städtebürger
zeugend, ist der Umstand, daß an den Friedensunterhandlungen von
ungarischer Seite auch Bürger, namentlich der Richter von Ofen, als
Bevollmächtigte theilnahmen.[3] Von diesem Wohlwollen beseelt, verlieh er der Stadt Presburg zur Entschädigung für die erlittene Kriegsnoth wichtige Gerechtsame: ihre Bürger sollen ausschließlich unter der
Gerichtsbarkeit ihres Richters stehen, den sie sich jährlich zu Georgi
selbst wählen; sie dürfen ihre Waaren ohne Ausgangszoll nach Oester-

---

[1] Pez, a. a. O. „Béla triumphalis, belli victricibus alis — Enecat Austren-
ses, strato duce vel Süriensos." — [2] Ueber den Verlauf des Kriegs und den
Abschluss des Friedens berichten: Chron. Zwetlense und Melicense, bei Pez,
I, 532 u. 243. Hist. Austr. pars plen. bei Freher, I, 480. Thuróczy,
II, Kap. 82. Die Friedensurkunde bei Fejér, VI, 1, 180. Vgl. Hornayr,
Wien, seine Geschichte und seine Denkwürdigkeiten, I. Urkundenbuch, S. 93.
— [3] Szalay, Geschichte von Ungarn (2. Ausg.), II, 116, Note 1, nach Hormayr, Taschenbuch für 1831, und Lichnowszky, Geschichte des Hauses Habs-
burg, II, 23 fg.

reich und Mähren verführen; die Ueberfuhrt an der Csallómündung auf
der Insel Schütt gehört ihnen; die Juden und Fischer sollen dieselben
Rechte genießen, welche die übrigen Einwohner besitzen; zuletzt wird
auch ausländischen Tuch-, Vieh- und Fischhändlern freier Markt in der
Stadt gewährt. [1]
    Nachdem der Friede wiederhergestellt war, berief Andreas seine
Mutter Thomasina Morosini an den Hof; sie landete am 18. Sept. in
Judra [2] und erhielt den Rang einer Königin-Mutter. Seine Herrschaft
schien nach der Besiegung Albrecht's so fest begründet, daß er dem
Herzog von Kuawien, Sandomir und Siradien, dem Bruder seiner Gemahlin, Wladislaw Lokietek (dieser vereinigte nachmals das seit 1138
in mehrere Fürstenthümer getheilte Polen zu einem Reiche), wider die
Herzoge Heinrich von Liegnitz und Boleslaw von Masowien Hülfstruppen schicken konnte, die dort siegreich kämpften. [3] Denn von dem
zweiten Prätendenten, Karl Martell, glaubte er nichts befürchten zu dürfen.
Dessen Vater, Karl II., war erst 1289 aus der aragonischen Gefangenschaft entlassen worden, in der er vier Jahre geschmachtet hatte, und
führte noch immer einen verlustvollen Krieg mit König Jakob von Aragonien wegen des abgefallenen Siciliens; überdies hatte Martell bisjetzt noch keinen ernsten Schritt zur Durchführung seiner Ansprüche
gethan. Aber gerade, als es bereits zu spät schien, da Andreas allgemein als König anerkannt wurde und seinen mächtigsten Gegner überwunden hatte, fing Karl an, mit mehr Nachdruck aufzutreten. Von
Neapel aus, wo er statt seines Vaters regierte, bat er seine Mutter, die
sich mit ihrem Gemahl in der Provence aufhielt, ihm ihr Erbrecht ab-
1292 zutreten, worauf diese zu Aix am 6. Jan. 1292 eine Urkunde folgenden
Inhalts ausstellte: „Weil wir von unsern Getreuen vernehmen, daß sich
in Ungarn jede Hand zu Plünderung, Raub und Verwüstung erhebe, ...
wollen wir für das Reich sorgen ... Kraft des Erb-, Gewohnheit-,
Wahl- oder was immer eines Rechts, nach welchem die Krone weiter
gelangt ... wählen und ernennen wir daher aus lauter Güte, besonderer
Gnade und mütterlicher Liebe unsern Sohn ... zum König von Ungarn,
und schenken, verleihen und vergaben ihm dieses Reich ..." [4] Mit Einwilligung des Papstes von dessen Legaten gekrönt und mit dieser Urkunde in der Hand, forderte Karl Martell durch eine Gesandtschaft die
dalmatinischen Städte, namentlich Spalatro, Nona, Traw und Sebenico
auf, ihn als König anzuerkennen, und verhieß ihnen als Lockspeise
Schutz und Begünstigung ihres Handels in Italien. Aber die Städte
widerstanden der Versuchung; sie gaben zur Antwort, daß sie bereits
einem ungarischen Könige gehuldigt haben, daß sie nur den als solchen
anerkennen können, der in einer ungarischen Stadt mit der Krone des
Heiligen Stephan geschmückt worden sei, und wiesen die Gesandten
an den Ban Paul Subich, Grafen von Brebir. [5] Um allen diesen
Ränken an Ort und Stelle entgegenzuwirken, begab sich Andreas

---

[1] Libertas Hospitum de Poson. 1291, bei Endlicher, S. 623. — [2] Lucius,
De regno Dalmatiae, Lib. IV, c. 10. — [3] Wagner, Diplomatar. Sáros, S. 313.
Timon, Epit. chronolog., S. 40. — [4] Katona, VI, 1084. Fejér, VI, 1, 191.
— [5] Lucius, IV, Kap. 10. Farlatus, Illyric. Sacr., IV, 219.

selbst nach Dalmatien und hielt sich dort längere Zeit auf. Er, fand
es nothwendig, die Regierung des angefochtenen Landes in treue Hände
zu legen; deshalb ernannte er seine Mutter zum Ban desselben und setzte
ihr seinen Oheim Albert Morosini an die Seite. [1] Um aber die mächtigen Grafen von Brebir, Paul, Georg und Mladin, die bisher diese
Würde bekleidet hatten, zu beschwichtigen und an sich zu fesseln, erhob
er sie — dem 16. Art. der Goldenen Bulle [2] und dem 3. seines eigenen
Decrets zuwider — zu erblichen Banen des Küstenlandes unter der Bedingung, daß sie in jedem Kriege mit 500 Mann zum königlichen Heere
stoßen. [3] Wie vergeblich diese Verschwendung gewesen sei, mußte er
bald erfahren; eigennützige und herrschsüchtige Menschen wissen nichts
von Dankbarkeit und Treue.

Im Grunde war der neapolitanische Prätendent nur durch die
Gunst des Papstes gefährlich; der Tod Nikolaus' IV., 4. April 1292,
und die darauf folgende zweijährige Vacanz des römischen Stuhls verschaffte daher Andreas von dieser Seite Ruhe. Um jedoch seine Stellung für alle Fälle zu befestigen, verband er sich mit den benachbarten
Fürsten. In Deutschland war nach Rudolf's Tode Adolf von Nassau
am 5. Mai 1292 zum römischen König gewählt worden. Der stolze,
herrschsüchtige Albrecht, der zuversichtlich darauf gerechnet hatte, seinem Vater nachzufolgen, konnte diese Zurücksetzung nicht verschmerzen; er beschloß, seinen glücklichern Nebenbuhler zu stürzen und sich auf
den deutschen Thron zu schwingen. In dieser Absicht beruhigte er zuerst
durch Nachgiebigkeit seine aufständischen Landherren und Städte und
versöhnte sich sodann auch mit seinen fürstlichen Gegnern, mit seinem
Schwager, dem König Wenzel II. von Böhmen, mit dem Markgrafen
Otto von Brandenburg, mit dem Herzog Otto von Baiern und mit dem
Erzbischof von Salzburg, Konrad von Wanstorf. Die Genannten waren bereits unzufrieden mit Adolf, dem König ihrer Wahl, und verbündeten sich
mit Albrecht wider ihn, 1293. Diesem Bündnisse trat auch Andreas 1293
bei. Ungeachtet Albrecht und Wenzel Schwäger Karl Martell's waren,
der Rudolf's Tochter Clementia, die einstmalige Verlobte des ungarischen Prinzen Andreas, zur Gemahlin hatte, versprachen sie, diesen
bei seinem Streben nach dem Throne Ungarns nicht zu unterstützen,
wogegen ihnen Andreas Hülfe wider Adolf zusagte. [4]

Jetzt glaubte Andreas die Zeit gekommen, auch im Innern des
Landes zu ernstern Maßregeln zu greifen und der Gesetzlosigkeit zu
steuern. Noch bevor er sich nach Dalmatien verfügte, hatte er dem
Grafen der königlichen Kammer und zipser Obergespan Baald (Balduin) den Auftrag gegeben, in seiner Gespanschaft, wo der berüchtigte Lorant greulich gewirthschaftet hatte, „die Besitzungen eines
jeden, er sei weß Standes immer, zu vermessen, und zu untersuchen,
unter welchem Rechtstitel er sein Gut innehabe". [5] Aehnliche Voll-

---

[1] Lucius, a. a. O. — [2] „Integros comitatus vel dignitates quascunque,
in praedia seu possesiones non conferemus perpetuo." — [3] Die Schenkungsurkunde bei Katona, VI, 1241. Fejér, VII, IV, 225. — [4] Hist. Austr. pars
plenior, bei Freher, I, 481. — [5] Wagner Analecta Scepus., III, 202. Katona, VI, 1094.

machten hatten gewiß auch andere Obergespane erhalten; denn nicht in der Zips allein, sondern weit und breit im Lande war der Grundbesitz durch Arglist und Gewaltthat in die größte Verwirrung gerathen. [1] Nach seiner Rückkehr aus Dalmatien bereiste der König selbst „seiner Gewohnheit gemäß" verschiedene Gegenden des Landes, namentlich die Gespanschaften Sohl, Turócz und Liptau, um die durch die Sorglosigkeit seiner Vorgänger auf welche Art immer abhanden gekommenen Krongüter wieder mit den Staatsländereien zu vereinigen. Was also früher Krongut gewesen war, wurde nun vermessen, abgemarkt und den unrechtmäßigen Besitzern abgenommen; nur diejenigen, die solche Besitzungen zum Lohn ihrer Verdienste erworben hatten, oder denen sie der König überlassen wollte, behielten dieselben. [2] Ferner ließ er dem mit Herzog Albrecht abgeschlossenen Friedensvertrage gemäß einige Burgen der Güssinger zerstören; auch strafte er mehrere mächtige Uebelthäter, die schon seit lange alle Gesetze und königlichen Verordnungen ungeahndet verhöhnt hatten. [3] Dieses strenge, von der Nothwendigkeit gebotene Verfahren des Königs beleidigte die unbändigen Dynasten; sie wollten die Güter, die sie auf was immer für eine Art an sich gebracht hatten, nicht fahren lassen, ihr wildes Treiben nicht aufgeben, sich vor dem Gesetz und dem König nicht beugen, und erhoben offenen Aufstand. [*] Der Palatin Nikolaus von Güssingen befestigte Güns und die Burg Sümeg, der Vajda von Siebenbürgen Lorant und seine Brüder besetzten Adrianvár und andere Schlösser; Ugrin Ujlaki und der mächtige Matthäus Csák in Trentschin verweigerten den Gehorsam [4]; die Grafen von Brebir in Dalmatien warteten nur auf eine Gelegenheit zum Abfall. [5] Andreas war gezwungen, mehrmals Armeen gegen die Aufrührer auszusenden. [6] Sein Feldherr Paul Madács zerstörte zwar Güns und vertrieb die Güssinger auch aus Sümeg [7], der Obergespan von Szatmár, Nikolaus, eroberte in Verbindung mit Peter Kompolt und Meister Sinka Adrianvár und andere Schlösser Lorant's [8]; aber die Macht der Aufständischen ward hierdurch nicht gebrochen, sondern nur ihr Trotz und ihr Haß gegen den König vermehrt, der weder genug geistige Kraft noch hinreichende Mittel besaß, um sie gänzlich zu bezwingen.

1294　Im Jahre 1294 ward der geistesschwache Einsiedler Peter vom Berge

---

[1] Eine ähnliche Verfügung vom 29. Juni 1293 bei Wagner, Analecta Scepus., III, 305. — [2] Die Urkunde vom 17. März 1293: „Quod cum nos more majestatis nostri imperii ad videnda, seu habitanda praedia nostra Zoulom (Zolyom) scilicet, Turuch (Túrócz), et Liptou accessissemus et in eisdem, quae rite acta non fuerant, in alienationibus terrarum ad ipsa praedia nostra pertinentium, voluissemus emendare ...., statuimus ut omnes terrae.... alienatae reambulentur et statuerentur ac applicarentur praedictis praediis nostris, praeterquam quibus nobis videtur, et quos merita virtutum.... commendarent.... Fejér, VI, i, 242. — [3] Beispiele derartiger Bestrafungen finden sich bei Fejér, VI, ii, 17, und in mehrern andern Urkunden. — [4] Fejér, VI, ii, 82. — [5] Lucius, IV, Kap. 10. Farlatus, Illyr. sacr., III, 294. — [6] Hist. Austr. pars plen., bei Freher, I, 483. — [7] Katona, VI, 1241. — [8] Drei Urkunden bei Wagner, Diplomatar. Sáros., S. 313; bei Katona, VI, 1151 u. 1153; bei Fejér, VI, ii, 25.

Morrone unter dem Namen Cölestin V. auf den päpstlichen Stuhl
erhoben. Bei seinem Einzug in die Stadt Aquila führten König Karl II.
und dessen Sohn Martell den Esel, auf dem er ritt, am Zügel; solche
demüthige Huldigung belohnte er damit, daß er Karl Martell mit eigener Hand zum König von Ungarn krönte.[1] Aber dieser starb schon
im folgenden Jahre und hinterließ drei unmündige Söhne als Erben sei-   1295
ner Ansprüche auf den ungarischen Thron, die ihr Großvater kaum
einigermaßen zu unterstützen vermochte, da der Krieg um Sicilien ihn
noch fortwährend beschäftigte.   Jetzt hätte Andreas mit Grund hoffen
dürfen, von dem Hause Anjou nicht sobald, vielleicht nie wieder angefochten zu werden, wenn nicht der weltunkundige Betbruder Cölestin
schon fünf Monate nach seiner Erwählung dem päpstlichen Stuhl entsagt hätte, und wenn nicht Cardinal Benedict Cajetano, der sich Bonifacius VIII. nannte, sein Nachfolger geworden wäre, der hoch-
müthigste, starrsinnigste und gewaltthätigste Mann, der je den päpstlichen Stuhl eingenommen hatte.   Vielleicht hätte Andreas durch
demüthige Huldigung und Anerkennung der päpstlichen Oberherrlichkeit seine Gunst erkaufen können, aber er, der Sohn des freien Venedigs, das kräftiger als alle Könige die Anmaßungen des römischen
Stuhls zurückwies, verschmähte es, vom Papst die Krone zu erbetteln,
die ihm vermöge seiner Abstammung gebührte und vom Volke verliehen
war; wenigstens findet sich nirgends eine Spur, daß er sich nach Rom
gewendet und dort seine Anerkennung nachgesucht habe.   Auch bekämpfte ihn Bonifacius nicht offen, denn das verbot ihm der Anstand
dem gegenüber, welchen die Nation beinahe einstimmig als den Enkel
der Árpáden und ihren rechtmäßigen König verehrte; aber desto eifriger
förderte er insgeheim die Sache der Anjou, die sich auch in Bezug auf
Ungarn laut als seine Vasallen bekannten.
    Die Königin Fennena war mittlerweile gestorben und hinterließ
ihrem Gemahl nur eine Tochter, Elisabeth.   Andreas konnte es sich
unmöglich verhehlen, daß eine Familienverbindung mit den benachbarten
mächtigen Herrscherhäusern ebenso wie die Geburt eines männlichen
Thronerben sein Ansehen nach innen und außen befestigen müßte, und
vermählte sich daher 1296 zu Anfang Februar mit Albrecht's von 1296
Oesterreich Tochter Agnes.   Sie brachte ihm eine Mitgift von 40000
Mark Silber, wogegen er ihr außer den Gütern, die zum Leibgedinge
der Königinnen gehörten, noch die presburger Gespanschaft verschrieb.
Aber Agnes reichte ihm nur von ihrem Vater gezwungen die Hand, war
von düsterer, unfreundlicher Gemüthsart, und verstand es nicht, Herzen
zu gewinnen; auch blieb die Ehe kinderlos.[2]
    Bald darauf machte sich Papst Bonifacius ernstlich ans Werk,
einem Anjou den Weg zum ungarischen Throne zu bahnen.   Kraft seiner Lehnsherrlichkeit über Neapel erklärte er am 24. Febr. 1297 den
dritten Enkel Karl's II., Robert, zum Erben dieses Reichs, „welches

---

[1] Jacobus Cardinal. Vita Coelestini, bei Muratorius, Tom. III, Pars 1.
Lucius, IV, Kap. 10. — [2] Hist. Austr. pars plen. ad ann. 1295, bei Freher, I. Katona, VI, 1177.

ihm nicht von seinem Vater zukomme, sondern vom apostolischen Stuhl verliehen werde".[1] Nach dieser Verfügung mußte nun dem Erstgeborenen, Karl Robert, anderswo ein Königreich ausgemittelt werden, und hierzu war Ungarn ersehen. Dalmatien schien der am meisten geeignete Boden, wo man vorläufig für diesen Zweck wirken könne, und Priester hielt man für die geschicktesten Werkzeuge, die Ausführung des Plans zu beginnen. Bonifacius annullirte daher die Wahl des Archidiakonns Jakob zum Erzbischof von Spalatro, weil dieser es unterlassen habe, binnen drei Monaten seine Bestätigung in Rom nachzusuchen, und ernannte aus apostolischer Machtvollkommenheit den Hofkaplan der Königin Maria von Neapel, Peter, zum Erzbischof.[2] Andreas war schwach genug, diesen Eingriff in die Rechte des Erzstiftes, der Stadt und des Königs hingehen zu lassen, und der neue Erzbischof brachte es in kurzer Zeit dahin, daß die dalmatinischen Städte eine nach der andern zu Karl Robert abfielen, wodurch auch die Grafen von Brebir Gelegenheit fanden, offen zu dessen Partei überzugehen. Doch noch weit gefährlicher ward dem Könige die Schlange, die er im eigenen Busen genährt hatte. Er hatte nämlich, nachdem sein treuer Vicekanzler Theodor Bischof von Raab geworden war, die stuhlweißenburger Propstei und das mit derselben gesetzlich verbundene[3] Amt des Vicekanzlers dem bisherigen Propste zu Weißenburg in Siebenbürgen, Gregor Csete aus dem Geschlechte der Katupány, verliehen.[4] In dieser Stelle wußte sich der Heuchler in die Gunst des Königs so einzuschmeicheln, daß er nach dem Tode des würdigen Wladimir zum Erzbischof von Gran erhoben wurde. Nun aber ward er, voll Hochmuth und Herrschsucht, ein zweiter Thomas Becket, das willige Werkzeug des Papstes, der Verräther des Königs, seines Wohlthäters, und die Plage seines Vaterlandes.

1298   Im Februar 1298 versammelten sich bei Herzog Albrecht in Wien die Könige von Ungarn und Böhmen, die Herzoge von Sachsen, Oppeln und Troppau, der Markgraf Hermann von Brandenburg nebst andern Fürsten und Bischöfen Deutschlands. Den Vorwand hierzu gaben die Verlöbnisse des böhmischen Kronprinzen Wenzel mit der ungarischen Prinzessin Elisabeth und Hermann's von Brandenburg mit einer Tochter Albrecht's, die am 12. Febr. mit großem Pomp gefeiert wurden.[5] Aber der eigentliche Zweck der Zusammenkunft war die Abschließung eines Fürstenbundes zur Entsetzung Adolf's und zur Wahl Albrecht's zum römischen König. Schon im März vereinigte sich ein zahlreiches Heer Ungarn und Kumanen unter Anführung Demeter's, Obergespans von Sohl und Presburg, und des tapfern Paul Madács mit der österreichischen Kriegsmacht.[6] Einige Tage nachher brach

---

[1] Literae Bonifacii VIII. ad Carolum Claudum, bei Katona, VI, 1165. — [2] Literae Bonifacii VIII. ad Petrum, bei Katona, VI, 1161. — [3] Decret. Andreae III., Art. IX, bei Endlicher, S. 617. — [4] Seit November 1297 finden sich Urkunden, die er als Vicekanzler unterschrieb. — [5] Hist. Austr. pars plen., bei Freher, I, 484. Chron. Zwetlense, bei Pez, I, 5. — [6] Dux Austriae .... cum infinita multitudine Ungarorum et Cumanorum venit, qui omnes pugnare cum sagittis et arcubus consveverunt." Chron. Colmar. bei Urstisius, II, 57.

Albrecht nach Schwaben auf; am 23. Juli wurde zu Mainz von einigen dort versammelten Kurfürsten Adolf abgesetzt und Albrecht zum römischen König gewählt; am 2. Juli kam es bei Gellenheim zur Schlacht, in welcher sein Gegner fiel; beide ungarische Feldherren empfingen im Kampfe rühmliche Wunden [1]; am 24. Aug. ward Albrecht in Aachen gekrönt. So hatten die Ungarn auch hier, wo es sich wieder darum handelte, ob die Macht des Hauses Habsburg wachsen oder untergehen solle, dazu wirksam beigetragen, daß die Entscheidung zu dessen Vortheil ausfiel.

Aber während das königliche Heer im fernen Auslande für eine fremde Sache kämpfte, bildete sich in der Heimat eine anjouische Partei, die täglich an Zahl und Stärke zunahm. Die Königin Maria bot alle Mittel auf, die Sache ihres zehnjährigen Sohnes, Karl Robert, zu fördern. Um sich gegen die dalmatinischen Seestädte gefällig zu zeigen, vermochte sie den Papst, daß er die Bitte der Sebeniger, in ihrer Stadt einen Bischofssitz zu gründen, erfüllte. In der hierauf bezüglichen Bulle vom 1. Mai 1298 wird sie schon ausdrücklich Königin von 1298 Ungarn genannt. [2] Auch Gregor, der erwählte grauer Erzbischof, warf nun die Larve ab und wirkte unverhoblen für den Prütendenten mit dem ganzen Einfluss, den ihm sein hohes Amt verlieh. Für diesen erklärten sich ferner die unzufriedenen Großen; nicht weil sie von dessen gutem Rechte überzeugt waren, sondern weil sie unter dem Vorwande für ihn zu kämpfen, Tyrannei und Raub üben konnten. Andreas verlor den Muth; er entsagte den Maßregeln der Strenge und suchte die Empörer durch Nachgiebigkeit und Güte zu gewinnen. Aber eben dieses milde Verfahren vermehrte noch ihren Uebermuth; im Namen Karl Robert's befehdeten sie die dem Könige Treuen, verjagten die kleinern Edelleute von ihren Besitzungen oder zwangen sie, in ihre Dienste zu treten, trieben Brandschatzungen ein, plünderten Kirchen und Klöster, brachten ganze Gegenden unter ihre Gewaltherrschaft und stürzten das Land in Verwirrung und Noth. [3]

Da berief Andreas, mit Ausschluß der Reichsbarone, die Geistlich- 1298 keit, den Adel, die Kumanen und siebenbürger Sachsen zu einem außerordentlichen Reichstage nach Pesth. Alle Klassen und Stände des Volks, die übermüthigen, jedes Gesetz verschmähenden Großen ausgenommen, waren dem König treu ergeben und folgten seiner Einladung; alle Bischöfe und die übrigen Prälaten erschienen entweder persönlich oder schickten Abgeordnete, nur der Erzbischof von Gran, Gregor, kam nicht. Die Sitzungen wurden in der Franciscanerkirche abgehalten und am 4. Aug. die Urkunde ausgestellt, welche die hier gefaßten Beschlüsse enthält. Die Rechte und Freiheiten der Ungarn, heißt es in der Einleitung derselben, wurden durch die Bosheit der Menschen und wegen der zaghaften Unentschlossenheit (trepidatione) des Herrn Königs vielfach verletzt und gänzlich beiseitegesetzt, das ungarische Reich wurde durch List und Gewalt der Barone und anderer

Mächtigen so heftig erschüttert und herabgebracht, daß die Kirchen, die
Edelleute und andern Einwohner in die äußerste Noth gerathen sind...
Darum beschließen wir: „Den Herrn Andreas wollen wir als den
natürlichen, aus dem königlichen Stamm entsprossenen Herrn des Reichs
verehren." — Binnen drei Monaten sollen alle Ländereien, Einkünfte
und Rechte des Königs und der Königin, es habe sich derselben wer
immer widerrechtlich bemächtigt, vollständig zurückgestellt, desgleichen
die Güter und Gerechtsame der Kirchen und der Edelleute, die ihnen
zu irgendeiner Zeit durch wen immer entrissen wurden, gänzlich erstattet werden. — Neue Burgen dürfen nur mit Erlaubniss des Königs gebaut werden; die schon vorhandenen, von denen Schaden gestiftet wird oder werden könnte, oder deren Eigenthümer zur Erhaltung
und Ausrüstung derselben nicht genug Vermögen besitzen, oder die auf
dem Grund und Boden der Kirchen und Klöster stehen, sollen der
König und Palatin zerstören, wenn sich die Besitzer weigerten, es selbst
zu thun. — Der König sende in jede Gespanschaft einen Bevollmächtigten, der in Gemeinschaft mit vier von derselben erwählten Abgeordneten die Beraubungen, die sowol bisher verübt worden oder etwa noch
verübt werden sollten, erforsche und den Geschädigten binnen drei
Wochen Genugthuung verschaffe. — Wie den Landeseinwohnern geboten wird, alles gesetzwidrig in Besitz Genommene zurückzuerstatten,
so ist auch der Herr König dasselbe zu thun verpflichtet; wollte er es
aber nicht thun, so soll der Erzbischof mit Zustimmung der Prälaten
über ihn den Bann aussprechen. — Den kleinern Edelleuten stehe die
Wahl frei, an welchen Großen sie sich anschließen wollen; kein Mächtiger darf sie zwingen, den gewählten Herrn zu verlassen und sich mit
ihm zu verbinden. — Wer diesen Gesetzen nicht gehorcht oder sich
gegen sie auflehnt, verfalle schon durch die That selbst in den Bann,
von dem ihn ausschließlich der Erzbischof von Kalocsa, und zwar nur
unter Beistimmung der übrigen Bischöfe lossprechen könne. Solche
Uebelthäter sollen ferner vor das Gericht des Königs gebracht werden,
um dort die gebührende Strafe zu empfangen. Aus ihrem Vermögen
werde zuerst der Schade ersetzt, den sie angerichtet; das übrige falle
dem König anheim, sodaß ihre Kinder wegen des Verbrechens der
Aeltern ihre Erbschaft und adeliches Recht verlieren. — Sollten sich
einige empören, und der König könnte sie mit dem eigenen Heeres-
aufgebot nicht überwältigen, so ist ihm gestattet, auswärtige Hülfe herbeizurufen; hingegen zieht er sich den Bann zu, wenn er die Rebellen nicht bestraft. — Sollte ein Theil des Reichs von einem König
unter welchem Titel oder Vorwand immer abgetreten worden sein, so
ist der Herr König verbunden, denselben zurückzunehmen, damit Ungarn als ein gesetzliches Ganzes sich vollkommener Unversehrtheit er-
freue. — Vor allen andern merkwürdig ist das zwanzigste Gesetz: „Damit der königliche Hof ehrenvoller geleitet, und das Reich zweck-
mäßiger regiert werde, beschließen wir: daß der Herr König von drei
zu drei Monaten zwei Bischöfe, einen aus dem graner, den andern aus
dem kalocsaer Sprengel, und eben soviele Edelleute, die wir hierzu
jetzt erwählt, auf Staatskosten um sich habe; und wenn der König die-

ses nicht beobachtete, so soll alles, was er etwa ohne Beirath dieser ihm
Zugesellten thäte, alle Schenkungen, Amtsernennungen und sonst wichtigere Angelegenheiten, ungültig sein." Doch über dieses wie auch
über die andern Gesetze, welche Staatseinrichtungen betreffen, werden
wir weiter unten zu sprechen Gelegenheit haben. Zuletzt wurde noch
angeordnet, daß sich im folgenden Jahre in der zweiten Hälfte des
Monats April alle Prälaten, Barone und Edelleute auf dem Felde Rákos
unterhalb Pesth zum Reichstage versammeln sollen. [1]
  So hatte denn der Reichstag zur Wiederherstellung der öffentlichen
Ordnung alles gethan, was auf dem Wege der Gesetzgebung geschehen
konnte; er hatte vornehmlich den König mit außerordentlichen, selbst
der Freiheit gefährlichen Vollmachten ausgerüstet. Aber die Gesetze
blieben ein todter Buchstabe; Aufruhr, Fehde, Verwüstung und Raub
nahmen besonders in den westlich der Donau gelegenen Landestheilen
immer mehr überhand. Die aufständischen Großen ließen sich durch
Bannsprüche nicht einschüchtern; denn diese hatten längst ihre Furchtbarkeit verloren, auch fanden sich überall Priester, welche sie vom
Banne lossprachen. Der König aber verstand es nicht, die wider
sie erlassenen Gesetze zu vollstrecken. Ein mit echtem Herrschergeist begabter Mann würde wol die Mittel, den Aufruhr zu bändigen, gefunden, er würde die treugesinnten Herren, die reichen Prälaten, den kriegerischen Adel, den ergebenen Bürgerstand, die immer
schlagfertigen Kumanen, die alle vom Haß gegen ihre Unterdrücker
glühten, aufgerufen und mit ihrer Hülfe den Trotz der Empörer gebrochen haben; aber dieser Herrschergeist fehlte Andreas. In ruhigen
Zeiten wäre er wahrscheinlich ein weiser Regent und Wohlthäter seines
Volks geworden; den Stürmen, die ihn umtobten, Stille zu gebieten,
war er zu schwach; auch mochten bereits Gram und Kränklichkeit
seine Kraft gelähmt haben. Nicht umsonst beschuldigte ihn daher
der Reichstag der Schwäche und Zaghaftigkeit; doch Frechheit war
es, daß die Unruhstifter, die ihr Vaterland ins Elend stürzten,
ihn beim Papst als den Urheber aller Uebel anklagten und darauf
drangen, derselbe möge Karl Robert, ihren König, schleunig nach Ungarn senden. „Das Reich", sagte Bonifacius infolge dieser Anklagen,
„wird von Gefahren bedroht, denen es kaum entgehen kann, wenn die
Hand Gottes und die Fürsorge des römischen Stuhls ihm nicht Hülfe
bringt." [2] Darauf ernannte er zu Anfang des Jahres 1299 den gra- 1299
ner Erzbischof Gregor zu seinem Legaten, „damit er den Frieden in
Ungarn wiederherstelle, die Interessen der Kirche wahre, die Ketzerei,
das Schisma und das Heidenthum ausrotte"; zugleich bevollmächtigte
er ihn, „jedermann vor sein Gericht zu fordern, die Hartnäckigen zu
strafen und den Gehorsamen Ablaß auf ein Jahr und vierzig Tage
zu gewähren". [3] Die geheime Instruction aber mochte lauten, die

[1] Constitutiones per praelatos et nobiles regni Hungariae apud ecclesiam Fratrum Minorum in Pesth, anno 1298. Endlicher, S. 630 fg. —
[2] Raynald. Annal. eccles. ad ann. 1299, Note 12, bei Katona, VI, 1215. —
[3] Bruchstücke des päpstlichen Breves geben Pray, Hierarch., II, 256, und
Katona, VI, 1216.

Sache Karl Robert's nach Kräften zu fördern; denn Bonifacius gab ihm
auch die Weisung, Johann von Güssingen, „wiewol dieser Andreas, der
König von Ungarn genannt wird, als solchen nicht anerkenne", von
dem Banne loszusprechen, mit dem ihn noch Erzbischof Wladimir belegt hatte. [1]

Dem 34. Gesetzartikel vom vorigen Jahre gemäß versammelte sich
1299 zu der anberaumten Zeit der Reichstag auf dem Rákosfelde. Der erwählte Erzbischof Gregor kam auch diesmal nicht, sondern schickte
Abgeordnete, durch die er sich über Bedrückungen beklagte, die er und
die graner Kirche vom König und seinen Anhängern erleide. Den Bischöfen aber that er kund, er sei zum päpstlichen Legaten ernannt und
befehle ihnen bei Strafe, den Reichstag zu verlassen und zu ihm nach
Veszprim zu kommen, wo er mit seinen Parteigängern Ränke spann.
Mit gewohnter Nachgiebigkeit erklärte der König, seines Wissens sei
durch ihn weder der Erzbischof noch dessen Kirche beeinträchtigt worden; er sei jedoch bereit, sich in dieser Angelegenheit dem Schieds-
gerichte der Bischöfe und anderer frommer Männer zu unterwerfen.
Die Bischöfe gehorchten der Aufforderung, den Reichstag zu verlassen,
nicht; vielmehr wurden der graner Propst Paul und ein weltlicher Herr,
Heinrich, an Gregor gesendet, ihn unter Zusicherung freien Geleites
zum Reichstage abzuholen. Der übermüthige Priester wies die Abgeordneten verächtlich ab und drohte den Bischöfen, wenn sie ihm nicht
gehorchten, mit dem Bann und greulicher Verwüstung ihrer Besitzungen,
zog sich jedoch aus Furcht, der Reichstag und der König würden seine
Vermessenheit nicht ungestraft lassen, in die Burg Szentkereszt jenseit
der Drau zurück. Welches Recht hatten der Papst und sein Legat,
sich in die innern Angelegenheiten eines freien unabhängigen Staats zu
mischen? Man hätte also ihre angemaßte, verderbliche Einflußnahme
entschieden zurückweisen und den widerspenstigen Erzbischof durch
ernste Maßregeln zum Gehorsam zwingen müssen. Aber Andreas war
nicht der Mann, der den Muth besessen hätte, sich an die Spitze der
Nation zu stellen und den Kampf mit dem gewaltigen Bonifacius zu
wagen; auch die Stände mochten theils durch die fromme Scheu vor dem
Oberhaupte der Kirche, theils durch die Besorgniß vor dem Bürgerkrieg
von kühnern Schritten abgehalten worden sein; der Reichstag beschränkte
sich darauf, eine feierliche Protestation gegen das gesetzwidrige Verfahren
Gregor's bei dem großwardeiner Propst und Kapitel einzulegen und an den
Papst zu appelliren. Die Appellationsurkunde wurde in mehrern authen-
tischen Abschriften ausgefertigt und an den Erzbischof abermals durch
den Propst Paul, an den Papst durch den Bischof von Großwardein
Emerich überschickt. „Ungeachtet der erwählte Erzbischof" (er war
noch nicht bestätigt und installirt), heißt es in derselben, „ungefährdet
auf dem zum Wohle des Landes und der Kirche einberufenen Reichstag hätte erscheinen können, kam er doch nicht, sondern beantwortete
die Einladung mit furchtbaren Drohungen und floh zu den Landesverräthern, die ihrer ungeheuern und schauderhaften Thaten wegen aus

[1] Raynald. Annal. eccles. ad ann. 1299, Note 13. Katona, VI, 1217.

der Kirche ausgestoßen und gebannt waren; er bestärkt diese pest-
artigen und hundertfachen Todes würdigen Uebelthäter, die schon unter
vier Königen das Land verwüstet, Arme gequält und die Kirchen Gottes
beraubt haben, noch in ihrer Bosheit, indem er sie von dem Banne
losspricht." [1] Die sonstigen Beschlüsse dieses Reichstags sind bisjetzt
noch nicht aufgefunden worden. Eine auf demselben ausgestellte Urkunde, welche den Söhnen des Spaniers Simon ihre Besitzungen sichert,
ist darum merkwürdig, weil die Unterschriften derselben uns mit einigen Baronen bekannt machen, die dem Reichstage beiwohnten und
mithin auf der Seite des Königs standen. Solche waren: Dominicus aus
dem Geschlechte Ratolth, Oberstschatzmeister und Obergespan von
Somogy und Neograd; Moys, Oberstschatzmeister der Königin; Omodé,
Palatin; Stephan Erney aus dem Geschlechte Akus, Oberstlandrichter;
Demeter, Obergespan von Presburg und Sohl; Thomas, Obergespan
von Neitra und Borsód; Meister Paul, Obergespan von Oedenburg,
Raab und Wieselburg. [2]

Aber welche Beschlüsse der Reichstag zur Wiederherstellung der
Ordnung auch gefaßt haben mag, sie blieben erfolglos. Im Frühling 1300 ging Georg von Brebir, Paul's Sohn, nach Apulien, um Karl   1300
Robert nach Dalmatien abzuholen, wo Städte, Prälaten und Herren
bereits für ihn gewonnen waren. Der noch im Knabenalter stehende
Prinz landete im August zu Spalatro, ward daselbst von seinen Anhängern, an deren Spitze sich Paul Brebir befand, feierlich empfangen
und zwei Monate später nach Agram geführt, wo ihn Erzbischof Gregor krönte. Kein ungarischer Bischof, nicht einmal der agramer Michael,
nahm an der rechtswidrigen Handlung theil. [3]

Die Ankunft Karl Robert's bewog Andreas, Schritte zu thun, die
er bisher vermieden hatte. Auf Anrathen der ihm treu ergebenen Bischöfe und Großen schickte er zuvörderst den Trevisaner, Peter Bou-
zano an den Papst. Die vorgebliche Veranlassung zu dessen Absen-
dung gab der Ankauf der Herrschaft Brandulo, welche der König für die
Anverwandten seiner Mutter erwerben wollte, und die Ernennung des
bisherigen Vicekanzlers Anton zum Bischof von Csanád; die Briefe des
Gesandten verrathen jedoch, daß er nebstbei beauftragt war, Verhandlungen über die Anerkennung des Königs von seiten des päpstlichen
Stuhls zu führen. Bonzano kam den 3. Oct. in Rom an und konnte
schon am 25. berichten, daß er die ihm aufgetragenen Geschäfte binnen
kurzer Zeit glücklich zu beendigen hoffe. Außerdem versichert er,
Karl Robert sei von seinem Onkel Robert, dem Regenten Neapels,
wider den Willen des Papstes und der Cardinäle nach Ungarn geschickt
worden; letztere betrachteten diese That überhaupt als eine Thorheit, und
der Vorsatz des Königs, den Prätendenten zu fangen und nach Rom
zu schicken, fände ihren Beifall. [4] Mithin durfte Andreas hoffen,

[1] Pray, Specimen Hierarch., II, 166. Katona, VI, 1219. Kovachich,
Supplem. ad Vestigia Comitior., I, 226. — [2] Fejér, VI, ii, 229. — [3] Ma-
dius, bei Schwandtner, III, 638. Farlatus, Illyric. sacr., III, 297. Lucius,
IV, 10. Raynald. Annal. eccles. ad ann. 1301, Note 7. — [4] Der Brief Peter
Bonzano's an Andreas, Rom 25. Oct. 1300; aus dem wiener Hofarchiv.

Bonifacius für sich zu gewinnen. Weit wichtigere Folgen hätte es jedoch haben können, daß er von der Befugniß, welche ihm der sechste Artikel des pesther Reichstags ertheilte, endlich Gebrauch machte und seinen Schwiegervater, den römischen König Albrecht, wider die Aufrührer zu Hülfe rief. Dieser versprach, künftigen Sommer mit einem Heere nach Ungarn zu kommen und die Aufrührer, wenn es mit Güte nicht ginge, mit Gewalt zum Gehorsam zu zwingen. [1] Aber noch ehe die Dinge eine für Andreas günstigere Wendung nehmen konnten, starb er, von Gram und Krankheit verzehrt, am 14. Jan. 1301. Sein Leichnam wurde zu Ofen in der Franciscanerkirche des heiligen Johannes beigesetzt. [2] Mit ihm erlosch der Mannesstamm des Árpádischen Hauses. [3]

1301

---

[1] „Rex Alemanniae ... omnes barones infideles et inobedientes domino regi Ungariae aut vi aut amore, ad ejus obedientiam reducere et in aestate futura intendit descendere." Der Brief Peter Bonzano's an Michael Mauroceno, Grafen von Zara, Venedig 18. Sept. 1300. Aus dem wiener [Hofarchiv. Diese Nachrichten verdanken wir den unermüdeten Forschungen Horváth's, der die Briefe Peter Bonzano's zuerst ans Licht brachte und mittheilte. Geschichte des ungarischen Reichs, 2. Ausg., I, 484, 485. — [2] Thuróczy, II, 83. Madius, Hist. de Spalato, bei Schwandtner, III, 638. Timon, Epitome chronolog., S. 42, berichtet, Andreas sei an dem Gift gestorben, das sein Diener, von den ungarischen Großen Dominicus und Demeter bestochen, auf das Tafelmesser gestrichen habe. Feßler (erste Ausg.), II, 735, glaubt, es, weil er meint, der immer wahrheitsliebende Timon habe die Nachricht aus zuverlässiger Quelle geschöpft; aber Timon hat sie der wenig glaubwürdigen Reimchronik Horneck's entnommen; denn bei keinem andern gleichzeitigen Geschichtschreiber ist auch nur die leiseste Hindeutung auf eine solche Todesart des letzten Árpáden zu finden. Die Erzählung verdient nicht mehr Glauben als die Fabel, welche ebenfalls Horneck mittheilt, Thomasina, des Andreas Mutter, habe einem ungarischen Herrn einen vergifteten Wildbraten geschickt und von diesem in derselben Schüssel als Gegengeschenk einen Fasan erhalten, der das zurückgebliebene Gift anfsog, sodaß beide an demselben starben. — [3] Die französischen Grafen Crouy-Chanel, deren einer sich mit seiner Familie zu Anfang dieses Jahrhunderts in Ungarn niedergelassen hat, behaupten, in gerader männlicher Linie von den Árpáden und zwar von Andreas III. abzustammen. Aber gerade die Urkunden, die sie als Beweise dieser Abstammung vorbringen, zeugen wider dieselbe. Nach der ersten besitzt Felix, vorgeblich ältester Sohn Andreas' III. aus dessen erster Ehe, Waldungen in Dalmatien, in denen er 1279 den benachbarten Einwohnern die Hutung gestattet. In der zweiten theilen er und sein Bruder Marcus, 9. Febr. 1282, die Besitzung Crouy in Frankreich, welche ihr Großvater Stephan auf seiner Rückreise aus Aragonien nach Venedig gekauft und ihr Vater, Andreas der Venetianer, ihnen überlassen hatte; auch werden noch ein dritter natürlicher Bruder, Peter, und ein Sohn des Marcus, Johannes, erwähnt. Aus der dritten Urkunde wird ersichtlich, daß Guigona, die Gemahlin des erstgeborenen Felix, 1286 bereits Witwe ist. Die vierte endlich von 1290 nennt drei Söhne Felix Chanel's, Anton, Andreas und Johann. Nun starb aber Andreas II. 1235, und im folgenden Jahre ward sein Sohn Stephan geboren (vgl. oben S. 355), der so verschiedene Abenteuer erlebte, muß vor seinem sechsundzwanzigsten Jahre Thomasina Morosini oder, wie sie auch genannt wird, Katharina Mauroceno geheirathet haben, uud folglich Andreas III. nicht vor 1260 geboren worden sein konnte. Und doch sollte der letztere 1279, also höchstens im neunzehnten Jahre schon erwachsene Söhne haben, der jüngere derselben bereits 1282 Vater eines Sohnes sein, und der ältere 1286 eine Witwe mit drei Söhnen hinter-

Die letzten Árpáden nannten sich „Von Gottes Gnaden König
von Ungarn, Dalmatien, Kroatien, Rama, Serbien, Galizien, Lodomerien, Kumanien und Bulgarien". Aber die Oberherrlichkeit über
Galizien und Lodomerien hatte seit Béla IV. thatsächlich aufgehört;
auch die Enkel Neeman's in Serbien erkannten dieselbe nur dann an,
wenn es ihnen gelegen war; sie zahlten nie Tribut, leisteten jedoch
bisweilen Heeresfolge; endlich gehörte blos ein kleiner, unlängst er-
oberter Theil des nördlichen Bulgariens zum ungarischen Reiche. Dagegen waren mehrere ausgedehnte Länder theils durch Eroberung,
theils durch Verträge auf das innigste mit Ungarn verbunden; sie wur-

lassen. Selbst wenn wir annehmen wollten, Stephan habe sich schon im
Alter von zwanzig Jahren, also 1255 vermählt, und das Alter der erwähnten
Personen nm fünf Jahre hinaufrückten, müßten dennoch wie Andreas so auch
seine Söhne sich wenigstens im dreizehnten Jahre verehelicht haben. Diese Urkunden erscheinen daher in sehr zweifelhaftem Lichte; die Zeitrechnung
zwingt uns, sie entweder für untergeschoben oder doch für stark gefälscht
zu halten. Aber auch die Thatsachen sprechen gegen die Abstammung der
Grafen Crouy-Chanel von Andreas III. Denn es ist nicht denkbar, daß er
seine Söhne, als er unter mislichen Umständen Ban von Slawonien wurde,
zu sich genommen, sie später von sich nach Frankreich entfernt und, nachdem er den Thron bestiegen, sie dort in untergeordneter Stellung gelassen
habe. Was könnte ihn bewogen haben, sie so gänzlich zu verleugnen und
ihnen alle Ansprüche und Rechte königlicher Prinzen zu entziehen, besonders da er von Fennens nur eine Tochter und von Agnes gar keine Kinder
hatte? Hätten sie nach seinem Tode nicht Ansprüche auf die Nachfolge erhoben und Anhänger unter den Getreuen ihres Vaters gefunden? Könnte die
Geschichte so gänzlich von ihnen schweigen, wenn sie wirklich dagewesen
wären? Vgl. Horváth, Geschichte von Ungarn, 2. Ausg., I, 486 fg. Die
Echtheit der Urkunden vertheidigt Érdy, Az ujonnan megbirált magyaror-
szági Crouy nemzetség négy okiratának időszámitása (Pesth 1861). Wahrscheinlicher ist die Abstammung des Hauses Crouy-Chanel von dem Prinzen Andreas, Andreas' II. Sohn (oben S. 322), wiewol die angeführte zweite Urkunde
dieser Annahme zu widersprechen scheint. Die beiden Andreas konnten um
so leichter verwechselt werden, da der ältere Prinz dieses Namens zwar
nicht Herzog von Slawonien war, aber seinem Bruder Koloman das Herzogthum mit Gewalt entreißen wollte (Urkunde Koloman's von 1232, bei Fejér,
III, ıı, 286) und sich den Titel von demselben vielleicht beilegte. Auch ist
es wenigstens nicht unmöglich, daß er, des Aufruhrs wegen aus Ungarn vertrieben, wie später sein jüngerer Bruder, der Nachgeborene Stephan, bei seiner
Schwester Jolantha, Königin von Aragonien, eine Freistätte fand, bis er, wie
einige berichten, noch vor diesem nach Venedig kam, sich dort mit Sibylla
Cumanus vermählte und den Zunamen der Venetianer erhielt. Die Nachkommen dieses vor längerer Zeit ausgewanderten Prinzen konnten wie die
jenes Geiza's, der sich um 1190 in Konstantinopel niederließ (oben S. 274),
Ungarn bereits so fremd geworden sein, daß sie beim Tode Andreas' III.
ganz außer Acht gelassen wurden.

den insgesammt in ältern Zeiten „partes subjectae", in den neuern „ad-
nexae" (Nebenländer) genannt.

Siebenbürgen, auf das wir zuerst unsere Aufmerksamkeit richten
wollen, war so eng mit Ungarn verknüpft, daß es als integrirender
Theil desselben betrachtet und im Titel der Könige gar nicht genannt
wurde. Aber dessen vollständige Einverleibung in das Mutterland unterblieb dennoch zum größten Nachtheil beider. Damals begriff man
den hohen Nutzen der gleichen Verfassung und innigen Verschmelzung
aller Staatstheile noch nicht; denselben einzusehen, war erst der neuesten Zeit vorbehalten. Auch läßt sich nicht leugnen, daß in Siebenbürgen,
noch bevor es durch die Besiegung Gyula's näher mit Ungarn verknüpft
wurde, eigenthümliche Verhältnisse und Einrichtungen so tiefe Wurzeln
geschlagen hatten, daß sie sich nicht leichthin beseitigen ließen; dazu
lag es in der Nachbarschaft wilder, kriegerischer Völker und war
lange Zeit hindurch ihren Angriffen unablässig ausgesetzt; es mochte
daher nothwendig scheinen, die Regierung des wichtigen Grenzlandes
mehr zu concentriren und den königlichen Gewaltträgern größere Selbständigkeit zu verleihen, als dies in den Bezirken des Mutterlandes der
Fall war.

Aber auch in sich selbst war Siebenbürgen kein einheitliches
Ganzes, sondern zerfiel in Nationen, die sich nicht allein durch die
Sprache, sondern auch durch Rechte und staatliche Einrichtungen voneinander unterschieden und abgesonderte Körperschaften bildeten. Die
westlichen Landestheile nahmen die Ungarn, die östlichen die Székler
und so ziemlich die mittlern die Sachsen ein; zwischen diesen politisch
berechtigten Nationen wohnten auch noch die alten Bewohner des Landes, die Walachen.

Das Land der Ungarn, die Gegend, in welcher sich Tuhutum mit
seinen Gefährten niedergelassen hatte, erhielt nach dem Siege Stephan's
über den Fürsten Gyula (oben S. 110) eine der ungarischen ähnliche Verfassung; es ward in Gespanschaften eingetheilt, denen Obergespane
vorstanden, hatte seinen Adel, seine freien Leute und Burgmilizen,
welche dieselben Rechte genossen und in denselben Verhältnissen zueinander standen wie in Ungarn; und da hier die ungarischen Gesetze
und Einrichtungen galten, wurden auch die Veränderungen, die dort im
Laufe der Zeit stattfanden, eingeführt. Die höchste Gewalt übten
Vajdas oder Vojvoden, die der König ernannte. Sie waren seine Statthalter und als solche auch oberste Richter und Heerführer in diesem
Landestheile; unter den weltlichen Großwürdenträgern und am Reichstage Ungarns nahmen sie den vierten Platz ein, im Heere standen sie
mit ihrer Mannschaft gewöhnlich auf dem linken Flügel; wichtige Rechtssachen gingen im Wege der Appellation von ihnen an den König.
Außer den Ländereien, die ihnen der König anwies, und dem Drittel
des auf der Maros ausgeführten Salzes bezogen sie aus Steuern, Gefällen und Gerichtsporteln bedeutende Einkünfte und waren unter den
letzten Árpáden noch meistens zugleich Obergespane des einträglichen
szolnoker Comitats. Häufig ernannten die Könige zwei Vajda; so

bekleideten seit 1282 — 91 diese Würde, neben Loránt Moses, Ladislaus und Georg Bors.[1] Die Székler dagegen behielten auch nach der Vereinigung Siebenbürgens mit Ungarn ihre ursprüngliche patriarchalische Verfassung; zu ihnen fanden der Feudalismus und andere in Ungarn eingeführte Staatseinrichtungen keinen Zugang. Das Volk zerfiel zuvörderst in sechs Stämme, aus denen sich mit der Zeit die fünf Stühle bildeten, in welche ihr Gebiet gegenwärtig eingetheilt wird, sodann in Geschlechter und Verwandtschaften.' Alle Székler waren frei und wurden als Edelleute betrachtet; nachdem der gemeinschaftliche Grundbesitz der Geschlechter aufgehört hatte, besaß jeder sein Grundstück als vollständiges Eigenthum, das auf die Söhne vererbte, wenn kein Sohn vorhanden war, der Tochter und ihren Söhnen, wenn die Familie ausstarb, den Nachbarn als Geschlechtsverwandten zufiel, nie aber von dem Gute des Geschlechts losgetrennt und daher weder an Fremde veräußert, noch vom königlichen Fiscus eingezogen werden durfte.[2] Als freier Mann war jeder Székler gleich den Adelichen Ungarns zu persönlichen Waffendienste verpflichtet und die ganze Nation militärisch organisirt, sodaß sie sich in Reiter (lófejek), Fußgänger (darabantok) und Häuptlinge (primores, főnépek) theilte. Die Abstammung, das Vermögen, auch das Verdienst wiesen jedem seinen Platz in der Volksversammlung und im Heere an, der sich in der Familie vererbte.[3] Zu Hause lag den Széklern die Bewachung der Grenze und die Vertheidigung des Landes gegen feindliche Einfälle ob; im Krieg stellten sie zum königlichen Heere ein ansehnliches Contingent. Da sie fortwährend unter den Waffen standen, waren sie frei von jeder Steuer; sie entrichteten nur bei der Thronbesteigung und Vermählung des Königs und bei der Geburt eines königlichen Kindes eine Abgabe an Rindern, von der der graner Erzbischof den Zehnten bezog. An der Spitze der ganzen Nation stand der vom König ernannte Székler-Graf; er war ihr Regent und Richter im Frieden und ihr Anführer im Kriege.[4]

Die Sachsen, die vornehmlich unter Geiza II. um 1143 nach Siebenbürgen eingewandert waren und zusammenhängende Niederlassungen gegründet hatten, bildeten zwar eine abgesonderte, den niedern Landesbehörden nicht untergebene Körperschaft, standen aber anfangs vermuthlich unter dem Vajda, welcher die Stelle des Königs vertrat (oben S. 248). Die Abhängigkeit von den mächtigen Statthaltern, die ihre

[1] Vgl. Szilagyi Sándor, Erdélyország törtenete (Alexander Szilagyi, Geschichte von Siebenbürgen), Pesth 1856, I, 1—82. — [2] Ein Beispiel einer derartigen Vererbung findet sich bei Schuller, Urkundenbuch, I, 180. — [3] Noch zu Anfang des 16. Jahrhunderts bestanden diese Rechte und Einrichtungen der Székler. „Sunt .... transilvanicis in partibus .... Siculi, nobiles privilegiati .... dissimili penitus lege et consuetudine gaudentes, rerum bellicarum expertissimi, qui per tribus et generationes, atque lineas generationum (antiquorum more) haereditates ac officia inter se partiuntur et dividunt." Verböezi, Decret. tripartitum, Pars II, Tit. 4. — [4] Die stark angefochtene csiker Chronik der Székler, welche 1533 im Schlosse Melchior Sándor's nach alten Documenten verfaßt worden sein soll. Benkö, Milkovia, II, und Transilvania, I. Alexander Szilágyi, Geschichte Siebenbürgens, a. a. O.

Freiheiten wahrscheinlich verkürzten, mochte ihnen mit der Zeit lästig werden. Als sich nun unter Andreas II. der niedere Adel und die freien Staatsbürger überhaupt gegen die gewaltthätige Willkür der hohen Reichsbeamten und mächtigen Oligarchen erhoben, gelang es auch ihnen, sich einen Freibrief zu erwirken, der ihre Privilegien außerordentlich erweiterte, sie der Obmacht des Vajda gänzlich entzog, unmittelbar und ausschliesslich dem Könige unterordnete und zur dritten autonomen Nation Siebenbürgens machte. „Sämmtliche siebenbürger Deutsche", heißt es in der Urkunde, „haben zu den Füßen unserer Majestät demüthig geklagt, ... daß sie der Freiheit, die ihnen unser ... Ahn Geiza II. verliehen, gänzlich verlustig gegangen sind ... Daher geben wir ihnen ihre vorige Freiheit wieder, und zwar also: Das Volk, welches von Város (Szászváros) bis Baróth wohnt, soll mit dem székler Lande Szebus und Darócz ein Volk sein und unter einem Richter stehen, indem die übrigen Grafschaften außer der hermannstädter gänzlich aufgehoben werden." (Diese Angabe der Grenzen ist höchst unverständlich; auch ist es historisch erwiesen, daß das Sachsenland damals noch nicht seinen jetzigen Umfang hatte.) ... Der hermannstädter Graf, den der König ernennt, soll fortan das Oberhaupt der sächsischen Nation sein. Der König und er allein dürfen dieselbe richten. ... Der Graf erkühne sich nicht, einen Fremden zum Beamten einzusetzen, sondern das Volk wähle seine Obrigkeit selbst. ... Kein Auswärtiger darf sich unter den Sachsen ankaufen. Sollte der König einem seiner Diener (Jobagyonen) eine Ortschaft oder ein Vorwerk ihres Gebiets schenken, so haben sie das Recht, sich dem zu widersetzen. ... Der Wald der Walachen und Petschenegen (an der Südgrenze) wird ihnen zum Mitgebrauch, desgleichen der königliche Forst (innerhalb ihres Landes) sammt dem Wasser- und Jagdrecht zur Nutznießung überlassen. ... Ihre Pfarrer wählen sie selbst und geben ihnen (nicht dem Bischof) den Zehnten. Sie erhalten ein eigenes Siegel. ... Dreimal im Jahre ist ihnen acht Tage lang gestattet, Bröckelsalz aus den königlichen Gruben zu holen. Dafür zahlen sie als Ablösung des Kammergewinns (Monetagium) jährlich 500 hermannstädter Mark (diese Mark war gleich 18 Loth) Silber. [1] Innerhalb des Reichsgebiets stellen sie 500, bei auswärtigen Kriegen, wenn der König das Heer selbst führt, 100, wenn er aber einen Baron einem seiner Bundesgenossen zur Hülfe sendet, 50 Bewaffnete. [2] Ueberdies erhielt das Sachsenland damals einen bedeutenden Zuwachs durch die Einverleibung des kronstädter Districts, aus dem Andreas die deutschen Ritter vertrieben hatte (oben S. 340 u. 341), und wurde allmählich noch durch benachbarte deutsche

---

[1] In dem Document aus der Zeit Béla's III., oben S. 283, heißt es: „Die Sachsen zahlen 15000 Mark Silber. Eine für jene Zeit ungeheuere und für die Sachsen unerschwingliche Abgabe, weshalb wir dort entweder einen Schreibfehler vermuthen oder annehmen müssen, daß in dieser Summe die Steuern aller siebenbürger Sachsen nebst den Erträgnissen der Bergwerke und Salzgruben, welche sie betrieben, enthalten sind. — [2] Andreae II. r. Libertas Saxonum Transilvaniae 1224. E transumto Caroli I., 1317, bei Endlicher, S. 420—423.

Ansiedelungen vergrößert; der bistritzer District aber, der zum Leibgedinge der Königinnen gehörte, blieb dem Székler-Grafen untergeordnet, und auch die andern durch Siebenbürgen zerstreuten deutschen Niederlassungen und Städte verharrten im Verbande mit derjenigen politischen Nation, in deren Gebiet sie lagen. [1]
Vermischt mit diesen drei Nationen wohnten die Nachkommen der
alten Dacier und römischen Colonisten, die Walachen oder, wie sie sich
heutzutage lieber nennen, die Rumänen. Leider besitzen wir über den Zustand, in welchem sie sich in dem Zeitalter, von dem die Rede ist, befanden, beinahe gar keine Nachrichten. Aber vermuthen können wir,
daß die Magyaren, die bei der Eroberung Ungarns die Landesbewohner
in den eigenen Volksverband aufnahmen, auch die Walachen in Siebenbürgen, welche nicht kriegsgefangen wurden oder schon vorher Knechte
waren, im Besitze ihrer Freiheit und ihrer Grundstücke ließen. Zum
Glück wird diese Vermuthung auch durch geschichtliche Daten bestätigt. Die Walachen hatten zuvörderst, besonders wo sie dichter
beisammen wohnten, ihre Häuptlinge, die „Knese" genannt wurden, bald
einzelnen Ortschaften, bald ganzen Bezirken vorstanden und adeliche
Rechte genossen. Auf dem Landtage, den Andreas' III. 1291 zu
Weißenburg abhielt, waren auch sie vertreten. [2] Hieraus ergibt sich,
daß sie zwar keine eigene, abgeschlossene politische Körperschaft, wie
die andern drei autonomen Nationen bildeten, sondern zu derjenigen gehörten, in deren Gebiet sie sich befanden, aber mit den übrigen Mitgliedern derselben Rechte und Lasten theilten. Weniger günstig mag
freilich ihre Lage unter den Széklern und Sachsen, wegen der streng
nationalen Verfassung beider, gewesen sein als im Lande der Ungarn.
Allein in dem Maße, in welchem hier feudalistische Einrichtungen über-
handnahmen, die Macht des Adels stieg und der Zustand der Gemeinfreien sich verschlimmerte, traten auch ihre Knese in die Reihen des
Adels über [3] und sanken ihre freien Leute zur Hörigkeit hinab. Diese
hatten jedoch kein schlechteres Los als die ungarischen Bauern Siebenbürgens. [4] Auch war es nicht sowol die Sprache, sondern weit

---

[1] Eder de initiis juribusque Saxonum Transilvanorum (Wien 1792).
Schuller, Umrisse und kritische Studien zur Geschichte von Siebenbürgen.
Viele Behauptungen, die Schlözer in seiner „Geschichte der Deutschen in
Siebenbürgen" aufstellte, sind übertrieben, andere ermangeln des historischen
Grundes; deshalb ließen selbst die neuern sächsischen, oft sehr parteiischen
Geschichtschreiber dieselben fallen. — [2] „Cum nos cum universis nobilibus
(Hungaris) Saxonibus, Siculis et Olahis in partibus Transilvanis...congre-
gationem fecissemus. Dat. apud Album Julae in Dom. Invocavit a 1291."
Urkunde Andreas' III., bei Fejér, VI, I, 118. — [3] Daß dieses geschehen sei,
beweist die beträchtliche Zahl walachischer Edelleute in Siebenbürgen. Und
wie viele der adelich Gewordenen mochten sich im Laufe der Zeit magya-
risirt haben? Deutet doch der mehr walachische als ungarische Klang mancher Namen auf den Ursprung der Familien hin. — [4] Im Jahre 1437 erhoben sich die walachischen Bauern gemeinschaftlich mit den ungarischen
gegen die unerträglichen Bedrückungen des Bischofs und hartherziger Grundherren; in der Urkunde des Vergleichs, der nach manchen blutigen Gewaltthaten geschlossen wurde, heißen sie „Universitas Hungarorum et Blacorum";
zugleich berufen sie sich auf die verlorenen Urkunden Stephan's I. und sei-

mehr die Religion, was sie von ihren Mitbürgern trennte und auf ihre
Stellung im Staate einen unachtheiligen Einfluß übte; sie bekannten sich
nämlich insgesammt zur griechischen Kirche, und dieser Umstand wog
im Mittelalter weit schwerer als die Verschiedenheit der Nationalität,
nach der man bei der allgemeinen Herrschaft des Lateinischen in Kirche
und Staat wenig fragte.

Jede der drei politischen Nationen hielt unter dem Vorsitze ihres
Oberhauptes Versammlungen, auf denen sie ihre innern Angelegenheiten
beriethen und Statute machten, die im Umkreise ihres Gebiets galten.
Das gemeinschaftliche Band, das sie miteinander verknüpfte, waren die
Landtage. Der erste Landtag Siebenbürgens, von dem eine Nachricht auf
uns gekommen, war der schon mehrmals erwähnte von 1291, dem König
Andreas' III. selbst vorsaß. Daß dieser nicht der erste überhaupt gewesen,
daß häufig, vielleicht jährlich Landtage abgehalten wurden, seit Siebenbürgen zu einem Staatswesen geeinigt und in Verbindung mit Ungarn
getreten war, wird niemand bezweifeln, der sich mit den Zuständen
und Gepflogenheiten des Mittelalters überhaupt und Ungarns insbesondere bekannt gemacht hat. Bei den spätern Landtagen führte der Vajda
des Ungarlandes den Vorsitz, und wahrscheinlich war er es, der auch die
frühern einberief und ihnen präsidirte, da er an Rang und Macht dem
Székler- und Sachsen-Grafen vorausstand. Doch auch der Landtag besaß nur das Recht, Statute (nicht Gesetze) zu geben, die zwar für ganz
Siebenbürgen bindende Kraft hatten, aber den Reichsgesetzen, die der
ungarische Reichstag brachte, nicht widersprechen durften. [1] Denn
seine Edelleute, mithin auch die Székler und Sachsen, die den Edelleuten gleichgeachtet wurden [2], besaßen die ungarische Reichsstandschaft; sie hatten also insgesammt das Recht, persönlich am Reichstage zu erscheinen oder sich durch ihre Häupter vertreten zu lassen und
an der das ganze Reich bindenden Gesetzgebung theilzunehmen, und
übten dasselbe auch aus. [3]

Zum Schluß werfen wir noch einen Blick auf die kirchliche Eintheilung Siebenbürgens. Der Sprengel d s weißenburger oder siebenbürger Bisthums erstreckte sich über das Land der Ungarn und einige
Theile des sächsischen Gebiets. Der Bischof war Suffragan des Erz-
stifts Kalocsa und zugleich ungarischer Prälat, der am Reichstage
zwischen den Bischöfen des Mutterlandes seinen Sitz einnahm. Der
größte Theil der vereinigten Sachsenstühle hatte zum geistlichen Oberhaupt den Propst von Hermannstadt, der gleich andern königlichen

ner Nachfolger, in denen ihre Rechte und Pflichten verzeichnet seien. Gróf
Teleki József, Hunyadiak kora (Graf Joseph Teleki, Zeitalter der Hunyade),
Pesth 1852—53, Bd. 10, Urkundensammlung, S. 3 – 10.   [1] Verbőczi, Tripart., Pars III, Tit. 4. — [2] Decret. Andreae III., Art. 10,
11, 21, 26, 30, 31, 33, 34, bei Endlicher, S. 615—621. — [3] Constitutiones
per praelatos et barones ac nobiles regni Hungariae apud ecclesiam Fratrum
minorum in Pesth a. 1298 factae, ... „cum omnibus nobilibus, singulis Saxonibus et Cumanis in unum convenientes ... Statuimus." Singulis ist ein
offenbarer Schreibfehler; es muß „Sleulis" gelesen werden; denn jeder einzelne
Sachse konnte doch nicht in Person, sondern nur die Gesammtheit in ihren
Vertretern oder Häuptern erschienen sein.

Abteien, z. B. Kolosmonostor, dem Erzbischofe von Gran untergeben war. Der székler Bischof, zu dessen Diöcese auch einige Stücke der Moldau und Walachei (Kumanien) gehörten, hatte seinen Sitz in Milkov, stand unmittelbar unter dem Papste und scheint nicht zu den ungarischen Prälaten gerechnet worden zu sein, da wir ihn in keiner Reichsurkunde genannt und unter keinem königlichen Brief unterzeichnet finden.

Im Süden Siebenbürgens, jenseit der Karpaten, zwischen der Donau und Alt lag das Banat Szörény, von Walachen, Bulgaren und Ueberbleibseln der Kumanen und Petschenegen dünn bevölkert; zwischen diesen mochten sich auch Ungarn und Székler, die als Kriegsleute und Besatzung hinkamen, niedergelassen haben und so die Vorfahren der noch jetzt in diesen Gegenden lebenden Csangómagyaren geworden sein. Die szörényer Bane geboten auch über den unlängst eroberten Theil Bulgariens und bekleideten als Hüter der Grenze gegen die kriegerischen Völkerschaften der Donau ein höchst wichtiges Amt.

Die Gegenden jenseit der Alt im Süden und Osten Siebenbürgens, wo noch in der ersten Hälfte des Jahrhunderts die vereinten Kumanen und Petschenegen gehaust, waren nach dem Abzug der Mongolen als menschenleere Einöde von den Ungarn theils wirklich, theils blos dem Namen nach in Besitz genommen worden (oben S. 393). Die südlichen, die heutige Walachei, erhielten nach und nach Ansiedler von jenseit der Donau und aus Siebenbürgen, größtentheils Walachen. Aber je mehr die Zahl der Einwohner wuchs, desto sichtbarer verfiel die hier erst schwach befestigte Herrschaft Ungarns, das gerade um diese Zeit erbärmlich regiert und von innern Unruhen zerrissen wurde. Schon während der Unmündigkeit Ladislaus' IV. empörte sich der walachische Knes Lithen; doch Meister Georg von Sóvár besiegte ihn; er selbst fiel in der Schlacht und sein Bruder Barbáth wurde gefangen [1]; der vorige Zustand schien wiederhergestellt zu sein. Weit wichtiger und von bleibenden Folgen war, was sich gegen das Ende von Ladislaus' IV. Regierung zutrug. Als Siebenbürgen und das östliche Ungarn wechselsweise von den Tataren und Kumanen und von den wilden wider diese aufgebotenen Kreuzfahrern verwüstet wurde, zog, wie walachische Chroniken berichten, Radul Negrowod, der Knes von Fogaras und Omlás, mit seinen Untergebenen in diese Gegenden und erbaute die Stadt Kampelungen; bald folgten ihm andere walachische Auswanderer nach und alle erkannten ihn als Herrscher an. [2] So entstand hier während Andreas III. gegen Prätendenten und aufrührerische Große kämpfte, und nach seinem Tode ein von Parteiungen und innern Kriegen erfülltes Interregnum eintrat, ein neuer walachischer Staat, welcher die Oberhoheit Ungarns gewöhnlich blos dem Namen nach und wirklich nur dann anerkannte, wenn ein thatkräftiger König herrschte. Dagegen sammelte sich im Osten (Moldau und Bessarabien) nach dem Abzuge der Mongolen neuerdings eine kumanische Bevölkerung, zwischen der hin und wieder auch einige walachische Knesschaften sich ansiedelten; aber die häufigen

---

[1] Fejér, V, III, 275. — [2] Szilágyi, Geschichte von Siebenbürgen, I, 66.

Feßler. I. 30

und verwüstenden Einfälle der Tataren verhinderten hier längere Zeit
die Bildung eines Staats, zumal Ungarn, das mit sich selbst genug zu
thun hatte, sich weder die Beschützung des Landes, noch die Begründung seiner Herrschaft über dasselbe angelegen sein ließ. [1]
Zu den Nebenländern, in deren langjährigem und gesichertem Besitze sich Ungarn befand, gehörte das Banat Macsó, das den nördlichen
Theil des alten Serbiens zwischen der Morava und Drina umfaßte. Für
die Wichtigkeit dieses Gebiets zeugt, daß Béla IV. seinen Eidam, den
Fürsten Rostislaw, zum Ban desselben ernannte; aber leider fehlt es
fast gänzlich an Nachrichten, welche uns über die innern Zustände des
Landes in diesem Zeitalter Aufschluß geben könnten; wir wissen nicht,
ob serbische oder ungarische Staatseinrichtungen vorherrschten. Das
Volk bekannte sich zur griechischen Kirche und blieb derselben treu,
ungeachtet aller Anstrengungen, die gemacht wurden, um es zu *der*
römischen zu bekehren.

Ungleich wichtiger für die ganze Geschichte Ungarns sind Kroatien und Dalmatien, die unter dem Namen Slawonien einigemal
den Brüdern des Königs, meistens jedoch den Kronprinzen mit dem
Titel eines Herzogthums als Apanage verliehen wurden. Die Collectiv-
benennung Slawonien erhielten sie, weil ihre Bewohner der überwiegenden Mehrheit nach Slawen waren. Was heutzutage Königreich
Slawonien heißt, der untere östliche Theil des Landes zwischen der
Drau und Save bis an die Donau, nämlich die Gespanschaften Sirmien,
Posega und Werschetz (die vierte, Valkó, ward später mit Werschetz
vereinigt) nebst dem einst zu ihnen gehörigen Stück Militärgrenze, erhielt diesen Namen erst in der neuern Zeit. Schon unter Árpád erobert [2] und darauf von Ungarn und Slawen bewohnt, war dieser Landstrich fortwährend, bis er unter türkische Herrschaft gerieth, ungarisches Gebiet im strengsten Sinne des Wortes, kein Nebenland, keine
„pars adnexa"; von ihm, der nie zu Dalmatien und Kroatien gehörte,
kann daher hier gar nicht die Rede sein. Dagegen wurde das heutige
Kroatien, der obere westliche Theil zwischen der Drau und Save, die
Gespanschaften Agram, Warasdin und Kreuz sammt ihrer jetzigen Militärgrenze, vormals Slawonien genannt. Auch dieses Gebiet hatte bereits Árpád seiner Herrschaft unterworfen [3]; wie es aber nach Stephan's I. Tode von den Kroaten zurückerobert, unter Andreas I. wieder an Ungarn gebracht und von Béla I. dem Kroatenfürsten Zwonimir, der seine Tochter heirathete, überlassen wurde, haben wir oben
(S. 159 und 179) berichtet. Das Land, welches im Árpád'schen Zeitalter und noch lange nachher Kroatien im engern Sinne benannt wurde,
lag jenseit der Save; es war das mit Dalmatien vereinigte heutige Tür-
kisch-Kroatien, das einen großen Theil Bosniens nebst Montenegro bis
an die Narenta umfaßte. [4]

---

[1] Szilagyi, a. a. O. — [2] Anonym. Belae reg. Notar., Kap. 41 — 43, bei
Endlicher, S. 36 — 38. — [3] Anonym., Kap. 43, S. 38. — [4] Das oben Gesagte
wird unwidersprechlich bewiesen: durch zahlreiche Urkunden vom 11.—15.Jahr-
hundert, die Katona, Histor. reg. Hung. und Fejér, Cod. dipl. mittheilen;
durch verschiedene Gesetze, z. B. XXII von 1445 bei Kovachich, Vestigia

Als Ladislaus I. 1091 Slawonien oder Kroatien diesseit der Save vollständig und den größten Theil des jenseitigen genommen hatte, verleibte er dasselbe Ungarn ebenso wenig ein, wie Stephan Siebenbürgen, sondern bildete daraus ein gesondertes, mit eigenen Municipalrechten versehenes Reichsgebiet, dem er seinen Neffen Almos als Vasallen Ungarns vorsetzte. Um aber das Land auch durch kirchliche Bande an Ungarn zu fesseln, löste er dessen Verband mit dem Erzbisthum Spalatro und stiftete zu Agram ein Bisthum, welches er dem graner, später dem kalocsaer, Erzbisthum untergab und unter die ungarischen Prälaturen mit allen Rechten derselben aufnahm.[1] Daß er nebenbei ungarische Staatseinrichtungen eingeführt habe, läßt sich vermuthen; es ist uns jedoch unbekannt, wie weit er darin gegangen sei.

Das Werk, welches Ladislaus hier begonnen hatte, vollendete Koloman. Nachdem er die aufständischen Kroaten theils mit den Waffen, theils durch Vertrag unter seine Herrschaft gebracht und auch ganz Dalmatien nebst den romanischen Seestädten und einigen Inseln sich unterworfen hatte, enthielt er sich gleichfalls des eiteln Versuchs, das soviele fremdartige Elemente beherbergende Land mit Ungarn zu verschmelzen, traf aber mit weit blickendem Scharfsinn Einrichtungen, durch welche es enge und unauflöslich mit dem ungarischen Reiche verknüpft wurde. Er ließ sich ein für allemal in Zara zum König von Dalmatien und Kroatien krönen und setzte dem ganzen Gebiete (mit Ausnahme der Seestädte und Inseln, wie wir sehen werden) einen Statthalter vor, der den volksthümlichen Titel Ban führte, nach des Königs Belieben ein Eingeborner oder Ungar sein konnte und gewöhnlich auch Obergespan ungarischer Comitate war. Der Ban hatte ähnliche Befugnisse wie der Vajda von Siebenbürgen; er war Regent, Richter und Heerführer, durfte Körperschaften, Städten und Bezirken Privilegien ertheilen[2], und nur die ausschließlich königlichen Rechte, Geld zu prägen und den Adel zu verleihen, standen ihm nicht zu; er nahm den dritten Platz unter den weltlichen Großen des ungarischen Reichs

comitior., VII von 1478, und XVI von 1498 im Corpus juris; endlich durch die glaubwürdigsten Schriftsteller. Verböczi, im Tripartitum, zählt Sirmien, Valkó, Posega und Werschetz zu den ungarischen, Kreutz, Agram und Warasdin aber nennt er slawonische Gespanschaften. Faustus Verancsics, Secretär König Rudolf's, schreibt in seinem Diplomatarium: „Die obern Gespanschaften Ungarns sind: Zips, Sáros, Torna u. s. w., die untern: Valkó, Posega, Sirmien, Werschetz, Bodrog, Bács u. s. w.; Gespanschaften Slawoniens: Agram, Warasdin, Kreutz." Der Name Kroatien wurde auf die drei letztgenannten Gespanschaften übertragen, nachdem die Türken das eigentliche Kroatien erobert hatten; und da nun kein Slawonien vorhanden war, fing man an, den untern Theil des Landes zwischen der Drau und Save, von jeher, wie gesagt, echt ungarisches Gebiet, Slawonien zu nennen, bis zuletzt gegen Ende des 18. Jahrhunderts diese unrichtige Benennung auch in das öffentliche Leben und selbst in die Gesetzgebung überging. Nikolaus Zelnicei, Bischof von Agram, schreibt 1599: „Slawonien bezeichnet etwas anderes und Kroatien wieder etwas anderes. Daß Agram in Slawonien liegt, bezweifelt niemand; daß man diesen Theil Oberslawoniens für Kroatien hält, weiß ich: aber der Irrthum und Fehler beraubt niemand seines Rechts."

[1] Vgl. oben S. 180 fg. — [2] Die Urkunden bei Endlicher, S. 477—481.

ein und stand im Felde gewöhnlich am rechten Flügel des Heeres. Die königlichen Prinzen, die von Zeit zu Zeit unter dem Titel „Herzog von Slawonien" Dalmatien und Kroatien regierten, hatten außer dem ihnen gebührenden höhern Rang gesetzmäßig kaum ausgedehntere Vollmachten. Durch die besondere Gunst des Königs ward zwar das ihnen untergebene Gebiet zuweilen noch mit ungarischen Gespanschaften vermehrt und ihre Vollmacht erweitert [1]; auch übte einer und der andere unter ihnen, indem er sich wider den König empörte, alle königlichen Rechte aus [2]; aber sie waren doch immer nur Vasallen, die das ihnen anvertraute Land nicht erblich, sondern blos lebenslänglich und widerrufbar „aus des Königs Gnade" innehatten.

Bei aller Schonung, die man gegen die nationalen Eigenthümlichkeiten bewies, wurden dennoch sehr bald die ungarische Constitution und ungarische Gesetze eingeführt. Die Zschupanate, in die das Land früher eingetheilt war, wurden in Gespanschaften verwandelt, die, nach dem Muster der ungarischen gebildet, auch die wesentlichsten Einrichtungen mit diesen gemein hatten und ihre innern Angelegenheiten in Comitatsversammlungen unter dem Vorsitze des Obergespans ordneten. Zu Berathungen über die Angelegenheiten des ganzen Landes beriefen die Bane oder Herzoge die Geistlichkeit und den Adel zu Landtagen, die den Reichsgesetzen nicht widersprechende Statute zu machen berechtigt waren. [3] Koloman allein ließ sich, als er die Herrschaft über ganz Dalmatien und Kroatien antrat, in Zara krönen; keiner seiner Nachfolger that es wieder, da diese Länder für ein Zubehör der heiligen Krone Stephan's galten. Aus derselben Ursache wurden auch alle Decrete und Freibriefe, welche die Könige für dieselben erließen, unter Zustimmung der ungarischen Reichsbarone herausgegeben, vom ungarischen Kanzler ausgestellt, vom grauer Erzbischof, vom Palatin und den andern Bischöfen und Großen unterschrieben und mit dem Reichssiegel versehen. Die dalmatinischen und kroatischen Barone und Edelleute besaßen zugleich den ungarischen Adel und genossen alle Rechte desselben, zu denen auch die Theilnahme an den Reichstagen gehörte. Die Abgaben, welche diese Länder entrichteten, bestanden zum Theil in Marderfellen und gehörten ebenfalls zu den Angelegenheiten, über welche der Reichstag entschied. [4] Ob die Bewohner schon damals das Vorrecht genossen, nur die Hälfte der Steuern zu zahlen, die der Ungar leistete, ist zweifelhaft, weil bis zu Anfang des 14. Jahrhunderts außer dem Kammergewinn überhaupt keine regelmäßigen Abgaben erhoben wurden.

Doch die romanischen Seestädte, Jadra oder Zara, Spalatro,

---

[1] Z. B. von Béla IV. seinem Bruder Koloman und seinem Sohne Béla. — [2] Andreas II. als Herzog von Slawonien vergabte königliche Güter und Gefälle, führte Kriege und machte Eroberungen. — [3] Verböczi, Tripartit., Pars III, Tit. 2. Die Comitatsversammlungen und Landtage, Congregationes generales, werden erwähnt in der Urkunde Andreas' II. von 1218, bei Kukuljevics, Jura regni Croatiae, Dalmatiae et Slavoniae, Agram 1862, 1, 47 fg. Dergleichen Landesstatute sind: Matthaei Bani Slavoniae jura regni et banatus, 1273, bei Endlicher, S. 536. — [4] Andreae II. Decret. I, 27, bei Endlicher, S. 416. Andreae III. Decret., 34, a. a. O., S. 620.

Traw, Sebenigo und noch einige weniger bedeutende, nebst einem Theile des Küstengebiets und den Inseln im Adriatischen Meere gehörten nie zu dem mit Kroatien vereinigten Dalmatien. Sie hatten eine italienische Bevölkerung und bildeten von altersher freie Gemeinwesen, welche die Oberhoheit der byzantinischen Kaiser anerkannten und mit ihren Nachbarn, den Slawen, sich beinahe fortwährend im Kriegszustande befanden. [1] Als die Slawenfürsten im 11. Jahrhundert sie härter bedrängten und die Kaiser von Konstantinopel sie nicht hinreichend vertheidigen konnten, begaben sie sich unter den Schutz des aufstrebenden Venedig, und schon 1085 belehnte Alexius Comnenus die Republik mit Dalmatien. [2] Auch nachdem Koloman diese Städte mit ganz Dalmatien unter die ungarische Herrschaft gebracht hatte, bewahrten sie ihre Sonderstellung und Freiheit, wenn sie gleich häufig dem Ban oder Herzog untergeben waren. Die ausgedehnten Privilegien, welche ihnen Koloman und seine Nachfolger verliehen, wurden ausschließlich ihnen, nicht aber ganz Dalmatien und Kroatien zutheil, und Andreas III. gab ihnen überdies in den Grafen von Brebir eigene vom Bane Kroaticus unabhängige Bane. Das einzige Band, das sie mit dem innern slawischen Lande verknüpfte, war ein kirchliches, indem Dalmatien und Kroatien jenseit der Save zum Sprengel des Erzbischofs von Spalatro' gehörte. [3]

In den Tagen der árpádischen Könige gab es also kein Dreieiniges Königreich Dalmatien, Kroatien und Slawonien, welches in der neuesten Zeit die Einbildungskraft alles übertreibender Eiferer für das Slawenthum schaffen will; auch waren diese Länder nicht mit dem König durch eine Personalunion, sondern mit dem ungarischen Reiche als „regna adnexa" vom Anbeginn her verbunden. Schon am Schlusse des 13. Jahrhunderts standen sie zu demselben in dem nämlichen, ja vielleicht noch mehr untergeordneten Verhältnisse, welches sich in einer 1492 abgefaßten, mit 63 Unterschriften und Siegeln versehenen Staatsurkunde unverkennbar darstellt: „Weil", heißt es in derselben, „die genannten Königreiche Kroatien und Slawonien 'und wir, wie auch die übrigen Bewohner dieser Länder, der Krone und dem Reiche Ungarns von altersher unterworfen sind (eisdemque, coronae et regno, subjecti sumus): so nahmen und nehmen wir diesen Friedensschluß und Ausgleich öffentlich und feierlich an auf dem zu dieser Absicht einberufener ofener Reichstage, ebenso wie die geistlichen Herren, Barone, Obergespane, Vorgesetzte und Edelleute Ungarns." [4]

Das Verhältniß der Nebenländer, namentlich Siebenbürgens, Kroatiens und Dalmatiens, zu Ungarn läßt sich überhaupt mit wenigen Worten also schildern: ohne Ungarn vollständig einverleibt zu sein, bilden

---

[1] Lucius, De regno Dalmatiae et Croatiae, Lib. I. — [2] Lucius, Lib. II, 4. Anna Comnena, IV, 192. — [3] Kukuljevic, Bd. 1. Die Urkunden I—III und LXXIV. — [4] Im k. k. geheimen Staatsarchiv zu Wien. Für all das oben Gesagte finden sich zahlreiche und urkundliche Belege bei Lucius, De regno Dalmatiae et Croatiae. Vieles, was hier nur oberflächlich erwähnt werden konnte, gibt Szalay ausführlicher in seiner Schrift: A horvát kérdéshez (Zur kroatischen Frage), Pesth 1861.

sie, mit diesem durch die gleiche Constitution vereinigt, integrirende Theile des Reichs; sie sind im ungeschmälerten Besitze ihres Gebiets; ihre Sprache und Nationalität wird nicht angefochten; sie behalten ihre hergebrachten bürgerlichen Einrichtungen, wenn sie dieselben nicht mit den ungarischen vertauschen wollen; sie ordnen als freie Gemeinwesen unter der Leitung königlicher Statthalter selbständig ihre innern Angelegenheiten, gehorchen jedoch dem König, an dessen Wahl und Krönung sie theilnehmen, und den Reichsgesetzen, die unter ihrer Mitwirkung gegeben werden; sie tragen nicht nur keine größern Lasten und Beschränkungen als die Bewohner Ungarns, sondern genießen meistens noch viele und bedeutende Vorrechte vor diesen.   Daher wird es erklärlich, daß sie nie nach Unabhängigkeit strebten, sondern selbst in solchen Zeiten, wo Ungarn durch innere Unruhen geschwächt und zerrüttet wurde, mit unerschütterlicher Treue an dem Verbande mit demselben festhielten, dasselbe als das gemeinsame Vaterland aller liebten und zu seiner Vertheidigung bereitwillig ihr Blut vergossen.

2. Innere Zustände unter den letzten Arpaden,

theils von 1241, theils von 1222—1301.

Das nicht ganz unverschuldete Verderben, welches die Mongolen über Ungarn gebracht, hatte das gelockerte Band der Eintracht um das Volk und dessen König fester geschlungen; beide arbeiteten mit vereinten Kräften an der Wiederherstellung des in seinen Grundlagen erschütterten Reichs.   Aber was Béla IV. nach dem Abzug des furchtbaren Feindes durch zweckmäßige Vorkehrungen zur Befestigung der wiederkehrenden Ordnung und zur Hebung der zerstörten öffentlichen Wohlfahrt einerseits that, verdarb er andererseits durch die vielen, meist unglücklichen Kriege, zu denen er sich durch Eroberungssucht verleiten ließ.   Diese Kriege lenkten seine Thätigkeit von den innern Angelegenheiten nach auswärts; sie zwangen ihn, die Großen durch Schmeichelei und Begünstigung zur Heeresfolge, von der sie das Gesetz entband, zu bewegen und das Volk durch Auflagen und verfehlte Finanzoperationen zu bedrücken, welche die Staatskasse für den Augenblick füllten, für die Folge jedoch desto ärmer machten; und mit allen Opfern an Gut und Blut wurden nur schwere Niederlagen und Demüthigungen erkauft, die um so schmerzlicher waren, da die tiefen, erst vor kurzem empfangenen Wunden des Landes noch bluteten.   Die natürlichen Folgen waren allgemeines Misvergnügen, Unruhen und Aufstände.   Denn wären die verlustvollen Kriege nicht vorhergegangen, so würde der jüngere König Stephan nie gewagt haben, sich gegen den Vater zu empören, und wenn er es ja gewagt hätte, keine so zahlreiche Partei gefunden haben.   In dem Bürgerkriege, der nun entstand, sahen sich beide Könige einerseits genöthigt, um die Wette durch Nachsicht gegen Anmaßungen und Gewaltthaten, durch verschwenderische Verleihung von Gütern und Würden Anhänger zu erkaufen; andererseits trieb sie der Zorn zur Verfolgung und Unterdrückung ihrer Gegner, wobei sie die Schranken der Mäßigung und des Gesetzes überschritten und statt Gerechtigkeit Rache übten. So lösten sich die Bande der gesetzlichen Ordnung; die Frechheit, die kühn zugriff, und die List, die zur rechten Zeit die Partei wechselte, errangen die Vortheile, die dem Verdienste gebührten; Menschen ohne sittliches Gefühl, ohne Liebe zum Vaterland erhielten die wichtigsten Aemter; das Volk wurde unterdrückt und geplündert; das Reich gerieth in Verfall. Die Gesetze, welche der Reichstag von 1267 zur Beseitigung der überhandnehmenden Uebel schuf [1], konnten dieselben kaum mildern. Stephan V. hätte die Hoffnungen, mit denen seine Thronbesteigung begrüßt wurde, vielleicht erfüllt und der Zerrüttung des Staats gesteuert; aber er starb zu früh, noch ehe er wieder gut machen konnte, was er zum Theil mit verschuldet hatte. Während der Unmündigkeit seines Sohnes Ladislaus' IV. herrschten, wie nie vorher, Cabalen und Ränke am Hofe; die Königin-Mutter, eine kumanische, vom Geiste christlich-europäischer Bildung kaum angewehte Frau, führte die höchste Gewalt nach Laune und Willkür; herrschsüchtige Große und Höflinge rangen miteinander, bis es einigen gelang, so viel Reichthum und Macht an sich zu reißen, daß sie keine Gewalt und kein Gesetz mehr über sich anerkennen wollten. Noch unheilvoller ward die Zeit, nachdem Ladislaus IV. die Regierung selbst angetreten hatte. Welche Achtung konnte ein Fürst genießen, der sich schändlichen Ausschweifungen so sehr überließ, daß er förmlich vor Gericht gestellt und gezwungen wurde, in einer feierlich veröffentlichten Urkunde Besserung zu versprechen? Wie groß war das Verderben, welches er anrichtete, indem er durch sein thörichtes Benehmen die Ungarn und Kumanen so lange wider einander aufhetzte, bis sie einander feindlich gegenüberstanden und sich blutige Kämpfe lieferten! Denn sein Werk war der traurige Zwiespalt; das beweist das Aufhören desselben nach seinem Tode. Unter seiner Regierung stieg die Unordnung und das Elend zu einer solchen Höhe, daß Andreas III. der Aufgabe, demselben abzuhelfen, nicht mehr gewachsen war. Solange dieser aufgeklärte und wohlwollende Regent die mächtigen Oligarchen nach Willkür schalten und walten ließ und sie mit Gunstbezeigungen überhäufte, hatten sie keine Ursache, sich gegen ihn aufzulehnen; als er aber ihrem Unfuge steuern und sie mit Ernst in die Grenzen des Gehorsams zurückdrängen wollte, da erhoben sie sich mit einem bisher nie dagewesenen Uebermuthe; nun fielen sie von dem König ab, der ihnen Besorgnisse einflößte, und stellten ihm ein Kind entgegen, unter dessen Namen sie zu herrschen und ungehindert ihre verderbliche Macht noch weiter auszudehnen hofften; angeeifert von dem hochmüthigen Papst Bonifacius VIII.; dem Urheber vielfältigen Unheils in Staat und Kirche, und geleitet von dessen willfährigem Werkzeuge, dem graner Erzbischof Gregor, begannen sie die langwierigen Kämpfe, die das Reich an den Rand des Untergangs brachten.

Die Anhäufung mehrerer Reichsämter in einer Hand war es vor-

[1] Belae IV. reg. Decretum 1267, oben S. 412.

nehmlich, was einigen Großen die Macht gab, dem Könige und der
ganzen Nation ungestraft zu trotzen. Wie gefährlich diese sei, hatte
man schon früher erfahren; deshalb gebot die Goldene Bulle, Art. 30:
„Außer dem Palatin, dem Ban und dem Hofgrafen des Königs und der
Königin darf niemand zwei Würden bekleiden." Die Könige aber achteten
nicht auf das zu ihrem und des Volkes Wohl gegebene Gesetz; um neue
Anhänger zu gewinnen oder diejenigen, auf deren Treue sie bauten,
desto mächtiger zu machen, verliehen sie einem und demselben durch Geburt
und Erbgüter, oft auch durch Geisteskraft ohnehin schon hervorragenden
Manne mehrere der einflußreichsten Stellen im Staate. Wir sehen besonders unter Andreas III., daß nicht nur der Palatin, der Ban und
der Hofgraf zugleich Obergespan mehr als eines Comitates ist, sondern
daß auch andere Reichsbarone und Große zwei, sogar drei Gespanschaften vorstehen. So wurde die ganze politische und militärische
Macht Wenigen anvertraut, das Reich gleichsam unter sie vertheilt; so
entstanden nach und nach Oligarchen, die über mehr Geld und Leute
als der König selbst verfügten und sowol ihm wie dem Gesetze Hohn
sprechen durften. Da sie aber den mehreren Aemtern, die sie zu
gleicher Zeit bekleideten, nicht genügen konnten, mußten sie Stellvertreter haben, die statt ihrer die Geschäfte verwalteten. Diese ernannten sie selbst, und bald kam der Misbrauch auf, daß sie ihre
Aemter um Geld in Pacht gaben, was natürlich zu den schwersten
Bedrückungen führte.[1]

Hierbei kamen ihnen ihre festen Schlösser trefflich zu statten.
Die Erlaubniß, solche auf ihren Besitzungen zu bauen, ward Privatherren nach dem Abzug der Mongolen ertheilt; sie sollten bei feindlichen Einfällen der umwohnenden Bevölkerung als Schutz- und Zu-
fluchtsörter dienen. Bald erkannten die widerspenstigen Großen und
kühne Freibeuter, welche Vortheile ihnen daraus erwuchsen; auf steilen
Felsen und aus schwer zugänglichen Sümpfen erhoben sich überall
starke Burgen; wer selbst keinen geeigneten Platz hatte, baute eine
solche auf fremdem, besonders auf dem Boden der Kirchen und Klöster, den er dadurch gewaltsam zu seinem Eigenthum machte. Und da
die Burg zu ihrer Vertheidigung einer Besatzung bedurfte, so kam jetzt
auch in Ungarn die Gewohnheit auf, daß Privatherren in Friedens-
zeiten bewaffnete Mannschaften unterhielten, die großentheils auf Kosten der Umgegend lebten. Von seinem Schlosse aus beherrschte der
reiche Große, auch wenn er kein Staatsamt führte, als Tyrann das um-
liegende Land und erhob Steuern und Zölle; der ärmere Freibeuter aber
trieb Brandschatzung und Raub soweit sein Schwert reichte; beide fanden hinter ihren Mauern Schutz gegen den Richter, der sie zur Verantwortung und Strafe ziehen wollte. Umsonst war es daher, daß die
Gesetze wiederholt die Uebelthäter verurtheilten und solche Burgen,
die ohne Erlaubniß des Königs gebaut worden, die auf fremdem oder
Kirchengrund standen, deren Eigenthümer zur Unterhaltung der Besatzungen zu arm waren und die nur zum Verderben anderer dienten, zu

---

[1] Andreas III. Decret., Art. 4.

brechen befahlen. [1] Das Uebel war zu gewaltig geworden, und die Macht, dasselbe zu vernichten, war nicht vorhanden; die räuberischen Burgherren trieben ihr Wesen von Tag zu Tag ärger, und einige mächtige Dynasten, wie die güssinger und brebirer Grafen und der berüchtigte Lorant (nicht zu verwechseln mit dem gleichnamigen Vajda von Siebenbürgen), warfen sich, gestützt auf ihre festen Waffenplätze, zu Herren einzelner Landestheile auf; das Reich befand sich in Gefahr, wie Deutschland, Frankreich und Italien, in eine Menge fast selbständiger Gebiete zerstückt zu werden.

Zum Glück hatte der zahlreiche niedere Adel, der in dieser verhängnißvollen Zeit allein das seiner ursprünglichen Rechte beraubte Volk vertrat, die Liebe zur Freiheit und zum Vaterlande noch nicht verloren; und mit ihm verband sich der größte, patriotisch-gesinnte Theil des Klerus. Hätte sich ein kraftvoller König oder sonst ein tüchtiger Führer an ihre Spitze gestellt, so würden diese beiden Stände auch an den Bürgern der Städte und freien Bezirke treue Bundesgenossen gefunden und den Uebermuth der Oligarchen mit Gewalt gebrochen haben; da sich aber kein solcher fand, so trachteten sie, wenigstens im Wege der Gesetzgebung der Unordnung Schranken zu setzen. Wir begegnen in den uns erhaltenen Gesetzen aus dieser Periode Anordnungen, die von Freiheitsliebe, richtiger Einsicht und eifrigem Streben, die Verfassung durch zweckmäßige Institutionen auszubilden, zeugen. So wurde 1267 beschlossen: „Zu den jährlichen Reichstagen sollen aus jeder Gespanschaft zwei oder drei Edelleute abgesendet werden, damit in ihrer Gegenwart für jeden Schaden und jedes Unrecht Genugthuung geleistet werde." [2] Diese Anordnung war ein Schritt zur Einführung des Repräsentativsystems und hätte eine heilsame Umänderung des Reichstags bewirken können; allein es findet sich keine Spur davon, daß sie befolgt wurde. Zwei andere Gesetze handelten von der Ernennung und Verantwortlichkeit der hohen Staatsbeamten. Der König verpflichtet sich, den Palatin, Tavernicus, Vicekanzler und Judex curiae, der alten Gepflogenheit gemäß, nach dem Rathe des (beim Reichstag versammelten) Adels zu ernennen.... Der jährliche Reichstag zu Stuhlweißenburg soll untersuchen, wie die Barone ihre Aemter verwaltet haben, und noch an demselben Tage hat jeder nach dem Urtheil des Königs und seiner Räthe die verdiente Belohnung oder Strafe zu empfangen. [3] Wer kann die echt constitutionellen Grundsätze verkennen, aus denen diese Gesetze flossen? Zugleich wurde den Baronen verboten, ihre Aemter um Geld zu verpachten. [4] Doch ein zweiter Reichstag geht noch weiter: er stellt dem König, um den

---

[1] Andreae III. Decret. 1291, Art. 19: „...turres sive castra super ecclesiis aedificata, aut locis aliis pro nocumento constructa, penitus evellantur." Constitutiones 1298, Art. 9: „...munitiones et castella de novo absque licentia domini regis, vel que fuerint tales, de quibus detrimenta inferuntur, vel in posterum inferi praesumerentur, aut etiam quibus ipse possessiones non sufficiunt, minores etiam super ecclesias et monasteria facte, sine dilacione omni deleantur." — [2] Belae IV. reg. Decret., Art. 8. — [3] Andreae III. Decret. 1291, Art. 9 u. 25. — [4] Ebend., Art. 4.

verfassungsmäßigen Gang der Regierung und die Ausführung der Gesetze zu sichern, einen bleibenden Ausschuß an die Seite. „Damit der
königliche Hof glanzvoller eingerichtet und das ungarische Reich
schicklicher regiert werde, beschließen wir, daß der Herr König zwei
Bischöfe von drei zu drei Monaten der Reihe nach den einen aus der
graner, den andern aus der kalocsaer Diöcese und ebenso viele Edelleute, die wir jetzt erwählen, als Stellvertreter des gesammten Reichs-
adels mit gebührendem Gehalte auf Staatskosten um sich habe; und
wenn der König dieses unterließe, seien alle Schenkungen, Würden-
verleihungen und sonstige wichtigere Dinge, die er ohne Rath der ihm
Zugesellten vornehmen würde, ungültig." [1] Der Entstehung mehr oder
weniger unabhängiger Herrschaften und der Zersplitterung des Reichs
sollte vorgebeugt werden: darum mußte auch Andreas III. bei seiner
Krönung geloben, an Kirchen, Prälaten, Barone und Edelleute keine
Gespanschaft des Landes für immerwährende Zeit zu vergaben. [2] Auch
auf die Integrität des Reichs ward sorgfältig Bedacht genommen: sollte
ein Theil desselben, unter welchem Titel oder Vorwand und von welchem König immer, losgetrennt worden sein, so ist der König gehalten,
diesen wieder dem Reichsgebiete einzuverleiben, ansonst verfällt er dem
Kirchenbanne. [3]

Die Gesetze, welche der pesther Reichstag von 1298 gegen die
rebellischen Oligarchen und Freibeuter erließ, haben wir bereits oben
angeführt. In der Vorrede zu den Beschlüssen stehen die Worte „mit
Ausschluß aller Barone, wie es gebräuchlich ist". Die Ausschließung
der Barone von den Berathungen des Reichstags war aber nicht gebräuchlich; sie waren vielmehr im ganzen árpádischen Zeitalter gerade
die einflußreichsten Mitglieder des Reichstags; auch bestand noch keine
Theilung desselben in ein Ober- und Unterhaus, und wenn sie gleich
als Staatsrath in mancher Hinsicht eine gesonderte Stellung einnahmen,
so theilten sie diese mit den hohen Prälaten, die demungeachtet den
Berathungen des pesther Reichstags beiwohnten. Den Beweggrund zur
Ausschließung der Barone gab das gesetzwidrige, empörerische Benehmen
der meisten unter ihnen; sie ist die Aeußerung des allgemeinen Unwillens; sie ist ein Versuch, ihnen einen Theil ihrer Macht zu entwinden, zu dem sich der Klerus mit dem Adel vereinigte und dem die
anwesenden Barone aus Erbitterung wider ihre der Gegenpartei anhängenden Standesgenossen beistimmten. Sobald Ruhe und Ordnung
zurückkehrten, nahmen auch die Barone ihre verfassungsmäßige Stellung im Reichstage wieder ein.

Die wenigsten der erwähnten Gesetze kamen zur Geltung; die
Staatseinrichtungen, die sie schaffen wollten, traten gar nicht ins Leben
oder hörten schnell wieder auf, da sie den Großen verhaßt sein mußten
und auch den Königen nicht gefallen konnten, deren Macht sie beschränkten. Sie haben daher geschichtlichen Werth nur als Ausdruck der
herrschenden Denkungsart und der Bestrebungen des Zeitalters, nicht

---

[1] Constitutiones 1298, Art. 20. — [2] Decret. Andreae III., Art. 2. —
[3] Constitutiones 1298, Art. 18.

aber als vollzogene Thatsachen und Neugestaltungen der öffentlichen
Zustände.

Während Ladislaus' IV. unheilvoller Regierung wurde das
Staatsvermögen theils durch leichtsinnige Vergabungen, theils durch
gewaltsame Occupation sehr beträchtlich vermindert. Der Reichstag
von 1291 legte daher Andreas III. die Pflicht auf, in alle Gegenden
Reichscommissarien zu entsenden, welche die Rechtmäßigkeit der von
jenem Könige gemachten Schenkungen untersuchen sollten, um, was
wider Recht und ohne Verdienst vergabt worden, bis zum 20. Aug.,
Staatsgüter aber sogleich einzuziehen. Zugleich mußten alle, die solche
Besitzungen innehatten, versprechen, sie gutwillig zurückzugeben. [1]
Wie eifrig Andreas diese Anordnung auszuführen bemüht war, ist bereits erwähnt worden. Außer den zwei Drittheilen von den Erträgnissen der Staatsländereien (das dritte gebührte dem Obergespan) bezog der König seine Einkünfte wie früher aus dem Salzmonopol, aus
Zöllen, aus den Steuern der Städte und freien Bezirke, aus den Bergwerken, aus Heimfällen, Confiscationen und Gerichtsgebühren. Doch
eine Hauptquelle derselben blieb fortwährend der Kammergewinn beim
jährlichen Umtausch der alten für neue Münzen. Der dabei zunehmenden
Verschlechterung des Geldes suchte der peslher Reichstag von 1298
dadurch Schranken zu setzen, daß er verfügte: „Im ganzen Reiche soll
nur einerlei königliche und allgemein gültige Münze umlaufen, die nächsten zwei Jahre mit einem Fünftel, die folgenden mit einem Zehntel
Legirung." Zugleich ward jedermann ohne Unterschied des Standes zur
Annahme dieser Münzen und mithin zur Entrichtung des Kammergewinns verpflichtet. „Der Adeliche oder Mächtige, der sich weigerte,
dieses Geld auf dem Markte seiner Besitzung in Umlauf zu setzen, verliere das Marktrecht; der dasselbe nicht annimmt, zahle zur Strafe von
jeder Ansässigkeit (Bauerngut) auf seiner Besitzung einen halben Fer-
ting." Endlich wurde Falschmünzerei mit schwerer Strafe bedroht (wahrscheinlich hatten einige Barone versucht, auch das ausschließlich königliche Recht des Münzens sich anzumaßen): „Wer es wagte, auf seiner
Besitzung oder in seinem Hause Münzen prägen zu lassen, verliere die
Besitzung und das Haus." [2] Goldmünzen wurden um diese Zeit in Ungarn noch nicht geprägt; bis in die Mitte des 13. Jahrhunderts cursirten
meist byzantinische, später florentinische Goldgulden, die sich gleich,
nachdem man sie zu prägen angefangen, weit verbreiteten. Neben den
königlichen Silbermünzen, Groschen, 48 = 1 Mark, und Fertinge oder
Pfennige, 5 = 1 Groschen, waren besonders die friesacher Groschen
aus Salzburg, 1 = 1 ungarischen Pfennig, und die böhmischen Groschen, 60 = 1 Kölner Mark, stark in Umlauf. Größere Summen wurden nach der Ofener Mark = 18 Loth berechnet. [3]

Im vorliegenden Zeitraum entwickelte sich auch die Municipal-
verfassung der Gespanschaften immer mehr. Dem Obergespan
zur Seite und von ihm, wahrscheinlich mit Zustimmung der Stände,

---

[1] Andreae III. Decret., Art. 8. — [2] Constitutiones 1298, Art. 30—32.
— [3] Schönvisner, Notitia Hungaricae rei numariae, S. 163—172.

ernannt, standen wie früher der Curialgraf oder Vicegespan, die Biloten und Prestalden; aber jetzt wurden die Comitatsversammlungen
bereits regelmäßig abgehalten, an denen der Adel theilnahm, und nicht
allein die Angelegenheiten der eigenen Gespanschaft wurden hier verhandelt und entschieden, sondern auch Dinge, die das ganze Land be-
trafen, besprochen. Denn welchen Sinn hätte sonst das Gesetz, daß
jede Gespanschaft zu den jährlichen Reichstagen zwei oder drei bevollmächtigte Abgeordnete schicken soll, um Abhülfe und Genugthuung für
die vorgefallenen Misbräuche und Ungerechtigkeiten zu bewirken? Die bezüglichen Aufträge konnten ihnen nur in einer öffentlichen Versammlung
derer gegeben werden, in deren Namen sie sprechen und deren Sache
sie führen sollten. Dasselbe läßt sich aus mehrern andern Gesetzen
schließen, und manche Urkunden aus dieser Zeit enthalten deutliche
Spuren, daß die Comitatsversammlungen (Congregationes) zu bestimmten Zeiten, und außerdem so oft ein wichtiger Gegenstand es er-
heischte, abgehalten wurden. Wie bereits oben erzählt worden, beriefen auch der König und der Palatin auf ihren Rundreisen Versammlungen einzelner oder mehrerer Gespanschaften, denen sie vorsaßen. [1]
Den Comitatsversammlungen, die den freiheitsstolzen Adel in sich vereinigten, ist es wol hauptsächlich zu danken, daß die Obergespane,
während die Könige so ohnmächtig waren, nicht unumschränkte Gebieter und endlich erbliche Herren der Gespanschaften wurden. Ebenso
machten es die Verabredungen und vorläufigen Beschlüsse, zu denen
sie Gelegenheit gaben, möglich, daß sich der niedere Adel auf den
Reichstagen so einmüthig und entschlossen gegen die Anmaßungen der
gewaltigen Barone erheben konnte.

Im Gerichtswesen gingen im Laufe des 13. Jahrhunderts
manche wichtige Veränderungen vor. Die geistlichen Stühle sonderten
sich von den weltlichen Gerichten immer strenger ab und breiteten
ihren Wirkungskreis stets weiter aus; alle Kleriker, in welcher Angelegenheit es sein mochte, gehörten nun ausschließlich vor sie; schon in
der ersten Hälfte des Jahrhunderts wurden ihnen auch die Morgengaben und Ehesachen zugewiesen [2], und sie urtheilten über dergleichen
Dinge nicht, wie unter den ersten Königen die gemischten Gerichte, nach
den Landesgesetzen, sondern nach dem kanonischen Rechte, nach dessen Vorschriften sie auch eingerichtet und der Rechtsweg nebst der Reihenfolge der Appellationen geregelt waren.

Mit der Errichtung der geistlichen Stühle mußten selbstverständlich auch die unter Koloman eingeführten Gerichtstage, die am Wohnorte und unter dem Vorsitze des Bischofs gehalten wurden (oben
S. 211), aufhören; der Obergespan ward nun der Richter aller weltlichen Einwohner des Comitats ohne Unterschied des Standes; doch
durfte er über den Grundbesitz der Adelichen nur in Münz- und Zehntsachen aburtheilen [3]; seine Beisitzer waren vier, vermuthlich von der

---

[1] Oben S. 387 u. 421. — [2] Andreae III. Decret. 1231, Art. 14, Juramentum Andreae II., Art. 14. — [3] Goldene Bulle, Art. 5. Andreae II.
Decret. II, Art. 12, 13.

Gesammtheit der Gespanschaft erwählte Edelleute, ohne deren Beisein er weder eine Klage annehmen, noch ein Urtheil fällen durfte. [1] Der Vicegespan (comes curiae parochialis) sprach den Burgleuten Recht; Diebe und Räuber richteten, mit Genehmigung des Obergespans, die Biloten. [2] Der höchste Richter, gleichsam der Urquell alles Rechts, blieb fortwährend der König; er entschied jede Streitsache, die ihm unterbreitet wurde oder die er annehmen wollte, persönlich; die feierlichste Gerichtssitzung hielt er jährlich am Reichstage zu Stuhlweißenburg; er war berechtigt, den Uebelthäter zu begnadigen und ihm die gesetzliche Strafe zu erlassen, aber auch verpflichtet, dem Kläger jedenfalls vollständige Genugthuung zu verschaffen. [3] Der Palatin war Stellvertreter des Königs, wie bei den Reichstagen so auch in den Gerichtssitzungen [4], und deshalb befugt, jedermann, die Geistlichkeit ausgenommen, vor sich zu fordern und jeden Rechtsstreit, außer jenen, die vor die geistlichen Stühle gehörten, zu entscheiden und sein Urtheil vollziehen zu lassen; Fälle aber, wo es sich um Verlust des Kopfes und der Güter handelte, mußten dem Könige zur Bestätigung unterbreitet werden. [5] Wie dem Obergespan in der Gespanschaft der Curialgraf oder Vicegespan, so stand dem Palatin am königlichen Hofe der Hofrichter (judex curiae) zur Seite. Die Amtskreise beider haben keine scharfe Abgrenzung und laufen vielfältig ineinander. Was ein altes Gesetz [6] über die Gerichtsbarkeit des Palatins bestimmt hatte, ward in der gegenwärtigen Periode mit wenig Umänderung auf den Judex curiae übertragen: „Wenn sich der Hofgraf am königlichen Hofe aufhält, kann er jedermann richten, und die einmal (dort) angefangenen Rechtssachen wo immer zu Ende führen; aber an einem andern Orte weilend, darf er weder Vorladungen erlassen, noch Prestalden zur Vollziehung der Urtheile aussenden." [7] Dagegen reiste nun der Palatin im Lande umher und hielt öffentliche Gerichtssitzungen. So kam der Palatin Dionysius Oklich 1273 in die szalader Gespanschaft und versammelte den gesammten Adel, die Burg- und Kirchenjobagyen des Comitats zu Gerichte. Da wurden die Edelleute Kondekur und Thomas, Jurk's Söhne, der Dieberei, des Raubes und anderer Verbrechen angeklagt, durch öffentliche Ausrufung dreimal vorgeladen und, weil sie nicht erschienen waren, für schuldig geachtet und ihrer Güter verlustig erklärt. Die Güter fielen nach der Rechtsgewohnheit dem Palatin zu, und da die Verwandten der Verurtheilten dieselben weder auslösten, noch sonst Einsprache einlegten, so verkaufte er sie an Meister Hahold erbeigenthümlich. [8] Hatte sich etwa ein solcher halspeinlicher Fall unter den Edelleuten des graner Erzstiftes (Prädialisten) zugetragen, so fiel

[1] Andreae III. Decret., Art. 5; dafür, daß diese Beisitzer vom Adel der Gespanschaft erwählt wurden, spricht auch Art. 14 desselben Decrets, wo sie quatuor judices deputati genannt werden. — [2] Goldene Bulle, Art. 5. Andreae II. Decret. II, Art. 12. — [3] Andreae III. Decret., Art. 27. — [4] Goldene Bulle und Andreae II. Decret. II, Art. 1. — [5] Goldene Bulle, Art. 8. Andreae II., Decret. II, Art. 17, 18. — [6] Ladislai I. Decret. III, Art. 3. — [7] Goldene Bulle, Art. 9. Andreae II. Decret. II, Art. 20. — [8] Urkunde bei Kovachich, Vestigia comitior., S. 147.

das Vermögen des Verurtheilten, wie eine Urkunde Béla's IV. bezeugt, nicht dem Palatin, sondern dem Erzstifte heim, dem er ursprünglich angehört hatte.[1] Mokian, Palatin und Obergespan von Oedenburg, Wieselburg und Somogy, hielt 1286 zu Patak in der zempliner Gespanschaft eine Generalversammlung des Adels, vor der Graf Thomas, Simon's Sohn, den edeln Andreas von Butka anklagte, seinen Hauskaplan tödlich verwundet und einen seiner Dienstmänner ausgeplündert zu haben. Der Palatin ließ die Streitsache durch Schiedsrichter vermitteln, und die Parteien verglichen sich dahin, daß Andreas dem Grafen Thomas 60 Mark zur Genugthuung zahlte und das Gut Ásván mit Einwilligung seiner Verwandten erbeigenthümlich überließ.[2] Weil der Palatin in höchster Instanz urtheilte und von seiner Entscheidung keine Appellation statthatte, war es um so nothwendiger, jeder Parteilichkeit und Willkür vorzubeugen; daher gebot das Gesetz: „Wenn der Palatin das Land bereiset, um Gericht zu halten, sollen in jeder Gespanschaft die vier erwählten Richter nebst dem Obergespan mit ihm gehen und richten; dem Obergespan müssen die ihm zukommenden Gebühren gezahlt werden; verfährt aber der Palatin ungerecht, so sind die vier Abgeordneten und der Obergespan verpflichtet, ihn daran zu hindern und dem König darüber Bericht zu geben."[3] Dabei wurde für die größtmögliche Oeffentlichkeit der Gerichtssitzungen gesorgt. „Wir verordnen, daß der Palatin nicht in Städten und Dörfern, sondern auf freiem Felde und in Versammlungen, im Frühling, Sommer und Herbst und nicht im Winter Gericht halte."[4]

Vergeblich waren alle Bemühungen Béla's IV., das schon einmal abgeschaffte schriftliche Verfahren bei Hofe und bei den höhern Gerichten wieder einzuführen; dasselbe war des schleppenden Ganges, der damit verbundenen Chicanen, Geheimnisse und Kosten wegen dem Volke, das schnelle, einfache und öffentliche Rechtspflege liebte, so verhaßt, daß er endlich nachgeben und das mündliche Verfahren wiederherstellen mußte, welches fortan bis zum Schlusse der Periode in Uebung blieb.[5] Auch hatte bisher weder das römische noch das Feudalrecht großen und entscheidenden Einfluß auf die bürgerliche Gesetzgebung und Rechtspflege gewonnen. Nach einheimischen Gesetzen und Gewohnheiten, und wo diese nicht ausreichten, nach Einsicht und Billigkeit der Richter wurde alles entschieden, aber der Willkür und dem Unrecht sollte, wie schon gesagt, die Oeffentlichkeit vorbauen. Außerdem hatten die Städte und privilegirten Bezirke eigene, selbstgewählte Richter, die nach Statuten und Herkommen alle Streitigkeiten der Einwohner entschieden und über geringere Vergehungen urtheilten; nur Mordthaten und schwere Verbrechen gehörten vor das Gericht des Königs oder Palatins, in den Nebenländern vor das des Bans, Vajdas oder Grafen. Die Bewohner der den Bischöfen und privilegirten

---

[1] Urkunde vom Jahre 1263, bei Kovachich, S. 148. — [2] Urkunde bei Katona, VII, 927, und Szirmay, Notitia histor. Comitatus Zempliniensis, S. 10. — [3] Andreae III. Decret., Art. 14. — [4] Constitutiones 1298, Art. 29. — [5] Decret. Belae IV. 1265, Art. 10.

Kirchen gehörenden Ländereien wurden gegen Ende des Zeitraums in weltlichen Dingen unmittelbar unter die Gerichtsbarkeit des Königs gestellt [1], der auch über die Streitigkeiten der Prälaten mit weltlichen Herren oder Gemeinwesen richtete. Als die Stadt Gran mit dem Erzbischof und dem Propst zu St.-Thomas wegen einiger Abgaben, welche sie von deren Leuten erhob, in Streit gerieth, verfällte König Andreas III. 1294 die Stadt, verbot ihr, den Rechtshandel je wieder zu erneuern, und erklärte alle ihre auf denselben bezüglichen Handfesten, sie mochten mit Wachs oder Gold gesiegelt sein, für ungültig. [2] Ein Beweis, wie wenig ein König, der sich so leicht unbeschränkte Machtfülle beilegt, zum Richter geeignet ist.

In zweifelhaften Fällen, wo das Recht oder die Schuld durch Zeugen oder Documente nicht erwiesen werden konnte, wandte man noch immer feierliche Eide auf Reliquien, die Feuer-, seltener die Wasserprobe und gerichtliche Zweikämpfe zur Ergründung der Wahrheit an. Von 1201—35 wurden allein zu Großwardein einige hundert derartige Streitfragen über Stand, Besitz, Schuld oder Unschuld theils durch ausgehaltene oder abgelehnte Feuerprobe, theils durch Eide auf den Sarg des Heiligen Ladislaus entschieden. [3] Außer dem großwardeiner Domkapitel fanden die Ordalien auch noch vor dem presburger, neitraer, altofener und arader statt. [4] Den Ort, die Zeit und die Art des Zweikampfs bestimmte der Richter. Die Streitenden mußten denselben entweder in eigener Person oder durch gedungene Kämpfer, bald zu Pferd, bald zu Fuß und mit den vorgeschriebenen Waffen bestehen. Einem ungeübten Kämpfer wurde ein geübter, einem unbewehrten ein gerüsteter entgegengestellt, wenn der Angeklagte schwerer Verbrechen beschuldigt war. [5] So hätte Fulco, Simon's Sohn, Herr der Burg Fülek, vieler Räubereien, der Münzverfälschung und der beleidigten Majestät angeklagt, nach dem Ausspruche Béla's IV. und der Barone 1246 zu Stuhlweißenburg nackt mit dem wohlgerüsteten Gegner kämpfen sollen; aber er entwich aus dem Lande und verfiel deshalb der Schuld und Strafe. [6] Der Kämpfer, der zum Verräther an der Sache seiner Partei wurde, erlitt schwere Strafe. Als Achilles, Csiba's Sohn, in einem Streit des Grafen Hector und des Meister Martin über die Grenzen ihrer Donau-Fischereien bei Raab 1228 für den erstgenannten in den Kampf gehen sollte, warf er gleich beim ersten Gange Lanze, Schild, Schwert, Stab und Dolch von sich und floh. Dafür wurde er mit seiner ganzen Familie zu immerwährender Knechtschaft verurtheilt, und seine ganze Habe dem Grafen Achilles zuerkannt. [7] Sodann ward ein neuer Zweikampf angesetzt, in welchem der Kämpfer Meister Martin's siegte und diesem Recht verschaffte. [8] Hieraus und noch aus einigen andern Nachrichten geht hervor, daß es öffentliche und

---

[1] Andreae III. Decret., Art. 15. — [2] Urkunde bei Katona, VII, 1114. — [3] Regestrum de Varad, 1201—35, bei Endlicher, S. 640 fg. — [4] Urkunde von 1214, bei Katona, V, 185. — [5] Urkunde von 1258, b. i Pray, Spec. Hierarch., II, 383. — [6] Urkunde von 1246, bei Pray, Hist. Reg., I, 254. — [7] Urkunde Andreas' II, bei Bel, Notit. Hung. III, 97. — [8] Urkunde, ebend., S. 99.

befugte, vielleicht auch vom Staat bezahlte Kämpfer bei den Gerichten gab, die in nicht geringem Ansehen standen. Ladislaus IV. beschenkte mit Ländereien und adelte den königlichen Kämpfer (pugil, campio) Peter, Beten's Sohn, weil er in elf gerichtlichen, vom König angeordneten Zweikämpfen gesiegt und auch gegen Ottokar tapfer gefochten hatte. [1] Die Ladung vor das Gericht und die Vollstreckung des Urtheils geschah durch die Prestalden oder Pristalden. Diese und Betrüger, die sich für Prestalden ausgaben, wagten es oft, zum Nachtheile der Betroffenen Gerichtshandlungen ohne Bevollmächtigung vorzunehmen; daher ward angeordnet, daß ihre Vorladungs- und Vollziehungsaufträge, um Rechtskraft zu haben, in wichtigern Angelegenheiten von dem Diöcesanbischofe oder Domkapitel, in minder wichtigen von dem nächsten Kloster beglaubigt werden müssen. [2] Auch waren schon im 13. Jahrhundert die bischöflichen Domkapitel, die königlichen Abteien und Propsteien nebst einigen Häusern der Tempel- und Johanniterritter durch allmählich aufgekommene Gewohnheit oder durch ein uns unbekanntes Gesetz glaubwürdige Orte (loca credibilia) geworden, bei welchen letztwillige Verfügungen gemacht, Adoptionen vorgenommen, Erbschaften getheilt, allerlei Verträge geschlossen und die darüber ausgefertigten Urkunden, auch wichtige Staatsschriften niedergelegt wurden. Diese „loca credibilia" bestanden bis zum Jahre 1848; eine Menge der dort hinterlegten alten Documente wurde besonders in den Türkenkriegen vernichtet, aber die Masse der noch vorhandenen ist außerordentlich groß und konnte bisjetzt für die Geschichte leider noch bei weitem nicht hinreichend erforscht und ausgebeutet werden.

Das Heerwesen, das, aus der allgemeinen Wehrpflicht der freigeborenen Männer entstanden, von Stephan I. seine weitere Ausbildung erhalten hatte, eilte unter den letzten Árpáden seiner gänzlichen Auflösung entgegen, trotz aller Anstrengungen, welche besonders Béla IV. zur Wiederherstellung desselben machte; es konnte unter den veränderten Umständen und Verhältnissen nicht weiter fortbestehen. Die Könige der vorliegenden Periode betraten zwar häufig den Kampfplatz mit Heeren, die für die damalige Zeit außerordentlich zahlreich waren: aber nur ein kleiner Theil derselben bestand aus Nationalstreitern. Denn die Menge der wehrpflichtigen freien Leute und der ausdrücklich zum Waffendienst berufenen Burgmilizen war bis auf wenige Ueberreste herabgeschmolzen, der Adel hingegen hatte sich von der Heeresfolge in auswärtige Kriege losgemacht, und war nur noch zur Vertheidigung des Vaterlandes, und zwar auf Staatskosten, Kriegsdienste zu leisten verbunden [3]; eine bestimmte Anzahl Bewaffneter stellten nur einzelne privilegirte Gemeinwesen, wie die székler, die siebenbürger und zipser Sachsen [4], und einige vornehme Herren, die unter dieser Bedingung

---

[1] Urkunde bei Wagner, Diplomatar. Sáros., S. 293. — [2] Andreae II. Decret. II, Art. 21. — [3] Goldene Bulle, Art. 7. Andreae II. Decret. II, 15, 16. Belae IV. Decret., Art. 7. Andreae III. Decret. 10. — [4] Die zipser Sachsen stellten 50 Lanzenträger. Stephani V. reg. Libertus Saxonum de Scepusio. 2, bei Endlicher, S. 522 fg.

Güter empfangen hatten. Wollte also der König für einen Feldzug ins Ausland eine Armee zusammenbringen, so mußte er unter dem geringern Adel für Geld und gute Worte Streiter werben und den Großen neue Würden und Güter versprechen [1], damit sie ihm ihre wohlgerüsteten Scharen zuführten. Stets bereitwillig dagegen folgten dem Rufe zu den Waffen die Kumanen, deren Gewerbe Krieg und Raub war; sie bildeten daher einen großen und gefürchteten Theil der ungarischen Heere. Auf diese Art gelang es wol häufig genug, eine ansehnliche Kriegsmacht zu versammeln und über die Grenzen zu führen; aber da die Geldmittel immer bald erschöpft waren, hielt es äußerst schwer, sie lange beisammenzuhalten, man mußte gewöhnlich heimkehren, noch ehe die beabsichtigte Unternehmung zu Ende geführt war, und ward eine Schlacht verloren, so löste sich die Armee gänzlich auf, ohne daß man sie wieder sammeln und durch neue Zuzüge verstärkt dem Feind entgegenstellen konnte. Diese Uebelstände traten bei innern Unruhen noch weit auffallender zu Tage als in äußern Kriegen; die Großen zauderten, wider ihre sich empörenden Standesgenossen die Waffen zu ergreifen, der niedere Adel fürchtete die Rache der Mächtigen und stand zum Theil freiwillig oder gezwungen in ihren Diensten [2], und die kleinen Scharen, die der König mit vieler Mühe zusammenbrachte, reichten bei weitem nicht hin, den Trotz der Empörer zu brechen. Nur wenn ein auswärtiger Feind das Vaterland bedrohte, da erwachte der alte kriegerische Geist, da erhob sich die Nation einmüthig und stark zur Vertheidigung desselben, wie es z. B. in den Kämpfen gegen Herzog Albrecht von Oesterreich geschehen war.

Welch mächtigen Einfluß die Päpste unter den letzten Árpáden auf die Kirche und den Staat übten, wie sie bei jeder Gelegenheit als die höchsten Schiedsrichter auftraten und zuletzt sogar die Lehnsherrlichkeit über Ungarn beanspruchten, das haben die erzählten Begebenheiten dieses Zeitraums deutlich gezeigt. Aber nicht zur Beeinträchtigung der königlichen Gewalt und zur Anfachung von Aufständen, wie so oft in andern Ländern, sondern meist zum Schutze des Königs verwendeten sie hier ihre Macht. Warum hätten sie auch Könige bekämpfen sollen, die sich ihnen freiwillig unterwarfen, unablässig Rath und Unterstützung bei ihnen suchten und selbst unbestreitbare Rechte nur mit ihrer Bewilligung ausübten? Weit mehr Widerstand hatten sie bei ihren herrschsüchtigen Bestrebungen von den störrigen Oligarchen, von dem freiheitsliebenden Volke, sogar von dem großentheils patriotischgesinnten Klerus zu fürchten. Nur das Hoheitsrecht der ungarischen Könige, die Bischöfe und hohen Prälaten zu ernennen, und das Wahl-

---

[1] Andreae III. Decret., Art. 7. — [2] „Den Edelleuten stehe es frei in die Dienste eines Herrn, den sie selbst wählen, zu treten; der Mächtige aber, der sie ihm zu dienen mit Gewalt oder Macht zwingt und deshalb ihrer Person oder ihrem Vermögen Schaden zufügt, ver'alle durch die That selbst dem Kirchenbann; und sobald es der König erfährt, ist er verpflichtet, solche Unterdrücker zu verfolgen und die gebührende Strafe über sie zu verhängen." Constitutiones per praelatos et nobiles etc. 1298 factae, Art. 27, bei Endlicher, S. 637.

oder Postulationsrecht der Kapitel fochten sie an, um kraft apostolischer Machtfülle, wie sie es in andern Ländern bereits thaten, auch
in Ungarn die erledigten Bisthümer und Propsteien mit ihren Clienten,
meist Ausländern, besetzen und von den Beförderten hohe Taxen erpressen zu können. Mit ungemeiner Vorsicht waren ihre Schritte zu
diesem Ziele abgemessen. Innocentius III. machte zuerst öftere Andeutungen, daß ihm, dem Statthalter Christi, die Besetzung der höhern
Kirchenwürden gebühre. [1] Honorius III. ernannte 1225 den ungarischen Priester Johannes, den Sachwalter des Königs in Rom, zum
arader Propst, schrieb jedoch zugleich mit schlauer Bescheidenheit, daß
er hierdurch die königlichen Rechte nicht beeinträchtigen, sondern nur
den Wünschen des Königs zuvorkommen wolle, die er errathen zu
haben glaube. [2] Als hierauf 1226 das graner Erzbisthum erledigt
worden war, versagte er dem Erstgewählten die Bestätigung und gestattete lediglich aus Gnade eine zweite Wahl, fand sodann Gründe,
auch diese als gesetzwidrig und ungültig zu verwerfen, erklärte zuletzt,
daß er gezwungen sei, die lang genug verwaiste Kirche selbst mit einem
Hirten zu versehen, und ernannte den weszprimer Bischof Robert, einen
geborenen Lütticher, zum Erzbischof von Gran ohne vorläufige Mel-
dung an den König Andreas II., der schwach genug war, diesen Eingriff in die königlichen Rechte stillschweigend zu dulden. [3] Ermuthigt
durch diese Beispiele päpstlicher Willkür, wählte das weszprimer Kapitel 1245 den Domherrn Zeland ohne Vorwissen und Genehmigung
Béla's IV. zum Bischof, und der Erzbischof von Gran, Stephan Vancsa,
den der König mit Wohlthaten überhäuft hatte, bestätigte die Wahl
und erlaubte sich auch sonst noch in Gemeinschaft mit andern Prälaten
Verletzungen königlicher Rechte in Kirchensachen. Anstatt die widerspenstigen Priester selbst zur Verantwortung zu ziehen, verklagte sie
der sonst energische König beim Papste; dieser betheuerte zwar laut,
keine Beeinträchtigung der königlichen Rechte dulden zu wollen, beauftragte aber den Erzbischof von Kalocsa mit Untersuchung der Sache,
sodaß der König zur klagführenden Partei herabgesetzt wurde, und hieß
schließlich die Wahl gut. [4] Ja, derselbe Innocentius verwarf schon 1249 die
im Einverständniss mit dem König getroffene Wahl des Bischofs von
Scardona Johannes zum Erzbischof von Spalatro und erhob, ohne Béla
zu fragen, eigenmächtig den großwardeiner Domherrn Rogerius, den
Verfasser des „Carmen miserabile", auf den erzbischöflichen Stuhl. [5]
Mit mehr Nachdruck und Erfolg behauptete Béla in einem andern Falle
sein und der ungarischen Kirche gutes Recht. Als Vancsa 1252, der

---

[1] Epist. Innocentii III. ad Andream, 24. Jan. 1205, bei Péterfy, Concil.
Hung., I, 67. Epist. ejusdem ad Praepos. et Capit. Strigon., 7. Oct. 1205, bei
Koller, Hist. episcop. QEccl., I, 322. — [2] Epist. Honorii III. ad Andream,
4. Sept. 1225, bei Katona, V, 485. — [3] Epist. Honorii III. ad eppos. Vaciens.
et Agriens., 17. Mart. 1225, bei Schmitsch, Eppi Agriens., P. I. in Clest.
Epist. ejusdem ad Capit. Strigon., 26. Sept. 1225. — [4] Epist. Innocentii IV.
ad Benedictum Colocz, bei Péterfy, Concil. Hung., I, 80. — [5] Epist. Innocentii IV., 30. April 1249, bei Farlatus, Illyric. sacr., III, 273. Thomas
Archidiac., Hist. Salonit., Kap. 48.

erste Ungar, dem dies widerfuhr, von Innocentius IV. zum Cardinalbischof von Palästrina ernannt worden war, wählte das grauer Kapitel
mit Zustimmung des Königs den Erzbischof von Kalocsa Benedictus zu
seinem Nachfolger; Vancsa aber wollte den kanonischen Rechten zuwider zugleich das ungarische Erzbisthum behalten und ward vom Papst
in seinem Vorhaben unterstützt. Allein Béla, der froh war, des hochmüthigen Mannes los zu sein, und nicht zugeben konnte, daß derselbe die
reichen Einkünfte der höchsten ungarischen Kirchenwürde auch im Auslande weiter beziehe, um von dort aus seinen Einfluß zur Förderung päpst-
lich-hierarchischer Tendenzen wahrscheinlich noch mehr als bisher zu misbrauchen, schrieb so oft und so ernstlich deshalb an den Papst, bis
Vancsa auf den grauer Stuhl verzichten mußte und Benedictus denselben
einnahm. [1] Als Béla 1259, da ihm der Mongolenkhan Nogai ein Bündniß angetragen hatte (siehe oben), den Papst Alexander IV. warnte,
das ungarische Volk nicht durch eigenmächtige Ernennungen zu geistlichen Würden zu reizen, versprach dieser zwar, künftighin davon abzustehen; allein schon seine nächsten Nachfolger maßten sich das Recht
hierzu abermals an. Das agramer Domkapitel erkor 1264 Stephan
Vancsa, des Cardinals Neffen, zum Bischof; Papst Urban IV. verwarf
die Wahl, weil der Gewählte das gesetzliche Alter noch nicht erreicht
hatte, versagte auch einer zweiten, die auf den Propst von Stuhlweißenburg, Farkas (Wolfgang), gefallen war, die Bestätigung und ernannte
selbst den agramer Domherrn Timotheus, der gerade in Rom weilte,
zum Bischof von Agram. Auch sein Nachfolger Clemens IV. hielt die
Ernennung ungeachtet aller Protestationen Béla's aufrecht. [2] Papst
Nikolaus III. gab seinem Legaten Philipp 1279 den Auftrag, den großwardeiner Bischof Wladimir zum grauer Erzbischof zu ernennen; König Ladislaus IV. und das Domkapitel widerstanden eine Zeit lang,
aber Philipp wußte die Zustimmung beider zu erzwingen. [3] Wie und
in welcher Absicht endlich Bonifacius VIII. 1297 den Franciscaner
Peter zum Erzbischof von Spalatro ernannte, wurde bereits oben
erzählt.

Weniger als andern Reichen fielen die Päpste dem ungarischen
durch ihre Legaten lästig; und die dort erschienen waren genöthigt,
sich mit Behutsamkeit und Schonung zu betragen, weil sie sogleich auf
heftigen Widerstand stießen, sobald sie die Schranken der Mäßigung
überschritten. Freilich Gelderpressungen unter verschiedenen Namen, als:
Christensteuer oder Hülfeleistung für das Heilige Land, Entrichtung des
zwanzigsten Theils von den Einkünften größerer Pfründen, Erhebung
von Gebühren für Indulgenzen, Breven und Bullen, von Palliengeldern
u. s. w., mußte Ungarn wie andere Länder, wenn auch nicht in gleichem
Maße, erdulden, und erfolgreich waren im ganzen die Bemühungen der

---

[1] Epistolae Belae IV. ad Innocentium IV., 11. Mai und October 1252, bei
Péterfy, Concil. Hung., I, 69 u. 70. Péterfy, a. a. O., S. 72. — [2] Epist.
Urbani IV. ad Praepos. et Capit. Zagrab., 18. Jan. 1264, bei Farlatus, V,
375. Epist. Belae IV. ad Clementem Pap., a. a. O., S. 374. Epist. Clementis IV. ad Regem Hung., bei Katona, VI, 443. — [3] Pray, Specimen
hierarchiae, I, 163, Note b.

Päpste in diesen Zeiten ihrer höchsten Macht, die ungarische Kirche
ihrer Botmäßigkeit zu unterwerfen. Die Prälaten Ungarns nannten sich
zwar noch immer Bischöfe durch Gottes Barmherzigkeit, ohne durch
die Gnade des apostolischen Stuhls hinzuzufügen, in der That aber waren sie nichts mehr als des Papstes Stellvertreter und in jeder Angelegenheit seiner Willkür unterworfen. Wagte es dennoch einer oder der
andere, sich zu widersetzen, so wurde er als gottloser Frevler verschrien, wie der grauer Erzbischof Benedict [1], oder von der päpstlichen
Macht erdrückt. Bisher hatten die ungarischen Bischöfe den von Gregor VII. eingeführten und von Innocentius III. erweiterten Eid der Unterthänigkeit und des Gehorsams dem römischen Stuhl noch nicht geleistet, jetzt wurde ihnen derselbe abgenöthigt. Als Matthias, Bischof
von Waitzen, 1240 zum Erzbischof von Gran erwählt wurde, sandte
ihm Gregor IX. das Pallium nur unter der Bedingung, daß er den Eid
der Unterthänigkeit unter die päpstliche Gewalt leiste [2]; und von nun
an bestand Gregor und bestanden seine Nachfolger in jedem vorkommenden Falle auf dem Eid, bis derselbe allgemein gebräuchlich wurde.
Alle diese Eingriffe in die Rechte ihres Staats und ihrer Kirche ließen
die Ungarn, wenn auch widerstrebend und grollend, über sich ergehen;
als ihnen aber die Päpste einen König aufdringen und Ansprüche auf
Lehnsherrlichkeit geltend machen wollten, da erwachte der Unwille der
auf ihre Freiheit so eifersüchtigen Nation, wie wir sehen werden, und sie
erhob sich zum energischen Widerstand; gerade die Herrscher aus dem
Hause Anjou, welche die Päpste als Werkzeuge zur Unterjochung des
Landes gebrauchen wollten, vertheidigten mannhaft dessen Unabhängigkeit und setzten sich wieder in Besitz der von ihren Vorfahren zum
Theil schon aufgegebenen Hoheitsrechte.

Viele würdige Männer nahmen während des in Rede stehenden Zeitraums die ungarischen Bischofssitze ein. Die Verdienste, welche sich mehrere unter ihnen um den Staat erworben, wurden bereits im Verlaufe unserer Erzählung erwähnt; viele wirkten aber auch mit Eifer für die Be-
lebung des sittlich-religiösen Sinnes, unterhielten Schulen, sorgten für
bessere Dotirung des oft in Armuth schmachtenden niedern Klerus und
bemühten sich, dessen Mitglieder geistig und sittlich zu heben. Unter
diesen verdienen vorzüglich genannt zu werden: die Erzbischöfe von
Gran Stephan Vancsa, Benedictus II. und Wladimir; von Kalocsa
Ugrin, Smaragd, Emerich und Stephan II.; die Bischöfe von Agram
Stephan, Timotheus und Antonius; von Bosna Johannes Teutonicus
und Hieronymus Pausa; von Raab Ugrin, Georg und Theodor; von
Sirmien Oliverius; von Csanád Antonius; von Großwardein Emerich; von
Neitra Jakob; von Weszprim Paul; von Siebenbürgen Raynald. Fast alle
waren Doctoren der Universität von Bologna oder Paris, die meisten könig-
liche Kanzler. Leider fehlte es jedoch auch nicht an unwürdigen Priestern.
Der Propst von Stuhlweißenburg Michael trieb Handel mit Pfründen,
veräußerte die Besitzungen des Stifts und mishandelte grausam seine

[1] Chronic. Salisburg. ad ann. 1279, bei Pez, Script. Anstr., I, 881. —
Epist. Gregorii IX. ad Capit. Strig., bei Katona, VI, 880.

Hörigen, bis ihn endlich 1240 das Kapitel mit Hülfe des Königs absetzte. [1] Reicher als alle übrigen Bisthümer war das erlauer; dennoch schmälerte Bischof Lambert zu Anfang der zweiten Hälfte des Jahrhunderts die Einkünfte des Kapitels und entzog den Pfarrern ihren dürftigen Unterhalt. [2] Doch alle schlechten Priester übertraf an Verruchtheit der Bischof Hiob von Fünfkirchen; des Wuchers mit Pfründen, der Verschwendung des Kirchenguts, des Meineids, der Unzucht und Blutschande mit der eigenen Mutter, der Tochter und zwei Schwestern überwiesen, von den grauer Erzbischöfen in den Bann gethan und wiederholt nach Rom citirt, wußte er 25 Jahre lang der Verurtheilung und Strafe zu entgehen; ja, Gregor X. gab ihm sogar 1273 den Auftrag, für das angesetzte General-Concilium über den Zustand der ungarischen Kirche Bericht zu erstatten. [3] Doch welcher Stand hätte nicht auch unwürdige Mitglieder! Im ganzen kann man den höhern ungarischen Prälaten jener unruhvollen Zeit, wenige ausgenommen, namentlich das Lob patriotischer Gesinnung nicht absprechen; sie gaben sich dem Papste in Staatssachen nicht zu blinden Werkzeugen hin, sie machten mit den aufständischen Großen nie gemeinschaftliche Sache, sondern suchten, wenn Zwietracht und Bürgerkrieg ausbrach, Frieden zu stiften, und wandten auf den Reichstagen und in wichtigen Staatsgeschäften ihre Kenntnisse zum Wohle des Vaterlandes an.

Neben den Benedictinern, Prämonstratensern und Cisterciensern breiteten sich die neugestifteten Bettelorden, besonders die Franciscaner und Dominicaner immer weiter aus; die Zahl ihrer Mönchs- und Nonnenklöster vermehrte sich in allen Gegenden des Landes. Dagegen fand der in Frankreich von Bruno 1086 gestiftete und erst gegen das Ende des 13. Jahrhunderts nach Ungarn verpflanzte Kartäuserorden hier wenig Beifall; die furchtbare Strenge seiner Regel sagte dem nüchternen, religiöser Schwärmerei abgeneigten Sinne des Volks nicht zu; er besaß nur wenige in düstern Einöden erbaute Klöster. Ungarn sollte in dieser an Mönchsstiftungen so reichen Zeit auch seinen eigenen Orden erhalten: der grauer Domherr Eusebius gründete 1225 den Eremitenorden des Heiligen Paulus, des ersten Einsiedlers. Er breitete sich zwar über die Landesgrenzen wenig aus, wurde aber in der Heimat seiner milden Regel wegen sehr beliebt. In den Mauern seiner Klöster suchten besonders viele Vornehme, den durch Ausschweifungen und Vergehungen verlorenen Seelenfrieden wieder zu gewinnen, und bald lockte auch der Reichthum, mit dem der fromme Glaube den Orden ausstattete, zum Eintritt in denselben. [4]

Aber bei allem Ansehen, welches der Mönchsstand in dieser Zeit genoß, zeichnete er sich nicht immer durch ernste Zucht und Sittlichkeit aus. Die ungarischen Klöster der Cistercienser z. B. waren in so tiefen sittlichen Verfall gerathen, daß der General-Abt Wilhelm 1230

---

[1] Epist. Gregorii IX., bei Katona, V, 883. — [2] Epist. Innocentii IV., bei Wagner, Analecta Scepusii, I, 406. — [3] Koller, Hist. episcopat. QEccles., II, 154–164; die päpstlichen Urkunden, S. 176, 192, 197, 201, 210. — [4] Borkovich u. Egerer, Fragmen panis corvi seu reliquiae annalium Eremi-coenobiticorum ordinis Fratrum Eremitarum S. Paulli primi Eremitae (Wien 1663).

den Abt von Clairvaux Radulph absandte, damit er durch die strengsten
Maßregeln die untergegangene Zucht und Ordnung in denselben wie-
derherstellte. [1] Ein Sendschreiben Gregor's IX. von 1241 schildert
das Leben der Benedictiner mit grellen Farben; sie liefen, heißt es
darin, als Possenreißer und Landstreicher umher und wälzten sich
in Lastern, daher gebe er dem Erzbischof Matthias von Gran den Auftrag, die Klöster des Ordens zu visitiren, sie zu ihrer ursprünglichen
Regel zurückzuführen und, wenn sie sich nicht besserten, Cistercienser
oder Prämonstratenser an ihre Stelle zu setzen. [2] Der verheerende
Mongolensturm wirkte läuternd auf die alte Mönchswelt; viele Klöster
wurden zerstört, ihre Landbesitzungen verwüstet und ihre Reichthümer
vernichtet, die Noth zwang sie, wenigstens für die nächste Zeit der
Ueppigkeit zu entsagen. Aber auch die Eifersucht, welche durch den
steigenden Einfluß und Ruhm der Bettelmönche bei den ältern Orden
geweckt wurde, trieb diese sowol zur strengern Beobachtung ihrer Regeln und des äußern Anstandes als auch zu regerer Thätigkeit für Kirche
und Schule.

Die beiden Mendicantenorden, die Franciscaner und Dominicaner,
noch von dem Eifer neuer Institute beseelt und von allgemeiner Gunst
getragen, standen damals in ihrer höchsten Blüte und wirkten auch
in Ungarn all das Gute und Schlechte, das ihnen die Geschichte
nachsagt. Sie empfahlen sich durch den Schein grösserer Heiligkeit,
es gab unter ihnen Männer, die sich mit Emsigkeit und Erfolg den
Wissenschaften widmeten; andere wurden die Gewissensräthe der Großen und schwangen sich zu den höchsten Kirchenwürden empor. Doch
den größten Einfluß übten sie auf das gemeine Volk; zum Theil schon
durch Ursprung und Sitte den untern Ständen näher verwandt, zogen
sie predigend und bettelnd umher und befriedigten die religiösen Bedürfnisse der Menge; aber täglich neue Wunder erdichtend und ihren
geistlichen Kram ausspendend, nährten sie auch den Aberglauben und
geistlosen Ceremoniendienst. Dazu stifteten sie durch Bekehrungseifer
und verfolgungssüchtige Unduldsamkeit gegen Andersglaubende viel
Unheil; sie hauptsächlich ermahnten und drängten dazu, daß die mohammedanischen Ungarn, die Kumanen, die Patarener und die Bekenner
der griechischen Kirche mit schonungsloser Härte zur Annahme des
römischen Glaubens gezwungen und dadurch zur Empörung und zum
Abfall aufgereizt wurden.

Die Provinzial-Synode, zu welcher Cardinal Guido als päpstlicher
Legat 1267 die Geistlichkeit der östlichen Reiche nach Wien berufen
hatte, erließ für Ungarn 19 Decrete. Zehn derselben ordnen an: keinen, der nach den kanonischen Gesetzen die Weihen nicht empfangen
darf, keinen, der nicht in den kanonischen Zeiträumen zu den höhern
Graden befördert worden, keinen, der die Gunst des Königs erschlichen
oder sich der Simonie schuldig gemacht, zum Bischof zu wählen;
ohne des Papstes specielle Erlaubniß keinen Bischof auf ein anderes

---

[1] Martene, Thesaur. Anecdot., IV, 1342. — [2] Epist. Gregorii IX. ad
archiepisc. Strigon., Katona, V, 898.

Bisthum zu versetzen, abzusetzen und zu verhaften; ausschließlich Priester oder Diakone zu Archidiakonen, Dekanen, Erzpriestern, Pröpsten und Aebten zu befördern; nur Mönche zu Aebten zu wählen; keinen dieser Würdenträger anders als nach den kanonischen Gesetzen auf einen andern Ort zu versetzen oder seines Amts zu entheben; fremde Kleriker ohne bischöfliche Empfehlungsschreiben in den Diöcesen nicht zu dulden; Diakone und Priester blos für bestimmte Pfründen zu weihen; endlich nur solche Knechte, die vollständig freigelassen sind, in den geistlichen Stand aufzunehmen. Die andern neun Decrete beschäftigen sich ausschliesslich mit den beweibten Priestern. Die in Bigamie Lebenden, die Gatten von Witwen, Geschiedenen und Geschändeten werden jeder kirchlichen Würde entsetzt und für immer ihrer Pfründen beraubt.... Die öffentlich Concubinen halten, werden ebenfalls ihrer Aemter entsetzt, dürfen aber, wenn sie hinreichend Buße gethan, wieder zu geistlichen Verrichtungen zugelassen werden. Pfarrer und Diakone, die vor Empfang der Weihe sich verehelicht haben, sollen von ihren Pfründen entfernt werden; da jedoch ihre Ehe gültig und gesetzmäßig ist, dürfen sie zum Altardienst und in ihre Aemter zurückkehren, wenn sie sich von ihren Frauen trennen und beide Enthaltsamkeit geloben. Die aber nach Empfang der Weihe eine Frau genommen haben, deren Ehe ist nichtig; darum können sie ihr Amt behalten, sobald sie ihre Frauen entlassen und sich nicht ferner durch Unzucht beflecken. Auf dieselbe Art soll man mit verheiratheten Subdiakonen und Pröpsten verfahren, doch wird ihnen bis zur Verfügung des Papstes über diese Angelegenheit Frist gegeben. Wer zwei Frauen oder eine Concubine, ′ eschiedene und Geschändete, oder überhaupt eine andere als eine Jungfrau zur Gattin genommen hat, darf nicht zum Bischof erwählt werden. [1] Wenn man diese Verordnungen liest, sollte man glauben, der Cölibat sei in Ungarn noch nicht durchgeführt und die Weltgeistlichkeit noch größtentheils verheirathet gewesen. Aber sie betreffen, wie schon ihr Inhalt offenbar zeigt, nicht den römischen, sondern den griechischen Klerus, der unter der Obmacht der römisch-katholischen Bischöfe stand und den die Päpste ihren Gesetzen völlig zu unterwerfen strebten.

Eine zweite Synode, von Ungarn nebst dessen Nebenländern und von Polen beschickt, hielt der päpstliche Legat Philipp, wie schon oben erwähnt worden, 1279 zu Ofen ab. Neunundsechzig Satzungen derselben sind auf unsere Tage gekommen, in denen sich ein mönchisch-hierarchischer Geist kundgibt. Sie enthalten Vorschriften über die Tonsur und Kleidung der Geistlichen bei Amtshandlungen, im öffentlichen Leben und im Hause; verbieten ihnen, an Raub, Plünderung, Mordbrennerei und Aufständen theilzunehmen und in Kriegen persönlich zu kämpfen, Bluturtheile zu fällen, Fehdebriefe zu schreiben, chirurgische Operationen, die Brennen und Schneiden erfordern, auszuüben und bei den Ordalien mit kaltem oder siedendem Wasser und mit glühendem

---

[1] Guidonis titulo S. Laurentii in Lucia Presbyteri Cardinalis decreta Hungaris data. In concilio provinciali Viennae anno 1267, bei Endlicher, S. 515—517.

Eisen die Ceremonien der Einsegnung zu verrichten. . . . Untersagt wird
ferner den Geistlichen, Handel und besonders entehrende Gewerbe zu
treiben, der Umgang mit Possenreißern und Komödianten, das Würfel-
spiel und die Jagd. . . . Sie dürfen keine Concubinen halten, ihre im
Priesterstande erzeugten Kinder nicht zum Anstoß und Aergerniß mit
sich führen und in ihrer Wohnung haben, sondern diese sollen unter die
Dienerschaft der Stifter, denen ihre Väter untergeordnet sind, aufgenommen werden.   Während des Gottesdienstes sind die Priester gehalten, vor den Bildnissen der Heiligen Jungfrau, und so oft der Name
derselben genannt wird, ehrerbietig die Knie zu beugen.   Die Prälaten sollen bei Visitationen, oder wenn sie sonst in ihrem Sprengel
reisen, nicht eine Aufnahme und Bewirthung fordern, welche den
Kirchen drückende Lasten und unerschwingliche Kosten verursacht.
Andere Satzungen zwecken darauf ab, die Vergeudung des Kirchen-
vermögens durch Nepotismus und Verschwendung der Pfründeninhaber
zu hindern.   Aber diese und noch ähnliche theils heilsame, theils vom
Mönchsgeist eingegebene Verordnungen waren im Grunde nur Neben-
sache; die Haupttendenz der Synode war darauf gerichtet, die Hoheitsrechte des Königs und die Rechte anderer Kirchenpatrone einzuschränken und die geistliche Macht auf Kosten der weltlichen zu
heben.   Niemand darf ein geistliches Amt, weß Namens immer, aus der
Hand eines Laien empfangen; kein Laie, er sei noch so angesehen und
erhaben, wage es, jemand in eine Pfründe einzusetzen oder vielmehr
frevelhaft und wider Gesetz einzuschieben; kein Geistlicher oder Weltlicher darf unter dem Vorwand des Patronates oder eines andern Rechtes,
welches er zu besitzen behauptet, sich etwas von dem Kirchengute an-
eignen oder an andere vergaben, u. dgl. m.   Mit Worten wird zwar in
allen diesen Satzungen das Recht „der echten und wirklichen Patrone"
gewahrt, aber in der That kaum etwas davon übriggelassen.   Dagegen
werden der König und die Patrone nachdrücklich verpflichtet, für
die Bisthümer, Kirchen und Klöster zu sorgen und von ihnen keinerlei
Abgaben und Steuern zu erheben; auch sollen die weltlichen Behörden
jede Sentenz der geistlichen Gerichte unweigerlich vollstrecken und gegen alle mit dem Banne Belegten nachdrücklich einschreiten. [1]   Eben
dieser Satzungen wegen nöthigte Ladislaus IV., wie bereits oben erwähnt wurde, die Synode, sich aufzulösen, ehe sie ihre Berathungen zu
Ende geführt hatte.
    Die Bekenner des orientalischen Ritus erhielten im Laufe
dieses Zeitabschnitts durch die Einwanderung ihm zugethaner Walachen
nach Siebenbürgen und in die östlichen Gegenden Ungarns ansehnlichen
Zuwachs, besaßen jedoch noch immer kein geordnetes und selbständiges
Kirchenwesen.   Die Absicht des Königs Emerich und des Papstes Innocentius III., die griechischen Mönchsklöster jenseit der Theiß aufzuheben und auf dem Grunde ihrer Besitzungen ein griechisches, unmittelbar dem päpstlichen Stuhle untergeordnetes Bisthum zu errichten, war

----

[1] Constitutiones Synodus Budensis, 1279, bei Endlicher, S. 565
—602.

vereitelt worden. [1] Wahrscheinlich widerstrebten die griechischen
Christen der Vereinigung mit der römisch-katholischen Kirche und der
Anerkennung des Papstes; dem Erzbischof von Kalocsa mochte in
seiner Provinz ein nicht seiner, sondern unmittelbar des Papstes
Gerichtsbarkeit untergeordneter Bischof misfallen, und vermuthlich
fürchteten auch die Bischöfe von Csanád, Siebenbürgen, Großwardein und Erlau, die Zehnten, die sie von den griechischen Glaubensgenossen erhoben, zu verlieren. Man ließ also diese Klöster fortbestehen, oder eigentlich an Vermögen und geistiger Kraft verkümmern
und allmählich dahinschwinden, und hielt sich an die Verordnung der
vierten Lateran-Synode von 1215, laut welcher die Bischöfe, in deren
Sprengel Kirchengenossen, die verschieden sind nach Sprache und Ritus,
wohnten, dafür sorgen sollten, daß von auserlesenen Männern jedem
Volke in seiner Sprache und nach seinem Ritus Unterricht im kirchlichen Lehrbegriff ertheilt, der Gottesdienst gefeiert und die Sakramente
gespendet würden; doch durften nirgends in einer und derselben Diöcese zwei Bischöfe sein, sondern ein Vicarius sollte, dem einen Bischof
untergeordnet, die Aufsicht über die Gemeinden seines Cultus führen:
ein, wie es scheinen möchte, nicht übel gewähltes Mittel, die Schis-
matiker nach und nach zu bekehren, das aber doch nur bei einem
Theil von ihnen Erfolg hatte. [2] Dabei sah man die Priesterehe als das
größte Hinderniß der Vereinigung der griechischen Glaubensgenossen
mit der römischen Kirche an und suchte daher den Cölibat auch ihrer
Geistlichkeit aufzudringen, was aber nie gelingen wollte. Ihre Pfarrer
wurden theils in den Klöstern gebildet, theils kamen sie aus den Ländern, in denen die griechische Kirche herrschte, und hielten die Verbindung mit derselben aufrecht, was auch der römische Klerus unternehmen mochte, um dieselbe zu lösen.

Auch die Vereinigung Serbiens mit der römischen Kirche (oben
S. 296) hatte keinen Bestand. Der Fürst Stephan Neemanovitsch hatte
zwar 1217 gelobt, sich mit seinem Volke derselben anzuschließen,
und dafür von Honorius III. den königlichen Titel erhalten [3]; aber
alsbald hörten die Gebeine des heiligen Neeman in Studenjetz auf,
Oel zu schwitzen, was allgemein als ein Beweis des Misfallens, das
der Heilige über die Union empfinde, gedeutet wurde, und Stephan,
der Klerus und das Volk Serbiens sagten sich feierlich von der römischen
Kirche und dem Papste wieder los. Bald darauf kehrte der dem fürstlichen Geschlechte entsprossene Mönch Sawa, vom Patriarchen von
Nicäa zum Erzbischof von Serbien geweiht, in die Heimat zurück und hielt
1222 zu Schidtscha, seinem erzbischöflichen Sitze, eine große National-
Synode; hier erklärte er die vor einiger Zeit an seinem Bruder von einem
päpstlichen Legaten vollzogene Krönung für nichtig und salbte ihn von
neuem zum König; sodann forderte er ihn und das gesammte Volk auf,
der griechischen Kirche unverbrüchliche Treue zu geloben und sich mit

[1] Epist. Innocentii III. ad Episc. Saradiens. et Abbatem de Belis (Pilis,
bei Dobner, Monum., II, 341). — [2] Concil. Lateranense IV, can. 9. — [3] Epist.
Honorii III., bei Katona, V, 348.

ihm zur Bekehrung der Unißten zu vereinigen; auch stiftete er zwölf neue Bisthümer. — Ebenso wenig glückte es, die Patarener in den Schos der römischen Kirche zurückzuführen. Diese hatten 1223 an Bartholomäus aus Carcassone, einem ebenso gelehrten und frommen als gewandten Mann, ein tüchtiges Oberhaupt erhalten; er brachte die bosnischen und dalmatinischen Gemeinden der Sekte mit den lombardischen, piemontesischen und südfranzösischen in engere Verbindung, und öffnete den im Westen mit Feuer und Schwert verfolgten Gegnern des ausgearteten römischen Kirchenwesens in Bulgarien, Bosnien und Dalmatien eine Zufluchtsstätte. Auch sonst fehlte es ihnen nicht an besonnenen und gebildeten Männern zur Leitung des Volks, das sich überhaupt durch innige Frömmigkeit, strenge Sittenzucht, Fleiß und Wohlstand auszeichnete, was nicht wenig dazu beitrug, daß ihre Partei fortwährend zunahm und selbst Mitglieder der höhern Klerisei zu derselben übertraten. [1] Dazu fanden sie an Ban Nikoslaw einen geheimen Glaubensgenossen, der sich selbst gegen den Verdacht der Ketzerei zu sichern und sie gegen Verfolgungen zu schützen wußte. [2] Gleich die ersten Dominicaner, die aus Ungarn in diese Gegenden kamen, um die Sektirer nach ihrer Weise durch Predigen und, wenn dieses nicht half, mit Schwert und Feuer zu bekehren oder auszurotten, stießen auf heftigen Widerstand; ihrer zweiunddreißig wurden in Flüsse geworfen und ertränkt. Der Erzbischof Ugrin von Kalocsa, dem der Papst die Bekehrung der Abtrünnigen aufgetragen hatte, errichtete zwar 1229 bei Bánmonostora ein Bisthum für Sirmien, und auf seinen Vorschlag ward auch der griechisch-unirte Bischof von Bosnien (weil er der Ketzerei verdächtig war, oder weil man ein römisch-katholisches Bisthum errichten wollte?) vom päpstlichen Legaten entsetzt und an seine Stelle der Dominicaner Johannes Teutonius hingeschickt, der den römischen Ritus einführte; Bosna bei Serajevo wurde der bischöfliche Sitz, den König Andreas und Herzog Koloman von Slawonien überaus reichlich mit Gütern ausstatteten. [3] Aber trotz aller Maßregeln der Bekehrung und des Zwangs, welche die Bischöfe zu ihrer Unterdrückung ergriffen, und trotz des brennenden, nie rastenden Eifers der Dominicaner und Franciscaner wuchsen die Patarenergemeinden an Zahl und Macht.

Einen glücklichern Fortgang nahm dagegen die Bekehrung der sogenannten Ismaeliten, der Abkömmlinge der theils mit den Magyaren zugleich, theils später eingewanderten Mohammedaner, die ihrem Glauben jahrhundertelang treu geblieben waren, allen Maßregeln und Bedrückungen, durch die man sie zur Annahme des Christenthums zwingen wollte, beharrlichen Widerstand entgegengesetzt, während der Regierung Andreas' II. und Béla's IV. als Pächter der Staatseinkünfte zu den bittersten Klagen Veranlassung gegeben und sich zu Reichthum

---

[1] Der päpstliche Legat Conrad, Bischof von Porto, beklagt sich hierüber bitter in einem Schreiben an den Erzbischof von Rouen; bei Matthäus Paris, Hist. major ad ann. 1233. — [2] Farlatus, Illyric. sacr. IV. Epistolae Gregorii IX., bei Katona, V, 66 fg. — [3] Pray, Specimen hierarch., II, 362. Katona, V, 538 fg.

und Anselm emporgeschwungen hatten. Von wem und durch welche
Mittel ihre Bekehrung herbeigeführt wurde, darüber besitzen wir keine
Nachrichten; ihr Uebertritt zum Christenthum muß allmählich er-
folgt sein, da sie mit dem Ende des 13. Jahrhunderts fast spurlos vom
Schauplatze verschwinden. Auch die Kumanen bequemten sich nach
den Niederlagen, die sie in den letzten Zeiten Ladislaus' IV. erlitten
hatten, zum Bekenntnisse der christlichen Religion.

Das Privatrecht und die Verhältnisse der verschiedenen
Klassen der Landesbewohner zueinander hatten sich nach und
nach in mancher Hinsicht umgestaltet. Die Adelichen, die früher nur
ihren Taufnamen geführt und zur genauern Bezeichnung der Person
den Namen des Vaters und des Geschlechts, von dem sie abstammten,
hinzugefügt hatten, fingen nun an, sich Familiennamen beizulegen, die
meistens, doch nicht immer, von einer ihrer Besitzungen entlehnt wurden. [1] Die demselben Stamme entsprossenen und den gleichen Namen
führenden Geschlechter nahmen nun auch ein gemeinschaftliches Familienwappen an. Hierdurch wurde die Ungewißheit aufgehoben, die in
den frühern Jahrhunderten herrschte; die Person derer, die sich geschichtlich hervorthaten, ist nun genauer bezeichnet, die Abstammung,
Verzweigung und Geschichte der berühmtern Familien läßt sich von
nun an mit mehr Sicherheit verfolgen; aber auch die Absonderung
des Adels von den übrigen Volksklassen vergrößerte sich dadurch,
und der Ahnenstolz erhielt neue Nahrung. Jeder Reichstag dieses
Jahrhunderts, dessen Beschlüsse wir kennen, erneuerte die Gesetze,
welche den Adelichen die Befreiung von allen Abgaben zusicherten und
ihre Verpflichtung zum Kriegsdienste mehr und mehr beschränkten.
Dagegen nahmen sie, die keine Lasten tragen wollten, alle Rechte und
Vortheile, welche man im Staate genießen kann, ausschließlich für sich
in Anspruch. [2] Andreas III. mußte bei seiner Krönung feierlich geloben, nicht nur keinem Ausländer, was zu billigen war, sondern auch
keinem Nichtadelichen Staatsämter, Grafschaften oder Burgen zu verleihen. [3] Selbst die höhern Kirchenwürden sollten dem Adel vorbehalten sein. Als Papst Urban IV. den Archidiakonus von Szala Timotheus eigenmächtig zum Bischof von Agram einsetzte, betonte Béla in der
Protestation, die er gegen dieses widerrechtliche Verfahren erhob, besonders die niedere Herkunft des Ernannten, und er erhielt deshalb
vom Papst Clemens IV. eine beschämende Zurechtweisung. [4]

Dieses Unrecht wurde einigermaßen durch häufige Adelsverleihungen
ausgeglichen; sie waren der gewöhnliche Lohn des Verdienstes und
öffneten ihm den Zugang zu allen Würden und Aemtern. So wurden
1266 Simárth, sein Sohn Hamud und sechs seiner Seitenverwandten

---

[1] Diese von Gütern oder Schlössern abgeleiteten Geschlechtsnamen wurden in der ungarischen Sprache dem sogenannten Vor- oder Taufnamen als
Adjective vorangestellt, daher entstand der Gebrauch, alle die Familiennamen, als sie allgemein üblich wurden, voranzustellen, z. B. Deák Fe-
rencz, Franz Deák. — [2] Goldene Bulle, Art. 24. — [3] Andreae III. Decret.
v. 1291, Art. 4. — [4] Epist. Clementis IV. ad regem Hung., bei Katona,
VI, 448.

Jobagyen der Burg Bolondocz [1], 1268 die Brüder Csák, Hörige der
Burg Bihar [2], 1272 Michael und Nikolaus Gosztoni [3] zur Belohnung
ihrer Tapferkeit, außerdem wie bereits erwähnt wurde, selbst Ortschaften und ganze Districte in den Adelstand erhoben. Zugleich verschenkten Béla IV. und Andreas III. mit kluger Freigebigkeit wüste
Ländereien und Waldungen mit der Verpflichtung, dieselben urbar zu
machen und zu bevölkern; unter andern erhielten von Béla IV. Jordan,
Sohn Arnold's, des Grafen der zipser Sachsen und Stammvater der Familie Görgey, einen Theil des zipser Waldes am untern Laufe des Po-
perflusses [4] und Botisz den öden Wald Csetene unter den höchsten
Spitzen der Tátra [5]; von Andreas III. Meister Sinka den wüsten Wald
Asgúth [6] in der sároser Gespanschaft. [7]   Die Empfänger solcher
Schenkungen beriefen theils aus der Nachbarschaft, theils aus dem Auslande Ansiedler, denen sie die Rechte freier Leute und verschiedene
Begünstigungen zusicherten, und bald entstanden Ortschaften und die
finstern Urwälder verwandelten sich in Ackerland und Wiesen. Sonst
war Béla in den ersten Jahren seiner Regierung im Schenken von Landgütern sparsam, später jedoch ward er durch gehäufte Verlegenheiten genöthigt, in dieser Hinsicht seinen frühern Grundsätzen untreu zu werden; Ladislaus ging mit Vergabungen höchst verschwenderisch um, und
Andreas III. fiel die schwierige Aufgabe zu, was sein Vorgänger an Unwürdige vergeudet hatte, wieder zurückzufordern.

    Der Unterschied, welchen das Gesetz Koloman's zwischen den
Landgütern, die König Stephan I. vergabt, und denen, die spätere Könige verliehen hatten, machte [8], war von der Zeit bereits verwischt
worden. Im 13. Jahrhundert waren nach der Bestimmung der Goldenen
Bulle alle adelichen Besitzungen in männlicher Linie erblich; hatte der
Besitzer keinen Sohn, so erbten die Töchter den vierten Theil (Quarta-
litium), über das Uebrige durfte er nach Willkür verfügen; traf er keine
Verfügung darüber, so erhielten es die nächsten Verwandten, und
wenn keine Verwandte da waren, fiel es an den König. [9]   Auch gibt
es eine Menge von Beispielen aus dieser Zeit, daß adeliche Güter um-
getauscht, abgetreten, verkauft und testamentarisch vermacht wurden. [10]
Das Decret Andreas' III., Art. 26, verordnet:...„Wenn ein Edelmann
ohne Erben stirbt, dürfen weder seine ererbten noch erkauften oder
sonst erworbenen Besitzungen confiscirt werden, sondern er hat
das freie Recht, dieselben seinen Verwandten oder einem Verwandten
seiner Gattin oder der Kirche letztwillig zu vermachen, oder bei Lebzeiten, wenn er will, zu verschenken." Derselbe König verlieh an Michael

---

[1] Kollár, Amoenitates Iuris, II, 88. — [2] Timon, Epitome chronolog.,
S. 36. — [3] Kerchelich, Notitia praelimin., S. 22?. — [4] Urkunde bei Palma,
Specimen heraldic., S. 89. — [5] Urkunde bei Wagner, Analecta Scepus., I,
S. 134. — [6] A. a. O., III, 244. — [7] Urkunde bei Wagner, Diplomatar.
Sáros., S, 313. — [8] Alberici Decret. Colomani reg., Art. 20, bei Endlicher,
S. 302, vgl. oben S. 212. — [9] Andreae II. Decret., I, 4; II, 11. — [10] Ur-
kunden bei Katona, V, 808; VI, 486; VII, 873. Kerchelich, Notitiae prae-
limin., S. 123. Regestrum de Várad, Nr. 125, 136, 345, 374 u. s. w., bei
Endlicher.

von Gúthkeled und seine Nachkommen das Landgut Korotnok am Berge Braniszkó in der Zips mit dem Rechte, es zu vergaben, letztwillig zu vermachen, zu verschenken oder zu verkaufen, an wen sie wollten. [1] In dem letzten Jahrhundert der Árpáden waren also fast sämmtliche adeliche Besitzungen, selbst die von den Nachfolgern Stephan's des Heiligen lehnweise vergabten, unbeschränktes und veräußerliches Eigenthum geworden; von der später eingeführten Aviticität, vermöge welcher der adeliche Besitz als ein vom König verliehenes Gemeingut der Familie betrachtet wurde, das der zeitweilige Inhaber benutzen, auch für die Dauer eines Menschenalters (32 Jahre) verpfänden, aber nie, außer mit Bewilligung des höchsten Lehnsherrn, auf immerwährende Zeit verschenken, verkaufen oder sonst veräußern durfte, zeigt sich kaum eine Spur; sogar die ersten Anfänge derselben, auf die wir in den Tagen Koloman's stießen, sind wieder verschwunden.

Neben dem Adel erhob sich der Bürgerstand in den Städten und freien Districten zu immer größerer Wichtigkeit. Zwar ordnete kein gleichförmiges Gesetz ihre Verfassungen und Rechte, vielmehr hatte jede Stadt und jeder Bezirk seine eigenen Einrichtungen, Gerechtsame und Gepflogenheiten, weshalb sie auch keine so festverbundene politische Macht bildeten wie der Adel, dessen sämmtliche Glieder durch gleiche Rechte und gemeinsame Institutionen verknüpft waren. Die Reichsstandschaft, Sitz und Stimme in den Versammlungen der Nation, hatten sie noch nicht errungen; aber ihre Zahl wuchs von Jahr zu Jahr: immer mehr Ortschaften wurden von den Königen — auch von den Königinnen und Prälaten — zu Städten erhoben, die Burgmilizen und Udvarniker den Bürgern beigesellt und die Privilegien aller fortwährend erweitert. Die Benennung „Hospites" ward daher bereits gleichbedeutend mit Bürgern und wurde den Einwohnern privilegirter Ortschaften überhaupt, auch solchen, deren Vorfahren nicht aus fremden Ländern abstammten, beigelegt [2]; denn die Nachkommen der Eingewanderten waren längst einheimisch geworden, viele unter ihnen selbst in Sprache und Sitten mit den Ungarn und den andern eingeborenen Landsassen im Laufe der Zeit verschmolzen. Unter so günstigen Umständen entwickelten sich Gewerbe und Handel, nahm der Wohlstand zu und stieg die Bildung der Städte; die Zeit rückte immer näher, in der sie zur thätigen Theilnahme an den Staatsangelegenheiten gelangen und einen bedeutenden Einfluß auf den Gang derselben üben sollten.

Das freie Staatsbürgerthum erhielt insonderheit durch die Kumanen einen ansehnlichen Zuwachs. Diese Nation mit ihren urwüchsigen patriarchalischen Einrichtungen zieht unsere Aufmerksamkeit in hohem Grade auf sich; unter ihren erblichen Stammfürsten, „Domini", und Geschlechtshäuptlingen, „Nobiles Cumanorum", besaß die Gesammtheit

[1] Die Urkunde bei Wagner, Analecta Scepus., I, 124. — [2] Andreae II. Decret. II, „... volumus ut omnes terrae castri et udvarnicorum, ad quos populi nostro nomine vel dominae reginae sunt congregati, castro vel udvarnicis restituantur, et ipsi illi gaudere debeant privilegiato nomine hospitum liberorum."

derselben die natürliche Freiheit der Nomaden. [1] Die empfindlichen Niederlagen, welche sie in den letzten Jahren der Regierung Ladislaus' IV. erlitten, brach ihren unbändigen Geist, das Christenthum milderte ihre Roheit, sie lernten sich in die Fesseln eines geordneten Staatswesens fügen. Ihre Häuptlinge traten mit der Zeit in die Reihen des ungarischen Adels und mögen die Ahnen mehrerer unter den Kumanen heutzutage noch blühenden adelichen Familien geworden sein; aber das Volk im ganzen wußte seine Freiheit zu behaupten, von seinen Wohnsitzen, Groß- und Klein-Kumanien nebst ~~Jazygien~~, feudalistische Einrichtungen fern zu halten und sich überdies noch wichtige Privilegien zu verschaffen. Dem Ackerbau und der Viehzucht mit Vorliebe ergeben, verschmolzen die Kumanen in Sprache und Sitten gänzlich mit den Magyaren und gehören nun zu den wohlhabendsten und treuesten Söhnen des Vaterlandes.

Dagegen war die ganze Menge der außerhalb der Städte und privilegirten Districte lebenden ursprünglich Gemeinfreien immermehr in den Stand der Hörigkeit hinabgesunken, und hatte sich mit den pflichtigen Dienstleuten und freigelassenen Sklaven des Adels vermischt, deren Los sie nun theilte. Der Grund, auf dem die Hörigen saßen, war Eigenthum des Herrn, dem sie für dessen Nutznießung steuern und frohnen mußten. Doch waren diese Leistungen durch das Gesetz bestimmt und mäßig; sie bestanden in einer jährlich zu entrichtenden Abgabe in Geld und Getreide, in Spanndiensten und Handarbeiten, die einige Tage im Jahre zu verrichten waren; das bewegliche Vermögen eines kinderlos Verstorbenen blieb der Witwe, der Grundherr durfte blos ein dreijähriges Rind aus demselben nehmen; nur wenn der Verstorbene weder Frau noch Kind noch Verwandte hinterließ und keine letztwillige Verfügung getroffen hatte, fiel seine Habe dem Grundherrn zu. Aber die Hörigen waren dabei weder leibeigen noch an die Scholle gebunden, sondern persönlich frei; sobald sie den jährlichen Grundzins entrichtet und die sonstigen Schuldigkeiten geleistet hatten, durften sie zu jeder Zeit ihren bisherigen Herrn verlassen und sich ungehindert, wohin sie wollten, begeben. [2] Auf einer höhern Stufe der Freiheit standen die den geistlichen Stiftern unterthänigen, „Jobagyonen der Kirche" genannten Leute, die zum Theil zu Kriegsdiensten verpflichtet waren. [3]

---

[1] Articuli Cumanorum et Constitutio de Cumanis, bei Endlicher, S. 554 —565. — [2] Daß das Los der Hörigen dieser Klasse in den Tagen der letzten Árpáden wenigstens der Hauptsache nach mit der obigen Angabe übereinstimmte, läßt sich aus der bereits angeführten siebenbürger Urkunde bei Graf Teleki, Zeitalter der Hunyaden, X, 3—10, mit einiger Sicherheit schließen; denn in derselben wird ausdrücklich gesagt, daß sie die erwähnten Rechte und Verpflichtungen kraft der Gesetze und Anordnungen König Stephan's und seiner Nachfolger noch vor nicht langer Zeit hatten. Zwar Stephan konnte das Verhältniß zwischen Grundherren und Hörigen, welches damals noch gar nicht bestand, nicht regeln, aber gewiß geschah es unter den spätern Königen, als sich dieses Verhältniß zu gestalten anfing, und in Siebenbürgen und Ungarn in gleicher Weise, da das erstere die Gesetze und jedesmaligen Einrichtungen des Hauptlandes annahm. — [3] Regestrum de Várad, Nr. 80, 88.

Daneben gab es freilich noch viele, die an die Scholle gebunden waren, und selbst Sklaven, die verkauft und verschenkt, aber auch häufig freigelassen wurden. Oft schenkte man Sklaven den Kirchen und Klöstern, damit sie diesen zum Seelenheile ihres vorigen Herrn gewisse Abgaben und Dienste leisteten und Messen feiern ließen; sie wurden deshalb nach dem slawischen „duch" (Seele), „Duschenitzen" genannt.[1] Die verschiedenen Abstufungen der Hörigkeit anzugeben und ein nur einigermaßen vollständiges Bild derselben zu entwerfen, ist unmöglich, da genauere Nachrichten und Urkunden fehlen. Und wie verschieden mögen Zufall und Willkür das Schicksal der Hörigen an verschiedenen Orten gestaltet haben! Ueberhaupt war das Verhältniß der Herren und Hörigen zueinander erst in der Ausbildung begriffen und zeigt die allen werdenden Zuständen eigenthümliche Unfertigkeit.

Um so deutlicher ist das Licht, welches uns über die Lage der Juden in Ungarn der Freibrief gibt, den ihnen Béla IV. 1251 ertheilte und den wir seiner Merkwürdigkeit wegen hier im Auszuge mittheilen. „Da wir wollen", lautet die Einleitung, „daß in unserm Reiche jedermann, weß Standes er immer sei, unsere Huld und Gnade empfinde, verleihen wir sämmtlichen in unserm Lande befindlichen Juden folgende unverletzlich zu beobachtenden Rechte."... Ein Jude darf auf das Zeugniß eines Christen nicht verurtheilt werden, sondern neben dem Christen muß noch ein Jude gegen ihn aussagen, außer die Sache wäre so offenkundig, daß sie keines Beweises weiter bedürfte.... Ein Jude darf jede Sache in Pfand nehmen, doch Kirchengewänder nur von dem Prälaten der Kirche, und blutige Kleider gar nicht.... Der Jude, der angeklagt wird, daß er das Pfand ableugne oder eine größere Summe als die geliehene dafür fordere, oder dasselbe vor der Zeit verkauft habe, kann, sobald die zwei erforderlichen Zeugen gegen ihn fehlen, sich durch einen Eid reinigen, und der Christ muß die Schuld nebst den Gerichtskosten zahlen.... Juden, die widereinander klagbar werden, sollen nicht von dem Richter der Stadt, in der sie wohnen, sondern vom König oder dem Obersten Kanzler ihr Urtheil empfangen.... Dem Juden, der mit Brief und Siegel beweist, daß er einem Magnaten auf dessen Landgut Geld geliehen habe, wird der König dieses Landgut zuweisen, ihn gegen jede Gewaltthätigkeit schützen und die Einkünfte davon ziehen lassen, bis sich ein Christ findet, der das verpfändete Landgut auslöst.... Der Christ, der dem Juden sein Pfand mit Gewalt abnimmt oder in dessen Hause Gewaltthätigkeiten begeht, soll als Frevler gegen die königliche Kammer schwer gestraft werden.... Wer einen Juden verwundet, zahle dem König die gesetzmäßige Strafe und dem Verwundeten zwölf Mark Silber nebst den Kosten der Heilung.... Der christliche Mörder eines Juden empfange die verdiente Strafe, und sein ganzes Vermögen werde für den König eingezogen.... Die Juden dürfen im ganzen Lande frei reisen und handeln, sie sollen nirgends einen höhern Zoll entrichten als die andern Einwohner ihrer Stadt.... Sie dürfen ihrer Sitte gemäß ihre Todten von Ort zu Ort führen, und es ist

[1] Regestrum de Várad, Nr. 132, 142, 341.

bei schwerer Strafe verboten, bei dieser Gelegenheit von ihnen einen
Zoll zu erheben. ... Wer die Schulen der Juden frech bewirft, zahle
ihrem Richter anderthalb Mark. ... Sollte der Richter der Stadt, in
welcher Juden wohnen, aus Feindseligkeit nicht nach dem Inhalt dieses Privilegiums über einen Juden urtheilen, so werde'er seines Amts
entsetzt.[1] Aus diesem Freibriefe geht hervor: daß Juden nicht in Dörfern, sondern nur in Städten wohnen durften, da außer den Stadt-
richtern keine andern Richter erwähnt werden; daß Geld auf Pfänder
leihen vor allem andern das Geschäft war, durch welches sie sich bereicherten; daß sie als Leute des Königs betrachtet wurden und unter
seinem besondern Schutze standen; und daß sie nicht eine unterdrückte,
sondern eher eine bevorrechtete Menschenklasse waren. Aber nicht Béla
allein, dem sie in Geldverlegenheiten oft aushalfen, nahm sie in seinen
Schutz; während sie im 13. Jahrhundert in den meisten christlichen
Ländern die schmählichsten Bedrückungen und Verfolgungen bald von
den Machthabern und bald von dem fanatischen Pöbel erlitten, befanden
sie sich in Ungarn in einer sehr günstigen Lage, ungeachtet das Volk
die gegründetsten Ursachen hatte, ihnen zu zürnen und sich für durch
sie erfahrene Bedrückungen zu rächen; auch der letzte König aus dem
árpádischen Hause gab den in Presburg wohnenden Juden gleiche Rechte
mit den andern Bürgern der Stadt.[2]

Landwirthschaft, Bergbau und städtische Gewerbe hatten durch die Verwüstungen, welche die Mongolen anrichteten, einen
schweren Schlag erlitten, scheinen sich jedoch von demselben ziemlich
schnell erholt zu haben. Schon unter Béla waren Gerber, Kürschner,
Tuchmacher, Arbeiter in Eisen, Kupfer und edeln Metallen wieder in
ziemlicher Anzahl vorhanden. Unter den gewerbfleißigen Städten nahmen Gran, Stuhlweißenburg, Ofen, Pesth und Presburg den ersten Rang
ein. Der Bergbau, in jener Zeit, wo die Metalle so hoch im Preise
standen, eine Hauptquelle des Reichthums, wurde durch einheimische
und jüngst eingewanderte Bergleute mit Eifer und Erfolg betrieben
und gedieh selbst an solchen Orten, wo er heutzutage wegen Kost-
spieligkeit der Arbeit gänzlich eingegangen ist. Da die Könige von
den Erträgnissen desselben einen gewissen Theil bezogen, schützten und
förderten sie ihn um so mehr; von ihnen erhielten die Städte, die Gru-
benbau trieben, wichtige Vorrechte; es stand ihnen frei zu schürfen, wo -
sie Metalle vermutheten, und niemand durfte sie im Betrieb der geöffneten
Werke hindern.[3] Die Landwirthschaft gewann durch die Urbar-
machung wüster Strecken und die Herbeiziehung neuer Ansiedler größere
Ausdehnung. Italienische Colonisten brachten edle Reben aus ihrer
Heimat, ließen sich in den südlichen Gegenden der zempliner Gespanschaft, in der sogenannten Hegyalja, namentlich in den Ortschaften

---

[1] Belae IV. reg. Jura Judaeorum 1251. E transsumto Matthiae I. regis,
bei Endlicher, S. 473—477. — [2] „Judaci in ipsa civitate constituti habeant
eandem libertatem quam et ipsi cives." Andreae III. regis Libertas hospitum
de Poson., 1291, Punkt 12, bei Endlicher, S. 625. — [3] Stephani V. reg.
Libertas Saxonum de Scepusio; vom Jahre 1271, Punkt 15. Ladislai IV.
reg. Libertas civium de Gilnitzbánya, vom Jahre 1291; beide bei Endlicher.

Patak, Olaszi und Olaszi-Liszka nieder und fingen dort an den edeln
Wein zu erzeugen, der unter dem Namen Tokayer berühmt wurde. [1]
Auch in andern Gegenden des Landes nahm die Zahl der Weinpflanzer
zu und veredelte sich das Gewächs durch sorgfältigere Pflege, sodaß
schon zu Béla's Zeiten eine große Menge Wein ausgeführt wurde und
die Weinberge einen verhältnißmäßig hohen Preis hatten. [2] Zugleich
blühte auch die Viehzucht auf, wie aus den in Urkunden häufig erwähnten
Schenkungen von Viehheerden und der beträchtlichen Ausfuhr von Schafen, Rindern und Pferden ersichtlich ist. Den Zehnten von den Gestüten
sammelte der Bischof von Erlau mit der Verpflichtung, die Füllen auf
seinen ausgedehnten Landgütern für den Kronprinzen aufzuziehen,
damit dieser, wenn er König wird, eine hinreichende Menge Pferde
vorfinde. [3] Endlich war auch der Fischfang ergiebig und lieferte einen
wichtigen Handelsartikel. [4]

Der Handelsverkehr, der im 13. Jahrhundert in Ungarn, trotz der
vielen äußern Kriege und innern Unruhen stattfand, setzt uns durch
seine Ausdehnung in Verwunderung. Die Donau war die große Straße,
auf der die Waaren aus Konstantinopel und Asien nach Deutschland,
Polen und Rußland, und die Erzeugnisse der letztern Länder nach den
Handelsplätzen des Orients geführt wurden. Aber auch die ungarischen
Märkte wurden von italienischen, deutschen, französischen, polnischen
und russischen Kaufleuten fleißig besucht; hierher brachten sie die
Waaren ihrer Heimat und kauften wiederum die Natur- und Kunst-
producte Ungarns. Der wichtigste Stapelplatz des Handels war Gran,
das nach seiner Zerstörung schnell wiederaufgebaut und von Fremden
aus verschiedenen Ländern erfüllt wurde; doch hatten auch andere
Städte stark besuchte und privilegirte Märkte, in Ofen z. B. wurde der
Markt jährlich vom 9. bis 17. Sept. gehalten. Weder der Palatin noch
ein anderer Reichsbaron durfte befehlend einschreiten, die ganze
Marktgerichtsbarkeit stand ausschließlich dem ofener Stadtrichter zu;
die feilgebotenen Waaren, woher immer sie kamen, waren zollfrei,
und von den Schiffen, solange sie dort ankerten, wurden keine Abgaben erhoben. [5] Aber solche Zollfreiheit war nur das Privilegium einzelner Städte und Märkte; im übrigen lasteten schwere Besteuerungen
auf dem Handel: an den Grenzen erhob der König Ein- und Ausfuhr-
zölle, und in Gran mußte jede Waare, die hinauf- oder hinabging,
eine Abgabe an das dortige Kapitel entrichten. Dieses forderte
namentlich von jedem Ballen Tuch zu vierzig Stücken eine Mark Silber;
die Kaufleute aus Venedig, Frankreich und den Ländern jenseit des
Rheins zahlten die drückende Abgabe, aber andere, besonders die
Deutschen, weigerten sich, ihre Ballen zu öffnen, und wollten jeden Ballen

[1] Testament des Obergespans von Zips und Ujvár Wilhelm Drugeth, bei
Wagner, Analecta Scepusii, I, 128. Szirmay, Notitia topograph. Comitat.
Zempliniensis, S. 19. — [2] Urkunde Béla's IV., bei Szirmay, Notitia historica, S. 20. — [3] Stephani V. reg. Privilegia ecclesiae Agriensis vom Jahre
1271, Punkt 12, bei Endlicher, S. 532. — [4] Ladislai IV. reg. moderatio
telonii Strigoniensis, Punkt 19, bei Endlicher, S. 611. — [5] Ladislai IV. reg.
Constitutio de nundinis Budensibus, vom Jahr 1287, bei Endlicher.

nur mit einem Groschen verzollen; andere umgingen die Zollstätte auf Nebenwegen. Als nun König Ladislaus in Gran Besserung geloben mußte, bewogen ihn „seine Brüder, das grauer Domkapitel", ihnen von den Kaufleuten jeder Nation eine Mark für den Ballen Tuch, eine zweite Zollstätte zu Raab ·für alle, die Gran umgehen würden, und einen neuen, wahrscheinlich erhöhten Zolltarif zu bewilligen. [1] Ueberdies erpreßten noch die Reichsbarone und andere mächtige Dynasten von den Handelsleuten, die durch ihre Besitzungen zogen, willkürliche Abgaben, die zwar strenge untersagt wurden [2], aber bei der damaligen Machtlosigkeit des Gesetzes kaum aufgehört haben mögen. Ungeachtet aller dieser Bedrückungen und Gefahren gedieh indessen der Handel; die Großen, welche die Waaren kauften, mußten alle Zölle und Verluste bezahlen, und die emsigen Bürger verfügten über mehr Geld als die meisten unter dem Adel. Mußte doch der kaschauer Stadtrichter Arnold selbst für den reichen Wilhelm Drugeth über 116 Mark gutstehen.

Unter den Künsten erhob sich vornehmlich die Baukunst zu nicht geringer Blüte. Die Burgen und Paläste, welche die Großen bauten, und die Klöster, die für die vielen Mönchsorden errichtet wurden, gaben ihr Gelegenheit und Mittel, sich zu höherer Vollkommenheit zu entwickeln. In den Kirchen schuf sie ihre schönsten Werke. Noch stehen einige Denkmäler aus dem 11. und 12. Jahrhundert, aus der Zeit, wo der sogenannte gothische Stil sich zu gestalten anfing: die Hauptkirchen in Skalitz, Agram, Presburg und Bartfeld und die des heiligen Benedict in Bars. Im 13. Jahrhundert, nach dem Abzug der Mongolen, zwang theils die Nothwendigkeit, das Zerstörte wiederherzustellen, theils trieb das vermehrte Bedürfniß sowie der Drang, Schönes und Bleibendes zu schaffen, der mit der zunehmenden Bildung immer mächtiger wurde, zum Aufführen neuer Bauwerke. Aber was die Prachtliebe und Frömmigkeit in den gesegneten Fluren des Unterlandes, in den königlichen Residenzen, an den Sitzen der reichen Prälaten und in den blühenden Städten damals hervorgebracht, das ist fast insgesammt durch die Zeit und noch weit mehr durch die barbarische Hand der Türken in Schutt und Trümmer verwandelt worden und liegt jetzt im Schose der Erde begraben; nur einiges, wie die Kapelle der heiligen Anna in Stuhlweißenburg und die Hauptkirche in Ofen, unter Béla IV. erbaut, ist verschont geblieben. Dagegen stammen die meisten der noch stehenden alten Kirchen in den Städten des Oberlandes, die leutschauer, eperieser, igloer, die kaschauer Kapelle des heiligen Michael und viele andere, aus diesem Jahrhundert her, alle mehr oder weniger kunstvoll in dem schon ausgebildeten gothischen Stile gebaut. Unter Stephan V. begann der Bau des kaschauer Doms, des großartigsten und edelsten, leider nicht gänzlich vollendeten gothischen Kunstwerks, das Ungarn aufzuweisen hat; zur Zeit Ladislaus' IV. wurde in Presburg die älteste unter den drei Franciscanerkirchen er-

---

[1] Ladislai IV. reg. Declaratio telonii Strigoniensis et ejusdem Moderatio telonii Strigoniensis vom Jahre 1287, bei Endlicher. — [2] Andreae III. Decret., Art. 17, und Andreae III. Abolitio tributorum, vom Jahre 1297, bei Endlicher, S. 629 fg.

baut, sie ist zwar viel kleiner als die vorgenannte, aber in gleich edelm
Stil gehalten. Von den Werken der mit der Baukunst so innig ver-
knüpften Bildhauerei sind nur einige Bruchstücke, von der Malerei aber
ist gar nichts aus diesem Zeitalter auf uns gekommen.

Die verwüstenden Einfälle barbarischer Völker, die vielen Kriege
mit den benachbarten Staaten und die sich fort und fort erneuernden
innern Unruhen mußten der Pflege der Wissenschaften höchst nachtheilig werden; die von dem Geräusche und Schrecken der Waffen be-
täubten Geister konnten nicht Zeit finden, nicht den Muth haben, sich
dem stillen Dienste derselben zu widmen; sie mußten in mächtiger Aufregung um das Leben und um dessen unentbehrlichste Güter kämpfen.
Demungeachtet machte das ungarische Volk auch in dieser bedrängniß-
vollen Zeit Fortschritte in seiner geistigen Ausbildung. Die Schulen, die
an den Bischofssitzen und in den Klöstern bestanden, wurden durch die
neueingeführten Orden bedeutend vermehrt; auf den kleinern lehrte
man das Trivium (Grammatik, Arithmetik und Geometrie), auf den
größern das Quadrivium oder sämmtliche freien Künste (also außer den
vorhergenannten noch Musik, Astronomie, Dialektik und Rhetorik);
sodann gab es noch sogenannte Studia theologica zur Heranbildung der
Geistlichkeit, unter denen das erzbischöfliche zu Gran und das der
Dominicaner zu Raab Berühmtheit erlangten. Unter allen Lehranstalten
nahm das Studium generale zu Weßprim den obersten Platz ein; hier
trugen funfzehn Doctoren Theologie, römisches und Kirchenrecht
vor; ihm fehlte zu dem Range einer Universität, deren es damals überhaupt nur zwei, die zu Paris und zu Bologna, gab, nichts als die Berechtigung, akademische Grade zu ertheilen. Auch mangelte es, obgleich
die Bücher kostbar und selten waren, nicht an Bibliotheken; am königlichen Hofe befand sich eine, die unter der Aufsicht des Oberstschatzmeisters stand; die Bischofssitze, die Klöster und besonders die höhern
Schulen hatten ihre Büchersammlungen, aber auch Privatmänner legten
einen hohen Werth darauf, wenigstens einige Werke zu besitzen. Freilich waren diese Bibliotheken nicht so bändereich als viele in andern
Ländern, sie bestanden großentheils aus Legenden und ascetischen
Schriften. Das theuerste Buch war im Mittelalter die Bibel in der
alten lateinischen Uebersetzung, theils wegen ihres beträchtlichen Umfangs, theils wegen der größern Genauigkeit, die man beim Abschreiben
derselben verwandte, am meisten aber wegen der mühsamen und prächtigen Verzierungen, mit denen die Handschriften geschmückt wurden. Vid
von Gúthkeled verlor eine Bibel, die er aus dem csatárer Kloster geliehen
hatte, und gab zum Ersatz für dieselbe, 1263, ein und ein halbes Dorf.

Die Lehranstalten wurden nicht allein von solchen besucht, die
sich dem geistlichen Stande widmen wollten, sondern auch von Weltlichen, die nach Bildung strebten. Daher begegnen wir in diesem
Zeitalter unter den vornehmen Herren so vielen, die den Titel Magister, Meister der freien Künste, führen; denn alle, die in höhern
Schulen Unterricht genossen hatten, wenn auch ihre Kenntnisse nicht
viel weiter reichen mochten, als daß sie lesen und schreiben und das
damals übliche Latein sprechen konnten, nahmen diesen Titel an, der

in hohem Ansehen stand. Aber der eigentliche Träger der Wissenschaft in diesen noch immer so dunkeln Zeiten war auch in Ungarn wie anderwärts der Klerus und besonders die Klostergeistlichkeit. Alle, die sich weiter ausbilden wollten, besuchten die Sitze der Gelehrsamkeit, die hohen Schulen zu Paris und Bologna; ja, es scheint dies fast Bedingung gewesen zu sein, unter welcher allein man auf die hohen geistlichen Würden Anspruch machen durfte. Darum bildete sich gegen Ende des Jahrhunderts in Gran eine Gesellschaft, die fähige, aber arme Jünglinge auf diesen Hochschulen studiren ließ. [1]

Demungeachtet besaß Ungarn in diesem Zeitraume nur wenig Schriftsteller; weder seine Welt- noch Klostergeistlichkeit erwarb sich solche Verdienste· um die Wissenschaften wie die anderer Länder. Die Mehrheit der Geistlichen wurde durch die Verwaltung ihrer reichen Besitzungen und durch frohen Lebensgenuß ernsten Forschungen entfremdet, und auch die gelehrtesten und strebsamsten waren durch die Würden, die sie bekleideten, so verflochten in die politischen Verhältnisse, so in Anspruch genommen von den unaufhörlich fluteuden Bewegungen der Zeit, daß sie keine Muße zu der stillen Thätigkeit des Schriftstellers fanden. Zu Anfang des Jahrhunderts schrieb der gelehrte Dominicaner Paul zwei Abhandlungen, die eine über die Jungfräulichkeit, die andere über die Verachtung der Welt. Um dieselbe Zeit verfaßte der Bischof von Fünfkirchen Coelius Calanus eine kurze Geschichte Attila's. Unter Béla IV. erzählte der Dominicaner Ricardus die Reise seines Ordensbruders Julian in die alte Heimat der Ungarn, „De facto magnae Hungariae", bei Endlicher, S. 248 fg.; schilderte der großwardeiner Domherr Rogerius die Verheerung Ungarns durch die Mongolen, „Carmen miserabile", bei Endlicher, S. 255 fg.; und schrieb der Archidiakonus von Spalatro, Thomas, seine für die ungarische Geschichte wichtige „Historia ecclesiae Salonitanae", bei Schwandtner, „Scriptores Rerum Hungaricarum" (Wien 1748), Bd. 3. Meister Andreas, Hofkaplan Béla's IV. und Stephan's V., verfaßte eine Geschichte vom Kriege Karl's von Sicilien gegen Manfred. Simon de Kéza, Hofkaplan Ladislaus' IV., schrieb die uns wohlbekannten „Gesta Hunnorum und Hungarorum", bei Endlicher. Etwas später behandelte ein unbekannter Verfasser denselben Gegenstand in der sogenannten, noch nicht gedruckten Bilderchronik. Die hier genannten Schriftsteller bedienten sich alle der lateinischen Sprache, die bereits auch bei allen öffentlichen Angelegenheiten ausschließlich im Gebrauche war und die ungarische gänzlich in das Privatleben zurückgedrängt hatte. Gewiß lebten auch in dieser Periode noch mehr Männer, die Nachrichten sammelten und aufzeichneten, oder ihre Gedanken über theologische und philosophische Gegenstände niederschrieben; aber ihre Arbeiten blieben unbekannt in den Klöstern liegen und wurden in den vielen Kriegen, die Ungarn verwüsteten, unter Schutt und Trümmern für immer begraben.

[1] Toldy, A magyar nemzeti iradalom története (Geschichte der ungarischen National-Literatur), I, 50 – 61.

Druck von F. A. Brockhaus in Leipzig.

Berichtigungen.

Seite 16, Zeile 22 v. o., statt: der, lies: den
» 31, » 8 v. o., st.: altaischer, l.: altaischen
» 32, » 11 v. o., st.: knute, l.: kunte
» 35, » 24 v. o., st.: Horváth, l.: Stephan Horváth
» 35, » 4 v. u., st.: Vémbery, l.: Vámbéry
» 37, » 10 v. u., st : pärg, l.: päng
» 37, » 6 v. u., st.: vilmä, l.: silmä
» 37, » 4 v. u., st.: som-vil, l.: sem-vit
» 38, » 8 v. o., st.: makva, l.: maksa
» 38, » 22 v. o., st.: tant, l.: taut
» 38, » ﹣25 v. u., st.: varań, l.: zarań
» 48, » 4 v. o., st.: Petscheneger, l : Petschenegen
» 48, » 5 v. o., st.: Pazinacitae, l.: Bisseni
« 48, » 6 v. o., st.: Bisseni, l.: Pazinacitae
» 54, » 22 v. o., st : wo der. l.: wo sich der
» 61, » 15 v. u., st.: wird, l.: ward
» 86, » 3 v. u., st.: Karl Martell, l.: Karl den Großen
» 122, » 24 v. o., st.: Mislingen, l.: Gelingen
» 132, » 4 v. o., st.: der, l.: den
» 150, » 6 v. o., st.: Tula, l.: Tuln
» 180, » 6 v. u., st.: Luius, l.: Lucius
» 189, » 25 v. o., st.: Ordalen, l.: Ordalien
» 228, » 5 v. o., st.: Olesava, l.: Olesava
» 235, » 19 v. o., st.: nur, l.: nun
» 238, » 5 v. u., st.: andere, l.: arader
» 259, » 21 v. u., st.: läßt, l.: lassen
» 268, » 1 v. o., st.: hatten, l.: hätten
» 284, » 19 v. u., st.: neherék, l.: nehezék
» 285, » 20 v. o., st.: szelader, l.: szalader
» 296, » 19 u. 29 v. o., st.: Wulkan, l.: Wolkan
» 298, » 13 v. u., st.: Andreas, l.: Emerich
» 306, » 15 v. o, st.: Ausland, l.: Anstand
» 310, » 11 v. o., st.: Bárczavág, l.: Barczaság
» 329, » 3 v. o., st.: Wolkun, l.: Wolkan
» 329, » 7 v. u., st.: Wolkun, l : Wolkan
» 367, » 12 v. o., st.: Feid, l.: den Feind
» 370, » 12 v. o., st.: Thúróczi, l.: Thúrócz
» 371, » 7 v. o., st.: Meszer, l.: Meszeser
» 390, » 19 v. o., st.: Justiani, l.: Justiniani
» 398, » 20 v. o., st.: ungarische, l.: erstere
» 402, » 15 v. o., st.: VI., l.: IV.
» 405, » 13 v. o., st.: . Denn Bela, l.: , Béla
» 435, » 8 v. u., st.: Freher, l.: Fejér
» 445, » 26 v. o., st.: Szombatholy, l.: Szombathely
» 489, » 3 v. u., st.: Saradiensem, l.: Varadiensem
» 490, » 1 v. o., st.: Unioten, l.: Unirten
» 494, » 9 v. o., st.: Inßigien, l.: Jazigien